Handbuch für alternative Kommunalpolitik

herausgegeben von
Herbert Klemisch, Gerald Munier, Wolfgang Pohl,
Monika Scheffler, Reiner Schiller-Dickhut

Verein zur Förderung kommunalpolitischer Arbeit
Alternative Kommunalpolitik e.V.

© Verein zur Förderung kommunalpolitischer Arbeit — Alternative Kommunalpolitik e.V.
Luisenstr. 40, 33602 Bielefeld. Alle Rechte vorbehalten.
Bezug: AKP, Luisenstr. 40, 33602 Bielefeld
Druck: AJZ-Druckerei, Bielefeld
Umschlaggestaltung: Grafik Büro, Reinhard Baetz, Bielefeld
Bielefeld 1994
Preis: 45,- DM
ISBN 3-9803641-0-0

Inhalt

Vorwort der Herausgeber 7

HERBERT KLEMISCH, GERALD MUNIER, WOLFGANG POHL, MONIKA SCHEFFLER, REINER SCHILLER-DICKHUT
Selbstverständnis, Strategie und Rahmenbedingungen alternativer Kommunalpolitik 9

GERALD MUNIER
Historische Wurzeln der kommunalen Selbstverwaltung in Deutschland 18

THOMAS SCHRÖDER
Kommunale Selbstverwaltung 27

DIAN SCHEFOLD
Die innere Kommunalverfassung 35

JOCHEN SANDER
Einführung in die praktische Ratsarbeit 42

HERBERT KLEMISCH
BürgerInnenbeteiligung 49

ARMIN MINKNER
Kreise und andere Kommunalverbände 59

MARTIN FRANZ
Die Kommunalverwaltung und ihre Reform 64

CHRISTINE WEINBÖRNER
Gleichstellungspolitik 74

JOACHIM LARISCH
Gemeindefinanzen 83

WOLFGANG POHL, WILFRIED VOIGT
Der Haushalt 95

REINER SCHILLER-DICKHUT
Privatisierung 107

HENRIETTE WÄGERLE
Wirtschafts- und Arbeitsmarktpolitik 117

MARKUS HESSE
Raumordnung, Landesplanung und Regionalentwicklung 127

JÖRG HAAFKE, JÖRG KNIELING, KATRIN KÜSTER
Landwirtschaft und Dorfentwicklung 135

KLAUS HABERMANN-NIESSE
Stadtentwicklung 143

KLAUS HABERMANN-NIESSE, BRIGITTE NIESSE
**Städtebauliches Planungsrecht und
Planungsinstrumente** 152

ULRIKE HEINZ, ANDREAS KÄMPER, WOLFGANG KIEHLE,
CHRISTIAN SCHMIDT, RAINER STÜCKER
Wohnungspolitik 161

ULI BURMEISTER
Verkehr 170

GABRIELE ZAUKE
Feministische Planung 179

EDMUND A. SPINDLER, HERBERT KLEMISCH,
REINER SCHILLER-DICKHUT
**Kommunaler Umweltschutz: Organisation
und Instrumente** 187

HARALD FRIEDRICH
Abfallwirtschaft 195

ULRICH FRÖHNER
Energiepolitik 206

JOACHIM LORENZ
Lärmvermeidung, Luftreinhaltung und Klimaschutz 216

HANS MÖNNINGHOFF
Wasser 222

UWE LAHL
Abwasser 229

THOMAS LENIUS, DETLEF STOLLER
Altlasten 238

KATHARINA SCHMIDT-LOSKE
Natur- und Landschaftsschutz 245

WOLFGANG ZASCHKE
Sozialpolitik 255

HANS LANGNICKEL
Sozialhilfe 267

TITUS SIMON
Jugendhilfe 275

GISELA BILL, MICHAELA BÖGNER
Kinderbetreuung 284

PETER GITSCHMANN
Altenhilfe und Altenpolitik 294

ANDREAS JÜRGENS
Behindertenpolitik 303

OLIVER SCHRUOFFENEGER
Gesundheitspolitik 311

KAROLINE LINNERT
Randgruppen in der Sozialpolitik 317

INES REICH-HILWEG, BURKHARD LUBER
Friedenspolitik und Konversion 324

PAUL TIEFENBACH
**Städtepartnerschaften und kommunale
Nord-Süd-Zusammenarbeit** 331

RUTH ELLERBROCK, CHRISTIAN GOGER,
SYBILLE VOLKHOLZ
Bildungspolitik 338

BERND WAGNER
Kultur 346

THOMAS NIEKAMP, GERALD MUNIER, WILHELM KULKE
Stadtgeschichte 354

DIETER MÜTZELBURG
Sport und Freizeit 360

MONIKA SCHEFFLER
Gewalt gegen Frauen und Mädchen 368

HANSPETER MICHEL, JÜRGEN TRITTIN
AusländerInnenpolitik 375

ANNELIE BUNTENBACH
Antifaschistische Politik 383

Verzeichnis der Autorinnen und Autoren 388
Danksagung 392
Adressen-Service 393
Stichwortregister 399
Abkürzungsverzeichnis 412

Vorwort

Nach neun Jahren legt die Redaktion der Fachzeitschrift ALTERNATIVE KOMMUNALPOLITIK zum zweiten Mal ein "Handbuch für Alternative Kommunalpolitik" vor. Das "alte" Handbuch war längst nicht mehr up to date. Die Kommunalpolitik der GRÜNEN ist den Kinderschuhen entwachsen und hat sich in den vergangenen Jahren weiterentwickelt. Vor allem aber hat sich Deutschland kräftig gewandelt. 12 Jahre konservativ-liberale Regierung haben ihre Spuren hinterlassen, auch in der Kommunalpolitik. Der Zerfall des realsozialistischen Staatenblocks und die Wiedervereinigung haben diesem Land ein anderes Gesicht gegeben, zugleich bestehen regionale Ungleichgewichte zwischen Ost und West fort. Die europäische Integration hat eine neue Dynamik bekommen und wirkt sich zunehmend auf die Städte und Gemeinden aus. Die verschärfte Finanzkrise erzwingt eine Neudefinition vieler Politikfelder. So haben sich die tatsächlichen und auch die rechtlichen Bedingungen von Kommunalpolitik gravierend verändert.

Aus all diesen Gründen konnte das Handbuch nicht einfach überarbeitet werden. Ein völlig neues Buch ist entstanden. Die Gliederung entspricht weitgehend der ersten Auflage, doch alle Kapitel wurden neu geschrieben, und viele kamen hinzu, die in der ersten Auflage fehlten. Insbesondere wurden drei spezielle Kapitel zur Frauenpolitik aufgenommen, ohne dadurch die AutorInnen anderer Kapitel von der Verpflichtung freizustellen, frauenpolitische Aspekte zu berücksichtigen. Die Zielsetzung des Handbuches ist jedoch dieselbe geblieben: EinsteigerInnen einen leichten, praxisgerechten Zugang zu den Arbeitsfeldern grün-alternativer und bürgerbewegter Kommunalpolitik zu eröffnen und "alten Hasen" ein Nachschlagewerk in die Hand zu geben, das im Alltag schnell Antwort auf möglichst alle auftretenden Fragen gibt.

WAS STEHT IM HANDBUCH? Es wurde versucht, die gesamte Palette kommunalpolitischer Fachthemen im Handbuch wiederzugeben. Ein Blick in das Inhaltsverzeichnis zeigt, daß die Kapitel zwar nach Themenfeldern gruppiert sind — Kommunalrecht, Wirtschaft und Finanzen, Planen und Bauen, Umwelt, Sozialpolitik, fachliche Einzelgebiete —, diese aber nicht explizit als Blöcke ausgewiesen wurden wie noch im "alten" Handbuch. Unterstrichen werden soll auf diese Weise, daß wir von schematischen Zuordnungen wegkommen wollen, um keinem starren Ressortdenken Vorschub zu leisten.

Die einzelnen Texte unterscheiden sich nicht nur stilistisch, sondern auch was ihren Praxisbezug und ihren Theoriegehalt anbelangt. Dies liegt nicht an ihrem unterschiedlichen Zweck, sondern auch an der Herkunft der AutorInnen: Wer ehrenamtlich in einem Umweltzentrum arbeitet, hat notwendigerweise einen anderen Blick auf die Dinge als ein/e hauptberufliche/r Umweltdezernent/in, und ein Verwaltungsjurist drückt sich gewöhnlich anders aus als eine Bildungspolitikerin. Die HerausgeberInnen haben sich darum bemüht, AutorInnen aus den verschiedensten Praxisfeldern mit unterschiedlicher Perspektive zu gewinnen, denn nur so repräsentieren die Kapitel insgesamt die inhaltliche Bandbreite, die grün-bürgerbewegte Kommunalpolitik inzwischen gewonnen hat. Aus diesem Grund lohnt es sich auch, Kapitel zu verwandten Gebieten vergleichend zu lesen.

WER BRAUCHT DAS HANDBUCH? Eigentlich alle, die mit grüner und bürgerbewegter Kommunalpolitik zu tun haben und dabei sowohl fachlich wie konzeptionell fundiert arbeiten wollen. Neulingen sollen die einzelnen Kapitel einen leichteren Zugang zu den jeweiligen Fachgebieten eröffnen. Aber auch zum raschen Nachblättern und Auffinden von fachlichen Spezifika ist das Buch gedacht. Das wird durch die Gliederung mit Zwischenüberschriften und **KAPITÄLCHEN** zu Beginn vieler Absätze erleichtert, die einen raschen Überblick über den Aufbau der Texte bieten. Jedes Kapitel wird durch Hinweise auf grundlegende Literatur zum Thema und häufig durch Adressen von Organisationen, Verbänden und Fachzeitschriften ergänzt. Im Anhang findet sich auch eine Übersicht über Veröffentlichungen der ALTERNATIVEN KOMMUNALPOLITIK. Derzeit sind die Hefte der zurückliegenden fünf Jahre noch lieferbar.

Wer sich seit Jahren auf ein Gebiet spezialisiert hat, braucht das Handbuch für sein Fachthema wahrscheinlich nicht. Doch jedeR sollte auch mal über den Gartenzaun blicken: Die Sozialpolitikerin muß gelegentlich im Haushalt blättern, der Planer braucht Rechtsauskünfte, die Umweltpolitikerin muß sich mit Privatisierungsforderungen auseinandersetzen. Durch das umfangreiche

Stichwortverzeichnis läßt sich das Handbuch gut als Nachschlagewerk verwenden. **Fettdruck** im Text verweist auf Begriffe, die im Stichwortverzeichnis aufgeführt sind; so wird auch eine Querverbindung zu anderen Kapiteln hergestellt. Wo zu einem Stichwort mehrere Fundstellen angegeben sind, ist häufig eine durch Fettdruck hervorgehoben; auf dieser Seite sind die grundlegenden Ausführungen zum jeweiligen Begriff zu finden. Das Abkürzungsverzeichnis auf den Seiten 412 - 414 wird manche Hieroglyphen enträtseln helfen; die meisten der dort genannten Begriffe lassen sich zusätzlich im Stichwortverzeichnis auffinden. Der neu aufgenommene Service-Block mit Adressen von grün-bürgerbewegten und kommunalpolitischen Organisationen, Parteistiftungen, Fachzeitschriften etc. unterstreicht den Versuch, dem Handbuch einen noch größeren praktischen Nutzwert zu geben.

WER HAT ZUM GELINGEN DES HANDBUCHS BEIGETRAGEN? Ohne die engagierte und auch diesmal wieder unbezahlte Mitarbeit vieler AutorInnen und anderer Fachleute, die die Redaktion berieten und unterstützten, wäre dies Buch nicht zustandegekommen. Viele, aber längst nicht alle Namen sind im AutorInnen-Verzeichnis aufgeführt. Insgesamt haben an die hundert Menschen am Handbuch mitgewirkt, nicht gezählt all die Diskussionszusammenhänge, in denen sich die AutorInnen bewegen. Die Redaktion hat versucht, auf Verständlichkeit der Kapitel und auf die einheitliche Verwendung von Begriffen zu achten. Unnötige Überschneidungen der Kapitel untereinander wurden — wenn möglich — vermieden. Um das Handbuch für den Praxisgebrauch knapp und griffig zu gestalten, mußten die AutorInnen um die Einhaltung enger Vorgaben gebeten werden: keine Verwendung von Fußnoten, äußerst knapper Seitenumfang, kurze Literaturliste. Dieses redaktionelle Konzept umzusetzen, war nicht immer leicht. In einigen Fällen wurde hart um Kürzungen gerungen und "Nebengleise" gekappt, in denen manche AutorInnen gern ihr neuestes politisches Steckenpferd untergebracht hätte. Diesbezüglich mußte die eine oder andere bittere Pille geschluckt werden, um den Handbuchstil durchzuhalten — umso mehr bedanken wir uns für die Kooperationsbereitschaft der AutorInnen.

Die AKP-Redaktion würde sich über jede Art von Rückmeldung freuen, über Lob ebenso wie über Kritik, insbesondere aber über Hinweise auf Fehler oder notwendige Ergänzungen. Wir hoffen, daß dieses Buch einer neuen "Generation" bündnis-grüner KommunalpolitikerInnen bei der Arbeit hilft und dazu beiträgt, die Qualität und Übertragungskraft grün-bürgerbewegter Politik zu verbessern. Schließlich ist zu wünschen, daß die bei der Handbuch-Produktion gewonnenen Erfahrungen und neu geknüpften Kontakte die künftige redaktionelle Gestaltung der Zeitschrift ALTERNATIVE KOMMUNALPOLITIK bereichern werden und damit auch Fraktionen und engagierten BürgerInnen vor Ort zu gute kommen.

Herbert Klemisch, Gerald Munier, Wolfgang Pohl,
Monika Scheffler, Reiner Schiller-Dickhut

Herbert Klemisch, Gerald Munier, Wolfgang Pohl,
Monika Scheffler, Reiner Schiller-Dickhut

Selbstverständnis, Strategie und Rahmenbedingungen alternativer Kommunalpolitik

Grüne, bürgerbewegte, alternative Fraktionen sind aus der kommunalpolitischen Landschaft der Bundesrepublik nicht mehr wegzudenken. Mitterweile fast flächendeckend vertreten, in vielen Großstädten mit zweistelligen Wahlergebnissen zur drittstärksten Kraft im Rat avanciert, könnte Zufriedenheit einkehren. Doch trotz stabiler Wahlerfolge ist der Lack von der alternativen Kommunalpolitik etwas abgeblättert. Wurden ihr am Anfang der 80er Jahre hochtrabende strategische Aufgaben zugewiesen und ihr Ende dieses Jahrzehnts noch ansehnliche Erfolge attestiert (Kostede 1989), so tauchen heute in ihrem Erscheinungsbild etliche graue Flecken auf: Rot-Grüne Kommunalbündnisse schillern nicht mehr, Leitbilder sind verschwunden oder fast bis zur Unkenntlichkeit verschwommen. Vielerorts wird die grüne Kommunalpolitik in routinierter Emsigkeit von einer kleinen Schar MandatsträgerInnen bewältigt. Dieses Erscheinungsbild der alternativen Kommunalpolitik hat nicht nur hausgemachte Gründe: Wer der grün-alternativ-bürgerbewegten Wahlbewegung neue Anziehungskraft geben möchte, muß sich vor allem auch mit der generellen Krise der Kommunalpolitik auseinandersetzen.

Die kommunale Selbstverwaltung: eine Fiktion

Ihrer inneren Verfassung nach ähnelt die Gemeinde einem Staat im Kleinen. Sie besitzt eine Vertretungskörperschaft ähnlich einem Parlament, frei, gleich und geheim gewählt, aus Fraktionen bestehend, einer Verwaltung gegenüberstehend, mit Haushaltsrecht ausgestattet usw. Diese Vertretungskörperschaft verabschiedet Satzungen, die als örtlich geltendes Recht in ihrer Wirkung Gesetzen gleichen. Doch rechtsdogmatisch und in der Praxis wird der Gemeinde der Rang einer vollwertigen, mit Gesetzgebungsbefugnis ausgestatteten Staatsebene aberkannt. Sie ist lediglich Verwaltungseinheit des Landes, allerdings mit Selbstverwaltungsrechten und einer demokratisch-repräsentativen inneren Struktur, vergleichbar vielleicht einer Universität. Dieser Status wird am deutlichsten sichtbar in der Existenz einer Kommunalaufsicht mit weitreichenden Eingriffsrechten. Die Kommune ist jedoch nicht nur in ihrer äußeren Einbindung, sondern auch bezüglich der Inhalte ihrer Arbeit in den staatlichen Herrschaftszusammenhang integriert. Schätzungsweise 80% ihrer Tätigkeit besteht in der unmittelbar weisungsgebundenen Ausführung von Bundes- und Landesgesetzen. Nur die verbleibenden 20% — je nach Finanzlage heute oft noch weniger — gehören in den Bereich der Selbstverwaltungsaufgaben (vgl. Kapitel "Kommunale Selbstverwaltung").

Bei ihrer Entstehung Anfang des 19. Jahrhunderts wurde die Gemeinde als Selbstverwaltung der Stadtbürger, in gewisser Weise als Institution gegen den Staat oder außerhalb des Staates verstanden. Ihre parlamentarisch-repräsentative Verfassung war deutlich demokratischer als die entsprechenden Strukturen des Zentralstaates. Ihre Selbstverwaltungsaufgaben waren erkämpfte Freiräume — ein außerstaatlicher Politikbereich zumindest dem bürgerlichen Selbstverständnis nach (vgl. Kapitel "Historische Wurzeln der Kommunalen Selbstverwaltung"). Dieses Selbstverwaltungsverständnis hat die Kommune — wenn auch nur strukturell — konserviert. Ihre innere demokratische Verfassung stellt eine tradierte Form dar, die den Inhalten einer früheren Epoche adäquat war, heute jedoch etwas vorspiegelt, was nur noch rudimentär existiert, nämlich einen eigenständig und frei entscheidbaren Politikbereich. Die Form ist zu einem großen Teil inhaltsleer geworden. Dies wird noch verschärft durch die Finanzkrise der Gemeinden. Gewerbe- und Einkommensteuer sind ein sehr wackliges Standbein der Gemeindefinanzierung. Wie sich nicht zuletzt in den neuen Ländern zeigt, knickt es in wirtschaftlichen Krisenzeiten ein. Doch gerade dann sind die Anforderungen an die Kommunen besonders hoch, da sie in vielen Bereichen, besonders in der Sozialpolitik, den Lückenbüßer spielen müssen. Die Sozialhilfe, die in den meisten Gemeinden in den 80er Jahren eine regelrechte Kostenexplosion verursachte, ist hierfür das schlagendste, aber keineswegs das einzige Beispiel. Viele Gemeinden sehen heute zur Finanzierung von freiwilligen Leistungen keine Spielräume mehr (vgl. Kapitel "Gemeindefinanzen"). Der Bereich der Selbstverwaltung im Spektrum der kommunalen Tätigkeiten schrumpft gegen Null.

So steht der faktische Handlungs- und Entscheidungsspielraum der Gemeinden in krassem Mißverhältnis zu den parlamentarisch-demokratischen Formen, in denen dort politische Entscheidungen getroffen werden. Dies wirft — übrigens auch für technokratische Verwaltungsreformer — die Frage auf, warum sich ein moderner Staat eine personalintensive dritte parlamentarische Ebene leistet, die so wenig zu entscheiden hat. Doch die Schichtung des Staates in mehrere Ebenen kann als ein Mittel politischer Herrschaft begriffen werden. Die Kommune ist ein Forum, ein Austragungsort für Verteilungskämpfe im weitesten Sinne. Ihre Akteure tragen aus der Sicht der Öffentlichkeit Verantwortung für Entscheidungen, die in aller Regel einer Interessengruppe etwas wegnehmen, um einer anderen etwas zu geben. Sie wird zum Adressaten von Forderungen, Konflikten und gelegentlich Protesten. Doch den Gesamtumfang dessen, was in der Gemeinde verteilt werden kann, bestimmt sie nicht selbst. Gesellschaftliche Verteilungsentscheidungen fallen auf höheren Ebenen, vor allem im Bund, z.B. in Form von Steuer-, Sozial- oder Finanzausgleichsregelungen. Was dort noch Ergebnis von Politik ist, erscheint in der Kommune als Sachzwang, als der gegebene Rahmen, innerhalb dessen verteilt oder umverteilt werden kann. Da die Gemeinde sehr viel stärker als Bund oder Land notwendige Leistungen für sozial Benachteiligte bereitzustellen hat — nicht nur Sozialleistungen im engeren Sinne, sondern auch Einrichtungen wie den ÖPNV und andere Ver- und Entsorgungsinfrastruktur —, sind innerstaatliche Verteilungsentscheidungen zugleich soziale Verteilungsentscheidungen. Diese Politikebene wird bei kommunalen Auseinandersetzungen jedoch allenfalls am Rande thematisiert. Die Interessengruppen rivalisieren untereinander und richten ihre Forderungen an die Gemeinde, die höheren Staatsebenen können sich von den Konflikten bis zu einem gewissen Grade abkoppeln. Die Kommune wird zum Puffer; sie hat zwar eigene Entscheidungskompetenzen, der Spielraum, in dem diese sich bewegen können, wird jedoch von außen gesetzt.

Strategische Ansätze

Die Selbstreflexionen alternativer Kommunalpolitik gehen von der richtigen Erkenntnis aus, daß der lokale Staat Teilgliederung eines herrschaftlich strukturierten Zentralstaats ist und ihm daher bestenfalls eine relative Autonomie zukommt. Dennoch bezieht sich das grüne Politikverständnis grundsätzlich positiv auf die Kommune; Prinzipien wie Basisdemokratie und Dezentralität legen eine genuine Affinität zur niedrigsten parlamentarischen Ebene nahe. Das Handeln auf dieser Ebene erhält a priori eine höhere Weihe, auch wenn parallel zum Erfolg auf höheren parlamentarischen Ebenen diese Priorität für die lokale Ebene sukzessive fallengelassen wurde. Daß nach dem Herausfallen der GRÜNEN aus dem Bundestag 1990 die KommunalpolitikerInnen und ihr Aktionsfeld in der Partei wieder stärker hofiert wurden, belegt eine gewisse Beliebigkeit, mit der unterschiedlichen politischen Ebenen in Theorie und Praxis die höchste Bedeutung zugemessen wird. Idealtypisch lassen sich vier strategische Bestimmungen alternativer Kommunalpolitik unterscheiden:

○ Eine strategische Option von Grün-Alternativen, beziehungsweise ihrer Fraktionen in kommunalen Vertretungskörperschaften, besteht darin, sich als "Sprachrohr" der sozialen Bewegungen zu verstehen. Der außerparlamentarische Bereich wird als eigentliches "Standbein" begriffen, dessen Interessen grün-alternative Parlamentsfraktionen lediglich als "Spielbein" zu vertreten hätten. Grüne Politik in den Rathäusern hätte somit eine dienende Funktion, die auch als Lobbyismus für die sozialen Bewegungen anzusehen wäre. Probleme bereitet die zumindest indirekt unterstellte, aber faktisch nicht gegebene Dauerhaftigkeit sozialer Bewegungen sowie die fragliche Kongruenz ihrer Interessenlagen. Der Idealtyp einer solchen Auffassung wird daher selten länger durchgehalten. Stattdessen bricht sich ein Mittelweg Bahn, der der "parteiegoistischen" Profilierung mehr Gewicht schenkt.

○ Der zweite strategische Ansatz zielt im Sinne einer "lebendigen" Ausgestaltung der Demokratie auf die Möglichkeiten von Aufklärung und Politisierung durch Kommunalpolitik. In seiner allgemeinsten Form stellt sich dieser strategische Ansatz gegen den sachneutralen, unpolitischen Charakter kommunaler Selbstverwaltung, auf den sich quasi als zweite, zusätzliche Schicht das Kartell der etablierten Parteien bzw. der Filz oder gar ein korruptionsähnliches Netz gelegt hat. Das politische Ziel dieses Ansatzes ist, Transparenz zu schaffen und den Altparteienfilz aufzumischen. Ob Durchsichtigkeit im strengen Sinne erreicht wird, mag bezweifelt werden; es fehlt allein schon an den dafür erforderlichen eigenen Medien. Der Zugang zur Lokalpresse, die meistens in den Filz der etablierten Politik eingebunden ist, ist für viele grün-alternative Fraktionen mit Hürden versehen. Dennoch ist dieser Ansatz nicht ohne Wirkungen geblieben, brach er doch in die "geschlossene Gesellschaft" von Honoratiorenclubs ein, in denen die Rathausmauscheleien abgewickelt wurden. Andere Fraktionen wurden so gezwungen, ihre Politik stärker auszuweisen. Durch diese Politisierung ist das kommunalparlamentarische System wieder "interessanter" geworden — ein Beleg dafür, daß alternative Kommunalpolitik wesentliche Impulse zur "Modernisierung" und "Demokratisierung" gibt.

o Ebenfalls auf Politisierung durch Aufklärung und Bewußtseinsbildung insistiert ein weitergehender, radikalerer Ansatz, der auf einen systemtranszendierenden Strukturwandel der kapitalistischen BRD-Gesellschaft zielt. Nach seiner Logik bildet die kommunale Ebene als unterste Staatsebene den labilsten Bereich der bürgerlichen Gesellschaft. In der ersten Auflage des "Handbuches für Alternative Kommunalpolitik" hieß es dazu, "daß in Krisenphasen und Phasen gesellschaftlicher Umwälzungen die Widersprüche auf der untersten Staatsebene als schwächstem Glied besondere Schärfe annehmen". Die Lokalpolitik sei deshalb für eine systemoppositionelle, antikapitalistische Strategie prädestiniert, weil hier der Herrschaftszusammenhang von Staat und Kapital am ehesten sichtbar wird, Widersprüche am schmerzlichsten erfahrbar — und damit hier die Handlungsperspektiven und Durchsetzungschancen am besten seien. Problematisch bei der Begründung dieses strategischen Ansatzes war und ist, daß im gleichen Atemzug immer auf die Zerstückelung und Ausgrenzung von Krisenfolgen sowie auf die Pufferfunktion lokaler Proteste für die Legitimation des Herrschaftssystems hingewiesen wird, faktisch Gegentendenzen zur erhofften Mobilisierung und Radikalisierung des Protestes sind.

o Der heute am meisten favorisierte strategische Ansatz alternativer Kommunalpolitik geht über die bloße Politisierung hinaus bzw. hinter sie zurück — je nach Perspektive — und beinhaltet, daß durch Reformpolitik in der Kommune reale Verbesserungen für die BürgerInnen bzw. für speziell Benachteiligte erwirkt werden können. Diese Strategie setzt die alternative Kommunalpolitik dem stärksten Druck aus; die Botschaft, reale Veränderungen könnten durch Handeln auf der Ebene des Rates und der Verwaltung erreicht werden, weckt Wünsche und bringt die Gefahr der Enttäuschung mit sich. Zudem streiten die VerfechterInnen dieser Strategie über die Wirkung der "Erfolge": Wirken sie systemintegrierend, indem sie die ärgsten Widersprüche abmildern oder führen sie über eine schrittweise Transformation an Systemgrenzen heran? Häufig werden auch eher symbolische Erfolge in Nischen als Beginn der Entfaltung lokaler Gegenmacht bzw. eines ökologisch-sozialen Umbaus umgewertet.

Die geschilderten unterschiedlichen strategischen Bestimmungen alternativer Kommunalpolitik können sich in der konkreten Praxis vermengen. Die relative Willkür ihrer Verknüpfung ist auch Beleg für die Tatsache, daß keine systematische Reflexion der mit den jeweiligen Ansätzen gewonnenen Erfahrungen stattgefunden hat. Über die Gründe soll hier nicht räsoniert werden; zu beobachten ist jedenfalls Genügsamkeit und die Bereitschaft, sich mit dem "Durchwursteln" zu arrangieren. Daneben besitzt auch bei den GRÜNEN die radikale Attitüde am Sonntag in der politischen Selbstdarstellung durchaus ihr Eigenleben neben der Bekundung von Pragmatismus und Realitätstüchtigkeit im Alltag. So erklärt sich der alternierende Zugriff mal mehr auf die eine, dann wieder auf die andere strategische Option.

Innovative Fachpolitik und Gesamtkonzept

In der Literatur wird mit guten Argumenten behauptet, isolierte innovative Fachpolitiken seien die eigentliche "Botschaft der alternativen Kommunalpolitik". Sie bilden die Schnittfläche von Interessen der Stadtregierungen, pragmatischer grüner Ratspolitik, aber auch der anderen Ratsparteien, von Projekten aus den Bewegungsmilieus und alternativ orientierten Professionellen aus allen Sparten. Die Konzentration auf isolierte fachpolitische Probleme birgt jedoch Gefahren. "Professionalisierung und Spezialisierung mit eher schwindenden allgemein-politischen Profilierungen und Visionen kennzeichnen den dominanten Trend in der Kommunalpartei. Selbst wenn dieser neue pragmatische Grundzug als politische Tugend begrüßt wird, führt der Verlust an Alternativen in ein wahlpolitisches Dilemma." (Roth 1993 a)

Um einer Zersplitterung in Bereichspolitik — und dem damit verbundenen Effektivitätsverlust — entgegenzuwirken, muß zum Arsenal alternativer Kommunalpolitik auch das geschlossene Konzept einer sozialen und ökologischen Stadtentwicklung gehören. Dieses muß auch gesellschafts-, sozial-, kultur- und umweltpolitische Zielsetzungen enthalten, also über eine rein planerische Sichtweise hinausgehen. Die Prämissen dieses Konzepts sind erstens, daß im Lebensraum Stadt (oder übertragen im ländlichen Raum) durch Wechselwirkungen zwischen verschiedenen Sektoren sich entweder Prozesse von Stadtzerstörung verstärken oder Elemente von urbaner Lebensqualität ergänzen, zweitens, daß durch lokale Politik im und außerhalb des Rathauses Ressourcen zu einem anderen Entwicklungstypus umgelenkt werden können, und drittens, daß in der lokalen Lebenswelt durch das Zusammenwirken von sektoralen Reformen die Effekte so nachhaltig sind, daß viele Menschen von den Vorteilen profitieren und diese erleben.

Dieses Leitbild muß auch in der "Tagespolitik" erkennbar sein; gleichzeitig muß es verschiedene Fachpolitiken miteinander verknüpfen bzw. deren Zusammenhänge aufnehmen, wie am Beispiel des Flächenverbrauchs dargestellt werden kann (vgl. Kapitel "Stadtentwicklung"): Etablierte, wachstumsfixierte Kommunalpolitik beinhaltet einen immensen Flächenverbrauch mit erheblichen negativen Folgen. Landschafts- und Naturschutzgebiete werden ökonomisch verwertet, stadtnahe Erholungsgebiete gehen verloren, für beides werden spezielle Ausgleichsräume geschaffen, die wiederum zusätzliche Verkehrsströme auf sich lenken usw. Kommunalpolitik hat durchaus Mittel, diesen Flächenverbrauch zu begrenzen, z.B. durch flächenschonendes, verdichtetes Bauen und bestandserhaltende Maßnahmen. Beides hat wiederum gesellschaftspolitische Implikationen. Durch Bestandserhalt können gewachsene Sozialbeziehungen in den Vierteln geschont statt zerstört werden. Auch bei der Struktur des Wohnungsbaus stehen Alternativen zur Debatte: So ist z.B. mit dem großzügigen Eigenheimbau die Isolierung von Kleinfamilien als auch die Förderung mittlerer und hoher Einkommensschichten verbunden, während die Alternative auf gemeinschaftliche Nutzungen, engere Sozialbeziehungen und möglichst auch kollektive Trägerstrukturen (Genossenschaft, demokratisch organisierte Wohnungsbaugesellschaften) abzielt. Ähnliche Zusammenhänge ließen sich für beinahe alle Politikbereiche nachweisen, z.B. für den Komplex Verkehrsvermeidung mit Bezügen zur Ökologie, zum Geschlechterverhältnis und zur Gesellschaftspolitik und den Komplex des präventiven Umweltschutzes mit Bezügen zur Gesundheitspolitik und zu Investitionsentscheidungen.

Trotz etlicher Hindernisse verfügt die Kommunalpolitik über einige rechtliche und materielle Mittel, um Grundzüge einer alternativen Verkehrs-, Energie-, Wohnungs- oder Umweltpolitik durchzusetzen und dadurch mehr Lebensqualität bzw. Urbanität zu gewinnen; dieser Prozeß geht nicht ohne gesellschaftspolitische Konflikte und eine soziale Umverteilung vonstatten. Je weiter alternative Kommunalpolitik jedoch von einem solchen Gesamtkonzept sozialen und ökologischen Umbaus entfernt ist, desto mehr werden die Teilprogramme auf technokratisch angepaßte Reförmchen zurechtgestutzt und die sozialen und politischen Träger dieser Politik gegeneinander ausgespielt. Als Folge verblaßt auch ein attraktives Leitbild wie das der sozialen und ökologischen Stadtentwicklung. Diesem Markenzeichen grüner Politik droht es dann ähnlich zu ergehen wie anderen grünen Leitbildern, z.B. "Partizipation und Demokratie von unten". Der heute feststellbare weitgehende Verlust von Visionen und die institutionelle Anpassung bedingen sich gegenseitig: je mehr sich alternative Kommunalpolitik an den gewöhnlichen Betrieb anpaßt, desto störender wirken Leitbilder; je weniger Leitbilder virulent sind, desto leichter fällt das Agieren in den kleinteiligen und versachlichten Strukturen der Kommunalpolitik.

Strukturelle Entwicklungen alternativer Kommunalpolitik

Radikale Veränderungswünsche und Konzeptionen sind aus der alternativen Kommunalpolitik weitgehend verschwunden, zumal die von den Grünen geforderte Stärkung der kommunalen Ebene und eine Ausweitung der Beteiligungsrechte nicht eingetreten ist. Gleichzeitig wird ein Utopieverlust unter dem Motto "Von der großen Utopie zur kleinen Anfrage" konstatiert (vgl. Roth 1993 a). Die Öffnungen der institutionellen Politik halten sich in engen Grenzen und sind, was ihre Absicherung etwa durch Beteiligungsrechte angeht, eher rückläufig. Die institutionellen Errungenschaften alternativer Kommunalpolitik wie Umweltdezernate, Umweltbeauftragte, Energiebüros, Selbsthilfekontaktstellen, Frauenbüros, Frauenhäuser können als vorzeigbare Erfolge gelten. Ihre Ausstattung, Kompetenz sowie ihre Anbindung ermöglichen eine Professionalisierung, bieten Zugang zu Ressourcen und sorgen für Kontinuität. Grüne Kommunalpolitik mit ihrer Teilhabe am institutionellen Rahmen ist ein fester Bezugspunkt für neue soziale Bewegungen und Bürgerinitiativen geworden. Diesen Bewegungen verhelfen Grüne in den Räten gelegentlich zu Stimme und gewährleisten eine Kontinuität, die diese selbst nicht zu leisten vermögen. Damit ist zumindest partiell und von Ort zu Ort verschieden der Anspruch, Sprachrohr oder verlängerter Arm der Bewegung zu sein, eingelöst worden.

Seit dem Einzug in die Kommunalparlamente wird die politische Arbeit der GRÜNEN von den Parlamenten dominiert. Partei- und Initiativenarbeit ist die Sache von wenigen geblieben. Damit konnten die basisdemokratischen Ansprüche nicht eingelöst werden. Die Ratsfraktionen dominieren die lokale Parteiorganisation, blieben meist ohne parteipolitisches Gegengewicht. Im Mittelpunkt der Arbeit der Ratsfraktionen stehen natürlich die Anforderungen aus der parlamentarischen Praxis. Folge dieser Parlamentarisierung ist, daß Verwaltungshandeln einen prägenderen Bezugspunkt grün-alternativer Kommunalpolitik darstellt als die Vorgaben von Partei und lokaler Bewegung. Partizipationseffekte, die von grüner Kommunalpolitik ausgehen, sind eher gering einzuschätzen. Dies gilt für die innerparteiliche Demokratie genauso wie für die Wirkung in die Gesellschaft. Das Aktivistenpotential bleibt meist unter sich, gefördert wird nur die Partizipation eines gleichbleibenden Initiativennetzwerks mit den dazugehörigen Interessen. Allerdings wird durch die Parlamentsarbeit und die damit verbundene Institutionalisierung auch ein starker Orientierungsdruck zu pragmatisch umsetzbaren Alternativen ausgeübt. Trotzdem ist ein wesentliches Verdienst grüner Kommunalpolitik sicherlich darin zu sehen, daß sie den politischen Prozeß für ausgegrenzte oder benachteiligte Gruppen und deren Inhalte geöffnet hat und gleichzeitig kleine Konzessionen für diese Klientel aushandeln konnte.

Alternative Kommunalpolitik ist eine Sache der vor Ort Engagierten und ihres fachwissenschaftlichen Umfeldes. An diesem Sachverhalt hat sich wenig verändert. Der vorherrschende Pragmatismus drückt sich in einem Programm- und Strategiedefizit einerseits und hoher Ressortkompetenz andererseits aus. "Professionelle Alternativen mit Machbarkeitsnachweis und politischen Umsetzungschancen sind der eigentliche Wachstumsbereich alternativer Kommunalpolitik" (Roth 1993 a). Auch die Arbeit der kommunalpolitischen Vereinigungen (KPV) spiegeln diese Form der Professionalisierung: Der Schwerpunkt der bisherigen Tätigkeit der KPVen liegt in der Wahrnehmung von Dienstleistungsfunktionen für die Mitgliedsfraktionen, weniger in einer politischen Initiativfunktion. Bildungsarbeit und Beratungstätigkeit zur Weiterentwicklung von fachpolitischem Know-how und Konzepten stehen hier im Vordergrund. Durch ihren Parlamentarisierungs- und Professionalisierungstrend hat grüne Kommunalpolitik jedoch gleichzeitig dafür gesorgt, daß lokale Interessen, die im außerparlamentarischen Rahmen verbleiben und sich nicht einbinden lassen, als völlig weltfremd, utopisch und nicht mehr vertretbar gelten — praktisch als jenseits des Horizontes einer halbwegs vernünftigen Politik.

Bündnis- und Oppositionspolitik

Der Normalfall grüner Kommunalpolitik ist, als Minderheitsfraktion in der Opposition zu sein. Die Oppositionsbänke sind hart und führen vielfach zu Frustration und Resignation, weil Arbeit und Erfolg oft nicht in einem angemessenen Verhältnis zueinander stehen. Andererseits bieten sich für Grüne auch in dieser Rolle Handlungsmöglichkeiten, die nicht unterschätzt werden sollten. Die Strategie setzt u.a. auf Fehler der Etablierten, die — ausgelöst durch Machtarroganz und/oder den örtlichen Filz — gar nicht selten sind. Selbst die einstmals sicheren 60%-Mehrheiten der SPD im Ruhrgebiet oder der CSU in Bayern bröckeln inzwischen aufgrund tiefgreifender sozialer und politischer Veränderungen. Gerade bei einer jahrzehntelangen Herrschaft einer Partei hat sich der Filz und die Machtarroganz häufig so unerträglich ausgeweitet, daß dies immer wieder Anlässe für eine erfolgreiche Oppositionspolitik liefert. Die Oppositionsrolle wird auch dann sinnvoll genutzt, wenn Bündnis 90/DIE GRÜNEN versuchen, in wichtige gesellschaftlichen Diskussionen die Meinungsführerschaft zu übernehmen. Ein parlamentarischer Ausdruck davon ist, wenn zuvor abgelehnte grüne Vorstöße in modifizierter Form von den Mehrheitsfraktionen als eigene Anträge wieder eingebracht werden. Auch dies ist eine Wirkungsweise oppositioneller grüner Kommunalpolitik.

Eine Oppositionsstrategie lebt von einer Kooperation mit kompetenten örtlichen BündnispartnerInnen und setzt Impulse durch eine intensive Öffentlichkeitsarbeit, die grün-alternativen

Fraktionen wiederum leichter fällt als den örtlichen Initiativen. Ziel einer solchen Vorgehensweise ist es, Druck auf die herrschenden Parteien und die Verwaltung auszuüben und deren Glaubwürdigkeit grundsätzlich in Frage zu stellen. Dabei ist es wichtig, Schwerpunkte des eigenen Handelns zu setzen und eine Kampagnenfähigkeit zu erreichen. Der Vorteil der Oppositionsstrategie liegt darin, ohne Korrumpierung durch Machterwerb im freien Spiel der örtlichen Kräfte agieren zu können.

Rot-grüne Bündnisse spielen demgegenüber eine geringere Rolle, obwohl sie häufig als das strategische Patentrezept diskutiert werden. Bestimmte Probleme alternativer Kommunalpolitik in der Opposition treten unter den widrigen Umständen rot-grüner Bündnisse schärfer zutage; auch deshalb lohnt eine Beschäftigung mit dieser Strategie. Die über Sach-, Personal- und Haushaltsvereinbarungen definierte Zusammenarbeit von Bündnis 90/DIE GRÜNEN und SPD wird von vielen Akteuren wie auch von der Öffentlichkeit als eine Regierungskoalition wie auf Landes- und Bundesebene mißverstanden. Diese Gleichsetzung ist falsch, weil in der Kommune keine klare Trennung zwischen Exekutive und Legislative vorliegt, die Kommunen keine Gesetze beschließen können und in ihrem Finanzgebaren stark von Bund und Land abhängig sind. Dennoch kann ein rot-grünes Kommunalbündnis, ein Mindestmaß an politischer Übereinstimmung vorausgesetzt, ein geeignetes Mittel sein, grüne Ziele materiell besser durchzusetzen oder diese schärfer und mit größerer Resonanz darzustellen, sei es in harmonischer oder konflikthafter Zusammenarbeit mit der SPD. Damit liegen die Vorteile rot-grüner Bündnisse auf der Hand. Ihre Nachteile werden jedoch zu wenig beachtet, obwohl diese gravierend sein können:

o Wird ein rot-grünes Programm durchgehalten und nicht beim ersten Gegenwind fallengelassen, sind die Widerstände aus verschiedenen gesellschaftlichen Gruppen so erheblich, daß die Basis für "Rot-Grün" schwindet und die Mehrheit hierfür oft bereits bei der nächsten Kommunalwahl verlorengeht. Durch rot-grüne Kommunalbündnisse werden die Privilegien bzw. Interessen gewichtiger Gruppen beschnitten: Wer eine konsequente Verkehrs- oder Umweltpolitik gutheißt, lehnt möglicherweise die frauenpolitischen Ziele eines rot-grünen Bündnisses rundweg ab. Die Sympathie gegenüber Einzelforderungen darf nicht mit der Unterstützung einer rot-grünen Politik im gesamten verwechselt werden. Selbst eine Anpassung an diese Widerstände mit Abschleifen verschiedener Ecken und Kanten grüner Programmatik und Konzentration auf Ziele mit weniger Widerspruchspotential — eine fragwürdige Konsequenz — ist keine Garantie für den Wahlerfolg.

o Rot-grüne Bündnisse stehen unter einem enormen Erfolgsdruck, sichtbare Resultate werden verlangt. Angesichts der Einbindung der Kommune in Landes- und Bundespolitik ist diese Bedingung nur schwer zu realisieren. Durch die seit der deutschen Vereinigung veränderte politische Lage (mit verschlechterten Kräfteverhältnissen und dem Vorrang anderer Interessen) sind ökologische und soziale Themen ins Hintertreffen geraten; die breite Zustimmung für ein Projekt des sozialen und ökologischen Stadtumbaus muß, soweit diese je vorhanden war, erst wieder gewonnen werden.

o Rot-grüne Bündnisse können auch auf die eigene Anhängerschaft problematische Auswirkungen haben. Durch die Verwechslung der parlamentarischen Zusammenarbeit mit einem "Mitregieren" setzt sich schnell der Eindruck fest, die Ziele alternativer Kommunalpolitik ließen sich ohne außerparlamentarisches Zutun realisieren. Die reformistische Illusion "Die StellvertreterInnen machen das schon" kommt voll zum Tragen. Gleichzeitig führt dies dazu, daß in der grünen Mitgliedschaft und der Initiativenszene eine oppositionelle Kultur austrocknet; es schwindet die Einsicht in die Notwendigkeit, ein politisches Bündnis außerhalb des Rathauses zu schmieden.

o Je stärker grüne Fraktionen in rot-grüne Bündnisse involviert sind, desto realpolitischer und pragmatischer agieren sie. Beteiligung an der Verwaltung muß zu keiner konsequenteren Umsetzung grüner Politikinhalte führen. Im Gegenteil besteht eher die Gefahr, daß sich Denk- und Politikansätze des "grünen Verwaltungsteils" innerhalb der Partei durchsetzen. Als politikbestimmend kommen auch die ganz persönlichen Interessen an der Erhaltung der eigenen Position ins Spiel. Dies ist nicht nur eine Frage persönlicher Integrität, sondern ein strukturelles Element des Parlamentarismus.

Mit der Begründung, eine langjährige SPD-Betonpolitik ablösen zu wollen, sind in einigen Kommunen auch schwarz-grüne Bündnisse geschmiedet worden. Die meisten davon sind jedoch bereits nach kurzer Zeit aus naheliegenden Gründen wieder auseinandergebrochen, wenn sich in gesellschaftspolitischen Fragen Konflikte zuspitzten. Gerade in den Bereichen, in denen Bündnis 90/DIE GRÜNEN die Unbeweglichkeit der SPD beklagen (z.B. Stadtentwicklung und Verkehr), ist bei der CDU/CSU als wirtschaftshöriger Partei noch weniger Zustimmung zu finden. Hinzu kommt, daß die Verwaltung weiter von der SPD dominiert wird und der kommunale Apparat so noch schwerer umzusteuern ist, als dies in einem rot-grünen Bündnis schon der Fall ist.

Aktuelle Rahmenbedingungen untergraben die Basis alternativer Politik

Daß die Kommunalpolitik durch den Widerspruch zwischen schwachen Entscheidungsmöglichkeiten und hohen Erwartungen der BürgerInnen gekennzeichnet ist, ist nicht neu. In wesentlichen Bereichen sind jedoch seit Ende der 80er Jahre die eigenständigen Handlungsmöglichkeiten der Kommunen durch institutionelle Änderungen eingeengt worden, am deutlichsten in der Sozial- und Umweltpolitik. Besonders augenfällig wird dies in der Abfallpolitik (DSD): Der Bund tut nichts gegen die Müllflut, die Kommunen ohne echte Kompetenzen bei der Vermeidung müssen die Entsorgungsanlagen durchsetzen und fungieren gegenüber dem Protest der BürgerInnen als "Blitzableiter". Die Opposition auf der kommunalen Ebene wird auch durch das Investitionserleichterungsgesetz und ähnliche "Verfahrensrechte-Beschneidungsgesetze" untergraben. Das bedeutet, daß der "störende" demokratische Spielraum kommunaler Politik in der Wirtschaftskrise immer mehr eingeengt wird und somit eine alternative Kommunalpolitik kaum noch zum Zuge kommen kann.

Die Rahmenbedingungen von Kommunalpolitik haben sich auch durch den Beitritt Ostdeutschlands wesentlich geändert. Naheliegend ist, daß durch die Öffnung nach Osten sich die Gewichte der Regionen im Westen auch untereinander verschoben haben und neue Infrastrukturaufgaben für die Kommunen erwachsen sind. Daß Deutschland jetzt wie andere europäische Staaten einen "Süden" hat, ist für die Kommunalpolitik jedoch von weit grundlegenderer Bedeutung: Erstens resultieren aus den innerstaatlichen Wanderungsbewegungen neue Anforderungen für die Kommunalpolitik; zweitens ist das Postulat der Einheitlichkeit der Lebensbedingungen auf absehbare Zeit außer Kraft gesetzt, auch mit Rückwirkungen auf den Westen; und drittens lassen sich mit der Notwendigkeit der Entwicklung des Ostens geschickt politische Experimente legitimieren, die soziale Standards und die Rechte der BürgerInnen im weitesten Sinne reduzieren. Der Schauplatz für diese Vorhaben ist nicht zuletzt die Kommune.

Die genannten Tendenzen der Deregulierung verbinden sich mit dem kräftigen und alle Staatsebenen durchziehenden Trend der Privatisierung dahingehend, daß die Kompetenzen der kommunalen Vertretungskörperschaften, insbesondere der parlamentarischen Opposition, und die Partizipationsrechte der BürgerInnen ausgehebelt werden. Namentlich die Privatisierung im Abfallsektor führt dazu, daß die großen Energieversorgungsunternehmen einen weiteren Bereich kommunaler Daseinsvorsorge monopolistisch unter sich aufteilen. Die Frage, wo angesichts dessen die kommunale Selbstverwaltung bleibt, ist unabweisbar.

Die ohnehin nur noch geringen Möglichkeiten der Selbstverwaltung werden auch durch die europäische Integration gefährdet. Die ökonomische Integration stellt die Kommunen vor die Herausforderung, sich regional zusammenzuschließen, weil sie im größeren ökonomischen und politischen Raum als einzelne Kommune untergehen. Zwar ergeben sich aus diesem europäischen Trend auch Chancen, andererseits bedeutet die europäische Integration eine stärkere "Fremdsteuerung": Finanzierungsprogramme bestimmen die politischen Inhalte, und europaweite Infrastrukturplanungen drängen alternative regionalpolitische Ziele endgültig ins Abseits. Schließlich offenbart die Kompetenzverteilung in der EU, daß die Kommunen vom Wohlwollen der Länder abhängig sind.

Auch bei der Neuverteilung der Finanzen zwischen den verschiedenen Staatsebenen spielen die Kommunen die Rolle des Anhängsels (Solidarpakt, Förderales Konsolidierungsprogramm). Die tiefste Finanzkrise mindestens seit Beginn der 80er Jahre, wenn nicht überhaupt seit Gründung der BRD, ist der Türöffner für die Modernisierung des öffentlichen Sektors. Schon seit Jahrzehnten mit reformerischem Anspruch vorgetragene Veränderungswünsche werden jetzt unter dem Diktat knapper Kassen und der Verbesserung des Standorts Deutschland aufgegriffen, drohen aber zu einer reinen Ökonomisierung zu verkommen. Schließlich beginnt unter den Vorzeichen der Krise öffentlicher Finanzen und einer Zahl von tatsächlich ca. 6 Mio. Erwerbslosen eine Entwicklung, in der die Kommunen zum wichtigsten Akteur von Politik bezüglich Erwerbsloser und Armer avancieren: Die finanziellen Kosten der Erwersblosigkeit werden qua Sozialhilfe kommunalisiert. Die geltenden und die drohenden Formen repressiver "Beschäftigungspolitik" (vor allem die Arbeitspflicht und Gemeinschaftsarbeit für SozialhilfeempfängerInnen bzw. Erwerbslose) werden von Kommunen ausgeführt und ausgestaltet; außerdem beeinflussen die Kommunen in vielfältigen Beziehungen (Zuschüsse, Programme, Vergaben) zu freien Trägern, Verbänden und Initiativen die Lebensbedingungen von Erwerbslosen. Der häufig beschworene finanzielle "Zwang" zum Sozialkahlschlag existiert dabei in der Regel nur als willkommenes Argument für eine anvisierte Entsolidarisierungspolitik. Die Gemeinden haben also maßgeblichen Anteil daran, ob Kommunalpolitik durch solidarische oder ausgrenzend-repressive Elemente geprägt wird.

Fazit

Ohne Zweifel — alternative Kommunalpolitik kann Erfolge aufweisen. In vielen Bereichen besitzen Grüne/Alternative/Bürgerbewegte die eindeutige Meinungsführerschaft; die Wahlerfolge dokumentieren dies eindrucksvoll. Ein wesentliches Verdienst alternativer Kommunalpolitik ist weiterhin, eine zeitgemäße Organisationsform der kommunalen Umweltverwaltung durchgesetzt zu haben. Dabei nutzte sie die Freiräume, die bei der Etablierung dieses in allen Gebietskörperschaften angesiedelten neuen Politikfeldes lagen, für lokale Experimente mit überörtlicher Ausstrahlung. Im Umweltbereich wurden auch, verglichen mit anderen Bereichen, die meisten greifbaren Erfolge erzielt. Durch andere Programmelemente mit grundsätzlichem Charakter und griffigen Forderungen wurden wichtige gesellschaftliche Diskussionen angestoßen. Indem die etablierten Parteien alternative Inhalte und Stilmittel gelegentlich kopierten, wurde dieses attraktive Moment der grünen Kommunalpolitik jedoch teilweise neutralisiert. Manche innovativen Konzepte wurden zwar übernommen, jedoch aus ihrem Kontext gerissen und ihrer kritischen Spitze beraubt.

Im allgemeinen liegen die materiellen Pluspunkte alternativer Kommunalpolitik weniger in der Gestaltung — dies lassen die Restriktionen für Kommunalpolitik kaum zu — als in der Blockade bestimmter infrastruktureller Entwicklungen. Gerade weil der Alltag und Normalfall alternativer Kommunalpolitik das Oppositionsdasein ist, sollte ihr in vielen Gemeinden geleisteter Beitrag zur Förderung lokaler demokratischer Strukturen und zum Entstehen und Schützen einer oppositionellen Kultur nicht geringgeschätzt werden. Der Rechtsruck der letzten Jahre läßt befürchten, daß diese Aufgabe demnächst noch wichtiger wird. Diagnostiziert wird das Risiko einer nachholenden Restauration, von deren Radikalität die städtischen Konsolidierungsprogramme seit 1993 ein erstes Zeugnis ablegen. Diesem Trend muß eine Fortführung einer Reformpolitik in den Nischen der Politikverflechtung entgegengehalten werden. (vgl. Kapitel "Sozialpolitik")

Den "Aufbau Ost" als Rechtfertigung heranziehend, demontiert die politische Mehrheit im Bundestag Säulen des Planungsrechts und baut dadurch Rechte einzelner Individuen als auch Körperschaften wie der Kommunen ab. Die Handlungsgrundlagen alternativer Kommunalpolitik verändern sich auch in materieller Hinsicht: eine Welle der Gründung halbstaatlicher und gemischtwirtschaftlicher Organisationen ("Public-private-partnership", Privatisierung), die der öffentlichen Kontrolle und der durch Wahlen beeinflußbaren Politik weitgehend entzogen sind, beinhalet eine Tendenz zur Entdemokratisierung des lokalen Staates (vgl. Kapitel "Privatisierung). Trotzdem findet das geflügelte Wort "Die Krise als Chance nutzen" auch unverständliche Zustimmung innerhalb der GRÜNEN. Die Formel hat eine irrationale Attraktivität, erlaubt sie doch das "Weiterwursteln" trotz deprimierendem Handlungsrahmen. Aber worauf beschränkt sich denn das Suchen nach Alternativen in der Krise? In ein Korsett betriebswirtschaftlichen Denkens gepreßt, werden völlig unkritisch Kriterien von Organisationseffizienz auf alles draufgestülpt — ohne der Frage zu stellen, wem dies nützt oder schadet. Politische Ziele und Inhalte gehen so in betriebswirtschaftlicher Borniertheit unter, fachliche Positionen werden geopfert.

Vor diesem Hintergrund ist eine klare Ziel- und Schwerpunktsetzung alternativer Kommunalpolitik notwendig. Gegen die Zersplitterung in Teilprogramme und das Untergehen in den versachlichten Strukturen der Kommunalpolitik hilft nur ein reformerisches Gesamtkonzept eines sozialen und ökologischen Stadtumbaus, das Leitbilder von Stadtentwicklung enthält und mit einem Kampf um kulturelle und politische Hegemonie verbunden sein muß. Dies setzt auch das Eingeständnis voraus, daß die gesellschaftliche Basis für ein Konzept der sozialen und ökologischen Stadtentwicklung wieder rekonstruiert werden müßte. Dabei müßte diese Politik als Reflex auf die wachsende Entsolidarisierung der Gesellschaft stärker als in den 80er Jahren sozialpolitische Interessen aufgreifen.

Literatur

Engel, A.: Basisbezug in der Kommunalpolitik, in: "Aus Politik und Zeitgeschichte" 25/1990
Häußermann, H.: Lokale Politik und Zentralstaat. Ist auf kommunaler Ebene eine alternative Politik möglich? in: Heinelt, H./Wollmann, H. (Hg.): Brennpunkt Stadt, Basel/Boston/Berlin 1991, S. 52ff
Häußermann, H./Siebel, W.: Neue Urbanität, Frankfurt/M. 1987
Korte, H.: Zukunft der Städte — Wird die Peripherie zum Ghetto der Stadt?, in: "Demokratische Gemeinde" 6/1993, S. 12ff
Kostede, N.: Die Grünen im Rathaus — Anstifter zum Themenklau, in: "Frankfurter Rundschau", 23.9.1989
Kostede, N.: Rot-grüne Bündnisse — Ein Gewinn, wenn Augenmaß und Kompromißfähigkeit im Spiel sind, in: "Demokratische Gemeinde" 3/1989, S. 28ff
Lommer, H./Rieß, J.: Alternative Wahlbewegung und Grüne Kommunalpolitik, in: Pohl, W. u.a.: Handbuch für alternative Kommunalpolitik, Bielefeld 1985, S. 9ff
Raschke, J.: Die Grünen — Wie sie wurden, was sie sind, Köln 1993
Roth, R.: Grüne als Kommunalpartei, in: Raschke: Die Grünen — Wie sie wurden, was sie sind, Köln 1993 a, S. 774-789
Roth, R.: Lokale Demokratie "von unten", in: Roth, R./Wollmann, H. (Hg.): Kommunalpolitik — Politisches Handeln in den Gemeinden, Bonn 1993 b, S. 228ff
Schiller-Dickhut, R.: Konzepte und Strategien "alternativer Kommunalpolitik", in: Roth, R./Wollmann, H. (Hg.), a.a.O., S. 314ff
Schiller-Dickhut, R./Winter, M./Hoplitschek, E.: Alternative Stadtpolitik — Grüne, rote und bunte Arbeit in den Rathäusern, Hamburg 1981

AKP-Artikel zum Thema

Fülberth, G.: Kommunalpolitik und Sozialismus? (in AKP 4/92, S. 59-63)
Schaller, T.: Aus dem Alltag eines Dezernenten (in AKP SH 8, S. 57-58)
Schiller-Dickhut, R.: Zwischenbilanz der Umweltdezernate (in AKP SH 8, S. 59-60)
Podiumsdiskussion auf dem Kommunalpolitischen Kongreß in Leipzig 1991: Visionäre in Verantwortung (in Kongreß-Dokumentation S. 47-55)
Schaller, T.: Aus dem Innenleben des Rathauses (in Kongreß-Dokumentation S. 16-18)
Tiefenbach, W.: Rotation und Negativ-Qualifikation (in AKP 6/90, S. 24-26)
Diverse AutorInnen im Schwerpunkt "10 Jahre in den Rathäusern — Rödeln, Routine, Ratlosigkeit" (in AKP 3/89, S. 23-63)

Gerald Munier

Historische Wurzeln der kommunalen Selbstverwaltung in Deutschland

Die gegenüber anderen europäischen Staaten eigenartige Situation, daß in Deutschland der Gemeinde per Verfassung ein "Recht zur Selbstverwaltung" eingeräumt wird, sie als unterste Ebene der Staatsorganisation aber in vielfältiger Weise von Bund und Ländern abhängig ist, hat eine historische Vorgeschichte. Diese zu kennen, wäre für KommunalpolitikerInnen wichtig, nicht nur, um besser die ideologischen Grundlagen der Selbstverwaltung im Prozeß der Genese des bürgerlichen Nationalstaates begreifen und kritisch hinterfragen zu können. Hinzu kommt, daß sich zahlreiche Besonderheiten der parteipolitischen Entwicklung in Deutschland, der Strategiebildung der Parteien und der Kämpfe um die spezifischen Inhalte der kommunalen Selbstverwaltung sowie letztlich deren Funktionalität für das staatliche Ganze nur verstehen lassen, wenn die historischen Wurzeln im Blickfeld sind.

Mit der Einrichtung der kommunalen Selbstverwaltung, ausgehend von der Preußischen Städteordnung (1808), wurden wichtige Voraussetzungen für den Prozeß einer freien Entfaltung des Kapitalismus und der Auflösung feudaler Strukturen geschaffen, auch wenn dies nicht unbedingt die Intention aller daran Beteiligten gewesen sein mag. Der monarchistisch-absolutistische Staat Preußen setzte zu Beginn des letzten Jahrhunderts eine Reforminitiative — die sog. "Stein-Hardenberg'schen Reformen" — in Gang, über deren ursächliche Motivation hier nur ein paar Stichworte genannt werden können: Preußen war nicht mehr in der Lage, die hohen, kriegsbedingten Kontributionen an das napoleonische Frankreich zu zahlen; die ökonomisch katastrophalen Folgen der Kontinentalsperre, durch welche der deutsche Absolutismus sämtliche ausländischen Märkte für seine Getreide- und Textilproduktionen einbüßte, zwangen den Staat allmählich in die Knie und ließen um dessen Geltung im Karussel der europäischen Großmächte fürchten. Am Beispiel der Roheisenproduktion als Indikator läßt sich ermessen, wie weit der industrielle Entwicklungsstand vorangeschritten war: England produzierte noch 1850 mit 2,3 Mio. t Roheisen ein Vielfaches der deutschen Kapazität, die nur bei 0,2 Mio. t lag (Frankreich immerhin 0,4 Mio. t). Das Reich war also wirtschaftsstrukturell und in seiner politischen Verfaßtheit bereits ins Hintertreffen geraten und suchte nach Lösungsmöglichkeiten für einen nationalen Aufschwung. So wurde "von oben" ein Reformwerk, zu dem nicht nur die Städteordnung von 1808, sondern auch die Bauernbefreiung von 1807 sowie die 1810 erlassene Gewerbefreiheit zu zählen wären, angestoßen. Da nicht initiiert und durchgesetzt vom Bürgertum gegen den Feudalstaat, sondern unter dessen Federführung stattfindend, versetzte es den Staat in die Lage, im Verlauf des 19. Jahrhunderts Teile der entstehenden Bourgeoisie mit dem Adel zu verschmelzen.

Dies war ein gewichtiger Grund, weshalb in Deutschland eine bürgerliche Revolution unterblieb. Die Bauernbefreiung hatte zur Folge, daß aus den Erbuntertänigen massenhaft landlose Freie wurden, die ihre agrarische Existenzgrundlage verloren und sich als Tagelöhner in der Stadt verdingen mußten. Die Bevölkerung auf dem Gebiet des späteren Deutschen Reichs verdoppelte sich im Verlauf des 19. Jh. von 24 Mio. (1800) auf 56 Mio. (1900), dabei verschob sich der Anteil der Landbevölkerung von mehr als 75% zu Beginn auf weniger als 40% am Ende des Jahrhunderts. Mit der Durchsetzung der Gewerbefreiheit wurden die an Zünfte gebundenen Konzessionen, Privilegien, Produktionsvorschriften und arbeitsrechtlichen Regelungen hinfällig, was zur Vernichtung vieler handwerklicher Existenzen sowie zum Ende der Manufakturproduktion führte. Dies wurde zu einer weiteren Voraussetzung für den Siegeszug der kapitalistischen Produktionsweise. Die Städteordnung mit dem Kernpunkt einer kommunalen Selbstverwaltung rundete die Reformidee des preußischen Staatswesens ab, indem sie die Bürgerschaft auf eine wirksame Teilnahme an der Verwaltung — mit neuen Rechten, aber auch Pflichten — festlegte.

Im Mittelalter waren die Städte zumeist von einem Rat aus Patriziern und Zünften regiert worden, der keine Legitimität im demokratischen Sinn besaß, sondern sich aufgrund angeborener Rechte oder willkürlich angeeigneter Machtbefugnisse unter Bezugnahme auf den jeweils vorhandenen Status Quo konstituierte. Die politische Ordnung der Städte — mit eigener Gerichtsbarkeit, Polizei, Gesetzgebung — zerbrach unter dem Einfluß des wirtschaftlichen Niedergangs nach dem Dreißigjährigen Krieg (1618-1648), und die jeweiligen Territorialherren ergriffen die Macht. In Preußen bestimmte der vom Staat bestellte Steuerkommissar das städtische Leben mit einer Fülle von Regeln, die die wirtschaftliche Entfaltung des Bürgertums weitgehend blockierten. Mit den Stein'schen Reformen wurden diese Schranken auch unter der Maßgabe beseitigt, die Disharmonie zwischen König und (städtischem) Volk aufzuheben, was ansatzweise durchaus gelang. Wichtiger noch ist, daß dank kommunaler Selbstregierung die ökonomischen Interessen des Kapitals schließlich über die konservativen Interessen der Handwerkerschaft triumphierten, weil sich prosperierendes Gewerbe und Geschäftserfolg mehr oder minder direkt in eine entsprechende Anzahl von Stadtverordnetensitzen ummünzen ließen, wofür die Regelung eines Dreiklassenwahlrechts verantwortlich war. Damit gediehen im Schoße der Städte trotz der dominierenden politischen Stellung des Adels im Staatswesen die grundlegenden Weichenstellungen für eine unternehmerisch orientierte Wirtschaftspolitik. Auch den restaurativen Tendenzen, die ab 1848 einsetzten, vermochten die einmal eingeschlagene progressive Entwicklung insgesamt nicht mehr zu bremsen, obwohl wieder ein verstärkter Dualismus zwischen Gemeinden, als Repräsentanz des Bürgertums, und dem Staat, als verlängertem Arm der Adelsgesellschaft, auftrat. Schon 1831 war mit der revidierten Städteordnung die obrigkeitsstaatliche Aufsicht erneut ausgeweitet worden, ließ sich aber nicht mehr überall durchsetzen.

Kommunalpolitik im Frühkapitalismus

Dem in der Stadt zunehmend selbstbewußter werdenden Bürgertum wurde in der zweiten Hälfte des Jahrhunderts die ungezügelte Entfaltung des Kapitalismus als "soziale Frage" selbst zu einem Problem mit Regelungsbedarf, weil sich die Arbeiterklasse u.a. wegen mangelnder Hygiene und Ernährung zu dezimieren begann bzw. ihre Tauglichkeit in der Fabrik wegen hoher Krankheitsstände nicht gewährleistet war. So wurde die kommunale Selbstverwaltung zum wesentlichen Träger caritativer Aufgabenbereiche, mit denen sichergestellt werden sollte, daß die Verwertbarkeit der Arbeitskraft im lokalen Umkreis auch bei Krankheit, Unfall, zeitweiliger Arbeitslosigkeit und anderen Widrigkeiten erhalten blieb. Die lokal entwickelten Vorsorgekonzepte wie die Armenunterstützung, der Beitrittszwang zur Krankenkasse, polizeilich verordnete Arbeitspausen etc. (besonders fortschrittlich war hier die Stadt Barmen) bildeten schließlich die Vorstufe zur Bismarck'schen Sozialversicherungsgesetzgebung der 80er Jahre. Gegen Ende des Jahrhunderts stellten Selbsthilfeorganisationen der Arbeiterschaft weitergehende Forderungen an die Sozialkassen, über die in (prä)gewerkschaftlichen Kämpfen entschieden wurde. Als das inzwischen sozialdemokratisch organisierte Proletariat sich politisch vehementer zu artikulieren begann, bildeten sozialpolitische Zugeständnisse immer auch den Versuch der Bürgerlichen, die Arbeiterschaft von weitergehenden demokratischen Rechten auszuschließen.

Bis zur Jahrhundertwende hatte sich die für den Nexus kapitalistischer Produktionsverhältnisse funktionale Trennung von Bürger und Citoyen verfestigt: Als Privatmann ist der Bürger einzig seinem Interesse verpflichtet und bestrebt, es ohne Rücksicht auf Verluste durchzusetzen, als Staatsbürger dem Gemeinwohl — hier also auch dem Erhalt der Arbeitsbevölkerung und der allgemeinen Geschäftsgrundlagen durch kommunale Infrastrukturmaßnahmen, eine funktionierende Energie- und Wasserversorgung, die Beseitigung von Unrat aus Gründen der Stadthygiene, öffentliche Gesundheitsfürsorge und die Errichtung von Verkehrsbetrieben. Politisch abgemildert wurde diese nicht unproblematische "Doppelgesichtigkeit" des bürgerlichen Unternehmerindividuums — einerseits privatkapitalistisch kalkulierendes Subjekt, andererseits ideeller Gesamtkapitalist mit spezifischer Verantwortung für den Erhalt des Arbeiterstandes zu sein — in der Kommune durch das Dreiklassenwahlrecht, welches sich, u.a. mit der darin enthaltenen Hausbesitzerklausel, am wirtschaftlichen Erfolg orientierte. So wurde gerade den erfolgreichsten Fabrikanten und Geschäftsleuten in der Stadt das Sagen eingeräumt.

Stadtverordnetenversammlungen waren dreigegliedert, wobei die oberste Gruppe von den wenigen ganz Reichen gestellt wurde, die mittlere Gruppe immerhin schon über nennenswerten Besitz (z.B. Häuser) verfügen mußte und die unterste Gruppe der wahlberechtigten Kleinbürger mit 2 bis 4 Talern Steuern pro Jahr noch deutlich über dem niederen Volk zu liegen hatte. Von 15.000 erwachsenen, männlichen Bürgern einer Stadt waren unter diesen Verhältnissen vielleicht 1.000 wahlberechtigt und die Abstimmungsinhalte deutlich vom Großbürgertum und den führenden ortsansässigen Unternehmern bestimmt, weshalb auch zu Recht von einer "Diktatur der Bourgeoisie" in den Gemeindeparlamenten bis 1914 gesprochen werden kann. Erst gegen Ende des Jahrhunderts gelang es der Sozialdemokratie, als politischem Vertretungsorgan der Arbeiterklasse, in einigen Städten im unteren Drittel des Ratskörpers Mandate zu gewinnen und damit eigene Positionen in die Stadtverordnetenversammlungen einzubringen.

Kommunale Selbstverwaltung am Ende des Kaiserreichs und zu Beginn der Weimarer Republik

Nach der Steuerreform 1891 und dem Kommunalabgabengesetz 1895 konsolidierte sich das finanzielle Fundament der Städte, die zeitweise einen Anteil von 40% am gesamten staatlichen Steueraufkommen behaupteten (bis 1918 ging der Anteil, in den letzten Jahren kriegsbedingt, jedoch auf 28% zurück). Dadurch war es möglich, viele Dienstleistungen, die bis heute als "öffentlich" (bzw. aktuell wieder als privatisierungsfähig) gelten, in eigene Regie zu übernehmen, nachdem diese zuvor von privater Seite angeboten worden waren oder noch gar nicht existierten. So kam es bis 1918 zu einem gewaltigen Kommunalisierungsschub. In den Mittel- und Führungsebenen städtischer Eigenbetriebe und der Stadtverwaltung bildete sich eine Elite heraus, die es im feudal beherrschten Staatsapparat nicht weit bringen konnte und daher hochmotiviert war, ihr kommunales Betätigungsfeld auszuweiten. Diese tonangebende Schicht in den Kommunalverwaltungen war bestrebt, über immer mehr Bereiche wie Straßenbeleuchtung, Stadthygiene, Energieversorgung und Nahverkehr eine öffentliche Kontrolle zu gewinnen. Gelang es, deren preisliche Gestaltung so attraktiv zu machen und gleichzeitig ihre Betreibung so effektiv zu organisieren, daß dagegen das Privatkapital noch nicht konkurrenzfähig war, u.a. auch, weil es den immens hohen Kostenvorschuß nicht bewältigen konnte, so fielen diese Wirtschaftssektoren aus der Verfügungsgewalt Privater wieder heraus oder waren von vornherein in gemeindlicher Obhut. Dies stärkte die gesellschaftliche Macht der bürgerlichen Mittelschicht in den Kommunalverwaltungen und -betrieben.

Die kontrollierte Ausweitung des öffentlichen Aufgabensektors und städtischen Besitzes (z.B. durch gezielte Aufkäufe von Rittergütern verarmter Adliger), für die viele Fabrikanten, die Kaufmannschaft und ein Gros der Beamten und Angestellten votierten, formierte sich politisch als "Munizipalsozialismus", d.h. als Strömung, die in einer wachsenden Ausdehnung der (kommunalen) Staatstätigkeit den Garanten für einen friedlichen Übergang ins Industriezeitalter sah. Ausgangspunkt hierfür mußte die Kommune solange sein, wie auf zentralstaatlicher Ebene der Adel das Sagen behielt. Die Kommune hatte durch den Besitz öffentlicher Betriebe die Grundversorgung der Industrie und Einwohnerschaft in dem Umfang zu leisten, wie es die Existenzsicherung des Arbeiterstandes und der Expansionsdrang des freien Unternehmertums geboten. Darüber hinaus war den Vertretern dieser Strömung, wie z.B. dem "Verein für Socialpolitik", vielfach auch ein christlich-caritatives Anliegen zu eigen, durchaus im Eigeninteresse, um nämlich dem Proletariat und seinen Organisationen der revolutionäre Spitze zu brechen. Insofern ist der denunziatorischer Kampfbegriff von rechts eingebrachte Titel des "Munizipalsozialismus" ein Vorwurf an dessen Verfechter, der ihrem Anliegen keineswegs gerecht wurde. Ihnen ging es mit der Gründung städtischer Betriebe nicht um die Vorstufe einer sozialistischen Gesellschaftsordnung, sondern um die möglichst allseitige Absicherung der privatwirtschaftlich-industriellen Entwicklungsbedingungen. Anders stellte sich dieser Prozeß freilich aus der parteipolitischen Warte der Sozialdemokratie dar.

Kommunalpolitik aus der Sicht von "links"

Das Dreiklassenwahlrecht als eine vom städtischen Bürgertum lebhaft begrüßte Hemmschwelle für den Eintritt sozialdemokratischer Kreise in die Kommunalpolitik sorgte selbst zu einer Zeit, als die SPD schon stärkste Fraktion im Reichstag (1912) war, noch dafür, daß Arbeitnehmervertreter in der kommunalen Selbstverwaltung nicht recht Fuß fassen konnten. Hinzu kam aber auch eine über lange Jahre währende Ablehnung jeglichen kommunalpolitischen Engagements auf seiten der Linken. Aus den Ereignissen um die Pariser Commune (1871) hatte lediglich der anarchistische Flügel der Arbeiterbewegung revolutionstheoretisch die Konsequenz gezogen, von der Kommune als strategischer Basis ausgehend den Zentralstaat angreifen zu müssen, um ihn dereinst ganz abschaffen zu können. Dieser Flügel unterlag aber im Verlauf der 70er Jahre innerhalb der Arbeiterbewegung in den meisten europäischen Ländern.

Die Sozialdemokratie, die 1868 ihr erstes Kommunalmandat errang, maß der Gemeindepolitik anfangs keine sonderliche Bedeutung zu, da sie diese Ebene für nebensächlich hielt und der Meinung war, dort nichts am Klassencharakter des Staates verändern zu können. Dafür sprach einiges; z.B. hatte der württembergische König, nachdem 1877 in Eßlingen der Sozialdemokrat Wilhelm Morlock zum Bürgermeister gewählt worden war, diesen flugs abgesetzt und den unterlegenen bürgerlichen Kandidaten in den Sessel des Stadtoberhauptes gehievt. In Proklamationen und auf Programmparteitagen wie erstmals dem von "Erfurt" (1891; dann 1900 auf dem I. Internationalen Sozialistenkongreß in Paris und 1904 beim Bremer SPD-Parteitag) findet sich zwar schon die Forderung nach kommunaler Selbstverwaltung, sie bleibt aber inhaltsleer und außerhalb gesamtstrategischer Überlegungen der sozialdemokratischen Partei. Erst im Zuge der theoretischen Entwicklung des "Revisionismus" griff Eduard Bernstein den Gedanken einer ständig erweiterten Kommunalisierung von Betrieben auf und proklamierte dies als einen Mechanismus, der im Selbstlauf zum Siegeszug über den kapitalistischen Wirtschaftssektor führen würde. Daß es durchaus im Interesse des Kapitals lag, die Kosten für bestimmte Infrastrukturmaßnahmen und kommunale Versorgungseinrichtungen zunächst der gesamten Gesellschaft aufzubürden, weshalb auch viele Liberale in den ersten beiden Jahrzehnten des 20. Jh. vehemente Parteigänger einer Munizipalität waren, irritierte den sozialdemokratischen Theoretiker nicht weiter und erleichterte machtpolitisch den Durchmarsch dieser Orientierung in der SPD. Folgerichtig war es der rechte Parteiflügel, aus dem sich die Masse der Kommunalparlamentarier rekrutierte.

SPD und KPD

Zu Beginn des Ersten Weltkriegs zählte die SPD rund 12.000 Gemeindevertreter in 523 Städten und 2821 Landgemeinden, die aber durch die geltende Rechtsordnung noch stark gegängelt wurden. Mehr ins Gewicht fiel daher gegen Ende der wilhelminischen Zeit, daß annähernd 100.000 Sozialdemokraten und Gewerkschafter in den städtischen Arbeitslosenkommissionen, Wohnungsbauämtern, Armenstationen und Arbeitsnachweisstellen tätig waren. Sie bildeten das Rückgrat einer Kommunalbürokratie, die 1918 erfolgreich den revolutionären Arbeiter- und Soldatenräten trotzte. Mit der Einführung des allgemeinen und gleichen Wahlrechts auch in der Kommune (1918) und den unter SPD-Staatshoheit erfolgenden steuerlichen Einengungen des kommunalen Handlungsspielraumes erwies sich die SPD in der Kommunalpolitik als Stabilisator gegen links und eröffnete bürgerlich-reaktionären Kreisen mittelfristig wieder eine Rückkehr auf alle Positionen der staatlichen Bürokratie. Bei den drei Kommunalwahlen in der Weimarer Ära, verstärkt ab 1924, arbeitete die SPD konsequent mit den bürgerlich-demokratischen Parteien gegen die KPD (bzw. USPD) zusammen und diente diesen, z.B. bei der Bürgermeisterwahl in Berlin, als Mehrheitsbeschaffer gegen sozialistische Kandidaten.

Die KPD, die die Bedeutung des reformistischen Kurses der SPD als gezielte innerlinke Obstruktionspolitik und Begünstigung eines Wiedererstarkens rechter Parteien nicht sofort begriffen hatte, schwenkte in den Jahren 1921-1924 zunächst auf eine strategische Linie ein, die der Kommunalpolitik eine größere Wichtigkeit beim Kampf um die Massen beimaß. Zuvor war im Gefolge von Rosa Luxemburg kommunales Politikengagement als Kirchturmspolitik und "Gas- und Wassersozialismus" abgelehnt bzw. sogar lächerlich gemacht worden. Im Jahre 1924 erfolgte dann eine erneute Radikalisierung und Linkswende der KPD, nachdem zwischen 1921-24 eher unkritisch an munizipalsozialistische Erwartungen im Hinblick auf eine sozialistische Umgestaltung der gesamten Wirtschaft angeknüpft worden war. In der nun folgenden "linksradikalen Phase" ihrer strategischen Entwicklung übte sich die KPD in einer strikten Ablehnung sozialdemokratischer Gemeindepolitik und griff auch kommunale Eigenbetriebe als Monopole an, die nicht länger als Vorposten einer fortschreitenden Entwicklung zum Sozialismus zu begreifen seien. Solche Betriebe würden vielmehr hemmungslos profitorientiert wirtschaften und durch ihre Rationalisierungsbestrebungen die Beschäftigten körperlich genauso ausbeuten wie die kapitalistische Fabrik. Im Zeichen dieser Fundamentalopposition wurde eine Kommunalpolitik praktiziert, der es darum ging, die Bürgerlichen vorzuführen und die SPD als "Verräterin der Arbeiterklasse" zu entlarven. Es ist daher nicht verwunderlich, daß einige strategische und taktische Elemente der KPD-Politik aus dieser Zeit in den Anfangsjahren grün-alternativer Kommunalpolitik wiederbelebt wurden, stellte sich hier doch eine vergleichbare Situation: Die Helmut Schmidt-SPD durch das Regieren verschlissen, als Ordnungsmacht und sture Betonriege nach rechts abdriftend, enttäuschte die in sie gesetzten Hoffnungen antikapitalistischer und sozialer Bewegungen, welche mit entsprechender Vehemenz darauf reagierten.

Der 1905 gegründete Deutsche Städtetag (DST) hatte durch Berufung seiner Vertreter in die kaiserlichen Kriegsbehörden als Interessenvertretung der Groß- und Mittelstädte an Gewicht gewonnen. In den zwanziger Jahren sah die kommunale Spitzenorganisation (daneben gab es die weniger wichtigen Organisationen Reichsstädtebund, gegründet mit Vorläuferorganisation 1910, für kreisangehörige Städte und Deutscher Landgemeinde- bzw. -kreistag von 1912) ihr Hauptaufgabenfeld in der verfassungsrechtlichen Absicherung der kommunalen Selbstverwaltung und einer Stärkung der Stellung der Gemeinden gegenüber Reich/Ländern. Da sich der DST pragmatisch hinter die kommunalwirtschaftliche Betätigung der Gemeinden stellte und in einer Denkschrift von 1926 den Ausbau von Eigenbetrieben in den Sektoren Verkehr, Gas, Elektrizität, Wasser und auch eine verstärkte Kreditpolitik durch Genossenschaftsbanken und Sparkassen empfahl, zog er sich den Zorn rechter Parteien zu. Deren Protagonisten im kommunalwissenschaftlichen Bereich lancierten nun den Begriff von der "Krise der kommunalen Selbstverwaltung". Während der DST — wie SPD und DDP auch — die wirtschaftliche Betätigung der Kommunen in dieser Phase bereits lediglich als weitere Einnahmequelle und Absicherung örtlicher Daseinsvorsorge begriff, hielt der Allgemeine Deutsche Gewerkschaftsbund (ADGB) eher im Tenor des einstigen revisionistischen Munizipalsozialismus an kommunaler Wirtschaftstätigkeit als "Keimzelle einer künftigen sozialistischen Wirtschaftsordnung" fest. Damit stand der Gewerkschaftsdachverband zeitweilig der KPD näher als der SPD, bis die Kommunisten 1924 gegen ausbeuterische kommunale Tarifpolitik und Preisgestaltung so massiv in die Offensive gingen, daß sie politisch und auch gewerkschaftlich damit in die Isolation gerieten. Zu diesem Zeitpunkt wurden die bedeutenderen Städte jedoch sämtlich bereits wieder von bürgerlichen Koalitionen regiert, die immer weniger mit dem DST sympathisierten, sondern sich schrittweise den Privatisierungsforderungen der Spitzenverbände der Wirtschaft annäherten.

Knebelung der kommunalen Selbstverwaltung am Ende der Weimarer Republik und im NS-Staat

Hatte bis zum Desaster des kaiserlichen Deutschland im Ersten Weltkrieg die kommunale Selbstverwaltung trotz der großen Nähe der Bürgerlichen zum Preußentum bis zu einem gewissen Grade aus dem Gegensatz zum Obrigkeitsstaat gelebt, so wandelte sich in der Weimarer Republik ihre Stellung und Rolle. Kommunalpolitik ist nun vom gleichen Wesenskern wie der demokratische Staat und umfaßt ein bestimmtes Aufgabenfeld als unterstes Glied im Nexus seiner hierarchisch abgestuften Ebenen. Artikel 127 der Weimarer Verfassung garantierte der Gemeinde das Recht der Selbstverwaltung innerhalb der durch die 17 Länder bzw. das Reich definierten gesetzlichen Schranken. Mit der nun errungenen Position verfestigte sich auch endgültig der "Mythos der Selbstverwaltung" als einer in harten gesellschaftlichen Kämpfen seit dem Mittelalter von den progressiven Strömungen und Schichten verfochtenen und schließlich durchgesetzten Linie. Mit der revolutionär-demokratischen Qualität dieser Option war es im Verlauf des gesamten 19. Jh. jedoch weit weniger her, als es den Anschein gehabt haben mag, da kommunale Selbstverwaltung in erster Linie ein Instrument auf dem Wege des Machterwerbs der bürgerlichen Klasse war und nun dieser stets offensiv gegen die unteren gesellschaftlichen Schichten eingesetzt wurde. Die tatsächliche Funktionalität im einmal durchgesetzten staatlichen System bürgerlicher Provenienz gerät bei einer historischen Reflexion, die lediglich dem Tatbestand Rechnung trägt, daß für die Selbstverwaltung gekämpft werden mußte, leicht aus dem Blickfeld und macht einer vergleichsweise "schiefen Optik" von der Gemeinde als Einfallstor für eine "ganz andere" Politik Platz. Aus der Geschichte der Selbstverwaltung läßt sich eine solchermaßen linke Deutung des Selbstverwaltungsbestrebens nicht ableiten. Auch im Fortgang der Entwicklung in der Weimarer Ära wird deutlich, daß der demokratische Staat jenseits aller ideologischen Hochrufe auf die Selbstverwaltung diese funktional für seinen Bestand und das Wohl privater Geschäftstätigkeit einrichtete.

Mit der Erzberger'schen Finanzreform (Aufhebung der gemeindlichen Zuschläge zur Einkommens- und Körperschaftssteuer) von 1920 wurde den Gemeinden die steuerpolitische

Selbständigkeit genommen, so daß ihnen nur noch die Grund- und Gewerbesteuer sowie unbedeutende weitere Steuerarten verblieben und sie auf Zuweisungen der Länder und des Reichs angewiesen waren. Auch durch die explosiven Gegensätze der gesellschaftlichen Klassen und der politischen Parteien, die auf den verschiedenen Staatsebenen um Vormachtstellungen rangen, geriet die kommunale Selbstverwaltung gegen Ende der Weimarer Ära mehr und mehr in den Hintergrund und zur unpolitischen Verwaltung örtlicher Gemeinschaftsangelegenheiten bzw. des Mangels. Alle wesentlichen wirtschaftspolitischen und gesetzgeberischen Initiativen gingen vom Reich aus, z.B. die Festsetzung der Mieten, die Ankurbelung des öffentlichen Wohnungsbaus (auch das Reichsheimstättengesetz zur Bildung von Eigenheimen in Arbeiterhand) und die Einrichtung einer Arbeitslosenversicherung 1926. Besonders letztere erwies sich als finanzielle Fesselung der Kommunen, weil angesichts der heraufziehenden Weltwirtschaftskrise immer mehr Menschen arbeitslos wurden und bereits nach sechs Monaten aus der staatlichen Unterstützungspflicht in die gemeindliche Erwerbslosenfürsorge fielen.

Insgesamt wurden gegen Ende der Weimarer Republik 30% aller städtischen Finanzmittel von der Fürsorge aufgezehrt; 600 Städte meldeten schließlich den Bankrott an und weigerten sich, von den eingenommenen Steuern überhaupt noch die Staatsabgaben weiterzuleiten. Da es sich der Zentralstaat nicht leisten konnte und wollte, solche Renitenz der Kommunen einfach durchgehen zu lassen, wurden in Sachsen und Preußen häufig Staatskommissare mit weitgehenden Eingriffsbefugnissen in die kommunale Finanzverwaltung eingesetzt. Versuchen einer Vereinheitlichung der insgesamt 26 verschiedenen Gemeindeordnungen im Reich durch eine Reichsstädteordnung (1930) sowie einer Neureglung der kommunalen Rechte und Pflichten gegenüber dem Staat war in der Weimarer Zeit kein Erfolg mehr beschieden. Unter dem Druck der wirtschaftlichen Not sanken zu Beginn der 30er Jahre auch die kommunalen Einnahmen aus Eigenbetrieben, so daß Kampagnen der Arbeitgeberverbände gegen die wirtschaftliche Betätigung der Gemeinden zunehmend auf fruchtbaren Boden fielen, was das Ende des Munizipalsozialismus einläutete. Die bürgerlichen Parteien wie ZENTRUM, DDP und DVP und regionale Rathausparteien wie Haus- und Grundbesitzerpartei schlossen sich unisono der Forderung der Unternehmerverbände nach stärkerer Privatisierung an. Von rechtsradikalen Gegnern des Parlamentarismus wie DNVP und NSDAP wurde ohnehin ein Rückzug der untersten Staatsorgane aus der wirtschaftlichen Betätigung propagiert, weil man sich mehr von zentralstaatlichen Regulierungsmechanismen neben einer massiver für nationale Belange in die Pflicht genommenen, freien unternehmerischen Betätigung versprach.

Die Nationalsozialisten ließen in ihrer Deutschen Gemeindeordnung von 1935 die Selbstverwaltung nur noch formal weiterexistieren, praktizierten sie jedoch als "administrative Dezentralisation", d.h. es fanden keine Wahlen zu Kommunalparlamenten mehr statt, die Bürgermeister wurden ernannt und wesentliche Positionen der Gemeinde im Sinne der parteipolitischen Zielsetzungen des NS-Staates personell besetzt und reguliert. Auffällig ist das extrem kapitalkonforme Verhalten der NSDAP, die Gemeinden schon früh zum Verkauf von Grundstücken und zur Privatisierung ihrer Wirtschaftsunternehmen zwang, ehe 1938 per Gesetz nahezu generell die privatrechtliche Form kommunaler Betriebe verordnet wurde. Entgegen der in der NS-Ideologie partiell propagierten Großstadtfeindlichkeit sahen die Nazis die Städte als wichtige gesellschaftliche Zentralinstanzen an, in denen es aus verwaltungspolitischen Notwendigkeiten und ordnungs- bzw. überwachungsstaatlichen Gründen Fuß zu fassen galt.

So wurde die städtische Beamten- und Angestelltenschaft bis auf die unterste Ebene "gesäubert", wobei auch die Absicht eine Rolle gespielt haben mag, verdiente "alte Kämpen" mit einer Position zu versorgen. Die lokalen NSDAP-Organisationen erstreckten den örtlichen Faschismus jedoch nicht nur auf die Politik- und Verwaltungsinstanzen, sondern versuchten auch das gesellschaftliche und kulturelle Leben zu durchdringen und sich bis hinein in die Ärztevereinigungen und Handwerkerinnungen auszudehnen. Unter tatkräftiger Mithilfe der überwiegenden Bevölkerungsteile fraß sich der Faschismus schließlich von der gemeindlichen Ebene aus bis in den letzten Winkel des Lebensalltags vor und erfaßte über die NSDAP-Nebenorganisationen sogar Jugend-, Frauenarbeit und Sportpolitik. So wurden die Kommunen, wie das Organ des in "Deutscher Gemeindetag" (DGT) umbenannten Städtetags begeistert vermelden konnte, auch zuverlässige "Träger der gesamten Kriegswirtschaft".

Die Kommune in der Staatsorganisation der BRD und DDR

Unter dem Dach alliierter Hoheitsrechte wurde, nachdem Deutschland den Krieg verloren hatte, in den westlichen Besatzungszonen die Restauration kommunaler Selbstverwaltung auch als "Schule der Demokratie" angegangen. Mit Gründung der Bundesrepublik erhielten die Länder alleinige Kompetenz auf Erlaß einer Gemeindeordnung, wobei verfassungsrechtlich (Artikel 28 GG) ein Kernbereich kommunaler Selbstverwaltung angenommen wurde, der von höherer staatlicher Ebene nicht angetastet werden sollte. Nicht eindeutig definiert war jedoch, was dazu zu zählen war. Beibehalten wurde aus der NS-Gemeindeordnung von 1935 auffälligerweise die Beschneidung des Selbstverwaltungsrechts in Bezug auf wirtschaftliche Betätigung. Da Kommunen der privaten Wirtschaft keine Konkurrenz machen sollten, bestimmten die Gemeindeordnungen sämtlicher Länder nahezu gleichlautend, daß wirtschaftliche Tätigkeit nur ausgeübt werden durfte, wo dies öffentliche Belange rechtfertigten und wenn Private die gewünschten Dienstleistungen nicht hinreichend zu erbringen in der Lage wären. Damit waren faktisch alle Sektoren der Wirtschaft, in denen sich Gewinne erzielen ließen, vor der Konkurrenz durch öffentliche Unternehmungen geschützt, und die Kommune wurde nur dort aktiv, wo so hohe Kostenvorschüsse erbracht werden mußten und gleichzeitig so wenig Rentabilität zu erwarten war, daß sich diese Bereiche für ein Privatgeschäft einstweilen nicht lohnten. Viele solcher Dienstleistungssektoren stehen jetzt, nachdem aus öffentlichen Geldern die Grundlageninvestitionen erbracht sind, als lukrative "Filetstückchen" wieder auf den Angebotslisten der Privatisierungsbetreiber.

Da die grundgesetzliche Garantie der kommunalen Selbstverwaltung durch die gesetzgeberische und fiskalische Kompetenz des Bundes und der Länder eine weitgehende Beschneidung erfuhr und die Gemeinden hinsichtlich ihres Finanzbedarfs vor vornherein am Tropf der Finanzzuweisungen durch Bund und Länder hingen, gerierte sich Kommunalpolitik in der BRD von Anbeginn als unpolitische Sachaufgaben- und Verwaltungspolitik. Dies fiel umso leichter, nachdem 1956 die KPD verboten worden war, die ohnehin schon immer weniger kommunale Mandate erringen konnte, und man(n) in den Gemeindeparlamenten quasi "unter sich" blieb. Im Zuge des "Wirtschaftswunders" und einer allseits prosperierenden Entwicklung lokaler Wirtschaftsunternehmen entstand vielerorts eine "Filzokratie" aus politischer Gemeindevertretung, administrativer Verwaltungsleitung und der örtlichen Unternehmerschaft. Zugleich entwickelten sich zahlreiche Städte in zügelloser Weise zu Betonhochburgen mit einseitiger Vorrang für den PKW-Verkehr und wohnungspolitischer Präferenz für Trabantensiedlungen und Schlafstädte. Dieser Trend nahm so massive Züge an, daß bereits Ende der sechziger Jahre die Rede von einer "Unwirtlichkeit unserer Städte" (Alexander Mitscherlich) aufkam. Es dauerte aber noch fast ein Jahrzehnt, ehe sich gegen die Kahlschlagsanierungen der Betonfetischisten, die ihre Stadtautobahnen vielfach mitten durch gewachsene, gründerzeitliche Stadtviertel und letzte erhaltene Grüngürtel bzw. innerstädtischen Waldstreifen legten, erster Protest in Form von Bürgerinitiativen (Häuserkampfbewegung) und alternativen Listen zu Kommunalwahlen regte.

In der sowjetischen Besatzungszone spielte die kommunale Selbstorganisation, wie sie durch antifaschistische Komitees repräsentiert wurde, im Wiederaufbau anfangs eine bedeutende Rolle, galt es hier doch, die betriebliche Arbeit zu reorganisieren und alte Eigentümer von der Wiederinbesitznahme ihrer Betriebe abzuhalten. Mit Einrichtung der DDR als zentralisiertem Staatswesen ohne föderative Merkmale wurde jedoch die Kommunalverwaltung mehr und mehr der jeweils nächsthöheren Staatsebene unterstellt und war gegenüber den gewählten Stadträten nicht mehr rechenschaftspflichtig. Der Begriff der "kommunalen Selbstverwaltung" verschwand schließlich aus dem aktiven Sprachgebrauch, und institutionell fand eine solche praktisch nicht mehr statt, wenngleich strukturell die organisatorische Kontinuität von Kreisen und Gemeinden erhalten blieb. Durch architektonisch-stadtplanerische Prämissen wie den Ausbau zur "sozialistischen Großstadt" wurde in etlichen Städten eine dem Westen vergleichbare Kahlschlagsanierung (Stichwort: Plattenbetonsiedlungen) betrieben und der Industrie eine nahezu schrankenlose Ausdehnungs- und Erweiterungstätigkeit an alten und neuen Standorten zugestanden. Entsprechend trostlos sehen heute die meisten urbanen Räume aus, insbesondere, nachdem sich inzwischen die Grunddaseinsfunktion "Beschäftigung"' als ein nach kapitalistischen Verwertungsinteressen wenig nachgefragtes volkswirtschaftliches Gut erwiesen hat und allenfalls die Abrißbagger Arbeit finden. Nach offenkundigen Wahlfälschungen der SED bei den von ihr abgehaltenen letzten

Kommunalwahlen am 7. Mai 1989, in der Absicht, noch einmal 99prozentige Zustimmung für sich zu deklarieren, dankte die DDR-eigene Kommunalpolitik von der historischen Bühne ab und unterstellte sich mit der noch am 17. Mai 1990 in Kraft gesetzten Kommunalverfassung den in der BRD üblichen Gepflogenheiten eines demokratischen Procedere.

Alternative Wahlbewegung und die Perspektiven der kommunalen Selbstverwaltung

Gegen die blindwütigen Resultate der Umbaupolitik einer beinharten Filzokratie, die ohne Rücksicht auf Verluste die urbanen Lebensräume in funktionierende Zentralen des Kommerz und einer arbeitsamen Geschäftigkeit verwandelte, richtete sich von der zweiten Hälfte der 70er Jahre an der erste Widerstand lokaler Bürgerinitiativen, welche an Brennpunkten besonderer sozialer und ökologischer Zumutungen entstanden. Zuerst an Universitätsstädten, dann auch an Orten, die durch Planungen von weiträumigen Straßentangenten, Flugplatzerweiterungen, Atomanlagen oder Mülldeponien kraß in Mitleidenschaft gezogen wurden, gründeten sich — zumeist nach einer Phase außerparlamentarischer Aktivitäten — unabhängige und alternative Wählergemeinschaften und hatten oft schon rasch Erfolg im Hinblick auf die Eroberung kommunaler Mandate. So etwa 1975 in Berlin-Zehlendorf eine "Wählergemeinschaft Unabhängiger Bürger", die 14,3 % bei den Bezirksverordnetenwahlen gewann; in Darmstadt 1977 eine Initiative "Bürger gegen die Osttangente", die 8 % erzielte; in Hameln-Pyrmont, nahe dem Atomkraftwerk Grohnde, eine "Wählergemeinschaft Atomkraft - Nein Danke", die Ende 1977 den Sprung in den Kreistag schaffte.

Einige der in Auflösung begriffenen K-Gruppen aus der maoistischen Nach-Studentenbewegung und basisgrüpplerische Zirkel der "undogmatischen Linken" begriffen ihr Engagement in der Bürgerinitiativ- und sich anschließenden alternativen Wahlbewegung auch unter höherem strategischen Vorzeichen. Da die fundamentale Parlamentarismuskritik diese Gruppierungen auf ein wenig beachtetes Dasein als Theoriezirkel festgelegt hatte, sie zudem erfolglos blieben und beides zusammen als Manko ihrer "revolutionären Perspektive" erachteten, sahen sie in der Wahlbeteiligung eine Möglichkeit, aus der Isolation herauszukommen. Als von Hamburg bis München schließlich landauf landab der Einzug in die Kommunalparlamente gelang, gab es kein Halten mehr. Die Gefahr der Integration und Vereinnahmung durch "das System" wurde angesichts der sich neu bietenden parlamentarischen Handlungsoptionen nicht mehr so kraß bewertet. Zudem wurde die Kommune als der Ort in der Gesellschaft apostrophiert, wo das Individuum die systemgesetzten Zwänge am unmittelbarsten erfuhr, so daß sie nicht mehr einen Nebenschauplatz der eigentlichen Politik abgab, sondern Kulminationszentrum für das Aufkeimen von Widerstand und die politische Strategiebildung war.

Tatsächlich gelang durch den Einzug "der Alternativen" in die Kommunalparlamente (gefolgt vom Einzug der GRÜNEN in Länderparlamente und Bundestag) eine Politisierung dieser Veranstaltungen, die — aus der Warte eines Verständnisses von lebendiger Demokratie und ernsthafter Öffentlichkeitsarbeit betrachtet — in den 60er und 70er-Jahren auf das Niveau von Honoratiorenclubs herabgesunken waren. Der Schlachtruf der alternativen Wahlbewegung lautete auch fast überall: "Frischer Wind in die Rathäuser!". Der traditionelle Parteienklüngel wurde, nachdem die Gegenparole "Wenn die Alternativen kommen, gehen die Lichter aus" nicht hinreichend verfangen hatte, um die Wähler von grün-alternativ abzuschrecken, mächtig aufgemischt, vor allem, nachdem durch Akteneinsichtsrechte und Teilnahme an Ausschußsitzungen plötzlich Dinge ans Licht der Öffentlichkeit gerieten, die zuvor in gutem Einvernehmen mit der Presse vor Ort klammheimlich unter den Tisch gekehrt worden waren. Auch der in diesem Zusammenhang stattfindende Einzug von Frauen in die Rathäuser, die sich von den Herren der Schöpfung nicht mehr alles bieten ließen, stiftete manche Verwirrung und Reibung am Emanzipationsgedanken.

Inwieweit aus der anfänglichen Aufbruchstimmung inzwischen ein Anpassungsprozeß an lediglich parlamentarische Arbeitsstrukturen — mithin eine Verdichtung der Poren des Parlamentarismus insgesamt — erfolgt ist, hat das vorige Kapitel in diesem Buch bereits skizziert. Hier bleibt noch zu ewähnen, daß im Zuge der Integration der Städte und Gemeinden Westeuropas in die Europäische Union (EU) zahlreiche Rahmenbedingungen der durch die prekäre Finanzsituation ohnehin schon unterminierten kommunalen Selbstverwaltung gravierend verändert werden. Vor allen Dingen die auf Liberalisierung gerichteten Zielsetzungen der EG-Kommission für Bereiche der Versorgungswirtschaft wie Gas, Wasser, Energie und Elektrizität und den Verkehrssektor werden sich als massive Beschneidungen der kommunalen Selbstverwaltung geltend machen. Selbiges bedingt den als "Entbürokratisierung" gefeierten Abbau planungsrechtlicher Einwirkungsinstrumentarien, was vor allem auf eine Erleichterung der Ansiedlung von Industrie auf Kosten letzter ökologischer Refugien hinauslaufen dürfte. Es steht zu erwarten, daß die Zuständigkeiten lokaler Gebietskörperschaften bis zur Jahrtausendwende in weichenstellenden Sektoren der Politik zur Makulatur geworden sind.

Die kommunale Selbstverwaltung würde dann, als Crux ihrer historischen Genese, zum Werkzeug der Polarisierung divergierender Stadtentwicklungen, sozusagen Steigbügelhalter beim europaweiten Konkurrenzkampf der Regionen gegeneinander um Standortvorteile für kapitalkräftige Anleger. Als Vorleistung erbringen die Städte in Krisenzeiten eine auf der Basis von Ausgabenkürzungen in sämtlichen sozio-kulturellen und ökologischen Bereichen erfolgte "Haushaltskonsolidierung" und — zur Bewältigung der Krise — die "Ökonomisierung aller Dienstleistungen". Häußermann schreibt im historischen Rückblick auf die Wesenszüge kommunaler Politik in Deutschland: "In Deutschland wurden nie Strategien oder praktische Ansätze entwickelt, die der kommunalen Politik eine andere Rationalität als derjenigen des kapitalistischen Staates zu geben versucht hätten. Alle Reformen, die von kommunaler Ebene ausgingen, dienten der Modernisierung und Perfektionierung des bürgerlichen Staates." Insofern scheint es heute problematischer denn je, in der kommunalen Selbstverwaltung ein Einfallstor für eine "andere" Politik sehen zu wollen, wie dies in der Geschichte vom feudal gegängelten Bürgertum über die "revisionistischen" Sozialdemokraten Weimars, die Jungsozialisten der frühen 70er Jahre bis hin zu den grün-alternativen Kommunalos/as unserer Tage immer wieder Menschengruppen taten. Die Kommunen Europas werden sich strukturellen Rahmenbedingungen für kommunalpolitisches Handeln verpflichten, die allenfalls geringste Variationen im Nexus der von allen akzeptierten wachstumspolitischen Grundausrichtung zulassen. Da fragt mensch sich: "Was soll eigentlich Kommunalpolitik?" Vielleicht wissen dazu die AutorInnen der folgenden Kapitel dieses Buches eine bessere Antwort als der Schreiber dieser Zeilen.

Literatur

Drogmann, J.: Zur Geschichte sozialdemokratischer Kommunalpolitik, in "Demokratische Gemeinde", Jg. 1963, S. 570-574, S. 656-661, S. 747-752, S. 906-910, S. 996-999
Engeli, C./Weinberger, B.: Machtergreifung und kommunale Selbstverwaltung. Städte und Städtetag 1933; in "Der Städtetag" 6/1983, S. 414ff
Görtemaker, M.: Deutschland im 19. Jahrhundert - Entwicklungslinien; Opladen 1989
Häußermann, H./Siebel, W.: Neue Urbanität; Frankfurt/M. 1987 (hier besonders Kapitel 2 und 5)
Häußermann, H: Lokale Politik und Zentralstaat. Ist auf kommunaler Ebene eine alternative Politik möglich?; in H. Heinelt/H. Wollmann: Brennpunkt Stadt. Stadtpolitik und lokale Politikforschung in den 80er und 90er Jahren, Basel 1991
Herlemann, B.: Kommunalpolitik der KPD im Ruhrgebiet 1924-1933; Wuppertal 1977
Hofmann, R.: Geschichte der deutschen Parteien - Von der Kaiserzeit bis zur Gegenwart; München 1993
Ribhegge, W.: Die Systemfunktion der Gemeinden. Zur deutschen Kommunalgeschichte seit 1918; in R. Frey (Hrsg.): Kommunale Demokratie; Basel/Bad Godesberg 1976
Rodenstein, M.: Thesen zum Wandel der kommunalen Selbstverwaltung in Deutschland; in R. Emenlauer/H. Grymer/T. Krämer-Badoni/M. Rodenstein: Die Kommune in der Staatsorganisation, Frankfurt/M. 1974
Scheer, H.: Demokratischer Sozialismus und kommunale Selbstverwaltung. Eine neue historische Synthese; in P. Klein (Hrsg.): Sozialdemokratische Kommunalpolitik im Schatten Bonns. Eine kommunalpolitische Dokumentation, Bonn 1983
Wünderich, V.: Arbeiterbewegung und Selbstverwaltung - KPD und Kommunalpolitik in der Weimarer Republik. Mit dem Beispiel Solingen; Wuppertal 1980
Saldern, A. von: Geschichte der kommunalen Selbstverwaltung in Deutschland, in R. Roth/H. Wollmann (Hrsg.): Kommunalpolitik - Politisches Handeln in den Gemeinden, Schriftenreihe der Bundeszentrale für politische Bildung, Band, 320, Bonn 1993

AKP-Artikel zum Thema

Fülberth, G.: Kommunalpolitik und Sozialismus (AKP 4/1992, S. 59-63)
Simon, T.: Beiträge zur Geschichte der Kommunalpolitik - Zu den Anfängen sozialdemokratischer Kommunalpolitik (AKP 2/1993, S. 56-62)

Thomas Schröder

Kommunale Selbstverwaltung

Art. 28 Abs. 2 GG gewährleistet in Verbindung mit entsprechenden Bestimmungen der Länderverfassungen das Recht der kommunalen Selbstverwaltung durch Gemeinden und Gemeindeverbände, insbesondere die Kreise, "im Rahmen der Gesetze". **Kommunale Selbstverwaltung** bezeichnet daher den verfassungsmäßig garantierten Wirkungsbereich der Gemeinden und Gemeindeverbände. Sie dürfte mit ihrer geschichtlichen Bindung an Genossenschaftsmodelle der frühzeitlichen Dorfgemeinschaft und die mittelalterliche Städteverfassung die einzige längere demokratische Tradition in Deutschland darstellen, wobei die Vorstellungen über das Verhältnis von Gemeinde und Zentralstaat sich im Zuge der gesellschaftlichen Entwicklung verändert haben. So ist die Kommune im 19. Jahrhundert nicht Teil des Staates, sondern, weil selbstverwaltet, eine dem Staat angegliederte Körperschaft. Die kommunale Selbstverwaltung sollte das Mittel sein, die Entscheidungen auf der Grundlage des Bürgerwillens zu treffen und die bereits mit der Paulskirchenverfassung als Grundrecht verstandene Gemeindefreiheit vor zentralstaatlichen Eingriffen zu schützen. Gleichzeitig sicherte das Dreiklassenwahlrecht bis zum Ende des 1. Weltkriegs eine staats- und wirtschaftsfreundliche Honoratiorenverwaltung. Ihre konservativen Leitbilder staatlicher Obrigkeit, eines "unpolitischen" Berufsbeamtentums und eines ebenso unpolitischen, sich nur an der Lösung von Sachaufgaben orientierenden Ratsmitgliedes (konsequenterweise mit dem Rechtsstatus eines Ehrenbeamten) überdauerten auch unter den Bedingungen der Weimarer Reichsverfassung und trotz einer verstärkten Demokratisierung und Politisierung in den Gemeinden. Die sich in der Tendenz gegen einen starken Zentralstaat richtende grundrechtliche Gewährleistung der kommunalen Selbstverwaltung in Art. 127 der Weimarer Reichsverfassung galt als weitgehend inhalts- und folgenlos.

Während der bundesrepublikanischen Gründerjahre der Adenauer-Zeit wurden die Gemeinden erheblich stärker an den Staat gebunden, als es in den vorangegangenen Perioden der Fall gewesen war. Der vorherrschenden Theorie mittelbarer Staatsverwaltung folgend gelten sie nunmehr als landesunmittelbare Körperschaften und handeln in einem System horizontaler Gewaltengliederung als untere Verwaltungsebene des Staates, jedoch mit der Besonderheit, daß ihre Verwaltungstätigkeit durch Wahl einer eigenen "Volksvertretung" (Art. 28 Abs. 1 S. 2 GG) eine eigenständige demokratische Legitimation besitzt. Weil die kommunale Selbstverwaltung daher der Exekutive zuzuordnen sei, stellt die **Vertretungskörperschaft** trotz aller Ähnlichkeit mit parlamentarischen Gremien nach heute noch vorherrschender Auffassung ein mit der Ausübung hoheitlicher Gewalt betrautes Organ der Verwaltung dar.

Leitbild der kommunalen Selbstverwaltung ist infolge dieser — sehr verkürzt wiedergegebenen — Entwicklung nicht mehr die demokratische Selbstbestimmung über Angelegenheiten der örtlichen Gemeinschaft durch die Betroffenen selbst, sondern die sachgerechte, vermeintlich unpolitische Erledigung von Verwaltungsangelegenheiten der örtlichen Gemeinschaft. Zahlreiche externe Faktoren stellen diese Konzeption kommunaler Selbstverwaltung vermehrt in Frage. Die zunehmende Verflechtung aller Politikebenen, zentralstaatliche Steuerungsinteressen, die Verrechtlichung nahezu aller Lebensbereiche durch höherrangiges Bundes- und Landesrecht und die Instrumentalisierung der Gemeindeebene für Belange der Landes- und Bundespolitik sowie die durch fehlende eigene Einnahmequellen nahezu vollständige finanzielle Abhängigkeit von Bund und Land haben den kommunalen Handlungsspielraum erheblich eingeengt. Innerhalb der Gemeindeorganisation ist ein erheblicher Machtzuwachs der Verwaltung zu beobachten, wobei diese sich vermehrt gegen politische "Einmischungen" von außen verwahrt und die "Parlamentarisierung" der Kommunalpolitik als das eigentliche Haupthindernis auf dem Wege zu einem effizienten "city management" ausgemacht hat.

Die Probleme der 90er Jahre (Wachstums- und Verteilungsprobleme, Dauerarbeitslosigkeit, Finanzkrise) lassen sich jedoch mit zentraler Steuerung, Disziplinierung und Entpolitisierung nicht lösen. Zur Bewältigung der komplexen Aufgaben ist der Ausbau der kommunalen Selbstverwaltung zu einem vollen politischem System unumgänglich. Seine Komponenten sind die Verwirklichung des demokratisch-repräsentativen Elements auf kommunaler Ebene (mit der kommunalen

Volksvertretung als Legislative und der Gemeindeverwaltung als Exekutive), umfassende Partizipationsmöglichkeiten der Betroffenen an der politischen Willensbildung und der Abbau der außengesteuerten "Auftragsverwaltung" zu Gunsten einer rechtlich wie finanziell gesicherten Eigenverantwortung.

Die Verfassungsgarantie des Art. 28 Abs. GG

Verfassungsrechtliche Grundlage der kommunalen Selbstverwaltung und damit des Verhältnisses zwischen Staat und Gemeinden ist Art. 28 Abs. 2 Grundgesetz (GG): "Den Gemeinden muß das Recht gewährleistet sein, alle Angelegenheiten der örtlichen Gemeinschaft im Rahmen der Gesetze in eigener Verantwortung zu regeln. Auch die Gemeindeverbände haben im Rahmen ihres gesetzlichen Aufgabenbereichs nach Maßgabe der Gesetze das Recht der Selbstverwaltung."

Im Gegensatz zur Weimarer Reichsverfassung enthält Art. 28 Abs. 2 GG kein Grundrecht der Gemeinden, sondern lediglich eine institutionelle Garantie im Sinne einer verfassungsrechtlichen Grundentscheidung für eine dezentrale Verwaltungsorganisation. In allen Flächenländern (für die Stadtstaaten gelten z. T. Besonderheiten) steht damit auf der kommunalen Ebene dem monolithischen Verwaltungsaufbau des Landes oder auch des Bundes eine dezentrale Vielfalt relativ eigenständiger Verwaltungsträger gegenüber. Gewährleistet wird mit Art. 28 Abs. 2 GG zunächst, daß es überhaupt Gemeinden als rechtlich gegenüber dem Staat selbständige Ebene des Verwaltungsaufbaus geben muß. Die Vorschrift des Art. 28 Abs. 2 GG schützt aber nicht die Existenz der einzelnen Gemeinde. So ist der Gesetzgeber nicht gehindert, im Zuge einer **Gebietsreform** Gemeinden ganz aufzulösen oder ihren Gebietszuschnitt zu ändern. Rechtsschutz gegen aufgezwungene Neugliederungsmaßnahmen wurde den Gemeinden durch die Verfassungsgerichte allenfalls dann gewährt, wenn die Maßnahme durch keinerlei erkennbare Gemeinwohlgründe gerechtfertigt war und der Gesetzgeber hierdurch gegen das allgemeine Übermaßverbot verstoßen hat.

Eine zweite Garantieebene des Art. 28 Abs. 2 GG gewährleistet den Gemeinden das Recht, sich aller Angelegenheiten der örtlichen Gemeinschaft eigenverantwortlich anzunehmen, soweit die Aufgaben nicht bereits anderen Trägern öffentlicher Verwaltung gesetzlich übertragen sind (**Universalitätsprinzip**). Für Gemeinden kann deshalb kein gegenständlich bestimmter Aufgabenkatalog aufgestellt werden. Sie sind immer dann regelungsbefugt, wenn für eine Aufgabe mit örtlichem Bezug keine anderweitige Zuordnung besteht. Die Bedeutung der **Allzuständigkeit** liegt heute vor allem in einem "**Aufgabenfindungsrecht**" der Gemeinden, wobei in der Rechtswirklichkeit die Kommunen nicht neue Funktionen "entdecken", sondern die Adressaten veränderter gesellschaftlicher Bedürfnisse und Anforderungen an die staatliche Verwaltung sind. Die eher als eine Art Auffangzuständigkeit zu verstehende Allzuständigkeit und die Problemnähe eines räumlich noch überschaubaren Verantwortungsbereichs führen dazu, daß neue Konfliktlagen und Lösungsansätze häufig zuerst in den Kommunen erkennbar werden. Neue Einrichtungen der kommunalen Infrastruktur, vor allem im sozialen und kulturellen Bereich, wie z. B. Frauenhäuser, Schuldenregulierungshilfen usw., oder neue Problemfelder wie z. B. Altlasten fallen daher zunächst in den Zuständigkeitsbereich der Gemeinden. Erst in einem späteren Schritt nehmen sich Bund oder Land der Thematik u. U. an, indem sie durch Normsetzung und Finanzierungsregelungen eigene Wahrnehmungszuständigkeiten begründen oder die weitere kommunale Aufgabenwahrnehmung staatlicher Lenkung und Aufsicht unterwerfen.

Gegenüber derartigen gemeindlichen Kompetenzverlusten bietet Art. 28 Abs. 2 GG nur begrenzt Schutz. Bereits nach seinem Wortlaut ist die Eigenverantwortlichkeit der Gemeinden nur "im Rahmen der Gesetze" gewährleistet, wobei **Gesetz** im Sinne des Art. 28 Abs. 2 neben Landes- und Bundesgesetzen auch deren Rechtsverordnungen sowie Satzungen anderer Hoheitsträger (z. B. des Landkreises oder eines Regionalverbandes) sind. Argumentativ wurde daher versucht, der Verfügungsfreiheit des Gesetzgebers durch einen eingriffsfesten **Kernbereich der Selbstverwaltungsgarantie** Grenzen zu setzen. Nach der Rechtsprechung des Bundesverfassungsgerichtes, insbesondere im "Rastede-Urteil" vom 23.11.1988, bei dem es um die Übertragung gemeindlicher Kompetenzen im Bereich der Abfallbeseitigung auf den Landkreis ging, gehört zum Kernbereich jedoch nur das **Universalitätsprinzip** im engen Sinne, also die grundsätzliche Befugnis sich, aller Angelegenheiten der örtlichen Gemeinschaft anzunehmen. Der Gesetzgeber muß den Bestand der Institution "kommunale Selbstverwaltung" wahren und darf ihn weder rechtlich noch faktisch beseitigen. Der konkrete Aufgabenbestand im einzelnen ist dagegen lediglich dem **Randbereich der Selbstverwaltungsgarantie** zuzurechnen. In diesem Bereich ist der Gesetzgeber gehalten, bei Aufgaben mit örtlichem Bezug "gemeindefreundlich" Sinn und Zweck der institutionellen Garantie zu berücksichtigen und von einer gemeindlichen Zuständigkeit als Regelfall auszugehen. Ausnahmsweise kommt ein kommunaler Aufgabenentzug durch eine gesetzgeberische Maßnahme z. B. dann in Betracht, wenn anders eine ordnungsgemäße Aufgabenerfüllung nicht sicherzustellen ist. Gesichtspunkte der Wirtschaftlichkeit oder Verwaltungsvereinfachung allein rechtfertigen einen Aufgabenentzug nicht. Nach dieser Entscheidung dürften zudem die fünf klassischen **Hoheitsrechte** der Gemeinde (Planungs-, Organisations-, Satzungs-, Personal- und Finanzhoheit, vgl. hierzu weiter unten) dem Randbereich der kommunalen Selbstverwaltungsgarantie zuzuordnen und damit in weitreichendem Umfang der Disposition des Gesetzgebers unterworfen sein.

Insgesamt ist die vom Gericht vorgenommene und sicherlich auch für die nächsten Jahre bedeutsame Auslegung des Art. 28 GG in ihren Auswirkungen durchaus zweischneidig: Einerseits wird nicht nur klargestellt, daß Art. 28 Abs. 2 GG als institutionelle Garantie mit einem wohl eingriffsfesten Kernbereich einzustufen ist, sondern dem Gesetzgeber werden auch im Bereich der Aufgabenverteilung, insbesondere bei der Aufgabenverlagerung nach oben (**Hochzonung**) Grenzen gesetzt. Andererseits wird der verfassungsrechtliche **Kernbereich** fast bis zur Bedeutungslosigkeit reduziert: Der Gesetzgeber darf die Institution der Gemeinde nicht abschaffen, und diese bleibt für alle Angelegenheiten der örtlichen Gemeinschaft zuständig, soweit sie nicht durch Gesetz einem anderen Träger staatlicher Gewalt zugewiesen sind. Möglicherweise besteht der wirkungsvollste Schutz der Restbestände kommunaler Autonomie vor Eingriffen des Gesetzgebers in den — doppelt und dreifach mandatierten — "Bürgermeister- und Landratsfraktionen" der Landtage.

Die Regelung kommunaler Strukturen, Aufgaben und Befugnisse ist grundsätzlich Sache der Länder (Art. 30 und 70 ff. GG). Sie sind dabei an Art. 28 GG gebunden (Art. 28 Abs. 3 GG). Die Landesverfassungen enthalten inhaltlich weitgehend übereinstimmende Bestimmungen zur Ausgestaltung der kommunalen Selbstverwaltung. Die konkrete Ausgestaltung der Kommunalverfassung erfolgt landesgesetzlich durch die **Gemeinde-** bzw. **Kreisordnungen**. Sie enthalten insbesondere Regelungen über Grundlagen und Aufgaben der kommunalen Gebietskörperschaften, die Rechtsstellung der EinwohnerInnen und BürgerInnen, die **innere Gemeindeverfassung**, die Gemeindewirtschaft und die **Kommunalaufsicht**. Die Gemeindeverfassungen der Bundesländer bestimmen die Organe der Gemeinde und deren Kompetenzen nicht einheitlich (vgl. hierzu das Kapitel "Die innere Kommunalverfassung"). Nur im Rahmen dieser landesgesetzlichen Vorgaben sind die kommunalen Gebietskörperschaften befugt, beispielsweise durch **Geschäftsordnung** des Rates oder durch **Satzungen** eigenes Recht zu setzen.

Gegen eine Verletzung des Selbstverwaltungsrechtes aus Art. 28 Abs. 2 GG durch Rechtsvorschriften können Gemeinden und Gemeindeverbände kommunale **Verfassungsbeschwerde** beim Bundes- bzw. Landesverfassungsgericht erheben, Art. 93 Abs. 1 Nr. 4b GG. Bei Rechtsbeeinträchtigungen durch Einzelakte, z. B. Maßnahmen der Staatsaufsicht, stehen den Gemeinden die üblichen verwaltungsprozessualen Rechtsbehelfe zu Gebote.

Kommunale Aufgaben

Die Verwaltungstätigkeit der Gemeinde umfaßt die **Selbstverwaltungsangelegenheiten** (sogenannter **eigener Wirkungskreis**) und die **Auftragsangelegenheiten (übertragener Wirkungskreis**). Diese Unterscheidung in zwei verschiedene Aufgabenkreise ist noch auf die im 19. Jahrhundert vorgenommene Differenzierung zwischen staatlichen und kommunalen Aufgaben zurückzuführen. Zu den Selbstverwaltungsangelegenheiten gehört grundsätzlich alles, was speziell und ausschließlich die örtliche Gemeinschaft und die einzelnen Gemeindemitglieder angeht, insbesondere die Versorgung der Gemeinde mit Wasser, Gas, Strom, Unterhaltung der Gemeindestraßen, Gemeindeeinrichtungen, Verwaltung des Gemeindevermögens, örtliche Kultur-, Wohlfahrts- und Gesundheitspflege. Der Katalog der **freiwilligen Selbstverwaltungsaufgaben** (z. B. Sportstättenbau, Museen) einer Gemeinde ist theoretisch unbegrenzt ist und orientiert sich faktisch an den lokalen Bedürfnissen und der finanziellen Leistungsfähigkeit des Trägers. **Pflichtige Selbstverwaltungsaufgaben** dagegen erlegen mit der Begründung sozialstaatlicher Daseinsvorsorge sowie gleichwertiger Lebensverhältnisse den Gemeinden durch Gesetz bestimmte Tätigkeiten auf, belassen ihnen jedoch bei der Ausführung im einzelnen einen Spielraum für eigenständige Gestaltung (z. B. Schulbau, Bauleitplanung).

Die **Auftragsangelegenheiten** umfassen die den Gemeinden vom Staat zur Erfüllung zugewiesenen Aufgaben. Weder Bund noch Länder verfügen über einen ausreichenden Verwaltungsaufbau und bedienen sich daher der Gemeindebürokratie. Gemeinde bzw. Kreis nehmen diese Aufgaben als Unterstufe der allgemeinen Staatsverwaltung wahr und unterliegen bei der Erfüllung der ihnen übertragenen staatlichen Aufgaben den Weisungen der vorgesetzten Behörden. Die gesetzliche Zuweisung solcher Aufgabenerfüllung an die Gemeinden hat unter Wahrung eines Kostenausgleichs sowie der kommunalen Organisationshoheit zu erfolgen. Die staatliche **Aufsichtsbehörde** ist bei weisungsgebundenen Aufgaben nicht nur auf allgemeine Weisungen beschränkt, sondern kann auch im Einzelfall das Verwaltungshandeln bestimmen. In einigen Angelegenheiten, bezeichnenderweise insbesondere auf dem Gebiet der militärischen und zivilen Verteidigung, besteht sogar ein unmittelbares Weisungsverhältnis zwischen dem Bund und der Gemeinde (**Bundesauftragsverwaltung**) gemäß Art. 85 GG), wobei zumeist eine ausschließliche Zuständigkeit des Verwaltungsbeamten für diesen Aufgabenbereich angeordnet wird.

Art. 28 Abs. 2 GG schweigt zu den Auftragsangelegenheiten. Die Übertragung staatlicher Aufgaben im Rahmen des übertragenen Wirkungskreises auf die Gemeinden ist grundgesetzlich weder verboten noch im gegenwärtigen Umfang garantiert. Quantitativ dürften die Angelegenheiten des übertragenen Wirkungskreises etwa 80 % des kommunalen Verwaltungshandelns ausmachen; insbesondere sind ihnen nahezu alle Angelegenheiten aus dem Bereich der Ordnungs- und — von freiwilligen Leistungen und Einrichtungen abgesehen — der Leistungsverwaltung zuzuordnen. Diese Zunahme weisungsabhängiger Aufgaben ist auf die vermehrte zentralstaatliche Planung und Steuerung, auf die Verluste an lokaler Autonomie im Bereich kommunaler Infrastrukturmaßnahmen und (insbesondere im Bereich der Leistungsverwaltung) auf die Abhängigkeit von Finanzzuweisungen des Landes zurückzuführen. Mit der Herausbildung eines — u. U. in Regionen gegliederten — europäischen Binnenmarktes wird dieser Prozeß einer Aufgabenwanderung von unten nach oben und aus dem eigenen Wirkungskreis zu den Vollzugsaufgaben zentral- oder regionalstaatlicher Vorgaben erneut an Tempo zulegen.

Hinsichtlich der Wahrnehmungszuständigkeit für die Aufgaben des übertragenen Wirkungskreises haben sich innerhalb der Bundesländer zwei verschiedene Modelle herausgebildet. In den **dualistisch** konzipierten Gemeindeordnungen ist die kommunale Vertretungskörperschaft für die Wahrnehmung der Auftragsangelegenheiten nicht zuständig, da diese als schlichte Ausführungen landes- bzw. bundesgesetzlicher Regelungen durch die hauptamtliche Verwaltung verstanden wird. Dagegen ist in den **monistisch** orientierten Systemen einiger Bundesländer die Trennung von eigenem und übertragenem Wirkungskreis kommunaler Tätigkeit ersetzt worden durch eine umfassende Zuweisung aller öffentlichen Verwaltungsaufgaben zur ausschließlichen und eigenverantwortlichen Erledigung. Die Weisungsaufgaben bzw. Pflichtaufgaben nach Weisung bleiben trotz mehr oder weniger weitgehender Weisungsrechte übergeordneter Behörden kommunale Aufgaben, für deren Wahrnehmung und Erfüllung grundsätzlich die Vertretungskörperschaft zuständig bleibt.

Heftig umstritten war in den vergangenen Jahren die Frage, ob Themen wie atomwaffenfreie Zone, Asylrecht, Klimaschutz und viele andere noch kommunaler Verbandskompetenz zuzurechnen sind. Derartigen Initiativen wurde entgegengehalten, daß der kommunale Wirkungskreis auf Angelegenheiten der örtlichen Gemeinschaft beschränkt sei und den Gemeinden deshalb kein **allgemeinpolitisches Mandat** zustehe, soweit diese nicht in ihren konkreten Mitwirkungsrechten oder sonstwie konkret betroffen sind. Das Bundesverwaltungsgericht hat hierzu durch Urteil v. 14.12.1990 (NVwZ 1991, S. 682) klargestellt, daß der Begriff der Angelegenheit im Sinne von Art. 28 Abs. 2 GG nicht mit dem Begriff der Aufgabe gleichzusetzen ist. Als Angelegenheiten, deren Wahrung und Förderung sich die Gemeinde zur Aufgabe machen kann, kommen alle ortsbezogenen Interessen und Bedürfnisse der Gemeindebürger in Betracht. So begibt sich eine Gemeinde, die zu einer etwaigen, noch nicht konkret vorherzusehenden Waffenstationierung in ihrem örtlichen Umfeld Stellung nimmt, damit allein noch nicht auf das Feld der ihr verschlossenen, weil überörtlich wirkenden Verteidigungspolitik. Die aus dieser und weiteren Entscheidungen folgende Notwendigkeit, auch bei Themen mit "allgemeinpolitischem Einschlag" eine ortsbezogene Betroffenheit der Gemeinde oder ihrer Bevölkerung herzustellen, dürfte für grün-alternative Kommunalpolitik eher Herausforderung als Hindernis darstellen.

Die Hoheitsrechte

Aus der Selbstverwaltungsgarantie werden traditionell eine Reihe einzelner **Hoheitsrechte** abgeleitet, die entsprechend der bereits zitierten Rastede-Entscheidung des Bundesverwaltungsgerichtes dem Randbereich der kommunalen Selbstverwaltungsgarantie zuzuordnen sind und der Gemeinde im Rahmen der Gesetze eine Teilautonomie in bestimmten Bereichen zusichern. Die kommunale **Gebietshoheit** stellt eine Umschreibung dafür dar, daß die Gemeinde die ihr zukommenden Hoheitsfunktionen und Aufgaben in ihrem gesamten Gemeindegebiet sowie kraft Gesetzes gegenüber allen Personen mit Wohnsitz in der Gemeinde ausüben kann. Die Organisations-, Satzungs-, Personal- und Finanzhoheit betreffen die Mittel, derer sich die Gemeinden bei der Wahrnehmung ihrer Aufgaben bedienen.

SATZUNGSHOHEIT: Die Rechtsetzungshoheit (**Satzungshoheit**) umfaßt die Befugnis zum Erlaß kommunaler **Satzungen** und damit örtlichen Rechtes. Satzungen werden in eigenen Angelegenheiten von der gemeindlichen Vertretungskörperschaft, in der Regel also dem Gemeinderat, für den räumlichen Geltungsumfang des jeweiligen Hoheitsgebietes beschlossen und müssen zu ihrer Wirksamkeit öffentlich bekanntgemacht werden. Sie haben den Charakter von Rechtssätzen, die in der Normenhierarchie unterhalb von Gesetzen und Rechtsverordnungen stehen. Allgemein ist eine gesetzliche Ermächtigungsgrundlage zum Erlaß von Satzungen nicht erforderlich. Eine dem Art. 80 Abs. 1 Satz 2 GG, der dieses für den Erlaß von Rechtsverordnungen vorschreibt, vergleichbare Vorschrift besteht nicht; Art. 80 GG ist auch nicht entsprechend anwendbar. Allerdings ist eine gesetzliche Spezialermächtigung notwendig, sofern Satzungen in Grundrechte eingreifen. Dies ist z. B. bei Abgabensatzungen oder bei Satzungen über Anschluß- und Benutzungszwänge kommunaler Einrichtungen der Fall. Die **Gemeindeordnungen** der Länder und zahlreiche Spezialgesetze sehen Ermächtigungen für den Erlaß kommunaler Satzungen und das hierbei zu beachtende Verfahren vor. Gleichzeitig ordnen sie eine **Genehmigungspflicht** für Satzungen, teilweise auch nur ihre Anzeige durch die Gemeinde, an.

Die Satzungsprüfung durch die **Aufsichtsbehörde** dient der vorbeugenden Kommunalaufsicht und beschränkt sich in der Regel auf die Kontrolle der Rechtmäßigkeit der Satzung, insbesondere auf Einhaltung des hierfür vorgesehenen Verfahrens sowie auf Vereinbarkeit mit höherrangigem Recht. Soweit (beispielsweise bei der Genehmigung von Bebauungsplänen) auch die Einhaltung des materiellen Rechtes geprüft wird, ist Raum für fachaufsichtliche Erwägungen. So ist z. B. im **Bebauungsplanverfahren** der Abwägungsvorgang ohne jegliche Einschränkung zu überprüfen. Lehnt die Behörde die Genehmigung der Satzung ab, ist dies ein Verwaltungsakt gegenüber der Gemeinde, die diesen mit **Widerspruch** und **Verpflichtungsklage** angreifen kann. Dabei klagt die Gemeinde gegen die Genehmigungsbehörde. In einigen Gemeindeordnungen ist vorgesehen, daß die Genehmigung der Satzung nach Ablauf von drei Monaten als erteilt gilt, wenn die Aufsichtsbehörde nicht innerhalb dieses Zeitraumes die Genehmigung abgelehnt hat. Betroffene erhalten Gerichtsschutz gegen Satzungen zum einen über die sogenannte **Inzidentkontrolle**, bei der geprüft wird, ob die Satzung frei von Rechtsfehlern ist und deshalb Grundlage eines angegriffenen Verwaltungsaktes sein kann. Das Ergebnis bindet nur die Parteien des Prozesses. Eine allgemein verbindliche Feststellung der Satzungsnichtigkeit ist nur über das Verfahren der **Normenkontrolle** möglich, wie sie die Verwaltungsgerichtsordnung z. B. für Bebauungspläne eröffnet.

Regelungsgegenstände der Satzungsautonomie sind zunächst organisationsrechtliche Satzungen wie die **Hauptsatzung**, welche die Selbstorganisation der Gemeinde im Rahmen des vom Landesgesetzgeber vorgegebenen Gemeindeverfassungsrechtes regelt, oder die **Haushaltssatzung**, die Einnahmen und Ausgaben der Gemeinde für ein Rechnungsjahr vorsieht und ihre Verwendung bestimmt. Im übrigen sind die Regelungsgegenstände kommunaler Satzung sehr vielfältig. Zu ihnen gehören Steuer- und Gebührenordnungen, Regelungen über die Benutzung öffentlicher Einrichtungen und Straßen, Bebauungspläne nach § 10 BauGB und örtliche Bauvorschriften, Beitragssatzungen, Dienstleistungsverpflichtungen gegenüber der Gemeinde wie die Fußwegreinigung und vieles anderes mehr. Entscheidend ist dabei allerdings, daß der Regelungsgegenstand eine Selbstverwaltungsaufgabe betrifft. Gemeindliche Satzungen können Zwangsmittel vorsehen, um die darin begründeten Verpflichtungen durchzusetzen, oder bestimmen, daß Zuwiderhandlungen als Ordnungswidrigkeiten geahndet werden. Durch die Aufgabenreduzierung im Bereich des eigenen Wirkungskreises infolge rechtlicher Regelungen der Landes- und Bundesgesetzgebung verengt sich faktisch der inhaltliche Gestaltungsspielraum der kommunalen Rechtsetzung.

PERSONALHOHEIT: Die **Personalhoheit** der Gemeinden und Gemeindeverbände umfaßt die Befugnis ihrer Organe, in eigener Verantwortung Anzahl und Rechtsverhältnis der Personen zu bestimmen, die zur Erfüllung ihrer Pflichten und Aufgaben benötigt werden, diese anzustellen, zu befördern, zu entlassen sowie Arbeitsbedingungen und Besoldung zu bestimmen. Dem gemeindlichen Handlungsspielraum sind hier jedoch durch das öffentliche Dienstrecht sehr enge Grenzen gesetzt. Das Beamtenrechtsrahmengesetz, das Bundesbesoldungsgesetz, die entsprechenden Gesetze auf Landesebene, Stellenobergrenzen- und Eingruppierungsverordnungen sowie die Tarifverträge für den Bereich der Arbeiter und Angestellten im kommunalen Dienst lassen im Bereich des kommunalen Personalwesens für eigenständige Gestaltungen nur sehr wenig Spielraum.

ORGANISATIONSHOHEIT: Unter **Organisationshoheit** ist die Befugnis der Kommunen zu verstehen, den Aufbau der Gemeindeverwaltung und die Organisation ihres Aufgabenvollzuges selbst zu bestimmen. Die Vorgaben der Gemeindeordnung sind allerdings diesbezüglich sehr weitgehend. Beispielsweise soll den **Vertretungskörperschaften** verwehrt sein, zur Aufklärung eines bestimmten Sachverhaltes **Untersuchungsausschüsse** einzusetzen. Im Rahmen der Aufgabenverteilung zwischen den kommunalen Organen wird zudem die Organisationshoheit im wesentlichen dem Aufgabenbereich des **Hauptverwaltungsbeamten** zugeordnet. So ist die Vertretungskörperschaft zwar in der Regel befugt, über Richtlinien der Verwaltungsführung zu beschließen, auf die Ausgestaltung im einzelnen soll sie jedoch unterhalb der Dezernatsebene keinen Einfluß haben.

FINANZHOHEIT: Auch die **Finanz- und Haushaltsautonomie** der Gemeinden ist den sehr engen Grenzen der bundesstaatlichen Steuerverteilung (Art. 106 GG), des Steuerrechts (vor allem des kommunalen Abgabenrechts) und des Gemeindehaushaltsrechts unterworfen (vgl. hierzu und zum folgenden die Kapitel "Gemeindefinanzen" und "Haushalt"). Danach können die Gemeinden **Abgaben** (Verbrauch- und Aufwandsteuern, Beiträge und Gebühren) erheben und die **Hebesätze** für die bundesrechtlich geregelte **Grund-** und **Gewerbesteuer** in der **Haushaltssatzung** festlegen. Einnahmen erzielen die Kommunen ferner aus ihrer wirtschaftlichen Betätigung durch **kommunale Unternehmen** sowie durch **Zuweisungen** über bundes- und landesrechtliche Regelungen des Finanzausgleiches. Ein besonderes Problem stellen dabei zweckgebundene Zuweisungen (Art. 104a Abs. 4 Satz 1 GG) dar, weil sie den Gemeinden durch Finanzierung ganz bestimmter Maßnahmen den "goldenen Zügel" anlegen. Die Zuweisung von Aufgaben ohne finanzielle Absicherung, etwa im Bereich der Sozialhilfe, führt neben den Beschränkungen kommunaler Steuerfindungs- und Erhebungskompetenz zu einer weiteren Aushöhlung kommunaler Finanzautonomie.

PLANUNGSHOHEIT: Die **Planungshoheit** der Gemeinden nimmt insoweit eine Sonderstellung ein, als sie das einzige aus Art. 28 Abs. 2 GG abgeleitete Hoheitsrecht darstellt, welches sich auf ein spezifisches Mittel kommunaler Aufgabenerledigung bezieht und einen gegenständlichen Bereich beschreibt, der als Betätigungsfeld für die Gemeinden von besonderem Interesse ist. Dabei folgt die Planungskompetenz grundsätzlich aus der Sachkompetenz; grundsätzlich erstreckt sich die Planungshoheit daher auf alle Angelegenheiten im Zuständigkeitsbereich der Gemeinde (z. B. Landschaftsrahmenplan, Schulentwicklungsplanung, Kindertagesstättenbedarfsplan usw.). Die rechtliche Bindungskraft solcher Pläne gegenüber Dritten ist — sofern sie nicht als Satzung erlassen werden können — meist sehr gering. Die **Raumplanungshoheit** als Sonderfall umfaßt die Befugnis, die Grundlagen der Bodennutzung für das eigene Gebiet, insbesondere durch **Bebauungs-** und **Flächennutzungspläne**, festzulegen. Die Gemeinde tritt dabei in Konkurrenz mit höherstufiger Planung, etwa durch landesweite und regionale Raumordnungsplanung. Das Fachplanungsrecht, insbesondere das Baugesetzbuch und die Baunutzungsverordnung, führen zu weiteren Beschneidungen der kommunalen Planungshoheit (vgl. hierzu das Kapitel "Planungsrecht").

Staatliche Aufsicht

Gemeindliche Tätigkeit unterliegt in vielfältiger Weise staatlicher Beaufsichtigung. Standardaufsicht ist die (auch **Kommunalaufsicht** oder allgemeine Aufsicht genannte) **Rechtsaufsicht**, also die Kontrolle der Rechtmäßigkeit kommunalen Handelns. In **Selbstverwaltungsangelegenheiten** ist der Staat grundsätzlich auf die Rechtsaufsicht, also auf eine Aufgabenerfüllung "im Rahmen der Gesetze" beschränkt. Weitergehende Kontrollbefugnis sind mit dem Prinzip der Eigenverantwortung aus Art. 28 Abs. 2 GG nicht zu vereinbaren. **Aufsichtsbehörde** ist für kreisangehörige Gemeinden der **Landkreis**, für kreisfreie Städte die **Bezirksregierung** bzw. das **Innenministerium**. Wichtigstes Aufsichtsmittel ist in der Praxis der informelle Kontakt zwischen der Gemeinde und der Aufsichtsbehörde, z. B. dem Landkreis. Formelle Aufsichtsmittel reichen von **Unterrichtungs- und Berichtsrechten** bis hin zur **Auflösung des Gemeinderates** oder Bestellung eines **Staatsbeauftragten**. Die letztgenannten Eskalationen staatlichen Eingreifens sind äußerst ungewöhnlich. Übliche Aufsichtsmittel sind vor allem die **Informations-** und **Beanstandungsrechte** der Aufsichtsbehörde, daneben noch die Rechte zur **Anordnung** notwendiger Maßnahmen durch die Gemeinde und zur eigenen Durchführung notwendiger Maßnahmen an Stelle und auf Kosten der Gemeinde im Wege der **Ersatzvornahme**. So beachtlich dieses formelle Instrumentarium auch sein mag — kommunalpolitischen Erfahrungen zufolge, insbesondere aus dem grün-alternativen Bereich, spricht einiges dafür, daß die Kontrollintensität der Kommunalaufsicht nicht sehr groß ist. Der Rechtsschutz der Gemeinden gegen Aufsichtsmaßnahmen richtet sich nach den allgemeinen Vorschriften.

Als **Fachaufsicht** wird die besondere Aufsicht in Angelegenheiten des **übertragenen Wirkungskreises** bzw. der Weisungsaufgaben bezeichnet. Sie wird von den übergeordneten Fachbehörden ausgeübt und umfaßt über die allgemeine Rechtskontrolle hinaus umfassende Weisungsbefugnisse hinsichtlich der Sachentscheidung selbst und der Handhabung von Ermessensfragen. Auch gegenüber Maßnahmen der Fachaufsicht besteht Rechtsschutz durch die Verwaltungsgerichte, sofern die Gemeinde hierdurch in ihren Rechten verletzt wird.

Perspektiven grün-alternativer Kommunalpolitik

Zusammenfassend ist bei skeptischer Betrachtungsweise festzustellen, daß der Begriff der kommunalen Selbstverwaltung eher eine rhetorische Metapher als eine Darstellung kommunaler Wirklichkeit ist. Umfang und Grenzen der kommunalen Selbstverwaltungsgarantie und der aus ihr abgeleiteten kommunalen Hoheitsrechte sind zudem weitestgehend der Dispositionsbefugnis des (Bundes- oder Landes-) Gesetzgebers überantwortet. Zielsetzung grüner Kommunalpolitik muß es daher sein, offensiv für eine weitergehende Dekonzentration, Dezentralisierung und Demokratisierung staatlicher Machtausübung einzutreten. Dazu gehört, die noch vorhandenen Reservate kommunaler Autonomie zu verteidigen, Handlungsspielräume zurückzugewinnen und für eine weitergehende Kommunalisierung staatlicher Aufgaben einzutreten. Ökonomische Grundlage hierfür ist jedoch ein System kommunaler Finanzierungen, das Kommunen aus ihrer bedingungslosen Abhängigkeit von der Landes- und Bundespolitik befreit und ihnen entweder eigenständige Finanzierungsquellen durch Kommunalsteuern erschließt oder durch Aufhebung starrer Zweckbindungen weitgehend eigenverantwortlich bewirtschaftete Globalzuweisungen ("Investitionspools") ermöglicht.

Im Interesse einer auch horizontal angelegten Gewaltenteilung im Gesamtstaat und eines dezentralen Aufbaus der Demokratie von unten nach oben muß der kommunalen Selbstverwaltung im staatlichen Gesamtgefüge der Rang einer dritten, eigenständigen staatsorganisatorischen Ebene neben Bund und Ländern eingeräumt werden. Dies bedeutet zugleich, die Grundelemente der parlamentarischen Demokratie und einer ihr verantwortlichen Exekutive auf die kommunale Ebene zu übertragen und auch verfassungsrechtlich den kommunalen Vertretungskörperschaften den Status eines vollwertigen Parlamentes mit weitreichenden Kontrollbefugnissen gegenüber der Verwaltung (z. B. dem Recht zur Bildung von Untersuchungsausschüssen, erweiterten Zitier-, Frage- und Akteneinsichtsrechten) statt eines bloßen Exekutivausschusses der Verwaltung zu verschaffen. Nach Art. 28 Abs. 1 Satz 2 GG muß das Volk in den Ländern, Kreisen und Gemeinden eine frei gewählte Vertretung haben. Es bedarf schon geradezu grotesker Verrenkungen, um den in einem Satzzusammenhang mit den Landesparlamenten genannten kommunalen Volksvertretungen ihren Parlamentscharakter abzusprechen. Die überkommene Trennung zwischen eigenem und übertragenem Wirkungskreis gemeindlicher Aufgaben ist aufzuheben.

Den emanzipatorischen Anspruch kommunaler Selbstverwaltung als einer Verwaltung durch die BürgerInnen selbst ernstzunehmen bedeutet weiter, die Partizipationsmöglichkeiten der Einwohnerschaft an den lokalen Entscheidungsprozessen zu verbessern und neben erweiterten Informations- und Akteneinsichtsrechten insbesondere Formen direkter Demokratie wie **Bürgerbegehren** und **-entscheid** auszubauen (vgl. das Kapitel "Bürgerbeteiligung").

Vermehrt gefährdet wird der Anspruch auf umfassende demokratische Partizipation der örtlichen Ebene auch durch den Prozeß einer wachsenden Konzentration von Zuständigkeiten auf EU-Ebene. Klagen bereits die Bundesländer über Souveränitätsverluste durch Bindungen an europarechtliche Vorgaben, so bleiben die kommunalen Strukturen im Recht der Europäischen Union bisher nahezu völlig unberücksichtigt. Ein erster Ansatz hierzu ist die von den Mitgliedern des Europarates 1985 verabschiedete **Europäische Charta der kommunalen Selbstverwaltung**, die Grundelemente kommunaler Selbstverwaltung europaweit sichern soll, jedoch bisher kaum praktische Wirkungen entfaltet hat. Bei der weiteren Reform der EU-Strukturen ist daher auch — über die Lobbyarbeit der als Vereine organisierten kommunalen Spitzenverbände hinaus — eine institutionelle Beteiligung der europäischen Regionen und Kommunen zu fordern.

Literatur

Schmidt-Aßmann, E: Kommunalrecht, in: von Münch / Schmidt-Aßmann, Besonderes Verwaltungsrecht, 9. Aufl. 1992,
Faber, Kommentierung zu Art. 28 Abs. 2, in: Alternativkommentar Grundgesetz, 2. Aufl. 1989.
Äußerst hilfreich, insbesondere bei der täglichen Ratsarbeit, ist eine Kommentierung (Gesetzestext mit Erläuterungen) zur jeweiligen Gemeinde- oder Kreisordnung.

AKP-Artikel zum Thema

Diverse Artikel im AKP-Dossier "Reform der Gemeindeordnung", AKP 5/1991, S. 45
Beiträge von Ullmann, W., und Schaller, Th., in: Macht und Ohnmacht der Kommune. AKP-Sonderdruck zum Kommunalpolitischen Kongreß in Leipzig, 1992
Franke, R.: Was bleibt von der kommunalen Selbstverwaltung?, in: AKP 1/1993, S. 35 f.
Langnickel, H.: Zur Diskussion um die Reform der Gemeindeordnungen, in: AKP 5/1990, S. 30

Dian Schefold

Die innere Kommunalverfassung

KOMMUNALE DEMOKRATIE UND KOMMUNALE VOLKSVERTRETUNG: Neben der Frage nach den Aufgaben der Gemeinden und ihrer Garantie stellt sich das Problem demokratischer Ausgestaltung der internen Verfassungsstruktur der Gemeinden als Kernproblem des Kommunalrechts dar. Es handelt sich um einen Teilaspekt des staatlichen und gesellschaftlichen Verfassungsrechts. Veränderungen können die politischen Machtstrukturen tiefgreifend beeinflussen, wie etwa neuerdings in Italien aus Anlaß der Einführung der unmittelbaren Volkswahl der Bürgermeister sichtbar wird.

Den Kommunen ihre Verfassung vorzugeben, ist im wesentlichen Sache der Landesgesetzgebung. Nur in der NS-Zeit wurde durch die **Deutsche Gemeindeordnung** (DGO) vom 30.1.1935 mit der demokratischen Grundlage auch die Landeszuständigkeit zur Regelung des Kommunalrechts beseitigt. Heute gewährleistet Art. 28 Abs. 1 Grundgesetz (GG) eine Volksvertretung wie in den Ländern, so auch in den Kreisen und Gemeinden. Nur im Zusammenhang mit dieser Gewährleistung erschließt sich der Sinn der in Art. 28 Abs. 2 GG enthaltenen Garantie des Aufgabenbereichs kommunaler Selbstverwaltung. Die Alternative der Verwaltung der Gemeinde ausschließlich durch eine **Gemeindeversammlung** (Art. 28 Abs. 1 Satz 4 GG) ist heute fast nur noch von historischem Interesse, bestätigt jedoch die Verfassungslegitimität von Einrichtungen unmittelbarer Demokratie gerade auch auf Gemeindeebene. Für alle Gemeinden sehen daher die Gemeindeordnungen der Länder die Einrichtung einer **Volksvertretung** (Gemeinderat, Gemeindevertretung, Stadtverordnetenversammlung, Rat o.ä.) vor. Für sie gelten die gleichen Wahlrechtsgrundsätze wie für Bundes- und Landtagswahlen, also die Grundsätze der allgemeinen, unmittelbaren, freien, gleichen und geheimen Wahlen. Die Ausgestaltung im einzelnen obliegt den **Kommunalwahlgesetzen** der Länder.

Speziell für die Allgemeinheit des **Wahlrechts** (kommunales **Ausländerwahlrecht**) fragt sich, ob sie sich auf die Einwohner oder die Staatsangehörigen in der Gemeinde bezieht. Traditionell überwiegt der letztgenannte Gesichtspunkt; dies wird jedoch durch die Unterscheidung von Staat und Gemeinde wie auch durch die gesellschaftliche Entwicklung (Migration) in Frage gestellt. Aber eine Ungleichbehandlung von Staat und Gemeinden im Wahlrecht wird durch Art. 28 Abs. 1 Satz 2 GG, der Länder, Kreise und Gemeinden gleichstellt, nicht gerechtfertigt. Die Relevanz der gesellschaftlichen Entwicklung ist durch die Verfassungsrechtsprechung, entsprechend der herrschenden Staatsrechtslehre, verneint worden, auch für Ortsteilvertretungen. Inzwischen hat allerdings Art. 8b Abs. 1 EG-Vertrag in der Fassung des Vertrags über die Europäische Union (Maastricht) das Kommunalwahlrecht für Unionsbürger, d. h. die Bürger sämtlicher Mitgliedstaaten der Europäischen Union, eingeführt und entsprechend ist Art. 28 GG durch einen neuen Art. 28 Abs. 1 Satz 3 GG (i. d. F. vom 21.12.1992) ergänzt worden, der nun freilich Probleme für die Stadtstaaten aufwirft. Für Ausländer außerhalb des Bereichs der Europäischen Union sind dagegen nach der erwähnten Rechtsprechung nur **Ausländerbeiräte** ohne Entscheidungszuständigkeiten möglich. Im übrigen gelten für das Wahlverfahren regelmäßig Grundsätze der Verhältniswahl, allerdings mit Abweichungen im einzelnen, etwa hinsichtlich von Sperrklauseln, Elementen der Personenwahl und Vertretung von Teilorten. Praktisch haben auf kommunaler Ebene Wählergemeinschaften ("Rathausparteien") traditionell und vor allem in Perioden stärkerer Parteienverdrossenheit Gewicht. Die Wahlperiode der Gemeindevertretung beträgt i. d. R. fünf Jahre, teilweise vier Jahre (Bremerhaven, Hessen, Schleswig-Holstein) oder sechs Jahre (Bayern).

Die innere Organisation der Gemeindevertretungen gleicht der von Parlamenten; regelmäßig gibt es Fraktionen und Ausschüsse. Auch die Stellung der Mitglieder der Gemeindevertretungen ist der von Parlamentariern angenähert, namentlich gilt auch hier der Grundsatz des freien Mandats. Anders als im staatlichen Bereich aber gilt grundsätzlich die Pflicht, kommunale Ämter zu übernehmen. Daraus abgeleitet wird die Verfassungsmäßigkeit eines **Vertretungsverbots** für Ratsmitglieder, wenn Ansprüche gegen die Gemeinde geltend gemacht werden sollen. Ferner rechtfertigt die kommunalrechtliche Treupflicht bestimmte **Befangenheitsvorschrift** für Ratsherren. Auch die **Inkompatibilität** (Unvereinbarkeit von Mandat und Anstellung) im kommunalen Bereich ist heute

35

ziemlich umfassend ausgestaltet und wegen der geringeren Höhe der Diäten für die davon Betroffenen fühlbarer als im staatlichen Bereich. Weitgehend lassen sich diese Differenzen darauf zurückführen, daß kommunale Volksvertretungen Selbstverwaltungsorgane sind, selbst wo sie — im Rahmen der Satzungsautonomie — Rechtsetzungsaufgaben wahrnehmen. Das Geflecht zwischen individuellen Interessen und Entscheidungen des Vertretungsorgans ist daher häufiger und enger als im staatlichen Bereich. Dies rechtfertigt Unterschiede zu den Regelungen des staatlichen Parlamentsrechts.

Auch auf kommunaler Ebene gibt es einen Gegensatz zwischen kollegialer Beratung und Ausführung. Doch dürfen aus diesem Unterschied keine überzogenen Schlüsse gezogen werden. Er impliziert, anders als auf staatlicher Ebene, keinen Funktionenunterschied zwischen Gesetzgebung und Verwaltung. Gerade weil die kommunale Volksvertretung auch Verwaltungsorgan ist, ist sie potentiell allzuständig und kann sich grundsätzlich mit allen kommunalen Aufgaben befassen, ohne einen Bereich der Exekutive respektieren zu müssen. Sonderregelungen gelten insofern nur für übertragene (staatliche) Aufgaben, bei deren Erfüllung durch die Gemeindeverwaltung die Gemeindevertretung oft in ihrem Informationsrecht eingeschränkt ist.

Die klassischen Typen der Kommunalverfassung

Für die Funktionen der Beratung einerseits, der konkreten Verwaltungstätigkeit andererseits, auch soweit sie staatliche, von den Gemeinden zu verwaltende Aufgaben betrifft, haben sich im Wandel des Verständnisses von Staat und Gemeinde unterschiedliche Kommunalverfassungstypen herausgebildet, die den Hintergrund der heutigen kommunalen Verfassungsstrukturen bestimmen.

MAGISTRATSVERFASSUNG: Den Ausgangspunkt bildete der Versuch des Freiherrn vom Stein, in den preußischen Reformen der napoleonischen Kriegszeit den Bürgersinn durch Stärkung der städtischen Selbstverwaltung zu beleben. Die preußische Städteordnung (zunächst vom 19.11.1808) schrieb den Städten vor, daß eine von den Bürgern gewählte Stadtverordnetenversammlung einen kollegialen **Magistrat** zur Wahrnehmung der laufenden Verwaltungsgeschäfte wählen sollte. Dieser Magistrat war außerdem als zweites Kollegium an der Beratung der städtischen Angelegenheit wesentlich beteiligt.

BÜRGERMEISTERVERFASSUNG: Etwa gleichzeitig führte der französische Einfluß in den französisch beherrschten oder beeinflußten Gebieten (linksrheinische Gebiete, Rheinbund) zur Bildung sogenannter "Bürgermeistereien": Ein **Bürgermeister** sollte die örtlichen Verwaltungsgeschäfte wahrnehmen. Allmählich bildete sich auch dort die Wahl eines **Gemeinderats** heraus, der seinerseits den Bürgermeister wählte. Dieser leitete die Verwaltung und präsidierte den Rat.

SÜDDEUTSCHE RATSVERFASSUNG: Nach 1918 wurde, zunächst vor allem in Süddeutschland, versucht, die Gemeindeverwaltung zu vereinfachen und zu demokratisieren. Das Volk wählte mit dem Rat zugleich unmittelbar den Bürgermeister. Dieser leitete die Verwaltung, präsidierte jedoch gleichzeitig den Rat.

NORDDEUTSCHE RATSVERFASSUNG: Nach 1945 legte vor allem die britische Besatzungsmacht besonderes Gewicht auf die Betonung der Stellung des Rats. Nach dem in der abgeänderten Deutschen Gemeindeordnung von 1946 zum Ausdruck kommenden Konzept sollte die Bürgerschaft durch die Wahl des Rats, der sich aus seiner Mitte einen Vorsitzenden als Bürgermeister wählte, die Verwaltung der Gemeinde ausschließlich bestimmen. Nur zur sachlichen Durchführung der Ratsbeschlüsse waren Bedienstete, darunter vor allem ein **Gemeindedirektor**, vorgesehen, die zunächst rein ausführende Funktion haben sollten. Ein selbständiges Organ zur Wahrnehmung übertragener Angelegenheiten war somit nicht vorgesehen; nur der Gemeinde insgesamt konnten Pflichtaufgaben zur Erfüllung nach Weisung übertragen werden.

Abwandlungen in der Praxis

ABWANDLUNGEN DER GRUNDTYPEN: Im Rahmen der **Magistratsverfassung** war von Anfang an zweifelhaft, inwieweit die Stadtverordnetenversammlung auch unabhängig vom Magistrat ein eigenes Recht zur Beschlußfassung haben sollte. Während die (sogenannte echte) Magistratsverfassung nach der Städteordnung von 1831 ein echtes Zweikammersystem institutionalisierte, war ursprünglich vorgesehen und setzte sich in späterer Zeit wieder ausschließlich durch, daß die Stadtverordnetenversammlung das eigentliche Beratungsorgan der Gemeinde, der Magistrat nur zur Vorberatung und Ausführung zuständig sei ("unechte Magistratsverfassung"). Kennzeichnend für die Magistratsverfassung blieb somit die kollegiale Natur des ausführenden Organs. Sie ermöglicht die Beteiligung verschiedener politischer Richtungen (Fraktionen) an der Verwaltungsleitung und sichert Diskussion und interne Vorabstimmung auch im Rahmen der Verwaltungsleitung. Gegen sie wird freilich der Einwand einer gewissen Schwerfälligkeit und Verschleierung der Verantwortung erhoben.

Das ursprüngliche, die Einheit, Verantwortlichkeit und Schlagkraft der Gemeindeverwaltung stärker betonende Modell der **Bürgermeisterverfassung** unterlag Modifikationen, wenn dem Bürgermeister weitere leitende Verwaltungsbeamte als **Beigeordnete** an die Seite gestellt wurden, denen einzelne Geschäftsbereiche (**Dezernate**) zu eigenverantwortlicher Leitung nach den Richtlinien des Bürgermeisters zugewiesen werden konnten. Hieraus konnte eine kollegiale Verwaltungsspitze ähnlich einem Magistrat, aber mit klarer lokalisierter Verantwortung, entstehen. Für größere Gemeinden wurde ein solche Lösung vielfach obligatorisch vorgeschrieben. Umgekehrt war denkbar, durch Verselbständigung des Amts des Ratsvorsitzenden die Macht des Bürgermeisters etwas einzugrenzen; man spricht dann von "unechter Bürgermeisterverfassung". Dieser Weg wurde in der Kommunalverfassung der neuen Bundesländer 1990 zunächst beschritten.

Auch im Rahmen der **süddeutschen Ratsverfassung** war die Wahl zusätzlicher Beigeordneter denkbar, und auch hier kam ein unabhängiger Ratsvorsitz neben dem Bürgermeister in Betracht. In der **norddeutschen Ratsverfassung** ergab sich eine entscheidende Modifikation dadurch, daß dem Gemeindedirektor faktisch und bald auch durch die Rechtsprechung selbständiges Gewicht zuerkannt wurde, so daß auch hier der Dualismus von Beratung und Verwaltungsvollzug seinen institutionellen Ausdruck fand (Nordrhein Westfalen, Niedersachsen). Außerdem konnte einem Verwaltungsausschuß des Rats zusätzliches Eigengewicht eingeräumt werden (Niedersachsen).

ZAHL DER ERSTZUSTÄNDIGEN ORGANE: Von hier aus ergab sich eine neue Möglichkeit der Differenzierung der Kommunalverfassungstypen, indem danach unterschieden wurde, wieviel Organe Erstzuständigkeiten im Rahmen der Kommunalverfassung wahrzunehmen hatten. Als **monistisches** Modell kam die klassische norddeutsche Ratsverfassung in Betracht, in deren Rahmen der Rat die Verwaltung der Gemeinde insgesamt bestimmen sollte. Durch die erwähnte Entwicklung ist diese Lösung obsolet geworden; wegen der Gewährleistung einer kommunalen Volksvertretung durch Art. 28 Abs. 1 Satz 2 GG ist eine monistische Verwaltungsstruktur ohne Volksvertretung (wie in der ursprünglichen Bürgermeisterverfassung) nach dem Grundgesetz (abgesehen von Art. 28 I 4 GG — Gemeindeversammlung) nicht mehr zulässig. Die klassische Entwicklung unter dem Grundgesetz führt vielmehr in allen Kommunalverfassungstypen zu einer **dualistischen** Struktur von Beratung und Ausführung, für die jeweils unterschiedliche Organe erstzuständig sind. Denkbar ist allerdings, daß einem dritten Organ zusätzliche Eigenzuständigkeiten zugeordnet werden, so daß ein **trialistischer** Verfassungstyp entsteht. Dies ist vor allem in Niedersachsen die Funktion des **Verwaltungsausschusses**. Im Rahmen der Magistratsverfassung kommt die Übertragung einzelner Vollzugsaufgaben an den Bürgermeister in Betracht, so daß auch er eine eigenständige Organstellung erhält (z. B. Bremerhaven).

POLITISCHES GEWICHT DER VERWALTUNGSSPITZE: Die kommunale **Verwaltungsspitze** hat daher heute überall erhebliches Gewicht durch die Leitung der **Geschäfte der laufenden Verwaltung**, die Regelung der inneren Verwaltungsorganisation und die Eigenschaft als Dienstvorgesetzte aller Beschäftigten der Gemeinde. Zumindest faktisch bereitet sie in allen Verfassungstypen die Beschlüsse des Rates vor. Verstärkt wird diese Stellung, wenn die Leiterin oder der Leiter der Gemeindeverwaltung (**Bürgermeister**) zugleich, wie in der echten Bürgermeisterverfassung und in der süddeutschen Ratsverfassung, mit Stimmrecht den Vorsitz im Rat führt. Dann hat er entscheidenden Einfluß auf die Festsetzung der Tagesordnung und die Steuerung der Verhandlungen. Wird der Bürgermeister direkt vom Volk gewählt, so stärkt auch dies seine Legitimation. Eine zusätzliche Verstärkung erfährt die Verwaltungsspitze, wenn ihre Amtsdauer, wie im Interesse der Kontinuität heute in den meisten Ländern vorgesehen, abweichend von der und länger als die Wahlperiode des Gemeinderats bemessen wird. Dann kann eine möglicherweise im politischen Gegensatz zur Mehrheitsmeinung des Rates stehende Verwaltungsspitze unabhängig vom Willen des Rats, ja im Gegensatz dazu operieren. Die Erfüllung der Verwaltungsaufgaben, jedenfalls die Einheitlichkeit der Willensbildung der Gemeinde, wird gestört. Sind in der Verwaltungsspitze (Magistrat oder

Beigeordnete) unterschiedliche politische Kräfte vertreten, schwächt dies allerdings mögliche Gegensätze ab.

KONTROLLE DER VERWALTUNGSSPITZE: Da mit der Entwicklung zu dualistischen Modellen das herausragende Gewicht des kommunalen Verwaltungsvollzugs offenkundig wurde, stieg das Bedürfnis nach Kontrolle, speziell nach der Möglichkeit der **Abwahl** der kommunalen Verwaltungsspitze. Diese wurde bald in Gemeindeordnungen der Nachkriegszeit vorgesehen und vom Bundesverfassungsgericht als grundsätzlich mit dem Grundgesetz vereinbar erklärt; dem folgte die Verwaltungsrechtsprechung. Trotz starken Widerstands dehnte sich in der Folge die Möglichkeit der Abwahl vom Rat gewählter Leiter der Gemeindeverwaltungen, z. T. auch Beigeordneter, auf alle entsprechend konstituierten Länder aus, freilich nicht auf die mit süddeutscher Ratsverfassung.

TENDENZ ZUR DIREKTWAHL DER VERWALTUNGSSPITZE: Der Gedanke der Legitimation der kommunalen Verwaltungsspitze durch politische Kontrolle erfährt freilich in neuerer Zeit eine gegenläufige Ausprägung. Beeinflußt von den Erfahrungen mit der süddeutschen Ratsverfassung und Tendenzen zur Erweiterung unmittelbar demokratischer Instrumente findet die unmittelbare Volkswahl des Leiters der kommunalen Verwaltung auch über den Bereich der süddeutschen Ratsverfassung hinaus Anwendung. So führte Hessen im Rahmen der Magistratsverfassung 1991/92 die **Direktwahl** der Bürgermeister, Oberbürgermeister und Landräte ein. Dem folgten in Ablösung oder Novellierung der Kommunalverfassung der DDR von 1990 die meisten neuen Bundesländer. Eine entsprechende Regelung wurde schließlich neuerdings in Rheinland-Pfalz eingeführt.

Charakteristisch für die unmittelbar demokratische Legitimation der kommunalen Verwaltungsspitze ist, daß sie dadurch unabhängig von der Legitimation durch die Gemeindevertretung gemacht wird. Dies stärkt — wie schon bisher im Rahmen der süddeutschen Ratsverfassung — die "politische Verwaltung" (R.-R. Grauhan). Entsprechend hat die Gemeindevertretung keine Möglichkeit mehr, durch Abwahl oder Drohung damit die kommunale Verwaltungsspitze zu kontrollieren. Zwar wird mit der Volkswahl die Möglichkeit einer Abwahl durch das Volk — auf Volksbegehren und/oder Vorschlag des Rates — verbunden. Aber dieses Verfahren ist so schwerfällig und im Ausgang mit solchen Unsicherheiten behaftet, daß es die starke Stellung der Verwaltungsspitze kaum wird beeinträchtigen können. Zwar liegen noch keine Erfahrungen mit diesem Instrument vor. Es ist jedoch zu erwarten, daß die unmittelbare Wahl, trotz grundsätzlicher Abwahlmöglichkeit, eher zu einer Stärkung der kommunalen Verwaltungsspitze führen wird.

BÜRGERBEGEHREN, BÜRGERENTSCHEID UND INNERGEMEINDLICHE DEZENTRALISATION: Nur ergänzend ist hier darauf hinzuweisen, daß die erwähnten Abwandlungen der Kommunalverfassungstypen auch durch andere Formen der Mitsprache der Bürger beeinflußt werden. Zu nennen sind in diesem Zusammenhang namentlich **Bürgerbegehren** und **Bürgerentscheid**, die in den neueren kommunalrechtlichen Regelungen — neben Baden-Württemberg namentlich auch in Hessen, Schleswig-Holstein, Rheinland-Pfalz und in den neuen Bundesländern — an Raum gewonnen haben (vgl. Kapitel "BürgerInnenbeteiligung"). Auch innergemeindliche Dezentralisation durch Schaffung von **Stadtbezirksräten** oder **Beiräten**, die vielfach direkt gewählt werden können, beeinflußt die Gewichtsverteilung innerhalb der kommunalen Verfassungsstruktur. Der Dualismus von Beratung und Verwaltungsvollzug überkreuzt sich mit einem weiteren Dualismus zentraler und dezentraler Aufgabenwahrnehmung in der Gemeinde, wobei die Dezentralisation die Aufgabenwahrnehmung in der Gesamtgemeinde in unterschiedlicher Weise beeinflussen kann.

Anwendungsbereich der Kommunalverfassungstypen

Vor diesem Hintergrund ist heute die Unterscheidung der Typen innerer Kommunalverfassung fragwürdig und in ihrer Aussagekraft weniger bedeutsam geworden. Hinzu kommt, daß die innere Verwaltungs- (Ablauf-) Organisation der Gemeinden von den Kommunalverfassungstypen weitgehend unabhängig ist. Die innere Gliederung der kommunalen Ämter erfolgt meist nach einheitlichen Empfehlungen der **kommunalen Spitzenverbände** und ihrer Service-Organisationen. Nur die Leitungsstruktur wird von der Kommunalverfassung bestimmt. Mit diesen Vorbehalten sind die folgenden Ausführungen behaftet.

Die ("unechte") **Magistratsverfassung** gilt nach wie vor in den Städten Schleswig-Holsteins, in Bremerhaven sowie, durch die Volkswahl des Bürgermeisters verändert, in Hessen. Im einzelnen kann sie durch selbständige Entscheidungszuständigkeiten des (Ober-)Bürgermeisters sowie durch ein Nebeneinander von hauptamtlichen und ehrenamtlichen Magistratsmitgliedern einen besonderen Charakter erhalten. Als Verwaltungsform, die eine Mehrzahl von Magistratsmitgliedern zu kollegialer Beratung und gemeinsamer Verantwortung der Verwaltungsgeschäfte vorsieht, ist sie auch heute noch sinnvoll, vor allem in größeren Städten.

Die **Bürgermeisterverfassung** ist traditionell charakteristisch für Rheinland-Pfalz, das Saarland sowie für die Landgemeinden in Hessen und Schleswig-Holstein. Durch die Kommunalverfassung der DDR hat sie ein zusätzliches Anwendungsgebiet erhalten, allerdings dadurch modifiziert, daß für den Regelfall die Wahl eines selbständigen Gemeindevertretervorstehers vorgesehen ist, so daß (ähnlich wie z. T. in Schleswig-Holstein) von einer "unechten", nämlich zweiköpfigen Bürgermeisterverfassung zu sprechen ist. Vor allem aber hat auch die Bürgermeisterverfassung in Hessen und Rheinland-Pfalz durch die Volkswahl der Bürgermeister einen neuen Charakter erhalten. Die neuen Bundesländer haben sie praktisch weitgehend zugunsten der süddeutschen Ratsverfassung aufgegeben.

Entsprechend hat die **süddeutsche Ratsverfassung** über ihr klassisches Anwendungsgebiet in Baden-Württemberg und Bayern in neuerer Zeit zusätzliche Ausbreitung erfahren. Sachsen, Sachsen-Anhalt und Thüringen haben sie im wesentlichen übernommen; auch die neuere Gesetzgebung in Brandenburg ist davon beeinflußt. Abweichend von der ursprünglichen Ausprägung ist in diesen Ländern allerdings eine (zumindest theoretische) Möglichkeit der Abwahl des Bürgermeisters durch die Stimmberechtigten vorgesehen. Ferner wirkt teilweise die Trennung von Ratsvorsitz und Amt des Bürgermeisters noch nach.

Die **norddeutsche Ratsverfassung** mit dem vom Rat gewählten Bürgermeister als Ratsvorsitzenden und einem ebenfalls vom Rat gewählten und abwählbaren Gemeindedirektor (Stadtdirektor, Oberstadtdirektor) als Leiter der Verwaltung gilt nach wie vor in Niedersachsen und Nordrhein-Westfalen. Vor allem in Niedersachsen ist die Stellung des Verwaltungsausschusses des Rats, dem der Gemeindedirektor mit beratender Stimme angehört, so stark, daß damit von einem dritten Hauptorgan der Gemeinde gesprochen werden kann. In beiden Ländern wird die Frage der Einführung der Volkswahl der kommunalen Verwaltungsspitze diskutiert; sie hat sich bisher freilich nicht durchsetzen können.

Ansätze zu einer neuen Klassifikation

DIE VOLKSWAHL DER VERWALTUNGSSPITZE ALS ZENTRALPROBLEM: Überblickt man die neuere Entwicklung der Kommunalverfassungstypen, so stellt sich die Frage der unmittelbaren Volkswahl der kommunalen Verwaltungsspitze als wichtigstes Unterscheidungskriterium dar. Wird die Verwaltungsspitze vom Rat gewählt, wie zur Zeit (noch) in Niedersachsen, Nordrhein-Westfalen, Schleswig-Holstein, Bremerhaven, dem Saarland und Mecklenburg-Vorpommern, so wird dadurch die Stellung des Rats gestärkt. Regelmäßig drückt sich dies auch in der Möglichkeit für den Rat aus, die kommunale Verwaltungsspitze mit qualifizierter Mehrheit und bestimmten prozeduralen Sicherungen abzuwählen. Umgekehrt zeigt sich in den übrigen Ländern, teils durch direkte Übernahme der von Baden-Württemberg und Bayern geprägten süddeutschen Ratsverfassung (Sachsen, Sachsen-Anhalt, Thüringen), teils durch Veränderung überkommener Kommunalverfassungstypen (Brandenburg, Hessen, Rheinland-Pfalz) eine Tendenz zur Direktwahl der kommunalen Verwaltungsspitze. Diese gewinnt dadurch eine eigenständige und verstärkte Legitimation; die Vertretung und Durchsetzung von Minderheitsstandpunkten wird erschwert. Ob die in den neueren Regelungen grundsätzlich ermöglichte Abwahl der kommunalen Verwaltungsspitze durch die Wahlberechtigten Bedeutung erlangen kann, wird sich erweisen müssen, erscheint jedoch zumindest zweifelhaft.

DAS BEDÜRFNIS NACH NEUEN GEGENKRÄFTEN: Angesichts dieser Situation besteht in den Ländern, die die Direktwahl der kommunalen Verwaltungsspitze vorsehen, eine Tendenz zur Machtkonzentration und zum Abbau der gegenseitigen Kontrolle von kommunaler Beratung und Verwaltungsführung. Von hier aus resultiert die steigende Relevanz und Notwendigkeit anderer Kontrollinstanzen.

Unter diesem Aspekt gewinnen zunächst die Bestimmungen über die Zuständigkeitsverteilung auf Rat und Verwaltung, auch die Rechte von Ratsminderheiten und der einzelnen Ratsmitglieder, an Bedeutung. Essentiell wird die Sicherung des **Informationsrechts** der Fraktionen und der ein-

Gemeindeordnungen im Überblick

(für die alten Bundesländer in Anknüpfung an Wehling, AKP 1/93, S. 31)

Land	Verfassungstyp	Gemeinderat Wahlperiode in Jahren	Gemeindevorstand Name	Wahlmodus	Amtszeit in Jahren	Abwählbar	G.-R. und Ausschuß-vorsitz	Bürger begehren/-entscheid
Baden-Württemberg	Süddeutsche Ratsverfassung, einköpfig	5	(Ober-)Bürgermeister	Volkswahl	8	nein	ja	ja
Bayern	Süddeutsche Ratsverfassung, einköpfig	6	1. Bürgermeister bzw. Oberbürgermeister	Volkswahl	6	nein	ja	nein
Brandenburg	Süddeutsche Ratsverfassung, zweiköpfig	5	(Ober-)Bürgermeister	Volkswahl	8	Volksentscheid	i. d. R. nein	ja
Bremerhaven	Magistratsverfassung	4	Magistrat mit Oberbürgermeister	durch Stadtverordnetenversammlung	12 / 4	mit 2/3-Mehrheit	Ausschüsse	nein
Hessen	Magistratsverfassung, zweiköpfig	4	Magistrat mit (Ober-)Bürgermeister	Volkswahl	6	durch Bevölkerung	nein	ja
Kommunalverfassung der DDR	Bürgermeisterverfassung, zwei-/einköpfig	4	(Ober-)Bürgermeister	durch Gemeinderat	4	mit 2/3-Mehrheit	i. d. R. nein	ja
Mecklenburg-Vorpommern	siehe Kommunalverfassung der DDR							
Niedersachsen	norddeutsche Ratsverfassung, zweiköpfig	5	Gemeinde- bzw. Oberstadtdirektor	durch Gemeinderat	6 oder 12	mit 3/4-Mehrheit	nein	nein
Nordrhein-Westfalen	norddeutsche Ratsverfassung, zweiköpfig	5	Gemeinde- bzw. Oberstadtdirektor	durch Gemeinderat	8	mit 2/3-Mehrheit	nein	nein
Rheinland-Pfalz	Bürgermeisterverfassung, einköpfig	5	(Ober-)Bürgermeister	Volkswahl	8	durch Bevölkerung	ja	ja
Saarland	Bürgermeisterverfassung, einköpfig	5	(Ober-)Bürgermeister	durch Gemeinderat	10	mit 2/3-Mehrheit	ja, ohne Stimmrecht	nein
Sachsen	Süddeutsche Ratsverfassung, einköpfig	5	(Ober-)Bürgermeister	Volkswahl	7	Volksentscheid	ja	ja
Sachsen-Anhalt	Süddeutsche Ratsverfassung, zweiköpfig	5	(Ober-)Bürgermeister	Volkswahl	7	Volksentscheid	i. d. R. nein	ja
Schleswig-Holstein	Magistratsverfassung (in Städten), Bürgermeisterverfassung (in Landgemeinden) zwei-/einköpfig	4	Magistrat mit (Ober-)Bürgermeister Bürgermeister	durch Gemeinderat	6 bis 12	mit 2/3-Mehrheit	nein	ja
Thüringen	Süddeutsche Ratsverfassung, einköpfig	5	(Ober-)Bürgermeister	Volkswahl	6	Volksentscheid	ja	ja

zelnen Ratsmitglieder. Dem dürfte die Trennung von Ratsvorsitz und Verwaltungsspitze der Gemeinde förderlicher sein als die Machtkonzentration beim Bürgermeister. Auch das Recht zur Offenlegung von Meinungsverschiedenheiten innerhalb der Verwaltungsspitze für Minderheiten des Magistrats und einzelne Beigeordnete kann dazu dienen, die Kontrolle des Rates zu stärken.

Ferner verdienen in der neueren Entwicklung des Kommunalverfassungsrecht geschaffene unabhängige **Beauftragte**, etwa für Datenschutz, Gleichberechtigung der Frau, Schutz der Bürgerrechte besondere Aufmerksamkeit. Sie sind freilich von Aufgabenfeld, Legitimation und damit politischem Gewicht nur in engen Grenzen Gegenkräfte zu einer unmittelbar gewählten Verwaltungsspitze. Relevanter können demgegenüber die ebenfalls im neueren Kommunalverfassungsrecht an Bedeutung gewinnenden Einrichtungen unmittelbarer Bürgerbeteiligung, vor allem **Bürgerbegehren** und **Bürgerentscheid**, sein (vgl. Kapitel "Bürgerbeteiligung"). Auch die innere Dezentralisation der Gemeinden wird unter diesem Blickwinkel wichtiger, auch über den Ausgleich des Bedeutungsverlusts früher unabhängiger, im Zug der Gebietsreform eingemeindeter Ortsteile hinaus.

Literatur

Zu einzelnen Gemeindeordnungen gibt es länderspezifische Literatur, z. B.:
— Bretzinger, O. N.: Die Kommunalverfassung der DDR, Baden-Baden 1994
— Gern, A.: Kommunalrecht für Baden-Württemberg, 5. Aufl. Baden-Baden 1992
— Ipsen, J.: Niedersächsisches Kommunalrecht, Frankfurt a. M. 1989
— Knemeyer, F.-L.: Bayerisches Kommunalrecht, 7. Aufl. Stuttgart 1991

Erichsen/Hoppe/Leidinger (Hg.): Kommunalverfassungen in Europa, 1988
Grauhan, R.-R.: Politische Verwaltung. Auswahl und Stellung der Oberbürgermeister als Verwaltungschefs deutscher Großstädte, Freiburg i. B. 1970
Püttner, G. (Hg.): Handbuch der kommunalen Wissenschaft und Praxis, 2. Aufl., 6 Bde., Berlin 1981-1985
Schmidt-Aßmann, E.,:Kommunalrecht, in: von Münch / Schmidt-Aßmann (Hg.), Besonderes Verwaltungsrecht, 9. Aufl., Berlin 1992, S. 1 ff.
Schmidt-Eichstaedt/Stade/Borchmann: Die Gemeindeordnungen und die Kreisordnungen in der BRD, Stuttgart (Loseblatt, Stand 1993)
Scholler, H.: Grundzüge des Kommunalrechts in der BRD, 4. Aufl. Heidelberg 1990
Schröder, M.: Kommunalverfassungsrecht, in: Achterberg/Püttner (Hrsg.), Besonderes Verwaltungsrecht Bd. 2, Heidelberg 1992, S. 3 ff.
Seewald, O.: Kommunalrecht, in: Steiner (Hg.), Besonderes Verwaltungsrecht, 4. Aufl., Heidelberg 1992, S. 1 ff.
Stober, R.: Kommunalrecht, Heidelberg 1987
Wehling, H.-G.: Kommunalpolitik in der BRD, Berlin 1986

AKP-Artikel zum Thema

Diverse Artikel im AKP-Dossier "Reform der Gemeindeordnung", AKP 5/1991, S. 45
Schiller-Dickhut, R.: Die neue DDR-Kommunalverfassung, in: AKP 4/1990, S. 52
Wehling, H.-G.: Kommunalverfassungen im Modellvergleich, in: AKP 1/1993, S. 30
Langnickel, H.: Zur Diskussion um die Reform der Gemeindeordnungen, in: AKP 5/1990, S. 30
Sander, J.: Sozialdemokraten in NRW zur Reform der Kommunalverfassung, AKP 1/1992, S. 25

Jochen Sander

Einführung in die praktische Ratsarbeit

Nicht nur Verwaltungsdeutsch, sondern auch eine Vielzahl von Regeln und Scheinregeln organisierter Kommunalpolitik schrecken Menschen vom Politikmachen ab. Dabei sind die wesentlichen Grundlagen schnell gelernt. Und vielfach ist das Gehabe der Alten auch nichts als großer Bluff, um die neuen PolitikerInnen einzuschüchtern.

Gerade die ersten Gehversuche in den kommunalen Gremien sind oft entscheidend, denn die politischen GegnerInnen urteilen nach dem Ersteindruck: eine lächerliche Frage, ein fehlerhafter Antrag, eine Unsicherheit in der Geschäftsordnung wird dann schnell zum Niedermachen ausgenutzt. Das frustet gewaltig, und das einmal erworbene Image zu verändern, kostet eine Menge Kraft. Deshalb kann es nur hilfreich sein, sich bereits vor dem Einstieg mit den inneren Politikstrukturen und ihren formellen Regelungen zu beschäftigen. Diese formellen Grundlagen der Ratsarbeit werden in den **Kommunalverfassungen** der Bundesländer gelegt, die in den **Hauptsatzungen** der Gemeinden und den **Geschäftsordnungen** der Gemeinderäte konkretisiert werden. Die folgende kurze Darstellung formeller Regelungen kommunalpolitischer Arbeit muß zwangsläufig abstrakt bleiben. Zum einen unterscheiden sich die kommunalverfassungsrechtlichen Konstruktionen enorm, zum anderen gibt es eine Vielzahl unterschiedlicher Gremien, und nicht alle Regelungen gelten gleichermaßen für Bezirksvertretungen oder Ortsbeiräte, für den Rat oder seine Ausschüsse. Trotzdem soll hier versucht werden, einen ersten Einblick zu geben.

Die Fraktion

Die von den **Parteien** oder **WählerInnengruppen** aufgestellten und von den BürgerInnen durch die Kommunalwahl gewählten **MandatsträgerInnen** können sich zu Interessengruppen im Rat, zu den **Fraktionen** zusammenschließen. Die Fraktionen werden häufig als die "Schaltstellen der kommunalpolitischen Arbeit" bezeichnet. Ihre eigentliche Aufgabe besteht darin, Meinungen im Vorfeld von Ratsentscheidungen zusammenzuführen, um so die Zusammenarbeit des Rates zu erleichtern. Der zentralen Stellung der Fraktionen steht eine geringe rechtliche Regelungsdichte gegenüber. "Ratsmitglieder oder Mitglieder von Bezirksvertretungen können sich zu einer Fraktion zusammenschließen. Eine Fraktion muß aus mindestens zwei Mitgliedern des Rates oder einer Bezirksvertretung bestehen. Nähere Einzelheiten über die Bildung der Fraktion, ihre Rechte und Pflichten regelt die Geschäftsordnung. (...) Die Gemeinde kann den Fraktionen aus Haushaltsmitteln Zuwendungen zu den Aufwendungen der Geschäftsführung gewähren." So beispielhaft die einschlägigen Bestimmungen der nordrhein-westfälischen Gemeindeordnung.

Eine Ratsfraktion ist ein freiwilliger, auf längere Zeit angelegter Zusammenschluß von Ratsmitgliedern mit gemeinsamer Grundanschauung. Gelegentlich wird eine darüber hinaus gehende Homogenität verlangt, was regelmäßig mit dem Grundsatz des freien Mandats kollidieren dürfte. Trotzdem ist beispielsweise im Saarland oder in Schleswig-Holstein die gemeinsame Parteizugehörigkeit erforderlich; ein Parteiausschluß führt dann kraft Gesetz auch zum Fraktionsausschluß. Grundsätzlich unzulässig ist die Mehrfachmitgliedschaft von Ratsmitgliedern in verschiedenen Fraktionen. Aus dem Grundsatz des freien Mandats folgt allerdings die Zulässigkeit mehrerer Fraktionen derselben Partei. Fragen zur Fraktionsbildung werden regelmäßig in den Geschäftsordnungen der Gemeindevertretungen geregelt. Oft handelt es sich nur um gesetzeswiederholende Bestimmungen. In Bundesländern, wo klare Vorgaben fehlen, wird die Fraktionsbildung jedoch konstitutiv von der Gemeindevertretung selbst entwickelt. Die Zuerkennung des Fraktionsstatus' wird regelmäßig von einer Mindestgröße abhängig gemacht, wobei oft die Zahl von zwei Mitgliedern der jeweiligen Gemeindevertretung festgelegt ist. Soweit es sich bei der Festlegung der Mindeststärke nicht um Gestzesvorgabe, sondern um einen Beschluß der Gemeindevertretung handelt, sind die Mindestzahlen niedrig zu setzen, wie verschiedene Urteile bestätigt haben. Das Festsetzungsermessen der Gemeindevertretung wird in diesem Fall vom Verhältnismäßigkeitsprinzip dominiert und vom Mißbrauchsverbot begrenzt.

Fraktionsmitglieder mit vollem Stimmrecht können nur **Ratsmitglieder** sein. Ob darüberhinaus an **Fraktionssitzungen** weitere Personen teilnehmen dürfen, wird zwar gelegentlich bestritten, dürfte in der Praxis jedoch keine Rolle spielen, da es so üblich ist. So können insbesondere **sachkundige BürgerInnen und EinwohnerInnen** zu Fraktionsmitgliedern mit eingeschränktem Stimmrecht erklärt werden. Lediglich bei der Beratung **nichtöffentlicher Angelegenheiten** dürfen nur dazu Berechtigte an den Sitzungen teilnehmen. Mit dieser Einschränkung steht auch einer grundsätzlich öffentlichen Fraktionssitzung nichts im Wege.

Die Fraktionsbildung ist dem/der **Hauptverwaltungsbeamten/in** und dem/der **Ratsvorsitzenden** mit Nennung der Mitglieder, der Fraktionsbezeichnung, der Fraktionsanschrift und einer Vorsitz- bzw. Vertretungsregelung anzuzeigen. Die Namenswahl steht der Fraktion grundsätzlich frei und kann damit auch vom Namen der Partei oder WählerInnengruppe abweichen. Auch die innere Organisation der Fraktion steht dieser frei. Vielfach verabschieden die Fraktionen eigene Geschäftsordnungen, die zur Vermeidung unnötiger Konflikte empfohlen werden können. Mustergeschäftsordnungen halten die **kommunalpolitischen Vereinigungen** bereit. In den Geschäftsordnungen werden die Rechte und Pflichten der Fraktionsorgane festgeschrieben. Die Fraktionsversammlung wählt den Vorsitzenden und den Vorstand. Hinsichtlich der weiteren Fraktionsstrukturen gibt es eine große Bandbreite (**Fraktionsarbeitskreise, Fraktionsgeschäftsführung,** Regelung bei abweichendem Stimmverhalten u.v.a.m.). Oft wird gerade bei GRÜNEN die Funktion eineR Vorsitzenden abgelehnt und andere Institute wie z.B. ein SprecherInnenrat etabliert. Dies ist zweifelsfrei möglich, kollidiert aber gelegentlich mit Regelungen zur **Aufwandsentschädigung,** die nur für **Fraktionsvorsitzende** höhere Entschädigungen festsetzen. In diesen Fällen empfiehlt sich eine Pro-Forma-Vorsitzregelung.

Sämtliche Fraktionsmitglieder haben gleiche Rechte, insbesondere das aktive und passive Wahlrecht. Praktische Probleme kann es hinsichtlich des Gleichheitsgrundsatzes bei Redezeitregelungen geben, da Redezeitbeschränkungen in den Ratsversammlungen oft auf die Fraktion abstellen und damit praktisch die Fraktion über das Rederecht des/der Einzelnen entscheiden kann. Dies ist aber letztlich kein Problem der Fraktion, sondern ein Problem der durch den Rat gesetzten Schranken, der eigentlich die Mitwirkung aller sicherstellen müßte. Ein **Fraktionszwang** ist grundsätzlich unzulässig, wenn auch lang geübte Praxis. Es empfehlen sich Regelungen in der Fraktionsgeschäftsordnung, die z.B. Mitteilungspflichten an die Fraktion bei beabsichtigtem abweichenden Stimmverhalten vorsehen. Auch ohne ausdrückliche Regelung in einer Fraktionsgeschäftsordnung steht der Fraktion der Ausschluß eines Mitgliedes offen. Dabei sind die rechtsstaatlich üblichen Regelungen, insbesondere die Anhörung der Betroffenen, zu beachten. Eine Bindung der Fraktions- an die Parteimitgliedschaft ist möglich.

Die **Finanzierung der Fraktionen** erfolgt unterschiedlich. Teilweise werden von den Gemeinden Geldmittel an die Fraktionen verteilt, teilweise werden Sachleistungen gewährt oder Personal gestellt. Vielfach finanzieren sich die Fraktionen auch über Abgaben der Fraktionsmitglieder selbst. Bei der Zuwendungshöhe gibt es erhebliche Unterschiede, auch in Gemeinden gleicher Größenordnung. Die Verteilung von Zuwendungen an die Fraktionen stößt auf keinerlei Rechtsbedenken. Die Mittel müssen aber im Gemeinde**haushaltsplan** ausgewiesen sein und sollten aus Transparenzgründen mit entsprechenden Erläuterungen versehen werden. Die Verteilung auf die Fraktionen muß dem Grundsatz der Chancengleichheit folgen. In der Regel wird daher eine Kombination aus Sockelbeträgen und Pro-Kopf-Beträgen gewählt. Die Zuwendungen an die Fraktionen sind zweckgebunden und dürfen v.a. nicht zur fraktionsfremden **Parteienfinanzierung** verwandt werden. Im einzelnen sind Ausgaben für Personal, Büro- und Geschäftsbedürfnisse, Büroräume, Fortbildungs- und Beratungsmaßnahmen unproblematisch. Rechtlich umstritten war und ist die Mittelverwendung für Zwecke der Öffentlichkeitsarbeit, da die Grenze zur illegalen Parteienfinanzierung hier mindestens unscharf ist. Nach diversen Rechsstreitigkeiten wird heute aber die Öffentlichkeitsarbeit der Fraktionen zum Zwecke der Information über die Fraktionspolitik, deren Maßnahmen und Vorhaben und über die künftig zu lösenden Aufgaben anerkannt. Die Mittelgewährung unterliegt regelmäßig der Verwendungskontrolle sowohl auf örtlicher als auch überörtlicher Ebene.

Die Fraktionen können Personal beschäftigen, wobei sowohl die Anstellung von Gemeindebediensteten wie auch die Anstellung völlig neuen Personals in Betracht kommt. Inwieweit Fraktionsmitglieder selbst von der Fraktion angestellt werden können, ist rechtlich strittig, da hier das Prinzip der ehrenamtlichen Ratsarbeit durch die Kombination von Ehrenamt und Beruf gefährdet scheint. Dennoch ist die Kombination weit verbreitete Praxis und diverse rechtliche Versuche, diese Praxis aufzuheben, scheiterten bislang. Die Arbeitsverträge sind häufig in Anlehnung an den Bundesangestelltentarifvertrag (BAT) formuliert. Zu regeln sind auf jeden Fall die Verschwiegenheitspflicht und — aus Klarstellungsgründen — die Befristung, da mit der Auflösung einer Fraktion das Beschäftigungsverhältnis auf jeden Fall formell endet, auch wenn eine Fraktion gleichen Namens neu gebildet wird (Grundsatz der Diskontinuität der Fraktion).

Der "Untergang" einer Fraktion ergibt sich zwingend bei Unterschreiten der Mindeststärke, bei Auflösung der Fraktion oder bei Ablauf der Wahlperiode. Dem Grundsatz der formellen Diskontinuität folgend, geht auch das Fraktionsvermögen regelmäßig nach Auflösung einer Fraktion an die Gemeinde über.

Einzelmitglieder in kommunalen Vertretungskörperschaften

Schon der kommunalpolitische Alltag für kleine Fraktionen in Stadt- und Gemeinderäten gestaltet sich oft schwierig, da die Minderheitenrechte kommunalverfassungsrechtlich nur unzureichend abgesichert sind. Um vieles schwerer noch ist die Arbeit für **Einzelmitglieder** in kommunalen Vertretungskörperschaften — ein Fall, der GRÜNE nicht so selten trifft, da es noch eine ganze Reihe zahlenmäßig kleiner Räte oder Bezirksbeiräte gibt. Ohne **Fraktionsstatus** und ohne Fraktionszuwendungen sind die Aktionsmöglichkeiten stark eingeschränkt. Anträge zur Tagesordnung können in der Regel nicht durchgesetzt, und viele Minderheitenschutzrechte nicht in Anspruch genommen werden, da diese häufig an eine qualifizierte Minderheit oder den Fraktionsstatus gekoppelt sind. Das in jedem Fall zu gewährende **Rede- und Antragsrecht** allein greift oftmals zu kurz. Der Verwaltungsgerichtshof Baden-Württemberg hat sogar mit Beschluß vom 4.11.1993 (1S 953/93) festgestellt, daß Beschränkungen des Rederechts eines Gemeinderatsmitglieds im Rahmen der gesetzlichen Vorschriften zulässig sind, soweit sie nach gleichen Grundsätzen erfolgen, zur Gewährleistung eines ordnungsgemäßen Geschäftsgangs erforderlich sind und nicht außer Verhältnis zur Schwierigkeit und Bedeutung der zu erörternden Angelegenheit stehen.

Da die Kommunalverfassungen in aller Regel nur spärliche Ausführungen zu den Rechten fraktionsloser Stadtverordneter machen, gibt es einen weiten Ermessensspielraum. Das Bundesverfassungsgericht hat mit dem sogenannten "Wüppesahl-Urteil" 1989 die Frage der Mitwirkungrechte fraktionsloser Abgeordneter grundlegend diskutiert. In der Folge hat das OVG Bremen mit Beschluß vom 15.3.1990 daraus den Schluß gezogen, daß auch fraktionslosen Abgeordneten Ausschußsitze zustehen. Das Bundesverwaltungsgericht hat allerdings mit Beschluß vom 13.10.93 (7 B 39.93) festgestellt, daß nicht fraktionsangehörige Gemeinderatsmitglieder keinen bundesverfassungsrechtlichen Anspruch auf volle Mitgliedschaft in einem Ausschuß haben. Somit bleibt die Ausschußmitwirkung fraktionsloser Gemeinderatsmitglieder auch rechtlich umstritten. Neben den rechtlich unzureichend normierten Regelungen gibt es aber oftmals sehr informelle Regelungen in kleinen Räten, Bezirks- oder Ortsbeiräten. Der Appell an demokratische Mitwirkungsrechte fruchtet da manchesmal selbst beim politischen Gegner mehr als der dauernde Gang zum Gericht.

Das Verfahren in Rat und Ausschüssen

Grundsätzlich steht jedem Ratsmitglied das Rede- und Antragsrecht zu, d.h., jedes Ratsmitglied hat das Recht, zu allen Punkten der Tagesordnung Anträge zu stellen und reden zu dürfen (Prinzip der Mündlichkeit). Einen Anspruch auf Sachentscheidung eines Antragsbegehrens gibt es allerdings nicht; die Ratsmehrheit kann ohne Entscheidung den Übergang zur Tagsordnung verlangen. Auch hinsichtlich des Rederechts gibt es eine Vielzahl von Einschränkungen; allein das grundsätzliche Recht muß unangetastet bleiben.

Den Fraktionen oder qualifizierten Minderheiten stehen eine Reihe von Exklusivrechten zu. Nur in wenigen Bundesländern (beispielsweise in NRW oder im Saarland) steht den Fraktionen das Recht auf **Einberufung außerordentlicher Rats- und Ausschußsitzungen** zu. In Bayern steht dieses Recht immerhin einem Viertel der Gemeinderatsmitglieder zu. Einheitlicher ist das Recht auf **Aufnahme eines Punktes in die Tagesordnung** einer Sitzung geregelt. Der an die/den VorsitzendeN zu richtende Antrag einer Fraktion muß innerhalb bestimmter Fristen eingereicht und dann von dem/der Ratsvorsitzenden auf die Tagesordnung gesetzt werden; ein materielles Prüfungsrecht steht dem/der Ratsvorsitzenden in aller Regel nicht zu. Einen Anspruch auf Sachdebatte und Sachentscheidung haben die Fraktionen aber auch in diesem Fall nicht, lediglich die angemessene mündliche Begründung eines Antrages muß ihnen gewährt werden. Die Erweiterung der Tagesordnung aus **Dringlichkeitsgründen**, d.h. nach Ablauf der üblicherweise einzuhaltenden Fristen, bedarf immer der Zustimmung der Ratsmehrheit. Schließlich wird in manchen Ländern das Recht auf **namentliche Abstimmungen** den Fraktionen zugestanden; das Recht auf **geheime Abstimmung** verlangt regelmäßig ein zahlenmäßig bestimmtes Quorum.

In einigen Gemeindeordnungen sind den Fraktionen darüberhinaus besondere **Informationsrechte** eingeräumt worden, so v.a. das Fragerecht. Danach muß die Verwaltung im Rat vorgetragene Fragen grundsätzlich beantworten, falls dies für die Verwaltung ohne unverhältnismäßigen Aufwand möglich ist und sich die Fragen auf den Zuständigkeitsbereich der Gemeinde beziehen. Ein allgemeines **Akteneinsichtsrecht** in Gemeindeakten steht den Fraktionen in keinem Bundesland direkt zu. In Hessen muß aber auf Antrag einer Fraktion für einen Einzelfall ein sogenannter Akteneinsichtsausschuß gebildet werden, der aus Mitgliedern aller Fraktionen besteht und der dann in die Gemeindeakten Einsicht nehmen kann.

Ausschüsse des Rates werden regelmäßig im Wege der Verhältniswahl zu Beginn einer Ratsperiode gebildet. Die Sitzverteilung wird dabei je nach Kommunalverfassung entweder nach dem System der mathematischen Proportion (**Hare-Niemeyer**) oder nach dem **d'Hondtschen** Höchstzahlverfahren durchgeführt. Das letztgenannte System liegt nicht im Interesse kleiner Fraktionen, da es die großen Fraktionen bei der Sitzverteilung begünstigt. Problematisch dabei, daß der Rat die Größe der Ausschüsse selbst bestimmen und damit Fraktionen mit geringer Mitgliederstärke teilweise beliebig ausschließen kann. Das sogenannte Grundmandat, das in manchen Ländern Fraktionen eingeräumt wird, auf die kein Ausschußsitz entfällt, kann als Korrektiv gesehen werden, auch wenn dieses Grundmandat lediglich eine beratende Ausschußmitgliedschaft ohne Stimmrecht begründet. Regelmäßig sollte auch die Möglichkeit zur **Listenverbindung** mit anderen, meist kleinen Fraktionen geprüft werden, da damit oft eine bessere Teilhabe an der Ausschußarbeit sichergestellt werden kann. Auch ist in den Ausschüssen — anders als im Rat — die Wahl von StellvertreterInnen möglich, wobei unterschiedliche Verfahren angewandt werden. So werden mancherorts ein oder zwei persönliche StellvertreterInnen gewählt, andernorts werden alle Fraktionsmitglieder zu potentiellen StellvertreterInnen eines Ausschußmitgliedes bestellt.

Davon zu unterscheiden ist die Möglichkeit der Bestellung sachkundiger BürgerInnen und EinwohnerInnen, denen teilweise auch die Ausschußmitgliedschaft mit Stimmrecht übertragen werden kann, so in NRW und Schleswig-Holstein. Die sachkundigen BürgerInnen als Ausschußmitglieder haben in den Fachausschüssen volles Stimmrecht. Sachkundige BürgerInnen müssen das passive Wahlrecht zum Rat der Stadt besitzen. Von den sachkundigen BürgerInnen sind die sachkundigen EinwohnerInnen (kein passives Wahlrecht nötig und daher auch für BürgerInnen ohne deutschen Paß offen) zu unterscheiden. Damit ist beispielsweise in NRW die Mitwirkung von BürgerInnen ohne deutschen Paß zumindest ansatzweise möglich. Ein Anspruch auf Bestellung sachkundiger BürgerInnen oder EinwohnerInnen besteht aber auch dort nicht. Vielmehr entscheidet die Ratsmehrheit, ob den Fraktionen diese Möglichkeit eröffnet wird, oder ob allein Ratsmitglieder in den Ausschüssen mitwirken dürfen. Durch die Einbeziehung externer Personen in die Ausschußarbeit kann die Arbeit auf mehrere Schultern verteilt werden. Die anfängliche GRÜNE Euphorie ist aber mancherorts geschwunden, wenn sich die Kommunikation zwischen sachkundigen BürgerInnen und den Ratsmitgliedern als problematisch erwies. Es bietet sich in diesen Fällen eine Kombination aus Ratsmitgliedern und Sachkundigen an, um das richtige Maß an Integration zu finden.

Die **Ausschußvorsitze** werden in einigen Bundesländern nach dem Stärkeverhältnis der Fraktionen verteilt, in anderen steht regelmäßig dem/der BürgermeisterIn der Vorsitz zu. Die mögliche Stellung eines/r Ausschußvorsitzenden sollte wohlbedacht sein. Zwar ist der Ausschußvorsitz teilweise mit weitreichenden Rechten ausgestattet — in NRW steht dem Ausschußvorsitzenden z. B. ein allgemeines **Akteneinsichtsrecht** für den Geschäftsbereich des Ausschusses zu — doch ist die Ausschußleitung auch mit zusätzlichen Arbeiten verknüpft. Soweit die Ausschußleitung nicht mit gewisser Routine abgewickelt werden kann, ist sie schnell kontraproduktiv: Von der Verwaltung mit allem Möglichen zugeworfen, fehlt die Zeit für die tatsächliche, politische Arbeit.

Das Verfahren in sonstigen Gremien

Neben dem Rat und seinen Ausschüssen gibt es eine Reihe weiterer Gremien und Kommissionen, die am kommunalpolitischen Geschäft beteiligt sind. Insbesondere die Aufsichtsgremien von **kommunalen** oder kommunal beherrschten **Unternehmen** gewinnen angesichts der Privatisierungstendenz zunehmend an Bedeutung. Grundsätzlich kann ein Demokratiedefizit festgestellt werden. Durch die in aller Regel nichtöffentlich tagenden **Aufsichtsgremien** und Kommissionen werden Entscheidungen nicht nur der öffentlichen Kontrolle entzogen, auch die Einwirkung über die Gemeindevertretung ist alles andere als einfach.

In einigen Bundesländern werden alle von der Gemeinde zu besetzenden sonstigen Gremien nach dem Grundsatz der Mehrheitswahl besetzt. Hier scheitert die Beteiligung oppositioneller kleiner Fraktionen regelmäßig. In anderen Bundesländern gilt, sofern mehr als ein Sitz zu besetzen ist, das Verhältniswahlrecht. Hier können kleine Fraktionen, ähnlich wie bei der Ausschußbesetzung, ggf. durch Listenverbindungen Beteiligungsrechte erkämpfen. In jedem Fall sollte die Möglichkeit geprüft werden, inwieweit Nicht-Ratsmitglieder in diese Gremien entsandt werden können. Bei der Arbeit innerhalb von Aufsichtsgremien gelten grundsätzlich andere Regeln als in der kommunalen Rats- und Ausschußarbeit. Je nach Rechtsform gilt dann das Aktien-, GmbH- oder Sparkassenrecht. Rechtlich gänzlich ungeregelt sind alle Formen von Kommissionen, Beratungsgremien oder Runden Tischen.

Rechte und Pflichten von Ratsmitgliedern

Ratsmitglieder, Mitglieder von Bezirksvertretungen oder von Ausschüssen dürfen an der Übernahme und der Ausübung ihres Mandates nicht gehindert oder in ihrem Arbeitsverhältnis aus diesen Gründen benachteiligt werden. Stehen sie in einem Arbeitsverhältnis, so ist ihnen die für die Mandatswahrnehmung erforderliche freie Zeit zu gewähren. Der Begriff der Mandatswahrnehmung umfaßt dabei nicht nur Rats- und Ausschußsitzungen, sondern ebenso die Fraktionssitzungen und alle sonstigen Tätigkeiten, die sich aus der Mandatsarbeit ergeben. Seine Begrenzung findet der **Freistellungsanspruch** im ehrenamtlichen Charakter der kommunalpolitischen Tätigkeit, so daß eine quasi vollständige Freistellung zum Zwecke der Mandatswahrnehmung nicht möglich ist. Ein klare Grenze gibt es auch hier nicht. Neben einer **Aufwandsentschädigung** für die Mandatswahrnehmung, welche in der Hauptsatzung bestimmt ist und landeseinheitlichen Höchstgrenzen unterliegt, wird der durch die Mandatswahrnehmung bedingte **Verdienstausfall** in bestimmten Grenzen erstattet und kann entsprechend bei der Gemeinde beantragt werden. Die Aufwandsentschädigungen gliedern sich meist in eine Grundpauschale und Sitzungsgelder. Abgesehen von landeseinheitlichen Freibeträgen unterliegen die Aufwandsentschädigungen der Steuerpflicht. Ebenso können sie, zumindest in Teilen, auf die Sozialhilfe oder Arbeitslosenhilfe angerechnet werden. Neben den genannten Zuwendungen gibt es unterschiedlichste Regelungen zur Zahlung von Hausmann- oder Hausfrauengeldern, welche die Nachteile in der persönlichen Haushaltsführung ausgleichen sollen oder zur Übernahme von mandatsbedingten **Kinderbetreuungskosten** gedacht sind.

Mit Übernahme des Mandates wird die sogenannte **Verschwiegenheitspflicht** anerkannt. Danach ist Verschwiegenheit zu wahren über Angelegenheiten, deren Geheimhaltung ihrer Natur nach erforderlich, besonders vorgeschrieben oder vom Rat selbst beschlossen ist. Voraussetzung für die Entstehung dieser Pflicht ist stets, daß die Angelegenheit dem Betreffenden durch seine Tätigkeit als MandatsträgerIn bekanntgeworden ist. Bei Verletzung der Verschwiegenheitspflicht können vom Rat Ordnungsgelder verhängt werden. Es können aber auch strafrechtliche Tatbestände erfüllt sein. Insbesondere ist strafrechtlich verantwortlich, wer ein als vertraulich bezeichnetes Schriftstück oder dessen Inhalt anderen mitteilt oder wichtige öffentliche Interessen gefährdet. Schließlich können auch Schadensersatzansprüche zivilrechtlicher Art begründet werden. Die Verschwiegenheit korrespondiert eng mit Fragen der öffentlichen oder nichtöffentlichen Beratung im Rat und seinen Ausschüssen. Generell gilt, daß öffentlich Stellung bezogen werden kann zu eigentlich vertraulichen Dingen, wenn diese bereits anderweitig öffentlich bekannt geworden sind, insbesondere dann, wen sie von der örtlichen Presse veröffentlicht worden sind.

Schließlich unterliegen kommunale MandatsträgerInnen bestimmten Haftungsrisiken. Nach einem Urteil des Bundesgerichtshofs vom 14. Juni 1984 haften bei verletzter Sorgfaltspflicht im

Außenverhältnis nicht die MandatsträgerInnen, sondern die Kommune. Die MandatsträgerInnen haften aber im Innenverhältnis, wenn sie bei einem Beschluß in vorsätzlicher oder grob fahrlässiger Verletzung ihrer Pflicht gehandelt haben und der Kommune dadurch Schaden entstanden ist. In einigen Kommunen hat die Rechtsprechung zum Abschluß diverser Versicherungen zum Schutze der MandatsträgerInnen geführt.

Verwaltung und Politik

Als "Fraktionierung" der Gemeinderäte wird die angebliche Dominanz der Fraktionen im kommunalpolitischen Geschehen bezeichnet. Diese Sichtweise beruht auf einer verkürzten Gleichsetzung der Räte, Kreistage und Stadtverordnetenversammlungen mit den Landes- und Bundesparlamenten. Der empirische Befund zum Verhältnis Rat – Verwaltung sieht die tatsächlichen Kompetenzen des Rates nüchtern: "Der Rat faßt meistens nur prozeßleitende oder Kulminationsbeschlüsse. Insgesamt läßt sich der Rat häufig in die Rolle des Ratifikationsorgans für Verwaltungsentscheidungen drängen.(...) Allerdings darf die beherrschende Position des Rates in der Phase der rechtsgültigen Entscheidung (...) nicht außer acht gelassen werden." (Naßmacher/179) Auf kommunaler Ebene gibt es keine der staatsverfassungsrechtlichen Gewaltenteilung vergleichbare Gewaltenteilung, kein parlamentarisches System also, in dem sich ein Parlament und eine von ihm geschaffene Regierung gegenüberstehen.

Die kommunale Vertretungskörperschaft ist somit oberstes Verwaltungsorgan in der kommunalen Selbst-Verwaltung, sie ist das beschließende, die Verwaltungsspitze das die Gemeinde juristisch vertretende und Beschlüsse ausführende Organ. Der Gemeindevertretung obliegt es im wesentlichen, Aufgaben zu formulieren, Richtlinien zu geben, durch Satzungen Recht zu setzen, zu kontrollieren, über die Finanzwirtschaft der Gemeinde zu befinden und die leitenden Beamten der Gemeinde zu wählen. Der Verwaltungsspitze obliegt es dagegen, die Aufgaben wahrzunehmen, die ihr von der Vertretungskörperschaft zugewiesen wurden, die Rechtmäßigkeit der Beschlüsse des Rates zu prüfen, die Beschlüsse der Vertretungskörperschaft vorzubereiten und durchzuführen, die gesamten Gemeindegeschäfte zu leiten, die Dienstaufsicht über das Gemeindepersonal zu führen, die staatlichen Pflichtaufgaben wahrzunehmen und schließlich die **einfachen Geschäfte der laufenden Verwaltung** wahrzunehmen. Letzteres sind Geschäfte, die entweder regelmäßig wiederkehren oder die von nicht erheblicher wirtschaftlicher oder grundsätzlicher Bedeutung sind und den üblichen Rahmen der Verwaltungsgeschäfte nicht überschreiten.

Die Gemeindevertretung kann in den Verwaltungsablauf in verschiedener Weise steuernd eingreifen. In der Hauptsatzung kann festgelegt werden, welche Geschäfte der Rat sich vorbehält oder der Verwaltung auferlegt. Der Rat kann beispielsweise in Finanzangelegenheiten **Wertgrenzen** festsetzen, bei deren Überschreitung er oder einer seiner Ausschüsse beteiligt werden sollen. Er kann festlegen, ab welcher Gehalts- oder Besoldungsstufe bei Einstellungen und anderen Personalentscheidungen beteiligt werden muß. Allerdings ist zu beachten, daß ein Mehr an Entscheidungskompetenz nicht immer ein Mehr an echter Einflußnahme bedeuten muß. Vielmehr können viele Details auch den Blick für das große Ganze verbauen. Und der Versuch, und jedes zu entscheiden, kann die Arbeitskapazitäten so strapazieren, daß für aktives Gestalten keine Zeit mehr bleibt.

Die **Organisationshoheit** obliegt regelmäßig dem Hauptverwaltungsbeamten. Sie besagt, daß der Hauptverwaltungsbeamte in alleiniger Kompetenz die **Dienstaufsicht** über das Gemeindepersonal inne hat und er – mit Ausnahme des Geschäftskreises der Beigeordneten, die die Vertretung festlegen kann – die Geschäfte in der Verwaltung verteilt. Diese Organisationshoheit des Gemeindedirektors wird begleitet aus dem hierarchischen Verwaltungsaufbau. Ebenso leitet sich daraus der Grundsatz der **abgestimmten Verwaltungsmeinung** ab, der im Kern besagt, daß die Verwaltung nur mit einer Stimme reden darf. Lediglich die Beigeordneten besitzen teilweise das Recht, ihre abweichenden Meinungen im Einzelfall dem Rat oder dem leitenden Ausschuß kundzutun. Dieser Grundsatz schließt jedoch keineswegs aus, daß die Verwaltung dem Rat mehrere Entscheidungsalternativen oder auch unterschiedliche Sachinformationen präsentiert, die zu einer anderen Abwägung führen.

Insbesondere bei den norddeutschen Ratsverfassungen gilt das Prinzip der Allzuständigkeit, welches sich aus dem Prinzip der Vertretungskörperschaft als oberstem Verwaltungsorgan ableitet. Dort können die Gemeindevertretungen im Einzelfall auch Entscheidungen an sich ziehen, die gemeinhin allein von der Verwaltung getragen werden dürften.

Zusammenfassend kann festgestellt werden, daß die Frage der Zuständigkeitsverteilung zwischen Politik und Verwaltung zwar vielen rechtlichen Normierungen unterliegt, doch gleichzeitig weite Spielräume existieren. Daß diese Spielräume der Ratsmitglieder nicht immer nur formell über die Gemeindevertretung genutzt werden, sondern auch unterhalb dieser formellen Ebene vielfältige Eingriffsmöglichkeiten im direkten, nichtöffentlichen Miteinander von Politik und Verwaltung bestehen und genutzt werden, mag manchesmal gut sein, oft aber ist dies auch die Grundlage heute etablierter Filz- und Klüngelsysteme und hat sich damit als "fraktionsunmittelbare Verwaltung" diskreditiert. Gegen eine Informationsbeschaffung unterhalb der formellen Ebene spricht dagegen nichts. Im Gegenteil. Der Aufbau und Nutzen informeller Kontakte in die Verwaltung ist von nicht zu überschätzendem Vorteil, und der Aufbau solcher Kontakte praktisch unabdingbar.

Auch wenn das formelle Handwerkszeug notwendige Voraussetzung für die kommunalpolitische Arbeit ist, hinreichend ist es nicht. Letztlich zählt das sichere, politisch klare Auftreten mehr als der kenntnisreiche Umgang mit den Regularien. Vor dem allzu häufigen Gebrauch irgendwelcher Geschäftsordnungstricks sei ebenso gewarnt wie vor der dauernden Inanspruchnahme mancher gesetzlicher Rechte. Schnell kann sich ein Mittel abstumpfen, wenn es zu häufig genutzt wird. Dies gilt für das Recht auf Akteneinsicht ebenso wie für das Recht auf Einberufung außerordentlicher Sitzungen der Gemeindevertretung.

Schließlich sollten bei offenen Rechtsfragen auch nicht vorschnell die Gerichte bemüht werden. Oft kann der Schuß nach hinten los gehen. Und nicht nur sich selbst handelt mensch dann manchesmal eine Niederlage ein. Oft haben juristische Niederlagen auch negative Rückwirkungen auf andere Gemeinden und Fraktionen. Deshalb lohnt eine gründliche interne Recherche vorab eigentlich immer. Und dazu stehen nicht nur die Rechtsabteilungen der eigenen Verwaltung zur Verfügung, auch die kommunalpolitischen Vereinigungen und die kommunalen Spitzenverbände können da weiterhelfen.

Und überhaupt: das Recht ist das eine, die Verfassungswirklichkeit etwas anderes. Und im Sitzungsverlauf selbst liegt das Recht immer bei der Mehrheit.

Literatur

Generell empfiehlt sich die Hauptsatzung und Geschäftsordnung der Kommune, sowie eine kommentierte Fassung der jeweiligen Kreis- oder Gemeindeordnung
Rothe, K.-H.: Die Fraktion in den kommunalen Vertretungskörperschaften, Köln 1989
Bick, U.: Die Ratsfraktion, Berlin 1989
Knirsch, H.: Information und Geheimhaltung im Kommunalrecht, Köln 1987
Heuvels, K.: Diäten für Ratsmitglieder? Möglichkeiten der Entschädigung kommunaler Mandatsträger, Köln 1986
Naßmacher, H.: Die Aufgaben, die Organisation und die Arbeitsweise der kommunalen Vertretungskörperschaft, in: Gabriel, W.O.: Kommunale Demokratie zwischen Politik und Verwaltung, München 1989, S. 179 - 196
Verwaltungsgericht Bremen, Grundsätze zur Mitwirkung von fraktionslosen Stadtverordneten, (AZ: VG Bremen 1 A 256/89) in Verwaltungsrundschau 37, 1991 Nr. 9
Oberverwaltungsgericht Bremen, Beschluß vom 15.3.1990, IOVG 1 B 18 und 21/90
Bundesverfassungsgericht, "Wüppesahl-Urteil" vom 13.6.89 - 2 BvE 1/88
Bundesverwaltungsgericht, Beschluß vom 13.10.1993 - 7 B 39.93
Verwaltungsgerichtshof Baden-Württemberg, Beschluß vom 4.11.1993 - 1S 953/93
Bundesgerichtshof, Urteil vom 14.6.1984, III ZR 68/83

Herbert Klemisch

BürgerInnenbeteiligung

Für eine sozial und ökologisch ausgerichtete Kommunalpolitik ist eine deutlich verstärkte Bürgerbeteiligung als demokratisches Grundelement unverzichtbar. Derzeit lassen sich in allen Bundesländern Tendenzen zumindest zur formalen Erweiterung der Bürgerbeteiligung feststellen. Darüber hinaus ist eine Aktualisierung der Debatte um alte und neue Methoden der Demokratieerweiterung (Planungszelle bis Mediation) und des Experimentierens mit diesen gesellschaftliche Dialogformen zu beobachten. Im folgenden wird zunächst die Spannweite möglicher Formen der Bürgerbeteiligung dargestellt.

Grundsätzlich sind die Einwirkungsmöglichkeiten der BürgerInnen dadurch eingeschränkt, daß die kommunale Ebene auf vielfältige Weise in einen übergeordneten Planungs-, Aufgaben- und Finanzverbund integriert ist und daß ihre Aufgaben häufig gesetzlich vorgeschrieben sind. Für eine umfassende, wirksame Bürgerbeteiligung käme es darauf an, der kommunalen Ebene zweckmäßige und deutlich erweiterte Handlungsspielräume zu eröffnen. Eine weitere Voraussetzung sind aktive, informierte, handlungsorientierte und den Zielen einer ökologischen und sozialen Politik verpflichtete Basisinitiativen. Neue Dialogverfahren stellen einerseits eine Möglichkeit dar, unterhalb der formalen Ebene BürgerInnen an kommunalen Planungs- und Entscheidungsprozessen zu beteiligen, bergen andererseits als Beteiligungstechniken Potentiale zur Verminderung der Effizienzdefizite herkömmlicher Verfahren.

Elemente direkter Bürgerbeteiligung in den Gemeindeverfassungen

Die Beschreibung der derzeit in den Kommunalverfassungen der Länder existierenden Beteiligungsmöglichkeiten muß leider unvollständig und vorläufig bleiben. In etlichen Bundesländern liegen Neuentwürfe der Kommunalverfassung vor oder sind in Arbeit. Bis auf Nordrhein-Westfalen (NRW) und Niedersachsen wurden diese Neufassungen berücksichtigt.

BÜRGERANTRAG: Der **Bürgerantrag**, den es bis auf Bayern, Hessen und NRW in allen Bundesländern gibt, ist das schwächste der drei klassischen direktdemokratischen Instrumente. In Form eines Bürgerantrags können die BürgerInnen einer Gemeinde verlangen, daß in der **Gemeindevertretung** eine bestimmte Angelegenheit beraten wird. (Mit "EinwohnerInnen" werden alle Menschen bezeichnet, die in einer Gemeinde wohnen. "BürgerInnen" sind alle wahlberechtigten EinwohnerInnen einer Gemeinde.) In Rheinland-Pfalz, Saarland und Schleswig-Holstein muß die Gemeindevertretung zusätzlich eine Entscheidung in dieser Angelegenheit treffen. Dieses Beteiligungsverfahren bezeichnet man in Rheinland-Pfalz z. B. als "**Bürgerinitiative**". Bürgeranträge sind in den folgenden §§ festgeschrieben und ausgestaltet: § 20b der Gemeindeordnung Baden-Württemberg (GemO BaWü); § 22a der Niedersächsischen Gemeindeordnung (NGO); § 17 der Gemeindeordnung Rheinland-Pfalz (GemO RhPf); § 18 I der Kommunalverfassung der DDR (KomVerfDDR); § 16 f der Schleswig-Holsteinischen Gemeindeordnung (SHGO). Aus der neuen hessischen Gemeindeordnung wurde der Bürgerantrag zugunsten von Bürgerentscheid und Bürgerbegehren gestrichen (§ 8b HGO).

Die Problematik dieser Form der direkten Bürgerbeteiligung liegt darin, daß die Anträge oft von einem sehr hohen Prozentsatz der Bürger unterstützt werden müssen (Übersicht). Sie stellen meist hohe formale Anforderungen (Schriftform, bestimmtes Begehren, Begründung oder Finanzierungsvorschlag). Schließlich können sie bestimmte Entscheidungen, die "von unten", von den Betroffenen und Aktiven als sinnvoll erachtet werden, nicht erzwingen. Das jeweils zuständige Gemeindeorgan muß die Angelegenheit lediglich innerhalb bestimmter Fristen beraten und entscheiden. Die Bürgeranträge dürfen sich darüber hinaus nur auf Angelegenheiten beziehen, die zum **Selbstverwaltungsbereich** der Gemeinden gehören. Trotzdem bieten Bürgeranträge eine nicht zu unterschätzende Möglichkeit für Initiativen und BürgerInnen, in der Kommune Öffentlichkeit herzustellen und sich Gehör zu verschaffen.

BÜRGERENTSCHEID: Der **Bürgerentscheid** hat zwei alternative Voraussetzungen: Er kann auf einem Beschluß des Gemeinderats (Ratsbegehren) oder auf einem erfolgreichen Bürgerbegehren beruhen. Bürgerentscheid im rechtlichen Sinne bedeutet, daß die Gemeindevertretung den BürgerInnen der Gemeinde eine bestimmte Angelegenheit zur Entscheidung vorlegt. Einzige Voraussetzung zur Herbeiführung eines Bürgerentscheid durch die Gemeindevertretung ist eine bestimmte Mehrheit, die in der Regel 2/3 der gesetzlichen Zahl der Ratsmitglieder beträgt. In Hessen ist kein Ratsbegehren vorgesehen.

Der Bürgerentscheid hat die Wirkung eines endgültigen Ratsbeschlusses. Er kann innerhalb von 2 (Schleswig-Holstein) bzw. 3 Jahren (Baden-Württemberg und Hessen) nicht durch einen einfachen Ratsbeschluß, sondern nur durch einen erneuten Bürgerentscheid geändert werden (§ 21 Abs. 7 GemO BaWü; § 8b Abs. 7 HGO; § 16g Abs. 8 SHGO). Zu den "**wichtigen Angelegenheiten**", über die ein Bürgerentscheid herbeigeführt werden kann, zählt z. B. nach § 27 GemO BaWü
— die Errichtung, die wesentliche Erweiterung und Aufhebung einer öffentlichen **Einrichtung**, die der Gesamtheit der Einwohner zu dienen bestimmt ist,
— die Änderung der Gemeindegrenzen und Landkreisgrenzen,
— die Einführung und Aufhebung der **unechten Teilortswahl**,
— die Einführung und Aufhebung der **Bezirksverfassung** und
— die Einführung und — bei einer Ausnahme — die Aufhebung der **Ortschaftssatzung**.

Durch **Hauptsatzung** kann darüber hinaus bestimmt werden, was als "wichtige Gemeindeangelegenheit" gelten soll. Gleichzeitig sind in § 21 Abs. 2 wichtige Gebiete (z. B. die Organisation der Verwaltung, die Haushaltssatzung oder die Gemeindeabgaben) vom Bürgerentscheid und vom Bürgerbegehren ausgeschlossen.

In Schleswig-Holstein werden die wichtigen Angelegenheiten in einem Positiv-/Negativkatalog festgelegt. Im Negativkatalog befinden sich die Angelegenheiten, über die ausschließlich der Rat entscheidet, dies sind u. a. die Haushaltssatzung, Hauptsatzung, Aufstellung, Änderung und Aufhebung von Bauleitplänen. In Hessen existiert ebenfalls ein Negativkatalog, der allerdings die Bauleitplanung nicht umfaßt.

BÜRGERBEGEHREN: Ein **Bürgerbegehren** ist die Beantragung eines Bürgerentscheides durch die BürgerInnen einer Gemeinde. Die Kombination von Bürgerbegehren und Bürgerentscheid ist das stärkste plebiszitäre Element auf kommunaler Ebene, da die Initiative von den BürgerInnen ausgeht und die BürgerInnen die Entscheidung über eine bestimmte Gemeindeangelegenheit selbst in die Hand nehmen. Das Bürgerbegehren ist ebenso wie der Bürgerentscheid in Baden-Württemberg, Hessen, Rheinland-Pfalz, Schleswig-Holstein und in allen neuen Bundesländern vorgesehen

Das Bürgerbegehren über eine "wichtige Gemeindeangelegenheit", das in § 21 Abs. 3 und 4 der GemO BaWü geregelt ist, ist folgendermaßen ausgestaltet:
— Ein Bürgerbegehren darf nur Angelegenheiten zum Gegenstand haben, über die innerhalb der letzten drei Jahre nicht bereits ein Bürgerentscheid aufgrund eines Bürgerbegehrens durchgeführt worden ist.
— Das Bürgerbegehren muß schriftlich eingereicht werden; richtet es sich gegen einen Beschluß des Gemeinderats, muß es innerhalb von vier Wochen nach der Bekanntgabe des Beschlusses eingereicht sein.
— Das Bürgerbegehren muß die zur Entscheidung zu bringende Frage, eine Begründung und einen nach den gesetzlichen Bestimmungen durchführbaren Vorschlag für die Deckung der verlangten Maßnahme enthalten.
— Das Bürgerbegehren muß von einem bestimmten Quorum der Bürger unterzeichnet sein.

Über die Zulässigkeit eines Bürgerbegehrens entscheidet z. B. in Baden-Württemberg, Hessen oder in Sachsen der Gemeinderat, dagegen entscheidet in Schleswig-Holstein die Aufsichtsbehörde. Der Bürgerentscheid entfällt, wenn der Gemeinderat die Durchführung der mit dem Bürgerbegehren verlangten Maßnahme beschließt.

Die derzeit in den Gemeindeverfassungen verwirklichten Formen der direkten Bürgerbeteiligung lassen sich schematisch wie umseitig darstellen.

FAZIT DER BISHERIGEN ERFAHRUNGEN: Die Erfahrungen mit Bürgerbegehren und Bürgerentscheid beziehen sich im wesentlichen auf Baden-Württemberg. Von 1976 bis 1987 sind dort 102 Bürgerbegehren bekannt geworden. In 39 Fällen folgte ein Bürgerentscheid. Infolge von Unzu-

Übersicht: Elemente direkter BürgerInnenbeteiligung in den Gemeindeverfassungen

	Einwohner-/ Bürgerantrag	Unter- schriften	Bürger- entscheid	Bürger- begehren	Unter- schriften	Quorum
Baden-Württemberg	ja	5%	ja	ja	15%	30%
Bayern	nein	—	nein	nein	—	—
Brandenburg	ja	—	ja	ja	15%	25%
Hessen	nein	—	ja	ja	10%	25%
Mecklenburg-Vorpommern	ja	5%	ja	ja	10%	25%
Niedersachsen	ja	2,5-5%	nein	nein	—	—
Nordrhein-Westfalen	nein	—	nein	nein	—	—
Rheinland-Pfalz	ja	2,5-5%	ja	ja	15%	30%
Saarland	ja	15%	nein	nein	—	—
Sachsen	ja	—	ja	ja	15%	25%
Sachsen-Anhalt	ja	5%	ja	ja	15%	30%
Schleswig-Holstein	ja	5%	ja	ja	10%	25%
Thüringen	ja	10%	ja	ja	20%	25%

lässigkeit führten 55 Bürgerbegehren nicht zum Bürgerentscheid. Häufigste Gründe für die Nichtzulassung waren:

— daß es sich um keine "wichtige Angelegenheit" handelte (41%),
— die Überschreitung der Vier-Wochen-Frist (17%),
— das Nichterreichen des Unterschriftenquorums (16%),
— unzureichende Kostendeckungsvorschläge (26%).

Damit waren über die Hälfte der Bürgerbegehren vom Bürgerentscheid ausgeschlossen. Von den durchgeführten Bürgerentscheiden waren wiederum nur 23% erfolgreich im Sinne des Begehrens. 16 erreichten nicht das erforderliche Quorum, und in 6 Fällen gab es eine Mehrheitsentscheidung gegen das Bürgerbegehren. Auffällig ist auch, daß sich die Erfolgsquote mit der Größe der Gemeinde reduziert. In Schleswig-Holstein wurden seit der Einführung im April 1990 bis März 1992 ca. 50 Bürgerbegehren beantragt, die zu 16 Bürgerentscheiden führten. Für Hessen und die neuen Länder liegen noch keine Erfahrungen vor.

Generell läßt sich festhalten, daß die Entscheidung über die "wichtige Angelegenheit" und das Abstimmungsquorum die größten Hemmnisse sind. Bei der Diskussion um die Reform der Kommunalverfassungen sollten folgende Verbesserungsmöglichkeiten direktdemokratischer Instrumente berücksichtigt werden:

— eine enge Auslegung dessen, was eine "wichtige Angelegenheit" ist, sollte nicht Zulassungsvoraussetzung eines Bürgerbegehrens sein;
— die Bauleitplanung sollte berücksichtigt werden;
— das Quorum für die Einleitung des Bürgerbegehrens sollte generell 10% und in Großstädten 5% nicht überschreiten;
— die Regelung einer angemessenen Kostenerstattung;
— eine großzügigere Frist für die Einreichung von Bürgerbegehren (3 Monate).

Diese Verbesserungsvorschläge könnten Bürgerbegehren und Bügerentscheid auf kommunaler Ebene aus ihrem Schattendasein befreien. Lediglich 5,5 durchgeführte Entscheide pro Jahr in Baden-Württemberg seit der Einführung im Jahr 1956 sind deutliches Indiz dafür, daß die Hürden für direktdemokratische Elemente zu hoch sind.

Weitere Beteiligungsmöglichkeiten für BürgerInnen

Die Verhältnisse der Stadtstaaten Berlin, Bremen und Hamburg sollen an dieser Stelle unberücksichtigt bleiben, da hier staatliche und kommunale Funktionen ineinander fließen und sich viele Besonderheiten ergeben. Ebenso unberücksichtigt bleiben die Regelungen der jeweiligen **Orts- und Bezirksverfassungen**.

BÜRGERUNTERRICHTUNG: Die in den Kommunalverfassungen verankerten Vorschriften über die **Bürgerunterrichtung** sind wesentliche Voraussetzungen jeder effektiven Bürgerbeteiligung. Alle

Gemeindeverfassungen kennen generelle **Informationspflichten** über wichtige bzw. allgemein bedeutsame Gemeindeangelegenheiten. Dies soll möglichst frühzeitig, so § 6b Abs. 1 der Gemeindeordnung für das Land Nordrhein-Westfalen (GO NRW), bei wichtigen Planungen und Vorhaben geschehen, die "... unmittelbar raum- oder entwicklungsbedeutsam sind oder das wirtschaftliche, soziale oder kulturelle Wohl ihrer Einwohner nachhaltig berühren ...". Hinzu treten spezielle **Bekanntmachungspflichten**, die sich auf Satzungen, Zeit, Ort, Tagesordnung von Sitzungen der **Vertretungskörperschaften**, Beschlüsse nichtöffentlicher Sitzungen der Vertretungskörperschaften, die **Haushaltssatzung**, die **Auslegung** von Haushaltssatzung und -plan sowie Zeit, Ort und Gegenstand von **Bürgerversammlungen** beziehen. Schon bei der Bürgerunterrichtung läßt sich eine von Land zu Land unterschiedliche Ausgestaltung feststellen.

BÜRGER- BZW. EINWOHNERVERSAMMLUNGEN: Diese sollen dazu dienen, mit den BürgerInnen Gemeindeangelegenheiten (Art. 18 der Gemeindeordnung für den Freistaat Bayern (BayGO)) bzw. wichtige Gemeindeangelegenheiten (§ 20a GemO BaWü) zu erörtern bzw. diese zu unterrichten (§ 8a HGO; § 57 Abs. 5 NGO; § 6b Abs. 2 GO NRW). Grundsätzlich bestimmt die Gemeinde, wann, wo und zu welchen Themen derartigen Bürger- bzw. Einwohnerversammlungen durchgeführt werden. In Baden-Württemberg, Hessen und Rheinland-Pfalz sollen sie, in Bayern müssen sie regelmäßig stattfinden. In Baden-Württemberg und Bayern müssen sie abgehalten werden, wenn bestimmte Prozentsätze der Bürgerschaft dies schriftlich beantragen. Die Bürgerschaft hat also in diesen Ländern ein wichtiges Initiativrecht.

ÖFFENTLICHKEIT VON SITZUNGEN: Die Sitzungen des Plenums der **Vertretungskörperschaften** sind in allen Bundesländern öffentlich, sofern die Öffentlichkeit nicht ausdrücklich ausgeschlossen wird. Die Sitzungen der **Ausschüsse** sind nach § 52 Abs. 2 BayGO, § 42 Abs. 2 GO NRW, § 62 Abs. 5 HGO, § 52 Abs. 1 NGO und § 27 Abs. 7 KomVerfDDR öffentlich. In den anderen Fällen sind die Sitzungen nicht öffentlich, oder nur die beschließenden Ausschüsse tagen öffentlich, so nach § 39 Abs. 5 GemO BaWü.

MITWIRKUNG DER BÜRGERINNEN IN VERTRETUNGSKÖRPERSCHAFT/AUSSCHÜSSEN: Zu den schwächeren Formen der Bürgerbeteiligung gehört die Hinzuziehung von jeweils näher bezeichneten BürgerInnen zu den Beratungen der **Ausschüsse** bzw. der **Vertretungskörperschaft** auf Aufforderung der Gemeinde (§ 33 Abs. 3, 4 GemO BaWü; § 62 Abs. 6 HGO; § 35 Abs. 2 GemO RhPf). Die Vertretungskörperschaften können darüber hinaus nach § 40 GemO BaWü "**sachkundige Einwohner**" und § 51 Abs. 7 NGO " andere Personen" zu Mitgliedern in Ausschüssen mit beratender Stimme berufen.

BÜRGERINNEN ALS STIMMBERECHTIGTE MITGLIEDER VON GEMEINDEORGANEN: Einen Schritt weiter in Richtung unmittelbare Demokratie gehen Vorschriften der Gemeindeverfassungen, die den BürgerInnen selbst Entscheidungsbefugnisse zugestehen. Dies kann dadurch geschehen, daß BürgerInnen zu stimmberechtigten Mitgliedern von **Gemeindeorganen** berufen werden. In Nordrhein-Westfalen, Rheinland-Pfalz und Schleswig-Holstein können BürgerInnen von den Vertretungskörperschaften sowohl in beschließende als auch in beratende **Ausschüsse** der Vertretungskörperschaft gewählt werden (§ 42 Abs. 3 GO NRW; § 44 Abs. 1 GemO RhPf; § 46 Abs. 2 SHGO). In Baden-Württemberg ist diese Möglichkeit nur für die beratenden Ausschüsse gegeben (§ 41 Abs. 1 GemO BaWü). Nach § 72 Abs. 2 HGO ist in Hessen eine Beteiligung von "**sachkundigen Bürgern**" an **Kommissionen** des Gemeindevorstands möglich, die zur "dauernden Verwaltung oder Beaufsichtigung einzelner Geschäftsbereiche sowie zur Erledigung vorübergehender Aufträge" gebildet werden können. Auf Ausnahmen von diesen Möglichkeiten der Bürgerbeteiligung ist nachdrücklich hinzuweisen: In NRW dürfen BürgerInnen z. B. nicht Mitglieder im Haupt-, Finanz- und Rechnungsprüfungsausschuß werden (§ 42 Abs. 3 in Verbindung mit § 43 GO NRW). Darüber hinaus ist vielfach dafür Sorge getragen, daß die Zahl der "**sachkundigen Einwohner**" bzw. "sachkundigen" bzw. "wählbaren Bürger" bzw. "wählbaren Bürger der Gemeinde" die der Mitglieder der Vertretungskörperschaft in den Ausschüssen bzw. Kommissionen nicht erreicht bzw. nicht übersteigt. Dadurch sind die Möglichkeiten für beteiligte BürgerInnen wiederum begrenzt. Zudem ist über die Wahlverfahren zu diesen Ausschüssen und Kommissionen sichergestellt, daß bei sachkundigen BürgerInnen der Parteienproporz eingehalten wird.

RECHTE AUF EINWENDUNGEN, ÄUSSERUNGEN, STELLUNGNAHMEN: Bei der Aushandlung und Aufstellung des **Haushalts** gibt es keine direkte Bürgerbeteiligung. Allerdings können "Einwohner" bzw. "Gemeindeangehörige" oder "Abgabepflichtige" **Einwendungen** gegen den ausgelegten Entwurf der **Haushaltssatzung** erheben (§ 81 GemO BaWü; § 66 Abs. 2 GO NRW). Über diese Einwendungen muß die **Vertretungskörperschaft** in öffentlicher Sitzung beschließen. Darüber hinaus existieren in Baden-Württemberg, Nordrhein-Westfalen und Schleswig-Holstein Vorschriften, die Meinungsäußerungen der Bürger bei wichtigen Planungen und Vorhaben ermöglichen. In Bayern soll den GemeindebürgerInnen, deren gemeindliche Zugehörigkeit wechselt, Gelegenheit zur Stellungnahme in geheimer Abstimmung gegeben werden. Dies ist aber eine Form der Bürgerbeteiligung mit lediglich beratender, nicht entscheidender Wirkung (vgl. Art. 11 Abs. 4 BayGO). Zu erwähnen ist zusätzlich die nach § 33 Abs. 4 der GemO BaWü und § 33 Abs. 1 GO NRW vorgesehene Möglichkeit, "**Bürgerfragerstunden**" einzurichten.

PETITIONSRECHT: Die GO NRW (§ 6c) und die BayGO (Art. 56 Abs. 3) enthalten Vorschriften, die besagen, daß sich jedeR bzw. jedeR GemeindeeinwohnerIn mit "Anregungen oder Beschwerden" bzw. mit "Eingaben und Beschwerden" an die Vertretungskörperschaft wenden kann. Damit ist auch auf kommunaler Ebene ein **Petitionsrecht** festgeschrieben. Obwohl das Grundgesetz in Art. 17 jedermann und jederfrau das Recht gibt, sich mit Bitten und Beschwerden an "die zuständigen Stellen und an die Volksvertretung" zu wenden, ist juristisch umstritten, ob dieses Recht ohne besondere Regelung auch gegenüber den kommunalen Vertretungskörperschaften gilt.

Es sei nun noch auf einige andere Möglichkeiten direkter Demokratie verwiesen, die, ohne in Gemeindeordnungen verankert zu sein, nach der jeweiligen Landesverfassung möglich sind, jedoch keine praktische Bedeutung erlangt haben. Nach Art. 72 der Verfassung von Baden-Württemberg kann in "kleinen Gemeinden ... an die Stelle einer gewählten Vertretung die **Gemeindeversammlung** treten". § 73 SHGO bestimmt: "In Gemeinden bis zu 70 Einwohnern tritt an die Stelle der Gemeindevertretung die aus den Bürgern der Gemeinde bestehende Gemeindeversammlung. Ihr Vorsitzender ist der Bürgermeister."

MÖGLICHKEITEN DER BETEILIGUNG AUSLÄNDISCHER GEMEINDEEINWOHNER: Am Beispiel der Einbeziehung **ausländischer Gemeindeeinwohner** sollen für die kommunale Ebene die Möglichkeiten aufgezeigt werden, diese überall dort an der Bürgerbeteiligung teilnehmen zu lassen, wo die betreffenden Instrumente nicht auf "Bürger" oder Personen, "die dem Rat angehören können", abstellen. Zu diesen Möglichkeiten der Beteiligung von Ausländern ist zu rechnen die **Ausschußzuwahl** nach § 40 Abs. 1 und § 41 Abs. 1 GemO BaWü, die Wahl in **Kommissionen** nach § 72 Abs. 2 HGO und § 51 Abs. 7 NGO. Das **Petitionsrecht** steht den AusländerInnen ebenso zu wie die Hinzuziehung zu bzw. Teilnahme an Beratungen der **Gemeindevertretung** bzw. zu **Fragestunden** (§ 33 Abs. 3 u. 4 GemO BaWü; § 33 Abs. 1 GO NRW; § 35 Abs. 2 GemO RhPf; § 50 Abs. 3). Das **Äußerungsrecht** zu wichtigen Planungen und Vorhaben gemäß § 6b Abs. 2 GO NRW und § 16a Abs. 2 SHGO erstreckt sich ebenso auf AusländerInnen wie die Teilnahme an sog. "**Bürgerinitiativen**" nach § 17 GemO RhPf. Eine entsprechende Umformulierung der anderen Vorschriften zur Bürgerbeteiligung ist wünschenswert, eine Einbeziehung in das **Wahlrecht** wird damit allerdings nicht überflüssig (vgl. Kapitel "AusländerInnen-Politik").

Elemente direkter Beteiligung außerhalb der Gemeindeverfassungen

BETEILIGUNGSVORSCHRIFTEN IN FACHGESETZEN AM BEISPIEL: Beteiligungsregelungen, die dem Verwaltungsvollzug etwas von seinem Herrschafts- und Bevormundungscharakter nehmen, sind bei allen Bundes- und Landesgesetzen und anderen politischen Entscheidungen denkbar, die das Leben der Menschen betreffen. Durch das **Baugesetzbuch** (BauGB) sind die beteiligungsbezogenen Vorschriften des früheren **Bundesbaugesetzes** (BBauG) und des **Städtebauförderungsgesetz** (StBauFG) wesentlich zurückgeschraubt worden. Das Baugesetzbuch ist das wichtigste Bundesgesetz zum Planungs- und Bodenrecht. Sein § 3 regelt die Beteiligung der Bürger an der **Bauleitplanung**, d. h. an den Verfahren der Planung und Festlegung der Nutzung von Gemeindeflächen. Bei der übergroßen Mehrheit der Verfahren der Bürgerbeteiligung handelt es sich um eine sehr reduzierte Beteiligung. Nach einer ortsüblichen Ankündigung (Amtsblatt, Aushang, Tageszeitung) wird eine **Bürgerversammlung** durchgeführt, nachdem die Planung bereits weit fortgeschritten und mit den "relevanten" Interessengruppen abgestimmt ist. Zu diesen gehören auch die sogenannten "**Träger öffentlicher Belange**", die gemäß § 3 Abs. 2 Satz 1,2 BauGB von der Auslegung benachrichtigt werden sollen. Eine Schwäche der Regelung liegt darin, daß Verstöße gegen die Bestimmung über die frühzeitige Bürgerbeteiligung die Rechtswirksamkeit eines Bauleitplans nicht berühren (§ 214

BauGB). Darüber hinaus ist derzeit eine Tendenz zur Privatisierung der Planung feststellbar (vgl. Kapitel "Planungsrecht").

Für eine alternative Kommunalpolitik bieten sich auf diesem Gebiet zwei Ansatzpunkte. Erstens können die mit der Planung befaßten Mandatsträger, auch wenn sie aufgrund ihrer Minderheitsposition die Kommunalverwaltung in der Regel nicht zu einer extensiven Auslegung der Beteiligungsvorschriften zwingen können, durch gezielte Öffentlichkeitsarbeit, durch frühzeitige Bekanntgabe wichtiger Planungsabsichten und möglicher Alternativen die Information der Öffentlichkeit verbessern und auf die Möglichkeiten der Beteiligung hinweisen. Zweitens könnte versucht werden, den Kreis der "Träger öffentlicher Belange" praktisch zu erweitern. Dem Verständnis des Gesetzgebers, der Kommentatoren und der überwiegenden Praxis nach handelt es sich dabei um mächtige, vor allem auch um ökonomische Interessenträger wie Industrie- und Handelskammern, Landwirtschaftskammern, aber auch um Kirchen, Wasserschutzbehörden, die Naturschutzbehörde, Bundesbahn und Bundespost. Eine Zielsetzung könnte sein, daß auch Initiativen und Vereine aus dem Bereich der alternativen Kultur sowie sonstige weniger formalisierte, ortsnahe Vereinigungen in dieses Beteiligungsverfahren einbezogen und damit als "Träger öffentlicher Belange" akzeptiert werden (**Verbandsklage**).

Die Vorschriften zur Bürgerbeteiligung im Wohnungs- und Städtebau sind durch das BauGB und das "**Investitionserleichterungs- und Wohnbaulandgesetz**" wesentlich verschlechtert worden. Ohne behaupten zu wollen, daß die Ausgestaltung der Bürgerbeteiligung zuvor ideal war, erschwert die derzeitige Rechtslage eine aktive Beteiligungspolitik auf diesem Gebiet in erheblichem Maße. Die Sonderregelungen des BauGB-Maßnahmen-Gesetzes, das bis zum 31.12.1997 gültig sein wird (u. a. eine Verkürzung der Bürgerbeteiligung, Halbierung der öffentlichen Auslegung des Planentwurfs auf nur noch 14 Tage), gelten in den neuen Ländern nicht nur im Bereich des reinen Wohnungsbaus, sondern auch für gewerbliche und industrielle Planungs- und Bauvorhaben gemäß BauGB. Auch die Rechtsmittel sind für die neuen Länder in den nächsten fünf Jahre erheblich eingeschränkt. Das Normenkontrollverfahren gegen bauplanungsrechtliche Satzungen wird erschwert; Widersprüche und Anfechtungsklagen haben grundsätzlich keine aufschiebende Wirkung mehr. Insgesamt findet also auf Bundesebene eher ein Kahlschlag demokratischer Rechte denn eine Erweiterung der BürgerInnenbeteiligung statt.

Neue Formen und Instrumente der Bürgerbeteiligung

In den letzten Jahrzehnten ist ein System neuer Formen der Interessenorganisation entstanden. Bürgerinitiativen, ein Netz neuer Verbundstrukturen, Politikformen wie Runde Tische, intermediäre Organisationen etc. zeugen hiervon. Als Rückwirkung auf die Verwaltung entstanden "quer zur horizontalen und vertikalen Gliederung von Befugnissen und Kompetenzen Netzwerke der Ab- und Mitsprache, des Aushandelns, des Uminterpretierens möglichen Widerstands." (Beck 1986, S. 313) Neu an dieser Entwicklung ist die Ausdehnung der politisch-administrativen Prozesse auf neue gesellschaftliche Kräfte (Partizipationsdruck).

Als Ausgestaltung von gesetzlich normierten Beteiligungsverfahren liegen vielfältige Erfahrungen mit Formen der Beteiligung von BürgerInnen an Planungs- und Entscheidungsprozessen vor, die Modellcharakter aufweisen. Solche Modelle stammen häufig aus dem Bereich der Stadterneuerung und Wohnumfeldverbesserung. Die aktuelle Diskussion ist stark auf den Umweltsektor bezogen. Die wesentlichen Modelle werden im folgenden kurz erläutert und bewertet. Aufgrund der Unterschiede der Planungsgegenstände lassen sich die vorliegenden Modelle nicht verallgemeinern.

BEIRÄTE sind Interessenvertretungen mit beratender und kontrollierender Funktion. Wie weitgehend eine Beteiligung von Betroffenen und Öffentlichkeit ist, hängt von einer Reihe von Kriterien wie Wahlmodus, Arbeitsweise, Zusammensetzung und den Aufgaben ab, mit denen ein **Beirat** befaßt ist. Die Mitglieder von Beiräten arbeiten oft ehrenamtlich. Zum Teil nehmen sie Selbstverwaltungsarbeiten wahr (Elternbeirat). Beiräte auf kommunaler Ebenen werden oft im Zusammenhang mit Stadtentwicklung und -sanierung (Sanierungsbeirat) oder im Wohnbereich (Mieterbeirat) eingesetzt. Betroffene wirken hier über ihre Vertretungen mit. Beiräte dienen der gegenseitigen Information und Beratung, es werden aber auch Lösungen ausgehandelt. Auch Ausländer- und Altenbeiräte sind in der Kommunalpolitik übliche Gremien zur Organisation der Interessen sozialer Randgruppen (siehe die entsprechenden Fachkapitel). Beiräte sind bei entsprechender Ausgestaltung erfolgreiche Beteiligungs- und Kontrollgremien. Vielen Mieterbeiräten mangelt allerdings die Rückbindung an die Mieterschaft, und sie leiden unter Kompetenzlosigkeit.

ANWALTSPLANUNG ist die professionelle Tätigkeit von ExpertInnen, in der Regel im Auftrag einer Kommune gegen Honorar, ohne dem Auftraggeber gegenüber weisungsgebunden zu sein. Aufgabe der/des AnwaltsplanerIn ist es, die fallbezogenen Interessen einer lokal abgrenzbaren Gruppe von AnwohnerInnen wahrzunehmen und in Form fachlicher Lösungsvorschläge in den Planungsprozeß einzubringen. Der Anwaltsplaner bewegt sich zwischen der Funktion eines Mittlers oder Übersetzer und der eines technischen und/oder fachlichen Beraters einer Betroffenenorgansiation. Das in den 60er Jahren in den USA entwickelte Modell wurde auch in der Bundesrepublik in vielen Großstädten mit Erfolg angewandt. Es ist auf einen Prozeß von längerer Dauer angelegt. Voraussetzung für eine wirksame Vertretung der Betroffenen ist einerseits, daß der/die AnwaltplanerIn von den politisch-administrativen Instanzen unabhängig ist. Zum anderen ist die Rückkopplung zu den Betroffenen von großer Bedeutung. Die Schwächen des Modells liegen in der ambivalenten Funktion des Anwaltsplaners (Mittler und Sachbeistand).

BÜRGERBEAUFTRAGTE — OMBUDSMANN: Die Bürgerbeauftragten mit ihren unterschiedlichen Ausprägungen (Ombudsmann, Frauenbeauftragte, Ausländerbeauftragte etc.) sind die deutsche Form des Anwaltsplanungsmodells. Den Ombudsmann gibt es nur in Rheinland-Pfalz. Er ist dort auf Landesebene angesiedelt. Ansonsten differiert die Ausgestaltung von Beauftragtenstellen auf kommunaler Ebene sehr stark. Teilweise sind sie in der Gemeindeordnung festgeschrieben, wie die Frauenbeauftragte in NRW, teilweise auch nur lokalen Problemlagen ohne gesetzliche Grundlage geschuldet. Fast immer tritt dabei folgendes Problem auf: Die Beauftragten sollen sich eines bestimmten Personenkreises annehmen und dessen Interessen vertreten. Um dies wirkungsvoll tun zu können, benötigt der/die Beauftragte Kompetenzen und Mittel. Diese werden ihm/ihr wiederum von der jeweiligen staatlichen Stelle, aber im Konfliktfall nur sehr ungern und somit unzureichend zur Verfügung gestellt (Hopp 1992).

GEMEINWESENARBEIT hat den Zweck, BewohnerInnen in Stadtteilen zur Selbsthilfe und Selbstorganisation bei der Durchsetzung ihrer Interessen zu aktivieren. Relevante Projekte der Gemeinwesenarbeit befassen sich meist mit den Problemen von Randgruppen und sind insofern eine Form der Sozialarbeit. Arbeitsfelder sind aber auch Sanierungsmaßnahmen und Stadtentwicklungsprojekte. Der Gemeinwesenarbeit werden folgende Aufgaben zugeschrieben:
— Informationsvermittlung und Wecken von Problembewußtsein;
— Aktivierung latenten Unbehagens und Ablösung emotionaler Haltungen durch rationale Argumente;
— Erleichterung von Kommunikationsprozessen zwischen den Betroffenen;
— Aufzeigen von Wegen zur Durchsetzung von Interessen gegenüber der planenden Verwaltung und politischen Entscheidungsträgern.

Gemeinwesenarbeit ist eine intensive Form der Unterstützung der Betroffenen in der Artikulation und Vertretung ihrer z. T. latenten und untereinander widersprüchlichen Interessen. Sie ist auf eine lange Prozeßdauer angelegt. Die notwendige Parteilichkeit der Fachleute der Gemeinwesenarbeit muß sich in den Anstellungsmodalitäten niederschlagen. Die Rückendeckung des Anstellungsträgers ist von großer Bedeutung. Die Funktion der GemeinwesenarbeiterIn stellt besondere Anforderungen an die Konfliktfähigkeit der Person, die diese Funktion übernimmt. Sie muß sowohl gegenüber den Betroffenen als auch gegenüber dem Verfahrensträger konfliktfähig sein. Insofern ist die Rolle der Gemeinwesenarbeit ähnlich ambivalent wie die Anwaltsplanung. Durch die große Nähe zu den Betroffenen kann die Arbeit aber eine Gewähr für die Einbeziehung der Interessen der Betroffenen bieten.

PLANUNGSZELLEN: Die Planungszelle ist eine Gruppe von im Zufallsverfahren ausgewählten, auf bestimmte Zeit freigestellten und vergüteten BürgerInnen, die — unterstützt von fachkundiger Prozeßbegleitung — Lösungen für vorgegebene Bewertungs- und Planungsprobleme erarbeiten. In der Vergangenheit wurden mit Hilfe der Planungszelle Probleme der Stadtentwicklung und -sanierung, der Abfallbeseitigung, der Verkehrsplanung etc. bearbeitet. Die nach dem Zufallsprinzip zusammengesetzte Gruppe leistet eine sachbezogene Arbeit. Eine starke Repräsentanz von VertreterInnen engagierter Gruppen oder Betroffenen ist qua Verfahren ausgeschlossen. Die Arbeit der Gruppe kann die Qualität von Planungsentscheidungen erhöhen. Bei konfliktreichen Planungen und

Genehmigungsverfahren ist das Modell erfolglos geblieben. Zwei Hauptmerkmale der Planungszelle sind als besonders positiv hervorzuheben: die Anforderung einer berufliche Freistellung und einer Vergütung der BürgerInnen für diese Tätigkeiten. Beide Anforderungen sind wichtige Voraussetzung einer effektiven Mitwirkung.

ZUKUNFTSWERKSTÄTTEN: Das Ziel einer **Zukunftswerkstatt** ist es, daß Menschen für eine gewisse Zeit an einem Ort zusammenkommen und gemeinsam nach kreativen Lösungen für ein drängendes Problem suchen. Herzstück der Zukunftswerkstatt ist ihr Ablaufschema:
— Bestandsaufnahme / Kritik
— Utopie / Phantasie
— Verwirklichung / Praxis.

Die Zukunftswerkstatt funktioniert, weil eine Reihe bewährter kreativitätsfördernder Regeln eingeführt werden, die einleuchtend und leicht von der Gruppe zu kontrollieren sind (z. B. Brainstorming oder Metaplan). Die Priorität liegt bei der Erarbeitung eines zukunftsorientierten Konsenses. Anwendung fand die Zukunftswerkstatt im Rahmen der Stadtplanung (Ökostadt Basel) oder des Programms "Sozialverträgliche Technikgestaltung" des Landes NRW.

MEDIATION: Mittlerunterstützte Verhandlungslösungen werden von einer neutralen Person gesteuert. Ihre Aufgabe besteht in der Organisation des Verfahrens. Sie hat darauf zu achten, daß der Prozeß zielgerichtet verläuft. Mittlerunterstützte Verhandlungslösungen im Umweltbereich können in den USA auf eine 20jährige Erfahrung zurückblicken. In der BRD gibt es bisher wenige Beispiele von durchgeführten **Mediationsprozessen** (Deponie Münchehagen, Abfallwirtschaftskonzept Neuss, Flughafenplanung Berlin). Mediationsverfahren zeichnen sich in der Regel durch einen geringen Formalisierungsgrad aus. Ihr Zweck ist häufig, die in einem Prozeß relevanten Interessen und Positionen zu sondieren. Die Wirksamkeit der Vertretung von Interessen der Betroffenen hängt von der konkreten Ausgestaltung ab. Ein Problem des Verfahrens liegt in seiner Unverbindlichkeit. Verhandlungslösungen sind eine notwendige Ergänzung des Verwaltungshandelns. Ihr Aufwand ist allerdings für alle Beteiligten hoch. Verhandlungen sind besonders dort angebracht, wo der Gegenstand sehr komplex ist und zahlreiche AkteurInnen mit unterschiedlichen Interessen in einen Konflikt verwickelt sind. Verhandlungslösungen sind bedenklich, wenn Beteiligte keine ausreichende Verhandlungserfahrung haben. Sie sind nicht sinnvoll anwendbar bei extrem ungleicher Machtverteilung der Beteiligten, bei stark wertbeladenen Konflikten, in denen sich die Konfrontation auf ein Alles oder Nichts reduziert, oder bei Konflikten, die soweit eskaliert sind, daß der Schädigung des Gegners Vorrang vor einer Kompromißlösung gegeben wird. Durch die Einschaltung eines neutralen Mittlers besteht die Chance, die Benachteiligung von Betroffenen im Prozeß auszugleichen.

Zum Einsatz neuer Instrumente der Beteiligung läßt sich folgendes vorläufige Fazit ziehen:

o Neue Formen der Bürgerbeteiligung bei Verwaltungsentscheidungen können zur Demokratisierung von kommunalen Planungen beitragen. Diese Beteiligungsformen sind jedoch auch mit Vorsicht zu genießen. Lassen sich die BürgerInnen auf Verhandlungen ein, geht es nicht mehr um die Frage des "Ob", sondern nur noch um die Frage des "Wie" (Verlust der "Nulloption").

o Informelle Beteiligungsformen ersetzen förmliche Beteiligungsverfahren und Beteiligungsrechte nicht. Es entsteht der Eindruck, daß allgemeine Mitwirkungsrechte durch Verhandlungslösungen zur Akzeptanzgewinnung im Einzelfall ersetzt werden sollen (Deregulierung). Solche in das Belieben der Verwaltung gestellten Verhandlungen stellen sich somit als Alibi für den Entzug förmlicher Rechte heraus.

o Bei kooperativen Verhandlungslösungen handelt es sich prinzipiell nicht um ganz neue Strategien. Städtebauliche Sanierungsbeiräte, Gemeinwesenarbeit, Anwaltsplanung und Planungszelle sind nur einige Beteiligungsformen, die im Städtebaurecht seit den 70er Jahren durchgeführt werden. Die Erfahrungen mit der Bürgerbeteiligung aus dem Städtebaurecht sollten bei kommunalen Planungen herangezogen werden.

o Bestehende förmliche Beteiligungsverfahren setzen zu einem viel zu späten Zeitpunkt des Genehmigungs- und Planfeststellungsverfahren an. Durch die Abschaffung der **Umweltverträglichkeitsprüfung** (UVP) in den **Raumordnungsverfahren** wird z. B. die Bürgerbeteiligung in umweltrelevanten Planungen wieder auf die letzte Stufe zurückgedrängt, wenn wesentliche Entscheidungen bereits getroffen wurden. Die Bürgerbeteiligung wird von den Betroffenen dann zu

Recht als Farce empfunden. Die Chance einer frühzeitigen Erörterung im Scopingtermin (Abstecken des Untersuchungsrahmens) wird verspielt.

o Unter dem Deckmantel der Beschleunigung von Verwaltungsverfahren werden Beteiligungsrechte gestrichen. Durch diesen Abbau von förmlichen Beteiligungsverfahren (Investitionserleichterungs- und Wohnbaulandgesetz) und die Weigerung der Bundesregierung, ein echtes Informationsrecht zu umweltrelevanten Daten zu ermöglichen (Umsetzung der EG-Umweltinformationsrichtlinie), wird die Bürgerbeteiligung zurückgedrängt. Von Transparenz der Verwaltungsentscheidungen und dem Abbau des Machtgefälles zwischen Staat und BürgerInnen kann nicht gesprochen werden.

o Gesellschaftliche Probleme können nur durch Beteiligung der BürgerInnen gelöst werden. Neben der Ausweitung von Beteiligungsrechten muß über die Einführung und Ausgestaltung von unmittelbaren Demokratieformen wie Bürgerbegehren, Bürgerentscheid und Beiräte nachgedacht werden.

Bürgerinitiativen als Formen der Bürgerbeteiligung

Bürgerinitiativen sind das deutliche Anzeichen dafür, daß die politischen und administrativen Instanzen eine Vielzahl von Interessen unberücksichtigt lassen und daß die Beteiligungsmöglichkeiten bei politischen und wirtschaftlichen Entscheidungen häufig unzureichend sind. Konsequenterweise verfolgen sie ihre Ziele selten mit Hilfe der vorgegebenen Formen der Bürgerbeteiligung, sondern versuchen durch vielfältige Aktionsformen, das Bewußtsein und die Einstellung zumindest von Teilen der Bevölkerung zu beeinflussen, um so Druck auf Entscheidungsträger auszuüben. Bei ihren Aktionen können sich Bürgerinitiativen auf bestimmte **Grundrechte** berufen, insbesondere die Versammlungsfreiheit (Art. 8 Grundgesetz — GG), die Meinungsfreiheit (Art. 5 Abs. 1 GG), die Vereinigungsfreiheit (Art. 9 Abs. 1 GG). Neben den oben genannten institutionalisierten Formen der Bürgerbeteiligung stehen den einzelnen Bürgerinitiativmitgliedern wie allen BürgerInnen die gegen behördliche oder gerichtliche Maßnahmen bestehenden **Rechtsbehelfe** bzw. das Beschreiten des grundrechtlich gesicherten **Rechtsweges** (Art. 19 Abs. 4 GG) offen. Darüber hinaus besteht in einigen Bundesländern (Hessen, Saarland, Berlin und Brandenburg) für Naturschutzverbände die Möglichkeit zur **Verbandsklage** bei geplanten Eingriffen in die Natur.

(KOMMUNAL-)POLITISCHE BEDEUTUNG VON BÜRGERINITIATIVEN: Bürgerinitiativen haben trotz konjunktureller Themenschwankungen immer noch einen wichtigen Platz in der politischen Landschaft. Die meisten Bürgerinitiativen setzen auf kommunaler Ebene an und greifen überwiegend Probleme auf, die in einem unmittelbaren Bezug zur kommunalen Politik und Verwaltung stehen. Erfahrungen mit verstärkter Bürgerbeteiligung im In- und Ausland lassen einerseits deutlich werden, daß sich durch diese Verfahren ein starkes Interesse an der Erhaltung traditioneller Strukturen der sozialräumlichen Lebensumwelt artikuliert, eine Abneigung gegen grundlegende Veränderungen, die Politik wird kleinräumig-konservativ beeinflußt. Aus einem bisweilen krassen Interesse an der Absicherung der eigenen relativ privilegierten Lage resultiert nicht selten eine Haltung, die kaum Innovationen für soziale schwache Gruppen und Schichten zuläßt. Auch in der Bundesrepublik gibt es Bürgerinitiativen, die sich z. B. gegen die Einrichtung einer Drogenberatungsstelle oder einer Kindertagesstätte in ihrem Wohngebiet wehren. Ebenso existieren gegen die Umwelt gerichtete Einkommens- und Beschäftigungsinteressen, denen bei Verstärkung der Bürgerbeteiligung vermehrtes Gewicht zukommen kann.

In diesen Zusammenhang gehören auch Überlegungen darüber, welche Aufgaben im einzelnen der Bürgerbeteiligung zugänglich sein sollten und wie bisher nicht beteiligungsbereite Gruppen und Schichten angesprochen werden sollen. Auf die vermehrt gegebene Möglichkeit der Manipulation sei abschließend ebenso hingewiesen wie auf die Tatsache, daß darüber nicht selten auch von konservativer Seite eine allgemeine Stärkung der kommunalen Ebene gefordert wird, damit sich der Zentralstaat um so ungestörter seinen "klassischen Aufgaben" widmen könne.

Schon aus diesen unvollständigen Anmerkungen wird deutlich: Soll durch eine Erweiterung der Beteiligungsmöglichkeiten ein ökologisch und sozial sinnvolle Politik ermöglicht werden, kommt es nicht nur darauf an, auf parlamentarischer Ebene Wege der Bürgerbeteiligung zu eröffnen, sondern vor allem auch darauf, die ökologisch und sozial ausgerichtete Bewegung bzw. eine entsprechende Denk- und Handlungsorientierung so zu stärken, daß die eröffneten Möglichkeiten der BürgerInnenbeteiligung auch in diesem Sinne genutzt werden. Schließlich bedarf es auch weitergehender parlamentarischer Alternativen. Da die Räteidee durch den Zusammenbruch des Sozialismus zumindest auf mittlere Frist diskreditiert ist, muß die Suche wieder beginnen.

Literatur

Beck, U.: Risikogesellschaft, Frankfurt am Main 1986
Bühler, Th. / Mayer, Th.: Modelle und Instrumente der lokalen Bürgerbeteiligung; Bonn 1990
Heinelt, H. / Wollmann, H.: Brennpunkt Stadt, Basel 1991
Hopp, H.: Beauftragte in Politik und Verwaltung, Bonn 1992
Institut für Umweltrecht (Hg.): Deine Umwelt — Dein Recht. Wie können Bürgerinnen und Bürger sich wehren ?, Frankfurt a. M. 1991
Stiftung Mitarbeit (Hg.): Demokratie vor Ort — Modelle und Wege der lokalen Bürgerbeteiligung, Bonn 1991
Stiftung Mitarbeit (Hg.): Ökologie durch Demokratie, Bonn 1993
Zimmermann, M. (Hg.): Öffentlichkeitsbeteiligung bei UVP-Verfahren, Bonn 1993

AKP-Artikel zum Thema

Zwei Beiträge zu Mediation und Bürgerbeiteiligung bei der Altlasten-Sanierung in: AKP 4/1993, S. 38
Glenewinkel, W.; Mediation als Chance für Grüne, in: AKP 4/1993, S. 59-63
Holtkamp, L.; Mediation- ein "grünes Verfahren"?, in: AKP 1/1993, S. 50-52
Lahl, U.: Partizipation im kommunalen Umwelt- und Gesundheitsschutz, in: AKP 4/1991, S. 58
Lahl, U. Mediation, in: AKP 6/1992, S. 45-47
Mayer, Th.: Bürgerentscheide — Direkte Demokratie in Gemeinden, in: AKP 2/1990, S. 54-57
Moog, B.: Demokratie durch BürgerInnen-Beteiligung, in: Macht und Ohnmacht der Kommune. in: AKP-Sonderdruck zum Kommunalpolitischen Kongreß in Leipzig, 1992, S. 18-20
Rahner, T.; Investitionserleichterungs- und Wohnbaulandgesetz, in: AKP 2/1993, S. 47-50
Rahner, T.; Investitionserleichterungsgesetz in Kraft, in: AKP 3/1993, S. 25 f.
Restle, G.: Umsetzung der EG-Umweltinformationsrichtlinie, in: AKP 1/1993, S. 45
Wilner-Höfer, J.: Bürgerbegehren für ein "Besseres Müllkonzept" in Schleswig-Holstein — Undemokratisch hohe Hürden, in: in: AKP 5/1992, S. 25

Armin Minkner

Kreise und andere Kommunalverbände

Die Kommunalpolitik in **Landkreisen** und Kommunalverbänden findet meist nicht die gleiche Beachtung die in den Städten und Gemeinden. Die überregionale Öffentlichkeit konzentriert sich auf die großen, kreisfreien Städte, die einzelnen BürgerInnen auf ihre Heimatgemeinden. Dennoch sind **Kreise** und Kommunalverbände wichtige Bausteine kommunaler Selbstverwaltung mit erheblichen Kompetenzen, z.B. bei der Abfallbeseitigung. Es lohnt sich nicht nur die nähere Betrachtung, sondern auch das Engagement.

Landkreise

GESCHICHTE UND GEBIETSREFORM: Der "Kreis" als Begriff für eine geschlossene und ortsübergreifende Verwaltungseinheit wurde erstmals in brandenburgischen Urkunden des 16. Jahrhunderts erwähnt. Seine auch heute noch typische Ausprägung als Mittler zwischen Staatsverwaltung und örtlichen Belangen fand er in Preußen. Hier wurde besonders der Landrat zum Synonym für staatliche Intressenvertretung in der Fläche, etwa bei der Steuererhebung, aber auch für die Vertretung der örtlichen Interessen gegenüber dem Staat. Mit Erlaß der Kreisordnung für die östlichen Provinzen vom 13.12.1872 und in der Folge für ganz Preußen wurden die entscheidenden Grundlagen für die uns bekannte Ausformung der Landkreise in Richtung auf die Bildung von Volksvertretungen gelegt. Ähnliche **Kreisverfassungen** wurden bald auch in vielen anderen deutschen Ländern eingeführt. Gleichwohl gibt es bis heute keine einheitliche Regelung für die Kreisverfassungen der Länder.

Nach dem Zusammenbruch des Deutschen Reiches 1945 bildeten die Kreisverwaltungen neben den Gemeinden die einzigen Verwaltungseinheiten, die noch einigermaßen funktionierten. In der amerikanischen Besatzungszone erließen die Länder auf Druck der Besatzungsmacht bereits 1946 neues Kreisrecht. Dieses ist bis heute geprägt von einer starken Stellung des **Landrates**, der sowohl dem Kreistag als auch der Kreisverwaltung vorsteht. In der britischen Besatzungszone setzte die Besatzungsmacht zunächst einen weisungsgebunden Landrat ein. Durch Verordnung wurde 1946 die noch heute in Niedersachsen und Nordrhein-Westfalen geltende doppelte Verwaltungsspitze mit dem Landrat als Vorsitzenden des "politischen" Kreistages und dem **Oberkreisdirektor** als Berufsbeamter und Chef der "unpolitischen" Kreisverwaltung. In der französischen Besatzungszone wurde der Rechtsstatus des Kreises und seiner Organe nur wenig verändert. Im wesentlichen entsprachen diese also dem ehemals preußischen Recht. In der DDR wurde die kommunale Selbstverwaltung mit der Verwaltungsneugliederung von 1952 faktisch abgeschafft. Die gesamte DDR wurde in Stadt- und Landkreise neu eingeteilt, auf die fortan die zentralen Staatsorgane direkten Zugriff hatten. Nach der Wende wurde 1990 mit einer einheitlichen vorläufigen Kommunalverfassung für die fünf neuen Länder die Rückkehr zu den Grundsätzen der kommunalen Selbstverwaltung eingeleitet. Danach erfüllte der Landkreis die übergemeindlichen Aufgaben im Rahmen der Gesetze in eigener Verantwortung und verwaltete in seinem Gebiet unter eigener Verantwortung die übergemeindlichen und die die Leistungsfähigkeit der einzelnen Gemeiden übersteigenden öffentlichen Aufgaben. Im Laufe des Jahres 1993 gaben sich die fünf ostdeutschen Länder allesamt neue Kreisverfassungen. (Vgl. hierzu auch das Kapitel: Kommunalverfassungssysteme im Ländervergleich).

In den Jahren 1967 bis 1978 wurde in allen Ländern der alten Bundesrepublik eine **Gebietsreform** durchgeführt. Mit dem Ziel, die Leistungsfähigkeit der Kreisverwaltungen zu erhöhen und eine umfangreiche Kommunalisierung staatlicher Aufgaben vorzunehmen, wurde die Anzahl der Kreise fast halbiert. Obwohl bis heute umstritten ist, ob dabei nicht übertrieben wurde, gab es nur vereinzelte Korrekturen. Ähnlich erging es den Landkreisen in den neuen Bundesländern. Auch hier wurde nach dem Beitritt zur BRD die Zahl der Landkreise in allen Ländern deutlich reduziert. Die durchschnittliche Einwohnerzahl der Landkreise liegt heute bei etwa 160.000.

IDENTITÄT UND FUNKTION DES LANDKREISES: **Der Landkreis** hat seinem Wesen nach sowohl zwei Identitäts- als auch zwei Funktionsgrundlagen. Identitätsgrundlagen sind einerseits die Stellung des Kreises als Gemeindeverband, also als Zusammenschluß mehrerer anderer Gebietskörperschaften, andererseits die Qualität als eigene Gebietskörperschaft mit den verfassungsmäßigen Rechten aus Art. 28 Abs. I Grundgesetz zur kommunalen Selbstverwaltung. Demgemäß legen bei Auseinandersetzungen über die Natur des Kreises die Gemeinden den Schwerpunkt eher auf den Gemeindeverband während die Kreise sich selbst lieber als Gebietskörperschaft mit dem daraus folgenden Recht auf Selbstverwaltung definieren.

Zwei generell unterschiedliche Funktionen erhält der Kreis durch die ihm auferlegten Aufgaben als Bestandteil der staatlichen Verwaltung und durch die von ihm im Rahmen der Selbstverwaltung gewählten freiwilligen Aufgaben. Zu den **Aufgaben staatlicher Verwaltung** gehören zum Beispiel das Ausländerwesen, die Veterinäraufsicht oder auch der Katastrophenschutz. Diese Aufgaben können teilweise auch den Bezirksregierungen und den Gemeinden zugewiesen sein. Da der Kreis hier als Teil der Staatsverwaltung tätig wird, übt die Bezirksregierung die Fachaufsicht aus. Das bedeutet, sie kann auch über die Zweckmäßigkeit einer Maßnahme des Kreises entscheiden und Weisungen erteilen.

Bei den **freiwilligen Selbstverwaltungsangelegenheiten** werden im wesentlichen drei Kategorien unterschieden: Erstens die Aufgaben, die über das Kreisgebiet hinausgehen, z.B. die regionale Wirtschaftsförderung oder die Koordination des ÖPNV. Zweitens die Aufgaben, die in ihrer Bedeutung über das Gebiet einer Gemeinde hinausreichen, z.B. die Unterhaltung eines Kreiskrankenhauses. Und drittens die Aufgaben, die in ihrer Bedeutung zwar nicht über eine Gemeinde hinausgehen, die von dieser aber wegen mangelnder wirtschaftlicher Leistungsfähigkeit oder unzureichender Verwaltungskraft nicht erfüllt werden können.

Außerdem gibt es noch die **pflichtigen Selbstverwaltungsangelegenheiten**, die ein Kreis zwar erfüllen muß, bei denen er aber in bestimmten Grenzen selbst entscheiden kann, wie er das tut. Dazu gehören beispielsweise die Jugendhilfe oder auch die Trägerschaft weiterführender Schulen. Bei Selbstverwaltungsangelegenheiten beschränkt sich die Aufsicht der Bezirksregierung bzw. des Landes auf die Überprüfung der Rechtmäßigkeit (Rechtsaufsicht).

In der Verzahnung dieser Aufgabenbereiche sind die Kompetenzen der einzelnen Kreisorgane je nach Landesrecht unterschiedlich verteilt. Dabei gilt, daß die Rechte des Kreistages immer dann schwächer ausgeprägt sind, wenn es sich um die Aufgaben des Staates als Verwaltungsbehörde handelt. Die entsprechenden Konflikte zwischen Landrat bzw. Oberkreisdirektor einerseits und Kreistag andererseits sind heute eines der größten Problemfelder der kommunalen Selbstverwaltung. So ist beispielsweise der Kreistag zuständig für die bauliche Gestaltung der Kreisstraßen im Zuge einer Ortsdurchfahrt (Selbstverwaltungsangelegenheit), der Landrat bzw. der Oberkreisdirektor ist jedoch zuständig für die eigentliche Verkehrsregelung (staatliche Aufgabe); dieser kann also aus Gründen der Gefahrenabwehr eine Ampel für erforderlich halten, die der Kreistag aus Kostengründen nicht aufstellen möchte.

Besonders beachtet werden muß auch, daß nach neuerer Rechtsprechung (Bayerischer VGB vom 4.11.92 / 4 B 90:718 und OVG Rheinland-Pfalz vom 21.5.93 / 10 C 10179/92) die Kompetenz des Landkreises zur Übernahme freiwilliger Leistungen eine bedeutende Grenze in der Erhebung der **Kreisumlage** findet. Kritisch ist die Erhebung der Kreisumlage danach bei:
○ freiwilligen Zuwendungen an Gemeinden für Aufgaben der örtlichen Gemeinschaft nach dem Gießkannenprinzip, also ohne Unterscheidung nach ihrer Leistungsfähigkeit, z.B. die Förderung von Kindertagesstätten,
○ Eingriffen in die Kompetenzen der Gemeinden durch allzu großzügige Bereitstellung von Mitteln, dem sogenannten "goldenen Zügel", wenn z.B. die gesamten Personalkosten für Gleichstellungsbeauftragte übernommen werden,
○ der Wahrnehmung von Aufgaben einer Gemeinde durch den Landkreis, wenn die Aufgabe über den örtlichen Rahmen nicht hinausgeht und sich keine besondere Notwendigkeit dafür ergibt, z.B. die Errichtung von Sportstätten.

VERHÄLTNIS ZU DEN GEMEINDEN: Das Verhältnis des Landkreises zu den Gemeinden ist von mehreren Interessenkonflikten geprägt. Die effektive Ausübung der Aufsicht über die Gemeinden steht der Verpflichtung, deren Entschlußkraft und Verantwortungsfreude nicht zu beeinträchtigen ebenso gegenüber wie die Ausgleichsfunktion zwischen schwächeren und stärkeren Gemeinden. In einer Zeit knapper Mittel wird hier von den politischen Gremien besondere Sensibilität verlangt.

Nicht alles, was politisch sinnvoll ist, muß auf der Kreisebene geschehen. Wo die Gemeinden selbst entscheiden und ausführen können, sollte der Kreis auf der Hut sein, Aufgaben zu übernehmen und damit in die kommunale Selbstverwaltung der Gemeinden einzugreifen. Neben den einleuchtenden demokratischen Gründen für eine Regelung durch die Gemeinden, sprechen auch bürokratische Gründe gegen eine Aufgabenübernahme durch Landkreise, wenn es dadurch — etwa im Zuschußwesen — zu einer Doppelverwaltung durch Gemeinde- und Kreisverwaltung und zu einer Doppelberatung durch Gemeinderat und Kreistag kommt. Auch wenn es schwerfällt: KreispolitikerInnen müssen die besondere Begabung haben, auf politisches Handeln zugunsten der Gemeinden verzichten zu können.

VERWALTUNGSORGANISATION DES LANDKREISES: Die Kompetenzen und Stellung der Kreisverwaltungen sind je nach **Kreisverfassung** von Land zu Land unterschiedlich ausgeprägt.

○ In Niedersachsen und Nordrhein-Westfalen ist die/der OberkreisdirektorIn Kreisbeamtin/er (Direktorialverfassung). Er/Sie nimmt als Kreisorgan Aufgaben im Auftrag der staatlichen Verwaltung wahr. Die Kommunalisierung staatlicher Aufgaben ist hier am weitesten fortgeschritten. Allerdings gibt es hier auch wegen der problematischen Kompetenzverteilung zwischen Kreistag und OberkreisdirektorIn seit vielen vielen Jahren eine nichtendenwollende Diskussion um diese Konstruktion. Die Praxis zeigt eine deutliche Überlegenheit des Verwaltungschefs über den vom Volk gewählten Kreistag. Eine ähnliche Kreisverfassung hat sich Mecklenburg-Vorpommern gegeben. Allerdings heißt die/der LeiterIn der Verwaltung hier Landrat/rätin. Ab 1999 ist seine/ihre Direktwahl vorgesehen.

○ In Rheinland-Pfalz und im Saarland ist der/die Landrat/rätin vom Staat beamtet. Er/Sie wird mit Zustimmung des Kreistages ernannt und ab 1994 in Rheinland Pfalz direkt vom Volk gewählt wird. In der Kreisverwaltung besteht eine eigene staatliche Abteilung, die sich mit den Aufgaben des übertragenen Wirkungskreises befaßt.

○ In Baden-Württemberg, Bayern, Sachsen und Thüringen ist der/die Landrat/rätin zwar einE Kommunalbeamter/in, er/sie hat jedoch als Vorsteher des Kreistages und der Verwaltung eine sehr starke Stellung. Er/Sie wird in Bayern, Sachsen und Thüringen vom Volk, in Baden-Württemberg vom Kreistag gewählt. Ähnliche Kreisordnungen haben sich Brandenburg und Sachsen-Anhalt gegeben. Allerdings steht der/die Landrat/rätin hier nicht dem Kreistag vor, hat jedoch dort Stimmrecht und wird auch direkt gewählt.

○ In Hessen und Schleswig-Holstein bildet der Kreisausschuß ein kollegiales Verwaltungsorgan, dem der/die Landrat/rätin vorsteht. Die Kreistage wählen dort eigene Vorsitzende.

POLITISCHE EINFLUßMÖGLICHKEITEN IM LANDKREIS: Zu den **Rechten der Kreistagsabgeordneten** zählen Antrags- und Wahlvorschlagsrecht, Stimm- und Rederecht sowie das Fragerecht an die Verwaltung und das Recht auf Akteneinsicht. Diese Rechte sind in den einzelnen Kommunalverfassungen unterschiedlich ausgeprägt und in den Kreisordnungen teilweise an Quoren gebunden. Insbesondere das Akteneinsichtsrecht wird auf diese Weise für kleine Fraktionen oft ausgeschlossen. Mitunter finden sich aber auch weitergehende Rechte in den Geschäftsordnungen der einzelnen Kreistage. Die **Rechte der BürgerInnen** bestehen aus Bürgeranfrage, Bürgerbegehren und Bürgerentscheid. Auch diese sind in den einzelnen Kommunalverfassungen unterschiedlich geregelt und teilweise auch in den Geschäftsordnungen niedergeschrieben.

Kommunale Zusammenschlüsse und höhere Kommunalverbände

ZUSAMMENSCHLÜSSE ZUR STÄRKUNG DER ALLGEMEINEN VERWALTUNGSKRAFT: Nahezu alle Gemeindeordnungen sehen für kleinere Gemeinden die Möglichkeit oder die Pflicht vor, sich zu Ämtern, **Samtgemeinden** oder Verwaltungsgemeinschaften zusammenzuschließen. Damit wird auch kleineren Gemeinden der Zugang zu professioneller Verwaltung eröffnet. Den Gemeinden bleiben Selbstständigkeit und Entscheidungsbefugnisse erhalten, auch wenn sie selbst nicht in der Lage sind, eine leistungsfähige Kommunalverwaltung vorzuhalten. Wo ein solcher Zusammenschluß nicht gelungen ist, war fast immer der Verlust der Selbstständigkeit von Gemeinden durch Bildung größerer Einheitsgemeinden die Folge. Die innere Organisation der Zusammenschlüsse ist denen der Gemeinde je nach Landesrecht ähnlich. Die Finanzierung erfolgt im Wesentlichen über eine Umlage, ähnlich der Kreisumlage.

ZWECKVERBÄNDE ALS INSTRUMENT ZUR ERFÜLLUNG EINER BESTIMMTEN AUFGABE: Der Zweckverband ist ein öffentlich-rechtlicher Zusammenschluß, mit dessen Hilfe mehrere Gemeinden oder Gemeindeverbände einzelne, von vornherein festgesetzte Aufgaben bewältigen wollen, etwa den Betrieb der Abwasserbeseitigung. Organe sind hier regelmäßig Zweckverbandsversammlung und Verbandsvorsteher. Die **Zweckverbandsversammlung** besteht aus Delegierten der Mitglieder. Die Finanzierung erfolgt je nach Aufgabe durch Erwirtschaftung eigener Einnahmen, z.B. Gebühren, oder durch eine Umlage.

UMLANDVERBÄNDE IN BALLUNGSRÄUMEN: Den spezifischen Aufgaben in Ballungsräumen, insbesondere der Bewältigung des Verkehrs und der Koordinierung von Planungen, aber auch beim Betrieb von Einrichtungen zur Abfallentsorgung und der Wasserwirtschaft versucht man durch die Konstruktion von Umland- oder Großraumverbänden gerecht zu werden. Hier arbeiten Großstadt und umliegende Landkreise oder Städte zusammen. Rechtsgrundlage ist zumeist ein Landesgesetz. Die Mitglieder der **Verbandsversammlung** werden in der Regel direkt gewählt, vereinzelt aber auch von den Räten und Kreistagen der Verbandsmitglieder delegiert. Die Finanzierung erfolgt über eine Umlage. Die Notwendigkeit von Umlandverbänden ist in der politischen Diskussion unumstritten. Problematisch sind dagegen der Aufgabenzuschnitt, die Finanzierung und die Entscheidungsstrukturen. Bei den Aufgaben gibt es Abgrenzungsschwierigkeiten mit den beteiligten Gemeinden und Landkreisen, z.B. bei der Abfallentsorgung und der Gestaltung des ÖPNV. Insbesondere den Großstädten wird vorgehalten, sie wollten verlustbringende Aufgaben abschieben, jedoch die Entscheidungskompetenzen behalten. Bei der Finanzierung gilt als schwierig, daß die Umlandverbände keine originären Einnahmen haben, sondern auf eine konfliktträchtige Umlage angewiesen sind. Die Entscheidungsstrukturen sind dann schwierig, wenn die Mitglieder der Verbandsversammlung nur indirekt gewählt werden oder wenn der Verbandsmitglieder in ohne Rücksicht auf ihre Größe oder Bedeutung mit je einer Stimme vertreten sind.

Konsens bei den GRÜNEN ist, daß Umlandverbände gesetzliche Grundlagen brauchen, die einen klar beschriebenen gesetzlichen Aufgabenkatalog beinhalten. Den Umlandverbänden sollen nur die Aufgaben übertragen werden, die die beteiligten Gebietskörperschaften nicht alleine bewältigen können. In allen anderen Fällen sollen sie sich zugunsten der Gemeinden und Kreise strikt zurückhalten. Umgekehrt ist aus Gründen der Klarheit und der Effektivität zu vermeiden, daß diese sich ungebremst den Aufgaben der Umlandverbände zuwenden. Eine Voraussetzung dafür ist die Schaffung demokratischer Strukturen, zumindestens aber eine direkt gewählte Verbandsversammlung.

LANDSCHAFTSVERBÄNDE UND LANDESWOHLFAHRTSVERBAND: Diese Konstruktionen verbinden großflächig Kreise und Städte miteinander. Aufgaben der beiden Landschaftsverbände in Nordrhein-Westfalen sind die Trägerschaft für überörtliche Sozial- und Jugendhilfe, die Trägerschaft für bedeutende soziale Einrichtungen, wie z.B. Fachkrankenhäuser, der Bau und die Unterhaltung von Landes- und Kreisstraßen, die Kulturpflege und die Mitwirkung an der Landesplanung. Der Landeswohlfahrtsverband, eine hessische Spezialität, ist vor allem Träger der überörtlichen Sozialhilfe und Betreiber der zahlreichen Behinderteneinrichtungen. Die Organe sind denen der jeweiligen Kreisverfassung angelehnt und werden durch mittelbare Wahl gebildet. Diese Verbände finanzieren sich durch eigene Einnahmen und durch eine Umlage.
Über die Struktur und die Aufgabe der Landschaftsverbände ist eine umfangreiche Diskussion entbrannt. Dabei wird insbesondere das (Konkurrenz-) Verhältnis zu den **Regierungsbezirken** diskutiert. Die GRÜNEN halten dabei die Landschaftsverbände als Kommunalverband für die sinnvollere Mittelebene, verlangen aber eine unmittelbare Wahl der Landschaftsversammlung. Diskutiert wird auch ein anderer Zuschnitt, der sich stärker an den Regionen orientiert. Der Landeswohlfahrtsverband ist in seiner Existenzberechtigung umstritten. Er gilt als wenig effizient und seine Aufgaben könnten ohne große Schwierigkeiten von anderen Trägern übernommen werden. Auch hier wird die mittelbare Wahl der Verbandsversammlung kritisiert.

EINGETRAGENE VEREINE: Zunehmend bedienen sich Kreise und Städte zur Zusammenarbeit der Rechtsform des Vereins. Insbesondere dann, wenn es nicht um Entscheidungen geht, sondern ein besonderer Informations- und Koordinationsbedarf besteht, bietet sich diese Rechtsform an. Die ersten Ansätze zu Regionalisierung sind in der Form von Vereinsgründungen zu erkennen. In der konkreten rechtlichen Gestaltung des Vereins gibt das Vereinsrecht vergleichsweise wenig Vorgaben. Seine Mitglieder sind also verhältnismäßig frei darin, ihr Zusammenwirken zu strukturieren. Die Finanzierung erfolgt regelmäßig über eine Umlage.

Regierungsbezirke

Die Bezirksregierungen sind Teil der **Staatsverwaltung**. Sie finden sich als Mittelinstanz zwischen Kreis und Ministerien in den größeren Flächenländern. Sie sind wie alle Behörden hierarchisch aufgebaut. An ihrer Spitze stehen die **RegierungspräsidentInnen** als politische BeamtInnen. Sie sind an Weisungen der Ministerien gebunden und als **Fachaufsichtsbehörde** weisungsbefugt gegenüber den Kommunen. Die Bezirksregierungen verwalten einen großen Teil der Landesbediensteten, z.b. Lehrer und Polizisten, und sind **Kommunalaufsichtsbehörde** für die Landkreise. Sie sind erste Ansprechpartner für die verschiedenen vom Land gewährten Zuschüsse. Den Bezirken sind nur in Bayern gewählte VertreterInnen zur Seite gestellt. Die politische Kontrolle erfolgt ansonsten nur durch die Landesregierungen. Auch bei den Bezirken wurde in einzelnen Ländern eine **Gebietsreform** durchgeführt, so ist beispielsweise in Niedersachsen die Zahl der Bezirke von acht auf vier halbiert worden.

Von den GRÜNEN wird eine **Reform der mittleren Ebene** seit längerer Zeit diskutiert. Im Gespräch ist dabei eine Regionalisierung, also eine Verkleinerung der Einheiten, eine Zusammenfassung der Aufgaben von Landschaftsverbänden und Regierungsbezirken sowie eine politische Repräsentation des Volkes. Teilweise wird von GRÜNEN die Wahl eines Bezirksparlaments gefordert. Problematisch ist dabei allerdings, daß der Aufgabenbereich eines solchen Gremiums bei dem Aufgabenzuschnitt der Bezirksregierungen nur sehr schwer zu bestimmen und nicht eben groß sein wird. Die neuen Mittelinstanzen sollen allerdings neben den staatlichen Aufgaben der bisherigen Regierungsbezirke auch neue Selbstverwaltungsaufgaben erhalten.

Fazit

Kommunalverbände sind unverzichtbarer Bestandteil eines demokratischen und subsidiären Staatsaufbaus. Sie sind allerdings nicht in jedem Falle sinnvoll. Auch ihre Tätigkeit ist ständig daraufhin zu überprüfen, ob nicht besser die Gemeinden zuständig wären. Wegen des großen Gewichtes der Verwaltungen sind Kommunalverbände außerdem politisch schwieriger zu handhaben als die Gemeinden. Umso erforderlicher ist deshalb ein engagiertes Einmischen.

Literatur:

Verein für Geschichte der Deutschen Landkreise e.V. (Hg.): Der Kreis, Köln und Berlin 1972 - 1985 (5 Bde.)
Gerhard, Kurt: Das Recht der Landkreise, 2. Auflage, Stuttgart 1983
Deutsches Institut für Urbanistik (Hg.): Die Kreisordnungen der BRD, Stuttgart 1974
Loschelder, Wolfgang: Die Befugnisse des Gesetzgebers zwischen Gemeinde und Kreisen, Göttingen 1986
Schmidt-Jorzig, Edzard: Kommunalrecht, Stuttgart, Berlin, Köln, Mainz 1982

AKP-Artikel zum Thema

DIE GRÜNEN: Transparenz schaffen, Leitlinien zur Reform der mittleren Verwaltungsebene (AKP 5/92, S.49ff)

Martin Franz

Die Kommunalverwaltung und ihre Reform

Die Kommunalverwaltungen sind nach den Reformprojekten und Entbürokratisierungsversuchen in den 70er und 80er Jahren und nach vielen unterschiedlichen informations- und kommunikationstechnischen (iuk-technischen) Innovationen Schauplatz neuer Modernisierungsanläufe. In diesen finden sich zwar eine Reihe bekannter Ideen und Bausteine wieder, gleichwohl besitzen sie eine neue Qualität. Die Modernisierungsvorschläge sind im wesentlichen binnenorganisatorisch ausgerichtet, sie gehen an die Substanz des bestehenden bürokratischen Systems und sind vom Effizienzgedanken beherrscht. Die international diskutierten und zum Teil bereits praktizierten Ansätze beinhalten tiefe Einschnitte in die Organisation und sind vor allem Steuerungskonzepte. Trotz der Bekenntnisse, das Personal sei die wesentliche Ressource zur Modernisierung der Kommunalverwaltung, fallen gerade die Ansätze der Personalentwicklung vergleichsweise dürftig aus. Dieses Defizit entspringt dem gleichen Umstand, welcher der lange schlummernden Modernisierungsdiskussion ihre Dynamik gegeben hat: die Finanznot der Gemeinden. Befürchtet werden muß, daß die Chancen zur Stärkung kommunaler Handlungsfähigkeit vertan werden, denn es dominieren jene Modernisierungsvorschläge, die Effizienzsteigerung und Kostenreduktion durch Einführung privatwirtschaftlicher Managementkonzepte in die öffentliche Verwaltung versprechen. Die Übernahme derartiger Konzepte liegt auf der Linie der "Entstaatlichung". Wenn Effizienz und betriebswirtschaftliche Rationalität zu den dominanten Leitbildern der Modernisierung werden, kommt dies de facto einer Entdemokratisierung kommunalpolitischer Handlungsfelder gleich.

Reformen der 70er und 80er Jahre

Von den Reformprojekten der 70er Jahre, unterschieden als **Territorial-, Funktional- und Dienstrechtsreform** (Wittkämper), hat die Territorialreform die Kommunalverwaltungen am meisten geprägt. Die kleinen und kleinsten Gemeinden wurden zu neuen, großen Gemeinden und Gemeindeverbänden konzentriert oder als Stadt- bzw. Ortsteile bestehenden Kommunen zugeschlagen. Ebenso wurde die Anzahl der Kreise und kreisfreien Städte drastisch verringert. Von den neuen, größeren Verwaltungseinheiten wurde eine finanziell, personell und infrastrukturell stärkere Ressourcenausstattung und Planungskraft erwartet. Die Reformen zielten auf Rationalisierungseffekte durch Zentralisierung und Bündelung von Aufgaben in bürokratischen Großorganisationen (Köstering/58). Sie waren motiviert durch gesellschaftspolitische Ziele wie solidarische Gesellschaft, Chancengleichheit und Verwirklichung einer humanen Gesellschaft.

Ende der 70er, Anfang der 80er Jahre erhielten Konzepte der "Entbürokratisierung" Auftrieb. Politik- und Verwaltungswissenschaften wie Praktiker suchten Lösungen für Mißstände, die auf der kommunalen Ebene nicht selten durch die Territorialreform zumindest verschärft wurden. Beklagt wurde die mangelnde Transparenz des Verwaltungshandelns, die Bürgerferne der Verwaltungen, die Starrheit der Dienstwege, die unübersichtlichen und zuweilen unklaren Verantwortlichkeiten in der ausdifferenzierten und spezialisierten Gesamtorganisation. Die Bemühungen, Formulare und Verwaltungssprache verständlicher zu gestalten wie auch Verfahren zu vereinfachen, blieben symbolisch und hatten keine erwähnenswerten politischen und organisatorischen Konsequenzen. Parallel zur "Entbürokratisierung" wurde v.a. aus Kreisen der Wirtschaft, der liberalen und konservativen Parteien "Entstaatlichung" gefordert, d.h. öffentliche Aufgaben sollten re-**privatisiert** und die öffentliche Verwaltung nach privatwirtschaftlichem Vorbild re-organisiert werden (Voigt). Von dieser Seite wurde und wird gefordert, Staat und Kommunen sollten sich zugunsten privatwirtschaftlicher Marktmechanismen auf wenige hoheitliche Kernaufgaben zurückziehen. Konsequent zu Ende gedacht, bedeutet diese Forderung für die Kommunen den Verzicht auf Selbstverwaltungsaufgaben. Sie wären nur noch unterste Vollzugsinstanz der reduzierten staatlichen Kernaufgaben.

In der neuerlichen Modernisierungsdiskussion finden wir sowohl Argumente der Entbürokratisierungs- wie auch der Entstaatlichungsforderungen wieder.

Innovation durch Informations- und Kommunikationstechnik

Bescheidener in ihren kommunalpolitischen Zielen als die Reformen der 70er und 80er Jahre, dafür aber nicht weniger wirksam, waren und sind die iuk-technischen Innovationen in der öffentlichen Verwaltung. Die "Maschinisierung" des Verwaltungshandelns (Brinckmann/Kuhlmann) begann zunächst mit der Stapel-Verarbeitung der sogenannten Massenverfahren (Einwohnerdaten, Lohn- und Gehaltsabrechnungen etc.) und verlangte massive arbeitsorganisatorische und zeitstrukturelle Veränderungen. In einer nächsten Phase lösten Dialog-Programme die Stapel-Verfahren ab. Dezentrale und zeitnahe Datenverarbeitung an den "Terminal"-Arbeitsplätzen ermöglichten es, Arbeitsvorgänge an einem Arbeitsplatz zusammenzuführen, die für die Stapel-Verfahren getrennt werden mußten. Nach und nach kam die **Datenverarbeitung** in immer mehr Bereichen der Verwaltung zur Anwendung. Die iuk-technische Durchdringung des Verwaltungshandelns — auch als Informatisierung der Verwaltung bezeichnet — bekam durch die "Entdeckung" des Personalcomputers und die Verbilligung mikroelektronischer Bauteile einen neuen Impuls. Dieser Schub erhielt seine Kraft und Richtung auch dadurch, daß die Fachämter ihre eigene iuk-technische Qualifikation und Kompetenz aufbauten und viele PC-Anwendungen autonom betrieben. Mittlerweile wachsen die ehedem getrennten Welten der Großrechner, mittleren Datentechnik und PCs zu vernetzten, mehrstufigen Systemen zusammen. Die Büroinformations- und Kommunikationssysteme verkoppeln technisch Telekommunikation, Daten- und Textverarbeitung, sie erweitern die Spielräume in der Arbeitsorganisation und eröffnen neue Kooperationsweisen auch mit "Externen" (vgl. KGSt 1989).

Fraglos hat der Einsatz der IuK-Technik die öffentliche Verwaltung verändert. Ohne die computertechnische Unterstützung wären die Behörden heute nicht in der Lage, bei gleichem oder gar reduziertem Personal- und Zeitaufwand die quantitativ wie qualitativ wachsenden Aufgaben zu erfüllen — man denke nur an die Arbeit in den Sozialämtern. Mit dem Technikeinsatz gerieten Arbeitsorganisation, Anforderungen an die Qualifikation der Beschäftigten wie auch das Produkt der Verwaltung unter Veränderungsdruck. Insbesondere Arbeitsplätze, an denen Frauen arbeiten wie Text- und Datenerfassung, werden wegrationalisiert oder hinsichtlich der Qualifikationsanforderungen umstrukturiert. Kooperationsbeziehungen zu anderen Behörden stehen ebenso zur Disposition, wie sich das Verhältnis zu den BürgerInnen wandeln kann.

Die Frage, wie und in welche Richtung der Technikeinsatz die Verwaltungen und ihre Leistungen verändert hat bzw. verändert, ist nicht einheitlich zu beantworten. Die Antwort hängt wesentlich vom jeweiligen Nutzungskonzept ab. Setzen die Verwaltungen die IuK-Techniken strukturkonservativ ein, d.h., versuchen sie, die organisatorischen Veränderungen so weit wie möglich in Grenzen zu halten, oder werden die iuk-technischen Potentiale genutzt, um auch organisatorische und personelle Änderungen zu realisieren? Im Zentrum der Bemühungen steht die Lösung organisationsinterner Probleme. Gedämpft werden mußten Erwartungen, die Computertechnik würde die Problemlösungsfähigkeit der öffentlichen Verwaltung steigern: "Die Computer sind nicht besser — und nicht schlechter — als die Bürokratie, die sie einsetzt" (Brinckmann/Kuhlmann).

Dort, wo versucht wurde, die Technik als "Katalysator" (Reinermann) für weiterreichende Innovationen zu nutzen, sind positive Veränderungen eingetreten. Verwaltungen können ihre Auskunftsfähigkeit verbessern, die Integration von Aufgaben an einem Arbeitsplatz (Allzuständigkeit) erspart den BürgerInnen zusätzliche Wege und Wartezeiten. Projekte wie das Bürgeramt Unna, die Bürgerberatung Bielefeld oder Bürgerladen Hagen sind Beispiele dafür, wie durch die Verkopplung von organisatorischen und technischen Innovationen sowohl der BürgerInnenservice wie auch die Arbeitsbedingungen verbessert werden konnten.

Verwaltungsaufbau

Trotz verschiedener Reformen und trotz des massiven Einsatzes der IuK-Techniken haben sich die Grundstrukturen der kommunalen Verwaltungsorganisation in der alten Bundesrepublik kaum verändert; und die Kommunen in den neuen Bundesländern sind nach diesem Muster aufgebaut worden. Dieses Muster läßt sich am besten anhand des Modells erläutern, das die Kommunale Gemeinschaftsstelle für Verwaltungsvereinfachung vorschlägt und an dem sich fast alle deutschen Kommunen ausrichten. Das Modell unterscheidet den sogenannten **Aufgabengliederungsplan** und den **Verwaltungsgliederungsplan**.

Der Aufgabengliederungsplan faßt Aufgaben zu Aufgabengruppen zusammen. Die Aufgaben sind entweder normativ bestimmt (Gesetz, Rechtsverordnung, Satzung) oder durch den politischen Willen des Rates. Die Aufgabengruppen wiederum lassen sich zu Aufgabenhauptgruppen konzentrieren. Die KGSt bildet acht Hauptgruppen:
1 Allgemeine Verwaltung
2 Finanzen
3 Recht, Sicherheit und Ordnung
4 Schule und Kultur
5 Soziales, Jugend und Gesundheit
6 Bauwesen
7 Öffentliche Einrichtungen
8 Wirtschaft und Verkehr

Der Verwaltungsgliederungsplan bildet das organisatorische Korsett der Aufgabengliederung (vgl. Schaubild). Dieser Plan gibt Orientierungshilfen, um entscheiden zu können, für welche Aufgaben und Aufgabengruppen Ämter gebildet werden sollten. Die Aufgabenhauptgruppen sind Grundlage für die Dezernatsbildung.

Abbildung: Verwaltungsgliederungsplan der KGSt für Gemeinden

1 Allgemeine Verwaltung	2 Finanzverwaltung	3 Rechts-, Sicherheits- und Ordnungsverwaltung	4 Schul- und Kulturverwaltung	5 Sozial-, Jugend- u. Gesundheitsverwaltung	6 Bauverwaltung	7 Verwaltung für öffentliche Einrichtungen	8 Verwaltung für Wirtschaft und Verkehr
10 Hauptamt	20 Kämmerei	30 Rechtsamt	40 Schulverwaltungsamt	50 Sozialamt	60 Bauverwaltungsamt	70 Stadtreinigungsamt	80 Amt für Wirtschafts- u. Verkehrsförderung
11 Personalamt	21 Kasse		41 Kulturamt	51 Jugendamt	61 Stadtplanungsamt	71 Schlacht- und Viehhof	81 Eigenbetriebe
12 Statistisches Amt	22 Steueramt	32 Ordnungsamt	42 Bibliothek	52 Sportamt	62 Vermessungs- und Katasteramt	72 Marktamt	82 Forstamt
13 Presseamt	23 Liegenschaftsamt	33 Einwohner- u. Meldeamt	43 Volkshochschule	53 Gesundheitsamt	63 Bauordnungsamt		
14 Rechnungsprüfungsamt	24 Amt für Verteidigungslasten	34 Standesamt	44 Musikschule	54 Krankenhäuser	64 Wohnungsförderungsamt		
		35 Versicherungsamt	45 Museum	55 Ausgleichsamt	65 Hochbauamt		
			46 Theater		66 Tiefbauamt		
		37 Feuerwehr	47 Archiv		67 Grünflächenamt		
		38 Zivilschutzamt					

Die kommunale Verwaltung ist nach diesem Plan dreistufig aufgebaut. Der **Verwaltungsleitung** in Person des/der Hauptverwaltungsbeamten/in sind die **Dezernate** (bzw.Referate) nachgeordnet, denen die **Ämter** unterstellt sind. Welche Ämter welchem Dezernat zugeordnet werden, richtet sich nicht nur nach den Aufgabenhauptgruppen, sondern ist sowohl von Machtverteilungskämpfen der Vertretungsorgane wie auch von den Qualifikationen und Interessen der DezernentInnen abhängig. Die Ämter sind intern weiter hierarchisch gestaffelt. Ausgehend von der Stelle als kleinster Organisationseinheit sind aufsteigend Sachbearbeitungsgruppen, Sachgebiete, Abteilungen und Amtsleitung zu unterscheiden.

Die kommunale Verwaltung ist als bürokratische Organisation nicht "ad personam" ausgerichtet, sondern die Aufgabenzuweisung und -erfüllung erfolgen nach personenunabhängigen Prinzipien. Grundlegendes Gliederungsmodell ist die **Linienorganisation**, die durch vertikale Dienstwege sowie hierarchische Steuerung und Kontrolle gekennzeichnet sind. Die Arbeitsteilung erlaubt Spezialisierung und soll Kompetenzen sichern. Die Bindung der jeweiligen Organisationseinheiten an dezidiert vorgegebene Regeln entlastet die Leitung von direkten Steuerungseingriffen und erhöht die Berechenbarkeit der Verwaltung. Die fachkompetente Aufgabenerledigung wird nach dem bürokratischen Modell durch die Professionalität der Bediensteten garantiert.

Dem hierarchischen Aufbau entspricht die Zusammenfassung der mittelbaren Aufgaben in den sogenannten **Querschnittsämtern**. So liegt die Verantwortung über Organisation, Technik und Personal sowie über Verwendung der finanziellen Ressourcen nicht bei den fachlich verantwortlichen Ämtern, sondern im **Hauptamt**, im **Personalamt** beziehungsweise in der **Kämmerei**.

Die wechselnden Anforderungen und neuen Aufgaben, mit denen die Kommunen beständig konfrontiert sind, haben im Grundsatz zu entsprechend veränderten Aufgaben- und Verwaltungsgliederungen zu führen. Die Neuverteilung von Aufgaben berührt allerdings bestehende Verantwortlichkeiten, kann Status bedrohen und zu Einflußverlust führen. Wenngleich eine bürokratische Verwaltungsstruktur die Sicherheit und Routine bei Erledigung von Aufgaben befördert, so verhindert der Kampf um Besitzstände die notwendige Reorganisation von Ämtern und Aufgaben.

Personalwirtschaft

Die bürokratische Verwaltungsorganisation hat in der Struktur des öffentlichen Dienstes ein Pendant, das zur Immobilität und Inflexibilität beiträgt. Zur kommunalen Personalwirtschaft muß vorab vermerkt werden, daß die Kommunen im Rahmen ihres **Selbstverwaltungsrechtes** nach Art. 28 Abs. 2 GG auch die **Personalhoheit** besitzen. D.h., sie können Bedienstete auswählen, anstellen, befördern und entlassen. De facto aber sind der kommunalen Personalwirtschaft durch Gesetze, Verordnungen und Richtlinien des Bundes und der Länder sehr enge Grenzen gesetzt. Beamten- und Besoldungrecht sowie die ebenso ausdifferenzierten Regelungen des Bundesangestelltentarifvertrages und des Bundesmanteltarifvertrages für ArbeiterInnen der Gemeinden lassen der kommunalen Personalwirtschaft nur wenig Spielräume, um Personalentwicklung zu betreiben.

Für das kommunale Personal gelten grundsätzlich die gleichen Prinzipien wie für den gesamten öffentlichen Dienst. Ein wesentliches Merkmal des öffentlichen Dienstes ist nach wie vor das **Berufsbeamtentum**. Dazu zählen die Unkündbarkeit und dauerhafte Alimentation der Lebenszeitbeamten als Gegenleistung für ein besonderes Treueverhältnis und für den Verzicht auf das Streikrecht. Zudem wird die Besoldung nicht vertraglich, sondern gesetzlich geregelt. Theoretisch besitzen nur Beamte hoheitliche Befugnisse. In der Praxis aber sind Unterschiede in der Zuordnung der Aufgaben und Befugnisse zu Beamten oder Angestellten bzw. ArbeiterInnen nicht auszumachen. Obwohl diese Differenzierung nach Statusgruppen von der Entwicklung überholt ist, scheiterten zahlreiche gewerkschaftliche Anläufe zur Schaffung eines einheitlichen, demokratischen Dienstrechts. Das Berufsbeamtentum, das durch feudale Verhältnisse zwischen Dienstherrn und Staatsdiener sowie durch Privilegierung einer Beschäftigtengruppe gekennzeichnet ist, wird aber offensichtlich von gewichtigen Kräften erfolgreich verteidigt.

Das **Laufbahnprinzip** begründet eine weitere Differenzierung der Personalstruktur. Beamtenrechtlich unterschieden werden der einfache, mittlere, gehobene und höhere Dienst. BewerberInnen werden nicht für einen Dienstposten eingestellt — wie z.B. Angestellte, sondern sie treten in eine Laufbahn ein, d.h., sie können entsprechende laufbahninterne Beförderungen erwarten. Neben der vertikalen Laufbahndifferenzierung besteht die horizontale Differenzierung nach Berufsgruppen (allgemeine Verwaltungslaufbahn, technische und nicht-technische Laufbahnen).

Der Aufstieg in den Laufbahnen hängt von Eignung und insbesondere vom Dienstalter ab. Die Tatsache, daß die Spitzenpositionen der jeweiligen Laufbahngruppen mit den dienstältesten Personen besetzt sind, zeigt die Bedeutung, die das Dienstalter im Vergleich zur fachlichen Qualifikation und persönlichen Eignung besitzt. Dem strukturell gleichen Prinzip unterliegt der sogenannte Bewährungsaufstieg für Angestellte. Wenn die Stellen qua Beschreibung den Aufstieg zulassen, wird der Bedienstete nach entsprechender Beschäftigungsdauer fast automatisch höhergestuft. Für Beamtenbesoldung, Gehälter und Löhne gilt gleichermaßen, daß sie sich an Einstiegsqualifikationen und formalen Stellenbeschreibungen bemessen. Status- und Laufbahndifferenzen im öffentlichen Dienst sind wesentliche organisationsinterne Mobilitätsbarrieren. Verwaltungsinterne Umsetzungen, persönliche Neuorientierungen und Chancen einer Personalentwicklungspolitik werden zudem durch die Standardisierungseffekte und Regelungsdichte der

Angestellten- und Arbeitertarife stark eingeschränkt.

Über Personalbedarf und -einsatz wird zentral bei der Aufstellung der **Stellenpläne** verhandelt und entschieden, die Teil des **Verwaltungshaushaltes** sind. Prinzipiell sollten die Pläne auf den Bedarfsanmeldungen aus den **Fachämtern** sowie auf den Personalbedarfsberechnungen und der Personalbemessung der Haupt- bzw. Personalämter basieren. Trotz methodischer Bedenken im Detail ist diesen Berechnungen und Prozeduren zugute zu halten, daß sie zumindestens versuchen, Aufgaben und Personal ins Verhältnis zu setzen. Angesichts der seit Jahren anhaltenden und sich weiter verschärfenden Finanzkrise der Kommunen haben diese Berechnungen an Bedeutung verloren. Pauschale Stellenkürzungen, Wiederbesetzungssperren, Streichung von Vertretungen u.ä. orientieren sich nicht an Arbeitsanfall und Aufgabe, sondern am Ziel kurzfristiger Einsparungen.

Kritik am bürokratischen System

Die sogenannte **Aufgabenkritik** ist ein Weg, der von den Verwaltungen zur Bewältigung der strukturellen wie konjunkturellen **Finanzkrise** beschritten wird. Der komplette oder teilweise Rückzug aus Aufgabenbereichen und damit auch aus Teilen der gemeindlichen "Daseinsvorsorge" (E. Forsthoff) liegt auf der Linie der "Entstaatlichung". Dieser Weg ist aber, wie ein Blick auf die Aufgabenstruktur der Kommunen zeigt, nur begrenzt möglich (vgl. Kapitel "Kommunale Selbstverwaltung"): ein Rückzug aus dem Bereich der **Fremdverwaltungsaufgaben**, die etwa 80 % aller Aufgaben ausmachen, ist im Grundsatz von den Kommunen gar nicht entscheidbar. Darüber hinaus sind der Entscheidungsfreiheit v.a. im Bereich der **Selbstverwaltungsaufgaben** politische Grenzen gesetzt. Sowohl im kulturellen, gesundheitlichen wie auch sozialen Bereich haben sich Leistungsstandards und entsprechende Erwartungen auf Seiten der BürgerInnen herausgebildet, die nicht ohne politische (Wahl-) Strafe abgebaut werden können. Zudem lassen sich nicht alle Leistungen über die Mechanismen Markt oder Gemeinschaft kompensieren. So ist zum Beispiel der Rückzug aus dem kommunalen Wohnungsbau nicht durch Angebote billigen Wohnraums am freien Markt ausgeglichen worden. Angesichts dieser gesetzlichen und realpolitischen Einschränkungen verwundert es nicht, daß der Blick verstärkt ins Innere der Verwaltungsorganisation gerichtet wird und der Ausweg in der Modernisierung ihrer Arbeitsweise gesucht wird.

Festzustellen ist eine Diskrepanz zwischen Output-Verbesserungen und eigener Arbeitsweise. "Die heutige Kommunalverwaltung erzeugt überwiegend keinen behördentypischen "Output", sondern Dienstleistungen. (...) Selbst in der Rechts-, Sicherheits- und Ordnungsverwaltung, die noch am ehesten 'typische Behördenleistungen' produziert, tritt das Dienstleistungselement stärker hervor" (Banner/6). Beispiele für eine solche Veränderung des Outputs sind die räumliche Dezentralisierung von Dienstleistungen in Bezirksstellen, Bürgerämtern und Bürgerläden, die Zusammenführung von ehedem in unterschiedlichen Ämtern wahrgenommenen Aufgaben in diesen neuen Organisationseinheiten sowie erweiterte Öffnungszeiten und die Einführung von Dienstleistungsabenden. Geblieben ist allerdings die bürokratische Organisationsstruktur, das bürokratische System.

Die Liste der gegen die bürokratische Verwaltungsorganisation vorgetragenen Argumente wird immer länger: geringe Flexibilität, Formalismus, mangelhafte Produktivität, Demotivation und Unzufriedenheit unter den Beschäftigten im öffentlichen Dienst und Forderungen nach stärkerer BürgerInnenbeteiligung sowie die sich verschärfende Finanznot der kommunalen Haushalte. Alte wie neue Kritiken multiplizieren sich zu einem Handlungsdruck, dem sich kaum ein Entscheidungsträger entziehen kann. Die bürokratische Rationalität, Befehl und Gehorsam sowie die enge Regelbindung haben sich überlebt.

Einen Hauptangriffspunkt bildet die **zentrale Ressourcenverantwortung** und hiermit eng verbunden das **kameralistische Haushaltswesen** (vgl. Kapitel "Haushalt"). Dieses System ist zu langsam und zu träge, um auf Veränderungen schnell und adäquat zu reagieren. Es fehlen die entsprechenden Binnenstrukturen kurzer Entscheidungswege und dezentraler Ressourcenanpassung. Nicht geeignet ist dieses System zur Berechnung der Kosten, die die Erstellung einer Dienstleistung intern verursacht. Welchen Preis muß man für ein »Produkt« wie z.B. einen Reisepaß kalkulieren? Ein weiteres Problem: die Ressourcenverantwortung liegt nicht bei den sachlich kompetenten Fachämtern. **Fach- und Ressourcenverantwortung** liegen in den Händen unterschiedlicher Akteure. Beabsichtigte Mittelumschichtungen müssen die komplizierten verwaltungsinternen und parlamentarischen Abstimmungsprozeduren durchlaufen. Dieser Weg wird somit nur sehr zögerlich beschritten, denn für das Fachamt ist das Ergebnis unsicher. Für nicht erfüllte Aufgaben sind auch gleich die Schuldigen gefunden: für die Fachämter sind es die Querschnittsämter sowie die Politiker und umgekehrt. Gerhard Banner hat dieses System als "bürokratischen Zentralismus" bezeichnet, ein System der "organisierten Unverantwortlichkeit" (vgl. Banner/7).

Auch von seiten der Beschäftigten erhöht sich der Veränderungsdruck. Immer qualifiziertere Beschäftigte suchen nach Möglichkeiten, ihre Fähigkeiten einzubringen, sie wollen mitgestalten und mitentscheiden. Die Bedingungen dafür finden sie allerdings im öffentlichen Dienst kaum. Fehlender Leistungsbezug der Bezahlung und hierarchische Entscheidungsstrukturen wirken demotivierend. Die Konsequenz: 2/3 des Personals befinden sich in der "inneren Kündigung" und gehen mit einer "instrumentellen Schonhaltung" an ihre Arbeit (vgl. Akademie des Deutschen Beamtenbundes/Bertelsmann-Stiftung). Qualifiziertes Personal zu werben, teilweise auch zu halten, ist in den vergangenen Jahren zunehmend schwieriger geworden. Veränderungen drängen, um eine personelle Auszehrung der öffentlichen Verwaltung zu verhindern.

Leitlinien der Modernisierung

Die im internationalen Vergleich diskutierten Modelle und Projekte firmieren unter dem Begriff des New Public Management (NPM). Erfahrungen und Projektergebnisse liegen u.a. aus Skandinavien, Großbritannien, den USA und Neuseeland vor. Für die öffentliche Verwaltung in Deutschland hingegen wird ein Modernisierungsrückstand diagnostiziert. Bis auf wenige Versuche, an den tradierten Strukturen zu rütteln (z.B. Offenbach, Nürnberg, Herten), werden die internationalen Projekte zunächst nur diskutiert. Besondere Aufmerksamkeit wird dem Modell der niederländischen Stadt Tilburg geschenkt.

Im **Tilburger Modell** ist die Kommunalverwaltung gleich einer Holding strukturiert, die vom Rat und der gewählten Verwaltungsspitze geleitet werden. Die Dezernate sind fachlich ausgerichtete Unternehmensbereiche, die teilautonom agieren können. Der politische Wille soll über Zielvereinbarungen, d.h. über Kontrakte zwischen politischer Verwaltungsleitung und Konzernbereichen Eingang in den Aufgabenvollzug finden. So wird die Verwaltung nicht mehr durch Ressourcenzuweisung, sondern über ein output-orientiertes Controlling gesteuert. Die Kameralistik ist durch die **kaufmännische Buchführung** ersetzt. Das Modell ist von dem Ziel getragen, den BürgerInnen ein "Produkt" als Gegenwert für ihre Steuern und Abgaben zu liefern ("value for money"). Und unter einem "Produkt" wird verstanden, "was ein Produktionszentrum an eine Organisationseinheit außerhalb des Produktionszentrums liefert, womit ein Bedarf eines anderen gedeckt wird, unabhängig davon, ob der Bedarf freiwillig oder aufgrund einer gesetzlichen Vorgabe oder einer anderen Regelung entstanden ist, und wofür der Abnehmer grundsätzlich einen Preis bezahlen müßte, ungeachtet dessen, ob dies in Wirklichkeit auch geschieht" (zit. n. Blume).

Gemeinsame Elemente der Konzepte des New Public Management sind ein professionelles Management, die Entwicklung und Einführung von Leistungsmessung und -bewertung, Marktmechanismen, Dezentralisierung und (Teil)Autonomie der Verwaltungseinheiten. Als weitere Ziele werden auch die verstärkte Partizipation von MitarbeiterInnen wie BürgerInnen benannt.

Die Initiative der Gewerkschaft ÖTV "**Zukunft durch öffentliche Dienste**" (ZÖD) ist nicht unter den Begriff des NPM zu fassen. Die in diesem Rahmen entworfenen Konzepte und durchgeführten Projekte setzen ihren Schwerpunkt auf die Verbesserung der Qualität öffentlicher Dienstleistungen, die vorrangig durch Qualifikation, Motivation und Partizipation der Beschäftigten erreicht werden soll (vgl. Beyer/Brinckmann). Anders als der NPM-Konzepte reflektieren sie die Tatsache, daß es sich bei kommunalen Dienstleistungen um öffentliche Aufgaben handelt, deren Erledigung nicht pauschal mit privaten Dienstleistungen — zum Beispiel eines Reisebüros oder einer Versicherungsagentur — gleichgesetzt werden kann. Dafür bleiben die Entwürfe der ZÖD-Initiative Antworten schuldig auf die Frage, wie ein alternatives Organisations- und Steuerungsmodell der Kommunalverwaltung aussehen könnte, das das bürokratische System ablöst und trotzdem den Spezifika öffentlicher Aufgaben gerecht wird. Anders ausgedrückt: Die ZÖD-Konzepte gehen von der verkürzten Prämisse aus, mit der Verbesserung der Arbeitsbedingungen und der Qualifikation der Beschäftigten würde sich Dienstleistungsqualität und Effektivität der Aufgabenerledigung quasi automatisch erhöhen.

Dezentrale Ressourcenverantwortung

Das argumentative Gewicht der **KGSt** und die entsprechend starke Resonanz ihres Vorschlages in den Kommunalverwaltungen erlauben mir, mich im folgenden auf den KGSt-Vorschlag der "Dezentralen Ressourcenverantwortung" zu beschränken (vgl. KGSt 1991). In diesem Konzept finden sich auch Elemente anderer Vorstöße des NPM. Die "Dezentrale Ressourcenverantwortung" stellt zunächst die Integration von Fach- und Ressourcenverantwortung bei den Fachämtern in den Vordergrund. Ihnen ist im Rahmen von vorgegebenen Leistungs- und Finanzzielen "zu überlassen, womit (ressourcenbezogene Komponente) und wie (organisatorische Komponente) sie den Prozeß der Aufgabenerfüllung gestalten wollen" (KGSt 1991/9).

Die Leistungs- und Finanzziele werden von der politischen und administrativen Führung definiert und kontrolliert. Die Leistungsziele werden als "Produkte", d.h. als Output der Verwaltung begriffen. Die Betreuung von Kindern im Vorschulalter wird dieser Semantik ebenso unterworfen wie das Ausstellen eines Reisepasses. Die Leistungsziele werden durch Produktdefinitionen und durch Unterzielbildung präziser gefaßt. Um ihre Quantität und Qualität messen zu können und somit dem Controlling zugänglich zu machen, sind sie in Form von Kennzahlen und Indikatoren zu operationalisieren. Eng an die Leistungsziele sind die Finanzziele gekoppelt. Die "Produktionskosten" werden kalkuliert, und den Leistungszielen wird ein entsprechender Finanzrahmen zugeordnet. Die Definition der Leistungs- und Finanzziele ist Gegenstand von Verhandlungen zwischen den Fachämtern und der politisch-administrativen Führung, die allerdings letztlich bindend entscheidet. Danach liegt das "womit" und "wie" in der Entscheidungsfreiheit der Fachämter.

Das Pendant zur Dezentralisierung ist ein ausgefeiltes **Controlling**-System. Das System soll es ermöglichen, Zielabweichungen festzustellen, um frühzeitig gegensteuern zu können. Die KGSt unterscheidet zwischen dem strategischen und dem operativen Controlling. Das strategische Controlling fragt: Tun wir das Richtige? In diesen Komplex fallen die Aufgaben: Gesamtsteuerung der Verwaltung, Gesamtentwicklung der Kommune und politischer Erfolg. Das strategische Controlling ist langfristig orientiert. Das operative Controlling hingegen ist kurzfristig orientiert und fragt: Tun wir das Richtige richtig? In diesen Komplex fallen: Binnensteuerung einzelner Ämter, Kosten/Leistungen einzelner Bereiche und Effizienz. Controlling ist im Gegensatz zur Kontrolle und Innenrevision prozeßbegleitend und vornehmlich in die Zukunft gerichtet. Die zeitnahe Überwachung der Prozesse setzt ein ausdifferenziertes Indikatoren- und Kennzahlensystem voraus. Die Daten, die als Führungsinformationen eingehen, müssen den tatsächlichen Sachverhalt abbilden. Ein wesentlicher Vorteil der ergebnisorientierten Steuerung liegt darin, daß die Kosten, die der politische Wille verursacht, transparent werden können, sowohl für die EntscheidungsträgerInnen als auch für die BürgerInnen.

Wenngleich die Ressourcenverantwortung dezentralisiert sein soll, so bedarf es nach wie vor zentraler Leistungen. Zum einen ist die Koordination der Gesamtorganisation sicherzustellen. Die "ehemaligen" Querschnittsämter entwickeln gemeinsam mit den Fachämtern die Leistungs- und Finanzziele, die Gegenstand der Verhandlung mit der politisch-administrativen Führung sind. Die gesamte Personal- und Organisationsentwicklung liegt koordinierend bei den Querschnittsämtern. Zudem unterstützen sie das Controlling der Verwaltungsspitze mit fachlichem und technischem Wissen. Und auch die (teil-) autonomen Fachbereichen müssen gerade in der Startphase bei Aufbau und Entwicklung der eigenen technischen, organisatorischen und personalwirtschaftlichen Kompetenz beraten werden.

Dieses und gleichgerichtete Konzepte des NPM müssen sich mindestens drei Kritiken gefallen lassen. Erstens: sie haben eine betriebswirtschaftliche Schlagseite. Zweitens weisen die Vorschläge eine arbeitspolitische Lücke auf. Und drittens bleibt offen, wie die demokratische Teilhabe an Kommunalpolitik und das sozialstaatliche Gleichheitsgebot abgesichert werden können.

Kritik an den Modernisierungskonzepten

BETRIEBSWIRTSCHAFTLICHE SCHLAGSEITE: Das Konzept der dezentralen Ressourcenverantwortung ist vornehmlich ein Managementkonzept. Es zielt auf die Stärkung der Steuerungsfähigkeit der Verwaltungsspitze. Produktivität, Effizienz und Effektivität der Kommunalverwaltung erreicht man nach diesem Modell durch Adaption der Mechanismen von Markt und Wettbewerb und dadurch, daß Raum zur Entfaltung individuell-rationaler Handlungsstrategien gegeben wird. Anders als die Reformen der 70er Jahre gehen die neuen Konzepte nicht von Leitvorstellungen zukünftiger kommunalpolitischer Aufgaben und Leistungen aus. Sie stellen ab auf die Effizienz und die Bewältigung der intraorganisatorischen Koordination des "Konzerns Stadt".

Es besteht die Gefahr, daß die Logik der Privatwirtschaft pauschal auf den öffentlichen Sektor übertragen wird. Kommunale Aufgaben lassen sich aber nicht problemlos wie marktförmige Produkte handeln. Die Produkt-Metapher, so plastisch sie ist, darf die Differenz zwischen privaten und öffentlichen Gütern nicht ignorieren. Auf dem Markt kann ich mich entscheiden, ob und wo ich mir eine Ware kaufe. Beim Personalausweis besteht "Konsumzwang" und die zuständige Kommune besitzt das "Monopol". Zudem sollten die Räte die Chance haben, die kommunalpolitischen Aufgaben und Leistungen zu gestalten. Beim Konzept der "Dezentralen Ressourcenverantwortung" drohen die politischen Inhalte in den Hintergrund zu treten durch eine Orientierung an quantitativen Indikatoren; verhindert werden muß aber eine "Herrschaft der Kennzahlen" (KGSt 1992/146). Die Dezentralisierung erschwert es mindestens, zentrale Vorgaben wie die Gleichstellung von Frauen oder die umweltfreundliche Beschaffung in der ganzen Verwaltung durchzusetzen, weil diese Ziele nicht selbstverständliches Entscheidungskriterium sind.

Bürokratische Organisationsstrukturen besitzen — bei aller berechtigter Kritik — funktionale Stärken: u.a. der kontrollierbare Vollzug politischer und rechtlicher Vorgaben, die Gewährleistung der **Gleichbehandlung** und die **Berechenbarkeit** des Verwaltungshandelns. Gleichbehandlung und Verfahrenssicherheit werden aber in den Konzepten zu negativ bewerteten Kostenfaktoren. Die Gefahr, die Stärken des bürokratischen Mechanismus zugunsten einer Dominanz des Effizienzkriteriums aufzugeben, ist groß. Schließlich besteht die Attraktivität der Vorschläge nicht zuletzt in der Hoffnung, die Haushalte zu konsolidieren. Und ein Blick in die einschlägigen praxisnahen Zeitschriften bestätigt diese Befürchtung; die Konzepte werden von den Verwaltungschefs als Mittel zum Sparzweck mißverstanden. Dem ist ein erweitertes Wirtschaftlichkeitskonzept entgegenzusetzen, das regionale, volkswirtschaftliche und soziale Parameter berücksichtigt.

Reformen zur Verbesserung kommunalpolitischer Handlungs- und Gestaltungsfähigkeit bedürfen zu Beginn zusätzlicher Ausgaben für die Organisations- und Personalentwicklung (s.u.). Produktivitätsvorteile stellen sich nicht bereits im ersten Haushaltsjahr, sondern erst mittelfristig ein. Kurzfristig und als Sparinstrument betrieben, werden "Kostenrechnung" und "Output"-Orientierung nur zu Leistungsverteuerungen bzw. Leistungseinschränkungen führen. Leistungsverteuerungen, seien es Preiserhöhungen für Theater oder Schwimmbad, Gebühren- oder Abgabenanhebung, sind unsozial. Sie treffen die BürgerInnen je nach Einkommen unterschiedlich. Leistungseinschränkungen kommen de facto einem schleichenden Rückzug aus der gemeindlichen Daseinsvorsorge gleich. Die "Entstaatlichung" dürfte sich dann, teilweise gepaart mit der Kompensation durch private AnbieterInnen, »unter der Hand« vollziehen.

ARBEITSPOLITISCHE LÜCKE: Die Konzepte betonen zwar die Bedeutung der Beschäftigten im Modernisierungsprozeß, lassen aber offen, wie die Qualifikationspotentiale und Motivation der Beschäftigten genutzt und weiter ausgebaut werden sollten. Diese Lücke ist umso erstaunlicher, weil die Organisationsmodelle auf dezentrale Verantwortung und Selbstorganisation setzen, mehr horizontale und weniger vertikale Kommunikation fordern und Koordination nicht über Hierarchie, sondern durch Teamarbeit leisten wollen. Notwendig ist eine Reform der Sachbearbeitung. Damit werden die Beschäftigten zu den zentralen Trägern der Modernisierung, und entsprechend sind Partizipation und Personalentwicklung gefordert.

Angepaßt werden müssen die betriebliche Weiterbildung und die Bezahlungssysteme. In der Aus- und Weiterbildung ist den fachlichen und analytischen Fähigkeiten, den informationstechnischen Kenntnissen und den kommunikativen Kompetenzen der MitarbeiterInnen im Vergleich zu den Rechtskenntnissen wesentlich mehr Gewicht zu geben. Die Dienstleistungsorientierung darf nicht im Schatten der Verfahrenssicherheit stehen. Interne Mobilität ist durch Job-Rotation zu steigern und die externe Mobilität kann verbessert werden, wenn Quereinstiege erleichtert werden.

Die Beschäftigten sind die Experten ihrer Arbeit, ihr Erfahrungswissen und die Problemlösungskompetenz ist für die Modernisierung der Organisation notwendig. Die Innovationen können nur mit und nicht gegen die Beschäftigten erfolgreich sein. Ansatzpunkte einer Modernisierung der öffentlichen Verwaltung mit den Beschäftigten finden sich in den Konzepten und Projekten der Initiative "Zukunft durch öffentliche Dienste". Die Berichte aus Tilburg machen bereits auf die eigenen arbeitspolitischen Lücken aufmerksam und fordern entsprechende Korrekturen (vgl. KGSt 1992/117).

Die Erfahrungen beim Einsatz der IuK-Techniken zeigen, daß die gewünschten Effekte nur dann eintreten, wenn Technik, Organisation und Personal nicht isoliert, sondern als Teile eines Projektes entwickelt werden. Für die Modernisierung der Verwaltung heißt dies, daß weder das Haushaltswesen oder die Aufgabendezentralisierung noch die Einführung von neuen IuK-Techniken oder die Personalentwicklung isoliert betrieben werden können.

REFORM DER DEMOKRATISCHEN TEILHABE: Die KGSt sieht in der internationalen Konjunktur des New Public Management und ihrer Rezeption in der deutschen Verwaltungswissenschaft und -praxis einen Paradigmenwechsel. "Das Spannungsfeld zwischen dem Demokratie- und dem Effizienzpostulat verschob sich zugunsten der Effizienz. In Zeiten knapper Kassen wurden überall »Effizienz« und »value for money« die mabgeblichen Werte" (KGSt 1992/11). Gleich den internationalen Vorbildern und Verwandten bleibt auch das Modell der "Dezentralen Ressourcenverantwortung" eine Antwort schuldig auf die Frage, wie die Entscheidungs- und Steuerungsmöglichkeiten demokratisch legitimierter MandatsträgerInnen verbessert werden könnten. Die Konzepte gehen anscheinend von der weder empirisch noch theoretisch stichhaltig begründeten Prämisse aus, weniger Intervention sei qualitativ mehr. Dem Konzept folgend beschränkt sich die Aufgabe der MandatsträgerInnen auf die Definition strategischer Ziele. Die operationalen Ziele und das Tagesgeschäft liegen in der Verantwortung des Verwaltungsmanagements.

Demokratische Elemente der Kommunalverfassung werden in den Vorhof der Verwaltungsorganisation verbannt. Es scheint so, als störe Demokratie und stände im Widerspruch zu Produktivität und Effizienz. Demokratische Enscheidungsfindung kostet Zeit und ist damit in der Logik ökonomischer Rationalität ineffizient. Die Managementkonzepte suggerieren, "Falsch" und "Richtig" im kommunalen Handeln ließe sich fachlich und sachlich entscheiden. In demokratisch verfaßten Systemen aber tritt neben die fachliche Beurteilung immer auch die demokratische Entscheidung, das Ergebnis politischer Partizipation der BürgerInnen. Kommunalpolitische Handlungsfelder sind durch widerstreitende Interessen gekennzeichnet. Und politische Lösungen beruhen vor allem auf den Prinzipien von Konflikt und Konsens. Erforderlich ist also mehr BürgerInnenbeteiligung; je mehr Positionen und Interessen im demokratischen Streit eingebunden sind, umso "richtiger" und stabiler ist eine Entscheidung.

Aus dem in den Konzepten geforderten Abbau des überkommenen Prinzips von Befehl und Gehorsam im Innenverhältnis folgt jedoch keine **Enthierarchisierung** im Verhältnis zu den BürgerInnen. Die Vorschläge beschränken sich auf das Erscheinungsbild. Die Verbesserung von Dienstleistungsqualität und Kundenorientierung sind aber nur ein Schritt, um sich vom obrigkeitsstaatlichen Handeln zu verabschieden.

Die BürgerInnen sind nicht nur KundInnen, sondern besitzen ein Recht auf demokratische Teilhabe. Zu erweitern sind Formen der Betroffenenbeteiligung, die Förderung und Vernetzung von BürgerInnenaktionen und Selbsthilfegruppen. Zur Diskussion zu stellen ist auch, wie Verwaltungshandeln für die BürgerInnen transparenter und damit verständlicher und kontrollierbarer wird. Nach Auffassung des Bundesverfassungsgerichtes bilden die BürgerInnen als Gemeinde die Keimzelle der Demokratie. "Kommunalverfassungsrecht und -wirklichkeit sind von der Tendenz bestimmt, unter Zurückdrängung des bürokratisch-autoritativen Elements dem Gedanken des Selbstbestimmungsrechts der Gemeindebürger wieder erhöhte Geltung zu verschaffen" (Kommentar des Bundesverfassungsgerichts zum sogenannten Rastede-Urteil im November 1988). Das BVG beschreibt hier — wissend oder unwissend — nicht die kommunale Realität. Es setzt aber einen normativen Maßstab, der gleichberechtigt neben Produktivität, Effizienz und Effektivität an Modernisierungskonzepte anzulegen ist.

Literatur

Akademie des Deutschen Beamtenbundes/Bertelsmann-Stiftung: Führung und Arbeitsmotivation in Kommunalverwaltungen. Ergebnisse einer empirischen Untersuchung, 1989

Banner, G.: Von der Behörde zum Dienstleistungsunternehmen, in: VOP 1, S. 6 - 11. Umreißt kurz und prägnant die strukturellen Probleme und Entwicklungsblockaden des bürokratischen Systems in der öffentlichen Verwaltung.

Beyer, L./ Brinckmann, H.: Kommunalverwaltung im Umbruch. Verwaltungsreform im Interesse von Bürgern und Beschäftigten, Köln 1990. Thema des Buches sind unterschiedliche Reformansätze, die den Schwerpunkt auf die Verbesserung der Dienstleistungsqualität und die Beschäftigteninteressen legen.

Blume, M.: Zur Diskussion um ein neues Steuerungsmodell für die Kommunalverwaltungen - Argumente und Einwände, in: Der Gemeindehaushalt 1/1993, S. 1 - 9. Die Notwendigkeit der Modernisierung kommunaler Verwaltungen wird herausgestrichen. Deutlich gemacht werden auch die Defizite des vornehmlich auf betriebswirtschaftliche Effizinz gerichteten neuen Steuerungsmodells.

Brinckmann, H./ Kuhlmann, S. Computerbürokratie - Ergebnisse von 30 Jahren öffentlicher Verwaltung mit Informationstechnik, Opladen 1990. Auf Basis von zahlreichen Forschungsprojekten fragen die Autoren nach den Reformen und Innovationen, die mit und durch Computertechnik in den öffentlichen Verwaltungen erreicht wurden.

Köstering, H.: Das Verhältnis zwischen Gemeinde- und Kreisaufgaben einschließlich der Funktionalreform, in: Püttner, G. (Hg.): Handbuch der kommunalen Wissenschaft und Praxis, Bd. 3: Kommunale Aufgaben und Instrumente der Aufgabenerfüllung, Berlin 1983

KGSt 1989: Informationstechnische Infrastruktur in Kommunalverwaltungen, Köln. Erläutert wird das Dreiebenen-Modell der Rechnervernetzung, in dem PCs, Abteilungsrechner und zentrale Großrechner zu einem kompatiblen Gesamtsystem zusammenwachsen sollen.

KGSt 1991: Dezentrale Ressourcenverantwortung. Überlegungen zu einem neuen Steuerungsmodell, KGSt-Bericht 12/91

KGSt 1992: Neue Wege der leistungsorientierten Verwaltung. Kontraktmanagement in den Niederlanden. Fallstudie Tilburg, Köln

Naschold, F.: Modernisierung des Staates. Zur Ordnungs- und Innovationspolitik des öffentlichen Sektors, Berlin 1993. Eine komprimierte, ländervergleichende Studie.

Voigt, R.: Verrechtlichung in Staat und Gesellschaft, in: ders. (Hg.): Verrechtlichung, Königstein/T. 1980. Der Beitrag diskutiert die kontraproduktiven Effekte der zunehmenden Steuerung durch Recht.

Wittkämper, G.: Aspekte der funktionalen Verwaltungsreform, in: Böhret, C. (Hg.): Verwaltungsreform und Politische Wissenschaft. Zur Zusammenarbeit von Praxis und Wissenschaft bei der Durchsetzung und Evaluation von Neuerungen, Baden-Baden 1978

AKP-Artikel zum Thema

Computer im Amt. Miteinander reden statt rechnen, Schwerpunktthema 1/1990, S. 27 - 46

Demokratie stört das Geschäft. Umbau der Stadtverwaltung, Schwerpunktthema 5/1990, S. 29 - 44

Schiller-Dickhut, R.: Konzern Stadt Tilburg. Die Übertragung betriebswirtschaftlicher Rezepte auf die öffentliche Verwaltung, 2/1993, S. 53 - 58

Christine Weinbörner

Gleichstellungspolitik

"Männer und Frauen sind gleichberechtigt. Niemand darf wegen s e i n e s Geschlechts benachteiligt werden", hieß es mehr als 40 Jahre lang in beiden deutschen Verfassungen. Und genauso sah die Verfassungswirklichkeit auf beiden Seiten der Mauer aus: Wegen s e i n e s Geschlechts wird m a n auch heute nicht benachteiligt; i h r Geschlecht jedoch führt in der Regel dazu, trotz besserer Bildungs- und Ausbildungsabschlüsse in schlechter bezahlten Jobs zu landen, kaum Aufstiegschancen zu haben, sexueller Gewalt sowohl in der Familie, auf der Straße als auch am Arbeitsplatz ausgesetzt zu sein, bestenfalls eine Doppel- und Dreifachbelastung hinzunehmen, schlimmerenfalls von erhöhtem Risiko der Arbeitslosigkeit oder gar Sozialhilfebezug betroffen zu sein — um im Alter dann der Armut anheimzufallen.

Für die Frauen im realexistierenden Sozialismus wurden im Laufe der Jahre weitere Grundrechte, wie das Recht auf Arbeit, auf öffentliche Kinderbetreuung, auf selbstbestimmte Schwangerschaft festgeschrieben. In den alten Bundesländern klagten die Neue Frauenbewegung und engagierte Frauenpolitikerinnen in Parteien und Gewerkschaften die fehlende Umsetzung des verfassungsgemäßen **Gleichberechtigungsgebotes** ein. Die Einrichtung von Gleichstellungsstellen, die seit den siebziger Jahren von autonomen Frauen, Frauen in der SPD, aktiven Gewerkschafterinnen und insbesondere auch grünen Frauen gefordert wurde, wurde zum wesentlichen Instrument zur Überwindung der Geschlechterhierarchie auf kommunaler Ebene.

FEMINISTISCHE DEBATTE: Inzwischen kann auf eine mehr als zwölfjährige institutionalisierte Frauenpolitik in über 1.200 kommunalen **Frauenbüros** zurückgeblickt werden — was auch eine Zwischenbilanz und realistische Einschätzung ihrer Effektivität in Abhängigkeit von den örtlichen Rahmenbedingungen und der allgemeinen politischen Situation zuläßt. Die Vielfalt der bisher praktizierten Organisationsmodelle kommunaler **Gleichstellungsstellen** läßt erahnen, daß ein einheitliches frauenpolitisches oder gar feministisches Konzept zur Durchsetzung von Fraueninteressen nicht existiert. Dies wird schon deutlich an den unterschiedlichen Begriffen wie "Gleichstellungsstelle für Frau und Mann", "Frauen-Gleichstellungsstelle" oder "Frauenbüro". Während die einen, sich eher mit der autonomen Frauenbewegung identifizieren, parteilich mit und für Frauen arbeiten, haben die Gleichstellungsfrauen eher die Ergebnisgleichheit im Sinne von paritätischer Beteiligung von Frauen in allen Bereichen und auf allen Ebenen des Erwerbslebens zum Ziel. Daß der Zugang zu der immer knapper werdenden Ressource bezahlte Arbeit, aber auch zu Positionen mit Macht und Einfluß nur über Bevorzugungsregelungen wie die **Quotierung** zu erreichen ist, ist inzwischen selbst bei einigen Frauen in der CDU angekommen. Die feministische Diskussion hingegen ist derzeit geprägt von der Frage Gleichheit und/oder Differenz. Umstritten ist der Anspruch auf eine eigene, selbstbestimmte weibliche Ethik und damit verbundene Lebensweise, auf einen anderen, aber gleichwertigen Lebensentwurf, der sich von dem des Mannes grundsätzlich unterscheidet. Vor dem Hintergrund dieser Frage haben Teile der Grünen Frauen die "Vielfalt weiblicher Lebensentwürfe" ausgemacht und die Frau als Mutter, selbstbestimmt und ökologisch im Subsistenzbereich wirtschaftend, ins Zentrum ihrer Politik gestellt (vgl. Pinl).

RAHMENBEDINGUNGEN: Der fehlende frauenpolitische oder gar feministische Grundkonsens hat auch die jüngst stattgefundene Grundgesetz-Debatte um das **Gleichberechtigungsgebot** des Artikel III Abs. 2 ins Leere laufen lassen. Eine generelle Feminisierung der Gesellschaft, wie sie z.B. Wolfgang Ullmann in der Verfassungskommission forderte, ist nicht abzusehen. Der kleinste gemeinsame politische Nenner soll nun lauten: "Der Staat fördert die tatsächliche Durchsetzung der Gleichberechtigung von Frauen und Männern und wirkt auf die Beseitigung bestehender Nachteile hin". Welche Auswirkungen diese "Konkretisierung" des Artikels III auf Bundes- und Landesgesetze haben wird, kann noch nicht abschließend beurteilt werden. Zu befürchten ist, daß die Diskussion um eine verbindliche Quoten sich damit juristisch endgültig erledigt hat. Fest steht jedoch jetzt, daß die Frauen in den fünf neuen Ländern wieder die Verliererinnen sind und auf einstmals festgeschriebene Grundrechte künftig verzichten müssen — nachdem sie schon beim § 218 eine erhebliche Verschlechterung ihrer Rechtslage hinnehmen mußten.

Insgesamt werden sich die Lebensbedingungen der Frauen in der Bundesrepublik angesichts der anhaltenden Wirtschaftskrise in den nächsten Jahren erheblich verschlechtern und auch in der Kommunalpolitik zusätzlichen Handlungsdruck erzeugen. Ein Merkmal kommunaler Frauenpolitik besteht jedoch darin, daß die geschlechtshierarchische Arbeitsteilung und die damit verbundene Frauendiskriminierung ein strukturelles Problem darstellen, dessen "Symptom" vor Ort die Frau als "Opfer", als "Sozialfall" erscheinen läßt und zum Objekt politischen Handelns macht, wobei der grün-alternativen Ratsfrau tatsächliche Einflußmöglichkeiten zur Überwindung der strukturellen Diskriminierung auf kommunaler Ebene kaum gegeben sind.

Im folgenden werden Möglichkeiten der kommunalpolitischen Arbeit für Frauen aufgezeigt und bewertet, wobei eine ausführliche Darstellung des inzwischen allerorts etablierten Instruments der Gleichstellungsstelle/des Frauenbüros erfolgt. Wenn hierbei jeweils die realen Handlungsspielräume grüner Frauenpolitik innerhalb bestehender Strukturen ausgelotet werden, heißt dies nicht, daß diese Strukturen nicht auch äußerst veränderungsbedürftig sind. Dasselbe gilt für bestehende Instrumente. Hierdurch soll keinesfalls das fehlende feministische Gesamtkonzept ersetzt werden, sondern das aufgezeigt werden, was jetzt sofort möglich ist, um den im patriarchalen Sumpf festgefahrenen Frauenkarren wieder etwas flott zu bekommen. So sollen Hinweise auf bestehende, unzureichende landes- und bundesgesetzliche Rahmenbedingungen und die Grenzen der Handlungsmöglichkeiten vor Ort nicht entmutigen. Sie sollen helfen, die vorhandenen politischen Kräfte nicht an der falschen Stelle und auf der nicht zutreffenden Ebene zu verzetteln.

Unterstützung von und Zusammenarbeit mit Fraueninitiativen

Die Unterstützung von und Zusammenarbeit mit Fraueninitiativen, Frauengruppen und engagierten Frauen in Gewerkschaften und anderen gesellschaftlich relevanten Gruppen ist eine wesentliche Aufgabe der Gleichstellungspolitik. Der **autonomen Frauenbewegung** ist zu verdanken, daß das Private zum Politischen erklärt wurde und so z.B. die Gewalt in der Familie öffentlich gemacht wurde. Notrufgruppen, Frauenhäuser und Frauenberatungsstellen gehören seitdem (leider nicht in ausreichender Zahl) zum "Standard" sozialer Infrastruktur zumindest in den größeren Kommunen. Auch in den neuen Ländern wurde mit dem Aufbau entsprechender Einrichtungen begonnen. In jüngerer Zeit wurde der sexuelle Mißbrauch in der Familie enttabuisiert und adäquate Hilfs- und Therapieangebote entwickelt (Mädchenberatungsstellen, Zufluchtsstätten). Feministische Mädchenarbeit, Selbstverteidigungskurse für Mädchen und Frauen, Weiterbildung von Erzieherinnen und Lehrerinnen sind in diesem Zusammenhang wichtige Präventionsmaßnahmen. (Vgl. Kapitel Gewalt gegen Frauen). Sextourismus, Kinderprostitution und Menschenhandel mit Frauen aus der Dritten Welt sowie Vergewaltigung als Kriegswaffe und andere frauenspezifische Fluchtgründe wurden insbesondere von autonomen Frauengruppen erstmals thematisiert und erfordern das Tätigwerden vor Ort (Frauenflüchtlingshäuser, Ausländerinnenarbeit, frauengerechte Maßnahmen beim Asylverfahren). Zum Verdienst autonomer Frauen gehört weiterhin, die allgemeine Pornographisierung der Gesellschaft, den sexuellen Mißbrauch in der Therapie und die sexuelle Belästigung am Arbeitsplatz in das öffentliche Licht gerückt zu haben.

Die politische wie finanzielle Unterstützung dieser Frauengruppen ist eine der vorrangigen Aufgaben alternativer Frauenpolitik. Die in den dortigen Projekten tätigen Fachfrauen benötigen nach jahrelanger ehrenamtlicher Tätigkeit und ABM-Karrieren endlich eine Festfinanzierung ihrer Arbeit, insbesondere jetzt, wo die Möglichkeiten des Zweiten Arbeitsmarktes wesentlich eingeschränkt werden. Schließlich ist es diesen Frauengruppen zu verdanken, daß immer neue, bis dato nicht wahrgenommene Facetten von Männergewalt in unserer Gesellschaft sichtbar gemacht wurden und werden. Unstrittig ist, daß die aufgezeigten Problemlagen — sobald sie "gesellschaftsfähig" sind — auch von **freien Trägern** der Wohlfahrtspflege oder staatlichen Institutionen aufgegriffen und bearbeitet werden. Dies macht autonome Frauengruppen nicht überflüssig, sondern bestätigt vielmehr deren Notwendigkeit für innovative frauenpolitische Impulse.

Schaffung frauengerechter Strukturen in der Ratsarbeit

Wie etliche Länderparlamente haben auch einige Kommunen, z.B. Wuppertal und Düsseldorf, spezielle **Frauenausschüsse** eingerichtet. Neben einer Besetzung des Ausschusses mit Ratsmitgliedern ist auch eine teilweise Besetzung mit sachkundigen Bürgerinnen (z.B. Vertreterinnen von Frauenprojekten) denkbar und sinnvoll, die von den jeweiligen Parteien benannt werden. Die Geschäftsführung eines Frauenausschusses liegt bei der Gleichstellungsstelle, die hierfür die erforderliche personelle Ausstattung benötigt. Als positive Gründe für die Einrichtung eines solchen Ausschusses wurden nach einer Umfrage der Gleichstellungsstelle Herne eine bessere Kommunikation unter den Ratsfrauen, mehr Akzeptanz von Frauenfragen und -problemen in der Verwaltung und Öffentlichkeit und größere Durchsetzungschancen für Maßnahmen der Gleichstellungsstelle genannt. In der Regel fassen diese **Ausschüsse** nur empfehlende Beschlüsse. Skeptikerinnen bezeichnen sie gar als Nachhilfegruppe für konservative Politikerinnen und männliche Politiker. Andere Befürchtungen beziehen sich auf Verzögerungen der Beschlußfassung anderer Fachausschüsse. Und: Es ist ein weiterer Termin für überlastete Kommunalpolitikerinnen.

Sinn macht ein Frauenausschuß insbesondere dann, wenn haushaltswirksame Beschlüsse gefaßt werden können und die Aktivitäten durch eine rege Pressearbeit begleitet werden. Geregelt werden muß der Zuständigkeits- und Kompetenzbereich von Frauenausschüssen in der Ausschußzuständigkeitsordnung der jeweiligen **Hauptsatzung**. Für grün-alternative Ratsfrauen lohnt sich die Einrichtung und die Arbeit in einem Frauenausschuß dann, wenn eine Gleichstellungsstelle als Stützpunkt in der Verwaltung vorhanden ist, haushaltswirksame Beschlüsse gefaßt werden können und eine parteiübergreifende Lobby für Frauenpolitik erkennbar ist, die frauengerechte Entscheidungen herbeiführen und hierfür Öffentlichkeit herstellen kann und will.

Politisch weniger durchsetzungsfähig, aber nicht weniger öffentlichkeitswirksam sind **Frauenbeiräte** oder **Frauenkommissionen**, die in der Regel aus Vertreterinnen aller Ratsfraktionen und gewählten oder benannten Vertreterinnen von Frauenorganisationen zusammengesetzt sind (Beispiele in Dortmund, Detmold und Gütersloh). Die Geschäftsführung obliegt der Gleichstellungsstelle. Diese **Beiräte** arbeiten auf der Grundlage einer eigenen, vom Rat beschlossenen Satzung. Ähnlich wie bei den Ausländerbeiräten haben ihre Beschlüsse lediglich Empfehlungscharakter. Die Arbeit in einem Beirat oder einer Kommission ist ähnlich zeitaufwendig wie in einem Frauenausschuß, aber weniger effizient. Die Einrichtung eines Frauenbeirates als Lösung zweiter Wahl empfiehlt sich überall dort, wo eine aktive Frauenszene existiert und ein Frauenausschuß derzeit politisch oder aufgrund der Haushaltslage (Sitzungsgelder) nicht mehrheitsfähig ist.

Frauendezernate und Frauenämter

Frauengerechte Organisationsstrukturen in der Verwaltung werden nicht nur durch kommunale Frauenbüros oder Gleichstellungsstellen geschaffen. Einige wenige Städte in der BRD haben für die Belange ihrer Bürgerinnen ein eigenes **Frauendezernat** eingerichtet (z.B. in Frankfurt und Kassel). Dies kann, abhängig von der Größe der Kommune, eine sinnvolle Organisationsstruktur darstellen, sofern der Querschnittscharakter von Gleichstellungsarbeit nicht verlorengeht und das Dezernat darüberhinaus weitgehende Kompetenzen, z.B. Verfügung über eigene Haushaltstitel, besitzt. Eher kontraproduktiv wird es dort, wo der Politikbereich "Frauen" anderen Dezernaten zugeordnet wird, z.B. dem Personaldezernat oder gar mal wieder den Bereichen Jugend, Soziales, Schule. Denkbar ist eine solche Lösung allenfalls, wenn darüber hinaus eine Gleichstellungsstelle existiert, die die Querschnittsaufgaben wahrnimmt und auch in andere Bereiche, z.B. Bauen und Planen oder Wirtschaftsförderung eingreifen kann.

Da es sich bei Dezernentinnen um Wahlbeamtinnen handelt, haben einige kommunale Frauenbeauftragte aus ihrer Erfahrung heraus folgende Bedenken: Da Frauen, die über Jahre mit geschlechtsdifferenzierendem Blick gesellschaftliche Problemlagen analysieren und in der Praxis bearbeiten, frauenpolitisch radikalisiert werden, geraten sie unweigerlich in Kontroversen zu ihrer "eigenen" Partei bzw. zu den Parteien, auf deren "Ticket" sie zur Dezernentin gewählt wurden. Eine Wiederwahl und damit kontinuierliche Politik für Fraueninteressen sei so nicht sichergestellt, wird befürchtet. Fazit: Ein eigenes Frauendezernat ist allenfalls in großen Kommunen denkbar und benötigt eine entsprechenden personellen Unterbau (Frauenamt, Frauenbüro) sowie eigene Haushaltstitel. Vorteilhaft ist das Recht auf eine von der Verwaltungsmeinung abweichende fachliche Stellungnahme in Fachausschüssen und im Hauptausschuß sowie die Teilnahme an der Verwaltungskonferenz, am Magistratsausschuß, am Gemeindevorstand usw.

Ein **Frauenamt** gibt es nach Kenntnis der Autorin lediglich in Köln. Im Gegensatz zu einer "klassischen" Gleichstellungsstelle als Stabsstelle hat ein Amt in der Organisation der Verwaltung einen höheren und klar definierten Status, was im Hinblick auf die Kompetenzen anderen Fachämtern gegenüber wesentlich sein kann. Viele Frauenbeauftragte würden den Status als Frauenamt begrüßen, haben aber hierfür noch keine politische Mehrheit gefunden. Auch ein Frauenamt sollte direkt dem **Hauptverwaltungsbeamten** unterstellt sein. Eine angemessene personelle Ausstattung und Übertragung von Kompetenzen ist natürlich Voraussetzung, um einen Ämterstatus überhaupt in Anspruch nehmen zu können. Dies ist wohl eher in Großstädten zu verwirklichen. Die Einrichtung von Ämtern obliegt formal der Organisationshoheit des Hauptverwaltungsbeamten. Entsprechende Empfehlungen politischer Gremien bzw. Gespräche mit der Verwaltungsspitze wirken sich natürlich positiv auf eine solche Entscheidung aus.

Kommunale Gleichstellungsstellen/Frauenbüros

Hierbei handelt es sich um die geläufigste Organisationsform, mit deren Hilfe Fraueninteressen auf kommunaler Ebene institutionalisiert werden. In der jüngsten Zeit wurden zunehmend landesgesetzliche Regelungen getroffen, die die Einrichtung kommunaler **Gleichstellungsstellen/- Frauenbüros** festlegen und deren Kompetenzen umreißen.

LANDESGESETZLICHE REGELUNGEN: Die weitreichendsten Rechte sind im **Frauenbeauftragtengesetz** Niedersachsen festgelegt, das Mitte 1993 in Kraft getreten ist. Gemeinden und Kreise ab 10.000 EinwohnerInnen sind verpflichtet, eine hauptamtliche Frauenbeauftragte durch den Rat zu berufen. Das niedersächsische Frauenbeauftragtengesetz umreißt auch am vorbildlichsten die notwendige Kompetenzen: **Teilnahme- und Rederecht** bei den Sitzungen der kommunalen Gremien, Widerspruchsrecht bei Beschlußvorlagen in Angelegenheiten ihres Aufgabenbereiches, Akteneinsichtsrecht (bei Personalakten nur mit Zustimmung der Betroffenen) und Recht auf selbständige Unterrichtung der Öffentlichkeit. Ein Wermutstropfen befindet sich aus Sicht mancher Frauenbeauftragten allerdings in diesem Gesetz, nämlich die Möglichkeit, mit einer Zweidrittelmehrheit vom Rat wieder abberufen zu werden. Damit wird ein Verfahren wie bei DezernentInnen eingeführt (siehe auch die unter dem Abschnitt Frauendezernat formulierten Bedenken), ohne daß die Frauenbeauftragte deren Kompetenzen oder gar deren Privilegien erhielte. Die Wahl einer Frauenbeauftragten und deren mögliche Abwahl durch den Rat mag zwar demokratisch anmuten. Da sich mit der Personalauswahl ab einer jeweils in der Hauptsatzung festgelegten Besoldungs- oder Vergütungsgruppe sowieso Ratsgremien befassen, sind nach Auffassung der Autorin landesgesetzliche Regelungen hierzu überflüssig. Welche archaischen Männerängste stecken hinter dem Vorbehalt, eine Frauenbeauftragte wieder abwählen zu können? Hat Frau je gehört, daß ein einmal eingestellter Sozialamts- oder Umweltamtsleiter wieder abgewählt werden können soll, wenn er dem Mainstream der herrschenden Politik nicht mehr entspricht?

Gesetzliche Regelungen bezüglich Frauenbeauftragter gibt es auch in Hessen, NRW, Rheinland-Pfalz, Schleswig-Holstein, Bremen, Hamburg, Berlin und in den neuen Bundesländern. Die Details, insbesondere die — meist nicht festgelegten — Kompetenzen können bei den jeweiligen Frauenministerien des Landes bzw. bei bereits existierenden Gleichstellungsstellen erfragt werden. Die südlichen Bundesländer Bayern und Baden-Württemberg stehen in dieser Hinsicht als regelrechte frauenpolitische Entwicklungsländer da. In der Regel bedarf es ohne verbindliche Regelungen in den **Kommunalverfassungen** oder einem eigenen Gesetzeswerk erheblichen außerparlamentarischen Drucks, aber auch interfraktioneller Vorarbeit der Ratsfrauen aller oder mehrerer Parteien, ehe eine hauptamtlich besetzte Gleichstellungsstelle verwirklicht wird. Da es sich hierbei dann um eine freiwillige Aufgabe der Kommune handelt, fallen solche Gleichstellungsstellen in Zeiten knapper Gemeindefinanzen häufig als erstes der **Haushaltskonsolidierung** zum Opfer. Für die neuen Bundesländer wurde die Einrichtung von Gleichstellungsstellen im Einigungsvertrag festgelegt. Der § 26 Der Kommunalverfassung sah eine Verpflichtung der Gemeinden mit mehr als 10.000 EinwohnerInnen zur Einrichtung einer hauptamtlichen Gleichstellungsstelle vor. Inzwischen hat das frauenpolitische Rollback auch die Gleichstellungsstellen erfaßt: In Sachsen und Sachsen-Anhalt wurde die EinwohnerInnengrenze auf 20.000 angehoben.

ORGANISATIONSMODELLE VON GLEICHSTELLUNGSSTELLEN: Beim **Bürgerinnen-Modell** werden die inhaltlichen Aufgaben einer Gleichstellungsstelle von ehrenamtlichen Vertreterinnen örtlicher Wohlfahrts- und Frauenverbände einer hauptamtlichen organisierten Bürgerinnen wahrgenommen. Dieses Modell wird in der Fachliteratur als "ideale Variante, das frauenpolitische Image einer Kommune fast zum Nulltarif aufzubessern" und als "Prototyp der Alibistelle" (vgl. Wilken) bezeichnet. Die der Autorin bekannten Frauen, die auf diese Weise gezwungen sind, gleichstellungspolitische Pionierarbeit ehrenamtlich zu leisten, würden nach eigenen Aussagen lieber professionell arbeiten — wenn die entsprechenden Rahmenbedingungen vorhanden wären. Aus grünalternativer Sicht ist ein solches Organisationsmodell aus vielerlei Gründen inakzeptabel.

Beim **Politikerinnen-** oder **Ratsmodell**, das ursprünglich von der CDU favorisiert wurde, wählt das Kommunalparlament eine Politikerin als Frauenbeauftragte, die ihre Aufgaben dann ehrenamtlich bzw. für eine (manchmal nicht unerhebliche) Aufwandsentschädigung erledigt. Als Vorteil dieses Modells wird angeführt, daß eine derartige Frauenbeauftragte nicht weisungsgebunden gegenüber der Verwaltung sei und das Recht auf eigenständige Öffentlichkeitsarbeit habe. In der Praxis ist sie jedoch abhängig von ihrer Partei und untersteht dem Fraktionszwang. Darüberhinaus ist eine parteiunabhängige bzw. parteiübergreifende Zusammenarbeit mit allen Frauengruppen, -initiativen und -verbänden nur schwer vorstellbar. Dieses Modell sollte überall, wo es noch existiert, mit allen Kräften überwunden werden. Es wird inzwischen zumindest in den größeren CDU-regierten Kommunen nicht mehr praktiziert, weil der Aufgabenkatalog einer Gleichstellungsstelle sich von einer Feierabendpolitikerin nicht bewältigen läßt. Die Einrichtung einer professionellen Dienststelle innerhalb der Verwaltung ist zu offenkundig erforderlich.

Die meisten Gleichstellungsstellen sind nach dem **Verwaltungsmodell** organisiert, d.h. innerhalb der Kommunalverwaltung angesiedelt, in der Regel als Stabsstelle beim Hauptverwaltungsbeamten. Andere Zuordnungen zu einem Dezernat oder einem Amt haben sich wegen der langen Dienstwege als unzweckmäßig erwiesen. Selbstverständlich kann auch eine nach dem Verwaltungsmodell organisierte Gleichstellungsbeauftragte nur so effektiv sein, wie ihre Kompetenzen es zulassen (siehe auch unter: Handlungsmöglichkeiten und notwendige Rahmenbedingungen).

Aufgaben kommunaler Gleichstellungsstellen/Frauenbüros

Im Unterschied zu Frauenbeauftragten an Hochschulen oder anderen Einrichtungen des öffentlichen Dienstes arbeitet die kommunale Gleichstellungsbeauftragte nicht nur nach innen, ist also nicht nur zuständige Kontaktstelle für die weiblichen Beschäftigten. Ihr Aufgabenbereich läßt sich in drei Bereiche gliedern:
— Gleichstellungsarbeit innerhalb der Verwaltung
— Frauenpolitik mit und für die Bürgerinnen, Frauengruppen und gesellschaftlich relevanten Gruppen in der Kommune
— Zusammenarbeit mit übergeordneten Ebenen.

GLEICHSTELLUNGSARBEIT INNERHALB DER VERWALTUNG: Als wichtigster Bereich ist hier die gesamte Personalentwicklung und -wirtschaft zu nennen. Die Verwaltung einer Kommune gehört zu den größten Arbeitgebern in der Stadt. Daher haben alle Frauenfördermaßnahmen im öffentlichen Dienst eine hohe Signalwirkung auf andere Bereiche, wie die betriebliche Frauenförderung. In der Regel wird die Frauenbeauftragte dem Rat zunächst einen **Frauenförderplan** vorlegen. Über die Umsetzung des Frauenförderplans wird dem Rat in regelmäßigen Abständen Bericht erstattet. Eigentlich müßte an dieser Stelle der rituelle Hinweis auf die frauenpolitische Notwendigkeit von **Quoten** erfolgen; bei der derzeitigen Rechtslage in Bund und Ländern erübrigt sich aus Sicht der Verfasserin diese Quotendiskussion. Allenfalls unverbindliche Zielquoten können bedauerlicherweise derzeit Gegenstand von kommunalen Frauenförderplänen sein. Das in der Praxis wirksamste Instrument eines Frauenförderplans ist die Beteiligung der Frauenbeauftragten an Stellenbesetzungs- und Beförderungsverfahren. In der Regel verfügen Frauen über bessere Bildungs- und Ausbildungsabschlüsse, so daß sie auch ohne Quote oder Bevorzugungsregelungen mit männlichen Mitbewerbern konkurrieren können. Bereits die Teilnahme der Frauenbeauftragten an den Auswahlverfahren und der Hinweis auf strikte Anwendung des Grundgesetzartikels III und einschlägiger Landesgesetze (Frauenfördergesetz NW, Landesantidiskriminierungsgesetz Berlin, Gleichberechtigungsgesetz Hessen, Gesetz zur Gleichstellung von Frauen und Männern im hamburgischen öffentlichen Dienst bzw. im Dienst des Landes Bremen) führt häufig dazu, daß die klammheimliche Männerquote nicht mehr greift. Der bereits vom Amtsleiter ausgeguckte "Kronprinz" hat dann angesichts qualifizierter Mitbewerberinnen keine Chance mehr. Wichtig ist auch, die Definition von Qualifikation nicht allein den männlichen Vorgesetzten zu überlassen.

Die Schaffung geeigneter Rahmenbedingungen zur Vereinbarkeit von Beruf und Familie gehört zu den schwierigsten Aufträgen eines Frauenförderplans (**Teilzeit** auch in Leitungsfunktionen und für Männer, Betriebskindergarten, flexible Arbeitszeiten und familiengerechte Dienstpläne). Hier scheitern gerade im öffentlichen Dienst mit seinen ausgeprägten Beurlaubungsmöglichkeiten viele frauenpolitische Bemühungen auch an den tief verinnerlichten Rollenzuschreibungen und Rollenübernahmen bei den Frauen selbst. Auch bei vorhandenen Möglichkeiten, z.B. Arbeitsplatzgarantie, Arbeitszeitreduzierung, zeigen Männer keine Bereitschaft zur zeitweiligen Übernahme von Familienpflichten. Dies wird anhand des Erziehungsurlaubes deutlich: bundesweit nutzen 0,6 % der Väter ihr Recht auf **Erziehungsurlaub**. Im öffentlichen Dienst, wo die sonst scheinheilig vorgebrachten Argumente vom drohenden Arbeitsplatzverlust nicht greifen, sind es auch lediglich 2 % aller Väter, die wenigstens zeitweise ihre Berufstätigkeit zurückstellen.

Darüber hinaus sind Anfragen im **Personalausschuß** hilfreich, z.B. zu den Folgen des Stellenabbaus oder **Privatisierungen**, um die Auswirkungen auf die Beschäftigungssituation von Frauen öffentlich zu machen und so die Bemühungen der Frauenbeauftragten zu stützen. In Zeiten von Personalabbau und Haushaltskonsolidierung kommt der Frauenbeauftragten eine hohe Verantwortung zu. Gehörte früher z.B. die **Rekommunalisierung** von Putzdiensten zu den hehren Zielen von Gleichstellungspolitik, steht heute die Privatisierung von ganzen Bereichen innerhalb des öffentlichen Dienstes an. Hierbei werden überwiegend Frauenarbeitsplätze vernichtet und **Stellenabbau** zuallererst auf dem Rücken von Frauen betrieben. Durch geeignete Qualifizierungsmaßnahmen (von der Putzfrau zur Hausmeisterin, von der Schreibkraft zur Sachbearbeiterin) kann hier gegengesteuert werden. Und wenn Privatisierungen schon nicht zu verhindern sind, könnte die vom Rat in den Aufsichtsrat entsandte frauenbewegte Politikerin Garantin sein, daß auch dann alles mit rechten Dingen nach Artikel III GG zugeht. Oder aber der Rat beschließt eine Umwandlung eines kommunalen Aufgabengebietes in eine andere Rechtsform nur unter dem Vorbehalt, daß auch dort eine Frauenbeauftragte eingestellt wird.

Kritisch begleitet werden muß auch jene **Verwaltungsreform**, die unter den Stichworten "Dezentrale Ressourcenverantwortung", Tilburger Modell" oder "Unternehmen Stadt" gehandelt wird. Ziele wie Frauenförderung innerhalb der Verwaltung, frauengerechte soziale Infrastruktur in der Kommune, Beschäftigungsförderung von Frauen etc. müssen vom Rat als Leitlinien für künftiges Verwaltungshandeln festgelegt werden. Die kommunale Frauenbeauftragte sollte in jedem Fall Mitglied des Lenkungskreises sein, die diesen Prozeß steuert. Bei einer Dezentralisierung der Aufgaben ist auch darauf zu achten, daß in jedem Fachbereich eine Frauenbeauftragte die Kontrollfunktionen in der Personalwirtschaft (Frauenförderplan) und die fachliche Begleitung der frauenpolitischen Ziele wahrnimmt. Fazit: Die Gleichstellungsstelle ist in jedem Fall weiterhin auf der Steuerungsebene anzusiedeln.

Die Beratung von Mitarbeiterinnen, die sich in ihren Anliegen häufig vom **Personalrat** nicht hinreichend vertreten fühlen, gehört ebenfalls zu den Aufgaben der Frauenbeauftragten. Einen immer größeren Anteil nimmt hierbei die **sexuelle Belästigung am Arbeitsplatz** und entsprechende Gegenmaßnahmen ein. Desweiteren konzipiert die Frauenbeauftragte verwaltungsinterne Fortbildungsmaßnahmen für die weiblichen Beschäftigten und führt diese teils auch selbst durch.

Den meisten Gleichstellungsbeauftragten ist das Recht auf Stellungnahmen zu Rats- und Ausschußvorlagen zuerkannt sowie ein **Teilnahmerecht** an Rat und Fachausschüssen. Eine kritische Stellungnahme zu Ratsdrucksachen ist jedoch nur sinnvoll, wenn sie nicht im Papierkorb des Hauptverwaltungsbeamten verschwindet. Ebenso wertlos ist ein Teilnahmerecht an Ausschüssen ohne Rederecht und vor allem das Recht auf eine abweichende Meinung. Wesentlich effektiver ist es, bereits am Entstehungsprozeß der "**einheitlichen Verwaltungsmeinung**" beteiligt zu sein. Wenn Frauenbelange von Anfang an mitgedacht und nicht als nachträgliche lästige Kritik angebracht werden sollen, muß die Frauenbeauftragte bei der konzeptionellen Entwicklung von **Planungen** jeder Art beteiligt sein (was als erwünschten Nebeneffekt eine stetige "Alphabetisierung" in Sachen Feminismus bei den beteiligten Fachämtern mit sich bringt). Als Stichworte seien genannt: Jugendhilfeplanung (Mädchenarbeit), Kindergartenbedarfsplan, städtebauliche Vorhaben, ÖPNV, Wohnraumversorgung, Altenhilfe, Regional- und Strukturpolitik, kommunale Beschäftigungsprogramme, Bildungsangebote, Kulturveranstaltungen, Städtepartnerschaften. Einen abschließenden Themenkatalog, was alles unter frauenrelevant zu verstehen ist, kann und darf es nicht geben. Gerade in der Kommunalpolitik tauchen ständig neue Problemfelder auf, die bei einer geschlechtsdifferenzierenden Analyse meist eine mittelbare Diskriminierung von Frauen aufweisen. Wer hätte vor einigen Jahren vermutet, daß selbst das **Duale System** zu Lasten von Frauen geht? (vgl. Schultz/Weiland).

FRAUENPOLITIK MIT UND FÜR DIE BÜRGERINNEN: Die meisten kommunalen Frauenbeauftragten bieten regelmäßige Sprechstunden für die Bürgerinnen an. In der Regel wenden sich Frauen an die Gleichstellungsstelle mit komplexen Problemlagen, nachdem sie bei anderen Ämtern und Institutionen nicht die gewünschte Hilfe erhalten haben. Beratungsanlaß sind z.B. Probleme im Erwerbsleben, fehlende Kinderbetreuungseinrichtungen, Scheidung und Trennung, Wiedereinstieg in den Beruf, Mutterschutz und Erziehungsgeld, ausländerrechtliche Fragen, Sozialhilfeangelegenheiten, Kündigungsschutz und zunehmend mangelnde Versorgung mit Wohnraum. Ein Dauerbrenner sind Beschwerden über sprachliche Diskriminierungen durch Ämter und andere Einrichtungen. Je nach Anlaß, Größe der Kommune und vorhandenen Beratungsangeboten werden eher Informationen über weitere Hilfsangebote oder weitergehende politische und gesellschaftliche Aktivitäten geboten oder aber psychologische Einzelfallhilfe geboten. Letztere birgt die Gefahr in sich, die Gleichstellungsstelle als Frauenkummerkasten erscheinen zu lassen und ist allenfalls ein Indiz dafür, daß frauengerechte **Beratungseinrichtungen** in dieser Kommune offensichtlich fehlen. Eine Vielzahl von Beratungsanlässen läßt sich auch durch die Herausgabe von Frauenhandbüchern, Informationsbroschüren und Faltblättern quasi "kollektiv" erledigen.

Die Vernetzung und Effektivierung von Frauenaktivitäten vor Ort, z.B. durch Frauenbündnisse, Frauenforen oder Runde Tische, stellt ein weiteres Aufgabengebiet der Gleichstellungsstelle dar. Während die Frauenbeauftragte vielfach zu Podiumsdiskussionen und Vorträgen geladen wird, suchen die Projekte häufig Unterstützung für ihre materielle Absicherung sowie politische Öffentlichkeit für ihre Aktivitäten. Gemeinsame Aktionen, Veranstaltungen, Fachtagungen und Festlichkeiten (8. März, Frauenkulturtage, Woche der ausländischen Mitbürgerinnen u.v.m.) können Ergebnis solcher Kooperation sein.

Ein noch eher unterentwickelter Tätigkeitsbereich für die kommunale Gleichstellungsbeauftragte ist die **betriebliche Frauenförderung**. In Nordrhein-Westfalen wurde unter der Federführung von Gleichstellungsbeauftragten hierfür ein nahezu flächendeckendes Netz an Kommunalstellen "Frau und Beruf" aufgebaut (die nach Ablauf der Landesförderung allerdings in ihrer Existenz bedroht sind). Hier findet Frauenförderung von der Berufswahlorientierung bis hin zu Wiedereinsteigerinnen-Programmen statt. Daß darüber hinaus weitere Instrumente, wie z.B. Auflagen an Betriebe zur Frauenförderung bei **Subventionen** und der **Vergabe von öffentlichen Aufträgen** notwendig wären, sei hier der Vollständigkeit halber angemerkt. In einigen Kommunen ist die Frauenbeauftragte per Ratsbeschluß in den Verwaltungsausschuß des Arbeitsamtes entsandt worden — eine hervorragende Möglichkeit, sich direkt an arbeitsmarktpolitischen Entscheidungen zu beteiligen.

ZUSAMMENARBEIT MIT ÜBERGEORDNETEN EBENEN: Die wenigsten Probleme, mit denen die Frauen in der Kommune als Benachteiligte in Erscheinung treten, sind vor Ort hausgemacht. Wichtig ist vor daher, daß die in der Kommune vorgefundenen Defizite wieder dorthin zurückgemeldet werden, von wo sie herrühren. Aus diesem Grunde haben sich die kommunalen Frauenbeauftragten zu Landesarbeitsgemeinschaften und zu einer Bundesarbeitsgemeinschaft zusammengeschlossen. Hier werden Erfahrungen gebündelt und Informationen ausgetauscht sowie Resolutionen formuliert, die dann an Ministerien, Parteien, Tarifpartner etc. herangetragen werden. Eine Teilnahme von kommunalen Frauenbeauftragten an Hearings anläßlich anstehender Gesetzesnovellierungen ist zumindest in Nordrhein-Westfalen inzwischen gängige Praxis.

Beim **Deutschen Städtetag** wurde 1993 ein Frauenausschuß eingerichtet, der zu einem Drittel mit kommunalen Frauenbeauftragten besetzt ist. Beim Städtetag Nordrhein-Westfalen sind in alle Fachausschüsse Frauenbeauftragte entsandt worden. Auf diese Weise soll einerseits der erschreckend geringe Frauenanteil erhöht werden und andererseits auch vermehrt frauenpolitische Inhalte in die jeweiligen Fachpolitiken eingebracht werden. Sofern für eine Entsendung Ratsbeschlüsse erforderlich sind, sollten die grün-alternativem Ratsmitglieder darauf achten, daß nicht immer nur die fast ausschließlich männlichen Dezernenten in diese übergeordneten Gremien geschickt werden.

Handlungsmöglichkeiten und notwendige Rahmenbedingungen

Nach eingehender Information über die jeweils geltende Rechtslage bestehen für die grüne Ratsfrau folgende Handlungsmöglichkeiten:
— sofortige Einrichtung einer hauptamtlichen Gleichstellungsstelle, wo diese gesetzlich vorgeschrieben, aber noch nicht verwirklicht ist,
— Einrichtung einer hauptamtlichen Gleichstellungsstelle als freiwillige Aufgabe der Kommune überall dort, wo keine landesgesetzlichen Verpflichtungen bestehen oder die erforderliche EinwohnerInnenzahl unterschritten ist,
— Festlegung der Kompetenzen in der Hauptsatzung.

Damit eine Gleichstellungsstelle all ihre Aufgaben erledigen und effektiv arbeiten kann, ist der Rat in dreierlei Hinsicht gefordert, die notwendigen Rahmenbedingungen herzustellen:
o Verankerung weitreichender Kompetenzen für die Frauenbeauftragte in der **Hauptsatzung**: Stichwortartig seien hier aufgezählt: Fachliche Weisungsunabhängigkeit, Teilnahmerecht an der Beigeordnetenkonferenz/Gemeindevorstand, Mitzeichnungsrecht von Rats- und Ausschußvorlagen, Akteneinsichtsrecht, eigenes Vorschlagsrecht in Rat und Ausschüssen sowie Teilnahme- und Rederecht ebendort, Recht auf eigenständige Öffentlichkeitsarbeit. Diese Kompetenzen sind am sinnvollsten in der Hauptsatzung festzulegen und nicht der wechselnden politischen Auffassung und frauenpolitischen Aufgeschlossenheit des Hauptverwaltungsbeamten zu überlassen (vgl. Hassel).
o Ausreichende personelle Ausstattung des Frauenbüros: Je nach Größe der Kommune muß mindestens eine hauptamtliche Fachkraft sowie eine Sekretärin, bis hin zu einem größeren Stab an Mitarbeiterinnen, der auch eine Arbeitsteilung nach Ressorts zuläßt, eingestellt werden. Nicht unerheblich für die Stellung und das Ansehen der Frauenbeauftragten in der Verwaltung ist auch deren Besoldung bzw. Vergütung, die in etwa der von AmtsleiterInnen entsprechen sollte. Diese Angelegenheiten werden im Rahmen des **Stellenplans** durch den Rat geregelt.
o Ausreichende sächliche Ausstattung: Für Öffentlichkeitsarbeit, Druck von Informationsmaterial, Ausstellungen etc. benötigt das Frauenbüro einen eigenen Etat. Wichtig ist die Möglichkeit, wissenschaftliche Gutachten einzuholen, wenn für spezielle Themenbereiche keine wissenschaftliche Mitarbeiterin zur Verfügung steht. Eine einzige DM pro Einwohnerin im Jahr halten die Frauenbeauftragten für eine angemessene — allerdings bisher unerreichte — Größenordnung.

Einschätzung der Arbeit von Gleichstellungsstellen

Eine "objektive" Bewertung der Notwendigkeit und Effektivität von **Gleichstellungsstellen** fällt der Verfasserin angesichts möglicher eigener Betriebsblindheit schwer. Von daher sollen Andere zu Wort kommen. In allen Auswertungen von Erfahrungsberichten kommunaler Frauenbeauftragter wird der Zusammenhang zwischen Effektivität kommunaler Frauenbüros und deren Kompetenzen, personeller und finanzieller Ausstattung thematisiert. Dennoch geben sich die Gleichstellungsbeauftragten selbst keinerlei Illusionen hin. "Bewußtsein wird verändert, aber noch keine Verhältnisse", faßt eine Frauenbeauftragte die Wirkung ihrer Arbeit zusammen. "Wir sind nicht die Keimzelle für Gesellschaftsveränderung. Unsere Arbeit ist ganz eindeutig reformistisch und systemimmanent", beurteilt Eva Rühmkorf, ehemalige Leiterin der Hamburger Leitstelle Gleichstellung der Frau. Und Li Selter, erste kommunale Frauenbeauftragte in der Bundesrepublik, merkt an: "Die Frauen-Gleichstellungsstelle ist nicht die Frauenbewegung, sie ist nur ein Ausdruck davon". Vorwürfe aus der autonomen Frauenbewegung beziehen sich auf eine "Kolonialisierung der Frauenbewegung", "Befriedungspolitik", "Arbeitsbeschaffung für arbeitslose Akademikerinnen" (alle Zitate nach: Wilken, S. 79 - 87). Kritisch äußern sich auch Wissenschaftlerinnen: "Es ist derzeit unklar, ob die in der Bundesrepublik eingerichteten ...kommunalen Gleichstellungsstellen in ihrer Mehrheit ihre Aufgabe als frauenpolitische Fachautorität wahrnehmen können oder ob sie sich zu dem entwickeln, was in Teilen der Frauenbewegung abfällig Alibistelle oder Frauensozialamt genannt wird" (Gröning, S. 64).

Dennoch kommen sowohl Kritikerinnen aus dem autonomen Bereich als auch Sozialwissenschaftlerinnen zu dem Schluß, daß Gleichstellungsstellen notwendig sind und deren Arbeit effektiviert werden muß. Einer frauenpolitischen Gesamteinschätzung möchte die Verfasserin nicht ausweichen: Für die Frauen in der Bundesrepublik, insbesondere in den fünf neuen Ländern, stehen schwere Zeiten politischer, beruflicher, sozialer und persönlicher Krisen bevor. Den nicht erwerbstätigen Frauen werden derzeit zur "Sanierung" des Staatshaushaltes soziale Leistungen beschnitten, und die erwerbsfähigen Frauen vom Arbeitsmarkt verdrängt. Die Verteilung von knapper werdenden Ressourcen zwischen den Geschlechtern, von bezahlter Arbeit bis zu bezahlbarem Wohnraum, sind derzeit kein gesellschaftliches Thema. "Frauenpolitik hat derzeit keine Konjunktur", leitete Bundesfrauenministerin Merkel ihren Redebeitrag zur Bundesversammlung kommunaler Frauenbeauftragter in Mainz 1993 ein. Und: "Männer und Frauen, die wie Männer sind, sind gleichberechtigt", faßte die ehemalige hessische Frauenministerin Pfarr den aktuellen Stand bundesrepublikanischer Gleichstellungspolitik resignierend zusammen, kurz bevor sie von ihrer eigenen Partei zurückgetreten wurde. Soweit zum Stellenwert von Frauenpolitik in den beiden großen Parteien.

Dennoch: Gilt es nicht gerade in Zeiten politischer Umbrüche, die uns heute noch als vorübergehende Wirtschaftskrise und Politikverdrossenheit verkauft werden, bewährte Inhalte und Organisationsstrukturen zu retten? Hier wie da, in der autonomen Frauenbewegung wie in Institutionen und eben auch in kommunalen Gleichstellungsstellen arbeiten hochqualifizierte und erfahrene Fachfrauen, die über das notwendige Fachwissen, die zugestandene bezahlte Arbeitszeit und über die erforderliche Methodenkompetenz verfügen, um die Essenz aus einem Vierteljahrhundert Neuer Frauenbewegung nicht verlorengehen zu lassen. Und das wird auch kein postfeministischer Schwesternstreit verhindern – und auch nicht diejenigen Männer, die der Frau nun die Rolle des 'revolutionären Subjekts' zuschieben wollen, nachdem der Proletarier in dieser Funktion ausgedient hat.

Literatur

Deutscher Bundestag: Drucksache 12/5588. Zweiter Bericht der Bundesregierung an den Deutschen Bundestag über die Gleichstellungsstellen in Bund, Ländern und Kommunen.
Geiger, Gabriele: Postmoderner Feminismus: Über die blinden Flecke in Theoriebildung und Alltagshandeln, in: IFG 1+2/93, Hannover 1993
Gröning, Katharina: Balanceakt Beratung in kommunalen Frauenbüros, in: IFG 3/91, Hannover 1991
dies.: Kommunale Gleichstellungsbeauftragte – Anmerkungen zu ihren institutionellen Handlungsbedingungen, in: IFG 4/92, Hannover 1992
Hassel, Volker: Rechtsgutachten zur Stellung der kommunalen Gleichstellungsbeauftragten in NW. Dokumente und Berichte 19, MGFM, Düsseldorf 1992. Eine ausführliche Darstellung der möglichen Handlungsspielräume.
Kurz-Scherf, Ingrid: Nur noch Utopien sind realistisch, Bonn 1992
Krauss-Pötz, Renate: Einbruch in die Polis, Frankfurt 1993
Pinl, Claudia: Vom kleinen zum großen Unterschied, Hamburg 1993. Eine gut zu lesende Zusammenfassung der Debatte um Differenztheorien und Ökofeminismus.
Schultz, Irmgard/Weiland, Monika: Frauen und Müll, Frankfurt/Main 1991
Stackelbeck, Martina: Kommunale Gleichstellungsbeauftragte in NW, Dokumente und Berichte 18, MGFM, Düsseldorf 1992
Steg, Elke/Jesinghaus, Inga (Hg.): Die Zukunft der Stadt ist weiblich, Frauenpolitik in der Kommune, Bielefeld 1987
Wilken, Linda: Einmischung erlaubt? Hamburg 1992

Joachim Larisch

Gemeindefinanzen

Das seit der Finanzreform 1969 in den Grundzügen unveränderte Gemeindefinanzsystem steht seit mehr als einem Jahrzehnt auf dem Prüfstand. Als Einschnitt kann im Jahr 1980 die Abschaffung der Lohnsummensteuer, eines Teils der Gewerbesteuer, betrachtet werden, mit der unter Hinweis auf die Verbesserung der Standortbedingungen für die Unternehmen eine wesentliche ertragsunabhängige Komponente des kommunalen Finanzsystems abgeschafft wurde. Mit der durch vielfältige Gesetzesänderungen ausgehöhlten Gewerbesteuer bis hin zur Nichterhebung der Gewerbekapitalsteuer in den neuen Bundesländern ist ein weiterer wesentlicher Bestandteil kommunaler Einnahmen geschwächt worden. Der den Gemeinden angebotene Ausgleich durch andere Einnahmen mag quantitativ Ersatz bieten. Qualitativ dagegen wird die Position der Kommunen gegenüber Bund und Ländern in der Bundesrepublik Deutschland weiter geschwächt. Die zu beobachtende Aushöhlung der kommunalen Finanzautonomie stellt den dezentralen Aufbau der Bundesrepublik Deutschland in Frage und schwächt die Regionen. Ohne gesicherte Finanzierungsquellen ist jedoch die grundgesetzlich garantierte kommunale Selbstverwaltung nicht denkbar.

Kommunale Selbstverwaltung und Gemeindefinanzen

Als Untergliederungen der Länder, die — ebenso wie der Bund — nach dem Grundgesetz originäre Hoheitsgewalt und daher Staatsqualität haben, sind die Kommunen Staat. In allen Angelegenheiten der örtlichen Gemeinschaft dagegen, deren Grenzen gesetzlich gezogen werden müssen, sind die Länder nach Art. 28 Abs. 2 Grundgesetz (GG) verpflichtet, den Gemeinden das Recht auf Selbstverwaltung zu gewährleisten. Aus diesem Spannungsverhältnis zwischen Staatstätigkeit und örtlicher Selbstverwaltung resultieren auch die Ansätze, die den Kommunen die Rolle einer "Gegenmacht" zusprechen, wobei entweder der Gegensatz zu zentralstaatlichen Ebenen (Bund, Länder) oder der Gegensatz zur Staatsorganisation insgesamt gemeint sein kann (vgl. Kapitel "Kommunale Selbstverwaltung"). Praktischer Ausdruck des der verfassungsrechtlichen Stellung der Gemeinden innewohnenden Spannungsverhältnisses sind die Abgrenzungsschwierigkeiten für die "Angelegenheiten der örtlichen Gemeinschaft", in denen jeweils auch unterschiedliche Demokratie- und Staatsauffassungen zum Tragen kommen. Dies gilt auch für das kommunale Finanzsystem.

BESCHRÄNKTE FINANZHOHEIT: Eigenverantwortliche Entscheidungen setzen die **Finanzhoheit** voraus. In der Finanzverfassung des Grundgesetzes wird die Finanzierung an die Aufgabenverteilung gekoppelt. Seit der Finanzreform von 1969 ist die Finanzierungszuständigkeit eindeutig an die Verwaltungszuständigkeit gebunden (vgl. Klein 1983, S. 868 ff). Entsprechend dem zweistufigen Staatsaufbau der Bundesrepublik Deutschland wird in der **Finanzverfassung** die Finanzkraft der Gemeinden in den Ländern zugeordnet. Daher sind Finanzbedarf und Finanzkraft der Gemeinden (und Gemeindeverbände) von landes- und bundesrechtlichen Vorgaben abhängig. Die in Art. 28 Abs. 2 GG vorgesehene angemessene Finanzausstattung der Gemeinden enthält eine Forderung gegen die Länder nach ausreichender Finanzausstattung der Gemeinden und kann prinzipiell nicht dem Bund bei Änderungen der Steuergesetzgebung entgegengehalten werden. Die Steuergesetzgebungshoheit ist nach Art. 105 Abs. 5 GG ausschließlich Bund und Ländern zugewiesen. Lediglich die sog. **Realsteuergarantie** in Art. 106, 107 GG könnte gegenüber dem Bund geltend gemacht werden, wobei zweifelhaft ist, welche Qualität diese Regelung hat. Jedenfalls war die Abschaffung der Lohnsummensteuer nicht durch die Realsteuergarantie zu verhindern, da andere Realsteuern bestehen blieben und deren Aufkommen den Gemeinden weiterhin zustand.

Die Beschränkung der Finanzhoheit der Kommunen ist Bestandteil der Beschränkung ihres Maßes an Autonomie. Es gibt — auch nach der Rechtsprechung des Bundesverfassungsgerichtes — keinen eindeutig bestimmbaren Aufgabenkatalog gemeindlicher Selbstverwaltung. Die Selbständigkeit ist durch die Gesetzgebungsbefugnisse der Länder und des Bundes beschränkt, aber innerhalb dieser Grenzen haben die Gemeinden ein "Aufgabenfindungsrecht". Kommunale **Finanzhoheit** als Befugnis zu einer eigenverantwortlichen Einnahmen- und Ausgabenwirtschaft im Rahmen eines gesetzlich geordneten Haushaltswesens bedeutet für die Kommunen Ertrags- und Einnahmenhoheit, nicht jedoch Besteuerungshoheit. Hinsichtlich Haushalts- und Ausgabenhoheit sind sie durch bundes- und landesrechtliche Vorgaben gebunden. Hinsichtlich der Ertragshoheit können die Gemeinden über die ihnen zugewiesenen Finanzquellen autonom entscheiden. Dies gilt für das Aufkommen aus den **Realsteuern** (Grund- und Gewerbesteuer), den **örtlichen Verbrauch- und Aufwandsteuern** und dem Anteil an der **Einkommensteuer**. Die gesetzliche Regelung dieser Finanzaufkommen steht den Gemeinden aber nicht zu. Die Einnahmenhoheit berechtigt die Gemeinden zur Erhebung von Gemeindesteuern, Beiträgen und Gebühren, Kreditaufnahme, Entgegennahme von Finanzausgleichsleistungen sowie Erzielung von Einnahmen aus Wirtschaftsbetrieben. "Die Finanzhoheit sichert den Gemeinden und Gemeindeverbänden demnach keineswegs eine autonome Entscheidungsbefugnis in allen finanzwirtschaftlichen Angelegenheiten. Ein mehrgestuftes Gemeinwesen ist nicht auf eine als Unabhängigkeit verstandene Finanzautonomie angelegt. Auch die Bundesländer sind weitgehend auf Vorgaben des Bundes, insbesondere des Bundessteuerrechts angewiesen. Der Bund selbst hat innerhalb der EWG einen Teil seiner Autonomie aufgegeben" (Kirchhof in: Püttner (Hg.) 1985, S. 12).

SONDERREGELUNG IN DEN NEUEN BUNDESLÄNDERN: Durch die deutsche Einigung sind in den neuen Ländern Besonderheiten zu beachten. Die in § 2 der DDR-Kommunalverfassung geregelte Selbstverwaltung der Gemeinden enthält auch eine Aufzählung der Selbstverwaltungsaufgaben. Die Sicherung eigener Mittel (Steuern, Abgaben, Gebühren, Entgelte) und das Recht auf einen übergemeindlichen Finanzausgleich zur Erfüllung ihrer Aufgaben wurden in §§ 4 und 35 der Kommunalverfassung geregelt. In den fünf neuen Bundesländern blieb die DDR-Kommunalverfassung als Landesrecht auch nach der Vereinigung gültig, wird aber durch Gemeindeordnungen, Kommunalabgabengesetze und andere Landesgesetze schrittweise ersetzt.

Durch die Verträge zwischen der BRD und der DDR zur Schaffung einer Währungs-, Wirtschafts- und Sozialunion und zur Herstellung der Einheit Deutschlands wurde auch die Finanzausstattung der Gemeinden in den neuen Ländern geregelt. Art. 7 des Einigungsvertrages bestimmt die Übernahme der Finanzverfassung für das Beitrittsgebiet. Mit dem 1993 verabschiedeten Gesetz zum Förderalen Konsolidierungsprogramm (FKP) werden die neuen Länder ab 1995 am Länderfinanzausgleich und der Umsatzsteuerverteilung zwischen Bund und Ländern beteiligt. Für die ostdeutschen Gemeinden gilt bis zum 31.12.1996, daß der Anteil an der Einkommensteuer nicht nach dem Steueraufkommen in den Gemeinden, sondern nach der Zahl der Einwohner ermittelt wird. Ferner werden die Anteile der Gemeinden an den Landes- und den Gemeinschaftssteuern sowie am Fonds "Deutsche Einheit" im Art. 7 Abs. 2 Einigungsvertrag bis zum 31.12.1994 geregelt.

EINFLUSS DER EUROPÄISCHEN EINIGUNG: Neben den sich aus dem deutschen Einigungsprozeß ergebenden Problemen sind aber auch die Auswirkungen des europäischen Einigungsprozesses zu beachten. Das Bundesverfassungsgericht hat mit dem Urteil vom 12. Oktober 1993 verfassungsrechtliche Bedenken gegen die Schaffung einer Europäischen Union verworfen. Es hat allerdings anerkannt, daß durch die Übertragung von Kompetenzen auf ein weitgehend von den Regierungen gebildetes Organ der Europäischen Union das Demokratieprinzip verletzt werden kann. Durch den Vorrang des Gemeinschaftsrechts vor nationalen Recht wird das kommunale Selbstverwaltungsrecht nach Art. 28 Abs. 2 GG eingeschränkt. Eine Garantie der kommunalen Selbstverwaltung findet sich in den Gemeinschaftsverträgen nicht, vielmehr sind diese mit "Landes und Kommunal-Blindheit" geschlagen. Auch die am 1.9.1988 in Kraft getretene **Europäische Charta der kommunalen Selbstverwaltung**" (EKC), die bislang von Luxemburg, Dänemark, Spanien und der Bundesrepublik Deutschland ratifiziert wurde, ändert daran nichts, da die EU daran nicht gebunden ist. Eine dem Grundgesetz vergleichbare Absicherung der kommunalen Selbstverwaltung und der daraus abgeleiteten (beschränkten) Finanzautonomie ist daher auf europäischer Ebene nicht vorhanden.

Das Gemeindefinanzsystem

"Die Finanzen sind die Realität einer Verfassung" (Vogel 1990, S. 4). In der Finanzverfassung des Grundgesetzes wird den Gemeinden das Aufkommen aus den Realsteuern (gegenwärtig Grund- und Gewerbesteuer) und seit der Finanzreform 1969 ein Anteil an der Einkommensteuer zugesprochen. Ferner wird die Beteiligung am Länderanteil an den Gemeinschaftssteuern (kommunaler

Finanzausgleich) geregelt (vgl. Art. 106 Abs. 5-7 GG). Darüber hinaus können Einnahmen aus den örtlichen Verbrauchs- und Aufwandsteuern erzielt werden sowie aus Gebühren und Beiträgen.

Grundsätzlich ist die Finanzverfassung seit der Reform von 1969 nach dem **Konnexitätsprinzip** geregelt, d. h., die Ausgaben werden durch die Aufgaben, mithin die Verwaltungszuständigkeit bestimmt (Art. 104a Abs. 1 GG; Vogel 1990, S. 16 ff.). Die in Art. 28 Abs. 2 GG garantierte eigenverantwortliche Aufgabenerfüllung für Angelegenheiten der örtlichen Gemeinschaft im Rahmen der Gesetze bestimmt daher die Finanzausstattung der Gemeinden (Kirchhof 1985, S. 14). Allerdings wird dieser Grundsatz modifiziert, da die Ausgaben der Gemeinden (und damit ihr Finanzbedarf) nur teilweise von ihnen selbst zu verantworten sind, in wesentlichen Bereichen (z. B. bei der Sozialhilfe) jedoch von der Bundes- bzw. Landesgesetzgebung abhängen. Ferner wird der Grundsatz der Ausgabenabhängigkeit der kommunalen Finanzausstattung durch das Postulat der "Einheitlichkeit der Lebensverhältnisse" gemäß Art. 72 Abs. 2 Nr. 3 GG eingeschränkt (Kirchhof 1985, S. 16 ff.).

	Kommunale Einnahmen im Überblick
Steuern:	Realsteuern
	— *Grundsteuer A, B*
	— *Gewerbesteuer (nach Kapital und Ertrag)*
	Gemeindeanteil an der Einkommensteuer
	Örtliche Verbrauch- und Aufwandsteuern
Zuweisungen:	Kommunaler Finanzausgleich
	Zweckzuweisungen
Entgelte:	Gebühren
	— *Verwaltungsgebühren*
	— *Benutzungsgebühren*
	Beiträge
Sonstige Einnahmen	

LANDKREISE: Für die **Landkreise** ergibt sich eine andere Zusammensetzung der Einnahmen, da die Realsteuern nur den Gemeinden zustehen. Neben Gebühren und Beiträgen sind insbesondere die Zuweisungen und die **Kreisumlage** von Bedeutung, die aus der Steuerkraft der Gemeinden und deren Schlüsselzuweisungen ermittelt wird. Diese Umlage macht etwa 30% der Kreiseinnahmen aus (Reiners 1993, S. 57). Die Gemeinden haben bei der Festsetzung kein direktes Mitwirkungsrecht. Umlagesätze von über 50% wurden in gerichtlichen Verfahren bereits als zulässig anerkannt.

Ermittlung der Kreisumlage:	
Steuerkraftzahlen der kreisangehörigen Gemeinden	
<u>+ Schlüsselzuweisungen der kreisangehörigen Gemeinden</u>	
= Umlagegrundlage	
<u>x vom-Hundert-Satz der Kreisumlage</u>	
= Kreisumlage	(Reiners 1993, S. 57)

STRUKTUR DER EINNAHMEN: Hinsichtlich des Grades der Autonomie der Einnahmen werden im folgenden Steuereinnahmen, Finanzzuweisungen und Entgelte sowie sonstige Einnahmen unterschieden. 1992 entfielen etwa 38% der gemeindlichen Einnahmen auf Steuern, ca. 29% auf staatliche Zuweisungen und etwa 16% auf Gebühren und Beiträge (Finanzbericht 1994, S. 149). Gegenüber dem Bund und den Ländern, deren Einnahmen im wesentlichen von den Steuern bestimmt werden, sind die Kommunen insbesondere auf Entgelte und sonstige Einnahmen angewiesen (Richter, S. 156 ff.). In den neuen Bundesländern spielen die Zuweisungen die zentrale Rolle; 1993 stellten sie noch rund die Hälfte der kommunalen Einnahmen dar.

STRUKTUR DER AUSGABEN: Bei den Ausgaben der Kommunen stehen insbesondere die Personalausgaben mit einem Anteil von 26 bis 30% (alte Länder) bzw. rund 40% (neue Länder) im Vordergrund. Zwischen 1980 und 1992 erhöhte sich der Personalbestand um 10,1% (alte Länder), wovon allein ein Viertel auf die Krankenhäuser entfällt. Dabei wurde die Zahl der Teilzeitbeschäftigten kontinuierlich erhöht (Finanzbericht 1994, S. 150 f.). Seit Anfang der 90er Jahre sinkt der Anteil der Personalausgaben an den Gemeindehaushalten in den alten Ländern wieder. Bei den Ausgaben für "Soziales" wirkt sich insbesondere die Sozialhilfe aus, deren Steigerungsraten zwischen 1980 und 1992 deutlich über dem Anstieg der Gesamtausgaben lag. Die Investitionen zeigen demgegenüber einen fallenden Trend; lag ihr Anteil an den Gesamtausgaben in den 60er Jahren noch zwischen 40 und 45%, so sank er bis zu den 80ern auf ca. 25%.

Die Zeit zwischen 1980 und 1992 ist durch erhebliche Anstrengungen der Kommunen zur Konsolidierung ihrer Haushalte geprägt. Dennoch sind seit 1990 Finanzierungsdefizite zu verzeichnen. Für 1992 wird das Defizit der Gemeinden mit 9,7 bis 14,5 Mrd. DM geschätzt (Finanzbericht 1994, S. 149; SVR 1993/94, S. 149), für 1993 und 1994 ebenfalls auf jeweils ca. 10 Mrd. DM (Gemeindefinanzbericht 1994, Tabellenanhang). "Diese Entwicklung ist um so bedenklicher, da die kommunalen Einnahmen im gleichen Zeitraum ebenfalls beachtliche Zuwachsraten aufwiesen und da die wirklich starken Belastungen der Kommunalhaushalte als Folge der deutschen Einheit, aber auch der konjunkturellen Entwicklung, noch vor den Kommunen liegen." (Finanzbericht 1994, S. 150.)

STEUEREINNAHMEN: Nach der Finanzverfassung des Grundgesetzes stehen den Gemeinden das Aufkommen aus den Realsteuern (gegenwärtig Grundsteuer und Gewerbesteuer), ein Anteil an der Einkommensteuer (Lohnsteuer und veranlagte Einkommensteuer) und die örtlichen Verbrauch- und Aufwandsteuern zu. Seit 1975 ist der Gemeindeanteil an der Lohn- und veranlagten Einkommensteuer die bedeutendste Steuerquelle der Gemeinden, gefolgt von der Gewerbesteuer (nach Abzug der Gewerbesteuerumlage) und der Grundsteuer, so daß sich seit der Finanzreform 1969 eine deutliche Verschiebung von der zuvor dominierenden Gewerbesteuer zu einem Anteil an den (Bund und Ländern zustehenden) Gemeinschaftssteuern ergeben hat. Für die Gemeinden in den alten Bundesländern ist der Anteil an der Einkommensteuer auch in den Jahren 1990 bis 1993 von überragender Bedeutung (Gemeindefinanzbericht 1993, S. 72). Bezogen auf die Steuereinnahmen aller Gebietskörperschaften, also von Bund, Ländern und Gemeinden, ist der Anteil der Gemeinden mit etwa 13% zwischen 1980 und 1991 recht konstant geblieben (Finanzbericht 1994, S. 153).

GEWERBESTEUER: Die **Gewerbesteuer** war bis zur Finanzreform 1969 mit fast 80% der Steuereinnahmen die bestimmende Steuerquelle der Gemeinden (Karrenberg 1985, S. 35; S. 151 Tab. 7c). Die kommunale Ertragshoheit ist mit einem Hebesatzrecht verbunden. Gegenstand der Steuer ist jeder stehende Gewerbebetrieb, Besteuerungsgrundlagen sind der Gewerbeertrag und das Gewerbekapital. Der Gewerbeertrag wird aus dem einkommen- bzw. körperschaftsteuerlichen Gewinn abgeleitet und durch Hinzurechnungen und Kürzungen korrigiert. Das Gewerbekapital wird aus dem betrieblichen **Einheitswert** (Grundlage: Bewertungsgesetz) abgeleitet, der ebenfalls durch gewerbesteuerliche Vorschriften modifiziert wird. Die Ermittlung des Steuermeßbetrages ist bundeseinheitlich geregelt (Gewerbesteuergesetz), die Steuerschuld ergibt sich durch Anwendung des gemeindlichen Hebesatzes, der durch die Haushaltssatzung der Gemeinde festgelegt wird. Ein vereinfachtes Schema soll die Berechnung verdeutlichen (vgl. Reiners 1993, S. 26 ff.):

1. Ermittlung des Meßbetrags für den Gewerbeertrag	
Gewinn (nach Einkommensteuer- bzw Körperschaftsteuergesetz)	§ 7 GewStG
+ Hinzurechnungen	§ 8 GewStG
- <u>Kürzungen</u>	§ 9 GewStG
= Gewerbeertrag	§ 10 GewStG
- <u>Freibetrag</u>	§ 11 (1) GewStG
= zu versteuernder Gewerbeertrag	
x <u>Steuermeßzahl</u> (1-5%, gestaffelt)	§ 11 (2) GewStG
= Steuermeßbetrag für Gewerbeertrag	

2. Ermittlung des Meßbetrags für das Gewerbekapital

Einheitswert (nach Bewertungsgesetz)	§ 12 (1) GewStG
+ Hinzurechnungen	§ 12 (2) GewStG
- Kürzungen	§ 12 (3) GewStG
= Gewerbekapital	
- Freibetrag	§ 13 (1) GewStG
= zu versteuerndes Gewerbekapital	
x Steuermeßzahl (0,2%)	§ 13 (2) GewStG
= Steuermeßbetrag für Gewerbekapital	

3. Ermittlung der Gewerbesteuer

Steuermeßbetrag Gewerbeertrag	
+ Steuermeßbetrag Gewerbekapital	
= einheitlicher Steuermeßbetrag	§ 14 GewStG
x Hebesatz	Haushaltssatzung
= Gewerbesteuer	

Der Freibetrag beim Gewerbeertrag beträgt bei Einzelunternehmen und Personengesellschaften 48.000 DM, bei bestimmten Körperschaften 7.500 DM. Die auf den verbleibenden Gewerbeertrag anzuwendende Steuermeßzahl beträgt 1-5% (Staffelung). Der Freibetrag beim Gewerbekapital beträgt — unabhängig von der Rechtsform des Unternehmens — 120.000 DM. Die Steuermeßzahl beträgt hier regelmäßig 0,2%. Erst auf den einheitlichen Steuermeßbetrag ist der gemeindliche **Hebesatz** anzuwenden, aus dem sich die Gewerbesteuer ergibt. Der Hebesatz ist von der Gemeinde bis zum 30. Juni eines Kalenderjahres festzusetzen, wenn er bis zum Beginn des Kalenderjahres zurückwirken soll (§ 16 Abs. 1 GewStG). Bestehen mehrere Betriebsstätten eines Gewerbebetriebs, so wird der einheitliche Gewerbesteuermeßbetrag durch das Finanzamt i. d. R. nach dem Anteil der Arbeitslöhne der beteiligten Gemeinden zerlegt und auf die entsprechenden Anteile der jeweilige gemeindliche Hebesatz angewandt. Die Gemeinden haben an Bund und Länder eine **Gewerbesteuerumlage** abzuführen, die sich aus dem Ist-Aufkommen der Gewerbesteuer geteilt durch den Hebesatz multipliziert mit dem Vervielfältiger (46% in den alten, 28% in den neuen Ländern ab 1995, Stand 1994) ergibt (§ 6 Abs. 2a Gemeindefinanzreformgesetz). Bei konstanten Steuermeßbeträgen wirken sich Erhöhungen von Hebesätzen durch die Gemeinde nicht auf die Höhe der Umlage aus; das Mehraufkommen aus Hebesatzerhöhungen bleibt also in vollem Umfang bei der Gemeinde.

Bespiel (Umlagesatz neue Länder):

$$\frac{\text{Gewerbesteuer-Ist } 3.000.000 \times \text{Vervielfältiger } 28\%}{\text{Hebesatz } 300\%} = \text{Gewerbesteuerumlage } 280.000 \text{ DM}$$

Das Gewerbesteueraufkommen kann über den Hebesatz von der Gemeinde beeinflußt werden. Weit größeren Einfluß haben aber die bundesgesetzlichen Regelungen, mit denen seit Abschaffung der Lohnsummensteuer im Jahre 1979 dieser Bestandteil des kommunalen Einnahmensystems kontinuierlich geschwächt wurde. Im Mittelpunkt der Diskussion stehen dabei der Kreis der Steuerpflichtigen, der z. B. die Freiberufler nicht einschließt, die Höhe der Freibeträge und die Meßzahlen. Durch Erleichterungen bei der Gewerbeertragsteuer im Rahmen der seit Jahren geführten Standortdiskussion wurde die Zahl der gewerbesteuerpflichtigen Unternehmen immer kleiner, so daß heute nur noch von einer "Großbetriebssteuer" gesprochen werden kann, deren Aufkommen zudem stark konjunkturabhängig ist. Das Aufkommen der weniger konjunkturabhängigen Gewerbekapitalsteuer wurde durch die Aussetzung in den neuen Bundesländern und durch den Ansatz der Steuerbilanzwerte ebenfalls verringert. Dies ist sicherlich auch ein Ergebnis der seit Jahren von den Unternehmerverbänden aufgestellten Forderung nach Abschaffung der Gewerbesteuer.

NEUE BUNDESLÄNDER: Für die Gemeinden in den neuen Bundesländern wird die Erhebung der **Gewerbekapitalsteuer** bis einschließlich 1994 ausgesetzt. Daher sind sie bei Zerlegungen des Gewerbekapitals für die Veranlagungszeiträume 1991 bis 1994 nicht beteiligt. Als Ausgleich wurde auf die Abführung der **Gewerbesteuerumlage** verzichtet, allerdings nur für 1991 und 1992 (Gemeindefinanzbericht 1993, S. 78). Bis zum 31.12.1994 beträgt die Gewerbesteuerumlage in den neuen Bundesländern 15% des Gewerbesteueraufkommens. Danach ist der Vervielfältiger von 28% anzuwenden (Reiners 1993, S. 30).

GRUNDSTEUER: Gemäß Art. 106 Abs. 6 GG steht den Gemeinden seit 1956 das Aufkommen aus der **Grundsteuer** zu, die Betriebe der Land- und Forstwirtschaft (Grundsteuer A) und bebaute wie unbebaute Grundstücke (Grundsteuer B) erfaßt. Maßgebend ist das Grundsteuergesetz (GrStG), wonach sich die Grundsteuer nach dem aus der Multiplikation von Einheitswert und Steuermeßzahl gebildeten Steuermeßbetrag ergibt, auf den dann der Hebesatz der Gemeinde angewandt wird (Reiners 1993, S. 16 ff.). Die Meßzahlen sind nach Grundstücksarten gestaffelt, aber entscheidende Bedeutung kommt den **Einheitswerten** zu, deren Ermittlung zuletzt auf den 1.1.1964 erfolgte. Den zwischen Ermittlung und Anwendung eingetretenen Wertsteigerungen wurde 1974 durch einen pauschalen Zuschlag von 40% Rechnung getragen. Eingeschränkt wird die Ergiebigkeit der Grundsteuer B insbesondere durch Vergünstigungen für Grundstücke mit öffentlich geförderten oder steuerbegünstigten Wohnungen nach dem Zweiten Wohnungsbaugesetz, das für diese Wohnungen eine weitgehende Grundsteuerbefreiung für die Dauer von zehn Jahren vorsieht. Ab 1999 wird diese Sonderregelung entfallen.

Für die Gemeinden in den neuen Bundesländern gelten Sonderregelungen. Sofern auf den 1.1.1935 ein Einheitswert festgestellt wurde, gilt für die Festsetzung der Steuermeßzahlen die Grundsteuer-Durchführungs-Verordnung vom 1.7.1937. Wenn die Gemeinden den Hebesatz von 300% beibehalten, wird kein neuer Bescheid erteilt. Andernfalls wird eine Ersatzbemessungsgrundlage nach der Wohn- bzw. Nutzfläche ermittelt (Einigungsvertrag §§ 211 ff.). Für Mietwohngrundstücke und Einfamilienhäuser haben die Gemeinden die Ersatzbemessungsgrundlage zu ermitteln, während für die übrigen Grundstücksarten (Geschäftsgrundstücke, gemischt genutzte Grundstücke, sonstige bebaute oder unbebaute Grundstücke) die Finanzämter im Wege einer Nachfeststellung den Einheitswert auf den 1.1.1935 erstmals zu ermitteln und den Steuermeßbetrag festzusetzen haben, sofern nicht zum 1.1.1990 ein Grundsteuermeßbetrag festgesetzt worden war bzw. auf einen Feststellungszeitpunkt vor dem 1.1.1991 ein Einheitswert festgestellt worden war. Die Regelungen für die Gemeinden in den neuen Bundesländern bezüglich der Grundsteuer B sind kompliziert. Dies liegt auch daran, daß der Einheitswert die entscheidende Größe für die Ermittlung der Grundsteuer ist. Vereinfacht können drei Sachverhalte unterschieden werden, aus denen sich jeweils unterschiedliche Folgen für die Grundsteuer ergeben:

1. Grundsteuermeßbetrag wurde zum 1.1.1990 festgesetzt, und die Gemeinde wendet bisherigen Hebesatz von 300% an. Folge: Keine neuer Bescheid notwendig
oder: Gemeinde ändert den Hebesatz. Folge: Neuer Grundsteuerbescheid notwendig.

2. Einheitswert auf den 1.1.1935 wurde festgestellt und kein Meßbetragsbescheid. Folge: Fortschreibung durch Finanzamt auf den 1.1.1991
oder: Kein Grundsteuermeßbetrag, da Steuerbefreiung. Folge: Meßbetrag ist zu ermitteln nach der Grundsteuer-Durchführungs-VO vom 1.7.1937.

3. Keine Einheitswertfeststellung vor dem 1.1.1991 und Mietwohngrundstücke oder Einfamilienhäuser. Folge: Ermittlung der Ersatzbemessungsgrundlage durch die Gemeinde (§ 42 GrStG)
oder: Sonstige Grundstücke. Folge: Nachfeststellung des Einheitswertes auf den 1.1.1935 durch das Finanzamt.

Die Grundsteuer gehört trotz des relativ geringen Anteils an den kommunalen Einnahmen zu den stabilen Einnahmequellen der Gemeinden. Die Entwicklung für die Grundsteuer A ist wegen der Verminderung landwirtschaftlich genutzter Flächen und aus agrarpolitischen Gründen reduzierter Bewertungsansätze nur durch Erhöhungen der Hebesätze zu stabilisieren. Für die Grundsteuer B ist dagegen trotz der Bindung an die Einheitswerte auf den 1.1.1964 durch die Erhöhung des Grundvermögens durch die höhere Bewertung der Neuzugänge eine dynamischere Entwicklung zu verzeichnen, die nicht ausschließlich durch Hebesatzsteigerungen bestimmt wird. Vermutlich aber wird die weitere Entwicklung wesentlich durch höchstrichterliche Entscheidungen zur Verfassungsmäßigkeit des Besteuerungsverfahrens (Einheitswertermittlung) bestimmt werden.

ANTEIL AN DER EINKOMMENSTEUER: Gemäß § 106 Abs. 5 GG sind die Länder verpflichtet, einen Anteil am **Einkommensteuer**aufkommen an die Gemeinden auf der Grundlage des Steueraufkommens der EinwohnerInnen weiterzuleiten. Nach § 1 Gemeindefinanzreformgesetz stehen den Gemeinden 15% des Gesamtaufkommens zu. Zwischen den Bundesländern wird die Zerlegung nach der Zerlegung der Lohnsteuer vorgenommen, d. h. nach dem Wohnsitzprinzip. Ein weiterer länderüberschreitender Ausgleich erfolgt nicht. Zur Ermittlung der Einkommensteuerleistungen ihrer Bürger wird die in dreijährigem Abstand ermittelte Bundesstatistik über Lohn- und veranlagte Einkommensteuer herangezogen. Berücksichtigt wird aber nicht das gesamte Einkommensteueraufkommen der Gemeinde, sondern nur zu versteuernde Einkommen bis DM 40.000 (Ledige) bzw. 80.000 (Verheiratete). Aus dem so begrenzten Anteil des Einkommensteueraufkommens der Gemeinde am gesamten Aufkommen des Landes ergibt sich der Verteilungsschlüssel, der durch Landesverordnung festgesetzt wird. Da für die Gemeinden in den neuen Bundesländern die statistischen Grundlagen nicht zur Verfügung stehen, erfolgt dort die Verteilung noch nach der Einwohnerzahl. Von der dem Bundesgesetzgeber in Art. 106 Abs. 5 GG eingeräumten Möglichkeit, den Gemeinden ein Hebesatzrecht zu einzuräumen, wurde bislang kein Gebrauch gemacht.

Wesentlicher Einfluß auf die Entwicklung des Aufkommens aus dieser Einnahmequelle kommt der Steuergesetzgebung zu. So haben die ab 1993 geltenden Regelungen des Zinsabschlaggesetzes durch die Erhöhung des Sparerfreibetrages und weitere einkommensteuerliche Entlastungen Auswirkungen auf den Gemeindeanteil an der Einkommensteuer, die durch die Beteiligung der Gemeinden mit 12% am Aufkommen aus dem Zinsabschlag ausgeglichen werden sollen (Gemeindefinanzbericht 1993, S. 81 ff.).

SONSTIGE STEUEREINNAHMEN: Das Aufkommen der **örtlichen Verbrauch- und Aufwandsteuern** ist nach Art. 106 Abs. 6 den Gemeinden (bzw. nach landesrechtlichen Vorschriften teilweise den Gemeindeverbänden) garantiert. Die Länder haben z. T. den Gemeinden die inhaltliche Ausgestaltung der Steuern übertragen. Zu diesen wegen ihres geringen Aufkommens auch als **Bagatellsteuern** bezeichneten Steuern gehören u. a. die **Getränkesteuer, Hundesteuer, Speiseeissteuer, Vergnügungsteuer** und die **Zweitwohnungsteuer**. Die Grunderwerbsteuer dagegen gehört nicht zu dieser Einnahmeart und steht nach Art. 106 Abs. 2 GG den Ländern zu, die allerdings die Gemeinden in unterschiedlicher Weise am Aufkommen beteiligen.

Im Rahmen der landesrechtlichen Regelungen können die Gemeinden selbst über die Erhebung dieser örtlichen Verbrauch- und Aufwandsteuern entscheiden. Dabei ist allerdings das Gleichartigkeitsverbot nach Art. 105 Abs. 2a GG zu beachten. Für die Erhebung der **Zweitwohnungsteuer** ist die Gleichartigkeit mit anderen Steuern (Einkommen-, Grund- oder Umsatzsteuer) verneint worden (OVG NRW, Urteil v. 23.4.1993 — 22 A 3850/92). Daher können die Gemeinden Zweitwohnungen nach dem jährlichen Mietaufwand besteuern, wobei Beträge zwischen 175 und 700 DM pro Jahr erhoben werden (Müller 1992, S. 74).

KOMMUNALER FINANZAUSGLEICH UND FINANZZUWEISUNGEN: Die Gemeinden sind nach Art. 106 Abs. 7 GG am Länderanteil an den Gemeinschaftssteuern (Einkommen-, Körperschaft- und Umsatzsteuer) nach einem von der Landesgesetzgebung zu bestimmenden Hundertsatz zu beteiligen (sog. obligatorischer **Steuerverbund**). Darüber hinaus bestimmt das Landesrecht, ob und inwieweit das Aufkommen der Landessteuern den Gemeinden zufließt (sog. fakultativer Steuerverbund). Zugleich geht die Finanzkraft der Gemeinden zu 50% in den Finanzausgleich zwischen Bund und Ländern (vertikaler Finanzausgleich) bei der Ermittlung des Umsatzsteueranteils der Länder ein und wird auch im Länderfinanzausgleich (horizontaler Finanzausgleich) berücksichtigt. Auch die ab 1995 geltenden Regelungen enthalten beim Länderfinanzausgleich die Berücksichtigung der Gemeindefinanzkraft (Gemeindeanteil an der Einkommensteuer, Grundsteuer, Gewerbesteuer abzüglich Gewerbesteuerumlage) zu 50%.

Da innerhalb des Finanzverbundes von Bund, Ländern und Gemeinden die kommunalen Einnahmen durch vielfältige Gesetzesänderungen gemindert werden können, werden die Länder zum Ausgleich der Finanzkraftunterschiede verpflichtet (vgl. Kirchhof 1985, S. 23 f.). Dies geschieht über den **kommunalen Finanzausgleich**, in dessen Mittelpunkt die nach der Einwohnerzahl ermittelten allgemeinen **Schlüsselzuweisungen** stehen. Die zu verteilende Finanzmasse setzt sich aus dem obligatorischen und dem fakultativen Steuerverbund zusammen, der an die Gemeinden insgesamt zu verteilende Prozentsatz wird durch Landesrecht (**Finanzausgleichsgesetz** oder **Gemeindefinanzierungsgesetz**) festgelegt.

Die Höhe der Zuweisung an die einzelne Gemeinde ergibt sich durch die Ermittlung eines (fiktiven) Bedarfs. Neben der Einwohnerzahl, die bei größeren Gemeinden zumeist mit einem zu-

Kommunaler Finanzausgleich
1. **Finanzbedarf:**
Hauptansatz (Einwohnerzahl, evtl. mit Aufschlag)
+ Nebenansätze (Schülerzahl, Arbeitslose, Sozialhilfe u.ä.)
× Grundbetrag (Rechengröße zur Verteilung der Verbundmasse)
= Bedarfsmeßzahl/Ausgangsmeßzahl
2. **Finanzkraft:**
Berichtigte Grundsteuern A, B
+ Berichtigte Gewerbesteuer
- Gewerbesteuerumlage
± Anteil an der Einkommensteuer
= Steuerkraftmeßzahl (Reiners 1993, S. 52 f.)

sätzlichen Faktor höher gewichtet wird ("Einwohnerveredelung"), gehen in die Bedarfsermittlung auch die sogenannten Nebenansätze (Schülerzahl, Arbeitslosenzahl/Sozialhilfe u. a.) ein. Der so ermittelten Bedarfsmeßzahl wird die (objektivierte) Finanzkraft der Kommune gegenübergestellt, wobei fiktive Hebesätze für die Grundsteuern und die Gewerbesteuer angesetzt werden. Das Aufkommen der örtlichen Verbrauchs- und Aufwandsteuern, der sonstigen Einnahmen und der Gebühren und Beiträge wird nicht berücksichtigt. Liegt die Finanzkraft unter dem Bedarf, wird eine Schlüsselzuweisung in Höhe eines Teils des Unterschiedsbetrages gezahlt.

Etwa zwei Drittel des Finanzausgleichs werden in den alten Bundesländern durch eine von Land zu Land unterschiedliche Beteiligung der Gemeinden an den Gemeinschaftssteuern und den übrigen Landessteuereinnahmen finanziert, während ein Drittel durch Weiterleitung von Bundeszuweisungen oder durch sonstige Landesmittel finanziert wird (Gemeindefinanzbericht 1993, S. 85). Ein Vergleich der Regelungen in den (alten) Bundesländern setzt die methodisch schwierige Standardisierung der Aufgabenverteilung voraus, um zu Aussagen über die Angemessenheit des Finanzausgleichs zu gelangen (vgl. Katz in: Püttner (Hg.) 1985, S. 314 ff.). Die Beteiligung der Gemeinden am Länderaufkommen an der Einkommen- und Körperschaftsteuer sowie an der Umsatzsteuer schwankt zwischen 17,5 und 23,8% (Gemeindefinanzbericht 1993, S. 87). Dabei ist zu beachten, daß Schleswig-Holstein mit der höchsten Beteiligungsquote keine weiteren Steuerarten in den Verbund einbezieht, während Niedersachsen mit der niedrigsten Quote alle Steuern mit Ausnahme der Feuerschutzsteuer einschließt.

Die aus dem Steuerverbund resultierenden allgemeinen Zuweisungen (Schlüsselzuweisungen) sind für die Kommunen frei verfügbar und unterstützen daher die autonome Erfüllung ihrer Aufgaben. Die Bedarfsermittlung nach der sog. veredelten Einwohnerzahl unterstellt, daß der Bedarf mit der Größe der Gemeinde steigt (zur Kritik vgl. Kirchhof 1985, S. 22 ff.). Angesichts der zahlreichen Nebenansätze könnte eine Konzentration auf besondere soziale Belastungen sinnvoll sein, wie sie in Niedersachsen vorgenommen wurde. Dort gibt es ab 1993 nur noch Schlüsselzuweisungen zum Ausgleich der Steuerkraft unter Berücksichtigung der Einwohnerzahl (Hauptansatz), für Lasten der Sozialhilfe nach der Zahl der Arbeitslosen (Arbeitslosenansatz) und für kommunale Investitionen.

Die Beteiligung der Gemeinden an den Steuereinnahmen der Länder über den Steuerverbund ist in den alten Bundesländern ihrer Höhe nach nicht abgesichert. Je nach Entwicklung der Länderfinanzen ergibt sich daraus ein Konsolidierungsspielraum für die Landesparlamente, die Landesfinanzen zu Lasten der Gemeinden zu sanieren. In den neuen Bundesländern dagegen sind nach dem Einigungsvertrag (Art. 7 Abs. 2 Nr. 3) vom Länderanteil an den Gemeinschaftssteuern bis zum 31.12.1994 mindestens 20% den Gemeinden zu überlassen. Dennoch werden nur etwa 20% der Finanzausgleichsleistungen in den neuen Bundesländern durch den Steuerverbund gedeckt, da sowohl die Steuereinnahmen der Länder unzureichend sind als auch die Erhöhung der Verbundquote über das Minimum hinaus kaum vorgenommen wird. Daher steht für die Gemeinden in den neuen Bundesländern bis einschließlich 1994 als zentrale Finanzquelle beim kommunalen Finanzausgleich die Beteiligung mit 40% am **Fonds "Deutsche Einheit"** im Vordergrund.

ZWECKGEBUNDENE ZUWEISUNGEN: Außerhalb des Steuerverbundes erhalten die Gemeinden **zweckgebundene Zuweisungen**, deren Zweckbindungsgrad allerdings sehr unterschiedlich sein kann. Als Zuweisung für laufende Zwecke (Sonderlastenausgleiche) können die Gemeinden über die konkrete Verwendung dieser Mittel selbständig entscheiden, während die Kostenerstattungen für die Übernahme staatlicher Aufgaben an die Durchführung dieser Aufgaben gebunden sind. Auch bei den Investitionszuweisungen ist die Entscheidungsfreiheit der Kommunen in unterschiedlicher Weise geregelt. In einigen Bundesländern werden diese Zuweisungen pauschal als Prozentsatz der allgemeinen Schlüsselzuweisungen gewährt, in anderen dagegen werden sie an einzelne Vorhaben gebunden. Besondere Probleme ergeben sich daraus, daß die Gemeinden die Folgekosten bei durch Zuwendungen begünstigten Investitionen zu tragen haben.

Das Gemeindefinanzierungsgesetz 1992 für Nordrhein-Westfalen sieht zweckgebundene Zuweisungen vor für Stadterneuerung und Denkmalpflege, Schulbaumaßnahmen, Museumsbauten, Wasserversorgungs- und Abwassermaßnahmen, Abfallbeseitigungsanlagen sowie pauschalierte Förderung der Investitionsmaßnahmen. Im Land Brandenburg werden neben Zuweisungen z. B. für Verkehrsunternehmen auch Maßnahmen zur Verbesserung sozialer Einrichtungen wie Kindertagesstätten finanziert (Reiners 1993, S. 56).

ENTGELTE: Die Gemeinden erzielen aus der Bereitstellung von Leistungen Einnahmen, die sowohl in öffentlich-rechtlicher Form (Gebühren, Beiträge, z. B. Abfallbeseitigung) als auch in privatrechtlicher Form (z. B. Schwimmbäder) erhoben werden. Ob allerdings öffentlich-rechtliche oder privatrechtliche Entgelte erhoben werden, hängt von der Aufgabe, nicht von der Rechtsform der Einrichtung ab: So werden auch bei privatisierter Abfallbeseitigung von der Gemeinde Gebühren erhoben, aus deren Aufkommen der Betreiber finanziert wird. Bedeutsam sind die Einnahmen in den Bereichen Abfallbeseitigung und Abwasserbeseitigung, die Kostendeckungsgrade von über 90 % aufweisen, während Bäder, Kindergärten, Theater und ähnliche Einrichtungen ein sehr viel geringeres Aufkommen zu verzeichnen haben (vgl. Gemeindefinanzbericht 1993, S. 96).

Für direkte Leistungen der Gemeinde werden **Gebühren** erhoben, die somit den Charakter eines Entgelts für die (freiwillige oder auferlegte) Inanspruchnahme konkreter, individuell zurechenbarer Leistungen haben (Wilke in: Püttner (Hg.) 1985, S. 246 f.). Durch den Bezug auf eine Leistung unterscheiden sich die Gebühren von Steuern, die voraussetzungslos geschuldet werden (§ 3 Abs. 1 Abgabenordnung). Rechtsgrundlage der Gebühren sind die **Kommunalabgabengesetze** sowie die Verwaltungsgebührengesetze und -verordnungen der Länder. Die Gebührenbemessung folgt dem Kostendeckungsprinzip, dem Äquivalenzprinzip und dem Gebot gerechter Gebührensätze (vgl. Wilke 1985, S. 253 ff.). Dabei beziehen sich die Kommunalabgabengesetze z. T. auf den betriebswirtschaftlichen Kostenbegriff und lassen — handels- und steuerrechtlich unzulässige und daher umstrittene — Abschreibungen auf Wiederbeschaffungswerte zu, was zu Gebührenerhöhungen führen kann (Gemeindefinanzbericht 1993, S. 95; zur Kostenermittlung vgl. Reiners 1993, S. 37, und AKP-Sonderheft 7, S. 45 ff.).

Bei den **Beiträgen** fehlt es im Vergleich zu den Gebühren an der individuellen Zurechenbarkeit der kommunalen Leistungen. "Der Beitrag ist das Zwangsentgelt für eine vorteilhafte abstrakte öffentliche Leistung" (Lehmann in: Püttner (Hg.) 1985, S. 266). Diese öffentliche Leistung kann in der Straßenerschließung bestehen (**Erschließungsbeiträge** nach dem Baugesetzbuch), in der Herstellung, Erweiterung oder Anschaffung öffentlicher Einrichtungen wie Straßen, Wege, Plätze, Leitungsnetze, Wasserwerke u. ä. (Beiträge nach den Kommunalabgabengesetzen) oder im Hochwasserschutz u. ä. (Beiträge in Sonderfällen). Für Beiträge nach den Kommunalabgabengesetzen ist Voraussetzung, daß die Grundstückseigentümer wirtschaftliche Vorteile durch die Maßnahmen haben. Der für die Beiträge heranzuziehende Aufwand umfaßt Herstellungsaufwand, Grunderwerbsaufwand, Freilegungskosten und Kapitalaufwand, wobei ein Gemeindeanteil außer Ansatz bleibt (vgl. Reiners 1993, S. 41 ff.). Die Erhebung der Beiträge erfolgt grundstücksbezogen nach Fläche und ähnlichen Kriterien und ist in der Gemeindesatzung zu regeln. Der Beitragsbescheid unterliegt der verwaltungsgerichtlichen Überprüfung.

Die politische Diskussion konzentriert sich insbesondere auf die Erhöhung kommunaler Gebühren. Das Gebührenaufkommen wird wesentlich durch die Abwasser- und Abfallbeseitigung bestimmt (1990: 81,2 % des kommunalen Gebührenaufkommens). In diesen Bereichen liegt der Kostendeckungsgrad bei etwa 90 Prozent (Gemeindefinanzbericht 1993, S. 96). In den kultur- und sozialpolitischen Bereichen dagegen würde eine kostendeckende Gebührenfestsetzung die Nachfrage verringern und damit den Zielen widersprechen, die mit den kommunalen Angeboten verbunden sind. Auch nach Auffassung des Sachverständigenrates zur Begutachtung der gesamtwirtschaftlichen Entwicklung orientieren sich die Kostendeckungsgrade kommunaler Gebührenhaushalte nicht an der Entwicklung der kommunalen Haushalte, sondern an der Kostenentwicklung. Da eine Überdeckung nicht statthaft ist, sondern nach den gesetzlichen Vorschriften lediglich die Kosten durch die Gebühren zu decken sind, können Gebührenerhöhungen über die Kostendeckung hinaus nicht zur Entlastung der Kommunalhaushalte dienen (SVR 1993/94, Tz. 173).

SONSTIGE EINNAHMEN: Als Erwerbseinnahmen bzw. Einnahmen aus wirtschaftlicher Tätigkeit erhalten die Gemeinden **Konzessionsabgaben**, Miet- und Pachterträge, Gewinne aus kommunalen Wirtschaftsunternehmen u. a. m. Ferner zählen zu den sonstigen Einnahmen Bußgelder, **Ausgleichsabgaben** nach dem Schwerbehindertengesetz u. a. Nach dem Bruttoprinzip des Haushaltsrechts sind hier auch Kostenerstattungen zwischen den Gemeinden und anderen Kommunalverwaltungen oder sonstigen Dritten auszuweisen, obwohl entsprechender Aufwand diesen Einnahmen gegenübersteht (Püttner in: ders. (Hg.) 1985, S. 282).

BESONDERHEITEN IN DEN NEUEN BUNDESLÄNDERN: Die Lage der Gemeinden in den neuen Ländern wird im wesentlichen bestimmt durch die Übergangsregelungen des Einigungsvertrages und ab 1995 durch die Neuordnung des Länderfinanzausgleichs. Von besonderer Bedeutung für die Übergangszeit ist der Anteil von 40 % am Fonds "Deutsche Einheit" und die Festlegung eines Mindestsatzes von 20 % für den Landesanteil an den Gemeinschaftssteuern. Allerdings ist die Schwächung eigener Einnahmequellen unverkennbar. So ist die Aussetzung der Erhebung der Gewerbekapitalsteuer in den neuen Bundesländern geeignet, einen wesentlichen Bestandteil kommunaler Einnahmeautonomie zu untergraben, zumal die Wirtschaftskrise dort kaum zu Einnahmen aus der Gewerbeertragsteuer führt. Die in der Übergangszeit vielleicht vertretbare übermäßige Abhängigkeit der Gemeinden von Zuweisungen wird allerdings strukturell noch verstärkt, wenn autonome Einnahmequellen durch bundesgesetzliche Regelungen verschlossen werden.

GEMEINDEFINANZEN UND EUROPÄISCHE EINIGUNG: Für die Kommunen ergeben sich aus dem europäischen Einigungsprozeß vielfältige praktische Auswirkungen in den Bereichen öffentliches Auftragswesen, Beihilfekontrolle, Energiewirtschaft, Sparkassen u. a. m. Ihre Vertretung auf europäischer Ebene ist eher ungesichert und wird über die Länder wahrgenommen, die für die EU als sogenannte europäische Regionen Ansprechpartner sind. Hinsichtlich der Einnahmesituation ergeben sich für die Kommunen Auswirkungen aus der Steuerharmonisierung innerhalb der EU. Im Zentrum steht dabei insbesondere die Umsatzsteuer, die durch das Umsatzsteuer-Binnenmarktgesetz vom 25.8.1992 an die EG-Richtlinie angepaßt wurde. Eine Angleichung der direkten Steuern, zu denen auch die für die Kommunen bedeutsame Gewerbesteuer gehört, könnte möglicherweise nach Art. 100 EWG-Vertrag (Wettbewerbsgleichheit) gefordert werden, ist aber — soweit ersichtlich — bisher nicht in Angriff genommen worden. Allerdings gibt es bereits Empfehlungen der sogenannten Ruding-Kommission zur Harmonisierung der Unternehmensbesteuerung, in denen lediglich eine Steuer auf Unternehmensgewinne vorgeschlagen und hilfsweise eine Begrenzung der Gesamtbesteuerung angeregt wird (ECC 1992, S. 210).

Unternehmenssteuerreform und Reform des Gemeindefinanzsystems

STANDORTSICHERUNG UND GEWERBESTEUER: Die Forderungen nach steuerlichen Entlastungen zur Verbesserung des (Wirtschafts-)Standortes Deutschland bestimmen seit Jahren die finanzpolitische Diskussion. So wenig der Einfluß der Besteuerung auf Standortentscheidungen wegen der vielfältigen methodischen Probleme auch nachweisbar ist, so schwierig der Vergleich von Steuerbelastungen selbst innerhalb der EU ist, da immer auch die Bemessungsgrundlage und ihre Ermittlung einbezogen werden muß, für die politische Diskussion scheint festzustehen, daß steuerliche Entlastungen der Unternehmen zur Standortpflege unabdingbar sind. Durch Senkung der Steuersätze (Körperschaft- und Einkommensteuer), Einführung einer "Ansparabschreibung" für kleine und mittlere Unternehmen, Erhöhung des Freibetrages bei der Erbschaft- und Schenkungsteuer und Verlängerung der Steuervergünstigungen in den neuen Bundesländern wird dieser Weg mit dem **Standortsicherungsgesetz** fortgesetzt. Allerdings soll über die Verbreiterung der Steuerbasis (Abschreibungen) eine Gegenfinanzierung erreicht werden. Für die Kommunen wirkt sich die Gegenfinanzierung vorteilhaft aus, so daß über die Erhöhung der **Gewerbesteuerumlage** (Erhöhung des Vervielfältigers ab 1.1.1994 von 28 auf 46, Umverteilungsvolumen: 2 Mrd. DM) dieser Effekt wieder ausgeglichen werden soll (Gemeindefinanzbericht 1993, S. 136).

REFORMVORSCHLÄGE: Seit dem Gutachten des wissenschaftlichen Beirats beim BMF zur Reform der Gemeindesteuern (Wiss. Beirat 1982) mit dem Vorschlag zur Einführung einer **Wertschöpfungsteuer**, mit der insbesondere die ertragsunabhängigen Komponenten der Gemeindeeinnahmen gestärkt werden sollten, hat es ein Vielzahl von Modellen und Vorschlägen zur Reform der Gemeindefinanzen gegeben (vgl. Literaturangaben bei Junkernheinrich 1991). Inzwischen hat der Deutsche Städtetag nach hartnäckigem Werben für eine Erneuerung der Gewerbesteuer als Kompromißvorschlag die Beteiligung der Gemeinden an der Umsatzsteuer vorgeschlagen, durch die das reduzierte Gewerbesteueraufkommen ausgeglichen werden soll (Gemeindefinanzbericht 1993, S. 128 ff.). Die Länder haben sich gegen eine solche Umstellung des Gemeindefinanzsystems gewandt und sprechen sich für die Erneuerung der Gewerbesteuer aus Wegen der notwendigen Änderung des Grundgesetzes ist daher nicht mit einer kurzfristigen Verwirklichung dieses Vorschlages zu rechnen, zumal die Verteilungswirkungen noch abzuschätzen wären.

PERSPEKTIVEN FÜR EINE ALTERNATIVE KOMMUNALPOLITIK: Das Finanzierungsdefizit 1993 des öffentlichen Gesamthaushaltes wird mit 160 Mrd. DM angesetzt, wovon 13 Mrd. auf die West- und 7,5 Mrd. auf die Ostgemeinden entfallen (SVR 1993/94, S. 157). Angesichts der wirtschaftlichen Entwicklung und der für die neuen Bundesländer notwendigen finanziellen Mittel ist auch in den kommenden Jahren mit einer Verbesserung der Einnahmensituation nicht zu rechnen. Auf der Einnahmenseite bestehen für die Kommunen Handlungsmöglichkeiten insbesondere bei den Gebühren, aber auch bei den Gewerbesteuerhebesätzen. Hinsichtlich der Grundsteuer wird einiges davon abhängen, ob die Einheitswerte den Verkehrswerten angepaßt werden können. Dennoch werden Verbesserungen der Einnahmensituation eher die Ausnahme bilden, da die Kostendeckungsgrade bei wichtigen Gebührenaufkommen bereits sehr hoch sind und Hebesatzanhebungen auf erheblichen Widerstand stoßen werden. Angesichts der bisherigen Erfahrungen ist es auch fraglich, ob die Kommunen die politische Kraft entfalten können, um der beständigen Aushöhlung ihrer Einnahmequellen Einhalt zu gebieten, von einer umfassenden Gemeindefinanzreform ganz zu schweigen. Zugleich werden den Gemeinden zusätzliche finanzielle Lasten aufgebürdet. Von besonderer Bedeutung sind dabei die Sozialhilfeausgaben, die durch die Konjunkturentwicklung und durch Bundesgesetze weiter ansteigen, ohne daß der Bundeshaushalt zur ihrer Finanzierung herangezogen wird. Die Bundesländer werden — wie bereits in der Vergangenheit — den der Höhe nach ungesicherten kommunalen Finanzausgleich verstärkt zur Konsolidierung ihrer eigenen Haushalte heranziehen, so daß auch von dieser Seite keine Entlastung für die kommunalen Haushalte zu erwarten ist. Dennoch ist das Bündnis mit den Ländern für die Gemeinden von entscheidender Bedeutung, um im Zuge der weiteren Neuordnung der Finanzbeziehungen von Bund, Ländern und Kommunen eine Konsolidierung der Gemeindefinanzen zu erreichen. Dies gilt auch für die Diskussion über eine ökologische Steuerreform, deren kommunale Aspekte bislang kaum erörtert wurden.

Dennoch muß bei aller Kritik an Bund und Ländern in den Kommunen kritisch gefragt werden, ob in den vergangenen Jahren angesichts positiver Finanzierungssalden nicht notwendige Schritte zur Überprüfung der Aufgaben unterlassen wurden. Immerhin konnten 1989 und 1990 in den kommunalen Haushalten, die etwa ein Viertel des Gesamthaushaltes ausmachen, Überschüsse von 0,6 bzw. 2,2 Mrd. DM erzielt werden. Da die politische Kraft der Kommunen offensichtlich nicht ausreicht, eine dauerhafte Stabilisierung ihrer Einnahmen zu erreichen, und es ihnen im Unterschied zu Bund und Ländern nicht möglich ist, die Verschuldung wesentlich zu erhöhen, ist es umso notwendiger, einen gesellschaftlichen Konsens über den Kernbereich kommunaler Aufgaben herzustellen und dessen Finanzierung zu sichern. Auf diese Weise könnte es zu einer inhaltlichen Neubestimmung der kommunalen Selbstverwaltung kommen, auf deren Basis die Aufgaben- und Lastenverteilung zwischen Bund, Ländern und Gemeinden neu diskutiert werden müßte. Insofern bietet die Finanzkrise neben allen Risiken auch Chancen für eine neue Orientierung kommunaler Politik.

Literatur

ECC 1992: European Communities-Commission: Report of the Committee of Independent Experts on Company Taxation, Luxembourg: Office for Official Publications of the European Communities

Finanzbericht 1994: Bundesministerium der Finanzen (Hg.): Finanzbericht 1994, Bonn: Verlag Dr. Hans Heger, 1993
Gemeindefinanzbericht 1993, 1994: Karrenberg, Hans; Engelbert Münstermann: Gemeindefinanzbericht 1993, in: Der Städtetag 2/1993, S. 60-153, und dies.: Gemeindefinanzbericht 1994, in: Der Städtetag 3/1994, S. 134-217
Junkernheinrich, M. (1991): Gemeindefinanzen. Theoretische und methodische Grundlagen ihrer Analyse, Berlin: Analytica
Karrenberg, H. (1985): Die Bedeutung der Gewerbesteuer für die Städte (Neue Schriften des Deutschen Städtetags H. 52), Köln: W. Kohlhammer
Klein, F. (1983): Bund und Länder nach der Finanzverfassung des Grundgesetzes, in: Benda, Ernst u. a. (Hg.): Handbuch des Verfassungsrechts, Berlin/New York, S. 863-897
Püttner, G. (Hg.), Handbuch der kommunalen Wissenschaft und Praxis, Bd. 6, 2. Aufl., Berlin u. a.: Springer; darin insb.: Bullinger, D.: Die Einnahmesituation und Strategien zur Einnahmesteigerung, S. 106-116; Katz, A.: Der kommunale Finanzausgleich, S. 303-330; Kirchhof, P.: Die kommunale Finanzhoheit, S. 3-28; Lehmann, M.: Beiträge, S. 260-279; Lenz, D.: Der Einkommensteuer-Anteil, S. 141-155; Püttner, G.: Sonstige Einnahmen, S. 280-284; Wilke, D.: Gebühren, S. 246-259
Reiners, Th. (1993): Einführung in das kommunale Haushaltsrecht, München: C. H. Beck
Richter, H. (1991): Die kommunalen Finanzen, in: Petzold, S. / von der Heide, H.-J. (Hg.), Handbuch zur kommunalen Selbstverwaltung, Regensburg: Walhalla u. Praetoria-Verlag
SVR 1993/94: Sachverständigenrat zur Begutachtung der gesamtwirtschaftlichen Entwicklung: Jahresgutachten 1993/94, BT Drs.12/6170 v. 15.11.93
Vogel, K. (1990): Die Grundzüge des Finanzrechts des Grundgesetzes, in: Isensee. J. / Kirchhof, P. (Hg.), Handbuch des Staatsrechts der Bundesrepublik Deutschland, Bd. IV Finanzverfassung — Bundesstaatliche Ordnung, Heidelberg: C. F.Müller, S. 3-86
Wiss. Beirat 1982: Wissenschaftlicher Beirat beim BMF: Gutachten zur Reform der Gemeindesteuern in der Bundesrepublik Deutschland, Schriftenreihe des BMF Heft 31, Bonn: W. Stollfuß Verlag

AKP-Artikel zum Thema

Diverse Artikel in: AKP-Sonderheft 7: Der kommunale Haushalt, 1990
Diverse Artikel in den AKP-Dossiers "Gemeindefinanzen", AKP 3/1992, S. 45, und AKP 3/1993, S. 51
Diverse Artikel zum SGK-Sparkonzept in AKP 6/1993, S. 57
Beiträge von Weber, M., Höhn, B. und Pohl, W. in: Macht und Ohnmacht der Kommune. AKP-Sonderdruck zum Kommunalpolitischen Kongreß in Leipzig, 1992
Ellerbrock, B.: Auswirkungen des Steueränderungsgesetzes 92, AKP 6/1991, S. 45
Larisch, J.: Kommunale Selbstverwaltung und Finanzen in Europa, in: AKP 6/1992, S. 33
Sönnichsen, N.: EG-Förderprogramme für Städte und Gemeinden, in: AKP 4/1993, S. 47

Wolfgang Pohl, Wilfried Voigt

Der Haushalt

Nahezu jede staatliche Tätigkeit ist mit dem Einnehmen und Ausgeben von Geld verbunden. Im Unterschied zu anderen Tätigkeitsfeldern werden die politischen Entscheidungen über das Geld jedoch gebündelt und zumeist einmal jährlich im Haushalt zusammengefaßt. Die Mittelverteilung im Haushalt spiegelt zugleich die Schwerpunkte und Prioritäten der Politik wider; die Haushaltsdebatte ist daher ein zentrales Ereignis in der Politik der Kommune.

EINHEITLICHES HAUSHALTSRECHT: In der Folge der wirtschafts- und finanzpolitischen Reformen der Jahre 1967-1971, die sich hauptsächlich im Stabilitäts- und Wachstumsgesetz (StWG) niederschlugen, wurde auch ein einheitliches Haushaltsrecht für Bund und Länder (Haushaltsgrundsätzegesetz, HGrG 1969) geschaffen. Die dort entwickelten Prinzipien fanden — mit einigen gemeindespezifischen Besonderheiten — Eingang in einen Musterentwurf für ein kommunales Haushaltsrecht, der 1974 und 1975 von allen Ländern umgesetzt wurde. Die wesentlichen Bestimmungen zu Recht und Systematik des Kommunalhaushalts in den **Gemeindeordnungen** und **Gemeindehaushaltsverordnungen** sind in den einzelnen Bundesländern seitdem nahezu gleich.

Der Aufbau des Haushalts

WAS IST EIN HAUSHALT? Im allgemeinen Sprachgebrauch versteht man unter "Haushalt" die Haushaltssatzung mit dem dazugehörigen Haushalts- und Stellenplan und weiteren Anlagen. Insofern ist der Haushalt ein umfangreiches Dokument mit vielen Bestandteilen. Doch der Begriff "Haushaltsplan" verweist auf einen anderen Aspekt: Haushaltsaufstellung und -vollzug sind eine besondere Form der Planung; somit ist die **Haushaltswirtschaft** als Prozeß, das Haushaltsdokument als eine Momentaufnahme dieses Prozesses zu verstehen. Die Haushaltsplanung ist dabei mit anderen Fachplanungen, insbesondere der Finanz- und der Personalplanung, eng verzahnt.

Im Haushalt werden sämtliche voraussichtlichen Einnahmen und Ausgaben im **Haushaltsjahr**, das mit dem Kalenderjahr identisch ist, aufgeführt. Weiterhin enthält er zusätzliche Bestimmungen zu den einzelnen Positionen, Vergleichszahlen aus Vorjahren und eine Vielzahl von Erläuterungen, Übersichten und Anlagen. Mit der Verabschiedung des Haushalts nimmt der Rat das **Etatrecht** wahr: Eine elementare parlamentarische Regel lautet, daß die Verwaltung Ausgaben nur leisten darf, wenn und soweit sie vom Parlament (per Gesetz) dazu ermächtigt wurde. Insoweit stellen die Ausgabenansätze im Haushalt die Genehmigung von Ausgaben dar, die nicht über-, wohl aber unterschritten werden dürfen. Im Gegensatz dazu handelt es sich bei der Veranschlagung der Einnahmen zwangsläufig um mehr oder weniger sichere Schätzungen.

Der Beschluß des Rates ist die **Haushaltssatzung**. Da Satzungen keinen Gesetzesrang haben, stellt vor allem die **Gemeindeordnung** die notwendige gesetzliche Grundlage dar (über die rechtliche Qualifizierung von Satzungen vgl. das Kapitel "Kommunale Selbstverwaltung"). Der Haushalts- und der Stellenplan sind Anlagen zur Haushaltssatzung. Weiter werden mit dem Haushalt die Wirtschaftspläne der Eigenbetriebe und Sondervermögen, der Finanzplan und das Investitionsprogramm vorgelegt. Die Haushaltssatzung legt den Gesamtbetrag der Einnahmen und Ausgaben fest, den Höchstbetrag der Kredite und der Kassenkredite sowie die Hebesätze der Grund- und Gewerbesteuer. Neben diesem Mindestinhalt gibt es zumeist einige wenige weitere Bestimmungen, mit denen der Rat fast immer bestimmte Rechte (z. B. Freigabe gesperrter Mittel oder Stellen) an andere Gremien wie Finanz- oder Haushaltsausschuß, Personalamt, Kämmerer/in abtritt.

Der Haushaltsplan wird durch einen **Vorbericht** eingeleitet, der die wirtschaftlichen Rahmenbedingungen, die finanzielle Ausgangslage und die Eckdaten der Haushaltsaufstellung darlegt. Ihm folgt die **Finanzierungsübersicht**; hier werden die ordentlichen Einnahmen (d. h. ohne Kreditaufnahme und Rücklagenentnahmen) den ordentlichen Ausgaben (d. h. ohne Tilgung und Rücklagenzuführung) gegenübergestellt. Den Saldo bilden in der Regel die Nettokreditaufnahme (Kreditaufnahme abzüglich Tilgung) und die Rücklagenbewegungen. Weiterhin gibt es eine Übersicht über den Schuldenstand vor und nach Durchführung des Haushalts. Es folgt der **Gesamtplan**, der mehrere Übersichten enthält: den Gliederungsplan, den Haushaltsquerschnitt und den Gruppierungsplan. Anschließend werden die Haushaltsansätze im einzelnen aufgeführt, getrennt in einen Verwaltungs- und einen Vermögenshaushalt. Ihnen schließt sich die Darstellung der Sammelnachweise an. Den Abschluß bilden unterschiedliche Anlagen: möglicherweise eine Zusammenfassung der Vermerke und Erläuterungen (falls nicht in den Einzelplänen aufgeführt), evtl. eine Vermögensübersicht, die Wirtschaftspläne der Sondervermögen und Eigenbetriebe u. a.

Die Haushaltssystematik

VERMÖGENS- UND VERWALTUNGSHAUSHALT: Die Trennung in Vermögens- und Verwaltungshaushalt ist eine Besonderheit kommunaler Haushaltspläne. Gründe und Konsequenzen dieser Trennung werden unten näher erläutert (vgl. "Haushaltsausgleich"). Kriterium für die Zuordnung von Einnahmen und Ausgaben ist ihre Vermögenswirksamkeit. Einnahmen, die durch Übertragung von Vermögen (also z. B. durch Verkauf von Geräten, Grundstücken, aber auch durch Kreditaufnahme) erzielt werden, müssen im Vermögenshaushalt veranschlagt werden, ebenso Ausgaben zum Vermögenserwerb (z. B. Kauf von Geräten oder Grundstücken, Tilgung von Schulden). Diese heißen auch "investive Ausgaben" im Gegensatz zu den "konsumtiven" des Verwaltungshaushalts wie z. B. Personal- und Sachkosten oder Zinsen. Einnahmen des Verwaltungshaushalts sind in der Hauptsache Steuern, Gebühren, Zuweisungen u. ä. Soweit solche Einnahmen jedoch für Investitionen zweckgebunden sind (das kann insbesondere für Zuweisungen, aber auch für Beiträge zutreffen), gehören sie in den Vermögenshaushalt.

Einnahmen und Ausgaben des Haushalts lassen sich nach zwei unterschiedlichen Kriterien ordnen, denen die erwähnten Übersichten entsprechen. Es empfiehlt sich, die folgenden Ausführungen anhand eines konkreten (kommunalen!) Haushaltsplans nachzuvollziehen, wobei zunächst die Übersichten, dann einzelne Unterabschnitte betrachtet werden sollten. Der Vollständigkeit halber sei angemerkt, daß die Kommunalhaushalte der Stadtstaaten in ihrem Aufbau an die Landeshaushalte angeglichen sind und daher teilweise von der folgenden Darstellung abweichen.

GLIEDERUNGSÜBERSICHT: Die **Gliederungsübersicht** folgt der Verwaltungsstruktur. Dabei kann wegen der bundeseinheitlichen Systematik nicht der jeweils örtliche Verwaltungsaufbau abgebildet werden; vielmehr werden zehn **Einzelpläne** (numeriert von 0 bis 9) aufgestellt, denen die Dezernate bzw. Referate dann zugeordnet werden. Die Zuordnung der Verwaltungsbereiche zu diesen Einzelplänen bietet wenig Probleme; lediglich für die Einzelpläne 7 und 8 ist der Hinweis wichtig, daß hier die Rechtsform entscheidend ist: Wird z. B. die Abfallwirtschaft als Eigenbetrieb geführt, findet sie sich im Einzelplan (EP) 7, als Aktiengesellschaft in EP 8. Vermögens- wie Verwaltungshaushalt bestehen jeweils aus folgenden Einzelplänen:

0 Allgemeine Verwaltung
1 Öffentliche Sicherheit und Ordnung
2 Schulen
3 Wissenschaft, Forschung, Kulturpflege
4 Soziale Sicherung
5 Gesundheit, Sport, Erholung
6 Bau- und Wohnungswesen, Verkehr
7 Öffentliche Einrichtungen, Wirtschaftsförderung
8 Wirtschaftliche Unternehmen, allgemeines Grund- und Sondervermögen
9 Allgemeine Finanzwirtschaft

Ein Einzelplan unterteilt sich weiter in Abschnitte und diese wiederum in **Unterabschnitte**, wofür den Ziffern weitere Stellen angehängt werden. So könnte der Einzelplan 2 "Schulen" z. B. aus den Abschnitten 20 "Allgemeine Schulverwaltung", 21 "Grundschulen", 22 "Realschulen" usw. bestehen. Eine einzelne Grundschule erhielte dann die Unterabschnitts-Nr. 210, die nächste 211. Damit entspricht ein Unterabschnitt (UA) zumeist einem Amt oder einer Einrichtung; größere Ämter richten jedoch auch für einzelne, abgrenzbare Tätigkeitsbereiche eigene Unterabschnitte ein. Diese Unterteilung ist nicht bundeseinheitlich geregelt. In größeren Städten werden die Unterabschnitte mit vier Ziffern bezeichnet, da einzelne Abschnitte mehr als zehn Unterabschnitte haben können. Wegen der übergeordneten Einteilung in Vermögens- und Verwaltungshaushalt kann jeder Unterabschnitt in beiden Teilen vorkommen. Hat z. B. eine bestimmte Grundschule den UA 210 und hat sie im Haushaltsjahr vermögenswirksame Einnahmen oder Ausgaben (z. B. einen Erweiterungsbau), so findet sich auch im Vermögenshaushalt der entsprechende UA 210.

GRUPPIERUNGSÜBERSICHT: Die Positionen des Haushalts lassen sich auch ganz anders, nämlich nach der Art der Einnahme oder Ausgabe ordnen. So lassen sich bei den Einnahmen Steuern, Gebühren, Verkaufserlöse u. a. unterscheiden, bei den Ausgaben Personal-, Sachmittel, Geldleistungen an Dritte u. a. Diese Einteilung liegt der **Gruppierungsübersicht** zugrunde; sie entspricht weitgehend der Darstellung im Kapitel "Gemeindefinanzen". Die Gruppierungsübersicht ist daher hilfreich zur finanzpolitischen Analyse eines Haushalts. Es gibt folgende zehn **Hauptgruppen**:

0	Steuern, allgemeine Zuweisungen	5	⎫
1	Einnahmen aus Verwaltung und Betrieb		⎬ Sächliche Verwaltung, Betriebsaufwand
2	Finanzeinnahmen	6	⎭
3	Einnahmen des Vermögenshaushalts	7	Zuweisungen und Zuschüsse
		8	Sonstige Finanzausgaben
4	Personalausgaben	9	Ausgaben des Vermögenshaushalts

Aus der Gruppierungszahl einer Haushaltsposition lassen sich damit schon viele Informationen gewinnen, so ob es sich um eine Einnahme (0-3) oder eine Ausgabe (4-9) handelt, ob sie in den Vermögenshaushalt (3 oder 9) oder in den Verwaltungshaushalt (alle anderen) gehört. Ebenso wie in der Gliederungsübersicht werden die Hauptgruppen dann weiter unterteilt, allerdings immer dreistellig. So können z. B. die sächlichen Ausgaben aus Hauptgruppe 5 die Gruppe 54 "Bewirtschaftung der Gebäude" enthalten, in der sich die Untergruppen 541 "Heizung", 542 "Elektrizität" usw. finden. Die Zuordnung der Einnahmen und Ausgaben entsprechend dem Gruppierungsplan ist in jedem Bundesland durch ein Verordnungsblatt des Innenministeriums einheitlich geregelt.

DIE HAUSHALTSSTELLE: Die Kombination dieser beiden Ordnungssysteme erfolgt dadurch, daß innerhalb jedes Unterabschnitts die Einnahmen und Ausgaben entsprechend ihrer Zuordnung zu Untergruppen sortiert werden. Jeder einzelne Betrag im Haushaltsplan ist damit doppelt zugeordnet, sowohl im Gliederungs- als auch im Gruppierungsplan. So sind als Beispiel die Heizkosten der Grundschule X in der Gliederungssytematik unter 210, in der Gruppierungssystematik unter 541 einzuordnen. Beide Ziffern zusammen ergeben die **Haushaltsstelle** (den Titel). Zur Unterscheidung von Haushaltsstellen, die zur gleichen Untergruppe gehören, werden drei weitere Ziffern hinzugesetzt. Häufig wird eine zusätzliche Ziffer zur Kennzeichnung von Verwaltungs- oder Vermögenshaushalt vorangestellt und eine Prüfziffer für die Datenverarbeitung angehängt.

> **Beispiel für die vollständige Bezeichnung einer Haushaltsstelle:**
>
> Verwaltungs-   EP 2 "Schulen",
> Haushalt   UA 210 "Grundschule X"
> ↓   ↓
>
> **1.210.541000.6**
>   ↑   ↑
>
> Hauptgruppe 5 "Bewirtschaftung"   Prüfziffer
> Untergruppe 541 "Heizung"

Eine Haushaltsstelle besteht nicht aus dem Anschlag allein; vielmehr können Vermerke und Erläuterungen hinzukommen. Während ein **Vermerk** eine rechtswirksame zusätzliche Festlegung bezüglich der Bewirtschaftung des Titels ist (z. B. Deckungs- oder Übertragbarkeitsvermerk, s. u.), handelt es sich bei einer **Erläuterung** um detaillierte Angaben zur Ermittlung des Betrages.

HAUSHALTSQUERSCHNITT: Der Haushaltsplan läßt sich damit als ein großes Schachbrett vorstellen, in dem die eine Dimension den Gliederungs-, die andere dem Gruppierungsplan entspricht. Dies wird im **Haushaltsquerschnitt** dargestellt, der in der Waagerechten zusammengefaßte Gruppierungen, in der Senkrechten die Einzelpläne und Unterabschnitte zeigt, so daß sich die Aufteilung der Einnahme- und Ausgabenarten auf die Aufgabenbereiche erkennen läßt. Die Gliederungs- und die Gruppierungsübersicht entstehen durch senkrechtes oder waagerechtes Aufsummieren.

Der Stellenplan

Der **Stellenplan** ist eigenständiger Bestandteil des Verwaltungshaushaltes. Er legt die Gesamtzahl der Planstellen fest, in ihm sind die Vollzeitstellen erfaßt, die Teilzeitstellen und die Ausbildungsplanstellen. Nachrichtlich aufgeführt und in der Regel im EP 4 "Soziale Sicherung" verbucht sind die Stellen des 2. Arbeitsmarktes (ABM, BSHG etc.); hierbei handelt es sich um vorübergehende Beschäftigungen, nicht um Planstellen.

Der Entwurf des Stellenplans wird von der Verwaltung erstellt (Haupt-/Personalamt); dazu melden die einzelnen Fachämter ihre Personalwünsche an, von denen allerdings die wenigsten nachher beschlossen werden. Wie Verwaltungshaushalt, Vermögenshaushalt und Investitionsprogramm ist der Stellenplan eigenständiger Bestandteil der Haushaltsberatungen und bedarf in der Regel als solcher auch der Genehmigung der Kommunalaufsicht. Direkte Eingriffe und konkrete Auflagen sind allerdings rechtlich fragwürdig. So hat das OVG Lüneburg festgestellt (AZ 5 OVG A 70/87), daß es der Gemeinde überlassen bleiben muß, wie sie einen genehmigungsfähigen Haushalt erstellt. Durch das langdauernde Genehmigungsritual wird vor allem erreicht, daß die veranschlagten Kosten für neue Stellen nicht ausgegeben werden können, weil neue Planstellen erst ausgeschrieben und besetzt werden dürfen, wenn die Genehmigungsurkunde vorliegt.

Weitere Verzögerungen bei der Besetzung beschlossener Planstellen sind durch das Instrument der **Vermerke** möglich. Hierbei geht es darum, die endgültige Ausschreibung/Besetzung erst nach Freigabe (per Beschluß der Ausschüsse, des Magistrats oder auch einzelner Ämter) vorzunehmen. Es handelt sich in diesen Fällen in der Regel um sachlich begründete Verzögerungen der Besetzung beschlossener Stellen. Am bekanntesten sind die sog. KW- (künftig wegfallend)-Vermerke. Diese beziehen sich auf vorhandene Planstellen, die irgendwann entbehrlich sind oder sein sollen. Ein KW2-Vermerk beispielsweise bedeutet, daß die Planstelle nach 2 Jahren gestrichen wird, sobald sie unbesetzt ist. Neue Stellen, die befristet eingerichtet werden sollen, erhalten gleich einen entsprechenden KW-Vermerk. Hinter "KW" kann auch das Jahr stehen, in dem die Stelle gestrichen werden soll (z. B. KW 95). Grundsätzlich handelt es sich bei den Vermerken um Steuerungsinstrumente für eine präzise Besetzung der Stellen; dies ist aus Kostengründen auch sinnvoll.

DEREGULIERUNG DER ÖFFENTLICHEN BESCHÄFTIGUNG: Die Kosten des Stellenplans (Personalkosten) sind fast überall der größte Posten im Verwaltungshaushalt und von daher das begehrteste Objekt für Einsparüberlegungen. Dabei ist der relative Anteil der Personalausgaben an den Gesamtausgaben des Verwaltungshaushalts in den vergangenen 10 Jahren kontinuierlich gesunken, von damals 40-45% auf 30-35% (alte Länder). Politisches Kernproblem bei den Debatten ist die von interessierter Seite ständig aufgebauschte Betrachtung allein der Kosten. Es wird bewußt ausgeblendet, daß es sich bei der Beschäftigung im Öffentlichen Dienst teilweise um produktive Arbeit, teilweise um Dienstleistungsarbeit handelt — wie in der Privatwirtschaft auch. Erheblich verschärft wird das Trommelfeuer seit der Deutschen Einheit und seit der unübersehbaren Finanzmisere aller öffentlichen Haushalte, insbesondere aber der kommunalen. Die Deregulierung der öffentlichen Beschäftigung läßt sich an folgenden Trends festmachen:
— abnehmende oder nur unterdurchschnittlich zunehmende Zahl der Beschäftigten,
— zunehmende Zahl von Teilzeitstellen,
— zunehmende Zahl ungesicherter Beschäftigungsverhältnisse (ABM, BSHG usw.),
— zunehmende Anzahl längerfristiger Beurlaubungen ohne Neueinstellungen als Ausgleich,
— zunehmender Privatisierungsdruck, der bis hin zur Ausgliederung ganzer Bereiche geht,
— Ersatz von Stellen durch Technisierung und Computerisierung. (Vgl. Kapitel "Verwaltung").

Bei Beschäftigten, Personalräten und Gewerkschaften entsteht erhebliche Unruhe, und sie wird weiter zunehmen durch die überall einziehenden RationaliserInnen, die auch bei den SozialdemokratInnen ein vormaliges Tabu brechen wollen: "Keine Entlassungen im öffentliche Dienst". Der Schwerpunkt der Stellenplanberatungen wird sich angesichts dieser Situation verlagern: Ging es bisher um kleinere Bereinigungen und vor allem die begründete Einrichtung — wenn auch weniger — neuer Stellen, so wird sich die Debatte zukünftig um die Ausgliederung ganzer Verwaltungseinheiten drehen. Daneben wird zunehmend versucht, durch Beschäftigung von Personal mit anderen als im Stellenplan ausgewiesenen Aufgaben und durch Abschluß befristeter, nicht im Stellenplan aufgeführter Verträge Flexibilität in der Personalbewirtschaftung am Rat vorbei zu schaffen. Dieser **"graue Stellenplan"** kann in Großstädten durchaus 10% des Personals umfassen (vgl. Beck in AKP 4/1992).

SCHLUSSFOLGERUNGEN FÜR GRÜNE STELLENPLANPOLITIK: Immer schon war Stellenplan- oder Personalpolitik auf intensive Zusammenarbeit mit Personalräten und Gewerkschaften angelegt und auch angewiesen, ebenso auf die Zusammenarbeit mit den Fachämtern. Eine gründliche Einarbeitung in die formalen Regeln ist vonnöten, sie dauert ihre Zeit und sollte in enger Tuchfühlung insbesondere mit den Personalräten durchgeführt werden. Dies ist fast ohne Probleme machbar, sind die GRÜNEN doch die einzigen, die die öffentliche Beschäftigung oder den "Öffentlichen

Dienst" als essentiellen Bestandteil unserer entwickelten Gesellschaft betrachten — im Sozialbereich, in der Daseinsvorsorge (Müll, Energie, Verkehr) usw. Dies schließt Effektivitätssteigerungen durchaus ein, nicht aber den beschäftigungspolitischen Kahlschlag, dem die negativen gesellschaftlichen Konsequenzen unerbittlich folgen — ein fürwahr teures Unternehmen. Grüne Stellenplan- und Personalpolitik sollte ergänzt werden durch aktive Teilnahme an der Gewerkschaftsdebatte "Zukunft durch Öffentliche Dienste". Für die Partei ist dieser politische Bereich ein wichtiges Umsetzungsfeld beim dringend erforderlichen "Umbau der Industriegesellschaft".

Der Haushalt als politischer Prozeß

MITTELFRISTIGE FINANZPLANUNG: Die Gemeinden sind in die **mittelfristige Finanzplanung** des Bundes und der Länder eingebunden — dies war ein wesentlicher Grund für die Vereinheitlichung der kommunalen Haushaltssystematik. Diese Finanzplanung umfaßt fünf Jahre, wobei das laufende und das Vorjahr (für das bei Aufstellung des Plans noch keine Haushaltsrechnung existiert) einbezogen sind. Mit dem Haushalt 1995 legt die Gemeindeverwaltung somit einen **Finanzplan** 1994-1998 vor. Diese Pläne für Bund, Länder, Kreise und Gemeinden können wie die Haushaltspläne bundesweit zusammengefaßt werden, so daß der Finanzplanungsrat der Bundesregierung eine Prognose über die Entwicklung aller öffentlichen Einnahmen und Ausgaben erhält. Er gibt daraufhin Empfehlungen, die wiederum bei der Aufstellung der Pläne auf allen Ebenen (neben den jeweiligen länder- oder gemeindespezifischen Faktoren) berücksichtigt werden müssen. Der Finanzplan ist analog der Gruppierungsübersicht des Haushalts aufgebaut. Er ist kein Ratsbeschluß, sondern lediglich eine Information der Verwaltung für den Rat und die Öffentlichkeit. Das **Investitionsprogramm** hingegen wird vom Rat verabschiedet, denn es bindet die Verwaltung bei ihrer weiteren Planungstätigkeit. Es stellt alle geplanten Investitionsvorhaben für den genannten fünfjährigen Zeitraum dar und zeigt insbesondere die Verteilung der Finanzierung auf diesen Zeitraum. Das Investitionsprogramm ist damit auch Grundlage für den investiven Teil der Finanzplanung.

Zur Erstellung eines Haushaltsplanentwurfs melden die **Dezernate** ihren Bedarf bei der Kämmerei an, wobei sie sich wiederum auf die Anmeldungen ihrer **Ämter** stützen. Auf jeder Stufe gibt es Konkurrenzkämpfe und Tauziehen, schließlich hat die Kämmerei politische Vorgaben über die Entwicklung des Haushaltsvolumens, die sie durchzusetzen versucht. Die Aufstellung des Entwurfs durch die Verwaltung ist eine politisch brisante Angelegenheit. Wegen der komplexen Materie fallen die Qualifikations- und Informationsdefizite der Ratsmitglieder hier besonders ins Gewicht. Es zeigt sich immer wieder, wie sehr eine Kämmerei die Entscheidungen des Rates beeinflussen kann. So ist es nicht schwer, durch Überhöhen einiger schwer überprüfbarer Ausgabenansätze die Spielräume für neue Aufgaben gering erscheinen zu lassen. Am Ende des Haushaltsjahres zeigen sich dann "unerwartete" Ausgabenreste, für deren Verwendung die Verwaltung jetzt eigene Vorschläge (oder Notwendigkeiten) hat. Umgekehrt ist es auch möglich, durch zu niedrige Ansätze für Pflichtaufgaben (z. B. Sozialhilfe) scheinbare Spielräume zu schaffen, um vielleicht Forderungen eines GRÜNEN Koalitionspartners im Haushaltsplan zunächst zu erfüllen; im Haushaltsvollzug ergeben sich dann aufgrund von Mehrausgaben "Sachzwänge", die diese Projekte wieder zu Fall bringen.

BUDGETIERUNG: Der Konkurrenzkampf läßt die einzelnen Abteilungen, Ämter und Dezernate ihre Anmeldungen hochschrauben, um von einer möglichst "guten" Ausgangsposition aus verhandeln zu können. Im Zuge der Debatten um eine Verwaltungsreform wird unter dem Stichwort "dezentrale Ressourcenverantwortung" (vgl. Kapitel "Verwaltung") neuerdings versucht, dieses Verfahren zu verändern. Wenn ein Dezernat oder Amt zunächst eine Gesamtvorgabe über seine Mittel (Budget) erhält, die es dann frei auf die verschiedenen Titel verteilen kann, so wird der Konkurrenzkampf nach unten verlagert; die Kämmerei muß sich nicht mehr fachlich mit den Anliegen der Ämter befassen, um inhaltliche Entscheidungen über die Mittelverteilung zu treffen. Diese Methode der **Budgetierung** wird dann mit erweiterten Deckungsfähigkeiten (s. u.) der einzelnen Titel verbunden, um auch im Haushaltsvollzug die Spielräume der dezentralen Einheit innerhalb des gewährten Budgets zu erweitern. Wie so vieles andere wird auch dieses Verfahren derzeit mehr unter Sparaspekten als unter der Zielsetzung einer Verwaltungsreform praktiziert. Auch wenn sich die zentralen Ebenen so Konflikte vom Hals schaffen können, so nimmt doch zugleich die politische Kontrolle durch den Rat tendenziell ab, wenn die Einzelveranschlagung auf diese Weise durchbrochen wird. Wo zur Einhaltung fachlicher Standards die Kontrolle einzelner Titel notwendig ist, müssen dieser Methode Grenzen gesetzt werden.

AUSLEGUNG, BÜRGERBETEILIGUNG: Der Entwurf der Haushaltssatzung ist mindestens sieben Tage lang öffentlich **auszulegen**. In Nordrhein-Westfalen und in Baden-Württemberg können gegen den Entwurf der Haushaltssatzung von EinwohnerInnen und Abgabepflichtigen **Einwendungen** erhoben werden, in Bayern erst gegen die beschlossene Satzung. Über diese Einwendungen muß der Rat in öffentlicher Sitzung einzeln beschließen.

BESCHLUSS, INKRAFTTRETEN: Die Haushaltssatzung wird in öffentlicher Sitzung beraten und beschlossen. Für ihr Inkrafttreten ist allerdings noch die Genehmigung durch die **Kommunalaufsicht** erforderlich. Grundsätzlich soll der Haushalt daher so rechtzeitig eingebracht und verabschiedet werden, daß die Prüfung durch die Kommunalaufsicht noch vor Beginn des Haushaltsjahres abgeschlossen werden kann. Der Haushalt als Ganzes ist in der Aufstellung wie in der Durchführung eine **Selbstverwaltungsangelegenheit** der Gemeinde, hier wird somit nur die Einhaltung geltenden Rechts überprüft; doch einzelne Teile des Haushaltsplans, insbesondere die Höhe der Kreditaufnahme, sind genehmigungspflichtig.

VORLÄUFIGE HAUSHALTSFÜHRUNG: Ohne gültigen Haushalt ist allerdings eine **vorläufige Haushaltsführung** möglich. In diesem Fall darf die Gemeinde nur Ausgaben leisten, zu denen sie rechtlich verpflichtet ist oder die für die Weiterführung laufender Maßnahmen (nicht nur Pflichtaufgaben!) notwendig sind. Hierbei gelten die Ansätze des Vorjahres, in einigen Bundesländern mit einigen Prozent Abschlag, als Höchstwert. Kredite dürfen ebenfalls in begrenzter Höhe, orientiert am Vorjahresniveau, aufgenommen werden, sind aber zusätzlich genehmigungsbedürftig. Wenn die Kämmerei einen Sparkurs durchsetzen will, kommt ihr die Situation einer vorläufigen Haushaltsführung manchmal ganz gelegen, weil neue ausgabenwirksamen Vorhaben — auch eigentlich mehrheitsfähige — dann zunächst nicht möglich sind. So werden Entscheidungsbefugnisse faktisch vom Rat auf die Verwaltung verlagert.

ÜBER-/AUSSERPLANMÄßIGE AUSGABEN: Grundsätzlich sind die Ausgabenansätze Höchstbeträge, die von der Verwaltung nicht überschritten werden dürfen. Von diesem Grundsatz gibt es jedoch Ausnahmen, die - wenn sie extensiv genutzt werden - die politische Kontrolle des Haushaltsvollzuges sehr erschweren können. Hierzu zählen zunächst die über- und außerplanmäßigen Ausgaben. **Überplanmäßige Ausgaben** sind eine Überschreitung der Ausgabenansätze, bei **außerplanmäßigen Ausgaben** geht es um Titel, die im Haushaltsplan überhaupt nicht vorgesehen waren. Solche Ausgaben sind dann zulässig, wenn sie unabweisbar sind und entweder ihre Deckung durch Einsparung an anderer Stelle möglich ist oder kein erheblicher Fehlbetrag entsteht. Im Vermögenshaushalt kann der Deckung auch im nächsten Haushaltsjahr erfolgen. Bei kleineren Beträgen ist der Haushalts- oder Finanzausschuß, bei größeren der Rat im Nachhinein zu informieren; dies ist in den Gemeindeordnungen, ggf. auch in Haushaltssatzungen unterschiedlich geregelt.

HAUSHALTSWIRTSCHAFTLICHE SPERRE: Umgekehrt kann die Verwaltung auf einen drohenden **Fehlbetrag** auch durch eine **haushaltswirtschaftliche Sperre** reagieren, d. h. bestimmte Ausgabentitel werden "eingefroren". Da hierdurch die Entscheidungskompetenz der Vertretungskörperschaft, die ja die Ausgaben genehmigt hat, tangiert wird, muß sie oder ein bevollmächtigter Ausschuß unverzüglich informiert werden; sie kann die Sperren ganz oder teilweise aufheben.

DER NACHTRAGSHAUSHALT: Alle diese Möglichkeiten können dazu führen, daß die Abschlußrechnung deutlich vom ursprünglich beschlossenen Haushaltsplan abweicht. Gelegentlich ist jedoch auch eine Änderung des förmlich beschlossenen Haushaltsplans im Haushaltsjahr notwendig, ein **Nachtragshaushalt**: z. B. wenn ein erheblicher Fehlbetrag (infolge von Mehrausgaben oder Mindereinnahmen) anders nicht auszugleichen ist, wenn der Stellenplan geändert wird (außer aufgrund von Änderungen des Tarif- und Besoldungsrechts) oder wenn Bau- oder Investitionsmaßnahmen begonnen werden sollen, die bislang nicht vorgesehen waren (außer es sind geringfügige Maßnahmen oder unabweisbare Instandsetzungen). Doch auch ohne diese Voraussetzungen kann der Rat jederzeit eine Nachtragssatzung erlassen. Sie ist nur insoweit genehmigungspflichtig, als genehmigungspflichtige Teile des Haushalts geändert werden.

ABSCHLUSS UND RECHNUNGSPRÜFUNG: Nach Ende des Haushaltsjahres und der Abwicklung von übertragbaren Titeln wird die **Abschlußrechnung** vorgelegt, die dann vom **Rechnungsprüfungsausschuß** (in größeren Gemeinden zuvor vom **Rechnungsprüfungsamt**) geprüft wird. Ergebnis ist, wenn keine Beanstandungen auftreten, die Entlastung des **Hauptverwaltungsbeamten**. Diese Kontrolle darf nicht unterbewertet werden, da hieraus — sofern die Abschlußrechnung einigermaßen zeitnah vorliegt — wesentliche Erfahrungen zu gewinnen sind, die bei der Aufstellung des neuen Entwurfs hilfreich sein können.

Verschuldung und Kreditaufnahme

Kredite sind zunächst nach den oben dargestellten Kriterien Einnahmen des Vermögenshaushalts und können damit nur für Investitionen und Umschuldungen verwendet werden. Der Haushalt zeigt lediglich die geplante **Kreditaufnahme** eines Jahres; diese ist jedoch nur im Zusammenhang mit der bereits bestehenden **Verschuldung** und mit den geplanten Investitionen und **Tilgungen** alter Schulden aussagekräftig. Bei den in der Satzung aufgeführten **Kassenkrediten** handelt es sich dagegen um kurzfristige Kredite zur Liquiditätssicherung, vergleichbar der zeitweiligen Überziehung eines Privatkontos. Sie erscheinen nicht als Titel im Haushaltsplan.

NETTOKREDITAUFNAHME: Über die Verschuldung am Anfang des Haushaltsjahres und ihre geplante Entwicklung gibt der Vorbericht bzw. eine eigene kleine Übersicht Auskunft. Hinzu kommen die neu aufgenommenen Kredite, die Tilgung wird abgezogen; so ergibt sich die Verschuldung am Ende des Haushaltsjahres. Tatsächlich steigen die Schulden also um die Differenz aus Kreditaufnahme und Tilgung; diese wird **Nettokreditaufnahme** oder **Neuverschuldung** genannt. Nur sie ist für die Entwicklung der Verschuldung von Bedeutung; denn die Kreditaufnahme kann zu einem sehr hohen oder auch zu einem geringen Anteil auf Umschuldungen beruhen. Die Belastung des Haushalts durch **Zinsen** (die im Verwaltungshaushalt erscheinen) ergibt sich dann aus der Gesamtverschuldung und den aktuellen Zinssätzen für langfristige Verbindlichkeiten. Gelegentlich wird in der Öffentlichkeit der Begriff "**Schuldendienst**" verwendet, mit dem die Summe aus Tilgung und Zinszahlung gemeint ist; dies ist jedoch nicht sinnvoll, da Tilgungen nur im Zusammenhang der Gesamtverschuldung, früherer Investitionen und der Neuverschuldung sinnvoll betrachtet werden können und zudem Zinsen und Tilgung ganz unterschiedlich bewertet werden müssen. Viel aussagekräftiger sind die Höhe der Verschuldung in Relation zum Haushaltsvolumen, die Steigerungsrate der Verschuldung im Verhältnis zur Steigerungsrate des Haushalts, der Anteil der Zinsbelastung an den Ausgaben der Gemeinde und die Entwicklung dieses Anteils.

Kredite dürfen nur aufgenommen werden, wenn und soweit eine andere Finanzierung von Investitionen nicht möglich oder wirtschaftlich unzweckmäßig wäre. Eine "harte", zahlenmäßig bestimmbare Obergrenze für Kreditaufnahmen gibt es nicht. Doch schon die Tatsache, daß Kredite nur als Einnahmen des Vermögenshaushalts zulässig sind, begrenzt sie auf die Höhe der vorgesehenen Investitionsausgaben abzüglich der ordentlichen Einnahmen des Vermögenshaushalts sowie der Pflichtzuführung. Zudem ist für die Kommunalaufsicht bei der Genehmigung der Kreditaufnahme das Kriterium entscheidend, ob die dauernde Leistungsfähigkeit der Gemeinde durch die Zins- und Tilgungsverpflichtungen nicht gefährdet wird (vgl. unten "stetige Aufgabenerfüllung").

Kameralistik, allgemeine Haushaltsgrundsätze

Der Haushalt unterliegt einer Vielzahl von rechtlichen Regelungen. Einige dieser Regeln werden als "**Haushaltsgrundsätze**" bezeichnet; sie finden sich in ähnlicher Formulierung in allen Gemeindeordnungen und gelten auch für die Haushalte von Bund und Ländern. "Grundsatz" ist dabei im juristischen Sinne zu verstehen: d. h., es gibt eine Vielzahl von Ausnahmen und Abweichungen, zumal diese Grundsätze oft untereinander oder mit der Effizienz der Verwaltung in Konflikt liegen. Die Gesamtheit der Regeln öffentlicher Haushaltswirtschaft bezeichnet man als **Kameralistik**. Die folgenden allgemeinen Grundsätze gelten für die gesamte Haushaltswirtschaft, d. h. für Aufstellung und Durchführung der Haushaltspläne, und für die mittelfristige Finanzplanung.

STETIGE AUFGABENERFÜLLUNG: An erster Stelle ist die Finanzwirtschaft der Gemeinde so zu führen, daß die Gemeinde in der Lage ist, stetig ihre Aufgaben zu erfüllen. Die aktuellen Entscheidungen dürfen dabei die zukünftige Leistungsfähigkeit nicht gefährden, z. B. durch ständige Reduzierung des Vermögens oder durch Überschuldung. Auch wenn der Grundsatz der **stetigen Aufgabenerfüllung** wenig präzise erscheint, spielt er erst bei der Prüfung der Haushaltswirtschaft durch die Kommunalaufsicht eine große Rolle, z. B. bei der Bewertung der **Kreditaufnahme**.

WIRTSCHAFTLICHKEIT UND SPARSAMKEIT: Der Grundsatz der **Wirtschaftlichkeit und Sparsamkeit** wird in der politischen Debatte häufig zitiert, wobei jedoch zumeist (auch in einigen Gemeindeordnungen) die Reihenfolge umgekehrt wird. Den meisten Kommentaren zufolge hat jedoch die Wirtschaftlichkeit Vorrang vor der Sparsamkeit. Wirtschaftlichkeit heißt: Folgekosten sind zu berücksichtigen, Kosten für unterschiedliche Lösungen sind mit den jeweiligen Ergebnissen ins Verhältnis zu setzen. Dabei spielt der angestrebte Zweck die zentrale Rolle: Eine sparsame Lösung, die das anvisierte Ziel nicht oder nur unzulänglich erreicht, ist in diesem Sinne nicht wirtschaftlich. Auf jeden Fall sind Alternativrechnungen aufzustellen und **Kosten-Nutzen-Analysen** vorzunehmen. Nur bei wirtschaftlich gleichwertigen Lösungen ist die kostengünstigere zu wählen.

KONJUNKTURGERECHTES VERHALTEN: Die Gemeinde soll in ihrer Haushaltswirtschaft "den Erfordernissen des **gesamtwirtschaftlichen Gleichgewichts** Rechnung tragen" — so oder ähnlich steht es in allen Gemeindeordnungen. Diese Formulierung geht auf das StWG zurück und meint ursprünglich eine "antizyklische" Ausgabenpolitik: Sparsamkeit im Boom, Ausgaben zur Stützung der Konjunktur — unter Inkaufnahme von Verschuldung — in der Flaute. Faktisch wurde diese Politik schon Anfang der 80er Jahre aufgegeben, ohne daß die formale Rechtslage dem angepaßt wurde. Die Gemeinden sind aufgrund ihrer knappen und konjunkturabhängigen Finanzausstattung heute zu diesem **konjunkturgerechten Verhalten** nicht in der Lage und waren es im Grunde nie.

JÄHRLICHKEIT: Das **Haushaltsjahr** ist das Kalenderjahr. Zwar gibt es in einigen Bundesländern die Möglichkeit, einen Haushalt für zwei Jahre aufzustellen (**Doppelhaushalt**); doch auch hier müssen die Anschläge für beide Jahre getrennt erfolgen. Ein Doppelhaushalt dient oft zur Entpolitisierung der Haushaltsaufstellung: Er macht in aller Regel im zweiten Jahr einen **Nachtragshaushalt** erforderlich, der jedoch aufgrund von Sachzwängen und nicht im Zusammenhang einer großen Debatte wie ein "echter" Haushalt erstellt wird. Auf diese Weise engt er für einen gewissen Zeitraum die politischen Entscheidungsspielräume faktisch ein.

Die Bindung des Haushalts an das Kalenderjahr stellt die Haushaltswirtschaft vor viele Probleme, die zu vielfältigen Formen einer punktuellen Durchbrechung der Jährlichkeit geführt haben. So müssen die veranschlagten Mittel üblicherweise im Haushaltsjahr abfließen; soweit sie das nicht tun, entsteht ein **Haushaltsrest,** der als Einnahme spätestens im übernächsten Haushalt erscheint, d. h., über die Verwendung der Mittel wird neu entschieden. Als Ausnahme kann durch einen **Vermerk** die **Übertragbarkeit** des Ausgabenansatzes beschlossen werden: Die Ausgabe kann teilweise erst im nächsten Jahr abfließen, wird jedoch vollständig dem laufenden Haushalt zugerechnet. Ein solcher Vermerk findet sich nur im Verwaltungshaushalt, im Vermögenshaushalt sind die Ausgaben grundsätzlich übertragbar.

Im Vermögenshaushalt ist die Notwendigkeit zu längerfristiger Planung naturgemäß besonders groß. So ist es oft erforderlich, mit Auftragnehmern Verträge abzuschließen, die die Gemeinde für das nächste oder gar das übernächste Jahr zu Ausgaben verpflichten. Dies wäre jedoch eine Durchbrechung des Etatrechtes, da die Verwaltung durch solche Verträge über Mittel verfügen würde, für die noch kein Haushalt verabschiedet ist. Daher gibt es im Vermögenshaushalt das Instrument der **Verpflichtungsermächtigung**: Bezogen auf einzelne Titel kann die Verwaltung ermächtigt werden, über das Tätigen der veranschlagten Ausgaben hinaus Verpflichtungen für künftige Jahre (in der Regel maximal drei) einzugehen. Auch eine solche Ermächtigung stellt einen Höchstbetrag dar; nur soweit sie ausgeschöpft wird, sind zukünftige Haushalte tatsächlich festgelegt.

HAUSHALTSAUSGLEICH: Ein kommunaler Haushalt soll im Verwaltungs- wie im Vermögenshaushalt ausgeglichen sein, und zwar in der Aufstellung wie auch im Abschluß. "**Haushaltsausgleich**" heißt zunächst, daß Einnahmen und Ausgaben gleich hoch sind. Insbesondere muß also bei einem Defizit nach Einsparmöglichkeiten oder Mehreinnahmen gesucht werden. Wegen der besonderen Vorschriften bezüglich der Trennung von Vermögens- und Verwaltungshaushalt und ihrer Beziehung untereinander gilt es dabei jedoch eine bestimmte Reihenfolge zu beachten.

Die Abtrennung der vermögenswirksamen Einnahmen und Ausgaben von den "konsumtiven" ist vor allem darin begründet, daß die Gemeinde durch die Haushaltswirtschaft keinen Vermögensverlust erleiden soll. Daher dürfen Einnahmen, die durch Vermögensverzehr erzielt wurden, auch nur für den Erwerb neuen Vermögens ausgegeben werden. Es ist somit grundsätzlich nicht zulässig, Einnahmen des Vermögenshaushalts für Ausgaben des Verwaltungshaushalts zu verwenden — das Umgekehrte ist durchaus möglich und in bestimmtem Umfang auch vorgeschrieben. Die Gemeinde ist nämlich verpflichtet, einen Teil der Einnahmen des Verwaltungshaushalts in den Vermögenshaushalt zu überführen, und zwar in den meisten Ländern in Höhe der ordentlichen

(d. h. nicht für Umschuldungen verwendeten) Tilgung, die sog. **Pflichtzuführung**. Da also für den Ausgleich des Verwaltungshaushalts nur dessen Einnahmen zur Verfügung stehen, ist er zuerst auszugleichen. Im Idealfall übersteigen auch nach Abzug der Pflichtzuführung die Einnahmen des Verwaltungshaushalts seine Ausgaben. Der verbleibende Überschuß wird **"freie Spitze"** genannt, da er in der Verwendung frei ist: Er könnte für Ausgaben des Verwaltungshaushalts eingesetzt werden, wird dort aber nicht mehr benötigt und deshalb in den Vermögenshaushalt überführt. Die Einnahmen des Vermögenshaushalts setzen sich damit aus dessen ordentlichen Einnahmen (Zuweisungen, Verkaufserlöse etc.), der Kreditaufnahme, der Pflichtzuführung und evtl. der freien Spitze zusammen. Nun wird der Vermögenshaushalt ausgeglichen, indem ein eventueller Überschuß in die allgemeine **Rücklage** fließt. Auch hier kann es eine Mindesteinlage geben, da die allgemeine Rücklage einen Mindestbestand erreichen muß (in den meisten Bundesländern 2 % des Durchschnitts der drei letzten Verwaltungshaushalte).

DER NICHT AUSGEGLICHENE HAUSHALT: Soweit der Idealfall. Immer häufiger sind jedoch defizitäre Haushalte. Hier fehlt es nicht nur an der freien Spitze, darüber hinaus wird auch die Pflichtzuführung nicht erwirtschaftet. Wird das Defizit noch größer, kann es erforderlich sein, zur Deckung des Haushalts Mittel aus der **Rücklage** zu entnehmen. Sofern sie noch über dem Mindestbestand liegt, ist dies ohne weiteres zulässig; ein Teil dieser Entnahme, die ja zunächst über den Vermögenshaushalts erfolgt, kann dann auch in den Verwaltungshaushalt überführt werden. Anderenfalls ist jedoch die Vorschrift des Haushaltsausgleichs verletzt, der Haushalt wird insgesamt genehmigungspflichtig, was zumeist zu Auflagen und Eingriffen der Kommunalaufsicht führt. In vielen Bundesländern ist die Aufstellung eines nicht ausgeglichenen Haushalts, bei dem die Ausgaben die Einnahmen übersteigen, zulässig, falls der Ausgleich spätestens im übernächsten Jahr erfolgt. Das gleiche gilt sinngemäß für den Vollzug. Je schwieriger jedoch die finanzielle Situation vieler Gemeinden wird, um so restriktiver die Landesgesetzgebung in dieser Frage. So ist seit 1992 die Aufstellung defizitärer Haushalte in NRW generell genehmigungspflichtig, wobei das Vorlegen eines **Haushaltssicherungskonzeptes** und die Zustimmung der Aufsichtsbehörde dazu zwingende Voraussetzung für die Genehmigung ist. In diesem Konzept stellt die Gemeinde dar, durch welche Maßnahmen sie innerhalb weniger Jahre zu ausgeglichenen Haushalten zurückkehren will. Brandenburg hat diese Vorschrift in seiner Gemeindeordnung übernommen.

WAHRHEIT UND KLARHEIT: Zu den allgemeinen Grundsätzen der Haushaltswirtschaft kommen diejenigen, die speziell für die Aufstellung des Haushaltsplans gelten. Der vielleicht am häufigsten zitierte, aber in der Praxis am wenigsten befolgte Grundsatz ist der der **"Haushaltswahrheit und -klarheit"**. "Wahrheit" bedeutet zunächst, daß Einnahme- und Ausgabeansätze realistisch zu ermitteln sind, daß die Beträge nur für die Zwecke verwendet werden dürfen, für die sie auch veranschlagt wurden, daß keine versteckten Posten gebildet werden dürfen usw. So darf bei Maßnahmen, die für die Gemeinde kostenneutral sind, nicht einfach ein Merkposten für Einnahme und Ausgabe gebildet werden; vielmehr sind die voraussichtlich tatsächlich anfallenden Beträge möglichst genau zu ermitteln. Grund hierfür ist, daß der Haushalt nicht nur internen Zwecken (Deckung des Finanzbedarfs) dient, sondern auch externen, z. B. der politischen Entscheidungsfindung und -kontrolle, der Information der Öffentlichkeit und der bundesweiten Finanzplanung.

Tatsächlich ist ein Haushalt weder wahr noch klar. Schon andere rechtliche Bestimmungen stehen dem entgegen, die den Haushalt umfangreich und unübersichtlich machen, ihn mit Fachausdrücken und Haushaltsstellen von rein technischer Bedeutung durchsetzen und oft auch zusammengehörende Vorgänge oder Informationen an ganz verschiedenen Stellen auftauchen lassen; zumindest für Laien wird die "Haushaltsklarheit" nicht hergestellt, und das sind in der Regel auch die Mehrzahl der Ratsmitglieder — bei einem Beschluß von so hoher Tragweite eigentlich ein unhaltbarer Zustand. Doch darüber hinaus hat die Verwaltung viele Möglichkeiten, einen Haushalt mehr oder weniger transparent zu gestalten. Schon der Vergleich zweier kommunaler Haushalte, selbst aus dem gleichen Bundesland, kann höchst aufschlußreich sein. So können Erläuterungen oder Vermerke zu den einzelnen Haushaltsstellen im jeweiligen Einzelplan untergebracht sein, wo sie sofort zu sehen sind, oder gesammelt in einem eigenen Teil, so daß sie anhand der systematischen Kennzeichnung den Haushaltsstellen mühselig zugeordnet werden müssen — nur ein Beispiel von vielen. Viele Anschläge folgen eher politischen Vorgaben als realistischen Schätzungen. Es gibt eine Vielzahl legaler oder halblegaler Möglichkeiten, die den Abschluß letztlich ganz anders aussehen lassen als den Plan — einige davon werden im folgenden noch erörtert.

KASSENWIRKSAMKEIT: Die allgemeinen formalen Grundsätze der Haushaltswirtschaft gelten in ihrer heutigen Form teilweise erst seit der Reform des kommunalen Haushaltsrechts 1974/75. Das gilt insbesondere für das **Kassenwirksamkeitsprinzip**: Im Haushalt sind die Beträge zu veranschlagen, die im Haushaltsjahr voraussichtlich tatsächlich eingenommen bzw. ausgegeben werden; das früher teilweise geltende **Fälligkeitsprinzip** gibt es nicht mehr. So können die Beträge für die Steuereinnahmen nicht einfach aus den erteilten Steuerbescheiden ermittelt werden, sondern es müssen z. B. Erfahrungswerte bezüglich der Zahlungsmoral der Steuerpflichtigen einfließen. Das gilt sowohl hinsichtlich der Höhe der Beträge als auch hinsichtlich des Zeitpunkts (Veranschlagung im Haushaltsjahr des Zahlungseingangs, nicht der Fälligkeit). Damit ist auch ein entscheidender Unterschied eines Haushalts zur betriebswirtschaftlichen Buchführung benannt: Der Haushalt erfaßt nur Geldbewegungen, nicht Wert- bzw. Vermögensänderungen. Forderungen, Verbindlichkeiten, Abschreibungen finden sich, zumindest als Haushaltsstellen, hier nicht.

GESAMTDECKUNG: Grundsätzlich decken die Einnahmen des Haushalts die Ausgaben insgesamt, d. h., eine Einnahme kann nicht einer konkreten Ausgabe zugeordnet werden. Dabei ist allerdings zu beachten, daß Einnahmen des Vermögenshaushalts nicht für Ausgaben des Verwaltungshaushalts verwendet werden dürfen. Weitere Zweckbindungen sind entweder gesetzlich begründet (z. B. generell für **Entgelte**), durch den Geldgeber bestimmt (Zweckzuweisungen von Land oder Bund, zweckgebundene Spenden) oder durch einen **Haushaltsvermerk**.

SPEZIELLE VOR ALLGEMEINER DECKUNG: Nach einem weiteren Haushaltsgrundsatz ist bei der Deckung von Ausgaben eine bestimmte Reihenfolge zu beachten: **spezielle Deckungsmittel**, das sind zweckgebundene Einnahmen wie Entgelte oder Zweckzuweisungen, haben Vorrang vor **allgemeinen Deckungsmitteln** wie Steuern oder allgemeinen Zuweisungen. Dies bedeutet jedoch nur: Wenn Mittel zur Deckung von Ausgaben fehlen, ist die Möglichkeit zusätzlicher Einnahmenbeschaffung in dieser Reihenfolge zu prüfen. Eine politische Entscheidung, anstelle von Gebühren z. B. kommunale Steuern zu erhöhen, ist als Ergebnis dieser Prüfung durchaus möglich; ansonsten müßten ja alle Gebühren bei knappen Mitteln kostendeckend erhoben werden.

EINZELVERANSCHLAGUNG, DECKUNGSVERMERKE: In diesen inhaltlichen Zusammenhang gehört auch der Grundsatz der **Einzelveranschlagung**, wonach Ausgaben, die sich nach ihrem Zweck und ihrer Art unterscheiden, auch in getrennten Titeln zu veranschlagen sind. Insbesondere ist es nicht erlaubt, unnötig Globaltitel auszuweisen, die der Verschleierung des Verwendungszweckes dienen können. Dies führt oft zu großer Unflexibilität, da Mittel nicht einfach von einem (vielleicht nicht in der Höhe benötigten) auf einen anderen Titel umgeschichtet werden können. Der Rat kann jedoch durch **Haushaltsvermerke** Ausnahmen von dieser strengen Abgrenzung der Titel zulassen. So kann er beschließen, daß Mittel aus einem Titel, der nicht ausgeschöpft wird, für Mehrausgaben in einem anderen verwendet werden dürfen, ggf. auch umgekehrt (**einseitige** oder **gegenseitige Deckung**). Darüber hinaus können Haushaltsstellen in Form des **Sammelnachweises** noch enger miteinander verkoppelt werden: Hier wird eine Vielzahl gleichartiger Positionen aus verschiedenen Unterabschnitten rechtlich zu einer einzigen Haushaltsstelle zusammengefaßt. Nur noch die Summe dieses Sammelnachweises stellt den bindenden Anschlag dar, die Aufteilung auf die einzelnen Unterabschnitte ist eine planerische Vorgabe, die sich im Laufe der Haushaltsdurchführung ändern kann. Regelmäßig wird ein solcher Sammelnachweis für die Personalausgaben gebildet, doch in vielen Haushalten finden sich noch weitere Sammelnachweise, z. B. für Bewirtschaftungskosten oder Bauunterhaltung. Das Überhandnehmen von Sammelnachweisen und Deckungsvermerken schafft Raum für eigenmächtiges, vom Rat nicht kontrollierbares Wirtschaften der Verwaltung

Ein **Vermerk** kann auch festlegen, daß mögliche Mehreinnahmen in einer bestimmten Haushaltsstelle für Mehrausgaben in einer bestimmten anderen Haushaltsstelle verwendet werden dürfen (**unechte Deckung** oder **Verstärkungsvermerk**). Dabei handelt es sich in der Regel um zweckgebundene Einnahmen, deren Höhe nicht im Voraus genau feststeht, z. B. Spenden oder Zuschüsse. Da die Deckung durch Mittel erfolgt, die als Einnahmen im Haushalt noch nicht veranschlagt sind, heißt sie "unecht". Dieser Vermerk verknüpft eine Einnahme- mit einer Ausgabe, während die einseitige oder gegenseitige Deckung zwei oder mehr Ausgabentitel verbindet. Andererseits können Ausgaben im Haushalt veranschlagt, aber zunächst gesperrt werden, bis bestimmte Voraussetzungen gegeben sind. Im **Sperrvermerk** oder in der Haushaltssatzung wird geregelt, wer die Sperre unter welchen Voraussetzungen aufheben kann.

Alle diese Instrumente können dazu beitragen, daß der Haushalt in der **Abschlußrechnung** ganz anders aussieht als im Plan: Mittel wurden über- und außerplanmäßig ausgegeben und an anderer Stelle gespart, vom Rat verabschiedete Ausgaben wurde von der Verwaltung wieder gesperrt, Anschläge wurden überschritten, weil auf die Leistung ein Rechtsanspruch besteht (z. B. Sozialhilfe) usw. Der Vergleich eines Abschlusses mit dem ursprünglichen Plan legt oft die Frage nahe, was das **Etatrecht** der Gemeindevertretung tatsächlich wert ist.

GEBÜHRENHAUSHALTE: Ein besonderes Problem hinsichtlich der Transparenz sind die Gebühren. Von Bedeutung sind hier insbesondere die Bereiche Abfall und Abwasser, die in der Regel kostendeckend finanziert werden und zusammen ca. 80% der kommunalen Gebühreneinnahmen ausmachen. Da Gebühren zweckgebunden sind, müssen sie anhand der Kosten kalkuliert werden. Sie dürfen die Kosten keinesfalls überschreiten, da sie dann zur allgemeinen Haushaltsdeckung zweckentfremdet würden. Man bezeichnet diese Kosten gemeinsam mit der sie finanzierenden Gebühr als "**Gebührenhaushalt**", der sich theoretisch vom restlichen Haushalt abtrennen läßt; bei nicht kostendeckender Gebühr kann aus diesem fiktiven Gebührenhaushalt ein Zuschußbedarf errechnet werden. In der Praxis stellt sich jedoch die Frage der Abgrenzung: Welche Ausgaben oder Ausgabenanteile gehören zu denen, die die Gebühr decken soll? Möglicherweise verteilen sie sich auf ganz verschiedene Unterabschnitte. Investitionen können nicht im Haushaltsjahr der Ausgabe der Gebühr zugerechnet werden, sondern werden durch "**kalkulatorische Kosten**" berücksichtigt: Wie bei der betriebswirtschaftlichen Abschreibung wird ein jährlicher Betrag in die Gebührenkalkulation eingestellt. Diese kalkulatorischen Kosten finden sich als interne **Verrechnung** im Haushalt. Der Betrag wird vom Verwaltungshaushalt, in den er durch die Gebühreneinnahme gelangt ist, in den Vermögenshaushalt transferiert, um z. B. einer **Rücklage** zuzufließen. Ob dabei jedoch der Anschaffungs- oder der voraussichtliche Wiederbeschaffungswert zugrundegelegt wird, ob eine fiktive Verzinsung berücksichtigt wird, das ist Gegenstand ständiger Auseinandersetzungen (vgl. AKP-Sonderheft 7, S. 45 ff.). Gelegentlich schafft erst die Einrichtung eines **Eigenbetriebes** mit betriebswirtschaftlicher Rechnungsführung die nötige Transparenz und Abgrenzbarkeit der Kosten.

KRITIK AN DER KAMERALISTIK: Aus verschiedenen politischen Lagern und nicht zuletzt aus der Verwaltung gibt es immer wieder Unzufriedenheit mit den Regeln der öffentlichen Haushaltswirtschaft und ihren Auswirkungen. Ein deutliches Zeichen für die Probleme sind schon die vielen dargestellten Instrumente, die Ausnahmen insbesondere von den Grundsätzen der Jährlichkeit und der Einzelveranschlagung ermöglichen. Fast immer läuft die Kritik auf Überlegungen hinaus, die Methodik des Wirtschaftens stärker der betriebswirtschaftlichen anzugleichen.

So verhalten sich staatliche Instanzen — entgegen dem dargestellten Wirtschaftlichkeitsgrundsatz — häufig unwirtschaftlich. Investitionen, die zukünftige Kosten mindern, wie z. B. Gebäudeunterhaltung oder Wärmedämmung, unterbleiben aufgrund knapper Mittel und des Zwangs zum Haushaltsausgleich. Für "rentierliche Investitionen" lassen sich Kreditaufnahmen bei der Kommunalaufsicht noch durchsetzen; allerdings fallen darunter nur solche, die Einnahmen erwarten lassen. Wenn sie zu Ausgabensenkungen führen, sind die Maßstäbe schon strenger. Bei vielen Maßnahmen ist die Kreditfinanzierung ganz unmöglich. So könnten auch die Personalkosten einer Umweltberatung als "Zukunftsinvestition" zur Vermeidung späterer kostenträchtiger Altlasten verstanden werden, doch nur im politischen Sinne; der formale Investitionsbegriff des Haushaltsrechts sieht dies anders. In der Haushaltspolitik fallen ständig Entscheidungen im Namen des Haushaltsausgleichs, die zukünftige Ausgabensteigerungen nach sich ziehen.

Ein anderes vielzitiertes Phänomen, das einige unerwünschte Mechanismen der Haushaltswirtschaft verdeutlicht, ist das "Dezemberfieber": Kurz vor Jahresschluß versuchen die verschiedensten Abteilungen und Zuschußempfänger, die ihnen zustehenden Mittel noch auszuschöpfen. Würden sie dies nicht tun, wären die Mittel als Haushaltsreste verfallen; zudem bestände die Gefahr, daß im nächsten Jahr der Anschlag gleich geringer angesetzt wird, weil sie ja mit weniger Geld ausgekommen sind. Ergebnis ist, daß im Verwaltungshaushalt im Dezember statistisch nachweisbar wesentlich mehr Geld ausgegeben wird als in allen anderen Monaten. Dieser Konkurrenzkampf um die Mittel erschwert auch systematisch die Ermittlung des wirklichen Bedarfs.

Die Diskussion um die **Kameralistik** ist Teil der Debatte um die Struktur der öffentlichen Verwaltung und ihre Effizienz (vgl. Kapitel "Verwaltung"). Sie liefert einige der Begründungen, die regelmäßig für Privatisierungsbestrebungen ins Feld geführt werden (vgl. Kapitel "Privatisierung").

Bei allem Reformbedarf wird aber leicht übersehen, daß eine Gemeinde kein Unternehmen zur Erzielung von Gewinn ist, sondern ein Ensemble öffentlicher Einrichtungen zur Daseinsvorsorge. Maßstab des Erfolgs müssen die politisch-inhaltlich bestimmten Aufgaben sein, nicht der finanzielle Ertrag. Im Gegensatz zur Privatwirtschaft darf in der Politik das Geld nur Mittel zum Zweck sein. Gefragt ist also eine Methodik, die eine effiziente Steuerung der Staatsfinanzen ermöglicht, ohne das Primat der Politik der betriebswirtschaftlichen Logik zu opfern.

Gibt es eine grün-alternative Haushaltspolitik?

Die im vorhergehenden Kapitel dargestellten Finanzierungsprobleme der Gemeinden werden durch das Haushaltsrecht in eine bestimmte Form gegossen und zugleich verschärft. Bei der Aufstellung des Haushalts werden gesellschaftliche Konflikte zu verwaltungsinternen Konkurrenzkämpfen. Immer häufiger können Kommunalhaushalte überhaupt nicht mehr ausgeglichen werden. Da Versuche, die Finanzausstattung der Gemeinden nachhaltig zu verbessern und zu verstetigen, bislang nicht sonderlich erfolgreich waren, treten in immer mehr Gemeinden neben die "traditionelle" Sparpolitik Versuche, in den Prozeß der Haushaltserstellung neue Mechanismen einzuführen. Budgetierung und Anreizsysteme sollen die Sparbemühungen dezentralisieren. Die Länder reagieren ähnlich: Anstatt wie früher Bedarfszuweisungen zu gewähren, verlangen sie den Gemeinden Haushaltssicherungskonzepte ab. Die "freiwilligen Leistungen" stehen generell zur Disposition.

Innerhalb von Bündnis 90 / Die GRÜNEN sind die Reaktionen darauf absolut konträr. Während einige, vor allem sozialpolitisch motiviert, nach wie vor nach Gegenstrategien zur Sparpolitik suchen, propagieren andere Varianten "intelligenten Sparens" oder hoffen, in Strukturreformen und grün-alternativ ausgerichteter Aufgabenkritik zumindest als Nebenwirkung Einspareffekte zu erzielen. Daß es vorrangig um die Politisierung gesamtgesellschaftlicher Verteilungsentscheidungen geht, die sich in der Finanzausstattung der Gemeinden manifestieren, ist zumindest in der Praxis keineswegs Konsens.

Bei alledem sollte aber klar sein, daß Haushalts- und auch Finanzpolitik immer Mittel zum Zweck bleiben müssen. Haushaltspolitik ist in erster Linie in den Haushalt übersetzte Fachpolitik. An erster Stelle stehen also inhaltliche Festlegungen dessen, was fachpolitisch angestrebt wird; daraus ergibt sich dann, wie die Umsetzung im Haushalt aussehen kann. Dabei ist es wichtig, das Haushaltsrecht zu kennen und es handhaben zu können — was nicht bedeuten darf, es zu verinnerlichen und zum Maßstab politischen Wollens zu machen. Vielleicht läßt sich zumindest Konsens über Grenzen erzielen, nämlich darüber, wo Sparen nicht mehr akzeptabel ist, wo Privatisierungen mehr (gesellschaftlichen) Schaden als (finanziellen) Nutzen bringen. Da es sich um eine gesellschaftliche Auseinandersetzung handelt, kann sie nicht im Rat allein geführt werden; der Öffentlichkeit, der Bündnispolitik z. B. mit der ÖTV kommt eine zentrale Rolle zu. Dringlich ist eine Diskussion innerhalb derer, die alternative Kommunalpolitik betreiben wollen, damit sie zu einer gemeinsamen Haltung der Kommunen gegenüber Bund und Ländern beitragen können.

Literatur

Bischof, W.: Gemeindehaushaltsrecht, 2. Auflage 1994, Carl Heymanns Verlag Köln. Ein gründliches Buch für die Verwaltungsausbildung
Depiereux, St.: Grundriß des Gemeindehaushaltsrechts, 3. neubearb. Aufl. 1982, Verlag Reckinger & Co., Siegburg. Eine knappe, gut lesbare Einführung
Reiners, Theo: Einführung in das kommunale Haushaltsrecht unter besonderer Berücksichtigung der neuen Bundesländer, C. H. Beck, München 1993. Ein Lehrbuch mit Übungen und brauchbarem Stichwortverzeichnis, besonders zugeschnitten auf die Vorschriften in NRW und Brandenburg.

AKP-Artikel zum Thema

Diverse Artikel in AKP-Sonderheft 7: Der kommunale Haushalt, 1990
Diverse Artikel in den AKP-Dossiers "Gemeindefinanzen", AKP 3/1992, S. 45, und AKP 3/1993, S. 51
Beck, M.: Flexible Personalpolitik oder "Grauer Stellenplan?", in: AKP 4/1992, S. 45
Frank, J.: Haushaltspolitik im Zeichen knapper Mittel, in: Macht und Ohnmacht der Kommune. AKP-Sonderdruck zum Kommunalpolitischen Kongreß in Leipzig, 1992
Tiedke, S.: KGSt-Forum zu neuen Modellen der Personalwirtschaft, in: AKP 2/1994, S. 25

Reiner Schiller-Dickhut

Privatisierung

Welche Dienstleistungen und Unternehmen eine Gemeinde selbst ausführt bzw. betreibt oder welche sie an Private delegiert, ist nirgends definitiv gesetzlich geregelt, sondern Gegenstand gesellschaftlicher und politischer Auseinandersetzungen. Zwar gibt es verschiedene Normen von Verfassungsinstituten bis hin zu speziellen Gesetzen, auf die mensch sich in der Kommunalpolitik beziehen kann: der staatsrechtliche Begriff der "Daseinsvorsorge" (Forsthoff), die kommunale Selbstverwaltung gemäß Art. 28 Abs. II GG, die Grundsätze zur wirtschaftlichen Betätigung von Gemeinden in den jeweiligen Kommunalverfassungen oder schließlich die Eigenbetriebsgesetze. Doch in einem gewissen Maße sind all diese Normen interpretierbar und insofern durch ihren gesellschaftlichen Kontext veränderbar. Dieses Umfeld ist seit Ende der 80er Jahre durch drei privatisierungsfreundliche Entwicklungen geprägt:
o die Suche meist größerer Unternehmen der Abfall-, Wasser- und Energiewirtschaft nach neuen Anlagesphären; angesichts der Finanzschwäche insbesondere der ostdeutschen Kommunen werden sie in den betreffenden Branchen der Kommunalwirtschaft fündig. In welchen Dimensionen dieser Markt kalkuliert wird, zeigt etwa, daß die Bauindustrie allein für die ostdeutschen Länder 160 Mrd. DM Investitionen für die Abwasserbeseitigung veranschlagt (FR 13.11.93).
o Der Diskurs der Entstaatlichung mit dem Ziel, daß der Staat sich noch mehr aus gesellschaftlichen und wirtschaftlichen Prozesse zurückziehen und die Erfüllung staatlicher Aufgaben in Kooperation von öffentlichen Organen und privaten Unternehmen erfolgen solle ("**Public-private-partnership**");
o die Tendenz, Kriterien für die Qualität öffentlicher Verwaltungen auf die betriebswirtschaftliche Effizienz der Organisation als solcher zu reduzieren und die Zielgröße zu vernachlässigen, welche Aufgaben mit welchem Resultat für unterschiedliche BürgerInnen erfüllt werden.

Auf diesem Hintergrund verwundert es nicht, daß konkrete Entscheidungen für Privatisierung meist nicht mit tatsächlich nachgewiesenen Vorteilen für die Gemeinde begründet, sondern durch diffuse Motive bestimmt werden: "Die private Rechtsform suggeriert nun einmal größere Unabhängigkeit von der öffentlichen Hand und eine stärkere Ausrichtung an Handlungsmustern (...) der privaten Wirtschaft." (Püttner, in: Öffentliche Wirtschaft und Gemeinwirtschaft 1978/S. 102)

BEGRIFF: Der Privatisierungsbegriff umfaßt mehrere Sachverhalte. Die **materielle Privatisierung** bezeichnet die Überführung von Einrichtungen, Unternehmen oder Teilen davon aus kommunalem Besitz an private Unternehmen bzw. die Übertragung öffentlicher Aufgaben auf Private. Demgegenüber bleiben bei der **formellen Privatisierung** (auch "Organisationsprivatisierung" genannt) die Unternehmen im Besitz der öffentlichen Hand, sie werden allerdings von einer öffentlich-rechtlichen in eine privatrechtliche Rechtsform verwandelt. Diese Umwandlung ist Voraussetzung dafür, daß Private Anteile an öffentlichen Unternehmen erwerben können, dadurch entstehen gemischtwirtschaftliche Unternehmen. Materielle und formelle Privatisierung stehen im Zentrum der gegenwärtigen Privatisierungsdiskussion. Im Privatisierungsbegriff ist üblicherweise enthalten, daß eine Kommune zwar noch für eine Aufgabe gesetzlich verantwortlich ist, diese aber an nicht erwerbswirtschaftliche Träger, d.h. soziale, genossenschaftliche oder gemeinnützige Organisationen übergibt. Dieser Vorgang ist politisch differenzierter zu beurteilen. Schließlich ist im strengen Sinne auch in den Privatisierungsbegriff einzubeziehen, daß eine öffentliche Aufgabe bzw. Dienstleistung entfällt und es dem Markt bzw. einzelnen Personen überlassen bleibt, ob ein privates Unternehmen die betreffende Dienstleistung anbietet bzw. ob die Aufgabe in "private Netze" verlagert wird, d.h. meistens von Frauen übernommen wird.

Privatisierung erstreckt sich auf folgende Bereiche:
— Ver- und Entsorgung, Verkehr, überhaupt alle kommunale Infrastruktur (vgl. dazu jeweils die Kapitel in diesem Handbuch)
— technische und planerische Dienstleistungen
— soziale und gesundheitliche Dienstleistungen und Einrichtungen
— Dienstleistungen und Einrichtungen in den Bereichen Sport, Kultur und Freizeit
— Hilfs- oder Annextätigkeiten.

Nach einigen grundsätzlichen Überlegungen und einem Überblick über die verschiedenen Rechtsformen kommunaler Organe wird das in den 90er Jahren in den Vordergrund gerückte Problem der formellen Privatisierung diskutiert, das inhaltlich auf Fragen effektiver Steuerung kommunaler Unternehmen konzentriert ist. Danach werden unter den Überschriften Bürokratie, effiziente Arbeitsweise und Finanzierung die wichtigsten "pragmatischen" Begründungen für Privatisierung geprüft.

GRUNDSÄTZLICHE ÜBERLEGUNGEN: AnhängerInnen von Privatisierung fordern ein, daß die Debatte von ideologischen Elementen frei sein solle. Das macht sich gut. Tatsächlich aber führen sie neben pragmatischen Argumenten zur effizienten, sparsamen und zielgerechten Erfüllung öffentlicher Aufgaben immer auch normative Überzeugungen zur Gesellschafts- und Ordnungspolitik an (zur Übersicht über Privatisierungsargumente vgl. v. Loesch). Die normativen Prämissen von Privatisierung beziehen sich in der einen oder anderen Weise auf das Verhältnis des Staates zur Gesellschaft und zur (Markt-)Wirtschaft. Verkürzt lassen sich folgende Stränge unterscheiden, denen mensch auch in der kommunalen Praxis begegnet:
o Öffentliche Unternehmen widersprechen dem Wettbewerbsprinzip und stören seine freie Entfaltung. Wegen der angeblich fundamentalen Überlegenheit marktwirtschaftlicher Produktion, Allokation und Steuerung sollen so viele Aufgaben wie möglich unter Wettbewerbsbedingungen erstellt werden.
o Der öffentliche Sektor soll sich auf das Verwalten und hoheitlichen Aufgaben zurückziehen; das Wirtschaften soll privaten Unternehmen vorbehalten bleiben.
o Durch die immer weitere Ausdehnung des Staatssektors und die bürokratische Regulierung aller Lebensbereiche werde private Initiative erstickt.
o Den kleinen und untergeordneten Gemeinschaften müssen die Tätigkeiten, die sie selbst leisten können, vorbehalten bleiben und nicht übergeordneten Gemeinschaften übertragen werden. Dieses **Subsidiaritätsprinzip** begründet — je nach Position — einen Primat privater Unternehmen bzw. privater Gemeinschaften vor öffentlichen Einrichtungen.

Es ist hier nicht der Ort, um über die Segnungen des freien Marktes, über das Staatsverständnis des Manchesterliberalismus, über die Familienpolitik gemäß dem Subsidiaritätsprinzip, aber auch nicht über Theorien öffentlicher Unternehmen und gemischten Wirtschaftens ausführlich zu diskutieren. Im Hinblick auf die kommunalpolitische Auseinandersetzung sind jedoch einige kritische Bemerkungen zum obigen Staatsverständnis und eigene Leitlinien unverzichtbar.

Die gennanten marktradikalen Prinzipien widersprechen in ihren Konsequenzen sowohl dem Sozialstaatsgebot als auch umweltpolitischen Notwendigkeiten. Ihre Anwendung führt dazu, daß die Schwächsten bestimmte zur Daseinsvorsorge zählende Leistungen nicht mehr bezahlen und folglich nicht mehr nutzen können. Auch bestimmte Umweltgüter dürfen nicht unter Wettbewerbsbedingungen erstellt werden, weil sie nicht beliebig vermehrbar sind. Z.B. lassen sich nicht beliebig viele Wasserversorgungssysteme installieren. Solche natürliche Monopole auf dem Gebiet der Ver- und Entsorgung dürfen nicht privaten Kalkülen unterworfen werden. Aus diesen Überlegungen folgt auch, daß die Kommune kommunalwirtschaftliche Unternehmen einsetzen muß, wenn das Verfassungsinstitut der kommunalen Selbstverwaltung nicht zur leeren Hülse verkommen soll. Weiter ist es eine Verkehrung der tatsächlichen Verhältnisse, die Staatstätigkeit als ursprüngliche Quelle für gesellschaftliche Probleme hinzustellen (in der ehemaligen DDR war dies anders). Umgekehrt wird ein Schuh daraus: Der Staat tritt in der hiesigen Gesellschaft wegen des "Versagens" gesellschaftlicher Teilbereiche auf den Plan; von Loesch argumentiert: "Wolle man die Verwaltungen eindämmen, müsse man die Fehler in den einzelnen Systembereichen korrigieren, dann erübrigten sich viele Arten des Verwaltungshandelns." (S. 73) Aufgrund dieses Zusammenhangs ist die staatliche Organisation für alternative Politik alles andere als eine positive Utopie. Die strategische Konsequenz lautet vielmehr, staatliche Aufgaben in die Gesellschaft zurückzuholen und sie sozialen, genossenschaftlichen und gemeinnützigen Organisationen zu übertragen, wenn dadurch die Probleme an der Wurzel gelöst werden können. Kriterium ist dabei, sie nicht eigennützigen Interessen zu unterwerfen und das Gleichheitsgebot nicht zu verletzen. Da ein solches Reformkonzept der Rückverlagerung in die Gesellschaft nur eine konkrete Utopie ist, kommt Tagespolitik nicht umhin, die vorhandenen staatlichen Organe für die eigenen politischen Ziele einzusetzen. Durch Privatisierung gehen jedoch Instrumente verloren, gestaltend einzugreifen. Zwecks besserer Durchsetzung fachlicher Ziele ist es allerdings notwendig, es nicht beim status quo der kommunalen Einrichtungen zu belassen, sondern ihre Strukturen zu reformieren (z.B. einen Regie- in einen Eigenbetrieb umzuwandeln, s.u.).

Neben den Auswirkungen von Privatisierung auf die Dienstleistungen für BürgerInnen und die kommunale Selbstverwaltung sind genauso die gravierenden Konsequenzen für die Beschäftigten zu bedenken. Um Gewinne wetteifernd, trachten privatkapitalistische Unternehmen danach, die Leistungsanforderungen zu verschärfen und soziale Standards herabzudrücken — soweit gewerkschaftliche Interessenvertretung dem keine Schranken setzt. Die Folgen für die ArbeitnehmerInnen sind nach Bereichen unterschiedlich. In manchen Sektoren bedeutet Privatisierung "nur", daß die Betriebe auf olympiareife Belegschaften ausgedünnt und Leistungsgeminderte ausgestoßen werden; andere Bereiche sind durch unsoziale, zweitklassige Beschäftigungsverhältnisse geprägt. Durch Privatisierung werden oft Kosten externalisiert und auf andere öffentliche Kassen überwälzt. Dies resultiert nicht zuletzt daraus, daß durch materielle Privatisierung Menschen erwerbslos werden; der Saldo an Arbeitsplätzen bewegt sich in der Größenordnung von 20%.

In den neuen Ländern hat Privatisierung von vornherein einen Bonus. Nach 45 Jahren Erfahrungen mit einer staatssozialistischen Ordnung gilt jede Abkehr von staatlichen Organisationsformen vielen Menschen als Wert an sich. Tatsächlich sind in Ost- und Westdeutschland unterschiedliche Maßstäbe anzulegen. Die Ausgangslage für Privatisierung fällt auseinander. Z. B. ist der Anteil der Kindertageseinrichtungen in öffentlicher Trägerschaft im Osten weitaus höher als im Westen. Andererseits sollte nicht das Kind mit dem Bade ausgeschüttet werden, sprich, die Gemeinden sollten darauf achten, nicht die Abhängigkeit vom Planstaat gegen die Abhängigkeit von Unternehmen oder auch großen Wohlfahrtsverbänden einzutauschen, die mehr oder weniger stark ökonomische Eigeninteressen haben. Ziel muß die Gewinnung des größtmöglichen kommunalen Spielraums sein.

Rechtsformen im Überblick

Eine kommunale Körperschaft ist kein homogen strukturiertes Gebilde; sie ist rechtlich und organisatorisch vielfältig differenziert. Im alltäglichen Sprachgebrauch denkt man an die kommunale Verwaltung, die vom Hauptverwaltungsbeamten geführt sowie in mehrere Dezernate bzw. Referate und Ämter unterteilt ist und nach einheitlichen Regeln operiert (vgl. Kapitel Verwaltung). Tatsächlich existiert eine Fülle verschiedener Rechts- und Organisationsformen, so daß kommunale Aufgaben neben der eigentlichen Verwaltung von verschiedenen mehr oder weniger verselbständigten Organen bzw. Unternehmen wahrgenommen werden.

Kommunale Unternehmen lassen sich nach ihrer **öffentlich-rechtlichen** oder **privaten Rechts- und Organisationsform** unterteilen. In der ersten Gruppe sind wiederum solche mit oder ohne eigene **Rechtspersönlichkeit** zu unterscheiden. Als letztere sind zu nennen **Regie-** und **Eigenbetriebe**. Rechtlich selbständige Formen sind **Anstalten** (z. B. die kommunalen **Sparkassen**), **Stiftungen** sowie **Zweckverbände** (die typische Form für den Zusammenschluß mehrerer Gemeinden für einen bestimmten Zweck, vgl. Kapitel Gemeindeverbände). Zur zweiten Gruppe mit privatrechtlicher Form zählen **GmbHs** und **Aktiengesellschaften**.

Regiebetriebe sind unmittelbar Teil der Verwaltung und werden dementsprechend von einer in den Verwaltungsaufbau eingegliederten Person geleitet. Ihre **Wirtschaftspläne** sind Teil des **Haushaltsplans** und den betreffenden Vorschriften unterworfen. Es ist möglich, nur Gewinn und Verlust — also keine Einzelpositionen — in den Haushalt einzustellen und statt des üblichen **kameralistischen Rechnungswesens** (vgl. Kapitel Haushalt) die **kaufmännische Buchführung** anzuwenden. Mit dieser starken Einbindung in die allgemeine Verwaltung eignet sich der Regiebetrieb nur für kleine **Hilfs- und Nebenbetriebe** wie Friedhofsgärtnerei, Kantinen, Bäder u.ä. Der **Eigenbetrieb** ist die für die wirtschaftliche Betätigung der Gemeinden eigens geschaffene Form und durch verschiedene Elemente der Selbständigkeit gekennzeichnet: ein **Sondervermögen**, eine eigene (kaufmännische) Buchführung, einen eigenen **Wirtschaftsplan** — nur Gewinn und Verlust erscheinen im Haushalt der Gemeinde — und eine eigene **Personalwirtschaft** nach den Grundsätzen des öffentlichen Dienstrechts. Durch die Organe des Eigenbetriebs, einerseits die **Werkleitung** für die (laufende) wirtschaftliche Führung des Betriebes und andererseits die **Vertretungskörperschaft**, den **Werksausschuß** (in Hessen: Betriebskommission) und den **Hauptverwaltungsbeamten** mit den Zuständigkeiten für grundsätzliche Entscheidungen und Kontrolle der Werkleitung (s. u.), ist eine "funktionelle Verflechtung" (Scholz/Pitschas 1984/142) zwischen den verselbständigten wirtschaftlichen Unternehmen und der Gemeinde gegeben.

Anders als der Eigenbetrieb haben **GmbHs** und **Aktiengesellschaften** eine eigene Rechtspersönlichkeit. Sie verfügen über ein vom Gemeindevermögen getrenntes Vermögen und eine eigene Rechnungslegung. Insbesondere kommunale Betriebe in den Sparten Energie, Wasser, Abfall, Verkehr, oft im **Querverbund** in einem Unternehmen zusammengefaßt, haben eine privatrechtliche Form. Die GmbH hat im allgemeinen eine zweigliedrige Organisationsform aus Geschäftsführung und **Gesellschafterversammlung**; freiwillig bzw. vorgeschrieben bei Betrieben ab 500 bzw. 2000 Beschäftigten (nach Betriebsverfassungsgesetz von 1952 bzw. nach Mitbestimmungsgesetz von 1976) kommt ein **Aufsichtsrat** hinzu. Zwar hat die Geschäftsführung einer GmbH bei den laufenden Geschäften und bei der Vertretung der Gesellschaft nach außen starke Befugnisse, die die eines Eigenbetriebes übertreffen; jedoch kann die Gesellschafterversammlung die Kompetenzen der Geschäftsführung durch Weisungen einschränken. Die **Aktiengesellschaft** hat eine dreigliedrige Struktur aus Vorstand, Aufsichtsrat und **Hauptversammlung**. Der Vorstand ist unabhängig, da er die Gesellschaft nach außen unbeschränkt vertritt und keinerlei direkten Weisungen unterliegt (zu den Rechtsformen insgesamt vgl. Püttner 1984, Ehlers sowie Zeiß).

Die Organisationsformen von Eigenbetrieb und GmbH im Vergleich

Im weiteren beschränke ich mich auf den Vergleich derjenigen Organisationsformen, die im Brennpunkt der Privatisierungsdebatte stehen, nämlich Eigenbetrieb und GmbH. Der Regiebetrieb wird nicht weiter betrachtet, weil dieser durch seine Einbindung in die Verwaltung und die Unterwerfung unter das öffentliche Haushaltsrecht nur für kleine Betriebe geeignet ist. Auf der anderen Seite wird die Aktiengesellschaft nicht weiter behandelt, weil die starke Stellung des Vorstands einer zweckmäßigen Einflußnahme von Kommunen bzw. für Gemeinwohlbelange im Wege steht. Dieses Manko ist so gravierend, daß die Aktiengesellschaft die für kommunale Unternehmen ungeeignetste Form ist. Im übrigen lassen sich die Argumentationsmuster für die ausgewählten Formen Eigenbetrieb und GmbH grundsätzlich auf andere öffentliche bzw. private Rechtsformen übertragen.

Als Gründe, kommunale Unternehmen in einer privatrechtlichen Form zu führen, werden vorrangig rein ökonomische Erwägungen angeführt, v.a. mehr Effizienz und Flexibilität. Dies greift zu kurz; an kommunale Unternehmen sollten insgesamt folgende Kriterien angelegt werden, die z.T. miteinander in Konflikt stehen (vgl. Landerer/Röhricht 31ff.):
a) eine effiziente Arbeitsweise, die vom internen Steuerungssystem, den Grundsätze der Haushaltsführung und der MitarbeiterInnenbeteiligung abhängt;
b) das Geltendmachen gemeinwohlorientierter Ziele, das betrifft die Definition des Unternehmenszwecks und den Durchgriff der tragenden Kommune(n) auf das Unternehmen,
c) günstige Finanzierungsbedingungen, das sind v.a. steuerliche Aspekte, Kreditkonditionen und Subventionen,
d) die Transparenz nach außen in wirtschaftlicher und politischer Hinsicht: das betrifft die Wirtschaftspläne und das Rechnungswesen sowie die Offenheit gegenüber Mitgliedern der kommunalen Vertretungskörperschaft oder Bürgerinitiativen, auch wenn diese in der Minderheit oder in der Opposition sind,
e) die Arbeitsbedingungen der Beschäftigten bzw. die Mitbestimmungsregeln.

Andernorts genannte Kriterien wie die Grundsätze des Personalwesens, die Haftung, die Preispolitik, die Bindung an Vergaberichtlinien sind entweder in den o.g. Kriterien enthalten oder weniger wichtig. Aus diesem Kriterienkatalog werden zunächst die für die Steuerung von Unternehmen bedeutsamen Faktoren betrachtet; zu den anderen s.u.

Die den **Eigenbetrieben** gegebene Selbständigkeit und die anzuwendenden betriebswirtschaftlichen Grundsätze ermöglichen bei dieser Unternehmensform prinzipiell eine effektive wirtschaftliche Arbeitsweise (vgl. Scholz/Pitschas 1982; Püttner). Gegenüber dieser Auffassung wird kritisch auf die Befugnisse des Hauptverwaltungsbeamten und des Gemeinderats bzw. für ihn stellvertretend des Werksausschusses bei der Leitung des Eigenbetriebs hingewiesen. Bemängelt wird wegen langer Entscheidungswege ein zu langsames Reagieren auf Marktsituationen — dieses Problem läßt sich abstellen — oder willkürliche politische Interventionen — die geschehen bei der

GmbH genauso. Derartige Einwände gehen am Kern der Sache vorbei: die aus der gleichzeitigen Zuständigkeit von "primärem Leitungsorgan" (**Werkleitung**) und "sekundären Leitungsorganen" (den Organen der Gemeinde) resultierenden Spannungen sind nicht als dysfunktional anzusehen, sondern als wirtschaftlich sinnvoll und politisch notwendig. Denn ohne die starke Stellung der Gemeindeorgane ist der öffentliche Zweck letztlich nicht durchsetzbar; die Berichtspflichten der Werkleitung über die wirtschaftliche Entwicklung des Betriebes sowie die Pflicht, die Entwürfe der **Wirtschaftspläne** vorzulegen, sind für die Steuerung eines kommunalen Unternehmens und die Kontrolle über die legitime Verwendung öffentlicher Gelder notwendig; ein spezieller **Werksausschuß** ist ein angemessenes Instrument, um die Gemeinde in die wirtschaftlichen und fachlichen Angelegenheiten des öffentlichen Unternehmens einzubeziehen. Das beschriebene Spannungsverhältnis ausschalten zu wollen, bedeutet letztlich nichts anderes, als die Geltung demokratischer Prinzipien für öffentliche Unternehmen überhaupt zu negieren. Zwar wird unter Fachleuten diskutiert, ob die Führungskompetenz der Werkleitung ausgeweitet werden müsse. Unzweifelhaft sind aber die den Eigenbetrieben zugeschriebenen Effizienznachteile hinsichtlich Vertretung der Werkleitung im Gemeinderat, der Personalhoheit, der (nicht) leistungsgerechten Bezahlung entweder unzutreffend oder beruhen auf dem Nicht-Ausschöpfen rechtlicher Möglichkeiten (vgl. Scholz/Pitschas 1984/143, Ehlers 900f.); dabei sind Spezifika der Ländergesetze zu berücksichtigen.

Ein kommunales Unternehmen kann in der Form einer GmbH wirtschaftlich arbeiten, weil dies ein aus der Privatwirtschaft bewährtes Modell sei, heißt es. Dabei wird auf die starke Stellung der Geschäftsführung verwiesen. Der Blick auf den doch sehr wechselhaften Erfolg von GmbHs in der freien Marktwirtschaft und die von unterschiedlichen Standpunkten vorgetragenen Klagen über Mißmanagement zeigen, daß die Form kein Freibrief für ökonomischen Erfolg ist. Was heißt überhaupt "wirtschaftliches Arbeiten"? GmbHs und überhaupt alle ins Privatrecht verselbständigten kommunalen Unternehmen neigen "zu einem rein erwerbswirtschaftlichen Geschäftsgebaren" (Scholz/Pitschas 1982/23); dieses begründet einen unauflösbaren Widerspruch zum öffentlichen Auftrag.

Der Schlüssel für die Beurteilung der Kriterien a) und b) bezüglich der GmbH liegt im **Gesellschaftszweck** und der **Gesellschafterversammlung**. Die Gesellschafter haben die Freiheit, den Gesellschaftszweck im **Gesellschaftsvertrag** festzulegen, also auch kommunale Belange festzuschreiben. Dies impliziert, daß bei einer Alleininhaberschaft einer Kommune nach einem Wechsel der politischen Mehrheit der Gesellschaftsvertrag unmittelbar geändert werden kann, z. B. der Gesellschaftszweck oder die Eigentumsverhältnisse durch die Hereinnahme privaten Kapitals (vgl. Landerer/Röhricht 109). Solche Weichenstellungen sind der parlamentarischen Kontrolle entzogen. Die Gesellschafter haben individuelle Auskunfts-, Einsichts- und Informationsrechte (Kraft, in Püttner/173), die Gesellschafterversammlung insgesamt Weisungsrechte gegenüber der Geschäftsführung. All dies spricht für die starke Stellung des bzw. der Gesellschafter, damit auch für die weitreichende Nutzbarkeit dieser Rechtsform für kommunale Belange, solange die Kommune Alleingesellschafterin ist. Diese Macht kann jedoch ohne weiteres von der politischen Mehrheit einer Kommune mißbraucht werden, insbesondere als Einfallstor für formelle Privatisierung mit der Folge einer Dominanz privater Interessen (s.o.). Bei GmbH's mit Aufsichtsrat können die politische Opposition einer Gemeinde oder die VertreterInnen der Beschäftigten durch dieses Gremium Informationen erhalten und auf die Gesellschaft Einfluß nehmen. Die Möglichkeit, daß die kommunale Vertretungskörperschaft den Aufsichtsrat anweist, ist rechtlich umstritten (Knemeyer, in: Der Städtetag 1992/ 317ff.); im Hinblick auf die Abwägung Eigenbetrieb/GmbH ist dies als schwaches Instrument zu beurteilen. Unterm Strich ist die Einflußnahme pluraler politischer Kräfte der Gemeinde bei der GmbH eindeutig geringer als beim Eigenbetrieb.

Last not least ist die öffentliche Kontrolle bei der GmbH wegen der (üblichen) Nichtöffentlichkeit der Sitzungen der Gesellschafterversammlung und des Aufsichtsrats gegenüber dem Eigenbetrieb erheblich eingeschränkt. Betrachtet man relevante praktische Fälle formeller Privatisierung, so ist geradezu ein wesentlicher Zweck der Umgründung, die Tätigkeit des Unternehmens aus der öffentlichen Diskussion herauszuziehen. Da ein Großteil der fraglichen Unternehmen im Umweltbereich tätig ist, sinken die Durchsetzungschancen grün-bürgerbewegter Politik bei formeller Privatisierung beträchtlich.

Die Sachdiskussion Pro und Contra

DAS BÜROKRATIE-ARGUMENT: Privatisierung wird mit dem bürokratischen Charakter der kommunalen Verwaltung bzw. den daraus entspringenden Deformationen begründet. Was meint der Bürokratie-Begriff? Bürokratie ist eine — staatliche oder nichtstaatliche — Verwaltung, die durch klare Befehlsgliederung von oben nach unten, durch Entscheidungen nach Gesetz oder Vorschrift, durch Geplantheit und Genauigkeit sowie Routine gekennzeichnet ist (Max Weber). Bürokratie in staatlichen Organisationen soll die Gleichbehandlung aller BürgerInnen vor dem Gesetz garantieren. Das erste Element dieser Begriffsbestimmung zeigt bereits, daß auch private Organisationen durch einen bürokratischen Charakter gekennzeichnet sein können. Ein Eigentums- oder Rechtsformwechsel würde daran noch nichts ändern. Wollen die Privatisierungsbefürworter die hierarchische Organisationsform aufgeben? Nun, darüber ließen GRÜNE gern mit sich reden. Tatsächlich jedoch geht es den meisten Privatisierungsbefürwortern nicht darum, in Verwaltungen Hierarchie durch Demokratie zu ersetzen. Ihre Kritik konzentriert sich darauf, ein Übermaß an Bürokratie abzubauen, dessen Ursache sie in zu langen Entscheidungswegen, zu starren Regeln und fehlender Motivation der MitarbeiterInnen sehen (vgl. Kapitel Verwaltung).

Auch von grün-alternativer Seite wird, durch eigene leidliche Erfahrungen gespeist, der bis zur Erstarrung gehende Routinecharakter von Verwaltungshandeln kritisiert. Eine Rücknahme öffentlicher Aufgaben in die Gesellschaft, in soziale, genossenschaftliche oder gemeinnützige Organisationen — das wäre eine Privatisierung im positiven Sinne — kann sinnvoll sein, um diese Erstarrung aufzubrechen. Z.B. kann es angesichts unbeweglicher Stadtreinigungsämter — manche Grüne UmweltpolitikerInnen können ein Lied davon singen — unumgänglich sein, unkonventionelle abfallwirtschaftliche Maßnahmen am kommunalen Amt vorbei von gemeinnützigen oder privaten, gewinnorientierten Unternehmen durchführen zu lassen. Paradebeispiele sind Recycling- oder Kompostprojekte. Am Beispiel des Wertstoffrecyclings läßt sich die Problematik einer derartigen Privatisierung illustrieren. Für diese Aufgabe mit einem hohen Lohnkostenanteil kommen gemeinnützige Organisationen dadurch besonders in Frage, weil sie durch Lohnkostenzuschüsse oder durch Lohnverzicht konkurrenzfähig sind. Daß das Wertstoffrecycling starken Marktschwankungen unterworfen ist, führt dazu, daß gewinnorientierte Unternehmen die ökologisch notwendige Maßnahme schnell wieder aufgeben oder daß ein gemeinnütziger Träger aus dem kommunalen Haushalt subventioniert werden muß.

Für das Ziel, durch Übertragung öffentlicher Aufgaben an gemeinnützige Organisationen reformfeindliche Verkrustungen aufzubrechen, ist ein anderer typischer Bereich die Kinderbetreuung. Gemeint sind nicht die traditionellen freien Träger (insbesondere Kirchen), sondern Elterninitiativen (vgl. Kapitel Kinderbetreuung). Diese wurden ursprünglich gegründet, um reformerische pädagogische Konzepte durchzusetzen, die bei den Jugendämtern oder bei den herkömmlichen Trägern nicht zu verwirklichen waren. Zweifelsohne haben die Reformansätze der Elterninitiativen auf den gesamten Sektor der Kinderbetreuung positiv ausgestrahlt. Auf der anderen Seite weist dieses Modell bezüglich der Alternative öffentliche oder private (inklusive gemeinnützige) Erstellung von Dienstleistungen einige Haken auf. Es ist unter den gegenwärtigen Verhältnissen nicht verallgemeinerbar, weil nicht alle Eltern in puncto Einkommen, Zeitflexibilität und Bildungsvoraussetzungen eine Elterninitiative aufziehen können. Würde die Kommune von der Aufgabe Kinderbetreuung entlastet, so hätte dies nicht nur eine Übertragung auf private Organisationen zur Folge, sondern auch eine Privatisierung in die Familie hinein zu Lasten der Frauen. Der von der Kommune geforderte Grundsatz der Gleichbehandlung würde bei einer privaten Erstellung der Aufgabe in zweifacher Hinsicht verletzt: einige "NachfragerInnen" können sich die Dienstleistung gar nicht, andere können sich eine bessere Qualität der Dienstleistung kaufen.

Zwei abschließende Bemerkungen zum Komplex "Bürokratie-Kritik". Paradox ist, daß sich die Privatisierungsbemühungen gar nicht auf den Sektor der kommunalen Tätigkeit erstrecken, der im Urteil der BürgerInnen Gegenstand und Quelle der meisten Klagen ist, nämlich die Ordnungsbehörden und die innere Verwaltung (vgl. v. Loesch/22). Unredlich ist, wenn unter dem Deckmantel der Bürokratiekritik nicht die Verwaltung, sondern die beteiligten politischen Gremien und deren Entscheidungsprozesse attackiert werden mit dem Ziel, Demokratie abzubauen. Damit wird wahrlich nicht behauptet, daß jeder vorfindliche politische Entscheidungsablauf demokratisch ist, wohl aber unterstrichen, daß es den PrivatisierungsanhängerInnen um die Beseitigung demokratischer Störpotentiale geht.

DAS ARGUMENT KOSTENGÜNSTIGERER PRODUKTION: Das zweite zentrale Argument für Privatisierung ist, daß Private Dienstleistungen oder Güter (Vorprodukte) kostengünstiger produzieren. Bezüglich der Effizienz der Steuerung von Unternehmen war oben bereits die Rechtsform des Eigenbetriebs als vorteilhaft festgestellt worden. Natürlich gibt es genügend Beispiele für Schlendrian in öffentlichen Unternehmen, der durch deren politischen Charakter, sprich politisch besetzte Posten bedingt ist. Die GRÜNEN sind die letzten, die diesen status quo verteidigen. Der Blick auf diesen Schlendrian lenkt aber vom Wesentlichen ab.

Untersuchen wir die angeblichen Kostenvorteile durch Privatisierung systematisch; denn oft sind die Vorteile nur scheinbar oder beruhen darauf, daß Äpfel mit Birnen verglichen werden.
○ Das Angebot ist nicht immer vergleichbar. Private können dann und deshalb kostengünstiger anbieten, weil ihr Angebot quantitativ geringer oder qualitativ schlechter ist. D.h. anhand relevanter Fälle,
— daß die Öffnungszeiten von Bädern reduziert sind (im Vergleich zum ursprünglichen kommunalen Angebot),
— daß entlegene Gebiete nicht beliefert oder versorgt werden (Verkehr, Wasser, Post),
— daß vornehmlich Großkunden bedient werden,
— daß der ökologische Standard schlechter ist, z.B. die Emissionen einer MVA höher sind. Angemerkt sei hier, daß kommunale Anlagen nicht immer eine bessere Qualität haben, aber bei privater Produktion werden die Umweltbelange strukturell zurückgestellt, weil die Unternehmen Gewinne erzielen müssen und weil die betreffenden Umweltgüter und -dienstleistungen nicht Wettbewerbsbedingungen unterliegen sollen.
Wenn ein privates Unternehmen sich aus dem Bestand kommunaler Aufgaben die unter dem Gewinnkalkül lukrativen heraussucht, spricht man von Rosinenpickerei.
○ Manche Vergleiche hinken dadurch, daß bei der Delegation einer Aufgabe an Private nur die Erstellung berechnet wird. Die im Amt verbleibenden notwendigen Kontrollpflichten, z.B. bei der Abwasserbeseitigung, werden beim Vergleich kommununale/private Erstellung unterschlagen; dadurch wird die Bilanz zugunsten des Privaten geschönt. In den Fällen, in denen zusammengehörige gesetzespflichtige Aufgaben aufgespalten werden, dabei einerseits der Betrieb einer Anlage privatisiert wird und andererseits der Behörde weiterhin die Kontrollpflichten obliegen, führt dies zu einer Verdopplung von Tätigkeiten und folglich zu Mehrkosten.
○ Andere Vergleiche sind dadurch unseriös, daß in die Zukunft verschobene Kosten bei der Erstellung einer Dienstleistung "vergessen" werden, z.B. die Erneuerung von Anlagen — dies gilt insbesondere für den Umweltbereich. In diesem Zusammenhang gehört auch die Prüfung, ob das private Unternehmen aus Gründen der Markteinführung einen Dumpingpreis bietet, den es später heraufsetzt, wenn die Kommune nicht mehr ohne Verluste den abgeschlossenen Vertrag kündigen kann, bzw. den es anderen Kommunen anschließend nicht gewähren kann.
○ Die Kosten für die Beschäftigten sind niedriger, weil die Lohn- und Arbeitsbedingungen schlechter sind. Bei privaten Betrieben der Gebäudereinigung arbeiten häufig Arbeitnehmer, meist Frauen, in miserablen Beschäftigungsverhältnissen ohne Sozialversicherung. Die eingesetzten Geräte, z.B. bei der privaten Müllabfuhr, sind nicht selten in schlechterem technischen Zustand, mit der Folge schwererer körperlicher Arbeit oder höherer Unfallgefahr. Die verwandten Arbeitsmittel, z.B. die Putzmittel bei der Gebäudereinigung, sind aggressiver und bedrohen die Gesundheit der ArbeitnehmerInnen oder auch der NutzerInnen einer Einrichtung. Manche Privatbetriebe, die in Konkurrenz zu kommunalen Einrichtungen stehen, sind quasi gewerkschaftsfreie Zonen und können dadurch generell schlechtere Lohn- und Arbeitsbedingungen durchsetzen. In einer finanzwirtschaftlichen Gesamtbetrachtung führt eine Privatisierung an Betriebe mit schlechten sozialen Standards zu einem Minus an Steuereinnahmen und einem Mehr an staatlichen Sozialausgaben.
○ Durch Privatisierung entstehen etliche, meist verdeckte Übergangs- und Nebenkosten. Privatfirmen werden kommunale Immobilien unter Wert überlassen, z.B. bei Sportanlagen, oder Kommunen übernehmen unentgeltlich Vorleistungen oder gewähren versteckte Subventionen: typischer Fall ist, daß die Kommune die Energiekosten oder die Maschinen einer privaten Gebäudereinigung bezahlt bzw. dieser überläßt.
○ Tatsächliche Kostenvorteile für Private ergeben sich dann, wenn die Kommune mit einem bedeutend größeren oder produktiveren privaten Unternehmen konkurriert, das Vorprodukte günstiger einkaufen kann oder Technik produktiver anwendet. Wenn man grundsätzliche ord-

nungs- oder wirtschaftspolitische Erwägungen ignoriert, die eine wirtschaftliche Betätigung der Kommune begründen, spricht in diesen Fällen gegen eine Privatisierung dann nichts, wenn in das erstellte Gut bzw. die erstellte Dienstleistung kein zwingender politischer Auftrag der Kommune einfließt. Dies gilt v.a. für bestimmte Hilfsaufgaben der Kommune wie eine eigene Druckerei oder ähnliche Werkstätten, eine eigene Kantine, Reisebüro usw. Dies trifft eingeschränkt auch für technische Dienstleistungen im Planungs- und Liegenschaftswesen zu: die Grenze der Delegation an Private bestimmt sich bei hoheitlichen Aufgaben der Kommunen aus dem Gebot einer technisch-planerischen Grundausstattung und aus dem Verbot, bei der Wahrnehmung von Infrastrukturaufgaben Private durch bewußte oder unbewußte Weitergabe von Informationen ungleich zu behandeln.

○ Tatsächliche Kostenvorteile bestehen auch, wenn Private einen Vorsprung im Knowhow haben. Dies betrifft überhaupt nicht sowie viele ostdeutsche Gemeinden. Der Vorsprung Privater ist dann grundlegend, wenn sie Erfahrungen in der Erstellung einer Ware oder einer Dienstleistung in einem stofflich verwandten Bereich haben, über die die Kommune nicht verfügt. Dies ist bei vielen High Tech- bzw. innovativen Projekten im Umwelt- und Bausektor gegeben. Paradebeispiel hierfür ist die Abwasserbeseitigung und speziell das vieldiskutierte niedersächsische Betreibermodell bei Kläranlagen, bei dem Planung, Bau und Betrieb beim Privaten liegen. Dies hatte für Kommunen — abgesehen von einigen von Privatisierungsanhängern so gewollten, verzerrenden Einflüssen — v.a. Vorzüge wegen des Wissensvorsprungs technisch und planerisch versierter Bau- und Ingenieurfirmen gegenüber kleinen Gemeinden. Bei gemeindeüberschreitenden Aufgaben kann dies Manko durch interkommunale Kooperation kompensiert werden, für viele Fälle in ostdeutschen Kommunen allerdings kaum. Ostdeutsche KommunalpolitikerInnen sollten bei solchen kurzfristigen Kostenvorteilen die vielen anderen Argumente gegen Privatisierung bedenken, insbesondere die Abhängigkeit von Privaten.

Sollte die Gemeinde bei Aufgaben der Daseinsvorsorge oder der kommunalpolitischen Gestaltung echte Kostennachteile haben, so muß daraus nicht automatisch eine Privatisierung folgen. In diesem Fall kann sie versuchen, selbst effektiver zu arbeiten, u.U. zu rationalisieren oder durch formelle und informelle Kooperation mit anderen Gemeinden den Kostennachteil gegenüber Privaten auszugleichen. Sie kann aber auch gezwungen sein, tatsächlich mehr Mittel aufzuwenden, um einen politischen Auftrag zu erfüllen.

DIE FINANZIERUNGSVORTEILE: Nach dem dritten zentralen Argument ergeben sich Kostenvorteile der Privatisierung auf der Ebene der Finanzierung. Das übliche Haushaltswesen staatlicher Organe enthält zwei kostentreibende Mechanismen: das **kameralistische System** der Rechnungslegung und die extreme Abtrennung der **Ressourcenverantwortung** von der **Fachverantwortung**. Sofern und solange die Defizite der Kameralistik nicht beseitigt sind, können die Kommunen statt der Privatisierung immer noch eine Rechtsform wählen, die die **kaufmännische Buchführung** zuläßt, also den Eigenbetrieb. Den zweiten Mangel, der im übrigen allen arbeitsteiligen Verwaltungen mehr oder minder anhaftet, sollte die Kommune im Zuge von Verwaltungsreform abstellen (siehe Kapitel Verwaltung).

Kann die einzelne Kommune diese beiden Faktoren noch beeinflussen, so können andererseits Bund und Länder durch finanzpolitische Bevorzugung Privater die Kommunen nachhaltig auf den Weg der Privatisierung drängen. Der Druck kann durch Gesetzesänderungen, durch Ausführungsbestimmungen und durch Finanzprogramme erfolgen. Der Bundeswirtschaftsminister will über die Änderung des **Haushaltsgrundsätzegesetzes** Privatisierung erzwingen: "Staatliche Stellen sollen verpflichtet werden, im Rahmen eines Markterkundungsverfahrens festzustellen, inwieweit private Lösungen zur Erhöhung der Wirtschaftlichkeit sowie zur sparsamen Verwendung öffentlicher Gelder beitragen." Dies ist noch Zukunftsmusik ...

Wirksam ist bereits der nach Bundesländern unterschiedliche Bewertungsmaßstab zur **Verschuldungsgrenze** der Kommunen, insbesondere die Frage, ob die de jure durch Gebühreneinnahmen gedeckten sog. **rentierlichen Investitionen** im Abwasser- und Abfallsektor hierfür erheblich oder unerheblich sind. Wegen der ökologischen Notwendigkeit und der Sicherheit der Gebühreneinnahmen sollten diese Investitionen die Verschuldungsgrenze nicht tangieren; bisher folgt z.B. das Land NRW diesem Grundsatz. Im gegenteiligen Fall wächst angesichts der Ebbe in den kommunalen Haushalten der Druck auf die Kommunen, private Unternehmen an den genannten Aufgaben zu beteiligen oder sie ihnen ganz zu übertragen. Neben der Vergabe von **Subventio-**

nen versuchen die Wirtschaftslobbys auf die Besteuerungsgrundsätze Einfluß zu nehmen: z.B. kämpft der Hauptverband der Deutschen Bauindustrie, unterstützt vom Deutschen Sparkassen- und Giroverband, für eine generelle steuerliche Gleichbehandlung öffentlicher und privater Finanzierung.

Ob Finanzierungsvorteile in puncto Besteuerung und staatliche Zuwendungen bestehen, hängt zunächst davon ab, um welche Betriebsform es sich handelt. Für Betriebe öffentlichen Rechts gibt es in steuerlicher Hinsicht drei Betriebsformen: den **Hoheitsbetrieb**, den **Betrieb gewerblicher Art** und als Unterform des letzten den **Gewerbebetrieb**; privatrechtliche Betriebe sind Gewerbebetriebe. Zusammengefaßt sind die Unterschiede folgende: Hoheitsbetriebe erbringen Leistungen, zu deren Annahme der Leistungsempfänger auf Grund gesetzlicher oder behördlicher Anordnung verpflichtet ist, und sind grundsätzlich nicht steuerpflichtig. Betriebe gewerblicher Art sind solche, die einer nachhaltigen wirtschaftlichen Tätigkeit zur Erzielung von Einnahmen dienen, und sind **grund-, körperschaft-** und **umsatzsteuer**pflichtig. Werden einem Betrieb zusätzlich die Merkmale Gewinnerzielungsabsicht und Beteiligung am allgemeinen wirtschaftlichen Verkehr attestiert, gilt er steuerlich als Gewerbebetrieb und ist zusätzlich **gewerbe-** und **vermögensteuer**pflichtig. Steuerlich relevant ist schließlich, ob der Betrieb gemeinnützige Zwecke verfolgt. In der Vergangenheit sind etliche Gemeinden bei dem Versuch auf die Nase gefallen, durch Herauslösung von Entsorgungsaufgaben aus der Ämterorganisation und Umwandlung in eine GmbH qua Gemeinnützigkeit Steuern zu sparen.

Weil im kommunalen Bereich wenig Gewinne erzielt werden bzw. werden sollen, sind für den steuerlichen Vergleich diejenigen Betriebsformen zu präferieren, die keine Vermögensteuer und Umsatzsteuer zahlen. Diejenigen Betriebe, die nicht umsatzsteuerpflichtig sind, können auf der anderen Seite den Vorsteuerabzug für bezogene Waren, Dienstleistungen und Investitionen nicht geltend machen. (Falls ausnahmsweise der Vorteil des Vorsteuerabzugs den Nachteil der Umsatzsteuer übersteigen sollte - oft behauptet, selten nachgewiesen -, kann statt einer materiellen Privatisierung auf eine 100%-Eigengesellschaft ausgewichen werden.) Im allgemeinen sind also öffentlich-rechtliche Betriebsformen steuerlich günstiger.

Selbst wenn privatrechtliche Formen steuerliche Vorteile bieten, sollten diese nicht überbewertet werden. Denn erstens wird das Steuerrecht häufig geändert, zweitens zählt das volkswirtschaftliche Argument, daß unterm Strich ein Minus bei den Steuereinnahmen zu verzeichnen ist, und drittens bringen die aus steuerlichen Gründen gewählten organisatorischen Konstruktionen oft andere erhebliche politische Mängel mit sich. Diese drei Gesichtspunkte lassen sich sinngemäß auf das Kriterium der Erschließung von Subventionen und Zuschüssen von Land und Bund übertragen. Als Sonderfall ist darauf hinzuweisen, daß Länder, um "Public-private-partnership" zu erzwingen, Förderprogramme so konstruieren, daß ausschließlich Gesellschaften mit privater Beteiligung an Gelder kommen. Abgesehen davon, daß eine Beurteilung vom Zweck und Konditionen des jewiligen Programms abhängen, ist immer Vorsicht geboten, weil durch die Gesellschaftskonstruktion der kommunale Einfluß gewollt schwach ist.

Obwohl alle überkommunalen Zusammenschlüsse und Beratungsinstitutionen wie Städtetag, KGSt oder VKU (vgl. Schweisfurth) mit präzisen Nachweisen davor warnen, aus Finanzierungsgründen das Risiko weiterer Verselbständigungen einzugehen, wird Verantwortlichen aus Kommunalpolitik und -verwaltung periodisch mittels wundersamer Techniken wie Leasing, Factoring, Franchising etc. die Mobilisierung von privatem Kapital einerseits und die Lösung der kommunalen Finanznöte andererseits versprochen. Krähmer hat diese Modelle geprüft und kommt zusammengefaßt zu folgenden Ergebnissen: Vorteile bei der privaten finanziellen Beteiligung an kommunalen Aufgaben lassen sich nur für die Fondsfinanzierung im Wohnungsbau belegen. Den Finanzierungsformen zugeschriebene Vorteile resultieren darüber hinaus aus anderen Effekten, etwa daß bei der Abwasserbeseitigung das Engagement Privater zu einer effizienteren Erstellung einer Anlage führt (s.o.). Ansonsten sprechen alle Argumente für die öffentliche Finanzierung. Die wichtigste und oft allein hinreichende Erwägung: **Kommunalkredite** sind grundsätzlich billiger als privates Kapital, weil diese kein Bonitätsrisiko und deshalb keine Risikozuschläge beinhalten. Bei den o.g. privatförmigen Finanzierungstechniken kommt zusätzlicher Prüfungs- und Verwaltungsaufwand hinzu. Eventuelle Schuldendienstersparnis für Kommunen während der Bauphase einer Anlage stehen umso höhere Leasingraten im weiteren Verlauf des Finanzierungszeitraums gegenüber. Angebliche Vorteile bei geschlossenen Immobilienfonds

115

scheitern vereinfacht daran, daß sich die Bedingungen für eine Steuerersparnis und für Landeszuschüsse konterkarieren. Eine auf den gesamten Infrastrukturbereich bezogene und theoretisch wie empirisch sehr weitgespannte Studie kommt zum gleichen Ergebnis: "Durch eine private Finanzierung von Infrastruktur wird letztendlich keine Entlastung der öffentlichen Haushalte erreicht, sondern es handelt sich lediglich um eine Form der Vorfinanzierung, einer kurzfristigen Entlastung in der Investitionsphase stehen langjährige Verpflichtungen zur Zahlung von Leasing- oder Mietraten entgegen..." (Scheele/266)

Fazit

Heben wir abschließend einige Gesichtspunkte hervor. Die angeblichen Kostenvorteile lassen sich im allgemeinen nicht nachweisen, wenn methodisch korrekte Leistungsvergleiche erstellt werden. Für Private lohnt sich eine Übernahme kommunaler Aufgaben nur, wenn sie erhebliche Gewinne erzielen können — dies ist ein ausschlaggebender Faktor für eine ungünstigere Kostenbilanz Privater und außerdem die Quelle unerwünschter politischer Nebeneffekte von Privatisierung. Selbst wenn der Private auf den ersten Blick billiger ist, zahlt die Gemeinde oft einen zu hohen Preis: die Abhängigkeit von Privatunternehmen. Grundsätzlicher gedacht, kann eine Entscheidung über Privatisierung nicht auf einen betriebswirtschaftlichen Vergleich reduziert oder konzentriert werden. Kommunale wie öffentliche Unternehmen überhaupt verfolgen im betriebswirtschaftlichen Sinne "unwirtschaftliche" Ziele wie die Produktion von Infrastruktur, die Versorgung der Bevölkerung mit Dienstleistungen in den Bereichen Umwelt, Bildung, Kultur, Soziales u.ä. Kurzsichtige Kostenvergleiche sind für derartige Aufgaben schon deshalb fehl am Platze, weil der Staat für diese Zwecke Steuern erhebt. Auf der anderen Seite schließt dies keineswegs aus, die Qualität bei der Erstellung kommunaler Aufgaben zu verbessern und Reformen an der Struktur kommunaler Unternehmen vorzunehmen, insbesondere größere Regie- in Eigenbetriebe umzuwandeln. Schließlich sollte für bündnisgrüne Kommunalpolitik der Aspekt maßgeblich sein, daß Privatisierung mit einem gravierenden Verlust an politischer Transparenz und demokratischen Einflußchancen erkauft wird.

Literatur

Das Recht der gemeindlichen Eigenbetriebe, begründet von F. Zeiss, fortgeführt von H. Bolsenkötter, Stuttgart u.a. 1993, 4., neubearbeite Aufl.. Standardkommentar, unterstützt von Wibera und VKU.

Ehlers, D.: Die Entscheidung der Kommunen für eine öffentlich-rechtliche oder privatrechtliche Organisation ihrer Einrichtungen und Unternehmen, in: Die öffentliche Verwaltung, Heft 21/1986 (39.Jg.), S. 897 - 905

Krähmer, R.: Die private Beteiligung an der kommunalen Aufgabenerfüllung, in: WSI-Mitteilungen 2/1992, S. 73 - 81

Landerer, C./ Röhricht, D.: Zur Betriebsführung und Rechtsform öffentlicher Unternehmen, Bd. 6 der ÖTV-Reihe "Zukunft durch öffentliche Dienste", Köln 1991

Loesch, A. von: Privatisierung öffentlicher Unternehmen: Ein Überblick über die Argumente, Baden-Baden 1983.

Mendner, J./Sauerborn, W.: Privatisierung - Angriff auf den Sozialstaat. Eine Untersuchung über die Folgen für die Arbeitnehmer als Bürger, Beschäftigte und Steuerzahler am Beispiel am Beispiel Niedersachsens, herausgegeben vom ÖTV-Hauptvorstand, Stuttgart 1983. Trotz des Alters immer noch die gehaltvollste Untersuchung zum Thema. Ggf. hat sie die örtliche ÖTV im Schrank.

Naschold, F.: Modernisierung des Staates. Zur Ordnungs- und Innovationspolitik des öffentlichen Sektors, Berlin 1993. Sehr komprimierte, ländervergleichende Studie mit vielen Anregungen.

Püttner, G.: Handbuch der kommunalen Wissenschaft und Praxis. Band 5: Kommunale Wirtschaft, Berlin u.a. 1984. Darin u.a.: ders.: Überblick über die Rechtsformen, S. 119 - 127; Scholz, R./ Pitschas, R.: Kriterien für die Wahl der Rechtsform, S. 128 - 152; Kraft, E.: Eigengesellschaften, S. 168 - 183. Gehört in jede Fraktion.

Scheele, U.: Privatisierung von Infrastruktur. Möglichkeiten und Alternativen, Köln 1993. Wertet anhand der Schwerpunkte Verkehr und Wasser britische und französische Erfahrungen aus.

Scholz, R./ Pitschas, R.: Gemeindewirtschaft zwischen Verwaltungs- und Unternehmensstruktur, Berlin 1982.

Schweisfurth, T.: Privatwirtschaftliche Formen kommunaler Investitionsfinanzierung, Deutscher Städtetag Reihe G, DST-Beiträge zur Finanzpolitik, Heft 11, Köln 1991

AKP-Artikel zum Thema:

Dammann, K.: Verselbständigung und Privatisierung, 1/1993, S. 41 - 44
Wendl, M.: Privatisierung öffentlicher Krankenhäuser, 2/1993, S. 51 - 52
Schiller-Dickhut, R.: Privatisierung. Die nächste Welle kommt bestimmt, 1/1992, S. 48 - 51
Schewe, C.: Privatisierung der Putzdienste, 5/1992, S. 19 - 20

Henriette Wägerle

Wirtschafts- und Arbeitsmarktpolitik

Wachstum = Vollbeschäftigung = Soziale Sicherheit: Die "Wirtschaftswunder"-Gleichung der 50er und 60er Jahre hat sich zwar längst als falsch entpuppt, doch immer noch bauen die Instrumentarien der deutschen Wirtschafts- und Arbeitsmarktpolitik auf ihr auf. Und versagen dementsprechend.

Gegen die Auswirkungen des industriellen Strukturwandels, des Einsatzes arbeitssparender Technologien und der Personaleinsparungen auch in den öffentlichen Diensten richten globale Konzepte wenig aus, da sie auf kurzfristige konjunkturelle Schwankungen ausgerichtet sind. Doch die Erwerbslosigkeit in Deutschland hat ebenso strukturelle und regional unterschiedliche Ursachen. Sie entsteht insbesondere in Schrumpfungsbranchen, altindustriellen und Küstenregionen, betroffen sind v.a. Jugendliche, ältere Arbeitnehmer, Behinderte, ausländische ArbeitnehmerInnen, ArbeitnehmerInnen mit ausgemusterten Qualifikationen und — mit steigender Tendenz — auch hochqualifizierte Angestellte im Techniker-, Ingenieur- und Dienstleistungsbereich. Die hieraus resultierenden ökonomischen und sozialen Probleme werden lokal wirksam, zum Beispiel als fehlende Gewerbe- oder Einkommensteuereinnahmen und steigende Sozialhilfezahlungen.

Gründe für eine kommunale Arbeitsmarktpolitik gibt es also genügend. Die wirtschafts- und arbeitsmarktpolitischen Handlungsmöglichkeiten der Kommune sind demgegenüber sehr begrenzt, sowohl durch die Mechanismen des kapitalistischen Wirtschaftssystems wie auch durch die von Bund und Land vorgegebenen rechtlichen, finanz- und wirtschaftspolitischen Rahmenbedingungen; zu berücksichtigen ist auch, daß viele ansässige Betriebe als Töchter größerer Unternehmen von ihren Zentralen abhängig sind. Wie aber können angesichts dieser Vorgaben kommunale Akteure die Wirtschafts- und Arbeitsmarktentwicklung beeinflussen? In diesem Kapitel werden die Ziele und Instrumente der traditionellen Wirtschaftspolitik einerseits und der Beschäftigungspolitik andererseits vorgestellt, ihr Wirkungsgrad angesichts langfristiger Arbeitsmarkttendenzen analysiert und hieraus Ansätze für eine alternative, integrierte Arbeitsmarktpolitik auf kommunaler Ebene abgeleitet.

Die formalrechtliche Grundlage für wirtschafts- und arbeitmarktpolitisches Handeln ergibt sich aus Artikel 28 Abs. 2 GG, der den Kommunen die Regelung "... aller Angelegenheiten der örtlichen Gemeinschaft ..." aufgibt, und aus dem Stabilitäts- und Wachstumsgesetz, das in § 16 Abs. 2 die Kommunen zur Mitwirkung bei der Verwirklichung der wirtschaftspolitischen Ziele und damit auch des "Erhalts eines hohen Beschäftigungsstandes" verpflichtet. In sachlicher Hinsicht sind die zentralen Aufgabenbereiche einer Gemeinde Leben, Wohnen und Arbeiten untrennbar mit der wirtschaftlichen Situation verbunden: Konjunkturelle Schwankungen und strukturelle Krisen können zu Erwerbslosigkeit führen und erfordern sozialpolitische Reaktionen. Technologische Änderungen und neue Produktionsverfahren haben Folgen für die Qualifikationsstruktur, die Flächenentwicklung und die Umweltsituation. Die gemeindlichen Steuereinnahmen sind stark wirtschaftsabhängig (Gewerbesteuer, Einkommensteuer).

Wirtschaftsförderung

Auf dieser rechtlichen und tatsächlichen Grundlage wurde als kommunale Variante der staatlichen Wirtschaftspolitik die "Wirtschaftsförderung" abgeleitet mit den Zielen, a) die wirtschaftliche Leistung zu erhöhen, b) die lokale Erwerbslosigkeit abzubauen, wobei die Schaffung von Arbeitsplätzen als Folge von Investitionen betrachtet wird, und c) die Allokation innerhalb der Gemeinde zu verbessern, insbesondere die für die Unternehmen relevanten öffentlichen Güter einschließlich der Finanzierung bereitzustellen. Diese allgemeinen Ziele werden in Einzelziele und Maßnahmen operationalisiert, die sich hauptsächlich auf die Verbesserung der Wirtschaftsstruktur und der wirtschafts- und wohnungsnahen Infrastruktur beziehen. Nutznießer soll die ganze Bevölkerung sein. Der Weg dahin führt bei der kommunalen Wirtschaftsförderung über die Förderung der Unternehmen.

AUFGABEN DER WIRTSCHAFTSFÖRDERUNG: Wirtschaftsförderung ist also eine kommunale Aufgabe und umfaßt alle Maßnahmen zur Verbesserung der Faktoren, die für die Standortwahl von Unternehmen und ArbeitnehmerInnen Bedeutung haben. Die Aufgaben der Wirtschaftsförderung sind im einzelnen:

○ Ausgangspunkt der Wirtschaftsförderung ist eine ausführliche Analyse der Stärken und Schwächen des Standortes im Vergleich zu anderen Gemeinden bzw. zur Region (Beschäftigte, Branchenstruktur, Innovationsverhalten, Qualifikationspotential, Unternehmenswünsche, inzwischen auch Entsorgungsanlagen und -kosten), aus der die Prioritäten abgeleitet werden. Z.B. erwarten die Unternehmen infrastrukturelle Vorteile und ein ausreichendes Angebot an qualifizierten ArbeitnehmerInnen. Neben den "harten Faktoren" wie Verkehrsanbindung und Gewerbeflächenangebot spielen auch sog. "weiche Faktoren" wie Freizeit- und Kulturangebot eine Rolle.

○ Die **Gewerbeflächenpolitik** ist die bedeutendste Aufgabe der kommunalen Wirtschaftsförderung. Sie setzt eine auf den vermuteten Entwicklungen basierende Bodenbevorratung voraus. Entscheidend ist eine langfristige Planung, da die Ausweisung von Gewerbe- und Industriegebieten sowie die Aufstellung von Bebauungsplänen langwierig ist. Zur Gewerbeflächenpolitik gehören neben der Bodenbevorratung die Ausweisung und Erschließung von **Gewerbegebieten**, der Verkauf und die Vermittlung von Gewerbeflächen, die Wiedernutzbarmachung von Gewerbebrachen und Vermittlung von Leerständen und die Errichtung von Gewerbehöfen. Bei drohenden Betriebsverlagerungen, z.B. aus Immissionsschutzgründen oder fehlenden Erweiterungsmöglichkeiten, ist es Aufgabe der Wirtschaftsförderung, rechtzeitig gemeindliche Alternativstandorte anzubieten (vgl. Kapitel Stadtentwicklung). Die für eine umfassende **Bestandspflege** notwendigen Kenntnisse werden durch Betreuung der ortsansässigen Unternehmen, durch Betriebsbesuche und Austausch mit der Industrie- und Handelskammer erworben. **Neuansiedlungen** sind heute fast zur Ausnahme geworden. Abgesehen davon, daß Standortvorteile evtl. interessierten Unternehmen zur Kenntnis gebracht werden müssen (s. Marketing), gelten die selben Grundsätze wie zur Bestandserhaltung. Wichtiger wird hingegen die Förderung der endogenen Entwicklung, d.h., bestehende, aber bislang nicht oder nicht ausreichend genutzte Potentiale werden mobilisiert; z.B. durch Hilfen für Existenzgründungen und Förderung von Technologiezentren.

○ Standortmarketing ist PR-Arbeit, um die Standortvorteile allen am Wirtschaftsgeschehen Beteiligten bekannt zu machen. Sie beinhaltet Pressearbeit, Standortbroschüren, Leitfäden zu Einzelthemen, Videos, Messebeteiligungen etc. und zielt auf a) die Erhöhung der Bekanntheit, b) Aufbau, Korrektur und Pflege des Images, c) Steigerung der Attraktivität, d) Sicherung der Zufriedenheit und Unterstützung unterschiedlicher Gruppen mit der Stadt.

○ Das de facto wichtigste Instrument kommunaler Wirtschaftsförderung sind direkte oder indirekte **Subventionen** an Unternehmen. Das Wettbewerbsrecht der **EU** sowie das kommunale Wirtschafts- und Abgabenrecht verbieten zwar eine finanzielle Förderung einzelner Unternehmen. Nach Art. 92 EWG-Vertrag sind aus staatlichen Mitteln gewährte Beihilfen gleich welcher Art, die "durch die Begünstigung bestimmter Unternehmen oder Produktionszweige den Wettbewerb verfälschen oder zu verfälschen drohen" und dabei "den Handel zwischen den Mitgliedsstaaten beeinträchtigen", mit dem gemeinsamen Markt unvereinbar. Maßnahmen, die nur die Attraktivität einer Gemeinde verbessern, sind gestattet. Grundsätzlich sind alle Fördermaßnahmen der EU-Kommission über das Bundeswirtschaftsministerium zu melden, was jedoch kaum erfolgt. Die EU-Kommission behält sich ein Prüfungsrecht vor. Beihilfen für kleinere und mittlere Unternehmen (KMU) mit höchstens 150 Beschäftigten und 15 Mio. Jahresumsatz werden in der Regel genehmigt, wenn der Bruttowert der Subvention 7,5 % der Investitionskosten nicht überschreitet. Das **Beihilfeverbot** kann die indirekte Subventionierung, z.B. in Form von niedrigen **Gewerbesteuern**, niedrigen Grundstückspreisen, erhöhten Baurechten, Finanzierung teurer Infrastrukturmaßnahmen, niedriger Abwasser-, Energie-, Müll**gebühren** etc. nicht verhindern.

ORGANISATION DER WIRTSCHAFTSFÖRDERUNG: Die Wirtschaftsförderung ist unterschiedlich in die Kommunalverwaltung eingebunden. In größeren Städten gibt es meist eigene Ämter oder Referate, ansonsten ist sie mit den **Liegenschaften**, der **Kämmerei** oder der **Stadtentwicklung** kombiniert, direkt dem **Hauptamt**/Direktorium zugeordnet oder aus der Verwaltung ausgegliedert (Gesellschaft privaten Rechts mit kommunaler Beteiligung). Wirtschaftsförderer vertreten die Interessen der Unternehmen innerhalb der Verwaltung: Sie entwickeln zusammen mit den StadtplanerInnen Nutzungskonzeptionen, Flächennutzungs- und Bebauungspläne und kümmern sich in Zusammenarbeit mit dem Liegenschaftsamt um alle gewerblichen Grundstücksgeschäfte. Finanzpolitisch setzen sie sich für niedrige gemeindliche Steuersätze, Abgaben und Gebühren ein. Wirtschaftsförderer konkurrieren somit mit anderen kommunalen Interessen auf der Nutzungs- und Ausgabenseite (Abwägen von Wohngebiets- gegen Gewerbegebietserschließungen, Straßenbau gegen ÖPNV u.ä.) und der Einnahmenseite (Steuern). In größeren Kommunen werden für spezielle Aufgaben der Wirtschaftsförderung eigene Gesellschaften, meist GmbHs, gegründet; z.B. für den Betrieb von Messen, Technologiezentren, Gewerbehöfen, Sanierung.

KRITIK DER ETABLIERTEN WIRTSCHAFTSFÖRDERUNG: Wirtschaftsförderung ist auf Wachstum ausgerichtet und geht wegen ihres Vorrangs zu Lasten anderer kommunaler Aufgaben. Die Kritikpunkte im einzelnen sind:

o Unternehmen erhalten umfangreiche Subventionen, deren Nutzen nicht nachweisbar ist. Subventionen spielen bei Standortentscheidungen keine entscheidende Rolle, werden aber gern "mitgenommen". Auf jeden Fall stehen die Arbeitsplatzeffekte in keinem Verhältnis zu den Kosten.

o Der Ausbau von Cities und Einkaufszentren soll die Attraktivität der Gemeinde steigern und Kaufkraft aus den Nachbargemeinden abwerben; dies geht auf Kosten ökologischer und städtebaulicher Gesichtspunkte.

o Gigantische "Freizeitspaßkonzepte" werden oft als "weiche Standortfaktoren" mißverstanden. Sie reichen vom subventionierten Bau von Spaßbädern über Musicals bis zu Tagungseinrichtungen, Golfplätzen und Kinoerlebnislandschaften.

o Ergänzend zu all diesen Fördermaßnahmen wird eine auf das Auto zugeschnittene Verkehrsinfrastruktur geschaffen (z.B. Schnellstraßen und Parkplätze/-häuser).

o Angesichts knapper Finanzen und der Bindung vorhandener Mittel in Großprojekten bricht der kommunale Haushalt zusammen. Die Folge sind Steuer- und Gebührenerhöhungen, Sparprogramme auch im sozialen Bereich und Personalrationalisierungen im öffentlichen Dienst.

o Traditionelle Wirtschaftsförderung steht grundsätzlich in Konkurrenz zu anderen Gemeinden. In Zeiten wirtschaftlicher Krisen kann Wirtschaftsförderung deshalb lediglich ein mehr oder weniger aggressiver Verteilungskampf sein, der auf Kosten der ganzen Region ausgetragen wird.

NEUE BUNDESLÄNDER: Die dort erprobten Strategien des Umbaus einer Volkswirtschaft können in mehrfacher Hinsicht für Ost und West aufschlußreich sein: bezüglich der Abwicklung von Krisenbranchen, bezüglich der Grenzen einer exzessiven Neuansiedlungspolitik und bezüglich der Anforderungen an Beschäftigungspolitik, die für zahlreiche westdeutsche Kommunen erst durch das ostdeutsche Vorbild salonfähig wurde. Die **Treuhandanstalt** betrieb als "größte Staatsholding der Welt" den Umbau von oben: Ihre Strategie der Privatisierung und Sanierung verlief ähnlich dem bekannten Muster aus Krisenbranchen wie Kohle, Stahl oder Schiffbau. Die Filetstücke wurden aus der Konkursmasse herausgeschnitten, mit öffentlichen Mitteln saniert und anschließend verkauft. Zurück blieben die "freigesetzten" Arbeitskräfte, die mit Hilfe von ABM-Mitteln durch Arbeitsförderungs-, Beschäftigungs- und Strukturentwicklungsgesellschaften (ABS) geschleust und dann wieder in die Erwerbslosigkeit entlassen wurden. Das oben bereits kritisierte Instrumentarium der "Neuansiedlung" zeigte gerade im Osten seine ruinösen Auswirkungen: Trotz geschätzter Ansiedlungskosten von etwa 60.000 DM pro Arbeitsplatz im Jahr konnte selten eine langfristige Bindung des Unternehmen an den Standort erreicht werden und noch seltener Bestandsgarantien für die geförderten Arbeitsplätze. Erfolgversprechender waren die ABS-Gesellschaften, wenn sie nicht nur die Qualifizierung der ABM-Kräfte, sondern auch die Gründung von kleineren Betrieben, eventuell im Zusammenhang mit der Revitalisierung von altindustriellen Standorten, förderten. Die banale Erkenntnis kann also nur lauten: Qualifizierungsmaßnahmen ohne Beschäftigungschancen sind nicht nur Vergeudung von Zeit und Geld, sondern auch höchst demoralisierend.

Kommunale Beschäftigungspolitik

Als ein Ziel der Wirtschaftsförderung wurde bereits die Schaffung von Arbeitsplätzen und Einkommen genannt. Betont wurde auch, daß die Wirtschaftsförderung dieses Ziel über die Förderung von Investitionen, also die Förderung der Unternehmen erreichen will. Hiervon abweichende Ansätze zur Arbeitsförderung hat die traditionelle Wirtschaftsförderung nicht entwickelt. Beschäftigungspolitische Konzepte waren stattdessen bislang — wenn überhaupt — Thema der kommunalen Sozialpolitik.

Auch die kommunale Beschäftigungsförderung kann sich nicht über die Rahmenbedingungen, also über Bundes- und Landesgesetze hinwegsetzen, und kann nur als Teil der nationalen Politik agieren. Rechtliche Grundlagen für eine kommunale Beschäftigungspolitik sind neben dem anfangs zitierten Grundgesetzartikel sowie dem **Stabilitäts- und Wachstumsgesetz** die Leistungsgesetze Arbeitsförderungsgesetz (**AFG**), Bundessozialhilfegesetz (**BSHG**) und Kinder- und Jugendhilfegesetz (**KJHG**). Die Bundesregierung reagiert auf den dramatischen Anstieg der Erwerbslosigkeit Anfang der 90er Jahre mit dem Zurückfahren aktiver Arbeitsmarktpolitik wie Förderung der beruflichen Bildung, der Arbeitsaufnahme, der beruflichen Rehabilitation, Kurzarbeit und Arbeitsbeschaffung. Diese Politik des Bundes drängt Hunderttausende aus dem Erwerbsleben an den Rand der Gesellschaft und trägt zu einer Spaltung der Städte bei. Gleichzeitig trifft diese Sparpolitik des Bundes auf eine extrem angespannte Haushaltssituation in den Kommunen; von der eine wesentliche Ursache die wachsenden Aufwendungen für SozialhilfeempfängerInnen sind. Daß der Bund die Kosten der Erwerbslosigkeit auf die Kommunen abwälzt, führt zur **Kommunalisierung** der Dauerarbeitslosigkeit.

FOLGEN DER ERWERBSLOSIGKEIT: Erwerbslosigkeit belastet die kommunalen Kassen: Sie senkt den Lohn- und Einkommensteueranteil der Kommune. Die Gemeinde muß Sozialhilfe zahlen, wenn die Arbeitslosenhilfe zu niedrig ist (die Differenz zu der nach dem BSHG zu gewährenden Hilfe zum Lebensunterhalt) oder gar nicht gezahlt wird. Neben den finanziellen müssen die sozialen Auswirkungen der Erwerbslosigkeit berücksichtigt werden: Je länger sie "draußen" sind, desto mehr werden Erwerbslose dequalifiziert und sinkt ihr Selbstvertrauen. Dazu kommen Schulden, psychische und familiäre Probleme. Beides erschwert ihre Wiedereingliederung in den Arbeitsmarkt. Auf der anderen Seite entstehen Folgekosten für die öffentlichen Haushalte.

TRADITIONELLE BESCHÄFTIGUNGSPOLITIK: Nach **AFG** sind Maßnahmen zu ergreifen, die helfen, "daß weder Arbeitslosigkeit noch unterwertige Beschäftigung noch ein Mangel an Arbeitskräften eintreten und fortdauern" (AFG § 2,1). Das AFG baut auf der Annahme auf, daß Erwerbslosigkeit in der BRD lediglich eine konjunkturelle Erscheinung sei. Dementsprechend werden quasi "Parkarbeitsplätze" für Erwerbslose unterstützt: vor allem sozialdemokratisch "regierte" Kommunen nutzten die Möglichkeiten von **Arbeitsbeschaffungsmaßnahmen** (ABM) und die Sonderprogramme für Langzeitarbeitslose, um den sog. **2. Arbeitsmarkt** zu schaffen: Es wurden spezielle **Beschäftigungsprojekte** sowie -initiativen und gemeinnützige GmbHs unterstützt, die Erwerbslose oft bei untertariflichem Lohn und eingeschränkten gewerkschaftlichen Rechten beschäftigen. Auch nutzen viele Gemeinden und gemeinnützige Verbände die günstigen ABM-Kräfte als Ersatz für teurere Festangestellte. Eine zweite Spielart kommunaler Beschäftigungsförderung, die "**Hilfe zur Arbeit**", basiert auf dem **BSHG**. Nach BSHG §§ 18 - 20, 25 ist es möglich, die Sozialhilfe im Rahmen der "Hilfe zur Arbeit" auch als (Tarif-)Lohn auszubezahlen. Dies erhöht zwar kurzfristig die Sozialhilfekosten, rechnet sich aber fiskalisch für die Kommunen. Denn die SozialhilfeempfängerInnen erwerben durch eine tariflich bezahlte Arbeit Anspruch auf AFG-Leistungen, und die Kommune reduziert langfristig ihren Sozialhilfeetat. Weitere Vorteile dieser Maßnahmen sind: Leistungen nach dem BSHG gelten als Pflichtaufgaben. Die Mittel für Beschäftigung und Qualifizierung nach BSHG sind im kommunalen Haushalt somit leichter einzustellen. Grundsätzlich können aus Mitteln der Sozialhilfe auch Kosten zur Bereitstellung des Arbeitsplatzes übernommen werden; z. B. können Beschäftigungs- und Qualifizierungsprojekte mit dem Sozialamt eine Tagessatz-Vereinbarung über die Kosten für einen Arbeitsplatz abschließen. Last not least können die SozialhilfeempfängerInnen, falls sie anschließend keinen Arbeitsplatz finden, Fortbildung und Umschulung beantragen. Nach § 19 können Kommunen SozialhilfeempfängerInnen zur Arbeit verpflichten. Viele Kommunen nutzen den § 19 BSHG zur — diktatorischen — **Arbeitspflicht** gegen Mehraufwandsentschädigung (vgl. Kapitel "Sozialhilfe").

Neben den Bundesprogrammen bieten verstärkt auch Landesprogramme Unterstützung für kommunale Arbeitsförderungsmaßnahmen. Sie sind meist als Anreiz für Maßnahmen im Rahmen der "Hilfe zur Arbeit", der "Frauenförderung" oder der EU-Modellprojektförderung gedacht. Ansprechpartner für arbeitsmarktpolitische Landesprogramme sind die jeweiligen Ministerien für Arbeit, Soziales oder Frauen (außer Bayern, das eine aktive Arbeitsmarktpolitik bislang ablehnt).

Trotz aller Kritik an der traditionellen Beschäftigungsförderung sollten Kommunen auf diese Instrumente — mangels alternativer Bundesregelungen — nicht verzichten, sondern sie offensiv nutzen und ausgestalten. Hierzu sollten eigene kommunale Programme aufgelegt werden. Volkswirtschaftlich entsteht wie durch alle Beschäftigungsmaßnahmen ein Gesamtnutzen durch Steuerzahlungen und steigende Kaufkraft. Analog zur Wirtschaftsförderung sollten die beschäftigungspolitischen Aktivitäten einer Gemeinde gebündelt und im Rahmen eines Gesamtkonzepts "Arbeitsförderung" öffentlich vertreten werden.

ORGANISATION UND KONZEPT DER ARBEITSMARKTPOLITIK: Im Umfang und Gewicht sollte diese Aufgabe der Wirtschaftsförderung gleichgestellt werden; die Form (Amt oder Abteilung) richtet sich nach der Größe der Gemeinde. Bei entsprechendem Konzept (s.u.) ist die Kooperation mit der Wirtschaftsförderung in einem Amt sinnvoll. Diese Stelle koordiniert arbeitsmarktpolitisch relevante Maßnahmen. Am Anfang steht auch hier die Analyse. Kommunale Arbeitsmarktpolitik soll Personen unterstützen, die am stärksten von strukturellen Krisen und individuellen und gesellschaftlichen Defiziten und Benachteiligungen betroffen sind. Daten hierzu liefern z.b. die Arbeitsverwaltung und die Kammern. Wichtigste Informationsquellen sind regelmäßige Fachgespräche mit VertreterInnen der **IHK,** der Handwerkskammer und des **Arbeitsamts,** den ortsansässigen Betrieben (Betriebsleitung und Belegschaft), mit Wohlfahrtsverbänden und vor allem den örtlichen Ausländer-, Erwerbslosen-, Frauen-, Jugendorganisationen und Initiativen. Hieraus werden regionale bzw. lokale Zielgruppen abgeleitet und Prioritäten gesetzt. Struktur und Inhalte von Arbeitsförderungsmaßnahmen müssen den unterschiedlichen Fähigkeiten und Bedürfnissen dieser Zielgruppen gerecht werden. Grob werden sie unterschieden in:
— Beschäftigung und Qualifizierung von (Langzeit-)Arbeitslosen,
— Qualifizierung (Auffrischung, Ausbildung, Weiterbildung) von Nicht- und Fehlqualifizierten, z.B. Wiedereinsteigerinnen, Umschulung für Alleinerziehende, AussiedlerInnen, AusländerInnen ohne Fachqualifikationen,
— Präventive Maßnahmen zur Qualifizierung bei betriebsbedingten Entlassungen.
Grundsätzlich muß für alle beschäftigungspolitische Maßnahmen gelten:
— die Teilnahme ist freiwillig;
— bezahlt wird Tariflohn;
— flexible Teilzeitregelungen werden angeboten;
— Qualifizierung hat Priorität vor Beschäftigung;
— Frauenförderung soll finanziell unterstützt werden;
— notwendig ist Hilfe bei der Kinderbetreuung;
— je nach Zielgruppe und Bedarf werden soziale Hilfen angeboten (Schuldnerberatung, Hilfen bei familiären Problemen, Alkohol, Wohnungshilfen).

BESCHÄFTIGUNGSPROJEKTE: Ziel von Beschäftigungsmaßnahmen ist die Integration von langzeitarbeitslosen Personen und benachteiligten Jugendlichen in den ersten Arbeitsmarkt. Dieses Ziel ist nur erreichbar, wenn die TeilnehmerInnen verstärkt qualifiziert werden und marktnäher arbeiten. Konkret heißt das: Der Anteil der Qualifizierung sollte auch in Beschäftigungsprojekten extra ausgewiesen werden. Die Kooperation mit Betrieben (Praktika, Verlagerung eines Teils der Maßnahme in den Kooperationsbetrieb, Auftragsarbeiten) müssen verstärkt werden. Wenn möglich, sollten Beschäftigungsprojekte Mitglied der zuständigen Kammer bzw. Innung werden.

SOZIALE BETRIEBE: Für Langzeitarbeitslose und sonstige schwervermittelbare Arbeitslose können Soziale Betriebe längerfristige Beschäftigungsmöglichkeiten bieten. Soziale Betriebe produzieren Güter oder Dienstleistungen für den Markt und streben die üblichen Betriebsziele wie jeder andere Betrieb an. Sie unterscheiden sich jedoch darin, daß sie ausschließlich mit Zielgruppen des Arbeitsmarktes beginnen. Für dieses schwierige Unterfangen erhalten sie Ausgleichszahlungen (z.B. für die Minderleistung der ArbeitnehmerInnen, Qualifizierung, sozialpädagogische Betreuung). Bisherige Erfahrungen mit Sozialen Betrieben ergaben, daß v.a. Betriebe, die eine Marktnische entdeckt haben oder mit anderen Wirtschaftsunternehmen kooperieren, gute Existenzchancen haben.

QUALIFIZIERUNGSMASSNAHMEN: Qualifizierung ist wichtiger Bestandteil eines jeden Projekts. Spezielle Ausbildungsprojekte für Jugendliche mit persönlichen und sozialen Schwierigkeiten sollten mit intensiver pädagogischer Betreuung verbunden sein. Jugendliche, die in einen Ausbildungsbetrieb vermittelt werden können, sollten noch einige Zeit "begleitet" werden. Reine Qualifizierungsmaßnahmen wenden sich an Personen, die geringe persönlichkeitsbedingte Vermittlungshemmnisse haben und lediglich unterstützende Betreuung bzw. eine individuelle Anpassungsqualifizierung brauchen. In diesem Fall sollten Zusatzmaßnahmen unterstützt werden, die eine Beschäftigung oder Ausbildung begleiten, z.B. fachliche Vorbereitung auf die Erwerbstätigkeit bzw. Ausbildung und Ausgleich von individuellen Defiziten (Berufsorientierung, Sprachkurse, fachliche Stützkurse, Hilfestellungen, damit die Betreffenden die Maßnahme durchstehen).

Ziel von präventiven Qualifizierungsmaßnahmen ist, von Entlassung bedrohten ArbeitnehmerInnen noch während der Beschäftigung eine Qualifizierung zu ermöglichen, damit sie entweder in anderen Bereichen des Unternehmens arbeiten können (Qualifizieren statt entlassen) oder aber größere Chancen bei der Arbeitssuche haben. Für diese Zielgruppe müssen, unabhängig von regionalen Unterschieden, berufliche Orientierungskurse angeboten und Qualifizierungsmaßnahmen ausgewählt werden (z.b.: Industriearbeiter werden zu Facharbeitern im Handwerk umqualifiziert). Vorausgesetzt ist eine unternehmens- und berufsbezogene Analyse der Beschäftigten und ihrer Qualifikationen. Alle Maßnahmen sind auf die Mitwirkung aller Beteiligten — v.a. der Belegschaft und der Betriebsleitung — angewiesen; die betroffene Belegschaft und der Betriebsrat müssen frühzeitig fachlich beraten und motiviert werden.

Man darf sich nicht über den Wirkungsgrad dieses Ansatzes täuschen: kein Unternehmen wird deshalb geplante Entlassungen zurücknehmen; schon gar nicht hat man Einfluß auf unternehmerische Entscheidungen wie Standortverlagerung und Produktionsstillegung. Der präventive Ansatz ist auf das Wohlwollen bzw. auf das Verhandlungsgeschick von Betriebsrat und/oder Kommune angewiesen. Bei einigen Firmen wurde zumindest erreicht, daß sie über die Sozialplangelder hinaus Mittel für Qualifizierungsmaßnahmen zur Verfügung stellten.

FRAUENGLEICHSTELLUNG: Grundsätzlich stehen Beschäftigungsmaßnahmen Frauen ebenso offen wie Männern, doch sind Frauen bisher deutlich unterrepräsentiert. Denn zum einen werden vor allem typisch männliche Tätigkeiten in Bereichen wie Holz- und Metallwerkstatt oder Wohnungsentrümpelungen angeboten, zum anderen werden die speziellen Bedürfnisse der unterschiedlichen Frauenzielgruppen (Ausländerinnen, Alleinerziehende, Wiedereinsteigerin) nicht berücksichtigt. Frauen sind oft aus anderen Gründen als Männer erwerbslos. Weibliche Erwerbslose sind z.B. Schulabgängerinnen ohne Abschluß, Studienabbrecherinnen ohne Ausbildung oder Frauen, die ihren bisherigen Beruf nicht mehr ausüben können bzw. den Anschluß verlieren, weil sie alleinerziehend sind. Probleme auf dem Arbeitsmarkt haben auch ausländische Frauen und Mädchen, die keine in Deutschland anerkannte Berufsausbildung und/oder Sprachschwierigkeiten haben, da sie erst im Rahmen des Familiennachzugs hierher kamen. Diese Frauen können z.B. nach den Richtlinien des Arbeitsförderungsgesetzes nicht aus- und weitergebildet werden, da sie nie durch eine versicherungspflichtige Erwerbstätigkeit einen Anspruch erworben haben.

Aufbauend auf den Erfahrungen der Beschäftigungsprojekte und Weiterbildungsmaßnahmen, haben Frauen bundesweit Projekte entwickelt, die den Bedürfnissen von Frauen eher Rechnung tragen. Kriterien an solche Projekte sind ein ausreichender Kinderbetreuungszuschuß und existenzsichernde Unterhaltszahlungen; dabei sind Gehaltszahlungen wegen der Ansprüche nach AFG zu bevorzugen. Schließlich soll frau unabhängig von ihrer AFG- oder BSHG-Förderfähigkeit an einer Maßnahme teilnehmen können. Die Erfahrungen zeigen, daß Frauen durch eigene Projekte viel stärker angesprochen werden als von gemischten Maßnahmen. Neben speziellen Frauenprojekten, die von Frauen entwickelt und durchgeführt werden müssen, sollten auch die Mischprojekte so konzipiert sein, daß sie Frauen nicht, auch nicht "unbewußt", ausschließen.

FINANZIERUNG DER BESCHÄFTIGUNGSPOLITIK: Maßnahmen, welche die oben aufgelisteten Elemente berücksichtigen, sind auf Zusatzfinanzierungen des Bundes, des Landes, der EU und der Kommune angewiesen, da eine Finanzierung nach AFG oder BSHG kaum ausreicht. Außer den genannten Leistungsgesetzen stehen folgende Programme zur Verfügung:
— Bundesprogramme wie Bundesjugendplan, Modellversuche zur beruflichen Bildung des Bundesinstituts für Berufsbildung,
— Landesprogramme (Hilfe zur Arbeit, Frauenförderprogramme, Arbeitsmarktprogramme),
— EU-Programme: Europäischer Sozialfonds (ESF), Gemeinschaftsinitiativen und Aktionsprogramme; die Europäische Gemeinschaft hält eine integrierte Arbeitsmarktpolitik für wichtig.

Mit dem gemeinsamen Markt in der EU wird die politische und administrative Struktur nach "oben" hin erweitert. EU-Parlament, EU-Kommission und EU-Programme wirken auf die Mitgliedstaaten und Regionen ein. Die Instrumente dieser Einwirkung werde umfangreicher und differenzierter. Für die Harmonisierung unterschiedlicher nationalstaatlicher Entwicklungen und gesetzlicher Regelungen setzt die EU Milliardenbeträge in **EU-Förderprogrammen** ein. Kanäle zur Kofinanzierung von arbeitsmarktpolitisch wirksamen Programmen sind der **Europäische Sozialfonds** (ESF) und spezielle Gemeinschaftsprogramme. Der ESF verfolgt 5 Ziele, wobei die Ziele 1,2 und 5 an spezielle, besonders benachteiligte Regionen gebunden sind (Ziele 1 und 2 gelten in Deutschland nur für NRW und die neuen Bundesländer, Ziel 5 für Agrarregionen). Die Ziele 3 und 4 gelten für alle EU-Regionen: Ziel 3 unterstützt Maßnahmen zur Erleichterung der beruflichen Eingliederung von Erwerbslosen, von Jugendlichen, von Personen, die der sozialen Ausgrenzung ausgesetzt sind, sowie Maßnahmen zur Förderung der Chancengleichheit für Frauen und Männer im Hinblick auf die Beschäftigung. Ziel 4 fördert Maßnahmen, die es ArbeitnehmerInnen erleichtern sollen, sich auf den industriellen Wandel sowie auf Veränderungen der Produktionssysteme einzustellen. Die EU beteiligt sich an den arbeitsmarktpolitischen Maßnahmen insoweit, wie die Mitgliedstaaten eigene nationale Mittel zur Verfügung stellen. Aus dem ESF können förderfähige Maßnahmen mit bis zu 45 % kofinanziert werden, wenn die restlichen Mittel von der öffentlichen Hand aufgebracht werden. Als nationale Komplementärmittel werden sowohl Mittel, die von Bund, Land und Kommune im Rahmen von arbeitsmarktpolitischen Programmen bereitgestellt werden, als auch Mittel der Leistungsgesetze AFG, BSHG und KJHG sowie Mittel der Kammern, Kirchen und Stiftungen anerkannt. Neben dem ESF gibt es noch eine Reihe von Spezialprogrammen, die arbeitsmarktpolitisch relevant sein können (vgl. AKP 4/93).

Gemeinden sollten innerhalb des Sozialhilfeetats ein Budget für Beschäftigung und Qualifizierung (Hilfe zur Arbeit) vorsehen und zudem einen zweiten Etat für ein spezielles Arbeitsförderprogramm bewilligen. Diese kommunalen Finanzen können durch geschicktes Ausnutzen von Förderketten und mit Hilfe der EU-Mittel optimiert werden. Nur mit diesem finanziellen Spielraum kann eine Gemeinde aktiv arbeitsmarktpolitische Maßnahmen beeinflussen. Dies ist umso wichtiger, als wir dringend neue Ansätze für eine wirksame Arbeitsmarktpolitik brauchen. Die bisherigen Vorschläge sind angesichts der Arbeitsmarkttendenzen — Januar 1994 überschritt die Erwerbslosenzahl die 4-Millionen-Grenze und erreichte damit ihr Höchst-Niveau seit Kriegsende — klitzekleine Tröpfchen auf dem heißen Stein. Solange vom Bund keine Impulse ausgehen, müssen die auf lokaler Ebene existierenden Möglichkeiten phantasievoller genutzt werden.

Integration von Struktur- und Beschäftigungspolitik

Geht uns die Arbeit aus? Oder werden neue Arbeitsplätze entstehen? Wenn ja, welche? Was können KommunalpolitikerInnen tun? Mit welcher Zielsetzung? Einige Trends lassen sich erkennen: Der langfristige Strukturwandel der Wirtschafts- und Arbeitswelt wird — unberührt von politischen Mehrheitswechseln — vor allem von Änderungen der gesamtwirtschaftlichen Rahmenbedingungen auf den Gebieten der Technik und Umwelt, der internationalen Beziehungen, der demographischen Entwicklung und der Geschlechterbeziehungen beeinflußt. Die weltweiten Umweltprobleme werden nicht nur Maßnahmen zur nachträglichen Beseitigung von Umweltschäden und zur Schadstoffzurückhaltung und Wiederverwertung erzwingen. Es wird vielmehr auch eine weitreichende Umstellung des Wirtschaftens auf von vornherein umweltverträgliche und ressourcensparende Verfahren, Produkte und Dienste erforderlich. Additive Umweltschutzmaßnahmen können beachtliche Struktureffekte auslösen und Beschäftigungswirkungen haben. Die Qualifikation der Beschäftigten dürfte zu einem Schlüssel für die Bewältigung des Strukturwandels werden.

Ausgangspunkt für die Entwicklung eines beschäftigungs- und strukturpolitischen Konzepts muß deshalb die altgrüne Erkenntnis sein, daß die Umsetzung eines integrierten Umweltschutzes das Wirtschafts- und Arbeitsleben von Grund auf verändern und mittelfristig zu qualitativ höherwertigen Arbeitsplätzen führen wird. Diese Entwicklung hin zum **Ökologischen Wirtschaften** kann eine Kommune unterstützen (s.u.).

Dieser Ansatz schwebt nicht im luftleeren Raum, sondern kann an realen Prozessen anknüpfen. In der wirtschaftspolitischen Diskussion setzt sich zunehmend die Erkennntnis von der lokalen und regionalen Bedingtheit des Strukturwandels durch (vgl. Kapitel Raumordnung, Landesplanung und Regionalentwicklung). Die Voraussetzungen für einen Strukturwandel sind dabei nicht nur in den klassischen Standortfaktoren zu suchen, sondern auch in regionalen Netzwerken und den Fähigkeiten der Menschen, neue Entwicklungen zu erkennen und zu nutzen. Zudem bleiben dringende ökologische, städtebauliche und verkehrspolitische Aufgaben in den Kommunen unerledigt, während auf der anderen Seite immer mehr Menschen erwerbslos werden. Statt in dieser Situation zu versuchen, Arbeitsmarktpolitik konsequent mit Strukturpolitik zu verknüpfen, kürzt die Bundesregierung den Etat für Soziales und Arbeit. Parteienübergreifend wird die offizielle Einführung eines zweitklassigen (untertariflichen) Arbeitsmarktes diskutiert. KommunalpolitikerInnen können jedoch — wenn auch bescheiden — gegensteuern: Die Trennung wirtschaftlich relevanter Entscheidungen der Kommune bei der Stadtentwicklung, bei Investitionen und Auftragsvergabe einerseits und sozialer Linderung der Erwerbslosigkeit andererseits muß aufgehoben werden. Erfolgreich kann eine solche Politik sein, wenn sie nach Maßgabe eines Konzepts Elemente der Wirtschaftsförderung mit den Instrumenten der Arbeitsförderung verbindet.

Eine solche Strategie kann auf Erfahrungen der letzten 10 Jahre in verschiedenen gesellschaftlichen Bereichen zurückgreifen und diese zusammenfügen, so daß etwas Neues entsteht. Die Reaktion der Kommunen auf Erwerbslosigkeit (2. Arbeitsmarkt und Hilfe zur Arbeit im sozialen Bereich sowie direkte Wirtschaftsförderung im klassischen Sinn) wurde bereits beschrieben. Als zweites sind einige — im Windschatten sozialdemokratischer Technikpolitik entstandene und von kritischen Wissenschaftlern getragene — "alternative" **Technologiezentren** und Institute zu nennen. Diese bemühten sich um die Konzeption von Produkten und Verfahren zum ökologischen Umbau, litten aber unter chronischem Finanzmangel. Gewerkschaften (v.a. IG Metall) entwickelten vor dem Hintergrund von Firmenzusammenbrüchen das Konzept der Beschäftigungsgesellschaften. Deren Aufgabe war, die MitarbeiterInnen zu qualifizieren sowie neue Produkte zur Fertigungsreife zu entwickeln, um Arbeitsplätze zu sichern. Nachteil dieses Konzepts ist, daß die Gegenwehr erst dann stattfindet, wenn die Entlassungen von Unternehmerseite bereits beschlossen sind, und dadurch meist zu spät kommt. In der Rüstungsindustrie wurden wegen sinkender Bundesaufträge kleine Unternehmensbereiche auf zivile Produktionsverfahren in wachstumsträchtigen Branchen ausgelagert. Die Umsätze solcher auch ökologisch ausgerichteter **Konversions**bemühungen blieben jedoch gering. Bei diesen Ansatzpunkten fällt auf, daß sie streng getrennte Zielgruppen und Instrumentarien haben, sich entweder an Erwerbslose wenden oder aber an die Beschäftigten. Eine effektive Beschäftigungs- und Strukturpolitik versucht, diese Mängel aufzuheben und die Ressourcen und das Ideenpotential zusammenzubringen.

Solche Forderungen erhoben zwar grüne wirtschafts- und sozialpolitische Bundes- und Landesprogramme, doch wurden diese Forderungen nie auf kommunaler Ebene operationalisiert. Kommunale bzw. regionale Konzepte hierzu wurden u.a. entwickelt von der REGE in Bielefeld, vom Forschungsprojekt "Lokale Ökonomie" an der TU Berlin, vom Referat für Arbeit und Wirtschaft der Stadt München und vom Landesarbeitsamt Oberösterreich (Konzept der Arbeitsstiftungen). Trotz ihrer Unterschiede beinhalten alle Konzepte folgende Elemente:
— Einbindung aller am Wirtschafts- und Arbeitsleben Beteiligten
— Verbesserung der Informationslage, Aufbau eines Frühwarnsystems
— Aktivitäten zur Vermeidung von betriebsbedingten Entlassungen
— Beratung der von Entlassung bedrohten ArbeitnehmerInnen
— Koordination von Bildungsmaßnahmen
— Vermittlung von Spezialkompetenzen (z.B. für Existenzgründungen, für die Umsetzung von Produktideen in die Serienreife).

Das skizzierte Konzept wird momentan an einigen Orten punktuell erprobt, Erfahrungen über die Wirksamkeit liegen noch nicht vor. Eine Verknüpfung von Wirtschafts- und Arbeitsförderung ist im einzelnen auf folgenden Felder zu versuchen:
o Ökologisches Wirtschaften und ökologische Stadtentwicklung
o Maßnahmen zur Verbesserung der Infrastruktur (z.B. Reaktivierung von Gewerbeflächen, Renovierung öffentlicher Bausubstanz)
o Präventive Arbeitsmarktpolitik (Austausch von betrieblichen Kenntnissen)
o Qualifikation als Strategie lokaler Entwicklung einschließlich der Verbindung von Qualifizierungsmaßnahmen mit der Strukturentwicklung (z.B. Konversion, öffentliche Großprojekte)
o Nutzung von Gewerbehöfen und Technologiezentren auch für unkonventionelle Beschäftigungsprojekte bzw. soziale Betriebe
o Berücksichtigung arbeitsmarktpolitischer Aspekte bei der Wirtschaftsförderung (Kriterien für die Vergabe von Gewerbeflächen) und bei der Förderung von Existenz- und Ausgründungen.

INSTRUMENTE FÜR ÖKOLOGISCHE UND SOZIALE WIRTSCHAFTSPOLITIK: Die Kommune kann ökologisches Wirtschaften zum einen durch Anwendung ökologischer Kriterien innerhalb der Verwaltung, zum anderen durch entsprechende Anreize für Unternehmen unterstützen. Voraussetzung sind ökologische Informationsinstrumente:
— Projektbezogen (Umweltverträglichkeitsprüfung, Technologiefolgenabschätzung)
— Unternehmensbezogen (Umweltaudit, Ökobilanzen von Unternehmen, Ökocontrolling, ökologischer Geschäftsbericht) und
— Produktbezogen (Warentestuntersuchungen, Umweltzeichen, Ökobilanz von Produkten, Produkt-UVP, Produktlinienanalysen).

Im **Beschaffungswesen** können auf der Basis von Vergaberichtlinien, die die Beachtung der Umweltauswirkungen von Produkten vorgeben, produktspezifische Anbieterfragebögen entwickelt werden, die auf kommunale Grundsatzentscheidungen, wie Verzicht auf Tropenholz oder FCKW-haltige Produkte, hinweisen und die Hersteller nach dem ökologischen Profil ihrer Produkte befragen. Die Anworten werden von den Beschaffern ausgewertet und dienen als Basis für die konkreten Ausschreibungen. Hierdurch können Unternehmen veranlaßt werden, bei ihren Angeboten Ökobilanzen mit vorzulegen.

Kommunale Eigenbetriebe können eine Vorreiterrolle bei der Einführung ökologischer Informationsinstrumente übernehmen. Sie können z.B. in einem ökologischen Geschäftsbericht darlegen, welche Roh-, Hilfs- und Betriebsstoffe verbraucht werden und welche Leistungen sowie Umweltbeeinflussungen entstehen. Darauf aufbauen kann die Kommune bestimmte Selbstverpflichtungen eingehen (z.B. innerhalb eines bestimmten Zeitraums einzelne Emissionen oder das Abfallaufkommen um X Prozent zu reduzieren). Vielleicht lassen sich Unternehmen gewinnen, die in einer öffentlichkeitswirksamen Aktion gemeinsam mit der Kommune solche Selbstverpflichtungen erklären. Eine Stadt kann die Wirtschaft bei der Einführung und Umsetzung von Ökobilanzen, ökologischen Geschäftsberichten etc. beraten (evtl. zusammen mit den Kammern).

Eine Gemeinde kann die bei verschiedenen Abteilungen vorliegenden Informationen zur gewerblichen Umweltsituation zusammenführen und anhand dessen die ökologischen Strukturrisiken von Betrieben herausarbeiten. Derartige **ökologische Bestandsanalysen** können dazu dienen, innerhalb der Verwaltung Schwerpunkte für umweltpolitische Maßnahmen zu setzen. Dann könnte mit betroffenen Betrieben besprochen werden, in welchen Bereichen aus Sicht der Verwaltung fundierter und vorrangiger Handlungsbedarf besteht.

Umweltwissen wird nicht länger ExpertInnenwissen bleiben, sondern ist künftig als allgemeines Basiswissen gefordert. Dies gilt für MitarbeiterInnen der Verwaltung genauso wie für die MitarbeiterInnen der Betriebe. Gemeinsam mit in der **Weiterbildung** tätigen Institutionen könnte ökologisches Wissen in das Weiterbildungsangebot hineingetragen werden, auch für bestimmte Zielgruppen wie kleine und mittelständische Unternehmen.

Sowohl aus finanziellen als auch aus ökologischen Gründen sollte eine ökologisch orientierten Wirtschafts- und Arbeitsmarktpolitik vermeiden, daß Unternehmen, denen die Anforderungen nicht gefallen, an der Gemarkungsgrenze in Nachbargemeinden ansiedeln. Auch hier muß eine rechtzeitige regionale Zusammenarbeit die regionale Konkurrenz verhindern.

In der **Gewerbepolitik** können bei der Ausweisung und der Vergabe von Gewerbeflächen arbeitsmarktpolitische und ökologische Kriterien einfließen. München bezieht für die Vergabe die Arbeitsplatzintensität, die Anzahl der Frauenarbeitsplätze und ökologische Aspekte ein. Stadtteilbezogene Gewerbehöfe bieten HandwerkerInnen die Möglichkeit, zu günstigen Mieten in "ihrem" Stadtteil zu bleiben. **Industriebrachen** und ungenutzte Gewerbeflächen können mit Hilfe von Qualifizierungsmaßnahmen reaktiviert werden.

Technologie- und Gründerzentren fehlt meist der Bezug zur regionalen Wirtschaftsstruktur. Sie wurden von vielen Kommunen als überdimensionierte High-Tech-Parks konzipiert, die genialen Erfindern eine Existenzgründung mit quasi programmiertem Aufstieg zum Weltunternehmen erleichtern sollen. Stattdessen ließen sich bestenfalls Großkonzerne "indirekt" Entwicklungskosten subventionieren. Mißerfolge gingen zu Lasten der SteuerzahlerInnen; erfolgversprechende Innovationen wurden von den Konzernen wiederaufgekauft. Kleindimensionierte Gründer- und Gewerbehöfe entpuppten sich dagegen als wirksames Mittel, Kleinbetriebe sowie Existenz- und Ausgründungen zu unterstützen. Die Vorteile, die diese Form der Mittelstandsförderung den Kleinbetrieben anbieten, sollten Soziale Betriebe und Qualifizierungsbetriebe gleichberechtigt nutzen können. Hierdurch würde auch die Zusammenarbeit mit "normalen" Betrieben gefördert.

Arbeitszeitpolitik

Arbeitszeitpolitik ist ein wesentliches beschäftigungspolitisches Mittel, aber sie ist auch Gesellschaftspolitik: Veränderungen in der Dauer und der Lage der Arbeitszeit können dazu beitragen, die geschlechtsspezifische Arbeitsteilung zu überwinden. Viele Beschäftigte selbst wünschen eine selbstbestimmte Arbeitszeitgestaltung. Abweichungen vom traditionellen Normalarbeitsverhältnis müssen als Normalfall gehandhabt werden und so Teilzeitarbeit oder den zeitweisen Ausstieg aus dem Erwerbsleben ermöglichen, mit dem Recht auf Rückkehr. Für Teilzeitarbeit müssen die gleichen tariflichen Bestimmungen gelten wie bei Vollzeit; sie muß sozialversicherungspflichtig sein, d.h. derzeit mindestens 19 Stunden pro Woche; bei den fast ausschließlich von Frauen ausgeführten Reinigungsdiensten verstoßen viele Kommunen gegen diesen Grundsatz. Da 70 % der im öffentlichen Dienst Beschäftigten im unteren und mittleren Einkommensbereich liegen, brauchen diese bei Arbeitszeitverkürzung einen Lohnausgleich.

Statt Entlassungen zuzustimmen, sollten bündnisgrüne KommunalpolitikerInnen deshalb die Einführung unterschiedlicher Modelle für verkürzte Arbeitszeiten in der Verwaltung und den Beteiligungsgesellschaften fordern. Nach Tarifrecht (§ 15 BAT) ist lediglich die durchschnittliche Dauer der wöchentlichen Arbeitszeit festgelegt. Ansonsten können Lage und Dauer der Arbeitszeiten vielfältig kombiniert werden. Neben den obigen Grundsätzen sollten folgende Standards strikt beachtet werden. Es darf keine kapazitätsorientierte variable Arbeitszeit ("Kapovaz") zugelassen werden. Teilzeitbeschäftigung darf nicht mit Halbtagsbeschäftigung gleichgesetzt werden. Durch diese einseitige Sicht würde die Zahl der Teilzeitarbeitsplätze eingeengt und auf den Typus beschränkt, der Frauen diskriminiert. Schließlich müssen alle Verkürzungen und Flexibilisierungen der Arbeitszeit für die Beschäftigten freiwillig sein.

Teilzeitarbeit ist kein Patentrezept. "Wenn jede/r Einzelne weniger und flexibler arbeitet und auf Lohn verzichtet, kann die bezahlte Arbeitszeit auf mehr Menschen verteilt werden" — diese einfache Formel klingt attraktiv. In Zeiten von Massenerwerbslosigkeit können weder Teilzeitarbeit noch alle Formen der Arbeitszeitverkürzung eine aktive Arbeitsmarktpolitik nicht ersetzen.

Literatur

Stauder, J. (Hg.): Grundlagen der kommunalen Wirtschaftsförderung, Marburg ²1994
Naßmacher, H.: Wirtschaftspolitik "von unten". Ansätze und Praxis der kommunalen Gewerbebestandspflege und Wirtschaftsförderung. Basel 1987. Wissenschaftliches Werk; "von unten" meint die kommunale Ebene im Verhältnis zum Bund.
Freidinger, G./Schulze-Böing, M. (Hg.): Handbuch der kommunalen Arbeitsmarktpolitik, Marburg 1994. Mit Grundsatzartikeln, Erfahrungsberichten und konkreten Infos. Ein absolutes Muß.
KGSt: Aufgaben der kommunalen Wirtschaftsförderung, 1990; Organisation der Wirtschaftsförderung, 1990; Aufgaben und Organisation kommunaler Arbeitsmarktpolitik in den ostdeutschen Bundesländern, 1991; alle Köln.
Veröffentlichungen der Europäischen Union, Übersicht. Bezugsadresse: Generalsekretariat der EU-Kommission, Rue de la Loi 200, B - 1049 Brüssel.
Veröffentlichungen des Forschungsprojekts "Lokale Ökonomie" an der TU Berlin, Sekr. 4-8, Franklinstr. 28/29, 10587 Berlin, Dr. Karl Birkhölzer

Zeitschriften

WSI-Mitteilungen, Monatszeitschrift des Wirtschafts- und sozialwissenschaftlichen Instituts des DGB
Institut für Arbeitsmarkt- und Berufsbildung (IAB), Nürnberg, mit verschiedenen Periodika und Publikationen

AKP-Aufsätze

Frauenförderung in der Wirtschaftspolitik, Schwerpunkt 3/1993, S. 31 - 34 und 39 - 50
Sönnichsen, N.: EG-Gelder für Kommunen, Dossier, 4/1993, S. 47 - 55
Bachmann, A./Bremme, P.: Beschäftigungsmaßnahmen, 1/1992, S. 35 - 37
Zwischen High Tech und Erwerbslosenheer — Regionale Wirtschafts- und Beschäftigungspolitik, Schwerpunkt 3/1991, S. 31 - 46
Schmidt, W.: Instrumente für eine flächenschonende Gewerbepolitik, 6/1991, S. 49 - 55

Markus Hesse

Raumordnung, Landesplanung und Regionalentwicklung

Es ist noch ein langer Weg von der räumlichen Ordnung bis zur ökologischen Regionalentwicklung. Die Frage nach der "idealen" räumlichen Ordnung und den tatsächlichen Ursachen für **Strukturschwäche** oder -stärke von Regionen ist bis heute ohne eine klare Antwort. Zwar wird über das Phänomen der ungleichen räumlichen Entwicklung seit Jahrzehnten eine intensive wissenschaftliche und politische Debatte geführt, es ist jedoch nicht gelungen, eindeutige Erklärungsmuster für den ökonomischen Niedergang einzelner Regionen und den Aufstieg anderer Teilräume zu finden, auch fehlen konkrete Strategien für eine ausgewogene Raumentwicklungspolitik. Zu berücksichtigen ist, daß Investitionslenkung durch staatliche Planung in einer kapitalistischen Wirtschaftsordnung 'nicht vorgesehen' ist. Marktkräfte erweisen sich Planungsansätzen gegenüber oft als durchsetzungsstärker. So wurde das Ziel, Arbeitsplätze in peripheren Räumen mit Investitionen von außen zu fördern, in den meisten Fällen verfehlt. Auch landesplanerische Interventionsversuche wie die Beschränkung des großflächigen Einzelhandels im Außenbereich haben die Marktentwicklung nur begrenzt beeinflußt; viele Planungsziele wurden in der Praxis dem Wettbewerb der Kommunen geopfert. Raumordnung und Landesplanung befinden sich hier im Dauerkonflikt mit der kommunalen Selbstverwaltung und ihren Fachplanungen. Schließlich verlaufen viele (nicht alle) Trends der ökonomischen Entwicklung in Richtung "Konzentration" (von Unternehmen, Marktmacht, Standorten), waren dem Verteilungsziel der Raumordnung bisher also gegenläufig.

Grundbegriffe der Raumordnung und Regionalentwicklung

Definitionsgemäß hat die **Raumordnung** die möglichst optimale, gleichmäßige Verteilung verschiedener Nutzungen im Raum zur Aufgabe. Hauptziele sind der Abbau räumlicher Ungleichheiten und der Ausgleich verschiedener Nutzungsansprüche an den Raum, auch gemäß dem Gebot der "Gleichwertigkeit der Lebensbedingungen" (Art. 72 GG, § 1 Bundesraumordnungsgesetz, vgl. Handwörterbuch der Raumforschung und Raumordnung, 1971, S. 2460-2479). Diese Ziele, im Bundesraumordnungsprogramm (BROP) formuliert, sollen durch eine Konkretisierung in Landes- und Regionalplanung erreicht werden. Theoretisches Gerüst der **Landesplanung** ist das hierarchisch aufgebaute System der Zentralen Orte (nach den beiden Geographen Christaller und Lösch), das sind Orte mit einem sog. "Bedeutungsüberschuß", die siedlungs-, wirtschafts- und infrastrukturelle Funktionen für einen Einzugsbereich oder ein Handlungsfeld (etwa in Landesentwicklungsplänen) erfüllen sollen. "Zentralität" und "Dichte", also die **Siedlungsstruktur** der Region und ihre funktionale Verflechtung mit anderen Räumen, dienen hier als Kriterien zur Beurteilung der räumlichen Entwicklung. Auf dieser Basis werden die Kreise und kreisfreie Städte im System der Raumordnung als "siedlungsstrukturelle Gebietstypen" eingestuft. Zu diesen Gebietstypen gehören erstens Regionen mit großen Verdichtungsräumen, zweitens Regionen mit Verdichtungsansätzen und drittens ländlich geprägte Regionen; letztere werden in relativ dicht besiedelte, nicht periphere und gering besiedelte, periphere Regionen unterteilt.

Das Bindeglied dieser Orte bilden die sogenannten **Entwicklungsachsen**, die neben der räumlichen Verbindungsfunktion auch als Instrument zur Erschließung und Entwicklung peripherer Räume gedacht sind; vor allem Autobahnprojekte werden auf diese Weise auch heute noch legitimiert (z.B. die Verkehrsprojekte Deutsche Einheit). Entsprechende Wirkungen sind aber in den meisten Fällen nicht eingetreten bzw. konnten nicht primär auf die Infrastruktur zurückgeführt werden; häufig verlief die Entwicklung auch genau umgekehrt: als Absaugeffekt von Kaufkraft und Arbeitskräften aus der Peripherie in Richtung Zentrum. Landes- und Regionalplanung sind mit der kommunalen **Bauleitplanung** nach dem Gegenstromprinzip verknüpft, müssen also in beide Richtungen hin koordiniert und abgestimmt werden. Die Raumordnung liegt in Bundeskompetenz und gehört zu den klassischen Aufgaben staatlicher Daseinsvorsorge.

Der Begriff der **Region** steht für ein breites Spektrum von Deutungen und Inhalten, das je nach Blickpunkt Wirtschaftsräume, Naturräume oder politische Bezugsräume umfassen kann. Rein formal bildet die Region einen "geographisch bestimmbaren Raum mittlerer Größenordnung, der als zusammengehörig angesehen wird." (Handwörterbuch der Raumforschung und Raumordnung, 1971). Auf der Makroebene, der planerischen 'Vogelperspektive', fungiert die Region als statistische Raumeinheit und Planungsgröße, abgegrenzt nach gemeinsamen Merkmalen der naturräumlichen, sozialen und ökonomischen Ausstattung. Umgekehrt steht der Begriff der Region für Planung und Entwicklung "von unten", also aus der Sicht des konkreten Raumes. Im politisch-administrativen System ist die Region zwischen Kommune und Staat angesiedelt, in der BRD unterhalb der Bundesländer. Statistische Einheiten sind Kreise, kreisfreie Städte und Raumordnungsregionen. Aufgaben der **Regionalplanung** liegen bei den **Regierungspräsidenten** oder kommunalen bzw. regionalen Planungsverbänden. Ziele des Regionalplans (in NRW: Gebietsentwicklungsplan) sind die Abstimmung der **Bauleitplanung** (Kommunalaufsicht) sowie die Ausweisung regional bedeutsamer Vorhaben im Bereich **Flächennutzung** (Siedlung, Gewerbe, Freiraum, Natur- und Landschaft), Versorgung und Entsorgung sowie Verkehr/Kommunikation.

Regionalpolitik im Sinne einer gleichmäßigen Verteilung ökonomischer Effekte erfolgt im Rahmen der "**Gemeinschaftsaufgabe zur Verbesserung der regionalen Wirtschaftsstruktur**" **(GRW)** durch Bund und Länder. Sie verteilen Investitionszuschüsse, Infrastrukturmittel und Finanzhilfen an Regionen, die aufgrund ihrer ökonomischen Entwicklung als Fördergebiete definiert sind. Die Durchleitung der Finanzmittel erfolgt über die Länder, die hier großen Einfluß ausüben. Gleiches gilt für die europäische Regionalpolitik, die im Kontext des einheitlichen Markts sehr aktiv betrieben wird. Die **Europäische Union** ist seit dem Beitritt von Irland, Griechenland, Spanien und Portugal durch große ökonomische Disparitäten geprägt und versucht mit massiven Investitionen gegenzusteuern, vor allem im Rahmen des **Regionalfonds** EFRE. Die Förderpolitik basiert auf Regionen von der Größe der deutschen Bundesländer und wird nach Entwicklungsniveaus und -zielen differenziert. (Vgl. hierzu das Kapitel Wirtschaftspolitik).

Regionale Wirtschaftspolitik wird oft nur einseitig in Richtung Ausbau der wirtschaftsnahen Infrastruktur betrieben. Der konkrete Nutzen solcher Maßnahmen ist umstritten: Fördereffekte sind nur schwer nachweisbar, oft kommt es nur zu Betriebsverlagerungen, die positive und negative Effekte zum berühmten Nullsummenspiel saldieren. Auch steht der Verdacht der "Mitnahmeeffekte" im Raum, d.h. daß vor allem große Unternehmen mit öffentlichen Mitteln bedient werden, ohne daß daraus nennenswerte Standort- bzw. Investitions- oder gar Beschäftigungseffekte resultieren. Hinzu kommt eine wachsende ökologisch begründete Kritik: Viele Infrastrukturprojekte gehen mit großen Umweltschäden einher (Straßenbau, Erschließung von Industriegebieten), ohne daß dies bisher zu Änderungen der Kriterien oder Inhalte der Regionalpolitik geführt hätte.

Sinnvoller ist es dagegen, "Standortdebatten" als Aufhänger für eine Diskussion zu nutzen, die Bezug nimmt auf die allgemeinen ökonomischen, sozialen und ökologischen Lebensbedingungen in der Region. Denn die ökonomische Entwicklung hängt eben nicht allein von Standort- und Produktionsfaktoren ab, sondern ist Ausdruck von sozialer Stabilität, Umweltqualität, Problembewußtsein, Konflikt- und Handlungskompetenz der Menschen etc., deren 'Mobilisierung' im Interesse der gesamten Region sein kann. Dies zu thematisieren und nach konkreten Chancen für die Region zu suchen, ist eine zentrale Aufgabe. Regionale Handlungs- und Auffangstrategien sind auch deshalb notwendig, weil sich die ökonomischen Randbedingungen der räumlichen Entwicklung sehr rasch verändern und neue Rezepte und Strategien erfordern.

Raumordnung und Regionalentwicklung in Deutschland

Wenn im folgenden von Raumordnung und Regionalentwicklung die Rede ist, dann sind zum einen Raumordnung und Landesplanung als institutionell verankerte Disziplinen der räumlichen Planung gemeint, zum anderen Regionalentwicklung als Gesamtheit der ökonomischen, sozialen und ökologischen Entwicklung eines Raumes, die auf verschiedene Weise (und mit verschiedenen politischen Absichten) gefördert werden kann.

Bisher war die räumliche Entwicklung in der Bundesrepublik Deutschland durch eine relativ ausgeglichene Ausgangssituation gekennzeichnet. Diese wird aber zunehmend durch polarisierende, ungleiche Tendenzen abgelöst. Ursache dafür ist vor allem das Wachstum der Stadtregionen und ihrer Peripherie: Die siedlungs- und wirtschaftsräumliche Entwicklung fördert den Funktionsverlust der Ballungskerne und die Verstädterung des Umlandes. Es profitieren vor allem die Verdichtungsräume, die Struktur- und Funktionsschwäche des ländlichen Raums steigt. Die Folgen sind wachsende räumliche Ungleichheiten zwischen Stadt und Land und verschieden dichte Übergangszonen zwischen Zentrum und Peripherie der Stadtregion.

Die gegenwärtige räumliche Entwicklung ist im Kern sowohl durch traditionelle Ungleichheiten zwischen tendenziell 'reichen' und 'armen' Regionen der alten Länder (Süd-Nord-Gefälle) als auch durch neue Dimensionen von Ungleichheit geprägt, die auf die deutsche Vereinigung bzw. den Anpassungsprozeß der ostdeutschen Regionen sowie auf die wachsende raum-funktionale Arbeitsteilung zwischen den Regionen zurückgehen. Letztere Entwicklung ist auch international zu beobachten. Kennzeichend für die großräumige **Siedlungsstruktur** sind die beiden Pole "Regionen mit großen Verdichtungsräumen" einerseits und "periphere, gering besiedelte ländliche Regionen" andererseits, zwischen denen sich zunehmend gegenläufige Trends abzeichnen. Im ersten Gebietstyp konzentrieren sich siedlungsräumliche **Ballung** und ökonomisches Potential der Bundesrepublik, mit Schwerpunkten von Hamburg/Bremen über Hannover, das Ruhrgebiet, den Rhein-Neckar- und Mittleren Neckar-Raum sowie München in den alten Bundesländern und Berlin, Halle/Leipzig und Dresden in den neuen Ländern. Stärken und Schwächen sind auch innerhalb der Ballungsräume ungleich verteilt, den starken, dienstleistungsorientierten Regionen um Frankfurt, München, Düsseldorf und Hamburg stehen altindustrielle Räume wie das Ruhrgebiet, der Mittlere Neckar oder Nürnberg gegenüber. In allen Regionen führen die Suburbanisierungsprozesse zu einem höheren Flächenverbrauch, steigendem Verkehrsaufwand und städtebaulichen Problemen.

Auch die Verflechtungen zwischen den **Ballungszentren** und ihrem Umland sind gestiegen, die Arbeitsmärkte haben immer weiträumigere Einzugsbereiche. Immer mehr PendlerInnen, die immer größere Entfernungen zu ihrem Arbeitsplatz zurücklegen, sind eine Folge davon. Zu den peripheren Regionen, die sich verstärkt in Richtung Verdichtungsraum "entleeren", gehören u.a. Emsland/Ostfriesland, Hunsrück, Rhön und Franken in den alten Ländern sowie große Teile Brandenburgs und fast das gesamte Land Mecklenburg-Vorpommern. Dort verbinden sich Strukturschwäche und Abhängigkeit von wenigen, 'alten' Branchen oder Unternehmen zur strukturellen Funktionsschwäche. Verheerend wirkt sich die anhaltende Krise der **Landwirtschaft** aus: Hier droht der Raumordnung durch den Vollzug der EG-Agrarpolitik, die Zerstörung der mittelständischen Landwirtschaft und "passive Sanierung" durch Abwanderung der Offenbarungseid, zumal Ideen für eine neue ländliche Ökonomie außerhalb des Primärsektors, z.B. komplementäre industrielle Arbeitsplätze, weitgehend fehlen. Die im Vergleich zu den Ballungskernen häufig noch positivere Umweltsituation hat nicht zu einer Trendwende geführt, zumal die ländlichen Umlandregionen oft als Reservoir für umweltbelastende Ver- und Entsorgung (Trinkwasserlieferung, Deponieraum- und MVA-Reserve) oder Risiko-Produktion (Chemie) fungieren müssen.

Während der Anteil der Bevölkerung in den **Ballungsräumen** der alten Länder erheblich höher ist als in den neuen Ländern, sind deren ländliche Regionen durch extrem geringe Siedlungsdichten geprägt. Dieses Gefälle und die damit verbundenen räumlichen Ungleichheiten sind von einer bisher nicht bekannten Intensität, so daß das Ziel einer raschen Angleichung der Lebensbedingungen im Sinne der "Gleichwertigkeit" in der Raumforschung als kaum noch erreichbar angesehen wird und daher eine Änderung des Zielkatalogs im Raum steht. Diese Einschätzung mag realistisch sein, aus politischen Gründen kann aber der Grundsatz der Gleichwertigkeit von Lebensbedingungen und -chancen nicht ohne weiteres aufgegeben werden. Notwendig ist vielmehr eine Anpassung der Planung an lokale und regionale Besonderheiten sowie eine Debatte über die Qualität der jeweils angestrebten Entwicklung. Im Zuge ökologischer Anpassungen muß drittens die Frage geklärt werden, welche Niveaus von ökonomischer Entwicklung generell noch als "tragfähig" und leitbildhaft gelten können und wie das Ökologieproblem künftig zwischen reichen und armen Regionen gehandhabt werden soll. Insgesamt zeugen die neuen räumlichen Probleme von einer 'Normalisierung' des Sonderfalles Deutschland im internationalen Vergleich (Wachstumsraten, Einkommensverteilung, politische und soziale Stabilität). Der Hinweis, daß die Probleme in Italien noch viel größer seien, darf jedoch einer notwendigen Aufwertung der Raumordnung nicht entgegenstehen.

Neue Anforderungen durch ökonomischen Strukturwandel

Die politische und ökonomische Umbruchsituation in Europa und der wirtschaftliche Strukturwandel haben die Raumnutzungen innerhalb weniger Jahre stark verändert. Zu diesen Faktoren gehört der Wandel der Wirtschaftsstruktur (Bedeutungsverlust des Primärsektors, neue Strukturen in der industriellen Produktion, Bedeutungsgewinn von Dienstleistungen), die Einführung neuer Technologien, neue internationale Arbeitsteilungen und der internationale Wettbewerb der großen Kommunen. Nicht nur Unternehmen sind also einem verschärften internationalen Wettbewerb ausgesetzt, auch Städte und Regionen konkurrieren zunehmend um die Gunst des Kapitals. Dies gilt vor allem für die großen Stadtregionen, deren Entwicklungsdynamik sich Anfang der 90er Jahre verstärkt hat: Kennzeichnend sind ein verschärfter **Standortwettbewerb** mit städtebaulicher Investition und Inszenierung in den Großstädten, der Umbau "alter" Standorte und der Ausbau großräumiger Infrastrukturen (Einrichtungen für das internationale Kongreß- und Messewesen, Anschluß an den europäischen Hochgeschwindigkeitsverkehr), bevorzugt an der Peripherie der Stadt. Hinzu kommen Freizeitprojekte und Kulturpolitik als Standortfaktor, aber auch wachsende Tendenzen zur ökonomischen und sozialen Spaltung, zur dreigeteilten Stadt von Reichtum, Mittelschicht und Armut (vgl. Lucas 1993).

Die Antwort der Unternehmen auf das veränderte Umfeld, Kostendruck und Wettbewerb besteht in der Modernisierung der industriellen Produktion. Mithilfe der neuen Technologien werden integrierte Strategien der Rationalisierung verfolgt, u.a. durch Einführung flexibler Produktionssysteme, Reduzierung der Fertigungstiefe (z.B. im Rahmen von "Just-in-time"-Produktion) und neue Logistikkonzepte sowie die wachsende Anwendung von produktionsnaher Dienstleistung, Kooperation von Unternehmen und Forschung und Hochschulen. Diese Entwicklung führt zu einer beschleunigten Raumnutzung, mit mehr Verkehr, Städtewachstum und Flächenverbrauch. Erkennbar ist aber auch die Herausbildung neuer wissens-, technologie- und dienstleistungsorientierter Produktionsräume. Damit werden die jeweiligen Vor- und Nachteile der Regionen neu verteilt. Die Abwanderung bzw. Verlagerung der arbeitsintensiven Produktion nach Mittel- und Osteuropa stellt die betroffenen Regionen vor weitere Probleme (z.B. Umwelt- und Sozialdumping); hinzu kommen wachsende ökonomische Verflechtungen und internationale Lieferbeziehungen, die mehr Straßen und europaweite Transport-, Umschlag- und Lagerei-Infrastrukturen erfordern. Dies ist Ausdruck einer extrem ressourcenintensiven Wirtschaftsweise.

Bei dieser sehr dynamischen Entwicklung bleiben die altindustrialisierten Regionen häufig zurück, während ländliche Regionen bzw. Standorte außerhalb der großen Zentren nur Chancen haben, wenn sie von deren Nachfrage bzw. Engpässen durch eigene "Stärken" profitieren können (Gewerbeflächen, Transportinfrastruktur, Abfallkapazitäten). Dieser 'ökologische Lastenausgleich' soll dann durch die ökonomische Preisgabe der als strukturschwach bezeichneten Peripherie abgefedert werden, der eine ökologische Vorrangfunktion verbleibt. Ökologisch verträglich ist eine solche Arbeitsteilung natürlich nicht, da die notwendigen Beiträge zur Umweltentlastung auch in den Ballungskernen und an ihren Rändern erbracht werden müssen. Seitens der Wirtschaftsförderung wird zwar in Ergänzung zu den 'harten' **Standortfaktoren** auf ein attraktives, "grünes" Umfeld für moderne Produktion und Dienstleistung und deren qualifiziertes Personal gesetzt. Damit werden ökologische und ökonomische Ziele aber nur scheinbar deckungsgleich: Der Konflikt zwischen 'harten' und 'weichen' Faktoren bleibt solange bestehen, wie sich beide nicht gegenseitig ersetzen lassen.

Die ökonomische Entwicklung wird die regionalen Gewichte weiter verändern. Daher stehen neue räumliche Typisierungen zur Diskussion, die diese aktuellen Tendenzen aufgreifen (Quelle: Institut für Raumplanung der Universität Dortmund, 1991). Auch wenn diese Einstufungen noch sehr allgemein sind, werden die räumlichen Nutzungen und Verflechtungen besser deutlich als anhand der überholten Begriffe der Landesplanung.

o Internationale Finanz- und Dienstleistungsräume: Räume mit Dienstleistungsfunktionen von europäischer Bedeutung, z.B. Frankfurt oder Düsseldorf.
o Moderne Wirtschafts- und Technologieräume: Zentren zukunftsorientierter technologischer Forschung und Entwicklung, z.B. Karlsruhe, Darmstadt, Aachen und Ulm.
o Räume mit altindustrieller Struktur: Gebiete ohne hinreichende wirtschaftliche und infrastrukturelle Modernisierung, z.B. die Emscherzone, Braunschweig, Kassel-Ost, Hamburg-Harburg,

Hanau und Offenbach.
- ○ Moderne Produktionsräume: Dies sind Räume mit exportorientierten Produktionsclustern, z.B. Regensburg, Ingolstadt, Stuttgart und Bochum.
- ○ Verstädterte Transportkorridore: Entwicklungsräume entlang bedeutsamer europäischer Verkehrsachsen, z.B. Köln und Limburg.
- ○ Vorstadtlandschaften: Auffangräume für aus dynamischen Verdichtungsräumen verdrängte Haushalte und Betriebe, z.B. München-Nord, Frankfurt-Ost und die Lippezone.
- ○ Überregionale Distributionsräume: Transport- und Lagerzentren an regionalen Knotenpunkten europäischer Verkehrsachsen, z.B. Unna/Hamm, München-Ost und Viersen/Karst/Venlo.
- ○ Gentrifizierte Agrarräume: Attraktive ländliche Räume im Einzugsbereich dynamischer Verdichtungsräume, z.b. das Altmühltal und die Eifel.
- ○ Ländliche Auffangräume: Gebiete, die Funktionen übernehmen, die andernorts nicht mehr übernommen werden können, z.b. das Emsland, die Oberpfalz und Nordhessen.

Politische Handlungsstrategien

Auf diese dynamischen wirtschaftsräumlichen Prozesse haben die Planungsdisziplinen bisher keine adäquate Antwort. Sie sind einem tiefgreifenden Wandel unterworfen, der auf ein verändertes Umfeld und auf Defizite in der Umsetzung zurückgeht. Dies sollte auch bedacht werden, wenn aus dem politischen Raum neue Ansprüche an die räumliche Planung kommen. Für eine "Renaissance der Raumordnung", etwa zugunsten des ländlichen Raums oder zur Verkehrsvermeidung, gibt es kein Indiz. Da die Grundprämisse raumordnerischen Denken und Handelns, also die Steuerbarkeit von Marktentwicklung und Investitionen mit dem Ziel der ausgewogenen räumlichen Ordnung, faktisch kaum noch gegeben ist, verschob sich der Schwerpunkt der Raumordnung in den 80er Jahren von der materiellen Infrastrukturpolitik zu Ressourcenschutz und Umweltvorsorge. Es wurde also bereits auf Ausgleich und Abwägung konkurrierender Interessen gesetzt, während die Landesplanung noch Vorstellungen von funktionsräumlicher Arbeitsteilung verfolgte ("hier Nutzraum, dort Schutzraum"). Mit der deutschen Einheit stehen nun die ökonomischen Ziele der Raumordnung (Disparitätenabbau) wieder im Vordergrund. So unbestritten es ist, daß die neuen räumlichen Entwicklungen eine "ordnende" Hand erfordern, d.h. Instrumente und Handlungskompetenz auch mit Blick auf die neuen Länder bzw. Mittel- und Osteuropa, so schwierig gestaltet sich aber die Suche nach konkreten praktischen Ansätzen. Die Probleme der räumlichen Planung zeigen sich z.B. im Großraum Berlin, wo die Entstehung eines "Speckgürtels" verhindert werden soll, faktisch aber kaum Instrumente zur Standortsteuerung bestehen.

Solange der Raumordnung neue Instrumente zur Umsetzung fehlen, bleibt die Hoffnung auf einen Handlungsrahmen vergebens. Dabei ist ein genauer Blick auf den ökonomischen Strukturwandel und seine räumlichen Wirkungen hilfreich. Wo Branchenkrisen (z.B. bei Kohle und Stahl), fehlende Infrastruktur oder neue Techniken Regionalkrisen nicht hinreichend erklären konnten, wurde gleichzeitig deutlich, daß der **Strukturwandel** bestimmte Voraussetzungen auf regionaler und lokaler Ebene hat, die über die klassischen **Standortfaktoren** (Lagegunst, Branchenstruktur, Infrastruktur) hinausgehen: Es hat immer auch mit dem Handeln der Menschen zu tun, mit der Fähigkeit, neue Entwicklungen zu erkennen und sich rechtzeitig darauf einzustellen, mit dem Vermögen, eigenen Strömungen für eigene Ziele zu nutzen, statt wie die Lemminge vermeintlichen Trends hinterherzulaufen und dabei erfolglos zu bleiben. Interessanterweise war es u.a. der ökonomische Erfolg von High-Tech-Agglomerationen in den USA wie des Silicon-Valley in Kalifornien oder der Route 128 in Boston, der die Frage nach dem "warum?" und nach dem "warum dort?" erneut zum Kriterium machte. Damit ist nun gewiß kein 'Modell' verbunden: Die unkritische, einseitig technologieorientierte Adaption von Silicon Valley war weder per se auf andere Räume übertragbar noch faktisch das Erfolgsrezept, wie die 80er Jahre gezeigt haben; auch besitzen die sehr nah am Rüstungssektor entstandenen Strukturen große soziale und ökologische Risiken. Diese Beispiele sind insofern interessant, als ihre Reaktionsmuster auf den Strukturwandel vom Prinzip her durchaus erfolgreiche Methoden der Krisenbewältigung aufzeigen.

Parallel zu dieser wirtschafts- und strukturpolitischen Debatte wird seit den 70er Jahren eine Diskussion um die Mobilisierung der sogenannten "**endogenen Potentiale**" geführt. Hier wurzeln auch Ziele und Positionen von Grünen, Gewerkschaften und Wissenschaft, die sich gegen die funktionsräumlichen Zuweisungen der Landesplanung und für eine stärker eigenständige Entwicklung speziell im ländlichen Raum einsetzen. Ausgehend von den Problemen der 'Peripherie' und den Defiziten der Regionalpolitik wurde eine sozial- und umweltorientierte Perspektive erarbeitet, die an den natur- und kulturräumlichen Besonderheiten der Regionen ansetzte und auch nicht-ökonomische Meßzahlen zur Bewertung einer Region anlegte (Motivation und Qualifikation der Menschen, regionale Geschichte und Tradition, lokale Politik- und Konfliktfähigkeit). Eigenständigkeit im Sinne ökonomischen Erfolgs war damit zwar nur selten verbunden, tragende Elemente des neuen Regionalbewußtseins wurden aber vorweg formuliert und begründet.

Diese Debatten beruhen auf der These, daß der Planung raumwirksamer Prozesse Grenzen gesetzt sind, die lokale und regionale Bedingtheit des **Strukturwandels** gleichzeitig aber Einflußmöglichkeiten aufzeigt. Es ist daher kein Zufall, daß der Begriff der "Region" seit Mitte der 80er Jahre erneutes Interesse findet, auch als Reflex auf die Erfolglosigkeit großräumiger, durch den starken Staat verfolgter politischer Strategien (was staatliche Rahmensetzung keineswegs überflüssig macht). Diese Wiederkehr des Regionalen verbindet sich mit sehr verschiedenen politischen, ökonomischen und auch ökologischen Tendenzen, die in ihrer Gesamtheit Anlaß geben, von einer Neubewertung der Nähe zu sprechen. Ihre 'Message': Auf regionaler Ebene kann die wirtschaftsräumliche Entwicklung zwar nicht umgekehrt, jedoch beeinflußt werden. Kleinräumige Vernetzungen, Kooperationen, Fühlungsvorteile und Marktnähe stellen sich gegenüber den oft schwerfälligen Strukturen von Großunternehmen häufig als vorteilhafter heraus. Dies gilt auch für die Offenheit gegenüber sozialen und ökologischen Fragen: Zentrale Aufgabe der Regionalentwicklung wäre die Aktivierung des vor Ort vorhandenen Know Hows, die Organisation von übergreifenden Diskursen und die Thematisierung derjenigen (räumlichen) Probleme und Konflikte, die in der ökonomischen Debatte sonst gern unterschlagen werden.

Raumordnung und Regionalentwicklung aus grüner Sicht

Aus grüner Sicht ist "Regionalentwicklung" zuallererst mit einer Aufwertung der lokalen Handlungs- und Problemlösungskompetenzen, der stärkeren Verknüpfung der räumlichen Planungsebenen und ihrer Ökologisierung verbunden. Die auf diesem Verständnis von Regionalentwicklung beruhenden Querschnittsthemen sind sehr vielschichtig und im politischen Raum nicht immer leicht handhabbar, zumal ihre Rahmenbedingungen meist überörtlich gestaltet werden. Ihre Folgen werden aber vor Ort wirksam, d.h. es besteht die Notwendigkeit zum Umgang damit. Anhand einiger Beispiele sollen daher einige Handlungskonsequenzen aufgezeigt werden. (Einzelaspekte und -instrumente: vgl. Fachplanungen).

PLANUNGSZIELE UND -INSTRUMENTE SICHERN: Das raumplanerische Prinzip der "Dezentralen Konzentration", so schwammig es klingen mag, muß in der Praxis weiterverfolgt werden — zugunsten einer ausgewogenen Entwicklung innerhalb der Stadtregionen sowie zwischen Stadt und Land, denn ökologische Entwicklung macht tragfähige Strukturen in allen Teilräumen notwendig. Dies würde neue Instrumente zur Umsetzung erfordern, zumindest Bestandsschutz im regionalen und kommunalen Planungsrecht (z.B. Gebietsentwicklungsplanung, Sicherung von Raumordnungsverfahren mit UVP, Raumwirksamkeits-Analysen bei Großprojekten). Raumordnungs- und Landesentwicklungsberichte machen sonst keinen Sinn. Ein aktives Grundstücks- und **Bodenmanagement** könnte den suburbanen Wachstumsdruck dämpfen, um Flächenbrachen besser zu nutzen, **Verdichtung**, wo dies sinnvoll ist, zu fördern und den begrenzten Freiraum zu schonen. Neue Standorte für Wohnungen und Arbeitsplätze sollten nur bei ökologischer und verkehrlicher Verträglichkeit geplant werden, mit Vorrang dezentral bzw. in gut durchmischten Lagen. Dies sollte auch für (großflächige) Einzelhandelsstandorte und kommerzielle Freizeitzentren gelten, die Einfluß auf die Innen- und Außenentwicklung haben und deren städtebauliche Integration ein Problem bleibt. Vor allem in den faktisch rechtsfreien Planungsräumen Ostdeutschlands mit ihrer stürmischen Gewerbeentwicklung im Umland wäre ein korrigierendes Eingreifen der räumlichen Planung dringend notwendig.

WIRTSCHAFT UND UMWELT VERNETZEN: Strukturprobleme, **Arbeitslosigkeit** und Wettbewerb machen aus kommunaler und regionaler Sicht eine Vernetzung von **Wirtschaftsförderung** und örtlicher Politik und Planung sinnvoll. Instrumente und Verfahren, die Entwicklungen "von unten" fördern, könnten eine sinnvolle Alternative zur Verteilung nach dem "Gießkannen"-Prinzip sein, was aber entsprechende Änderungen in der Finanzpolitik voraussetzt (staatliche Transfers bleiben weiterhin notwendig, nicht nur zum Abfedern regional wirkender Massenentlassungen). Leitbild sollte die Fähigkeit der Regionen zur stetigen Innovation, zur Anpassung an veränderte ökonomische, soziale, ökologische Rahmenbedingungen stehen. Da diese je nach Raum- und **Wirtschaftsstruktur** verschieden sind, brauchen Großstadt, Montanregion oder ländlicher Raum jeweils angepaßte strukturpolitische Strategien, auf die örtlichen Probleme und Lösungspotentiale zugeschnitten. Mittel der Wirtschafts- und Strukturpolitik sollten verstärkt mit ökologischen und beschäftigungspolitischen Zielen verknüpft werden. Auch die Unternehmen sind potentielle Bündnispartner für Grüne und Umweltbewegte: um einzelne Projekte anzustoßen oder um neue Ideen in den politischen Raum einzuspeisen, was den Verwaltungen aus eigener Kraft kaum gelingt. Beispiele wären ökologisch orientierte Projekte im Bereich Umwelttechnik und Umweltdienstleistungen, Beschäftigungs- und **Technologiezentren**, die Vernetzung von Wissenschafts- und Forschungseinrichtungen. Großer Handlungsbedarf besteht im ländlichen Raum, vor allem für Maßnahmen im Primärsektor, dessen ökonomische Basis reorganisiert werden muß (Sicherung der Betriebe und ihrer Flächen, konsequente Förderung **ökologischen Landbaus**, neue Absatzwege für die Produkte vor Ort, Verbindungen zum Tourismus etc.). Dort stellen sich außerdem neue Aufgaben durch die **Konversion** von Militärstandorten, die z.B. neue Flächen- und Infrastrukturpotentiale bieten.

REGIONALE ENTWICKLUNGSKONZEPTE: Ein allgemeines Interesse der "Regionalentwicklung" ist es, Fachplanungen zu bündeln, um zumindest in direkt benachbarten Handlungsfeldern integrierte Ansätze zu fördern, auch interkommunal. Ein Beispiel ist der Bereich **Siedlungsstruktur**, Freiraum, Verkehr, wo eine gegenseitige Integration Probleme aufzeigt und Vorsorgestrategien möglich sind. Solche Initiativen sollten in **Regionale Entwicklungskonzepte** aufgehen, die über einen mittelfristigen Zeitraum (10-15 Jahre) verschiedene Entwicklungspfade aufzeigen und damit der gesellschaftlichen und politischen Diskussion zugänglich machen. Dies setzt den politischen Willen zur Vernetzung und zum vorausschauenden Denken voraus. Konkrete Handlungsfelder, ggf. auch Leitprojekte, können einen Weg weisen, aus dem diffusen Bild 'integrierter Planung' zu handfesten Ergebnissen zu kommen. Diese Form von 'Planung' ist aber kein Ersatz für Kommunalpolitik, und Patentrezepte gibt es auch hier nicht.

Erfahrungen z.B. mit der IBA Emscher Park haben aber gezeigt, daß bei aller Kritik unter bestimmten Bedingungen (vor allem was die gegenseitige Anerkennung der Positionen und Interessen angeht, die Pluralität der Verfahren und die gleichberechtigte Mitwirkung auch kritisch eingestellter, nicht-kommerzieller Initiativen und Einzelpersonen), eine Beteiligung von Grünen und BIs durchaus Sinn macht - und sei es nur, daß auch das alternative politische Spektrum zur Formulierung eigener Zukunftsentwürfe gezwungen wird oder aber im politischen Raum angestoßene Themen für eigene Ziele besetzt werden. Ein positives Beispiel einer ökologisch orientierten Aneignung regionaler Strategien gibt die Initiative zur "Wissenschaftsstadt" Ulm: "Die Region fordert die Wissenschaft heraus" (AK Wissenschaftsstadt und Regionalentwicklung 1993), mit der Grüne, Gewerkschaften, Initiativen und Verbände dem sehr stark privatwirtschaftlich orientierten und durch Unternehmen wie Daimler Benz geprägten Modell der Wissenschaftsstadt sozial-ökologische Inhalte und Perspektiven abgefordert haben.

INTERKOMMUNALE KOOPERATION: "Regionale" Politik heißt auch, die gemeindeübergreifende Zusammenarbeit auszubauen. Dies ist z.B. sinnvoll, damit nicht in falscher Einschätzung des Wettbewerbs wie bisher auf Vorrat bzw. nach dem Prinzip Bedarfsdeckung geplant wird, sondern die Infrastruktur durch gegenseitige Nutzung besser ausgelastet wird. Dies gilt für **Gewerbeflächen**, Abfall- oder Verkehrsinfrastrukturen oder die Technologiepolitik. Auch bei den lokalen gemein- und gemischtwirtschaftlichen Unternehmen (**Stadtwerke**, Ver- und Entsorgung, Verkehr) dürfte sich unter Kostendruck die Notwendigkeit einer verstärkten Kooperation ergeben, die solange im Prinzip nicht falsch sein muß, wie die Anpassung an die örtlichen Bedürfnisse erhalten bleibt. Politik und Verwaltungen sind gut beraten, die Pfade der vielfach geübten, lokal borniertern Kirchturmspolitik zu verlassen, auch wenn sie den Umgang mit tragfähigen Kompromissen häufig erst noch lernen müssen. Generell muß aber auch geklärt werden, wo eine "Regionalisierung" mehr Handlungskompetenz bzw. -möglichkeiten vor Ort erzeugt und wo (z.B. durch überkommunale Kompromisse) die Handlungsspielräume enger werden.

KOMMUNIKATION, TRANSPARENZ, DEMOKRATIE: Eigenständigkeit, Überschaubarkeit und Nähe sind wichtige Voraussetzungen für die politische Gestaltung: Regionale und lokale Strategien sind daher nicht nur auf staatliche Daseinsvorsorge angewiesen, sondern brauchen auch eine politische Verankerung. Zum einen muß die Kommunikation in der Region unter allen relevanten Akteuren hergestellt werden, damit sich das politische Recht der Minderheit und gute Ideen außerhalb des traditionellen Parteien- und Machtspektrums durchsetzen können. Hierfür gibt es sehr verschiedene Modelle, vom 'Runden Tisch' bis hin zu Innovationsbündnissen, Qualitätszirkeln und neuen Kooperationen. Damit sich in diesen Prozessen nicht einseitig Marktinteressen durchsetzen, bleibt eine aktive Führung durch öffentliche Akteure (z.B. gewählte PolitikerInnen, öffentliche EntscheidungsträgerInnen) notwendig.

In diesem Sinne ist eine Demokratisierung der Instanzen und Entscheidungsverfahren überfällig, wobei die demokratische Legitimation der regionalen Handlungsebene notwendig ist. Sinnvoll wäre auch die Institutionalisierung und Professionalisierung **regionaler Entwicklungskonzepte**, z.B. durch Regionalagenturen oder Entwicklungsbüros. Im Umbauprogramm der Grünen für eine "Ökoregion Ruhrgebiet" wurde z.B. die Einrichtung eines Regionalverbandes Ruhrgebiet gefordert, durch den statt der administrativen Zersplitterung in drei Regierungsbezirke, zwei Landschaftsverbände und den machtlosen Kommunalverbandes eine Bündelung politischer Kompetenzen in der Region sowie die politische Legitimation durch ein gewähltes Regionalparlament gewährleistet wäre. Mehr Partizipation auf der lokalen und regionalen Ebene wäre nicht nur aus planerischer Sicht geboten, sondern könnte auch die Bedingungen lokaler und regionaler Wirtschaftspolitik verbessern, die zu Unrecht oft nur als Exekution von Sachzwängen gesehen wird.

Literatur

Die Grünen Aachen: "Grünes Licht für Arbeit und Umwelt - Umbaukonzepte für die Region Aachen", Aachen 1989
Helms, H.G (Hrsg.): Die Stadt als Gabentisch, Leipzig 1992
Hesse, M.: Verkehrswende. Ökologisch-ökonomische Perspektiven für Stadt und Region, Marburg 1993
Lucas, R. (Hrsg.): "Regionalentwicklung zwischen Stadtmarketing und Risikomanagement", Heft 67/93 der IÖW-- Schriftenreihe, Berlin 1993
Müller, S.; Schmals, K.M. (Hrsg.): Die Moderne im Park - Ein Streitbuch zur Internationalen Bauausstellung Emscher Park, Dortmund 1993
Voß, A.: Raumplanung von unten, Dortmund 1986

Zeitschriften

"Informationen zur Raumentwicklung" (IzR), hrsg. von der Bundesforschungsanstalt für Landeskunde und Raumordnung (BfLR), Am Michaelshof 8, 53177 Bonn. Z.B. Heft 11/12 1991 zum Stand der räumlichen Entwicklung und Bundesraumordnung oder Heft 5/6 1993 zum Thema "Verkehr in Stadt und Region".
"RaumPlanung", hrsg. vom Informationskreis für Raumplanung e.V. (siehe unter Adressen). Z.B. Heft 61 (1993) zum Thema "Verständniswandel und neue Aufgaben räumlicher Planung".
"Politische Ökologie"; Bezug: Ökom, Cosimastr. 4, München. Z.B. Sonderheft 4 mit Schwerpunkt "Ökologisch nachhaltige Entwicklung von Regionen", Ausgabe Sept. 1992.
"Pro regio", Albert Herrenknecht, Franken-Dom-Str. 74, 97944 Boxberg-Wölchingen, dort auch Infos und Adressen aus den Vereinen für eigenständige Regionalentwicklung.

Adressen

Informationskreis für Raumplanung (IfR), Universität Dortmund, 44221 Dortmund
Institut für ökologische Wirtschaftsforschung (IÖW) gGmbH; Giesebrechtstr. 13, 10629 Berlin.

AKP-Artikel zum Thema

Schiller-Dickhut, R.: IÖW — Suche nach der regionalen Politik (in AKP 4/93, S. 28-29)
Birkhölzer, K.: Strategien für Krisengebiete in der ehemaligen DDR (in AKP 3/91, S. 41-43)
Kleine-Limberg, W./Knieling, J.: Regionalisierung der Planung in Niedersachsen (in AKP 3/91, S. 26-27)
Schiller-Dickhut, R.: Regionalisierung der Strukturpolitik (in AKP 5/90, S. 43-44)

Jörg Haafke, Jörg Knieling, Katrin Küster*

Landwirtschaft und Dorfentwicklung

Landwirtschaft und Kommunalpolitik präsentieren sich auf den ersten Blick als zwei mehr oder weniger voneinander unabhängige Welten. Aus der Sicht der Kommunalpolitik entzieht sich die Landwirtschaft zunächst fast vollständig jeder Zugangsmöglichkeit: Alle für die Landwirtschaft relevanten Entscheidungen scheinen auf übergeordneter Ebene bei den Bundesländern, beim Bund, bei der **Europäischen Union (EU)** oder gar im Zuge von Welthandelsübereinkommen getroffen zu werden. Überdies existieren für die Belange der Landwirtschaft Sonderverwaltungen wie die **Ämter für Agrarstruktur** und die **Landwirtschaftskammern**. Andererseits ist die Landwirtschaft in allen Kommunen gegenwärtig: Im ländlichen Raum ist die Landwirtschaft noch weitestgehend prägend für die landschaftliche und dörfliche Struktur, selbst in urbanen Räumen sind noch nahezu überall landwirtschaftliche Betriebe und Flächen vorhanden.

KOMMUNALPOLITISCHE HANDLUNGSFELDER UND ZIELE: Das Ziel alternativer Kommunalpolitik muß eine soziale und ökologische landwirtschaftliche Produktion sein. In Fragen der Landwirtschaft existieren keine festgeschriebenen kommunalpolitischen Handlungsfelder. Wer die gegenwärtige Agrarpolitik und die daraus erwachsende Entwicklung nicht akzeptieren will und das eigene Handeln nicht auf das Vorgehen gegen produktionsbedingte Ordnungsverstöße reduzieren möchte, muß am konkreten Interesse der Kommunen an einer natur- und sozialverträglichen Landwirtschaft ansetzen. Aus dieser Sicht eröffnen sich in Kenntnis der Misere von Landwirtschaft und Kulturlandschaft durchaus Ansatzpunkte für kommunalpolitisches Handeln durch eine Art "Landwirtschaftspolitik von unten". Zur Begründung dieser Handlungsansätze ist die Kenntnis der Landwirtschaft, ihrer Situation und Entwicklung wesentlich.

Die Situation der Landwirtschaft

Der Landwirtschaft werden nicht nur die rapide Arten- und Fruchtfolgeverarmung, die Vergiftung von Boden, Wasser, Luft und der Qualitätsverlust bei den Lebensmitteln, sondern auch die Erzeugung von Überschüssen in Form von Milchseen, Butter- und Fleischbergen sowie die unsinnige Verpulverung von Steuergeldern im Rahmen einer nicht mehr durchschaubaren Agrarpolitik zur Last gelegt. Die Betrachtung der Rahmenbedingungen für die Landwirtschaft zeigt jedoch, daß diese Symptome nicht in erster Linie in der Verantwortung der landwirtschaftlichen Betriebe liegen, sondern politisches Kalkül des Industrielandes BRD sind. Die landwirtschaftlichen Betriebe sind in dieser Politik Spielball und Buhmann zugleich, wenngleich es natürlich auch Betriebe gibt, die davon profitieren. Vornehmlich kommt diese Politik jedoch den der Landwirtschaft nachgelagerten Bereichen der Verarbeitung und Vermarktung zugute. Dabei geht es keineswegs um Überschußreduzierung, sondern um Stärkung der Exportposition, die in Orientierung am Weltmarktpreis allein durch Preissenkungen möglich ist. Beleg dafür ist z.B. die Förderung und damit künstliche Aufrechterhaltung von Produktmengen, die die Überschüsse in der EU ausmachen, nämlich Getreide und Raps sowie auf dem Wege der Quotierung auch Milch und Zucker. Auch die Förderregeln bringen diese Politik zum Ausdruck: Die Prämienhöhe begünstigt die Stillegung schlechterer bei gleichzeitiger Intensivierung des Anbaus auf besseren Böden. Die Erhöhung der Ertragsleistungen in wettbewerbsfähigeren Strukturen ist das Ziel. Mit den heruntersubventionierten Billigpreisen wird nicht nur das Wertbewußtsein für landwirtschaftliche Erzeugnisse gedrückt, sondern auch auf dem Weltmarkt der Konkurrenzdruck — besonders auf die sogenannten Entwicklungsländer — erhöht. Schon lange dem Zwang ausgesetzt, billige Futtermittel für die Massentierhaltung in der EU zu produzieren, gefährden nun die Billigexporte des subventionierten EU-Fleisches die diesen Ländern verbliebene Produktion.

DIE STRUKTUREN IN DER LANDWIRTSCHAFT: Die Landwirtschaft war und ist von einem tiefgreifenden **Strukturwandel** gekennzeichnet, der auf das Kürzel "wachse oder weiche" gebracht werden kann. Zwischen 1949 und 1990 sank die Zahl der landwirtschaftlichen Betriebe in den alten Bundesländern von 1,65 auf 0,66 Mio., die Zahl der in der Landwirtschaft Beschäftigten sank von 3,74 auf 0,75 Mio. Dreh- und Angelpunkt dieser Entwicklung ist der Auszahlungspreis für die erzeugten Produkte. Er entscheidet über das Betriebseinkommen und damit über die Existenz der Betriebe und Arbeitsplätze. Trotz ständiger Erhöhung der Agrarausgaben von EU, Bund und Ländern sank der Erzeugerpreis für die Landwirte, so etwa der Weizenpreis je 1000 kg zwischen 1975 und 1993, von knapp 44 DM auf nur noch etwa 25 DM. So wächst der Druck auf die Erzeuger, zu intensivieren und ihre Betriebsflächen zu vergrößern.

Die EU-Agrarmilliarden kommen nur zu einem Bruchteil von weniger als 20% bei den landwirtschaftlichen Betrieben an — und dort natürlich je nach Betriebssituation in unterschiedlicher Höhe und mit unterschiedlichem Entwicklungseffekt —, während über 80% in die Agrarbürokratie, in die Exportsubventionierung und in die Lagerhaltung fließen. Zugleich wurden die Nahrungsmittel gemessen am durchschnittlichen Einkommen immer billiger: Während die Bundesbürger 1960 noch fast 40% ihres Einkommens für das Essen aufwandten, waren es 1990 nur noch etwa 17%. Zeitgleich sank der Anteil der Landwirte an den Einnahmen aus ihren Produkten von ca. 55% im Jahre 1950 auf unter 20% im Jahre 1989. Den Löwenanteil teilen sich Handel und Verarbeitungsindustrie. Der **Strukturwandel** in der Landwirtschaft bewirkt eine tendenzielle Aufteilung in wettbewerbsfähige, zukunftsträchtige landwirtschaftliche Betriebe sowie in solche ohne Perspektive, die längst von der Substanz oder Ausgleichszahlungen und Sozialleistungen leben. Diese Zweiteilung spiegelt sich auch in Art und Intensität der Ausnutzung der natürlichen Ressourcen wider: Während in den agrarischen Vorrangregionen ausgeräumte Landschaften und stinkende Felder und Ställe das Bild beherrschen, sind in den agrarischen Problemgebieten noch kleinteilige und vielfältige Strukturen auf der Basis traditioneller Wirtschaftsformen mit Mischbetrieben und wirtschaftseigenen Futter- und Düngemitteln vorhanden.

DIE LANDWIRTSCHAFT IN DEN NEUEN BUNDESLÄNDERN: Besonderheiten in der Landwirtschaft der fünf neuen Länder tragen in der jüngsten Zeit zu einem zusätzlichen Schub des Strukturwandels bei. 1950 waren die landwirtschaftlichen Strukturen der beiden deutschen Staaten BRD und DDR vergleichbar. Nur 0,7% der Betriebe in der DDR und 3% der Betriebe in der BRD waren über 100 ha groß. Erst mit der Bildung der **landwirtschaftlichen Produktionsgenossenschaften (LPG)** in der DDR ab 1952 wurde die unterschiedliche Entwicklung eingeleitet. 1989 standen den 660.000 bundesdeutschen Betrieben rund 4200 Betriebe in der DDR gegenüber. Die durchschnittliche Betriebsgröße der pflanzenbaulichen LPG betrug 4570 ha, die der LPG-Tierproduktion 1600 Großvieheinheiten. Da diesen Unterschieden bei der Vereinigung nicht Rechnung getragen wurde, erfolgte zunächst ein wirtschaftlicher Verfall früherer DDR-Strukturen und dann ein neuerlicher Intensivierungsschub. 1990 wurde die für alle Beitrittsländer in die EG-Landwirtschaft obligatorische Übergangszeit von fünf bis sieben Jahren für das innerdeutsche Beitrittsgebiet nicht gewährt. Die am 1.7.1990 noch von der DDR-Regierung erlassene Anordnung zur Regulierung der Aus- und Einfuhren landwirtschaftlicher Erzeugnisse wurde sieben Tage später für die BRD und die EG wieder außer Kraft gesetzt. EG-Regelungen galten jedoch für die neuen Länder erst ab dem 3.10.1990. In dieser Zeitspanne brach der bestehende in- und ausländische Markt nahezu zusammen, einschließlich der sozialen Strukturen. Gleichzeitig wurden fast alle staatlichen Verkaufsstrukturen von westdeutschen Handelsunternehmen übernommen.

Auf der Grundlage des **Landwirtschaftsanpassungsgesetzes** sollte das staatliche und genossenschaftliche Eigentum vollständig privatisiert werden. Favorisiert wurde dabei anfänglich das Modell der Einzelunternehmens, oft "Wiedereinrichter" genannt. In zahlreichen Festlegungen wie Altschuldenregelung, Starthilfe, Investitionsförderung oder der Bodenvergabe aus Treuhandflächen sind diese bevorzugt worden. Trotz dieser Ungleichbehandlung werden heute fast 80% der landwirtschaftlichen Flächen in den neuen Bundesländern in Genossenschafts-, Gesellschafts- oder anderen Unternehmensformen bewirtschaftet. Die Umwandlung der Grundmittel- und Umlaufkredite aus DDR-Zeiten in reguläre Schulden führte zu der schlagartigen Verschuldung fast aller Unternehmen. Durch den gleichzeitigen Abbau von 850.000 Arbeitsplätzen im Zeitraum von Ende 1989 bis Ende 1991 wuchs die Verschuldung je dort verbliebenen Beschäftigten noch einmal auf ein Mehrfaches.

Eine unmittelbare Folge des finanziellen Desasters und des Zusammenbruches aller Märkte war der rapide Abbau der Tierbestände um ca. 60% und der Verkauf aller nur denkbaren Nebenbereiche (z.B. Gebäude und Werkstätten) zu Niedrigstpreisen. Mit Hilfe der Fördermittel von insgesamt ca. 1,3 Milliarden DM der EG, des Bundes und der Länder erfuhr die gesamte Struktur eine beispiellose Konzentration: Von über 1000 Molkereien überlebten beispielsweise nur 33 diese "Neuordnung". Da sich die notwendigen Eigenmittel der "begünstigten Investoren" in Millionen-Höhen bewegten, ging die Verarbeitungsstruktur fast vollständig in die Hände westlicher Konzerne. Hauptbegründung für diese Entwicklung sind die neuen EG-Richtlinien für Milch und Fleisch, die zu erheblichen Investitionen zwingen und insofern auch in den Alt-Bundesländern kleineren Verarbeitungsstrukturen kaum Überlebenschancen lassen. Die gleichzeitige Rationalisierung hat wiederum Produktionskostensenkungen zur Folge, mit denen kleinere Betriebe nicht mehr konkurrieren können. Mit dem Verschwinden der Verarbeitungsstrukturen aus der Fläche werden die Wege von der Erzeugung zur Verarbeitung länger und kostenträchtiger und die Erzeuger abhängiger. Das Ergebnis der Entwicklung der letzten drei Jahre ist eine — insbesondere für die intensive Massenproduktion — hoch-leistungsfähige östliche Struktur.

DIE EUROPA-POLITIK ALS HANDLUNGSRAHMEN: Die Landwirtschaft hat den Prozeß der europäischen Vereinigung schon weitgehend vollzogen; sie hält den Löwenanteil von fast 70% aller EU-Finanzmittel. Da die EU weltweit größter Anbieter von Zucker und Milchprodukten sowie zweitgrößter Getreideanbieter ist, sind die wesentlichen Bestandteile der **EU-Agrarpolitik** die Getreidemarktordnung, die Zuckermarktordnung und die Milchmarktordnung. Die wesentlichen Instrumente jeder Marktordnung sind die Intervention, die Abschöpfung und die Exporterstattung. Die Intervention beinhaltet den Ankauf überschüssiger Produkte, wenn der Marktpreis unter den von der EU festgelegte Interventionspreis absinkt. Die Abschöpfung fordert bei Importen in die EU die Differenz zwischen dem niedrigen Weltmarktpreis und dem festgelegten Preis in der EU vom Importeur, und die Exporterstattung zahlt dem Exporteur die Differenz zwischen Weltmarktpreis und EU-Marktpreis, der nahe dem Interventionspreis liegt. Dieses agrarpolitische Grundkonzept sorgt dafür, daß ein — im internationalen Vergleich — hohes Preisniveau geschützt wird. Dies begünstigt ein Überangebot, das wiederum den Weltmarktpreis senkt und die Ausgaben der EU erhöht, die sich deshalb bemüht, ihr Preisniveau zu verringern. Das zwingt die Erzeuger zu Ertragssteigerungen, während die faktische Abnahmegarantie der Intervention diesen Prozeß sichert und die entstehenden Überschüsse lohnend macht.

DIE LANDWIRTSCHAFTLICHE GESETZGEBUNG DER BRD: Das **Landwirtschaftsgesetz** der BRD (BGBl. I S. 565; BGBl. III 780f) "sichert die Teilnahme der Landwirtschaft an der fortschreitenden Entwicklung der deutschen Volkswirtschaft" und schafft die Gesetzesgrundlage zum Ausgleich "für die naturbedingten und wirtschaftlichen Nachteile der Landwirtschaft". Damit ist die Subventionierung dieses Wirtschaftszweiges gesetzlich fixiert. Hauptbestandteil der Subventionen sind die Fördermittel, die auf Antrag der Bundesländer jeweils von einer Kommission festgelegt werden. Zur Festschreibung von Förderprioritäten wurden in einigen Bundesländern Landwirtschaftsfördergesetze geschaffen, die in den vergangenen Jahren auch mit Belangen der Landschaftspflege kombiniert werden. In den "Landwirtschaftskammer-Gesetzen" oder den "Gesetzen über die Agrarausschüsse" wird deren Tätigkeit als Interessenvertretungen der Landwirte geregelt. Daneben gibt es weitere Bundes- und Ländergesetze, die den landwirtschaftlichen Bereich unmittelbar und mittelbar beeinflussen, z.B. Wassergesetze, Naturschutzgesetze und Immissionsschutzgesetze oder die derzeit in einigen Bundesländern entstehenden Bodengesetze.

DIE FÖRDERPOLITIK FÜR DIE LANDWIRTSCHAFT: Aktueller Rahmen für die Landwirtschaft ist die **EG-Agrarreform** von 1992, die auf vier miteinander kombinierten Elementen beruht:
1. Preissenkungen, die die Betriebe wettbewerbsfähig machen sollen,
2. Flächenstillegung, mit der die Überschüsse gesenkt werden sollen,
3. Ausgleichszahlungen zur Kompensation der Verluste durch Preissenkung und Stillegung,
4. Maßnahmen, die diesen Prozeß ökologisch und sozial verträglich gestalten sollen.

Zwischen 30% und 50% der landwirtschaftlichen Einkommen stammen im Durchschnitt aus Fördermitteln. Der größte Posten der Fördergelder sind die Ausgleichszahlungen und die Flächenstillegungsprämien. Die Zahlung dieser Gelder ist an die Pflicht zur Flächenstillegung gebunden, die prozentual auf die Betriebsfläche bezogen wird. Die Finanzmittel stammen aus der EU und sind damit von der Landes- und Kommunalpolitik unbeeinflußbar. Betriebswirtschaftliche Entscheidungen werden so vorprogrammiert: Wer sich z.B. gegen die Flächenstillegung wehrt, erhält auch keine Ausgleichszahlung für Preissenkungen. Fördermittel für flankierende Maßnahmen, dazu gehört die Dorferneuerung, Aufforstungen und auch Naturschutzmaßnahmen, setzen sich in der Regel zu 50% aus EU-, zu 30% aus Bundes- und zu 20% aus Landesmitteln zusammen.

ENTWICKLUNGSPERSPEKTIVEN FÜR DIE LANDWIRTSCHAFT: Mit der jüngsten **EG-Agrarreform** wurde die bestehende Agrarpolitik in ihren wirtschaftlichen, sozialen und ökologischen Auswirkungen noch erheblich verschärft. Erstmals wurde z.B. die Finanzierung einer weltmarktorientierten Landwirtschaft von den ausgleichenden Umweltschutzmaßnahmen getrennt. Unter dem neuen ökonomischen Druck — insbesondere bedingt durch die gesenkten Erzeugerpreise — ist zu erwarten, daß sich die Zahl der landwirtschaftlichen Betriebe in den alten Bundesländern in den nächsten zehn Jahren halbieren wird. Diese Entwicklung wird auch Folgen für Natur und Landschaft, für die Kultur und die Dorf- und Regionalentwicklung haben. Schon jetzt wird 90% der Anbaufläche in den neuen Bundesländern von Getreide, Raps, Silomais und Brachflächen geprägt. Ab 1993 sind nach EG-Agrarreform **Flächenstillegung** von 15% der Ackerfläche obligatorisch. Allerdings, und dies ist ein zusätzlicher problematischer Aspekt, dürfen die stillgelegten Flächen zur Erzeugung "**nachwachsender Rohstoffe** für Nichternährungszwecke" genutzt werden. Damit besteht ein weiterer Anreiz zu einer Produktion, bei der Umweltbelange, z.B. bodenverbessernde Fruchtfolge oder auch eine bessere Lebensmittelqualität, auf der Strecke bleiben. Demgegenüber werden arbeits- und somit kostenträchtige Produktionsbereiche fast vollständig verdrängt. Es besteht die Tendenz, daß sich die Länder nicht einmal mehr mit Grundnahrungsmitteln selbst versorgen können, geschweige denn, daß die gesamte vielfältige Produktpalette "aus eigenen Landen frisch auf den Tisch" aufrecht erhalten werden kann.

Selbst der lange Zeit als stabilste Sparte landwirtschaftlicher Produktion angesehene **ökologische Landbau** gerät zunehmend in den Sog der allgemeinen Entwicklung. In der BRD gibt es derzeit sechs anerkannte Anbauverbände, die sich in der "Arbeitsgemeinschaft für ökologischen Landbau" (AGÖL) zusammengeschlossen haben. Diese Verbände haben sich verpflichtet, nach verbindlichen gemeinsamen Rahmenrichtlinien zu arbeiten. Anfang 1992 erreichte der Marktanteil des ökologischen Landbaus etwa 1% der Gesamt-Landwirtschaft. Mit dem Inkrafttreten der EG-Kennzeichnungsverordnung für Produkte aus dem kontrollierten ökologischen Landbau wurden allgemeine Vorgaben für den Anbau, die Verarbeitung und die Kontrolle sowie die entsprechende Kennzeichnung in den EG-Mitgliedsstaaten formuliert. Dies führt nun dazu, daß neben den bekannten Schutzmarken der AGÖL-Verbände auch andere Öko-Markenzeichen von Handelsketten wesentlich günstiger als im Bioladen angeboten werden. Zugleich werden auf ehemaligen **LPG**-Flächen große Öko-Betriebe eingerichtet, die wesentlich günstiger wirtschaften können: Auch im Öko-Landbau hat der Prozeß des "Wachsens oder Weichens" eingesetzt.

Kommunalpolitische Handlungsmöglichkeiten

FLÄCHENPOLITIK: Landwirtschaftliche Flächen stellen in Gestalt von **Bauerwartungsland** und **Ausgleichsflächen** das kommunal verfügbare räumliche Entwicklungspotential dar. Nahezu jede Siedlungs- und Infrastrukturentwicklung erfolgt unter Heranziehung landwirtschaftlicher Flächen, dies gilt ebenso für Erholungs- und Freizeitanlagen wie für die Realisierung der Anforderungen aus der naturschutzrechtlichen **Eingriffsregelung**. Es kann von einer "doppelten Betroffenheit" von landwirtschaftlichen Flächen gesprochen werden — durch die Baumaßnahmen einerseits und durch die dafür erforderlichen naturschutzrechtlichen Ausgleichs- oder Ersatzleistungen andererseits. Bei der Bemessung von Eingriffsumfang und Ausgleichsbedarf wird den landwirtschaftlichen Flächen in allen Fällen geringere Wertigkeit als allen übrigen landschaftlichen Strukturen beigemessen. In besonders drastischem Umfang ist die Heranziehung landwirtschaftlicher Flächen gegenwärtig in den neuen Bundesländern zu beobachten, wo das "Bauen auf der grünen Wiese" Hochkonjunktur erlangt. Die in den neuen Bundesländern aufschwappende Welle hat inzwischen im Sog der sogenannten **Beschleunigungsgesetze** auch die alten Bundesländer erfaßt und öffnet den städtischen Zugriff auf landwirtschaftliche Flächen über die in den **Flächennutzungsplänen** als **Bauerwartungsland** klassifizierten Flächen hinaus. Vor dem Hintergrund der allgemeinen Entwicklung in der Landwirtschaft und des geringen Stellenwertes landwirtschaftlicher Produktion fällt es der Kommunalpolitik in der Regel leicht, Entscheidungen zur Inanspruchnahme landwirtschaftlicher Flächen zu treffen. Auch sind die betroffenen Landwirte häufig froh, ihr Land in Bauerwartungsland umwandeln oder die Zukunft als Greenkeeper auf einem Golfplatz sichern und damit aus der agrarpolitischen Todesspirale ausscheren zu können.

KOMMUNALE LANDWIRTSCHAFTSPOLITIK: Eine Bewußtseinsbildung über die Bedeutung der Landwirtschaft in der Region sollte am Anfang kommunaler Landwirtschaftspolitik stehen. Es ist wichtig, die landläufigen Vorurteile gegenüber der Landwirtschaft nicht "blind" zu übernehmen und damit zu festigen, sondern sich mit der konkreten Situation der Landwirtschaft in der jeweiligen Kommune zu beschäftigen und deren kommunalpolitische Bedeutung herauszuarbeiten, statt sie nur als Verfügungspool für räumliche Entwicklungen zu betrachten. Aspekte sind u.a. Landschaftsbild, Erholungsraum, Bewahrung lebendiger dörflicher und landwirtschaftlicher Traditionen, Lebensraum für Pflanzen und Tiere sowie die Vorteile einer regionalen Versorgung mit Lebensmitteln, des Angebotes von qualifizierten Arbeitsplätzen und der Erhalt regionaler Wirtschaftskraft. Die Problematisierung der kommunalen Folgen der Misere in Landwirtschaft und ländlichem Raum im Rat in Verbindung mit konkreten Forderungen an Landes- und Bundesregierung ist ein Schritt hin zu einer sozial und ökologisch verträglichen Landwirtschaft.

Produktionsbezogene Ansatzpunkte bestehen darüber hinaus in Form **lokaler Förderprogramme**, wie sie z.B. im Landkreis Verden, im Erftkreis oder in den Gemeinden Korntal-Münchingen und Wadgassen entwickelt wurden. Sie sind zusätzlich zu bundes- und landesweiten Fördermöglichkeiten auf die Umstellung von Betrieben auf den ökologischen Landbau ausgerichtet. Obwohl die Erfolge dieser Programme begrenzt sind, sollten sie als ein Ansatzpunkt kommunaler Landwirtschaftspolitik Verbreitung finden, wobei jedoch eine genaue Ausrichtung auf die jeweiligen örtlichen Gegebenheiten Voraussetzung sein sollte. Ein unmittelbarer Erfolg solcher Einflußnahme auf die Produktion ist über Auflagen in Verbindung mit entsprechenden Förderanreizen bei der Verpachtung gemeindeeigener landwirtschaftlicher Nutzflächen gegeben. Darüber hinaus ist die konkrete Förderung solcher Landwirtschaft durch Unterstützung der Vermarktung sowie entsprechender Bewirtschaftungsformen zu fordern. Ebenso wichtig ist die Beratung und Unterstützung der Landwirte bei der Organisation und Koordination einer ökologischen Bewirtschaftung. Auch Informationen über Fördermöglichkeiten ihrer Produktion und Vermarktung sind kommunale Aufgaben. Zusätzliche kommunal- oder regionalbezogene Förderprogramme können die sozial-ökologische Regional- und Landwirtschaftsentwicklung und damit Wirtschaft und Arbeitsmarkt unterstützen. Eine wesentliche Voraussetzung zur Realisierung einer solchen Politik ist eine aktivierende Beratung, die in kommunaler Finanzierung gemeinsam mit den Landwirten Strategien zur Selbsthilfe entwickelt und begleitet sowie die Nutzung bestehender Förderprogramme optimiert. Schon die Bildung von Zusammenschlüssen landwirtschaftlicher Betriebe in der Tradition der Maschinenringe und Erzeugergemeinschaften zur gemeinsamen Organisation der Verarbeitung und Vermarktung sind lohnende Ziele einer derartigen Beratung. Sinngemäß gilt dies auch für Zusammenschlüsse von Erzeugern und Verbrauchern als weitergehende Formen solcher Kooperation durch den Aufbau und die Pflege der nötigen Absatzmärkte. Gleichzeitig werden die landwirtschaftlichen Interessen so durch die Verbraucher unterstützt.

Konkretere kommunalpolitische Hilfe kann in den verschiedenen Bereichen der Vermarktung erfolgen. Die Information für VerbraucherInnen über die Situation der örtlichen Landwirtschaft und die Bezugsmöglichkeiten regionaler Produkte über Broschüren, Faltblätter und Listen von **Direktvermarktern** gehören zum Standardrepertoire. Auch die Einrichtung von Bauern- und Wochenmärkten mit Angeboten aus der Region sowie Produkten des ökologischen Landbaus sollte Priorität genießen. Hilfestellungen und Informationsarbeit bei der Bildung von Direktvermarktungswegen über Erzeuger-Verbraucher-Gemeinschaften, Food-Coops etc. können nützlich sein. Darüber hinaus kommen kommunale Einrichtungen mit ihren Großküchen und Kantinen als Verbraucher in Betracht; hier gilt es entsprechende Abnahmevereinbarungen zu treffen. Auch die Verarbeitung landwirtschaftlicher Produkte kann Gegenstand kommunaler Förderung sein. Denkbar sind z.B. kommunale Subventionen für dezentrale Verarbeitungseinheiten von Schlachthöfen, Molkereien, Brauereien, Mostereien etc. Dabei dürfte auch die gezielte Entwicklung und Unterstützung regionaler Markenzeichen durch die kommunale Politik ein erfolgversprechender Pfad sein. Damit wird auch den VerbraucherInnen die Möglichkeit geben, durch den Einkauf gezielt sozio-ökologisch angepaßte Wirtschaftsstrukturen zu unterstützen.

Die klassische Form der kommunalen Unterstützung der Landwirtschaft findet sich in den Überschneidungsbereichen von Landwirtschaft und **Naturschutz**. Nach dem Vorbild der "großen Naturschutzpolitik" existieren in vielen Kreisen und Gemeinden lokale Förderprogramme für die Pflege von Streuobstbeständen, Feuchtwiesen, Trockenrasen, Ufer- und Ackerrandstreifen oder auch für die Anlage von **Biotopen** in der Agrarlandschaft, die landesweiten Förderprogramme sinnvoll unterstützen können. Wesentlich dabei sollte jedoch sein, daß sich derartige Programme nicht in erster Linie als Naturschutzprogramme verstehen, die die Landwirtschaft häufig als nützlichen, weil kostengünstigen Partner sehen, sondern daß sie auch den Entwicklungsbedürfnissen der landwirtschaftlichen Betriebe Rechnung tragen.

Abschließend ist festzustellen, daß diese Handlungsmöglichkeiten im Widerspruch zur agrarwirtschaftlichen Gesamtentwicklung und zu den diesbezüglichen politischen Entscheidungen stehen. Dies ist aufgrund der wachsenden Perspektivlosigkeit in der Landwirtschaft und im ländlichen Raum überaus wünschenswert, um auf dem Wege einer "Politik von unten" neue Impulse und Ansatzpunkte zu einer dauerhaften Existenzsicherung für landwirtschaftliche Betriebe zu geben. Zugleich werden der oft unbefriedigenden "Politik von oben" Anstöße gegeben. Vor diesem Hintergrund ist es wesentlich, daß entsprechende Initiativen und Programme nicht unter kurzfristigem Erfolgsdruck stehen, sondern mittelfristig angelegt sind, um einerseits dem Prozeßcharakter sozio-ökologischer Entwicklung Rechnung tragen zu können und um andererseits den landwirtschaftlichen Betrieben die nötige Kontinuität und entsprechendes Vertrauen zu vermitteln.

Dorfentwicklung

Dorfentwicklung ist eine umfassende Aufgabe, die von der Dorfplanung über Landwirtschaft und Wirtschaft bis hin zu sozialen und ökologischen Fragen reicht. Im folgenden geht es zunächst um die Probleme des Dorfes und die Veränderungen der letzten Jahrzehnte. Die Planungsinstrumente **Bauleitplanung** und **Landschaftsplanung**, die in der **Dorfentwicklung** eine wichtige Rolle spielen, werden jedoch in anderen Kapiteln dargestellt (vgl. Kapitel Natur- und Landschaftsschutz und Kapitel Planungsrecht und Planungsinstrumente). In Bezug auf die zahlreichen anderen Fachpolitiken (Verkehr, Abfall etc.) sei ebenfalls auf die entsprechenden Kapitel verwiesen.

PROBLEME DES DORFES: Abwanderung der Jugend, fehlende Arbeitsplätze, Höfesterben in der Landwirtschaft, fehlende Fortbildungsangebote für den beruflichen Wiedereinstieg von Frauen, mangelhafter ÖPNV, der die Mobilität älterer Menschen, Jugendlicher und Frauen einschränkt, der letzte Lebensmittelladen schließt, Post und Sparkasse gibt es allenfalls noch über mobile Versorgung usw. — die Probleme des Dorflebens ließen sich noch fortführen. Natürlich stellt sich die Situation in jedem Dorf etwas anders dar. Dabei ist besonders die Entfernung zur nächsten Stadt wichtig. Grob sind zwei Typen zu unterscheiden:
— Dörfer im Umland von Großstädten. Die Arbeitsplätze sind in der Stadt, das Dorf wird zur Schlafstätte (für Männer). Es ist aber durch die vergleichsweise wohlhabende Bevölkerung finanziell gut ausgestattet.
— Dörfer in ländlichen Räumen. Hier findet sich die Mehrzahl der aufgezählten Probleme. Dies gilt umso mehr, je abgelegener sie sind.

In den fünfziger Jahren war das Ziel der Politik, die Landwirtschaft zu rationalisieren, um über höhere Produktivität die Nahrungsmittelversorgung sicherzustellen. Dazu wurden die Ortskerne für eine moderne Landwirtschaft hergerichtet. In den sechziger Jahren schrieb das neue **Raumordnungsgesetz** das noch heute geltende Ziel bundesweit gleichwertiger Lebensbedingungen fest (vgl. Kapitel Raumordnung und Regionalentwicklung). In der **Dorfentwicklung** spielten nun auch die Funktionen Wohnen, Gewerbe und Freizeit eine Rolle und weiteten die politische Diskussion aus. Allerdings wurden vielfach unkritisch städtische Gestaltungsprinzipien auf die Dörfer übertragen. Seit Mitte der siebziger Jahre stehen die Ziele Erhaltung und Entwicklung der Dörfer im Blickpunkt. Fragen der Kultur, Soziales und die Wirtschaft gewinnen an Bedeutung. Die Dorfpolitik sieht sich jedoch mit ungelösten Widersprüchen konfrontiert; so sind z.B. die Folgen des Trinkwasserabzuges für die Großstädte zwar vor Ort sichtbar, aber kaum zu beeinflussen. Mit den Folgen zentraler Unternehmensentscheidungen verhält es sich nicht anders.

FÖRDERUNG UND ZIELE DER DORFERNEUERUNG: **Dorferneuerung** meint staatliche Förderprogramme, die die Entwicklung der Dörfer und damit des ländlichen Raums unterstützen sollen. Seit Mitte der siebziger Jahre sind dabei dorftypische bauliche, wirtschaftliche, ökologische, soziale und kulturelle Aspekte in den Vordergrund getreten, "endogene Potentiale" sollen mit Hilfe der Eigeninitiative der Bevölkerung geweckt werden. Dieses Verständnis wird als "integrale" oder "ganzheitliche" Dorferneuerung bezeichnet. Die Förderung der Dorferneuerung erfolgt überwiegend über die Bund-Länder-"Gemeinschaftsaufgabe zur Förderung der Agrarstruktur und des Küstenschutzes" (GAK) des Bundeslandwirtschaftsministeriums (agrarstrukturelle Dorferneuerung), aber auch über die Städtebauförderung des Bundesbauministeriums (städtebauliche

Dorferneuerung). In der agrarstrukturellen Dorferneuerung dominieren entsprechend die Interessen der Landwirtschaft, zumal die **Agrarverwaltung** das Verfahren abwickelt. Daneben steht die architektonische Ortsgestaltung im Vordergrund, weswegen sicher oft zu Recht kritisiert wird, daß die Dorferneuerung nur ein Pendant des bundesweiten Wettbewerbs "Unser Dorf soll schöner werden" sei. Statt solcher Äußerlichkeiten sollte die Dorferneuerung das Dorfleben in den Mittelpunkt rücken: Wie können zusätzliche Arbeitsplätze geschaffen werden? Wie können die Bedürfnisse benachteiligter Bevölkerungsgruppen besser berücksichtigt werden? Wie kann das Dorf zu einem umweltverträglichen Arbeits-, Lebens- und Produktionsort werden? Die Dorferneuerung läuft in verschiedenen Etappen, die jeweils in den Landes-Dorferneuerungs-Programmen erläutert sind: Nachdem das Dorf in das Förderprogramm aufgenommen worden ist, beauftragt der Gemeinderat ein Planungsbüro mit der Planung. Die Planung läuft mit mehr oder weniger Bürgerbeteiligung, meist tagt ein Arbeitskreis drei- bis fünfmal pro Jahr. Nachdem der Gemeindrat den Dorferneuerungsplan verabschiedet und die **Agrarverwaltung** ihn genehmigt hat, ist über mehrere Jahre eine Förderung öffentlicher und privater Maßnahmen möglich.

NEUES AUS DER DORFERNEUERUNG: In der Dorferneuerung ist einiges in Bewegung geraten. Dies eröffnet Chancen für eine sozial- und umweltverträgliche Dorferneuerung "von unten". Die hessische Dorferneuerungsverwaltung bemüht sich seit Beginn der achtziger Jahre, die **Bürgerbeteiligung** in der Dorferneuerung zu verankern. Vor der eigentlichen Planung finden "IBM-Phasen" statt: Information — Beratung — Motivation. Methodischer Hintergrund ist die Gemeinwesenarbeit, die die Interessen benachteiligter Bevölkerungsgruppen berücksichtigt. Arbeitsgruppen, Zukunftswerkstätten etc. sollen die Eigeninitiative in den Dörfern anregen. Das Dorferneuerungsprogramm gibt dazu die nötige materielle Hilfe zur Selbsthilfe. Entsprechend geht das Programm über die traditionellen Themen hinaus. Gewerbliche, kulturelle und soziale Projekte sind ebenso förderungsfähig wie die intensive Beteiligungsarbeit. Die praktische Umsetzung dieser Programmatik stößt zwar auf zahlreiche Schwierigkeiten, trotzdem kann diese Dorferneuerung dazu beitragen, die Verantwortlichkeit für die eigene Lebenswelt im Sinne einer Dezentralisierung von Entscheidungsmacht zu fördern. 1992 ergänzte Hessen diese Bemühungen um ein ländliches Regionalprogramm, das es ermöglicht, das Dorf und die Region miteinander zu verzahnen. Gerade gewerbliche Projekte überschreiten oft den örtlichen Rahmen (z.B. Betriebskooperationen und Erzeugergemeinschaften).

"Leitbilder" für das Dorf sind das Ziel der bayerischen Dorferneuerung. Auch hier steht die **Bürgerbeteiligung** im Mittelpunkt. Das Leitbild besteht aus einem Motto, das sowohl der Werbung nach außen als auch der Identitätsbildung nach innen dienen soll. Daneben enthält das Leitbild Ziele für alle wichtigen Bereiche der Dorfentwicklung. Sie sollen die Bemühungen der Gemeindepolitik, aber auch die Eigeninitiative der Bevölkerung in den kommenden Jahren "leiten". "Schulen der Dorferneuerung" sollen gleichzeitig allen Akteuren der Dorfentwicklung neue Impulse geben, z.B. über Seminare zu Landwirtschaft, Fördermöglichkeiten, Nachbarschaftshilfe sowie Frauen und Landwirtschaft. Leitbilder laufen Gefahr, die Leitbilder der kommunalen Eliten zu sein, daher hängt viel vom Geschick der externen ModeratorInnen ab, benachteiligte Bevölkerungsgruppen überhaupt erst zu ermuntern, ihre Interessen einzubringen. Die letztliche Entscheidung über öffentliche Projekte der Dorfentwicklung liegt allerdings beim Gemeinderat.

Statt das einzelne Dorf zu betrachten, fassen die niedersächsischen Pilotprojekte "Lintelner Geest" und "Entwicklungsstudie Flotwedel" mehrere Dörfer in einem Kleinraum zusammen. Gleichzeitig fördern die Projekte einen **sanften Tourismus**, der auch soziale und wirtschaftliche Aspekte mit der Dorferneuerung verknüpft. Umfangreiche Erfahrungen mit einer aktivierenden Bürgerbeteiligung hat das Modellvorhaben Schwafförden gesammelt. Die Zielgruppenarbeit mit Frauen, SeniorInnen, Jugendlichen und Kindern hat gezeigt, wie häufig vernachlässigte Anforderungen in die Dorfentwicklung einfließen können (vgl. Henckel/Knieling/Sinning). Obwohl dies nur ein kleiner Ausschnitt der vielfältigen Ansätze ist, verdeutlicht er doch die Bewegung in der Dorferneuerungsszene. Allerdings ist es nötig, genauer hinzusehen: Werden die innovativen Ansätze in die Verwaltungsvorschriften und die Praxis vor Ort übertragen? Oder handelt es sich lediglich um ein Modellprojekt-Spektakel, dessen einziger Sinn die medienwirksame Präsentation auf der alljährlichen Grünen Woche in Berlin ist?

ANFORDERUNGEN AN DIE KOMMUNALPOLITIK: Dorfentwicklung ist eine Aufgabe, die im Grunde genommen alle Fachpolitiken umfaßt. Statt die einzelnen Politikfelder und Planungsin-

strumente nebeneinander herlaufen zu lassen, wäre eine Vernetzung nötig. Dies heißt z.B.:
o Die **Bauleitplanung** sollte sicherstellen, daß in Neubaugebieten eine ausreichende Versorgungsinfrastruktur eingeplant wird (Geschäfte, Treffpunkte etc.).
o Der **ÖPNV** ist ebenfalls bei der Bauleitplanung zu berücksichtigen, so daß eine benutzerorientierte Linienführung möglich ist.
o Die Landschaftsplanung sollte genauso mit der **Wirtschaftsförderung** verzahnt werden wie mit der Landwirtschaft, da es besonders wichtig ist, gerade bei den Verursachern von Umweltproblemen anzusetzen. Ziel muß es sein, dort die umweltschädigenden Produktionsweisen umzubauen, statt im nachhinein die Folgen notdürftig und kostenintensiv zu reparieren.
o Wenn ein Dorf in das Dorferneuerungsverfahren aufgenommen wird, sollten alle diese Ansätze miteinander verknüpft werden, um eine integrierte Dorfentwicklung zu ermöglichen. Bleibt Dorfentwicklung dagegen bei der Fassadenrenovierung und Straßengestaltung stehen bleibt, vergeudet sie allenfalls in unzeitgemäßer Form öffentliche Gelder und die Energien der Beteiligten.

Bei allen Prozessen im Rahmen der Dorfentwicklung sollte die **Bürgerbeteiligung** im Mittelpunkt stehen. Bürgerbeteiligung ist jedoch immer nur so gut, wie sie auch Mitentscheidung ermöglicht. Anderenfalls läuft sie Gefahr, die geweckte Motivation unmittelbar wieder zu enttäuschen. Angesichts leerer Kassen sind die Spielräume der Dorfentwicklung eng gesteckt. Selbsthilfe und Eigeninitiative können zwar einiges ausgleichen, notwendig wäre aber eine einschneidende Umverteilung der Finanzen. Anderenfalls sind die hochgesteckten Ziele nur für die Dörfer von Interesse, die in Sonderförderprogramme der Dorferneuerung gelangen.

Literatur

AgrarBündnis (Hg.): Der kritische Agrarbericht 1993 und 1994, Rheda-Wiedenbrück, Bezug: ABL-Verlag, Marienfelder Str. 14, 33379 Rheda-Wiedenbrück.
Agrarsoziale Gesellschaft (ASG): Das ökologische Dorf. Praxisberichte, Konzepte, Perspektiven, ASG-Kleine Reihe, Bd. 42, 1990. Bezug: ASG, PF 1144, 37001 Göttingen.
Arbeitsgemeinschaft bäuerliche Landwirtschaft (Hg.): Naturschutz — durch staatliche Pflege oder bäuerliche Landwirtschaft, Rheda-Wiedenbrück 1987. Bezug: ABL-Verlag.
BUND für Umwelt und Naturschutz NRW e.V.: Scheinwelt Naturschutz, FLÖL-Mitteilungen 1/1992
Buko Agrar-Koordination (Hg.): Wer Hunger pflanzt und Überschuß erntet, Hamburg 1987, Bezug: BUKO, Nernstweg 32-34, 22765 Hamburg.
Henkel, H./ Knieling, J./Sinning, H.: Aktivierende Bürgerbeteiligung und ökologische Dorfentwicklung, Auswertung des Modellvorhabens Schwafördern, Schriftenreihe der Nds. Akademie Ländlicher Raum, Bd. 8, 1992. Bezug: Nds. ALR, Scherenbosteler Str. 41, 30900 Wedemark.
Informationsstelle Ländlicher Raum und Umwelt (ILU): Land-Wirtschaft — Praxisbeispiele einer sozial- und umweltverträglichen Entwicklung von Landwirtschaft und ländlichem Raum, Göttingen 1992, Bezug: ILU, Herrenhäuser Str 2, 30419 Hannover.
Knieling, J.: Umwelt- und sozialverträgliche Wirtschaftsentwicklung in ländlichen Räumen am Beispiel Schwafördern, Schriftenreihe der Arbeitskreise zur Landentwicklung in Hessen, Bd. W9, Wiesbaden 1992. Bezug: Geschäftsstelle der Arbeitskreise zur Landentwicklung, Parkstr. 44, 65189 Wiesbaden.

Fachzeitschriften

Unabhängige Bauernstimme — monatlich erscheinende Zeitung der Agraropposition (ABL), Rheda-Wiedenbrück, Bezug: ABL-Verlag.

Adressen

Arbeitsgemeinschaft für ökologischen Landbau (AGÖL), Baumschulenweg 11, 64295 Darmstadt, 06155-2081.
AgrarBündnis e.V., Lipschitzstr. 22, 53121 Bonn, 0228-694890.

* Die Autoren vertreten jeweils nur die von ihnen verfaßten Teile des Kapitels: Jörg Haafke und Katrin Küster schrieben die Teile zur Landwirtschaft. Jörg Knieling trug den Abschnitt zur Dorferneuerung bei.

Klaus Habermann-Nieße

Stadtentwicklung

Die aktuellen Tendenzen der Stadtentwicklung, kurz gekennzeichnet mit dem Wachstum der Wohnbevölkerung durch regionale Wanderungen und der Zunahme von Arbeitsplätzen (wenn auch nicht entsprechend dem Bedarf) in den alten Bundesländern, zwingen zu einer Korrektur alter Entwicklungsvorstellungen. Die in der Regel Ende der 70er Jahre verabschiedeten und überwiegend noch gültigen Flächennutzungspläne müssen heute unter neuen Prämissen überarbeitet werden. Die aktuellen Tendenzen der Stadtentwicklung verstärken den Flächenverbrauch: Die Nachfrage nach Wohnungen stößt auf eine Bevölkerung, für die Wohnflächenzuwachs eine Selbstverständlichkeit war. Die Entwicklung zu immer flächenintensiverem Gewerbe bei immer weniger Arbeitsplätzen scheint allgemein als normal akzeptiert zu werden. Die stadtnahen Freiräume werden wieder als Bauerwartungsland, als "Hohlräume" der Stadt betrachtet und stellen keinen eigenen Wert dar, um den zu streiten es sich lohnt. Während die etablierte Politik dazu neigt, dem Druck auf die Fläche einfach nachzugeben, sucht alternative Kommunalpolitik nach anderen Möglichkeiten des Umganges mit diesem Problem. Sind in der Diskussion um Wohnungsnot, Arbeitsplatz- und Freiraumsicherung Grundsätze einer ökologisch orientierten Stadtentwicklung zu erhalten, oder ist das Wachstum der Städte auf Dauer unauflösbar verbunden mit instabilen Lebensbedingungen, sich verstärkender Umweltbelastung und anhaltender Flächeninanspruchnahme?

Grundlagen und Faktoren der Stadtentwicklung

Die moderne Großstadt ist das siedlungsmäßige Abbild von Arbeitsteilung und Konzentration der industriellen Produktion. In der Konkurenz um wirtschaftliche Entwicklung bildete sich eine Stadt heraus, in der sich das Ringen um die günstigsten **Standorte** für Produktion, Kaufhäuser und Einkaufszentren, die repräsentativste Lage für Bürotürme und die attraktivsten Wohnlagen widerspiegelt. Der Konkurrenzkampf um die Bodennutzung zeichnet das Bild der Stadt bis heute. Durch die Öffnung der Grenzen und die europäische Vereinigung verändern sich die Raumstrukturen und regionalen Wirtschaftsräume. Die Standortbedingungen für Industrie, Handel und Verkehr werden neu bestimmt. Zugleich drückt der Zustrom von Übersiedlern aus der ehemaligen DDR, Aussiedlern aus Osteuropa und Flüchtlingen aus außereuropäischen Krisenregionen auf den Wohnungsmarkt. Für die einzelnen Sektoren ist die Situation zu beschreiben:

DIE TRENNUNG VON ARBEITSPLATZ UND WOHNSTANDORT: Die industriellen Produktionsstandorte des 19. Jahrhunderts, die in den heutigen innenstadtnahen Stadtteilen lagen und unmittelbar an das Wohnen angrenzten, sind durch eine andere Arbeitsorgansiation, z. T. aber auch durch Sanierungsmaßnahmen fast vollständig in einen "zweiten Ring" der Industriegebiete, der sich seit Beginn des 20. Jahrhunderts um die Städte legte, verlagert. Selbst dieser Gürtel entspricht den heutigen Anforderungen und Flächenansprüchen von Produktion und Vertrieb in der Regel nicht mehr, und ein "dritter Ring" legt sich um die Stadt, der aufgefüllt wird von Auslieferungslagern des Großhandels, von modernen Produktionsstätten und SB-Märkten. Kennzeichen dieser **Gewerbegebiete** ist ihre im Verhältnis zum hohen Flächenverbrauch geringe Anzahl von Arbeitsplätzen.

Aufgrund des Osthandels nach Öffnung der Grenzen entstand in den alten Ländern eine starke Nachfrage der eingesessenen Wirtschaft nach Erweiterungsmöglichkeiten. Insbesondere in "Grenzlagen" ist teilweise ein Ansiedlungsinteresse neuer Unternehmen vorzufinden, solange der Osten "noch nicht ausreichend strukturiert ist". Die Kommunen konkurrieren um die neuen — Entwicklung prophezeienden — Technologien oder die von den Konzernen ausgelagerten Just-in-Time-Produktionen mit immer neuen **Ansiedlungsangeboten** (Ausweisung von weiteren Gewerbegebieten, Technologieparks, Medical Parks, Media-Parks und Wissenschaftsparks). Bezeichnend, daß dieser Flächenverbrauch mit der Benennung als "Park" scheinbar wesentlich weniger dramatisch ist als die vorherigen Flächenausweisungen. Die neuen gewerblichen Flächennutzungen liegen wiederum teilweise weit entfernt von Wohnquartieren, werden neue Verkehrsströme erzeugen und die Belastung der städtischen Lebenswelt verstärken. In den **Kernstädten** der Großstadtregionen wird durch den Beginn einer Diskussion um die Ausweisung von neuen Gewerbeflächen in der **Kern-**

randzone (das weitere Auffüllen des "dritten Ringes") auf diesen Druck reagiert. Unter dem Aspekt der Stadt-Umland-Konkurrenz wird behauptet, ein umfangreiches Flächenangebot sichere die betrieblichen Erweiterungsmöglichkeiten und Ansiedlungen im Stadtgebiet.

MONOFUNKTIONALITÄT DER INNENSTÄDTE: Die Innenstadt, als geographischer Mittelpunkt von jedem Standort aus am günstigsten zu erreichen, hat bis heute ihre Funktion als zentraler Informations- und Warenumschlagplatz — wenn auch z. T. mit gewaltigem Umbauaufwand — erhalten und ständig ausgebaut. Die Konkurrenz um Marktanteile und die Konzentration auf immer weniger Betriebe wirken in den Innenstädten unmittelbar. Seit Anfang des 20. Jahrhunderts ist der Prozeß der **Innenstadtentwicklung** begleitet von der Übernahme und Verdrängung kleiner Geschäfts- und Dienstleistungsbetriebe durch Großkaufhäuser und Kaufhausketten. Einen neuen Höhepunkt erreicht diese Entwicklung mit den Palästen des gehobenen Konsums, den Passagen und Glitzerwelten, die seit Ende der 80er Jahre Entwicklung und Flächenausdehnung der Innenstädte vorantreiben und durch steigende Mieten das soziale Gefüge in angrenzenden Stadtteilen bedrohen. Dies läßt sich nun auch in anderen Stadtgebieten entlang der durch kommunale Vorgaben neu bestimmten Entwicklungsachsen für Bürostandorte beobachten. Die angrenzenden Wohngebiete stehen einer anderen Nachfragergruppe und damit einem beginnenden Segregationsprozeß (s. u.) gegenüber.

Aufgrund der Ausweitung des Handels in den Osten und der Neubewertung der Standortvorteile (ICE-Erreichbarkeit, "Grenzlage") steigt die Inanspruchnahme von **Büroflächen**. Die Investoren reagieren mit hektischer Bautätigkeit. Das Auffüllen der letzten innenstadtnahen Baulücken ist offensichtlich. 1992/93 wurden z. B. in Hannover mehr als 100.000 qm Büroflächen pro Jahr errichtet. In allen Städten werden Konzepte zur Vorbereitung innerstädtischer Expansionsflächen, teilweise auf noch vorhandenen Freiräumen (Brachen), teilweise durch gezielte Umwandlung der vorhandenen Flächennutzung, hervorgeholt. Anscheinend soll der gesamte Büroflächenboom auf die Kernstädte konzentriert werden.

ENTLEERUNG DER WOHNGEBIETE VON VERSORGUNGSEINRICHTUNGEN: Kennzeichen der Entwicklung in den Wohngebieten — einerseits in den innenstadtnahen Wohnquartieren, die einst noch einen hohen Versorgungsgrad hatten, andererseits aber in den Großsiedlungen, die schon seit ihrer Entstehung unterversorgt sind — ist die unzulängliche, nicht bedarfsorientierte Versorgung der Bevölkerung. Hand in Hand mit der Konzentration der Verkaufsflächen in Innenstadt und stadtnahen Einkaufszentren geht der Rückzug des kleinen **Einzelhandels** aus den innenstadtnahen Wohnquartieren, der der Konkurrenz nicht mehr gewachsen ist. Zum Erwerb der Güter des täglichen Bedarfs sind heute viele StadtbewohnerInnen auf die Benutzung von öffentlichen Verkehrsmitteln oder Kraftfahrzeugen angewiesen. Die Erhöhung der täglichen Verkehrswege und die Benutzung des Kraftfahrzeuges für eben diese Wege sind eine der Ursachen für die erhöhte Umweltbelastung und Unfallgefährdung im städtischen Lebensraum.

SOZIALE SEGREGATION DURCH VERDRÄNGUNG DER MIETERINNENHAUSHALTE: Innerhalb der Stadt zeichnet sich eine nach Wohnungsteilmärkten differenzierte soziale "Absonderung von Bevölkerungsgruppen" — **Segregation** — ab. Diese hat ihre Ursachen in einer erzwungenen Mobilität der MieterInnenhaushalte. Sie entsteht aufgrund von Mieterhöhungen, die u.a. durch erhöhte Nachfrage nach Wohnraum aufgrund geänderter demografischer Bedingungen möglich werden und die nicht für alle Haushalte zu tragen sind, weiterhin durch die **Zweckentfremdung** von Wohnraum aufgrund der Entwicklung der Flächen für Einzelhandel und Dienstleistungen in der Innenstadt und innenstadtnahen Wohngebieten, durch die Umwandlung von Miet- in **Eigentumswohnungen** in attraktiven Lagen der Städte und das Auslaufen von Bindungen insbesondere in Mietwohnungsbeständen des **Sozialen Wohnungsbaus**.

Das Auslaufen der Sozialbindungen in den billigen Mietwohnungsbeständen der 50er Jahre ist dabei für die 90er Jahre besonders dramatisch, weil diese Wohnungen zu den mietpreisgünstigsten Beständen gehören, häufig nahe an den Innenstädten liegen und damit leichter als Eigentumswohnungen zu verkaufen sind. Übrig bleiben lediglich die Sozialwohnungen der frühen 70er Jahre, meist Wohnungen in den Großsiedlungen, die aufgrund der damaligen Form der Wohnungsbauförderung heute teuer und baulich unattraktiv (Hochhäuser) sind. Die Verdrängung aus angestammten Wohnquartieren in die noch vorhandenen mietpreisgünstigen, oft vernachlässigten oder umweltbelasteten Altbauquartiere oder in die besonders subventionierten Wohnungsbestände der Siedlungen des Sozialen Wohnungsbaus am Stadtrand führt zu einer neuen räumlichen und sozialen Unterteilung des Stadtgebietes. In Zukunft werden die **Trabantensiedlungen** der 60er und 70er immer stärker zu sozialen Brennpunkten. Die Mietpreisentwicklung im neueren und älteren Sozialwohnungsbestand aufgrund von Änderung der Förderungsbedingungen (Zinsanhebung, Abbau der Aufwendungszuschüsse) verringert wiederum die Zahl mietpreisgünstigen Wohnraums. Dadurch wird aufgrund steigender Nachfrage (Haushaltsgründungen, Flüchtlinge) die Möglichkeit der Mietpreisanhebungen auch in z. T. noch preiswerten Altbaubeständen verstärkt. Für die betroffenen unteren Einkommensgruppen führt der Umzugszwang aufgrund der Dynamik des Wohnungsmarktes zur Entwurzelung, Vereinsamung und zum Abbau sozialer Identität. So sind **Obdachlosigkeit** und Zwangseinweisungen in **Schlichtwohngebiete** weiterhin Bestandteil der Stadtentwicklung.

Der heutige **Wohnungsbau** entspricht nicht der gestiegenen Nachfrage. Insgesamt ist aber eine erhebliche Steigerung der Neubauraten im Mietwohnungsbau zu erkennen. Alte Siedlungsschwerpunkte für den Wohnungsneubau sind nach Jahren der Ruhe heute fast vollständig bebaut. Regionale Wohnungsmarktanalysen prognostizieren einen anhaltenden Neubaubedarf, allerdings ohne zwischen steigendem Flächenkonsum und Nachfrage nach mehr Wohnungen zu differenzieren.

PROBLEME UND WIDERSPRÜCHE DER STADTENTWICKLUNG: Folge der beschriebenen Dynamik ist eine ungleichgewichtige Entwicklung in den Städten. Hinter strahlenden Fußgängerzonen und Bürozentren entstehen vernachlässigte, stark verkehrsbelastete Stadtteile neben wiederum zum Wohnen für einkommensstarke Haushalte aufgewerteten Quartieren. Die Gebiete des Sozialen Wohnungsbaus der 60er und 70er Jahre und die neu entstehenden Gettos für Flüchtlinge in Wohncontainern und Fertighäusern sind Kristallisationspunkte des sozialen Elends. Die Gewerbegebiete überkommener Produktionsstrukturen fallen brach, während im Stadtumland auf den knapp gewordenen Freiflächen neue flächenintensive Produktionsanlagen entstehen. Soziale und räumliche Trennungsprozesse von Wohlstand und Verarmung, Wachstum und Verfall prägen den Großstadtraum der 90er Jahre. Folge der Flächennachfrage ist eine stärker disperse (zerstreute) Verteilung von Wohnen und Arbeiten in Stadt und Region bei anhaltender Konzentration von dienstleistungsorientierten Arbeitsplätzen in der Kernstadt und gewerblichen bzw. flächenbeanspruchenden Arbeitsplätzen in der Kernrandzone. Auswirkungen hat das einerseits auf die bestehenden Strukturen, z. B. durch Bedrohung innenstadtnaher Wohngebiete, andererseits steigt die Verkehrsbelastung der Stadtstraßen, insbesondere dann, wenn die Entwicklung nicht mehr auf bestehende Achsen des ÖPNV konzentriert werden kann.

In der Region Hannover z. B. hat sich die Zahl der Beschäftigten in der Kernstadt von 1970 bis 1987 von 400.000 auf 350.000 reduziert, während sie im Landkreis von 120.000 auf 170.000 anstieg. Zugleich hat sich die Zahl der EinwohnerInnen in der Kernstadt um ca. 80.000 reduziert, während sie im Landkreis um 70.000 zunahm — also disperse Verteilung von Arbeitsstätten und EinwohnerInnen. Ebenso ist die Zahl der Arbeitsplatzeinpendler von 126.000 im Jahr 1970 auf 169.000 im Herbst 1993 angestiegen. Offensichtlich sind überwiegend Erwerbspersonen ins Umland gezogen und pendeln nunmehr in die Stadt zurück, während Arbeitslose und RentnerInnenhaushalte im Stadtgebiet verbleiben.

Die Städte in den neuen Bundesländern waren von dieser Charakteristik in sehr viel geringerem Maße geprägt und werden nun diesem Entwicklungsdruck unvermittelt ausgesetzt. Ebenso stehen die Klein- und Mittelstädte in den alten Bundesländern auf regional sehr unterschiedlicher Stufenleiter und haben sich doch mit vielen Teilmerkmalen der großstädtischen Entwicklung auseinanderzusetzen.

Ökologische Faktoren der Stadtentwicklung

Historisch betrachtet ist die Stadt als ein künstliches, vom Menschen geschaffenes Gebilde in konkurrierendem Verhältnis zu "natürlichen Kreisläufen" entstanden. Sie existiert seither als ein komplexes ökonomisches, soziales und kulturelles System, das kontinuierlich gesellschaftliche Widersprüche aufnimmt, in seiner Struktur widerspiegelt und teilweise noch verstärkt. Die Städte sind Kristallisationspunkte gesamtgesellschaftlich erzeugter Umweltprobleme. Sie greifen tief in ökologische Kreisläufe ein, indem sie große Mengen an Energie und Rohstoffen, Wasser, Boden und Nahrungsmitteln verbrauchen und große Mengen an Abfall, Abwasser und Abgasen produzieren, die aber nicht am Ort ihres Verbrauches oder Entstehens wiederhergestellt bzw. entsorgt werden. Grundsätzlich besteht damit im Begriffspaar Stadt und Ökologie ein Widerspruch, denn zweifellos fehlen der Stadt wesentliche Elemente eines ökologischen Systems. Sie ist bereits in ihrer Entstehung auf die Produktion und Verteilung von Waren orientiert. Der Bereich der Nahrungsmittelproduktion, die Rückführung verbrauchter Stoffe in den Naturkreislauf — und damit zentrale Bestandteile eines ökologischen Systems — waren immer nur im Austausch mit dem Umland möglich. Diese Arbeitsteilung mit dem Umland und die Abgrenzung gegen die Natur ist wesenstypisch für das Herausbilden der Städte.

Über 55% der Bevölkerung der Bundesrepublik leben in den großen Verdichtungsräumen, circa 32% in Städten über hunderttausend EinwohnerInnen. Im Zeitraum des Raumordnungsberichtes (1981-1985) wurden täglich 120 ha Freifläche für Siedlungszwecke in Anspruch genommen. Der Prozeß der Verstädterung führt zur Zerstörung verbliebener naturnaher Räume. Durch fortschreitende Versiegelung, Überbauung und die Folgen der industriellen Produktionsweise werden die Bodenfunktionen zerstört oder beeinträchtigt, Wasserkreisläufe und Kleinklima verändert. Obwohl die Folgen der Industrialisierung auch das Umland nicht verschont haben — es gibt keine unbelasteten Lebensräume mehr —, konzentrieren sich viele Belastungen im städtischen Lebensraum. Die Umweltbelastung der Städte verstärkt sich angesichts der zunehmenden Flächeninanspruchnahme (Bodenversiegelung, Verlust von Freiräumen etc.) und der wachsenden verkehrlichen Belastung durch Arbeitsplatzpendler und gewerbliche Transporte. Smogalarm und Ozonbelastung sind hier nur die in der öffentlichen Diskussion bekanntesten Folgeerscheinungen.

Grundsätze einer ökologischen Erneuerung der Stadt

Unstrittige Zielsetzungen einer umfassenden ökologischen Erneuerung sind die Aufhebung der Trennung von Wohnen und Arbeiten, die Wiederbelebung der Innenstädte auch als Wohnstandort, die Verbesserung der Infrastrukturversorgung in den Wohnquartieren, das Stoppen von Verdrängungsprozessen zur Wiederherstellung der Wohnsicherheit in den Wohnquartieren, die soziale Absicherung des Wohnens und die Beendigung der zunehmenden Umweltbelastung insbesondere durch den Kfz.-Verkehr. Unterschiedlich sind jedoch die weitergehenden Zielvorstellungen, die sich aus der Bewertung der Stadtentwicklung ableiten. Sie reichen von der Forderung nach radikaler Dezentralisierung mit tendenzieller Auflösung der Stadt über Visionen, mit neuen Technologien eine umweltverträglichere Stadtstruktur zu erreichen, bis zu einem sozial-kulturell begründeten positiven Verständnis der Metropolen.

Für die Entwicklung von Zielvorstellungen für eine alternative Stadtpolitik ist allerdings die historische Herausbildung der Stadt zu akzeptieren. Sie ist als der Ort der Emanzipation, als "Laboratorium für Lebensentwürfe" oder auch nur als ein Abbild der gesellschaftlichen Entwicklung zu betrachten. In diesem Fall kann "ökologische Erneuerung" der Stadt nur heißen, auf dem erreichten Stand durch eine behutsame, in Teilbereichen aber auch radikale Veränderung vorhandener Strukturen ein "Gleichgewicht" anzustreben. Die Perspektiven des städtischen Lebensraumes hängen davon ab, ob auf dem erreichten Stand der kulturellen und sozialen Bedeutung der Stadt seine Überlastung und die Zerstörung ökologischer Systeme beendet werden kann.

In allen Variationen aber unterscheidet sich das ökologisch orientierte Leitbild von der Realität einer selektiv den Interessen des Marktes geopferten Stadt. In Schlagworten lauten die Alternativen:
— autogerechte versus autofreie Stadt,
— gegliederte Stadt versus autonome Stadtteilentwicklung,
— Gewerbeflächen statt stadtnaher Freiräume.
(Vgl. Bernd Streich: Wandelbarer Konsens. Über Entstehung und Wandel von städtebaulichen Leitbildern seit dem zweiten Weltkrieg, in: Der Städtetag, 5/89)

Die Ökologie ist das System aller sich gegenseitig beeinflussenden Beziehungen zwischen Menschen und ihrer Mit- und Umwelt. So ist es im Gegensatz zu anderen, sich selbst regulierenden und entwickelnden ökologischen Systemen Wesensmerkmal des Menschen, daß er unmittelbar in seine Umwelt eingreift. Eine Änderung der Entwicklung — die ökologische Erneuerung der Stadt — setzt Bewußtsein und gemeinsame Organisation voraus. Diese Erneuerung beinhaltet nicht eine abstrakte Mensch-Umwelt-Beziehung, sondern hat als zentralen Bestandteil (nicht als Additiv) die sozialen, politischen, ökonomischen und kulturellen Auseinandersetzungen zum Gegenstand.

Eine grundsätzliche ökologische Erneuerung ist zu ihrer Durchsetzung nicht nur auf die Akzeptanz der Betroffenen und die Einführung ökologischer Techniken angewiesen — worauf planerisch und politisch das Problem meistens verkürzt wird. Sobald Ökologie weiter zielt als auf eine technische Reaktion auf Umweltprobleme und unvermeidliche Reparaturmaßnahmen und umfassende soziale und politische Veränderungen der Ursachen unter Mitwirkung der BewohnerInnen beinhaltet, ist Ökologie letztlich nur von unten durchsetzbar. Eine ökologische Stadterneuerung muß daher auch soziale, kulturelle, politische, räumliche und ökonomische Strukturen schaffen, sichern und soziale Organisationen unterstützen, die eine Artikulation und Durchsetzung von BewohnerInnen-Interessen ermöglichen. Dieter Hoffmann-Axthelm hat die Ökologie der Stadt treffend skizziert: "Das ökologische System Stadt unterscheidet sich eben gerade darin von biologischen Systemen. Es gibt den eingebauten Thermostat nicht, der die Überhitzung der Stadtklimata — oder ihre Übertrocknung — regeln könnte. Immer muß Bewußtsein eingeschaltet werden: Politik, kulturelle Fähigkeiten, Erinnerungsvermögen, Liebe und Widerstand." (Dieter Hoffmann-Axthelm, Untergehende Städte?, in: arch+ Nr. 94, S. 35)

Bezugnehmend auf diese Entwicklungen sollen im folgenden Leitlinien für eine andere Stadtentwicklung skizziert werden. Die zugrundeliegenden ökologischen, sozialen und politischen Kriterien bilden dabei einen engen Zusammenhang, auch wenn sie untereinander nicht immer widerspruchsfrei sind.

Die Stadt der kurzen Wege

NÄHE VON ARBEITSSTÄTTEN UND WOHNUNGEN: Auf jede **Betriebsverlagerung** ins Stadtumland oder in konkurrierende Ballungsräume wird von Seiten der Städte mit hektischer Betriebsamkeit, moralischen Appellen an den "Corpsgeist der Industrie" oder beleidigten Reaktionen geantwortet. Betriebe aber verlassen die Kernstadt, weil sie eine Betriebszusammenlegung beabsichtigen oder das besondere Image von Umlandgemeinden als Standortvorteil erachten. Betriebe verlassen u. U. auch die Kernstadt, weil die Gewerbesteuer zu hoch ist oder weil ein Briefkastenwechsel andere Steuervorteile bietet.

Es muß ein Regelsystem für die Bewertung von Betriebsverlagerungen gefunden werden, z. B.:
— Innovative und arbeitsplatzintensive Betriebe sind im Interesse der Region zu stabilisieren und an regional verträglichen Standorten (ÖPNV-Anbindung etc.) zu halten. Dabei ist allerdings die ausschließliche Kernstadtbindung von Bürostandorten zu hinterfragen.
— Flächenintensive Betriebe mit wenig Arbeitsplätzen sollten nicht in der Kernstadt gehalten werden, es sei denn, sie stabilisieren beigelagerte Produktionsstrukturen.
— Multinationale Konzerne mit Standortbezug, die eine Verflechtungskonzentration nutzen, sind zu stabilisieren (Bestandspflege).

VORRANG EINER DIFFERENZIERTEN BESTANDSSICHERUNG: Die Bewertung und Beeinflussung von Betriebsverlagerungsformen hat sich sowohl an der Bestandssicherung als auch an der Qualität und Standortgunst des regionalen Wirtschaftsraumes zu orientieren. Genau ist zu analysieren, wo für die regionalen Entwicklungspotentiale heute defizitäre Strukturen existieren und welche Angebotspalette wichtig ist. Zulieferer sind als eigenständige Qualität zu begreifen und zu entwickeln und nicht als "Wirtstiere im Pelz der Produktion", die lediglich neue, direkt belieferte überregionale Lagerhäuser darstellen. In der Bewertung der Wirtschaftsstrukturen setzt sich ohnehin die These durch, daß nicht allein eine breite Angebotspalette die Qualität eines Wirtschaftsraumes ausmacht, sondern sehr viel stärker die vorhandene Vernetzung zwischen Wirtschaftsbetrieben, Qualifikationen vor Ort etc. Die potentiellen und ausgewiesenen Gewerbeflächen in Kernstadt und Region sind daher auf spezifische Strukturen hin zu orientieren. Ziel ist eine qualitative Wirtschaftsförderung im Kontext einer regionalen Struktur teilräumlicher Arbeitsmärkte. Statt der Konkurrenz um Grundstücksnutzung und kurzfristigem Ansiedlungsdruck nachzugeben, sollten die Bodennutzer bevorzugt werden, die bereit sind, öffentlichen Interessen Rechnung zu tragen: Absicherung der ökologischen Vertretbarkeit, Arbeitsplatzintensität, Kontinuität der Qualifikation der Arbeit (vgl. Kapitel "Wirtschafts- und Arbeitsmarktpolitik").

REGIONAL ABGESTIMMTE GEWERBEFLÄCHENAUSWEISUNG: Die Nachfrage nach **Gewerbeflächen** und ihre Bewältigung stößt zunehmend an die administrativen Grenzen der Stadt und wächst hinein in die Räume, die noch vor Jahren in der Regel übereinstimmend zwischen Stadt und Region zur Freiraumsicherung oder als zu schützende Landschaftsräume festgehalten wurden. Arbeitsplatzeffekte aber werden mit Gewerbeflächenausweisungen selten erzielt, da die angebotenen Flächen entweder nur von flächenintensiven Betrieben aus der Kernstadt ohne großen Arbeitsplatzzuwachs oder von flächenintensiven Lagern der Zulieferindustrie ebenfalls nur mit geringen Arbeitsplatzeffekten bzw. mit Arbeitsplatzabbau in der Produktion in Anspruch genommen werden (s. Diskussion der "Just-in-Time"-Produktion).

Die positiven Effekte liegen erstrangig in den Steuereinnahmen. Allerdings gibt es Bestrebungen, mit der EG-Integration die **Gewerbesteuer** aufzuheben. Die Gewerbesteuer ist als ein Motor flächenbelastender Stadtentwicklung in der bisherigen Form fragwürdig. Derzeit hat sie allerdings eine so starke Bedeutung für die kommunalen Haushalte, daß im regionalen Konsens so umstrukturiert werden sollte, daß von ihr kein Druck auf die Fläche mehr ausgeht. Um die Gewerbeflächenentwicklung in ein abgestimmtes regionales Entwicklungsmodell überführen zu können, muß sie von den Gewerbesteuereinnahmen abgekoppelt werden. Eine Neubestimmung des regionalen Finanzausgleiches muß die gesamten regionalen Steuereinnahmen einbeziehen.

GEWERBEFLÄCHENPOLITIK ALS KOMMUNALE BODENPOLITIK: Müssen Gewerbeflächen eigentlich grundsätzlich veräußert werden, um kurzfristige Haushaltssanierungen und Regulierungen vorzunehmen? Eine **Pachtregelung** erhält den Zugriff der Kommunen auf die Flächen, auch wenn sich Betriebsstrukturen und Konzernstrategien wandeln. Die Wirtschaftlichkeit von Unternehmen ist kurzfristig, die öffentliche Hand aber kann mit dem Boden langfristig planen. Ein Pachtmodell scheint langfristig ökonomisch sinnvoller, wenn die Pachtzinsen angemessen, d. h. am Kapitalmarktzins orientiert sind.

DEZENTRALE SOZIALE, KULTURELLE UND INFRASTRUKTURELLE EINRICHTUNGEN: Wenn Wohnungen und Arbeitsstätten in räumlicher Nähe verbleiben und kurze Wege zum Stadtalltag gehören, ist in gleicher Weise sicherzustellen, daß auf der Ebene der Stadtteile statt einer Entleerung von Versorgungsfunktionen alle öffentlichen und privaten Infrastruktureinrichtungen zur Verfügung stehen. Zu einer Stadt der kurzen Wege gehören erreichbare dezentrale soziale Dienste (im Stadtteil zu errichtende Einrichtungen von den Ordnungsämtern über Soziale Dienste bis zur Arbeitsvermittlung), Möglichkeiten zum Einkaufen ohne Auto (dezentrale Einkaufsmöglichkeiten mit einem breiten Sortiment des alltäglichen Bedarfs) und dezentrale kulturelle Einrichtungen (Stadtteilzentren, Bürgerzentren etc.).

Autofreie Stadt

In der Vergangenheit ist durch eine auf Funktionstrennung in der Stadt und einseitig auf die Perfektionierung des Individualverkehres ausgerichtete Planung und durch die Erhöhung des Motorisierungsgrades ein extremes Anwachsen des motorisierten Verkehres ausgelöst worden. Dieser Verkehr aber besteht vor allem aus relativ kurzen Wegen mit einer Entfernung zwischen 1 und 5 Kilometern. Das weiterhin prognostizierte Verkehrswachstum muß durch ein "Stadtentwicklungskonzept der Nähe" beschränkt werden. Dies bedeutet, daß die Funktionen Wohnen, Arbeiten, Einkaufen und öffentliche Infrastrukturen wieder stärker vermischt und verzahnt werden müssen. Für eine "Stadt der kurzen Wege" ist nicht störendes Gewerbe eng mit Wohnen zusammen zu planen und auszubauen (z. B. anteilige Ausweisung von Wohnen bei Bürogebäuden). Statt "Reiner Wohngebiete" sind vor allem "Besondere und Allgemeine Wohngebiete" auszuweisen, in denen Infrastruktur und Arbeitsstätten integriert mitwachsen können. Stadtentwicklungsplanung sollte vorrangig das Ziel der Verkehrsvermeidung beinhalten und darauf achten, daß die meisten Mobilitätsbedürfnisse mit dem **Umweltverbund**, also zu Fuß, mit dem Fahrrad oder dem öffentlichen Nahverkehr erledigt werden können (vgl. hierzu und zum folgenden das Kapitel "Verkehr").

PRIORITÄT DES ÖFFENTLICHEN PERSONENNAHVERKEHRS: Zusammen mit den direkten Maßnahmen zur Minderung des individuellen Kfz-Verkehrs und der Umlenkung des Güterverkehrs ist das Umlenken auf den ÖPNV stadtentwicklungs- und umweltpolitisch geboten. Es ist die Grundvoraussetzung zur weiteren finanziellen Finanzierbarkeit und zur erforderlichen Angebotsverbesserung des Öffentlichen Personennahverkehres.

Die Erreichbarkeit der Stadt durch den ÖPNV ist bis ins Zentrum hinein von sehr unterschiedlicher Qualität. Angesichts sich erweiternder Büroflächen in bisher kaum oder schlecht erschlossene Stadtteile und der Ausdehnung der Gewerbe- und Wohnbauflächen in die Region entwickeln sich immer mehr tangentiale Verkehrsströme, die dem zentrumsbezogenen Ausbau des ÖPNV nicht entsprechen. Dieser Querverkehr darf nicht dem Kfz allein überlassen werden.

Oberirdische Stadtbahntangenten sollen die innenstadtnahen Wohngebiete und die Arbeitsstätten (Stadt in der Stadt) optimal miteinander verbinden und zum vorhandenen radialen Netz die für NutzerInnen attraktive tangentiale Ergänzung bringen.

Stadtentwicklung ohne soziale Ausgrenzung

Aufgrund der vorgenannten Faktoren der Arbeitsmarktentwicklung und der Migrationsbewegungen zeichnet sich ein enger **Wohnungsmarkt** für die unmittelbare Zukunft ab. Daher ist es erforderlich, auch auf Dauer sozial gebundene Mietwohnungen in den Stadtregionen zu errichten. Außerhalb des Wohnungsbaus kommunaler Unternehmen, bei den ehemals gemeinnützigen Wohnungsunternehmen oder den großen Genossenschaften, ist — gemessen an ihren Wohnungsbeständen — aber offensichtlich die Bereitschaft gering, den dringend erforderlichen sozial gebundenen Mietwohnungsbau für die auf dem Wohnungsmarkt benachteiligten Gruppen zu betreiben. Der preisgebundene und noch preisgünstige Mietwohnungsmarkt ist aber für die Wohnungsversorgung der auf dem Markt benachteiligten BewohnerInnengruppen besonders zu beachten. Das betrifft einerseits die Absicherung des Bestandes an preisgünstigen Mietwohnungen und andererseits die Entwicklung des Wohnungsneubaus (vgl. Kapitel "Wohnen").

Bei der weiteren Entwicklung des Wohnens in den Großstädten ist zu beachten, daß über die Versorgung benachteiligter Gruppen hinaus durch die Steigerung von Anreizen zum Wohnflächenkonsum (z. B. durch die hohe steuerliche Abschreibung von **Wohneigentum**) die Inanspruchnahme von Wohnflächen durch einkommensstarke Haushalte, die am **Flächenverbrauch** seit jeher stärker teilhaben, weiter zunehmen wird und damit auch die Belastung stadtnaher Freiräume durch Wohnen. Das Angebot an Wohnungen für mittlere bis hohe Einkommensgruppen sollte sich demgegenüber auf einem freien, nicht subventionierten Markt entwickeln. Eine Rücknahme der umfangreichen Förderung der Eigentumsbildung über steuerliche Abschreibungen sollte auch das Problem des Flächenverbrauchs durch Wohnen in der Region regulieren.

SCHAFFUNG VON WOHNRAUM ALS INNENENTWICKLUNG: Vor einer weiteren Außenentwicklung steht die intensive Nutzung der Wohnbauflächen im Innenbereich und die Schaffung von Wohnraum im Gebäudebestand, soweit es möglich ist:
— Baulücken sind nach ökologischen Planungsgrundsätzen zu mobilisieren; das reicht bis hin zu **Baugeboten**.
— Nachverdichtung in alten und in zurückgestuften Baugebieten und in nicht oder teilweise realisierten Baugebieten der 80er Jahre.
— Umwidmung ehemals militärisch genutzter Flächen und Umwidmung brachliegender Gewerbeflächen unter Einbeziehung potentieller Altlastensanierung. Sanierung von Altlasten könnte auch gesonderter Bestandteil der Neubauförderung in Ballungsgebieten werden (Festsetzen eines höheren Fördervolumens o. ä. im Falle der erforderlichen Sanierung).
— Dachausbauten — sie sind billiger als Neubau, allerdings dann sozialpolitisch problematisch, wenn eine zu enge Belegungsbindung Mieterstrukturen durcheinanderwirft.
— höhere **Verdichtung** auf den vorhandenen Baulandreserven mit durchschnittlich 60 bis 80 Wohneinheiten pro ha.

Darüber hinaus ist zu fordern, daß in der Kernstadt keine freistehenden **Einfamilienhäuser** mehr zuzulassen sind. Weitergehend, mit einem Blick auf die Bundespolitik, wäre Wohnflächenverbrauch als eine Solidarverpflichtung der höheren Einkommensgruppen mit den Argumenten zu besteuern, die für die Fehlbelegungsabgabe gelten.

BESTANDSBEWERTUNG VOR WEITERER AUSSENENTWICKLUNG: Widersprüchliche Problemlösungen sind in der gegenwärtigen Stadtentwicklung unumgänglich. Dennoch ist es vor einer weiteren Außenentwicklung des Stadtraumes erforderlich, eine kontinuierliche Bewertung der zusammengefaßten Flächenpotentiale vorzunehmen. Prüfkriterien sind:
— Bevölkerungsentwicklung und aktuelle Bevölkerungsprognose,
— Ergebnisse der bis dahin in engem Dialog mit der Bevölkerung zu führenden Debatte zur flächenbezogenen Stadtentwicklung,
— Erfahrungen mit Verdichtung im Neubau und Nachverdichtungsanreizen im Bestand,
— Bedingungen der Wohnungsbauförderung von Bund und Land sowie das Investitionsklima auf dem privaten Markt,

— Ergebnisse der Verhandlungen mit Umlandgemeinden über regionale Lösungen bei Baulandausweisung und Finanzausgleich (Beispiel Frankfurt-Dietzenbach).

Auf dieser Grundlage ist dann im einzelnen zu entscheiden, ob in den **Kernstädten** im Sinne einer ökologisch und sozial verträglichen Stadtentwicklung die Grenzen des flächenbezogenen Wachstums bereits weitgehend erreicht sind oder aber die derzeit noch als **Freiraum** bedeutungsvollen Flächen für die weitere Außenentwicklung herangezogen werden sollen. Voraussetzung für weitere Verdichtungen und Neuausweisungen von Baugebieten sollte generell allerdings immer die Einhaltung von kommunal zu vereinbarenden Kriterien zur ökologischen Bauleitplanung sein (vgl.. Kapitel "Planungsrecht und Planungsinstrumente").

Bedeutendster Schritt für den Ausgleich zwischen Freiraumsicherung und Flächeninanspruchnahme ist die Entscheidung für eine abschließende Stadtentwicklung, für ein "ökologisches Handlungsprogramm" und damit für eine sehr viel umfangreichere und qualitativere Debatte um mögliche weitere Flächeninanspruchnahme. Das erfordert aber nicht nur die Diskussion um innerstädtische Flächen, sondern auch eine regionale Flächendiskussion, wie auch schon in den 60er Jahren — als drinnen "kein Platz mehr" war — durch interkommunale Verträge die regionale Wohnflächennachfrage zwischen Kernstädten und Kernrandzone ausgeglichen wurde.

Freiräume für StadtbewohnerInnen

An der Diskussion um die Besiedlung stadtnaher, vor allem z. Zt. agrarisch genutzter Landschaftsräume wird deutlich, wie schwer die Debatte um den zu sichernden Frei- und Landschaftsraum in Kernstadtnähe ist (vgl. Kapitel "Landwirtschaft und Dorfentwicklung"). Kaum jemand erkennt die Bedeutung dieses Raumes, weil er peripher liegt, nur von wenigen beansprucht wird und die angrenzenden Stadtteile in der Grün- und Freiraumversorgung sowieso schon immer überdurchschnittlich ausgestattet sind. Eine Gewöhnung hat sich durchgesetzt. Dennoch ist der Freiraum inzwischen zu einer Qualität der Stadtstruktur geworden. Im interkommunalen Vergleich wird der Grünflächenanteil ins Feld geführt. Die Freiräume liefern ihren Beitrag zur Qualität städtischer Räume in Form ihrer ökologischer Bedeutung, ihrer Bedeutung für Naherholung, für das Herausbilden von Kleinklimata etc. Die quantitativ ausreichende Verfügbarkeit, die ästhetische, ökologische und soziale Qualität werden zu einer wesentlichen Voraussetzung der Entwicklung von Ballungsräumen. Damit wird der Freiraum auch in seiner gesellschaftlichen Bedeutung ökonomisch "wertvoll".

Die notwendige Folge ist, daß die prägende Struktur der Freiräume insgesamt und in ihrem Zusammenhang zu beschreiben ist. Damit wird deutlich gemacht, daß die Freiraumstruktur neben den bebauten, intensiv genutzten Flächen als eigenständiger Wert, als wertvoller Bestandteil der Flächennutzung der Stadt zu betrachten und damit auch komplementär zu entwickeln ist. Die städtischen Freiräume können nicht isoliert voneinander betrachtet werden, sie sollten eine Gesamtheit bilden, wie es z. B. in Teilbereichen für den Frankfurter Grüngürtel angedacht wurde. Erforderlich ist eine ganzheitliche Konzeption für die städtischen Freiräume, die als ein Netz durch die ganze Stadt verbunden sind. Durch Bewußtmachung dieses Netzes ist eine Akzeptanz, Identifikation und Aneignung in der Stadtbevölkerung herbeizuführen.

Allerdings liegen die Konfliktfelder immer in der Kernstadt. Je näher wir der Kernstadt kommen, desto stärker ist das Konfliktpotential. Dennoch gilt dasselbe auch für die Außenbereiche. Auch hier sind Bodennutzungen vorfindlich, die einem Veränderungsdruck ausgesetzt sind. Was für die Kernstadt gilt, muß auch für das Stadtumland gelten. Warum gibt es nicht auch "Freiraumerwartungsland", wenn Bauerwartungsland oder "Siedlungsfruchtfolge" zur Disposition stehen? Eine so verstandene Freiraumsicherung erfordert mehr Präzisierungen: Im Umland heißt das z. B., daß in dem "Freiraumerwartungsland" zumindest ökologischer Landbau betrieben wird, und weiter in der Kernrandzone, daß die entsprechende Differenzierung der Freiraumnutzung vervollständigt wird. Die damit in Wert gesetzte Freiraumnutzung wird dann auch sehr viel resistenter gegen eventuelle Ansinnen aus der Kernstadt, in einem weiteren Nachfrageschub nun auch diese Flächen einer intensiveren Bodennutzung zu opfern.

Gesprächskultur: Öffentlichkeit, Prozeßgestaltung, Medien

In der Diskussion um die Entwicklung von Stadt und Region ist die Notwendigkeit zum gemeinsamen Handeln angesichts der anhaltenden Entwicklungsdynamik groß. In der Realität aber herrscht eine "institutionelle Egozentrik" vor, und Gemeinsamkeiten werden in der Region nicht als solche empfunden. Großstädtische Entwicklungsprozesse, die die Region erreichen, werden als Verlagerung der negativen Folgen des Wachstums verstanden. Erforderlich ist, daß nicht nur die Armut regionalisiert wird. Für eine regional verantwortliche Entwicklung von Stadt und Region ist eine regionale politische Kultur zu schaffen, die traditionelle administrative Hierarchien und Gemeindegrenzen in einem kooperativen Prozeß überwindet. Herrscht in der Administration schon wenig Übereinstimmung, so sind darüber hinaus die BürgerInnen in der Region in den Entwicklungsprozeß zu wenig einbezogen. Sie werden bei zunehmendem Handlungsdruck und ansteigender Notwendigkeit zu gemeinsamem Handeln vor Ort zu wenig berücksichtigt, wie es der Protest gegen Flüchtlingsheime und neue Wohnbauflächen zum Ausdruck bringt.

Die Entwicklung von Stadt und Region braucht eine regionale Vernetzung, die in einem gemeinsamen Diskussionsprozeß die Betroffenheit von BürgerInnen aufgreift und in einem kooperativen Verfahren Identifikation mit und Verantwortlichkeit für die Region entwickelt. Die Orte der Auseinandersetzung werden durch regionale **Planungsverbände** innerhalb der beteiligten Hierarchien und die Einrichtung von **regionalen Foren** geschaffen, die administrative Funktionen und das örtliche Engagement von Verbänden, Initiativen und BürgerInnen an einen Tisch bringen (vgl. Kapitel "BürgerInnenbeteiligung").

Literatur

Koenigs, T. (Hg.): Vision offener Grünräume, GrünGürtel Frankfurt, Frankfurt 1991
Bochnig, St. / Selle, K. (Hg.): Freiräume für die Stadt, Wiesbaden 1992
Häußermann, H. / Siebel, W.: Urbanität als Lebensweise, in: Stadtbauwelt 1, 1992
Hoffmann-Axthelm, D.: Untergehende Städte?, in arch+ Nr. 94
Niedersächsisches Sozialministerium: Ökologische Qualitäten im Städtebau, Dokumentation zu einer Ausstellung und Aufsatzsammlung, Hannover 1993

AKP-Artikel zum Thema

Diverse Artikel im Schwerpunkt "Stadtökologie" (mit umfangreicher Literaturliste), AKP 4/1991, S. 29
Bartelheimer, P.: "Neue Urbanität": Vom Sozialen Anspruch zur Wachstumspolitik. Armut in der Dienstleistungsmetropole Frankfurt, in: AKP 1/1992, S. 31
Bartelheimer, P. / Engert, St. / Heinelt, H. / Preis, R.: Modernisierung der Stadt. Zweidrittelgesellschaft in den Kommunen — GRÜNE ratlos?, in: AKP 3/1989, S. 57
Eichstädt-Bohlig, F.: Stadterneuerung in den ostdeutschen Ländern, in: AKP 1/1994, S. 41
Feige, K.-D. / Helm, W.: Wohnungsbau und Naturzerstörung — Quadratur des Kreises, in: AKP 2/1992, S. 5
Lahl, U.: Modellvorhaben "Wohnen ohne Auto", in: AKP 3/1993, S. 29
Liedl, F.: Landschaftsverbrauch durch Siedlungserweiterung, in: AKP 1/1989, S. 41
Müller, S.:Das Ruhrgebiet als Parklandschaft? —Zur Internationalen Bauausstellung Emscherpark, in: AKP 4/1991, S. 49
Müller, S.: Öko-Region — Patentrezept gegen die Zersplitterung der Raumstruktur?, in: AKP 6/1992, S. 59
Pranzas, N.: Urbane Bodenversiegelung — Verbesserte Datengrundlage erforderlich, in: AKP 6/1993, S. 47
Schaller, Th.: Wildwest im Osten — Kaum Chancen für eine geplante Stadtentwicklung, in: AKP 2/1991, S. 49
Schmidt, W.: Flächensparender und bedarfsorientierter Wohnungsbau, AKP 3/1990, S. 56
Schmidt, W.: Frei-Raum für Gewerbe? Instrumente für eine flächenschonende Gewerbepolitik (mit umfangreicher Literaturliste), AKP 6/1991, S. 49

Klaus Habermann-Nieße, Brigitte Nieße

Städtebauliches Planungsrecht und Planungsinstrumente

Die städtebauliche Planung soll die städtebauliche Entwicklung im Gesamtzusammenhang wie auch in Teilbereichen städtischer und dörflicher Siedlungsstrukturen ordnen und vorbereiten; auf das konkrete Errichten und Ausgestalten von Einzelbauwerken hat sie nur mittelbar Einfluß. Die Rechtsgrundlage des Planens und Bauens, das Baurecht, ist in diesem Sinne zu unterteilen in das **Städtebaurecht ("Planungsrecht")** und das **Bauordnungsrecht ("Bauwerksrecht")**. Während das Bauwerksrecht bau- und sicherheitstechnische sowie hygienische Anforderungen an das einzelne Bauwerk definiert, befaßt sich das Planungsrecht mit den Anforderungen an die zulässige Flächen- bzw. Bodennutzung; bis auf wenige Gebotsregelungen ist mit dem Planungsrecht nicht festzulegen, was im einzelnen konkret sein soll, sondern was allgemein zulässig ist. Während für die Errichtung des Einzelbauwerkes der Bauherr zuständig ist, ist die städtebauliche Planung eine öffentliche Aufgabe, und zwar ausschließlich die der Kommunen.

Die Aufgaben des Städtebaus beziehen sich auf die Ordnung der baulichen und sonstiger nichtbaulicher Nutzungen und das Schaffen der räumlichen Voraussetzungen für die Funktionen Wohnen, Arbeiten, Erholen, Verkehr und Kommunikation. Dabei orientieren sich Städtebau und Planungsrecht nicht ausschließlich an den "Grunddaseinsfunktionen". Als querschnittsorientierte Planung haben sie soziale, kulturelle, ökonomische und ökologische sowie viele andere Abhängigkeiten und Beziehungen konzeptionell zu integrieren. Zum Beispiel sind mit der baulichen Nutzung des Umweltmediums Boden verschiedenste Wirkungen verbunden: Durch die Bodenversiegelung wird die Fruchtbarkeit des Bodens und seine Funktion als Lebensgrundlage für Menschen, Tiere und Pflanzen eingeschränkt. Die städtebauliche Planung hat einen Abwägungsprozeß innerhalb der städtebaulichen Zielvorstellungen sowie zwischen ihnen und ökologischen Forderungen zu vollziehen.

Bauleitplanung

Bereits im **Bundesbaugesetz** (BBauG) aus dem Jahre 1960 war es nach § 1 Abs. 1 Aufgabe der Bauleitplanung, die bauliche und die sonstige Nutzung der Grundstücke vorzubereiten. Mit dem **Baugesetzbuch** (BauGB) von 1986 werden die zu beachtenden Zielsetzungen erweitert. Die Bauleitpläne sollen eine geordnete städtebauliche Entwicklung und eine dem Wohl der Allgemeinheit entsprechende sozial gerechte Bodennutzung gewährleisten und dazu beizutragen, eine menschenwürdige Umwelt zu sichern und die natürlichen Lebensgrundlagen zu schützen und zu entwickeln. Die gesetzlich vorgeschriebenen Planungsstufen der städtebaulichen Planung (**Bauleitplanung**) sind der Flächennutzungsplan und der Bebauungsplan nach dem BauGB.

FLÄCHENNUTZUNGSPLAN: Der **Flächennutzungsplan** (F-Plan) wird für das gesamte Gemeindegebiet aufgestellt. Er soll "die aus der beabsichtigten städtebaulichen Entwicklung ergebende Art der Bodennutzung nach den vorhersehbaren Bedürfnissen der Gemeinden in den Grundzügen" darstellen (§ 5 Abs. 1 BauGB). Im F-Plan wird angegeben, welchen Zwecken die einzelnen Flächen des Stadtgebietes dienen sollen (also z. B. dem Wohnen, als Industrie- und/oder Gewerbefläche, als Grünfläche etc.). Die Darstellungsmöglichkeiten sind im § 5 Abs. 2-6 BauGB aufgezählt. Nach präzisierenden Erlassen der Länder reicht die Vorhersehbarkeit der gemeindlichen Entwicklung ca. 10 Jahre weit. Danach sollte also ein F-Plan in seinen Grundlagen erneuert werden.

Der Flächennutzungsplan ist eine Karte im Maßstab 1 : 10.000 oder 1 : 5.000, in der alle beabsichtigten Darstellungen enthalten sein müssen. Zu jedem F-Plan gehört ein schriftlicher Erläuterungsbericht, in dem die Voraussetzungen (Bestandsaufnahmen, Prognosen) und Planungsziele dargelegt sind, die zum Gesamtplan und den einzelnen Darstellungen geführt haben. Er ist aber nicht Bestandteil des Plans; daher ist nur gültig, was im Plan dargestellt ist, und nicht, was nur im Erläuterungsbericht steht. Der F-Plan hat gegenüber den einzelnen BürgerInnen keine Rechtskraft, ist jedoch für die kommunalen und andere beteiligte Behörden bindend ("Selbstbindungsplan") und damit wichtiger Bestandteil der kommunalen Politik und der Entwicklung der Bauflächen. Er ist schließlich bindend für die Aufstellung von Bebauungsplänen und somit Voraussetzung für die Flächenentwicklung einer Kommune.

Anläßlich der Aufstellung eines Flächennutzungsplans findet theoretisch die umfassendste Diskussion über die Flächenentwicklung und die Zuordnung von Flächen statt. Insofern ist der F-Plan im Rahmen einer ökologisch orientierten Entwicklung der Bodennutzung der beste Anknüpfungspunkt für die Diskussion der Flächenentwicklung insgesamt (unter ökologischen Zielvorstellungen wie "Stadt der kurzen Wege" etc.). In den zahlreichen einzelnen Änderungsverfahren ("Briefmarkenplan"), die außerhalb eines förmlichen Gesamtverfahrens im Zuge von "dringend notwendig gewordenen neuen Flächenausweisungen" und zur Vorbereitung von Bebauungsplänen erforderlich wurden, findet aber diese Diskussion nur selten statt. Eine an sich notwendige Gesamtdiskussion wird damit in der Regel ausgeschlossen. Eine ökologisch orientierte Entwicklung der Bodennutzung hat im Rahmen der Flächennutzungsplanung abzuwägen zwischen den Anforderungen an die Freiraumqualität der Stadt und ihrer Entwicklung durch Gewerbe-, Wohn- und andere bodenbeanspruchende Flächennutzungen (vgl. Kapitel "Stadtentwicklung").

BEBAUUNGSPLAN: Die **Bebauungspläne** (B-Pläne) werden für Teilgebiete einer Kommune aufgestellt. Sie enthalten die "rechtsverbindlichen Festsetzungen für die städtebauliche Ordnung" (§ 8 Abs. 1 BauGB). Während der F-Plan die beabsichtigten Nutzungen nur in den Grundzügen "darstellt", sind die Festsetzungen des B-Planes differenzierter und präziser, ohne dabei von dem Prinzip abzuweichen, nur allgemein rahmensetzend zu wirken und nicht die Bebauung bzw. Nutzung selbst konkret festzuschreiben. Die Regelungen des B-Planes sind ein für alle ("Jedermann") geltendes Recht. Er wird daher vom Gemeinderat als **Satzung** (Ortsgesetz) beschlossen.

Der B-Plan legt insbesondere fest:
— die differenzierte Art der Nutzung (z. B. Reines Wohngebiet, Besonderes Wohngebiet, Gewerbegebiet, Mischgebiet)
— das Maß der Bodennutzung (Ausnutzung der Grundstücke, Geschossigkeit)
— die Bauweise (z. B. als "offene" Bebauung mit Abstand zwischen den Gebäuden oder als "geschlossene" Bebauung ohne Abstand)
— die überbaubaren Flächen u. a.

Darüber hinaus legt die **Baunutzungsverordnung** (BauNVO) im einzelnen fest, was als Art (§§ 1-15 BauNVO) und Maß (§§ 16-21 BauNVO) der baulichen Nutzung und unter Bauweise (§§ 22 und 23 BauNVO) zu verstehen ist. Die Festsetzungsmöglichkeiten des B-Planes sind im § 9 des BauGB geregelt. Dazu gehört die Möglichkeit der Festsetzung der Art der baulichen Nutzung durch Abstufung der zulässigen Nutzungen (§ 9 (1) Nr. 1 BauGB) sowie die Möglichkeit der Gliederung und Einschränkung der Nutzung von Baugebieten nach § 1 (4)-(9) BauNVO. **Emissions**beschränkungen sind im Rahmen der Gliederung von Baugebieten und damit der Regelung der Nachbarschaft von z. B. Gewerbe und Wohnnutzungen — nach § 1 (4) BauNVO (Immissionshöchstwerte, Emissionshöchstwerte, flächenbezogene Schalleistungspegel) — möglich. Darüber hinaus sind Festsetzungen zum Schutz gegen schädliche Umwelteinwirkungen nach § 9 (1) Nr. 24 BauGB zu treffen. Sie betreffen Schutzflächen und Vorkehrungen an den Gebäuden. Für die planungsrechtliche Bewältigung der **Gemengelagen**problematik gilt das Prinzip der gegenseitigen Rücksichtnahme, d. h., daß auch Vorbelastungen in die planungsrechtliche Abwägung mit eingehen können. Grundlage ist eine "situationsbestimmte Planung", die die bestehende Nachbarschaft zu berücksichtigen hat. Bei Neuplanung von Gewerbegebieten gelten die schalltechnischen Orientierungswerte der DIN 18005 uneingeschränkt. Insofern sind viele Regelungsmöglichkeiten vorhanden, eine angemessene umweltverträgliche Nachbarschaft zu erreichen. Daß das Bauplanungs- und Bauordnungsrecht auch eine Vielzahl von Regelungsmöglichkeiten für eine behindertengerechte Stadtgestaltung bietet, soll hier nur erwähnt werden (vgl. Kapitel "Behindertenpolitik").

Über die Möglichkeiten der Bebauungsplanfestsetzungen nach BauNVO und BauGB hinaus kann in Form von **Gestaltungssatzungen** — je nach den geltenden **Landesbauordnungen** — integriert in das Bebauungsplanverfahren auf die Gestaltung der Baugebiete eingewirkt werden. Wenn besondere städtebauliche Gründe dies erfordern, können durch Satzungsbeschluß oder textliche Festsetzungen im Sinne einer "Örtlichen Bauvorschrift über Gestaltung" Gebiete bezeichnet werden, in denen nur bestimmte Baumaterialien, Farben, Fensterformate, Dachneigungen etc. verwendet werden dürfen.

VERFAHRENSABLAUF IN DER BAULEITPLANUNG: Für die gesetzlich vorgeschriebenen Planungsstufen gibt es einen festgelegten Verfahrensablauf:

o **Aufstellungsbeschluß**: Der Gemeinderat beschließt die Aufstellung eines Bauleitplanes (Aufstellungsbeschluß gem. § 2 Abs. 1 BauGB). Dieser Beschluß muß amtlich und öffentlich bekanntgemacht werden. An ihn können sich verbindliche Rechtsfolgen anknüpfen wie z. B. gemeindliches **Vorkaufsrecht**, Zurückstellung von Baugesuchen, **Veränderungssperre** etc. (vgl. §§ 14 ff. BauGB), die eine gegen die gemeindlichen Interessen gerichtete Bodennutzung verhindern können.

o **Frühzeitige Beteiligung** der BürgerInnen und der Träger öffentlicher Belange: Sobald Vorstellungen über die Ziele und Zwecke der Planung konkretisiert sind, muß die Gemeinde diese darlegen und Planungsfolgen sowie ggf. Alternativlösungen aufzeigen. Die Gemeinde soll dabei in geeigneter Weise und möglichst frühzeitig die Bürger beteiligen (§ 3 Abs. 1 BauGB). Die Art und Weise der Durchführung ist der Gemeinde überlassen. Die Gemeinde ist in dieser Verfahrensstufe zwar verpflichtet, die Bürger anzuhören, aber nicht, sich mit ihren Vorschlägen auseinanderzusetzen; sie ist nicht einmal verpflichtet, das Vorgebrachte zu protokollieren. Die frühzeitige Beteiligung dient damit faktisch der verbesserten Bestandsaufnahme für die Gemeinde, damit möglichst frühzeitig deutlich wird, wer sich gegen oder für eine Maßnahme ausspricht. Auch wenn der Einflußnahme auf die Planung nicht überschätzt werden darf — was sich u. a. auch darin zeigt, daß ein "Vergessen" der frühzeitigen Bürgerbeteiligung nicht zur Rechtsunwirksamkeit des späteren Planes führt —, kann dieser Erörterungsschritt für BürgerInnen und Initiativen doch erhebliche Bedeutung haben, da man sich gegen nichts wehren kann, wovon man vorher nichts weiß. Den Gemeinden ist auch zu empfehlen, im sogenannten Parallelverfahren die **Träger öffentlicher Belange** entsprechend frühzeitig von der Planung in Kenntnis zu setzen, sie ist aber dazu nicht verpflichtet. Öffentliche Belange sind u. a. Natur- und Landschaftsschutz, Energieversorgung, Post, militärische Belange etc. In Städten mit Bezirksverfassung oder in Gemeinden mit mehreren Ortschaften müssen auch die **Bezirks**- bzw. **Ortsräte** zur Planung gehört werden.

o **Auslegungsbeschluß**: Der Rat beschließt nach der frühzeitigen Beteiligung die **Auslegung** des Bauleitplanes (gem. § 3 Abs. 2 BauGB). Während der vierwöchigen Auslegung können ebenso wie bei der frühzeitigen Beteiligung von "jedermann" (also nicht nur von Betroffenen) Anregungen und Bedenken vorgebracht werden. Im Gegensatz zur frühzeitigen Beteiligung sind sie jedoch festzuhalten und zu den Akten zu nehmen. In der Auslegungsfrist sind auch die Träger öffentlicher Belange (gem. § 4 Abs. 2 BauGB) zu beteiligen und können Anregungen und Bedenken vorbringen.

o **Planbeschluß**: Nach Ablauf der öffentlichen Auslegung beschließt der Gemeinderat über die Behandlung jeder Anregung bzw. jeden Bedenkens. Sofern sich aus ihrer Berücksichtigung Planänderungen ergeben, die die Grundzüge der Planung berühren, wird das Verfahren ab frühzeitiger Beteiligung wiederholt (gem. § 3 Abs. 3 BauGB). Werden durch die Änderung die Grundzüge nicht berührt, ist ein eingeschränktes Wiederholungsverfahren mit Beteiligung nur der unmittelbar Betroffenen möglich (gem. § 3 Abs. 3 Satz 2 BauGB). Werden keine Änderungen aufgenommen, wird der Planentwurf als Plan beschlossen: als Festsetzungsbeschluß beim F-Plan, als Satzungsbeschluß beim B-Plan (gem. § 10 BauGB).

o **Genehmigung und Anzeige**: Der beschlossene Bauleitplan wird mit allen, auch den nicht berücksichtigten Anregungen und Bedenken und deren Begründung der städtebaurechtlichen **Aufsichtsbehörde** vorgelegt (Bezirksregierung/Regierungspräsident oder Landkreis). Sie prüft den Plan unter rechtlichen Gesichtspunkten (nicht nach fachlich-inhaltlichen). Sie prüft, ob die im Plan getroffenen Regelungen und der Verfahrensablauf den rechtlichen Anforderungen entsprechen bzw. ob die vom planerischen Eingriff betroffenen Belange korrekt abgewogen wurden. Die Rechtsprechung des Bundesverwaltungsgerichtes hat schon 1969 definiert, wann das Gebot der **gerechten Abwägung** (gem. § 1 Abs. 6 BauGB) verletzt ist, nämlich dann, wenn eine Abwägung überhaupt nicht stattgefunden hat, in die Abwägung der Belange nicht das eingestellt wird, was nach Lage der Dinge in sie eingestellt werden muß, die Bedeutung der privaten Belange verkannt wird oder der Ausgleich zwischen den von der Planung berührten öffentlichen Belange in einer Weise vorgenommen wird, der zur objektiven Gewichtigkeit einzelner Belange außer Verhältnis steht. Die höhere Verwaltungsbehörde hat drei Monate Zeit zur Prüfung und zur Genehmigung des

Bauleitplanes. Die Genehmigung muß wiederum öffentlich und amtlich bekanntgemacht werden. Mit dem Datum der Genehmigung tritt der Bebauungsplan in Kraft.

Wenn gegen den Plan vorgebrachte Einwände bis zu diesem Zeitpunkt nicht berücksichtigt sind, kann der Betroffene eine gerichtliche Überprüfung des Planes beantragen. Ein sogenanntes **Normenkontrollverfahren** können alle beim Oberverwaltungsgericht beantragen, denen durch die Planung ein "Nachteil" entstehen würde. Eine Normenkontrollklage hat jedoch keine aufschiebende Wirkung (**Sofortvollzug**); der Plan kann auch während des Verfahrens realisiert werden. Um dies abzuwenden, kann eine **einstweilige Anordnung** erwirkt werden. Die Anforderungen sind hier jedoch wesentlich höher, so daß Aussicht auf Erfolg nur gegeben ist, wenn schwere Nachteile vom Planungsvollzug zu erwarten sind.

Auch wenn die gesetzlichen Planstufen vorgeschrieben sind, ergibt sich daraus keine grundsätzliche Planungspflicht der Gemeinde. Bauleitpläne sind nur aufzustellen, soweit sie "für die städtebauliche Entwicklung und Ordnung erforderlich" sind (§ 1 Abs. 3 BauGB). Im sogenannten **nichtbeplanten Bereich** (wo also kein B-Plan vorliegt) werden Bau- und Nutzungsvorhaben planungsrechtlich nach dem § 34 BauGB beurteilt, d. h. aus der Feststellung der Situation in der unmittelbaren Nachbarschaft. Der Handlungsrahmen ist hier genau definiert, die Entscheidung verbleibt aber in der Kompetenz der Behörden und vollzieht sich unabhängig von einer Kontrolle durch die BürgerInnen.

BESCHLEUNIGUNG DURCH INVESTITIONSERLEICHTERUNGS- UND WOHNBAULANDGESETZ: Nach der Öffnung der Grenzen 1989 und im Zuge der anschließenden "Harmonisierung" des Planungsrechtes zwischen West- und Ostdeutschland wurden einige Regelungen zur Erleichterung des Wohnungsbaus für Gemeinden "mit einem dringenden Wohnbedarf der Bevölkerung" eingeführt, die insgesamt den Wohnungsneubau erleichtern sollen. Mit dem **Wohnungsbauerleichterungsgesetz** (WoBauErlG) vom 17.5.1990 und der Einführung des **Investitionserleichterungs- und Wohnbaulandgesetzes** (InvErlG) vom 1.5.1993 (befristet bis zum 31.12.1997) wurden viele Verfahrenswege den neuen Anforderungen angepaßt. Mit dem zweiten Gesetz wurden insbesondere das BauGB, das WoBauErlG, die BauNVO und das BNatSchG geändert.

STÄDTEBAULICHE ENTWICKLUNGSMAßNAHME: Mit dem InvErlG wurde die **städtebauliche Entwicklungsmaßnahme** wieder in das BauGB (§§ 165-171) integriert, nachdem sie schon im WoBauErlG eingeführt wurde. Ziel war, den Gemeinden ein Instrument an die Hand zu geben, dringend benötigtes Bauland zu entwickeln. Gemäß § 165 BauGB können Ortsteile oder andere Teile des Gemeindegebietes entsprechend ihrer besonderen Bedeutung für die städtebauliche Entwicklung und Ordnung erstmalig entwickelt oder im Rahmen einer städtebaulichen Neuordnung einer neuen Entwicklung (**Anpassungsgebiet**) zugeführt werden. Eine städtebauliche Entwicklungsmaßnahme ist — anders als die später dargestellte Sanierungsmaßnahme — in ihrer Durchführung ausschließlich ins Ermessen der Gemeinde gestellt.

Die Ziele und Zwecke der Entwicklungsmaßnahme müssen für die städtebauliche Entwicklung und Ordnung der Gemeinde eine besondere Bedeutung haben. Die Entwicklungsmaßnahme soll schließlich dazu führen, daß die Gemeinde ihre städtebaulichen Vorstellungen konzeptionell geschlossener und rascher verwirklichen kann als über die herkömmlichen Verfahren des allgemeinen Städtebaurechts. Das betrifft insbesondere die bodenordnenden Maßnahmebereiche wie das gemeindliche **Vorkaufsrecht** etc. Die Besonderheit der Entwicklungsmaßnahme ist, daß der Bodenwert mit dem Beschluß zur Maßnahme durch den zuständigen Gutachterausschuß auf den zu diesem Zeitpunkt gültigen Verkehrswert festgeschrieben wird. Analog zum Recht der städtebaulichen Sanierungsmaßnahme sind Maßnahmen zur Sozialplanung für besonders betroffene Eigentümer vorgesehen (Anpassungsgebiet nach § 171 BauGB). Die durch die Entwicklungsmaßnahme bedingten Bodenwertsteigerungen werden durch den jeweiligen Entwicklungsträger (Gemeinde oder anerkannte Entwicklungsträger) direkt wieder in die Maßnahme in Form der Finanzierung von Erschließungsmaßnahmen und öffentlicher Infrastruktur wie Kindergärten, Schulen etc. zurückgeführt.

STÄDTEBAULICHER VERTRAG, VORHABEN- UND ERSCHLIESSUNGSPLAN: Die Privatisierung von Planungsschritten und Erschließung wird in den neugefaßten §§ 6 und 7 des WoBauErlG dahingehend geregelt, daß beinahe alle Planungsschritte durch die Gemeinden einem Dritten überlassen werden können. Darüber hinaus kann die Gemeinde statt eines "ordentlichen" Bebauungsplanes durch Satzung die Zulässigkeit von Vorhaben bestimmen, wenn der Vorhabenträger auf der Grundlage eines von ihm vorgelegten und mit der Gemeinde abgestimmten Plans zur Durchführung des Vorhabens verpflichtet wird.

ZEITLICHE VERKÜRZUNG DER VERFAHRENSSCHRITTE: Wie schon im Wohnungsbauerleichterungsgesetz wird es ermöglicht, die Verfahrensschritte im Genehmigungsverfahren zu verkürzen: die Beteiligung der Bezirksregierungen bei Außenbereichsvorhaben wird ausgesetzt, das Anzeigeverfahren kann gestrichen werden, und verspätet eingegangene Stellungnahmen sind nicht zu berücksichtigen. Der Rechtsschutz gegen Bauvorhaben zu Wohnzwecken wird dadurch eingeschränkt, daß künftig Widersprüche und Klagen gegen Genehmigungen keine aufschiebende Wirkung haben und besondere Anträge auf Anordnung der aufschiebenden Wirkung nur noch innerhalb eines Monats nach Genehmigung gestellt werden können. Für die neuen Länder gelten zum Teil besondere Verfahrensregeln. So kann dort eine Normenkontrollklage gegen bauplanrechtliche Satzungen nur innerhalb von drei Monaten nach Inkrafttreten eingereicht werden, und bei fast allen umweltrelevanten Genehmigungen ist eine Berufung gegen ein verwaltungsgerichtliches Urteil nur möglich, wenn sie im Urteil ausdrücklich zugelassen ist.

Die verfahrensbeschleunigende Wirkung dieser Gesetzesregelungen ist allerdings stark zu bezweifeln. In einer Untersuchung des Landes Niedersachsen wurde anhand der Überprüfung von 71 Bauleitplanverfahren nachgewiesen, daß die Verzögerung des Verfahrens zu großen Teilen aus fehlenden Leitbildern, unzureichenden Zieldefinitionen durch die Gemeinden und fehlenden Entscheidungen im Abwägungsvorgang herrührt. Es wird daher angenommen, daß die durch das neue Gesetz geschaffene zusätzliche Unübersichtlichkeit im Planungsrecht diese Ursachen für Verzögerungen beim "Baulandausweis" noch verschärfen wird. (s. LBS-Schriftenreihe, Band 16/1993 — vgl. Literaturhinweise).

Sonstige Planungsverfahren

INFORMELLE PLANUNGSSTUFEN: Neben den "verrechtlichten" Planungsstufen des Flächennutzungs- und Bebauungsplanes bekommen informelle Planungsebenen eine immer größere Bedeutung bei der Vorbereitung der verbindlichen Bauleitplanung. **Stadtentwicklungskonzepte** enthalten Zielformulierungen, die einerseits als Vorstufe für die Flächennutzungsplanung verstanden werden können, andererseits aber auch als eigenständige Zielplanungen ohne besondere zeitliche Begrenzung. Solche Entwicklungspläne können sich auch auf nicht planungsrechtlich zu fassende Teilbereiche gemeindlichen Planung wie Bildung, Soziales, Kultur, Arbeit und Wirtschaft, Gesundheit beziehen. Derartige Entwicklungspläne sind dann nützlich, wenn sich Gemeinden auf künftige bauliche und räumliche funktionale Entwicklungen vorbereiten wollen, für die ein F-Plan nicht greift, ist er doch überwiegend ein Abbild der Gegenwart und hat er auch nach § 5 Abs. 1 BauGB nur das Voraussehbare darzustellen. **Stadtteilentwicklungspläne** und städtebauliche **Rahmenplanungen** haben unterhalb der Stadtentwicklungsplanung eine Mittlerfunktion zwischen den Planungsstufen der Bauleitplanung. Sie könne die Vorgaben des F-Planes präzisieren und den Rahmen setzen für die nachfolgende rechtsverbindliche Bebauungsplanung. Diese informellen Planungsstufen haben den Vorteil, daß in einem unverbindlichen Rahmen Konzepte zur Entwicklung auch für größere zusammenhängende Bereiche hinreichend detailliert erarbeitet und diskutiert werden können. Gleichwohl ist auch die Gefahr damit verbunden, daß auf formal unverbindlichen Ebenen diskutiert wird, Ergebnisse aber ohne weiterführende Konsequenzen zurückgestellt werden. Daher sollten die Resultate so umfassend wie möglich in rechtsverbindliche Pläne umgesetzt werden.

SANIERUNGSMASSNAHMEN: Ein besonderes Städtebaurecht stellen städtebauliche **Sanierungsmaßnahmen** nach § 136 BauGB dar. Für die Dauer der Maßnahmen werden **Sanierungsgebiete** durch Satzung (gem. § 143 BauGB) förmlich festgelegt. Während der Geltungsdauer der Satzung sind im Sanierungsgebiet stärkere planerische Eingriffe als im Geltungsbereich eines normalen Bebauungsplanes möglich. Dies betrifft hauptsächlich die bodenrechtlichen Eingriffsmöglichkeiten nach § 144 BauGB (genehmigungspflichtige Vorhaben). Darüber hinaus aber stellt das Sanierungsrecht ein Finanzierungsmittel dar, da Bund, Länder und Gemeinden als öffentliche Aufgabenträger gemäß § 139 BauGB verpflichtet werden, die Sanierungsmaßnahmen zu unterstützen. In dem Maße, wie sie dazu verpflichtet sind, sind sie auch an der Durchführung der Sanierung interessiert und entsprechend mit der Ausrichtung der Förderung an der Gestaltung der Sanierung beteiligt.

ERHALTUNGSSATZUNG UND STÄDTEBAULICHE GEBOTE: Ein weiteres Instrument zum Eingriff in den Bodenmarkt ist die **Erhaltungssatzung** auf der Grundlage des § 172 BauGB. Hiernach können durch Satzungsbeschluß der Gemeinden Gebiete festgelegt werden, in denen der Abriß und die Modernisierung von Gebäuden einer besonderen Genehmigungspflicht unterliegt. Dies dient bei städtebaulichen Umstrukturierungen insbesondere dem Erhalt der Eigenart und Gestalt eines Gebietes und der Zusammensetzung der Wohnbevölkerung. Darüber hinaus können die Gemeinden für die Gestaltung der Bodennutzung **Gebote** aussprechen. Dies betrifft Baugebote, Modernisierungs- und Instandsetzungsgebote, Pflanzgebote und Abbruchgebote nach den §§ 175-179 BauGB. Die Gebotspraxis ist bisher wenig entwickelt. Vor einer Auseinandersetzung um die wirtschaftliche Zumutbarkeit und der gesetzlich drohenden Verpflichtung zur — zumindest teilweisen — Kostenübernahme schrecken die meisten Gemeinden schnell zurück. Als rechtliches Instrument allerdings sind die Gebote notwendig, um spekulativen Umgang mit der Bodennutzung präventiv und im Einzelfall auch real angehen zu können.

Möglichkeiten zur ökologischen Erneuerung der Siedlungsstruktur

Angesichts des vorhandenen Drucks auf die Neuausweisung von Bauflächen bleiben alle Instrumente für eine Begrenzung des Flächenverbrauchs unwirksam, wenn nicht auch die Ansprüche reduziert werden. Das planungsrechtliche Verfahren kann als letztes Glied in einer langen Entscheidungskette für und wider eine ökologisch orientierte Siedlungsentwicklung nicht mehr zur grundlegenden Kurskorrektur beitragen. Die erforderlichen Entscheidungen zu den Grundsätzen einer ökologisch orientierten Siedlungsstrukturentwicklung haben sich als Maßnahmenbündel in allen stadtpolitischen Handlungsfeldern von der Wirtschaftsförderung bis zur Förderung der Wohnbautätigkeit auszuprägen. Unter dieser Voraussetzung beinhaltet das Planungsrecht Möglichkeiten zu einer ökologisch orientierten Bauleitplanung in Form des sparsamen und schonenden Umgangs mit dem Boden und — im Prozeß der Abwägung — zur Berücksichtigung der Belange einer ökologisch orientierten Siedlungsentwicklung.

GEMEINDLICHE BODENPOLITIK: Einer der Grundsätze einer ökologischen Siedlungsstrukturentwicklung ist die Absicherung bzw. Wiederherstellung der Funktionsmischung in der Stadt (s. Kapitel "Stadtentwicklung"). Dazu ist es erforderlich, daß die Gemeinden einen größtmöglichen Zugriff auf die Entwicklung des Bodens haben, da private An- und Verkäufe kommunale Entwicklungsziele immer wieder in Frage stellen können. Insbesondere die **Innenentwicklung** stößt regelmäßig auf das Problem, daß GrundeigentümerInnen, die in der Hoffnung auf gewinnversprechende Entwicklungen ihre Grundstücke horten, den Boden der Nutzbarmachung entziehen. Andere Böden sind z. T. noch durch industrielle Vornutzungen belastet. Die Sanierung der **Altlasten** ist ein weiterer zentraler Bestandteil einer kommunalen Bodenpolitik, die nicht Nutzungsbrachen, sondern den Vorrang der Innenentwicklung im Auge hat. Die gemeindliche Bodenpolitik beginnt mit einem Haushaltstitel zum Ankauf von Grundstücken, einem offensiven Vorgehen zur Bewältigung der Altlastenproblematik, um alle Böden nutzbar zu machen, und schließlich mit der planungsrechtlich abgestützten Nutzbarmachung der Grundstücke. Die rechtlichen Voraussetzungen schafft das BauGB. In ihm sind die vorkaufsrechtlichen Regelungen (§§ 24-27 BauGB), differenzierte Gebotsregelungen (§§ 172-179 BauGB) bis zur Möglichkeit der Enteignung (§§ 85-92 BauGB) gefaßt, die es ermöglichen, ein Grundstück seiner städtebaulich angemessenen baulichen Nutzung zuzuführen, wenn EigentümerInnen ihren Verpflichtungen nicht nachkommen.

NATURSCHUTZRECHT UND BAULEITPLANUNG: Seit der Novelle zum BBauG von 1976 hat die Bauleitplanung ausdrücklich dazu beizutragen, menschenwürdige Umweltverhältnisse zu sichern. Es ist darauf hinzuwirken, die natürlichen Lebensgrundlagen zu sichern und zu entwickeln. Im Sinne eines Optimierungsgebotes ist mit Grund und Boden sparsam und schonend umzugehen. Indem der diese Ziele konkretisierende Belangekatalog in § 1 Abs. 5 BauGB den Naturschutz und die Landschaftspflege ausdrücklich nennt, werden auch die Ziele des **Bundesnaturschutzgesetzes** (BNatSchG) relevanter Teil der Bauleitplanung. Damit ist die Bauleitplanung aus der Sicht des Gesetzgebers den Zielen des Umweltschutzes verpflichtet, wird dies auch durch die Festsetzungs- und Darstellungsmöglichkeiten des BauGB verdeutlicht.

Zur Bestätigung und Untermauerung wird seit der Erneuerung des Bauplanungsrechtes durch das **Investitionserleichterungs- und Wohnbaulandgesetz** vom 1.5.1993 durch den Gesetzgeber vorgeschrieben, daß ein Eingriff in den Naturhaushalt durch Festsetzungen der Bauleitplanung auszugleichen ist ("**Eingriffsregelung**", § 8a BNatSchG). Den Gemeinden wird nach dem Gesetz die Möglichkeit gegeben, durch Satzung im einzelnen zu regeln, welche Grundsätze für **Ausgleichsmaßnahmen** gelten, welchen Umfang die Kostenerstattung erhält, welche Art der Kostenermittlung eingeführt wird und wie die Verteilung der Kosten aussieht (§ 8a Abs. 5 BNatSchG; vgl. Kapitel "Naturschutz"). Damit kommt der Bauleitplanung nunmehr eine noch größere Bedeutung bei der Berücksichtigung der Umweltschutzbelange zu. Gleichwohl ist es weiterhin von Regelungen in den einzelnen Bundesländern abhängig, wie ein Eingriff zu definieren ist; diese Regelung wird in den jeweiligen **Landesnaturschutzgesetzen** vorzunehmen sein. Durch das Investitionserleichterungs- und Wohnbaulandgesetz besteht allerdings zur Zeit in den Ländern und bei den Trägern des Verfahrens eine große Rechtsunsicherheit und bundesweit eine große Ungleichheit der Verfahren, die auf eine Vereinheitlichung wartet. Einige Länder haben den Eingriff inzwischen mit der Definition von Biotopwertfaktoren zu einer bestimmbaren Größe gemacht, während andere die Natur als nicht zählbar beschreiben und jede Maßnahme im Einzelfall bewertet wissen wollen. Eine Vereinheitlichung, die als Bundesregelung nicht durchsetzbar scheint, wird auf der Ebene des Vollzuges entwickelt werden müssen, bis sie dann durch oberste Rechtsprechung in entsprechenden Widerspruchsverfahren bestätigt wird.

Ökologische Festsetzungen in Bebauungsplänen

Die erweiterte Berücksichtigung des Umweltschutzes in der Bauleitplanung erfordert einen Rahmen zur Orientierung, um die Belange im einzelnen sachgerecht abwägen zu können. Nach § 1 Abs. 1 BNatSchG sind Natur und Landschaft so zu pflegen, daß die Leistungsfähigkeit des Naturhaushaltes, die Nutzungsfähigkeit der Naturgüter, die Pflanzen- und Tierwelt sowie die Vielfalt, Eigenart und Schönheit von Natur- und Landschaft als Lebensgrundlage des Menschen und als Voraussetzung für seine Erholung nachhaltig gesichert sind. Daraus läßt sich ein Gliederungs- und Anwendungssystem für eine Absicherung der Umweltschutzbelange in der Bebauungsplanung — also für die Flächen, die besiedelt werden sollen — ableiten.

BODENSCHUTZ: Der Erhalt und die Schaffung einer größeren Durchlässigkeit der Böden innerhalb der Siedlungsflächen ist durch die Einführung von Grenzwerten der Bebaubarkeit durch Festsetzungen gem. § 9 Abs. 1 Nr. 1 BauGB in Verbindung mit der Baunutzungsverordnung zu erreichen, insbesondere durch die Festsetzung der Art und des Maßes der baulichen Nutzung über die **Geschoßflächenzahl** (GFZ) und die **Grundflächenzahl** (GRZ) nach den Zweckbestimmungen der verschiedenen Baugebiete. Die **Bodenversiegelung** in Baugebieten kann nach § 9 Abs. 1 Nr. 2 BauGB durch Regelung der Bauweise auch für die nicht überbaubaren Grundstücksflächen begrenzt werden. Die Zulässigkeit von Nebenanlagen kann zur eindeutigen Zweckbestimmung als **Grünfläche** dort eingeschränkt oder ausgeschlossen werden (§ 14 Abs. 1 Satz 3 BauNVO), und für die nicht überbaubaren Flächen eines Grundstückes kann die Festlegung eines Begrünungsanteils nach § 9 Abs. 1 Nr. 25 BauGB getroffen werden.

Der Erlaß einer kommunalen Satzung zur Gestaltung der **unbebauten Flächen** nach § 9 Abs. 1 Nr. 4 BauGB in Verbindung mit den jeweiligen Möglichkeiten der **Landesbauordnungen** regelt die Gestaltung dieser Flächen. Es ist nach § 82 Abs. 1 der Musterbauordnung (Fassung 1981) möglich, "nähere Bestimmungen über die Begrünung und Grünhaltung der nicht überbauten Flächen des bebauten Grundstücks zu treffen". Die Hamburgische Bauordnung von 1986 legt z. B. unter § 9 fest, unter welche Grundsätze die Bepflanzung und Herrichtung der unbebaute Fläche zu stellen ist; dabei wird in Abs. 4 auf den Grundsatz der "Wasserdurchlässigkeit des Bodens" hingewiesen. Ein weiteres Instrument ist die Kennzeichnung von Altlastenflächen nach § 9 Abs. 4 Nr. 3 BauGB.

PFLANZEN- UND TIERSCHUTZ: Für die Gestaltung der unbebauten Flächen gibt es über den Bebauungsplan hinaus das Instrumentarium der **Grünordnungspläne**. Sie umfassen den Schutz von Landschaftsräumen und **Biotopen**, Schutz von Einzelobjekten seltener Arten, Planung und Gestaltung von Grün- und Freiflächen, Bewahrung stadthistorisch bedeutsamer Grünstrukturen etc. Damit sind sie einerseits ein analytisches Instrument, das insbesondere bei der Bewertung der **Eingriffsregelung** von Bedeutung ist, andererseits aber ein gestalterisches Element für den Bereich der nicht überbaubaren Flächen in Baugebieten und der Freiräume insgesamt. Die Vorgaben des Grünordnungsplanes sind allerdings in der Regel nur dann rechtsverbindlich gegenüber "jedermann", wenn seine Inhalte in die Festsetzungen des Bebauungsplanes mit den genannten Möglichkeiten eingearbeitet werden.

Zur Sicherung des Bestandes und zur Absicherung einer weiteren standortgerechten Eingrünung ist nach § 9 Abs. 1 Nr. 25 BauGB das Anpflanzen und die Erhaltung von Bäumen und Sträuchern und sonstigen Bepflanzungen zu gewährleisten. Dazu gehört auch die Festsetzung von **Pflanzgeboten** nach § 9 Abs. 1 Nr. 25 BauGB in Verbindung mit § 178 BauGB. Zur Pflege, Erhaltung und weiteren Verbreitung von **Dach- und Fassadengrün** können nach § 9 Abs. 1 Nr. 25 BauGB Maßnahmen zu Fassaden- und Dachbegrünung festgesetzt werden. Innerhalb der zu gestaltenden Fläche sind auf der Grundlage von Grünordnungsplänen differenzierte Festsetzungen nach § 9 Abs. 1 Nr. 15 BauGB zur Schaffung und Erhaltung **öffentlicher Grünflächen** zu treffen. Mit dem Ziel der Erhaltung einer größtmöglichen Zahl naturnaher Flächen für die Entwicklung ungestörter Lebensformen und einer Vielzahl baulicher, vegetativer und anderer Pflegemaßnahmen — die Absicherung flächenhafter **Biotope** — ist der § 9 Abs. 1 Nr. 20 BauGB anwendbar, soweit dahingehende Festsetzungen nicht nach anderen Vorschriften getroffen werden können (BNatSchG etc.).

GEWÄSSERSCHUTZ: Rechtsgrundlage für die Erhaltung und naturnaher Gestaltung von **Gewässern** durch den Bebauungsplan ist die Festsetzungsmöglichkeit nach § 9 Abs. 1 Nr. 16 BauGB. Festgesetzt werden zunächst die Wasserflächen selbst. Für die naturnahe Gestaltung kommt auch der § 9 Abs. 1 Nr. 20 BauGB in Frage. Für die Rückhaltung von gefaßtem Niederschlagswasser liefert der § 9 Abs. 1 Nr. 20 eine rechtliche Grundlage, soweit die Anlagen nicht auch Maßnahmen umfassen, die auf der Grundlage des **Wasserhaushaltsgesetzes** genehmigungspflichtig sind.

LUFTREINHALTUNG, KLIMA- UND LÄRMSCHUTZ: Zur Reduzierung von Wärmeverlusten und Immissionsbelastung durch Haushalte durch die Festlegung hoher Nutzungs- und Wärmedichte liegen die Möglichkeiten der Bauleitplanung in der Ausrichtung der Baukörper (Nord-Süd-Orientierung der Hauptfassaden, Firstausrichtung etc.) und der Festlegung der Bauweisen nach § 9 Abs. 1 Nr. 2 BauGB (geschlossene Bauweisen, Baulinien). Für eine verstärkte Beachtung der Reduzierung der **Luftbelastung** durch Optimierung der Energieversorgung ist zu fragen, ob nicht nach § 9 Abs. 1 Nr. 24 auch Vorgaben zur erhöhten **Wärmedämmung** gemacht werden können. Zur Verbesserung der **Nahwärme**versorgung sind Versorgungsflächen für ortsbezogene Heizkraftwerke nach § 9 Abs. 1 Nr. 12 BauGB festzuschreiben, wobei der **Anschlußzwang** nach § 9 Abs. 1 Nr. 23 BauGB ebenfalls zu prüfen ist. Die Berücksichtigung des **Klimaschutzes** verweist auf die Baugebietsgliederung mit den Anforderungen an die Berücksichtigung von Frischluftschneisen und die Beachtung klimatischer wie auch kleinklimatischer Verhältnisse. Die **Lärmbelastung** der Haushalte ist zu reduzieren durch die Baugebietsgliederung in Verbindung mit der BauNVO (§ 9 Abs. 1 Nr. 1 BauGB und § 1 Abs. 4-9 BauNVO) sowie durch Festsetzung von **Emissions**beschränkungen im Rahmen der Baugebietsgliederung nach § 1 Abs. 4 BauNVO und durch Festsetzungen zum Schutz gegen schädliche Umwelteinwirkungen nach § 9 Abs. 1 Nr. 24 BauGB.

WEITERE UMWELTRELEVANTE FESTSETZUNGEN: Neben den schon beschriebenen Elementen des Natur- und Landschaftsschutzes zählt hierzu die Absicherung des Landschafts- und Stadtbildes zur Entwicklung eines eigenständigen Orts- und Siedlungsbildes, mit dem sich StadtbewohnerInnen identifizieren können. Von Bedeutung ist ferner die Festsetzung des Ausbaustandards von **Verkehrsflächen**. Wenn auch ein Bebauungsplan den Ausbau einer Straße nicht zu regeln hat, so läßt sich die Flächenbelastung durch Straßenbaumaßnahmen einschränken durch restriktive Darstellung der Straßenquerschnitte und Wegebreiten. Darüber hinaus sind die Festsetzungen über das Anpflanzen von Bäumen und Sträuchern sowie die Bindung für Bepflanzungen und den Erhalt von Bäumen und Sträuchern nach § 9 (1) Nr. 25 BauGB auch auf den ausgewiesenen Straßenverkehrsflächen möglich. Schließlich sollten auch Standorte für Wertstoffsammelcontainer, Flächen für dezentrale Kompostierung organischer Abfälle etc. festgesetzt werden.

Weiterentwicklung des Planungsrechtes?

BODENRECHTLICHE MÖGLICHKEITEN: Die städtebauliche Entwicklungsmaßnahme z. B. ist eine richtungsweisende Fortentwicklung des Planungsrechtes, die wegen der hier möglichen Abschöpfung des Bodenwertzuwachses für viele Gemeinden interessant ist und auch die Perspektiven für die Weiterentwicklung des Planungs- und Bodenrechtes weist. Besser wäre allerdings die Einführung eines "**zonierten Satzungsrechtes**" im BauGB gewesen, wie es im Herbst 1992 noch für das Wohnbaulandgesetz angestrebt wurde. Zielsetzung war, durch erhöhte Besteuerung des nicht bebauten, aber planungsrechtlich zu bebauenden Bodens eine schnellere Bebauung im Innenbereich liegender Grundstücke zu erreichen. Als zusammenfassende Maßnahme könnte u. U. eine bundeseinheitliche "**Bodenwertsteuer**" zur Auflösung der Ungleichheiten bei der Entwicklung der Bodennutzung beitragen.

ÖKOLOGISCHE ORIENTIERUNG DES PLANUNGSRECHTES: Die Absicherung der Grundsätze einer ökologisch orientierten Siedlungsstrukturentwicklung im System des Planungsrechtes zwingt heute immer noch zu einer Art "Grenzüberschreitung" des Verständnisses von Bauleitplanung. Die Einbringung der ökologischen Vorstellungen muß sich fragen, ob ein "Baugesetzbuch" ausreichend definieren kann, was sich als Notwendigkeit einer umweltgerechten Siedlungsentwicklung ergibt. Nicht selten werden deswegen Anwendungen abgeleitet, die den Überlegungen zur Einführung eines vorrangig auf das Bauen orientierten Baugesetzbuches seinerzeit nicht entsprochen haben werden, wie z. B. die Absicherung eines erhöhten Wärmeschutzes an Gebäuden durch den § 9 Abs. 1 Nr. 24. Eine weitergehende umfassende Verankerung der Grundsätze einer ökologischen Siedlungsstrukturentwicklung wird Korrekturen am Planungsrecht zur Folge haben, die vielleicht mit der Umschreibung "vom Bauplanungsrecht zum Bodennutzungsrecht" zu fassen sind und im Grundsatz die Umweltbelange vor das Abwägungsgebot eines Baugesetzbuch stellen, das alle Belange in gleicher Weise im Sinne einer "gerechten Abwägung" zu berücksichtigen hat.

Literatur

Baulandausweis zwischen Trägheit und Übereifer, LBS-Schriftenreihe Band 16, Hannover 1993
Fickert/Fieseler: Kommentar zur Baunutzungsverordnung, 7. Auflage 1992 (dgv)
Hinzen, A. u. a.: Umweltqualität und Wohnstandorte, Ratgeber für die Bebauungsplanung. Umweltbundesamt Berlin 1993
Niedersächsisches Sozialministerium (Hg.), Ökologische Festsetzungen in Bebauungsplänen, Arbeitsberichte zur städtebaulichen Planung, Oldenburg 1992
Schrödter, H. (Hg) u. a.: Baugesetzbuch-Kommentar, 5. Aufl. 1992 (Vahlen)
Stich/Poger/Steinebach, Stadtökologie in Bebauungsplänen

AKP-Artikel zum Thema

Bonny, H.-W.: Flächennutzungsplanung und Verkehr, in: Macht und Ohnmacht der Kommune. AKP-Sonderdruck zum Kommunalpolitischen Kongreß in Leipzig, 1992
Bruns-Sommerhage, C.: Inhalt und Folgen des Investitionserleichterungs- und Wohnbaulandgesetzes, in: AKP 1/1994, S. 32
Decken, O.: Papier der Staatskanzleien: Beschleunigung von Planung und Genehmigung, in: AKP 5/1993, S. 23
Goretzki, P: Besonnene Bauleitplanung — Für eine optimale Nutzung der Sonnenenergie, in: AKP 4/1990, S. 37
Interview zur Altstadtsanierung in Erfurt, in: AKP 1/1992, S. 26
Öko-Institut Darmstadt: Gutachten zu Wärmedämmstandards in Bebauungsplänen, in: AKP 2/1994, S. 54
Rahner, Th.: Kritik des Investitionserleichterungs- und Wohnbaulandgesetzes, in: AKP 2/1993, S. 47
Rahner, Th.: Investitionserleichterungsgesetz in Kraft, in: AKP 3/1993, S. 25
Schneidewind, M.: Zur novellierten Baunutzungsverordnung, AKP 2/1990, S. 45
Schrader, Chr.: Altlasten im Bauplanungsrecht — Was können und müssen Gemeinden tun?, in: AKP 4/1993, S. 35

Ulrike Heinz, Andreas Kämper, Wolfgang Kiehle,
Christian Schmidt, Rainer Stücker

Wohnungspolitik

Seit Ende der 80er Jahre spitzt sich in der Bundesrepublik die **Wohnungsnot** wieder zu. Sie ist jedoch nicht wie nach dem 2. Weltkrieg über alle Einkommensgruppen gleichmäßig verteilt. Es fehlen insbesondere preiswerte Wohnungen — und Vermieter, die für stigmatisierte Gruppen wie Junge, Alte, Alleinerziehende, kinderreiche Familien, AusländerInnen Wohnraum anbieten. Die Zahl der Menschen, die über keine Wohnung verfügen oder die sogar auf der Straße leben müssen, steigt ständig. Anfang 1994 sind dies etwa 1 bis 1,5 Millionen Menschen.

Verknappung des preiswerten Wohnraums

Die tieferen Ursachen der **Wohnungsnot** liegen in einer in ihren Grundannahmen falschen Wohnungspolitik. Falsch ist insbesondere die Annahme, daß untere Einkommensgruppen und stigmatisierte Haushalte sich dauerhaft ohne einen regulierten Wohnungsteilmarkt ausstatten können. Stattdessen wird die Gruppe derjenigen, die sich nicht mehr selbst auf dem Wohnungsmarkt ausreichend versorgen können, immer größer. Dies hat wesentlich mit einer zunehmend ungleichen Verteilung von Arbeit, Einkommen und Vermögen zu tun. Die Reduzierung der Nettolöhne wirkte sich verheerend auf das Einkommen besonders der unteren Lohngruppen aus. Die Miet- und Mietnebenkosten stellen auf der Ausgabenseite der privaten Haushalte den größten Posten dar. Sie belasten nicht nur die Arbeitslosenhaushalte, sondern stellen bereits für die unteren Lohngruppen eine ernstzunehmende Bedrohung ihrer Existenz dar — insbesondere in den Ballungsräumen. Man spricht hier bereits von Armut trotz Erwerbstätigkeit. Belegt wird dies durch die steigende Zahl der Wohnungslosen, die einer geregelten Beschäftigung nachgehen.

BUNDESPOLITISCHE URSACHEN: Daneben hat das große Ausmaß der **Wohnungsnot** vor allem auch Ursachen in der Wohnungspolitik der Bundesregierung:
— Von den im Jahre 1985 gebundenen vier Mio. Sozialwohnungen verlieren kontinuierlich bis Mitte der 90er Jahre alle bis auf 700.000 ihre **Mietpreis- und Belegungsbindungen**.
— Durch die Streichung des Wohnungsgemeinnützigkeitsgesetzes 1990 verloren 3,4 Mio. Wohnungen (dies entspricht fast einem Viertel aller Mietwohnungen) ihre **Mietpreisbindung**.
— Die Unterbrechung der Förderung des sozialen Wohnungsbaus durch den Bund in der zweiten Hälfte der 80er Jahre hat dazu geführt, daß die Nachfrage der sozialwohnungsberechtigten Haushalte nicht mehr befriedigt werden kann.
— Die ab Anfang der 90er Jahre wiederaufgenommene Förderung des **sozialen Wohnungsbaus** läßt vorwiegend Bindungen von nur kurzer Dauer entstehen.
— Die (steuerlich geförderte) Umwandlung von Miet- in Eigentumswohnungen hat wesentlich zum Mangel an preiswerten Mietwohnungen beigetragen.
— Die Liberalisierung der Mieten bei freifinanzierten Wohnungen hat auch hier zu erheblichen Mietsteigerungen geführt; zudem werden gesetzliche Vorschriften bei der Neuvermietung vielfach nicht eingehalten und Verstöße von den Behörden nicht verfolgt.

Dazu kommt eine sozial ungerechte und — bezogen auf die Beseitigung von Wohnungsnot — ineffektive Fördersystematik. So wird der soziale Mietwohnungsbau durch den Bund nur zu einem Bruchteil der Finanzmittel gefördert wie die Schaffung von Wohnungseigentum. So stellt z.B. der Münchner Armutsbericht fest: "45% der direkten und indirekten Wohnungsbausubventionen fließen dem obersten Fünftel der Einkommensbereiche zu, dem unteren Fünftel dafür nur 5%." (nach Holtmann/Killisch) Gleichzeitig heizt die Form der derzeitigen Eigentumsförderung den **Flächenkonsum** an; sie erfolgt völlig unabhängig vom Bedarf. Je größer das Grundstück, je größer die Wohnung, desto höher der Steuerverzicht des Finanzministers. Völlig absurd in diesem System ist die steuerliche Förderung der **Umwandlung von Miet- in Eigentumswohnungen**, die zwar seit Anfang 1994 reduziert wurde, gleichwohl weiterbesteht. Dadurch wird nicht eine einzige Wohnung neu erbaut, vielfach führt sie zur Verdrängung von Mieterhaushalten. Das Wohngeld erreicht im wesentlichen nur das untere Einkommensfünftel, bereits mittlere Einkommensgruppen fallen durch die Maschen der Wohnungsbauförderung. Die gesamte staatliche Wohnungsbauförderung fördert das obere Einkommensfünftel genauso stark wie das untere.

NACHFRAGEBESTIMMENDE FAKTOREN: Die Verknappung des Angebots von Wohnraum hat ihre Ursache auf der Nachfrageseite in einem kontinuierlichen Anstieg des **Wohnflächenverbrauchs**. Für Westdeutschland liegt er bei etwa 1 % jährlich, wobei der Zuwachs im oberen Einkommensfünftel etwa doppelt so hoch ist wie im unteren Fünftel. Die Steigerung der Nachfrage geht auch auf eine Verringerung der durchschnittlichen Haushaltgröße zurück. Diese hatte sich bereits von Ende der 60er Jahre bis Ende der 70er Jahre von 3,0 auf 2,4 verringert und ist seitdem — vor allem in den Großstädten — weiter rückläufig. Aufgrund des langandauernden Trends hin zu Einpersonenhaushalten machen diese in vielen Großstädten bereits mehr als die Hälfte aller Haushalte aus. Während in früheren Jahren die klassische Vater/Mutter/Kind-Familie die Zusammensetzung der Haushalte prägte, haben wir es heute mit gänzlich anderen Haushaltstypen zu tun, vor allem mit Alleinerziehenden- und Singlehaushalten. Vielfach wird diese, auch "**Singularisierung**" genannte, Entwicklung bedauert und mit Vereinsamung und sozialer Kälte gleichgesetzt. Sie ist jedoch im wesentlichen eine Folge von Emanzipationsbestrebungen — vor allem von Frauen (vgl. Ruth Becker). Die Einpersonenhaushalte verfügen jedoch häufig nur über ein geringes Einkommen. Gleiches gilt für die Alleinerziehenden. Bei dieser Gruppe erschweren die mangelnden öffentlichen Kinderbetreuungsmöglichkeiten die volle Erwerbstätigkeit und schmälern damit das Einkommen. Auch die Rentner und dabei wieder insbesondere die Rentnerinnen sind benachteiligt. Stirbt der früher erwerbstätige Ehepartner, verringert sich das ohnehin geringe Einkommen weiter. Die meist betroffenen alten Frauen haben kaum Möglichkeiten, zusätzliches Einkommen zu erzielen. Sie geraten bei Mieterhöhungen in existentielle Notlagen.

Besonderheiten in den ostdeutschen Ländern

Die Umwandlung der zentralstaatlichen Wohnungswirtschaft der DDR in die kapitalistische Marktwirtschaft und die dadurch bedingten Probleme werden noch jahrzehntelang die Wohnungspolitik der Kommunen in den neuen Ländern bestimmen. Vor allem ungeklärte Eigentumsverhältnisse und die strittige **Altschuldenlast** behindern notwendige Instandsetzungs- und Modernisierungsinvestitionen ebenso wie den Wohnungsneubau.

Die Verfassung der DDR hatte ihren BürgerInnen ein Recht auf Wohnraum garantiert. Bis Ende der 60er Jahre war die Wohnungsversorgung in der DDR zumindestens quantitativ besser als in der BRD. Erst in den 70er Jahren kam es wegen des Verfalls der Wohnungsaltbestände und dem Trend hin zu Einpersonenhaushalten zu Engpässen. Die Folge war der forcierte Bau der **Plattenbau-Großsiedlungen** mit ihren bekannten Mängeln: monotone Gestaltung, mangelnde Infrastruktur etc. 1989 war das Verhältnis der Anzahl der Wohnungen zur Bevölkerungszahl in Ost und West nahezu gleich. Während allerdings im Westen für jede Person 36,5 qm zur Verfügung standen, waren dies im Osten nur 28,1 qm. Auch ansonsten war die qualitative Ausstattung im Osten insgesamt niedriger. Außerdem waren von den ca. sieben Millionen vorhanden Wohnungen 1,5 Millionen dringend instandsetzungsbedürftig, etwa eine halbe Million Wohnungen waren unbewohnbar.

Im **Einigungsvertrag** ist 1990 der Grundsatz "Rückgabe vor Entschädigung" festgeschrieben worden. Die Folge: Bis Ende 1992 lagen 1,7 Millionen Rückgabeanträge für Gebäude oder Grundstücke vor. Mehr als drei Viertel aller Altbaumietwohnungen sind von diesen Rückforderungen betroffen. Auch Neubauten stehen auf Grundstücken — teilweise mitten auf Grenzen —, für die Rückgabeanträge vorliegen. Bis die Grundbücher in Ordnung und die Eigentumsansprüche geklärt sind, werden noch Jahre vergehen. Bis dahin wird kaum jemand investieren. Dringend erforderliche Bestandssanierungen werden auf diese Weise behindert. Die Novelle des Vermögensgesetzes (VermG) und das **Investitionsvorranggesetz** (InvG) vom 22. Juli 1992 erlauben es jedoch den Kommunen, die Investitionswilligkeit der Alteigentümer zu prüfen und bei dessen Fehlen an investitionswillige Interessenten zu verkaufen. Der Erlös ist an den **Alteigentümer** weiterzuleiten. Hier wäre zu prüfen, ob die Kommune durch die Förderung genossenschaftlicher Investitionskonzepte Hindernisse für dringend benötigte Sanierungen beseitigen kann.

Ebenfalls im Einigungsvertrag wurde der vormals volkseigene Wohnungsbestand den Kommunen übertragen — allerdings auch die gleichzeitige Übernahme der anteiligen Schulden in

Höhe von über 50 Mrd. DM. Die durchschnittliche **Altschuld** pro Wohnung beträgt 23.000 DM, bei jüngeren Neubauwohnungen kann es jedoch durchaus auch das Dreifache sein. Die ostdeutschen Kommunen und der Deutsche Städtetag vertreten weiterhin die Auffassung, daß es sich bei den **Altschulden** um Zuweisungen aus dem Staatshaushalt der alten DDR handelt, die vom Bund hätten übernommen werden müssen. Inzwischen ist das sogenannte **Altschuldenhilfe-Gesetz**, der Artikel 39 des Gesetzes zur Umsetzung des Förderalen Konsolidierungsprogramms (FKPG), in Kraft getreten. Um das Investitionshemmnis zu mindern, das die Altschulden bewirken, hat der Bund sich darin verpflichtet, einen Teil der Altschulden zu übernehmen. Die Kommunen konnten auf Antrag (bis 31.12.93) den eigenen Anteil an den Altschulden pro Quadratmeter auf 150 DM begrenzen. Den Rest und bis Mitte 1995 auch die Zinsen übernimmt der Bund, allerdings keinesfalls ohne Gegenleistung: Beansprucht eine Kommune die Altschuldenhilfe, muß sie eine grundsätzliche Schuldanerkenntnis leisten und sich verpflichten, 15% ihres Wohnungsbestandes bis zum Jahr 2003 zu privatisieren. Der Verkauf soll vorrangig an die Mieter erfolgen, was jedoch bei den geringen Einkommen vieler Haushalte völlig unrealistisch ist. In den Jahren 1991 und 1992 ging nur ein knappes Drittel aller verkauften Wohnungen in das Eigentum der Mieter über. Da die Kommunen zudem unter Verkaufsdruck stehen — je schneller sie verkaufen, desto größer ihr gesetzlicher Anteil an den Einnahmen —, ist der Verkauf an Großinvestoren absehbar.

Mit dem Altschuldenhilfe-Gesetz sind die Länder ermächtigt worden, in Gebieten mit der Gefahr von Unterversorgung mit preiswerten Mietwohnungen durch Rechtsverordnung sicherzustellen, daß bis zu 50% der Wohnungen, für die Altschuldenhilfe gewährt wird, mit **Belegungsrechten** nach dem Wohnungsbindungsgesetz ausgestattet werden. Hierdurch erhalten ostdeutsche Kommunen gegebenenfalls ein wirksames Instrument zum Erhalt preiswerter Mietwohnungen. Dies ist umso wichtiger, als die Belegungsbindungen im Altbaubestand 1995 auslaufen und die ostdeutschen Kommunen dann — mit Ausnahme von einigen wenigen neuen Sozialwohnungen — über keinerlei belegungsgebundenen Wohnraum mehr verfügen.

Insgesamt ist zu befürchten, daß sich durch die beschriebenen Bedingungen der Mietwohnungsbestand weiter verringern wird und die Mietkosten weiter ansteigen werden. Schon Ende 1991 bezogen etwa 30% aller ostdeutschen Mieter Wohngeld, konnten also die Mietkosten nicht aus eigenem Einkommen bestreiten. Durch das geplante Auslaufen der Regelungen nach dem **Wohngeldsondergesetz** am 31.12.94, das die niedrigeren Einkommen in den neuen Ländern berücksichtigt, wird die Mietkostenbelastung der Einkommensschwächsten noch erheblich ansteigen. Umso wichtiger ist es, auch in den ostdeutschen Ländern einen möglichst großen Teilmarkt preisgünstiger Mietwohnungen zu erhalten.

Soziale Folgen der Wohnungsnot

Die Folgen der **Wohnungsnot** für die Betroffenen ist kaum Diskussionsgegenstand und wird nur ausnahmsweise untersucht. Der öffentliche Schock über das quantitative Ausmaß der Wohnungsnot zu Beginn der 90er Jahre ist bei den Verantwortlichen in eine Gewöhnung an "Wohnungsnot als Dauerzustand" übergegangen. Wie auch bei anderen sozialen Problemen ist das tatsächliche Ausmaß von Wohnungsnot für die Öffentlichkeit im wesentlichen unsichtbar. Diejenigen, die kein Dach über dem Kopf haben, bemühen sich überwiegend eigenständig um verschiedenste provisorische Unterbringungsmöglichkeiten, so daß sie weder in der Öffentlichkeit noch in den offiziellen Statistiken als **Obdachlose** in Erscheinung treten. Dies bedingt die allgemeine Unterschätzung der massiven negativen sozialen Folgen von Wohnungsnot (und auch der hierdurch verursachten Folgekosten für die öffentlichen Haushalte).

Durch die Fachdebatte zu Beginn der 80er Jahre wurden die sozialen Folgen der Unterbringung in Obdachlosenunterkünften, Wohnheimen, Übernachtungsstellen öffentlich angeprangert und anerkannt. Viele kommunalen Obdachlosenunterkünfte wurden aufgelöst. Im Zuge der neuen Wohnungsnot wurde die langfristige Heimunterbringung für **AsylbewerberInnen** und AussiedlerInnen jedoch wieder zur Normalität. Hinzu kam die Einweisung alleinstehender Wohnungsloser in teure Hotels und Pensionen mit unzumutbaren Wohnbedingungen. Da die sozialen Auswirkungen dieser Unterbringungsformen umfassend untersucht wurden (vgl. z.B. auch Iben, G. und Specht-Kittler, T.), soll hier schwerpunktmäßig auf neuere Entwicklungen eingegangen werden.

Eine Folge der neuen Wohnungsnot ist, daß "Unterkunft" bei Freunden, Bekannten, Eltern und Kindern gesucht wird. Die sozialen Folgen dieser Form der Wohnungsnot werden in der Regel unterschätzt. Hierzu zwei Zitate: "Die Aufnahme der Wohnungslosen bei Freunden, Bekannten, Verwandten, Eltern, Kindern und die dadurch bedingten beengten Wohnverhältnisse haben häufig die Eskalation von Konflikten zur Folge und sind selten von langfristiger Dauer. Dies hat zur Folge, daß die wohnungslosen Personen gezwungen sind, ihren Aufenthaltsort häufig zu wechseln. Sie ziehen entweder von einem Bekannten zum nächsten oder sie gleiten, wenn die Unterstützungsnetze ausgereizt sind, von diesem Wohnstatus in die Wohnungslosigkeit ab. Der häufige Wechsel der Aufenthaltsorte bringt es zugleich mit sich, daß sich die Betroffenen kein Lebensumfeld aufbauen können.(...) Bei Bekannten zu schlafen, ist für Frauen in Wohnungsnot gleichzusetzen mit dem vollständigen Ausgeliefertsein und sexueller Verfügbarkeit." (Landessozialbericht) "Wenn junge Frauen ihr Elternhaus nicht verlassen können, obwohl sie das wollen, wenn geschiedene Frauen zum weiteren Zusammenleben mit dem ehemaligen Partner gezwungen sind, dann ist das oft mit physischer und/oder psychischer Gewalt verbunden. Nicht immer hinterläßt dies sichtbare Spuren — aber es verhindert bzw. erschwert die eigenständige Entwicklung, die Emanzipation der Betroffenen, die in den in unserer Gesellschaft vorherrschenden patriarchalen Verhältnissen nur durch räumliche Trennung möglich ist." (Ruth Becker)

Erheblich unterschätzt werden weiterhin die massiven Auswirkungen der Wohnungsnot auf alle Einrichtungen der Jugend-, Sozial- und Gesundheitshilfe, insbesondere dann, wenn diese Hilfen in besonderen Einrichtungen und Heimen angeboten werden. Mit zunehmender Wohnungsnot tritt der Aspekt, hier immerhin ein "Dach über dem Kopf" zu haben, mehr und mehr in den Vordergrund: Klienten verlassen diese Einrichtungen nicht nach abgeschlossener Hilfe, weil sie keine Wohnung finden, zugleich werden Personen aufgenommen, die nicht die Hilfe, aber ein "Dach über den Kopf" benötigen, weil darin zunehmend öfter die einzige Möglichkeit gesehen wird, schwere soziale und gesundheitliche Gefährdungen abzuwenden. **Soziale Einrichtungen** übernehmen dadurch immer häufiger eine Vorsorgefunktion für **Wohnungsnotfälle**. Psychische, familiäre, soziale, berufliche und gesundheitliche Probleme einerseits und das Fehlen einer ausreichenden Unterkunft andererseits bedingen und stabilisieren sich oft gegenseitig. Aufgrund der verstärkten Wohnungsnot verschärfen sich auch die sozialen Probleme (vgl. Landessozialbericht). Die Träger sozialer Arbeit sahen sich daher zum Teil gezwungen, von sich aus das Problem Wohnungsnot öffentlich zu thematisieren, um weiterhin ihren eigentlichen Aufgabenstellungen gerecht werden zu können. Sie sind damit ein wichtiger Bündnispartner für diejenigen geworden, die für die Durchsetzung geeigneter Maßnahmen gegen Wohnungsnot streiten.

In diesem Bereich besteht im übrigen auch ein Zusammenhang zwischen den negativen sozialen Folgen für die von Wohnungsnot Betroffenen und den sogenannten "externen Kosten" der Wohnungsnot, die durch an sich nicht erforderliche hohe Unterbringungskosten in entsprechenden Einrichtungen entstehen. So hat sich z.B. bereits im Zeitraum von 1988 bis 1990 die durchschnittliche Verweildauer in Übergangsheimen für psychisch Kranke von etwa neun Monate auf fünfzehn Monate in Nordrhein-Westfalen verlängert. Wer Bewegung in die Auseinandersetzung um Wohnungspolitik bringen will, sollte deshalb Forderungen in Richtung einer "**Sozialbilanz**" von Wohnungsnot" (bzw. notfalls einer "Kostenbilanz") stellen. Positive Beispiele sind der zitierte Landessozialbericht aus NRW oder auch der Bericht "Wohnungsnot" des Landschaftsverbandes Westfalen-Lippe. Auch auf kommunaler Ebene können entsprechende Berichte eingefordert oder bei Widerstand der Kommune mit Trägern sozialer Arbeit erstellt werden.

Grundsätzliche Ziele und Instrumente kommunaler Wohnungspolitik

Es liegt nicht in der Hand der Kommunen, das Problem der Wohnungsnot zu "lösen". Der dargestellte Hintergrund zeigt, daß die kommunalen Handlungsspielräume eng begrenzt sind. Sie bieten jedoch, konsequent angewandt, die Möglichkeit für erhebliche Verbesserungen. Die kommunal anwendbaren Instrumente zur Wohnbauförderung und -sicherung umfassen u.a. die Anwendung gesetzlicher **Vorkaufsrechte** (§§ 24ff BauGB), die **Erhaltungssatzung** (§ 172 BBauGB) und das **Zweckentfremdungsverbot**, ferner Maßnahmen kommunaler **Liegenschaftspolitik** (§ 165 BBauGB), die **Wohnungsaufsicht** sowie die Verbesserung der Bestandsnutzung.

Die Kommunen müssen darüber hinaus eine Verbesserung der Rahmenbedingungen einfordern. Die Wohnungsbauförderung muß sich von der Förderung des Wohnungseigentums lösen, mit der Milliardenbeträge ohne Gegenleistung (z.B. Sozialbindungen) vergeben werden. Nach dem Prinzip "Einmal gefördert — dauerhaft sozial gebunden" müssen Sozialwohnungen geschaffen werden, die für ihre gesamte Nutzungsdauer Haushalte versorgen können, die auf dem freien Wohnungsmarkt kaum eine Chance haben. Gesetzliche Regelungen zur Erschwerung der Umwandlung von Miet- in Eigentumswohnungen und zur Einschränkung von Mieterhöhungen wären weitere Forderungen. Dringend erforderlich ist darüber hinaus eine gesetzliche Verpflichtung der kommunalen Aufsichtsbehörden, rechtswidrige Mietpreisüberhöhungen zwingend zu verfolgen.

Wesentlich für den Erfolg kommunaler Wohnungspolitik ist eine klare Zielbestimmung. Dies ist umso wichtiger, da die verschiedenen einzelnen Handlungsansätze nur in ihrer koordinierten Anwendung wirklich greifen.

— Zentral ist die Orientierung auf die Bedarfsgruppen, die sich am Wohnungsmarkt nicht aus eigener Kraft versorgen können.
— Notwendig ist auch die Vorsorge für Bevölkerungsgruppen, die sich zwar noch selber versorgen können, für die jedoch besonders in den Ballungsräumen die notwendigen Flächen fehlen.
— Vordringlich ist es in jedem Fall die **Bestandssicherung**, also der Erhalt bestehender Wohnungen, da der Neubau im Verhältnis zum Bestand eine eher untergeordnete Rolle spielt.
— Schließlich ist ein "qualitativer" Neubau erforderlich, der keinesfalls besonders teuer sein muß, ja auf unsinnige Standards verzichten kann, aber eine intelligente, sinnvolle Nutzungsmischung ermöglicht. **Schlichtwohnungen** sind demgegenüber abzulehnen.

Sicherung des Mietwohnungsbestandes

In den Ballungsgebieten der Bundesrepublik ist eine ausreichende Versorgung mit angemessenem Wohnraum für untere und mittlere Einkommensgruppen nicht gewährleistet. Das ohnehin zu geringe Angebot an preiswerten Mietwohnungen ist zudem in seinem Bestand bedroht: auslaufende Sozialbindungen, Modernisierungsmaßnahmen verbunden mit Mieterhöhungen, die Umwandlung von Miet- in Eigentumswohnungen oder die Zweckentfremdung als Gewerberäume führen zu einer Verdrängung der bisherigen Wohnbevölkerung. Auf kommunaler Ebene müssen daher alle Möglichkeiten einer wirksamen **Bestandsicherung** offensiv und koordiniert genutzt werden. Bei der Anwendung der bestehenden Instrumente in der Praxis sind allerdings zahlreiche Defizite festzustellen. Diese haben ihre Ursachen teilweise in unbestimmten Rechtsbegriffen, teilweise in den sehr arbeitsaufwendigen Verfahren. Darüber hinaus stehen in der Regel für die gesetzlich vorgesehenen Ersatzvornahmen keine ausreichenden kommunalen Finanzmittel zur Verfügung.

ERHALTUNGSSATZUNGEN: Besonders bedroht von Umwandlung und modernisierungsbedingten Mieterhöhungen sind innenstadtnahe Quartiere mit einem hohen Anteil an nicht sanierten Altbauten bzw. bald aus der Bindung laufenden Sozialwohnungen. Eine Möglichkeit, die Verdrängung der MieterInnen zu verhindern, bietet die **Erhaltungssatzung** nach § 172 BauGB. Damit können Gebiete bestimmt werden, in denen für den Abbruch, einen Umbau oder eine Nutzungsänderung von Gebäuden die Genehmigung der Gemeinde erforderlich ist. Zulässig sind Erhaltungssatzungen zur Erhaltung der städtebaulichen Eigenart eines Gebietes, zur Erhaltung der Zusammensetzung der Wohnbevölkerung (Milieuschutzsatzung) oder bei städtebaulichen Umstrukturierungen. Besondere Bedeutung in sozialpolitischer Hinsicht hat die sogenannte **Milieuschutzsatzung** (§ 172 Abs.1 Satz 1 Nr.2 BauGB). Schon die befürchtete Verdrängung der bisherigen Wohnbevölkerung ist ausreichend für den Erlaß einer Satzung. Dabei ist es nicht erforderlich, daß die Wohnbevölkerung im Vergleich zu anderen Wohngebieten Besonderheiten aufweist; ausreichend ist, daß sich die Zusammensetzung der Bevölkerung "praktisch bewährt" hat. Allerdings rechtfertigen nicht allein soziale Gründe oder solche des Mieterschutzes den Erlaß einer Erhaltungssatzung; hinzukommen muß die Verhinderung unerwünschter städtebaulicher Folgen. Dies sind beispielsweise Probleme der Wohnungsversorgung oder der Baulandbereitstellung, die mangelnde Auslastung der im Erhaltungssatzungsgebiet vorhandenen Infrastruktur oder das Entstehen städtebaulicher Mißstände (§ 136 Abs. 2 und 3 BauGB). In Erhaltungssatzungsgebieten bedürfen sämtliche Änderungen an Gebäuden der Genehmigung. So können beispielsweise Modernisierungsmaßnahmen nur durchgeführt werden, wenn die daraus resultierende Mietsteigerung nicht zur Verdrängung der bisherigen Wohnbevölkerung führt. Die Umwandlung von Mietin Eigentumswohnungen kann mittels einer Erhaltungssatzung aber nicht unmittelbar verhindert werden. Lediglich durch die Beschränkung von Modernisierungsmaßnahmen kann die Attraktivität für Umwandler verringert werden. Die bisherigen Erfahrungen mit Milieuschutzsatzungen zeigen, daß der frühzeitige Erlaß einer Satzung erforderlich ist, um rechtzeitig Verdrängungsprozessen entgegenzuwirken und damit die Spekulation im Vorfeld weitgehend zu verhindern.

DIE MIETPREISÜBERWACHUNG: Überhöhte Mietpreise, vor allem bei neu abgeschlossenen Mietverträgen, sind in den vergangenen Jahren zu einem Massenphänomen geworden. Nach § 5 Wirtschaftsstrafgesetz (WStG) ist eine Miete dann ordnungswidrig überhöht, wenn sie um mehr als 20% über der ortsüblichen Vergleichsmiete liegt. Die Ordnungswidrigkeit kann mit einer Geldbuße bis zu 100.000,- DM geahndet werden. Im übrigen haben die MieterInnen Anspruch auf Erstattung der zuviel entrichteten Miete. Nur wenige Kommunen — beispielsweise Frankfurt — verfolgen diese Ordnungswidrigkeiten von Amts wegen effektiv. Breite Aufklärungsarbeit der Wohnungsbehörden, die Aufforderung an MieterInnen, bestehende Rechte wahrzunehmen, und eine engagierte rechtliche Beratung sind hier dringend geboten. Dies würde zu einer im Einzelfall oft erheblichen finanziellen Entlastung der MieterInnen beitragen; die konsequente Verfolgung von Verstößen würde darüber hinaus auch präventiv wirken. Dazu ist in aller Regel eine deutlich bessere finanzielle und personelle Ausstattung der **Wohnungsbehörden** erforderlich.

ZWECKENTFREMDUNG: Die Länder sind nach Art. 6 des **Mietrechtsverbesserungsgesetzes** vom 4.11.1971 berechtigt, durch Verordnungen Gemeinden zu bestimmen, in denen die **Zweckentfremdung** von Wohnraum genehmigungspflichtig ist. Als Zweckentfremdung gilt die Umnutzung von Wohnraum zu gewerblichen Zwecken, der Abriß von Wohngebäuden und der längere Leerstand. Genehmigungen zur Zweckentfremdung können befristet, bedingt oder unter Auflagen erteilt werden. So kann beispielsweise die Genehmigung an die Bedingung geknüpft werden, daß Ersatzwohnraum geschaffen wird, der hinsichtlich Größe, Miethöhe und Nutzung dem bisherigen Wohnraum entspricht. Auch ein kommunales Belegungsrecht ist zulässig. Ungenehmigt zweckentfremdeter Wohnraum muß wieder einer Wohnungsnutzung zugeführt werden. Im Falle eines Verstoßes kann eine Geldbuße bis zu 100.000,- DM verhängt werden. Nur durch eine restriktive Anwendung dieser Verordnung und durch eine konsequente Verfolgung der Verstöße kann der Wohnungsbestand gegen Zweckentfremdung geschützt werden.

WOHNUNGSAUFSICHT, MODERNISIERUNGS- UND INSTANDSETZUNGSGEBOT: Durch die **Wohnungsaufsichtsgesetze** der Länder sind die Gemeinden in der Lage, Mindestanforderungen in Hinsicht auf die bauliche Beschaffenheit von Wohnraum durchzusetzen und eine ordnungsgemäße Instandhaltung und die Anpassung an zeitgemäße Standards sicherzustellen. In die gleiche Richtung zielt das **Modernisierungs- und Instandsetzungsgebot** (§ 177 BauGB). Wenn ein Gebäude "Mängel" oder "Mißstände" aufweist, kann die Gemeinde den Eigentümer zur Behebung der Mängel verpflichten; der Eigentümer muß die Kosten der Instandhaltung selbst tragen, sofern diese durch die laufende Bewirtschaftung gedeckt sind.

ANKAUF VON BELEGUNGSRECHTEN IM BESTAND: Der Ankauf von **Belegungsrechten** im Bestand soll der Sicherung bestehender Mietverhältnisse dienen. Die möglichen Maßnahmen sind jedoch unterschiedlich zu bewerten (vgl. IWU-Studie "Sicherung der Wohnungsversorgung durch kommunalen Erwerb von Belegungsbindungen", 1991, Untersuchungen in 12 Großstädten). Wenig effektiv ist der Erwerb von Belegungsrechten nach Ablauf der Sozialbindung, da dies einer doppelten Subventionierung gleichkäme. Wegen überhöhter Preise und hoher Instandsetzungskosten ist auch der Ankauf von Altbauten durch Feuerwehr- oder Interventionsfonds problematisch (z.B. in Kassel). Durch die parlamentarische Anbindung, die jedoch politisch unabdingbar ist, und die damit verbundene öffentliche Debatte wird der Preis immer in die Höhe getrieben. Effektiver sind dagegen Verträge mit Wohnungsunternehmen, vorwiegend mit kommunalen Gesellschaften. So ist z.B. in Frankfurt vertraglich geregelt, daß die Belegung aller Sozialwohnungen, auch die der privaten Träger, durch die kommunale Wohnungsvermittlungsstelle erfolgt. Dies ist die Voraussetzung für die Vergabe von Fördermitteln. Die Anmietung von Wohnungen durch die Kommune zur Unterbringung von **Obdachlosen** ist nicht nur für die Betroffenen vorteilhaft, sondern auch wesentlich billiger als die Unterbringung in Hotels.

Vermeidung von Obdachlosigkeit

Obdachlosigkeit nur ordnungsrechtlich beseitigen zu wollen, greift nicht nur zu kurz, sondern verursacht auch weitere Probleme und erhöhte Folgekosten.

EINRICHTUNG VON ZENTRALEN FACHSTELLEN: In der Regel ist das Ordnungsamt für die Unterbringung von wohnungslos gewordenen Personen/Haushalten, das Sozialamt für die Mietschuldenübernahme nach § 15a BSHG, das Wohnungsamt für die Wohnungsvermittlung und -belegung und die sozialen Dienste (Jugendamt, Gesundheitsamt, Sozialamt) für die präventive (Sozial-)Arbeit zuständig. Die Zersplitterung begünstigt Kompetenzstreitigkeiten, Reibungsverluste, zeitliche Verzögerungen, Abschiebung von Verantwortung, die Erklärung für Nichtzuständigkeit, das "Hin- und Herschieben" der Klienten und somit indirekt die "Produktion von Wohnungslosen". Potenziert wird die so gegebene Ineffektivität oft durch eine dezentrale Aufgabenerledigung (Aufgaben nach § 15a BSHG und Wohnungsvermittlungen in den Bezirksämtern). Eine Änderung und Verbesserung der bisherigen Organisationsform durch die Etablierung einer **Fachstelle für Wohnungserhalt und Wohnungssicherung** ist überfällig. Indem die MitarbeiterInnen der Fachstelle die Gesamtverantwortung für einen "Fall" tragen, kommt es nicht zu einem Abschieben der Verantwortung. Stattdessen wird versucht, den "Fall" vorbeugend zu lösen, die Wohnung zu erhalten, so daß der Haushalt oder die Person später nicht untergebracht werden muß. Die Einrichtung der Fachstelle muß allerdings von einer Modernisierung, Sanierung und Transformation der bestehenden Obdachlosenunterkünfte in verbesserte Mietwohnverhältnisse und der Verhinderung von neuen sozialen Brennpunkten begleitet werden. Die Fachstelle ist zuständig für alle Haushalte, also Familien, Alleinerziehende, Alleinstehende, Wohn- und Lebensgemeinschaften, die von Wohnungs- und Obdachlosigkeit potentiell bedroht oder aktuell betroffen sind. Ziel der Arbeit muß die Verhinderung von Wohnungsverlusten, die angemessene Versorgung der Haushalte mit Wohnraum, dauerhaft gesicherte Wohnverhältnisse und die Versorgung von Personen, die akut von Obdachlosigkeit betroffen sind, sein.

Aufgaben der Fachstelle wären (in Anlehnung an den Deutschen Städtetag und die KGSt) die Sicherstellung des Informationsflusses über drohende Wohnungsverluste, die Kontaktaufnahme (aufsuchende Hilfen) mit von Wohnungsverlust bedrohten Haushalten, die persönliche Beratung, Betreuung und Unterstützung der Haushalte, finanzielle Hilfen für Wohnungssicherung und -erhalt, z.B. durch Leistungen nach § 15a BSHG und § 72 BSHG. Hinzu kommen Hilfen zur dauerhaften und angemessenen Wohnungsversorgung, vorübergehende Unterbringung, Verwaltung von Wohnraum und Unterkünften, Akquirierung von Wohnraum, die Zusammenarbeit und Kooperation mit freien Trägern, Initiativen, Selbsthilfegruppen und Wohnungswirtschaft. Wichtig ist auch die Beteiligung und das Einbringen von Informationen und Erkenntnissen in den Prozeß der Sozial- und Stadtentwicklungsplanung. Theoretisch bieten sich als Anbindungsämter das Sozial- oder Wohnungsamt an. Aufgrund der Nähe zum Wohnungsmarkt und zur Wohnungswirtschaft ist die Anbindung an das Wohnungsamt vorzuziehen. Wichtiger als die Anbindung an dieses oder jenes Amt ist jedoch, daß die Fachstelle materiell und personell so ausgestattet ist und über die notwendigen Ressourcen verfügt, um die gesamten Aufgaben wahrnehmen zu können. In den alten Bundesländern hat Köln, in den neuen Bundesländern hat Leipzig das Fachstellenmodell bisher am besten umgesetzt. Das beschriebene Fachstellenmodell kann am ehesten in kreisfreien Städten verwirklicht werden, da in diesen Kommunen die Stadtverwaltung zuständig für Leistungen nach dem BSHG und dem Ordnungsbehördengesetz ist. In kreisangehörigen Kommunen ist für Leistungen nach dem BSHG der Kreis zuständig, was immer wieder, wenn der Kreis den Kommunen nicht freie Hand läßt, zu Reibungsverlusten führt.

WOHNUNGSBESCHLAGNAHME: Der § 19 des **Ordnungsbehördengesetzes** (OBG) erlaubt es den Kommunen in Verbindung mit dem § 14 OBG, leerstehenden Wohnraum durch die "Inanspruchnahme nicht verantwortlicher Personen" zu beschlagnahmen, um **Obdachlosigkeit** zu beseitigen. Voraussetzung für die Anwendung des § 19 OBG ist jedoch, daß die Kommune zum Zeitpunkt der zu beseitigenden Obdachlosigkeit über keine freien Unterkunftsmöglichkeiten verfügt. So beschlagnahmte die Stadt Bielefeld 1993 ein leerstehendes Offizierskasino der britischen Armee, um dort wohnungslose Männer unterzubringen. Des weiteren wird der § 19 OBG in Verbindung mit § 14 OBG angewandt, wenn die Kommune für die Unterbringung eines Haushaltes zum Zeitpunkt des Zwangsräumungstermines ebenfalls über keine freien Unterkunftskapazitäten verfügt. Die alte Wohnung des zu räumenden Haushaltes wird sodann von der Kommune beschlagnahmt und der Haushalt nach § 19 OBG in seine alte Wohnung eingewiesen. Solch ein Fall wird als **Wiedereinweisung** bezeichnet. Die Wiedereinweisung ist befristet, i.d.R. auf drei Monate. Steht nach Ablauf der drei Monate der Kommune kein anderweitiger Wohnraum zur Unterbringung des Haushaltes zur Verfügung, kann die Wiedereinweisung verlängert werden. Wiedereinweisungen können und sollten nicht nur bei Familien, sondern bei allen betroffenen Haushaltstypen (Alleinerziehende, Alleinstehende etc.) angewandt werden. Kommunen sollten dieses Instrument offensiv anwenden und nicht im "vorauseilenden Gehorsam" den vermeintlichen juristischen Schwierigkeiten aus dem Wege gehen. Über ein Viertel der wiedereingewiesenen Haushalte findet während der Zeit der Wiedereinweisung eine neue Wohnung und muß nicht in einer städtischen Obdachlosenunterkunft untergebracht werden. Zudem kommt es vor, daß wiedereingewiesene Haushalte einen neuen Mietvertrag für ihre alte Wohnung bekommen.

BEFRISTETE ANMIETUNG VON WOHNUNGEN: Die befristete Anmietungen von Wohnungen oder Häusern durch die Gemeinde ist allemal besser als der Bau neuer **Obdachlosenunterkünfte** und auch schneller zu realisieren. Auch werden die durch das Leben in einer Unterkunft bedingten Folgeprobleme wie räumliche Enge, sozialer Abstieg, stigmatisierende Anschrift etc. vermieden. Die Anmietung von Wohnungen ist auch billiger als die Unterbringung in Hotels (siehe auch unter Ankauf von Belegungsrechten).

Wohnungsneubau und Baulandpolitik

Ein wesentliches Hindernis für den Wohnungsneubau und insbesondere den sozialen Wohnungsbau ist der Mangel an billigem Bauland. Die Flächen in den Kommunen sind knapp, der Boden ist teuer. Hinzu kommt, daß ein großer Teil der Wohnungsbaureserveflächen aus ehemaligen Betriebsstandorten besteht, deren Sanierung ebenfalls hohe Kosten verursacht. Die Kommunen können der Forderung, möglichst schnell möglichst billiges Bauland zur Verfügung zu stellen, nicht mehr nachkommen. Vor allem muß daher auf übergeordneter Ebene der Anreiz reduziert werden, Boden als Spekulationsobjekt oder zur Vermögenssicherung zu verwenden. Erforderlich ist eine umfassende ökologische Bodenrechtsreform. Eine am Verkehrswert des Bodens orientierte **Bodenwertsteuer**, die eine flächenverbrauchende Nutzung höher besteuert als eine flächensparende, kann erheblich zur Baulandmobilisierung beitragen, ebenso die hohe Besteuerung baureifer, aber unbebauter Grundstücke. Würde eine Bodenwertsteuer zu einer kommunalen Steuer, ständen mehr Mittel für den kommunalen Wohnungsbau zur Verfügung.

Für die Kommunen ist vor dem Hintergrund der knappen und teuren Flächen vor allem in den **Ballungsräumen** eine **Einfamilienhaus**-Bebauung unvertretbar. Eine systematische Erfassung und Bewertung von Wohnflächenpotentialen ist darüber hinaus eine Voraussetzung für eine Schwerpunktsetzung in der Planung. Nur so kann das Handeln unterschiedlicher Verwaltungsstellen koordiniert werden. Grundsätzlich sollte die Prämisse gelten, daß eine Mobilisierung von Baulücken, Dachgeschoßausbau, **Nachverdichtung**, kurz eine **Innenentwicklung** einem neuen Flächenverbrauch vorzuziehen ist. Theoretisch könnte das Potential der Innenentwicklung den Bedarf voll decken. Nur durch Nachverdichtung könnte laut verschiedener Untersuchungen 5-10% des Bestandes hinzugewonnen werden. Praktisch läßt sich eine Innenentwicklung jedoch nur langsam durchsetzen. Es fehlen nicht nur gesetzliche Grundlagen, es müssen auch Vorbehalte von PolitikerInnen, von InvestorInnen und auch von BewohnerInnen ausgeräumt werden. Da die Durchsetzung der Priorität Innenentwicklung so mühsam ist und die akute Wohnungsnot zum Handeln zwingt, ist auch die Ausweisung neuer Wohnbaugebiete notwendig. Dies erfordert eine Gratwanderung zwischen langfristig durchzusetzenden und kurzfristig erforderlichen Mitteln.

Das seit dem 1. Mai 1993 in Kraft getretene **Investitionserleichterungs- und Wohnbaulandgesetz (InvErlG)** soll laut offizieller Begründung helfen, die Wohnungsnot zu verringern, indem es den Zugriff auf Baulandflächen (auf der freien Fläche) erleichtert und Verfahrensschritte abbaut. Die Beschränkung von Natur- und Umweltgesichtspunkten, die Einschränkung von Mitwirkungsrechten, die zügige Ausweisung neuer, großer Wohnungsbauflächen über alle Bedenken hinweg wird nicht nur von UmweltschützerInnen zu Recht kritisiert. Neben dem Abbau von Verfahrensschritten und Beteiligungsrechten bietet das InvErlG die Möglichkeit zur sogenannten **Städtebaulichen Entwicklungsmaßnahme**, d.h. den Erwerb von Grundstücken durch die Kommmune zu planungsunbelasteten Preisen. Darüber hinaus wird eine Verlagerung der Planung in die Hände privater InvestorInnen durch den **Vorhaben- und Erschließungsplan** vorangetrieben. Im Extremfall kann damit ein ganzes Baugebiet ohne Flächennutzungsplan, ohne Bebauungsplan, nur auf der Basis einer einfachen Satzung von privaten InvestorInnen verplant und bebaut werden.

Trotz aller grundsätzlichen Ablehnung des InvErlG bietet es jedoch den Kommunen auch Voraussetzungen zum zügigen Wohnungsbau: Z.B. erhält die Kommune die Möglichkeit der Preisbindung für alle Grundstücke im (späteren) Entwicklungsgebiet; und zwar bereits dann, wenn sie die Absicht erklärt, eine Fläche als Entwicklungsgebiet auszuweisen. Investoren können in einem (späteren) Entwicklungsgebiet nur dann tätig werden, wenn sie sich in einem städtebaulichen Vertrag zur Einhaltung aller Ziele verpflichten. Daneben wird die Möglichkeit zur Anordnung von **Baugeboten** erweitert und die Neuordnung von Grundstücken erleichtert. Diese Möglichkeiten sollten genutzt werden, ohne allerdings dabei zu vergessen, daß sich durch das InvErlG leicht eine schnellere Gangart auf dem falschen Weg des Flächenfraßes zu Lasten einer qualitativen Innenentwicklung durchsetzt.

QUALITATIVER WOHNUNGSBAU: Die Kommunen sollten die Handlungsspielräume, die die Förderrichtlinien des sozialen Wohnungsbaus bieten, für eine qualitative Bauweise nutzen. Dabei heißt qualitativ bauen vor allem, die Ausgrenzung bestimmter Bevölkerungsgruppen zu verhindern. Alte, Behinderte, Studenten, Familien mit Kindern, Alleinstehende brauchen alle eine "andere" Wohnung. Wohnungspolitisches Ziel sind Wohnungen, die unterschiedlichen Bedürfnissen in unterschiedlichen Lebensphasen gerecht werden und die Erfordernisse einer Gruppe produktiv für die andere umsetzt, z.b. ist "kindgerecht" häufig auch "behindertengerecht" oder "altengerecht". Gebraucht werden "Gehäuse", die flexibel genutzt werden können.

KOMMUNAL FINANZIERTER WOHNUNGSBAU: Es ist abzusehen, daß die von Bund und Ländern bereitgestellten Mittel für den sozialen Wohnungsbau nicht ausreichen werden, um die Wohnungsnot — insbesondere für benachteiligte Gruppen — zu beseitigen. Notwendig ist also auch ein kommunal finanzierter Wohnungsbau. Immerhin belasten auch die Folgen der Wohnungsnot den kommunalen Haushalt. Die Aufbringung der notwendigen Mittel könnte beispielsweise über eine Erhöhung der **Grundsteuer** finanziert werden. Eine solche Steuer würde die Haushalte, die viel Grundfläche beanspruchen (Einfamilienhäuser), stärker belasten, während diejenigen, die wenig Grundfläche beanspruchen (Geschoßwohnungen), kaum belastet würden. Eine solche Steuer könnte als Solidarbeitrag der mit Wohnraum gut ausgestatteten Haushalte für diejenigen, die keine Wohnung haben, betrachtet werden.

Literatur

Becker, R.: Was hat eine Brezelbäckerin mit dem Wohnungsbau gemein? Frankfurter Rundschau vom 13.12.1993
Holtmann, E./Killisch, W.: Wohnungspolitik im geeinten Deutschland, in: Aus Politik und Zeitgeschichte, B 8-9/1993. Kostenlos erhältlich bei der Bundeszentrale für politische Bildung.
Iben, G.: Armut und Wohnungsnot in der Bundesrepublik, in: Aus Politik und Zeitgeschichte, B 49/1992.
Jenkis, H.W. (Hg.): Kompendium der Wohnungswirtschaft, München/Wien 1991
Koch, F./Reis, C.: Wohnungspolitik in sozialpolitischer Perspektive, Frankfurt/M. 1992
Landschaftsverband Westfalen-Lippe: Bericht "Wohnungsnot", Münster, 31.3.1993, Drucksache Nr. 9/1820
Ministerium für Arbeit, Gesundheit und Soziales NRW (Hg.): Landessozialbericht Bd. 2, "Wohnungsnot und Obdachlosigkeit", Bearbeiter Koch, F. u.a., Düsseldorf 1993.
Riege, M.: Der soziale Wohnungsbau. Sein Beitrag und seine Grenzen für eine soziale Wohnungspolitik, in: Aus Politik und Zeitgeschichte B 8-9/1993
Schrödter, H.: Kommentar zum Baugesetzbuch, München 1992
Specht-Kittler, T.: Obdachlosigkeit in der Bundesrepublik Deutschland, in: Aus Politik und Zeitgeschichte" B 49/92, 1992.
Ulbrich, R.: Wohnungsversorgung in der Bundesrepublik Deutschland, in: Aus Politik und Zeitgeschichte, 8-9/1993

Adressen

WOHNBUND, Verband zur Förderung wohnungspolitischer Initiativen: WOHNBUND-Zentrale, Kasselerstr. 1 a, 60486 Frankfurt/Main, Tel. 069-776025. Weitere WOHNBUND-Filialen in Bochum, München etc.

AKP-Artikel zum Thema

Diverse AutorInnen im Schwerpunkt "Kommunaler Wohnungsbau" (in AKP 1/94, S. 31-46)
Rahner, T.: Investitionserleichterungs- und Wohnbaulandgesetz (in AKP 3/93, S. 25-26 und in AKP 2/93, S. 47-50)
Heinz, U./Kiehle, W. u.a.: Umwandlung von Mietwohnungen (in AKP 6/92, S. 55-58)
Grüber, W.: Kommunale Konzepte gegen Wohnungsnot (in AKP 1/92, S. 38-41)
Heinz, U./Kiehle, W.: Mit dem Wirtschaftsstrafgesetz gegen Mietwucher (in AKP 1/92, S. 42)
Schmidtke, H.: Kommunale Obdachlosenpolitik (in AKP 1/92, S. 43-44)
Grüber, W.: Kommunaler Eigenbau (in AKP 2/91, S. 45-49)

Ulrich Burmeister

Verkehr

Kommunale Verkehrspolitik stand in den letzten Jahrzehnten unter dem Vorzeichen der fortschreitenden Motorisierung. Der Bau von Straßen für die unaufhörlich wachsende Zahl der Autos war das oberste Ziel. Das Zufußgehen und Fahrradfahren wurde und wird buchstäblich an die Seite gedrängt. Der öffentliche Personennahverkehr (ÖPNV) hat seine einstmals dominante Stellung als städtischer und regionaler Verkehrsträger verloren. Betrug die Zahl der zugelassenen PKW in der Bundesrepublik (alte Bundesländer) im Jahr 1955 1,75 Millionen, so stieg dieser Wert bis 1966 auf 10 Millionen und 1977 auf 20 Millionen. Im Jahr 1993 gab es in den alten Bundesländern 32,6 Millionen und in den neuen Bundesländern 6,2 Millionen zugelassene PKW. Der Motorisierungsgrad, der 1990 für die 18- bis 75-jährigen bei 660 PKW je tausend Personen lag, soll bis zum Jahr 2010 auf 775 PKW je tausend erwachsene Personen steigen (Zahlen für die alten Bundesländer).

Immer noch scheinen viele Verkehrsplaner gedanklich von einer Vollmotorisierung der Bevölkerung auszugehen. Es ist daher wichtig, zu betonen, daß diese nicht erreicht ist und auch nicht erreicht werden wird. Es gibt im Gegenteil eine wachsende Zahl von Menschen, denen aus gesundheitlichen oder Altersgründen das Führen eines Kfz. nicht möglich ist oder denen aus sozialen Gründen oder aufgrund freiwilliger Entscheidungen ein PKW nicht zur Verfügung steht. Trotz hohem Motorisierungsgrad verfügt jeder 4. Haushalt über kein Auto. Mindestens 30% der über 18-jährigen haben keinen Führerschein und sind deshalb auf alternative Verkehrsmittel angewiesen. Der Anteil der Führerscheinlosen ist bei den Frauen mit 48,5% wesentlich höher als bei den Männern mit 18,3%. Auch beim Autobesitz sind Frauen in allen Altersgruppen gegenüber Männern unterrepräsentiert. In der Altersgruppe der 44- bis 54-jährigen entfallen 107 Autos auf 100 Männer, aber nur 27 Autos auf 100 Frauen (Deutsche Shell AG 1987).

Es gehört weiter zu den fundamentalen und folgenschweren Irrtümern der Verkehrsdiskussion, daß von einem generellen Ansteigen der Mobilität in der modernen Industriegesellschaft ausgegangen wird. Nicht die Mobilität — verstanden als die Zahl der täglichen Wege — steigt, sondern die Kilometerleistung des motorisierten Verkehrs. Die Zahl der durchschnittlichen täglichen Wege ist in den letzten Jahrzehnten mit ca. 3 Wegen pro Kopf weitgehend konstant geblieben. Auch das tägliche Zeitbuget für Ortsveränderungen liegt relativ konstant bei ca. einer Stunde. SOZIALDATA hat den täglichen Zeitanteil der einzelnen Verkehrsträger ermittelt: Zufußgehen 24 min, PKW als Fahrer 19 min, ÖPNV 9 min, PKW als Mitfahrer 5 min, Fahrrad 4 min. Dagegen geht die Verdrängung von nichtmotorisierter Fortbewegung durch motorisierte Verkehre und die Steigerung der Geschwindigkeiten mit einer steigenden Kilometerleistung einher. Die durchschnittliche Distanz unserer Wege hat sich von 1960 bis 1990 verdoppelt. Ein Bundesbürger legte 1986 täglich 23 Kilometer zurück, in den USA waren dies zum gleichen Zeitpunkt schon 53 Kilometer pro Tag. Die größte Wachstumsdynamik bei der Verkehrsleistung geht nicht vom Berufs- oder Besorgungsverkehr aus, sondern vom Freizeitverkehr. Im Rahmen der Freizeitgestaltung nach Feierabend und an Wochenenden werden doppelt so viele Kilometer zurückgelegt wie zum Erreichen des Arbeitsplatzes. Die Zahlen machen deutlich, daß eine Gesamtbetrachtung des Mobilitätsverhaltens notwendig ist, um Änderungen zu bewirken, und daß Veränderungen nicht allein durch äußere Restriktionen und attraktive Angebote bewirkt werden. Veränderungen müssen im Kopf beginnen, bei den PlanerInnen bzw. AnbieterInnen von Transportleistungen genauso wie bei den VerkehrsnutzerInnen selbst.

Ein Ende des Verkehrswachstums ist bei einer Fortsetzung der gegenwärtigen Politik nicht zu erwarten. Die Investitionsplanung des **Bundesverkehrswegeplans** 1992 geht davon aus, daß die Verkehrsleistungen zwischen 1988 und 2010 im Personenverkehr um 32% und im Güterverkehr um 77% steigen. Diese Entwicklung, die durch die Öffnung der Grenzen zu Osteuropa, die deutsche Einheit und den europäischen Binnenmarkt beschleunigt wurde, geht mit einem weiteren Bedeutungsverlust umweltfreundlicher Verkehrsarten einher.

Umweltfolgen des Verkehrs

Die Kritik an den Folgen des Autoverkehrs spielte in den 80er Jahren eine immer größere Rolle. Das Waldsterben, das ursprünglich auf die Emissionen von Kraftwerken und anderen Großfeuerungsanlagen geschoben wurde, setzte sich auch nach Durchführung der Entschwefelung und Entstickung von Großemittenten weiter fort. Die Einführung des geregelten Dreiwege-Katalysators bei PKW hat ein weiteres Ansteigen der Stickoxidemissionen im Verkehrsbereich, insbesondere durch den steigenden LKW-Verkehr, nicht verhindern können. Ende der 80er Jahre wurde mit dem Bewußtwerden der globalen Umweltzerstörung durch Klimaschadstoffe — an erster Stelle das Kohlendioxid — eine neue Welle der Autokritik angeregt. Das Verkehrssystem leistet nicht nur keinen Beitrag zur Erreichung des regierungsoffiziellen Einsparziels von 25 bis 30% der CO_2-Emissionen gegenüber dem Stand von 1988 bis zum Jahre 2005, sondern steigert im Gegenteil seinen Anteil an der CO_2-Erzeugung von 20 auf 31%.

Die Umweltbelastungen des Autoverkehrs sind im städtischen Raum besonders spürbar. Fast 70% aller Bürger und Bürgerinnen fühlen sich vom Straßenverkehrslärm belästigt, 23% empfinden den Verkehrslärm sogar als sehr starke Belästigung. Untersuchungen zur Luftverschmutzung durch den Autoverkehr haben ergeben, daß in Ballungsräumen für bestimmte Schadstoffe der Anteil des Verkehrs an den Gesamtemissionen 75% überstiegen hat und weiterhin eine steigende Tendenz aufweist. In den Städten ist die Belastung mit krebserzeugendem Benzol und Dieselruß zehnmal so hoch wie in ländlichen Räumen. Die Unfallgefährdung für Stadtbewohner hat keineswegs abgenommen, sondern ist — bezogen auf die Verkehrsanteile von Radfahrern, Fußgängern und die Zahl der Kinder — noch gestiegen. Die städtebauliche Unverträglichkeit des motorisierten Individualverkehrs wird bei einem Vergleich des Flächenverbrauchs verschiedener Verkehrsmittel besonders deutlich. Ein durchschnittlich besetzter PKW braucht bei einer Fahrgeschwindigkeit von 50 km/h 169 m² pro Fahrgast, ein Bus nur 8,77 m² und eine Straßenbahnzug nur 1,56 m². Die Unfallgefährdungen, die von den Verkehrsmitteln ausgehen, verhalten sich (gemessen in Zahl der Toten) zwischen Straßenbahn, Bus und PKW im Verhältnis von 1 : 2 : 33.

Stadtverkehr

In den **Ballungsräumen** sind nicht nur die negativen Folgen des Autoverkehrs auf die Umwelt und die Wohnbevölkerung besonders drastisch spürbar. Eine genauere Analyse des motorisierten Individualverkehrs macht auch deutlich, daß hier die Ansatzpunkte für eine Veränderung des Trends im Sinne einer Verkehrswende besonders günstig sind. Bei fast drei Viertel der Fahrten, die ein Ballungsgebiet zugelassener PKW jährlich zurücklegt (651 von 889), wird die jeweilige Stadtgrenze nicht überfahren. Die Tür-zu-Tür-Geschwindigkeit beträgt durchschnittlich 21 km/h. Ein Zehntel dieser Binnenverkehrsfahrten (62) ist kürzer als 1 km, 30% (189) endet zwischen 1 und 3 Kilometern, und ein Fünftel (144) endet zwischen 3 und 5 Kilometern. Ca. 60% der innerstädtischen Fahrten liegen also in einem Entfernungsbereich, der zu Fuß, mit dem Fahrrad oder mit Bus und Straßenbahn häufig schneller zurückzulegen ist. Eine qualitative Untersuchung der motorisierten Fahrten bestätigt, daß nur in 40% aller Fälle ein "Sachzwang" zur PKW-Nutzung besteht bzw. keine Alternative vorhanden ist (SOZIALDATA/VDV).

Die zunehmende Belastung des örtlichen und innerörtlichen Straßennetzes führte zu Staus und lieferte die Begründung für seinen weiteren Ausbau im Sinne einer autogerechten Stadt. Durch die Schaffung von immer mehr öffentlichen und privaten Stellplätzen wurde eine Nachfrage befriedigt, andererseits die Verkehrsspirale weiter angeheizt. Die Zahl der in die Stadt Düsseldorf einpendelnden Autos verzehnfachte sich zwischen 1958 und 1988. Zumindest für die innerstädtischen Bereiche der Großstädte ist mittlerweile anerkannt, daß ein weiterer Zuwachs der Verkehrsleistung verbunden mit einem weiteren Ausbau von Parkplätzen und Straßenflächen nicht umwelt- und stadtverträglich wäre.

Das Wachstum der Verkehrsleistungen im motorisierten Individualverkehr hat sich in den letzten Jahren schwerpunktmäßig auf die Randbereiche der Städte und in die peripheren Räume verlagert. Die Stadtentwicklung mit der Tendenz der Entmischung von Funktionen und der Bevorzugung von flächenfressenden und städtebaulich nicht integrierten Wohngebieten, Einzelhandels- und Industriestandorten "auf der grünen Wiese" und boomenden Freizeitindustrien trägt zur Verkehrserzeugung bei. Sie erzeugt auch Strukturen, die besonders schlecht mit öffentlichen Verkehrsmitteln erreichbar sind. Große **Park-and-Ride-Anlagen** an den Randbereichen der großen Städte und Ballungszonen haben den gleichen Effekt und sind deshalb kritisch zu beurteilen. Sie bilden neue Belastungsschwerpunkte des Straßenverkehrs. Für den Öffentlichen Personennahverkehr haben sie problematische Auswirkungen, weil die gut ausgebauten, aber auch teilweise schon überlasteten radialen Linienäste zusätzlich belastet werden, während Fahrgäste aus den schwach belasteten, das Umland erschließenden Buslinien abgezogen und auf das Auto verlagert werden. Stadt und Umland müssen bei "autofrei"-Konzepten immer zusammen gedacht werden.

Kommunale Verkehrswende

Die Prioritäten der grünen Verkehrspolitik betreffen das Vermeiden von überflüssigem Verkehr, das Verlagern auf umweltfreundlichere Alternativen und die möglichst umweltfreundliche und stadtverträgliche Gestaltung des weiterhin notwendigen Kfz.-Verkehrs. Diese Handlungsnotwendigkeiten können mit den in den Städten erfahrbaren Unverträglichkeiten und der globalen Umweltkrise begründet werden. Dieser Ansatz ist in der Begrifflichkeit der **Verkehrswende**, die analog zur Energiewende formuliert wurde, ausgearbeitet worden. Auf kommunaler Ebene sind Ansätze für eine Politik der Verkehrswende am weitesten entwickelt. Trotz der Vielzahl von staatlichen Regelungen, die das Autofahren bevorzugen (Einkommensteuerrecht, Straßenverkehrsordnung und Investitionsschwerpunkte bei Bund und Ländern), haben die Kommunen verschiedene Möglichkeiten, im Bereich des Straßenbaus, der Verkehrsregelung und der Verkehrswirtschaft gegenzusteuern und den **Umweltverbund** (nichtmotorisierter Verkehr und ÖPNV) zu fördern. Allerdings gibt es noch keine Kommune, die eine umfassende Verkehrseinsparpolitik konsequent umsetzt.

Die **Generalverkehrspläne** der 60er und 70er Jahre zeichneten sich dadurch aus, daß der status quo fortgeschrieben und ausschließlich die motorisierten Verkehrsträger berücksichtigt wurden. Die fortschrittliche **Verkehrsentwicklungsplanung** der 80er Jahre hat daneben auch sogenannte ÖPNV- oder Ökologie-Szenarien entworfen. Diese Konzepte bleiben aber beschränkt, weil Eingriffe in das Wirtschaftssystem und eine Absenkung des Motorisierungsgrades von vornherein ausgeschlossen werden. Ausgehend von der Erkenntnis, daß es Grenzen des Wachstums gibt und auch eine Verlagerung des Autoverkehrs auf den öffentlichen Verkehr an wirtschaftliche und ökologische Grenzen stößt, geht die Verkehrswende hier einen Schritt weiter. Der Energie- und Stoffumsatz muß auch im Verkehrsbereich zurückgeschraubt werden. Wir brauchen nicht nur weniger motorisierten Verkehr, sondern eine Zurückschrauben der Verkehrszwänge insgesamt. Die Erhöhung des Raumwiderstandes und eine Aufwertung der Nähe zielt auf einen Zugewinn an Lebensqualität und eine ökologisch und ökonomisch vernünftigere Lebens- und Wirtschaftsform.

Die Vermeidung von Verkehrszwängen sollte Gegenstand der **Raumordnungs- und Stadtentwicklungspolitik** sein. Eine Stadt der kurzen Wege zeichnet sich dadurch aus, daß die Wohnstandorte und Arbeitsplätze einander optimal zugeordnete werden und die wohnortnahe Versorgung und Erholung gestärkt wird (vgl. Kapitel "Stadtentwicklung"). Zur Reduzierung des Güterverkehrs ist eine zumindest partielle Rücknahme der Arbeitsteiligkeit in der Wirtschaft und die Stärkung von regionalen Wirtschaftskreisläufen notwendig.

Ökonomische Lenkungsmöglichkeiten in der Verkehrspolitik

Die wichtigste Voraussetzung einer ausgewogenen (nachhaltigen) ökonomischen Entwicklung ist, daß in die Preise einer Ware, also auch in die Preise des Verkehrs, die ökonomischen, sozialen und ökologischen Folgekosten einbezogen werden (Internalisierung). Gegen dieses Prinzip der Kostenwahrheit, dem im Umweltbereich auch das Verursacherprinzip entspricht, wird im Verkehrsbereich fortlaufend massiv verstoßen.

Die Verwirklichung der Kostenwahrheit des Verkehrs durch eine Erhöhung der **Mineralölsteuer** wäre nach PROGNOS die mit Abstand wirksamste Maßnahme zur Einschränkung der CO_2-Emissionen des Verkehrs. Wichtig bei der Umgestaltung der Mineralölsteuer zu einer ökologischen Lenkungssteuer — die vom Bundesgesetzgeber in Abstimmung mit der Europäischen Union vorgenommen werden müßte — ist das Vorgehen in einem langfristig angelegten Stufenkonzept, um soziale Härten abzumildern und ökonomische Anpassungsreaktionen zu ermöglichen. Das hätte neben dem kurzfristigen Effekt der Einsparung von vermeidbaren PKW-Fahrten die erwünschte Folge, daß die AutobesitzerInnen bei Neubeschaffungen auf Autos mit einem drastisch geminderten

Benzinverbrauch zurückgreifen würden und die Wirtschaft sich auf eine verkehrssparende Form des Produzierens und Vermarktens umstellen könnte.

Da Großstädte besonders stark durch den Autoverkehr belastet sind und gleichzeitig Alternativen in Form des Öffentlichen Personennahverkehrs bereitstehen, gibt es Diskussionen über die Einführung einer **Nahverkehrsabgabe**. Der Grundgedanke aller Modelle ist, daß das Autofahren in dem betreffenden Erhebungsgebiet nur möglich sein soll, wenn eine Abgabe in Höhe des entsprechenden ÖPNV-Fahrausweises entrichtet wurde. Alternativ zur Einführung von Nahverkehrsabgaben wird die Erhebung von kommunalen **Straßennutzungsgebühren** (road-pricing) vorgeschlagen. Diese Abgaben könnten zeitlich und örtlich flexibler ausgestaltet werden. Die Motivation für die Einführung des road-pricing in den Ballungsgebieten (und auf Autobahnen) liegt neben dem Wunsch nach Einnahmeerzielung in der besseren Ausnutzung der vorhandenen Straßeninfrastruktur. Eine generelle Verkehrsentlastung in den Städten steht hierbei also nicht im Vordergrund.

Während eine gesetzliche Grundlage für zusätzliche Abgaben politisch schwer durchsetzbar ist, kann der gleiche Grundgedanke bei der **Parkraumbewirtschaftung** ohne Rechtsprobleme auch heute schon umgesetzt werden. Vor allem öffentliche Arbeitgeber könnten die Nutzung von behördeneigenen Parkplätzen vom Erwerb eines **Job-Tickets** abhängig machen. Die Verbindung von **Semester-Tickets** für alle Studierenden mit einer Parkraumbewirtschaftung an Hochschulen fördert ebenfalls wirksam das Umsteigen und hat in vielen Hochschulstädten zu einer Verdoppelung des ÖPNV-Verkehrsanteils geführt.

Die Zahl der öffentlichen und privaten Kfz.-**Stellplätze** und die Höhe der Parkplatzgebühren ist eine wesentliche Stellgröße bei der Beeinflussung der Verkehrsmittelwahl. Deshalb kommt der "Ordnung des ruhenden Verkehrs" bei der Verkehrsentwicklungsplanung eine hohe Bedeutung bei. Durch entsprechende Vorschriften in den **Landesbauordnungen** könnten die Länder die Verpflichtung zur Schaffung von Stellplätzen reduzieren und die Zahlung von Ablösebeträgen so lange stunden, wie der Arbeitgeber den Beschäftigten ein Job-Ticket finanziert. Die maximal Höhe der **Parkgebühren** wird durch Landesverordnung festgesetzt und sollte durch Gebührensatzungen der Kommunen auch genutzt werden. In abgestuften Parkraumbewirtschaftungskonzepten werden alle öffentlichen Parkplätze mit einer Gebühr belegt oder für Anwohnerparken bzw. Behinderte mit Ausweis reserviert. Bei der Ersetzung von Langzeitparkern (Berufspendlern) durch Kurzzeitparker ist zu beachten, daß der gleiche Stellplatz nicht wie bisher nur einmal täglich, sondern 5- bis 10-mal angefahren wird. Soll ein entsprechender Mehrverkehr vermieden werden, muß der Zahl der bewirtschafteten Kurzzeitparkplätze deutlich geringer sein als die Zahl der Dauerparker.

Der Bau von weiteren **Tiefgaragen** in den Innenstädten kann häufig auch mit den Mitteln des **Bauordnungsrechtes** untersagt werden. Beim Neubau von Büro- und Geschäftshäusern kann durch sogenannte **Reduktionssatzungen** die Zahl der Stellplätze gesenkt werden, wenn am Standort des geplanten Gebäudes ein hochwertiger ÖPNV-Anschluß (z. B. S-Bahn) vorhanden ist.

Ordnungsrechtliche Maßnahmen

Neben den ökonomischen Lenkungsinstrumenten gibt es eine Reihe von ordnungsrechtlichen Maßnahmen, mit denen eine Entlastung der innerstädtischen Straßen und der Wohnbevölkerung erreicht werden kann. Die Straßenverkehrsbehörden haben nach § 45 der **Straßenverkehrsordnung** das Recht, zum Schutz der Wohnbevölkerung vor Lärm und Abgasen Verkehrsbeschränkungen auszusprechen. Als Maßnahmen kommen zeitlich oder räumlich abgestufte Fahrverbote, aber auch der Ausschluß bestimmter Fahrzeugkategorien in Frage. Von Benutzervorteilen spricht man, wenn bestimmte umweltfreundlichere Kraftfahrzeuge, z. B. Autos mit geregeltem 3-Wege-Kat oder lärmgekapselte LKW, von solchen Fahrverboten ausgenommen werden. Von dieser Ermächtigung ist bisher kaum Gebrauch gemacht worden, weil die noch als zumutbar geltenden Belastungen nicht näher bestimmt wurden. Das Recht auf körperliche Unversehrtheit mußte bisher gegenüber den Belangen des Wirtschaftsverkehrs und des motorisierten Individualverkehrs zurückstehen. Nach dem 1990 novellierten § 40 Abs. 2 Bundesimmissionsschutzgesetz (BImmSchG) müssen die zuständigen Behörden bei Überschreiten von bestimmten Konzentrationswerten verkehrsbeschränkende Maßnahmen aussprechen. Zumindest bei Benzol und Ruß werden in vielen Großstädten die festgelegten Grenzwerte überschritten. Es muß darauf gedrängt werden, daß die Gemeinden entsprechende Meßverfahren durchführen, damit die Belastungssituationen überhaupt erkannt werden können.

Durch die 16. Verordnung zur Durchführung des BImmSchG (**Verkehrslärmschutzverordnung**) ist ein Rechtsanspruch auf lärmmindernde Maßnahmen beim Neubau oder bei der wesentlichen Änderung von Verkehrswegen geschaffen worden. Die einzelnen Grenzwerte sind von Gebietstypen (Wohngebiet, Gewerbenutzung etc.) abhängig. Allerdings fehlen für den Lärmschutz an bestehenden Verkehrswegen (**Lärmsanierung**) entsprechende scharfe Grenzwerte. Die **Baulastträger** von Straßen — Bund, Länder und auch Großstädte — bezuschussen Lärmsanierungen (z. B. durch Einbau von Lärmschutzfenstern) in einigen Fällen auf freiwilliger Grundlage. Kommunale Lärmschutzprogramme können durch Mittel des **Gemeindeverkehrsfinanzierungsgesetzes** (GVFG) bezuschußt werden.

Autofreie oder fußgängerfreundliche Stadt

Die Reduzierung der innerstädtischen Höchstgeschwindigkeiten durch die möglichst flächendeckende Einführung von Zonengeschwindigkeitsbegrenzungen (z. B. **Tempo-30-Zonen**) ist unstrittig eine wirksame Form zur Erhöhung der Verkehrssicherheit und Verbesserung der Umweltsituation. Ebenso wichtig sind aber auch Maßnahmen der Geschwindigkeitsdämpfung an innerstädtischen Hauptverkehrsstraßen mit häufig intensiver Wohnnutzung und hohen Anteilen an Fußgänger- und Radverkehr. Durch flächendeckende **Tempo-30-Gebiete** konnte ein Rückgang der Unfälle mit Getöteten oder Schwerverletzten von über 30% erreicht werden. Auch die Belastung mit Abgasen und die Lärmbelastung ist durch die gleichmäßigere Fahrweise der Kraftfahrzeuge spürbar reduziert worden. Der hohe bauliche Aufwand für die Einrichtung von Tempo-30-Zonen bindet Mittel, die für eine echte Flächendeckung bei der Verkehrsberuhigung gebraucht werden. Neuere Ansätze gehen davon aus, daß gesamte Innenstädte durch die Ausweisung von Stadttempo 30 wirksam beruhigt werden. Bei dieser Strategie erhalten Maßnahmen des Public Awareness (Marketing) eine höhere Bedeutung. Die Normierung einer innerörtlichen Regelgeschwindigkeit von 30 km/h durch Änderung der **Straßenverkehrsordnung** könnte diesen Ansatz wirksam unterstützen.

Die kommunalen Straßenverkehrsbehörden haben die Möglichkeit, durch Umwidmungen von Straßen größere Bereiche verkehrlich zu entlasten. Von dieser Möglichkeit ist bisher vor allem bei der Anlage von **Fußgängerzonen** in den Innenstädten zur Förderung des Einzelhandels Gebrauch gemacht worden. Hinzuweisen ist aber auch auf die Möglichkeit, **Fahrrad**- oder **Fußgängerstraßen** auszuweisen. Durch Busspuren und Busschleusen von Ampeln kann der ÖPNV beschleunigt werden. Verkehrsbeschränkungen können zeitweilig (beispielsweise an Wochenenden) oder dauerhaft ausgesprochen werden, um eine größere Fußgängerfreundlichkeit zu erreichen. **Autofreie Innenstädte** oder auch nur fußgängerfreundliche Innenstädte können ein Beitrag zur Erhöhung der Wohnqualität für die InnenstadtbewohnerInnen sein und gleichzeitig die Attraktivität der Innenstädte für BesucherInnen und EinkäuferInnen erhalten. Ein interessanter Ansatz zur Förderung der Mobilität ohne Auto sind **autofreie Wohngebiete**, die in einigen Städten geplant oder schon realisiert werden. Hier verpflichten sich die zukünftigen BewohnerInnen, auf die Anschaffung eines eigenen Autos zu verzichten und nichtmotorisierte oder öffentliche Verkehrsmittel zu benutzen oder sich an einem Car-Sharing-Projekt mit gemeinschaftlicher Autonutzung zu beteiligen. Ein wichtiger Effekt ist, daß das Wohnumfeld von parkenden Autos freigehalten wird.

Der **Fußgängerverkehr** ist systematisch zu fördern, um eine höhere Verkehrssicherheit zu erreichen und die Straße als Aufenthalts- und Spielraum wieder aufzuwerten. Viele Straßen sind aufgrund der Verkehrsbelastung zu trennenden Schneisen geworden. Hierdurch sind die Mobilitätschancen von Kindern drastisch beschränkt worden, und ihre Begleitung oder der Transport durch Erwachsene — meistens durch Frauen — wird zum täglichen Zwang. In der **Straßenverkehrsordnung** und in der Praxis des Straßenbaus müssen die Belange der Fußgänger häufig gegenüber der Flüssigkeit des motorisierten Verkehrs zurückstehen. Die Schaltung von Ampeln (Anforderungszeiten, Räumzeiten, Konflikte zwischen abbiegenden Autos und Fußgänger-Grün) und die Erschwerung der Fahrbahnüberschreitung (Abschaffung von bevorrechtigten Zebrastreifen) benachteiligen Kinder und ältere Menschen in besonderem Maße.

Die **Radverkehrsförderung** leidet vielerorts unter konzeptionellen Mängeln, weil einseitig auf die Interessen des Autoverkehrs Rücksicht genommen wird. Die sogenannten Bordsteinradwege haben den Fahrradverkehr aus dem Bereich des Autoverkehrs geräumt. Ein Zugewinn an Sicherheit ist hierdurch aber nicht erzielt worden, weil neue Gefahrenpunkte durch den abbiegenden

Autoverkehr an Kreuzungen und Einmündungen entstanden sind und Konflikte mit dem Fußgängerverkehr heraufbeschworen werden. In der Regel sollten innerstädtische Radwege als Radstreifen zu Lasten der Verkehrsflächen für das Auto angelegt werden. An ampelgeregelten Kreuzungen sollte der Fahrradverkehr durch separate Signalisierungen und besondere Aufstellflächen geschützt werden. Nur außerorts ist in der Regel ausreichend Platz für separat geführte Geh-/Radwege.

Die fahrrad- und fußgängerfreundliche Stadt ist mit wesentlich geringerem Finanzaufwand zu schaffen als die autofreundliche Stadt der Vergangenheit. Trotzdem ist der Rück- und Umbau von Straßen und das Anlegen einer fahrradfreundlichen Infrastruktur nur durch ein langjähriges Investitionsprogramm zu erreichen. Die Aufteilung der Straßenbaumittel im Verhältnis des motorisierten und nichtmotorisierten Verkehrs wäre ein guter Einstieg in ein solches Programm. Erfolgreiche Schritte zu einer autoärmeren Stadt müssen einhergehen mit konkret erfahrbaren Verbesserungen im Wohnumfeld der StadtbewohnerInnen und einer deutlichen Aufwertung des öffentlichen Straßenraums unserer Städte. Sie sind deshalb auch nicht durch administrative Maßnahmen durchsetzbar, sondern müssen mit den BewohnerInnen gemeinsam entwickelt und umgesetzt werden. Der Entwicklung des öffentlichen Bewußtseins (Public Awareness) kommt künftig eine zentrale Bedeutung in der kommunalen Verkehrsplanung und -politik zu.

Öffentlicher Personennahverkehr kommunal und regional

Der öffentliche Personennahverkehr erfüllt Aufgaben der Daseinsvorsorge für die nichtmotorisierten Bevölkerungsgruppen. Er ist jedoch auch ein Mittel der aktiven Umweltpolitik. Der Anteil von wahlfreien Fahrgästen, die über Alternativen wie ein eigenes Auto verfügen, hat sich in den letzten 20 Jahren von 1/10 auf immerhin 1/3 der Fahrgäste gesteigert. In den Ökologie-Szenarien der Verkehrsentwicklungsplanung wird von einer Verdoppelung bis Verdreifachung des ÖPNV-Anteils ausgegangen. Voraussetzung hierfür sind Angebote, die auf die tatsächlichen Bedürfnisse der potentiellen NutzerInnen eingehen, und eine Stadtentwicklung, die die Belange des ÖPNV unterstützt.

Die Kriterien eines fahrgastfreundlichen ÖPNV, der insbesondere auch die Belange von Frauen berücksichtigt, und die Mindestbedienungsstandards sollten durch **Landes-ÖPNV-Gesetze** definiert werden. Geregelt werden müssen u. a. die Liniennetz- und Angebotsdichte (Flächendeckung) in Abhängigkeit von Siedlungstypen, die Qualität von Fahrzeugen und Haltestellenanlagen (Zugänglichkeit, Komfort, Geschwindigkeit) und der Vorrang der Schiene gegenüber dem Bus. Ziel dieser gesetzlichen Festlegungen ist die Schaffung eines bundes- und landesweit einheitlichen Grundstandards, wie es beim Straßenverkehr und bei der Straßeninfrastruktur seit vielen Jahren selbstverständlich ist. Hierzu gehört auch die Behindertenfreundlichkeit des ÖPNV. Von stufenlosen Einstiegen, großzügigen Bewegungsflächen in den Fahrzeugen und leicht erkennbaren Informationsträgern können alle Fahrgastgruppen profitieren (vgl. Kapitel "Behinderte").

Die **Kreise** und **kreisfreien Städte** sollten sich als Besteller von Nahverkehrsleistungen bei den **Verkehrsunternehmen** verstehen und hierdurch eine aktiv gestaltende Rolle einnehmen. Sie können sich zu **Verkehrsverbünden** zusammenschließen, in denen die Fahrgäste mit einem Fahrschein alle öffentlichen Verkehrsmittel benutzen können. Während früher in den alten Bundesländern die Qualität der ÖPNV-Bedienung durch die in diesem Bereich tätigen Unternehmen (Bundesbahn, sonstige bundeseigene, kommunale oder private Unternehmen) vorgegeben wurde, wird diese Struktur nun umgewandelt. In den neuen Bundesländern und in den Ballungsräumen der alten Bundesländer gibt es schon länger Verkehrsverbünde. In einem Verkehrsverbund nach dem Drei-Ebenen-Modell wird die politische Ebene (Besteller) durch einen **Zweckverband** oder eine **GmbH** in kommunaler Hand gebildet. Die Satzungen müssen so ausgestaltet werden, daß die bündnis-grünen Fraktionen entsprechend ihrer politischen Stärke in den Kontrollgremien vertreten sind. Es sollte jedoch auch die Möglichkeit von Fahrgast-Beiräten geschaffen werden. Die zweite Ebene eines Verkehrsverbundes ist die Management-Ebene, die in eine regionale und in kreisweite Einheiten unterteilt werden kann. Die Verkehrsunternehmen bilden die dritte Ebene und erbringen die Beförderungsleistungen.

Die **Bahnreform** mit der Regionalisierung des Schienenpersonennahverkehrs (SPNV) bietet große Chancen, aber auch Risiken für die Weiterentwicklung des ÖPNV und für die Kommunen und Regionen, die für diese Aufgabe verantwortlich werden. Die Schienen sollten als Fahrweg weiterhin durch den Staat — möglichst durch den Bund — vorgehalten werden. Bei der Nutzung des Fahrwegs und bei der Höhe der hierfür zu zahlenden Fahrwegsabgabe sind die Anforderungen des vertakteten Nahverkehrs und seine wirtschaftliche Leistungsfähigkeit zu berücksichtigen. Um Nebenstrecken auch zukünftig wirtschaftlich zu sichern, ist die Mitbenutzung und damit verbunden die Mitfinanzierung durch den regionalen Schienengüterverkehr unverzichtbar.

Eine dauerhafte Sicherung des regionalen SPNV setzt die vollständige Integration des Schienenverkehrs in das Netz des ÖPNV, eine wesentliche Verbesserung des Angebotsniveaus, aber auch die Steigerung der Wirtschaftlichkeit voraus. Durch einen Ausbau zu Verknüpfungspunkten des kommunalen Verkehrs, bessere straßen- und städtebauliche Integration von Bahnhöfen und Haltepunkten, kommunale Zuschüsse zur Beschaffung moderner Fahrzeuge und Bestellung der entsprechenden Leistungen bei der Bahn — um nur einige Beispiele zu nennen — leisten die kommunalen Gebietskörperschaften hierzu einen entscheidenden Beitrag. Die Bahnunternehmen tragen durch die Vereinfachung des technischen Betriebes und effizientere Unternehmensführungen ebenfalls zu einem wirtschaftlicheren Betrieb der Nebenstrecken und damit zu ihrem langfristigen Erhalt bei.

Investitionen für den Bau bzw. Ausbau von kommunalen und regionalen Schienenbahnen einschließlich der S-Bahnen sowie für Beschleunigungsmaßnahmen des ÖPNV im Straßenraum können durch die Mittel des **Gemeindeverkehrsfinanzierungsgesetzes** (GVFG) gefördert werden. Dies gilt ebenso für Schienenfahrzeuge und Busse. Neben den staatliche Zuschüssen für Infrastrukturmaßnahmen gibt es noch Zuschüsse an die Verkehrsunternehmen für die ermäßigte Beförderung von SchülerInnen und Auszubildenden und für die unentgeltliche Beförderung von Schwerbehinderten.

Verkehrsplanung und Infrastrukturausbau

Die Planung der Verkehrsinfrastruktur beschränkt sich heute vor allem auf die Fachplanung im Bereich des Straßenbaus. Die Beziehungen zu anderen Verkehrsträgern und Fragen der umweltverträglichen Mobilität werden demgegenüber in der Verkehrsplanung vernachlässigt bzw. rein verbal berücksichtigt. Ursachen hierfür sind übermächtige wirtschaftliche Interessen (Straßenbau- und Autolobby), eingefahrene Planungsabläufe und Behördenstrukturen. Der aktuelle **Bundesverkehrswegeplan** enthält Ausbauplanungen für Bundesfernstraßen, Schienenstrecken und Bundeswasserstraßen bis zum Jahr 2010. Außerdem werden Aussagen zum Luftverkehr, Schnittstellen zwischen den Verkehrsträgern Straße, Schiene, Wasserstraße und Luft, zum Transrapid und zur Telematik gemacht. Einen verbindlicheren Charakter haben das **Fernstraßenausbaugesetz** und das **Schienenwegeausbaugesetz**. Beide Gesetze beinhalten eine verbindliche Einstufung der Projekte in vordringlichen und weiteren Bedarf. Die 17 Verkehrsprojekte Deutsche Einheit (9 Schienenprojekte, 7 Straßenprojekte und ein Wasserstraßenprojekt) mit einem Volumen von insgesamt 57 Mrd. DM sind Bestandteil dieser Gesetze. Sie sollen genauso wie der sogenannte "Nachholbedarf" der neuen Bundesländer bis 2010 vollendet sein. Da bis zum Jahr 2000 keine Haushaltsmittel für den Beginn von neuen Maßnahmen in den alten Bundesländern zur Verfügung stehen, soll durch die Privatfinanzierung von Maßnahmen des Bundesverkehrswegeplans ein früherer Baubeginn ermöglicht werden. Die Rückzahlung der Investitionskosten nach dem Konzessionsmodell wird künftige Bundeshaushalte belasten und ist schon aus diesem Grunde als Bestandteil einer unseriösen Finanzpolitik abzulehnen.

Die Umsetzung des Fernstraßenausbaugesetzes obliegt den **Straßenbaubehörden** der Bundesländer bzw. in NRW den Straßenbauabteilungen der Landschaftsverbände. Für **Ortsdurchfahrten** in Städten über 80.000 Einwohnern fällt die Baulast von überörtlichen Straßen auf die Gemeinden (§ 5 FStrG), wobei sich der Bund an der Finanzierung beteiligt. Der Bund folgte bei der Aufstellung des Fernstraßenausbaugesetzes weitgehend den Vorschlägen der Länder. Allerdings sind im aktuellen Bundesverkehrswegeplan auch Projekte, die gegen den Willen der Länder durchgesetzt werden sollen. Die Länder stellen für den Bereich der **Landesstraßen** Ausbauprogramme auf. Straßenneubauprojekte werden in der Regel damit begründet, daß es sich um **Umgehungsstraßen** zur Entlastung von Ortsdurchfahrten handelt. Abgesehen davon, daß neue Straßen erfahrungsgemäß zusätzlichen Verkehr nach sich ziehen, sind im Einzelfall folgende kritischen Fragen zu stellen: Ist die behauptete Entlastung der Ortsdurchfahrt von mindestens 50% des motorisierten Verkehrs tatsächlich realistisch? Ist eine Erhöhung der Verkehrssicherheit der Ortsdurchfahrt durch das

Anlegen von Kreisverkehren oder Straßenrückbau geprüft worden? Gibt es Möglichkeiten zum Ausbau von innerstädtischen Entlastungsstraßen (z. B. für den LKW-Verkehr) ohne neue Flächenversiegelung? Können Maßnahmen zur Beschleunigung des Busverkehrs und zur Förderung des Fahrrad- und Fußgängerverkehrs alternativ ergriffen werden? Könnte durch einen Ausbau des regionalen Bus- oder Bahnverkehrs die Belastung im Straßennetz wirksam reduziert werden? (Vgl. Schaller in AKP 6/1993)

Der Bau von **Kreis-** und **Gemeindestraßen** kann unter bestimmten Bedingungen durch das **Gemeindeverkehrsfinanzierungsgesetz** (GVFG) finanziell unterstützt werden. Entsprechend §§ 127-129 **Bundesbaugesetz** und den **Kommunalabgabengesetzen** der Länder werden die AnliegerInnen zu den Kosten der erstmaligen Erstellung von öffentlichen Straßen herangezogen, soweit diese der Erschließung anliegender Grundstücke dienen (**Erschließungsbeitrag**).

Güterverkehr

Der Straßengüterverkehr tritt in vielfältigen Funktionen in den Städten und Gemeinden auf: Ver- und Entsorgung, Baustellenverkehre, Belieferung des Einzelhandels, Verbindung von Produktionsstandorten und nicht zuletzt die Standorte von Speditionen, Post und Bahn sind wahre Magneten des LKW-Verkehrs. Der städtische Straßengüterverkehr mit einem Anteil von 4-5% der zugelassenen Fahrzeuge und ca. 10% der Fahrleistung im Straßenverkehr ist ein weitgehend ungelöstes Problem der kommunalen Verkehrsplanung und gleichzeitig eine Hauptquelle für die Luftverunreinigung in den Städten. Ca. 40% der verkehrsbedingten Stickoxide, 60% der verkehrsbedingten Schwefeldioxide und über 70% der verkehrsbedingten Partikelemissionen werden durch LKW produziert. Bei einer Geschwindigkeit von 50 km/h ist ein LKW ungefähr so laut wie 20 PKW.

Die Reduzierung der Belastungen an einzelnen hochbelasteten Straßenstücken steht bei **LKW-Führungskonzepten** im Vordergrund. Es darf jedoch nicht übersehen werden, daß es sich hierbei lediglich um eine Umverteilung des bestehenden LKW-Verkehrs handelt. Sie sind dann eher Alibimaßnahmen und werden im schlechtesten Fall als Argument zur Durchsetzung von Straßenneubaumaßnahmen mißbraucht. Wesentlich zukunftsweisender könnten Ansätze der **City-Logistik** sein. Vor allem in Großstädten kann ein Teil des innerstädtischen Wirtschaftsverkehrs gebündelt werden, so daß mehr Güter mit weniger Fahrten transportiert werden können. Die Umsetzung einer solchen Strategie setzt vor allem auf die Kooperation von Speditionen, Warenempfängern und Warenversendern. Die Kommunen sollten hierbei die Initiativrolle ausüben.

Güterverkehrszentren (GVZ) werden häufig als die entscheidende Voraussetzung für eine Verlagerung von Güterfernverkehren von der Straße auf die Schiene angesehen. Ob und unter welchen Bedingungen dieser Entlastungseffekt eintreten kann, ist umstritten. Die Wirkung von Güterverkehrszentren auf den städtischen Verkehr ist ambivalent. Negativ schlägt die hohe Flächeninanspruchnahme und die Konzentration von LKW-Verkehren im Umfeld der Güterverkehrszentren zu Buche. Problematisch ist ebenfalls der mit der GVZ-Planung verbundene Rückzug der Schiene aus der Fläche zu bewerten. Positiv kann die Chance gesehen werden, durch eine Verbindung von GVZ und City-Logistik eine Entlastung der Innenstädte vom Verkehr mit Fern-LKW zu erreichen.

Ein zukunftsweisender Ansatz ist die Gründung von kommunalen oder regionalen **Güterverkehrsgesellschaften**. Ausgehend von bestehenden Hafenbahnen, sonstigen kommunalen oder privaten Eisenbahngesellschaften der Region oder kommunalen Verkehrsbetrieben können sie sich zur Auffangorganisation des von der Deutschen Bahn AG vernachlässigten regionalen Güterverkehrs entwickeln. Ein weiteres Handlungsfeld für ein kommunales Verkehrssparprogramm sind die Bereiche des Ver- und Entsorgungsverkehrs, bei denen die Kommune direkt oder indirekt Urheber ist. Durch eine ökologisch orientierte Transportlogistik könnten im Bereich der **Abfallwirtschaft** viele Fahrten gespart bzw. rationeller abgewickelt werden.

Literatur

Handbuch der kommunalen Verkehrsplanung, hrsg. von Dieter Apel, Bonn, Economica Verlag, Losblattausgabe. Ein nützliches Nachschlagewerk für das Fraktionsbüro.

Hesse, M.: Verkehrswende. Ökologisch-ökonomische Perspektiven für Stadt und Land, Marburg 1993 Eine wissenschaftliche Grundlegung für eine neue Verkehrspolitik, die das Verkehrswachstum nicht mehr tatenlos hinnimmt.

Monheim, H. / Monheim-Dandorfer, R.: Straßen für alle. Analysen und Konzepte zum Stadtverkehr der Zukunft, Rasch und Röhring, Hamburg 1990 Ein Buch, das mit einer Vielzahl von Argumenten und Beispielen gegen die Autofixierung und für eine andere Verkehrsplanung plädiert.
Schaller, Th.: Kommunale Verkehrskonzepte. Wege aus dem Infarkt der Städte und Gemeinden, Köln, Kohlhammer - Deutscher Gemeindeverlag 1993. Enthält eine Vielzahl praktischer Hinweise und Anregungen.
Wolf, W.: Eisenbahn und Autowahn. Personen- und Gütertransport auf Schiene und Straße. Geschichte, Bilanz, Perspektiven. Rasch und Röhring, Hamburg/Zürich 1986. Historisch gründlich recherchiertes Standardwerk über den Aufstieg des Automobils und den Niedergang der Eisenbahn in Deutschland.

Zeitschriften

Verkehrszeichen. Für die Bewegung im Umweltverbund, Hg. Klaus Peter Kalwitzki, Muhrenkamp 39, D-45468 Mülheim an der Ruhr, 4 Ausgaben im Jahr, im Abonnement DM 36,- jährlich. Ein Forum für engagierte VerkehrsteilnehmerInnen und ExpertInnen in Sachen Umweltverbund. Information und Austausch über Grundsätze, Probleme und Möglichkeiten, die bei einer Förderung des Öffentlichen Verkehrs, des Fußgänger- und des Radverkehrs zu beachten sind.

Adressen

Arbeitskreis Verkehr und Umwelt (UMKEHR) e. V., Exerzierstr. 20, 13357 Berlin (bundesweite Koordination der Verkehrsbürgerinitiativen und Herausgabe des Informationsdienstes Verkehr)
SOCIALDATA Institut für Verkehrs- und Infrastrukturforschung GmbH, Hans-Grässel-Weg 1, 81375 München (Untersuchungen und Publikationen zur Mobilität und zu Public-Awareness-Konzepten)
Verband Deutscher Verkehrsunternehmen (VDV) Kamekestr. 37-39, 50672 Köln (Publikationen zu Fragen des Öffentlichen Verkehrs)
Verkehrsclub Deutschland (VCD) e. V., Eifelstr. 2, 53119 Bonn

AKP-Artikel zum Thema

Feste Rubrik "Aus der Arbeit der Verkehrsinitiativen" in jedem Heft der AKP
Diverse Artikel im Schwerpunkt "Öffentlicher Personen-Regionalverkehr, AKP 4/1992, S. 29
Diverse Artikel im Schwerpunkt "Widerstand gegen Straßenbau", AKP 6/1993, S. 30
Diverse Artikel im Dossier "Autoarme Innenstädte", AKP 2/1991, S. 52
Bonny, H.-W.: Flächennutzungsplanung und Verkehr, in: Macht und Ohnmacht der Kommune. AKP-Sonderdruck zum Kommunalpolitischen Kongreß in Leipzig, 1992
Burmeister, U.: Mit der Nahverkehrsabgabe die Verkehrsmittelwahl beeinflussen, in: AKP 1/1992, S. 45
Cramon Daiber, B. / Beeckmans, P.: Europa gerät ins Stocken. Sackgassen und Auswege der EG-Verkehrspolitik, in: AKP 6/1992, S. 40
Ewald, K.: Mit dem Straßenverkehrsrecht gegen Verkehrslärm und -abgase, in: AKP 1/1993, S. 55
Hagenah, E.: Ökologische Verkehrspolitik nach dem Kasseler Schock, in: AKP 2/1994, S. 21
Herzog-Schlagk, B.: Der Grüne Pfeil — Erhöhte Unfallgefahr, in: AKP 1/1993, S. 19
Hesse, M.: Güterverkehrszentren als Schlüssel zur Zähmung des Güterverkehrs, in: AKP 5/1990, S. 57
Kaluza, A.: Ozon — der schwierige Schadstoff, AKP 5/1991, S. 24
Karwat, K.: Stellplatzverordnung — Wieviel Stellplätze braucht der Mensch?, in: AKP 2/1992, S. 21
Lahl, U.: Modellvorhaben "Wohnen ohne Auto", in: AKP 3/1993, S. 29
Scheffler, M.: Fachtagung "Mobilität von Frauen im ländlichen Raum", in: AKP 1/1993, S. 25
Seip, S.: Das hessische ÖPNV-Gesetz, in: AKP 2/1994, S. 51
Spatz, J.: Gesundheitsgefahr Nr. 1: Das Auto. Abschätzung der Belastungen durch Lärm und Schadstoffe, in: AKP 6/1992, S. 50
Spitzner, M.: Emanzipation vom Auto — Das Recht der Frauen auf eine soziale, ökologische und feministische Verkehrswende, AKP 1/1991, S. 57
Spitzner, M.: Überlegungen für eine ökologische Verkehrswende, in: AKP 5/1992, S. 56
Telkämper, W.: Global planen — lokal ausbaden. Schwarzwald-Transit Madrid-Moskau, in: AKP 6/1992, S. 38

Gabriele Zauke

Feministische Planung

Bislang ist die Einbeziehung weiblicher Lebenszusammenhänge in die Forderungen nach veränderten stadträumlichen Strukturen auch im grün-alternativen Umfeld wenig ausgeprägt. Aus diesem Grunde wird den feministischen Planungsansätzen ein eigenes Kapitel zugeordnet. Räumliche Planung kann und muß einen wesentlichen Beitrag dazu leisten, eine gleichberechtigte Teilhabe am gesellschaftlichen Leben und an der Gestaltung der Umwelt zu fördern; sie wird diesem Anspruch aus Sicht der Frauen bislang jedoch nicht gerecht. Raumstrukturen, Raumnutzungen und Raumverfügungen sind Resultate gesellschaftlicher Verhältnisse und sozialer Beziehungen. Auch Stadtplanung und Stadtentwicklung sind Männerdomänen. Im Geschlechterverhältnis ist die Beanspruchung von Raum eine Frage der Ausübung und Demonstration von Macht. Frauen haben in der Stadt weder genügend (Bewegungs-)Raum noch genügend Einflußmöglichkeiten.

Dabei ist die Nichtwahrnehmung der Frauen vor allem verbunden mit der Ausblendung oder Geringschätzung der Versorgungs-, Haus- und Familienarbeit und der mit ihr verbundenen Konsequenzen. Das Ideal der räumlichen Trennung der Funktionen Wohnen, Arbeiten, Versorgen und Erholen hat entscheidende Einflüsse auf das Leben der Frauen genommen. Auch alle anderen Leitbilder stellen die Hierarchie geschlechtsspezifischer Arbeitsteilung nicht in Frage. Grundlage ist ein Gesellschaftsbild, das Reproduktion und Produktion nicht gleichermaßen wertschätzt. Raum erhält allein der Mann als allzeit mobiler Versorger der Familie, während die Frau daheim isoliert die Reproduktionsarbeit für die Familie leistet. In den Einfamilienhaus-Neubausiedlungen am Stadtrand sind weder Arbeitsplätze noch ÖPNV-Anschlüsse vorgesehen. Diese Frauenfeindlichkeit verstärkt sich im Leitbild der urbanen Stadt. Die Dichte von Großsiedlungen dokumentiert dies mit 7- bis 8-geschossigen Gebäuden, mit fehlenden Möglichkeiten der Versorgung mit Gütern und Dienstleistungen des täglichen Bedarfs, fehlenden wohnortnahen Arbeitsplätzen und mit der Vernachlässigung der ÖPNV-Anschlüsse. "Schlafstädte" wurden die monofunktionalen Wohnquartiere von Männern genannt, denn nach Auffassung der Planer waren sie nur so zu "benutzten". Was für Männer der Ort für Freizeit und Erholung ist, ist für Frauen Arbeitsplatz. Einkaufen, Haushalt, Kinderbetreuung sowie die Pflege von Personen und Freundschaften sind Tätigkeiten, die selbst dann überwiegend von Frauen übernommen werden, wenn sie berufstätig sind. Daraus ergibt sich, daß Frauen räumlich und zeitlich stärker an die Wohnung, das Wohnumfeld und den Stadtteil gebunden sind und sich hier bestehende Defizite und Mängel entsprechend stark auf ihr Leben auswirken. Das Bedürfnis der Frauen nach selbstbestimmtem und unabhängigem Leben, festzumachen an einer zunehmenden Frauenerwerbstätigkeit, sich verändernden Haushalts- und Familienstrukturen und stärkerer politischer Präsenz muß zukünftig in Theorie und Praxis von Städtebau und Planung einen Ausdruck finden. Städte und Gemeinden benötigen deshalb eine Planung, die den Lebensentwürfen und Ansprüchen von Frauen gerecht wird. "Planung und Architektur muß alltagstauglich, identitätsschaffend, ökologisch sinnvoll und gestalterisch gut sein. Sie muß explizit an allen möglichen Nutzerinnen und Nutzergruppen und deren Alltag orientiert sein" (Preis/Pohlmann-Rohr).

Die Studie "Visionen für Hamburg – Bausteine für eine Stadt der Frauen" formuliert für die gesamtstädtische Ebene die Ziele "Wahlmöglichkeiten von Orten, Räumen und Wegen; Vielfalt der unterschiedlichen Nutzungen; qualitativ wertvolle Nahbereiche; **Mobilität**/Erreichbarkeit; Sicherheit im öffentlichen Raum; eine grundlegend bessere Vernetzung von Nutzungen und baulich-räumlichen Zusammenhängen" (Baumgart u.a.). Sie versucht gleichzeitig, unterschiedliche weibliche Lebensmuster im Hinblick auf ihre räumlichen Anforderungen zu differenzieren, denn eine frauengerechte Stadt, die den Ansprüchen aller Frauen – der berufsorientierten Frau mit PartnerIn, der berufs- und familienorientierten, also alleinerziehenden Frauen ohne PartnerIn, der nicht erwerbstätigen, familienorientierten Frau, der nicht berufs- und familienorientierten alten Frau usw. – gerecht wird, ist undenkbar. Nur wenn alle Frauentypen mit verschiedenen Ortstypen und deren Benutzbarkeit durch Frauen in Beziehung gesetzt werden, ergibt sich ein differenziertes Anforderungsprofil aus Sicht unterschiedlicher Lebenswelten von Frauen, aufgefächert nach den Themen öffentlicher Raum, Mobilität und Nutzungsstrukturen (Baumgart u.a.).

Die Stadt als Angstraum

Funktionstrennung, autogerechte Städte, menschenleere Innenstädte in den Abendstunden, der Verlust von sozialer Kontrolle durch Abbau vielfältiger Nutzungs- und Aufenthaltsmöglichkeiten u.v.a.m. haben dazu beigetragen, daß die Stadt mehr und mehr zu einem Angstraum für Frauen wurde. In jeder Stadt und in jedem besiedelten Gebiet gibt es dunkle und unübersichtliche Bereiche, die nicht selten Orte von sexuellen Gewalttaten sind. Hierzu zählen u.a. Bahnhöfe, Tiefgaragen, Parkhäuser, Parks, einsame und schlecht beleuchtete Haltestellen, nicht einsehbare Eingänge und Wege, monofunktionale Bereiche wie z.B. Gewerbegebiete, menschenleere Hauptstrassen. Dies führt nicht nur bei Frauen zu Unsicherheitsgefühlen: Die Menschen wagen sich zu bestimmten Tageszeiten nur noch ungern auf die Straße. Dies kann zu Isolation, Abhängigkeit von Dritten und persönlicher Einengung führen. Vor allem bei Frauen ist die Konsequenz eine vielfältige Selbstbeschränkung in der Nutzung abendlicher Angebote (z.B. Kino, Theater, Volkshochschule). Die feministische Planungsdiskussion zeigt, wie durch gezielte Gestaltungen der öffentliche Raum sicherer gemacht werden kann. Immer wieder wurde hier die bundesrepublikanische durch die niederländische Diskussion angeregt, da insbesondere auf der Umsetzungs- und Realisierungsebene die NiederländerInnen weit voraus sind. Allen beteiligten Frauen ist jedoch bewußt, daß das strukturelle Problem der sexuellen Gewalt gegen Frauen auf der planerischen Ebene grundsätzlich nicht zu lösen ist.

Diskussionen der Frauenbewegung zum Thema Gewalt gegen Frauen führten auf der räumlichen Ebene zunächst zum Frauen-**Nachttaxi**-Konzept (vgl. das Kapitel Gewalt gegen Frauen). Inzwischen sind unterschiedlichste Konzepte zur Erhöhung der nächtlichen Mobilität von Frauen erprobt worden. Um die Orte von Gewalt gegen Frauen räumlich differenzierter aufzuspüren, wurden in einem nächsten Schritt sogenannte Tatortanalysen und Befragungen über Angsträume vorgenommen. Für Tiefgaragen und Parkhäuser wurden konkrete Anforderungsprofile entwickelt. Beeinflußt von der niederländischen Diskussion zum Thema Sicherheit im öffentlichen Raum werden heute mehr und mehr Projekte durchgeführt, die sich mit dem gesamten räumlichen Umfeld unter dem Gesichtspunkt der Sicherheit für Frauen auseinandersetzen.

MASSNAHMEN UND KRITERIEN: Mögliche Maßnahmen zur Erhöhung der Sicherheit sind Checklisten für Haltestellen, Untersuchungen über das Umfeld von Frauen genutzter Freizeit- und Weiterbildungseinrichtungen, Ausschreibung von Wettbewerben zur Nachbesserung der als Tatorte bekannten Haltepunkte und Bahnhöfe des schienengebundenen **ÖPNV**, Begutachtung und Gestaltungsvorschläge für Grünanlagen, Plätze, Wohngebiete, Haltestellen und Bahnhöfe, Arbeitsstandorte, Prüfung von **Bebauungsplänen** und städtebaulichen Entwürfen etc. Prüfkriterien sind die Aufenthaltsmöglichkeiten von Menschen zu unterschiedlichen Tageszeiten, mögliche Blick- und Rufbeziehungen zwischen "drinnen und draußen", Überschaubarkeit von Orten, Möglichkeiten schneller Orientierung, Versteckmöglichkeiten, unzureichende Beleuchtung, Betrachtung von Erdgeschoßnutzungen, Wahlmöglichkeiten bei Wegen, Trennung zwischen öffentlichen, halböffentlichen und privaten Räumen und vieles andere mehr (Preis/Pohlmann-Rohr). Bei der Berücksichtigung von Sicherheitsbelangen geht es jedoch nicht darum, alle Orte in gleißendes Licht zu tauchen oder bauliche und pflanzliche Gestaltungselemente aus den Gemeinden zu eliminieren und alle Wege sicher zu machen. Es geht lediglich darum, eine neue Planungsaufgabe ernst zu nehmen und zu bewältigen. Wer sich heute mit dem Thema Sicherheit im öffentlichen Raum befaßt, findet viele Gutachten und Planungskonzepte und eine Reihe differenzierter handlungsorientierter Kriteriensammlungen vor: das Ergebnis intensiver Zusammenarbeit zwischen örtlichen Frauengruppen, **Gleichstellungsstellen**, externen Planungsfachfrauen und Planungsträgern.

Dabei darf nicht übersehen werden, daß zwischen der Darstellung von Problembereichen und Maßnahmen einerseits sowie deren tatsächlicher Umsetzung und damit der Verbesserung der räumlichen Situation andererseits ein mühevoller Schritt liegt. Um in diese Richtung Mut zu machen, soll nochmals auf die Niederlande verwiesen werden. Dort wird das Thema Sicherheit im öffentlichen Raum (sociale veiligheid) u.a. gleichgesetzt mit Kriminalitätsprävention. Zwar wurden wie in der Bundesrepublik Projekte von Planungsfachfrauen entwickelt und angestoßen, allerdings haben sich Justizministerium und Bau- und Planungsministerium bereits seit 1985 an der Finanzierung eines von der Stiftung "Frauen Bauen Wohnen" ausgerichteten Wettbewerbs beteiligt. Der Wettbewerb wird inzwischen vom Staat mit den gleichen Inhalten weitergeführt. Alle preistragenden Kommunen setzten beispielhafte Ansätze zur Verbesserung der Sicherheit im öffentlichen Raum um. Einen entsprechenden Wettbewerb auf Landesebene zu installieren, kann ebenso Anregung der Kommunen sein wie ihre Suche nach schnell realisierbaren Alternativen.

Die Wohnung als Emanzipationshindernis

Eine breite frauenpolitische Debatte zur Wohnungsfrage hat es bereits zu Beginn dieses Jahrhunderts gegeben. Sie wurde erst mit der Internationalen Bauausstellung Berlin 1981 erneut aufgegriffen, doch seitdem stetig fortgeführt. Kritik wird vor allem an den "normierten Wohnungsgrundrissen" im sozialen Wohnungsbau geübt. Diese ignorieren durch hierarchische Größen und Zuordnungen der Räume (kleine Küchen, kleine Kinderzimmer, große Wohnzimmer, wenig Abstellflächen) den Lebensalltag von Frauen: mit ihrer überwiegenden Zuständigkeit für Haus- und Familienarbeit, mit ihren Ansprüchen an neue Lebens- und Haushaltsformen. Die Wohnungen der Zukunft müssen einer Vielzahl von Einpersonen- und Kleinhaushalten, kleineren und größeren Lebensgemeinschaften Entfaltungsmöglichkeiten bieten. Das bedeutet z.B. gleich große, abgeschlossene Räume ohne Hierarchien für alle Haushaltsmitglieder, Gemeinschaftsräume und ausreichend große Küchen, denn mehr als jeder andere Raum dient die Küche zum Aufenthalt von Menschen. D.h. alle Räume im sozialen Wohnungsbau müssen entfunktionalisiert und entnormiert werden, Grundrisse sollten so flexibel gehalten werden, daß Wohnungen um einzelen Räume vergrößert, verkleinert oder zusammengelegt werden können, um sich wechselnden Haushaltsstrukturen anpassen zu können. Ausreichend bemessene Abstell- und Ausweichflächen, bequem erreichbare und sichere Abstellplätze für Kinderwagen und Fahrräder, Schaffung von Treppenhäusern mit höherer Aufenthaltsqualität sind weitere Anforderungen. In den Häusern bzw. Wohnanlagen sollten Räume für Gemeinschaftseinrichtungen zur Verfügung stehen. Die Wohnkomplexe müssen so überschaubar sein, daß Sicht- und Rufkontakte zu Kleinkindern möglich sind. Um diesen Zielen näher zu kommen, haben sich feministische Fachfrauen immer wieder für neue Vorgehensweisen im Rahmen von Wohnungsbauvorhaben eingesetzt. Leider sind erst zaghafte Erfolge sichtbar. Dies sind z.B. die Umsetzung der Ergebnisse des Wettbewerbs "Frauen planen Wohnungen" in Bergkamen (NRW) und zahlreicher anderer Bauprojekte, die Initiierung von Frauenwohnprojekten und die Erarbeitung eines Handlungspapiers Wohnen beim Deutschen Städtetag. Zur Wohnzufriedenheit gehört jedoch nicht allein die räumliche Aufteilung der Wohnung, sondern auch die Einbindung in das Wohnumfeld und dessen Ausstattung mit Arbeitsplätzen, Infrastruktur- und Versorgungseinrichtungen und ÖPNV-Anschlüssen. Dementsprechend sind Standorte für neue Bauvorhaben auf entsprechende Kriterien hin zu überprüfen bzw. ist dafür Sorge zu tragen, daß fehlende Angebote mit dem Bau der Wohnungen realisiert werden.

Die Leidtragenden eines über Preis und Image vollzogenen Verteilungskampfes um Wohnraum sind vor allem einkommensschwache und gesellschaftlich stigmatisierte MieterInnen-Gruppen. Häufig treffen beide Faktoren zusammen, und häufig sind Frauen betroffen, besonders ältere Frauen, Alleinerziehende und Ausländerinnen. Alleinerziehende sind die Gruppe mit den größten Akzeptanzproblemen bei VermieterInnen. Dazu kommt, daß sie aufgrund eingeschränkter Erwerbsmöglichkeiten häufig zu den Einkommensschwachen zählen. Mit zunehmenden Scheidungsraten und Veränderungen der Lebensformen wird die Gruppe in Zukunft weiter wachsen. Hart trifft die Stigmatisierung und **Wohnungsnot** vor allem auch die Opfer von ehelicher Gewalt, Frauen nach Verlassen des **Frauenhauses**. Sie bedürfen ebenso einer gezielten Versorgung mit Wohnraum wie die von Wohnungslosigkeit bedrohten Frauen, über die es auf örtlicher Ebene in der Regel kaum gesicherte Kenntnisse gibt. Dementsprechend sind gemeindliche Situationsanalysen zur Wohnraumversorgung von Frauen notwendig. Zur Stärkung der Frau auf dem Wohnungsmarkt müssen zukünftig gezielt Modellvorhaben realisiert werden. Dies schließt Vorhaben für alleinlebende jüngere und ältere Frauen, alleinerziehende Mütter, Frauenwohn- und -lebensgemeinschaften, mißhandelte und obdachlose Frauen ein.

Frauen fordern Bewegungsfreiheit

Relativ neu ist der feministische Blick auf verkehrsplanerische und verkehrspolitische Fragen mit einer über Gewaltdiskussion und Ansätzen nächtlicher **Mobilität** hinausgehenden Bewertung der Mobilitätsbedingungen und -anforderungen von Frauen. Ausgelöst durch die große Anfrage der

Bundestagsfraktion der GRÜNEN zur "Emanzipation vom Auto – das Recht der Frauen auf eine Verkehrswende" (Bonn 1990) findet seitdem eine sehr differenzierte Diskussion zum Thema Frauen und Mobilität statt. Frauen, Kinder und ältere Menschen gehören zu den VerliererInnen der autoorientierten Planungs- und Verkehrspolitik, denn die Vernachlässigung des ÖPNV, des Fuß- und Fahrradverkehrs geht zu Lasten all derjenigen Bevölkerungsgruppen, die nicht bzw. nicht in gleichem Maße auf einen PKW zurückgreifen können. Bislang waren Frauen eher unfreiwillige Avantgarde des **Umweltverbundes** (Füße, Rad, ÖPNV). Die feministischen Mobilitätskonzepte verdeutlichen jedoch, daß nicht die Motorisierung der Frauen Antwort auf bestehende Defizite sein soll. Das Ziel ist eine konsequente Verkehrsvermeidung durch veränderte Zuordnungen unterschiedlicher Nutzungen (Stadt der kurzen Wege) sowie der Ausbau und die Ausrichtung des Umweltverbundes auf bestehende und neu zu schaffende Raumstrukturen. Diskussionsgrundlage sind folgende Thesen: Frauen müssen im Rahmen ihrer Haus-, Erziehungs- und Erwerbsarbeit vielfältigste Wege zurücklegen, die optimal miteinander kombiniert werden müssen. Aufgaben wie Einkaufen, Kinderbetreuung, Behördengänge, Erwerbsarbeit, Pflege von Angehörigen u.a. werden in sogenannten Wegeketten erledigt. Frauen sind häufig auf Verkehrsmittel des Umweltverbundes angewiesen. Sie sind häufiger zu verkehrsschwachen Zeiten und in verkehrsschwachen Räumen unterwegs, benötigen mehr Querverbindungen und sind nicht so stark auf das Zentrum orientiert. Außerdem wird die Prioritätenliste angstbesetzter Räume angeführt von denen der Verkehrsinfrastruktur.

Auf kommunaler Ebene bzw. von den Ländern wurde in den letzten Jahren eine Reihe von Projekten initiiert sowie Gutachten erstellt, die die frauenspezifischen Mobilitätsbedingungen und Mobilitätsdefizite thematisieren (z.B. Mobilitätsbedingungen älterer Frauen oder von Frauen mit Kindern in ländlichen Regionen, inhaltliche Erweiterung des Untersuchungsrahmens kommunaler **Verkehrsentwicklungspläne** sowie die Einbeziehung feministischer Forderungen in Landes-ÖPNV-Gesetze (Entwurf der Landtagsfraktion der GRÜNEN Rheinland-Pfalz)). Dies schließt nicht aus, daß Forschungs- und Umsetzungsdefizite in Hülle und Fülle vorhanden sind. So sind bei der Erarbeitung von Verkehrsentwicklungsplänen die Mobilitätshemmnisse und -wünsche von Frauen oft erörtert und die Berücksichtigung ihrer Interessen eingefordert worden, doch die Umsetzung fehlt. Ein typisches Merkmal weiblicher Mobilität ist die sogenannte "Begleitmobilität" (Kinder werden zum Kindergarten, zur Schule, zum Sport, zum Musikunterricht, zu Freunden gebracht). Um diese von Frauen erbrachten (unbezahlten) Transportdienstleistungen zu vermeiden, ist eine weitgehend autarke Mobilität von Kindern zu verwirklichen.

Darüber hinaus sind u.a. folgende Aspekte zu berücksichtigen, um Frauen ein Größtmaß an Bewegungsfreiheit zu verschaffen:
— Eine Verbesserung des Angebotes des Umweltverbundes: Unterschiedliche Netze (ÖPNV, Fuß- und Radwege) müssen jedes für sich auch auf schwächere VerkehrsteilnehmerInnen (z.B. Kinder) ausgerichtet sein und insgesamt flächenhaft vorgehalten werden.
— Verbesserte ÖPNV-Anbindung: Haltestellen des ÖPNV sind in unmittelbarer Nähe von allen Gemeinbedarfseinrichtungen, Wohn- und Arbeitsorten vorzuhalten.
— Zumutbare Gestaltung der Verkehrsträger und des Straßenraumes: Diese müssen zum Lebensraum mit Möglichkeiten des Aufhaltens und Verweilens werden.
— Bessere Erreichbarkeit frauenrelevanter Orte: Mehr Querverbindungen statt alleinige Orientierung auf das Zentrum.
— Attraktive Angebote im ÖPNV: Sowohl die Tarife als auch die Netze und Takte müssen auf Wegeketten ausgerichtet sein.
— Sicherheit im öffentlichen Raum: Siehe oben.
— Weitgehende Beteiligung von Frauen an den Planungs- und Entscheidungsprozessen.

Frauenbelange in der Bauleit- und Fachplanung

Die Diskussion zur Umsetzung von Frauenbelangen im Rahmen des **Bauleitplanverfahrens** stand lange hinter Diskussionen bei Fach- und Ausführungsplanungen zurück und wurde allein über die Forderung nach Institutionalisierung von "Frauen als Trägerinnen öffentlicher Belange" sowie der Kritik am Beteiligungsverfahren gemäß § 3 BauBG geführt. Hier setzt jedoch zur Zeit ein Prozeß der Umorientierung ein. In vielen Städten und Gemeinden haben **Gleichstellungsstellen** mit ihrem Engagement im Bereich "Frauen und Planung" und in unterschiedlichsten Organisationsformen Ansätze gefunden, die planende Verwaltung in Diskussionsprozesse einzubinden. Verschiedentlich ist es Gleichstellungsstellen gelungen, von der planenden Verwaltung kontinuierlich in die Begutachtung von **Bebauungsplänen** einbezogen zu werden. In der Praxis zeigt sich jedoch sehr oft, daß zu einer qualifizierten Stellungnahme fachliche Kompetenz unabdingbar ist und die Gleichstellungsstellen schnell überfordert sind. Um dennoch einen kritischen Blick aus Frauensicht auf die B-Pläne werfen und Veränderungen zugunsten von Frauen erwirken zu können, haben Fachfrauen (u.a. Preis/Pohlmann-Rohr 1993; Wallraven-Lindl/Beller-Schmidt 1992) sich mit diesem Planungsinstrument auseinandergesetzt und Anforderungen erarbeitet.

GESETZLICHE GRUNDLAGEN: Im Rahmen der verbindlichen **Bauleitplanung** sind Flächennutzungs- und Bebauungsplan Planungsinstrumente, die mit ihren Vorgaben bereits entscheidend in die Gestaltungs- und Funktionsvielfalt der Städte und Gemeinden eingreifen und damit Voraussetzungen für die Lebensbedingungen der Menschen festlegen. Die generellen Planungsziele sind in § 1 Abs. 5 Satz 1 BauGB festgelegt. Frauenbelange lassen sich an allen hier formulierten Planungszielen festmachen, sind schwerpunktmäßig jedoch Bestandteil des Zieles "Sicherung einer menschenwürdigen Umwelt". Hiermit ist verbunden, daß Gemeinden für eine Umwelt entsprechend menschlichen Bedürfnissen zu sorgen haben. Beispielhaft werden in § 1 Abs. 5 Satz 2 Planungsleitlinien formuliert, die hinsichtlich der Berücksichtigung von Frauenbelangen ergänzend auszulegen sind. Ein Beispiel: Die Berücksichtigung der Sicherheit der Wohn- und Arbeitsbevölkerung (§ 1 Abs. 5 Satz 2 Nr. 1) muß die Sicherheit von Frauen (nicht nur) im öffentlichen Raum beinhalten. Entsprechend müssen die bislang von Frauen entwickelten Anforderungskriterien in die Bauleitpläne eingebunden werden. Zu den sozialen Bedürfnissen von Frauen (§ 1 Abs. 5 Satz 2 Nr. 3) gehören, betrachtet unter dem Aspekt der Sicherheit, z.B. die Bereitstellung von Zufluchtstätten oder anderer sozialer Infrastruktureinrichtungen im Wohnumfeld, die im Bebauungsplan als **Gemeinbedarfsflächen** auszuweisen sind. Nur über gezielte Flächenausweisungen im Bauleitplan läßt sich angesichts kommunaler Baulandengpässe die Realisierung einer Stadt der kurzen Wege langfristig verfolgen.

FLÄCHENNUTZUNGSPLAN: Das räumliche Leitbild aus Frauensicht erfordert schon im Flächennutzungsplan eine weitgehende Mischung der Funktionen Wohnen, Arbeiten, Versorgen und Erholen (mit Ausnahme umweltbelastender Betriebe). Dies ist über eine weitgehende Ausweisung von Mischgebieten oder eine kleinteilige Zuordnung von Wohnbauflächen, gemischten Bauflächen und Gewerbeflächen zu erreichen. Bei der Ausweisung der Flächen sollte sowohl für Arbeits- als auch für Wohnstätten eine Anbindung an den schienengebundenen öffentlichen Verkehr erfolgen. Großflächige Verkehrsachsen des Individualverkehrs sind abzulehnen. Baugrundstücke für den Gemeinbedarf müssen in ausreichendem Maße vorgehalten werden, z.B. auch Flächen für **Kindertagesstätten** in Gewerbegebieten. Neben großflächigem Grün sollten kleinteilig Grünflächen wie ein Netz über dem gesamten Stadtgebiet liegen.

BEBAUUNGSPLÄNE: Auch an die Bebauungspläne sind bei der Festsetzung von Art und Maß der baulichen Nutzung, der differenzierten Festsetzung von Gemeinbedarfsflächen, der Ausweisung von Wohn-, Gewerbe-, Sport- und Verkehrsflächen etc. zukünftig neue Maßstäbe anzulegen, mit Hilfe derer die Belange von Frauen ausreichend Berücksichtigung finden. Hierzu zählen:

— Funktionsmischungen durch kleinteilige Zuordnungen unterschiedlicher Baugebietstypen oder Ausweisung von Mischgebieten;
— Kleinteilige Mischungen durch horizontale und vertikale Gliederungen;
— Festsetzungen eines Maßes der baulichen Nutzung, das die Existenz von Versorgungs- und Dienstleistungsunternehmen sichert;
— Vorhaltung vielfältig nutzbarer wohnungsnaher Freiflächen und Flächensicherung für Gemeinbedarfsflächen;
— Eindeutige Raumgliederungen durch Festsetzungen von Baulinien und gezielte Zuordnung privater, halböffentlicher und öffentlicher Räume;
— kurze sicherer Wege zum ÖPNV und die Anlage notwendiger Geh- und Radwege in belebten und sicheren Bereichen;
— großzügige Dimensionierung von Gehwegen zur Stärkung ihrer Aufenthaltsfunktionen und Schaffung von Plätzen zur Kommunikation;
— Ausweisung kleinerer übersichtlicherer Parkplätze auch in Gewerbegebieten;
— Bepflanzungen in ihren Höchst- und Mindestgrößen festlegen.

Indem diese Kriterien an das herrschende Instrumentarium und hierbei insbesondere auch an den Bebauungsplan angelegt werden, wird ein wichtiger Schritt in den Planungsalltag vollzogen: Denn in der Regel werden öfter Bebauungspläne aufgestellt oder geändert als Verkehrsentwicklungspläne in Auftrag gegeben oder gar Flächennutzungspläne erarbeitet.

FACHPLANUNGEN: In der gemeindlichen Planung gibt es eine Reihe von Fachplänen und Berichten, etwa den Kindergartenbedarfsplan, den Sportstättenleitplan, den Schulentwicklungsplan, den Altenhilfeplan, den Verkehrsentwicklungsplan, die Wohnungsbedarfsanalysen, den Ausländerbericht, den Armutsbericht etc. Über diese Untersuchungen werden Fehlbedarfe als Grundlage für weitere Planungsschritte ermittelt und Zielvorgaben getroffen. In der Regel werden hier die Interessen und Anforderungen von Frauen nicht berücksichtigt. Deshalb ist es wichtig, mit einem entsprechenden Aufstellungsbeschluß gezielt darauf hinzuwirken, daß eine geschlechtsspezifische Betrachtungsweise erfolgen soll und sowohl Defizite als auch Handlungsschritte jeweils für Frauen und Männer aufgezeigt werden müssen.

Beteiligung von Frauen an Planungs- und Bauprozessen

Formalisierte **Beteiligungsverfahren** gibt es lediglich in den Bauleitplanverfahren (Flächennutzungsplan, Bebauungsplan) nach § 3 BauGB. Eine Beteiligung im Zusammenhang mit städtebaulichen Gutachten (Stadtentwicklungsplänen, Rahmenplänen) und Stadterneuerungsaufgaben ist formal in der Regel nicht vorgesehen. Insgesamt trägt die gesetzlich festgeschriebene Beteiligung in der Bauleitplanung wenig zu einem aktiven Mitwirken der BürgerInnen an den städtebaulichen Planungsprozessen bei, vor allem sieht sie keine spezifischen Formen der Mitwirkung für gesellschaftliche Gruppen ohne große Lobby vor. Zwar sind nach § 4 Abs. 1 BauGB frühzeitig die als "**Träger öffentlicher Belange**" anerkannten Behörden und Interessenverbände an der Bauleitplanung zu beteiligen. Fraueninteressen finden hier allerdings keine Berücksichtigung. Schon seit über 10 Jahren wird deshalb im Rahmen der Diskussion um die Beteiligung von Frauen an der Planung kontinuierlich die Forderung erhoben, Frauenorganisationen als Trägerinnen öffentlicher Belange anzuerkennen. Auch wenn in Berlin mit der Einrichtung eines Frauenplanungbeirates der Beginn einer institutionalisierten Beteiligung eingeleitet wurde, konnte der Schritt hin zum "Träger öffentlicher Belange" damit nicht vollzogen werden. So ist die Forderung nach wie vor höchst aktuelles Anliegen. Erwartet wird eine stärkere öffentliche Kontrolle des Planungsverfahrens und vor allem eine Anerkennung der frauenpolitischen Forderungen als öffentliche Belange. Auch für den Verkehrsbereich fordern die Fachfrauen eine Verankerung von Beiräten. Zu nennen sind neben dem bereits genannten Frauenbeirat insbesondere paritätisch besetzte Fahrgastbeiräte bei den Verkehrsverbünden. Bei den üblichen **Bürgeranhörungen** in den Abendstunden und in Kneipen sind Frauen selten oder gar nicht vertreten. Frauen beteiligen sich dagegen eher zu anderen Tageszeiten bei Gesprächen in kleiner Runde oder während Interviews. Viel stärker als bisher sind deshalb für Frauen Formen intensiver und aufsuchender Bürgerinnen-Beteiligung (ohne Dabeisein von Männern) zu installieren. Dabei muß auch die Möglichkeit geschaffen werden, daß sich die von Planungen betroffenen Frauen (bezahlte!) fachliche Kompetenz einholen.

Zur Sensibilisierung der Bürgerinnen, PolitikerInnen und der Verwaltung für frauenspezifische Belange in der Planung sind "Stadt(teil)spaziergänge" oder Ortsbegehungen geeignete Einstiegsformen (zum Aufzeigen von Angsträumen z.B. Nachtspaziergänge). Hier können einerseits gezielt räumliche Bereiche wie Innenstadt, Stadtteil, Wohngebiet oder andererseits inhaltliche Schwerpunkte wie Spielplatz-, Versorgungssituation, wohnungsnahe Freiflächenangebote ausgewählt werden. Nicht selten sind die Stadtspaziergänge mit einer fotografischen Dokumentation und anschließenden Ausstellung verbunden. Oft werden von **Gleichstellungsstellen** auch Befragungen durchgeführt. Etwas mehr Aufwand erfordern demgegenüber mehrwöchige Aktionskampagnen mit unterschiedlichen Inhalten und Formen der Sensibilisierung der BewohnerInnen, PolitikerInnen und Verwaltung. Darüber hinaus ist es örtlich vor allem den Gleichstellungsstellen — oftmals in Zusammenarbeit mit Frauenplanungorganisationen wie FOPA u.a. — gelungen, über workshops, Vorträge, Podiumsdiskussionen und VHS-Kurse interessierte Bürgerinnen über Einstiegsveranstaltung hinaus längerfristig in Arbeitskreise zum Thema Planung einzubinden. Die Arbeitskreise übernehmen die Aufgabe, Bürgerinnen in ihrer Kompetenz zu stärken und bei konkreten (Planungs-)Anliegen gegenüber Politik und Verwaltung Durchsetzungskraft zu enwikkeln. Oft haben sich inzwischen Arbeitskreise etabliert, in denen neben den Bürgerinnen auch Fachfrauen der Planungs- und Bauverwaltung und Politikerinnen mitwirken. Auch gibt es in einigen Kommunen verwaltungsinterne Arbeitskreise mit Mitarbeiterinnen unterschiedlicher Ämter. Hier ist die Erweiterung des Wissensstandes z.B. über verwaltungsinterne Weiterbildungsangebote — auch für die Männer der Planungs- und Bauverwaltung — erstrebenswert.

Neben diesen Arbeitskreisen sind örtliche Wettbewerbsverfahren ein wichtiger Bereich, in dem Einfluß gewonnen werden kann und in dem sich Frauen in enger Zusammenarbeit mit den Gleichstellungsstellen engagieren sollten. Bereits in die Auslobungstexte müssen möglichst konkret frauenspezifische Anliegen in Form von Anforderungsprofilen und Kriterienlisten eingebracht werden. Darüber hinaus ist es wichtig, möglichst eine paritätische Besetzung der Preisgerichte zu erwirken, jedoch zumindest zwei Frauen hineinzulancieren, wobei nach Möglichkeit solche Frauen benannt werden sollten, für die die Durchsetzung von Fraueninteressen ein Anliegen ist. Und last but not least sollten Frauenbüros gezielt zur Beteiligung an Wettbewerben aufgerufen werden. Weil es derzeit noch nicht gar so viele Frauenplanungs- und -architekturbüros gibt, muß erreicht werden, daß auch überregional tätige Frauenbüros mitmachen dürfen.

Als letzte Möglichkeit zur Sensibilisierung für Frauenbelange in der Planung soll auf die Initiierung von Modellprojekten verwiesen werden. Bislang gibt es viel zu wenig solcher Projekte. Beispiele sind die Frauenorientierte Stadtteilentwicklungsplanung Hagen-Vorhalle, die besonderes Schwergewicht auf Partizipationsprozesse legt (Ministerium für Stadtentwicklung und Verkehr und Frauenministerium NRW), die Beratung und Beteiligung von Frauen im Rahmen der Nachbesserung der Großsiedlung Hamburg Kirchdorf-Süd (Experimenteller Wohnungs- und Städtebau, ExWoSt, BMBau) und die Modelle zur Verbesserung der Wohn- und Lebenssituation von Alleinerziehenden und alleinstehenden Schwangeren (ExWoSt, BMBau). Experimente erfüllen die wichtige Funktion, Beispielhaftes und Machbares aufzuzeigen.

Vernetzung von Frauenplanungsorganisationen und -initiativen

Die Frauenplanungsdiskussion wird seit Anfang der 80er Jahre vor allem getragen durch die Feministische Organisation von Planerinnen und Architektinnen (FOPA). Mit ersten örtlichen Vereinen in Berlin, Dortmund, Kassel und Neugründungen in Hamburg, Bremen, Freiburg, Köln und Rhein-Main entsteht ein immer verzweigteres Netz örtlicher Initiativen. Über Forschungs- und Praxisvorhaben, Informations- und Bildungsarbeit, Beratung von interessierten Frauen, Gruppen und Institutionen sowie Veröffentlichung von Publikationen und Mitarbeit an Tagungen trägt FOPA zur Umsetzung der "Gestaltung der baulich-räumlichen Umwelt im Interesse von Frauen" bei. Gestärkt werden diese Aktivitäten seit Ende der 80er Jahre durch den überörtlichen Zusammenschluß "Frauen in Bewegung". Dies ist ein loser Zusammenschluß verkehrsengagierter Frauen aus Initiativen, Institutionen und Planungsbüros, der sich etwa halbjährlich zu einem Austausch und Diskussionsprozeß über aktuelle verkehrspolitische Fragen und Aktionen zusammenfindet. Der Verein "Baufachfrau" mit Sitz in Dortmund und Berlin führt Architektinnen und Handwerkerinnen zusammen und entwickelt Projektideen im Baubereich. Von Frauen in den neuen Bundesländern enwickelte Intitiativen wie POWER (Planerinnen aus Ost und West) und Boa-Constructa (Ost-Berliner Organisation von Architektinnen) haben aufgrund ihrer besonderen Bedingungen teilweise andere Ziele. Fraueninteressen in der Planung Nachdruck verleihen will auch der Ausschuß "Frauen in der SRL" innerhalb der Vereinigung der Stadt-, Regional- und Landesplaner, allerdings mit weit stärkerer Innen- als Außenwirkung. Die planungsengagierten Frauen der **Gleichstellungsstellen** sind in den Bundes- und Landesarbeitsgemeinschaften "Frauen in der Wohnungs- und Stadtplanung" aktiv. Seit einiger Zeit gibt es beim **Deutschen Städtetag** die Kommission "Frauen und Planung", die vielleicht dazu beitragen kann, die örtliche Frauenplanungsdiskussion zu etablieren, so daß sich zukünftig mehr Frauenplanungs- und Architekturbüros bilden und mit feministischen Inhalten arbeiten können.

Literatur

Baumgart, S./Pahl-Weber, E.: Bausteine für eine Stadt der Frauen — Visionen für Hamburg. Studie im Auftrag der Stadt Hamburg, Stadtentwicklungsbehörde, Landesplanungsamt, Endbericht 1993
Buchmüller, L./Zibell, B.: Weibliche und männliche Aspekte in der Stadtplanung. Institut für Orts-, Regional- und Landesplanung, ETH Zürich, ORL-Bericht 86/1993, Zürich 1993

Deutscher Städtetag: Frauen verändern ihre Stadt. Beratungsergebnisse der Kommission "Frauen in der Stadt" und der Fachkommission "Wohnungswesen" des Deutschen Städtetages zur Wohnungspolitik, Köln 1993

Dittrich, A./Hering, M./Zauke, G.: Bewegungsfreiheit für Frauen. Handbuch für kommunal engagierte Frauen zur Einmischung in Verkehrsplanung und -politik, Gutachten im Auftrag des Wuppertal-Institut für Klima, Umwelt und Energie, Wuppertal Juli 1994.

Grote, M./Pohlmann-Rohr, B./ Zauke, G.: Fraueninteressen in Planungsprozessen. Institutionalisierte und selbstorganisierte Ansätze in Europa, Institut für Landes- und Stadtentwicklungsforschung des Landes NRW (Hg.), ILS-Schriften 72, Dortmund 1992

Preis, U./Pohlmann-Rohr, B.: Belebte Stadt - Angstfreie Stadt. Planungsleitfaden für mehr Sicherheit im öffentlichen Raum. Abschlußbericht gleichnamigen Forschungsprojektes des Ministeriums für Stadtentwicklung und Verkehr sowie des Ministeriums für die Gleichstellung von Frau und Mann NRW, Düsseldorf/Dortmund 1993. Eine umfassende Beispielsammlung und ein hervorragender Einblick in die Einbindung von "Sicherheit im öffentlichen Raum" in unterschiedliche Planungsinstrumente.

Siemonsen, K./Zauke, G.: Sicherheit im öffentlichen Raum – Städtebauliche und planerische Maßnahmen zur Verminderung der Gewalt, Zürich 1991

Stang, S.: Frauen in der Stadt – Stadt der Frauen. Band 1: Grundlagen und Band 2: Materialien, Stadt Dortmund Frauenbüro (Hg.), Dortmund 1992

Steg, E./Jesinghaus, I. (Hg.): Die Zukunft der Stadt ist weiblich, Frauenpolitik in der Kommune, AKP-Buch, Bielefeld 1987

Wallraven-Lindl, M.-L./Beller-Schmidt, I.: Frauenbelange in der Bauleitplanung. Baurecht – Zeitschrift für das gesamte öffentliche und zivile Baurecht, Nr. 5/1992, S. 549-557

Adressen

Feministische Organisation von Planerinnen und Architektinnen (FOPA), Adlerstr. 81, 44137 Dortmund, Tel. 0231-143329

Frauen in Bewegung c/o. Meike Spitzner, Wuppertal-Institut für Klima, Umwelt und Energie, Projektbereich Feministische Ansätze zur Verkehrsvermeidung, Am Döppersberg 19, 42103 Wuppertal, Tel. 0202-2492-151.

AKP-Artikel zum Thema

Scheffler, M.: Mobilität von Frauen im ländlichen Raum (in AKP 1/93, S. 25)
Zapf, K.: Über weibliche Architektur und Planung (in AKP 2/92, S. 25-26)
Spitzner, M.: Emanzipation vom Auto (in AKP 1/91, S. 57-60)

Edmund Spindler, Herbert Klemisch, Reiner Schiller-Dickhut [*]

Kommunaler Umweltschutz:
Organisation und Instrumente

Traditionell war kommunaler Umweltschutz eine Nebenfunktion anderer kommunaler Aufgaben, insbesondere von Ordnungsaufgaben, Stadtgestaltung und Stadthygiene; sinnfällig wird dies z. B. im Ausdruck Stadtreinigung. Mit der Entwicklung der Ökologiebewegung gewann ein anderes Verständnis Bedeutung, wonach Umweltpolitik medienübergreifend, vorsorgend und verursacherorientiert sein solle; zudem wurde Umweltschutz de facto zur eigenen Staatsaufgabe. Von den GRÜNEN durchgesetzt, veränderte sich im Anschluß daran die organisatorische Konstruktion des kommunalen Umweltschutzes: Kommunaler Umweltschutz wurde als **Querschnittsaufgabe** gesehen und in manchen Gemeinden innerhalb der Verwaltung gebündelt, je nach Größe als Amt oder Dezernat.

Organisation der kommunalen Umweltverwaltung

Die Grünen sind nicht mehr alleinige Verfechter einer Zusammenfassung von Aufgaben mit Umweltbezug in der Kommunalverwaltung. Trotzdem ist die Einrichtung von **Umweltdezernaten** und die Besetzung der Leitungspositionen mit Personen aus der grün-alternativen Bewegung nach wie vor ein strategisches Instrument alternativer Kommunalpolitik. Dem liegt der Anspruch zugrunde, das Profil der Grünen als Umweltpartei nicht nur durch die parlamentarische und außerparlamentarische Seite, sondern auch durch die administrative Seite darzustellen.

Worin bestand die angesprochene Kontroverse? Weil die Umwelt durch Entscheidungen in fast allen wichtigen Bereichen der Kommunalpolitik beeinflußt wird, sollen Umweltbelange von vornherein in diesen kommunalen Aufgaben berücksichtigt werden — UmweltschützerInnen können diese allgemeine Forderung selbstverständlich nur begrüßen. Daraus leitete die für die kommunale Verwaltungsorganisation normbildende KGSt lange die Konsequenz ab, Aufgaben des kommunalen Umweltschutzes nicht in einer selbständigen Verwaltungseinheit zusammenzufassen, weil dadurch die für andere kommunale Aufgaben Zuständigen der Wahrnehmung von Umweltbelangen ausweichen könnten. Diese — den etablierten Parteien willkommene — Empfehlung war politisch gesehen falsch: erstens zieht der Umweltschutz in der Konkurrenz kommunaler Ziele gegenüber Wirtschaftsinteressen, autofixierter Verkehrspolitik und lokal borniertet Stadtentwicklung tendenziell den Kürzeren; zweitens ist es ein Wunschtraum, daß die Kommunalbeschäftigten ihre fachliche Ausbildung und kulturelle Sozialisation abschütteln und über Nacht zu ÖkologInnen werden. Fachlich gesehen, sprechen auf dem Hintergrund einer medienübergreifenden Betrachtung von Umweltschutz der enge fachliche Zusammenhang zwischen verschiedenen Umweltaufgaben dafür, diese in einer organisatorischen Einheit zusammenzufassen und dadurch Schnittstellenprobleme zu vermindern. Dieser Einsicht schloß sich eine Arbeitsgruppe der KGSt mit dem KGSt-Bericht 18/1992 "Organisation kommunaler Aufgaben mit Umweltbezug" an.

Die Grafik 1 (aus dem genannten KGSt-Bericht, siehe nächste Seite) enthält diejenigen Aufgaben mit Umweltbezug, die in enger Abstimmung mit einer oder mehreren anderen Aufgaben zu erledigen sind. Besteht zwischen zwei Aufgaben Abstimmungsbedarf, so sind diese Aufgaben in der Grafik direkt durch einen Strich verbunden. Werden die so gekennzeichneten Aufgaben in zwei verschiedenen Ämtern wahrgenommen, können Schnittstellenprobleme auftauchen.

Die konkrete Organisationsform hängt dann davon ab, welche Aufgaben des Umweltschutzes überhaupt von einer Gemeinde bearbeitet werden, wobei grundsätzlich zwischen kreisangehörigen Gemeinden und Kreisen bzw. kreisfreien Städten zu unterscheiden ist. Bei großen Städten oder Kreisen würde die Zusammenfassung aller in der Grafik dargestellten Aufgaben in einem Amt sich aufblähen; deshalb wird auch von der KGSt ein Dezernat empfohlen. Bei der Untergliederung lassen sich vereinfacht zwei Vorgehensweisen unterscheiden: erstens die Bündelung nach Typen staatlichen Handelns, d.h.
— ordnungsrechtlicher Umweltschutz,
— Planungsaufgaben und Umweltvorsorge,

- Umweltinformation und -beratung sowie
- umweltfreundliches Verwaltungshandeln;

zweitens die Zusammenfassung planerischer, ordnungsrechtlicher und ausführender Arbeiten in einem Amt und dabei die Unterscheidung nach Politikfeldern wie
- Wasser
- Abfall
- Grünflächen, Landschaftspflege o.ä.

Schaubild 1: Grafische Darstellung der Aufgabenzusammenhänge

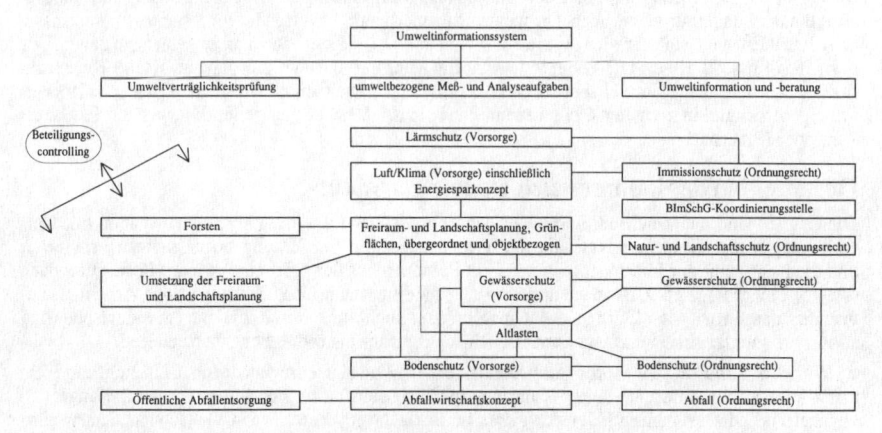

```
                                    Umweltinformationssystem
        ┌──────────────────────────┬──────────────────────────────┬──────────────────────────────┐
        Umweltverträglichkeitsprüfung   umweltbezogene Meß- und Analyseaufgaben   Umweltinformation und -beratung

Beteiligungs-
controlling                         Lärmschutz (Vorsorge)
                                    Luft/Klima (Vorsorge) einschließlich           Immissionsschutz (Ordnungsrecht)
                                    Energiesparkonzept
                                                                                   BImSchG-Koordinierungsstelle
          Forsten                   Freiraum- und Landschaftsplanung, Grün-
                                    flächen, übergeordnet und objektbezogen        Natur- und Landschaftsschutz (Ordnungsrecht)
Umsetzung der Freiraum-             Gewässerschutz                                  Gewässerschutz (Ordnungsrecht)
und Landschaftsplanung              (Vorsorge)
                                    Altlasten
                                    Bodenschutz (Vorsorge)                          Bodenschutz (Ordnungsrecht)
Öffentliche Abfallentsorgung        Abfallwirtschaftskonzept                        Abfall (Ordnungsrecht)
```

Wie bei anderen Organisationsfragen kommunaler Aufgaben auch, lassen sich bestimmte Schnittstellenprobleme nicht durch eine einfache Zuordnung lösen. Typische Beispiele sind die Aufgaben "Altlasten" oder "Umweltberatung", die sich in keines der obigen Schemata pressen lassen. Für derartige Fälle bieten sich Arbeits- oder Projektgruppen oder ämterübergreifende Koordinationsformen an. Innerhalb der GRÜNEN wurden auch Varianten dieses Grundmodells diskutiert und z.T. in die Praxis umgesetzt; zur Diskussion dieser und anderer strategischer Probleme s.u.

Eine neue Organisation bewirkt noch keine Wunder. Für ein effektives Handeln der kommunalen Umweltverwaltung sind vor allem die Gesichtspunkte Personalausstattung, Qualifikation, programmiertes Vollzugsdefizit und Durchsetzungsfähigkeit relevant.

PERSONALAUSSTATTUNG UND QUALIFIZIERUNG: Obwohl das Personal in den kommunalen Umweltbehörden aufgestockt wurde, ist die Personalausstattung in den Kommunen in der Regel immer noch mangelhaft. Hinzu kommt, daß eine Erhöhung des Personalstandes nur zum Teil durch eine Neueinstellung qualifizierten Personals bewirkt wurde. Vielfach wurden lediglich fachübergreifend ausgebildete Kräfte umgesetzt. Doch gerade in der Umweltverwaltung bedürfen die Mitarbeiter einer besonderen Qualifizierung. "Die Anforderungen an das Personal richten sich vor allem auf eine interdisziplinäre Ausrichtung, durch die die Bandbreite ökologischer Probleme erfaßt werden soll." (Baumheier, in: Archiv für Kommunalwissenschaften 2/1990, S. 246) D.h., die MitarbeiterInnen sollen technische, natur-, sozial-, wirtschafts- und verwaltungswissenschaftliche Kenntnisse und Lösungsansätze miteinander verbinden.

PROGRAMMIERTES VOLLZUGSDEFIZIT: Kennzeichnend für die Umweltpolitik, namentlich für das Handeln der die Bundes- und Landesgesetze ausführenden kommunalen Behörden, ist das eklatante Mißverhältnis zwischen gesetzlichen Normen und tatsächlichem Vollzug. Das sog. programmierte Vollzugsdefizit schlüsselt U. Lahl in drei Ebenen auf (vgl. Zeitschrift für Umweltrecht 6/1993): Erstens hat der kontroverse politische Prozeß bis zur Verabschiedung eines Gesetzes zum Resultat, daß die Norm nicht eindeutig ist, nur kompliziert anwendbar ist und nicht unmittelbar wirkt; zweitens bedarf diese dann der Konkretisierung durch Verordnungen, technische Richtlinien u.ä., die sich durch Beteiligung verschiedener ExpertInnengremien über Jahre hinziehen können; drittens treten nach dieser zweifachen Abmagerung Widerstände und Defizite in der tatsächlichen Umsetzung auf. Bis z.B. ein kommunales Wasserschutzamt gesetzlich dem ins Grundwasser eindringenden Gift nachspüren kann, ist dieses längst in Untiefen verschwunden. Hinzu kommt noch, daß der Gesetzgeber meist nicht berücksichtigt, mit welchen Ressourcen die Kommune die Gesetze umsetzen soll. Dieser Sachverhalt insgesamt wird als "programmiertes" bzw. "kalkuliertes" Vollzugsdefizit bezeichnet, weil die benannten Faktoren ein kalkulierter Bestandteil des Umweltrechts sind.

Diese komplizierten Hintergründe erschließen sich den BürgerInnen nicht, die von den Gemeinden als unterster Staatsebene den Vollzug der Normen einfordern und sie — statt den Bund — unter Legitimationsdruck setzen. Neben allen Bemühungen, die Personalausstattung zu verbessern, existiert für die kommunale Umweltverwaltung als Ausweg aus diesem Dilemma nur eine bausteinartige Strategie, die ohnehin Erfolgsbedingung ihrer Arbeit ist:

DURCHSETZUNGSFÄHIGKEIT: Erste Voraussetzung ist, vom politischen Willen des Rates getragen zu sein. Zweite Voraussetzung ist, daß die Gesetze bzw. lokalen Satzungen Sanktionen enthalten. Ohne deren Drohpotential würden die MitarbeiterInnen bei Verhandlungslösungen so oft den Kürzeren ziehen, daß ihre Motivation zwangsläufig auf der Strecke bleibt. Außerdem machen flexiblere Strategien wie Verhandlungslösungen u.ä. erst auf dieser Basis einen Sinn. Eine taugliche Antwort auf die Personalknappheit ist, bei Verwaltungshandeln gegenüber der Wirtschaft zunächst exemplarische Lösungen mit einzelnen Betrieben zu vereinbaren und anschließend über die Kooperation mit der IHK bzw. Verbänden eine Verallgemeinerung anzustreben. In Zeiten eines ökologischen Roll-backs ist einer solchen Vorgehensweise jedoch der Boden entzogen, da bereits die beiden Grundvoraussetzungen wacklig sind.

Eine neue Verwaltungseinheit für den Umweltschutz muß schließlich innerhalb der Verwaltung "klimatisch" und fachlich akzeptiert sein. Solange Verwaltungen hoch arbeitsteilig strukturiert sind und Ressourcen zentral verteilt werden, würde sie sonst "am langen Arm verhungern".

BEWERTUNG: Neben dem obigen Grundmodell der Organisation kommunalen Umweltschutzes ist für Bündnis 90/Die GRÜNEN-Fraktionen, die sich an der Verwaltungsleitung beteiligen und mit anderen Parteien die Mehrheit bilden, zu überlegen, ob die Aufgaben der Stadtentwicklung, der Planung und Bauausführung sowie der Verkehrspolitik in ein Umweltdezernat integriert bzw. durch eine ökologisch orientierte Person in der Verwaltungsleitung eine enge inhaltliche Koordination gesichert werden sollte. Im allgemeinen ist von einer solchen "großen Lösung" abzuraten. Ausnahme wäre eine inhaltlich fundierte und durch lange politische Zusammenarbeit stabilisierte rot-grüne Zusammenarbeit. Gegen ein solches Super-Umweltdezernat spricht die Gefahr, Zielkonflikte vor allem zwischen Stadtplanung und Naturschutz nicht transparent zu machen, sondern durch den Abstimmungszwang innerhalb eines Dezernats von vornherein zuzudecken. Den politisch Verantwortlichen würden dann bestimmte Entscheidungsalternativen erst gar nicht präsentiert, was in aller Regel zu Lasten des Umweltschutzes geht.

Wie Bündnis 90/Die GRÜNEN diese Frage beantworten, hängt vom grundsätzlichen Verständnis von Politik und Verwaltung ab. Sieht mensch die wesentliche Ebene und das entscheidende Subjekt GRÜNER Machtentfaltung in der Administration, wird das Zudecken von Zielkonflikten nicht zum Problem. Anders, wenn mensch im Verhältnis Rat - Verwaltung die Verwaltung als diejenige Seite betrachtet, die durch Fachwissen und Sachkunde Entscheidungen vorbereiten bzw. umsetzen soll, also eine dienende Funktion gegenüber dem Rat einnimmt. Dieses Verhältnis nicht reflektiert zu haben bzw. mit den notwendig entstehenden Spannungen nicht produktiv umgehen zu können, ist kennzeichnend für die Situation GRÜNER Umweltdezernate. Zunächst sind die Rollenkonflikte zu bewältigen, die sich aus dem Nebeneinander von Bündnis 90/Die GRÜNEN und dem/der Beigeordneten ergeben: Das Medieninteresse konzentriert sich auf die Person in der Verwaltungsspitze. Im Ausschuß gilt der/die Beigeordnete als fachliche Autorität, der deshalb nur schwer zu widersprechen ist. Dies kann aber notwendig sein, weil die Person in der Verwaltung durch verschiedenste Zwänge eingebunden ist und demgegenüber die politische Seite frei agieren kann. Allerdings kann mensch dieses Nebeneinander auch geschickt nutzen und sich die Bälle zuspielen.

Weitergedacht ist es problematisch, wenn GRÜNE Umweltpolitik in der Öffentlichkeit nur über das Verwaltungshandeln wahrgenommen wird. Denn die Instrumente kommunaler Umweltverwaltung sind entweder normativ (Beispiel: Abfallrecht) oder wegen des kalkulierten Vollzugsdefizites oder wegen mangelnder Finanzmittel so schwach, daß ihre Ergebnisse erkennbar hinter GRÜNE Programmatik und selbst hinter die Generalklauseln der Umweltgesetze zurückfallen.

Für GRÜNE UmweltdezernentInnen ergibt sich zusätzlich die Schwierigkeit, Entscheidungen nach außen zu vertreten, die innerhalb der Ökologiebewegung umstritten sind. Dies gilt für alle Abfallbeseitigungsanlagen. Gegen Deponieplanungen z.B. wird mit der Utopie der Müllvermeidung und der begrenzten Dichtigkeit von Bauwerken argumentiert. Die Akzeptanz bündnisgrüner Umweltpolitik in der Bevölkerung wäre schließlich ruiniert, wenn die Fraktion sich bei umstrittenen Standortentscheidungen auf das Expertenwissen der GRÜN-nahen Verwaltung verläßt.

GRÜNE Dezernate dürfen folglich nicht als Ersatz für alternative kommunale Umweltpolitik in Partei, Initiativen und Verbänden gesehen werden. Im Konflikt mit einem Verursacher von Umweltverschmutzung bewirken parallele öffentlichkeitswirksame Aktionen in der Regel mehr als der Hinweis auf Paragraphen. Ein/e clevere/r Beigeordnete/r wird den außerparlamentarisch entfalteten Legitimationsdruck für weiterführende Umweltschutzmaßnahmen nutzen.

Da insbesondere bei der Durchsetzung von Umweltqualitätszielen mit einem verstärkten politischen Widerstand gerechnet werden muß, sollte darauf geachtet werden, daß der/die Dezernent/in nicht in "die Rolle des Miesepeters und des Kassandrarufers" (Lahl, in: AKP 1/1992, S. 5) gedrängt werden. Um dieser Gefahr vorzubeugen, sollte bei dem Zuschnitt eines Umweltdezernats darauf geachtet werden, Aufgaben mit einem positiven Image — wie den Naturschutz — zu integrieren. Diese Erwägung spricht aber auch dafür, Aufgaben mit weiterführenden Gestaltungsmöglichkeiten wie Stadtentwicklung aufzunehmen.

Instrumente der Umweltplanung

UVP: Wenn es zum Wesen grüner kommunaler Umweltpolitik gehört, vorsorgeorientiert zu sein und die Wechselwirkungen der unterschiedlichen Umweltmedien zu beachten, dann ist für diesen Ansatz die Umweltverträglichkeitsprüfung (UVP) ein unverzichtbares Instrument. Nachdem die EG bereits 1985 eine Richtlinie "über die Umweltverträglichkeitsprüfung bei bestimmten öffentlichen und privaten Projekten" (85/337/EWG) verabschiedet, wurde die Umsetzung in nationales Recht der BRD bis zum 1.8.1990 hinausgezögert (UVP-Gesetz). Allerdings fehlen immer noch praxisorientierte Hilfestellungen zum Vollzug dieses Gesetzes.

In der UVP steckt viel politische Spannkraft. Ihr geht es um Umweltvorsorge schlechthin. Die UVP will den leichtfertigen Umgang mit Natur und Landschaft beenden und eine wirkungsvolle Vertretung der Umweltbelange bei allen Abwägungsentscheidungen leisten. Sie ist ein Instrument, das die Umweltbelange frühzeitig, nachvollziehbar und eigenständig ins Entscheidungskalkül rückt und damit erst rationales Abwägen möglich macht. Mit der vollständigen Erfassung, Beschreibung und Bewertung der Umweltauswirkungen einer Tätigkeit werden unverzichtbare Grundlagen für den Planungs- und Entscheidungsprozeß aufbereitet und so überhaupt erst berücksichtigungsfähig gemacht. Insofern ist die UVP mit einer Lupe vergleichbar, die Umweltaspekte besonders hervorhebt und das Kriterium der Umweltverträglichkeit neben den Kriterien der Wirtschaftlichkeit und Rechtmäßigkeit gleichgewichtig zur Geltung bringen will. Durch sie sollten die Umweltbelange mit dem gleichen Stellenwert wie die anderen Belange in die Abwägung eingestellt werden. Die Schlüsselbegriffe einer echten UVP sind in der Grafik 2 dargestellt (siehe gegenüberliegende Seite).

Anhand dieser sieben Punkte läßt sich gut nachvollziehen, was zum Wesen einer UVP gehört. Diese Essentials sind als unverzichtbare Bestandteile das inhaltliche Gerüst einer anspruchsvollen UVP. Wenn ein Kriterium fehlt bzw. nicht voll erfüllt ist, darf man nicht mehr von UVP sprechen. Wer dies dennoch tut, betreibt Etikettenschwindel. Die UVP erweitert das Abwägungsmaterial in einem entscheidenden Punkt und verstärkt den Begründungszwang für die Planer und Entscheidungsträger. Sie zwingt die Politiker bei der politischen Bewertung dazu, Farbe zu bekennen — sie müssen sich rechtfertigen und sagen, was sie wichtig finden, d.h. sie müssen Prioritäten offenlegen. Der Zwang zur öffentlichen Begründung der getroffenen Bewertung ist deshalb das Wesentliche einer UVP. Damit bringt die UVP eine neue Qualität in die **Planungs- und Genehmigungsverfahren** hinein, indem der Umweltvorsorge mehr Beachtung geschenkt wird.

Prävention	—	Umweltvorsorge, vorbeugender Umweltschutz nach Umweltqualitätsmaßstäben
Transparenz	—	Offenheit, Nachvollziehbarkeit, Veröffentlichung eines eigenständigen UVP-Dokumentes
Partizipation	—	Öffentlichkeitsbeteiligung in Form einer Jedermannbeteiligung und Beteiligung der Umwelt- und Naturschutzverbände
Alternativen	—	Denken in Alternativen (dies ist das Herzstück der "UVP"), Nullvariantendiskussion und status-quo-Betrachtung
Gesamtschau	—	bereichs- und medienübergreifend, querschnittsorientiert, Wechselwirkungen berücksichtigend (sensibler und bewußter/verantwortungsvoller Umgang mit der Ressource Raum)
Wissenschaftlichkeit	—	interdisziplinär, systematisch nach den Kriterien Richtigkeit, Ehrlichkeit, Allgemeinverständlichkeit, Intersubjektivität und Plausibilität
Kontrolle	—	Qualitätskontrolle, Nachkontrolle, Erfolgsbilanz, Monitoring

Schaubild 2: Schlüsselbegriffe einer UVP

In der Bundesrepublik fehlt es an sachlich-inhaltlichen Voraussetzungen zur intensiven Beschäftigung mit der UVP. Es gibt keine offizielle Stelle, die sich voll mit der UVP befaßt. Allein der UVP-Förderverein in Hamm/Westf. widmet sich auf privater Ebene eigenständig und mit Nachdruck der UVP, z. B. mit der AG "UVP und Wirtschaft" und der AG "UVP-Gütesicherung" sowie über die Fachzeitschrift "UVP-report", die Schriftenreihen "UVP-SPEZIAL" und "UVP-Anforderungsprofil". Betroffene können sich zwecks Beratung direkt an das UVP-Zentrum in Hamm/Westf. wenden.

DAS ÖKO-AUDIT: Eine logische und konsequente Weiterentwicklung des UVP-Gedankens ist das sog. Öko-Audit, das derzeit auf EU-Ebene heftig diskutiert wird. Die offizielle deutsche Übersetzung von Öko-Audit lautet **Umweltbetriebsprüfung**" (UBP). Das Öko-Audit ist inhaltlich mit der UVP eng verwandt. Während sich die UVP auf die Prüfung der Umweltauswirkungen vor der Realisierung einer Maßnahme bezieht, beinhaltet das Öko-Audit die umweltbezogene Momentaufnahme (Ist-Soll-Vergleich) eines laufenden Betriebes. Auch für kommunale Einrichtungen ist das Öko-Audit bedeutsam: zum einen über die Vorbildwirkung kommunaler Verwaltungsarbeit und zum anderen über die mit dem Umweltmanagement verbundene Effektivitätssteigerung der kommunalen Dienstleistungsbereiche. Konzepte zum kommunalen Öko-Audit werden in der Bundesrepublik bereits gutachterlich angeboten, und aus Norwegen ist das "Municipal environmental auditing" bekannt (zu beziehen über das UVP-Zentrum in Hamm/Westf.).

DIE UMWELTQUALITÄTSZIELE: UVP und Öko-Audit sind Instrumente zur Durchsetzung von mehr Umweltqualität. Alle Umweltvorsorgebemühungen und Risikoabschätzungen brauchen aber einen Maßstab bei der Bewertung. Da dieser Maßstab oft fehlt und die Bewertungen häufig strittig sind, ist es nötig, **Umweltqualitätsziele** zu entwickeln. Hinweise zur Aufstellung konkreter kommunaler Umweltqualitätsziele werden derzeit vom UVP-Förderverein erarbeitet und in der Schriftenreihe "UVP-Anforderungsprofil" veröffentlicht. Wenn auch für viele "Akzeptoren" (Menschen und hier besonders Kranke, alte Menschen oder Kleinkinder) für die Konzentrationen von Luftverunreinigungen "vorsorgeorientierte Mindeststandards" erarbeitet werden können, müssen viele andere Umweltbereiche wie beispielsweise die Versiegelungsanteile von Grundflächen in Baugebieten oder Biotopverbundsysteme planerisch erarbeitet werden. Um den Umweltschutz umfassend zu berücksichtigen, sollte jede Entwicklung, jede neue Planung sowie auch jeder Eingriff bewertet werden können. Hierzu bedarf es eines hierarchisch gegliederten Zielsystems für das gesamte kommunale Handeln. Das Zauberwort ist die Notwendigkeit fachlich vorbereiteter und politisch festgelegter "Umweltqualitätsziele (UQZ)".

UQZ werden aus allgemeinen Leitlinien der Umweltpolitik abgeleitet und geben bestimmte sachlich, räumlich und zeitlich definierte Qualitäten von Schutzgütern (Ressourcen, Potentialen oder Funktionen) an, die in konkreten Situationen erhalten oder entwickelt werden sollen. Die Herleitung von Umweltqualitätsstandards (UQS) sind konkrete Bewertungsmaßstäbe, die UQZ

oder bestimmte Rechtsbegriffe operationalisieren, indem sie für einen bestimmten Parameter oder Indikator die angestrebte Ausprägung, das Meßverfahren und die Rahmenbedingungen festlegen. UQZ und UQS sind vorsorgeorientierte Bewertungsmaßstäbe im Gegensatz zu Schutzzielen und -standards, die an der Gefahrenabwehr orientiert sind. Eine scharfe Abgrenzung ist aber oft nicht möglich, da der Übergang zwischen den zugrunde liegenden Begriffen Gefahr und Risiko fließend ist. Die UQZ können verschiedene Zielbezüge aufweisen:
— Flächenbezogene UQZ (Freiraum- und Landschaftsschutz, flächenhafter Schutz von Flächenfunktionen und -potentialen)
— Medienbezogene UQZ (Schutz der Umweltmedien Boden, Wasser, Klima und Luft vor Verunreinigungen, Lärm, Erwärmung etc.)
— Stoffbezogene UQZ (Verbot oder Vermeidung der Produktion, Ge- und Verbrauch sowie Emission oder Ablagerung umweltgefährdender Stoffe).

DIE BAULEITPLANUNG: Große Relevanz erhalten die Umweltqualitätsziele in der Bauleitplanung. Für den **Flächennutzungsplan** (vorbereitender Bauleitplan) und für den **Bebauungsplan** (verbindlicher Bauleitplan) spielen die kommunalen Umweltqualitätsziele eine große Rolle. Sie bilden den Bewertungsmaßstab bei den planerischen Darstellungen und Festsetzungen. Es ist deshalb wichtig, welche Umweltqualitätsziele vorliegen und wie sie im Planungs- und Entscheidungsprozeß umgesetzt werden. Nach § 1 Abs. 5 BauGB sollen die Bauleitpläne eine geordnete städtebauliche Entwicklung und eine dem Wohle der Allgemeinheit entsprechende sozial gerechte Bodennutzung gewährleisten, eine menschenwürdige Umwelt sichern und die natürlichen Lebensgrundlagen schützen und entwickeln (vgl. Kapitel Stadtplanung).

Aufgrund der prekären Umweltsituation und der Bewußtseinsänderung bei der Bevölkerung ist die vorsorgende Berücksichtigung der Umweltbelange eine politische und planerische Notwendigkeit geworden. Hierzu ist die UVP ein geeignetes Instrument, da sie versucht, systematisch alle relevanten Umweltbelange zu ermitteln, nachvollziehbar einzeln und zusammengefaßt zu bewerten und das Ergebnis transparent für alle Beteiligten (Verwaltung, PolitikerInnen, Verbände und Öffentlichkeit) darzustellen. Eine Umweltverträglichkeitsprüfung erhöht bei den Bauleitplänen die Rechtssicherheit durch Vermeidung von Abwägungsdefiziten, dient der ökologischen Orientierung und damit insgesamt der Planungsoptimierung.

DAS UMWELTINFORMATIONSSYSTEM: Für viele Aufgaben brauchen fast alle kommunalen Fachämter Umweltinformationen, die oft leider veraltet, sektoral und nicht zusammenfassend strukturiert sind. Insbesondere werden sie für UVPs benötigt. Um rationell ein vorläufiges Planungsziel durch das Instrument der UVP ökologisch zu optimieren, auf andere geeignetere Standorte zu verweisen oder begründet abzulehnen, benötigt man zweckdienliche Umweltinformationen, die nicht erst ad hoc und zeitraubend ermittelt werden müssen. Kommunale Umweltinformationssysteme (UIS) sollen aussagefähige Daten über Zustände, Entwicklungen und problematische Punkte der Umwelt beinhalten. Grundsätzlich sollen sie alle umweltrelevanten Informationen enthalten, die zur Lösung umweltbezogener Aufgaben benötigt werden, unabhängig davon, wer für die Ermittlung zuständig ist und wer zusätzliche Zugriffsrechte hat. Das Umweltinformationssystem sollte möglichst raumbezogen aufgebaut werden.

Die Trennung von Schutzgütern und Schutzfunktionen zu "Eingriffen" erleichtert die komplizierte Arbeit. Zielgerichtet müssen die Lösungsansätze vorbereitet werden. Nicht zuletzt können der Bevölkerung, den politischen Verantwortlichen und der Verwaltungsleitung schnell, aktuell und medienübergreifend Wirkungszusammenhänge aggregiert dargestellt werden. Und die Daten machen es wesentlich leichter, die Auswirkungen von Handlungen auf die Umwelt rechtzeitig sichtbar zu machen. Hierdurch sind auch erhebliche Verbesserungen für eine **Beteiligung der BürgerInnen** bei kommunalen Handlungen möglich.

Die Erarbeitung eines Umweltinformationssystems ist grundsätzlich ein Prozeß, dessen zielorientierte Erledigung nur schrittweise erfolgen kann. Ein alle Umweltbereiche umfassendes medienübergreifendes System existiert zur Zeit noch nicht. Es gibt kein für alle Kommunen allgemein gültiges Konzept für ein Umweltinformationssystem. Oft fehlt es an konkreten politischen Zielen und abgestimmter Planung. Die einzusetzende Hard- und Software steht oft im Vordergrund. Sehr oft werden zu groß angelegte, technisch sehr anspruchsvolle, zu teure, sehr komplexe und daher schwer zu realisierende Lösungen angestrebt. Eine Empfehlung für den Aufbau eines kommunalen Umweltinformationssystems bietet die KGSt an (KGSt-Bericht 5/1991).

Beratungs- und Öffentlichkeitsarbeit

Die Instrumente Öffentlichkeitsarbeit, Umweltberatung und Umwelterziehung sind freiwillige Aufgaben, über deren Ausgestaltung die Kommunen deshalb weitgehend frei entscheiden können. Alle drei Instrumente arbeiten mit Konzepten der Sensibilisierung und Information. Die beabsichtigten Verhaltensänderungen sollen durch ein zweistufiges Vorgehen erreicht werden. Erstens werden durch Informationsvermittlung bestehende Umweltprobleme, z.B. die Anreicherung von Umweltgiften in der Nahrungskette, bewußt gemacht und auf die Notwendigkeit einer Veränderung hingewiesen. Im zweiten Schritt werden mögliche Verhaltensänderungen aufgezeigt. Gerade für den Bereich der Haushalte wird angenommen, daß umweltbewußte Verhaltensänderungen wesentlich von solchen Konzepten abhängen. Umgekehrt ist die Verwirklichung elementarer Umweltaufgaben einer Gemeinde, z.B. in der Abfallwirtschaft, auf private Haushalte angewiesen; man denke nur an die Qualitätssicherung beim Kompost und die dafür notwendige Beratung.

Das Spektrum von Sensiblisierungs- oder Informationsmaßnahmen reicht von Plakataktionen über das Umwelttelefon bis zu Seminaren und umweltrelevanten Lehrplänen. Das besondere an solchen Instrumenten ist, daß sie nicht nur von staatlichen Institutionen, sondern oft auch von anderen Promotoren wie Verbraucherzentralen oder Umweltverbänden getragen werden.

UMWELTBERATUNG: Die erste kommunale Umweltberatungsstelle entstand 1985 in Essen. Seither gewinnt die kommunale Umweltberatung immer mehr an Gewicht. Sie hat das Ziel, sowohl die Lebens- und Konsumgewohnheiten und das damit verbundene Verhalten der privaten Haushalte als auch die Wirtschafts- und Produktionsweise von Institutionen und Betrieben in Richtung eines ökologischeren Handelns zu beeinflussen. Durch das Aufzeigen von konkreten Handlungsmöglichkeiten können die Kommunen damit zu privatem Umweltengagement ermutigen und dieses festigen. Die Information und Beratung muß dabei auf spezielle Zielgruppen zugeschnitten sein. Zwar entfalten diese Instrumente nur langfristig ihre ganze Wirkung, sie bilden aber eine Voraussetzung für dauerhafte Verhaltensänderungen.

Die Trägerschaft der Umweltberatung in ausschließlich einer Institution stellt eine Minimallösung dar, die für kleine Städte praktikabel sein kann. Für Kommunen mit über 100.000 EinwohnerInnen liegen Vorteile in einer mehrgleisigen Trägerschaft. Positive Effekte eines solchen Verbundmodells liegen in einem besseren Zugang zu unterschiedlicher Klientel, in einer fachspezifischen Arbeitsteilung, in größerer Unabhängigkeit der Beratung und in einem besseren Informationsaustausch, der Synergieeffekte bei der Beratung möglich macht. Auch bei starkem Einfluß auf die Verwaltung einer Kommune sollten Bündnis 90/Die GRÜNEN darauf achten, daß Umweltberatungen unabhängig von der Kommune existieren. Die Zukunft der Umweltberatung auf lokaler Ebene ist von erheblichen Finanzierungsunsicherheiten geprägt.

KOMMUNALE UMWELTBERICHTE existieren seit Beginn der 80er Jahre. Sie haben sowohl nach außen als auch nach innen gerichtet Funktionen. Sie können die Bevölkerung über die umweltbezogenen Fakten in der Kommune informieren und der interessierten Öffentlichkeit den handlungsbedarf aufzeigen. Erarbeitet und verfaßt werden die Umweltberichte in der Regel von der Verwaltung. Anforderung an Umweltberichte ist ihr umweltmedienübergreifend Charakter. Durch solche umfassenden Pläne läßt sich vor allem verhindern, daß Maßnahmen durchgeführt werden, die lediglich zur Verlagerung von Umweltproblemen von einem Umweltmedium zum anderen führen. Die Berichte können dazu dienen, Prioritäten festzulegen. Allerdings wird kritisiert, daß sich viele Umweltschutzberichte auf eine rückblickende Beschreibung beschränken und nur selten Programme zur Lösung anstehender Probleme vorschlagen. Für engagierte UmweltdezernentInnen bieten Umweltberichte ein Forum zur Darstellung von Zielen und Umsetzungsstand der eigenen Arbeit, sowohl innerhalb der Kommune als auch im überregionalen Zusammenhang.

Verwaltungsinterne Aufgaben

UMWELTFREUNDLICHE BESCHAFFUNG: Ein wichtiger Baustein auf dem Weg zu einer Ökologisierung des kommunalen Verwaltungshandelns ist der systematische Umbau des kommunalen Beschaffungswesens in ein umweltfreundliches bzw. nach ökologischen Kriterien ausgerichtetes **Beschaffungswesen**. Die Handlungspalette ist vielfältig und reicht im einzelnen über die Anschaffung von Büromaterial, die Verwendung von Baumaterialien (z.B. Verzicht auf die Verwendung von Tropenhölzern oder PVC-haltigen Produkten) bis hin zur Umstellung des kommunalen Fuhrparks. Zentrale Kriterien sind dabei die Berücksichtigung von Umweltauswirkungen bei der Herstellung und beim Gebrauch von Produkten, ihre stoffliche Zusammensetzung und Lebensdauer, ihre Recycling- und Abfalleigenschaften sowie Fragen der Wiederverwendbarkeit. Neben einer direkten Verbesserung des Ressourcen- und Umweltschutzes können die Kommunen durch ein derartiges Engagement im Beschaffungswesen eine Vorbild- und Vorreiterfunktion übernehmen und somit auch privates Umweltengagement fördern. Darüber hinaus können die Kommunen durch ihr hohes Nachfragevolumen eine Ökologisierung des Produktangebotes bewirken und so bereits auf dem Markt befindliche Produkte unterstützen, die ökologisch wünschenswert sind, sich aber nicht durchsetzen können, und/oder die Entwicklung und Markteinführung umweltschonender Produkte anstoßen. Im Jahr 1989 betrug das Nachfragepotential der Öffentlichen Hand 163,1 Mrd. DM. (Vgl. Kapitel Wirtschaft)

Obwohl der Beitrag des kommunalen Beschaffungswesens bereits seit Anfang der 80er Jahre bekannt ist, wird die umweltfreundliche Beschaffung immer noch zögerlich umgesetzt. Sie beschränkt sich bisher weitgehend auf die Einführung und Verwendung ausgewählter Produktgruppen (z.B. Recyclingpapier). Dagegen stehen nachfrageintensive Bereiche wie der Bausektor, deren Umstellung auch mit größeren ökologischen Entlastungseffekten verbunden wäre, bisher im Hintergrund. Hindernisse sind die angemessene Bewertung der Produkte und oft die haushaltsrechtlichen Vorschriften der **Sparsamkeit** und **Wirtschaftlichkeit**. Weitere Schwierigkeiten bestehen darin, Verträge mit den bisherigen Lieferanten zu lösen bzw. zu verändern und eingefahrene Arbeits- und Verhaltensweisen der VerwaltungsmitarbeiterInnen zu verändern. Diese Hürden sind aber nicht unüberwindbar, wenn den Leistungs- und Produktbeschreibungen sachlich begründete Umweltkriterien zugrunde gelegt werden. Hier bieten der Blaue Engel, vergleichende Warentests, aber auch **Ökobilanzen** und **Produktlinienanalysen** eine gute Orientierung.

Die Instrumente der Öffentlichkeitsarbeit, der Umweltberatung und -erziehung sind in puncto Qualität nicht von den anderen elementaren Umweltaufgaben einer Kommune zu trennen: zum einen gewinnen sie inhaltlich durch die Rückkopplung zu den anderen Umweltaufgaben; zum anderen dürfen sie nicht zum Alibi für einen dürftigen Umweltvollzug verkommen.

Literatur:

Bundesverband für Umweltberatung (Hg.); Standardfragen der Umwelt- und Abfallberatung, Bremen o.J.
Fiebig u.a.: Kommunale Umweltschutzberichte, Berlin 1989
Jaedicke, W. u.a.: 'Kommunale Aktionsverwaltung' in Stadterneuerung und Umweltschutz, Köln 1990
KGSt: Organisation des Umweltschutzes, KGSt-Bericht 5/1985
dies.: Organisation kommunaler Aufgaben mit Umweltbezug, KGSt-Bericht 18/1992
Spindler, E.: Öko-Audit = Angewandte Ökologie, in: UVP-report 3/1993, S. 139
ders.: Umweltschutz als Norm, in: UVP-report 2/1994, S. 102 - 104
ders.: Vom UVP-Gedanken zum Umweltmanagement, in: Sietz, M./ Von Saldern, A.: Umweltschutzmanagement und Öko-Auditing, Heidelberg 1993, S. 3 - 18
Umweltbundesamt (Hg.): Umweltfreundliche Beschaffung, Wiesbaden 1993
Zimmermann, M. (Hg.): Umweltberatung in Theorie und Praxis, Basel 1988
Zimmermann, K.O.: Umweltverträglichkeitsprüfung in der Kommunalverwaltung, Köln 1990
Zapf-Schramm, T.: Kommunale Umweltpolitik. in: Gabriel, W. O.: Kommunale Demokratie zwischen Politik und Verwaltung. München 1989, S. 299-336

AKP-Aufsätze

Klemisch, H.: Umweltberatung, aber wie? 6/1990
ders./W. Beywl: Die Umweltverträglichkeitsprüfung, 4/1991
ders.: Ökologische Produktbewertung; 6/1992
Schmithals, E.: Neue KGSt-Empfehlung zur Organisation kommunaler Umweltpolitik, 5/1993
Welte, C./ Zimmermann, M.: Die UVP im kommunalen Beschaffungswesen, 1/1994, S. 51 - 53
Lahl, U.: Umweltdezernat in Bielefeld - die Dialektik des Erfolges. in: 1/1992, S. 5

Adresse

UVP-Zentrum, Östingstraße 13, 59063 Hamm, Tel.: 02381/52129, Fax: 02381/52195

* Der Teil "Organisation der kommunalen Umweltverwaltung" wurde von R. Schiller-Dickhut, der Teil "Instrumente der Umweltplanung" von E. Spindler und die anderen Teile von Herbert Klemisch verfaßt.

Harald Friedrich

Abfallwirtschaft

Die Beschäftigung mit abfallwirtschaftlichen Fragen in der Kommunalpolitik, insbesondere die Erarbeitung von alternativen Konzepten ist von vornherein mit einem Handicap behaftet: Allzuleicht wird übersehen, daß die wesentlichen Strukturen der Abfallwirtschaft niemals auf der Ebene der Kommunalpolitik verändert werden können.

Die Abfallwirtschaft stellt nur ein Endglied der industriell-kapitalistischen Wirtschaftsform dar. Am "Lebens-Ende" aller Industrieprodukte oder Konsumgüter, bei ihrer Entsorgung als Abfall wird offenbar, mit welcher Verschwendung an Rohstoffen und Energie produziert wird. Die bei der Abfallentsorgung auftretenden Probleme können nicht am letzten Glied des Produktzyklus bewältigt werden, sondern es muß bei der Produktentwicklung, der Produktion selbst und bei allen Investitionsentscheidungen angesetzt werden. Solange dies nicht der Fall ist und Produktion und Entsorgung entkoppelt sind, solange wird um Abfallpolitik auf unterschiedlichen Feldern mit ganz ungleichen Handlungsmöglichkeiten gerungen:

o Grün-Alternative streben im Bereich des Umweltschutzes für die Produktionsprozesse an, Schadstoffe erst gar nicht in den Kreislauf gelangen zu lassen (Chemie- und Produktpolitik). Untersuchungen zeigen, daß wir den ökologischen Umbau dieses Wirtschafts- und Gesellschaftssystems nur gestalten können, wenn wir präventive chemiepolitische Eingriffe durchsetzen. Maßgebliche Kräfte aus Altparteien, Industrieverbänden und einigen Industriegewerkschaften bekämpfen derartige Weichenstellungen zielgerichtet.

o Im Gegensatz zur Unversöhnlichkeit in der Chemiepolitik findet in der Abfallpolitik ein munterer Wettbewerb zwischen allen Parteien statt. Angestoßen durch Aktive aus der Umweltbewegung und grüne Kommunalos, ist die Abfallwirtschaft aus einem langweiligen und verknöcherten Bereich zu einem Tummelplatz für vielfältige umweltpolitische Diskussionen geworden.

Die getrennte Erfassung der verschiedenen Fraktionen der Siedlungsabfälle ging ausschließlich auf den Druck der Umweltinitiativen und der GRÜNEN zurück. Das Konzept der flächendeckenden getrennten Erfassung aller biogenen Abfälle (Komposttonne) und deren separate spezifische Verwertung (Kompostierung), die getrennte sortenreine Erfassung der verwertbaren Fraktionen Papier, Glas, Metall wurde auf deren Betreiben diskutiert, in Konzepte gefaßt und schließlich verwirklicht. Für die Umorientierung der kommunalen Abfallwirtschaft war unverzichtbar, daß Grüne als UmweltdezernentInnen Leitungspositionen in der Verwaltung besetzten und die konsequente Umsetzung dieser Konzepte verantworteten. Trotz aller Erfolge darf nicht übersehen werden, daß wir nur am letzten Glied der Industriegesellschaft angesetzt haben. Während wir uns an der Bewältigung der Abfallberge versuchten, waren wir nicht mit der gleichen Intensität an der gedanklichen und faktischen Einflußnahme auf den Input des Kolosses beteiligt.

Weiter ist zu beachten, daß gerade bei der Abfallwirtschaft die politischen Schwierigkeiten von Koalitionen bzw. Regierungsbeteiligung der Grünen auftauchen. Sozialdemokraten haben die Strategie verfolgt, den Grünen aufgrund ihrer höheren Akzeptanz bei der betroffenen Bevölkerung die Lasten für die Durchsetzung von Abfallwirtschaftskonzepten und Abfallprojekten vor Ort aufzuhalsen. Nachdem die Grünen in der Regierungsverantwortung die unliebsamen und von den Altparteien unerledigten Hausaufgaben im Bereich der Entsorgung gelöst hatten, folgte meistens eine Abkühlung in der Koalition bis hin zum Bruch.

Gesetzliche Grundlagen

Im Jahr 1972 wurde erstmals eine Bundesgesetz zum Problemkreis Abfall beschlossen. Kurze Zeit danach folgten Landesgesetze. Das Bundesgesetz sieht für die Abfallwirtschaft eine Rangfolge von Abfall vermeiden, Abfall verwerten, Abfall beseitigen vor. Nach Abfallgesetz müssen alle Abfallerzeuger, d.h. insbesondere Industrie und Gewerbe, zuallererst ihr Augenmerk darauf richten, daß bei ihrer Produktion Abfälle möglichst nicht entstehen. Die nicht zu vermeidenden Abfälle sind zu verwerten. Das geltende Bundesabfallgesetz setzt die werkstoffliche Wiederverwendung, die stoffliche Verwertung (Recycling) und die sog. thermische Verwertung (Müllverbrennung, Pyrolyse und Mitverbrennung in Industrieanlagen) gleich. Dies ist gerade unter dem Aspekt von Energie- und Ressourcenschutz ökologisch unsinnig.

GENEHMIGUNG: Für die Errichtung und den Betrieb von Abfallentsorgungsanlagen war bisher nach dem Abfallgesetz immer ein mehrstufiges Genehmigungsverfahren mit starker Öffentlichkeitsbeteiligung, das **Planfeststellungsverfahren**, notwendig (§ 7 Abs. 1 AbfG), und zwar für **Kompost-**, **Sortier-**, **Bauschuttaufbereitungs-**, **Verbrennungsanlagen** und **Deponien**. Nur kleinere Anlagen mit einem geringen Jahresdurchsatz, insbesondere kleine dezentrale Kompostanlagen und kleine Sortieranlagen, konnten nach dem "abgekürzten Verfahren", der Plangenehmigung (nach § 7 Abs. 2 AbfG) genehmigt werden. Hier hat es 1993 eine wichtige Veränderung gegeben. Aufgrund des **Investitionserleichterungsgesetzes** werden alle Verbrennungsanlagen nach dem **Bundesimmissionsschutzgesetz** (BImSchG) zugelassen. Dies bedeutet eine gravierende Einschränkung hinsichtlich der Öffentlichkeit des Verfahrens, der Beteiligung und der Einspruchs- und Widerspruchsmöglichkeiten der betroffenen BürgerInnen.

Bei einem Planfeststellungsverfahren muß die planfeststellende Behörde alle relevanten Gesichtspunkte berücksichtigen und am Ende in einem einzigen, alle Probleme beinhaltenden Abwägungsprozeß in Form des Planfeststellungsbeschlusses genehmigen. Treten andere Schutzgüter als das Interesse an einer umweltgerechten Abfallentsorgung in den Vordergrund, so kann die Genehmigung auch versagt werden. (vgl. AKP 1992/48ff.) Ein Anspruch auf positiven Bescheid gibt es bei einem Planfeststellungsverfahren nicht. Bei einer Genehmigung nach BImSchG besteht prinzipiell für den Antragsteller ein Rechtsanspruch auf einen positiven Genehmigungsbescheid, wenn die Antragsunterlagen plausibel sind und glaubhaft gemacht wird, daß die Grenzwerte und Auflagen der Verordnung zum Bundesimmissionsschutzgesetz eingehalten werden.

ABFALLBEGRIFF: Das Abfallgesetz unterscheidet prinzipiell zwischen dem objektiven und dem subjektiven Abfallbegriff. Der **subjektive Abfallbegriff** ist schon dann erfüllt, wenn der Abfallbesitzer zu erkennen gibt, daß er sich einer Sache als Abfall entledigen will. Politisch ist es in diesem Fall für die Überwachungsbehörde sehr schwierig, den Abfallbesitzer an der Entstehung dieses Abfalles zu hindern und ihn dazu zu zwingen, den Stoff sinnvoll im Wirtschaftskreislauf zu halten. Der **objektive Abfallbegriff** ist dann erfüllt, wenn das materielle Produkt aufgrund seiner Beschaffenheit gefährlich ist, d.h., daß es objektive Gründe gibt, dieses Stoffgemisch einer ordnungsgemäßen Entsorgung zu überantworten.

EINSAMMLUNGS- UND ENTSORGUNGSPFLICHTIGER: Das Abfallgesetz unterscheidet zwischen Einsammlungs- und Entsorgungspflichtigen. Die Landesabfallgesetze haben dies meist eindeutig bestimmt. In fast allen Bundesländern sind die Gemeinden und kreisangehörigen Städte **einsammlungspflichtig**, d.h. es liegt in der Hoheit dieser Kommunen, per Satzung festzulegen, wie die Abfälle eingesammelt werden. In der Satzung können die Gemeinden und Städte alle abfallwirtschaftlichen Ziele festlegen, die mit der Einsammlung und Erfassung verknüpft sind: getrennte Erfassungssysteme; Komposttonne, Papiertonne, Sondermüllkleinmengen, Sperrmüll, Garten-, Gewerbe- und Baustellenabfälle, Bauschutt etc. Die damit verbundenen Gebührenfestlegungen unterliegen auch vollständig der Hoheit der Städte und Gemeinden. Die Erfassung der Abfälle kann die Gemeinde sowohl in eigener Regie durchführen als auch Dritte damit beauftragen, d.h. private Entsorgungsunternehmen. In der Vergangenheit waren die privaten Müllentsorgungsfirmen meist mittelständische Unternehmen. In den letzten Jahren hat eine starke Konzentration auf wenige Großunternehmen stattgefunden, die ihrerseits von den großen bundesdeutschen Stromkonzernen übernommen wurden, z.B. Edelhoff von VEW und Trienekens von RWE.

Neben der Einsammlungspflicht ist die **Entsorgungspflicht** in Bundes- und Landesgesetzen definiert. Die entsorgungspflichtigen Gebietskörperschaften sind die Kreise und kreisfreien Städte (siehe nächste Seite Tab. 1). Diese haben zur Entsorgung Anlagen vorzuhalten, zu planen und zu betreiben. Sie müssen eine ordnungsgemäße Entsorgung aller Abfälle, für die sie entsorgungspflichtig sind, sicherstellen. Politisch gesehen war der Entsorgungspflichtige in den letzten Jahren im Spannungsfeld der politischen Diskussion. Denn die entsorgungspflichtige Gebietskörperschaft muß die Entscheidung über die Technik der Restmüllbehandlung treffen: Müllverbrennung oder kalte Vorbehandlung. Sie hat die Standortsuchverfahren innerhalb des Gebietes der Körperschaft mit all den daraus erwachsenden politischen Auseinandersetzungen durchzuführen, die Standortentscheidung zu treffen, an dem beschlossenen Standort die Entsorgungsanlage zu planen, zu errichten und zu betreiben. Für die Entsorgung kann die Körperschaft analog zur

Einsammlung eine rechtsverbindliche **Satzung** erlassen, eine **Gebührenordnung** festlegen, die Aufgaben selber betreiben oder private Dritte beauftragen.

VERHÄLTNIS ZUM BUNDESGESETZGEBER: Der Bundesgesetzgeber hat somit die Pflicht zur Abfalleinsammlung und Entsorgung auf die Kommunen verlagert. Das wirksamste Instrument der Abfallgesetzgebung, die Abfallvermeidung, hat der Bund jedoch voll in seiner Obhut behalten (§ 14 AbfG). Gesetzliche Regelungen, Verordnungen, Zielfestlegungen zur Abfallvermeidung, Verbote von gefährlichen Stoffen und gesetzliche Vorschriften zur Pfandregelung etc. darf nur der Bundesgesetzgeber erlassen. Dies offenbart ein weiteres Dilemma der Abfallwirtschaft. Während die Städte, Gemeinden und Kreise als schwächstes Glied die Überreste der Industriegesellschaft zu entsorgen haben, behält der Bund den stärksten Hebel in seiner Hand – und nutzt ihn nicht. Dies ist ein weiteres Beispiel der umweltpolitischen Wirklichkeit in der Bundesrepublik.

Die Abfallzusammensetzung

Der Hausmüll ist nicht die größte Menge des in der Bundesrepublik anfallenden Abfalls. Eine Differenzierung nach Abfallgruppen und damit verbunden die Zuständigkeit der Gebietskörperschaften zeigt die folgende Tabelle.

Tabelle 1: Abfallaufkommen im produzierenden Gewerbe und in Krankenhäusern der BRD
(nach Abfallhauptgruppen 1987; aktuellere Zahlen sind nicht verfügbar)

Abfallart	Abfallmenge(t/a) in Mio Tonnen	einzuordnen als	VERMEIDUNG	VERWERTUNG	ENTSORGUNG
Bauschutt	120,3	Gewerbeabfall	Bundesregierung	ESA-GK/ ESO-GK	ESO-GK
Formsand	8,9	Gewerbe- / Sonderabfall	Bundesregierung	ESO-GK / Landesregierung	ESO-GK/ Landesregierung
Asche/Schlacke	17,0	Gewerbe- / Sonderabfall	Bundesregierung	ESO-GK / Landesregierung	ESO-GK Landesregierung
Metallurgische Schlacken	8,9	Sonderabfall	Bundesregierung	Landesregierung	Landesregierung (ESO-GK*)
Oxide/Salze	0,4	Sonderabfall	Bundesregierung	Landesregierung	Landesregierung (ESO-GK*)
Säuren/Laugen	5,9	Sonderabfall	Bundesregierung	Landesregierung	Landesregierung (ESO-GK*)
Lösungsmittel	0,6	Sonderabfall	Bundesregierung	Landesregierung	Landesregierung (ESO-GK*)
Ölabfälle	1,8	Sonderabfall	Bundesregierung	Landesregierung	Landesregierung (ESO-GK*)
Kunststoff- / Textilabfälle	1,2	Gewerbe- / Sonderabfalll	Bundesregierung	ESO-GK Landesregierung	ESO-GK Landesregierung
Schäume / Schlämme	11,3	Gewerbe- / Sonderabfall	Bundesregierung	ESO-GK Landesregierung	ESO-GK Landesregierung
Hausmüllähnliche Gewerbeabfälle	7,2	Gewerbe- / Sonderabfall	Bundesregierung	ESO-GK Landesregierung	ESO-GK Landesregierung
Papier- und Pappeabfälle	1,2	Gewerbe- / Sonderabfall	Bundesregierung	ESO-GK Landesregierung	ESO-GK Landesregierung
Organische Abfälle (Chemie)	11,8	Sonderabfall	Bundesregierung	Landesregierung	Landesregierung (ESO-GK*)
Ofenausbruch	1,5	Sonderabfall	Bundesregierung	Landesregierung	Landesregierung (ESO-GK*)
Metallabfälle	6,9	Gewerbe- / Sonderabfall	Bundesregierung	ESO-GK Landesregierung	ESO-GK Landesregierung
Krankenhausspez Abfälle	0,1	Sonderabfall	Bundesregierung	Landesregierung	Landesregierung
ZUM VERGLEICH Hausmüll	23,0	Hausmüll	Bundesregierung	ESA-GK / ESO-GK	ESO-GK

ESA-GK = Einsammlungspflichtige Gebietskörperschaft; ESO-GK = Entsorgungspflichtige Gebietskörperschaft; ESO-GK* = Sonderregelung bei Sonderabfällen, siehe Text nächste Seite.

In einigen Bundesländern, vor allem Nordrhein-Westfalen, verschiebt die oberste Abfallwirtschaftsbehörde (Landesumweltministerium) und die ihr unterstehende mittlere Abfallwirtschaftsbehörde (Regierungspräsident) absichtlich die eigentlichen gefährlichen Sonderabfälle auf die entsorgungspflichtige Gebietskörperschaft, die sich hiergegen meist weder fachlich noch juristisch in der Lage sehen zu wehren. Die obere und mittlere Behörde dehnen den Begriff "hausmüllähnliche Gewerbeabfälle" sehr weit aus; eine Bewertung nach chemischer Zusammensetzung oder Gefährlichkeit unterbleibt.

Boden, Erdaushub und Bauschutt

Boden, Erdaushub und Bauschutt stellen mengenmäßig den Löwenanteil der in der Bundesrepublik anfallenden Abfälle dar. Das Statistische Bundesamt wies für 1987 allein beim **Bauschutt** ein Aufkommen von 120,3 Mio. Tonnen nach, im Vergleich dazu betrug das Hausmüllaufkommen nur 23 Mio. Tonnen. Es gibt deshalb soviel Bauschuttabfälle, weil beim Abriß meist ca. 95 Gewichtsprozent absolut unproblematisches Material (Ziegelsteine, Mauersteine, Dachpfannen, Fließen, Keramik, Glas, Holz und Metall) munter durcheinander gewürfelt werden. Der Bagger mit der "Birne" hinterläßt einen riesigen Schutthaufen. Dies verhindert die Sekundärnutzung der mineralischen Bestandteile, die meist vollständig möglich ist, mit Ausnahme des Einsatzes von Asbest.

Eine wichtige Aufgabe von Bündnis 90/Die GRÜNEN ist deshalb, die Bauverwaltung zu veranlassen, sich von der jahrhundertealten Tradition des Zerstörens von Bausubstanz und deren voluminöser Entsorgung in Beseitigungsanlagen zu verabschieden. Die Verwaltung sollte einen strengen Kriterienkatalog über die Art und Weise des Abbruchs erarbeiten. Durch Öffentlichkeitsarbeit sollte dafür geworben werden, daß beim Rückbau der Bausubstanz genauso wie bei der Bauplanung, Baugenehmigung und Erstellung auch ein Minimum an geordnetem Vorgehen und Einsatz von Technik eingeführt werden muß.

Die unterlassene Sekundärnutzung von Bauschutt hat erhebliche negative Folgen für andere Umweltbelange: So wird beim Neubau von Straßen und Gebäuden heutzutage noch zu hundert Prozent Raubbau an natürlichen mineralischen Vorkommen getrieben. Ganze Flußauen werden zu Kraterlandschaften für Kies- und Sandgewinnung abgegraben und damit pro Jahr in der Bundesrepublik Tausende Hektar natürliche Lebensräume und Rückzugsgebiete für seltene Säugetiere, Vögel, Reptilien und Fische zerstört. Meistens wird dabei das Grundwasser freigelegt, so daß als Nebeneffekt der Bauwirtschaft ein Schadstoffeintrag in dieses wichtige Umweltmedium zu bedenken ist. Große Teile an schützenswerten Landschaftsbestandteilen und Biotopverbänden werden in den Mittelgebirgen zur Gewinnung von Splitt und Füllmaterial abgegraben.

Während im Hausmüllbereich eine regelrechte Verwertungsindustrie entstanden ist, ist dies bei mineralischen Abfällen nicht der Fall. Wenige große Firmen der mineralstofferzeugenden Industrie haben sich mit List und Tücke große Naturräume grundstücksmäßig gesichert und möchten ihre Abgrabungsrechte, die sich oft bis ins nächste Jahrhundert erstrecken, optimal ausnutzen. Wiederverwerteter Bauschutt stört ihre Geschäfte. Um gegen diese Interessen den Markt für aufbereiteten Bauschutt zu stärken, muß durch kommunale Initiativen für alle öffentlichen Bauten, sowohl im Tief- als auch im Hochbau, der Einsatz von Sekundärbaustoffen durchgesetzt werden.

Beim **Bodenaushub** tun sich im wahrsten Sinne des Wortes ähnliche Abgründe auf. Für viele Verwaltungen erscheint es heute noch selbstverständlich, daß bei der Ausweisung von Bau- und Gewerbegebieten die durch das Ausheben der Baugruben entstandenen Erdmengen in der freien Landschaft verteilt werden und so die doppelte Fläche versiegelt wird. Viele Ewig-Gestrige scheinen in Land- und Forstwirtschaft noch den Fortschritt für die Landwirtschaft darin zu erkennen, daß Hand angelegt wird, Unebenheiten der natürlichen Landschaftsgegebenheiten einzuebnen und auszugleichen. Bei diesen "Schönheitsoperationen am Landschaftsbild" wird oft ein vielfaches an natürlichen Lebensräumen zerstört im Vergleich zur Versiegelung von Ackerflächen in schon bestehender Siedlungsnähe. In der Bauleitplanung und bei der Ausweisung von Baugebieten sollte deshalb festgelegt werden, daß der Erdaushub im Bereich der Baugebiete verwandt oder einer Bodenbörse der Gebietskörperschaft zugeführt wird. Eine Bodenbörse kann flexibel die Verteilung fehlender bzw. benötigter Bodenmengen ausgleichen.

Gewerbeabfall

Im Vordergrund der kommunalen Abfallpolitik stehen die aus privaten Haushalten stammenden Abfälle. Von der politischen Relevanz und vom Umfang bedeutender sind jedoch die Gewerbeabfälle. Alle ansässigen Betriebe erwarten wie selbstverständlich von der Kommune, daß sie ihre Abfälle billig und einfach entsorgen können. Die Bewältigung des Abfallproblems ist deshalb auch ein Standortfaktor für Industrie und Gewerbe. Aus Wirtschaftsfreundlichkeit haben Gesetzgeber und kommunale Verwaltung nicht genau zwischen Hausmüll und Gewerbeabfällen unterschieden. Für die Abfälle aus Industrie und Gewerbe haben die Kommunen bei Einführung der Müllabfuhr schlichtweg größere Sammelgefäße aufgestellt. Die Gewerbetreibenden waren anfänglich durch eine **degressive Gebührenstruktur** sogar bevorzugt. In der Statistik wurden die Gewerbeabfälle nicht getrennt erfaßt und keine Daten über Zusammensetzung und Herkunft der Abfälle aus den verschiedenen Branchen erhoben. Die Landesabfallgesetze entwickelten sich unterschiedlich, es seien hier die zwei extremen Beispiele in der Bundesrepublik genannt:
— Im Bundesland Hessen wurde der Abfallkatalog (eine Verordnung zum Abfallgesetz, die alle industriellen, kommunalen und privaten Abfälle aufzählt und zuordnet) derart reguliert, daß alle Abfälle, die aufgrund ihrer chemischen Zusammensetzung oder anderer Eigenschaften gefährlicher waren als Hausmüll, an eine halbstaatliche Abfallgesellschaft (Hessische Industriemüll GmbH mit je 50 % Anteilen des Landes Hessen und der Hessischen Industrie) übergeben werden mußten. Die entsorgungspflichtige Kommune, der Kreis oder die kreisfreie Stadt, brauchen diese Abfälle nicht anzunehmen und bei der Planung eigener Entsorgungsanlagen nicht zu berücksichtigen. Im Bundesland Hessen beträgt die Menge des Gewerbeabfalls, den die Gebietskörperschaft entsorgen muß, etwa die Hälfte des Siedlungsabfalls.
— Im Bundesland Nordrhein-Westfalen gab es von vornherein keine solche Unterscheidung. Bei der Planung von Abfallentsorgungsanlagen werden von den Oberen Abfallbehörden meist alle Abfälle und Sonderabfälle, die in der Gebietskörperschaft anfallen, der Entsorgungspflicht der Gebietskörperschaft zugeordnet und einzeln im Planfeststellungsbeschluß für Deponien und Genehmigungsbescheiden für Verbrennungsanlagen festgelegt. Die Menge der Gewerbeabfälle ist in den Gebietskörperschaften NRW etwa doppelt so hoch wie die Menge des Siedlungsabfalls.

Die GRÜN-alternativen Kommunalpolitikerinnen sollten zuerst bei der Verwaltung recherchieren, ob überhaupt Daten über Gewerbeabfälle vorhanden sind. Bundesweite Daten sind aufgrund der örtlich unterschiedlichen Wirtschaftsstruktur nicht übertragbar. Die Erfahrung zeigt, daß in den meisten Gebietskörperschaften entweder aus Unkenntnis oder aus Absicht kein Datenmaterial vorhanden ist. Grün-alternative KommunalpolitikerInnen sollten deshalb ein **Gewerbeabfallkataster** durchsetzen. Darin soll die Verwaltung alle Handwerks-, Gewerbe- und Industriebetriebe sowie Dienstleistungsfirmen erfassen. Die verschiedenen Gewerbe- und Industrieabfälle müssen jeweils getrennt mengenmäßig aufgenommen und auch den spezifischen Produktionsverfahren innerhalb der jeweiligen Firma zugeordnet werden. Anstelle der Verwaltung kann das Gewerbeabfallkataster an ein externes Ingenieurbüro oder Umweltinstitut vergeben werden. Für die Akzeptanz der Erhebung bei den Betrieben — und damit für den Erfolg — ist eine frühzeitige und umfassende Einbindung der Industrie- und Handelskammer (IHK) sowie der verschiedenen Innungen und Berufsorganisationen unumgänglich.

Die **Abfallsatzung** der Kreise und kreisfreien Städte sollte vorschreiben, daß Gewerbeabfälle nur sortenrein unter Angabe der jeweiligen **Abfallschlüsselnummer** nach LAGA **Abfallkatalog** oder TA Abfall angenommen werden. Nach Erfassung des Abfallschlüssels erfolgt eine rechnergesteuerte Prüfung, ob die Ablagerung des entsprechenden Stoffes auch zulässig ist. Durch die EDV-Auswertung der Wiegedaten bekommt man Informationen über die Abfallströme im Gewerbe- und Industriebereich, dadurch kann das Gewerbeabfallkataster jederzeit fortgeschrieben werden. Darüberhinaus bilden die gewonnenen Daten den Grundstock für den Aufbau einer **Abfall- und Wertstoffbörse**, die in Zusammenarbeit mit der IHK geführt werden sollte.

Auf diesen Daten aufbauend, sollte die Kommune Betriebe bei Vermeidungs- und Recyclingmaßnahmen gemäß folgender Ziele beraten:
o Zur **Vermeidung** gehört die Reduzierung der Verpackungen, die Verwendung von Mehrwegprodukten, die bessere Ausnutzung der Rohstoffe bzw. Ausgangsmaterialien bei der Herstellung, die Überführung von "offenen Produktionsverfahren" in "geschlossene Kreislaufprozesse", und die weitgehende Substitution umweltbelastender durch umweltverträglichere Arbeitsstoffe.

○ Zu **verwerten** sind erstens Verpackungen aus Papier, Glas, Holz und anderen Wertstoffen bei hausmüllähnlichen Gewerbeabfällen, zweitens produktionsspezifische umweltbelastende Abfälle, wie beispielsweise Lösemitteldestillation, drittens produktionsspezifische Abfälle wie Kunststoff, Metalle u.ä.; letzteres wird aus wirtschaftlichen Gründen in vielen Betrieben bereits durchgeführt. Schließlich gehört zur Verwertung die Separierung der Wertstoffe unter Berücksichtigung betrieblicher Verfahrensabläufe und betriebswirtschaftlicher Aspekte.
○ Bei der **Beseitigung** ist v. a. auf die geordnete Entsorgung kleiner Mengen umweltbelastender Abfälle zu achten, die zum Teil jetzt über das Abwasser oder den Hausmüll "entsorgt" werden.

Die Abfallsatzung kann bestimmte Gewerbe- und Industrieabfällen von der Annahme ausschließen — was mittels der Daten des Katasters und der Abfallschlüssel vollzogen werden kann, wenn die Vermeidung oder Verwertung dieser Abfälle Stand der Technik ist. Denn der § 1a Absatz 2 AbfG läßt den zuständigen Körperschaften keinen Ermessensspielraum, wenn Tatsachen vorliegen, daß Abfälle zu verwerten sind. Insbesondere in Verbindung mit § 3 Absatz 2 Satz 3 des AbfG "Abfälle sind so einzusammeln, zu befördern, zu behandeln und zu lagern, daß die Möglichkeiten zur Abfallverwertung genutzt werden können." wird die Verwertung zu Pflicht.

Das Thema "Gewerbeabfälle" führt zu größeren Diskussionen in der Kommunalpolitik, da die einflußreichen Betriebe Druck auf die Kommunalparlamente ausüben können. Wenn wir dieser Auseinandersetzung ausweichen, verzichten wir auf die einzige kommunalpolitische Handlungsmöglichkeit im Bereich der Abfallwirtschaft, um chemie- und industriepolitische Ziele durchzusetzen. Eine Kommunalfraktion, die sich intensiv mit diesen Problemen beschäftigt, wird auch Verbindungen zur Abwasser- und Altlastenproblematik sowie zum Immissionsschutz feststellen.

Siedlungsabfall

Anders als bei den Gewerbeabfällen verfügt die Verwaltung bei den Siedlungsabfällen — dem aus privaten Haushalten stammendem Müll — meist über eine solide Datenbasis, wenn auch oft ohne abfallwirtschaftliche Zielrichtung aufgebaut und geführt. Wenn kein Abfallwirtschaftskonzept vorliegt, sollten die GRÜN-alternativen Kommunalpolitikerinnen dessen Vergabe und Erstellung initiieren und vorantreiben. Die Tabelle 2 zeigt den Aufbau eines **Abfallwirtschaftskonzeptes**.

Tabelle 2: Aufbau eines Abfallwirtschaftskonzepts

I. Bestandsaufnahme der derzeitigen Abfallbeseitigung
1. Abfallsatzung
2. Hausmüll und hausmüllähnlicher Gewerbemüll
3. Sperrmüll
4. Industrie- und Gewerbemüll
5. Schlämme aus kommunalen Kläranlagen
6. Erdaushub und Bauschutt
7. sonstige Abfälle
8. Sonder- und Giftmüll
 	
z.T. gegliedert nach Menge, Zusammensetzung, Sammlung und Transport sowie getrennte Wertstofferfassung
 	
II. Abfallvermeidung
1. Rahmenbedingungen der Abfallvermeidung
2. Der Einfluß mittelbarer Makroakteure
3. Abfallvermeidung bei abfallerzeugenden Makroakteuren (Industrie und Gewerbe)
4. Abfallvermeidung bei Mikroakteuren (private Haushalte)
	III. Abfallverwertung
	1. Verfahren der Abfallbeseitigung und -behandlung
	   — Sortieranlagen
	   — Kompostanlagen
	   — Anaerobe Vergärung von Biomüll
	   — Thermische Verfahren
	2. Getrennte Erfassung von Abfallkomponenten
	   — Systeme der getrennten Erfassung von Wertstoffen aus dem Hausmüll
	   — Getrennte Erfassung von Wertstoffen im Bereich des Sperrmülls
	   — Abschätzung der Absatzmöglichkeiten für Wertstoffe
	   — Kurz- und mittelfristig realisierbares Verwertungskonzept für Haus-, Sperr- und Gewerbemüll
	   — Langfristig realisierbares Verwertungskonzept für Haus-, Sperr- und Gewerbemüll
	   — Verwertung anderer Abfallarten
	
	IV. Definition der Planungsvarianten
	
	V. Darstellung der Planungsvarianten
	   Variante/Verwertungsstufe

Die Potentiale zur Vermeidung und Verwertung sind erheblich (vgl. IFEU). Durch umweltbewußtes Einkaufen und Verhalten der privaten Haushalte ist mittelfristig eine Vermeidungsquote von 13 % bei den Verpackungs- und Produktabfällen erreichbar.

Mittelfristiges Vermeidungspotential in privaten Haushalten (in Prozent)

Getränke-Einwegglasflaschen	25
Getränke-Einwegdosen	50
Milchverpackungen	15
Verpackungen (o. Getränke)	20
Verderbnisreste	20
Eigenkompostierung	15
Werbematerial	05
Hygienepapier	20
Problemstoffe	20
Gewichteter Mittelwert	13

Unterstützt durch anhaltende Information sich bereits umweltbewußt verhaltender Haushalte sowie durch Motivation weiterer Bevölkerungsgruppen, kann langfristig ein Abfallvermeidungspotential von 24 % erreicht werden (vgl. Institut für Siedlungswasserwirtschaft und Abfalltechnik der Uni Hannover).

VERWERTUNG: Wie ist gegenwärtig die Zusammensetzung des Hausmülls? Mit 42 % hat die **organische Fraktion** den größten Anteil am Hausmüll, gefolgt von der **Papierfraktion** mit 22 % und Glas mit 12 %. Gleichzeitig mit dem größten Anteil am Wertstoffaufkommen haben die organische und die Papierfraktion das geringste Vermeidungspotential. Zwecks Wiederverwertung dieser Hausmüllanteile sollten Anlagen zur Kompostierung nativ-organischer Abfälle sowie zur Aufbereitung von sortenrein gesammeltem Altpapier und Altglas errichtet werden. Mit Inbetriebnahme der jeweiligen Anlage werden diese Fraktionen von der Annahme auf Hausmülldeponien oder Verbrennungsanlagen ausgeschlossen. Mit diesem System werden **Erfassungsquoten** von durchschnittlich 75 % des Bioabfalls, 75 % der Papierfraktion sowie 55 % des Altglases erzielt. Danach bleibt eine **Restmüllquote** von ca. 45 %.

Die Eckdaten des Abfallwirtschaftskonzeptes müssen verbindlich in der Satzung festgelegt werden, und zwar
— Zielvorgaben zur Abfallvermeidung und zur Abfallverwertung,
— das System der getrennten Erfassung (Hol- und Bringsystem), verbindlich für jeden Haushalt mit Anschluß- und Benutzungszwang sowie die Stelldichte bei Bringsystemen,
— die getrennte sortenreine Erfassung der verschiedenen Siedlungsabfallfraktionen,
— die Behandlungsformen und Behandlungsanlagen (Kompostanlagen für die getrennt erfaßte biogene Fraktion) und der Einzugsbereich der Behandlungsanlagen.

Geschieht dies nicht, ist das beste Abfallwirtschaftskonzept mit hohem ökologischem Anspruch nur ein zahnloser Papiertiger. Das Abfallwirtschaftskonzept muß kontinuierlich fortgeschrieben werden. Dafür muß die Verwaltung genügend qualifizierte MitarbeiterInnen haben. Noch wichtiger ist, ausreichend Stellen für die Öffentlichkeitsarbeit zu schaffen. Das Bewußtsein für ein ökologisches Verhalten hinsichtlich Abfallvermeidung und Abfallverwertung kann nur durch ständige intensive Beratung vor Ort erreicht werden. Ferner muß der Bevölkerung der Sinn einzelner Maßnahmen sowie Veränderungen am Abfallwirtschaftskonzept erläutert werden. Als Richtzahl sollte pro 50.000 EinwohnerInnen ein/e **Abfallberater/in** in der Verwaltung tätig sein (ohne die BeraterInnen für Gewerbeabfälle).

Die entsorgungspflichtige Gebietskörperschaft ist nicht nur selbst Handelnde, indem sie Abfälle behandelt und entsorgt, sie ist auch Vollzugsorgan für das Abfallgesetz, d.h. der Kreis und die kreisfreie Stadt sind "**Untere Abfallbehörde**" mit allen Möglichkeiten und Pflichten, die aus dem Gesetz erwachsen (s.o.). Wie in allen Umweltgesetzen der Bundesrepublik ist auch hier die Umsetzung und der Vollzug von den Handlungsmöglichkeiten und der Motivation der VerwaltungsmitarbeiterInnen abhängig. In der Abfallsatzung muß daher verbindlich geregelt werden, welche Sanktionen die Untere Abfallbehörde gegenüber den Abfallerzeugern, vor allem Gewerbe- und Industriebetriebe anwenden kann. Eine klare Vorgabe durch die Satzung befreit die einzelnen Beamten davon, ihren Ermessensspielraum jeweils individuell und subjektiv auszulegen.

Abfallbehandlungsanlagen

Gegenüber den früheren simplen und eindimensionalen Verfahren der Abfallbeseitigung über ein Erfassungssystem und anschließend die Entsorgung nach einer Technik ist ein ökologisches Abfallwirtschaftskonzept aus differenzierten Komponenten mit mehreren technischen Anlagen aufgebaut. Die getrennte Erfassung verschiedener Fraktionen aus den Siedlungsabfällen verlangt schon im Haushalt unterschiedliche Abfallbehälter. Es empfiehlt sich, für die unterschiedlichen Fraktionen gleichartige Abfallgefäße mit unterschiedlicher Färbung zur Verfügung zu stellen. Dadurch können die gleichen Müllfahrzeuge die verschiedenen Abfallfraktionen zu verschiedenen Zeiten erfassen.

Für die mengenmäßig größte getrennt erfaßte Fraktion im Bereich Siedlungsabfälle, die Bioabfälle, müssen **Kompostanlagen** errichtet werden. Ob eine dezentrale oder zentrale Lösung gewählt wird, läßt sich nicht allgemein beantworten. Das wichtigste Kriterium bei der Wertung und Gewichtung der Umweltbelange ist der Transport. Die umweltrelevanten Auswirkungen des Verkehrs (Schadstofffracht, CO_2 - Bilanz, Klimaauswirkung) sind beträchtlich. Die Geographie und Siedlungsstruktur der Gebietskörperschaft sind entscheidend für die verkehrlichen Auswirkungen. Für die jeweilige Gebietskörperschaft ist demzufolge eine Ökobilanz zwischen den Alternativen mehrerer dezentralen Anlagen oder einer zentralen Anlage zu erstellen. Das gleiche gilt für **Sortieranlagen, Recyclingzentren, Wertstoffzentren** und -höfe. Für die Zentralität von Anlagen kann in dicht besiedelten Regionen das Argument sprechen, daß für ihren ordnungsgemäßen Betrieb eine komplizierte und aufwendige Technik erforderlich ist. Diese ist für kleine dezentrale Anlagen unwirtschaftlich. Ebenfalls kann in dünn besiedelten Regionen der Bau einer dem Einzugsbereich entsprechenden Anlage schwierig werden, da Mindestdurchsatzmengen erforderlich sind, um einen technisch einwandfreien Betrieb zu gewährleisten.

Unabdingbar für den Erfolg der Abfallbehandlungs- und Verwertungsanlagen ist ihre Absicherung in der Abfallsatzung. Die Existenz dieser Anlagen an einem definierten Ort, der Einzugsbereich für eine bestimmte Zahl von EinwohnerInnen und Haushalten und der **Anschluß- und Benutzungszwang** garantieren eine mittel- und langfristige Umsteuerung der Abfallwirtschaft in ein ökologisch differenziertes System, das zwischen direkter **stofflicher Wiederverwertung, rohstofflicher Verwertung, stofflicher Behandlung zur Wiederverwertung** und der eigentlichen Behandlung des nicht vermeidbaren und verwertbaren Restmülls unterscheidet.

Bei der Planung aller Behandlungs- und Verwertungsanlagen ist genau darauf zu achten, daß die Dimensionierung der Anlage, d.h. die **Planrechtfertigung**, mit dem Abfallwirtschaftskonzept und dessen Zielvorgaben auch für die Zukunft in Einklang steht. Leider wurden in vielen Gebietskörperschaften teure Abfallwirtschaftskonzepte in Auftrag gegeben, die klare Ziele für Verwertung sowie Vermeidung und Restmüllmengen definieren, dann aber bei der Planung und Antragstellung Behandlungs-, Verwertungs- und Beseitigungsanlagen mit den mehrfachen Kapazitäten festschreiben. Mit solchem Vorgehen verlieren Politik und Verwaltung jegliche umweltpolitische Glaubwürdigkeit. Eine Verwaltung, die an klassische konservative Strukturen gewöhnt ist, entwickelt spezielle Doppelstrategien: Auf der einen Seite wird dem Parlament die "Spielwiese" der Erarbeitung von Konzepten überlassen, bei der Konkretisierung der Antragstellung von Anlagen hingegen drückt sie knallhart absolut gegensätzliche Mengengerüste durch. Die kommunalen MandatsträgerInnen müssen diese "schmutzige" Variante der Abfallpolitik unterbinden.

Alle Behandlungs-, Verwertungs- und Beseitigungsanlagen, die unter das Abfallgesetz fallen, können hinsichtlich der Planrechtfertigung von Drittbetroffenen juristisch hinterfragt werden. Mit diesem Argument können KommunalpolitikerInnen sich gegenüber der Verwaltung durchsetzen, wenn diese großzügige Kapazitäten will. Allerdings trifft dies durch das **Investitionserleichterungsgesetz** für Verbrennungsanlagen nicht mehr zu, die nun unter das **BImSchG** fallen und für die deshalb die Kapazität nicht mehr nachgewiesen werden muß (s.o.).

Restmüllbehandlung

Der nicht zu vermeidende und nicht zu verwertende Restmüll aus den Bereichen Siedlungsabfälle und Gewerbeabfälle muß, bevor er "für immer" abgelagert wird, einer sog. **Vorbehandlung** unterzogen werden. Unter Umweltgesichtspunkten ist es nicht zu vertreten, daß Abfälle wie in der Vergangenheit in einer technisch unzureichenden "Mischmaschdeponie" zusammengeworfen und den folgenden Generationen überlassen werden. Unser Anspruch heute ist, den Restmüll nach seinem Inventar genau zu beurteilen und Behandlungsverfahren zu entwickeln, die alle Schadstoffe und Komponenten im Restmüll, die bei unkontrollierter Lagerung in die Umweltmedien Luft, Boden und Wasser ausgetragen werden könnten, entweder abbauen, inaktivieren oder auf eine definierte Art und Weise an einem bestimmten Ort für geologisch definierte Zeiträume festlegen.

In der Vergangenheit gab es nur ein Verfahren, das den chemischen Anspruch der Inaktivierung des Restmülls und Stabilisierung desselben zu einer relativ inerten Substanz erfüllte: die **Hausmüllverbrennung**. Die Müllverbrennung wurde wegen der erheblichen technischen Defizite der Altanlagen, aufgrund des Einsatzes veralteter Technologie und meist nicht vorhandener Rückhaltesysteme zu Recht als eine gravierende Gesundheitsgefährdung für die BürgerInnen, vor allem durch den Ausstoß hochbelasteter Abgase, gebrandmarkt. Diese Auswirkungen waren in der Vergangenheit so dominant, daß andere wichtige umweltpolitische Nachteile der Verbrennung in der Diskussion meist untergingen. Abfallwirtschaftlich stellt die Entscheidung für die Müllverbrennung ein Bekenntnis gegen die Vermeidung, Verwertung und damit Verminderung von Abfall dar.

Die Entscheidung einer Gebietskörperschaft für eine Müllverbrennung mit definierter Durchsatzmenge schreibt die bei Planungsbeginn festgelegte Mülljahresmenge für die kommenden 25 bis 30 Jahre fest. Der Industrie wird so signalisiert, daß die Wegwerfgesellschaft beibehalten und der enorme Verbrauch von Ressourcen und Energie fortgesetzt werden soll. Weiter bindet die Entscheidung für diese teure Großtechnologie auf lange Sicht erhebliche finanzielle Mittel der entsorgungspflichtigen Gebietskörperschaft. Dies ist wiederum ein Grund dafür, daß größere Initiativen zur Abfallvermeidung und Abfallverwertung unterbleiben, wenn die Investition für eine Müllverbrennungsanlage getätigt worden ist. Die Müllverbrennung steht also aus mehreren Gründen Vermeidung und Verwertung im Wege, sie ist in einer ökologischen Gesamtbetrachtung als Art der Restmüllverbehandlung abzulehnen. Daß UmweltschützerInnen und GRÜNE in der Vergangenheit hauptsächlich mit den gesundheitlichen Gefahren gegen die Müllverbrennung mobilisiert haben, rächt sich heute. Die Verbrennungsanlagen sind in den letzten fünf Jahren mit neuester Technologie nachgerüstet worden. Werden die gesamten Aspekte der Müllverbrennung bewertet und den Auswirkungen der anderen Faktoren gegenübergestellt, die unsere tagtägliche Umwelt bestimmen und somit Einfluß auf unsere Gesundheit und Lebenserwartung nehmen, gibt es gute Gründe für ein anderes Fazit: Die gesundheitliche Zusatzbelastung, die durch die Errichtung einer Müllverbrennungsanlage auf die betroffene Bevölkerung wirkt, ist relativ gering im Vergleich zu den übrigen Umwelt-Giften, die durch industrielle Produktion und Verteilung heute die BürgerInnen der Bundesrepublik umgibt. Diese Wertung setzt jedoch voraus, daß die Anlagen kontinuierlich die Grenzwerte der 17. BImSch-Verordnung einhalten, und trifft insofern auf nicht nachgerüstete Altanlagen nicht zu. Davon unberührt, sollte unsere ganze inhaltliche und politische Kraft gegen die umweltpolitisch falsche Entscheidung für Müllverbrennung genutzt werden.

Die Verschiebung in der Argumentation gegen Müllverbrennung wird dadurch unterstützt, daß inzwischen alternative Verfahren der **Abfallvorbehandlung** zu ähnlich stabilisierenden und inertisierenden Eigenschaften des Restmülls führen, die aber nicht die Müllmengen festschreibt und für Abfallvermeidung kontraproduktiv sind. Seit Jahren wurden in unterschiedlichen entsorgungspflichtigen Gebietskörperschaften, die von Bündnis 90/Die GRÜNEN mitregiert wurden, solche Technologien konzipiert, technisch durchgeplant und in konkrete Umsetzungsphasen gebracht. Diese Verfahren, die sich als angepaßte Technologien von der Großtechnologie Müllverbrennung absetzen, werden unter der Bezeichnung "Kalte Vorbehandlung" zusammengefaßt.

Durch biologische und mechanische Verfahren (**BMA**) — so ihr Prinzip — wird der Restmüll derart vorbehandelt, daß der biologisch aktive Anteil im Restmüll, der bei herkömmlicher Deponierung mit der Zeit zu Bildung von großen Mengen an Deponiegas und Deponiesickerwasser führt, auf natürliche Weise (durch Mikroben) abgebaut wird. Der nach dieser Vorbehandlung verbleibende Output der BMA hat bis auf einen Parameter — den Glühverlust — die gleichen chemischen Eigenschaften wie der Output der Müllverbrennung, die Schlacke. Durch die Aufnahme des Parameters "**Glühverlust**" in die **TA-Siedlungsabfall** — eine auf dem Abfallgesetz fußende, zwischen Bundesregierung und Bundesrat ausgehandelte Verordnung — wird das freie Spiel der Technologieentwicklung für die Vorbehandlungsverfahren außer Kraft gesetzt. Mit diesem Parameter, der technisch und naturwissenschaftlich nicht zu begründen ist, wurde eindeutig eine Bevorzugung des bisher schon existierenden Verfahrens der Verbrennung bezweckt.

Wo Bündnis 90/Die GRÜNEN Entscheidungen für die Restmüllbehandlung beeinflussen können, sollte die BMA verwirklicht und fortentwickelt werden. Die TA-Siedlungsabfall zwingt die Antragsteller nicht, Müllverbrennungsanlagen zu planen. Das Regelwerk der TA-Siedlungsabfall stellt lediglich die Entscheidungshilfe für die Genehmigungsbehörden dar, um einen Antrag technisch sachgerecht zu bescheiden. Die Genehmigungsbehörde muß deshalb einen Antrag für ein alternatives Verfahren auf die analoge Einhaltung der Vorschriften prüfen. Im übrigen sind bei den Verhandlungen zwischen Bundesregierung und Bundesrat Hintertürchen für die BMA geöffnet worden: Erstens soll bis Ende 1995 ein neuer Parameter für die Beurteilung der BMA vorgeschlagen werden, zweitens ist nach Nr. 15.2.2. der TA Siedlungsabfall bis 2005 ausnahmsweise eine Ablagerung unbehandelter Abfälle zulässig. All dies erlaubt Landesregierungen, für Kommunen den Spielraum für die Weiterentwicklung von BMAs abzusichern. Insofern können engagierte KommunalpolitikerInnen weiter versuchen, alternative Verfahren von der Planungsphase in die Baureife zu überführen und ihnen dadurch einen ernstzunehmenden Marktanteil zu sichern.

DSD, Deregulierung und neues Abfallgesetz

Neben der TA Siedlungsabfall stehen die Verpackungsverordnung mitsamt dem Dualen System (DSD) und das konzipierte neue Abfallgesetz im Brennpunkt der abfallpolitischen Diskussion Anfang der 90er Jahre. An ihnen wird deutlich, wohin in der Abfallwirtschaft demnächst die Reise geht. Beide bestachen auf den ersten Blick durch positiv besetzte Begriffe wie Verantwortung der Produzenten für ihr Produkt und Kreislaufwirtschaft. Namentlich in der **Verpackungsverordnung** sahen ökologisch orientierte KommunalpolitikerInnen deshalb zunächst Anknüpfungspunkte. Der Grundgedanke der Verordnung ist die **Rücknahmeverpflichtung** für alle Verkaufsverpackungen über den Handel. Für den Vollzug durfte die private Wirtschaft ein eigenes System der Einsammlung und Verwertung kreieren, das **DSD**. Dieses erfaßt nun parallel zur kommunalen Abfallentsorgung alle Verpackungsabfälle — nur 23 % der mit dem DSD verbundenen Aufgaben werden von kommunalen Betrieben abgewickelt —, trennt die Abfälle auf privaten Sortieranlagen in die unterschiedlichen Fraktionen auf und verwertet sie dann, genauer: soll sie verwerten.

Dieser Ansatz ist umweltpolitisch absurd. Statt bestimmte Verpackungen, deren Umweltunverträglichkeit, Energie- und Ressourcenverschwendung bewiesen ist, nach § 14 Abfallgesetz zu verbieten, Abgaben für Einwegmaterial einzuführen oder Verordnungen für Mehrwegsysteme zu erlassen, hat die Bundesregierung eines der größten Scheunentore des Wirtschaftssystems geöffnet, um der Verpackungsindustrie eine neue Wachstumsspirale zu ermöglichen. Denn dieser Industriezweig kennt nur die Maxime, möglichst schnell einen möglichst hohen Durchsatz an möglichst kurzlebigen Einwegprodukten durchzusetzen. Die Einwegverpackungen werden unter großem Finanz- und Ressourcenaufwand eingesammelt, sortiert und dann zum Teil in vergleichsweise minderwertige Sekundärprodukte überführt: **Downcycling**. Andere eingesammelte Verpackungen werden in die Ditte Welt exportiert oder verbrannt. Bei den problematischen Kunststoffabfällen ist ein Grund, daß sich ihre Wiederverwertung ökonomisch nicht rechnet.

Während gewisse Anlaufschwierigkeiten des DSD eher skurril waren, sind die durch das DSD bewirkten ökonomischen Prozesse gravierend und insbesondere für die Kommunen bedrohlich. Das DSD brachte einen enormen Privatisierungsschub bei den kommunalen Betrieben, zweitens eine erhebliche Ausdehnung des Marktanteils der privaten Unternehmen bei der Sammlung, Sortierung und Verwertung von Sekundärrohstoffen sowie schließlich innerhalb der privaten Entsorgungswirtschaft selbst eine Konzentration. Im Gefolge der akuten Finanzkrise des DSD 1993 konnte die Entsorgungswirtschaft einen monopolistischen Einfluß erringen: sie dominiert nun das DSD über Aufsichtsrat und Geschäftsführung; dadurch bestimmen die Auftragnehmer und Geldempfänger gleichzeitig über Auftragsvergabe und Entgelte mit.

Auch im konzipierten neuen Abfallgesetz sollen die Privaten gegenüber den Kommunen bevorzugt werden: nach § 9 des Entwurfs müssen Kommunen Sammelsysteme dulden, die von privaten Unternehmen angeboten werden, ferner kann die Obere Abfallwirtschaftsbehörde Kommunen anweisen, angeblich wirtschaftlichere Entsorgungsanlagen privater Unternehmen zu dulden. Die Folge wird sein, daß private Monopolunternehmen bei der Sammlung, Sortierung und Verwertung und im Anschluß daran bei der Behandlung und Beseitigung von Abfall die Weichen stellen werden. Die Kommunen werden andererseits ökologische Ziele in der Abfallwirtschaft nicht mehr durchsetzen können, bleibt es bei diesem Trend der Deregulierung und Privatisierung. Die positiven Ansätze im Entwurf des Abfallgesetzes sind auf Druck der Wirtschaft herausgestrichen worden; von einer Produktverantwortlichkeit und von Kreislaufwirtschaft kann beim gegenwärtigen Stand keine Rede mehr sein; vielmehr wurde allseits den Interessen der Industrie der Vorrang eingeräumt.

Fazit

Die kommunale Abfallpolitik kann die hochgesteckten ökologischen Erwartungen nicht annähernd erfüllen, weil sie ohne effektive Instrumente zur Vermeidung am letzten Glied des Wirtschaftsprozesses operiert. In diesem bescheidenen Rahmen wurden jedoch auf Initative ökologisch orientierter Kräfte vorzeigbare umweltpolitische Maßstäbe gesetzt. Die kommunale Abfallpolitik zeigt schließlich wie in einem Brennglas die Schwierigkeiten der Durchsetzung ökologischen Strategien gegenüber der Wirtschaft als auch die "Fallen" in der Zusammenarbeit mit politischen Partnern in einer kommunalen "Regierung".

Literatur

Abfallwirtschaft. Veröffentlichungen des Fachgebietes Abfallwirtschaft und Recycling an der Universität Kassel, Nordbahnhofstr. 1, 37213 Witzenhausen, unregelmäßige Schriftenreihe
Böhm, M./ Both, G./ Führ, M.: Müllvermeidung, Müllverwertung. Möglichkeiten und Grenzen kommunalen Handelns, Karlsruhe 1992
Fehlau, K.P. / Stief, K. (Hg.): Fortschritte der Deponietechnik, Berlin, erscheint jährlich
Koch, T./Seeberger, J./Petrik, H.: Ökologische Müllverwertung, 3. Aufl. Karlsruhe 1991
IFEU-Institut Heidelberg: Ökologisches Abfallwirtschaftskonzept Bielefeld, Heidelberg 1986
Universität Hannover, Institut für Siedlungswasserwirtschaft und Abfalltechnik: Umweltverträgliches und umsetzbares Abfallverwertungskonzept für die Stadt Bielefeld, Hannover 1986
Sutter, H.: Vermeidung und Verwertung von Sonderabfällen, Berlin 1987
Thome'-Kozmiensky, K. (Hg.): Müllverbrennung und Umwelt, EF-Verlag Berlin, erscheint jährlich
Wollny, V. (Hg): Abschied vom Müll. Perspektiven für Abfallvermeidung und eine ökologische Stoffflußwirtschaft, Göttingen 1992

Zeitschriften

Müllmagazin. Fachzeitschrift für ökologische Abfallwirtschaft, Abfallvermeidung und Umweltvorsorge, Hg.: Institut für ökologisches Recycling, 10785 Berlin, Kurfürstenstr 14
Müll und Abfall, Erich Schmidt Verlag, Berlin
Abfallwirtschaftsjournal, EF-Verlag, Berlin

AKP-Artikel zum Thema

Frühschütz, L.: Bilanz des Kampfes gegen das DSD, 2/1993, S. 25f
ders.: TA-Siedlungsabfall verabschiedet, 3/1993, S. 62 - 64
Greiner, R.: Ökonomische und ökologische Risiken der Abfallwirtschaft in der BRD, 2/1993, S. 59 - 62
Schwerpunktthema 3/1992: Müll. An Rezepten mangelt's nicht, S. 29 - 44
Friedrich, H./ Schiller-Dickhut, R.: Zum Entwurf des neuen Abfallgesetzes, 5/1992, S. 46 - 48
dies. (Hg.): Restmülldeponie. Standortauswahl - technische Konzepte - rechtliche und politische Aspekte, SH 9 der AKP, 1992
Merz, T.: Gesundheitsgefahren durch MVA's, 4/1991, S. 52 - 57
Wiebe, A.: Konsequenzen aus der Verpackungsverordnung, 5/1991, S. 55 - 60
ders.: Verpackungsverordnung. Umweltvorsorge oder Mogelpackung, 5/1990, S. 49 - 53
Praml, R.: Experimente im kommunalen Abfallrecht, 5/1990, S. 45 - 48

Ulrich Fröhner

Energiepolitik

Alternative und konventionelle **energiepolitische Ziele** stehen in krassem Widerspruch zueinander. Die energiepolitischen Ziele der großen **Energieversorgungsunternehmen (EVU)** sind davon geprägt, daß diese als Wirtschaftsunternehmen Gewinne erwirtschaften und ihren Machtbereich ausdehnen wollen. Trotz öffentlicher Beteiligung an den Unternehmen geht es ihnen daher in der Regel darum, eine ständig wachsende Energieproduktion zu sichern, das Monopol am Leitungsnetz zu erhalten, in Großeinheiten mit geringem personellem und finanziellem Aufwand zu produzieren und Konkurrenten fernzuhalten. Die alternativen energiepolitischen Ziele haben ihren Ursprung dagegen in der Ökologiebewegung. Die Gefährdungen und Umweltschädigungen durch die Energieerzeugung in Atomkraftwerken und durch Verbrennung fossiler Energieträger sollen durch einen möglichst rationellen Energieeinsatz, die Beendigung von Energieverschwendung und den Umstieg auf erneuerbare Energiequellen abgelöst werden. Außerdem soll durch eine Dezentralisierung die Versorgungs- und Sozialverträglichkeit erhöht werden. Die Auflösung der Monopole in der Energiewirtschaft wird gefordert, die Rekommunalisierung angestrebt.

Struktur der Energieversorgung

RECHTLICHE GRUNDLAGEN: Die rechtsetzende Kompetenz für die leitungsgebundenen Energien fällt im wesentlichen in die Zuständigkeit des Bundes. Die wesentlichen Grundlagen finden sich im **Energiewirtschaftsgesetz** (EnWG), Gesetz gegen Wettbewerbsbeschränkungen (GWB), **Bundestarifordnung** (BTO), Steuerrecht, **Energieeinssparungsgesetz**, **Immissionsschutzgesetz** u.a.m. Die Vollzugs- und Verwaltungskompetenz dieser Gesetze und die Aufsicht liegt in der Regel bei den Ländern.

DIE SITUATION IN DEN ALTEN BUNDESLÄNDERN: Die Struktur der Energieversorgung in den alten und neuen Bundesländern hat sich verschieden entwickelt. Trotzdem hat sie auf beiden Seiten zu einer Konzentration der Energiewirtschaft geführt. In der alten BRD hat sich die seit dem ersten Weltkrieg andauernde Konzentration in der Strom- und Gaswirtschaft fortgesetzt. So sind von ursprünglich über 3000 EVU's heute nur knapp 1000 übriggeblieben. Der Energiemarkt gliedert sich in Verbundstufe, Regionalstufe und Lokalstufe. Die neun großen **Verbund-EVU** haben sich in der "Deutschen Verbund Gesellschaft" (DVG) zusammengeschlossen. Sie sind auf allen Marktstufen tätig, wirtschaftlich untereinander verflochten, machen den Löwenanteil der Umsätze, beherrschen die Netze und haben eine enorme ökonomische Machtposition. Die 40 **regionalen EVU** haben sich in der "Arbeitsgemeinschaft regionaler Energieversorgungsunternehmen" (ARE) zusammengeschlossen und sind vor allem auf regionaler, aber auch auf lokaler Ebene tätig. Das letzte Glied sind dann die im "Verband kommunaler Unternehmen" (VKU) zusammengeschlossenen **kommunalen EVU**, die sogenannten **Stadtwerke**, die sich Nischen im lokalen Markt erhalten konnten. Gegenwärtig existieren in den alten Bundesländern nur noch 521 kommunale EVU. Vom Gesamtabsatz an leitungsgebundenen Energien in den alten Bundesländern entfielen (nach VKU-Nachrichtendienst Okt.1992) auf die kommunalen Unternehmen im Jahr 1991 trotzdem immerhin rund 29% des gesamten Strom-, 41% des Gas- und 59% des Wärmeabsatzes. Dagegen liefern allein die beiden größten Verbundunternehmen etwa die Hälfte der gesamten verteilten Elektrizitätsmenge. Die kommunalen Unternehmen sind zum großen Teil reine **Verteilungsunternehmen**. Kleinere fortschrittliche Stadtwerke können heute jedoch schon einen Eigenanteil bei der Stromproduktion von 20 bis 50% vorweisen.

DIE SITUATION IN DEN NEUEN BUNDESLÄNDERN: In der ehemaligen DDR sind den Gebietskörperschaften die Aufgaben der Energieversorgung und damit auch bestehende Stadtwerke nach 1945 generell entzogen worden. Sie sind als Teil der zentralgeleiteten volkseigenen Wirtschaft in Gestalt regionaler Kombinate geführt worden. Bereits vor der offiziellen Wiedervereinigung, nämlich mit der Wiedereinführung der kommunalen Selbstverwaltung in der noch bestehenden DDR im Mai 1990, spätestens aber nach dem Einigungsvertrag, hätte die Rückgabe der EVU an die Kommunen erfolgen müssen. Der **Einigungsvertrag** folgt nämlich generell dem in Artikel

134 GG festgelegten Grundsatz, daß das Verwaltungsvermögen dem zufällt, der die Verwaltungsaufgabe erfüllt. Dies ist jedoch von den großen westdeutschen Verbundunternehmen durch die mit der DDR und der Treuhand vereinbarten sogenannten **Stromverträge** verhindert worden. Ihnen ist darin gegen das Versprechen der raschen Sanierung der vorhandenen Betriebe die Beteiligungsmehrheit an den neu zu bildenden regionalen Gesellschaften zugesichert worden. Diese Regionalgesellschaften sollten die gesamte Stromversorgung in der Regional- und Letztverteilerstufe übernehmen. Damit wurde die Neugründung kommunalen EVU zunächst verhindert. Durch die Klage von 135 Gemeinden und durch den dann abgeschlossenen Vergleich ist für diese Städte nun die Stadtwerkegründung möglich. Gegenwärtig existieren in den neuen Bundesländern noch 16.000 selbständige Gemeinden. Von diesen hatten bis Mitte 1993 nur 80 eigene Stadtwerke gegründet. Nach Schätzungen des VKU dürften schließlich 120 bis 130 Stadtwerke mit eigenem Stromnetz entstehen. Durch die ausgedehnten **Fernwärmenetze** ist wahrscheinlich, daß der Anteil der Stromeigenproduktion der Stadtwerke dort — trotz der im Vergleich vorgesehenen 30%-Beschränkung — wesentlich höher wird als in den alten Bundesländern.

AUFGABEN UND ORGANISATION DER ENERGIEVERSORGUNG IN DER KOMMUNE: Die Kommune hat grundsätzlich das Recht und die Pflicht, die Energieversorgung auf ihrem Gebiet sicherzustellen. Sie kann dies jedoch auf verschiedene Weisen tun. Je nach Art der Energieversorgung werden A-, B- und C-Gemeinden unterschieden. Eine **A-Gemeinde** hat ein eigenes Versorgungsunternehmen, das zumindestens die Energie verteilt. Eine **B-Gemeinde** läßt ihre BürgerInnen von einem Regional- oder Verbundunternehmen versorgen. Eine **C-Gemeinde** ist eine Mischung aus beiden Formen. Eine A-Gemeinde hat natürlich den größten Einfluß auf die Art der Versorgung. Es ist jedoch noch zwischen kommunalen **Spartenunternehmen** zu unterscheiden, die nur einen Energieträger, z.B. nur Gas anbieten und **Querverbundunternehmen**, welche mindestens mit Strom und Gas, im optimalen Fall auch mit Fernwärme versorgen. Häufig führen Querverbundunternehmen auch noch den Verkehrs-, Bade- oder Hafenbetrieb mit.
Ein kommunales EVU kann verschiedene Unternehmensformen annehmen:
○ Als **kommunaler Eigenbetrieb** ist ein EVU rechtlich unselbständig und dem öffentlichen Recht unterliegend. Der Werksleiter ist durch Dienstrecht an die Kommunalverwaltung gebunden und unterliegt gleichzeitig der Aufsicht durch den Werksausschuß. Grundsatzentscheidungen der Wirtschaftsführung sind dem Gemeinderat und dem Bürgermeister bzw. Stadtdirektor ausdrücklich zugewiesen. Der kommunalpolitische Einfluß ist hier mit Abstand am größten.
○ Als **Eigengesellschaft**, z.B. als GmbH oder AG, ist das EVU rechtlich selbständig und dem Privatrecht unterstellt. Direkte die Geschäftspolitik betreffende Weisungen des Gemeinderates oder Bürgermeisters sind ausgeschlossen. Vertreter der Kommune und des Gemeinderates haben zwar über Sitze im **Aufsichtsrat** des Unternehmens einen gewissen Einfluß, doch ist dieser deutlich geringer als beim Eigenbetrieb. Schon die Sitzungen des Aufsichtsrates sind nicht öffentlich. Die Chance, über eine entsprechende Gestaltung der Satzung dem Aufsichtsrat größere Befugnisse zu geben, ist bei einer GmbH besser als bei der AG.

Konzessionsverträge und -abgaben

Mit dem **Konzessionsvertrag** regelt die Gemeinde ihr Verhältnis zum Energieversorger, — ob dies nun das eigene Stadtwerk oder ein Fremdunternehmen ist. Von den EVUs werden die Konzessionsverträge als reine Tauschverträge konzipiert und verstanden: Die Gemeinde gibt dem EVU das Recht, die Wege im Gemeindegebiet für die Versorgung mit Strom oder Gas zu nutzen und erhält dafür die Konzessionsabgabe. Von fortschrittlichen Juristen (Apfelstedt, Gersemann) wird der Konzessionsvertrag dagegen als Geschäftsbesorgungsvertrag konzipiert: Das EVU führt für die Gemeinde das Geschäft der Energieversorgung durch. In der Folge gelten für das EVU die nach dem Bürgerlichen Gesetzbuch für solche Geschäfte gesetzten Rahmenbedingungen, z.B. hat der Auftragnehmer dann eine Pflicht zur Information des Auftraggebers über mit dem Auftrag verbundene Angelegenheiten und muß Vermögen, das er durch die Ausführung des Auftrags erhält, an den Auftraggeber zurückgeben. Diese Rechtsauffassung führt zu einer stärkeren Position der Gemeinde dem EVU gegenüber. Eingeflossen ist diese Rechtsauffassung z.B. in die Musterverträge des Saarlands (VSE) und des Niedersächsischen Städte- und Gemeindebundes.

Konzessionsverträge sind Monopolverträge und nur aufgrund der Freistellungsklausel § 103a im **Gesetz gegen Wettbewerbsbeschränkungen (GWB)** zulässig. Um der Gemeinde zu ermöglichen, die Bindung an das Unternehmen in regelmäßigen Abständen zu überprüfen, wurde 1980 bei der Novellierung des GWB die Höchstlaufzeit von Konzessionsverträgen auf 20 Jahre beschränkt. Bestehende Verträge mit einer Laufzeit über 20 Jahren werden nach dem GWB spätestens Ende 1994 ungültig. Die EVU haben deshalb seit 1989 begonnen, flächendeckend neue Konzessionsverträge anzubieten und konnten so den größten Teil ihrer Versorgungsgebiete für die nächsten 20 Jahre sichern. **Netzübernahmen** sind jetzt nur noch für Gemeinden möglich, die noch keinen neuen Vertrag abgeschlossen haben. Allerdings erscheint die Rechtsgültigkeit vieler neuer Konzessionsverträge anfechtbar, da die vereinbarten **Endschaftsbestimmungen** eine Netzübernahme der Gemeinde häufig faktisch unmöglich machen, was der Intention des GWB entgegenläuft. Die Endschaftsbestimmungen sind beim Abschluß von Konzessionsverträgen am härtesten umstritten. Dabei geht es um die Entschädigung für die Übernahme des Netzes, um die Anrechnung der Baukostenzuschüsse und der Enflechtungs- bzw. Einbindekosten (vgl. Abschnitt zur Netzübernahme) und um die Laufzeit der Verträge. Bisher konnten die EVU zumeist ihre Maximalforderungen durchsetzen: Bewertung des Netzes zum Sachzeitwert und 20 Jahre Laufzeit.

Der Konzessionsvertrag kann aber auch ein Instrument der Energiepolitik sein. Außer öffentlichem Druck sind Konzessionsverträge die einzige Möglichkeit für eine B-Gemeinde, energiepolitische Ziele gegenüber seinem EVU durchzusetzen. In den Musterverträgen der Umweltorganisationen (Öko-Institut, Energie kommunal, BUND) wird deshalb versucht, diese Ziele zu verankern. Als Absichtserklärungen sind einige dieser Ziele inzwischen in manchen Musterverträgen enthalten. Konkete Projekte sind auch schon in Zusatzverträgen zu Konzessionsverträgen vereinbart worden (Rehlingen-Siersburg). Eckpunkte eines innovativen Vertrages sind:
— Die Verpflichtung zur Umsetzung eines Energiekonzeptes
— Die Einführung linearer Tarife
— Eine unentgeltliche Energiesparberatung
— Das Recht zum Verkauf eigenerzeugten Stromes an Dritte
— Das Recht zur Durchleitung kommunal eigenerzeugten Stroms
— Die Verpflichtung zur Abnahme kommunal erzeugten Stroms
— Eine angemessene Einspeisevergütung
— Förderung der Kraft-Wärme-Kopplung und regenerativer Energien
— Das Verbot von Sonderverträgen für Elekroheizungen.

Eine **Konzessionsabgabe (KA)** erhält die Gemeinde dafür, daß sie einem Unternehmen die Konzession zum Betrieb einer Strom-, Gas-, Wasser- oder Wärmeversorgung gibt. Dieses Unternehmen kann ein Fremdunternehmen sein, aber auch der Stadt selbst gehören (Stadtwerk). Seit der Neufassung der **Konzessionsabgabenverordnung (KAV)** vom 9. Januar 1992 ist die Höhe der KA bei Strom und Gas für das gesamte Bundesgebiet einheitlich geregelt. Je nach Gemeindegröße gestaffelte Höchstbeträge fest, die in Pf/kWh definiert sind. Für Sondervertragskunden (Großkunden) ist die KA wesentlich geringer oder sie entfällt sogar ganz. Für Wasser gilt der **Konzessionsabgabenerlaß** von 1941 mit prozentualen Höchstbeträgen weiter; für Wärme gibt es keine gesetzlichen Höchstbeträge. Die Konzessionsabgaben für Wasser und Wärme sind gegenüber denjenigen aus Strom und Gas jedoch nur marginal.

In den meisten Fällen hat die KA eine so große Bedeutung im Gemeindehaushalt, daß eine Gemeinde nicht auf sie verzichten kann. 1989 betrugen die Einnahmen der Gemeinden aus Konzessionsabgaben in den alten Bundesländern 4,2 Mrd. DM, davon 60 % aus Stromverkauf. Durch die neue KAV dürfte dieser Betrag auf 7 Mrd. DM steigen. Die Einnahmen aus der KA machen durchschnittlich 3 % der kommunalen Verwaltungshaushalte aus; das entspricht ungefähr dem, was den Gemeinden für Investitionen zur Verfügung steht. Die durch die neue KAV mögliche Erhöhung der Konzessionsabgabe hat sich als stärkstes Druckmittel der Energieversorger erwiesen, um Gemeinden zum vorzeitigen Neuabschluß von Konzessionsverträgen zu bewegen. Damit wurde die Absicht der Novellierung des Kartellgesetzes zu einem guten Teil unterlaufen. Einzelne Landeskartellämter (Hessen, Niedersachsen) intervenieren daher gegen Energieversorger, welche Gemeinden die höhere KA nur bei Abschluß eines neuen Vertrags gewähren.

Eine grundsätzliche Kritik geht dahin, daß die KA die Gemeinden dazu verführe, den Energieabsatz zu fördern. Tatächlich bringt jede zusätzlich verkaufte kWh eine zusätzliche Einnahme für die Gemeinde. Diese Kritik ist jedoch zweifelhaft, da gerade Stadtwerke führend in den Bemühungen um Energieeinsparungen sind. Stadtdessen wirkt die Konzessionsabgabe im Bereich der

Tarifkunden in einer respektablen Höhe von rund 10% als Energiesteuer. Die weitgehende Freistellung der Großbezieher von dieser "Energiesteuer" ist allerdings zu kritisieren.

Rekommunalisierung und Netzübernahme

Der Begriff **Rekommunalisierung** wurde 1985 vom Öko-Institut in die politische Diskussion eingeführt. Begründet wird die Forderung damit, daß die großen EVUs wegen ihrer Struktur und Interessen zu einer Energiewende nicht in der Lage sind. Deshalb müssen die Netze der leitungsgebundenen Energien Strom und Gas wieder in die kommunale Hand zurückgeführt werden. Allerdings ist Rekommunalisierung eine Voraussetzung der Energiewende, nicht die Energiewende selbst. Auch kommunale Unternehmen lassen sich als reine Energieverkaufsunternehmen führen und werden noch zu einem beträchtlichen Prozentsatz so geführt. Ihre Energiepolitik unterscheidet sich dann nicht von derjenigen der großen EVU und ist ebenso reformbedürftig. Für die geforderte Rekommunalisierung sprechen drei Argumente:

o Der Einfluß der fremdversorgten Gemeinden auf ihr EVU ist denkbar gering. Außer beim Abschluß des Konzessionsvertrags hat die Gemeinde keinen Hebel, um Forderungen durchzusetzen.

o Energieeinsparung, Kraft-Wärme-Kopplung und regenerative Energien sind ihrem Wesen nach dezentrale Technologien. Sie werden deshalb vor allem von Stadtwerken vorangetrieben. So sind die Stadtwerke über die von ihnen gegründete Arbeitsgemeinschaft kommunaler Versorgungsunternehmen zur Förderung rationeller, sparsamer und umweltschonender Energieverwendung und rationeller Wasserverwendung (ASEW) führend bei der Energie-Einsparberatung. Die Blockheizkraftwerks-Technik und die Technik der Nahwärmeverteilung ist wesentlich von Stadtwerken entwickelt worden. Auch bei der Nutzung der erneuerbaren Energien sind Stadtwerke den großen Energieversorgungsunternehmen voraus.

o Nicht zuletzt liegt die Rekommunalisierung im Interesse der Stadtkämmerer. Nach Untersuchungen des Wirtschaftsministeriums von Nordrhein-Westfalen erzielen Gemeinden mit eigener Energieversorgung 50% mehr an Einnahmen aus diesem Bereich als fremdversorgte Gemeinden. Dazu kommen Ersparnisse durch Verlustausgleich mit den Verkehrs- oder Badebetrieben.

Eine **Netzübernahme** ist jeweils nur zum Ablauf oder nach Aufhebung der Konzessionsverträge möglich. Die Novellierung des **Gesetz gegen Wettbewerbsbeschränkungen (GWB)** hat es Gemeinden leichter gemacht, ihre Strom- und Gasnetze zu übernehmen. Seit 1970 sind 93 Strom- und acht Gasnetze von Gemeinden übernommen worden. Im gleichen Zeitraum haben die großen EVU's 16 Strom- und zwei Gasnetze von Gemeinden oder kleinen privaten Elektrizitätswerken gekauft. Die Übernahme des Stromnetzes ist besonders attraktiv für Stadtwerke, die bereits das Gasnetz besitzen und sich auf diese Weise die Vorteile des **Querverbunds** mit der Möglichkeit der **Kraft-Wärme-Kopplung** verschaffen. Bessere Abgrenzung von Versorgungsgebieten und Synergieeffekte bei der Technik und Verwaltung sind weitere Anreize. Einen wichtigen Anstoß für die Netzübernahme liefern auch die ungünstigen **Einspeisepreise** der meisten Regional- und Verbundunternehmen. Besitzt die Gemeinde dagegen das Stromnetz selbst, so ersetzt der selbsterzeugte Strom Strombezug für das eigene Netz, der beim Vorlieferanten mit 15 bis 17 Pf/kWh bezahlt werden mußte. Damit verbessert sich die Wirtschaftlichkeit der **Eigenstromerzeugung**. Eine Gemeinde hat gute Voraussetzungen, einen bezahlbaren Netzpreis zu erzielen, wenn in älteren Konzessionsverträgen noch keine Festschreibung des Sachzeitwerts und keine Regelung für die Bezahlung der Entflechtungskosten enthalten sind. Günstig sind auch ein kompaktes Netz, Großabnehmer in der Gemeinde und hohe Potentiale für Kraft-Wärme-Kopplung. Gemeinden, die Netze übernommen haben, sind häufig gern bereit, ihr Know-how weiterzugeben.

Kosten der Netzübernahme: Die eigene Energieversorgung verschafft der Gemeinde auf alle Fälle wirtschaftliche Vorteile gegenüber der Versorgung durch ein Fremdunternehmen; die kurzfristige Wirtschaftlichkeit ist aber abhängig vom Preis, der für die Übernahme des Netzes gezahlt werden muß. Die Ermittlung dieses Preises ist im Konzessionsvertrag festgelegt. In neueren Konzessionsverträgen ist oft der Sachzeitwert festgeschrieben. Als Grundlage der Wertermittlung dient der Wiederbeschaffungswert (Tagesneuwert). Davon werden die Abschreibungen nach der Nutzungsdauer der Netze (35 bis 50 Jahre) vorgenommen. Dies stößt auf Widerspruch, da die Unternehmen den Inflationsausgleich bereits über die Strompreise und die Abschreibungen (ebenfalls zum Wiederbeschaffungspreis) erwirtschaften. Weitere Streitpunkte sind die Anrechnung der Baukostenzuschüsse (sie werden heute im allgemeinen berücksichtigt) und der Anhaltewert. Für Netze, die voll abgeschrieben sind, verlangen die EVU's einen Anhaltewert von 25 bis 30% der Wiederbeschaffungskosten. Schließlich ist die Übernahme der **Netzentflechtungs- und Einbindungskosten** umstritten. Dabei geht es einerseits darum, das Netz aus der Versorgungsstruktur des Vorversorgers herauszulösen (dessen Versorgungsstrukturen oft ohne Rücksicht auf Gemeindegrenzen geplant wurden), andererseits die technischen Einrichtungen zu schaffen, die an der neuen Schnittstelle zwischen Vorversorger und Gemeindenetz notwendig sind. Auch wenn im Konzessionsvertrag die Aufteilung dieser Kosten festgelegt sein sollte, kommt es häufig zu Auseinandersetzungen über die technische Lösung und damit verbundene unterschiedliche Kosten. Der schließlich bezahlte Preis liegt oft in der Mitte zwischen der ursprünglichen Forderung des EVU und dem Angebot der Gemeinde. Um den hohen Kapitalaufwand für die Netzübernahme zu vermindern, gehen Gemeinden in letzter Zeit vermehrt dazu über, den Vorversorger zum Ausgleich für die Übergabe des Netzes an ihren Stadtwerken zu beteiligen. Nach diesem Muster sind in letzter Zeit acht Verträge abgeschlossen worden. Im letzten Fall (Dortmund) ist nun aber die Kartellbehörde tätig geworden, da eine Beteiligung des Vorversorgers ein Konkurrenzverhältnis bei der Strombeschaffung und im Verhältnis zu den Umlandgemeinden unmöglich macht.

Netzübernahmen sind häufig nur nach Einschaltung von Gerichten möglich. In letzter Zeit sind einige Gerichtsurteile ergangen, welche die Netzübernahme durch Gemeinden erleichtern. Im Rosenheimer Urteil (BGH vom 7.7.1992 KZR 2/91) wurde entschieden, daß die EVU grundsätzlich zur Herausgabe des Netzes verpflichtet sind. Zu dieser Herausgabe gehört, wenn im Konzessionsvertrag darüber nichts ausgesagt ist, auch die Übernahme der Entflechtungskosten. Im Witzenhausener Urteil (OLG Frankfurt am Main 23. April 1992 AZ 6 U (Kart) 213/90), das allerdings derzeit (1993) noch nicht rechtskräftig ist, wurde verfügt, daß als Netzpreis nicht der Sachzeitwert zu bezahlen ist, sondern ein Zeitwert auf Grund der historischen Anschaffungskosten. Allerdings war in diesem Fall nicht der Sachzeitwert im Konzessionsvertrag festgeschrieben, sondern ein Preis nach den "gemachten Aufwendungen" abzüglich "angemessener Abschreibungen". Zur Frage, ob die Vereinbarung des Sachzeitwerts nicht insgesamt rechtswidrig ist, da dies Netzübernahmen praktisch verhindert, ist bisher noch kein Gerichtsverfahren anhängig.

Entwicklung zum Energiedienstleistungsunternehmen

Als **Energiedienstleistung** werden heute eine Reihe von Angeboten bezeichnet, mit denen EVU über ihre klassische Palette der Strom-, Gas- Fernwärme und Wasserversorgung hinausgehen. Leitgedanke ist, dem Kunden **Nutzenergie**, d.h. Energie in der Form anzubieten, in der er sie "nutzt": sei es als Heizwärme, als Warmwasser, als Licht, als Kälte oder als Verzicht auf Energieverbrauch, also als Einsparung. Die Entwicklung vom "traditionellen Stadtwerk" zum Energiedienstleistungsunternehmen (EDU) wird mit folgenden Zielen verbunden:
— Nutzungsorientierung statt Angebotsorientierung. Der Vorteil für den Verbraucher ergibt sich aus der Kombination von Energiezufuhr, sparsamer Energieumsetzung und sparsamem Energieverbrauch. Einsparung und Versorgung sind gleichrangige Aufgaben.
— Die EVU sollen wieder demokratisch kontrolliert werden, d.h. die Stadtwerke müssen wieder dem Gemeinderat und seinen Organen unterstellt werden.
— Durch die Bürgerorientierung der Energiedienstleistung wird das Interesse des Verbrauchers Teil der Unternehmensstrategie.

Der **Direktwärmeservice** ist die Grundform der Energiedienstleistung. Dabei wird dem Kunden statt Brennstoff die Wärme angeboten, die entweder über Fern- oder Nahwärme herangeführt oder im Objekt selbst über Kessel oder Blockheizkraftwerke erzeugt wird. Die Stadtwerke übernehmen Installation und Wartung der Anlage und bei Mietshäusern auch die Abrechnung mit den Mietern. Dieser Service wird inzwischen von etwa 25 Stadtwerken angeboten, etwa 50 weitere bereiten ein solches Angebot vor. Vom Direktwärmeservice profitieren Umwelt, Kunde und Stadtwerke: die Umwelt durch emissionsarme Energiebereitstellung, die Kunden durch die Entlastung von Investition, Wartung und Abrechnung, und das Stadtwerk, indem es sein Geschäftsfeld erweitert und so Umsatzeinbußen kompensieren kann. Neben der **Nutzwärme** kann theoretisch jede Form der Energieumsetzung als Dienstleistung angeboten werden: Nutzlicht, Mobilität, Brauchwasser und auch die Kälteerzeugung. Die großen EVU bieten mehr und mehr Dienstleistungen für Kommunen an, die keine eigenen Stadtwerke haben. Das geht vom Erstellen von Energiekonzepten über den Bau von Blockheizkraftwerken bis hin zur Erstellung von Einspargutachen für einzelne städtische Gebäude. Dieser Service ist meist kostengünstig, aber nicht uneigennützig. Das EVU sichert sich so Einfluß und hält die Kommune als Konkurrenten vom Stromnetz fern. Aus ökologischer Sicht positiv ist, daß einige Stadtwerke inzwischen die Beratung anderer Kommunen beim Aufbau eigener Stadtwerke als Dienstleistungsfeld erkannt haben. Energiedienstleistung muß allerdings nicht zwangsläufig mit ökologischer Energiebereitstellung zusammenhängen: Die Technischen Werke der Stadt Stuttgart bieten z.B. einen Nutzwärmeservice auf der Basis von Elektrowärme an, der über Nachtstrom erzeugt wird.

Energiekonzepte

Energiekonzepte sind wirkungsvolle Instrumente der Kommunen, um ihre Energiepolitik langfristig zu steuern. Voraussetzung ist, daß die Konzepte alle Bereiche des Energieverbrauchs und Energieeinsatzes in der Gemeinde umfassen und praxisbezogen erstellt werden. Derzeit haben nur 10 bis 15 % der Kommunen in den alten Bundesländern ein Energiekonzept oder lassen eines erstellen. Die heute üblichen Energiekonzepte haben zwei Wurzeln: Zum einen Versorgungskonzepte der Gas- und Elektrizitätsversorger aus den siebziger Jahren. Hauptgesichtspunkt dabei war die Wirtschaftlichkeit: Für dicht bebaute Gebiete mit entsprechend großem Wärmebedarf pro Flächeneinheit kam Fernwärme in Frage, Gebiete mittlerer Bebauungsdichte wurden dem Gas zugeschlagen, lockere Bebauung blieb für die Elektroheizung oder für das Öl übrig. Diese Herkunft spiegelt sich noch in vielen Energiekonzepten, die von EVU angeboten werden. Ende der 70er Jahre erarbeiteten Gruppen aus der Ökologiebewegung die ersten Energiesparkonzepte, welche die Energieeinsparung in den Vordergrund stellten. Zuerst werden die Einsparmöglichkeiten für Wärme und Strom untersucht, und danach wird errechnet, wie sich der reduzierte Energiebedarf am effektivsten und wirtschaftlichsten mit Kraft-Wärme-Kopplung und regenerativen Energien decken läßt. In heutigen Energiekonzepten sind im allgemeinen beide Quellen zusammengeflossen: Sie enthalten einerseits eine Bestandsaufnahme der derzeitigen Bedarfs- und Versorgungs-Situation, andrerseits die Analyse der Einsparmöglichkeiten und Produktionspotentiale an Kraft-Wärme-Kopplung und regenerativen Energien. Dazugekommen ist die Berechnung der Emissionen einschließlich des CO_2-Ausstoßes. Ebenfalls in den meisten Konzepten enthalten ist die Untersuchung der Dämm-Standards und der heiztechnischen Ausrüstung der kommunalen Einrichtungen und Gebäude. Dieser Teil ist besonders wichtig, da im Heizungsbereich ein hohes Einsparpotential vorhanden ist, das oft mit geringen finanziellen Mitteln und innerhalb kurzer Zeit zu realisieren ist. Gelegentlich wird neuerdings auch die Möglichkeit der Übernahme von Stromnetzen durch die Gemeinde oder deren Stadtwerke mituntersucht. An die Stelle von Energiekonzepten rücken im Rahmen des Klima-Schutzes in einigen Gemeinden nun Konzepte zur **CO2-Reduktion**, die auch den Verkehrsbereich umfassen (vgl. Kapitel Luft, Lärm, Klima). Die Kosten für ein Energiekonzept liegen gegenwärtig bei 4 bis 6 DM pro Einwohner. Im Jahr 1992 haben 9 von 16 Bundesländern Energiekonzepte gefördert. Die Förderhöhe beträgt meist 30 %; zum Teil werden nur bestimmte Teile gefördert. Ohne öffentliche Förderung sind leider nur wenige Gemeinden bereit, ein Energiekonzept erstellen zu lassen.

Leider gibt es auch Energiekonzepte mit Alibi-Funktion: Sie werden erstellt, um Umweltgruppen für einige Zeit ruhigzustellen. Vielfach werden Büros beauftragt, die dafür bekannt sind, daß sie Kraft-Wärme-Kopplung und erneuerbare Energien "totrechnen". So werden mit Hilfe von Energiekonzepten Umsetzungsmaßnahmen auch verhindert. Entscheidend für eine spätere Verwirklichung ist, ob die Verwaltung das Energiekonzept akzeptieren kann. Wenn eine Stelle in der Verwaltung das Energiekonzept von Anfang an begleitet, kann diese einerseits dafür sorgen, daß tatsächlich ein umsetzungsfähiges Konzept entsteht, andrerseits ist die Verwaltung damit von Anfang an in den Prozeß integriert. Sofern die Gemeinde einen **Energiebeauftragten** oder eine Energiedienststelle hat, sind sie die prädestinierten Partner bei der Erstellung des Energiekonzeptes. Ebenso wichtig ist bei Gemeinden mit eigenen Stadtwerken, daß diese von Anfang an in die Erstellung des Energiekonzeptes einbezogen werden.

Maßnahmen zur Reduzierung des Energieverbrauchs

TARIFSTRUKTUR: Um den Energieverbrauch zu reduzieren, muß nicht bis zur Fertigstellung eines Energiekonzeptes gewartet werden. Mit einer Reihe von Maßnahmen kann problemlos sofort begonnen werden. Insbesondere das Grundpreissystem, das den Strom umso teurer macht, je weniger verbraucht wird, sollte durch einen **linearen Tarif** ersetzt werden. Dazu kommen sollte noch eine zeitvariable Komponente, d.h. der Strom soll in Schwachlastzeiten billiger angeboten werden, um so Kraftwerkskapazitäten einsparen zu helfen. Viele Stadtwerke haben inzwischen ihre Tarife so weit linearisiert, wie das im Rahmen der geltenden Bundestarifordnung Elektrizität möglich ist. Darüber hinaus sollten die **Tarife mit einer progressiven Komponente** versehen werden, die zu einer Verteuerung des spezifischen Preises bei steigendem Verbrauch führt. Saarbrücken hat einen solchen Tarif nach dem Vorbild Wiens eingeführt: Ab einem Jahresverbrauch von 6.000 kWh wird ein Zuschlag auf jede kWh erhoben.

ENERGIESPARENDE FLÄCHENNUTZUNGS- UND BAULEITPLANUNG: Auch bei normalen Gebäuden wird 15-30% des Heizenergiebedarfs durch Sonneneinstrahlung gedeckt. Der Anteil des solaren Heizungsbeitrages wird wesentlich durch Lage, Ausrichtung, Baudichte und Verschattungsfreiheit bestimmt. So sollte bereits beim **Flächennutzungsplan** darauf geachtet werden, daß die Auswahl von Bauflächen auch nach energetischen Kriterien erfolgt. Im **Bebauungsplan** sollte die Orientierung der Hauptwohnungen zur Sonne und der verschattungsfreie Abstand der Gebäude zueinander, zu Nebenanlagen und zu Bäumen festgesetzt werden. Da mit der Einhaltung der Grundkriterien noch kein energiegerechter Bebauungsplan erstellt ist, sollte möglichst früh ein erfahrener Planer oder Gutachter einbezogen werden. Die Mehrkosten in der Planungsphase sind gegenüber den Einsparungen verschwindend gering. Das Baugesetzbuch (BauGB) und die Baunutzungsverordnung (BauNVO) bieten grundsätzlich alle Regelungen, die für eine energiegerechte Bauleitplanung notwendig sind.

NIEDRIGENERGIEBAUWEISE: Durch die technische Entwicklung und durch Förderprogramme der Bundesländer und der Gemeinden hat sich als Niedrigenergiebauweise folgender Standard etabliert: Heizenergiekennzahlen von 30 bis 70 kWh/qm*a; hochwertige Wärmedämmung mit k-Werten von 0,2 für Außenwände, 0,15 beim Dach und 0,3 beim Keller, und Wärmeschutzverglasung (k=1,5 und besser). Da die neue Wärmeschutzverordnung keinen Niedrigenergiestandard bringen wird, liegt es bei den Gemeinden, hier weiterzugehen. Wege dazu sind:
○ Alle kommunalen Gebäude werden in Niedrigenergiebauweise errichtet (z.B. in Schopfheim, Frankfurt, Freiburg, Tübingen).
○ Niedrigenergiebauweise wird privatrechtlich vorgeschrieben wenn die Stadt Grundstücke zur Bebauung verkauft (wird in den oben genannten Gemeinden ebenfalls praktiziert).
○ Vorschrift der Niedrigenergiebauweise im **Bebauungsplan**, z.B. in Ansbach, das in einem Bebauungsplan eine Heizenergiekennzahl von 70 kWh/qm*a vorgeschrieben hat, und Schwerin, das in Bebauungsplänen k-Werte auf Niedrigenergieniveau vorschreibt.

Gegen die Vorschrift der Niedrigenergiebauweise in Bebauungsplänen werden juristische Bedenken geltend gemacht. Die Städte Schwerin und Heidelberg haben zu dieser Frage Rechtsgutachten erstellen lassen. Beide Gutachten kommen zu dem Schluß, daß zusätzliche Wärmedämmung als "bauliche Vorkehrung zur Vermeidung oder Verminderung von schädlichen Umwelteinrichtungen" zu bezeichnen ist. Solche Vorkehrungen kann eine Gemeinde nach § 9 (24) BauGB vorschreiben. Das Innenministerium von Mecklenburg-Vorpommern hat diese Rechtsauffassung inzwischen akzeptiert und entsprechende Bebauungspläne genehmigt. In Heidelberg sollen jetzt ebenfalls dem Gutachten entsprechende Bebauungspläne aufgestellt werden. Bau-Investitionen sind langfristige Investitionen. Sie sollten deshalb nach dem Stand der Technik, also in Niedrigenergiebauweise, ausgeführt werden.

Kommunale Energiebeauftragte

Energiekosten sind der höchste Sachkostentitel im Gemeindehaushalt, sie betragen in Kommunen über 10.000 Einwohnern zwischen 70 und 130 DM pro Einwohner und Jahr. Zwei bis drei Prozent des Verwaltungshaushalts zahlen die Gemeinden an die EVU. Entsprechend lohnend sind Einsparungen. Es bewährt sich, zur Energieeinsparung die Stabsstelle eines **Energiebeauftragten**, bei großen Gemeinden eine eigene **Energiedienststelle** zu schaffen, die dem Hochbauamt oder Umweltreferat zugeordnet werden sollte. Ab einer Gemeindegröße von 20.000 Einwohnern finanziert sich die Stelle eines Energiebeauftragten selbst: Bei Energiekosten von 2 Mio DM pro Jahr bedeuten Personalkosten von 100.000 DM rund 5% des jährlichen Energiekostenbudgets — das ist die Summe, die ein Energiebeauftragter im allgemeinen nur durch die Energieüberwachung erwirtschaftet. Bei größeren Gemeinden ersparen die Energiedienststellen in der Regel das zwei- bis vierfache der Aufwendungen für ihre Stellen an Energiekosten. Die Einrichtung von Energiedienststellen hat sich deshalb in den größeren Städten durchgesetzt. Für kleinere Gemeinden unter 20.000 EinwohnerInnen gilt: Liegen die spezifischen Energiekosten noch über 100 DM pro Einwohner und Jahr, kann auch hier eine Stelle lohnend sein. Außerdem ist die Einrichtung von halben Stellen und die Kooperation mit anderen Gemeinden möglich.

Der Energiebeauftragte hat in erster Linie zwei Aufgaben. Er ist zuständig für das laufende **Energiemanagement** der Gemeinde, d.h. für die laufende Kontrolle des Energieverbrauchs, für die Überwachung und Korrektur der Verträge mit den EVU, für die Schulung der Hausmeister und des übrigen Personals, das die Energieeinrichtungen bedient, je nach Gemeindegröße auch für die Überwachung des technischen Zustands der Geräte, die Organisation der Wartung und für die Instandhaltung. Parallel zum Energiemanagement ist der Energiebeauftragte zuständig für die Energiesparinvestitionen in der Gemeinde. Sinnvollerweise steht dabei am Anfang die **Sanierung** alter und ineffezienter Heizanlagen, weil hier bezogen auf die Investition die schnellsten Einsparerfolge zu erreichen sind. Der Stromsektor muß jedoch auf längere Sicht mindestens genauso intensiv bearbeitet werden, da im allgemeinen 50% der Energiekosten Stromkosten sind. Große Einsparquoten werden zudem durch den Ersatz von Elektroheizungen erreicht. Ein wichtiges Hilfsmittel des Energiebeauftragten ist ein jährlicher oder zweijährlicher **Energiebericht**. Er stellt die Entwicklung des Energieverbrauchs und der Energiekosten dar, analysiert die Erfolge und Schwierigkeiten der Arbeit und setzt Ziele für die kommende Arbeit. Und er hilft bei der Sicherung der für die Arbeit des Energiebeauftragten notwendigen Haushaltsmittel. Besonders wichtig ist eine gute Kooperation mit dem **Bauamt**. Die energetisch schlimmsten Fehler werden bei der Sanierung und beim Neubau von Häusern gemacht. Der Energiebeauftragte muß deshalb von Anfang an in die Planungsvorgänge einbezogen werden, — sonst ist seine Arbeit nur unbefriedigende Reparatur. Die Ansiedlung des Energiebeauftragten beim Hochbauamt hat hier organisatorische Vorzüge. Seine Kompetenz den Planern gegenüber sollte durch eine Dienstanweisung geregelt sein. Eine große Hilfe für den Energiebeauftragten ist es, wenn eine Kommune Beschlüsse zum **Niedrigenergiestandard** gefaßt hat. Er ist dann als Berater bei der Umsetzung dieses Standards gefragter Fachmann.

Umweltschonende Energieerzeugung und -verteilung

DEZENTRALE KRAFT-WÄRME-KOPPLUNG: Bei der Stromerzeugung in zentralen Kraftwerken werden je nach Stand der Technik lediglich zwischen 20% und maximal 40% der eingesetzten Primärenergie genutzt, d.h. bis zu 80% der Energie gehen als Abwärme verloren und belasten die Umwelt. Die Nutzung der bei der Stromerzeugung anfallenden Abwärme für Heizzwecke wird **Kraft-Wärme-Kopplung (KWK)** genannt. Bereits zentrale Heizkraftwerke (das sind Großkraftwerke, aus denen Fernwärme ausgekoppelt wird) bringen eine Verdoppelung des Nutzungsgrads auf 60-80%. Allerdings führt das zentrale Erzeugungs- und Verteilungssystem zu hohen Investitionskosten, unrentablen Vorhaltekosten und Überkapazitäten. Aus diesen Gründen wird Fernwärme nur bei hohen Anschlußdichten aus stadtnahen Kraftwerken ausgekoppelt.

Bei der dezentralen KWK wird die Philosophie der Fernwärme auf den Kopf gestellt: Statt die Wärme aus einem Kraftwerk auszukoppeln, wird Strom aus einer Heizanlage ausgekoppelt. Es wird also auf ein aufwendiges Leitungsnetz für die Wärme verzichtet. Das Kraftwerk steht dort, wo die Wärme gebraucht wird, der Stromtransport erfolgt über das vorhandene Leitungsnetz. Möglich machen diese Technik die **Blockheizkraftwerke** (BHKW): Gas- oder Dieselmotoren mit angekoppeltem Generator und Wärmetauschern für die Abwärme aus Abgas- und Kühlsystem. Sie werden heute in Größen zwischen 8 kW und mehreren MW angeboten. Sie werden immer zusammen mit einem Heizkessel zur Lieferung von Spitzenwärme, oft als Mehrmodulanlagen mit zwei und mehr Motoren eingesetzt. In der Regel sind sie heute bei Objekten mit einem Strombedarf von mehr als 250.000 kWh jährlich und mehr als 750.000 kWh Wärme wirtschaftlich einsetzbar. Bei kleineren Objekten ist nur sehr günstigen Rahmenbedingungen ein wirtschaftlicher Betrieb zu erreichen. Kommunen betreiben viele Objekte, die für den Einsatz von BHKWen in Frage kommen. Sie können aber auch durch Beratung und Kooperationen den Einsatz bei Industriebetrieben und sozialen Einrichtungen fördern. Das Einsparpotential der Kommunen durch den Einsatz von BHKW ist erheblich. Zahlreiche Energiekonzepte zeigen, daß Kommunen bereits heute zwischen 15% und 50% ihres Strombedarfs mit Hilfe dezentraler Kraft-

Wärme-Kopplung decken können. Zusammen mit der Energieeinsparung ist die KWK deshalb die wichtigste Maßnahme zum Abbau der CO_2-Belastung unserer Atmosphäre.

EINSPEISEBEDINGUNGEN: Für die Vergütung von Strom aus Kraft-Wärme-Kopplung gibt es noch keine gesetzliche Regelung. Die Vergütung nach der "Verbändevereinbarung" zwischen VDEW, VIK (Verband industrielle Kraftwirtschaft) und BDI ergibt in der Regel nur Vergütungen zwischen 8 und 10 Pf/kWh für eingespeisten Strom. Da die Produktionskosten für Strom aus BHKWen zwischen 12 und 20 Pf/kWh liegen, ist ein wirtschaftlicher Betrieb allein zur **Stromeinspeisung** nicht möglich. In Gemeinden ohne eigene Stadtwerke kommen deshalb nur Objekte für BHKWe in Frage, bei denen der größte Teil des produzierten Stromes im Gebäude selbst verbraucht wird. Günstiger sind die Verhältnisse bei eigenen Stadtwerken: sie können mit dem selbsterzeugten Strom solchen ersetzen, den sie sonst beim Vorlieferanten für 15 bis 17 Pf/kWh beziehen müßten. Außerdem können Gemeinden mit eigenen Stadtwerken höhere Einspeisepreise auch für DrittEinspeiser beschließen (Beispiel Frankfurt).

NAHWÄRMENETZE: Durch **Nahwärmenetze** wird es möglich, auch über größere Einzelobjekte hinaus in die dezentrale KWK einzusteigen und Wärme auf mehrere Gebäude oder ganze Siedlungen zu verteilen. Im Unterschied zur Fernwärme werden Nahwärme im Niedertemperaturbereich gefahren. Eingesetzt werden vorwiegend "Wärmekabel", die von der Rolle verlegt werden können und in Schleifentechnik ohne Schächte und Abzweigungen direkt von Haus zu Haus geführt werden. Oft wird ohne Wärmetauscher direkt in den Heizkreislauf der Gebäude gefahren. Damit ergeben sich Kosten, die mit denen von Gasnetzen vergleichbar sind. Betrieben werden Nahwärmenetze vorzugsweise mit gasgefeuerten Blockheizkraftwerken. Ein gas- oder ölgefeuerter Spitzenkessel ist in jedem Fall zusätzlich notwendig. In Dänemark werden Nahwärmenetze in großem Umfang in Kombination mit Stroh-, Holz- und Biogasfeuerungen eingesetzt, in Österreich in Kombination mit Holzverbrennungsanlagen. In Schweden gibt es solar unterstützte Nahwärmenetze mit Saisonspeichern, in denen Sonnenwärme vom Sommer für die Heizung im Winter konserviert wird. In Deutschland sind erste Pilotprojekte dieser Technik in Vorbereitung. Eine Nahwärmeversorgung läßt sich am leichtesten bei Neubebauungen aufbauen. Wo das Bauland der Gemeinde oder einem Bauträger gehört, kann ein Anschlußzwang privatrechtlich über die Kaufverträge gesichert werden. Im anderen Fall ist ein Anschlußzwang nach § 9 Abs. 1 Nr. 24 BauGB zu begründen. Nahwärmeversorgung lohnt sich auch bei Niedrigenergiebauweise. Zwar steigen mit geringerem Energieabsatz, wie er sich bei Niedrigenergiebauweise ergibt, die spezifischen Kosten der Wärmebereitstellung, dasselbe geschieht aber auch bei einer Versorgung mit Einzelheizungen. Bei Niedrigenergiebauweise müssen deshalb die vollen Kosten der Beheizung miteinander verglichen werden, es darf nicht mit Durchschnittswerten gerechnet werden.

Regenerative Energiequellen

BIOMASSE: Unter den erneuerbaren Energien bietet die Nutzung der **Biomasse** auf kurze Sicht das größte Potential — und wird bislang noch am wenigsten beachtet. Nach den Untersuchungen der Enquete-Komission der deutschen Bundestags kann Biomasse 10% unseres heutige Wärmebedarfs und 5% des Strombedarfs decken. Energieträger sind dabei Holz, Stroh, Gülle, Klärschlamm, und Abfälle. Heutige Verbrennungstechniken mit gestufter Luftführung erlauben eine Verbrennung von Holz und Stroh mit Abgaswerten, die denen guter Feuerungen mit Öl und Gas entsprechen. In Verbindung mit Nahwärmenetzen wird für die Nutzer der gleiche Komfort erreicht wie bei den fossilen Energieträgern. Haupthindernis sind bisher die zu niedrigen Preise der konventionellen Energien und strukturelle Defizite. Bei Preisen für konventionelle Energie um 8 Pf/kWh würden die Anlagern wirtschaftlich arbeiten. Bei den gegenwärtig niedrigen Preisen der fossilen Energien sind noch Zuschüsse für die Investition notwendig. Sinnvoll ist auch der Einsatz dieser Energien in Einzelobjekten der Kommune.

GEOTHERMIE: Viel zu wenig beachtet wird das **Erdwärmeangebot**, die sogenannte Geothermie. Vor allem in den Molassebecken der nord- und mitteldeutschen Tiefebene und dem Alpenvorland bietet diese Energiequelle ein erhebliches Potential, dessen Nutzung weitgehend von der Kommune abhängig ist, welche die Wärmenetze zur Verteilung selbst schaffen oder anregen muß.

SONNENENERGIE: Der Einsatz von **Solaranlagen** in Kommunen ist derzeit nur bei der Beheizung von Freibädern wirtschaftlich. Dort sollte auch keine andere Art der Beheizung (und auch keine

Zusatzheizung) installiert werden. Für größere Solaranlagen eignen sich Altenheime, Krankenhäuser, größere Wohnanlagen oder ähnliche Objekte mit großem Warmwasserbedarf vorzüglich. Hier sinken die Installationskosten auf rund 1.000 DM pro qm installierte Kollektorfläche, während im Einfamilienhausbereich 2.000 bis 3.000 DM zu bezahlen sind. Damit werden Wärmepreise um 20 Pf/kWh erreicht. Auch hier würde erst eine Verdoppelung der derzeitigen Energiepreise in die Nähe der Wirtschaftlichkeit führen. Trotzdem sollten die Gemeinden heute schon auch in diese Technik investieren — als Investition für die Zukunft und Anreiz zur Nachahmung.

WIND UND WASSER: Nicht nur für Kommunen im norddeutschen Tiefland, sondern auch für solche in Mittelgebirgs- oder anderen windreichen Lagen kann Windkraft eine interessante Möglichkeit der Eigenstromerzeugung darstellen. Nach einer Studie des Bundeswirtschaftsministers beträgt das Potential der **Windenergie** in der BRD immerhin 9% der gegenwärtigen Stromerzeugung. Kleine Anlagen rentieren sich in der Regel nur, wenn ein erheblicher Teil des Stroms selbst verbraucht wird; im kommunalen Bereich sind z.B. Klärwerke ein günstiger Anwendungsfall. Der Anteil der **Wasserkraft** an der Stromerzeugung beträgt heute in der BRD nur noch 5%, da nach 1945 viele kleine Wasserkraftwerke aus mangelnder Rentabilität stillgelegt wurden. Inzwischen ist aufgrund der gestiegenen Strompreise eine Sanierung der alten Anlagen unter Umständen durchaus lukrativ. Bereits jetzt gibt es in der BRD wieder 35.000 Kleinwasserkraftwerke, aber mehr als die Hälfte des Potentials ist immer noch ungenutzt. Allein an den vorhandenen Anlagen ist eine Steigerung der Energieerzeugung um bis zu 40% möglich.

FAZIT: Auch im Bereich der erneuerbaren Energien haben die Kommunen mit eigenen Stadtwerken die Nase vorn. Neben der Möglichkeit, Strom direkt zu nutzen und Wärme über den vorhandenen Apparat zu vertreiben, verfügen die Stadtwerke meist auch über eine bessere Finanzausstattung als die Gemeinde selbst und können Investitionen in diesem Bereich als Betriebsausgaben absetzen. Jede Gemeinde hat aber die Möglichkeit, über Förderprogramme Investitionen von Einzelnen und Betrieben auf diesem Gebiet hervorzulocken. Ganz wichtig ist es, von Gemeindeseite aus ein Klima zu schaffen, in dem neue Energien gesellschaftsfähig werden. Dazu gehören Unterstützungsprogramme, aber auch Beratung und eine Öffentlichkeitsarbeit, die den Konflikt mit den EVU nicht scheut und deutlich macht, daß die Nutzung erneuerbarer Energien keine Spielerei, sondern eine der wichtigen Aufgaben der gesamten Gesellschaft ist. Und dies gilt nicht nur für regenerative Energien, sondern auch für eine ökologische Energiewende insgesamt.

Literatur

Fröhner, U./Löser/Lutz: Klimaschutz in Städten und Gemeinden. 41 vorbildliche kommunale Energieprojekte. 80 S. 20.- DM (inkl. Versand). Bezug: BUND, Dunantstr. 16b, 79110 Freiburg.
Hennicke, P./Alber: Handbuch für rationelle Energienutzung im kommunalen Bereich. IKU, Darmstadt 1990
Leonhardt/Klopffleisch/Jochum: Kommunales Energie-Handbuch. C.F.Müller-Verlag, Karsruhe 1989
Arbeitskreis "Energieeinsparung" beim deutschen Städtetag: Rationelle und umweltverträgliche Nutzung von Energie in den städtischen Gebäuden und Einrichtungen. 14-seitiges Grundsatzpapier der Energiebauftragten über ihre Arbeit. Bezug: Deutscher Städtetag, Lindenallee 13-15, 5000 Köln 51, Tel.: 0221/3771-0, Fax 3771-128
Scholz, H. (Hg): Ratgeber Energie. Für eine kommunale Energiepolitik. Köln, Volksblatt-Verlag, 1987

Adressen

ASEW, Arbeitsgemeinschaft kommunaler Versorgungsunternehmen zur Förderung rationeller, sparsamer und umweltschonender Energieverwendung und rationeller Wasserverwendung im VKU, Volksgartenstr. 22, 50677 Köln 1, Tel.: 0221/931819-0, FAX: -9.
Deutsches Institut für Urbanistik, Postfach 126224, 10623 Berlin, Karl-Heinz Fiebig und Kerstin Neitzel, Tel.: 004930/39001-261 und 240, Fax: 39001-241
ICLEI, European Secretariat, Eschholzstr. 86, 79115 Freiburg, Tel.: 0049761/36892-0, Fax: 36260
Geschäftsstelle Klima-Bündnis, Philipp-Reis-Str. 84, 60486 Frankfurt am Main, Tel.: 069/21239-139
Projekt "Tropische Wälder", BUND-Naturschutzzentrum Möggingen, Mühlbachstr. 2, 78315 Radolfzell-Möggingen, Tel.: 07732/1507-0

AKP-Artikel zum Thema:

Simon, T.: Regenerative Energien (in AKP 5/93, S. 50-53)
Breyer, H.: Grenzenloser Energiemarkt (in AKP 6/92, S. 36-38)
Unger, P./ Weiss, M.: Urteil zugunsten von Netzübernahmen (in AKP 5/92, S. 45-46)
Fröhner, U.: Neuregelung der Konzessionsabgabe (in AKP 2/92, S. 45-47)
Diverse AutorInnen im Schwerpunkt "Kommunale Energiepolitik" (in AKP 4/90, S. 29-44)

Joachim Lorenz

Lärmvermeidung, Luftreinhaltung und Klimaschutz

Umfragen des Bundesumweltamtes zeigen, daß sich 66% der Menschen in den alten, gar 84% in den neuen Bundesländern durch den Lärm des Straßenverkehrs beeinträchtigt fühlen, gut 55% durch Flugverkehr (neue Bundesländer 32%), jeweils rund 20% durch Industrie und Gewerbe sowie den Schienenverkehr und rund 10% durch Sportlärm. Alte und neue Bundesländer unterscheiden sich hier nur noch marginal. Eine Gewöhnung des vegetativen Nervensystems an Lärm über etwa 60 dB(A) gibt es nicht, auch wenn solche Geräusche nicht als Lärm empfunden werden. Die Folgen sind Übererregbarkeit, mangelnde Konzentrationsfähigkeit, nervöse Erschöpfung, Bluthochdruck und Schlafstörungen. Luftverunreinigungen durch Schadstoffe wie Schwefeldioxid, Schwebstaub und Kohlenmonoxid haben in den alten Ländern seit den 80er Jahren durch Verschärfung der gesetzlichen Vorschriften stark abgenommen. Die durch die **Großfeuerungsanlagenverordnung** von 1983 im Kraftwerksbereich erreichte Minderung der Stickstoffdioxide wurde allerdings durch drastische Zuwächse im Verkehrsaufkommen wieder kompensiert.

In den neuen Ländern war die Luftbelastung auch bis nach der Wende zum Teil sehr hoch. In vergleichbaren Industrieregionen (zum Beispiel Gelsenkirchen und Leipzig) erreichten die Schwefeldioxidkonzentrationen in Ostdeutschland in den 70er Jahren doppelt und bis zur Wende mehr als viermal so hohe Werte wie in Westdeutschland. Dagegen waren die in der DDR registrierten Stickstoffoxid-Konzentrationen bis 1989 deutlich niedriger als im alten Bundesgebiet. Hier hat sich inzwischen allerdings durch das erhöhte Verkehrsaufkommen eine Annäherung an die westdeutschen Werte ergeben. Die Emissionen von Schwefeldioxid, Stickoxiden und Kohlenmonoxid sind darüberhinaus wesentliche Ursache für den "sauren Regen". Gelangen die Schadstoffe in die Troposphäre, reagieren sie mit der Luftfeuchtigkeit oder den Regentropfen und bilden die spezifischen Säuren wie Salpetersäure, Schwefelsäure und Kohlensäure. Der damit gesättigte Boden bedeutet eine extreme Belastung für das Pflanzenwachstum.

Lärm

Lärmvermeidung hat vor allem an drei Punkten anzusetzen: der Förderung lärmmindernder Verhaltensweisen, einer vorsorgenden lärmmindernden Planung und der Fortentwicklung lärmmindernder Technik. Zentrales gesetzliches Regelungswerk ist das **Bundesimmissionsschutzgesetz (BImSchG)** mit seinen entsprechenden Verordnungen und allgemeinen Verwaltungsvorschriften. **Lärm** ist die physikalische Erscheinung "Schall". Objektiv meßbar ist der Schalldruckpegel als Größe der Druckschwankungen. Die Meßeinheit ist das Dezibel. Da die Schallwahrnehmung des menschliches Ohres von der Frequenz (Tonhöhe) abhängig ist, wird dies durch den nach der Lautstärke bewerteten Schallpegel A berücksichtigt. Die Einheit für das Maß des Lärms ist das Dezibel (A), kurz dB(A).

STRASSEN- UND SCHIENENLÄRM: Mit der **Verkehrslärmschutzverordnung** von 1990, die Regelungen für den Lärmschutz beim Bau oder der wesentlichen Änderung von Straßen sowie Schienenwegen trifft, wurden vorsorgende Immissionsgrenzwerte zum Schutz vor schädlichen Umwelteinwirkungen festgelegt. Häufig gelingt dies nur durch die Errichtung von Kunstbauwerken (Lärmschutzwälle oder -wände), die trotz Begrünung städtebauliche und gestalterische Probleme mit sich bringen. Für die **Lärmsanierung** an bestehenden Straßen gelten die "Richtlinien für den Verkehrslärmschutz an Bundesfernstraßen in der Baulast des Bundes" von 1986, die im wesentlichen auch für Landesstraßen herangezogen werden. Bei Gemeindestraßen ist die Situation unterschiedlich. Für große Städte gibt es häufig Lärmschutzfensterprogramme, in der Regel mit Grenzwerten über denen für die Sanierung von Bundesstraßen. In Bayern gilt zum Beispiel für das Schallschutzfensterprogramm, für das das Land Komplementärmittel bereitstellt, noch ein Förderschwellenwert von 75 dB(A) bei Tag bzw. 65 dB(A) bei Nacht. Für den Schienenverkehr gibt es bisher keine Sanierungsregelungen. Lärmsanierung kann sehr teuer sein. So verursacht zum Beispiel der Bau einer gestalterisch einigermaßen ansprechenden 800 m langen Lärmschutzwand an einer Hauptverkehrsstraße in München Kosten in Höhe von rund 3,8 Mio. DM. In

Tabelle 1 sind in vereinfachter Form die geltenden Immissionsgrenzwerte in dB(A) für Verkehrslärm dargestellt.

Demgegenüber schlägt zum Beispiel das Umweltschutzreferat der Stadt München auch für den Straßenbestand Richtwerte zur Verkehrslärmbegrenzung vor, mit der Fahrzeugmenge und -geschwindigkeit je nach Straßentyp so angepaßt werden, daß die Grenzwerte der Verkehrslärmschutzverordnung in etwa eingehalten werden können. Diese Zielgrößen sollen in den Lärmminderungsplan für die Stadt Eingang finden. Ähnliche Orientierungswerte wurden auch für Berlin im Rahmen einer Studie zur Belastbarkeit der Innenstadtstraßen vorgeschlagen. Tabelle 2 zeigt die Münchener Vorschläge für diese Verkehrslärmbegrenzung an Straßen mit Wohnungen, wobei der jeweilige Wohnanteil vom Straßentyp abhängig ist. Auch der Begrenzung der Emissionen durch fahrzeugtechnische Maßnahmen kommt besondere Bedeutung zu. Sie wurden in den 80er Jahren für PKW, LKW und Busse in zwei Stufen herabgesetzt, eine weitere Senkung um rund 3 dB(A) ist in einem Vorschlag der EG-Kommission für 1996 vorgesehen. Lärmmessungen in Großstädten haben jedoch bisher nur unwesentliche Auswirkungen der Emissionsbegrenzungen gezeigt.

Tabelle 1	Immissionsgrenzwert			
	Vorsorge		Sanierung	
	Straße, Schiene		Straße	
	tags	nachts	tags	nachts
Krankenhäuser, Kurgebiete	57	47	70	60
Wohngebiete	59	49	70	60
Mischgebiete	64	54	72	62
Gewerbegebiete	69	59	75	65

Tabelle 2: Vorschläge für eine straßentypenbezogene Verkehrslärmbegrenzung

Straßentyp	durchschn. KFZ pro Std.	LKW-Anteil	Geschwindigkeit	errechneter Lärm in dB(A)
Wohnstraße	100	1%	30	50
Sammelstraße	250	7%	30	59
Geschäftstraße	250	9%	30	60
Hauptsammelstraße	500	10%	40	63
Schnellstraße	8000	10%	60	71

FLUGLÄRM: Das Gesetz zum Schutz gegen Fluglärm aus dem Jahr 1971 schreibt für Verkehrsflughäfen mit Linienverkehr sowie für militärische Flugplätze die Festsetzung von **Lärmschutzbereichen** vor. Dabei umfaßt Schutzzone 1 das Gebiet mit einer Lärmbelastung von über 75 dB(A), Schutzzone 2 mit über 67 dB(A). Die Schutzzonen werden durch Rechtsverordnung festgelegt und müssen spätestens nach Ablauf von zehn Jahren überprüft werden. Eigentümer schutzwürdiger Einrichtungen in der Schutzzone 1 können Aufwendungen für bauliche Schallschutzmaßnahmen vom Flugplatzbetreiber erhalten. Im übrigen gelten in Lärmschutzbereichen besondere Bauverbote und -beschränkungen. So dürfen dort zum Beispiel Krankenhäuser, Altenheime, Erholungsheime, Schulen und ähnliche Einrichtungen grundsätzlich nicht errichtet werden, das gleiche gilt für Wohnungen in der Schutzzone 1.

INDUSTRIE-, GEWERBE- UND BAULÄRM: Die 1968 erlassene "**Technische Anleitung zum Schutz gegen Lärm**" (TA Lärm) setzt Immissionsgrenzwerte für genehmigungsbedürftige gewerbliche Anlagen fest. Die Immissionsrichtwerte der TA Lärm orientieren sich an der Gebietsart und der Tageszeit. So sind zum Beispiel für Wohngebiete tags 55 dB(A) und nachts 40 dB(A) vorgeschrieben, für Gewerbegebiete tags 65 dB(A) und nachts 50 dB(A). Eine spezielle Regelung existiert seit 1986 mit der **Baumaschinen-Lärmverordnung**, mit der EG-einheitliche Geräuschgrenzwerte festgesetzt und eine Geräuschkennzeichnung eingeführt wurde. Für die

Berücksichtigung der Belange des Schallschutzes im Städtebau, insbesondere der Bauleitplanung, enthält die DIN 18005 sog. Orientierungswerte, die in etwa den Grenzwerten der TA Lärm entsprechen und sich ebenfalls je nach zu schützender Nutzung und Tageszeit unterscheiden.

WOHN- UND FREIZEITLÄRM: In der DIN-Norm "Schallschutz im Hochbau" ist der **Schallschutz** für Wohnungstrennwände und -decken, für Außenwände und Fenster sowie für haustechnische Anlagen festgelegt. Für mögliche nachbarschaftliche Konflikte gibt es die 1987 geänderte **Rasenmäher-Lärmverordnung**. Von größerer Bedeutung ist die 1991 erlassene **Sportanlagen-Lärmschutzverordnung**, mit der erstmals Grenzwerte für den immer stärker ins Gewicht fallenden Freizeitlärm geschaffen wurden.

Lärmminderungspläne und Lärmschutzzonen

Die verschiedenen dargestellten Gesetze, Verordnungen und DIN-Normen sind als allgemeine Lärmstandards Voraussetzungen für die kommunalpolitische Festlegung von Umweltqualitätszielen, z.B. im Rahmen von Lärmminderungsplänen. Konzepte für Lärmminderungspläne wurden bereits in den 70er Jahren entwickelt. Aber erst 1990 wurde durch Einfügung des § 47a in das BImSchG eine Regelung auf Bundesebene geschaffen. Danach sind die Gemeinden oder gegebenenfalls die nach Landesrecht zuständigen Behörden verpflichtet, derartige Pläne als Bestandteil des vorbeugenden Umwelt- und Gesundheitsschutzes aufzustellen. Nach hiesiger Kenntnis existieren Lärmminderungspläne auf der Basis des § 47 a BImSchG noch nicht. Abschließende Verwaltungsvorschriften zur Aufstellung von Lärmminderungsplänen liegen allerdings auch noch nicht vor. Das Umweltbundesamt fördert derzeit die Aufstellung von Lärmminderungsplänen in drei niedersächsischen Mittelstädten (Celle, Nienburg/Weser und Lingen/Ems). Zum Teil ist bereits mit der Umsetzung der ersten Maßnahmen begonnen worden. Die Modellvorhaben sollen auch Grundlagen für organisatorische Hilfen zur Erstellung der Pläne liefern. Andere, ebenfalls vom Umweltbundesamt unterstützte Modelle, beziehen sich auf den Lärmschutz in Kur- und Erholungsgebieten (Bad Wörishofen) oder auf die Bevorrechtigung lärmarmer Nutzfahrzeuge. Letzteres Projekt sieht in Heidelberg im Rahmen eines Stufenplans bis 1994 die Einführung von Lärmschutzzonen in allen Tempo-30-Gebieten mit einer Vorteilsregelung für lärmarme Nutzfahrzeuge vor. Nicht lärmgedämmte LKW sind in der Zeit von 11 Uhr bis 7 Uhr ausgesperrt. Messungen haben ergeben, daß diese Regelung zu einer Halbierung des LKW-bedingten Verkehrslärms geführt hat.

Umfassende Lösungen können allerdings nur mit einem Lärmminderungsplan erreicht werden. Grundlagen für Lärmminderungspläne sind nach Erhebung aller Lärmquellen und ihrer Emissionswerte die Abgrenzung sogenannter schutzwürdiger Gebiete (zum Beispiel Kurgebiet, reines und allgemeines Wohngebiet, Mischgebiet), für die je nach Empfindlichkeit der Nutzungen "Auslösewerte" für Lärmimmissionen festgelegt werden sollen. Bei deren Überschreiten ist ein Maßnahmeplan zu erstellen, der sich nicht auf Schallschutzmaßnahmen beschränken darf, sondern die Verlagerung von lärmerzeugenden Anlagen sowie verkehrsplanerische, -ordnende und -vermindernde Maßnahmen miteinbeziehen muß. Die "Auslösewerte" sind in Vollzugsbekanntmachungen zu §47a BImSchG darzustellen und liegen z.B. im entsprechenden Entwurf für den Freistaat Bayern um 5 dB(A) über den Orientierungswerten für die jeweiligen schutzwürdigen Gebiete nach DIN 18005. Da der Lärmminderungsplan keinen Rechtscharakter besitzt, sind die darin enthaltenen Maßnahmen lediglich nach den einschlägigen gesetzlichen Vorschriften im Rahmen der verfügbaren Haushaltsmittel durchzuführen. Der Vollzug des Lärmminderungsplanes hängt deshalb stark von der kommunalen Eigeninitiative ab.

Luftreinhaltung und Klimaschutz

Zentrales Gesetzeswerk für die Luftreinhaltung ist das **Bundesimmissionsschutzgesetz (BImSchG)**, mit dem der Mensch und seine Umwelt vor schädlichen Einwirkungen geschützt bzw. Vorsorge gegen das Entstehen solcher Einwirkungen getroffen werden sollen. Eine Reihe von zusätzlichen Verordnungen zum BImSchG bzw. sonstigen Verwaltungsvorschriften regeln die Genehmigungspflichtigkeit im einzelnen. Für eine Vielzahl nach BImSchG zu genehmigender Vorhaben ist eine **Umweltverträglichkeitsprüfung (UVP)** erforderlich. Näheres regelt dazu das UVP-Gesetz aus dem Jahr 1990.

ANLAGENBEZOGENE REGELUNGEN: Für Anlagen wurden auf der Grundlage des BImSchG zahlreiche Verordnungen erlassen, die deren Emissionen begrenzen oder herabsetzen sollen. Dabei wurde bezüglich der Grenzwerte bzw. Standards der entsprechende Stand der Technik nachträglich in Gesetzesform "gegossen". Jüngstes Beispiel sind die 1992 erlassenen Verordnungen zur Begrenzung der Kohlenwasserstoffemissionen beim Umfüllen und Lagern von Kraftstoffen sowie beim Betanken von Fahrzeugen (20. und 21. BImSchVO), für deren Einhaltung allerdings langjährige Fristen vorgesehen sind (zum Teil bis 1998). Eine der wichtigsten Verordnungen war die 1983 in Kraft getretene **Großfeuerungsanlagenverordnung**, durch die der Ausstoß von Schwefel- und Stickstoffdioxid in den Kraftwerken der alten Bundesländer um 65% bis 70% reduziert werden konnte. Bei der Festsetzung der Emissionsgrenzwerte zeigte sich, daß diese in der Realität sogar noch wesentlich unterschritten werden können. So haben zum Beispiel die Stadtwerke München bei der Umrüstung ihrer Kraftwerke durch Vereinbarungen mit dem Hersteller Emissionsgrenzwerte erreichen können, die mehr als 60% unter den festgesetzten Grenzwerten lagen. In den neuen Ländern muß die Großfeuerungsanlagenverordnung erst bis Mitte 1996 umgesetzt sein.

Auch die **Technische Anleitung zur Reinhaltung der Luft (TA Luft)**, die für die in der 4. BImSchVO enthaltenen genehmigungsbedürftigen Anlagen gilt (u.a. Kraftwerke, Abfallbeseitigungsanlagen, chemische Anlagen, Anlagen der Eisen- und Stahlproduktion, der Glas- und Nahrungsmittelherstellung, Zementwerke), hat mit der Novellierung von 1986 zur Reduzierung der Emissionen um durchschnittlich ein Drittel beigetragen. Die Nachrüstfristen betragen je nach Anlage und Emissionen drei bis acht Jahre, in den neuen Ländern jeweils ein Jahr länger. Die TA-Luft-Immissionswerte werden als Mittelwerte über quadratische Rasterflächen berechnet. Bei der Prüfung von Gesundheitsgefahren kennzeichnen sie die Grenze zu schädlichen oder Umwelteinwirkungen. Im Gegensatz zu den Grenzwerten der TA Luft beziehen z.B. die teilweise wesentlich niedrigeren EU-Leitwerte oder die Luftqualitätsleitlinien der WHO den Gesundheitsvorsorgeaspekt mit ein.

VERKEHRSBEZOGENE REGELUNGEN: Durch Schadstoffminderungen bei den Anlagen hat sich der Anteil der verkehrsbedingten Schadstoffe relativ, aber auch absolut erhöht. Fahrzeugtechnische Verbesserungen wurden durch das Wachstum der Verkehrsleistungen mehr als kompensiert. Die Möglichkeiten für verkehrsbeschränkende Maßnahmen bei erhöhten Luftbelastungen haben bisher nur unzureichenden Eingang in gesetzliche Regelungen gefunden. Mitte der 80er Jahre wurden auf der Grundlage der §§ 40 (1) und 49 (2) BImSchG zur Verminderung schädlicher Umwelteinwirkungen bei austauscharmen Wetterlagen, die vornehmlich im Winter auftreten, von den alten Bundesländern Rechtsverordnungen für mehr als 30 "Smoggebiete" ausgewiesen und Smogalarmpläne aufgestellt, die bei Überschreiten bestimmter Grenzwerte (siehe Tabelle 3) Maßnahmen im Verkehrs- und gewerblichen Bereich zur Minderung der Immissionen vorsehen. Diese **Smogverordnungen** haben in den Winterhalbjahren 1985/86 und 1986/87 zur gelegentlichen Auslösung von Smogalarm vor allem in Nordrhein-Westfalen, Berlin, Hessen und Niedersachsen geführt, nicht zuletzt, weil die Großfeuerungsanlagenverordnung noch keine Wirkungen entfaltete. Für die Smog-Gebiete, im BImSchG als Untersuchungsgebiete bezeichnet, hat die nach Landesrecht zuständige Behörde einen Luftreinhalteplan aufzustellen. In den neuen Bundesländern wurden inzwischen Smog-Übergangsverordnungen, die sich allerdings nur auf Schwefeldioxid und Staub beziehen, erlassen und eine Vielzahl von Smog-Gefährdungsgebieten ausgewiesen (darunter fast das gesamte Bundesland Sachsen). Trotz des weitgehenden Zusammenbruchs der ostdeutschen Industrie wurde in den vergangenen zwei Jahren in Thüringen und Sachsen mehrfach Smogalarm ausgerufen, sogar bis zur Alarmstufe 2.

Im Gegensatz zum **"Winter-Smog"** zeichnet sich der **"Sommer-Smog"** u.a. auch durch hohe Ozonkonzentrationen aus, die durch Verbindung von Stickoxiden mit dem Sauerstoff in der Luft unter Einfluß intensiver Sonnenstrahlung entstehen. Da Ozon durch Stickoxide wiederum abgebaut wird, kommt es in weniger belasteten Gebieten zu höheren und länger anhaltenden Ozonkonzentrationen. Ozon ist als Sekundärschadstoff deshalb nicht als Maßstab für Verkehrsbeschränkungen geeignet. Dafür muß bei den Primärschadstoffen Stickstoffdioxid sowie Benzol und Ruß angesetzt werden.

Dies ist, wenn auch nur halbherzig, mit der im Juli 1993 verabschiedeten Verordnung zum §40 (2) BImSchG geschehen. Sie sieht für die beiden kanzerogenen Schadstoffe Benzol und Ruß einen

Zweistufenplan vor, der erst 1998 die Konzentrationswerte zur Grundlage nimmt, die zum Beispiel heute schon in den großen Ballungsräumen überschritten sind. Bei Erreichen der Konzentrationswerte (siehe Tabelle 3) können gebietsbezogene und längerfristige Maßnahmen ergriffen werden. Dabei hat die Straßenverkehrsbehörde unter Berücksichtigung der Verhältnismäßigkeit zunächst verkehrsplanende und verkehrslenkende Maßnahmen anzuwenden. Sollte dies nicht zu Verbesserungen führen, können verkehrsbeschränkende Maßnahmen ergriffen werden, wobei Ausnahmen für Fahrzeuge mit geringem Schadstoffausstoß gewährt und unabweisbare Verkehrsbedürfnisse sowie die Belange des Durchgangsverkehrs berücksichtigt werden müssen. Ein Rechtsanspruch auf verkehrsbeschränkende Maßnahmen bei Überschreiten der Konzentrationswerte besteht nicht. Alle Maßnahmen müssen mit der zuständigen Immissionsschutzbehörde abgestimmt werden.

Im folgenden sind in vereinfachter Form die verschiedenen Eingriffs- und Konzentrationswerte des BImSchG dargestellt, wobei die "Winter-Smog-Verordnung" von 3-Stunden-Mittelwerten, die "Sommer-Smog-Verordnung" von Jahresmittelwerten ausgeht.

Tabelle 3: Eingriffs- bzw. Konzentrationswerte für Luftschadstoffe nach der Winter- bzw. Sommer-Smog-Verordnung (in mg/cbm)

	Winter-Smog-VO (§40 Abs. 1 BImSchG)			Sommer-Smog-VO (§40 Abs. 2 BImSchG)	
	Vorwarnstufe	1. Alarmstufe	2. Alarmstufe	ab 1.7.1995	ab 1.7.1998
Schwefeldioxid	0,6	1,2	1,8	/	/
Stickstoffdioxid	0,6	1,0	1,4	0,16	0,16
Kohlenmonoxid	30	45	60	/	/
Summe aus Staub und Schwefel	1,1	1,4	1,7	/	/
Ruß	/	/	/	0,014	0,008
Benzol	/	/	/	0,015	0,010

Das Primat der verkehrsplanenden und verkehrslenkenden Maßnahmen vor verkehrsbeschränkenden Maßnahmen bei der "Sommer-Smog-Verordnung" wird erst sehr langfristig zu einer Verminderung der Luftbelastung führen und auch dann nur, wenn sich die Kommunen schon frühzeitig auf die Erstellung von Verkehrsverminderungskonzepten mit einer stärkeren Verlagerung der Mobilität auf umweltfreundliche Verkehrsmittel einlassen.

Verbesserung des Stadtklimas, Verringerung der Kohlendioxidemissionen

Es gibt ein umfassendes Repertoire zur Verbesserung des Stadtklimas. Eine der wesentlichsten Maßnahmen zur Sicherung der Frischluftzufuhr ist die Erkenntnis, Baukörper insbesondere in klimarelevanten Schneisen und Grünzügen — wenn überhaupt — nur in strömungsmechanisch günstiger Form, das heißt nicht quer zur Hauptwindrichtung zu situieren. Bei Baukörpern, die das stadtübliche Profil überragen, sind darüber hinaus die Emissionsquellen in der Umgebung, deren Quellhöhe und Ausbreitungsbedingungen zu berücksichtigen. Blockinnenhöfe sind von Emissionsquellen — auch von Autoabstellplätzen — freizuhalten. Außerdem ist durch entsprechende Anordnung, Form und Größe der Luftaustausch zu gewährleisten. Zur Verhinderung einer weiteren thermischen Belastung der Städte sollte die Verwendung bestimmter Materialien (Asphalt, Beton, Blech, große Glasfassaden) möglichst reduziert, die Dach- und Wandbegrünung dagegen gefördert werden.

Die Bundesregierung hat 1990 eine 25- bis 30prozentige Verringerung der Kohlendioxidemissionen bezogen auf das Jahr 1987 beschlossen. Im ersten **Klimaschutzbericht** wurde bis 1992 eine Abnahme von 15% errechnet, diese ist aber allein auf den weitgehenden Zusammenbruch der Wirtschaft in Ostdeutschland zurückzuführen, in Westdeutschland nahmen die entsprechenden Emissionen sogar um 3% zu. Im Zentrum des Konzepts zur Kohlendioxidreduzierung muß der rationelle und sparsame Einsatz von Energie sowie der verstärkte Einsatz erneuerbarer Energien stehen. Die 1995 in Kraft tretende neue **Wärmeschutzverordnung** stellt einen wesentlichen Beitrag dazu dar, schreibt sie doch für Neubauten einen Wärmeverbrauch fest, der rund 50% unter der bisher geltenden Regelung liegt. Das Problem der "Energieschleudern", wie sie der Baubestand darstellt, wird dabei nicht erfaßt. Einzelne Kommunen versuchen dies über Förderprogramme für private Bauherrn zu lösen bzw. über besondere Maßstäbe bei der Sanierung des eigenen Gebäudebestands.

Ein wachsender Anteil an den klimarelevanten Kohlendioxid-Emissionen kommt dem Autoverkehr zu. Neben den schon diskutierten Maßnahmen zur Verringerung des Autoverkehrs kann hier eine andere Form der Besteuerung des Autofahrens hilfreich sein. Eine Erhöhung der Mineralölsteuer in Verbindung mit zonen- und zeitabhängigen Abgaben (zum Beispiel gestaffelte Straßenbenutzungsgebühren in Zentren) könnten dabei dem regional unterschiedlichen Erfordernis zur Autobenutzung gerecht werden. Als kommunaler Beitrag zum globalen Klimaschutz haben sich über 140 deutsche und 200 weitere Städte durch ihren Beitritt zum **"Klimabündnis der europäischen Städte zum Erhalt der Erdatmosphäre"** freiwillig verpflichtet, ihre Kohlendioxid-Emissionen bis zum Jahre 2010 zu halbieren, die Verwendung treibhausrelevanter Gase zu minimieren und durch Öffentlichkeitsarbeit diese Ziele zu verbreiten (vergl. Energiekapitel). Der Verein "Klimabündnis/Alianza del clima" mit Sitz in Frankfurt am Main übernimmt die Organisation dieses Bündnisses, dem nach dem Motto "Global denken, lokal handeln" noch eine Vielzahl von Städten beitreten sollten, was bei einem Beitrag von 1 Pfennig pro Einwohner und Jahr selbst bei knappen Kassen noch möglich sein dürfte.

Literatur

Umweltbundesamt (Hrsg.): Daten zur Umwelt 1986/1987, 1988/1989, 1990/1991, erschienen im Erich-Schmidt-Verlag, Berlin. Anschauliche tabellarische und kartographische Darstellungen der neuesten Umweltdaten mit gut lesbaren Erläuterungen
Umweltbundesamt (Hrsg.): Jahresberichte. U.a. aktuelle Abhandlungen über Ergebnisse von geförderten Forschungs- und Modellprojekten sowie neueren technischen Entwicklungen
Fiebig, K.-H./Hinzen, A./Ohligschläger, G.: Luftreinhaltung in den Städten; DIFU-Schriftenreihe, Berlin 1990, ISBN 3-88118-160-1
Internationaler Rat für kommunale Umweltinitiativen (ICLEI): Klima schützen heißt Städte schützen - Ein kommunaler Aktionsplan; Amsterdam 1993, Bezugsadresse: ICLEI-Europasekretariat, Eschholzstr. 86, 79106 Freiburg im Breisgau
Lärmkontor (Hrsg.): Schutz vor Lärm. Rechtliche Grundlagen zur Minderung des Straßenverkehrslärms in Städten, Hamburg 1993
Lärmkontor (Hrsg.): Schutz vor Lärm. Immissionsrichtwerte, Hamburg 1993

Fachzeitschriften

"Zeitschrift für Lärmbekämpfung", hrsg. vom Deutschen Arbeitsring für Lärmbekämpfung e.V., erscheint 6 mal jährlich, Bezugspreis DM 168,- pro Jahr, zu beziehen über den Springer-Verlag, Heidelberger Platz 3, 14197 Berlin
Umweltbundesamt (Hrsg.): Infodienst "Lärmschutz in Kur- und Erholungsorten"; Bezug: Umweltbundesamt (Fachgebiet II 4.4.) Bismarkstraße 1, 14193 Berlin
"Staub - Reinhaltung der Luft", hrsg. u.a. von der Kommission Reinhaltung der Luft im VDI und DIN, erscheint monatlich, Bezugspreis DM 368,- pro Jahr, zu beziehen über Springer-Verlag

Adressen

Lärmkontor, Holstenstraße 194 b, 22765 Hamburg, Tel.: 040/381126
Umweltbundesamt (Fachgebiet II 3.1), Bismarckplatz 1, 14193 Berlin
Klimabündnis / Umweltforum, Philipp-Reis-Str. 84, 60486 Frankfurt/M., Tel.: 069/21239111

AKP-Artikel zum Thema

Lorenz, J.: Stadtklima als Planungsfaktor (AKP 4/1991, S. 38-40)
Stuchlik, G.: Klimabündnis europäischer Städte (AKP 4/1991, S. 45-48)
Kaluza, A.: Maßnahmen gegen Luftschadstoff Ozon (AKP 5/1991, S. 24-25)
Munier, G..: Lärmminderung in Erholungsorten (AKP 6/1990, S. 46-47)

Hans Mönninghoff

Wasser

Tümpel, Bäche, Seen und das Grundwasser besitzen eine zentrale Bedeutung in der kommunalen Daseinsvorsorge. Sie dienen als Trinkwasserreservoir, bereichern die Landschaft als wichtiges ästhetisches Element, befriedigen die Erholungsbedürfnisse des Menschen und stellen für Pflanzen und Tiere einen Minimumfaktor dar. Heute sind die Gewässer jedoch zum erheblichen Teil für diese Funktionen gestört, da sie bevorzugt Transportaufgaben für den Oberflächenabfluß und die Abwässer unserer Städte und Gemeinden erfüllen. Zur Bewältigung der unterschiedlichen Nutzungsanforderungen und der zum Teil durch intensive Flächenversiegelung verstärkten Abflußspitzen wurden in der Vergangenheit ausschließlich technische Ausbaumaßnahmen vorgenommen. Viele Gewässer sind dadurch zu Abwasserkanälen verkommen. Die Oberflächengewässer sind infolge von Schadstoffeinleitungen weitgehend für die Trinkwasserversorgung ausgefallen. Immer weniger Grundwasser steht für Trinkwasserzwecke zur Verfügung, weil es durch Nitrate aus der Landwirtschaft, Schwermetalle von Deponiealtstandorten oder andere wassergefährdende Stoffe aus der Industrie belastet ist. Ein Paradox: Im regenreichen Deutschland, wo nur zwei bis drei Prozent des Niederschlags für Zwecke der Trinkwasserversorgung benötigt werden, muß wegen verfehlter Vorsorgepolitik zum Wassersparen aufgerufen werden. Soweit die allgemeine Problemdarstellung. Wo aber liegen die Versäumnisse der Kommunen bei der ökologischen Gewässerbewirtschaftung? Zu nennen ist einmal das hohe Vollzugsdefizit in der Umsetzung zahlreicher Umweltgesetze. Ein anderes Defizit ist im fehlenden ökologischen Bewußtseinsstand vieler MitarbeiterInnen in den Fachämtern zu sehen, was es durch Schulungsmaßnahmen zu beheben gilt. Das größere Defizit aber ist in der mangelnden Bereitschaft staatlicher Stellen und Bundesbehörden zu sehen, durch schärfere Eingriffe u.a. in der Industrieproduktion die Probleme direkt an der Quelle zu beseitigen.

Gesetze und Verordnungen

Grundsätzlich sind die strukturellen Rahmenbedingungen für eine ökologische Gewässerbewirtschaftung auf kommunaler Ebene günstig. Es gibt eine Flut von Gesetzen und Verordnungen, die, konsequent angewandt, Erhebliches zum Schutz der Umwelt leisten können. Für die Kommunalpolitik von besonderer Bedeutung sind dabei das **Wasserhaushaltsgesetz** und die **Landeswassergesetze**, die **Indirekteinleiterverordnung** und das **Abwasserabgabengesetz**, das **Naturschutz-** und das **Fischereigesetz**, das **UVP-Gesetz**, das für alle Gewässerausbauten zwingend Umweltverträglichkeitsprüfungen vorschreibt, die **Klärschlammverordnung**, sowie das **Gesetz über die Beförderung gefährlicher Güter und Stoffe**. Das "schwarze Schaf" im Wasserrecht ist das **Wasserverbandsgesetz**, das im Rahmen der "Nahrungsmittelfront" der Kriegswirtschaft 1937 geschaffen wurde und die Entwässerungsinteressen der Landwirtschaft gegen den Umweltschutz privilegiert.

Im Rahmen der **Bauleitplanung** (Flächennutzungs- und Bebauungspläne) steht den Kommunen ein weitreichendes Regelungsinstrumentarium zur Durchsetzung ökologischer Ziele zur Verfügung, wenn der entsprechende politische Wille vorhanden ist. Nach dem Baugesetzbuch müssen die Belange des Naturhaushaltes bei allen Planungen beachtet werden. In § 1 Abs. 6 Punkt 7 heißt es: "Bei der Aufstellung der Bauleitpläne sind insbesondere zu berücksichtigen ... die Belange des Umweltschutzes, des Naturschutzes und der Landschaftspflege, insbesondere des Naturhaushaltes, des Wassers, der Luft und des Bodens einschließlich seiner Rohstoffvorkommen sowie das Klima ..." Die Kommunen können bei der Festsetzung in Bauleitplänen entsprechend § 9 BauGB beispielsweise die Minimierung des Flächenverbrauchs, den Wasserrückhalt durch Dachbegrünungen oder eine dezentrale Versickerung des Regenwassers durchsetzen. Gemäß Naturschutzgesetz müssen sie bei jeder Baumaßnahme den Eingriff in den Naturhaushalt minimieren und negative Veränderungen mindestens ausgleichen oder ersetzen. Über den Bauplanungsbereich hinaus könne die Gemeinden jedoch noch "im eigenen Wirkungskreis" viel für den Gewässerschutz tun:

- Satzungsregelungen, beispielsweise kein Anschluß- und Benutzungszwang für die Regenwas-

serkanalisation mehr, wenn es möglich ist, Regenwasser vollständig auf dem Grundstück versickern zu lassen;
- o Umweltberatung und Öffentlichkeitsarbeit im Wasserbereich;
- o finanzielle Unterstützung von Modell- und Demonstrationsprojekten, von Umweltgruppen, von Bachpatenschaften usw.;
- o Renaturierung von Gewässern. Da das Geld ja immer knapp ist, gibt es gerade hier ein interessantes Finanzierungsinstrument, wenn ein Bach innerhalb einer geschlossenen Bebauung gleichzeitig formell ein Regenwasservorfluter ist: Gewässer müssen gesetzlich die Belange des Naturhaushaltes berücksichtigen und ein offizieller Gewässerausbau, der gleichzeitig eine Renaturierungsmaßnahme ist, kann über die Abwassergebühr finanziert werden, wenn der Bach Vorflutfunktion für das Regenwasser wahrnimmt.

Als unterste staatliche Wasserbehörde haben Städte und Kreise beim Gewässerschutz noch weitere Handlungsmöglichkeiten, z.B. Genehmigungspflicht für Grundwasserabsenkungen und -entnahmen; Überwachung von Kleinkläranlagen und sonstige Einleitung in Gewässer; Beratung und Überwachung von Industrie- und Gewerbebetrieben, die mit wassergefährdenden Stoffen arbeiten; Überwachung von Indirekteinleitern (siehe das Kapitel über Abwasser in diesem Buch).

Trinkwasser ist Leben

"Ständig regnet es bei uns, und da kommen Sie daher und wollen Wasser sparen." Dies bekommt der- oder diejenige zu hören, der oder die ein kommunales Trinkwassereinsparprogramm fordert. Die skeptische Reaktion ist gar nicht so abwegig. Tatsächlich gibt es in Deutschland Wasser im Überfluß, ca. 250 Mrd. m^3 regnet es pro Jahr über der Fläche der (neuen) Bundesrepublik. Ganze 6 Mrd. m^3 pumpen sämtliche Trinkwasserversorungsunternehmen in das öffentliche Netz. Eigentlich wäre genug Trinkwasser da, wenn nicht die Flüsse bei uns inzwischen zu Abwasser- bzw. Giftmüllkanälen verkommen wären. Wissenschaftlich bekannt sind inzwischen ca. 200.000 chemische Verbindungen aus den "Giftküchen" der Chemieindustrie. Davon können wir heute in üblichen Labors maximal 2.000 Verbindungen analytisch nachweisen und die Trinkwasserwerke entlang des Rheins (die immerhin ca. 10 Mio. Menschen mit dem "Lebensmittel Nr. 1" versorgen) messen ganze 10 - 30 Verbindungen regelmäßig. Ist es eigentlich eine utopische Forderung, daß die Menschen wieder in unseren Flüssen baden dürfen und sogar ihr Trinkwasser aus ihnen direkt beziehen können? Ist es utopisch, daß im Rahmen einer radikalen Industriepolitik alle nachweislich umwelt- und gesundheitsgefährdenden Verbindungen verboten werden, und daß neue Verbindungen nur zugelassen werden, wenn ihre Verträglichkeit nachgewiesen ist? Anstatt die Flüsse wieder für die Trinkwasserversorgung nutzbar zu machen, müssen immer mehr Wassergewinnungsanlagen in Flußnähe, die das kostbare Naß als "Uferfiltrat" beziehen, aufgegeben werden, und die Wasserwerke müssen in die wenigen Gebiete ausweichen, in denen noch Grundwasser oder Talsperrenwasser in guter Qualität vorhanden ist. Dies führt zu immer größeren Ferntransportleistungen, mit denen die städtischen Ballungsräume in landschaftlich wertvollen Gebieten große Schäden verursachen. KommunalpolitikerInnen sollten sich immer strikt gegen diesen Raubbau wenden und auf Wassereinsparprogramme drängen.

Auch die Qualität des Grundwassers läßt immer mehr zu wünschen übrig: Durch übermäßige Düngung steigt der Nitratgehalt in den landwirtschaftlich intensiv genutzten Gebieten. Während maximal 10 mg/l Nitrat unbedenklich sind, liegt er heute schon in vielen Brunnen über dem europäischen Maximal-Richtwert von 25 mg/l; ja, eine Reihe von Brunnen müßten unbedingt sofort geschlossen werden, da der zulässige Grenzwert von 50 mg/l Nitrat überschritten wird. Obendrein werden dem Grundwasser durch den erhöhten Pestizideinsatz in der Landwirtschaft sowie durch Chemieunfälle, undichte Leitungen in Industriebetrieben, Haus- und Giftmülldeponien ständig hochgiftige Substanzen zugeführt, so daß auch das Grundwasser zunehmend als Trinkwasserlieferant problematisch wird.

Die Bereitstellung von genügend Trinkwasser in guter Qualität ist eine zentrale Aufgabe kommunaler Daseinsvorsorge; für KommunalpolitikerInnen ist es wichtig, hier tätig zu werden, und es gibt vielfache Möglichkeiten dazu. Nebenbei: In der Bevölkerung ist Trinkwasser ein sensibles Thema. "Panikmache" löst negative Reaktionen aus und sollte vermieden werden; "positives Engagement" in Fragen der Trinkwasserqualität, eines Trinkwassereinsparprogramms usw. kommt in der Bevölkerung gut an.

GRUNDWASSERSCHUTZ IST TRINKWASSERSCHUTZ: Zu unterscheiden ist der flächendeckende Grundwasserschutz und der regionale Schutz in Trinkwasserschutzgebieten: Flächendeckend gilt es zu verhindern, daß wassergefährdende Stoffe in das Grundwasser gelangen bzw. wenn sie schon im Boden sind, zu verhindern, daß sie sich weiter ausbreiten. Die Landkreise und kreisfreien Städte sind als "Untere Wasserbehörden" zuständig für den Umgang von Industrie- und Gewerbebetrieben mit wassergefährdenden Stoffen. Das gesetzliche Instrumentarium in diesem Bereich ist inzwischen recht gut entwickelt, das Problem ist jedoch in den meisten Kommunen ein katastrophales Vollzugsdefizit. Zum einen muß mehr Personal bereitgestellt werden, zum anderen sieht es mancher Oberkreisdirektor nicht besonders gerne, wenn engagierte MitarbeiterInnen Gewerbesteuer zahlenden Betrieben zu sehr auf die Finger schauen. Auch die Altlastenerkundung und -sanierung ist ein zentraler Bereich eines langfristigen Grund- und Trinkwasserschutzes (siehe hierzu das Kapitel über Altlasten in diesem Buch).

Von größter Bedeutung ist der Grundwasserschutz natürlich in den direkten Einzugsgebieten von Trinkwassergewinnungsanlagen. Hier ist die wichtigste Voraussetzung für erfolgreiche Maßnahmen, daß in einem formellen Verfahren für den gesamten Einzugsbereich Trinkwasserschutzgebiete ausgewiesen werden. Der größte Teil der Gewinnungsanlagen hat heute noch keine derartigen Schutzgebiete oder diese sind viel zu klein bemessen, weil man im Einzugsgebiet der Förderanlagen einzelne Gewerbebetriebe und die Landwirtschaft vor Auflagen schützen will. Sind die Wasserversorgungsunternehmen in kommunaler Hand und ist der entsprechende politische Mehrheitswille da, dann kann man in den Trinkwasserschutzgebieten Vielfältiges zur Verbesserung der Trinkwasserqualität tun. Im Bereich Landwirtschaft geht das von scharfen Auflagen für den Kunstdünger- und Pestizideinsatz über die Umstellung von Betrieben auf "ökologischen Landbau" bis zum Aufkaufen und Aufforsten von Flächen. Solcher Trinkwasserschutz kostet jedoch einiges, und die Kommunalpolitik muß akzeptieren, daß der Trinkwasserpreis steigt. Im Grundsatz ist Trinkwasser heute viel zu billig (im Mittel 0,3 Pfenning pro Liter; ein Liter Bier kostet 1.000 mal so viel!) und ein steigender Trinkwasserpreis ist ein wichtiger Anreiz zur Reduzierung des Wasserverbrauches. Sehr wichtig ist beim Wasserpreis, wie die Tarifgestaltung aussieht: Degressive Wasserpreise (eine hohe Grundgebühr und/oder geringere Preise bei gewerblichen Großverbrauchern) müssen aus umweltpolitischen Gründen bekämpft werden. Sie sind für die Wasserversorgungsunternehmen auch nicht zwingend. Ökologisch wünschenswerte **progressive Tarife** (Wasserverschwender werden "bestraft") sind dagegen rechtlich nicht zulässig. Wichtig für eine Erziehung zu einem sparsamen Wasserverbrauch ist bei steigenden Preisen jedoch, daß jeder Haushalt möglichst eine eigene Wasseruhr hat. Einige Versorgungsunternehmen weigern sich nach dem Motto "ein Grundstück - eine Uhr" allerdings, Wasseruhren in mietwohnungen abzulesen.

WASSERSPAREN VERRINGERT NICHT DIE LEBENSQUALITÄT: Im Durchschnitt verbraucht jeder Bundesbürger bzw. jede Bundesbürgerin täglich mehr als 140 Liter wertvolles Trinkwasser, nur 3 Liter davon werden zur lebensnotwendigen Flüssigkeitsaufnahme gebraucht, den größten Teil verbrauchen wir zum Waschen (ca. 50 Liter) und zum Abtransport unserer Fäkalien (ca. 45 Liter). Umfangreiche Meßreihen, u.a. im sozialen Wohnungsbau, zeigen, daß der Trinkwasserverbrauch ohne induzierte Verbesserungen um 20-30 % gesenkt werden kann:
— durch den Einbau von Spülkästen, die statt 9 Liter nur noch 6 Liter pro Spülgang benötigen (neuerdings gibt es schon Toiletten, die nur noch 4 Liter pro Spülgang benötigen);
— durch wassersparende Armaturen bei Waschbecken und Duschen;
— durch die Beseitigung von Undichtigkeiten in den Armaturen und im Leitungsnetz.
Eine Reihe von Städten und Gemeinden haben inzwischen Trinkwassereinsparprogramme erstellt, zum größten Teil für ihre städtischen Gebäude. Flächendeckend solche Programme für das ganze Stadtgebiet umzusetzen, erfordert natürlich auch ein Engagement der Wasserversorgungsunternehmen. Hier gibt es einerseits vorbildliche Initiativen, andererseits auch sehr ärgerliche Fälle, in denen sich die Versorgungsunternehmen defensiv verhalten, weil ein sinkender Wasserverbrauch relativ automatisch zu höheren Wasserpreisen führt, da ca. 90 % der Aufwendungen bei der Wasserversorgung Fixkosten sind und nur ca. 10 % bei sinkendem Wasserverbrauch auch wegfallen. Hier ist es eine wichtige kommunalpolitische Aufgabe, Druck auf die Wasserversorgungsunternehmen auszuüben, daß ökologisch wünschenswerte Maßnahmen auch gemacht werden.

Umgang mit Regenwasser

Prinzipiell gilt es, Regenwasser möglichst nahe an seinem Entstehungsort zu speichern, zu gebrauchen oder zu versickern, statt es wie bisher üblich auf schnellstem Wege direkt oder indirekt über die Kanalisation in die Gewässer abzuleiten. Als Teilziele leiten sich daraus die Erhaltung und Erhöhung der Grundwasserneubildungsrate und der schonende Umgang mit dem Trinkwasser ab. Auch müssen offene Wasserflächen mit ihrer ästhetischen und erholungswirksamen Funktion wieder eine größere Bedeutung im Bild unserer Baugebiete bekommen. In Zukunft sollten bei jeder Bauleitplanung und, soweit rechtlich möglich, bei jeder Baugenehmigung auf folgendes gedrungen werden:
— die Versiegelung sollte minimiert werden;
— Regenwasser sollte so weit wie möglich versickert werden;
— kann es nicht versickert werden, dann sollten Starkregen dezentral in Regenwasserrückhaltebecken usw. zurückgehalten werden;
— Flachdächer sollten als Regenwasserspeicher (mindestens extensiv) begrünt werden;
— Oberflächengewässer sollten naturnah gestaltet werden.

Der ökologische Wert der Regenwasserversickerung und -speicherung ist durch verschiedene Untersuchungen hinreichend erwiesen. Unter anderem tragen beide Maßnahmen zu einer wünschenswerten Erhöhung der Luftfeuchtigkeit, einer die Staubbildung herabsetzenden Durchfeuchtung des Bodens, insgesamt zur Verbesserung des Wasserhaushaltes und damit der Lebensbedingungen für Tiere und Pflanzen bei und führen bei flächenhafter Anwendung zu einer Abflachung von Abflußspitzen in den Gewässern und damit zu einer Verringerung der Hochwasserproblematik. Zu weit gehende Bodenversiegelungen beeinträchtigen letztlich durch den Verlust von Umweltqualität auch die Attraktivität von Wohn- und Gewerbestandorten und der Stadt insgesamt.

Wenn der entsprechende politische Wille da ist, dann können die im folgenden näher dargestellten Maßnahmen realisiert werden, da die rechtlichen Grundlagen gegeben sind. Die Umsetzung der ökologischen Ziele kann in erster Linie mit dem Instrumentarium der Festsetzungsmöglichkeiten nach § 9 Abs.1 BauGB geschehen. Der Handlungsraum für die Gemeinden ist dabei sehr groß. Die Festsetzungen können jedoch nicht willkürlich erfolgen, sondern nach dem Text des Baugesetzes "sobald und soweit es für die Entwicklung und Ordnung der Flächen erforderlich ist". Dies bedeutet, daß in jeder Situation die verschiedenen Gesichtspunkte abzuwägen sind und die Gemeinden im Rahmen ihrer planerischen Entscheidungsfreiheit die verschiedenen Aspekte gebührend abzuwägen haben. Wegen der hohen Bedeutung ökologischer Belange wird man im Regelfall die Festsetzung der im folgenden beschriebenen Maßnahmen begründen können, im Einzelfall können jedoch städtebauliche oder denkmalpflegerische Aspekte so bedeutsam sein, daß z.B. Fassadenbegrünungen im konkreten Fall mehr Nachteile als Vorteile mit sich bringen würden und deshalb eine Festsetzung unterbleiben muß.

MINIMIERUNG DER FLÄCHENVERSIEGELUNG: Wegen der hohen negativen Bedeutung unnötiger Flächenversiegelungen muß es die Aufgabe einer ökologischen Bauleitplanung sein, bei allen neu aufzustellenden Bebauungsplänen und allen Bebauungsplanänderungen für eine Minimierung der Versiegelung des Bodens zu sorgen. Erste Voraussetzung ist eine die ökologischen Belange berücksichtigende Verdichtung der Bauflächen, die jedoch auch sozialverträglich sein muß. Einerseits ist das frei stehende Einfamilienhaus mit U-Bahn-Anschluß in einer Großstadt nicht mehr vertretbar, andererseits dürfen wir nicht wieder zu den Hochhaussiedlungen der 70er Jahre kommen. Verschiedene ausgeführte Beispiele zeigen, daß mit einer GFZ-Zahl von 0,75 (3-stöckige Bauweise bei 25 % Flächenausnutzung) umwelt- und sozialverträgliche Lösungen möglich sind.

Die Festsetzung einer Grundflächenzahl in Bebauungsplänen nach § 16 (Abs. 2) Baunutzungsverordnung allein reicht für eine Minimierung des tatsächlichen Versiegelungsgrades nicht aus, da eine Vielzahl von Nebenanlagen hierdurch nicht erfaßt werden. Notwendig ist eine Beschränkung der Zulässigkeit von Nebenanlagen nach § 23 i.V.m. § 14 Baunutzungsverordnung; z.B.: "Im Plangebiet sind auf den nicht überbaubaren Grundstücksflächen bauliche Anlagen im Sinne von § 23 der Baunutzungsverordnung unzulässig". Äußerst wichtig ist es außerdem, die Anzahl von befestigten Parkplätzen zu minimieren, möglichst dadurch, daß die nach der Stellplatzverordnung notwendige minimale Zahl von Parkplätzen in Tiefgaragen unter den Gebäuden oder überdeckt durch Grünflächen hergerichtet werden. Darüber hinaus sind viele weitere Festsetzungen möglich, z.B. Grünfestsetzungen nach § 9 Abs. 1 Nr. 25 BauGB, z.B. "Die nicht überbaubaren Grundstücksflächen sind dicht mit hochwachsenden Sträuchern und Bäumen zu bepflanzen. Die Bepflanzungen sind zu erhalten."

REGENWASSERVERSICKERUNG: Da diese Maßnahme oft besonders umstritten ist, soll im folgenden etwas detaillierter auf die Möglichkeiten und Grenzen eingegangen werden: Nach dem **Bauplanungsrecht** ist eine Festsetzung von Flächen und Maßnahmen sowohl für die dezentrale (auf den einzelnen Grundstücken, privat) als auch die zentrale (für mehrere Grundstücke als Teil der öffentlichen Entwässerungsanlage) nach § 9 Abs. 1 Nr. 20 des BauGB möglich. Voraussetzung für eine solche Festsetzung ist, daß a) sie städtebaulich veranlaßt ist (das ist in der Regel bei zusätzlicher Versiegelung im Plangebiet der Fall), b) sie zur Berücksichtigung der Belange von Naturschutz und Landschaftspflege erforderlich ist (in der Regel auch der Fall) und c) eine ausreichende Versickerungsfähigkeit des Bodens gegeben ist, so daß Nachbargrundstücke nicht negativ betroffen werden. Dies muß geprüft sein, bevor die Festsetzung im Bebauungsplan erfolgt; nur so können von vornherein Schadensersatzansprüche gegen die Stadt ausgeschlossen werden, wenn eine Versickerungsanlage nicht ordnungsgemäß funktioniert.

Nach dem **Wasserrecht** ist jede Versickerungsanlage erlaubnispflichtig. Diese wird erteilt, wenn gewährleistet ist, daß Nachbargrundstücke nicht negativ betroffen sind und keine Schadstoffe in das Grundwasser eingeleitet werden (bei Dachflächen in "normalen" Gebieten ist dies kein Problem, in der Nähe z.B. von Stahlwerken kommt man ggf. zu negativen Entscheidungen). Umstritten war in der Vergangenheit die Versickerung von Regenwasser von Hof- und Straßenabläufen. Wurde das Versickern von Straßenabläufen bis vor kurzem völlig abgelehnt, so hat es inzwischen in der Fachwelt ein Umdenken gegeben: Nach den bayrischen Vorschriften und auch in Niedersachsen darf das Regenwasser von Autoeinstellplätzen, befestigten Hofflächen und wenig befahrenen Wohnstraßen versickert werden. In die Kanalisation muß nur das Regenwasser von viel befahrenen Straßen und befestigten Großparkplätzen (gegebenenfalls mit Ölabscheidern) eingeleitet werden. Die Grenze für Wohnstraßen sind nach den bayrischen Vorschriften 500 Fahrzeugbewegungen pro Tag.

In vielen Städten und Gemeinden wird in der Abwassersatzung zwingend vorgeschrieben, daß sämtliche befestigte Flächen an die Kanalisation angeschlossen werden müssen, eine ökologisch unsinnige und nicht notwendige Vorschrift. In Niedersachsen wurde deshalb 1989 in einer Novelle des Wassergesetzes der Grundsatz umgekehrt: Nicht die Kommunen, sondern die GrundstückseigentümerInnen selbst sind für das Regenwasser verantwortlich. In den **kommunalen Abwassersatzungen** kann jetzt festgelegt werden, daß das Regenwasser auf den jeweiligen Grundstücken zu versickern ist, und nur, wenn dies wegen ungünstiger Bodenverhältnisse nicht möglich ist, übernimmt die Kommune das Regenwasser (wobei dann auch die dezentrale Versickerung auf öffentlichen Flächen ökologisch besser ist als die Abgabe in Bäche und Flüsse). Als Zwischenstufe kann bei größeren befestigten Flächen in der Entwässerungsgenehmigung eine maximale Abflußspende vorgegeben werden; darüberhinausgehende Starkregenmengen müssen dezentral auf den Grundstücken in Hochwasserrückhaltebecken aufgefangen werden. Natürlich kann dieses Wasser zu Trinkwassereinsparzwecken verwandt werden, vorschreiben kann man dies jedoch nicht.

Technisch bietet es sich an, bei relativ durchlässigen Böden das Regenwasser in einfachen Mulden zu versickern. Die Mulde selbst dient als Rückstauraum bei Starkregen und die biologisch aktive Bodenschicht reinigt das Wasser vor Eintritt in das Grundwasser. Wenn es möglich ist, die Versickerungsmulden entlang von Wohnstraßen anzulegen, kann es interessante landschaftsgestalterische Lösungen geben und das Wasser von den Wohnstraßen selbst kann ohne Verrohrung direkt in die Mulden fließen. Reicht die Versickerungsfähigkeit des Bodens allein für eine Mulde nicht aus oder ist nicht genügend Fläche vorhanden, dann bieten sich aufwendigere unterirdische Rigolen-Systeme oder kombinierte Mulden/Rigolen-Systeme an. Einzelheiten finden sich in der Fachliteratur; umfangreiche Erfahrungen mit Mulden- und Rigolensystemen hat das Institut für Wasserwirtschaft der Universität Hannover (Professor Sieker) gesammelt.

Je nachdem, ob die einzelnen Grundstücke groß genug sind, der Boden genügend wasserdurchlässig ist usw., sind verschiedene Fälle denkbar: Die GrundstückseigentümerInnen versickern das Regenwasser auf den jeweiligen Grundstücken vollständig oder nur teilweise (dann ist ein Überlauf an eine Kanalisation erforderlich); ist eine Versickerung auf den einzelnen Grundstücken nicht möglich, dann können als Teil der öffentlichen Entwässerungsanlage gemeinsame Versickerungseinrichtungen für mehrere Grundstücke oder für ein ganzes Baugebiet geplant werden. Zu unterscheiden ist auch, ob jemand bei einer bestehenden Bebauung eine Versickerungsanlage plant (dann muß er/sie nachweisen, daß dies ohne Gefährdung der Nachbarn möglich ist) oder ob die Kommune die Versickerung im Rahmen der Bebauungsplanung vorschreibt (dann muß diese die vollständige Versickerungsfähigkeit nachweisen). Je nach Situation gibt es auch unterschiedliche Möglichkeiten für die finanzielle Förderung von Versickerungsanlagen durch die Kommunen: Ist eine vollständige Versickerung möglich, dann kann in Neubaugebieten der bei einer Kanalisation anfallende einmalige Anschlußbeitrag entfallen. In jedem Fall kann die Kommune bei einer vollständigen Versickerung auf den Regenwasseranteil in der Entwässerungsgebühr verzichten bzw. die in der Regel kombinierte Abwasser- und Regenwassergebühr wird wie bei Großeinleitern in die beiden Teile gesplittet.

BEGRÜNUNG VON FLACHDÄCHERN: Begrünte Dächer halten durch die "Schwammwirkung" ihrer Boden- und Pflanzenschicht Regenwasser zurück und verringern so die bei unbegrünten Dächern extremen Abflußspitzen (siehe dazu auch das Kapitel über Naturschutz in diesem Buch). Die städtischen Gebäude sollten bei der Dachbegrünung vorbildlich sein. Die textliche Festsetzung in Bebauungsplänen kann lauten: "Dachflächen mit einer Neigung von weniger als 15˚ sind fachgerecht zu begrünen. Ausnahmen können zugelassen werden, soweit Dachteilflächen für Belichtungszwecke benötigt werden oder die statische Beschaffenheit des Baukörpers oder andere besondere Umstände entgegenstehen."

GEWÄSSERGESTALTUNG: Zum Umgang mit Regenwasser in Baugebieten gehört natürlich, daß vorhandene Gewässer in ökologisch optimaler Weise in der Bebauungsplanung berücksichtigt werden. Der Umgang mit den Gewässern in Baugebieten war in der Vergangenheit ein extremes Beispiel dafür, daß die Belange der Landschaftspflege und des Naturschutzes, d.h. die Erhaltung und Wiederherstellung der Landschaft als Lebensraum für Pflanzen- und Tiergemeinschaften sowie als Erholungsraum zu wenig berücksichtigt wurden. Wasserbauliche Maßnahmen dienten vor allem der Schaffung möglichst großer günstiger Bauflächen und dem problemlosen Abfluß des anfallenden Regenwassers, wenn sie nicht gar als Teil der Kanalisationsanlage vollständig verrohrt wurden. Auf die vielfältigen Möglichkeiten, Gewässer naturnah in das Stadtbild zu integrieren und in den Bebauungsplänen abzusichern, wird hier nicht weiter eingegangen, vielfältige Einzelheiten finden sich in der Literatur. Grundsätzlich sollten die Wasserbehörden keine wasserrechtlichen Genehmigungen mehr erteilen, mit denen vorhandene Gewässer aufgehoben oder verrohrt werden, auch wenn dies für die Stadtplaner die beste Gelegenheit wäre, möglichst günstige Bauflächen zu erschließen.

BAUWERKSDRAINAGEN ALS GRUNDWASSERSENKE: Ein wenig bekanntes, aber wichtiges Thema: Vielfach wird nicht beachtet, daß Bauwerksdrainagen zu einem erheblichen Absinken des Grundwasserstandes und zu großen Grundwassereinleitungen in das Kanalisationsnetz führen. Hintergrund ist, daß vielfach Keller von Gebäuden bis in den Grundwasserbereich hinein gebaut werden und es damit zwingend erforderlich wird, auf Jahrzehnte hin Grundwasser aus Drainagen um das Gebäude herum abzupumpen. In den Bebauungsplänen sollte grundsätzlich nicht mehr zugelassen werden, daß Kellersohlen unterhalb des ständigen Grundwasserspiegels liegen. Ausnahmen sollten nur dann genehmigt werden, wenn die Keller als wasserdichte Wannen ausgeführt werden.

Betriebswassernetze und Regenwassernutzung

Da in diesem Themenbereich die Begriffe in der umweltpolitischen Diskussion oft durcheinandergehen, hier eine Begriffsklarstellung: Aus den Wasserhähnen in der Küche, beim Waschbecken, der Dusche und der Badewanne muß nach den deutschen Vorschriften Wasser in **Trinkwasserqualität** kommen. Wird ein zweites Wassernetz für Wasser mit einer geringeren Qualitätsstufe errichtet, so heißt dies vorschriftsmäßig **Betriebswassernetz** (nicht Grauwassernetz). Gespeist werden kann dieses Betriebswassernetz aus einer Regenwasseranlage, einem Brunnen oder aufbereitetem Flußwasser; solche Anlagen sind heute technisch ausgereift vorhanden. Noch im Versuchs- und Erprobungsstadium ist die **Grauwassernutzung**. Hierbei wird der Abfluß von Badewanne, Dusche, Waschmaschine und Waschbecken dezentral z.B. mit einer Pflanzenkläranlage aufbereitet, um es anschließend zur Toilettenspülung nutzen zu können.

Weniger als die Hälfte des Wasserverbrauches in den Haushalten braucht Trinkwasserqualität zu haben. Für Toilettenspülung, Blumen gießen, Garten bewässern und die Waschmaschine ist Wasser in einer geringeren Qualitätsstufe ausreichend. Genauso ist es bei den riesigen Wassermengen, die in der Industrieproduktion benötigt werden, bei der Bewässerung von Sportplätzen, dem Betrieb von Autowaschanlagen usw. Was liegt da näher, als die Errichtung zweiter (doppelter) Wassernetze zu fördern? Flächendeckend innerhalb der gewachsenen Strukturen ganzer Städte ist dies heute sicher noch utopisch, in einzelnen Industriebetrieben und auch großen Gewerbegebieten, einzelnen Wohnhäusern und ganzen Wohnungsbau-Neubaugebieten haben sich "Betriebswassernetze" seit vielen Jahren und in tausenden Fällen gut bewährt. Auch wenn dies in gezielten Fehlinformationen "interessierter Kreise" immer wieder bestritten wird, sind Betriebswassernetze in der Bundesrepublik Deutschland zulässig, und Trinkwasser-Satzungen, in denen diese heute noch verboten sind, sind rechtlich nicht korrekt. Das Oberverwaltungsgericht für das Land NRW hat in einem Grundsatzurteil 1992 ein Wasserversorgungsunternehmen verpflichtet, zweite Wassernetze in Gebäuden zuzulassen. Das Gericht hat alle Gegenargumente (hygienisch bedenklich, den Versorgungsunternehmen finanziell nicht zumutbar) als nicht stichhaltig zurückgewiesen (Aktenzeichen des Urteils: 22 A 2675/91).

Betriebswassernetze brauchen nicht einmal bei den Baubehörden beantragt zu werden; erforderlich ist nur, daß die einschlägigen DIN-Vorschriften eingehalten werden. Das Wasserversorgungsunternehmen und die für die Abwasserbeseitigung zuständige Institution muß nicht gefragt, jedoch informiert werden, speziell um zu klären, ob eine zweite Wasseruhr für das Betriebswasser erforderlich ist, weil üblicherweise die Abwassergebühr über die Trinkwasser-Uhr ermittelt wird und ohne zweite Wasseruhr der Betriebswasser-Anteil abwassergebührenfrei wäre. Es ist jedoch zulässig (und z.B. die Stadt Hannover tut dies), daß die Gemeinden bei den privaten Haushaltungen (nicht bei den Großverbrauchern) zur Förderung der Wassereinsparung auf die Abwassergebühr bei den Regenwassernutzungsanlagen verzichten. Vorwiegend in Gewerbe- oder Wohnungsneubaugebieten sollte im Rahmen der Diskussion um Bebauungspläne überlegt werden, ob es zur Reduzierung des Trinkwasserverbrauches möglich ist, das ganze Gebiet mit einem Betriebswassernetz auszurüsten, das z.B. nur mit geringem Aufwand mit aufbereitetem Flußwasser gespeist wird. Sinnvoll ist natürlich, daß dieses vom Trinkwasserversorgungsunternehmen betrieben wird. Wenn dieses sich weigert, sollte die Kommune selbst aktiv werden und beim Neuabschluß eines Konzessionsvertrages entsprechende Regelungen einbauen.

Literatur

Bahlo, K./Wach, G.: Naturnahe Abwassereinigung, Staufen 1992, Ökobuch-Verlag
Bundesminister des Inneren (Hrsg.): Was Sie schon immer über Wasser und Umwelt wissen wollten, Kohlhammer Verlag, Berlin 1984, kostenlos beim BMI zu beziehen
Bosselt, H. u.a. (Hrsg.): Wasser. Wie ein Element verschmutzt und verschandelt wird, Fischer alternativ 4056, 1982
Lahl, U./Zeschmar, B.: Kein Wasser zum Trinken, rororo aktuell 5035
Mönninghoff, H. (Hrsg.): Wege zur ökologischen Wasserversorgung, Staufen 1993, Ökobuch-Verlag
Schmidt, R.: Einführung in das Umweltrecht, C.H. Beck-Verlag, 1992
Theuer, A.: Der Umgang mit wassergefährdenden Stoffen, Verlag TÜV Rheinland, 1992
Umweltdezernat der Landeshauptstadt Hannover: Leitlinien für den Umgang mit Regenwasser in Baugebieten, Hannover 1993

Fachzeitschriften

"Wasserrundbrief" des Bundesverband Bürgerinitiativen Umweltschutz (BBU); Bezugsadresse: Rennerstr. 10, 79106 Freiburg

AKP-Artikel zum Thema

Lübbe-Wolff, G.: Grundwassergefährdung durch CKW (AKP 4/1992, S. 50-53)
Munier, G.: Fließgewässerschutz und Renaturierung (AKP-SONDERHEFT 8, S. 43-45)
diverse AutorInnen: Trink kein Wasser - AKP-Schwerpunktthema (AKP 2/1993, S. 31-46)
Simon, T.: Fernwasserversorgung (AKP 3/1993, S. 64-66)
Decken, O.: Ökologischer Hochwasserschutz (AKP 4/1993, S. 56-58)

Uwe Lahl

Abwasser

Wer sich kommunalpolitisch dem Thema Gewässerschutz mit dem Schwerpunkt Abwasser zuwenden will, der denkt zunächst an die vielzitierten ungenügenden Kläranlagen. Es ist auch naheliegend, den "Übergabepunkt" des Abwassers ins Gewässer als das Problem der Abwasserentsorgung zu vermuten. Dieser Blickwinkel ist nicht nur naheliegend, er ist auch historisch gewachsen und war insbesondere zur Zeit nur notdürftiger Reinigungstechniken der kommunalen Kläranlagen berechtigt. Heute haben sich die Verhältnisse zumindest in den alten Bundesländern aber stark relativiert. Der gestiegene Komplexitätsgrad der Materie hat, neben dem Nachteil der Einarbeitungsdauer für ökologisch interessierte KommunalpolitikerInnen, den Vorteil, daß neue kommunalpolitische Gestaltungsspielräume entstanden sind.

Fachlich ist es zunächst entscheidend, das Abwassergeschehen in einer Stadt als ein vernetztes Ganzes zu begreifen, als integriertes System der Abwasserentsorgung von den jeweiligen Zuläufen auf den Privatgrundstücken der Haushalte über das Kanalnetzsystem (Abwasserkanäle, Hauptsammler etc.), Pumpwerke, Notüberläufe bis hin zur Kläranlage. Politische Aufgabe ist es, dieses Gesamtsystem – nicht nur einzelne Teilsegmente – auf einen hohen Umweltschutzstandard zu bringen.

Das Abwassersystem in einer Gesamtbetrachtung

Das Oberziel ist es nicht mehr, einen möglichst geringen Ablaufwert (Schmutzkonzentration) an der zentralen Kläranlage zu erreichen. Diese Ausrichtung, die auch von örtlichen Bürgerinitiativen oder ökologisch motivierten KommunalpolitikerInnen forciert wird, ist heute nicht nur überholt, sondern z.T. sogar kontraproduktiv. Oberziel ist heute vielmehr, das Gesamtsystem so zu bewirtschaften, daß bei einem vorgegebenen Einsatz von Finanzmitteln ein Maximum an Schmutzstoffen von den Gewässern der jeweiligen Kommune ferngehalten werden. Konkret kann dies bedeuten, daß die verfügbaren Haushaltmittel nicht primär ausgegeben werden, um die Reinigungsleistung der **Kläranlage** von 95 auf 98 % zu steigern, sondern daß die Gelder vorrangig in die **Sanierung des Kanalnetzes** investiert werden, da 10 bis 20 % der Abwasserrohre defekt sind und dort das Abwasser ungehindert in den Boden und ins Grundwasser übertreten kann. Man könnte, in einem zweiten Schritt, das Oberziel "Minimierung des Schmutzeintrags" über den Gewässerschutz hinaus auf andere Sektoren des Umweltschutzes erweitern, was allerdings komplizierte Folgefragen hervorruft (z.B. Gewässerentlastung contra Energieverbrauch; CO_2-Bilanz).

Um das Oberziel "Minimierung des Schmutzeintrags" zu erreichen, bleiben die Kläranlagen im kommunalen Entwässerungssystem dennoch Dreh- und Angelpunkt. Jede Kläranlage hat, ähnlich wie ein simpler Schmutzfilter, einen definierten technischen Wirkungsgrad (sog. Leistung). In dem hier skizzierten neuen Verständnis ist das Gesamtsystem nun so zu steuern, daß aus diesem definierten Wirkungsgrad der Kläranlage ein Maximum an Gewässerschutz wird. Um es zu verdeutlichen, reduzieren wir das Entwässerungssystem zu einem sehr einfachen Modell (siehe nächste Seite).

Wir unterscheiden in unserem Modell vom Grundsatz zwei Betriebszustände: erstens den Trockenwetterabfluß (nur A - D) und zweitens den Mischwasserabfluß (wie 1. + E). Der Normalzustand ist der sog. Trockenwetterabfluß, der trotz der pro Zeiteinheit sehr unterschiedlichen Verhaltensweise der Einleiter von A bis D aufgrund der Tausenden sich im Mittel ausgleichenden Einzelvorfälle zu recht stabilen Verhältnissen führt. Im zweiten Fall nehmen die Abwassermengen zu – je nach Intensität von E, also der Stärke der Niederschläge – und führen in der Kläranlage zu erhöhten Anforderungen. Da Regenfälle bei uns keine Seltenheit sind, sind diese Anforderungen ein fester Teil des Leistungskatalogs einer Kläranlage.

Wer sich über den Ausbaustandard "seiner" Kläranlage informieren möchte, sollte auf jeden Fall die Fragen auf beide Betriebszustände konzipieren. Bei modernen, richtig dimensionierten Kläranlagen ist es technisch lösbar, den Leistungsstandard bzw. Wirkungsgrad auch bei Regenwetterabfluß hoch zu halten. Hier tritt ein überraschender Effekt auf: "dünnes", nicht "dickes"

Abb. 1: Das Abwassersystem bei Trockenwetter- und Mischwasserabfluß

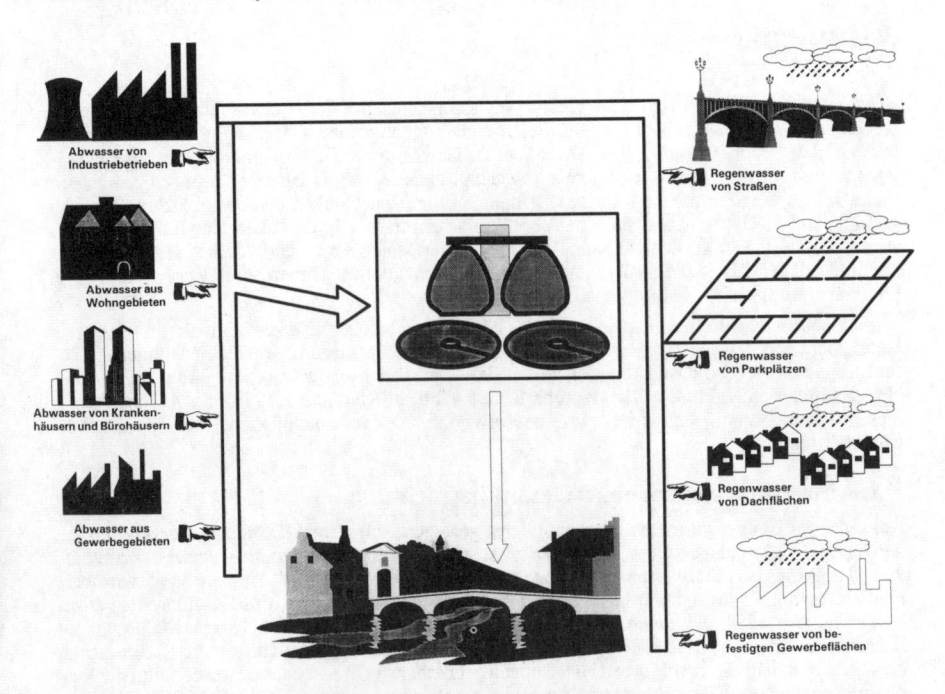

Abwasser von Industriebetrieben
Abwasser aus Wohngebieten
Abwasser von Krankenhäusern und Bürohäusern
Abwasser aus Gewerbegebieten

Regenwasser von Straßen
Regenwasser von Parkplätzen
Regenwasser von Dachflächen
Regenwasser von befestigten Gewerbeflächen

Abwasser ist der Feind der Kläranlage. Oberhalb eines gewissen Verdünnungsgrades ist selbst für moderne Kläranlagen eine Leistungsgrenze erreicht. Aber bei den häufigen normalen Regenereignissen ist diese Grenze bei gut ausgebauten Anlagen nicht überschritten.

Anders sieht es bei sog. Starkregenereignissen aus. In unserem obigen Modell wird die Gefahr der Kläranlagenüberlastung gar nicht erst auftreten, weil die Kanäle und Sammler bei Starkregenereignissen den Abwassertransport zur Kläranlage nicht vollständig schaffen — rein hydraulisch. Damit in derartigen Situationen, die mehrere Male im Jahr auftreten können, die Keller und Straßen nicht überfluten, besitzen die Abwassersysteme an verschiedenen Stellen der Stadt sog. **Notauslässe**, wo die Abwässer oberhalb eines definierten Befüllungsstandes im Netz direkt ins Gewässer überlaufen. Diese Regenentlastungen führen, auch wenn das Abwasser bei Starkregenereignissen sehr verdünnt ist, zu akuten Gewässerschäden, so daß sich bei diesen "Auslässen" das kommunalpolitische Nachbohren lohnt. Das symbolische Zumauern oder Befüllen mit aufblasbaren "Pfropfen", wozu wir die geneigte Leserschaft an dieser Stelle auf keinen Fall auffordern wollen, gehört ebenfalls zum beliebten Repertoire von Gewässerschutzinitiativen. Das fachliche Aufarbeiten derartiger Aktionen führt zu folgenden Zielkonflikten:

1. Werden lediglich durch Erhöhung der Überlaufschwellen die Befüllungsstände im Kanalnetz bis zur Oberkante ausgenutzt, steigt die Gefahr überfluteter Keller, was den politischen Erfolg durch Zumauern schnell zu einem Pyrrhussieg werden läßt.

2. Ein Kanalbauprogramm zwecks besserer Weiterleitung der Abwasserspitzen an die Kläranlage führt diese an ihre Leistungsgrenzen. Dies kann so weit gehen, daß oberhalb einer gewissen Regenwassermenge aus "E" das Ableiten über Notüberläufe weniger Schmutzfracht ins Gewässer bringen würde als das Ableiten über die dann hydraulisch überlastete Kläranlage. Hierbei ist differenzierend aber noch darauf zu achten, welche Belastungstoleranz die jeweiligen aufnehmenden Gewässer (sog. **Vorfluter**) haben. Es kann im obigen Extrembeispiel dennoch sinnvoll sein, die

Abwässer zur Kläranlage zu transportieren, weil selbige z.B. an einem größeren Fluß mit höherer Verdünnungskapazität liegt, während die Notüberläufe in kleine, noch intakte Gewässer münden. Aus den beschriebenen Zielkonflikten ergeben sich zwei mögliche Lösungsstrategien, die Trennkanalisation und das Vorhalten von Stauräumen.

Kanalisation

Bei vielen GewässerschützerInnen bestand und besteht das Vorurteil, daß die **Trennkanalisation**, also das getrennte Erfassen von Abwasser und Regenwasser, ökologisch vorteilhafter sei. Die in Abb. 1 dargestellte **Mischkanalisation** sei die Billigvariante einer überall anzustrebenden Trennkanalisation, welche die bessere Variante sei.

In der Tat erscheint bei Starkregenereignissen der oben dargestellte Zielkonflikt im Falle der Trennkanalisation nicht aufzutreten. Das eigentliche Abwasser (A – D) fließt weiterhin ohne Störung zur Kläranlage, und das Regenwasser über ein kürzeres, getrenntes Netz zum jeweils nächstgelegenen Gewässer. Notüberläufe existieren nicht, die Kläranlage kann stabil gefahren werden, die Überflutungsgefahr für Keller und Straßen regelt sich über die hydraulische Bemessung des zweiten, des Regenwassernetzes. Einige maßgebliche Fachleute des Abwasserwesens haben diese Einschätzung als so eindeutig angesehen, daß einzelne Städte in den 60er Jahren begannen, ihr Kanalnetz mit Millioneninvestitionen von Misch- auf Trennkanalisation umzubauen.

Diese Vorstellung läßt sich fachlich nicht durchhalten. Neuere Untersuchungen zeigen, daß das von Straßen und Flächen abfließende **Niederschlagswasser** alles andere als von Schmutz- und Schadstoffen frei ist. Für asphaltierte Wege rechnet man im Mittel mit 1,3 mg Phosphor/l und 3,6 mg Stickstoff/l im abfließenden Niederschlagswasser, wobei auch Spitzenwerte bis zu 7 mg Phosphor/l und 24 mg Stickstoff/l gemessen wurden (vgl. Briese/Erpenbeck). In direkter Nähe von Regenwasserentlastungen können bei Starkregenabflüssen die Konzentrationen an abgeschwemmten Schadstoffen bis in den fischtoxischen Bereich reichen (vgl. Krejci/Guder). Als mittlere Schmutzfrachten an einer Durchgangsstraße wurden bis zu 501 kg Chlorid (Streusalz!), 240 kg Sulfat, 14,4 kg Ammonium-Stickstoff, 11,4 kg Nitrat-Stickstoff, 10,6 kg Gesamtphosphat, 5,2 kg Mineralöle, 1,9 kg Blei, 2,7 kg Zink, 151 g Chrom, 26 g Cadmium, 2,5 g Quecksilber und 1,5 g PAK pro Hektar und Jahr errechnet. Bei den beprobten Bundesautobahnen lagen die meisten Parameter unter den Werten der Durchgangsstraße, ausgenommen PAK und Mineralöl (vgl. Muschak).

Angesichts dieser Schmutzfrachten bekommt die Vorklärung von Regenwasser, das von derartigen Flächen abfließt, die höchste Priorität, wenn Kanalnetz und Kläranlage einigermaßen auf dem heute vorgeschriebenen Standard sind (allgemein anerkannte Regeln der Technik).

Es muß daher differenziert werden zwischen belasteten (Straßen, Gewerbeflächen) und relativ unbelasteten Flächen (z.B. Dachflächen). Das von ersteren abfließende Niederschlagswasser wiederum kann weiterhin dezentral durch kleinere Regenklärbecken vorgereinigt und ins Gewässer abgeleitet oder andernfalls doch zur Kläranlage geführt werden, womit wir wieder bei einer Mischkanalisation wären. Fazit aus heutiger Sicht: Eine Trennkanalisation ist nur sinnvoll für rein ländlich strukturierte Wohngebiete, ansonsten bietet die Mischkanalisation größere Vorteile. Daneben ist einzubeziehen, das Niederschlagswasser von gering belasteten Flächen gar nicht in den Vorfluter zu leiten, sondern zu sammeln und z. B. zur Gartenbewässerung zu nutzen oder, sofern das geologisch möglich ist, gleich gezielt versickern zu lassen, damit es zur Grundwasserneubildung beiträgt (vgl. Kapitel Wasser).

Die zweite Lösungsstrategie zielt bei Beibehaltung des Mischsystems auf Rückhaltung der Abwassermengen im Kanalnetz und der zeitlich verzögerten Weitergabe nach dem Regenereignis an die Kläranlage. Hierdurch kann erreicht werden, daß die Kläranlage auch bei sehr starken Regenfällen nicht in den hydraulischen Überlastbereich gefahren wird. Mit Verzögerungen von Stunden und z.T. Tagen gelangen dann die "gestapelten" Mischwassermengen in den Kläranlagenzufluß. Technisch kann diese Rückhaltung auf mehreren Ebenen erreicht werden:
— Ausnützen von **Stauraum** im vorhandenen Netz
— Bau von großen **Sammlern** (besonders dicke Abwasserrohre), die auch Stauraumfunktion übernehmen können
— Bau von **Regenrückhaltebecken**.

Es ist unschwer zu erkennen, daß diese kaskadenähnlich aufgebaute Lösungsstrategie letztlich auf ein komplexes, EDV-gestütztes Steuerungssystem hinausläuft, was ganz neue Technologien in den städtischen Untergrund einführt. In diesem System, wie wir es in Bremen entwickelt haben, wird zunächst im Fall des Regenereignisses der vorhandene Stauraum des Kanalsystems vollgefahren. Dies darf aber nicht so weit gehen, daß die Keller vollaufen. Rechtzeitig vorher fließen die Abwassermengen in Sammler, die zum Notüberlauf führen. Diese Sammler wurden in den letzten Jahren in Bremen erneuert und durch Rohre mit sehr großem Fassungsvermögen ersetzt (ca. 2 m Durchmesser). Wenn wiederum diese Sammler vollgelaufen sind, werden die Abwässer in große, zentrale Regenrückhaltebecken gefördert. Erst wenn diese Becken mit z.T. mehreren 10.000 m^3 Fassungsvermögen überlaufen, erfolgt ein sog. Abschlagen ins Gewässer. Gegenwärtig überlegen wir, für diese Fälle zusätzlich zur mechanischen Reinigung im Rückhaltebecken eine chemische Aufbesserung des Mischabwassers einzuführen.

Als Subvariante dieser Vorgehensweise ist eine weitere Strategie einbeziehbar. Existieren einzelne "dickere" Teilströme im Gesamtsystem (dies könnte der Indirekteinleiter D in unserem Modell sein), so wäre es sinnvoll, ihn von der Kaskade der Mischwasserrückhaltung getrennt zu halten. Der Grund dafür ist, daß oberhalb eines gewissen Regenvolumens (z.B. Jahrzehntregen) eine vollständige Rückhaltung nicht mehr machbar ist. D.h. aber, daß auch bei modernsten Systemen ein Überlaufereignis noch alle paar Jahre nicht auszuschließen ist. In diesen Fällen ist es anzustreben, daß diese Abwässer möglichst gering belastet sind. Dies gelingt einerseits durch die mechanischen Absetzeigenschaften, die Regenrückhaltebecken vor Notüberlaufen haben, durch gezielte chemische Behandlung vor Überlauf (z.B. Flockungsfällung oder Sauerstoffanreicherung, s.o.) und insbesondere durch das separate Rückhalten oder direkte Zuleiten der höher belasteten Abwasserteilströme zur Kläranlage.

Sanierung des Kanalnetzes

Neben der Investition ins Kanalnetz mit dem Ziel der Bewirtschaftung des Gesamtsystems müssen auch die Erneuerungen und Sanierungen angesprochen werden, die das Ziel haben, die Abwasserübertritte ins Grundwasser zu reduzieren. Angaben in der offiziellen und insbesondere in der grauen Literatur lassen in manchen Städten einen Übertritt von mehr als 10 % des Abwassers in Grundwasser wahrscheinlich erscheinen. Damit wäre diese Quelle in der Regel die mit Abstand wichtigste Ursache für die mäßige Grundwasserqualität in urbanen Bodenräumen. Interessant ist, daß bei Abwasserrohren, die in einer Grundwasser führenden Bodenschicht verlegt sind, auch der umgekehrte Weg auftritt: Grundwasser tritt ins Abwasser und führt dort zur Verdünnung. Dieser Effekt kann in manchen Systemen so stark werden, daß sich ein Einschreiten sogar wirtschaftlich rechnet.

Neben der Sanierung des städtischen Kanalnetzes haben wir in Bremen uns behördlicherseits seit einiger Zeit auch verstärkt der privaten Kanalanschlüsse und der innerbetrieblichen Kanalsysteme angenommen. Unsere Vermutung ist, daß hier ein ebenso großer Sanierungsbedarf besteht wie bei den kommunalen Kanälen. Allerdings, und dies sollte politisch bedacht werden, sind diese Systeme, insbesondere wenn man die einschlägigen Branchen des produzierenden Gewerbes betrachtet, mit besonders hohen Schadstoffkonzentrationen im Abwasser beaufschlagt. Somit ergibt sich hier jeweils ein besonders großer Handlungsbedarf.

Die diversen Techniken der Kanalnetzsanierungen, die bis hin zu den Fragen des Verlegens und der Grundwasserhaltung gehen, würden an dieser Stelle den Rahmen sprengen. Man sollte allerdings beachten, daß hier ebenfalls ein beträchtlicher ökologischer Gestaltungsspielraum gegeben ist.

Konventionelle Kläranlagen

Gegenwärtig wird in manchen Zirkeln hitzig über natürliche Abwasserklärverfahren (z.B. Wurzelraum) und technische Formen (z.B. konventionelle Kläranlage aus Beton und Stahl) debattiert. Beginnen wir mit dem zweiten, weitaus häufigeren Typus. Eine konventionelle Kläranlage, die dem bisherigen Standard entsprach, hatte im wesentlichen die folgenden Ausstattungselemente: Einlaufbauwerk, mechanische Stufe, biologische Stufe, Schlammbehandlung und Auslaufbauwerk. Nach Passage über einen Rechen, der mitschwimmende größere Partikel abtrennt, gelangt das Abwasser ins Einlaufbauwerk, wo es angehoben wird. Die nun folgenden Aufbereitungsschritte bis hin zum Einlaß in den Vorfluter laufen im wesentlichen dann in freiem Gefälle.

In der ersten Reinigungsstufe wird die Fließgeschwindigkeit des Abwassers verlangsamt, so daß sich Feinstpartikel wie z.B. Sandkörner absetzen können (daher auch "mechanische Stufe"). In der nachfolgenden biologischen Stufe wird durch Zuimpfen von Belebtschlamm das Abwasser biologisch weitgehend von abbaubaren organischen Stoffen befreit. Daran anschließend werden Bakterienflocken und Wasser im Absetzbecken physikalisch voneinander getrennt und ein Teil des sedimentierten Klärschlamms in die biologische Stufe für das nachfolgende Abwasser zurückgefahren, der Rest wird als Klärschlamm entsorgt. Das Abwasser gelangt nun, ggf. nach Aufenthalt in sog. Schönungsteichen, über ein Auslaufbauwerk in den Vorfluter.

In den letzten Jahren ist durch Weiterentwicklung der Behandlungsverfahren der Aufbau konventioneller Anlagen modifiziert worden. So wurde für besonders hohe Anforderungen an die Reinigungsleistung die biologische Stufe durch eine zweite biologische Stufe ergänzt. Eine andere Variante ist das Umfunktionieren der ersten, mechanischen Stufe in eine Hochlast-Biologie (sog. A − B - Verfahren). Die jeweils erforderlichen technischen und ökonomischen Abwägungen, wie diese Entwicklungen in ein Modernisierungskonzept einer Altanlage einzubeziehen sind, sprengen den hier verfügbaren Rahmen.

Durch die Verschärfung der Anforderungen (u.a. Rahmen-Abwasser-Verwaltungsvorschrift nach § 7a Abs. 1 Satz 3 Wasserhaushaltsgesetz, WHG) muß seit dem 1.1.1990 bei kommunalen Kläranlagen in Abhängigkeit von der Größe eine Nachrüstung zur Senkung des Nährstoffgehaltes des ablaufenden Wassers erfolgen. Die folgende Tabelle zeigt Anforderungen an Ablaufwerte, die mit modernen dreistufigen Kläranlagen erreichbar sind (vgl. aber oben die Betrachtungen zum Gesamtsystem). Trotz dieser Vorgaben sind noch längst nicht alle betreffenden Kläranlagen entsprechend nachgerüstet.

Tab. 1: **Anforderungen an eine kommunale Kläranlage** (alle Angaben in mg/l)

Parameter	§ 7a WHG			EG-Richtlinie*	ATV**
	GK3	GK4	GK5		
CSB	90	90	75	125	60
P gesamt		2	1	1	0,3
Ammonium-Stickstoff	10***	10***	10***		10***
N anorganisch, gesamt				10****	
BSB5	20	20	15	25	10
Schwebstoffe				35	5

GK3: Größenklasse 3 = 300 - < 1.200 kg/d BSB5 (roh)
GK4: Größenklasse 4 = 1.200 - < 6.000 kg/d BSB5 (roh)
GK5: Größenklasse 5 = > 6.000 kg/d BSB5 (roh)
* bzw. bei 70 - 90 % Mindestverringerung
** Belebungsverfahren mit Simultanfällung und Flockungsfiltration
*** bei Temperaturen > 12°C oder vom 1.5. bis 31.10.
**** N gesamt

Legende: CSB und BSB5 bedeuten chemischer bzw. biologischer Sauerstoffbedarf und sind Standardparameter zur Beurteilung der Leistungsfähigkeit einer Kläranlage (siehe Imhoff/Imhoff); ATV heißt Abwassertechnische Vereinigung - ein offiziöses Expertengremium.

Phosphat wird in der Regel durch Zugabe entsprechender Reaktionsmittel ausgefällt und abgetrennt. Dies muß nicht unbedingt in einer separaten dritten Stufe geschehen, sondern kann bei Altanlagen simultan in der biologischen Stufe erfolgen, z.B. durch Zugabe von Kalk. Ammonium wurde früher zumeist nicht entfernt, sondern biologisch zu Nitrat oxidiert (sog. Nitrifikation). Nach der Rahmen-Abwasser-VwV müssen kommunale Kläranlagen der Größenklassen 3 bis 5 ihr Abwasser aber zusätzlich noch einer gezielten Denitrifikation unterziehen. Dabei wird das Nitrat in molekularen und damit unschädlichen Stickstoff umgewandelt, der in die Atmosphäre entweicht. Und die besteht ja bekanntermaßen zu rund 70 % aus diesem Gas.

Alternative Kläranlagen

In der Fachdiskussion und in Form von Pilotvorhaben gibt es zahlreiche Vorschläge zur naturnahen Reinigung und Entsorgung von Abwässern. Dennoch haben sich in der Praxis nur zwei Methoden durchgesetzt: **Abwasserteiche** und **Wurzelraumentsorgungsanlagen**. Abwasserteiche sind allerdings als Relikt aus einer Zeit ohne großes Umweltbewußtsein auf dem Rückzug. Technisch betrachtet, sind sie letztlich nur eine unkontrollierte mechanische und biologische Abwasserbehandlung in einem größeren Wasservolumen.

Anders die Wurzelraumentsorgung. In den letzten Jahren haben sich eine Reihe von Anlagen und Anlagenbauern in der Praxis grundsätzlich bewährt. Allerdings muß auch hier differenziert werden. Die Wurzelraumkläranlage funktioniert im Grundsatz wie ein kleines, intensiv bewachsenes Schlammbiotop, wo die Reinigungsleistung von den im Wurzelraum der Pflanzen lebenden Mikroorganismen geleistet wird. Diese Reinigungsleistung geht insbesondere in kalten Witterungsperioden merklich "in die Knie". Dies haben u.a. intensive Modellversuche in Bremen gezeigt. Fazit: Wenn die Wurzelraumanlage sehr gut funktioniert, so bringt sie eine Reinigungsleistung mäßiger konventioneller Kleinkläranlagen. Sie ist damit u.E. grundsätzlich genehmigungsfähig, wenn die Einleitung in einen ökologisch nicht so empfindlichen Vorfluter erfolgt. Für eine größere Siedlung und erst recht für eine Großstadt eignen sich diese alternativen Konzepte nicht, weil sie — verglichen mit konventionellen Kläranlagen — eine Verschlechterung der Gewässergüte bedeuten würden (Abb. 2). Anders kann dies in der Abwägung für sehr dünn besiedelte ländliche Räume aussehen. Hier dürften durchaus zukünftige Anwendungsbereiche gegeben sein (wenn die Rahmenbedingungen stimmen), als Ergänzung zur vorhandenen konventionellen Abwasserbeseitigung.

Abb. 2: **Wurzelraumkläranlagen 1988 - 1991**: Abbauleistung für CSB in %

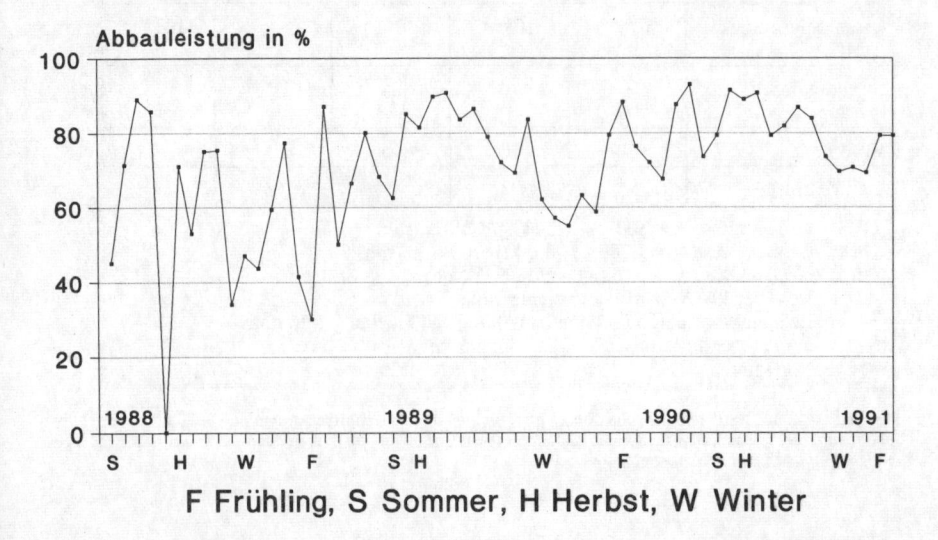

F Frühling, S Sommer, H Herbst, W Winter

Klärschlamm

Wo Abwasser konventionell geklärt wird, fällt Klärschlamm an. Je höher die Anforderungen an die Abwasserreinigung werden, desto größer wird auch das jährlich zu entsorgende Klärschlammaufkommen. Die Gesamtmenge an Klärschlamm, die jährlich zu bewältigen ist, beläuft sich derzeit auf rund 2,5 Mio t Trockensubstanz (TS) in den alten (vgl. Lahl/Zeschmar-Lahl) und rund 1,1 Mio t TS (vgl. UBA) in den neuen Ländern, insgesamt also knapp 4 Mio t TS mit steigender Tendenz. Am Beispiel der Kläranlage Bremen-Seehausen läßt sich die Zunahme der zu entsorgenden Klärschlämme prägnant zeigen. Der Trockensubstanzrückstand wuchs, korrespondierend mit der Einführung weiterer Klärstufen, von rund 20 g pro EinwohnerIn und Tag zwischen 1978 und 1983 auf rund 50 g pro EinwohnerIn und Tag seit 1990, mit steigender Tendenz. Als Entsorgungsstrategien bieten sich für diese Mengen im wesentlichen die Ausbringung in der Landwirtschaft, die Verbrennung, die Deponierung und die Vergasung an.

Die **Klärschlammnutzung** in der Landwirtschaft ist aus ökologischer Sicht die zu bevorzugende Variante, weil sie Nährstoffe und Organik zur Bodenverbesserung einsetzt. Nur auf einem qualitativ hochwertigen Niveau ist die Verwertung in der Landwirtschaft vertretbar, da natürlich für den Bodenschutz aufgrund der Schadstoffbelastung Risiken gegeben sind. Darum ist hierfür ein hohes Maß an Vorbehandlungslogistik, Kontrollen und Dokumentation erforderlich, so daß diese Verwertungsstrategie zunehmend ihre ursprünglichen Kostenvorteile verliert.

Um die Schadstoffbelastung auf ein geringes Maß zu reduzieren bzw. zu halten, ist eine aufwendige **Indirekteinleiterüberwachung** erforderlich. Man unterscheidet bei den Industrie- und Gewerbebetrieben die **Direkt-** und die **Indirekteinleiter**. Die ersteren verfügen über eine eigene Kläranlage und leiten direkt in ein Gewässer ein. Die letzteren leiten ihr Abwasser, zumeist nach Vorbehandlung, über das öffentliche Kanalnetz und die kommunale Kläranlage indirekt in das Gewässer ein. Mehr als die Hälfte der für den Bodenschutz bedeutsamen Schadstoffe (Schwermetalle, persistente organische Chemikalien) gelangen über Industrie und Gewerbe als sog. Indirekteinleiter ins Abwasser. Hier gilt es für die **Unteren Wasserbehörden**, durch Beratung und Vollzug die Betriebe zur werksinternen Rückhaltung derartiger Schadstoffe zu bewegen. Dies gelingt z.B. durch innerbetriebliche Umstellungen, aber auch durch Abwasservorbehandlung. Notwendige Grundlage für das kommunale Handeln sind ein **Abwasserkataster** und eine **Abwassersatzung** (vgl. Lahl/Hillebrand/Wende). Was durch eine derartige Vorgehensweise erreichbar ist, zeigt exemplarisch die folgende Abbildung.

Abb. 3: Schwermetalle im Klärschlamm der Kläranlage Seehausen
(Jahresmittelwerte in mg/kg TS)

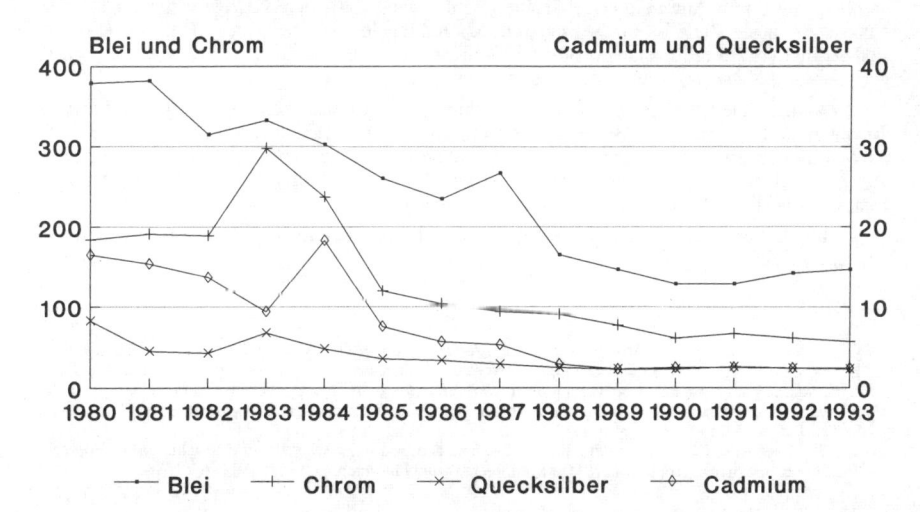

Aber selbst bei gut eingespielter und engagierter Indirekteinleiterpolitik ergeben sich nicht vermeidbare Basisverschmutzungen des Klärschlamms, die über längere Zeiträume aus der Sicht des Bodenschutzes nicht akzeptabel sind. Daher muß es mittelfristig über die kommunal möglichen Anstrengungen hinaus weitergehende chemiepolitische Eingriffe geben (vgl. Lahl/Zeschmar-Lahl).

Die **Klärschlammverbrennung** stellt, wenn sie in modernen Anlagen mit entsprechender Abluftreinigung durchgeführt wird, kein vergleichsweise herausragendes Emissionsproblem dar. Allerdings muß bedacht werden, daß für die anfallenden Rückstände in der Regel außer der Deponierung keine Lösungen vorhanden sind. Gegen die Verbrennung spricht vor allem das Ressourcenargument. Die im Klärschlamm enthaltenen Nährstoffe und Organikanteile stellen eine Ressource dar, die bei der Verbrennung zerstört wird. Der energetische Überschuß einer Verbrennung von Klärschlamm ist selbst bei modernen Anlagen nur gering, so daß das Energieargument (sprich Energiegewinnung) das Manko der Ressourcenvernichtung nicht aufwiegen kann. Würde man in der Abwägung allerdings den Bodenschutzaspekt höher bewerten bzw. sich mittelfristige grundlegende chemiepolitische Verbesserungen nicht zutrauen, so würde im Rahmen einer Ökobilanz die moderne Klärschlammverbrennung als kleineres Übel gewinnen und würde zur zu bevorzugenden Variante (vgl. Hahn).

Die schlechteste Variante der Entsorgung ist die **Klärschlammdeponierung**, wobei es hier noch eine Untergliederung gibt. Die Ablagerung auf einer Mischdeponie sollte umgehend eingestellt werden, Monodeponien sind nicht ganz so problematisch einzustufen. Die **TA Siedlungsabfall** gibt perspektivisch vor, die Klärschlammdeponierung zu beenden. Der wesentliche Einwand gegen die Deponierung ist das auf Dauer entstehende Deponiegas und insbesondere Deponiesickerwasser.

Als neue Variante wird die **Klärschlammvergasung** in die Diskussion gebracht: durch chemische Umwandlung soll über die Erzeugung von Synthesegas aus Klärschlamm eine organische Chemikalie synthetisiert werden.

Fazit

Um in der Wasserpolitik anspruchsvolle Umweltqualitätsziele zu erreichen, sind Regulierungsmaßnahmen an der Quelle notwendig. Diese müssen sich in erster Linie auf die industriellen Kläranlagen beziehen. Aber auch das kommunale Entwässerungswesen muß hierzu seinen Beitrag leisten. Allerdings ist eine weitere end-of-the-pipe-Stufe nicht sinnvoll. Vielmehr müssen bei den Indirekteinleitern und bei den Haushalten folgende Strategien umgesetzt werden: Alles, was nicht "trinkwasserverträglich" ist, darf nicht ins Abwasser gelangen. Dies kann entweder durch Stoffverbote oder durch Anwendungsgebote in geschlossenen Systemen durchgesetzt werden. Die Umsetzung dieser Ziele ist nur begrenzt durch kommunale Instrumente möglich. Unabdingbar sind deutlich schärfere Regelungen im Chemikalienrecht, damit nur noch das ins Abwasser gelangen kann, was Kläranlagen auch schadlos abbauen können.

Der kommunale Gewässerschutz resp. die kommunale Abwasserbeseitigung ist in den letzten 20 Jahren das Feld des Umweltschutzes gewesen, in dem sich am meisten getan hat. Auch zukünftig sind die Gestaltungsspielräume erheblich. Sicherlich sind sie stärker als bei der Verwertung von gebrauchten Joghurtbechern (siehe DSD-Diskussion). Allerdings hat man manchmal den Eindruck, daß die politische Optik zu wenig den realen Prioritäten entspricht.

Wichtig ist vor allem, daß man die Aufgaben der Abwasserbeseitigung als integriertes Gesamtkonzept betreibt.

Literatur

ATV-Regelwerk - Abwasser -, Arbeitsblätter A 101, A 102, A 105, A 110, A 117 - 119, A 121, A 128, A 138, A 140, sowie ATV-Entwürfe (Gelbdrucke) mit Einspruchsfrist, Stand April 1993: A 111, A 147, Teil 1: Für diejenigen, die sich mit der Gesamtbetrachtung des Entwässerungssystems fundierter beschäftigen wollen, bietet die ATV eine ausführliche Aufstellung der einschlägigen Normen und Vorschriften. Bezugsadresse: ATV, Berta von Suttner-Platz 8, 53757 Sankt Augustin

Briese, D./ Erpenbeck, C.: Landwirtschaftliche Wege im Rahmen des Boden- und Gewässerschutzes - Probleme und Lösungsmöglichkeiten. Zeitschrift für Kulturtechnik und Flurbereinigung 27, 158 - 164, 1986

Hahn, J.: Klärschlamm ist Abfall. Korrespondenz Abwasser 2, 175 - 177, 1990
Imhoff, A./ Imhoff, K. R.: Taschenbuch der Stadtentwässerung
Krejci, V./ Gujer, W.: Probleme und Maßnahmen des Gewässerschutzes bei Regenwetter. Vortrag an der TU Wien, Wiener Mitteilungen Nr. 53, 4/1984; zit. in Muschak W., s.u.
Muschak, W.: Straßenoberflächenwasser - eine diffuse Quelle der Gewässerbelastung. Vom Wasser 72, 267 - 282, 1989
Lahl, U./ Zeschmar-Lahl, B.: Klärschlammentsorgung - die Spielregeln ändern. Korrespondenz Abwasser 2, 164 - 174, 1990
Lahl, U./ Hillebrand, W./ Wende, W.: Sind Entwässeerungssatzungen noch zeitgemäß? Ein Erfahrungsbericht zur Indirekteinleiterreglementierung. gwf Wasser Abwasser 8 (132), 432 - 437, 1991;
dies.: Industrielle und gewerbliche Abwasserindirekteinleitung in die öffentliche Kanalisation. Korrespondenz Abwasser 5, 614 - 623, 1991
UBA: Daten zur Umwelt 1990/91, S. 374

AKP-Artikel zum Thema

Schöne Scheiße. Marode Abwassersysteme, AKP-Schwerpunktthema 2/1992, S. 29 - 44
Schütte, H.: Pflanzenkläranlagen, 3/1992, S. 60 - 62
Lübbe-Wolf, G.: Grundwassergefährdung durch CKWs, 4/1992, S. 50 - 53
Matthies, H.: Arbeits- und Umweltschutz am Beispiel der Chlororganika, 4/1992, S. 54 - 58
Kettler,R.: Strafrecht beschleunigt Kanalsanierung, 5/1991, S. 19 - 20
Günther,P.: Klärschlammbelastung. Gift oder Dünger. 1/1990, S. 59 - 64

Thomas Lenius, Detlef Stoller

Altlasten

Marktredwitz in Bayern, wo die älteste Chemiefabrik Deutschlands eine ganze Stadt mit Quecksilber vergiftet hat, Bitterfeld, wo gut 100 Jahre Chemieindustrie ein ökologisches Notstandsgebiet hinterlassen haben, oder Leverkusen, wo 800 Menschen von der Bayer-Altdeponie Dhünnaue evakuiert wurden — an vielen Orten bedrohen gefährliche Altlasten Menschen und Umwelt. Rund 250.000 altlastverdächtige Flächen vermutet man im vereinten Deutschland.

Bestandsaufnahme

Eine gesetzliche Definition des Begriffes Altlasten gibt es bisher nicht, allerdings hat der Altlastenbegriff des Rates von Sachverständigen für Umweltfragen nahezu einen normativen Charakter: "Altlasten sind Altablagerungen und Altstandorte, sofern von ihnen Gefährdungen für die Umwelt, insbesondere die menschliche Gesundheit, ausgehen oder zu erwarten sind.
Altablagerungen sind
— verlassene und stillgelegte Ablagerungsplätze mit kommunalen oder gewerblichen Abfällen
— stillgelegte Aufhaldungen und Verfüllungen mit Produktionsrückständen auch in Verbindung mit Bauschutt und Bergematerial
— illegale ("wilde") Ablagerungen aus der Vergangenheit.
Altstandorte sind
— Grundstücke stillgelegter Anlagen mit Nebeneinrichtungen,
— nicht mehr verwendete Leitungs- und Kanalsysteme sowie
— sonstige Betriebsflächen oder Grundstücke,
in denen oder auf denen mit umweltgefährdenden Stoffen umgegangen wurde, aus den Bereichen der gewerblichen Wirtschaft oder öffentlicher Einrichtungen."

Diese Definition, an der sich die Behörden meist orientieren, ist bewußt auf Vergangenes, Abgeschlossenes wie z.B. die stillgelegte Müllkippe eingegrenzt. Weil heutige Produktionsstandorte davon ausgeschlossen sind, führt dieser Sprachgebrauch am eigentlichen Problem — der Verschmutzung von Böden und Grundwasser — vorbei. Daher ist die enge Altlasten-Definition ständig zu hinterfragen und die Kommunen aufgefordert: Alle Standorte müssen erfaßt und untersucht werden, auf denen mit umweltgefährdenden Stoffen umgegangen wurde oder wird.

Wodurch entstehen eigentlich Altlasten? Abfall wurde bis 1972 gänzlich ohne gesetzliche Vorschriften abgelagert. Einfach abgedeckt oder "rekultiviert", gerieten die Müllkippen oft in Vergessenheit, so daß sie heute gezielt gesucht werden müssen. Aber auch nach 1972 gelangten hochgiftige Stoffe auf Deponien ohne abgedichteten Untergrund. Der Gebrauch von Chemikalien hat in den letzten 50 Jahren sprunghaft zugenommen, es kommen täglich zahlreiche, in ihren Wirkungen oft unbekannte Chemikalien hinzu. Da blieb und bleibt es nicht aus, daß bewußt oder unbewußt durch sorglosen Umgang mit Schadstoffen die meisten Betriebsgrundstücke mehr oder weniger verunreinigt sind. Ein unverschmutztes Industriegrundstück ist heute eine seltene Ausnahme. Ursachen für die Verseuchung von Betriebsgrundstücken sind vergrabene Abfälle, defekte Anlagenteile, undichte Leitungen, schlampiger Umgang mit Chemikalien, unsachgemäßer Abbruch von Anlagen sowie Unfälle und Kriegsschäden.

Häufig wird nicht unterschieden zwischen den sogenannten **Altlastverdachtsflächen** und den erkannten Altlasten. Bei Altlastverdachtsflächen liegen noch keine genauen Untersuchungen vor. Meist wird mittels Literaturrecherchen über die frühere Nutzung versucht herauszufinden, ob eine Gefährdung vorliegen kann. Erscheint dies unwahrscheinlich, rutscht die Verdachtsfläche aus der Untersuchung heraus. Eine konkrete Schadstoffanalyse wird nicht vorgenommen, allenfalls ein vorsorgendes Grundwasserüberwachungsprogramm eingeleitet. Erst nach eingehenden Untersuchungen über die Schadstoffbelastung wird eine Verdachtsfläche bei vorhandener Gefährdung zu einer Altlast.

Die Zahlen über vermutete Altlasten schnellen in die Höhe. Ist ganz Deutschland eine Altlast? Über die Zahl der festgestellten Altlasten gibt es keine offiziellen Daten, wohl aber über die Gesamtzahl der altlastverdächtigen Flächen. Nach einer Umfrage in allen Bundesländern gab das Bundesumweltministerium 1992 rund 130.000 altlastverdächtige Flächen an. Da die meisten Bundesländer erst die **Altablagerungen** erfassen und mit der systematischen Erfassung von **Altstandorten** noch gar nicht begonnen haben, wird die Gesamtzahl der altlastverdächtigen Flächen in den alten und neuen Bundesländern bald weit über 250.000 liegen.

Was versteht man unter **Gefährdungsabschätzung**? Zentrale Aufgabe beim Umgang mit kontaminierten Flächen ist die Bewertung der Situation am Ort, die Gefährdungsabschätzung. Hierzu gehört eine Schadstoffanalyse und eine Beurteilung der Flächennutzung: Bei Kinderspielplätzen und Wohngebieten gelten andere Maßstäbe als bei Industriegebieten. Für beide Untersuchungen wird häufig ein privater Gutachter beauftragt. Üblicherweise beginnt die Eingrenzung des Gefährdungspotentials mit der Erstbewertung, einer groben Abschätzung der Belastungssituation anhand von Anhaltspunkten über dort vermutete Schadstoffe. Solche Hinweise kann beispielsweise die historische Recherche zur Nutzungsgeschichte einer Fläche mittels Archiven, Luftbildern und Befragungen liefern. Damit lassen sich Produktions- bzw. Ablagerungszeiträume beschreiben und durch die Zugehörigkeit zu bestimmten Branchen lassen sich Rückschlüsse auf die Art von Abfällen gewinnen. Schließlich kann ein Vergleich mit dokumentierten Fällen die weitere Einschätzung erleichtern. Erst im Anschluß daran folgt in der Regel eine zielgerichtete Untersuchung eines Geländes, die Ausdehnung und Umfang der Schadstoffbelastung genauer erfaßt. Es schließt sich die gesundheitliche Bewertung und die Einschätzung eventueller Wirkungen in der Umwelt an. In sehr vielen Fällen läßt die gängige Praxis jedoch einen umfassenden Ablauf einer Gefährdungsabschätzung vermissen. Denn eine gründliche Abschätzung kostet den Kommunen viel Geld. Häufig wird daher eine Altlast im "Schnellverfahren" beurteilt.

Das große Problem bei der Bearbeitung und Gefahrenabschätzung von Altlasten stellt die Bewertung dar. Diese scheinbar wissenschaftliche Frage basiert letztlich auf subjektiven Einschätzungen weniger WissenschaftlerInnen oder EntscheidungsträgerInnen in Politik und Verwaltung. Dies hat zwei Gründe: Zum einen verhindern Wechselwirkungen von Chemikalien untereinander und Bio-Reaktionen im Körper eine genaue Kenntnis über Verhalten und Schadwirkungen. Zum anderen enthalten die zur Bewertung herangezogenen Richtwerte immer politische Wertsetzungen oder spiegeln gesellschaftliche Interessenlagen wider, die mehr oder weniger offen gelegt sind. Dennoch sind Richtwerte in der Praxis unverzichtbar. Behörden und Gutachter, die mit Richt- und Grenzwerten arbeiten, sind gefordert, diesen politischen Kontext stets im Auge zu behalten. Sie sind in der Pflicht, die Öffentlichkeit korrekt zu informieren, denn die Bewertung muß nachvollziehbar, begründbar und vorsorgeorientiert sein.

Rechtlich verbindliche Regelwerke zur Beurteilung der Gefährlichkeit einer Altlast gibt es in der Bundesrepublik Deutschland bislang nicht. Andere Richtwerte werden benutzt, so zieht die sogenannte Holland-Liste oder die Klärschlammgrenzwerte oder neuerdings die nutzungsorientierte Richtwerttabelle von EIKMANN und KLOKE heran, die Gutachtern und Behörden einen recht breiten Ermessensspielraum bietet. Diese Richtwerttabelle erfaßt jedoch gar nicht alle relevanten Schadstoffe. Beispielsweise fehlt bislang die große Stoffgruppe der polycyclischen aromatischen Kohlenwasserstoffe (PAK). Alle im Altlastenbereich angewendeten Richt- und Grenzwertlisten finden sich in der einschlägigen Literatur (siehe Literaturhinweise).

Rechtliche Grundlagen

Ein bundeseinheitliches Altlastengesetz fehlt bisher. Allerdings ist derzeit ein **Bundesbodenschutzgesetz** in der Beratung, das die Altlastenproblematik mit umfaßt. Einen effektiven Bodenschutz strebt die Bundesregierung mit dem Gesetzentwurf nicht an, denn der Schutz des Bodens als "Standort für wirtschaftliche Nutzungen" steht gleichberechtigt mit dem Schutz des Bodens als "Lebensgrundlage und Lebensraum für Mensch, Tier, Pflanzen und Bodenorganismen" (§ 2). Als Rahmengesetz soll es durch untergesetzliche Regelungen (z.B. konkrete Bodengrenzwerte für Sanierungen oder Bodenqualitätsziele) und Ausführungsbestimmungen der Länder ausgefüllt werden; diese werden maßgeblich die Effektivität eines solchen Gesetzes bestimmen.

Angesichts fehlender Regeln auf Bundesebene haben einige Bundesländer im Abfall- oder in einem speziellen Altlastengesetz gesetzliche Grundlagen geschaffen, um mit den gewaltigen Schäden im Boden fertig zu werden; sie verpflichten die Kommunen zur Erfassung und Bewertung von Altlasten und haben die Finanzierung notdürftig reguliert. Juristische Grundlage für die Bewältigung von Gefahren, die von belasteten Flächen ausgehen, ist im allgemeinen das **Polizei- und Ordnungsrecht.** "Unter einer polizeilichen 'Gefahr' ist nach allgemeiner Auffassung eine Lage zu verstehen, in der bei ungehindertem Ablauf des Geschehens ein Zustand oder ein Verhalten mit hinreichender Wahrscheinlichkeit zu einem Schaden für die Schutzgüter der öffentlichen Sicherheit oder öffentlichen Ordnung führen würde." Diese Gefahren-Definition beruht auf der Grundlage des preußischen Polizei- und Ordnungsrechts aus dem vorigen Jahrhundert und wird auch für Umweltrisiken des ausgehenden 20ten Jahrhunderts benutzt. Altlastenbewältigung auf dieser Grundlage — auch wenn diese durch höchstrichterliche Entscheidungen fortentwickelt wurde — ist nicht mehr zeitgemäß und unpraktikabel, weil sie von unbestimmten Rechtsbegriffen wie "hinreichende Wahrscheinlichkeit" und "Schaden" abhängt. Das allgemeine Polizei- und Ordnungsrecht wird dann nicht herangezogen, sobald und soweit spezielles Gefahrenrecht (z.B. Abfallrecht, Wasserrecht) im Einzelfall anwendbare Regelungen enthält. Dies ist bei Altlasten selten der Fall, weil hier nur wenige spezielle Ermächtigungsgrundlagen für behördliche Sicherungs- und Sanierungsverfügungen vorgesehen sind.

Neben der Gefahrendefinition sind zwei weitere Begriffe aus dem allgemeinen Polizei- und Ordnungsrecht wichtig: **Handlungsstörer** und **Zustandsstörer.** Handlungsstörer ist derjenige, der durch sein Tun oder Unterlassen eine Gefahr unmittelbar verursacht. Einfachstes Beispiel hierfür ist der Bürger, der ein Faß mit Altöl in den Boden einleitet. Zustandsstörer ist der Eigentümer oder der Inhaber der sogenannten tatsächlichen Gewalt (z.B. Mieter oder Pächter) eines Grundstücks, von dem eine Gefahr für die Umwelt ausgeht. Entscheidend sind diese Definitionen, wenn es um die Verantwortlichkeit und damit um die finanzielle Schadensregulierung geht.

Liegt der Verdacht nahe, daß von einem Grundstück Gefahren für die Umwelt ausgehen, kann die zuständige Verwaltungsbehörde (zumeist die Untere Wasserbehörde) grundsätzlich Untersuchungsmaßnahmen wie Probebohrungen, Einholung eines Sachverständigengutachtes etc. vornehmen, um festzustellen, ob und in welchen Ausmaß sachliche Umstände vorliegen, welche die Annahme eines Schadenseintritts begründen. Hiervon muß man die Maßnahmen der Gefahrenabwehr bei bereits festgestellten Kontaminations- und Schadensfällen unterscheiden. Der Grundstückseigentümer ist zur Duldung dieser behördlichen Untersuchungsmaßnahmen verpflichtet. Bestätigt und konkretisiert sich aufgrund der Untersuchungsergebnisse ein Verdacht, kommen behördliche Sanierungsanordnungen gegen den Verantwortlichen aufgrund des Abfallrechts (Abfallgesetz), des Wasserrechts (Wasserhaushaltsgesetz) oder des allgemeinen Polizei- und Ordnungsrechts in Betracht. Diese Maßnahmen müssen den drei allgemeinen Anforderungen für Verwaltungshandeln entsprechen: der Geeignetheit, der Erforderlichkeit und der Angemessenheit bzw. Verhältnismäßigkeit. Der sogenannte "Verwaltungsakt" und die daraus abgeleiteten Sicherungs- und Sanierungsmaßnahmen müssen demzufolge ein wesentlicher Schritt zur Gefahrenbeseitigung sein, bei mehreren Sanierungstechniken ist die für den Verantwortlichen am wenigsten belastende Maßnahme durchzuführen und diese Maßnahme muß im Verhältnis zum Erfolg angemessen sein. Die Behörde kann eine Maßnahme unmittelbar selbst ausführen, wenn es die Situation notwendig macht, z.B. bei akuter Gefahr für die Bewohner einer Altlast. Aber auch die Verfügung zur sogenannten "Eigenvornahme durch den Verantwortlichen" oder die Ersatzvornahme durch die Behörde, wenn die Sanierungsmaßnahmen durch den Verantwortlichen nicht vorgenommen worden sind, sind in der Regel behördliches Handeln. Bei der Ersatzvornahme geht dies zu Lasten des in die Pflicht genommenen Verantwortlichen.

Für die **Stadtplanung** sind Altlasten ein Hemmnis. Denn der Anteil an Altlastverdachtsflächen ist erheblich — gerade in altindustrialisierten Regionen. Beispielsweise sind 17 Prozent der Stadtfläche Dortmunds altlastenverdächtig. Daher richtet sich die Stadtplanung oft mehr nach den Bodenbelastungen als nach dem städtebaulich Sinnvollen. So sind Bebauungen im Stadtkern aufgrund der Kontaminationen meist ausgeschlossen: Zusammenhängende und wertvolle Freiräume im Randgebiet werden überplant und versiegelt. Zu den zentralen Aufgaben der Stadtentwicklung gehören daher Altlastensanierungen in den Kernzonen nach städtebaulich begründeten Prioritäten. Wenn aus städtebaulicher Sicht die Bebauung einer Verdachtsfläche sinnvoll erscheint, muß die Fläche untersucht und gegebenenfalls saniert werden. Für ungenutzte Industrieflächen in privater Hand müßte eine gesetzliche Sanierungspflicht bestehen. Momentan können die Behörden lediglich einschreiten, wenn Gefahren von der Fläche ausgehen.

Angesichts dieser Problematik schreibt das **Baugesetzbuch** vor, daß Flächen, deren Böden erheblich mit umweltgefährdenden Stoffen belastet sind, in den B-Plänen gekennzeichnet werden müssen (§ 9 Abs. 5 Nr. 3); dasselbe gilt für Flächennutzungspläne bei den für bauliche Nutzungen vorgesehenen Flächen. Diese **Kennzeichnungspflicht** setzt eher ein als die oben beschriebene Gefahrenschwelle, weil es Aufgabe der Bauleitplanung ist, sämtliche Belange im Plangebiet zu berücksichtigen, vorsorgend konfliktfreie Nutzungen festzusetzen und Umweltgefahren zu vermeiden. (Auch Verdachtsflächen, Schutzzonen oder geringe Belastungen können deshalb vorsorglich zu kennzeichnen sein.) Außerdem sind — anders als beim Altlastenbegriff des Umweltrechts — auch solche Bodenverunreinigungen zu kennzeichnen, die von laufenden Betrieben ausgehen.

Durch Sünden bei der Bauleitplanung war Kommunalpolitik oft selbst für das Entstehen von Altlasten verantwortlich. Eins der bekanntesten Beispiele ist die bewohnte Altlast Bielefeld-Brake. Die ehemalige Mülldeponie war durch einen B-Plan als Wohngebiet ausgewiesen worden. Später wurde festgestellt, daß im Plangebiet der Boden mit gesundheitsgefährdenden Schadstoffen belastet war, die aus der ehemaligen Nutzung des Geländes stammten. Solche Flächen wie in Bielefeld dürfen nach Rechtsprechung des Bundesgerichtshofs (BGH) von der Gemeinde nicht zu Wohnzwecken ausgewiesen werden. Das BGH hat für solche "Planungsfehler" eine Amtshaftung festgelegt. Die Amtsträger einer Gemeinde haben grundsätzlich die Amtspflicht, bei der Aufstellung von Bebauungsplänen Gesundheitsgefährdungen zu verhindern, die den zukünftigen BewohnerInnen des Plangebiets durch Bodenverunreinigungen drohen könnten. Eine Verletzung dieser Verpflichtung gilt als "Amtspflichtverletzung". Daraus resuliert, daß die plangebende Gemeinde gegenüber den geschädigten BewohnerInnen einer Altlast haftet, auch für den aus der Amtspflichtverletzung entstandenen Vermögensschaden. Mit Hinweis auf eine drohende Amtspflichtverletzung läßt sich in der Bauleitplanung eine sorgfältige Prüfung möglicher Bodenbelastungen einfordern.

Sanierung

Alle reden von Sanierung, kaum kommt eine neue Altlast in die öffentliche Diskussion. Sanierungstechniken sollen den Kontakt Boden-Mensch unterbinden und verhindern, daß Schadstoffe aus der Altlast ins Grundwasser gelangen. Sprachliche Augenwischerei — sanieren, sprich heilen, können die verfügbaren Sanierungstechniken nicht. Denn den Anspruch, den ursprünglichen Zustand wiederherzustellen, erfüllen diese Techniken praktisch nicht. Dennoch muß dieses Kriterium als Zielvorgabe für Altlastensanierungen bestehen bleiben. "Altlastensanierung" ist nach dem Rat von Sachverständigen für Umweltfragen "die Durchführung von Maßnahmen, durch die sichergestellt wird, daß von der Altlast nach der Sanierung keine Gefahren für Leben und Gesundheit des Menschen sowie keine Gefährdungen für die belebte und unbelebte Umwelt im Zusammenhang mit der vorhandenen oder geplanten Nutzung des Standortes ausgehen".

Viele Unternehmen werben mit ihren Sanierungserfolgen — in der Regel Laborsanierungen. Hört man die Erfahrungen der Altlasten-Betroffenen, zeigt sich die Fragwürdigkeit der Jubelmeldungen. Sanierung entpuppt sich als weites Experimentierfeld, auf dem sich ExpertInnen tummeln, die häufig genug scheitern. Ein Labor ist eben ein Labor und kein Wohngebiet. Eine an langfristiger und nachhaltiger Sicherung der Lebensgrundlagen orientierte Umweltpolitik muß Belastungen so abbauen, daß Risiken dauerhaft und weitestgehend minimiert sind. Das Ziel von Altlastensanierungen kann daher nur die Wiederherstellung des ursprünglichen Zustands sein. Man sollte sich daher bei der Formulierung von einzelfallbezogenen Sanierungszielen am Multifunktionalitätsprinzip orientieren: Demnach muß ein sanierter Boden grundsätzlich für alle denkbaren Nutzungen zur Verfügung stehen. Die eventuell erforderlichen Abstriche aus technischen oder aus finanziellen Gründen müssen jeweils exakt begründet werden.

Neben dem langfristig anzustrebenden Wiederherstellungsgebot steht das kurzfristige Ziel der "Sicherung", d.h. der Verhinderung einer weiteren Ausweitung der Schadstoffe, um Schlimmeres zu verhüten. Und wenn noch weniger passiert, handelt es sich um Schutz- oder Beschränkungsmaßnahmen. Von Sanierung kann in diesen Fällen allerdings nicht gesprochen werden.

Fast immer hat die Verbesserung der Umweltsituation am Ort der Altlastenbehandlung neue Belastungen an anderen Orten zur Folge: Transporte mit Lärm und Abgasen, Reststoffe von Bodenwaschanlagen oder Emissionen von Verbrennungsanlagen. Es kommt darauf an, die Sanierungstechniken so auszuwählen, daß möglichst wenig Umweltbelastungen an anderer Stelle auftreten. Um eine Sanierungsvariante beurteilen zu können, müssen zwei Bilanzen aufgestellt werden: Die Schadstoffbilanz enthält die Verteilung der Schadstoffe nach Art und Menge vor und nach der Sanierungsmaßnahme. Die Umweltbilanz stellt die Entlastungen am Ort der Sanierung den Belastungen durch die Sanierung gegenüber. Da alle technischen Verfahren nur begrenzt Schadstoffe entgiften oder zerstören, können Kombinationen verschiedener Techniken in zentralen Altlastensanierungsanlagen sinnvoll sein. An derartige Sanierungszentren stellen Umweltverbände wie der BUND strenge ökologische Kriterien. Grundsätzlich gilt: Großtechnologische Anlagen verhindern behutsame Lösungen. Sie lassen das Entstehen von neuen Bodenbelastungen weniger problematisch erscheinen, da ja in **Sanierungszentren** der Boden gereinigt werden kann.

Die polizeirechtliche Gefahrendefinition hat mit der subjektiven Risikowahrnehmung und mit der objektiven Gesundheitsgefährdung wenig zu tun. Selbstverständlich können chronische Gesundheitsschäden auch unterhalb der Gefahrenschwelle auftreten. Gerade bei krebserzeugenden Stoffen gibt es nach wissenschaftlichen Erkenntnissen keine noch so geringe Dosis, bei der keine Wirkung auftreten kann. Mit der Dosis verändert sich nur das Risiko, einen Schaden davonzutragen. Eine scharfe Grenze zwischen "Gefahr" und "keine Gefahr" gibt es also nicht, vielmehr ein Kontinuum der Gefährdung. Das fließende Risiko läßt sich nur statistisch abschätzen. Dabei läßt sich nicht aus dem Risiko für eine Personengruppe (z.B. für eine Gruppe von BewohnerInnen einer Altlast) auf das Risiko im Einzelfall (z.B. für eine bestimmte Bewohnerin) schließen. Hier spielen auch individuelle Faktoren (Konstitution, Alter, Vererbung, Vorbelastung) eine Rolle. Grundsätzlich ist zwischen sofortigen (akuten) und langfristigen (chronischen) Wirkungen zu unterscheiden. Akute Vergiftungen treten bei Schadstoffen aus Altlasten selten auf. Chronische Vergiftungen durch langandauernde Aufnahme geringer Mengen giftiger Stoffe sind von daher kennzeichnend für die Gefahren aus Altlasten. Oft sind die Gifte aus Altlasten nicht oder nur schlecht biologisch abbaubar. Dazu kommt: Die Schadstoffe können sich im Körper anreichern. Die Höhe der Risiken, die von einer Altlast ausgehen, hängen ab von
— der Art der Schadstoffe,
— der Menge bzw. Konzentration der Schadstoffe,
— der Standortnutzung und ihrer Dauer,
— den Bodenverhältnissen,
— den Grundwasserverhältnissen und seiner Nutzung.

Die Gesundheitsgefährdung durch Altlasten ist über eine Vielzahl sogenannter Pfade (Luft, Trinkwasser, Bodenberührung, Nahrungsaufnahme) möglich. Der direkte Pfad von einer Altlast zum Menschen (durch Ausgasungen und Hautkontakt) ist vor allem bei Kindern bedeutsam, die auf dem Gelände spielen und Boden oder verschmutzte Gegenstände in den Mund nehmen. Bei bewohnten Altlasten spielt je nach Gartennutzung zusätzlich auch der indirekte Pfad über die Anreicherung von Schadstoffen in selbst angebauten Nahrungsmitteln eine wichtige Rolle.

Bewohnte Altlasten

Das Leben auf Altlasten bringt extreme Belastungen für die Betroffenen mit sich. Es gibt die
— menschliche Seite: Emotionen und Ängste von Bewohnern,
— politische Seite: Beteiligung der Öffentlichkeit an der Entscheidungsfindung,
— technische Seite: Abwehr von Gefahren und Risiken.
Gerade die menschliche Seite spielt nach wie vor kaum eine Rolle. Die Menschen auf Altlasten geraten oft in eine unverschuldete Einsamkeit: Die Beziehungen zu FreundInnen und Bekannten leiden, weil Gift andauernd Thema Nr. Eins ist. Kindern raubt man ihre sorgenfreien Spielmöglichkeiten. Eltern von FreundInnen verbieten Besuche in der Giftsiedlung oder brechen den Kontakt ganz ab. Die Beziehung zum eigenen Heim verändert sich: Nicht mehr Geborgenheit und Sicherheit, sondern Unsicherheit und Angst sind prägend. Die Betroffenen haben Angst um ihre Gesundheit, vor dem Wertverlust ihrer Immobilie und müssen befürchten, daß die Kommune ihnen als Eigentümer die Sanierungskosten auferlegt. Als Druckmittel wenden Kommunen die Zustandsstörerhaftung gerne an, um die Betroffenen willig und ruhig zu halten.

Erfahrungen von AltlastenbewohnerInnen mit Kommunen, Gerichten und Experten sind sich erschreckend ähnlich. Gemeinden verschweigen angeblich wegen Datenschutz Untersuchungsergebnisse oder entschädigen die Absiedlungswilligen nicht vollständig oder legen willkürlich die Grenze der Altlast fest. Die zentrale Forderung ist, daß Betroffene kurzfristig und ohne finanziellen Verlust die Altlast verlassen können müssen. Gleichgültig, ob sie für Wegzug, für "unbesorgtes" Dableiben oder für Sanierung eintreten, den Bewohnern muß die Entscheidung immer offenstehen. Es ist vor Beginn einer Sanierungsmaßnahme in Zusammenhang mit den Betroffenen nachzuweisen, daß durch die Sanierungsmaßnahme keine zusätzlichen Gefährdungen für die BewohnerInnen entstehen. Sollten technische Maßnahmen nicht sicher eine Gefährdung ausschließen, ist das Verlassen der Fläche während der Sanierung zu ermöglichen.

Nur mit Beteiligung der Öffentlichkeit und der Altlasten-BewohnerInnen vor den wesentlichen Entscheidungen kann es Zustimmung von den BürgerInnen geben, die später auch Lasten zu tragen haben. Notwendig für die Beteiligung der BürgerInnen ist ein ständiges Gremium, der **Sanierungsbeirat**, der die Untersuchungen begleitet und einen **Sanierungsplan** aufstellt, der alle notwendigen Ergebnisse, Sanierungsziele und -maßnahmen enthält. Dieser Beirat sollte sich aus PolitikerInnen, Verwaltung, VertreterInnen der Umweltverbände, der AltlastenbewohnerInnen und der Grundstücksbesitzer zusammensetzen. Wesentliches Kennzeichen der Arbeit in diesem Gremium muß sein, daß man sich gegenseitig überzeugt. Schon bei der Vergabe von Gutachteraufträgen muß versucht werden, Konsensentscheidungen zu fällen. Wenn das nicht gelingt, müssen die Betroffenen parallel Gutachter ihres Vertrauens beauftragen können. Nach der abschließenden öffentlichen Diskussion der Ergebnisse des Sanierungsbeirats faßt der Stadtrat als demokratisch gewähltes Gremium einen offiziellen Beschluß über den Sanierungsplan.

Rüstungsaltlasten

Eine gerne "vergessene" Form von Altlasten sind diejenigen rüstungsindustrieller und militärischer Art. Warum? Das Verstecken und die Geheimhaltung gehört zur inneren Logik des Militärischen, dessen Folge – die Umweltzerstörung – nicht gesehen werden soll. Zu den verdächtigen Standorten zählen insbesondere
– alle Produktionsanlagen sowie alle Lager, Umschlag- und Entsorgungsplätze für Kampfmittel,
– alle stationären militärischen Anlagen wie Flugplätze, Bunker, Kasernen, Truppenübungs- und Schießplätze.
Typische Schadstoffe sind chemische Kampfstoffe, Sprengstoffe (TNT) und Zündstoffe, die stark wasser- und bodengefährdend sind. Um Rüstungs- und militärische Altlasten aufzuspüren, ist eine besondere Untersuchungsmethode notwendig, v.a. durch gezielte Analyse des Trinkwassers. Sanierungsmaßnahmen sind bisher kaum erfolgt; zu nennen sind allenfalls Sicherungsmaßnahmen wie Grundwasserreinigung durch Aktivkohle oder die Zwischenlagerung kontaminierter Böden.

Wenn militärische Standorte aufgegeben werden, sollte die Kommune alle Möglichkeiten der Recherche nutzen, nicht zuletzt durch Befragen der abrückenden Truppen. Noch während deren Anwesenheit sollte mit Untersuchungen und Sanierungen begonnen werden. Erhebliche und unkalkulierbare finanzielle Lasten können auf die Kommunen bei der Übernahme von Flächen ehemaliger Rüstungsfabriken zukommen, weil die eigentlich heranzuziehenden Verursacher meist nicht mehr existieren und dadurch der neue Eigentümer haftbar wird, sowie beim Kauf vormals militärisch genutzter Flächen, deren Übertragung der Bund an eine Übernahme der Sanierungskosten koppeln will (siehe Kapitel "Friedenspolitik und Konversion").

Finanzierung

1985 hat das Umweltbundesamt für die Bewältigung der Altlasten in einem ersten Ansatz einen Bedarf von 17 Milliarden DM veranschlagt. Heutige Schätzungen beziffern den volkswirtschaftlichen Schaden allein für die Sicherung und Sanierung auf runde 87 Milliarden Mark jährlich (Wicke).

Die Kosten für die Maßnahmen werden theoretisch von den Verursachern der Schäden, also den Handlungsstörern getragen. In den Fällen, wo diese nicht greifbar sind, wären an nächster Stelle die Zustandsstörer heranzuziehen. Wenn diese nicht zahlungsfähig sind oder – in den östlichen Bundesländern – über die Freistellungsklausel einen Haftungsausschluß erhalten, gehen die Kosten zu Lasten der öffentlichen Haushalte. Letzteres ist in der Realität überwiegend der

Fall. Die grundsätzliche politische Forderung ist, die Industrie — nicht nur die Chemieindustrie — als Verursacher bei der Beseitigung der Altlasten finanziell heranzuziehen. Dies könnte analog zum US-amerikanischen Superfund (siehe Claus) geschehen oder über eine Abfallabgabe oder eine spezielle Chemiesteuer, durch die die finanzielle Belastung umweltfeindlicher Chemikalien verteuert würden.

Die Bundesregierung verhindert solche Regelungen und stellt bisher nur geringfügige Mittel in verschiedenen, eigentlich für andere Zwecke bestimmten Programmen wie Städtebauförderung, der Verbesserung der regionalen Wirtschaftsstruktur usw. zur Verfügung. Diese Mittel werden in der Regel nur in bestimmten Einzelfällen zur Finanzierung herangezogen. Dadurch ist es den Ländern überlassen, nach Lösungen zu suchen. Das Land Nordrhein-Westfalen versucht seitdem mit dem Lizenzmodell, Geld in die Kasse für Altlastensanierungen zu bekommen. Die Idee: Sonderabfallunternehmen zahlen für die Erlaubnis der Abfallentsorgung eine Lizenzgebühr an eine extra für diesen Zweck eingerichtete Stelle. Jährlich fließen so rund 50 Millionen Mark in den sogenannten Hattinger Fond — ein kleiner Tropfen auf einen sehr heißen Stein der Altlastensanierung in NRW. In anderen Länder gibt es andere Modelle, so tragen in Rheinland-Pfalz Staat, Kommunen und die Wirtschaft eine Sanierungsgesellschaft, die eine anteilige Finanzierung von Altlastensanierungen praktizieren soll (Kooperationsmodell). Ähnliche Vereinbarungen bestehen in Bayern, Hessen und Baden-Württemberg.

Unterm Strich können die Kommunen als diejenigen, die die meisten Sanierungen durchführen, nur über einen Bruchteil der notwendigen finanziellen Mittel verfügen. Dies wird sich nicht ändern, solange der Bund nicht das für diesen Zweck vorgesehene und mehrfach angekündigte Abfallabgabengesetz oder eine vergleichbare gesetzliche Regelung beschließt. Es scheint, als ob man auf eine Regelung noch lange warten muß, solange nur die Gemeinden den Ärger und den Frust der Betroffenen spüren.

Literatur

Barkowski, D. et al.: Altlasten, Handbuch zur Ermittlung und Abwehr von Gefahren durch kontaminierte Standorte; Verlag C.F. Müller; 4. Auflage, Karlsruhe 1992. Die AutorInnen dieses Standardwerks sind in der Bewertung und Sanierung von Altlasten tätig.
Brandt, E. (Hg.): Altlasten. Bewertung - Sanierung - Finanzierung, 3. Auflage, Taunusstein 1993. Ebenfalls ein Standardwerk zu allen Aspekten des Themas.
Borgmann, A./ Gerdts, D./ Hahn, R. (BUND Umweltforschungsinstitut): Altlasttypische Schadstoffe, ein Leitfaden für Bürgerinitiativen und Kommunalpolitik; Düsseldorf 1987
BUND e.V.: Positionen Nr. 24, Altlasten - Gefährdung für die Umwelt, Bonn 1993
Claus, F.: Superfonds-Regelung erheblich ausgedehnt, in: Müll und Abfall 9 (1987), S. 374 - 377
Länderarbeitsgemeinschaft Abfall (LAGA): Arbeitsgruppe "Altablagerungen und Altlasten": Erfassung, Gefahrenbeurteilung und Sanierung von Altlasten; Berlin 1991
Rat von Sachverständigen für Umweltfragen (SRU) 1989: Sondergutachten Altlasten, Bonn Dezember 1989, später als Bundestags-Drucksache 11/6191 vom 3.1.90 vorgelegt
Wicke, U.: Studie zu Kosten der Umweltzerstörung, Berlin 1992
Weingran, C./Rösler, C.: Altlasten. Einführung und Wegweiser zu Adressen, Zeitschriften, Literatur, difu-Reihe "Umweltberatung für Kommunen, Berlin 1992

Adressen

BVAB, Bundesverband der Altlasten-Betroffenen, c/o Wiesdorfer Platz 3, 51373 Leverkusen
BUND, c/o AK Altlasten, Im Rheingarten 7, 53225 Bonn, Tel. 0228/400 970

AKP-Artikel zum Thema

Altlasten. Deckel drauf?!, Schwerpunkt 4/1993, S. 31 - 46
König, W.: Rüstungsaltlasten, AKP 6/1990, S. 56 - 57

Katharina Schmidt-Loske

Natur- und Landschaftsschutz

Die gesetzliche Zielbestimmung des Naturschutzes und der Landschaftspflege ist in §1 Abs. 1 **Bundesnaturschutzgesetz (BNatSchG)** festgelegt: "Natur und Landschaft sind im besiedelten und unbesiedelten Bereich so zu schützen, zu pflegen und zu entwickeln, daß die Leistungsfähigkeit des Naturhaushalts, die Nutzbarkeit der Naturgüter, die Pflanzen- und Tierwelt, die Vielfalt, Eigenart und Schönheit von Natur und Landschaft als Lebensgrundlage des Menschen und als Voraussetzung für seine Erholung in Natur und Landschaft nachhaltig gesichert sind." Dieses Ziel bedeutet, die Natur in naturraum- und standorttypischen Situationen gegenüber anthropogenen Veränderungen zu erhalten, um so zivilisationsbedingten Trends der Zerstörung entgegenzuwirken. Der Naturschutz muß sich an einem **ganzheitlichen Ökosystemschutz** orientieren, wodurch der Verantwortungsbereich auf der Gesamtfläche zu liegen hat. Wegweisend für den Naturschutz hat Thüringen bei der Festschreibung des Landesnaturschutzgesetzes das Anliegen zum Schutz von Natur und Landschaft weiter gefaßt und um eine "ethische Verantwortung des Menschen" ergänzt (Begründung zum ThürNatSchG, Landtags-Drucksache 1/884 S.45). Natur und Landschaft sind danach "aus Verantwortung des Menschen für die natürliche Umwelt..." nicht nur als Lebensgrundlage des Menschen zu schützen, sondern auch "um ihrer selbst willen" (VorlThürNatSchG §1 Abs 2).

Die allgemeine Aufgabe der Gesellschaft, die Nutzungsfähigkeit von Natur und Landschaft dauerhaft zu sichern, wird zum Konfliktpunkt zwischen Naturschutz und Nutzung, wenn die Nutzung zu einer Verminderung von Möglichkeiten für die Zukunft führt. Die Bestimmung des §1 Abs. 3 BNatSchG, wonach der "ordnungsgemäßen" Land- und Forstwirtschaft für die Erhaltung der Kultur- und Erholungslandschaft eine zentrale Bedeutung zukommt, weil sie in der Regel den Zielen des Naturschutzes dient, ist eine "Goodwill"-Erklärung für diejenigen, in deren Händen seit Jahrhunderten die Nutzung des Bodens liegt und die einen wesentlichen Beitrag zur Entwicklung und Erhaltung der Kulturlandschaft geleistet haben. Solange unter "ordnungsgemäßer Landwirtschaft" jedoch die heutige industrielle Form verstanden wird, stellt dies einen Freibrief für Landschaftsverarmung, Gewässerbelastung, Eutrophierung und Bodenerosion dar.

LANDSCHAFTS- UND GRÜNORDNUNGSPLANUNG: Der Landschaftsplan ist dem jeweiligen Flächennutzungsplan als Fachbeitrag zugeordnet und soll für die vorbereitende Bauleitplanung die erforderlichen ökologischen Unterlagen bereitstellen. Nach dem BNatSchG sind die "örtlichen Erfordernisse und Maßnahmen zur Verwirklichung der Ziele des Naturschutzes und der Landschaftspflege in Landschaftsplänen mit Text, Karte und zusätzlicher Begründung näher darzustellen". Die Länder bestimmen die für die Aufstellung der Landschaftspläne zuständigen Behörden und öffentlichen Stellen. In NRW ist der Geltungsbereich des Landschaftsplanes nur der Außenbereich; dort bildet er ein eigenständiges, rechtsverbindliches Planungswerk, das vom Kreis bzw. der kreisfreien Stadt beschlossen wird. In der Regel stellt die Gemeinde für ihr Gemeindegebiet einen Landschaftsplan auf. Auf der Ebene der verbindlichen Bauleitplanung (Bebauungsplan) bildet der Grünordnungsplan als integrierter Bestandteil oder eigenständiger Plan die Möglichkeit, rechtsverbindliche Festsetzungen über Art und Umfang der Bepflanzung, Begrünung, von Ausgleichsflächen etc. zu treffen. Leider wird diese Möglichkeit nicht immer von den Gemeinden in ausreichendem Maße genutzt.

Eingriffe in Natur und Landschaft

Eingriffe in Natur und Landschaft sind im juristischen Sinne (§8 BNatSchG) "Veränderungen der Gestalt oder Nutzung von Grundflächen, die die Leistungsfähigkeit des Naturhaushalts oder das Landschaftsbild erheblich oder nachhaltig beeinträchtigen können". In die entsprechenden Ländergesetze wurden die Leistungsfähigkeit des Naturhaushaltes und das Landschaftsbild als Schutzgüter übernommen. Während das Naturschutzgesetz von Hessen den Schutzstatus auf das örtliche Klima ausweitet, ergänzt Thüringen den Schutzstatus auf das örtliche Klima, Pflanzen- und Tierwelt in ihren Lebensräumen, den Erholungswert und die natürlichen Standortverhältnisse. Thüringen und Mecklenburg-Vorpommern haben gesondert den Begriff der Wasserflächen in den Tatbestand der "Veränderung der Gestalt und Nutzung" aufgenommen (Erstes Gesetz zum Naturschutz in Mecklenburg-Vorpommern, VorlThürNatSchG).

Die Wertung eines Vorhabens als **Eingriff** ist gebunden an die Erheblichkeit oder Nachhaltigkeit der Beeinträchtigung. Beispielsweise ist die Schadstoffeinleitung in ein Gewässer nur dann als Eingriff definiert, wenn diese ursächlich mit der Veränderung der Gestalt oder Nutzung von Grundflächen einhergeht, z.B. Kläranlagenbau (vergl. Schlüpmann/Kerkhoff). In den Ländergesetzen wurde eine Konkretisierung der Definition eines Eingriffs durch die sog. Positiv-Negativ-Listen vorgenommen. Außer in Bayern und Niedersachsen sind in allen Bundesländern Positivlisten erstellt worden. Sie ermöglichen, daß in den dort genannten Fällen i.d.R. ohne weitere Prüfung das Verfahren über die Zulässigkeit und die Beurteilung des Eingriffs von den Vollzugsbehörden eingeleitet werden kann. Die **"Landwirtschaftsklausel"** (§8 Abs.9 BNatSchG) gilt als Negativ-Festlegung, d.h. es handelt sich per se nicht um einen Eingriff in Natur und Landschaft. Im Rahmen der Ermächtigungsgrundlage im BNatSchG (§8 Abs.9) sind die Länder berechtigt, zur Kompensation von Eingriffsfolgen weitergehende Maßnahmen (Ersatzmaßnahmen) vom Verursacher zu fordern. Für den Ersatz wird in fast allen Ländern ein räumlicher und funktionaler Zusammenhang zum Eingriff gefordert.

LANDSCHAFTSPFLEGERISCHER BEGLEITPLAN (LBP): Entsteht ein Eingriff aufgrund eines nach öffentlichen Gesetzen vorgenommenen Fachplans, dann hat der Planungsträger die zum Ausgleich dieses Eingriffs erforderlichen Maßnahmen des Naturschutzes und der Landschaftspflege in einem Fachplan oder in einem landschaftspflegerischen Begleitplan (LBP) darzustellen (BNatSchG §8 Abs. 4). Die in ihm aufgezeigten Vermeidungs-, Ausgleichs- und Ersatzmaßnahmen werden Bestandteil der Entwurfs-, Genehmigungs- und Ausführungsplanung des Projektes.

AUSGLEICHSMASSNAHME: Der Verursacher eines Eingriffs ist zu verpflichten, vermeidbare Beeinträchtigungen von Natur und Landschaft zu unterlassen sowie unvermeidbare Beeinträchtigungen innerhalb einer zu bestimmenden Frist durch Maßnahmen des Naturschutzes und der Landschaftspflege auszugleichen. Ausgeglichen ist ein Eingriff, wenn nach seiner Beendigung keine erhebliche oder nachhaltige Beeinträchtigung des Naturhaushaltes zurückbleibt und das Landschaftsbild landschaftlich wiederhergestellt oder neu gestaltet ist. Diese Ausgleichsdefinition des BNatSchG findet sich in allen Ländergesetzen wieder, außer im niedersächsischen Naturschutzrecht, in dem keine Definition des Ausgleichsbegriffs existiert. Kann der Eingriff nicht ausgeglichen werden und sind die Belange des Naturschutzes nicht höherrangig als die den Eingriff auslösenden Belange, so sind Ersatzmaßnahmen vorzusehen. In einigen Ländern kann an ihre Stelle eine Ausgleichsabgabe treten.

Durch das am 1.5.1993 in Kraft getretene Investitionserleichterungs- und Wohnbaulandgesetz werden die Belange des Naturschutzes sowie deren rechtliche Grundlagen in hohem Maße demontiert. So ist gemäß Investitionserleichterungs- und Wohnbaulandgesetz von der bisher zwingenden **Umweltverträglichkeitsprüfung** (UVP) abgewichen worden. Auf Raumordnungsverfahren soll sogar ganz verzichtet werden, wenn in den neuen Ländern bedeutsame Investitionen getätigt werden. Die bisherige **Eingriffsregelung** des §8 BNatSchG wurde z.T. erheblich aufgeweicht. Bisher schon war die Eingriffsregelung nicht selten ein stumpfes Schwert, weil über die Zulassung des Eingriffs nicht die Naturschutzbehörde entschied, sondern die für die Genehmigung der Maßnahme, die den Eingriff darstellt, zuständige Behörde. Bei wichtigen Infrastrukturprojekten, wie zum Beispiel dem Bau von Verkehrswegen, läßt schon die Entscheidungsstruktur eine Untersagung des Eingriffs kaum erwarten.

Nach der Neuregelung ist zwar bereits auf der Ebene der Bauleitplanung zu prüfen, ob eine Beeinträchtigung der Leistungsfähigkeit des Naturhaushalts oder des Landschaftsbildes zu erwarten ist. Die Eingriffsregelung ist allerdings nur als ein Belang in die städtebauliche Abwägung miteinzubeziehen. Erstmals können auch Ausgleichs- und Ersatzmaßnahmen den Grundstücken zugeordnet werden, auf denen die Eingriffe zu erwarten sind und die auf Kosten der Vorhabensträger oder der Eigentümer der Grundstücke von der Gemeinde durchgeführt werden sollen. Allerdings sieht die Neuregelung in §8c Nr. 1 eine Ermächtigung für die Länder vor, die Eingriffsregelung in der Bauleitplanung bis zum 30.4.1998 auszusetzen. Als erstes Bundesland hat der Freistaat Bayern eine solche Ermächtigung angekündigt.

In Gebieten, für die bereits Bauleitpläne bestehen oder die nach §33 BauGB (Planungssicherheit) zu beurteilen sind, sind dagegen die Vorschriften über die Eingriffsregelung nur anzuwenden, wenn der Bebauungsplan oder der Entwurf bereits entsprechende Festsetzungen enthält. Im Zusammenhang bebauter Ortsteile, die nach §34 BauGB zu beurteilen sind, gilt die Eingriffsregelung dagegen gar nicht. Damit wird sich in Zukunft für weite Teile der bebauten Gebiete die Flächenbilanz nicht unerheblich verschlechtern.

Naturschutzverwaltung in der BRD

Eine Übersicht über die Organisationsstruktur des amtlichen Naturschutzes zeigt Abb. 1. Arbeitsgrundlage für die Verwaltung ist das Naturschutzgesetz. Der sektorale Aufbau der Verwaltung führt dazu, daß für die Gesetzesausführungen jeweils eine eigenständige Fachverwaltung zuständig ist (Straßenbau-, Landwirtschafts-, Forstwirtschaftsverwaltung etc.). Neben der eigentlichen Fachverwaltung für Naturschutz haben alle übrigen Verwaltungen die Maßgabe, die Ziele des Naturschutzes zu unterstützen (§3 Abs. 2). Der scheinbar hervorgehobene Status des Naturschutzes ist jedoch trügerisch, da in der Verwaltungshierarchie der amtliche Naturschutz weit hinter den nutzungsorientierten Fachverwaltungen angesiedelt ist. Koordination und Entscheidung zwischen konkurrierenden Nutzungen ist Aufgabe der Raumordnung und Bauleitplanung.

Auf Länderebene gilt überwiegend ein dreistufiger Verwaltungsaufbau. **Oberste Naturschutzbehörde** ist das jeweils zuständige Fachministerium, dem z.B. die Vorbereitung von Verwaltungsvorschriften und die Ausarbeitung von Konzepten unterliegt. Nachgeordnet sind ihm die

Organisation des Naturschutzes in der BRD

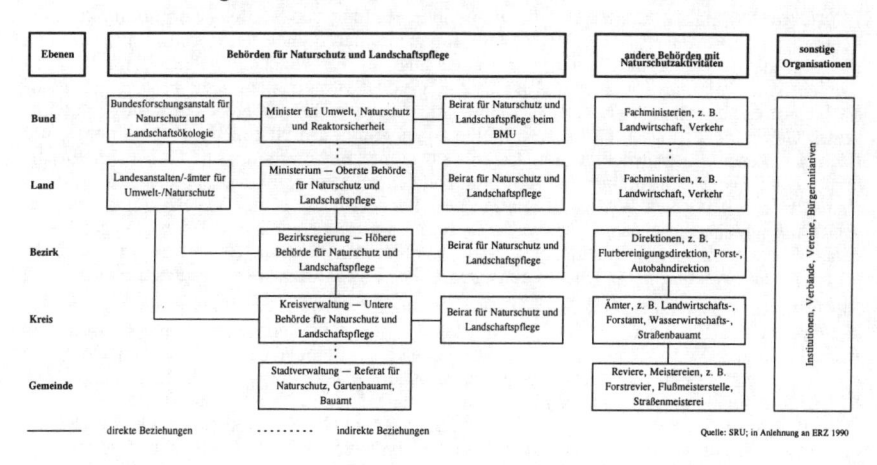

Ebenen	Behörden für Naturschutz und Landschaftspflege			andere Behörden mit Naturschutzaktivitäten	sonstige Organisationen
Bund	Bundesforschungsanstalt für Naturschutz und Landschaftsökologie	Minister für Umwelt, Naturschutz und Reaktorsicherheit	Beirat für Naturschutz und Landschaftspflege beim BMU	Fachministerien, z. B. Landwirtschaft, Verkehr	Institutionen, Verbände, Vereine, Bürgerinitiativen
Land	Landesanstalten/-ämter für Umwelt-/Naturschutz	Ministerium — Oberste Behörde für Naturschutz und Landschaftspflege	Beirat für Naturschutz und Landschaftspflege	Fachministerien, z. B. Landwirtschaft, Verkehr	
Bezirk		Bezirksregierung — Höhere Behörde für Naturschutz und Landschaftspflege	Beirat für Naturschutz und Landschaftspflege	Direktionen, z. B. Flurbereinigungsdirektion, Forst-, Autobahndirektion	
Kreis		Kreisverwaltung — Untere Behörde für Naturschutz und Landschaftspflege	Beirat für Naturschutz und Landschaftspflege	Ämter, z. B. Landwirtschafts-, Forstamt, Wasserwirtschafts-, Straßenbauamt	
Gemeinde		Stadtverwaltung — Referat für Naturschutz, Gartenbauamt, Bauamt		Reviere, Meistereien, z. B. Forstrevier, Flußmeistereien, Straßenmeisterei	

——— direkte Beziehungen .... indirekte Beziehungen   Quelle: SRU; in Anlehnung an ERZ 1990

Regierungspräsidien (**Höhere Naturschutzbehörden**), denen wiederum die **Unteren Landschafts- bzw. Naturschutzbehörden** in Gestalt der Landkreise und kreisfreien Städte folgen. Kreisangehörige Städte und Gemeinden besitzen z.T. **Grünflächen- und Naturschutzämter**, deren Aufgabe in der Bearbeitung örtlicher Naturschutzangelegenheiten liegt. In Klein- und Kleinstgemeinden obliegen Aufgaben des Naturschutzes meist den Bauämtern.

Natur in der Stadt

Neben der allgemeinen Verpflichtung zum Schutz der Natur im besiedelten Bereich ergeben sich auch durch das Bundesbaugesetz (BBauG) Schutzziele. So existieren im Rahmen der Bauleitplanung Forderungen, die Belange des Naturschutzes und der Landschaftspflege in die gerechte Abwägung der betroffenen öffentlichen und privaten Belange einzubeziehen (§1 Abs. 6 BauGB). Dementsprechend ist jede planende Gemeinde gehalten, sich umfassende naturschutzfachliche Kenntnisse über das Vorhandensein und die ökologische Wertigkeit von Biotopen in den von Planentwürfen erfaßten Gebieten zu verschaffen.

BIOTOPKARTIERUNG: Die Biotopkartierung stellt ein unverzichtbares Instrument zur Sicherung stadtplanerischer Handlungsmöglichkeiten dar. Seit 1978 gibt es in Deutschland "Biotopkartierungen im besiedelten Bereich". Durch die fortwährenden Veränderungen der Nutzung öffentlicher und privater Flächen bleibt die Lebensraumkartierung allerdings eine Daueraufgabe. Für die Umsetzung der Ergebnisse der Biotopkartierung (Erfassung abiotischer Parameter, Pflanzen- und Tierarten bzw. Artengemeinschaften) haben Städte und Gemeinden wirkungsvolle Möglichkeiten, um den Biotop- und Artenschutz im besiedelten und unbesiedelten Bereich zu fördern. Einige Beispiele sind:
— Festsetzungen von Maßnahmen im Rahmen von Landschaftsplänen und Grünordnungsplänen;
— dauerhafte Sicherung und Erhaltung von Grün- und Freiflächen, schutzbedürftigen Biotopen durch Darstellung in Flächennutzungsplänen;
— Maßnahmen von Gemeinden auf der Grundlage der kommunalen Planungshoheit z.B. im Rahmen von Ortssatzungen;
— Gestaltung naturnaher Modellflächen, z.B. um öffentliche Gebäude;
— BürgerInneninformation, BürgerInnenbeteiligung.

Unerläßlich sind nach erfolgten Schutzausweisungen, Nutzungsregelungen sowie Pflege- und Entwicklungsmaßnahmen und die Überprüfung der Effektivität des Erfolges von Maßnahmen. Stadtplanerische Handlungsmöglichkeiten ergeben sich auch aus der Erstellung von Klima-, Boden-, Lärmkarten, Belastungskatastern (Boden, Wasser, Luft), Baulückenkatastern, der Kartierung von Emittenten und anderen Belastungsverursachern.

LUFTHYGIENISCHE ANALYSE: Um die Immissionsbelastung von Städten zu ermitteln, kann die Erfassung und Bewertung der allgemeinen lufthygienischen Situation erfolgen. Hierzu werden Flechten als Bioindikatoren benutzt. Die Erhebung des vorhandenen Flechtenbewuchses auf Bäumen sowie die Ausbringung und Beobachtung von Testindividuen einer bestimmten Blattflechtenart ermöglichen kleinräumig differenzierte Angaben über die Höhe der biologisch wirksamen Gesamtbelastung durch Luftverunreinigungen (SO_2). Durch eine derartig durchgeführte flächendeckende Luftgütebeurteilung lassen sich konkrete Anwendungsmöglichkeiten für die kommunale Planung formulieren. Die Empfehlungen reichen von der Erhaltung des Grünflächenanteils in belasteten Wohngebieten und gezielter Vermehrung der Vegetation nach klimatisch-lufthygienischen Gesichtspunkten (z.B. Immissionsschutzwälder und -parkanlagen, Straßenbepflanzung, Fassadenbegrünung) bis zu detaillierten, gezielten Anwendungen chemischphysikalischer Analysemethoden, um einer städtischen Emissionsquelle entgegenzutreten.

BEGRÜNUNG VON MISCHGEBIETEN: Zur Verbesserung der Grünausstattung in städtischen Verdichtungsgebieten können notwendige Maßnahmen mit Hilfe von Festsetzungen nach dem BBauG erfolgen. Voraussetzung für diese Mischgebiete, die dem Wohnen und der Unterbringung von wohnverträglichen Gewerbegebieten dienen, ist die Aufstellung von Bebauungsplänen nach §9 BBauG. Neben der planungsrechtlichen Ausweisung der Gebiete — vorzugsweise als "Besonderes Wohngebiet", teilweise auch als "Allgemeines Wohngebiet" — sind zusätzliche Festsetzungen notwendig, um die Vegetationssituation in den verdichteten Stadtvierteln zu verbessern. Die Grundlagen hierfür sind im BBauG enthalten (§1 Abs. 6, §9 Abs. 1 Nr. 24, 25a und b).

Eine detaillierte Bestandsaufnahme der Vegetation mit zeichnerischer Festsetzung erhaltenswerter Bäume, Gärten und dergl. ist Voraussetzung für die Formulierung von ortsspezifischen Grünfestsetzungen. Eine Realisierung dieser Festsetzung (§9 Abs 1 Nr. 24, 25 a und b BBauG) kann allerdings erst bei Baugenehmigungen, die bei Nutzungsänderungen, Baulückenschließung etc. notwendig sind, gefordert werden. Die Möglichkeiten der Grünordnung zur Verbesserung der Grünausstattung in verdichteten Gebieten sind mit hoheitlichen Maßnahmen nur mittel- bis langfristig zu erreichen (vgl. Hoffjann).

PFLANZGEBOTE: Pflanzgebote gemäß §178 BBauG oder Begrünungsgebote existieren auf der Grundlage von Landesbauordnungen und Ortsrecht. Mit sogenannten Gestaltungssatzungen können z.B. Vorschriften für die (grünordnerisch geleistete) Gestaltung der unbebauten Flächen oder Baugrundstücke und öffentlichen Freiräume formuliert werden. Vorschriften über ortstypische Pflanzungen sind möglich. Bei jeglichen Pflanzungen kommt es nicht auf die Quantität, sondern auf die Qualität an. So sollte die Verwendung standortgemäßer (heimischer) Arten bei Neupflanzungen und Ansaaten erfolgen. Wünschenswert wäre, daß auch ohne Pflanzgebote der Grünanteil erhöht wird. Eine notwendige Maßnahme ist die vermehrte Öffentlichkeitsarbeit zum Thema "Naturschutz in Stadt und Dorf". Die Information der Bevölkerung kann z.B. im Rahmen von Stadt- und dorfökologischen Lehrpfaden, Schulgärten, öffentlichen Natur-Lehrgärten sowie naturnahen Grünflächen (Erläuterungstafeln, Ausstellungen usw.) erfolgen. Hier finden sich Motivation und Anleitung zum Handeln.

DAS MODELL DER INNENENTWICKLUNG: Nicht nur dort, wo die ökologischen Probleme, wie Boden-, Luft-, Wasserbelastung und die Zerstörung von Lebensräumen besonders augenscheinlich sind, sollte eine Rückgewinnung von Grünflächen stattfinden. Zukünftige Ziele wären die Reduzierung des weiteren Freiraumverbrauchs und die Rückgewinnung von Freiräumen im Rahmen der Stadterneuerung. Im Kontext einer integrierten Planung kann das Modell der Innenentwicklung dazu beitragen, daß vor einer Inanspruchnahme von Flächen außerhalb des Siedlungszusammenhanges zunächst alle Möglichkeiten zur Nutzung brachliegender Reserven ausgeschöpft werden. Hierzu zählen das Schließen von Baulücken im Bestand sowie Aus- und Anbau des vorhandenen Gebäudebestandes (flächensparendes Bauen). Letztlich ist aber eine solche Innenentwicklung nicht unproblematisch. So erhöht die innerörtliche Verdichtung den Erholungsverkehr in die Außenbereiche mit allen negativen Folgen, wenn nicht darauf geachtet wird, daß auch im Stadtinnern naturnahe Räume erhalten bleiben.

DAS BRACHFLÄCHENKONZEPT: Ein anderes Prinzip verbirgt sich hinter dem Brachflächenkonzept für den bebauten Bereich. Brachflächen bieten Refugien für viele Tier- und Pflanzenarten in einer sonst lebensfeindlichen Umgebung. Dem Prinzip der "Rotationsbrachen" folgend, sollten für die spontan auftretenden Tier- und Pflanzenarten immer wieder neu entstehende Brachen für einige Jahre ungestört zur Verfügung stehen, bevor sie einer neuen Nutzung durch Bebauung etc. zugeführt werden. Unbestritten kommt diesen naturnahen Brachflächen ein Erholungswert für den Menschen zu. Zudem stellen sie unverzichtbare "Stöberecken" für Kinder dar, denen in der Stadt der Kontakt zur Natur sonst gänzlich genommen würde.

FASSADEN- UND DACHBEGRÜNUNG: Gebäudebegrünung ist eine wichtige Ergänzung zu vorhandenen Vegetationsbeständen, die ökologisch völlig unbedeutende Gebäudeoberflächen aufzuwerten vermag. Um den Wohnwert von Häusern zu steigern, können die Flächenpotentiale an Bauwerken — Fassaden und Dächern — stärker als bisher begrünt werden. Die potentiell begrünbare Gesamtfläche inklusive der Hof-, Fassaden- und Dachflächen entspricht im Gebiet der geschlossenen Bebauung der Innenstädte etwa der Gesamtfläche von Grundstücken und Straßen. Von den begrünbaren 50% aller Dachflächen sind bisher noch unter 1% mit einem Pflanzenpolster überzogen. Förderprogramme existieren in einigen Städten, so etwa in Berlin. Dort wird durch die Modernisierungs- und Instandsetzungsrichtlinie die ökologische "Hof- und Freiflächengestaltung" als förderungswürdig berücksichtigt. Dachbegrünung wird als weitergehende ökologische Maßnahme gefördert, sofern sie vom zuständigen Stadtplanungsamt befürwortet wird.

Rolle des ehrenamtlichen Naturschutzes

Durch die Anerkennung nach §29 BNatSchG als Verband sind die Naturschutzverbände zu Planungs- und Raumordnungsverfahren um Stellungnahme zu befragen. Beteiligungspflichtig sind nur die in §29 Abs 1 BNatSchG bezeichneten Verfahren. Daher kommt eine Verbandsbeteiligung etwa bei der Bauleitplanung nicht in Betracht. Entsprechendes gilt neuerdings auch für die Zulassung von Abfallentsorgungsanlagen (mit Ausnahme von Deponien), die ausweislich der Regelung des Art 6 InvErlG nicht mehr der Planfeststellung unterliegen. Den anerkannten Verbänden ist Einsicht in Sachverständigengutachten zu gewähren (Akteneinsichtsrecht). Zudem besteht eine Äußerungsbefugnis.

Da die Verbändearbeit im Naturschutz durch die über die Jahre angewachsene Menge an Stellungnahmen zu §29er Verfahren geprägt wurde, führte dies von einer vorwiegend ehrenamtlichen Tätigkeit zunehmend zu einer Institutionalisierung mit hauptamtlichen Naturschutzvertretern. Das Spektrum der Naturschutztätigkeit ist i.d.R. vielfältig und reicht von praktischer Naturschutzarbeit wie dem Schneiden von Hecken und Kopfbäumen über die Entschlammung oder Anlage von Teichen sowie der Betreuung von Schutzgebieten bis zur Kartierungsarbeit von Fauna und Flora. Nicht zuletzt ist der ehrenamtliche Naturschutz an dem Gespräch mit politischen Parteien interessiert.

LANDSCHAFTSBEIRAT: In fast allen Ländernaturschutzgesetzen werden zur Vertretung der Belange von Natur- und Landschaft bei den unteren und oberen Landschaftsbehörden sowie bei der obersten Landschaftsbehörde Beiräte gebildet (hier: Begriff aus dem Landschaftsgesetz NRW). Die Beiräte dienen zur fachlichen Beratung und Unterstützung bei allen Fragen des Naturschutzes und der Landschaftspflege. Sie sollen bei "Schutz, Pflege und Entwicklung der Landschaft mitwirken und der Öffentlichkeit die Absichten und Ziele von Landschaftspflege und Naturschutz vermitteln" (LG NRW). Sie sind von der Naturschutzbehörde, bei der sie gebildet worden sind, über alle Vorgänge rechtzeitig umfassend zu unterrichten (z.B. Straßenbauplanung). In der Praxis jedoch wird dem Beirat nicht selten eine Angelegenheit erst dann zur Kenntnis überreicht, wenn alle anderen Planungs- und Entscheidungsträger schon beteiligt wurden. Zu diesem Zeitpunkt geht es nicht mehr um das "Ob", sondern nur noch um das "Wie" von Eingriffen in Natur und Landschaft. Neben Vertretern des Naturschutzes sitzen ebenso Vertreter der Heimatpflege und der Erholung in der freien Landschaft im Gremium. Auch Jagd, Fischerei, Imkerei und Landwirtschaft sind vertreten. Daß es bei dieser Konstellation zu Interessenskonflikten zwischen Naturschutz und Naturnutzung kommen muß, liegt auf der Hand.

VERBANDSKLAGE: Das Verbandsklagerecht bietet anerkannten Verbänden die Möglichkeit, gegen definierte Verwaltungshandlungen (z.B. Ausnahmen von Naturschutzbestimmungen) Klage zu erheben, wenn deren satzungsgemäßer Aufgabenbereich berührt ist. Die Anwendung ist bei Entscheidungen in Planfeststellungsverfahren bezüglich verschiedener Schutzkategorien (etwa Naturschutzgebiete, Nationalparke, Biosphärenreservate; letztere in den neuen Ländern) gegeben. Bezüglich der Klagemöglichkeit haben die 7 Bundesländer, die die Möglichkeit der Verbandsklage geschaffen haben, z.T. voneinander abweichende Rechtsklauseln. In vielen Fällen ist die Klagebefugnis äußerst begrenzt. So enthält z.B. das Brandenburgische NatSchG eine Bestimmung (§45 Abs. 4), in der festgesetzt ist, daß die Regelungen (Abs. 1-3) für den räumlichen und sachlichen Anwendungsbereich und die zeitliche Geltungsdauer des Gesetzes zur Beschleunigung der Planung für Verkehrswege (Verkehrswegebeschleunigungsgesetz) in den neuen Ländern sowie im Land Berlin ausgesetzt werden. Der Klageweg ist von den Naturschutzverbänden bisher nur in wenigen schwerwiegenden Fällen beschritten worden.

Neben Bremen (1979) haben Berlin (1983) und Hamburg (1981) relativ früh das Verbandsklagerecht in die Naturschutzgesetzgebung aufgenommen. Von den 5 neuen Bundesländern wurde die Verbandsklage in den Ländergesetzen von Brandenburg, Sachsen, Sachsen-Anhalt (alle 1992) sowie in dem vorläufigen Naturschutzgesetz von Thüringen verankert. Trotz wiederholter Anläufen der Naturschutzverbände wurde das Verbandsklagerecht bisher nicht in das BNatschG aufgenommen.

Schutzgebietskategorien

NATURSCHUTZGEBIET (NSG): Naturschutzgebiete sind rechtsverbindlich festgesetzte Gebiete, in denen ein "besonderer Schutz von Natur und Landschaft in ihrer Ganzheit oder in einzelnen Teilen zur Erhaltung von Lebensgemeinschaften oder Biotopen bestimmter wildlebender Tier- und Pflanzenarten, aus wissenschaftlichen, naturgeschichtlichen oder landeskundlichen Gründen oder wegen ihrer Seltenheit, besonderen Eigenart oder hervorragenden Schönheit erforderlich ist (BNatSchG §13 Abs 1)". In der BRD gibt es gegenwärtig über 5.000 NSG auf knapp 2% der Landesfläche. Mit der Ausweisung von jährlich etwa 200 neuen NSG zeigt sich allerdings nur vordergründig eine leistungsstarke Naturschutzpolitik. Erfolgskontrollen über die gesteckten Ziele in diesen Schutzgebieten werden von den zuständigen Instanzen selten oder gar nicht durchgeführt.

Eine deutliche Bilanz ziehen Haarmann/Pretscher nach einer Zustandsanalyse von 867 Naturschutzgebieten im Süden Deutschlands. Der Zustand der allermeisten Vorranggebiete des Naturschutzes ist demnach desolat. NSG sind überwiegend mehrfach genutzt, durch Eingriffe ge- oder zerstört, oft zu klein. Allein die Größe vieler NSG ist für erfolgreichen Arten- und Biotopschutz unzureichend. So waren am 1.01.1990 fast 47% kleiner als 20 ha, fast 83% erreichten nicht 100 ha und nur wenig über 9% umfassen mehr als 200 ha Fläche.

NATIONALPARK: Nationalparks sind rechtsverbindlich festgesetzte, einheitlich zu schützende Gebiete, die "großräumig und von besonderer Eigenart sind, im überwiegenden Teil ihres Gebietes die Voraussetzungen eines Naturschutzgebietes erfüllen, sich in einem vom Menschen nicht oder nur wenig beeinflußten Zustand befinden und vornehmlich der Erhaltung eines möglichst artenreichen heimischen Pflanzen- und Tierbestandes dienen (§14 Abs. 1)". Mehr als 80 % oder ca. 7.000 km² Gesamtfläche der Nationalparke in Deutschland sind Watt- und Wasserflächen der Nord- und Ostsee.

LANDSCHAFTSSCHUTZGEBIET (LSG): Landschaftsschutzgebiete sind in der Regel großflächige Gebiete, in denen z.B. die flächenintensive Landwirtschaft ungehindert wirkt, sofern sie den Charakter des Gebietes nicht verändert oder dem Schutzzweck zuwiderläuft. Nach §15 Abs. 1 BNatSchG gilt für ausgewiesene LSG "ein besonderer Schutz von Natur und Landschaft zur Erhaltung oder Wiederherstellung der Leistungsfähigkeit des Naturhaushalts oder der Nutzungsfähigkeit der Naturgüter, wegen der Vielfalt, Eigenart oder Schönheit des Landschaftsbildes oder wegen ihrer besonderen Bedeutung für die Erholung". Insgesamt kann die Schutzwirkung von LSG als schwach bezeichnet werden.

BIOSPHÄRENRESERVAT: Die Schutzkategorie Biosphärenreservat ist in der BRD erstmalig in den Naturschutzgesetzen der neuen Länder eingeführt worden. Sie geht zurück auf das sog. "Man and Biosphere"-Programm der UNESCO und ist Bestandteil eines weltweit angelegten Netzes von Schutzgebieten. Voraussetzung für die Ausweisung als Biosphärenreservat ist jeweils, daß die Flächen zumindest zum überwiegenden Teil als Landschafts- und Naturschutzgebiet ausgewiesen sind. Neben Naturlandschaften werden auch wertvolle Kulturlandschaften in diese Schutzkategorie aufgenommen (z.B. Südost-Rügen und Spreewald).

GESCHÜTZTER LANDSCHAFTSBESTANDTEIL (LB): Geschützte Landschaftsbestandteile sind nach §18 Abs 1 BNatSchG "rechtsverbindlich festgesetzte Teile von Natur und Landschaft, deren besonderer Schutz
1. zur Sicherstellung der Leistungsfähigkeit des Naturhaushalts,
2. zur Belebung, Gliederung oder Pflege des Orts- und Landschaftsbildes oder
3. zur Abwehr schädlicher Einwirkungen erforderlich ist."
Der Schutz kann sich in bestimmten Gebieten auf den gesamten Bestand an Bäumen, Hecken oder anderen Landschaftsbestandteilen erstrecken.

NATURDENKMAL: Naturdenkmale sind rechtsverbindlich geschützte Einzelschöpfungen der Natur, deren besonderer Schutz aus wissenschaftlichen, naturgeschichtlichen oder landeskundlichen Gründen oder wegen ihrer Seltenheit, Eigenart oder Schönheit erforderlich ist. Die Festsetzung kann nach §17 Abs. 1 auch die Umgebung mit einbeziehen. Ländergesetze, in denen diese Schutzkategorie nicht existiert, listen Einzelgebilde bzw. flächenhafte Naturdenkmale auf. Letzteres sind Gebiete mit einer Fläche bis zu 5 Hektar (z.B. kleinere Wasserflächen, Moore, Streuwiesen; Baden-Württ. NatSchG).

Der Schutz von Einzelbäumen und Baumgruppen wird in den einzelnen Bundesländern verschieden gehandhabt. In vielen Bundesländern können die Gemeinden durch Satzung den Schutz des Baumbestandes innerhalb der im Zusammenhang bebauten Ortsteile und des Geltungsbereichs der Bebauungspläne regeln. In Mecklenburg-Vorpommern und Brandenburg existiert sogar eine Naturschutzbestimmung, die explizit den Schutz der Alleen dient, damit diese nicht dem Straßenbau zum Opfer fallen. In Sachsen bleibt für eine Übergangszeit von längstens 5 Jahren ehemaliges DDR-Recht in Form der Baumschutzverordnung (VO über die Erhaltung, die Pflege und den Schutz der Bäume vom 18.05.1981, GBl) in Kraft. Diese Verordnung erlischt erst dann, wenn die Untere Landschaftsbehörde oder die Gemeinde eine Satzung zum Schutz von Bäumen, Baumreihen oder Baumgruppen als geschützte Landschaftsbestandteile erlassen haben.

BESONDERS GESCHÜTZTE LEBENSRÄUME (BIOTOPE): Im BNatSchG sind unter dem §20c bestimmte Biotope benannt, die auch ohne Rechtsverordnung aufgrund ihrer besonderen Qualität unter besonderem Schutz stehen. Hierunter fallen beispielsweise Bruchwälder, Moore, Quellbereiche und Röhrichte. Die Länder können weitere Biotope in ihrer Gesetzgebung aufnehmen und denen im §20c Abs 1 BNatSchG genannten gleichstellen.

Biotop- und Artenschutz

In den ostdeutschen Ländern Sachsen, Brandenburg und Thüringen wurden jüngst Definitionen dessen, was unter "ordnungsgemäßer Landwirtschaft" zu verstehen ist, erlassen. Auch in der Gesetzgebung von Sachsen-Anhalt sind im Rahmen der Grundsätze (insbesondere §2 Abs. 1) erhebliche Anforderungen an die Land- und Forstwirtschaft formuliert. Der Kern der Definition besteht darin, daß die Regeln umweltschonender Land- und Forstwirtschaft anzuwenden sind. So müssen z.B. der Boden gepflegt, Erosion und Humusabbau vermieden werden, Gewässer dürfen durch Schadstoffeintrag nicht belastet werden und wildlebenden Tieren und Pflanzen muß ausreichend Lebensraum erhalten bleiben. Flankiert werden diese Regelungen durch die Einführung eines Härtefallausgleichs (§38 SächsNatSchG) und durch Regelungen über den Vertragsnaturschutz (§39 SächsNatSchG).

Generell gilt, daß gemeindeeigene, landwirtschaftlich genutzte Flächen bisher überwiegend konventionell bewirtschaftet werden. Hier bietet sich für die Gemeinde die Chance, naturverträgliche und naturfördernde Nutzungsformen durchzusetzen. Art und Weise dieser Nutzung bzw. Pflege sollten mit den Naturschutzbehörden und Verbänden abgestimmt sein. Zunehmend wird versucht, Naturschutzziele durch das Instrument des sog. "Vertragsnaturschutzes" zu erreichen. Dabei wird den Nutzungsberechtigten von Grundstücken ein Ausgleich für bestimmte Nutzungseinschränkungen gewährt, die eine naturfördernde Bewirtschaftung zum Ziele haben. Beispiel hierfür sind Programme zum Schutz von Feuchtgrünland, Salzgrasland oder Magerrasen etc. (vergl. Hübler/Cassens). Einschränkend muß darauf hingewiesen werden, daß die Höhe des Etats von der jeweiligen Finanzlage abhängig und das Einvernehmen der Grundstückseigentümer zwingend Voraussetzung ist. Für großflächige NSG, die einer langfristigen, gezielten Nutzung und Pflege bedürfen, ist dieses Instrument nur bedingt geeignet.

Die Pflege von schutzwürdigen Biotopen (**Biotopmanagement**) und der Erhalt der bäuerlichen Kulturlandschaft sind zur Sicherung der Tier- und Pflanzenarten und ihrer Lebensstätten für die Zukunft unumgänglich. Vorteilhaft ist es, wenn Pflegemaßnahmen durch Grundeigentümer erfolgen. In besonderen Fällen bedarf es allerdings des Einsatzes sachkundiger und erfahrener Personen z.B. aus den Naturschutzverbänden. Nicht minder bedeutsam ist es, der Natur ein Eigenrecht zuzugestehen und auf bestimmten Flächen ihre ungehinderte Entwicklung ohne Beeinflussung durch menschliche Nutzung zuzulassen. Die Geringschätzung **ungenutzter Flächen** und ihre Denunziation als Öd- bzw. Unland verkennt nicht nur deren hohen ökologischen Wert, sondern auch den Erlebnis- und Erfahrungswert von "Wildnis" vor allem für Kinder.

BIOTOPVERBUNDSYSTEM: Das Biotopverbundsystem entspricht im Konzept einer Kombination aus großflächigen Schutzgebieten, einem Netz von Trittsteinbiotopen, linearen Korridorbiotopen als Verbindung zwischen den punktuellen Lebensräumen sowie einer allgemeinen Nutzungsextensivierung. Letztere bezieht sich nicht nur auf Agrarflächen, sondern auch auf Forstökosysteme und die Reduzierung von Bodenversiegelung, Erholungsdruck etc. auf die Landschaft. Leistungsgrenzen und Kritik an diesem in der Entwicklung befindlichen Konzept existieren auf vielfältige Weise. Insbesondere die Vorstellung vieler Planer, Biotope zu gestalten und sich von ästhetischen Gesichtspunkten lenken zu lassen, mißachtet, daß Natur nicht machbar und meist nur schwer ersetzbar ist. Insofern kann Biotopverbundsystemen nur eine Funktion als "Übergangsstrategie" zu einer zukunftsfähigen Landnutzung zukommen. Auf Dauer sind Inseln des Naturschutzes in einem Ozean der Naturzerstörung nicht zu retten, auch wenn sie durch "Brücken" miteinander verbunden sind.

ARTENSCHUTZ/"ROTE LISTEN": Einer der Grundsätze des Bundesnaturschutzgesetzes ist der Schutz und die Pflege wildlebender Tier- und Pflanzenarten. Seit Mitte der 60er Jahre begann die **Internationale Naturschutzunion** (IUCN) mit der Erfassung aller in ihrer Existenz gefährdeten und seltenen Arten in sog. "Roten Listen". Ab 1970 erfolgte dann die Erarbeitung nationaler "Roter Listen". Rote Listen fördern das Problembewußtsein der Öffentlichkeit und stellen eine wichtige Argumentationshilfe für den Artenschutz dar. Sie sind als Bewertungskriterium vor allem für Lebensräume geeignet, die zum einen selten (geworden) sind, zum anderen von spezialisierten Organismen bewohnt werden. Allerdings haben sie auch Mängel. Weit verbreitete Lebensräume, die vor allem Generalisten unter den Tieren beherbergen, werden mit Hilfe der Roten Listen häufig als geringwertig eingestuft. Da derartige Lebensräume dennoch eine beträchtliche Bedeutung für den Artenschutz und die ökologische Vielfalt besitzen, versagt dieses einfach zu handhabende Instrument bei komplexer Betrachtungsweise von Lebensräumen.

Lebensraumschutz

TEICHE UND TÜMPEL: Teiche und Tümpel sind Lebensstätten von Fröschen, Kröten, Libellen und anderen Wasserinsekten. Sie waren in den letzten Jahren einem drastischen Rückgang unterworfen. Unter Zuhilfenahme alten Kartenmaterials und einer aktuellen Kartierung läßt sich der Verlust von Kleingewässern recherchieren. Mit der Wiederherstellung und Neuanlage von Kleingewässern besteht die Möglichkeit, u.a. Amphibienschutz zu betreiben. Da viele Teiche und Tümpel oftmals in einem sehr schlechten Zustand (Verlandung, Schutt) sind, ist die Ausbaggerung i.d.R. die wirksamste Maßnahme. In den meisten Fällen führt die Ausbaggerung, deren "Wunden" meist nach einer Vegetationsperiode verheilt sind, zu einer Verbesserung der Bestandssituation der Amphibien. Das direkte Umfeld eines Teiches zählt ebenso zum Lebensraum, so daß hier eine Nutzung unterbleiben oder schonend durchgeführt werden sollte. Neben dem Sommerquartier (Laichgewässer) benötigen viele Amphibienarten auch ein Winterquartier (nahegelegener Wald), wodurch sich Schutzpläne nicht nur auf das Gewässer beziehen dürfen.

BÄCHE UND FLÜSSE: Früher waren Bäche und Flüsse ausgesprochen vielgestaltige Lebensräume, die eine reichhaltige Tier- und Pflanzenwelt beherbergten. Sie veränderten häufig ihre Gestalt und beeinflußten die sie begleitende Aue nachhaltig. Diese Dynamik ist Voraussetzung für das Entstehen von Steilufern, Kies- und Schlammbänken und einem kleinräumigen Wechsel nasser, feuchter und sehr trockener Standorte in der Aue. Die intensive Nutzung der Auen und naturferne Ausbau- und Unterhaltungsmaßnahmen haben diese Lebensräume weitgehend vernichtet. Heute kommt es darauf an, den Bächen und Flüssen wieder mehr Entfaltungsmöglichkeiten zu geben, Ausbaumaßnahmen zu unterlassen und die Gewässerunterhaltung auf das unbedingt Notwendige zu reduzieren. Fluß- und Bachauen sollten, wo dies möglich ist, aus der landwirtschaftlichen Nutzung genommen bzw. nur noch naturschonend genutzt werden. Auch wenn eine vollständige Renaturierung nicht immer möglich ist, können durch den Rückbau früher ausgebauter Bäche und Flüsse, wenn er sorgfältig und fachkundig geplant wird, wieder Lebensräume für Eisvögel, Prachtlibellen, selten gewordene Fischarten und eine artenreiche Pflanzenwelt geschaffen werden.

SEKUNDÄRLEBENSRÄUME: Seit dem 2. Weltkrieg wurde der Abbau von Steinen, Sand, Kies und Ton intensiviert. Hierdurch entstanden Gruben, die mit ihren Fels- und Lehmwänden, Sand- und Schotterhaufen, Wasserflächen und Gebüschzonen unbeabsichtigt zu Rückzugsräumen vieler Tier- und Pflanzenarten wurden. Ihre Folgenutzung sollte im Hinblick auf die regionale Bedeutung für Tier- und Pflanzenwelt überdacht werden. Statt Müllablagerung, Freizeitnutzung oder Fischbesatz sollten diese Lebensräume aus zweiter Hand wo immer möglich der Natur überlassen werden. Bei neuen Abgrabungen ist von Beginn an dafür Sorge zu tragen, daß schon während der Nutzung "Pionierarten" aus der Tier- und Pflanzenwelt ein Auskommen finden.

OBSTWIESEN: Streuobstwiesen begleiten den Menschen schon seit Jahrhunderten als wichtige Bestandteile der Kulturlandschaft. Die traditionellen Streuobstwiesen zeigen eine Vielfalt in Sorten- und Artenwahl und sind durch lokale Anordnung von Hochstämmen in Gruppen oder Reihen auf Dauergrünland charakterisiert. Um den Erhalt und die Pflege dieser Biotope zu fördern, gibt es auf Landesebene Förderprogramme. Eine extensive Nutzung ist gegenüber der ausschließlichen Pflege der Streuobstwiesen generell vorzuziehen. In den neuen Bundesländern Thüringen, Sachsen, Sachsen-Anhalt und Brandenburg wird den Streuobstwiesen durch die Rechtsbestimmung "besonders geschützte Biotope" ein besonderer Schutzstatus beigemessen. Bei der Bauleitplanung sollte dem Erhalt von Hochstamm-Obstwiesen durch die Kommunen eine besondere Bedeutung zukommen. Die ersatzlose Rodung, die bis heute praktiziert wird, möge der Vergangenheit angehören.

FELDRAINE (MIT HECKEN): Bis heute ist die "Ausräumung" der Landschaft durch Vergrößerung der Felder und den Wegebau stetig vorangeschritten. Vor allem die kleinen Landschaftsbestandteile, die sich linienhaft an den Rändern von Nutzflächen, Wäldern, Wegen oder Gräben entlangziehen, haben trotz ihrer geringen Größe Lebensraumfunktion für eine Anzahl von Pflanzen und Tieren. Wo immer möglich, sollten solche Strukturen wegebegleitend geschaffen und nur naturverträglich gepflegt werden. Gemeindeeigene Wegeflächen in der Feldflur werden nicht selten von Landwirten unter den Pflug genommen. Dieser Unsitte sollten die Gemeinden entschieden entgegenwirken.

KOPFWEIDEN: Kopfweiden prägen nicht nur seit Jahrhunderten viele Kulturlandschaften, sondern sind auch Lebensraum zahlreicher Tierarten (etwa des Steinkauzes). Sie entstehen durch jahrelangen Schnitt der jungen Weidentriebe, deren Zweige mancherorts heute noch zum Korbflechten oder zur Brennholzgewinnung genutzt werden. Diese Weiden bilden dann "kopfartige" Verwachsungen. Werden Bruch-, Silber- und Korbweiden nicht mehr regelmäßig geschnitten, bricht der Baum allmählich auseinander. Deshalb sollten Kopfweiden alle paar Jahre fachgerecht zurückgeschnitten werden. Eine vergleichsweise einfache Tätigkeit ist das Anpflanzen von Weidenstecklingen an Bächen und wasserführenden Gräben, um rechtzeitiges Nachwachsen eines Bestandes an Kopfweiden zu ermöglichen.

Literatur

Haarmann, K./Pretscher, P.: Zustand und Zukunft der Naturschutzgebiete in Deutschland; Heft 39, Schriftenreihe Landschaftspflege und Naturschutz, Bonn- Bad Godesberg 1993.
Hoffjann, T.: Verbesserung der Grünausstattung in städtischen Verdichtungsgebieten mit Hilfe von Festsetzungen nach dem BBauG, in "Garten+Landschaft" 2/1984.
Hübler, K-H./Cassens, H-J.: Naturschutz in den neuen Bundesländern; Eberhard Blottner Verlag, Taunusstein 1993
Jedicke, E.: Biotopverbund. Grundlagen und Maßnahmen einer neuen Naturschutzstrategie; Stuttgart 1990, Verlag E. Ulmer.
Köhler, M.: Fassaden- und Dachbegrünung; Stuttgart 1993, Verlag E. Ulmer.
Schlüpmann, M./Kerkhoff, C.: Landschaftspflegerische Begleitplanung; Dortmund 1992, Dortmunder Vertrieb für Bau- und Planungsliteratur
Boching, S./Selle, K. (Hrsg.): Freiräume für die Stadt; Wiesbaden, Berlin 1992/93, Bauverlag

Fachzeitschriften

"Natur und Landschaft" - Zeitschrift für Naturschutz, Landschaftspflege und Umweltschutz - Hrsg.: Bundesamt für Naturschutz (BfN). Konstantinstr. 110, 53179 Bonn.

Adressen

Bund für Umwelt und Naturschutz Deutschland e.V. (BUND), Im Rheingarten 7, 53225 Bonn, Tel.: 0228/400970
Bundesamt für Naturschutz (BfN), Konstantinstr. 110, 53179 Bonn, Tel.: 0228/84910
Deutscher Naturschutzring e.V.(DNR), Am Michaelshof 8-10, 53177 Bonn, Tel.: 0228/359005
Grüne Liga Geschäftsstelle Berlin, Haus der Demokratie, Friedrichstr.165, 10117 Berlin, Tel.: 030/2299271
Naturschutzbund Deutschland e.V.(NABU), Herbert Rabius Str. 26, 53225 Bonn, Tel.: 0228/975610

AKP-Artikel zum Thema

diverse AutorInnen: Arten- und Naturschutz - AKP-Schwerpunktheft (AKP 1/1989, S. 29-44)
Schmidt, K.: Obstbaumschutz in der Gemeinde (AKP 5/1989, S. 45-48)
Schiller-Dickhut, R.: Umweltschutz mittels Haushaltspolitik (AKP-Sonderheft 7, S. 48-52)
diverse AutorInnen: Ökologischer Stadtumbau - AKP-Schwerpunktheft (AKP 4/1991, S. 29-44)
AG NRW-Städtetag: Vollzugsdefizite im Umweltschutz (AKP 6/1991, S. 47-49)
Petschow, U.: Umweltsituation in den neuen Bundesländern (AKP 1/1992, S. 57-60)
Schroedter, E.: Naturschutz in Brandenburg (AKP 6/1992, S. 53-55)
Worms, E.: Public Relation für Naturschutz (AKP 5/1993, S. 56-60)
Lahl, U.: Umweltschutz durch Verwaltungsreform (AKP 6/1993, S. 49-53)
diverse AutorInnen: Grundlagen kommunaler Umweltpolitik (AKP-Sonderheft 8, 68 Seiten, enthält als Nachdrucke die wichtigsten AKP-Artikel zum Themenumfeld 'Ökologie und Naturschutz'. Das Sonderheft kostet 9.- DM, zzgl. 2.- DM Versand).

Wolfgang Zaschke

Sozialpolitik

Kommunale Sozialpolitik muß sich in Planung und Durchführung zwischen konkurrierenden Zielen und Mitteln entscheiden, zwischen Geld- und Sachleistungen, fürsorgerischen Maßnahmen und freiwilligen, offenen Angeboten, kontrollierenden und liberalen Sozialdiensten. Diese Entscheidungen spiegeln die gesellschaftspolitische Tendenz der Gemeindepolitik sensibler wider als alle anderen kommunalen Aufgaben. Gesetzlich sind Städte und Gemeinden zur Finanzierung und Gestaltung von **Sozial- und Jugendhilfe** verpflichtet. Hierzu zählen die Errichtung von Sozial- und Jugendämtern, individuell gewährte Geld-, Sach- und Dienstleistungen, der Betrieb kommunaler sozialer Einrichtungen, die Bereitstellung von Fachdiensten sozialer Arbeit und die Kooperation mit den **Wohlfahrtsverbänden**. Eine Schlüsselstellung nimmt die kommunale Sozialpolitik auch in der vertikalen Verflechtung mit Landes-, Bundes- und Europapolitik ein. Zentralstaatliche Maßnahmen, Reformen ebenso wie Rückschritte, müssen lokal umgesetzt, konkretisiert und legitimiert werden. Kommunale Sozialpolitik kann dabei als helfende, durchführende oder auch widerständige Instanz in Erscheinung treten. Sie bestimmt dann mit über die Grenzen und Möglichkeiten des sozialstaatlichen Umbaus "von oben".

Trotzdem herrschen in traditionellen wie in alternativen Reformkonzepten zentralistische und anarchistische Auffassungen von Sozialpolitik vor. Dies führt zur Verdrängung der sozialen Frage in der Kommune, was durch die unübersichtliche Vernetzung kommunaler Sozialpolitik noch begünstigt wird. Das Verständnis ihrer komplizierten, im politischen Alltag meist überspielten Herrschaftsfunktionen stellt aber die Grundlage jeder alternativen oder kritischen Sozialpolitik dar. Um das subtile Reformpotential zu erschließen, muß alternative Sozialpolitik einen Perspektivenwechsel in mehrfacher Hinsicht vornehmen. Die Orientierung an Lebenslagen ist mit praktischer Kritik an Haushalt, Verwaltung und Verbänden zu verbinden. Kooperation zwischen inner- und außerinstitutionellen Ansätzen, kritische Fachlichkeit und aktive Netzwerkpolitik sind verlangt. Benötigt wird Intervention in die Politikverflechtung anstelle der Reform von Einzelregelungen. Handlungsfähigkeit im Feld der kommunalen Sozialpolitik erfordert daher nicht nur Institutionenkenntnis und ein Konzept alternativer politischer Praxis, sondern zunächst eine Zielbestimmung alternativer kommunaler Sozialpolitik in der Politikverflechtung.

Alternativen kommunaler Sozialpolitik in der Politikverflechtung

In der kommunalen Sozialpolitik artikulieren sich unterschiedliche Perspektiven von Klientel, Berufspraxis, Verwaltung, Verbänden und Politik in einem Konglomerat gefilterter öffentlicher Wahrnehmung. Vielfältig und widersprüchlich sind die Interessen innerhalb und zwischen den Gruppen. Aber sie beziehen sich auf eine gemeinsame dritte Sache: das Kann, Soll und Muß der kommunalen Sozialaufgaben. Aufgabenbewertung beruht auf der Interpretation, Bewertung und dem abwägenden Vergleich dieser Perspektiven. Jede Teilöffentlichkeit trägt, in sich jeweils gebrochen und zerstritten, formell oder informell zur Entscheidung bei. Nicht immer ist die Straße generöser als Politik und Verwaltung. Zur Entscheidung stehen die Anerkennung oder Ausgrenzung von Einzelnen und Gruppen, die Befürwortung oder Ablehnung von **Bedarf**, die Förderung oder Einstellung konkreter **Sozialdienste**. In diesem vielschichtigen Prozeß erweist sich die demokratische Legitimation kommunaler Sozialpolitik an den institutionell getroffenen Vorkehrungen, die eine wechselseitige Wahrnehmung und Berücksichtigung von Lebenslagen innerhalb und zwischen den maßgeblichen Teilsphären der lokalen Öffentlichkeit ermöglichen. Die Ziel- und Aufgabenbestimmung kommunaler Sozialpolitik muß derartige Rahmenbedingungen auf drei Ebenen berücksichtigen (vgl. hierzu Zaschke 1994 in AKP 4/94).

DEMOKRATISIERUNG: Die Stellung der Kommunen im Sozialstaat beruht auf dem Prinzip der Trennung zwischen Interventions- und Legitimationsbereich. Hieraus ergibt sich eine Grenze für traditionelle Reformkonzepte, die auf quantitativen Ausbau sozialstaatlicher Leistungen, Abbau von Unterversorgung oder Besitzstandswahrung auf zentralstaatlicher Ebene abstellen. Verbesserung der Intervention ohne Demokratisierung kann mit Spaltung und Ausgrenzung an der Basis einher gehen. Dies führt für alternative Sozialpolitik zu einer ersten Zielbestimmung: Die Verbesserung von Sozialleistungen muß mit einer Demokratisierung kommunaler Sozialpolitik verbunden werden. Daneben muß sie Interventionsformen entwickeln, die das Zusammenwirken der örtlichen Sozial- und Jugendhilfe mit Sozialversicherung und überregionaler Programmpolitik beeinflussen und nicht nur die Details der örtlichen Regelung. Als Kooperationspartner kommen neben Initiativen auch kritische Fachleute in Sozialverwaltung und Sozialarbeit in Frage.

FACHDISKUSSION ALS ZENTRALE QUELLE DER AUFGABENBEWERTUNG: Die Reformbewegung der 70er Jahre schuf Bedingungen für eine fachliche Problematisierung der kommunalen Sozialpolitik. Ausgehend von der Kritik an Fürsorge-, Heim- und Pflegewesen, an Verbandsmacht, obrigkeitlicher Sozialverwaltung und autoritärer Berufspraxis kristallisierten sich drei bis heute gültige Leitmotive alternativer kommunaler Sozialpolitik heraus: Erstens soll eine alternative Formalisierung der Sozialverwaltung, d.h. Auswahl der Ziele, Normen, Regeln und Verfahren, die obrigkeitliche Praxis zugunsten der Verrechtlichung, Humanisierung und Hebung der Leistungsstandards reduzieren. Zweitens soll alternative Professionalisierung der sozialen Dienste partnerschaftliche Beratung gegenüber diskriminierender, vereinzelnder und klientelisierender Betreuung aufwerten. Und drittens soll eine Demokratisierung der kommunalen Sozialpolitik aus der Perspektive von Lebenslagen Bedarfslagen anerkennen, die sich sonst nur in Form individueller Abweichung und manifesten Protests artikulieren können (Grauhan 1978).

Die Auseinandersetzung um Formalisierung, Berufspraxis und lokale Demokratie stellt einen gemeinsamen Bezugspunkt traditioneller **Sozialreform** und zeitgenössischer Alternativen dar. Die Fachlichkeit der **Sozialdienste** ist dafür von zentraler Bedeutung. Sie bietet sich als politisch vermittelnde Instanz einer Kooperation zwischen Arbeitspolitik und Armutspolitik, zwischen inner- und außerinstitutioneller Praxis an. Der direkte Kontakt zwischen Fachleuten und politischer Öffentlichkeit ist gegebenenfalls auch gegen korporative, d.h. geschlossene Verbandsstrukturen und an Geschäftsführungen vorbei zu initiieren. Dennoch ist von der unkritischen Übernahme fachlicher Positionen und zeitgenössischer Moden abzuraten. In Fachdiskussion und Berufspraxis stehen sich, wie in der Politik, kritische und restaurative Tendenzen gegenüber. Alternative **Sozialplanung** oder **Sozialberichterstattung** sollte nicht überschätzt werden, sie bezieht sich notwendig auf — wenn auch alternative — Bürokratien und läuft Gefahr, technokratische Lösungen zu entwerfen. Wichtiger ist, daß Praktikererfahrung mit institutionalisierter Sozialplanung direkt konfrontiert wird und SozialpolitikerInnen lernen, zumindest ansatzweise die professionelle Perspektive der sozialen Dienste einzunehmen. Erforderlich ist eine Solidarisierung mit fachlichen Positionen auch über den Horizont der eigenen Szene, Partei, Schicht oder Nationalität hinweg.

AUFGABENBEWERTUNG IM RAHMEN NATIONALER UND INTERNATIONALER SOZIALPOLITIK: Die sozialpolitische Auseinandersetzung in der Bundesrepublik ist für die 70er und 80er Jahren als Nebeneinander restriktiver und fortschrittlicher Tendenzen bei gleichzeitiger Ausweitung und Neugliederung der Armutspolitik zu charakterisieren. Auf kommunaler Ebene führten der Anstieg von 1,5 auf über 3,7 Mio. Sozialhilfefälle pro Jahr (alte Bundesländer) und neuartige Bedarfslagen zu einem relativen Funktions- und Bedeutungsgewinn der Sozialverwaltung. Die lokale Sozialpolitik konnte ihre gestärkte Position zum Teil für Gegentendenzen zur Bundespolitik nutzen, z.B. für Verbesserungen in der Sozialhilfepraxis, Einbindung der entlohnten Hilfe zur Arbeit in Maßnahmen des Zweiten Arbeitsmarkts, Erprobung von Pauschalsätzen für Beihilfen. Die unauffällige Opposition der Kommunen wird seit Beginn der 90er Jahre untergraben durch:
— Finanzierungsengpässe im Gefolge der deutschen Einigung,
— eine Fürsorgeorientierung als Folge des neuen KJHG und der geplanten Pflegeversicherung,
— das Zurückfallen ostdeutscher Gemeinden hinter im Westen erreichte humanitäre Standards,
— eine Funktionalisierung von Sozialdiensten für Arbeitsmarktpolitik und damit verbunden
— eine Gefährdung professioneller Standards durch die expandierende europäische Sozialpolitik.

Insgesamt birgt die neue Ausgangssituation das Risiko einer nachholenden Restauration der kommunalen Sozialpolitik, von deren Radikalität die städtischen **Konsolidierungsprogramme** seit 1993 ein erstes Zeugnis ablegen. Um die bescheidenen Erfolge einer im Vergleich zur Bundespolitik kritischen örtlichen Sozialpolitik aufrechtzuerhalten, müssen die Kommunen selbst konkrete Schritte einer alternativen Formalisierung und Professionalisierung entwickeln. Dies erfordert zum einen die Fortführung der Reformen in den Nischen der nationalen Politikverflechtung, zum anderen eine aktive Stabilisierung der Kernbereiche örtlicher sozialer Arbeit und Jugendarbeit und ihrer Basisqualifikationen gegenüber den neuen funktionalisierten, auf Detailfunktionen des Lernens, der Therapie oder Versorgung zugeschnittenen **Sozialdiensten** in Pflege und Erziehungshilfe, von denen eine Dynamik zur Vermarktung personenbezogener Dienstleistungen ausgeht. Zusätzlich müssen stattdessen Sozialdienste entwickelt werden, die der sozialen Segregation durch gruppenübergreifende Bezugspunkte und Problemstellungen entgegenwirken. Neben klassischen Formen der Stadtteil-, Milieu- oder Gemeinwesenarbeit (Herlyn u.a. 1991) werden generations-, schicht- und berufsgruppenübergreifende Ansätze als neue kommunale Infrastruktur benötigt. Weiterhin ist die Qualifizierung der vorhandenen Dienste, d.h. eine Stärkung lebenslagebezogener, ganzheitlicher Beratung und diese flankierender, offener Angebote ins Auge zu fassen.

Die institutionelle Stellung der Kommunen im Sozialstaat

Einfluß und Stellenwert der kommunalen Sozialpolitik erscheinen in einem anderen Licht je nachdem, ob sie juristisch, aus der Perspektive einzelner Institutionen oder im Kontext der Politikverflechtung betrachtet werden. Kommunale Sozialpolitik umfaßt aus juristischer Sicht die Regeln, Normen und Verfahren nach dem **Bundessozialhilfegesetz (BSHG)**, Kinder- und Jugendhilfegesetz **(KJHG)**, Bundesbaugesetz und Raumordnungsrecht zu den Problemfeldern Sozialhilfe, Jugendhilfe, Wohnungspolitik und soziale Dienstleistungen. Das **Sozialgesetzbuch (SGB)** bestimmt die Zuständigkeit der Kommunen für die

Jugendhilfeaufgaben — Jugendarbeit, Jugendsozialarbeit und Jugendschutz
— Förderung der Erziehung in den Familien
— Förderung der Erziehung in Kindertagesstätten
— Hilfen zur Erziehung (SGB I § 27)
Sozialhilfe-Aufgaben — Hilfe zum Lebensunterhalt
— Hilfe in besonderen Lebenslagen
— Behindertenberatung
— Hilfe bei Beschaffung und Erhaltung von Wohnraum (SGB I § 28)
und einige spezielle — Sozialhilfeleistungen für Behinderte (SGB I § 29).

Diese Aufgaben müssen die Kommunen auf der Grundlage des BSHG und des KJHG finanzieren und durchführen. Neben der rechtlichen Abgrenzung sprechen auch Angebots- und Finanzierungsstruktur dafür, kommunale Sozialpolitik als Sozialhilfe plus Jugendhilfe zu definieren.

Sozialhilfe bezogen 1991 im vereinten Deutschland mehr als 4,2 Mio. Personen jährlich, davon 3,2 Mio. laufende Hilfe zum Lebensunterhalt und zum Stichtag Jahresende 2,1 Mio. Personen in 1,2 Mio. Haushalten. Verglichen mit dem Volumen der staatlichen Sozialversicherung (620 Mrd. DM 1992), den öffentlichen Ausgaben für Bildung, Wissenschaft und Kultur (120 Mrd. DM 1990) oder den Gesamtkosten des Gesundheitswesens (380 Mrd. DM 1991) nehmen sich die Ausgaben für Sozialhilfe in Höhe von 37,3 Mrd. DM 1991 (netto, d.h. abzüglich der Einnahmen, 27,5 Mrd. DM) und Jugendhilfe in Höhe von ca. 14 Mrd DM (netto 12 Mrd.) bescheiden aus. Differenzierter ist der Vergleich zwischen den staatlichen Ebenen im **Sozialbudget** aus. Die Pflichtausgaben nach BSHG und KJHG machen 3/4 aller Zuweisungen der Gemeinden an das Sozialbudget aus. Von den gesamten öffentlichen Zuschüssen an das Sozialbudget leisten die Kommunen 1990 (1983) 20% (17%), der Bund 58% (56%) und die Länder 22% (27%). Während die mit "der" Sozialhilfe häufig gleichgesetzte laufende Hilfe zum Lebensunterhalt nur 10 Mrd. DM für 3,2 Mio. Empfänger benötigt, fließen 20,9 Mrd. DM in die Hilfe in besonderen Lebenslagen, davon 11,1 Mrd. DM allein in die Heimpflege. Auch in der Jugendhilfe beträgt der Anteil der Ausgaben für Fürsorge noch immer rund 1/3 (1980: 45%). Konservativ ist daneben die **Trägerstruktur**: Während sich in den neuen Ländern 95% aller Jugendhilfeeinrichtungen in öffentlicher Trägerschaft befinden, werden in den alten Ländern 70% aller Einrichtungen von den Wohlfahrtsverbänden betrieben. Insgesamt deuten Finanzierung und konservative Verwendung auf eine schwache Stellung der Kommunen. Dieses Bild ändert sich erst bei einem Blick auf die qualitative Einflußnahme. Das öffentliche Personal im Sozialbereich ist zu mehr als 2/3 bei den Kommunen angestellt. Die professionellen Standards in Ausbildung und Gestaltung der expandierenden Sozialdienste werden maßgeblich von der kommunalen Sozialarbeit geprägt.

Die Bedeutung der fachlichen Einflußnahme beruht auf den gesetzlich vorgesehenen **Ermessensspielräumen** für die örtlichen Behörden. Zu ihnen gehören die Verwaltungspraxis bei der

Gewährung von individuellen Pflichtleistungen und freiwilligen Leistungen, die Gestaltung der kommunalen Sozialdienste und die Freiheit der Projekt- und Programmplanung. Die Interpretation der rechtlich vorgezeichneten Gestaltungsspielräume setzt eine Positionsnahme zum Prozeß der Verrechtlichung voraus, den man in Sozial- und Jugendhilfe beobachten kann. Verrechtlichung kann nicht nur im negativen Sinne stereotyper hoheitlicher Eingriffe in die Lebenswelt, sondern auch als Erweiterung gleichen Leistungsrechts, als Absicherung von Ansprüchen und Demokratisierung von Verfahren praktiziert werden. Sie hat zur Verfestigung eines grundsätzlichen Rechtsanspruchs auf Sozialhilfe geführt. Eingriffsrechte, Behördenwillkür und über Sachleistungen vermittelte persönliche Abhängigkeiten wurden teilweise reduziert. Die örtliche Ebene strukturiert den Prozeß der Verrechtlichung von unten her langfristig vor, insbesondere durch die Qualität der geleisteten Beratung und Information, durch die Verfahren, die eine Inanspruchnahme der Rechtsansprüche erleichtern oder erschweren. Hieraus ergeben sich der starke Einfluß und die Verantwortung der Verwaltungspraxis bei der Wahrnehmung von **Pflichtaufgaben**. Politisch ist noch eine zweite Ebene der Verrechtlichung von Bedeutung, die man als "überindividuelles" Leistungsrecht bezeichnen kann: die Gesetzesanwendung im Hinblick auf die Gestaltung der **Sozialdienste**, der Trägerlandschaft, der Projektförderung und der Programmgestaltung. In dieser Hinsicht erscheint die Verrechtlichung der Sozial- und der Jugendhilfe weniger weit fortgeschritten, so daß die kommunale Ebene hier eine Entwicklungsaufgabe wahrnehmen muß.

Restriktionen der Verrechtlichung im Feld der Gestaltung von sozialen Diensten bei gleichzeitiger Verbesserung des individuellen Leistungsrechts kennzeichnen etwa das neue Jugendhilferecht. Das neue **KJHG** wertet die fortschrittlichen Methoden und Leistungen der Jugendpflege sowie das Leistungsrecht symbolisch auf, indem es die freiwilligen Kann- und Solleistungen jeweils gesondert beschreibt, die früher in einer Generalformel zusammengefaßt waren: Jugendarbeit, freie Jugendhilfe, Jugendberufshilfe oder Jugendsozialarbeit, Jugendschutz, Erziehungsberatung, sozialpädagogische Familienhilfe, sonstige Hilfen zur Erziehung und Hilfen für junge Volljährige (KJHG §§ 5 und 11-41). Die Verbesserung des Leistungsrechts bewirkt aber faktisch eine Strukturverschlechterung, da die aufgewerteten Angebote längst nicht alle den Standards ganzheitlicher, professioneller Arbeit genügen. Im Vergleich zur früheren Generalformel bewirkt die gleichberechtigte Auflistung eine Aufwertung der funktionalisierten, tendenziell therapeutisch orientierten Familienhilfen und der Hilfen zur Erziehung. Obwohl offene, ganzheitliche Jugendarbeit und funktionale Dienste formal gesehen jeweils Solleistungen darstellen, werden sich die Spezialdienste durch ihre sachliche Nähe zum pflichtigen Fürsorgebereich und das Trägerinteresse an der lukrativen Finanzierung besser behaupten können. Zudem schwächt das neue Gesetz die individuelle Rechtsposition der Kinder und Jugendlichen gegenüber dem Elternrecht. Die erweiterte Mitwirkung der Verbände bei der Jugendhilfeplanung stärkt zunächst nur die Verbandsspitzen. Die hoheitlichen, ordnungsrechtlichen Pflichtaufgaben der Jugendfürsorge bestehen unter dem neuen Namen "andere Aufgaben der Jugendhilfe" unverändert fort (KJHG § 42ff). Bei den fürsorgerischen "sonstigen Aufgaben", d.h. in Adoptions-, Vormundschafts-, Heimangelegenheiten und wirtschaftlicher Jugendhilfe, stehen weiterhin die Prinzipien der obrigkeitlichen Verwaltung im Vordergrund. Diese Ungleichzeitigkeit der Verrechtlichung von individuellem Leistungsrecht und öffentlicher Dienstleistungsgestaltung ist auch in der Sozialhilfe erkennbar. Die Kommune darf sich demnach nicht auf die Verbesserung des individuellen Leistungsrechts, etwa eine großzügige Vergabepraxis bei den Pflichtaufgaben der Sozial- und Jugendhilfe, beschränken, sondern sie muß ein positives Zusammenwirken mit der Gestaltung von Sozialdiensten, Trägerpolitik und Maßnahmeprogrammen anstreben.

Leistungen der Sozial- und Jugendhilfe werden bei der Bearbeitung durch die innere Sozialverwaltung teils auf politische Vorgaben hin, meist aber auf der Basis des Ermessens von AmtsleiterInnen und SachbearbeiterInnen konkretisiert. Im Verwaltungsaufbau besitzt die **innere Verwaltung**, das sind Büros zur Buchführung, Bearbeitung und Entscheidung von "Fällen", eine privilegierte Stellung gegenüber der **äußeren Verwaltung** des allgemeinen Sozialdienstes. Das Personal der inneren Verwaltung umfaßt die SachbearbeiterInnen des Sozialamts mit Verwaltungsausbildung, deren Aufgabe darin besteht, Anträge entgegenzunehmen und Rechts- oder Kassenfragen zu klären. Der **allgemeine soziale Dienst (ASD)**, besetzt mit SozialarbeiterInnen der allgemeinen Sozialberatung und Familienhilfe, ist nicht immer dem Sozialamt angegliedert, untersteht aber auch, wenn er zum Jugendamt gehört, meist einer übergeordneten Fachbereichsleitung für Jugend und Soziales in Kreis oder Bezirk. Die Organisation des **Sozialamts** ist amtmäßig, schriftsprachlich, rechtsförmig, hoheitlich und hierarchisch angelegt, was ihrer geschichtlichen Herkunft aus der städtischen Armenpolizei entspricht. Wenn ein Rechtsanspruch auf Sozialhilfe oder erzieherische Hilfen durch Bedürftigkeitsprüfung oder sorgerechtliche Regelungen zu konkretisieren ist, setzt sie Verordnung und Gebot, also hoheitliches öffentliches Recht und eine zwangsweise 'Versorgung' anstelle des gleichen bürgerlichen Rechts ein. Ihre 'Klienten' erkennt die innere Verwaltung nur als 'Fälle', d.h. als Teilhaber einer Situation, die mit einer rechtlichen Definition oder Fallkategorie exakt übereinstimmt. Nur dann und nur so kann sie soziale Probleme wahrnehmen. Der soziale Dienst tritt dagegen auf der Basis von persönlichen Dienstleistungen in Kontakt mit seinen Adressaten.

Verglichen mit dem Sozialamt besitzt das **Jugendamt** eine demokratische Struktur. Das Ziel bei der Institutionalisierung der Jugendämter in der Frühphase der Weimarer Republik war die Schaffung einer Gegeninstitution zur armenpolizeilichen Wohlfahrtsbehörde, die bei der Wahrnehmung neuer erzieherischer Aufgaben versagte. Seither bilden die "Verwaltung der Jugendhilfe" und der **Jugendhilfeausschuß (JHA)**, früher Jugendwohlfahrtsausschuß (JWA), gemeinsam das Jugendamt (KJHG § 70 Abs. 1). Der Rat bestimmt drei Fünftel der stimmberechtigten Mitglieder des JHA, die er aus seinen Reihen oder als sachkundige EinwohnerInnen wählt. Zwei Fünftel der JHA-Mitglieder werden vom Rat auf Vorschlag der Wohlfahrtsverbände benannt. Der JHA besitzt im Vergleich zu anderen Ratsausschüssen eine Sonderstellung und größere Kompetenzen. Er entscheidet über die Verteilung der Mittel für **freie Träger**, gibt Mittel aus der Haushaltsplanung nach Bedarf frei und nimmt beratend Stellung zur Haushaltssatzung und zu Programmplanungen des Jugendamts (KJHG § 71). Der Sozialausschuß besitzt dagegen als nicht obligatorischer Ausschuß nach den Gemeindeordnungen vorwiegend beratende Kompetenz.

In der Verwaltung des Jugendamts herrschen ebenfalls amtmäßige Leitungs- und Kontrollverfahren vor. Jugendhilfe umfaßt faktisch noch immer die beiden wesentlichen Aufgabenbereiche der eingreifenden **Jugendfürsorge** und der freiwilligen oder leistenden **Jugendpflege**. Die Verwaltungsgliederung unterstellt selbst die zur freiwilligen Nutzung gedachten Angebote der Jugendpflege in Beratungsstellen oder Jugendzentren der hierarchischen Aufsicht des zentralen Jugendamts. Bei dezentralisierter Verwaltung unterstehen die Sozialarbeiter dem Bezirksjugendpfleger und seinem Ressortleiter für Jugend oder/und Soziales. Die Entscheidungsspielräume der Außendienst-MitarbeiterInnen in Jugendzentren oder Beratungsstellen gegenüber der Dienstaufsicht in Stadt oder Bezirk sind begrenzt. Entscheidungen über Anschaffungen oder Personalfragen unterliegen voll und ganz der dienstlichen Hierarchie. In fachlicher, sozialarbeiterischer Hinsicht kann der Einfluß wesentlich größer sein. Dies gilt vor allem dann, wenn SozialarbeiterInnen rechtliche Entscheidungen einleiten oder vorbereiten oder durch fallbezogene Anamnesen leistungsrechtlich erheblichen Bedarf anmelden, wie dies regelmäßig im allgemeinen sozialen Dienst vorkommt. Sie üben dann, aufgrund ihrer besonderen fachlichen Kompetenz, selbst die sogenannte Fachaufsicht aus, die nur im Ausnahmefall 'von oben' zu legitimieren ist. Aus diesem Grunde steht die innere Verwaltung in einem Spannungsverhältnis zu den **Sozialdiensten**, geraten Sozial- und SachbearbeiterInnen oder auch untere und obere Instanzen in Konflikt. Dieser strukturell angelegte Konflikt zwischen Sozialarbeit und **Eingriffsverwaltung** stellt einen produktiven Stellvertreterkonflikt bezüglich des Umgangs mit den Adressaten der Sozialverwaltung dar. Vom Verwaltungsaufbau ist er zugunsten der inneren Verwaltung vorentschieden. Doch schafft die Professionalität der Sozialdienste eine eigene — je nach Kompetenz und Courage — Legitimation und Einflußmöglichkeit entgegen der formalen Hierarchie. Der Konflikt zwischen innerer Sozialverwaltung und sozialen Diensten wird durch parzellierte Zuständigkeiten tendenziell abgeschwächt. Besonders harte Eingriffsmethoden werden überörtlichen oder privaten Trägern übertragen. Für "harte" Jugendheime, Altenpflegeheime, psychiatrische Versorgung, Sammellager für AsylbewerberInnen oder Sonderschulen muß sich die Gemeindeverwaltung nicht verantworten. Die Auslagerung von Konflikten erzeugt, da die Finanzierungspflicht gleichzeitig auf das Land übergeht, Anreize für eine frühzeitige Abschiebung Jugendlicher in geschlossene Heime oder von alten Menschen in Pflegeheime.

Die Gegenüberstellung von **innerer Verwaltung** und **sozialen Diensten** zeigt trotz der genannten Einschränkungen, daß die juristische Definition von 'Fällen', 'Problemen' oder 'Bedarf' nicht ungebrochen bleibt. In der rechtlichen Definition ungeklärte oder verschüttete 'Bedürftigkeit' taucht in Form verwaltungsinterner Konflikte wieder auf. Die unterschiedlichen Interessen der Verwaltungsinstanzen, der politischen Gremien, der Sozialarbeiter und der 'Klienten' kreisen zunächst um die Frage, welche Aufgabendefinition, welche Definition von 'Bedarf' über die Verwaltungsvorschriften zur Leitlinie der institutionellen Praxis werden.

Mit dem Beschluß der Haushaltssatzung überträgt der Rat die Zuständigkeit für Durchführung und Gestaltung der Pflichtaufgaben an **Sozial- und Jugendamt**. Hierin besteht sein wichtigster eigener Beitrag zur kommunalen Sozialpolitik. Den Ämtern steht es weitgehend selbst zu, diese Mittel differenziert zu verwenden, eine Personalpolitik zu entwickeln und Mitarbeiterfortbildung zu betreiben. Ein zentrales und zugleich äußerst problematisches Steuerungsinstrument der Verwaltungsspitze stellen die **Verwaltungsvorschriften** dar. Hierbei handelt es sich um Richtlinien zur Auslegung von Ermessensspielräumen, die den MitarbeiterInnen eine konkrete Arbeitsweise, Prüfungs- und Bewilligungspraxis vorschreiben. Verwaltungsvorschriften existieren in jeder Gemeinde in großer Zahl, etwa zu der Frage, ob in der Sozialhilfe eher Geld- oder Sachleistungen vergeben werden, ob **AsylbewerberInnen** Krankenscheine erhalten oder ob Unterhaltsleistungen von Verwandten einzuklagen sind. Die Verwaltungsvorschriften sind nicht öffentlich und können nur von direkt Betroffenen oder auf Anfrage im Ratsausschuß eingesehen werden: ein inoffizielles Gesetzbuch ohne parlamentarische Legitimation, das im Einzelfall nur auf dem Rechtsweg, über Widerspruch und Klage beim Verwaltungsgericht angefochten werden kann.

Der sozialpolitische Konflikt innerhalb der Kommune beschränkt sich jedoch nicht auf die Verwaltungspraxis bei Pflichtaufgaben. Die Grenzen der individuellen Bearbeitung zwingen zum Übergang auf die Ebene fachlicher Konzepte und Programme. Diese erweiterte Aufgabenbestimmung erfordert kommunale Dienstleistungs-, Träger- und Programmpolitik sowie geeignete institutionelle Verfahren und Techniken der Planung, Implementation (Durchführung) und Evaluation (Erfolgskontrolle). Die Abstimmung zwischen der Verwaltung von Pflichtaufgaben und örtlich oder autonom definierten Aufgaben erfolgt zunächst über den Haushaltsplan und die Planungen der Ressorts oder Ämter. Sie legen mittelfristige Ausgabeprioritäten und Aufgabenschwerpunkte in Anlehnung an die Systematik des Haushaltsplans fest. **Sozialplanung** auf dieser Basis verlangt Finanz- und Investitionsplanung. Bleibt sie auf der Ebene investiver Stadtentwicklungsplanung stehen, ergeben sich notgedrungen technokratische Konzepte für die sozialen Dienste, so werden z.B. in **Jugendhilfeplänen** die Betonsorten und Teppichflächen statt die Jugendarbeit oder der Kinderspielplätze nach dem Gesichtspunkt der Verkehrsberuhigung plaziert. Fachliche Gestaltung der Dienstleistungen findet meist unterhalb der Ebene von Sozialplanung statt. Die relative Autonomie und begrenzte Außensteuerung der Kommunen in diesem Feld ist an der Wechselwirkung zwischen der Jugendpolitik des Bundes und kommunaler Jugendhilfe abzulesen. Reformziele wie die Aufwertung von Kindesrecht, Jugendpflege und öffentlicher Trägerschaft wurden in den Kommunen teilweise bis heute weiter verfolgt, obwohl die Bundespolitik seit 1975 restriktiv verlief. Die relative Autonomie der Kommune nimmt zu, wenn sie die informelle Abstimmung bezüglich bestimmter Problemstellungen in Programmplanungen überführt, die eine ressort- und ämterübergreifende Koordination von Angeboten ermöglichen. Solche zielgruppen- oder problembezogenen Programme finden sich in der Ausländer-, Obdachlosen-, Frauen- und Altenhilfe sowie bei den Maßnahmen gegen Jugendarbeitslosigkeit.

Ihre Planungskompetenz verleiht den Kommunen Begutachtungs- und Verhandlungsautorität, die sie im Umgang mit den Trägern der freien Wohlfahrtspflege dringend benötigt. Verfassungsrechtlich wurde der Konflikt um das **Subsidiaritätsprinzip**, d.h. um den Vorrang konfessioneller, **freier oder öffentlicher Träger**, im Sinne einer Partnerschaft interpretiert, die der öffentlichen Hand eine schwache Supervisionsaufgabe beläßt. In der Praxis wird der traditionelle Konflikt zwischen öffentlicher und freier Trägerschaft durch eine Konkurrenz gegensätzlicher Angebote in gleicher Trägerschaft inzwischen teilweise überlagert. Die besonderen Aufgaben der öffentlichen Trägerschaft bestehen aber fort, solange das Klientendenken bei freien, insbesondere **konfessionellen Trägern** überwiegt. Wenn ausländische Kinder aus christlichen Kindergärten ausgeschlossen werden oder traditionelle Bettel- und Sammelaktionen für Arme durchgeführt werden, entsteht Handlungsbedarf für die öffentliche Hand, um der bürgerlichen Hilfe und Selbsthilfe aufgeklärte Standards entgegenzusetzen. Eigene Angebote der Kommunen werden hierzu ebenso benötigt wie die Federführung im Rahmen von Maßnahmeprogrammen, die Durchsetzung fortschrittlicher pädagogischer Konzepte durch Fortbildung und die Kontrolle privater Angebote. Die Überführung von Angeboten aus freier in öffentliche Trägerschaft stellt nur eine begrenzte Möglichkeit dar. Tatsächlich sind die öffentlichen Angebote im Einzelfall nicht immer besser als die freier Träger. Die Schwerpunktsetzung der großen **Wohlfahrtsverbände** auf die lukrativen Bereiche der finanziell abgesicherten und gut ausgestatteten, geschlossenen Bereiche, der Heime, des Pflegewesens und neuerdings der familien- und fürsorgebezogenen Begleit- und Präventivdienste ist aber so offenkundig, daß der öffentliche Bereich gezwungen ist, benötigte Innovationen anzuregen, "schlechte Risiken" oder schwere Arbeitsfelder selbst zu übernehmen. Die Planungshoheit, über die die Kommunen verfügen, um die Politik der großen Verbände zu beeinflussen, erhöht sich durch das Ausformulieren von Programmen. Eine öffentliche Diskussion von Lebens- oder Bedarfslagen erscheint sinnvoller als die stillschweigende Übernahme der weniger lukrativen Aufgaben in eigene Trägerschaft. Das Propagieren von exemplarischen Einzelmaßnahmen kann die programmatische Richtung verdeutlichen. Hier bieten sich insbesondere Initiativgruppen und die kleinen **freien Träger** als Kooperationspartner an. Angesichts dieses Bedarfs alternativer Formalisierung erscheint die neue Politik der Vermarktung sozialer Dienste umso fragwürdiger. Geringfügige Einsparungen an der falschen Stelle können das gesamte Netz qualitativer Einflußnahme und Standardsetzung der Kommune unterhöhlen.

Die Herausforderung der kommunalen Sozialpolitik durch die Politik der **Europäischen Union** verweist auf ein weiteres, in der vertikalen Politikverflechtung keineswegs neues Handlungsfeld: die Vernetzung zwischen örtlichen und überregionalen Maßnahmen. Im Spannungsfeld zwischen Gesetzgebung und örtlicher Praxis greifen die Ausführungsgesetze der Länder massiv ein. So erfolgt die Absicherung der staatstragenden **Sozialdienste** zwischen Fürsorge und offenem örtlichen Angebot überwiegend über die Landespolitik. Typische Beispiele für die ungünstigen Folgen dieser Interventionsform sind die Landesvorgaben für eine unterzogene Erziehungsberatung, die Einengung der offenen Jugendarbeit auf bloße Freizeitgestaltung und die klientelisierende, nationalitätenspezifische Sozialberatung für AusländerInnen. Problematisch erscheint auch die Stärkung technokratischer **Stadtentwicklungsplanung** durch **Landesentwicklungspläne** mit ihren Konsequenzen für eine inkompetente Planung der Sozialdienste. Positive Anreize gingen von Landes- und Bundesprogrammen aus, die die Hilfe zur Erziehung als Bildungsmaßnahme in Jugendwerkstätten ermöglichten oder die tarifliche Hilfe zur Arbeit nach BSHG im Zweiten Arbeitsmarkt subventionierten. Von den europäischen Programmen sind Impulse in Richtung einer Arbeitsmarktorientierung der **Sozialdienste** und eine Stärkung der **Wohlfahrtsverbände** gegenüber der örtlichen Sozialverwaltung zu befürchten. Dies schließt im Einzelfall eine reformbezogene Intervention der EU — an verkrusteten örtlichen Strukturen vorbei — nicht aus. Statt Vermeidung sollte daher kritische Nutzung der überregionalen Programme in selbstbewußter kommunaler Regie angestrebt werden. Die beschriebenen Ressourcen der Gestaltung von **Pflichtaufgaben**, der örtlichen Standardsetzung und Programmgestaltung müssen hierzu ausgeschöpft werden, bevor eine öffentliche Vorgabe gegenüber den überregionalen Maßnahmen zum Tragen kommen kann. Fragwürdig erscheinen demgegenüber Reformvorschläge, die an der konkreten institutionellen Vernetzung zwischen lokaler und überregionaler Ebene vorbeigehen, wie dies insbesondere für die Suche nach neuen, zentralstaatlichen Kompetenzen einer sozialen Mindest- oder Grundsicherung auf der Ebene von Bundes- oder gar Europapolitik gilt.

Praktische Ansatzpunkte einer alternativen Kommunalpolitik

Die institutionelle Praxis der kommunalen Sozialpolitik zeichnet zusammengefaßt sechs relativ autonome Handlungsbereiche vor, aus denen sich ein praktisches Konzept kommunaler Sozialpolitik ergibt:

KRITIK DER DURCHFÜHRUNGSPRAXIS BEI DEN KOMMUNALEN PFLICHTAUFGABEN: Der Begriff Pflichtaufgaben suggeriert, daß es bei der Erfüllung dieser Aufgaben nach BSHG und KJHG wenig Spielraum gibt. Die Praxis zeigt jedoch, daß der Spielraum des Verwaltungsermessens groß ist und keineswegs eindeutig über Gesetze oder überregionale Regelungen festgelegt ist. Dies gilt z.B. für die "**Schattenregelsätze**", die aufgrund der lokalen Handhabung real geleistete Sozialhilfe — im Unterschied zu der gemäß Rechtsanspruch zu leistenden Sozialhilfe —, die stark voneinander abweichen können. Spielraum besteht nicht nur bei der Gewährung der einmaligen Beihilfen, sondern vor allem bei der "Entscheidung", ob eine Unterstützung oder eine Beantragung überhaupt zustande kommt. Konkret muß es in der kommunalpolitischen Auseinandersetzung um eine Hebung der "Schattenregelsätze" gehen. Umsetzungsschritte sind das Einklagen des Vorrangs von Geld- gegenüber Sachleistungen, die Erleichterung des Zugangs durch verbesserte Beratung, der Abbau von Kontrollen in der Wohnung, eine großzügige Handhabung der Eintreibung von Unterhaltsleistungen, die Pauschalierung der einmaligen Leistungen, die Abschaffung der "Gemeinschaftsarbeit", die Förderung von tariflich bezahlter Hilfe zur Arbeit, höheres Taschengeld für HeimbewohnerInnen und nicht zuletzt die Gleichbehandlung von AusländerInnen, was die Meldung von Sozialhilfebezug an die **Ausländerbehörde** ausschließt.

Verfahren, die dies unterstützen können, sind neben parlamentarischen Anfragen zur Durchführungspraxis der Sozialhilfe, zur Sozialstatistik auf Gemeinde- und Bezirksebene und zum Inhalt von Verwaltungsvorschriften auch auf der scheinbar unpolitischen Ebene der Anhörung von Selbsthilfegruppen oder von MitarbeiterInnen in sozialen Einrichtungen zu suchen. Auch die "ikonografische Methode" sollte angewandt werden: Einzelfälle repräsentieren häufig das gesamte Spektrum der positiven und negativen Seiten des lokalen Beratungs- und Hilfesystems. Ausgehend von ihnen kann die allgemeine Struktur aufgezeigt und skandalisiert werden. Auf zwei neuere Entwicklungen ist bei der **Sozialhilfekritik** besonders zu achten. Die Ausweitung des Leistungsspektrums auf die Mittelschicht und die Aufweichung der Grenze zwischen pflichtigen und freiwilligen Leistungen im Zuge der Verrechtlichung von Ansprüchen machen eine verstärkte Einbindung von Individualleistungen in Projektförderung und kritische Programmpolitik nötig. Verbesserungen sollten daher nicht nur auf der Ebene der Einzelmaßnahme, sondern im Kontext ihrer Vernetzung gesucht und durchgesetzt werden. Nur bei längerfristigem Einsatz und projektbezogener Planung können Maßnahmen wie Frauenhäuser, Leistungsverbesserung für bestimmte Zielgruppen oder die Kooperation zwischen örtlichen und überörtlichen Programmen zur Verbesserung der Dienstleistungsstruktur beitragen.

KRITIK VON HAUSHALT UND RESSORTPLANUNGEN: Die wichtigste, an die Verwaltung nicht übertragbare Aufgabe des Rats stellt die jährliche Verabschiedung der **Haushaltssatzung** dar. Doch der Rat erstellt die Haushaltsplanung nicht selbst. Stattdessen unterbreitet zunächst die Verwaltung ihre Vorschläge zum Haushalt. Dieser Haushaltsentwurf läßt politische Entscheidungen zu den Prioritäten der Ausgaben-, Einnahme- und Investitionspolitik zu. Die Entwicklung der Anteile des Einzelplanes 4 "Soziale Sicherung" an den gesamten Zuschüssen im Zeitablauf sagt weniger über die Entwicklung der Sozialausgaben aus als die sogenannte **Gruppierungsübersicht**, in der die Sozialausgaben auch mit Personal- und Sachausgaben zu vergleichen sind. Im Vermögenshaushalt ist zu erkennen, welche sozialen Einrichtungen gebaut werden. Der **Stellenplan** gibt Hinweise auf die Personalpolitik. Der Vergleich einzelner Haushaltspositionen mit den Vorjahren zeigt konkrete Einsparungen bei Projekten oder Programmen auf. Die Transparenz ist gering, wenn die Ansätze auf mehrere Haushaltsstellen verteilt sind. Entscheidende Fragen der Projektkonzeption, der Arbeitsplatzbeschreibung und der Verteilung auf Träger sind dem Haushaltsplan nicht zu entnehmen. Transparent sind die Ressortplanungen in den Unterabschnitten der Jugend- und Sozialhilfe. Mit etwas Mühe läßt sich anhand zusätzlicher Aufstellungen über die beteiligten Haushaltsposten, die dem **Jugendhilfeausschuß** vorliegen oder von der Verwaltung zu erhalten sind, überprüfen, ob die offiziellen Zielsetzungen der Jugendhilfe eingehalten werden, ob etwa die Planungsziele Aufwertung der Jugendpflege gegenüber Jugendfürsorge oder Aufwertung ambulanter gegenüber stationärer **Altenhilfe** sich tatsächlich in Ausgaben niederschlagen. Im Vergleich zwischen den Jahren treten Probleme wegen der Umbenennung von Haushaltsstellen auf, zu deren Klärung Vergleichslisten von der Verwaltung anzufordern sind. Maßnahmeprogramme, an denen mehrere Ressorts beteiligt sind (z. B. Ausländereingliederung oder Jugendarbeitslosigkeit), sind anhand des Haushaltsplans selbst nicht immer überprüfbar, da Personal- und Sachkosten zum Teil in Sammelnachweisen verbucht werden. Die Transparenz nimmt zu, wenn eine Programmplanung vorliegt, die alle beteiligten Haushaltsstellen ausweist. Manipulationsmöglichkeiten der Verwaltung bezüglich der Transparenz von Etats ermöglichen politische Weichenstellungen grundsätzlich auch an der Politik vorbei. Zu achten ist vor allem auf übermäßige Ansätze für die fürsorgerischen Pflichtaufgaben zulasten der freiwilligen Leistungen, die auf eine Verabredung zwischen Verwaltung und Trägern in Richtung einer Ausweitung von Pflegemaßnahmen deuten können. Die zunehmende Tendenz zur Steuerung der lokalen Meinungsbildung im Sinne einer wirtschaftspolitisch geprägten Stadtentwicklung schreckt auch vor Lügen über die Haushaltslage nicht immer zurück. Zu empfehlen ist die Überprüfung der behaupteten Sparzwänge unter dem Gesichtspunkt der tatsächlich in allen Ressorts verwendeten Zuschüsse. Mehrausgaben für Heimerziehung können z.B. eine radikale Kürzung bei den Jugendzentren verbergen. Füdie Richtung der Sozialpolitik sind die internen Umschichtungen innerhalb der Einzelhaushalte Jugend und Soziales maßgeblich und nicht nur globale Ausgabe- oder Kürzungsbeträge.

Gegenstand der eigentlichen Ratsentscheidung bilden die Grundlinien der Haushaltspolitik, ressortspezifische Entscheidungen und die Bewilligung der entsprechenden Ressortplanungen, personalpolitische Grundsatzentscheidungen und die Verhandlung über symbolträchtige Einzelprojekte. Programmplanungen, Sozialarbeitspolitik, Trägerpolitik und Durchführungsbestimmungen der Verwaltung werden selten im Parlament behandelt. Die fachlichen Richtungsentscheidungen sind in der Regel bei der Einbringung des Haushaltsplans auf Verwaltungsseite bereits gefallen, so daß eine permanente Haushaltskritik nötig erscheint. Um die Öffentlichkeit zu erhöhen, sollten die maßgeblichen Daten des Jugend- und Sozialhilfehaushalts schon Mitte des Jahres an soziale Einrichtungen verschickt werden, um eine Meinungsbildung der informellen Fachöffentlichkeit im Vorfeld der Haushaltsberatung zu ermöglichen. Auf die Verbandsspitzen sollten sich PolitikerInnen auch bei Verbänden mit alternativem Anstrich nicht allein verlassen.

Erst auf der Grundlage einer solchen, langfristigen Vorbereitung kann **Haushaltskritik** im Stadtrat greifen. Bei der Verabschiedung des Haushalts sind dann allgemeine Prioritäten der Ressortplanung, verschwiegene Grundsatzentscheidungen und verdrängte Meinungsäußerungen aus der Fachöffentlichkeit zur Sprache bringen. Grundsätzliche Ziele müssen an konkreten, notfalls exemplarischen Einzelentscheidungen verdeutlicht werden. Hierbei kann es sich um Investitionen für ambulante statt für stationäre Alten- und Gesundheitspflege, die Fortschreibung von Modellprojekten, Alternativen zur Heimerziehung oder Förderung von Jugend- und Ausländerzentren handeln. Eine aufgaben- und programmbezogene Haushaltsrechnung könnte gerade im Sozialbereich die Transparenz von Programmhaushalten erhöhen. Sie stellt daher ein Ziel kommunaler Sozialpolitik dar, das eine weiterreichende politische Thematisierung verdient.

REFORM DER SOZIALEN DIENSTE: Zentrale Entscheidungen über die Organisation der sozialen Dienste sind der kommunalen Öffentlichkeit und Politik entzogen, insbesondere die Personalpolitik und Arbeitsplatzbeschreibung bei **'freien Trägern'**. **Konfessionelle Träger** lassen zudem nicht einmal gewerkschaftlichen Einfluß auf ihre Rationalisierungskonzepte zu, die besonders im stationären Bereich zur Anwendung kommen. Die Hauptstütze dieser Trägerpolitik bildet das **Pflegesatzsystem**. Der Träger erhält einen Pflegesatz aus dem Einkommen der 'Klienten', der Sozialhilfe oder Rente, über den Kreditkosten, Versorgungspersonal und Immobilienerwerb voll, ambulante Leistungen aber nur zum Teil abgerechnet werden können. So erzeugt das **Pflegesatzsystem** systematische Anreize zur Senkung von Personalkosten im Pflege- und Gesundheitsbereich und zur Verwendung der eingesparten Personalkosten für Immobilienerwerb.

Die vorherrschende Methode zur Ökonomisierung sozialer Dienste besteht in einer Zersplitterung der Arbeitsvollzüge in immer kleinere Abschnitte, die eine Beschäftigung von unqualifiziertem Personal unter hierarchischer Leitung erlaubt. Die Reduzierung der 'Betreuungszeiten' zerstört den persönlichen Charakter der Dienstleistung. Betriebswirtschaftliche Methoden der **Rationalisierung** bestimmen, durch die Sparpolitik forciert, zunehmend auch über die persönlichen Dienste in Kindergärten und Jugendzentren. Die Krise der offenen Jugendarbeit besitzt vor allem einen ökonomischen Hintergrund. Die 'Zuwendungszeit', die den SozialarbeiterInnen in Jugendzentren zum persönlichen Gespräch mit Jugendlichen bleibt, ist häufig, gemessen an der Besucherzahl, kürzer als die 'Verrichtungszeit' in Pflegeheimen. Rationalisierung der sozialen Dienste und ihre Folgewirkungen kommen in der Diskussion über eine **Verwaltungsreform** zu kurz, wenn nur Fragen der Zentralisierung oder Dezentralisierung diskutiert werden. Dezentralisierung ist nicht immer gleichbedeutend mit Demokratisierung. Vielmehr können zentrale Kompetenzen des sozialen Diensts diesen gegenüber der inneren Verwaltung stärken. Generell muß eine formale Neuorganisation ohne gleichzeitige Aufgabenreform in Frage gestellt werden. Sie 'verbessert' die Verfahren und Verwaltungsmethoden und stärkt daher, bleibt die inhaltliche Reform aus, die eingeschliffenen Verfahrensweisen und Berufsauffassungen. Neben Personalratsarbeit, Gewerkschaftsarbeit und politischer Einflußnahme auf die städtischen Einrichtungen bieten sich vor allem drei Ansatzpunkte für eine **Dienstleistungsreform** im Rahmen der kommunalen Sozialpolitik an: Erstens die Einbeziehung von SozialarbeiterInnen und Projekten in eine Infrastruktur zur Planungs- und Verwaltungskritik, die vom Arbeitgeber abgekoppelt sein sollte, zweitens die Anregung einer kommunalpolitischen Orientierung von Sozialarbeitsprojekten durch Bedarfserhebungen, Befragungen oder die erwähnte Korrespondenz über Haushaltsfragen mit PraktikerInnen der 'unteren Ebene' und drittens die Kooperation zwischen Politik und vorhandenen Projekten der Gemeinwesen-, Milieu- oder Stadtteilarbeit.

Eine Reform sozialer Dienste muß darüber hinaus eine Erweiterung der Interessenvertretung von Sozialberufen z.B. in den Gewerkschaften beinhalten. Hier ist nicht nur an die Unterstützung oder Kooperation mit Fachgruppen zu denken. Ebenso wichtig erscheinen ganz unkonventionelle politische Aktionen auf der Ebene der Vergabe von Gutachten zu bestimmten Bereichen sozialer Dienste oder die Auswertung von arbeitsrechtlichen Konflikten im Sozialbereich unter dem Gesichtspunkt, welche fachlichen Konflikte im Hintergrund dieser scheinbaren Arbeitgeber-Arbeitnehmer-Kontroversen stehen. Kommunale **Dienstleistungsreform** verlangt Grenzüberschreitung zwischen 'unpolitischer' Sozialarbeit und Politik bzw. zwischen Fach- und Allgemeinpolitik im Sinne eines beiderseitigen Lernens. In diesem Zusammenhang sind auch Beratungs- und Forschungsprojekte aus dem Ausbildungsbereich aufzugreifen, zu beobachten und gegebenenfalls zu unterstützen, etwa die so entstandenen Ansätze zur "Praxisberatung". Auch politische Gremien, Fraktionen oder Arbeitskreise können Projekte einer politischen Praxisreflexion anregen.

DURCHSETZUNG UND KRITIK VON PROGRAMMPLANUNGEN: Zielgruppenprogramme zur Ausländer-, Behinderten-, Alten- und Obdachlosenpolitik dienen dem Zweck, Angebote aus verschiedenen Ressorts für eine konkrete Zielgruppe oder Lebenslage zu realisieren. Sie werden vom Rat beschlossen, sind aber in der Regel Ergebnis einer langfristigen Willensbildung der Fachverwaltung unter Beteiligung zahlreicher Träger und Einrichtungen. Das Verfahren verläuft meist korporativ und birgt daher die Gefahr interessenspolitisch verzerrter Zielsetzungen. Trotz dieser Einschränkung sind **Programmplanungen** ein wirksames Instrument, um vermeintliche Besitzstände oder Klientelstrukturen zu differenzieren. Die Möglichkeiten der Innovation und Standardsetzung durch Programmplanung wiegen die begrenzten Mitnahmeeffekte auf. Programmformulierung wird daneben zunehmend zur Voraussetzung öffentlicher Fachdiskussion über die kurzatmige Medienöffentlichkeit hinweg. Durch Programmplanungen in der Ausländerförderung kann die nationalitätenspezifische Betreuungsstruktur der großen Verbände sanft aufgebrochen werden, was vor allem die Qualität der **Sozialberatung** verbessert. Sie können auch eine Erweiterung des städtischen allgemeinen sozialen Dienstes um ausländerbezogene Angebote, Kurse und Veranstaltungen initiieren (Zaschke 1987). Maßnahmenprogramme zur **Jugendarbeitslosigkeit** können nicht nur die Mobilisierung von Mitteln der Arbeitsverwaltung oder der Länder erleichtern, sondern zwingen auch zur Ausarbeitung einer eigenen fachlichen Sicht der Jugendhilfe bzw. der Jugendsozialarbeit in bezug auf Berufsfragen. Daneben kann die Programmplanung Standards hinsichtlich der tariflichen Bezahlung in berufsfördernden Maßnahmen verbessern sowie den Vorrang allgemeinbildender, abschlußbezogener vor bloßen Vorbereitungsmaßnahmen und die Ausweitung des kommunalen Beschäftigungs- und Ausbildungsangebots unterstützen. Eine weiterreichende Perspektive ist in der Einführung lokaler Berufsbildungsberichte und öffentlicher Ausbildungszentren zu sehen. Vergleichbare Dynamik können auch **Altenhilfepläne** entfalten, die auf ambulante Betreuung, Erhalt der Selbständigkeit und der Wohnung und generationsübergreifende Arbeit orientieren. Programmpolitik gegen **Obdachlosigkeit** kann an der Vergabepraxis der individuellen Sozialhilfe ansetzen, indem sie ihre rechtzeitige Inanspruchnahme durch Beratung im Wohngebiet fördert. Vermeidung des Wohnungsverlustes tritt dann an die Stelle der nachgängigen Unterbringung. Den Grundgedanken bildet auch hier die Überführung individueller Sozialleistungen in ein übergreifendes Konzept der Gestaltung von Sozialdiensten, der Verbesserung der Wohn-, Arbeits- und Ausbildungsförderung im Stadtteil.

Die Nutzung von Einzelmaßnahmen sollte nicht durch eine puristische Kritik an Zielgruppen- oder Problemgruppenkonzepten umgangen werden. Die grundsätzlich richtige Kritik an der diesen Konzepten innewohnenden stigmatisierenden Sichtweise muß konkrete Wege aus der Vereinzelung auf der Ebene besserer Dienstleistungen und Programmangebote suchen. Tatsächlich können Fortschritte in der Zielgruppenarbeit, z.B. mit AusländerInnen, teilweise auch für den allgemeinen sozialen Dienst fruchtbar gemacht werden. Diese Innovation setzt aber die Entwicklung gemeinwesenbezogener, nicht-klientelisierender Methoden im Zielgruppenbereich voraus, die dann eine vorantreibende Rolle auch für andere Sozialdienste übernehmen können.

PROBLEMATISIERUNG VON ANREIZSYSTEMEN UND TRÄGERPOLITIK: Die Sozialhilfe-Etats wachsen nicht nur wegen der sich verfestigenden Sockelarbeitslosigkeit, sondern auch durch den Kostenanstieg bei Heimpflege und Gesundheitsdiensten. Verantwortlich sind 'perverse Anreizsysteme', wie etwa der erwähnte Anreiz zur Immobilienfinanzierung aus Sozialhilfe- und Rentenmitteln. Die Kommunen haben über dieses System nicht zu entscheiden, können aber durch Belegungspolitik und Verhandlungen Einfluß auf die Verbände nehmen und die eigenen Investitionen vorrangig für ambulante Angebote verwenden. Sozialstationen werden den Ansprüchen an eine ambulante Versorgung unter Umständen weniger gerecht als kleinere Einheiten in größerer Zahl mit zusätzlichen sozialen Hilfen neben der medizinisch-technischen Versorgung. Vergleichbar 'perverse Anreize' wie in der Altenhilfe finden sich im Bereich der Jugendheime und der wirtschaftlichen Jugendhilfe. Der Verzicht auf 'freiwillige Leistungen' zur Förderung der Familienunterbringung oder von Jugendwohngemeinschaften erhöht die Zahl der teuren Heimunterbringungen. Die Therapeutisierung von Familienkonflikten im Vorfeld von Heimeinweisungen erhöht deren Wahrscheinlichkeit. Der kommunale Beitrag zum Abbau perverser Anreize kann darin bestehen, die vorhandenen Regelungen öffentlich mit fachlichen Alternativen zu konfrontieren, vorhandene Initiativen zu unterstützen oder ins Leben zu rufen.

Während die Interessengegensätze und Kompromisse über konfessionelle Fragen und Finanzierungsprivilegien fortbestehen, verändern sich ihre Austragungsformen. An die Stelle des Ausschlusses der Öffentlichkeit von der korporativen Verhandlung tritt die Werbung. Der aktuelle **Korporatismus** umfaßt nicht mehr nur den sogenannten 'Kölschen Klüngel', sondern er bedient sich zunehmend pseudofachlicher Strategien der Öffentlichkeitsarbeit. Die verbreitete Werbung für prohibitive Verhaltens-, Gesundheits- oder Moralkontrolle kommt einer öffentlichen Kampagne für Deprofessionalisierung gleich. Einen weiteren Zug dieser Legitimationspolitik bildet die weitgehende Entkopplung zwischen der sachlichen, praktischen Gestaltung von Lebenslagen und dem Marketing für real nicht vermarktbare oder konsumierbare Dienstleistungen. Auch das politisch scheinbar indifferente "Wohlverhalten der Verbände in Praxisferne" gibt latent autoritären und pseudoliberalen Einstellungen Auftrieb. Ein zweifelhafter Erfolg dieser Öffentlicheitsarbeit zeigt sich in der politischen Tendenz zu kurzfristig und kurzzeitig aufgelegten öffentlichen Maßnahmeprogrammen zu marginalen Themen der publizistischen Konjunktur. Dieser neueren Form eines scheinbar unpolitischen **Korporatismus** müssen die eigenen fachlichen Standards der Politik entgegengehalten werden. Diese Auseinandersetzung wird nur im Ausnahmefall den Abbruch der Kooperation mit Kirchen oder anderen Verbänden verlangen. Wirksamer dürften die Entwicklung von Distanz im Umgang mit Marketingstrategien und die parallele Aufwertung bescheidener Fachtage, Veranstaltungen zur Praxisreflexion und öffentliche Aufklärung über die Grenzen marktförmiger Dienstleistungen sein.

Eine Zeitlang schränkte sich die alternative Sozialpolitik selbst ein, indem sie ausschließlich auf Initiativen setzte und die Erfahrungen und Konflikte innerhalb der institutionellen Sozialarbeit nicht ausreichend thematisierte. Authentische sozialpolitische Interessen zeigen sich jedoch nicht nur in Initiativen oder Selbsthilfegruppen, sondern auch in der Verwaltungspraxis, in Dienstleistungs-, Haushalts- und Programmkritik. So eröffnet sich ein breites Feld inner- und außerinstitutioneller Handlungsmöglichkeiten im Konfliktfeld zwischen öffentlichen und freien Trägern.

NETZWERKPOLITIK IM HINBLICK AUF BUND, LÄNDER UND EUROPÄISCHE UNION: Der Durchgriff von der oberen auf die untere sozialstaatliche Ebene erfolgt nur im Ausnahmefall als autoritärer Eingriff. Den Regelfall stellen vielmehr irrationale Auswirkungen 'gut gemeinter' Maßnahmen auf der örtlichen Ebene dar. Ein Beispiel sind Landesentwicklungsmaßnahmen, die alternativen Gebäude- und Wegebau finanzieren, um dann fortschrittliche Beschäftigungsmaßnahmen und Begegnungsstätten in Hochhaussiedlungen anzuregen. Wenn die Entwicklung und laufende Förderung der Sozialdienste, die solche Maßnahmen schließlich tragen müssen, bei solchen Planungen nicht mitberücksichtigt werden, vielleicht mit Hinweis auf das 'Selbsthilfepotential' der Hochhäuser, bleiben nach erfolgtem Umbau voraussichtlich neue Bauruinen zurück. Der irrationale Durchgriff auf Grundlage technisch-bürokratischer Planung kann dazu führen, daß Städte Regattaclubs weiterbauen und gleichzeitig Grundfesten um der örtlichen Sozialdienste einsparen. Der sozialpolitische Durchgriff wird in den Fällen, da er als Investitions-, Umwelt- oder Stadtentwicklungsplanung firmiert, meist nicht als solcher erkannt. Wesentlich transparenter sind demgegenüber Landes- und Bundesprogramme, die offen und kooperativ auf Verbesserung der örtlichen Dienstleistungen zielen. Zu rechnen ist hier mit den erwähnten Ausführungsgesetzen zu BSHG und KJHG sowie mit den Bundes- und Landesprogrammen zu Zweitem Arbeitsmarkt oder Jugendförderung. Der Bundesjugendplan durchbricht mit der Möglichkeit der Direktförderung

265

sogar bewußt das Monopol der Spitzenverbände.

Politisch verlangt dies zunächst eine Recherche zu den vor Ort angewandten überregionalen Fördermitteln und Programmen. Anfragen, Haushaltsanalysen und Expertengespräche werden nötig sein. Eine regelmäßige Berichterstattung zu den im Sozialbereich verwendeten überörtlichen Mitteln sollte angeregt werden, um einen Überblick über die außengesteuerten Konzepte, Mitnahmeeffekte und produktiven Anstöße zu erhalten. Auch exemplarische Projektgründungen und die Diskussion der vorhandenen Programmplanungen können die Transparenz über den Einfluß der Arbeitsverwaltung auf das Jugendamt, des Landesjugendamts auf die örtlichen Träger oder auch der EU-Maßnahmen auf das örtliche Beratungsangebot vergrößern. Diese Aufgabe sollte nicht als Polizei- oder Kontrolldienst verstanden werden, sondern als fachliche Diskussion, in der ein bewertender Verleich zwischen teils gegenläufigen Zielsetzungen angestrebt wird.

Im Hinblick auf die Maßnahmen der **Europäischen Union** stellt sich eine weitere Aufgabe. Deren Arbeitsmarktorientierung wird aufgrund der Bindung an die Ziele des gemeinsamen Markts noch lange bestimmend bleiben. Das Abwarten, Mitnehmen oder Abwehren ungünstiger Effekte im Einzelfall wäre daher zu defensiv. Ungünstige Anreize für die örtliche Sozial- und Jugendhilfe, das Zurückdrängen ganzheitlicher Ansätze, die Stärkung der Verbände und die beschleunigte Vermarktung sozialer Dienste sind schon jetzt als Wirkungen absehbar und sollten zu einer Vorsorge in Form von Erhebungs- und Beratungsstellen zur überörtlichen Kooperation führen. Die Federführung solcher örtlichen "Europainitiativen" oder "Europabüros" sollte bei den Kommunen liegen, um Öffentlichkeit über Abruf-, Beratungs- und Aushandlungsweisen bei Projekt- oder Förderanträgen sicherzustellen. Neue Büros garantieren noch keinen Erfolg, aber sie erinnern permanent an die Aufgabe der Absicherung und Erhaltung fachlicher Standards. Nicht zuletzt können sie kleinen Trägern den sonst verschlossenen Zugang zu **EU-Förderprogrammen** eröffnen, die diese dennoch in eigener Regie beantragen und gestalten sollten.

Zu einer aktiven Netzwerkpolitik gegenüber der überregionalen Sozialpolitik gehört neben der Schaffung von Transparenz, Programmöffentlichkeit und Planungs- oder Antragshilfen letztlich auch eine überregionale Orientierung der örtlichen Akteure und Träger selbst, die nötige Transparenz und unterstützende Beratung von seiten der Kommune einklagen müssen. Unabhängig von der organisatorischen Form, in der dies versucht wird, gilt, daß Netzwerkpolitik der Ambivalenz staatlicher und internationaler Maßnahmen aus einer obrigkeitsorientierten Denkweise heraus nicht gerecht wird. Dies gilt auch dann, wenn sie die Obrigkeit nur als Gegner fixiert. Die lokale Demokratie erweist sich auch hier zunächst in der Entwicklung von Kompetenz.

Literatur

Blanke, B.: Staat und Stadt. Systematische, vergleichende und problemorientierte Analysen "dezentraler" Politik in: Politische Vierteljahresschrift Sonderheft 22, Opladen 1991.
Browa, H./Blohm, Th.M./Weidig, I.: Soziale Dienstleistungen als Träger potentiellen Wachstums und ihr Beitrag zum Abbau der längerfristigen Arbeitslosigkeit, in: Forschungsbericht 43 des BMAS, Bonn 1980.
Deutscher Verein für öffentliche und private Fürsorge (Hg.): Fachlexikon der sozialen Arbeit, Frankfurt/M 1993.
Eyferth, H./Otto, H.-U./Thiersch, H. (Hg.): Handbuch zur Sozialarbeit/Sozialpädagogik, Neuwied 1984.
Grauhan, R.R.: Kommune als Strukturtypus politischer Produktion, in: ders./Hickel, R..(Hg.): Krise des Steuerstaats. Leviathan-Sonderheft 1/1978, Opladen. S. 229-247.
Hanesch, W. u.a.: Armut in Deutschland. Der Armutsbericht des DGB und des Paritätischen Wohlfahrtsverbands, Reinbek 1994.
Héritier, A. (Hg.): Policy-Analyse. Kritik und Neuorientierung, Politische Vierteljahresschrift Sonderheft 24/1993.
Herlyn, U./Lakemann, U./Lettko, B.: Armut und Milieu, Basel 1991.
Langnickel, H./May, O./Zaschke, W.: Kommunale Anreiz- und Konfliktpolitik gegenüber freien Trägern — am Beispiel von Programmplanungen zur Jugendarbeitslosigkeit, in: Thränhardt u.a. (Hg.): Wohlfahrtsverbände zwischen Selbsthilfe und Sozialstaat, Freiburg i.B. 1986, S. 85-118.
Maas, U.: Soziale Arbeit als Verwaltungshandeln. Weinheim/München 1992.
Tudyka, K./Zaschke, W.: Internationale Verrechtlichung der Sozialpolitik, in: Wolf, K.D. (Hg.) 1993: Internationale Verrechtlichung, in: Jahresschrift für Rechtspolitologie 7/1993, Pfaffenweiler, S.169-205.
Zaschke, W.: Ausländische Jugendliche als Adressaten lokaler Verbundsysteme. Widersprüche zwischen Ausländerförderung und Jugendberufshilfe, in: Informationsdienst zur Ausländerarbeit 1987/2, S. 72-79.

AKP-Artikel zum Thema

Zaschke, W.: Ziel- und Aufgabenbestimmung alternativer Sozialpolitik (in AKP 4/94)
Müller, R.: Zur Situation kommunaler Sozialpolitik in Ostdeutschland (in AKP 2/94)

Hans Langnickel

Sozialhilfe

Auch nach der Wiedervereinigung ist die Kernstruktur des Systems sozialer Sicherung in der BRD durch das Prinzip von Leistung und Gegenleistung (Äquivalenzprinzip) gekennzeichnet. Die wesentlichen Risiken des Einkommensausfalls durch Krankheit, Invalidität, Alter und Arbeitslosigkeit werden durch nach dem Versicherungsprinzip organisierte Institutionen aufgefangen. Sozialpolitik soll auf das "Typische" ausgehen, die Sozialhilfe soll sich dagegen mit jenen "individuellen Nottatbeständen" befassen, in denen so ausgefallene Umstände vorliegen, daß der Bezug "typischer Leistungen" nicht möglich ist. Die Sozialhilfe nimmt eine Lückenbüßerfunktion ein, sie ist der letzte Ausfallbürge für Notfälle. Da sie aber mehr und mehr zum "Abstellplatz für vorgelagerte Strukturprobleme" geworden ist, kann sie genau diese Funktion heute nicht mehr erfüllen. Die Sozialhilfe und mit ihr die Kommunen sind hoffnungslos überfordert.

GESETZLICHE GRUNDLAGEN: Ein Rechtsanspruch auf Unterstützung durch Fürsorge bestand bis 1953/54 nicht. Erst seit Mitte der 50er Jahre, vor allem aber mit dem Inkrafttreten des **Bundessozialhilfegesetzes** am 1.6.1962, hat sich die Funktion der nunmehr Sozialhilfe genannten Fürsorge gewandelt. Ein rechtlich abgesicherter individueller Anspruch auf Sozialhilfe gilt als der entscheidende historische Fortschritt gegenüber einer früheren, an Maßstäben der öffentlichen Ordnung orientierten und mit Willkür behafteten Armenfürsorge. Die Entwicklung zum heutigen Sozialhilferecht wird über die Begriffe "Rechtsweggarantie", "Sozialstaat" und "Menschenwürde" markiert: Es gilt — zumindestens theoretisch — das **Bedarfsprinzip**. Ein einziges Gesetz regelt die Sozialhilfe: das Bundessozialhilfegesetz (BSHG). Dieser zentralisierten Gesetzesstruktur, die in die Kompetenz des Bundes fällt, entspricht eine einheitliche, auf kommunaler Ebene angesiedelte und von den Ländern durch Gesetz geregelte Sozialhilfeverwaltung sowie eine Finanzierung, die die Sozialhilfeaufgaben weitgehend den Kommunen auferlegt.

ORGANISATION DER SOZIALHILFE: Sozialhilfe wird von Behörden gewährt, den "örtlichen und überörtlichen" Trägern (§ 9). Die Durchführung von Sozialhilfeaufgaben wird jedoch auch an "Dritte" delegiert, insbesondere an die **Träger der freien Wohlfahrtspflege**; das Verhältnis zwischen ihnen und den öffentlichen Sozialhilfeträgern wird vom BSHG auf der Basis des **Subsidiaritätsprinzips** geregelt (§§ 10, 93, 95). Die **örtlichen Träger** der Sozialhilfe sind die kreisfreien Städte und Landkreise (§ 96 Abs. 1). Sie führen das BSHG als Selbstverwaltungsangelegenheit aus. Die **überörtlichen Träger** werden durch die Länder bestimmt (§ 96 Abs.2). Dies sind in Baden-Württemberg die Landeswohlfahrtsverbände Baden und Württemberg-Hohenzollern, in Bayern die Bezirke, in Berlin der Senator für Arbeit und Soziales, in Brandenburg das Landesamt für Soziales und Versorgung, in Bremen der Senator für Jugend, Gesundheit und Soziales, in Hamburg das Amt für Soziales und Rehabilitation in der Arbeits- und Sozialbehörde, in Hessen der Landeswohlfahrtsverband, in Mecklenburg-Vorpommern das Sozialministerium, in Niedersachsen das Landessozialamt, in Nordrhein-Westfalen die Landschaftsverbände Rheinland und Westfalen-Lippe, in Rheinland-Pfalz das Landesamt für Jugend und Soziales, im Saarland der Minister für Arbeit, Gesundheit und Sozialordnung, in Sachsen der Landeswohlfahrtsverband, in Sachsen-Anhalt das Landesamt für Versorgung und Soziales, in Schleswig-Holstein der Sozialminister und in Thüringen das Landesamt für Soziales und Familie. Sachlich zuständig für die Sozialhilfe sind grundsätzlich die kreisfreien Städte und Landkreise, also die örtlichen Träger (§ 99). Der Aufgabenkatalog für die überörtlichen Träger (§ 100) umfaßt einmal Hilfen für besondere Personengruppen, zum anderen umfassende und vollständige Aufgabenbereiche.

Entscheidende Bedeutung für die konkrete Praxis der Sozialhilfe hat deren administrative Organisation. Auf der Ebene der örtlichen Träger wird sie im wesentlichen in der Dienststelle "**Sozialamt**" zusammengefaßt. Das Sozialamt aber ist eine reaktive Behörde mit "Komm-Struktur", die aufgrund ihrer bürokratischen Organisationsform, der administrativen Aufsplitterung der Probleme, einem permanenten Widerspruch zwischen Innendienst und Außendienst und nicht zuletzt aufgrund der zumeist unzulänglichen Personalsituation eine Fülle von Hinderungsgründen bei der Realisierung von Sozialhilfeansprüchen aufbaut. Versuche zur Neuorganisation **Sozialer Dienste** haben dieses strukturelle Problem bisher nicht grundsätzlich auflösen können.

GRUNDSÄTZE DER SOZIALHILFE: Aufgabe der Sozialhilfe ist es, den HilfeempfängerInnen "die Führung eines Lebens zu ermöglichen, das der Würde des Menschen entspricht" (§ 1 Abs. 2). Ziel der Sozialhilfe ist es, die EmpfängerInnen soweit wie möglich zu befähigen, "unabhängig von ihr zu leben; hierbei müssen diese nach ihren Kräften mitwirken" (§ 1 Abs. 2 S. 2). Sozialhilfe soll also immer auf eine Veränderung der Situation der Betroffenen gerichtet sein mit dem Ziel, sich überflüssig zu machen — obwohl sie in der Realität oft Aufgaben wahrnimmt, bei denen derartige Hilfe zur Selbsthilfe kaum möglich ist, z.B. bei der Krankenhilfe oder Hilfe zur Pflege.

Die Gewährung von Sozialhilfe ist an zwei zentrale Prinzipien geknüpft: das **Nachrangprinzip** und das **Individualisierungsprinzip**. Sozialhilfe — so bestimmt es § 2 — "erhält nicht, wer sich selbst helfen kann oder wer die erforderliche Hilfe von anderen, insbesondere von Angehörigen oder von Trägern anderer Sozialleistungen erhält." Sozialhilfe soll immer einen Ausnahmecharakter haben; ihr Leistungsgrund ist der anderweitig nicht gedeckte Bedarf. "Versorgungsstaatliches Denken ist dem BSHG fremd", sagt die Begründung zum Entwurf des BSHG. Individualisierung meint, daß Art, Form und Maß der Sozialhilfe sich gemäß § 3 Abs. 1 nach der "Besonderheit des Einzelfalles richten, vor allem nach der Person des Hilfeempfängers, der Art seines Bedarfs und den örtlichen Verhältnissen." Durch den Grundsatz der Individualisierung unterscheidet sich die Sozialhilfe von der Sozialversicherung, die einzelnen typischen Notlagen durch im wesentlichen tatbestandsmäßig typisierte und im vorhinein festgelegte Leistungen zu begegnen sucht. Der Individualisierungsgrundsatz findet sein Hauptanwendungsgebiet in Verbindung mit dem Ermessensspielraum bei Form und Maß der Sozialhilfe (§ 4 Abs. 2) und vornehmlich bei solchen Hilfen, die nicht als "Muß-Leistungen", sondern nur als "Soll"- oder "Kann-Leistungen" gewährt werden. Der Grundsatz der Individualisierung wird damit begründet, daß eine schematische Gleichbehandlung den individuellen Besonderheiten des Menschen nicht gerecht werde. Nur die Berücksichtigung der je konkreten Bedürfnisse und Probleme gewährleiste die Anerkennung des Menschen in seiner Subjektivität und damit die Verwirklichung der Menschenwürde.

RECHTSANSPRUCH AUF SOZIALHILFE: Auf Sozialhilfe besteht ein Rechtsanspruch. Da Form und Maß der Sozialhilfe allerdings nicht durch das Gesetz selbst, sondern eben nach der Lage des Einzelfalles zu bestimmen sind, ist der Rechtsanspruch auf Sozialhilfe immer nur ein Anspruch "dem Grunde nach". So ist die Rechtsposition der HilfeempfängerInnen auch in zweierlei Hinsicht unterschiedlich gestaltet. Zunächst unterscheidet das BSHG grundsätzlich **"Ist-Hilfen"** von **"Ermessens-Hilfen"**. Bei letzteren wiederum unterscheidet es **Soll- und Kann-Hilfen**. Auf "Ist-Hilfen" haben die Hilfesuchenden — zunächst — einen Anspruch: Sie müssen erbracht werden. Gesetzestechnisch spricht das BSHG bei Ist-Hilfen von "ist zu gewähren". Bei den "Kann-Hilfen", die das BSHG mit der Formel "kann ... gewährt werden" umschreibt, entscheidet der Sozialhilfeträger nach pflichtgemäßem Ermessen über das "Ob" der Hilfe. Bei den "Soll-Hilfen" schließlich, die man im BSHG an der Formulierung "soll ... gewährt werden" erkennt, darf die Hilfe nur versagt werden, wenn dies besondere Gründe rechtfertigen, die der Sozialhilfeträger dartun und notfalls beweisen muß. Das Ermessen des Sozialhilfeträgers ist also stark eingeschränkt ("gebundenes Ermessen"). Für die Form und das Maß der Hilfe, also das "Wie" der Leistung, gilt bei allen Hilfen, daß der Sozialhilfeträger grundsätzlich nach pflichtgemäßem Ermessen entscheidet. Nur in wenigen Fällen wird das Ermessen hinsichtlich des "Wie" ausgeschlossen, nämlich bei sogenannten Muß-Leistungen, bei denen sich der Gesetzgeber in bezug auf die Form und das Maß der Hilfe festgelegt hat.

ARTEN UND FORMEN DER SOZIALHILFE: Bei den Hilfearten schließlich unterscheidet das BSHG die **Hilfe zum Lebensunterhalt** (§§ 11-25) von der **Hilfe in besonderen Lebenslagen** (§§ 27-75). Hilfe zum Lebensunterhalt wird den Personen gewährt, die sich aus eigenen Mitteln nicht oder nicht ausreichend unterhalten können (§ 11 Abs.1). Die Hilfe zum Lebensunterhalt setzt Bedürftigkeit voraus, bei deren Berechnung das eigene Einkommen und das verwertbare Vermögen voll angesetzt werden. Sie beinhaltet laufende Leistungen (die jetzt auf eine "Statistische Durchschnittsgröße" gestützten **Regelsätze**, evtl. Mehrbedarfszuschläge und Unterkunftskosten) und einmalige Leistungen. Zu den einmaligen Leistungen zählen insbesondere **Beihilfen** für Möbel, Hausrat, Bekleidung, Weihnachten (vgl. § 21). Darüber hinaus gibt es Beihilfen in Sonderfällen, z.B. bei Mietrückständen oder Stromschulden (§ 15a). Die Hilfe in besonderen Lebenslagen geht davon aus, daß die Betroffenen zwar grundsätzlich in der Lage sind, ihren laufenden Lebensunterhalt selbst zu bestreiten, in "besonderen Lebenslagen" allerdings überfordert sind und öffentlicher Unterstützung bedürfen. Hierzu gehören Krankenhilfe, Eingliederungshilfen für Behinderte, Hilfe zur Pflege etc. Das eigene Einkommen wird hier nur zum Teil angesetzt.

Als Formen der Hilfe kennt das BSHG "persönliche Hilfe, Geldleistung oder Sachleistung" (§ 8 Abs. 1). Obwohl die persönliche Hilfe – wie auch die Hilfe in besonderen Lebenslagen – ursprünglich als Kernbereich der Sozialhilfe gedacht war, ist Sozialhilfe heute primär an der materiellen Hilfeleistung orientiert: Da der überwiegende Teil der SozialhilfeempfängerInnen Hilfe zum Lebensunterhalt bezieht, übernimmt Sozialhilfe immer mehr die Sicherung eines minimalen Einkommens für einen immer größer werdenden Bevölkerungsanteil, der durch das vorgelagerte System sozialer Sicherung nicht mehr aufgefangen wird.

Zur gesellschaftlichen Funktion der Sozialhilfe

Ein Rechtsanspruch auf Sozialhilfe (§ 4 Abs. 1) besteht immer nur "dem Grunde nach". Ein Rechtsanspruch aber ist – theoretisch wie praktisch – ermessensfeindlich. Die entscheidende Basis für die im Gesetz enthaltene Widersprüchlichkeit bildet das Individualisierungsprinzip der Sozialhilfe. Jede Individualisierung als Grundlage der Leistungsgewährung bedingt die Prüfung des Einzelfalles. Die persönlichen Lebensverhältnisse der AntragstellerInnen werden zum Gegenstand der Bedarfsprüfung. Die Hilfesuchenden werden jeder Anonymität entkleidet und mit der Meldung als "Bedürftige" gezwungen, ihren Intimbereich offenzulegen. Das Individualisierungsprinzip erweist sich in der Praxis als entscheidende Grundlage des diskriminierenden und stigmatisierenden Charakters der Fürsorge, der ihr auch in der heutigen Sozialhilfe anlastet. Die Individualisierung der Sozialhilfe – gepriesen als "Königsweg" zur Wahrung der Menschenwürde – wird bei näherer Betrachtung zum subtilen Kontrollmechanismus, der die HilfeempfängerInnen daran erinnert, daß sie "unverdiente Almosen" empfangen. Gerade im Individualisierungsgrundsatz, an der umfassenden staatlichen Kontrolle jeder Lebensregung der HilfeempfängerInnen, erweist sich der bis heute fortbestehende repressive Charakter von Sozialhilfe als "armenpolizeiliche" Gefahrenabwehr, die ja die historische Wurzel der modernen Sozialhilfe darstellt.

Im Sozialamtsalltag führt die gesetzliche Koppelung von Rechtsanspruch und Ermessensspielraum permanent zu Konflikten, deren Opfer die KlientInnen sind. Denn wenn mit diffusen Begriffen wie "allgemeine Lebenserfahrung" und "Erfahrungen des täglichen Lebens" sozialhilferechtliche Ansprüche abgewehrt oder auch gewährt werden können, stellt sich das, was mit hohem Anspruch als pflichtgemäßes Ermessen und Individualisierungsprinzip bezeichnet wird, in der Praxis als ideales Einfallstor für Ermessenswillkür dar, die jeglichen Rechtsanspruch unterminiert. Eine derartige Praxis ist kein individueller Kompetenzmißbrauch der SachbearbeiterInnen, sondern strukturelle Folge der Widersprüchlichkeit des Gesetzes. Die Willkürlichkeit wirkt nicht allein gegenüber den "anerkannten Armen", den tatsächlichen HilfeempfängerInnen. Sie entfaltet bereits weit vorher ihre gesellschaftliche Wirksamkeit. Denn tatsächlich ist die "**Dunkelziffer der Armut**", die Gruppe derjenigen, die sich aus Unwissenheit oder schlechten Erfahrungen mit Ämtern, aus Angst vor Kontrolle und der Offenlegung familiärer Zustände scheuen, das Recht auf Sozialhilfe in Anspruch zu nehmen, nach verschiedenen Schätzungen und Untersuchungen möglicherweise ebenso groß wie die Anzahl der SozialhilfeempfängerInnen. Die restriktiven Prinzipien innerhalb der Sozialhilfe, die sich aus der individuellen Bedürftigkeitsprüfung und dem Nachrangprinzip ergeben, verhindern bereits im Vorfeld, daß das theoretische Postulat eines Rechtsanspruchs auf Sozialhilfe faktische Gültigkeit erlangt. Dieser Mechanismus kann in das Bild eines dreifachen Filterungsprozesses durch gesellschaftliche, strukturell-administrative und manifest-administrative Schwellen gebracht werden (vgl. Leibfried, Armutspotential und Sozialhilfe). Dadurch werden einerseits Menschen daran gehindert, Sozialhilfe in Anspruch zu nehmen, andererseits werden die "tatsächlichen" SozialhilfeempfängerInnen so erzogen, daß "angepaßte Klienten", die die ihnen zugewiesene stigmatisierte Negativrolle verinnerlicht haben, am besten "mit dem Sozialamt zurechtkommen". Damit ist ein wichtiger politischer Funktionszusammenhang der Sozialhilfe hergestellt. Ziel und Zweck der Sozialpolitik, und damit auch der Sozialhilfe, ist nicht zuletzt die Sicherung des sozialen Friedens. Mit dem Unterhalt aus öffentlichen Mitteln verbinden sich bei den EmpfängerInnen Empfindungen des individuellen Marktversagens, des "Parasitentums", des "Lebens auf Kosten anderer". Gesten der Erniedrigung müssen sie hinnehmen, da ihr Leben von der öffentlichen Unterstützung abhängt. Die Meldung als "Hilfebedürftige" wird zum Akt politischer Erziehung: Bescheidenheit und Scham werden zur Zier.

Die sozialstaatlichen Regulierungsmechanismen im Zusammenhang mit der Gewährung von Sozialhilfe aber zielen nicht nur auf das politische und wirtschaftliche Verhalten der direkt Betroffenen. Der repressive Gehalt der Sozialhilfe wirkt weit darüber hinaus als ein gesellschaftliches Erziehungsmittel. Eine besondere Bedeutung erhält dies im Zusammenhang mit der bereits in der alten Bundesrepublik seit Anfang der 80er Jahre krisenhaft zunehmenden **Arbeitslosigkeit**. Der Anstieg der Zahl der Langzeitarbeitslosen, aber auch die Kürzungen der Arbeitslosenbezüge und die Einengung des Kreises der Bezugsberechtigten haben dazu geführt, daß die Arbeitslosen zu einer der wichtigsten Gruppen unter den EmpfängerInnen von Sozialhilfe wurden.

Den gesellschaftlichen "Erziehungszusammenhang" zwischen Sozialhilfe und Produktionsprozeß vermitteln der im Gesetz vorgesehene Zwang zur Arbeit (§§ 18-20, 25) — unter Androhung der Kürzung oder Streichung der Sozialhilfe — und das gesetzlich vorgeschriebene "Abstandsgebot", das "angemessenen Verhältnis" zwischen untersten Lohngruppen und Sozialhilfe (§ 4 Regelsatz VO bzw. § 22 Abs. 3, S. 2). Beide Themen liefern die zentralen Stichworte für immer wiederkehrende öffentliche Diskussionen über sogenannten Wildwuchs im deutschen Sozialleistungssystem. Hinzu kommen die Spekulationen über die mißbräuchliche Inanspruchnahme von Sozialhilfeleistungen. Die Debatte über das **Abstandsgebot** verweist nicht etwa auf die problematische Nähe der unteren Lohngruppen zum Existenzminimum, sondern beinhaltet, daß die Leistungen der Sozialhilfe angeblich zu einer "attraktiven Alternative" zur Erwerbstätigkeit würden. Schon im vergangenen Jahrhundert hieß es, die öffentliche Armenhilfe müsse unter dem Niveau des niedrigsten Arbeitslohns liegen, um nicht Faulheit und Müßiggang Vorschub zu leisten. Heute heißt es, der der ethische Wert der Arbeit sei in Frage gestellt.

Das "angemessene Verhältnis" zwischen Sozialhilfe und Arbeitseinkommen macht die strategische Funktion der Sozialhilfe für die gesamtgesellschaftliche Entwicklung deutlich. Die Spar- und Wendepolitik der vergangenen Jahre veranschaulicht die zentrale Bedeutung des Sozialhilfeniveaus im Rahmen einer Politik, die angelegt ist auf eine gesellschaftliche Umverteilung von unten nach oben. Denn um Löhne und Gehälter in Tarifverträgen nach unten drücken zu können, müssen zunächst die Sozialhilfeleistungen gesenkt werden. Von den Kürzungen der Sozialhilfe kann dann eine allgemeine Dynamisierung nach unten in Gang gesetzt werden. Ein Beispiel dafür ist die Kappung der Regelsätze für größere Haushaltsgemeinschaften mit vier oder mehr Personen im neuen § 22 Abs. 3 BSHG, was einen expliziten Bruch des Bedarfsprinzips bedeutet.

Die Diskussion über den **Leistungsmißbrauch**, die mißbräuchliche Inanspruchnahme von Sozialhilfe, findet ebenfalls hier ihren tieferen Sinn: 34 Mrd. Mark kostet die Sozialhilfe brutto. Der Bund der Steuerzahler schätzt dagegen das Ausmaß allein der Steuer- und Subventionskriminalität auf bis zu 150 Mrd. Mark jährlich. Auf diese Summe verzichtet der Staat, um stattdessen SozialhilfeempfängerInnen immer wieder einem pauschalen Betrugsverdacht auszusetzen und damit die sozialpolitische Diskussion zu verschärfen. Im übrigen sind Aussagen über den Umfang des Leistungsmißbrauchs durchweg spekulativ. Der mit großem Medienaufwand begleitete "Zählappell" der schleswig-holsteinischen Landesregierung unter den AsylbewerberInnen im Jahre 1992 brachte weniger als zwei Prozent rechtswidrigen Leistungsbezug ans Licht. In Hamburg wurden 1990 bei über 150.000 LeistungsempfängerInnen gerade 260 Fälle (0,17%) wegen Leistungsmißbrauch zur Anzeige gebracht. Unbekannt ist, in wievielen Fällen das Gericht einen Leistungsmißbrauch dann später als erwiesen ansah (vgl. Armut in Hamburg). Einzelfälle werden systematisch verallgemeinert, um den Druck auf die Schwächsten zu erhöhen. Die einzusparenden Bagatellbeträge im Sozialhilfebereich erhalten erst aus der von ihnen ausgehenden Sogwirkung auf das allgemeine Lohnniveau ihre politische Bedeutung.

In diesen Kontext gehört auch die immer wiederkehrende Diskussion um die Heranziehung von SozialhilfeempfängerInnen zu sogenannten **"gemeinnützigen und zusätzlichen" Arbeiten (GZ-Arbeit)**. Auch hier entfaltet die Diskussion über die Notwendigkeit der sogenannten Pflichtarbeit — die "Hilfe zur Arbeit" nach dem BSHG (§§ 18-20, 25) — eine Signalwirkung, die weit über die Sozialhilfe hinausreicht. In Anbetracht andauernder Massenarbeitslosigkeit erscheint dieser Punkt besonders fragwürdig. Arbeitslose, die als Bedingung für die Gewährung von Sozialhilfe zur GZ-Arbeit in kommunalen Diensten herangezogen werden oder werden sollen, haben selten das Problem, etwa "arbeitsunwillig" oder "arbeitsentwöhnt" zu sein, sondern sie haben das Problem, keinen Arbeitsplatz finden zu können. Durch GZ-Arbeit wird das Arbeitsplatzproblem für die Betroffenen jedoch nicht gelöst, da keine dauerhaften Arbeitsplätze geschaffen werden. Zur GZ-Arbeit verpflichtete SozialhilfeempfängerInnen erhalten keinen Lohn für ihre Arbeit, sondern eine "Mehraufwandsentschädigung", sie sind weder sozialversichert nach arbeitsrechtlich geschützt. Mit Recht ist der Widerstand gegen diese Art von Arbeitsdienst groß.

Daneben ist es in einigen Kommunen üblich, SozialhilfeempfängerInnen **GZ-Arbeitslohn zum Tariflohn** und sozialversicherungspflichtig anzubieten. In einigen Bundesländern wird ein derartiges Programm von den Landesregierungen finanziell unterstützt (Programm "Arbeit statt Sozialhilfe"). Hiervon haben in den vergangenen Jahren nicht nur eine Vielzahl von Initiativen profitiert, auch für viele SozialhilfeempfängerInnen ist dies zuweilen eine Wiedereinstiegsmöglichkeit in den Arbeitsmarkt. Dies sollte trotz aller politischer Kritik nicht übersehen werden. SozialhilfeempfängerInnen, die zu solchen Bedingungen (für mindestens ein Jahr) beschäftigt werden, können sozialversicherungsrechtliche Ansprüche, insbesondere auf Arbeitslosengeld, erwerben. Die Kommunen profitieren durch die finanzielle Entlastung für ihre Sozialhilfeetats. Problematisch ist allerdings nicht nur, daß mittlerweile die Förderung solcher Programme in Konflikt mit den Interessen der örtlichen (mittelständischen) Wirtschaft gerät, sondern daß GZ-ArbeiterInnen häufig zu Tätigkeiten herangezogen werden, die vorher im Rahmen eines regulären Arbeitsverhältnisses verrichtet wurden. Langfristig werden auf diese Art "normale" Stellen abgebaut. Die Dehnbarkeit des Begriffs "zusätzlich" liefert hier allen Möglichkeiten Tür und Tor: Die Schaffung neuer Arbeitsplätze wird verhindert, bestehende Arbeitsplätze werden gefährdet und unter der Hand werden durch derartige "Beschäftigungsprogramme" kommunale Arbeitsdienste hoffähig gemacht. Allerdings sollte beachtet werden, daß in den neuen Bundesländern andere Bedingungen gelten als in den alten Ländern. Um einen Abbau "normaler" Stellen oder darum, daß deren Schaffung verhindert wird, geht es hier zumeist nicht, weil die Kommunen kein Geld haben, um neue feste Stellen zu schaffen. Um so wichtiger wäre es, Kriterien zu formulieren, die an solche kommunalen Programme angelegt werden sollten, z.B. im Hinblick auf einen Qualifizierungsanteil in diesen Beschäftigungsverhältnissen (wie z.B. in Bremen).

Sozialhilfe enthält so über ihre in vielerlei Hinsicht abschreckende Wirkung eine zentrale politische Funktionsbestimmung als wichtiges gesellschaftliches Erziehungsmittel. Nicht nur ist es nicht komfortabel, von Sozialhilfe zu leben, man muß auch befürchten, als "Faulenzer" oder "Sozialbetrüger" taxiert zu werden. Armut erscheint so auch heute noch als selbstverschuldet und daher letztlich vermeidbar — wenn man nur will. So wird zwischen den "offiziell Armen" und den "noch Arbeitenden" ein äußerst wirkungsvoller und gesellschaftlich ungemein wichtiger Abgrenzungs- und Spaltungsprozeß in Gang gesetzt.

In diesen Zusammenhang gehört schließlich auch das **Asylbewerberleistungsgesetz** (AsylbLG) vom Herbst 1993. Die hier beschlossenen Hilfen für Asylsuchende bewirken eine grundlegende Änderung des bisherigen Anwendungsbereichs des § 120 BSHG. AsylbewerberInnen im Sinne des § 1 AsylbLG sind von Leistungen der Sozialhilfe ausgeschlossen. Wesentliche Bestimmung ist der **Sachleistungsvorrang**. Erhalten AsylbewerberInnen eine Aufenthaltsgenehmigung, weil sie als asylberechtigt oder als politisch verfolgt anerkannt sind, dann sind sie dem Grunde nach sozialhilfeberechtigt. Damit ist unter den Asylsuchenden eine in der Praxis schwer zu vertretende Spaltung eingeführt worden. Einige Kommunen versuchen daher die Sachleistungsgewährung zu umgehen. Im Ergebnis sind durch das AsylbLG die materiellen Hilfen für AsylbewerberInnen gegenüber der Sozialhilfe pauschal abgesenkt worden, was mit dem auf maximal 12 Monate beschränkten Gewährungszeitraum gerechtfertigt wird. Allerdings ist offensichtlich, daß auch die erhöhte Stigmatisierung und folglich größere Abschreckung künftiger AsylbewerberInnen bezweckt war, wie dies von zahlreichen Parteien ja auch gefordert wurde.

Sozialhilfe und Kommune

Seit Anfang der 80er Jahre nimmt die Einkommensarmut in der alten BRD als Teil eines komplexen Umverteilungsprozesses zu. Die Empfängerzahlen der Sozialhilfe, insbesondere der Hilfe zum Lebensunterhalt, steigen. Die östlichen Bundesländern wurden bislang durch gesetzliche Sonderregelungen "geschützt", während anderserseits auch nicht alle sozialhilferechtlichen Ansprüche voll übertragen wurden. Mittlerweile findet ein kontinuierlicher Angleichungsprozeß statt. Außerdem muß vermutet werden, daß aufgrund der Scham vor gesellschaftlicher Diskriminierung und aufgrund eines sehr großen Informationsdefizits über das völlig neue Leistungssystem "Sozialhilfe" die Dunkelziffer der Sozialhilfeberechtigten hier enorm hoch ist.

Die Sozialämter sind seit langem hoffnungslos überfordert und überlastet. Tag für Tag kommt es dort zu menschlichen Tragödien. Überfordert ist nicht nur die Sozialhilfe, überfordert sind auch die Kommunen. Kommunalpolitik steht bereits seit Anfang der 80er Jahre, und nicht erst seit der Wiedervereinigung, im Zeichen aufgekündigter Sozialstaatlichkeit. Wie keine andere Gebietskörperschaft sind die Kommunen zum Auffangfeld zentralstaatlicher Umverteilungspolitik geworden. Die Palette der Einschnitte in die Lebenslage der Bevölkerung mit unmittelbaren Konsequenzen für die Kommunen reicht von den Steueränderungsgesetzen, verschiedensten Haushaltskonsolidierungs- und Begleitgesetzen mit konkreten Einschnitten ins System sozialer Sicherung — als Stichworte seien das Arbeitsförderungsgesetz, das Gesundheitsreformgesetz und die Rentengesetze genannt — bis hin zur Wohnungsnot, die ja auch nicht vom Himmel gefallen ist. Die Kommunen, die seitdem einen Spagat zwischen wachsenden sozialpolitischen Aufgaben- und Ausgabenlasten und völlig unzureichenden finanziellen Ressourcen vorführen, verhalten sich allerdings in der Regel wie der Bund: Auch sie setzen auf eine Strategie der Haushaltskonsolidierung durch Leistungskürzungen und eine restriktive Leistungsgewährung, insbesondere bei der Jugend- und Sozialhilfe. Und immer wieder verweisen sie darauf, daß ihnen durch die Verschlechterung der Rahmenbedingungen die Hände gebunden seien, daß Sachzwänge finanzieller und gesetzgeberischer Art den Entwurf einer eigenen Politik unmöglich machen.

Zunächst erscheint das Finanzierungsproblem, da jede Verringerung anderer Sozialleistungen zu höheren **Sozialhilfeausgaben der Kommunen** führt, auch völlig plausibel. Die Sozialausgaben mit ihrem Hauptbestandteil der Sozialhilfe betrugen 1993 immerhin 19 % im Westen und 9,1 % im Osten. Zudem weisen diese Posten die größte Steigerungsrate auf. Die von den Kommunen beklagte begrenzte kommunale Autonomie, ihr drohender "finanzieller Kollaps" vermag allerdings nicht zu verbergen, daß zwar die grundlegenden Sozialleistungen in nahezu allen wesentlichen Punkten bundes- und landesrechtlich oder durch nationale Wohlfahrtskartelle wie den **Deutschen Verein für öffentliche und private Fürsorge** vorprogrammiert sind, die kommunalen Spitzenverbände sich hier aber in der Vergangenheit erheblichen Einfluß sichern konnten. Viele Gesetze und Einschnitte der vergangenen Jahre tragen ihre Handschrift. Die SozialhilfeempfängerInnen sind es, die auszubaden haben, was sich zwischen Bund und Kommunen an Streit um die "ungerechte Kostenverteilung" oder "untragbare Mehrbelastungen" abspielt. Dies gilt nicht zuletzt für die 1993 beschlossenen Sparpakete, insbesondere das "Föderale Konsolidierungsprogramm". Extreme Belastungen haben die Kommunen für sich zwar abwenden können (insbesondere die Einführung einer zeitlichen Befristung der Gewährung von Arbeitslosenhilfe), dies allerdings auch wieder in vielen Teilen zu Lasten der HilfeempfängerInnen. Das Argument der Kommunen, die bei anderen Sozialleistungen eingesparten Kosten würden grundsätzlich auf die Träger der Sozialhilfe verlagert, ist auch nur teilweise richtig. Viele Anspruchsberechtigte beantragen, wie die "Dunkelziffer" zeigt, Sozialhilfeleistungen erst gar nicht, so daß die finanziellen Folgen von Ausgrenzungen in erster Linie auf die Betroffenen abgewälzt werden. Die Filtermechanismen zur Abwehr von Sozialhilfeansprüchen zeigen hier ihre volle Wirksamkeit. Die Kommunen beteiligen sich an der Nichteinlösung des im BSHG formulierten Sozialstaatsanspruchs. "Wenn wir", so kurz und bündig ein Amtsleiter aus Trier, "die Leute über ihre Ansprüche aufklären würden, wären wir sehr schnell pleite."

Was können die Kommunen tun?

Die Vorstellung, Bundes- und anderes übergeordnetes Recht sei im Detail und insgesamt abschließend geregelt, ist falsch. Regelungen, die keinen Spielraum zulassen, sind im Gesetz in der Minderheit. Sowohl bei der Auslegung von unbestimmten Gesetzesbegriffen ("notwendiger Lebensunterhalt", "angemessene Heizkosten", "Zumutbarkeit") wie im Bereich der Ermessensspielräume bestehen weite Handlungsspielräume. Die "Kann-Bestimmungen" legen den ganzen Entscheidungsspielraum der Kommune offen. Das Sozialamt kann Miet- oder Energiekostenrückstände übernehmen, es kann kurzzeitig Hilfen als Darlehen ohne Rückzahlungspflichten leisten. Der politische Spielraum, der den Kommunen bei der Lösung ganzer Problemkomplexe verbleibt, wird in zwei zentralen Bereichen kommunaler Sozialpolitik besonders deutlich: bei der Gestaltung der sogenannten "Hilfe zur Arbeit" (GZ-Arbeit, s.o.) und bei der Behandlung des "Problems **Obdachlosigkeit**". Ziele und Mittel bei der Bekämpfung von Obdachlosigkeit können — je nach Problemsicht — vom umfassenden Einsatz prophylaktischer Maßnahmen (§ 15a) bis hin zur repressiven Abschiebung und Ghettoisierung von Obdachlosen gehen: Der Gestaltungsspielraum wird daran deutlich, wie stark eine Kommune die Möglichkeit nutzt, Mietrückstände zu übernehmen und auch Wohnungen zu beschlagnahmen, um eine Institutionalisierung von Obdachlosigkeit zu vermeiden — oder auch daran, welche Hilfsangebote für die zunehmende Zahl alleinstehender Wohnungsloser entwickelt werden.

Entscheidende Handlungsspielräume im Bereich der sozialhilferechtlichen Ermessensregelungen gelten als **einfaches Geschäft der laufenden Verwaltung**. Die im BSHG geregelte Sozialhilfe wird ausschließlich von der Verwaltung abgewickelt. Gerade in Krisenzeiten schließen sich die Sozialverwaltungen — ohnehin in ihren Spitzen parteilich gebunden — häufig bestimmten herrschenden Anschauungen an; sie nehmen gesellschaftliche "Atmosphäre" auf. Amtsinterne Entscheidungsrichtlinien und **Verwaltungsanweisungen**, die die Handlungs- und Ermessensspielräume des Trägers oder der SachbearbeiterInnen ausfüllen, werden dann restriktiver gehandhabt — häufig ohne Kontrolle oder Informationen der Öffentlichkeit. Für eine alternative Kommunalpolitik, die auf die Demokratisierung dieses Politikbereichs zielt, ist die "Parlamentarisierung" dieser Dunkelzone kommunaler Armenpolitik ein zentrales Arbeitsfeld. Die öffentliche Kontrolle des administrativ verdunkelten kommunalen Gestaltungsspielraums der Sozialhilfe stellt sich hierbei als strategische Zielsetzung dar. Insbesondere die Veröffentlichung von Verwaltungsvorschriften, die den Ermessensspielraum, den das BSHG den örtlichen Trägern bietet, amtsintern regeln, ist ein zentrales Feld alternativer Sozialhilfepolitik. Dies kann nicht nur den "politischen Status" der SozialhilfeempfängerInnen als BürgerInnen gegenüber der Verwaltung stärken, sondern auch deren Ausgeliefertsein gegenüber undurchschaubaren Ermessensentscheidungen reduzieren und damit letztlich ihren finanziellen Status verbessern. Die **Pauschalierung** von Beihilfen ist dabei eine wichtige Forderung, um die Abhängigkeit der SozialhilfeempfängerInnen von Einzelfallbewilligungen zu reduzieren. Wobei die Höhe der Pauschalen ein weiteres Auseinandersetzungsfeld bieten, da hier von Kommune zu Kommune erheblich Unterschiede existieren.

Dauerthemen im Zusammenhang mit der Sozialhilfegewährung sind vor allem unzureichende Erfüllung der gesetzlichen Verpflichtungen der Sozialhilfeträger in Bezug auf Beratung und Aufklärung, entwürdigende Behandlung auf den Ämtern und die Dunkelziffer der Armut. Hieraus ergeben sich zentrale praktische Forderungen und Handlungsmöglichkeiten. Kommunalpolitik im Interesse der Armen muß sich auf die in der Struktur der kommunalen Sozialadministration selbst angelegten Hindernisse beziehen und kann an folgenden Punkten ansetzen:

○ Wichtig ist das aktives Aufspüren der unterschlagenen Armut und eine offensive Informationspolitik. Hierzu können gehören: Plakatierungen, Informationsveranstaltungen, Anzeigen und Veröffentlichungen in allen Medien über Beratungsmöglichkeiten und -stellen etc. Notwendig ist auch die örtliche Vernetzung sozialer Einrichtungen und Initiativen.
○ Eines der zentralen strukturellen Probleme besteht darin, daß Sozialämter sowohl beratende wie leistungsgewährende Behörde sind. Hieraus ergeben sich Forderungen nach finanzieller Unterstützung von **"freien" Beratungsstellen**.
○ Die rechtlichen Möglichkeiten nach § 114 BSHG sollten im Interesse der SozialhilfeempfängerInnen stärker ausgeschöpft werden: Die Beteiligung im **Widerspruchsausschuß**. In vielen Anhörungen bzw. bei der Festlegung der Verwaltungsvorschriften beteiligen Sozialhilfeträger **sozial erfahrene Personen** immer noch überhaupt nicht oder unzureichend. Auch Initiativen nutzen diese Möglichkeit viel zu wenig.
○ Nutzungsbarrieren, die der Inanspruchnahme von Sozialhilfeleistung im Wege stehen, müssen systematisch abgebaut werden. Konkret: Eine Verbesserung der Ausstattung der Ämter, bürgerfreundliche Öffnungszeiten, bessere Erreichbarkeit (Dezentralisierung) etc. sind nötig.
○ Die Verbesserung der Personalausstattung und Qualifizierung des Personals ist eine zentrale Voraussetzung bei der Erfüllung der Beratungspflicht des Sozialhilfeträgers. Denn letztlich sind es immer wieder die SachbearbeiterInnen, die "an der Front" das BSHG "zu vertreten" haben.

Ein übergreifender Ansatzpunkt ist, daß die kommunalen Verwaltungen als moderne Dienstleistungsbetriebe organisiert werden sollen, daß ihre Effizienz im Sinne der Bürgerwünsche erhöht werden soll. Wenn es bei der Diskussion um die Entwicklung der Administration zur modernen Dienstleistungsorganisation wirklich um Erhöhung des Dienstleistungscharakters der Verwaltung für die Bürger geht, dann wäre an die Sozialhilfeverwaltung hier an erster Stelle zu denken — auch wenn zu befürchten ist, daß das Geld, das in die Personal- und Sachausstattung der

Sozialämter gesteckt werden könnte, schon in dicken Teppichen beim Amt für Wirtschaftsförderung steckt. Themen zur Skandalisierung gibt es wirklich genug; es sollte immer wieder deutlich Position bezogen werden. Arme brauchen eine Lobby: Die Dauerunterstellung, Tausende von Leistungsbetrügern und Drückebergern seien am Werk, muß bekämpft werden.

Schließlich sind in den vergangenen Jahren in einer Vielzahl von Kommunen sogenannte **Armuts- und Sozialberichte** entstanden. Die zugrunde liegenden Untersuchungs- und Armutskonzepte (z.B. Ressourcen- oder Lebenslagenansatz), Armutsgrenzen (z.B. Sozialhilfe) und Armutsindikatoren (Sozialhilfebezug, Arbeitslosigkeit, Wohnungslosigkeit, Gesundheit etc.) unterscheiden sich beträchtlich, ebenso die Qualität der vorhandenen Daten. Es kann allerdings nicht generell bestimmt werden, welches Konzept "das Richtige" ist. Ihr Wert besteht darin, zum einen genauere Informationen über Ausmaß, Struktur (Alter und Geschlecht) und Entwicklung der Armut zu erhalten. Da sich hier in der Tat in den vergangenen Jahren gravierende Veränderungen ergeben haben, ist dies eine wichtige Voraussetzung für eine "zielgenaue" Hilfegewährung auf örtlicher Ebene. Zum zweiten liefern derartige Berichte die Gelegenheit zur Skandalisierung des Themas, wobei dies freilich von Untersuchungsansatz und Intention des Berichtes selber abhängt. Manchmal beginnt der Streit schon darüber, ob ein solcher Bericht nun "Armuts-" oder "Sozialbericht" heißen soll. Bei aller Bedeutung derartiger Berichte ist bisher jedoch nicht deutlich, welche tatsächlichen Wirkungen sie erreichen, eignen sie sich doch auch hervorragend dazu, in Schreibtischschubladen zu verstauben.

Die Diskussion über die Zukunft der Sozialhilfe, deren strukturelle Voraussetzungen sich in den vergangenen Jahrzehnten entscheidend verändert haben, läuft eigentlich zwangsläufig auf eine Debatte über eine allgemeine soziale Grundsicherung hinaus. Die Mängel und Unsinnigkeiten der herrschenden Sozialhilfepraxis sind eklatant. Die verschiedenen Konzepte zur bedarfsorientierten Grundsicherung, seien sie aus der SPD, von den GRÜNEN oder vom DPWV, unterscheiden sich im Kern daher nicht allzu sehr. Sie alle zielen auf eine Anpassung der Sozialhilfe an die gegenwärtige Situation mit ihren über vier Millionen AntragstellerInnen pro Jahr. Sie wenden sich gegen überflüssige Kontrollen, überflüssiges Antragswesen und zielen statt dessen darauf, den HilfempfängerInnen die verschiedenen Leistungen wie Renten, Arbeitslosenhilfe und Sozialhilfe aus einer Hand zukommen zu lassen – so wie es derzeit im Osten der Fall ist, wenn die Renten bei Unterschreiten einer gewissen Höhe automatisch aufgestockt werden, um den Menschen den Gang zum Sozialamt zu ersparen. Ein Modell, das ganz bewußt nicht auf die gesamte BRD ausgeweitet worden ist.

Literatur

Armut in Hamburg. Beiträge zur Sozialberichterstattung, 1993, Hg.: Freie und Hansestadt Hamburg, Behörde für Arbeit, Gesundheit und Soziales, Hamburg. Ein Armutsbericht, der auch kritisch auf die Bereiche Dunkelziffer und "Mißbrauch" eingeht.

Bujard, O./U. Lange, Armut im Alter, Weinheim, Basel 1978

Lehr- und Praxiskommentar Bundessozialhilfegesetz, Baden-Baden 1991. Ein äußerst nützlicher Kommentar für die Praxis, insbesondere aus der Sicht der Anspruchsberechtigten.

Leibfried, S., Armutspotential und Sozialhilfe. Zum Prozeß des Filterns von Ansprüchen auf Sozialhilfe, in: Kritische Justiz 4/1976. Dies ist ein klassischer Artikel zum sogenannten Armutsfilter.

Schneider, U., Solidarpakt gegen die Schwachen. Der Rückzug des Staates aus der Sozialpolitik, München 1993. Das zur Zeit aktuellste Buch zur Sozialpolitik seit Beginn der 80er Jahre bis nach der Wiedervereinigung.

Schulte, B./P. Trenk-Hinterberger, Sozialhilfe, Königstein/Ts. 1982. Eine gut geeignete Einführung, auch für die kommunalpolitische Praxis geeignet.

Bündnis90/DIE GRÜNEN Bielefld (Hg.): Wegweiser durch den Bielefelder Sozialamtsdschungel, Bielefeld März 1994. Bezug: Fraktion Bündnis90/DIE GRÜNEN, Rathaus, PF 100 111, 33501 Bielefeld. Zur Zeit wohl neuester gänzlich überarbeiteter Sozialhilfeleitfaden für die örtliche Praxis.

Fachzeitschriften

Blätter der Wohlfahrtpflege, erhältlich beim Wohlfahrtswerk für Baden-Württemberg, Postfach 105341, 70046 Stuttgart. Monatliche Fachzeitschrift mit wechselnden Themen. Sehr informativ und aktuell.

AKP-Artikel zum Thema

Müller, R.: Kommunale Sozialpolitik in Ostdeutschland (in AKP 2/94, S. 47-51)

Haßelmann, B./Stichmann, M./Schiller-Dickhut,R.: Sozialhilfe und gemeinnütziger Arbeit (in AKP 1/94, S. 47-49)

Diverse AutorInnen im Doppel-Schwerpunkt "Armut im Reichtum" (in AKP 6/91 und AKP 1/92)

Titus Simon

Jugendhilfe

Vier unberücksichtigte Referentenentwürfe und annähernd 20 Jahre Reformdiskussion gingen dem schließlich 1990 verabschiedeten Kinder- und Jugendhilfegesetz (KJHG) voraus. Auf der Strecke blieben sämtliche Elemente "offensiver" Jugendhilfe, eine verbesserte Rechtsstellung von Kindern und Jugendlichen sowie die Verbesserung von Leistungen in den Bereichen allgemeiner Förderung. Die wenigen Einwendungen aus der damals in Auflösung begriffenen DDR blieben ohne Resonanz.

Ein eher konservatives Bild von Gesellschaft, Jugend und Familie war Grundlage vor allem für die Stärkung familienbezogener und familienbegleitender Hilfen. Das sehr allgemein gehaltene Grundsatzziel des KJHG, "junge Menschen in ihrer indviduellen und sozialen Entwicklung zu fördern", setzt Ziele und Maßnahmen der Jugendhilfe einem ständigen kontroversen Diskurs aus. Absicht dieses Beitrags ist es deshalb, einen knappen Überblick über das KJHG zu vermitteln und jene Punkte herauszuarbeiten, die Ansätze für die Einmischung auf kommunaler Ebene bieten. Dies kann nicht geschehen, ohne zuvor Aussagen über die Bedingungen des Aufwachsens von Kindern und Jugendlichen getroffen zu haben.

Entwicklungsbedingungen von Kindern und Jugendlichen

Formen "auffälligen Verhaltens" treten gerade in modernen Gesellschaften gehäuft auf, da diese raschen Wandlungen unterworfen sind, aus denen Verunsicherungen und Krisen resultieren. Die Bedingungen des Aufwachsens von Kindern und Jugendlichen werden mitgestaltet durch folgende Entwicklungen:

Kinder werden heute schneller und früher erwachsen. Das liegt nicht nur an einem beschleunigten Tempo körperlicher Reife, es liegt auch am Zustand der heutigen Gesellschaft, an den kultursoziologischen Veränderungen einer Wohlstands- und Wohlfahrtsumwelt. Kinder leben aber auch in einer Welt permanenter Überforderungen. Dies beginnt mit dem Überspringen psychischer und kognitiver Wachstumsphasen, geht weiter mit den sich wandelnden, indifferent gewordenen Beziehungen zu erwachsenen Personen, die Einfluß auf die Entwicklung der Kinder haben, was heute für Elternhäuser ebenso gilt wie für Schulpädagogen. Traditionelle Lebensprägungen durch Klassen-, Konfessions-, Sozial-, Verbands- und Familienmilieus werden aufgeweicht, was beiträgt zu einer Enttraditionalisierung und Entstrukturierung der Lebensführung. Lebensplanungen und -entwürfe sind nicht mehr festgelegt. Unsicherheiten in sehr unterschiedlichen, für Jugendliche bedeutsamen Bereichen sind die Folge.

Mit der Loslösung von Menschen aus vertrauten Einbindungen gehen massive Individualisierungstendenzen einher. Solidarisch-kollektive und milieuspezifische Problemlösungsmuster werden abgelöst von Individualisierungsschüben, welche in janusköpfiger Weise sowohl die Chance als auch die Notwendigkeit zu frühzeitigen eigenständigen Entscheidungen mit sich bringen. Die zunehmende individuelle Bewältigung gestiegener Wahlentscheidungen bedeutet einen hohen Orientierungsbedarf. Dieser schafft unter der Bedingung, daß die Entwicklung krisenhaft verläuft, Anfälligkeiten für einfache Erklärungsmuster und Bedürfnisse nach Identifikationsangeboten, die besonders attraktiv sind, wenn sie von Altersgleichen ebenfalls gelebt werden. Die Individualisierung produziert Lebenslagen, in denen gerade soziale Sanktionierungen eine begrenzte Reichweite haben. Wo Nachbarschaften anonymen Wohnsituationen gewichen sind, beginnt Sekundärsozialisation durch andere Erwachsene als die Eltern unbedeutend zu werden. Die gestiegene Mobilität schafft zudem Möglichkeiten, sich diesen Sozialräumen zu entziehen.

Erlebnisräume von Kindern und Jugendlichen werden immer enger. Wohnen, Spielen und Freizeit vollzieht sich in zunehmend eingeengt strukturierten urbanen Zonen. Stereotype Wohnformen und die vordergründig relativ risikoarme Lebensweise der westlichen Gesellschaften schaffen in der Verknüpfung mit dem subtilen Wunsch nach Naturerleben einen Bedürfnisschub, welcher sich auch in den zahlreichen neuen Natursportarten manifestiert. Riskantes Verhalten, das die eigene körperliche Unversehrtheit bedroht, ist ein Reflex auf die erlebnisarmen Räume des urbanen Alltags. Risikoverhalten wird als Ausdruck individueller Freiheit verstanden, wobei Körpererfahrung und Männlichkeitskult oft miteinander verknüpft sind.

Ein erheblicher Teil der Kinder und Jugendlichen hat im Zuge der Liberalisierung ihrer Elternhäuser mehr Freiräume und im Zuge allgemeiner Wohlstandsentwicklung deutlich mehr Geld zur Verfügung. Die Ausbildung von Konkurrenzbeziehungen ist neben der Attraktivität der Warenwelt und deren medialer Verklärung ein Grund dafür, daß Jugendliche verstärkt auch qualitativ-materielle Standards bei Konsum- und Freizeitangeboten anstreben. Der Zwang zur individuellen Profilierung ist stärker geworden. Grenzüberschreitungen zur Realisierung von Bedürfnissen werden in einer rücksichtslosen Gesellschaft als Teil von Normalität vermittelt. Neben spannenden sind konsumorientierte Erlebnisse für Jugendliche besonders attraktiv. 7 Millionen Kinder zwischen 7 und 15 Jahren verfügen über 3,4 Mrd. DM Taschengeld; diese Summe steigt um die Beträge, die Kinder und Jugendliche als kleinere Geschenke zusätzlich erhalten. Das Alter der Schuldenaufnahme sinkt ständig. Eine Studie der Verbraucherzentrale NRW stellt fest: 1991 haben bereits 10% der Überschuldeten ihren ersten Kredit im Alter unter 20 Jahren aufgenommen, 44% im Alter zwischen 21 und 30 Jahren.

UNTERSCHIEDE ZWISCHEN ALTEN UND NEUEN LÄNDERN: Zahlreiche Untersuchungen beschäftigen sich mit den unterschiedlichen Bedingungen des Aufwachsens von ost- und westdeutschen Jugendlichen. Die frühere DDR-Gesellschaft war u. a. dadurch gekennzeichnet, daß die Macht- und Funktionseliten mit über 30% überproportional, hingegen die klassischen Mittelschichten und die Armutsbevölkerung im Sinne der EG-Armutsdefinition geringer entwickelt waren. Vergleichbar mit den in den 60er Jahren in der alten BRD beginnenden gesellschaftlichen Veränderungen vollzog sich zwischen 1975 und 1985 insbesondere bei Jugendlichen der DDR ein Wertewandel, welcher zum einen hedonistisch-materialistische Orientierungen produzierte, zum anderen zur verstärkten Ausbildung links-alternativer als auch autoritär-gewaltorientierter Jugendkulturen beitrug.

Als "Beitrittsfolgen" werden vom "Leipziger Zentralinstituts für Jugendforschung" folgende Stichpunkte genannt, die in ihrer Tendenz von anderen Untersuchungen bestätigt werden und besondere Anforderungen an Jugendhilfe nach sich ziehen: plötzliche Pluralisierung des Angebots; Berufliche Dequalifizierung der Eltern; Differenzierung der materiellen Lebensniveaus; Zusammenbruch der bisher gültigen politischen Orientierungen; Verlust zentraler traditioneller Sicherheiten im Hinblick auf Handlungsweisen, Glauben und leitende Normen; Suchbewegungen in Richtung Einbindung in neue tragfähige Subsysteme; Verlust von Vorbildern — dies ist insbesondere deshalb bedeutsam, da in der DDR der Glaube an die höhere Lebensbewältigungskompetenz der Älteren noch stark ausgeprägt war.

Aufgaben und Struktur kommunaler Jugendhilfe

Jugendhilfe ist — so regelt dies der § 2 **Kinder- und Jugendhilfegesetz** (KJGH) — der Oberbegriff für alle Leistungen, die **öffentliche** und **freie Träger** — also Kommunen, Landkreise und in der Jugendhilfe tätige Vereinigungen — familienbegleitend und -unterstützend für Kinder und Jugendliche erbringen. Das neue Kinder- und Jugendhilferecht muß als explizit "ergänzendes Recht" gesehen werden, da es darauf verzichtet, Jugendhilfe als eigenen Träger von Erziehung neben Familie, Schule und Berufsausbildung zu entwickeln. Dabei wurde die im alten Jugendwohlfahrtsgesetz sehr ausgeprägte Kontroll- und Eingriffsfunktion wenigstens teilweise in ein Verständnis von präventiver, erwünschter sozialer Dienstleistung umgestaltet. Insbesondere im Kapitel 2 (Leistungen der **Jugendhilfe**, §§ 11-41) wird eine stärker sozialpädagogische Orientierung des KJHG deutlich.

Die im 3. Kapitel (§§ 42-60) formulierten "anderen Aufgaben der Jugendhilfe" stellen spezifische Aufgaben der öffentlichen Verwaltung dar:
— Vorläufige Maßnahmen zum Schutz von Kindern und Jugendlichen (§§ 42 und 43)
— Schutz von Kindern und Jugendlichen in Familienpflege und Einrichtungen (§§ 44-49)
— Mitwirkung am gerichtlichen Verfahren (§§ 50-52)
— **Pflegschaft** und **Vormundschaft** (§§ 53-58)
— Beglaubigungs-, Beurkundungs- und Vollstreckungsrechte (§§ 59 und 60).

Die Dualität zwischen **öffentlichen** und **freien Trägern** der Jugendhilfe wird beibehalten, was dem Grundsatz eines pluralen Leistungsangebotes entspricht. Das 5. Kapitel (§§ 69-81) beschreibt die Träger der Jugendhilfe, deren Zusammenarbeit sowie die Gesamtverantwortung der öffentlichen Träger. Die Konstruktion des **Jugendamtes** als eine zweigliedrige Behörde (Verwaltung des Jugendamtes und Jugendhilfeausschuß) wurde mit den Regelungen des § 70 aus dem alten Recht übernommen. Damit hat der **Jugendhilfeausschuß** (§ 71) im Vergleich mit allen anderen Ausschüssen der Gebietskörperschaften dadurch eine einmalige Sonderstellung, daß er "Bestandteil des Amtes" ist. § 70 Abs. 2 formuliert sogar eine Vorrangstellung gegenüber der Jugendamtsverwaltung, was — in der Praxis schwer vorstellbar und dennoch faszinierend — bedeutet, daß der Jugendhilfeausschuß alle Angelegenheiten der Jugendhilfe von der Verwaltung an sich ziehen könnte.

DIE STÄRKERE KOMMUNALISIERUNG DER JUGENDHILFE war ein Ziel der Jugendhilferechtsreform. So wird im § 89 Abs. 1 KJHG eine generelle Zuständigkeit der **örtlichen Träger** formuliert. Örtliche Träger — so will es die Regelung in § 69 Abs. 1 KJHG — sind **Landkreise** und **kreisfreie Städte**. § 69 Abs. 5 regelt, daß auch kreisangehörige Gemeinden auf Antrag hin Träger der Jugendhilfe sein können. Die Gesamtverantwortung des Landkreises bleibt dadurch unberührt. Der Kommunalisierungsgedanke zeigt sich am ausgeprägtesten bei den **Hilfen zur Erziehung**. Die bisherigen Zuständigkeiten des **Landesjugendamtes** - etwa bei der Anordnung von **Freiwilliger Erziehungshilfe** (FEH) und **Fürsorgeerziehung** (FE) - entfallen weitgehend. Das örtliche **Jugendamt** ist sowohl für die **ambulanten Hilfen** (Erziehungsberatung, Soziale Gruppenarbeit, Erziehungsbeistandschaft, Sozialpädagogische Familienhilfe und Tagesgruppen) als auch für Vollzeitpflege, sozialpädagogische Einzelbetreuung und Heimerziehung zuständig. Zu befürchten und zum Teil bereits eingetreten ist die Gewährung unterschiedlicher Standards, was aus den unterschiedlichen fachlichen und finanziellen Ressourcen der lokalen Jugendämter und der Länder resultiert.

Mit dem neuen Jugendhilferecht wurde auch die Stellung der **freien Träger** der Jugendhilfe verbessert — eine Konzession an die in ihrer Kritik am neuen Gesetz nicht eben zurückhaltenden Verbände. Neben der Möglichkeit, an hoheitlichen Aufgaben wie z. B. der Jugendgerichtshilfe mitzuwirken, wird die Selbständigkeit der freien Jugendhilfe "in Zielsetzung und Durchführung" im § 4 Abs. 1 KJHG neu formuliert. Die Förderung der freien Jugendhilfe regelt der § 74 KJHG. Abweichend vom alten Recht ist die im § 75 KJHG beschriebene Anerkennung als Träger der freien Jugendhilfe nicht mehr zwingende Förderungsvoraussetzung, was insbesondere die Rechtsstellung freier Initiativen verbessert.

Wie bisher auch ist der Gedanke an prophylaktische Konzepte des **Jugendschutzes** im KJHG unterentwickelt. Die §§ 42 und 43 sehen unter Durchbrechung des sonst im KJHG gültigen Grundsatzes des Vorranges des Elternrechts vor, daß in begründeten Fällen ohne bzw. sogar gegen den Willen der Sorgeberechtigten von Seiten des Jugendamtes eingegriffen werden kann. Auch die in anderen als im KJHG geregelten Segmente des Jugendschutzes haben vorwiegend Verbots- und Eingriffs- und weniger prophylaktischen Charakter. Vorbeugende Arbeit wird in erster Linie den in der Jugendbildung tätigen freien und öffentlichen Trägern sowie den Schulen überlassen. Das 1985 neu gefaßte Gesetz zum Schutze der Jugend in der Öffentlichkeit weist neben seinen traditionellen Elementen wie der Regelungen von Alkoholabgabe und Spielhallenbesuch oder des Jugendmedienschutzes flexiblere Reaktionsmöglichkeiten auf jugendgefährdende Veranstaltungen auf.

Chancen und Gefahren liegen in zahlreichen landesrechtlichen Vorbehaltsregelungen. Einerseits haben diese dazu geführt, daß einige Landesausführungsgesetze Mädchenförderung und die Mitbestimmung von Frauen und Mädchen stärken. So sieht z. B. das Niedersächsische Ausführungsgesetz zum KJHG vor, daß die Hälfte der stimmberechtigten und stellvertretenden Mitglieder der Jugendhilfeausschüsse Frauen sein sollen. Auf der anderen Seite wird zuviel Spielraum für die jugend- und familienpolitischen Schwerpunkte und finanzpolitischen Erwägungen der jeweiligen Landesregierungen gelassen.

Jugendhilfeplanung

Jugenhilfeplanung wurde im neuen Recht zur Pflichtaufgabe gemacht — ein kleiner Erfolg der an der Debatte beteiligten Reformkräfte. Sie ist ein Bestandteil von **Sozialplanung**, der nicht willkürlich aus einem gemeinde- und sozialpolitischen Kontext herausgerissen werden kann. Dies ist auch erklärter Wille des Gesetzgebers, wenn er in § 80 Abs. 4 des KJHG formuliert: "Die Träger der öffentlichen Jugendhilfe sollen darauf hinwirken, daß die Jugendhilfeplanung und andere örtliche und überörtliche Planungen aufeinander abgestimmt werden und die Planungen insgesamt den Bedürfnissen und Interessen der jungen Menschen und ihrer Familien Rechnung tragen." Vor diesem

Hintergrund wäre eine kommunale Jugendpolitik zu fordern, die im Grunde genommen über Ressortpolitik hinausgehend als zielgruppenorientiertes Querschnittsprodukt aller kommunal bedeutsamen Planungen zu entstehen hätte.

Das neue Kinder- und Jugendhilfegesetz beinhaltet ein Bündel wichtiger Hinweise, die direkt oder indirekt dem Gedanken der Planung Rechnung tragen. So wird im § 1 Abs. 1 vorausgeschickt: "Jeder junge Mensch hat ein Recht auf Förderung seiner Entwicklung und auf Erziehung zu einer eigenverantwortlichen und gemeinschaftsfähigen Persönlichkeit." Sich hierauf beziehend läßt sich der § 1 Abs. 3 Nr. 4 als "einmischungsorientierter" Ansatz verstehen: "Jugendhilfe soll zur Verwirklichung des Rechts nach Abs. 1 insbesondere ... dazu beitragen, positive Lebensbedingungen für junge Menschen und ihre Familien sowie eine kinder- und familienfreundliche Umwelt zu erhalten oder zu schaffen." In einer Art "Generalklausel" wird die Einmischung in lebensweltgestaltende Sektoren wie z. B. die Stadtentwicklung, die Arbeitsmarkt- und Wohnungspolitik impliziert. Das Gesetz folgt damit auch den Leitgedanken des 8. Jugendberichts mit den darin formulierten Elementen Sozialraumorientierung, Lebensweltorientierung und Einmischung.

Der § 71 Abs. 2 macht Jugendhilfeplanung explizit zur Angelegenheit des **Jugendhilfeausschusses**. In diesem wird übrigens die Stellung der Stadt- und KreisrätInnen gestärkt, indem künftig 3/5 MandatsträgerInnen oder von diesen vorgeschlagene Personen sind und 2/5 auf Vorschlag der anerkannten Träger der Jugendhilfe gewählt werden. § 74 Abs. 2 — sehr vage als Kann-Vorschrift formuliert — sieht die Förderung der **freien Träger** entsprechend den Ergebnissen und dem Bedarf vor, welcher sich aus der Jugendhilfeplanung ergibt. § 78 beschreibt zu bildende **Arbeitsgemeinschaften** als wichtiges mögliches Planungsinstrument. Damit wird die in den alten Satzungen der Jugendämter vorgesehene Möglichkeit zur Bildung von Unterausschüssen des früheren Jugendwohlfahrtsausschusses erweitert. Vorbildfunktion hatte die entsprechende Regelung im § 95 des Bundessozialhilfegesetzes (BSHG) für die Träger der Sozialhilfe. Im § 79 Abs. 1 des neuen Rechts wird nochmals ausdrücklich darauf verwiesen, daß die Gesamtverantwortung für Jugendhilfe und damit auch für deren Planung in der Hand der öffentlichen Jugendhilfe liegt.

Jugendhilfeplanung als **Pflichtaufgabe** wird schließlich explizit im § 80 Abs. 1 geregelt. Mit der darin getroffenen Formulierung wird nicht nur die Verpflichtung zur Planung ausdrücklich festgeschrieben, es werden auch Mindestbedingungen formuliert und Planungsschritte vorgegeben: Bestandsfeststellung; Zielformulierung unter Berücksichtigung des Wunsch- und Wahlrechts sowie der Planungsziele, die sich aus § 80 Abs. 2 ergeben; Bedarfsermittlung durch den Vergleich von erhobenem Bestand und qualitativen sowie quantitativen Zielen der Jugendhilfe; Bedarfsbefriedigung. Aus dem Gesamtkontext des § 80 ergibt sich (wenn auch nicht ausdrücklich erwähnt) auch die Notwendigkeit zur Erfolgskontrolle sowie zur Planfortschreibung. Der grundsätzliche Anspruch auf Einbeziehung der Betroffenen wird durch Abs. 1 Nr. 2 des § 80 wohl sichergestellt. Art und Umfang der Beteiligung bleiben jedoch offen. Der Abs. 3 des § 80 regelt die Beteiligung der Träger der freien Jugendhilfe.

LANDESRECHTLICHE REGELUNGEN ZUR JUGENDHILFEPLANUNG sind in fast allen Bundesländern formuliert worden, wobei die Ausführungen hierzu zumeist keine über das KJHG hinausgehenden Präzisierungen beinhalten. So sieht die in Baden-Württemberg in § 9 LJHG gefaßte Festlegung vor, daß die überörtlichen Träger "grundsätzlich von Anfang an" beteiligt werden. Weitere qualitative Standards fehlen. Immerhin kann davon ausgegangen werden, daß der Umfang von "Beteiligung" künftig deutlich über bloße Information hinauszugehen hat.

Zwei deutliche Präzisierungen werden im § 56 Abs. 1 des Jugendförderungsgesetzes des Landes Schleswig-Holstein vorgenommen: "... Der Jugendhilfeplan ist in der Regel zur Mitte der Wahlperiode zielgruppengerecht fortzuschreiben und dem jeweiligen Kreistag oder der Stadt-/Ratsversammlung vorzulegen. Er hat insbesondere auf die Förderung der Chancengleichheit durch eine mädchengerechte Gestaltung als ein Planungsziel hinzuwirken." Im Abs. 2 dieses Gesetzes wird auch für freie Initiativen eine Beteiligungsmöglichkeit offengehalten: "... Nicht anerkannte Verbände, Gruppen und Initiativen können beteiligt werden." Ebenfalls eine besondere Berücksichtigung von mädchen- und frauenspezifischen Anliegen nimmt in seinem § 13 Abs. 2 das entsprechende Gesetz des Landes Hessen zur Ausführung des Kinder- und Jugendhilfegesetzes vor: "Für Mädchen und junge Frauen sind besondere Jugendhilfeplanungen vorzunehmen, die neben der Bestandsaufnahme mädchenspezifischer Einrichtungen und Dienste die Planung neuer notwendiger Mädchenprojekte und Modellvorhaben für Mädchen und junge Frauen aufweisen."

Mit den Regelungen des § 80 Abs. 4 KJHG soll verhindert werden, daß der bisher überwiegend gültige Zustand fortgeschrieben wird: Jugendhilfe soll künftig nicht isoliert von anderen Planungen der zuständigen Gebietskörperschaft konzipiert werden. Es wird stetige Aufgabe aller in der Jugendhilfe tätigen Personen und Träger sein, den daraus resultierenden Abstimmungsbedarf immer wieder neu einzufordern.

Für den bislang noch seltenen Fall, daß **kreisangehörige Gemeinden** ohne eigenes Jugendamt selbständig Jugendhilfepläne für ihr Gemeindegebiet erstellen, gelten die Regelungen des § 69 Abs. 5: "Kreisangehörige Gemeinden und Gemeindeverbände, die nicht örtliche Träger sind, können für den örtlichen Bereich Aufgaben der Jugendhilfe wahrnehmen. Die Planung und Durchführung dieser Aufgaben ist in den wesentlichen Punkten mit dem örtlichen Träger abzustimmen; dessen Gesamtverantwortung bleibt unberührt ... " Von Interesse dürfte hierbei auch die Frage sein, ob der örtlich zuständige Träger — etwa der Landkreis — der kreisangehörigen Gemeinde Kosten für die selbständig erbrachte Jugendhilfeplanung zu ersetzen hat. Allen planungswilligen kreisangehörigen Gemeinden wird zu raten sein, die Planungsnotwendigkeiten vorab mit dem örtlich zuständigen Träger der Jugendhilfe abzuklären.

Für die organisatorischen Rahmenbedingungen sind eine Reihe von Konstruktionen denkbar: ausschließliche Zuständigkeit im Jugendamt; Regelung nach § 78 KJHG: Bildung von Arbeitsgemeinschaften; Vergabe an ein Planungsbüro; Einbeziehung von Ausbildungsstätten sozialer Arbeit.

Jugendarbeit

OFFENE JUGENDARBEIT: Jugendhäuser, Jugendzentren, Häuser der offenen Tür oder Jugendtreffs existieren nunmehr weit über 20, in einigen Bundesländern sogar 40 und mehr Jahre. Obwohl von den Verwaltungen immer als **freiwillige Leistung** dargestellt, sind sie also längst zu einem Bestandteil kommunaler Grundversorgung geworden.

Verschiedene Untersuchungen der letzten Jahre dokumentieren, daß sich die Besucherzahlen im Vergleich zum Beginn der 80er Jahre auf einem etwas niedrigeren Niveau eingependelt haben. Die Altersgruppe der 13-17jährigen dominiert in den meisten Einrichtungen. Der Mädchenanteil schwankt stark. Nach einer Untersuchung im mittleren Neckarraum waren knapp 33% der Jugendlichen weiblich. Bei dieser Untersuchung fiel auf, daß die höchsten Mädchenanteile nicht in Einrichtungen mit spezifischen Angebote nur für Mädchen zu finden sind. Dies kann auf den Umstand zurückgeführt werden, daß an die Schaffung von Mädchenräumen vorrangig in jenen Einrichtungen nachgedacht wurde, in welchen der Mädchenanteil eine kritische Größe unterschritten hatte. Der Ausländeranteil hat in vielen Häusern stark zugenommen. Zwei vergleichende Untersuchungen aus den Jahren 1985 und 1991 lassen im selben Einzugsgebiet eine Steigerung des Ausländeranteils von 25% auf 37% erkennen.

Die Professionalisierung offener Jugendarbeit hat sich zwischen 1975 und heute flächendeckend vollzogen. Der Anteil von Frauen bei den pädagogischen Kräften — also ohne Zivildienstleistende — liegt bei annähernd 50%. Leitungsaufgaben sind allerdings in der Regel in Männerhand. Derzeit wird es immer problematischer, fachlich qualifiziertes Personal zu finden. Dies gilt insbesondere für MitarbeiterInnen, die bereits Erfahrungen aus der offenen Jugendarbeit besitzen.

In den neuen Ländern wurde mehr als die Hälfte der 1989 bestehenden 7.000 Jugendclubs geschlossen. Zahlreiche mühsame Versuche, offene Jugendarbeit neu zu installieren, haben seither gezeigt, daß diese vorschnelle Zerschlagung und "Privatisierung" ebenso ein Fehler war wie die Entlassung vieler als "Pionierleiter" diskreditierter Hauptamtlicher. Viele der heute über AB-Maßnahmen beschäftigten MitarbeiterInnen sind QuereinsteigerInnen in die Jugendarbeit, was einen hohen Qualifizierungsbedarf nach sich zieht.

NEUE SCHWERPUNKTSETZUNGEN: Die Arbeit mit Problemgruppen wird weniger stark als noch vor einigen Jahren als vorrangige Aufgabe der Häuser gesehen. Diese sind jedoch — oft gegen den Willen ihrer MitarbeiterInnen und ihrer Träger — mit unverändert großem Anteil unter den BesucherInnen vertreten. Belange von Selbstverwaltung spielen heute in den Häusern eine untergeordnete Rolle. Feste Arbeitsgemeinschaften und kontinuierliche Werkstatt- und Kreativgruppen — früher die Filetstücke der Angebotsseite — sind nunmehr randständig geworden. Offene Jugendarbeit ist nie in der Lage gewesen, mit dem schnellen Wandel kommerzieller Freizeitangebote zu konkurrieren. Der Versuch, den modernen Zeitgeiststömungen nachzueifern, ist in aller Regel von geringen materiellen und personellen Ressourcen begrenzt worden.

Zu fordern ist ein flächendeckendes, stadtteil- oder teilortorientiertes Grundangebot. Diesen Bedarf zu ermitteln ist eine der zentralen Aufgaben kommunaler **Jugendhilfeplanung**. Eine Strategie im Umgang mit der faktischen Randständigkeit von Mädchen innerhalb offener Jugendarbeit ist die Schaffung eigenständiger **Mädchenprojekte**. Das Konzept feministischer Mädchenarbeit beruht darauf, nur für Mädchen und Frauen zugängliche Orte der Begegnung und Kommunikation zu schaffen. Üblich für derartige Projekte ist eine Mischfinanzierung aus kommunalen und aus Landesmitteln. Mit dem Rückzug der Länder bzw. der Landeswohlfahrts- oder Landschaftsverbände entstehen Finanzierungslücken, die im Prinzip auf kommunaler Ebene aufgefangen werden müssen. Angesichts der hohen Anteile **ausländischer Jugendlicher** sind wieder verstärkt ausländerspezifische Angebote zu machen. Eine Voraussetzung hierfür ist die stärkere Berücksichtigung von AusländerInnen bei der Zusammensetzung von Teams.

JUGENDKULTURARBEIT war eines der Lieblingsthemen der JugendarbeiterInnen in den letzten Jahren. **Jugendkulturzentren** sind von großer Bedeutung, allerdings sollte sich die Einrichtung derartiger Häuser immer aus einer qualifizierten Bedarfsplanung ableiten. Aus meiner Sicht sind solche Einrichtungen sinnvolle Ergänzungen, wenn flächendeckend der Grundbedarf an wohngebietsnahen Zentren gedeckt wurde. Jugendkulturarbeit hatte oft das Ziel, den Anteil sogenannter Problemgruppen in den Häusern zu reduzieren. Dieses Ziel wurde in den seltensten Fällen erreicht und war aus meiner Sicht auch eher eine Entgleisung. Gefordert ist ein integratives Konzept, das sich weniger an zufälligen Bedürfnislagen von KommunalpolitikerInnen und überlasteten JugendhausmitarbeiterInnen orientiert, sondern an den real im Gemeinwesen vorfindbaren Bedarfslagen.

AUFSUCHENDE JUGENDARBEIT: Nimmt man die wenigen älteren Projekte aus, so wird seit annähernd 10 Jahren und mit einer gewissen Dynamisierung nach 1990 bundesweit aufsuchend mit verschiedensten Zielgruppen gearbeitet: ausgegrenzten Jugendlichen, Gangs und Cliquen jugendlicher Subkulturen, Fußballfans, Trebegängern und Wohnungslosen, Suchtabhängigen, HIV-Betroffenengruppen und Prostituierten. Auf "mobile", "aufsuchende" Jugendarbeit — welche ansonsten immer wieder neu damit befaßt war, sich Öffentlichkeit und kommunaler Politik vorzustellen und zu erklären — wird nun seit der in den Medien stark beachteten Auffälligkeit von Teilen der Jugend stärker Bezug genommen. Dabei wird aufsuchende Sozialarbeit in der Regel als "letzter Notnagel" im sozialpolitischen Raum installiert. Erst da, wo Problemlagen regelmäßig eskalieren und wo bereits bestehende Angebote der Sozial- und Jugendhilfe nicht mehr wirken, wird auf aufsuchende Angebote zurückgegriffen. Generell wird unterschieden zwischen zielgruppenorientierten und stadtteilbezogenen Projektformen. Beispiele zielgruppenorientierter Projekte sind die Arbeit mit suchtgefährdeten Jugendlichen, mit männlichen oder weiblichen Prostituierten, Fanclubarbeit oder Arbeit mit gewaltbereiten Jugendlichen. Stadtteilbezogene Projektformen beziehen sich auf alle Jugendlichen in einem bestimmten Einzugsbereich, zielen auf eine stärkere örtliche Ausprägung der Angebotsstruktur und sind nicht auf eine Zielgruppe beschränkt.

Aufsuchende Angebote müssen ein Mindestmaß an Infrastruktur und Vernetzung — auch zu anderen Diensten — aufweisen. Eine wichtige Ressource ist der — wie auch immer geartete — Raum, den Jugendliche aufsuchen, den sie sich aneignen können. Angebote, die sich nur auf die Straße konzentrieren, sind beschränkt und verschleißen viele der beteiligten SozialarbeiterInnen in kurzer Zeit. Prophylaktische Arbeit ist nur in einigen Projekten zu finden, die bereits in früheren Jahren als "Feuerlöschkommando" eingerichtet wurden und denen es gelungen ist, sich in zähem Kleinkrieg personell, finanziell, infrastrukturell und konzeptionell abzusichern.

Auch das **Aktionsprogramm gegen Aggression und Gewalt** (AGAG) der Bundesregierung nährt einmal mehr die Hoffnung, daß mit zeitlich befristeten Projekten die Lernziele "Gewaltfreiheit" und "Soziale Integration" zu verwirklichen seien. Für dieses Programm wurden vom Bundesministerium für Frauen und Jugend 20 Mio. DM bereitgestellt, um Modellprojekte "in einer begrenzten Anzahl von besonders belasteten Regionen" zu organisieren. Die vorwiegend in den neuen Ländern installierten Projekte umfassen das Spektrum von aufsuchender Sozialarbeit, Fanprojekte, offene Jugendarbeit, Mädchenprojekte, Trainingskurse und arbeitsorientierte Werkstattangebote. Trotz seiner begrenzten Reichweite ist das Programm hilfreich für die Entwicklung von Strukturen sowie die Qualifizierung von vorwiegend neuen MitarbeiterInnen, die praxisbegleitend in Prozesse der Beratung sowie der Fort- und Weiterbildung integriert sind.

JUGENDVERBANDSARBEIT: Nach wie vor sind **Jugendverbände** in der Bundesrepublik eine bedeutende Stütze der Jugendarbeit. Derzeit existieren in der Bundesrepublik knapp 100 größere Jugendorganisationen und eine Vielzahl kleinere, örtlich oder regional bedeutsamer Gruppen. "Die Jugendverbände" gibt es nicht. Es besteht vielmehr ein äußerst heterogenes Spektrum unterschiedlichster Organisationen, deren gesellschaftspolitische Bedeutung sich im Spektrum zwischen "bündisch", "fachbezogen" und "innovativ" bewegt. Die größeren Verbände sind mit Ausnahme der Deutschen Sportjugend im Deutschen **Bundesjugendring** (DBJR) organisiert. Diese Organisationsstruktur setzt sich über das föderale System der BRD in **Landes-, Kreis-** und **Stadtjugendringen** fort.

Entsprechend ihrer Ausrichtung war die Zielsetzung der Jugendverbände höchst unterschiedlich. Eine zentrale Aufgabe wird in der — häufig abstrakt formulierten — Interessenvertretung von Jugendlichen gesehen. Dabei kommt den Zusammenschlüssen in der Regel eine größere Bedeutung zu. Jugendringe sind Ansprechpartner von Politik und Verwaltung auf kommunaler, Kreis-, Landes- und Bundesebene. In der Praxis wird die Bedeutung dieser Zusammenschlüsse vor allem durch die ihnen zugewiesene Mittelverwaltung aufgewertet. Wichtig ist die Verzahnung zwischen öffentlicher Jugendhilfe sowie den freien Trägern und Jugendverbänden, wie sie im KJHG formuliert ist. So regelt der § 4 KJHG die Zusammenarbeit der öffentlichen mit der freien Jugendhilfe. Im § 12 KJHG ist die Förderung der eigenverantwortlichen Tätigkeit der Jugendverbände und Jugendgruppen geregelt, wobei die Ausgestaltung der Förderung — also Art und Umfang — in der Entscheidung der politischen Gremien liegt. Förderinstrumente sind auf den jeweiligen Ebenen Bundes-, Landes-, Kreis- und Stadtjugendpläne. Auch bei der Organisation und Durchführung von kommunalen Ferienaktionen, Ferienfreizeiten und bei der internationalen Jugendbegegnung spielen die Jugendverbände auf lokaler, Kreis- und Landesebene eine wichtige Rolle.

Verschiedene Untersuchungen zu Struktur und Funktion von Jugendverbänden belegen folgende Tendenzen: Zwischen 25 und 30% der Jugendlichen bis zum 18. Lebensjahr werden in den alten Bundesländern von Jugendverbänden erreicht. Dabei ist das Durchschnittsalter — ähnlich wie bei den BesucherInnen von Jugendzentren und Jugendhäusern — in den letzten Jahren gesunken. In erster Linie werden 10-15jährige erfaßt. Kinder und Jugendliche, welche von Jugendverbänden angesprochen werden, sind vorwiegend deutsch und stammen überwiegend aus der Mittelschicht. Mädchen sind — mit Ausnahme der kirchlichen Jugendarbeit — deutlich unterrepräsentiert. Geschlechtsspezifische Angebote stecken noch in den Kinderschuhen. Die Möglichkeiten, die die Jugendverbände haben, um an der Überwindung traditioneller Rollenklischees mitzuwirken, werden nicht angemessen genutzt. Jene Verbände, die in der Vergangenheit vor allem Arbeiterjugendliche angesprochen haben, sind in besonderem Maße von Mitgliederverlusten und schwindender Bedeutung geprägt (z. B. SJD - Die Falken).

Jugendverbände sind bei Jugendlichen in hohem Maße bekannt. Im ländlichen Raum kennen 88%, im kleinstädtisch-ländlichen 77 und im städtischen Bereich 70% der Jugendlichen Angebote verbandlicher Jugendarbeit. Eine lokale Studie in Regensburg hat ergeben, daß sich Jugendliche von der Teilnahme vorrangig ein freundschaftliches und geselliges Zusammensein mit Gleichaltrigen versprechen. Gegenüber Kontakt, Geselligkeit sowie Erlebnissen und Aktionen sind alle anderen Erwartungshaltungen nachrangig. So spielen Kultur- und Bildungsziele oder politische Positionen der Verbände in der Erwartungshaltung der Jugendlichen eine deutlich untergeordnete Rolle.

Die Raumausstattung ist sehr unterschiedlich. In der Regel verfügen nur kirchliche und musische Jugendarbeit über ausreichende räumliche Kapazitäten. Bei der Untersuchung der zugrundeliegenden Konzeptionen und Programme wurde deutlich, daß die Mehrheit der Jugendverbände nicht über den Tellerrand verbandsspezifischer Inhalte und Aktivitäten hinaussieht. Lediglich 12% der befragten Haupt- und Ehrenamtlichen sehen die Notwendigkeit, ihre Arbeit nach außen stärker zu öffnen. Die untersuchten Konzeptionen weisen keine Schwerpunkte im Bereich der Integrationsarbeit von ausländischen Jugendlichen, Aus- und Übersiedlern sowie von Kindern von Asylbewerbern auf. Ehrenamtliche MitarbeiterInnen sind angesichts der wachsenden Konkurrenzbeziehungen oftmals überfordert. Eine Konsequenz daraus ist ein höherer Fortbildungs- und Beratungsbedarf für Ehrenamtliche, auf den vielfach nicht angemessen reagiert wird.

Nach wie vor nur zögerlich geht der Aufbau einer neuen Jugendverbandsstruktur in den neuen Ländern voran. Die Übertragung westdeutscher Verbandsstrukturen ist vielerorts gescheitert. Noch stärker als in der Verbandsarbeit in Westdeutschland fehlen ehrenamtliche Strukturen. In Einzelfällen kam es zur Gründung lokaler Vereinigungen, die keine Affinität zu den westdeutschen Organisationen ausweisen. Die Stärkung neuer autonomer Jugendinitiativen muß in den neuen Ländern als wichtige Aufgabe kommunaler Jugendförderung gesehen werden.

Erziehungshilfen

Ein wichtiges Anliegen bei der Einrichtung von Erziehungshilfen ist die Vermeidung von Reibungsverlusten zwischen ambulanten, teilstationären und stationären Angeboten sowie die rechtzeitige Gewährung tragfähiger Hilfekonzepte. Dazu müssen gegenüber der Kommunalpolitik und der Öffentlichkeit Transparenz hergestellt und Entscheidungsgrundlagen geschaffen werden. Hier ist es neben der Beschreibung der einzelnen Bereichs auch notwendig, die Lage der Einrichtungen darzustellen und sie in die jeweiligen Felder einzubinden. Für die Raum- und Personalausstattung ist die Formulierung von Mindeststandards wichtig, die Einschätzung von Zugangsmöglichkeiten und die Prüfung der Niederschwelligkeit erlangen besondere Bedeutung Weiterhin müssen Kooperationslinien geschaffen, die vorliegende Konzeption dargestellt und bewertet sowie eine Prognose zu den Entwicklungsperspektiven des jeweiligen Angebotes bzw. der Einrichtung erstellt werden. Im Zusammenhang einer Zielgruppenanalyse ist die Einbettung des Angebotes in den Kontext aller bestehenden Erziehungshilfen zu überprüfen.

Das örtliche Jugendamt ist insbesondere zuständig für
— Erziehungsbeistandschaft,
— "Erziehungskurse" — gemeint ist damit das bestehende Angebot für soziales Training,
— Jugendhelfer/innen — ein Angebot des Jugendamtes für Jugendliche ab 16 Jahren,
— sozialpädagogische Familienhilfen,
— soziale Trainingskurse der Jugendgerichtshilfe,
— Tagheimgruppen (Tagheim für Kinder, die in schwierigen familiären Situationen leben; mit dem Angebot soll in vielen Fällen stationäre Unterbringung vermieden werden),
— Heimunterbringung,
— Pflegekinderwesen mit Pflegekinderdienst (Tages-, Kurzzeit-, Wochen-, Dauer- und sozialpädagogische Pflege),
— intensive Hortgruppenbetreuung — eine Hilfeform im Grenzbereich der ambulanten Erziehungshilfe.

Für die Bewertung und Ausgestaltung kommunaler Jugendhilfe können zusammenfassend aus verschiedenen Untersuchungen folgende Ergebnisse mit einer gewissen Validität vorgetragen werden: Ein ausreichendes und differenziertes Angebot ambulanter, teilstationärer und stationärer Erziehungshilfen wirkt präventiv und hilft insbesondere, die Fremdunterbringung von Kindern und Jugendlichen zu vermeiden. Flankierende Hilfen wie Erziehungsbeistandschaft, Erziehungs- und Trainingskurse haben sich als effizient erwiesen, sind wirksam bei der Bearbeitung von Einzelproblemen und unterstützen die Herstellung tragfähiger familiärer Milieus. Mit Blick auf gewaltförmige Familienverhältnisse muß allerdings von der generellen Zielsetzung, Fremdunterbringung zu vermeiden, abgewichen werden. Eine besondere Bedeutung hat hierbei der Ausbau von Mädchen- und Jungenwohngruppen. Einrichtungen wie die "Mädchenzuflucht Wiesbaden e. V." oder an "Wildwasser"-Beratungsstellen angeschlossene Wohnprojekte für Mädchen, die sexueller Gewalt ausgesetzt waren (z. B. "Wildwasser" Berlin), sind derzeit noch zu seltene Modelle (vgl. Kapitel "Gewalt gegen Frauen und Mädchen"). Angesichts der zunehmenden Zahl von wohnungslosen Jugendlichen müssen künftig mehr niederschwellige Wohngelegenheiten in Kooperation zwischen Jugendamt und Trägern der Wohnungslosenhilfe geschaffen werden. Überschneidungen der genannten Angebote und weitere Überschneidungen mit anderen offenen Hilfen sind feststellbar und lassen die Frage nach Koordination und Bündelung durchaus zu. Eine genaue Zielgruppenbestimmung trägt zur Präzisierung bedarfsgerechter Angebote bei. Im dichten Netz kommunaler Angebote ist insbesondere die Zusammenarbeit mit dem allgemeinen Sozialdienst und den besonderen Erziehungshilfen zu verbessern.

Insgesamt wurde die Leistungsfähigkeit ambulanter Angebote der Jugendhilfe in vollem Umfang bestätigt. An dieser Stelle kommt das Prinzip der Gesamtverantwortung öffentlicher Jugendhilfe zum Tragen: Auch für den Fall, daß für einzelne Bereiche Fachplanungen vorgenommen werden, müssen für die anderen Sektoren in realistischen Zeiträumen und in ausreichender Qualität entsprechende Planungsleistungen absehbar sein. Angesichts der künftig reduzierten finanziellen Spielräume der Kommunen ist über das Maß an Differenziertheit der Erhebungen im Verbund aller Bereiche der Jugendhilfe kritisch und realitätsnah zu diskutieren.

Jugendberufshilfen

Zur Überwindung der Schwierigkeiten bei der beruflichen Integration Jugendlicher wurden vor allem in der ersten Hälfte der 80er Jahre vor dem Hintergrund damals brisanter **Jugendarbeitslosigkeit** sehr unterschiedliche Formen von Jugendberufshilfen geschaffen. Neben einigen wenigen großen Trägern — wie z. B. dem Internationalen Bund für Sozialarbeit (IB) — engagierten sich in diesem Feld auch eine Reihe autonomer kleiner Organisationen wie z. B. die ArbeiterInnen-Selbsthilfe Stuttgart. Jugendberufshilfen verloren bis Ende der 80er Jahre an Bedeutung. Zahlreiche Träger stellten viele ihrer Projekte bei ausbleibender staatlicher Förderung ein. Die zunehmende Massenarbeitslosigkeit sowie der Lehrstellenmangel im Osten Deutschlands lassen jedoch derzeit neue Bedarfslagen entstehen. Die Maßnahmen werden vorwiegend nach § 40 Arbeitsförderungsgesetz (AFG), zu einem geringen Teil durch die Jugendämter sowie die Träger der freien Jugendhilfe finanziert. Ansätze im KJHG ergeben sich aus den §§ 11 (arbeitsweltbezogene Jugendarbeit) und 13 (Jugendsozialarbeit). Querverbindungen zu kommunalen Beschäftigungs-Entwicklungsgesellschaften wie z. B. den "Neuen Arbeit GmbHs" (vgl. Kapitel "Wirtschafts- und Arbeitsmarktpolitik) bestehen in geringem Umfang und sind zu stärken.

Literaturhinweise

Arbeitsgemeinschaft Jugendfreizeitstätten Baden-Württemberg (Hg.): Zwischen Lust und Frust. Berichte aus dem Alltag offener Kinder- und Jugendarbeit, Stuttgart 1991, und: Mädchen kommen langsam ... aber wie!?. Erfahrungen zur Mädchenarbeit, Stuttgart 1990. Beide Veröffentlichungen der agjf Baden-Württemberg schildern an ausgesuchten Beispielen gelingende Praxis, ohne dabei die Schwierigkeiten zu verschweigen.

Böhnisch, L.: Handbuch Jugendverbände, Weinheim 1989. Umfassende Information über Ziele und Strukturen aller relevanten Jugendverbände

Junge, H. / Lendermann, H. B.: Das Kinder- und Jugendhilfegesetz (KJHG), Freiburg 1990. Gute, übersichtliche Einführung

Krau߬lach, J:. Aggression im Jugendhaus, Wuppertal 1981, und ders.: Aggressive Jugendliche, München 1980. Trotz des Alters immer noch das beste, was zur praktischen Arbeit mit gewaltbereiten Jugendlichen gibt

Kreisjugendring Rems-Murr (Hg.), Jugendarbeit 2000. Daten, Thesen, offensive Jugendarbeit, Backnang 1991. Exemplarische Darstellung eines gelungen Prozesses selbstorganisierter Jugendhilfeplanung

Mädchentreff Wiesbaden (Hg.), Von Mädchen und Mäusen, Wiesbaden 1992. Darstellung neuer Wege der Mädchenbildungsarbeit

Münder, J. u. a.: Frankfurter Lehr- und Praxiskommentar zum KJHG: Münster 1993. 711 Seiten geballte Informationen: unübersichtlich und dennoch für parteiliche Jugendpolitik unverzichtbar

Simon, T.: Kommunale Jugendhilfeplanung. Eine Arbeitshilfe für Ausbildung und Praxis, Wiesbaden 1993. Mit vielen Beispielen durchsetzte Handreichung zur Jugendhilfeplanung

Zeitschriften

"deutsche jugend", München

"Informationsdienst Aktionsprogramm gegen Aggression und Gewalt", herausgegeben vom ISS Frankfurt und dem IFFJ Berlin

"Offene Jugendarbeit", herausgegeben von der agjf Baden-Württemberg, Stuttgart

"Sozial Extra", Wiesbaden

"Sozialmagazin", Weinheim

AKP-Artikel zum Thema:

Diverse Artikel im Schwerpunkt "Jugendpolitik" (mit umfangreicher Literaturliste), AKP 5/1991, S. 29 ff.

Diverse Artikel zu Mädchenhäusern im Schwerpunkt "Sexuelle Gewalt", AKP 2/1991, S. 31 ff.

Mehring, D.: Offene Kinder- und Jugendarbeit — Sind Eigenbetriebe eine Alternative?, in: AKP 4/1992, S. 26 f.

Zaschke, W.: Jugendhilfe und Gewalt, in: AKP 3/1993, S. 21 f.

Gisela Bill, Michaela Bögner

Kinderbetreuung

Kinderbetreuung soll so gestaltet sein, daß sie Kindern und Eltern gleichermaßen Räume für ein erfülltes Zusammenleben und Chancen zur individuellen Entwicklung eröffnet. Sie soll die Erfahrungs- und Erlebnisräume für Kinder sichern und ihr Hineinwachsen in lokale und gesellschaftliche Bezüge fördern. Notwendig ist ein flächendeckendes, bedarfsorientiertes Angebot an öffentlicher Erziehung und Betreuung von Kindern aller Altersgruppen bei hoher pädagogischer Qualität.

Die Ausgestaltung des Betreuungsangebots, seine Bedarfsgerechtigkeit und seine pädagogische Qualität bestimmen wesentlich die Möglichkeiten einer gleichberechtigten Teilhabe von Frauen und Männern an allen gesellschaftlichen Bereichen. Sie ermöglichen Wahlfreiheit bei der Gewichtung von Familien- und Berufsaufgaben sowie ehrenamtlichem Engagement für alle Eltern und eröffnen Frauen und Männern gleichermaßen Chancen zu selbstbewußten und selbstbestimmten Lebensentwürfen. Die tatsächliche Anerkennung und Wertschätzung einer Entscheidung für Kinder erfordert außerdem, daß auch im Beschäftigungssystem Konsequenzen gezogen werden, insbesondere im Hinblick auf Arbeitszeiten, die es Frauen und Männer erlauben, Kinder, Familie und Beruf miteinander zu vereinbaren. Aber auch die Aus- und Weiterbildung der ErzieherInnen ist zu verbessern; der ErzieherInnenberuf ist als Aufstiegsberuf zu qualifizieren und so neu zu konzipieren, daß ErzieherInnen umfassend an einer Kultur gesellschaftlichen Zusammenlebens mitarbeiten können (vgl. Kerber-Ganse/VI).

Blick zurück nach vorn

Der bis heute bestehende Zwiespalt zwischen Verwahrung und Pädagogik kennzeichnet Angebot und Struktur der Kindertageserziehung. Um 1820 entstanden in Deutschland die ersten "Kinderbewahranstalten". Eine Aufsichtsperson wachte über 120 Kinder in einem großen Raum. Sie wurden gegründet, weil im Zuge der Industrialisierung immer mehr Menschen in den entstehenden Fabriken arbeiteten, die ihre Kinder sonst sich selbst überlassen mußten. 1840 gründete Fröbel den "Allgemeinen Deutschen Kindergarten". Das pädagogische Programm zielte darauf ab, Kinder im Vorschulalter zu fördern und auf die Schule vorzubereiten. Zugleich sollten dort Frauen und Männer ausgebildet werden, berufsmäßig Erziehungsaufgaben wahrzunehmen. Zumeist Kinder wohlhabender Eltern besuchten diese Kindergärten. So bildete sich die Zweiteilung der Tagesbetreuung in ganztägige Bewahranstalten für Kinder armer Eltern und stundenweiser Förderung von Kindern wohlhabenderer Eltern in Kindergärten heraus. Es etablierte sich auch die Altersgrenze: In Kindergärten wurden Kinder ab 3 Jahren aufgenommen, in Bewahranstalten ab 2 Jahren. Vorläufer der Kinderkrippen waren die Warteschulen. Sie wurden so genannt, weil die dort aufgenommenen Kinder noch der "Wartung" bedurften. (vgl. Kaiser/Moysich/58ff.)

In der Bildungsreform Ende der 60er Jahre wurde der Kindergarten als erste Stufe dem Bildungswesen zugeordnet und aufgewertet. Die breite Akzeptanz des Kindergartens hat in der ehemaligen Bundesrepublik keine lange Tradition. Die Jugendhilfestatistik von 1960 weist bei Kindergärten einen Versorgungsgrad von 30% aus, was jedoch in der Öffentlichkeit nicht als Mangel galt. Die veränderte Einstellung zu öffentlicher Kindererziehung in Gruppen ist auf Einflüsse von sozialen Bewegungen und Initiativen, insbesondere der Kinderladenbewegung, zurückzuführen. Sie begann 1967/68. Anstoß dazu gab die Diskussion über die Emanzipation der Frau, Ausgangspunkt waren die Bedürfnisse der Kinder und die miserable Versorgung mit Kindergartenplätzen. Der autoritäre Erziehungsstil und die viel zu großen Gruppen sollten im Kinderladen durch eine kreative, die Autonomie des Kindes respektierende Erziehung abgelöst, den Kindern sollte Kontakt mit Gleichaltrigen und soziales Lernen ermöglicht werden (vgl. Krieger/30).

Heute wünschen fast alle Eltern für ihre Kinder einen Platz in Kindertageseinrichtungen. Und das aus guten Gründen: Kinder brauchen kindliche Gesellschaft, die soziales Lernen im gemeinsamen Spielen und Streiten in der Gruppe ermöglicht. Keine noch so intakte Familie oder Wohngemeinschaft, keine Großeltern können einem Kind den Kontakt mit Gleichaltrigen ersetzen.

Kinderbetreuung und Patriarchat

Schon immer gilt in der Bundesrepublik das Primat der Erziehung in der Familie. Nachrang hat öffentliche Kindererziehung und -betreuung, die Teil der **Jugendhilfe** ist. Als "Bildungseinrichtung" wurde allein der Kindergarten mit seinem überwiegenden Teilzeitangebot stärker ausgebaut. Entsprechend ist der Versorgungsgrad in den Bereichen Kinderkrippen und Horte sehr gering. Während Horte und Kinderkrippen zumeist in kommunaler Trägerschaft sind, bieten die kirchlichen Träger zwei Drittel aller Kindergartenplätze. Aber auch hier ist der Versorgungsgrad mit rund 70% bei großen regionalen Unterschieden nicht ausreichend.

Dieser Entwicklung liegt das ideologische Bild der patriarchalen "**Normalfamilie**" zugrunde, an dem sich die Institutionen bis heute orientieren. Die Rolle des Vaters als Erzeuger, Ernährer und Gestalter öffentlichen Lebens ist in der Praxis unangefochten. Die uneingeschränkte Zuständigkeit für das kindliche Leben wird nach wie vor der Mutter zugeschrieben. Bei der sogenannten Familienphase zieht sich ein Elternteil völlig aus dem Erwerbsleben zurück. Das ist in den meisten Fällen die Frau, auch wenn Erziehungsgeld- und Erziehungsurlaubsregelungen an beide Elternteile adressiert sind. Eine Ursache ist, daß Frauenlöhne immer noch unter den Löhnen von Männern liegen. Zwar erachten Gesellschaft und Politik die **Berufstätigkeit von Frauen** als legitim. Zugleich aber senden beide Instanzen die Botschaft aus, daß nur wer eine Mutter, die sich rund um die Uhr um ihre Kinder kümmert, eine gute Mutter ist, und daß sich Berufstätigkeit, auch Teilzeitarbeit, im Grunde genommen nur schwer damit vereinbaren ließe.

Mütter im Erziehungsurlaub, in der "Familienphase" nehmen zwangsläufig die finanzielle Abhängigkeit von (Ehe-)Mann oder Sozialamt in Kauf. Danach haben sie mit den vielfältigen Hürden des Wiedereinstiegs in das Berufsleben zu kämpfen. Das bedeutet oft unterqualifizierte und schlecht bezahlte Teilzeitarbeitsplätze, insgesamt geringeres Einkommen und damit defizitäre Absicherung im Alter. Aktuelle Armut und Altersarmut sind die Folgen.

IN DER EHEMALIGEN **DDR** setzte man auf staatliche Kinderbetreuung, um Frauen den Eintritt ins Erwerbsleben zu ermöglichen. Voraussetzung dafür war die Möglichkeit zur Ganztagsbetreuung in öffentlichen Einrichtungen für fast alle Kinder ab dem ersten Lebensjahr. Aber auch hier waren die Frauenlöhne geringer als die Löhne von Männern, im Durchschnitt um 30%. Darüber hinaus hat der hohe Versorgungsgrad in der öffentlichen Kinderbetreuung nichts daran geändert, daß überwiegend die Frauen für Kinder und Haushalt zuständig waren. An sie und nicht an die Männer richteten sich die familienpolitischen Maßnahmen. Zum Teil erhebliche Mängel in der Qualität, etwa zu wenig Erzieherinnen für zu viele Kinder, zu wenig individuelle Entwicklungsförderung, kennzeichneten das Betreuungsangebot in der ehemaligen DDR. Statt jedoch der vorhandenen Quantität die fehlende Qualität hinzuzufügen, wird die Infrastruktur an Kindertagesstätten in den neuen Bundesländern abgeschmolzen und außerdem verteuert; der Abbau an Plätzen geht weit über das durch den Geburtenrückgang begründbare Maß hinaus. Zugleich werden die Frauen dort überproportional aus dem Erwerbsleben geschleudert: sie stellten im September 1993 gut 65% aller Arbeitslosen. Arbeitssuchende Frauen, die für den Fall einer Arbeitsaufnahme keine Betreuung für ihre Kinder nachweisen können, können keine Leistungen beziehen, sie stehen dem Arbeitsmarkt nicht zur Verfügung.

Öffentliche Kindererziehung und -betreuung vor neuen Aufgaben

Die gesellschaftliche Entwicklung der letzten Jahrzehnte hat das Leben von und mit Kindern wesentlich verändert. Das zeigen etwa der Wandel der traditionellen Geschlechterrollen und Lebensformen, die Differenzierung von Lebenswelten und -entwürfen. Zurückgehende Kinderzahlen und Vereinzelung, enge Wohnungen und sterile Wohnumfelder, fehlende Spiel- und Freiflächen, der mörderische Autoverkehr setzen den Erlebnis- und Erfahrungsmöglichkeit von Kindern heute enge Grenzen. Kinder wachsen mit Konsum und Warenüberfluß, aber auch mit Konkurrenznot, mit steigender Armut und Wohnungslosigkeit auf; sie sind Gewalterfahrungen ausgesetzt.

Kindern fehlt heute ein erheblicher Teil des Lebens-, Lern- und Erfahrungsraums, den sich frühere Generationen außerhalb der Aufsicht Erwachsener in der Gruppe, in der Nachbarschaft, auf der Straße erschließen konnten. Diese spontanen Erfahrungsmöglichkeiten werden zunehmend durch organisierte und beaufsichtigte Begegnungen und Erfahrungen an verschiedenen Orten, sogenannten "kindgerechten" Inseln, ersetzt. Insbesondere jüngere Kinder sind dabei auf die Eltern, in erster Linie die Mütter, und deren Möglichkeiten angewiesen, familienübergreifende Kontakte und Betreuungsarrangements für sie zu organisieren.

Kinder brauchen die Anregung durch eine andere Umgebung, durch andere Kinder und andere Erwachsene. Räume für sich und Chancen, eigenständige Erfahrungen zu machen, helfen Kindern, ihre Individualität zu entwickeln. Das spricht dafür, jedem Kind, unabhängig von sozialem Hintergrund und Alter, den Besuch von Kindertageseinrichtungen zu ermöglichen. Die Einrichtungen haben die Aufgabe, Kindern soziale Erfahrungsräume zurückzugewinnen und neue zu erschließen und ihnen einen möglichst kontinuierlichen Betreuungsrahmen außerhalb der Familie zu gewährleisten. Daraus folgt auch, daß die Einrichtungen auf **altersgemischte Gruppen** ausgerichtet sein sollten.

Während das Familienleben zunehmend vielfältigere Formen aufweist, zielt das Angebot der Jugendhilfe auf die "Normalfamilie" und leitet den Bedarf an Einrichtungen von der steigenden Berufstätigkeit der Frauen ab. Öffentliche Kindererziehung aber ist der Berufstätigkeit von Frauen nicht nachgeordnet, sie hat ihr vorauszugehen: Kindererziehung und -betreuung ist nicht nur Frauensache, sie ist genauso auch Sache der Väter und Männer; und sie ist eine gesellschaftliche Aufgabe. Öffentliche Erziehung sollte nicht länger als familienergänzend verstanden werden, sondern ihr sollte eine eigenständige Aufgabe zugeordnet werden.

Bestandsaufnahme

Das Angebot in Einrichtungen für Kinder ist weit davon entfernt, einen Anspruch der Kinder auf einen Platz einzulösen. Für 1,6 % der Kinder unter drei Jahren stehen in den alten Bundesländern Plätze in Krippen und Kindertagesstätten zur Verfügung. Rund zwei Drittel dieser Plätze verteilen sich auf Großstädte wie Berlin, Hamburg, München. Auch hier ist der Bedarf bei weitem nicht gedeckt. In den meisten städtischen Gebieten und insbesondere auf dem Land aber gibt es keine Krippenplätze. Selbst die Tagespflegestellen eingerechnet, können in den alten Bundesländern nur 3 % der Kinder unter drei Jahren einen Betreuungsplatz erhalten (Achter Jugendbericht/96). Zum Vergleich: In Frankreich und Belgien gibt es für 20 bis 25 % der Kinder dieser Altersjahrgänge Tagesbetreuungsplätze, in den Niederlanden für 9 %, in Dänemark für 44 % (ebenda).

Aber auch Plätze in Kindergärten sind — bei regionalen Unterschieden — nicht überall zu haben: "Eine realistische Versorgungsquote liegt ... bei 67 Prozent" (Colberg-Schrader/113). Dagegen sind über 30 % der Mütter mit Kindern im Alter unter drei Jahren berufstätig, bei 30 % bis 40 % der Eltern sind beide erwerbstätig, 10 bis 15 % der Kinder wachsen heute mit einem Elternteil und über 35 % aller Kinder als Einzelkinder auf (vgl. Kerber-Ganse/IV).

Weil die Nachfrage das Angebot bei weitem übersteigt, wird bei der Vergabe der knappen Plätze in "Normal"- und "Sozialfall" differenziert. Plätze gibt es vorrangig als Härtefall, bei Nachweis der Bedürftigkeit oder vermeintlicher Erziehungsdefizite, die daraus resultieren, daß Eltern — zumeist die Mütter — aus welchen Gründen auch immer ihrer Aufgabe der Erziehung und Pflege ihrer Kinder nicht gerecht werden können (vergleiche § 24 Satz 1 KJHG in der ersten Fassung vom 26. 06. 1990). Der wichtigste "Härtefallgrund" ist die Berufstätigkeit der Mutter. Eine solche Politik diskriminiert Frauen und ihre Kinder. Mütter, die im Erziehungsurlaub, die nicht erwerbstätig sind oder die Sozialhilfe beziehen, und ihre Kinder werden bei der Vergabe nachrangig behandelt. Wollen sie ihr Kind unterbringen, müssen sie einen besonderen Grund nachweisen. Berufstätige Mütter, die sich in der Regel Erziehungsurlaub nicht leisten können, und alleinerziehende Mütter werden dagegen als "Not- oder Sozialfälle" eingestuft. Die Entwicklungschancen der Kinder sind so abhängig vom Status der Mütter. Entsprechend gelten insbesondere Ganztagseinrichtungen für Kinder als "Ausfallbürgschaft" für sozial Schwache und benachteiligte Gruppen.

Das KJHG

Ursprünglich sollte bei der Reform des **Jugendwohlfahrtsgesetzes** (JWG) die **Jugendhilfe** nicht weiter auf den Ausgleich vermeintlicher Erziehungsdefizite beschränkt bleiben. Kinder und Jugendliche sollten im neuen **Kinder- und Jugendhilfegesetz** (KJHG) mit Rechtsansprüchen auf

Leistungen ausgestattet werden. Doch individuelle Rechte und Entwicklungschancen von Kindern werden dem Festhalten an der "Normalfamilie" nach- und untergeordnet (Krieger/31).

§ 9 KJHG legt fest, daß "die von den Personensorgeberechtigten bestimmte Grundrichtung der Erziehung", aber auch die "wachsende Fähigkeit und das wachsende Bedürfnis des Kindes zu selbständigem ... Handeln" zu berücksichtigen und "die Gleichberechtigung von Mädchen und Jungen zu fördern" ist. "Die Förderung von Kindern in Tageseinrichtungen und Tagespflege" ist in den §§ 22 bis 26 KJHG geregelt. "In Kindergärten, Horten und anderen Einrichtungen, in denen sich Kinder für einen Teil des Tages oder ganztags aufhalten (Tageseinrichtungen), soll die Entwicklung des Kindes zu einer eigenverantwortlichen und gemeinschaftsfähigen Persönlichkeit gefördert werden" (§ 22 Abs. 1). Der Begriff Förderung umfaßt Betreuung, Bildung und Erziehung. Damit ist die Betreuung als gesellschaftlich wichtiger Teil der pädagogischen Arbeit anerkannt.

§ 81 KJHG verpflichtet die **Träger der öffentlichen Jugendhilfe** zur Zusammenarbeit mit anderen Stellen und öffentlichen Einrichtungen, "deren Tätigkeit sich auf die Lebenssituation junger Menschen und ihrer Familien auswirkt". Genannt werden etwa die Schulen (z.B. bei der Betreuung schulpflichtiger Kinder), Einrichtungen des öffentlichen Gesundheitswesens (z.B. Gesundheitserziehung in den Einrichtungen) und Einrichtungen zur beruflichen Aus- und Weiterbildung (z.B. für die Fachkräfte von Einrichtungen). Die Aussagen zur Kommunalen Jugendhilfe im Kapitel "Jugendhilfe", insbesondere zum KJHG und zur Jugendhilfeplanung, gelten auch für die Tageseinrichtungen für Kinder.

MOGELPACKUNG "RECHTSANSPRUCH": Bei der Reform des Jugendhilferechts war nicht beabsichtigt, Kindern — unabhängig vom Alter — das Recht auf einen **Ganztagsplatz** in einer **Kindertagesstätte** einzuräumen. Ziel war von vornherein der **Kindergarten** alten Zuschnitts; dieser ist durch seine eingeschränkten Öffnungszeiten — über die Mittagspause geschlossen — wenig bedarfsgerecht ist. Doch im 1991 in Kraft getretenen KJHG scheiterte selbst dieser Versuch am Widerstand der Länder und Kommunen, die auf die Kosten verwiesen. Als gesetzliche Grundlage für Kinderbetreuungseinrichtungen sind deshalb die jeweiligen Ländergesetze zu beachten; am 1.1.1993 hatten alle Bundesländer außer Hamburg, Sachsen-Anhalt und Mecklenburg-Vorpommern ein solches Gesetz.

Als kinderpolitische Maßnahme konnte der Rechtsanspruch nicht durchgesetzt werden, dagegen als familienpolitische Maßnahme zum § 218 Strafgesetzbuch über das Schwangeren- und Familienhilfegesetz, das 1992 in Teilen in Kraft trat. Der § 24 des KJHG, der die "Ausgestaltung des Förderangebots" regelt, wurde neu formuliert: Bis zum 31.12. 1995 hat ein Kind "vom vollendeten dritten Lebensjahr an ... Anspruch auf den Besuch eines Kindergartens" (Abs.1), mit der Einschränkung, daß der Rechtsanspruch nur dann besteht, wenn er im jeweiligen Landesrecht vorgesehen ist. Ab dem 1.1.1996 hat ein Kind ab drei Jahren "bis zum Schuleintritt Anspruch auf den Besuch eines Kindergartens" (§ 24 Abs. 1 KJHG).

Nach wie vor tun sich Länder und Kommunen bei der Umsetzung des Rechtsanspruches schwer. Zwar wird er "dem Grunde nach akzeptiert", aber er soll stufenweise eingeführt werden. Das haben die Bundesvereinigung der kommunalen Spitzenverbände und die Bundesarbeitsgemeinschaft der Freien Wohlfahrtspflege Ende 1993 in einem gemeinsamen Memorandum an den Bundeskanzler und die MinisterpräsidentInnen der Länder gefordert. Zunächst sollen alle fünfjährigen Kinder einen Rechtsanspruch erhalten, zu einem späteren Zeitpunkt alle vierjährigen. Der **Rechtsanspruch auf einen Kindergartenplatz** für alle Altersjahrgänge — d.h. für Kinder ab drei Jahren bis zum Schuleintritt — solle nicht vor dem Jahr 2000 liegen. Gekoppelt mit der stufenweisen Einführung ist die Stichtagsregelung. Der Rechtsanspruch gilt danach nur für Kinder, die vor einem jährlichen Aufnahmetermin ein bestimmtes Lebensjahr vollendet haben. So wird die Zahl der anspruchsberechtigten Kinder im Laufe eines Jahres konstant gehalten und verhindert, daß sich der Platzbedarf um eine volle Jahrgangsstärke verändern würde.

Anfang 1994 vereinbarten die JugendministerInnen der Länder und des Bundes, daß der Rechtsanspruch grundsätzlich bis 1996 verwirklicht werden solle. In Regionen mit besonderen Problemen soll es allerdings eine Übergangsfrist bis August 1998 geben, die öffentlichen Träger müßten in diesen Fällen verbindliche Entwicklungspläne vorlegen. Auch die JugendministerInnen wollen den Rechtsanspruch an die Stichtagsregelung koppeln. Gewissermaßen als Ausgleich sprachen sie sich für eine Verlängerung des Erziehungsurlaubs aus.

"Das Wohl des Kindes" ist nicht Kern des Rechtsanspruchs. Das zeigt sich in Rheinland-Pfalz, das als erstes Bundesland einen Rechtsanspruch auf einen Kindergartenplatz eingeführt hat; Er erstreckt sich auf ein Angebot vor- und nachmittags (§ 5 Abs. 1 und 2 Kindertagesstättengesetz Rheinland-Pfalz) und ist an einen jährlichen Aufnahmetermin gebunden. Bei der Förderung des Landes werden Kindergärten als die primären Angebotsformen behandelt. Qualitätsverbesserungen, wie Reduzierung von **Gruppengrößen** auf weniger als 25 Kinder, die Förderung altersübergreifender Einrichtungen oder der dringend erforderliche Ausbau des Tagesstätten-, Krippen- und Hortbereiches bleiben auf der Strecke. Daß es im Absatz 1 des § 24 KJHG heißt: "Für Kinder im Alter unter drei Jahren und Kinder im schulpflichtigen Alter sind nach Bedarf Plätze in Tageseinrichtungen und, soweit für das Wohl des Kindes erforderlich, Tagespflegeplätze vorzuhalten", wird daran nichts ändern. Die starre Gliederung in Krippe, Kindergarten und Hort und die Selektion nach Alter, Betreuungszeit, Behinderungen und Herkunft werden weiter zementiert.

Anspruchsberechtigt ist das Kind, wenn sich die **Personensorgeberechtigten** dafür entscheiden. Zur Leistung aufgrund § 79 Abs.1 und § 24 Abs. 2 KJHG verpflichtet ist der zuständige Träger der öffentlichen Jugendhilfe (§ 69 KJHG). "Das Recht, zwischen Einrichtungen und Diensten verschiedener Träger zu wählen" (§ 5 KJHG), bedeutet nicht, daß es ein Recht auf einen Platz in einer ganz bestimmten Einrichtung gibt.

Kinderhorte, -krippen und Tagespflege

Kinderkrippen als Einrichtungen der Jugendhilfe für Kinder unter drei Jahren sind — genauso wie Horte — Einrichtungen für "Notfälle". Außerdem haftet insbesondere Kinderkrippen der Ruch der "Fremdbetreuung" an, obwohl familienübergreifende Erfahrungen inzwischen auch für Säuglinge und Kleinkinder als entwicklungsfördernd gelten. Die Qualität der Betreuung in Krippen und Tagespflege hat sich in den letzten Jahren verbessert. Wesentliche Anstöße kamen dabei von **Krabbelgruppen**, die von Eltern initiiert wurden. Die eklatante Unterversorgung bei Betreuungsangeboten für Kinder unter drei Jahren, die Überzeugung, daß Gruppenerfahrung für die Entwicklung auch von Säuglingen und Kleinkindern wichtig ist, und die Möglichkeit, pädagogisches Konzept bzw. Praxis mitzugestalten, sind die wichtigsten Beweggründe für das Engagement der Eltern.

Horte sind Einrichtungen der Jugendhilfe für Schulkinder im Alter zwischen 6 und etwa 12 Jahren. Sie umfassen pädagogische Betreuung, Hausaufgabenhilfe, Mittagsverpflegung und Freizeitangebote. Sie erfüllen z. T. Aufgaben, wie sie Schulen mit Ganztagsangeboten haben, die von vielen Eltern gewünscht werden. Die Bildungsreform der 70er Jahre ging an den Horten vorbei. Weder konzeptionell noch hinsichtlich institutioneller Absicherung wurden sie weiterentwickelt. Inzwischen jedoch ist die Kindergruppe als eigenständiges Sozialisationsfeld erkannt, und es zeigt sich eine Qualifizierung der Hortarbeit. Horte müssen von einer Einrichtung vorwiegend für Kinder sozial Benachteiligter zu einem generellen Angebot um- und ausgebaut werden. Das erfordert die Kooperation mit Schule, Eltern und anderen Einrichtungen der Jugendhilfe. So könnten daraus offene Institutionen mit vielfältigen Kontakten in das jeweilige Umfeld der Einrichtung werden.

Die **Tagespflege** ist in § 23 KJHG geregelt. Sie gilt als familienähnliche Betreuungsform insbesondere für Kinder unter drei Jahren und hat deshalb üblicherweise Vorrang vor institutionellen Betreuungseinrichtungen. Die Länder haben die KJHG-Regelung gesetzlich oder in bloßen Richtlinien, z.T. überhaupt nicht ausgestaltet. Eine **Tagespflegeperson**, in der Regel eine Frau und mit eigenem Kind, betreut ein oder mehrere weitere Kinder bei sich zu Hause oder im Haushalt eines der Personensorgeberechtigten. Die Tagespflegestelle kann beim Jugendamt angemeldet werden; es gibt auch viele "inoffizielle" Tagespflegestellen. Die Kontrolle einer Tagespflegestelle ist nur bei begründetem Verdacht möglich, daß das Wohl des Kindes gefährdet ist. Nach § 23 Abs. 2 KJHG besteht zwar ein Anspruch von Tagespflegepersonen und Personensorgeberechtigten auf Beratung, doch nur wenige Jugendämter setzen dafür Fachpersonal ein. Die Tagesmutter erhält pro Kind eine Entschädigung, die vom Jugendamt festgelegt wird und deren Höhe regional differiert. Das Jugendamt zahlt Zuschüsse zu den Kosten nur bei schweren Erziehungsproblemen.

Tagespflegestellen werden oft weder den Tagespflegepersonen noch den Kindern und den Eltern gerecht. Den Kindern sollten sie Kontinuität hinsichtlich Bezugsperson und der Räumlichkeiten bieten. Ihre pädagogische Qualität müßte gewährleistet sein, und es müßten genügend Spiel- und Außenflächen vorhanden sein. Für Eltern sollten Tagespflegestellen verläßlich sein. Bis jetzt allerdings kann das Betreuungsverhältnis kurzfristig beendet werden, und bei Krankheit der Pflegeperson ist eine Vertretung nicht gesichert. Zwar wurden im Modellprojekt "Tagesmütter" (1975-1979) Rahmenbedingungen für eine Qualifizierung von Tagespflege entwickelt, wie sozialversicherungspflichtiges Arbeitsverhältnis, Kooperationsformen zwischen Tagespflegeperson und Personensorgeberechtigten, Beratung und Fortbildung. Sie sind allerdings noch längst nicht Standard, und ihre Umsetzung scheitert bislang an der Finanzierung.

Elterninitativen

Träger der öffentlichen Jugendhilfe (vgl. § 69 KJHG), freie Träger wie Wohlfahrtsverbände, Kirchen, und Vereine wie Elterninitiativen (§§ 74 und 75 KJHG) können eine Kindertageseinrichtung aufbauen und betreiben. Gerade **Elterninitiativen** geben Antworten auf die differenzierten Bedürfnisse von Familien bzw. Personensorgeberechtigten und Kindern nach verläßlicher familienübergreifender Betreuung. Sie ermöglichen es Eltern, die Betreuung ihrer Kinder außerhalb der Familie verantwortlich mitzugestalten.

Elterninitiativen bieten in erster Linie in den Mangelbereichen, für Klein- und Schulkinder, Plätze an. Sie organisieren informelle Treffs oder Krabbelgruppen; von ihnen gehen Impulse aus, besonders zur Verbesserung der pädagogischen Qualität in den Einrichtungen. Es gibt auch Beispiele dafür, daß Elterninitiativen im Vergleich mit anderen Trägern mit geringeren finanziellen Mitteln Plätze schaffen.

Einigen Initiativen gelingt es, Träger einer Kindertageseinrichtung zu werden. Dabei investieren die Eltern viel Zeit und ehrenamtliches Engagement und tragen obendrein noch höhere Kosten: Neben dem **Elternbeitrag** müssen sie den **Trägeranteil** an Bau und Betrieb der Einrichtung aufbringen. Zwar sollen die selbstorganisierte Förderung von Kindern laut KJHG unterstützt (§ 25) und die unterschiedliche Finanzkraft sowie die sonstigen Verhältnisse bei der Bemessung der Eigenleistung berücksichtigt (§ 75 Abs. 3 Satz 3) werden. Hinter diese Position aber fallen einige Ländergesetze und die Praxis vieler Gemeinden zurück. Einige Kommunen haben erkannt, daß Elterninitiativen einen guten Teil zur Versorgung mit Kindertageseinrichtungen beitragen, und unterstützen sie. Die Stadt Mainz etwa gewährt Zuschüsse zu Investitions- und Betriebskosten gemäß § 25 KJHG. Andere erkennen Elternarbeit als geldwerte Leistung bzw. als Trägeranteil an.

Finanzierung

Plätze in Tageseinrichtungen für Kinder sind umso teurer, je jünger die Kinder sind. In der ehemaligen Bundesrepublik wird ausgehend von der Wohnbevölkerung von 1990 ein Mehrbedarf von 600 000 Kindergartenplätzen, davon rein rechnerisch 420 000 Ganztagsplätze, veranschlagt. Das erfordet Investitionen von 21 Milliarden Mark. Das Bundesministerium für Frauen und Jugend hat unter Einbeziehung von Einrichtungen für Kinder unter drei und über sechs Jahre Investitionskosten von insgesamt 44 Mrd. Mark errechnet. Dazu kommen jährliche Betriebskosten, die nach Abzug der Elternbeiträge mit 10,7 Mrd. Mark beziffert werden (Müller/108). Die Kosten sind auch deswegen so hoch, weil Länder und Kommunen der alten Bundesländer in den vergangenen 20 Jahren wenig Augenmerk auf den Ausbau von Kindertageseinrichtungen gelegt haben, es wurden sogar Plätze abgebaut.

Der Anteil der Länder an der Finanzierung ist im Gegensatz zu dem der Kommunen klar begrenzt und in den jeweiligen Landesgesetzen und Verwaltungsvorschriften festgelegt. Hinsichtlich seines Gesamtumfangs gibt es zwischen den einzelnen Bundesländern erhebliche Unterschiede. Er kann Zuwendungen zu den Personal-, Sach- oder Betriebs- und Investitionskosten umfassen oder sich auf bestimmte Zuwendungen beschränken. Die Kommunen befürchten, im wesentlichen allein auf den Kosten sitzen zu bleiben. Der Landesrechtsvorbehalt des § 26 KJHG läßt den Ländern großen Spielraum hinsichtlich ihrer Finanzbeteiligung. So will sich das Land Mecklenburg-Vorpommern aus der Förderung zurückziehen. Wenn auch den Ländern nach § 82 KJHG die Aufgabe verbleibt, "auf einen gleichmäßigen Ausbau der Einrichtungen und Angebote hinzuwirken" – der Trend zur **Kommunalisierung** von Leistungen auch auf der Landesseite hält an.

Wohnortnahe, pädagogisch qualifizierte und bedarfsgerechte Kindertageseinrichtungen müssen zu einem kostenlosen Angebot werden. Das sollte nicht vergessen werden, wenn auch der Weg dahin noch sehr weit ist.

ELTERNBEITRÄGE können für "die Inanspruchnahme von Angeboten ... der Förderung von Kindern in Tageseinrichtungen" (§ 90 Abs. 1 Nr. 3 KJHG) festgesetzt werden. Zwölf Bundesländer haben verbindliche Regelungen zur Erhebung von Elternbeiträgen. In einigen Landesgesetzen, wie dem Gesetz über Tageseinrichtungen für Kinder (GTK) Nordrhein-Westfalens, sind sogar Beiträge in konkreter Höhe festgelegt. Das rheinland-pfälzische Kindertagesstättengesetz sieht für den Kindergarten eine Staffelung der Beiträge allein nach der Kinderzahl vor, die Beiträge für die übrigen Einrichtungen müssen nach Kinderzahl und Einkommen gestaffelt werden.

Die Staffelung und damit die Höhe der Elternbeiträge auszugestalten, ist vielfach den Kommunen bzw. den Jugendämtern überlassen. Obwohl viele Gemeinden mit Blick auf ihre Haushaltslage Erhöhungen vornehmen, können Elternbeiträge weder kostendeckend sein noch als eine Strategie zur Haushaltskonsolidierung dienen. Denn ihr Anteil an allen kommunalen Gebühren beträgt nur 2%; drastische Anhebungen würden wiederum dazu führen, daß weniger Kinder die Einrichtungen besuchen. In der Regel decken die Elternbeiträge zwischen 10 und 20 Prozent der laufenden Kosten. Staffelungen sind in unterschiedlicher Kombination und Gewichtung nach Einkommenshöhe, Kinderzahl, Einrichtungsart und Leistungen der Einrichtung, wie Vormittags-, Ganztagsbetreuung, mit und ohne Verpflegung, möglich. Auf jeden Fall soll bei der Ausgestaltung der Elternbeiträge darauf geachtet werden, daß das Angebot an Kindertageseinrichtungen von allen Kindern wahrgenommen werden kann und nicht etwa über die Gebühren und ihre Höhe Kinder ausgegrenzt werden. So sollten für Einkommen im Bereich des offiziellen **Existenzminimums** Befreiungen und für möglichst viele Einkommensgruppen Härtefallregelungen vorgesehen werden.

Pläne und Praxis

Kindertageseinrichtungen sind noch kein Bereich, den Länder wie auch Kommunen bereitwillig ausbauen und fördern. Vor allem fehlt der politische Wille. Das zeigt sich etwa an den Widerständen bei der Umsetzung des Rechtsanspruches auf einen Kindergartenplatz. Weder Länder noch Kommunen betonen nachdrücklich den Stellenwert öffentlicher Kinderbetreuung und -erziehung und fordern offensiv die Beteiligung des Bundes ein. Stattdessen sollen – wie bisher – Kinder, Eltern und ErzieherInnen allein die Zeche zahlen: über die Senkung von personellen und sachlichen Standards, wie größere Gruppen, weniger Personal, kürzere Öffnungszeiten, Doppelbelegung von Kindergartenplätzen. Außerdem werden Elternbeiträge zum Teil empfindlich angehoben. Die Förderung der Länder bietet in der Regel den Kommunen wenig Anreize zu einem Ausbau, und die Kommunen blicken verstärkt auf ihre Kassen.

So orientiert sich die Planung des Betreuungsangebots wie bisher weniger am tatsächlichen Bedarf als an der Verwaltung des Mangels. Die amtlicherseits errechneten durchschnittlichen **Versorgungsquoten** zeichnen die Situation zumeist günstiger, als sie tatsächlich ist. Bei der Bedarfsplanung wird überwiegend mit "Richt- oder Zielwerten" gearbeitet. Sie geben den geplanten Versorgungsgrad für Kinder einer entsprechenden Altersgruppe vor. Für die Kindergärten ist der "Richtwert" heute durch den allerdings relativierten Rechtsanspruch vorgegeben. Bei den anderen Einrichtungen für Kinder wird ein möglichst niedriges Versorgungsniveau angestrebt.

Im Kindertagesstättenbedarfsplan 1991/1992 der Stadt Mainz heißt es beispielsweise, daß "der gebräuchliche Richtwert, nach dem sich das Angebot an Krippenplätzen im Stadtgebiet ausrichten sollte, ... bei 1,8 % bis 2 %" liegt, "gemessen an der Anzahl der Kleinkinder bis zum dritten Lebensjahr". Angesichts des knappen Platzangebotes ist weiterhin damit zu rechnen, daß Pläne "frisiert" werden, indem Planungen etwa über längere Zeiträume "gestreckt" werden oder der prozentuale Zielwert erhöht, zugleich jedoch die Altersgruppe, auf die er sich bezieht, verkleinert wird. Bedarf wird mit Nachfrage gleichgesetzt. Dabei ist bekannt, daß längst nicht alle Kinder, deren Eltern einen Platz suchen, auf den Wartelisten vorgemerkt sind. Denn viele Eltern fragen direkt bei den Einrichtungen nach. Damit der Bedarf an Plätzen öffentlich wird, sollten sie jedoch ihr(e) Kind(er) in die offiziellen Wartelisten eintragen lassen.

BEDARFSPLANUNG: Mit dem § 80 KJHG wurde die Notwendigkeit einer in einem geregelten

Verfahren ablaufenden **Jugendhilfeplanung** gesetzlich anerkannt. Die Verantwortung für Planung und für die Erfüllung der Aufgaben nach dem KJHG haben die Träger der öffentlichen Jugendhilfe (§ 79 KJHG). Eine direkte Beteiligung der BürgerInnen an diesen Planungen ist im KJHG nicht vorgesehen. Eltern müssen sich mit Nachdruck bei den Behörden für einen Platz einsetzen. Insbesondere über den **Jugendhilfeausschuß** als für die Jugendhilfeplanung zuständiges öffentliches Gremium (§ 71 KJHG) bestehen Möglichkeiten, auf eine Verbesserung des Betreuungsangebotes für Kinder hinzuwirken.

Öffnungszeiten müssen bedarfsgerecht sein: Der Betreuungsbedarf geht inzwischen weit über die des Regelkindergartens am Vor- und Nachmittag hinaus. Die Forderungen nach flexibleren und verlängerten Öffnungszeiten, nach Ganztagsplätzen oder Teilzeitplätzen mit einer Mittagsversorgung zeigen aber auch, daß sich die traditionelle Zweiteilung von Regel- und Ganztagsbetreuung auflöst. Es werden vielfältige Zwischenformen benötigt. Zudem brauchen Familien zu verschiedenen Zeiten verschiedene Betreuungsformen.

Der ErzieherInnen-Beruf

Der Erzieherinnenberuf ist durch eine ausgesprochen hohe Fluktuation gekennzeichnet. Gründe sind: Psychische Belastungen durch Verhaltensauffälligkeiten der Kinder, zu große Zahl der zu betreuenden Kinder, Erwartungsdruck der Eltern, schlechte Bezahlung, fehlende Aufstiegsmöglichkeiten und geringes Ansehen in der Öffentlichkeit. Der starke Trend, den Beruf aufzugeben, erschwert die beabsichtigte Erweiterung des Kindergartenangebots zusätzlich und verstärkt den ohnehin bestehenden Personalmangel in der Kinderbetreuung.

Gruppengrößen bis zur Obergrenze von 25 Kindern im Kindergarten, bis 20 Kinder in der Kindertagesstätte und Horten und bis zu zehn Kinder in Krippen sind nicht selten. Dabei lassen die gesetzlichen Regelungen Ausnahmen mit noch mehr Kindern pro Gruppe zu. Die personelle Regelbesetzung ist mit 1,5 bis 1,75 Erziehungskräften pro Gruppe in Kindergärten knapp bemessen. In Gruppen und Einrichtungen mit "erhöhtem Betreuungsbedarf", die von einem bestimmten Anteil ausländischer Kinder oder von behinderten Kindern besucht werden oder in **sozialen Brennpunkten** liegen, können "zusätzliche" Fachkräfte eingestellt werden. Vor- und Nachbereitung der pädagogischen Arbeit, Besprechungen mit Eltern oder Fort- und Weiterbildung werden häufig aufgrund des schlechten Personalschlüssels sehr erschwert. 1990 streikten in Westberlin 4000 Erzieherinnen der staatlichen Kindertagesstätten über 10 Wochen für die Festlegung besserer Arbeitsbedingungen in den Tarifverträgen — allerdings ohne großen Erfolg.

Die Ausbildung der Erzieherinnen wird weder hinsichtlich der Inhalte noch ihres Rahmens den steigenden Anforderungen gerecht. Sie konzentriert sich auf die Erziehung im Kindergarten, Krippenpädagogik beispielsweise wurde erst seit kurzem als ernstzunehmendes Thema entdeckt. Die Kultusbürokratie stellt zum Teil zu wenig Ausbildungsplätze in den Fachschulen bereit. Für die Weiterentwicklung dieses Arbeitsfeldes ist eine Anhebung der Grundausbildung erforderlich. Weitere Qualifizierungen müssen hinzukommen. Nur so sind Wechsel zwischen den verschiedenen Arbeitsfeldern der Jugendhilfe möglich. Noch aber haben die Mitarbeiterinnen in Kindertageseinrichtungen die niedrigsten Abschlüsse im Rahmen der Jugendhilfe. Erzieherin ist ein Frauenberuf, fast 98 % der in Kindertageseinrichtungen arbeitenden Personen sind Frauen. Die Berufsbedingungen hängen unmittelbar mit dem Stellenwert von Frauen und Kindern in unserer Gesellschaft zusammen. Mit Blick auf die Defizite der öffentlichen Haushalte wird jedoch gespart — bei den Kindertageseinrichtungen ebenso wie bei der Ausbildung.

Integration aller Kinder

Kindertageseinrichtungen müssen sich allen Kindern im Wohngebiet, Stadtteil oder im Dorf öffnen, damit die Kinder am Leben der Gemeinschaft teilhaben und in lokale Lebenszusammenhänge hineinwachsen können. Die Aufhebung von Ausgrenzung, sei es aufgrund des Geschlechts, von Behinderung oder Herkunft, und die Integration im Sinne einer Kultur des Zusammenlebens bieten Chancen für die gesamte Gesellschaft. **Integration von behinderten oder ausländischen Kindern** aber ist längst noch nicht die Regel. Es geht immer noch um die Frage der Integrationsfähigkeit des Kindes statt darum, daß die Einrichtung die Integration jedes Kindes ermöglicht. Integration von behinderten Kindern bedeutet Öffnung der Regelkindertageseinrichtungen sowie der Sonderkindergärten. Dabei sollten die unterschiedlichen Grundlagen — Regeleinrichtungen werden über die Jugendhilfe, Sonderkindergärten nach dem Bundessozialhilfegesetz finanziert — kein Hindernis sein.

Zwei Grundformen der Integration haben sich bei dem gemeinsamen Ziel, die getrennte Betreuung von behinderten und nichtbehinderten Kindern aufzuheben, herausgebildet: die **Einzelintegration**, d.h. die Aufnahme einzelner behinderter Kinder aus dem Einzugsgebiet in die Regeleinrichtung, und die **integrativen Einrichtungen**. Grundsätzlich erfordert Integration bedarfsgerechte Gruppengrößen, zusätzliches heilpädagogisch ausgebildetes Personal, Aus- und Fortbildung aller Fachkräfte und Fachberatung.

Laut § 6 KJHG können Kinder von **AusländerInnen** oder **AsylbewerberInnen** nur dann in Tageseinrichtungen gefördert werden, "wenn sie rechtmäßig oder aufgrund einer ausländerrechtlichen Duldung ihren gewöhnlichen Aufenthalt im Geltungsbereich dieses Gesetzbuches haben". Es ist gegenwärtig eine Frage des politischen Willens, daß Kinder von AsylbewerberInnen und Flüchtlingen dennoch aufgenommen werden. Ziel muß sein, daß die Aussage des § 6 KJHG rechtlich für alle Kinder von AsylbewerberInnen und Flüchtlingen gilt. Im Achten Jugendbericht wird hervorgehoben, daß der Kindergarten ein gesellschaftlicher Bereich ist, in dem die Beziehungen zwischen deutschen und ausländischen Kindern und Familien relativ unproblematisch sind. "Der Umgang mit dem Fremden, dem anderen ist in unserer Gesellschaft bis heute nicht gelernt ... Es geht um die Veränderung der Einheimischen oder der gesunden Kinder, wenn sie lernen, selbstverständlich mit anderen zu leben und von anderen zu lernen, anstatt sie aus der unterstellten eigenen Überlegenheit heraus zu etikettieren" (Kerber-Ganse/VI).

Reformperspektiven

DIE GRÜNEN im Landtag Rheinland-Pfalz haben im Oktober 1990 einen Entwurf für ein Kinderhausgesetz eingebracht (Landtags-Drs. 11/4589), der Maßstäbe setzt. Seine Eckpunkte sind: Kinderhäuser als sozialpädagogische, altersübergreifende und integrative Einrichtungen sollen allen Kindern von der achten Lebenswoche bis zum zwölften Lebensjahr in einem Dorf oder Stadtteil offen stehen. Jedes Kind hat einen Rechtsanspruch auf einen kostenlosen Platz im Kinderhaus, ohne daß der Besuch verpflichtend ist. Kinder können sich an Angeboten ihrem Alter und ihrem Entwicklungsstand entsprechend beteiligen und zugleich Erfahrungen mit Kindern anderen Alters, anderer Herkunft oder mit Behinderung machen. Geschwister können zusammenbleiben. Kinderhäuser sollen in das örtliche Gemeinwesen eingebunden, sie sollen wohnortnah und leicht erreichbar sein. Kinder sollen in den sozialen Bezügen vor Ort verbleiben können.

Mitsprache- und Anhörungsrechte für Eltern erstrecken sich auf die einzelne Gruppe, das Kinderhaus und den Jugendamtsbereich und reichen von Austausch und Verständigung über die pädagogische Arbeit bis zu Stellungnahmen in grundsätzlichen Entscheidungen. Auch bei Planungen sind die örtlichen Elternvertretungen anzuhören. Die Lebensbedingungen des Planungsgebietes und der Anteil der Kinder mit Behinderungen sind in die Planungen einzubeziehen. Mitglieder der Elternvertretung sind im Rahmen dieser Tätigkeit von ihrer ArbeitgeberIn freizustellen. Kinderhäuser haben einen Beirat mit beratenden und empfehlenden Kompetenzen. Er setzt sich aus gewählten VertreterInnen der Kinder, der ElternsprecherInnen, als pädagogischen Fachkräften, der Leitung sowie einer Vertretung des Trägers zusammen. An den Sitzungen des Beirates können VertreterInnen der zuständigen Grundschule, der Standortgemeinde und des Jugendamtes teilnehmen.

Neben durchgehenden Öffnungszeiten der Kinderhäuser von mindestens zehn Stunden pro Tag sind gute Arbeitsbedingungen für die pädagogischen Fachkräfte weitere zentrale Bestandteile des Gesetzenwurfes. Mindestens drei pädagogische Fachkräfte sind pro Gruppe einzusetzen. Bis zu 15 Kindern soll die einzelne Gruppe umfassen. Sind besonders betreuungsbedürftige Kinder dabei, ist sie entsprechend zu verkleinern.

Die Personalkosten soll — wie bei der Schule — das Land tragen. Es trägt ferner die Hälfte der Betriebs- und der Bau- und Einrichtungskosten. Weitere 30 % der Investitionskosten tragen Landkreis und kreisfreie Stadt, der Rest ist Sache des Trägers. Elterninitiativen werden völlig von Kosten entlastet. Die Überwachung der gesetzlichen Vorgaben durch das Jugendamt ist vorgesehen.

AUSBLICK: Ein vielfältiges und bedarfsgerechtes Angebot bedeutet nicht die staatliche Vereinnahmung von Kinderbetreuung. Es bedeutet Wahlfreiheit für Kinder und Eltern sowie Entlastung der Familien, insbesondere der Mütter. Politik für Kinder und Eltern muß zugleich auch das Diktat der Zeitstrukturen, die Arbeitswelt und Institutionen setzen, aufbrechen, sie muß sich in die Organisation der Arbeitswelt einmischen. Eltern und Kinder haben einen Anspruch darauf, eine gewisse Zeit am Tag für ihr gemeinsames Leben zur Verfügung zu haben.

Mit dem 1990 in den Bundestag eingebrachten Gesetzentwurf "Zeit und Geld für Kinder" (Bundestags-Drs. 11/8423) haben DIE GRÜNEN neue Wege zur Vereinbarkeit von Leben und Beruf aufgezeigt. Neben einer allgemeinen Verkürzung der Arbeitszeiten sieht der Entwurf vor, daß Eltern die Möglichkeit haben sollen, wahlweise oder ergänzend individuell kürzere Arbeitszeiten, Betreuungsgeld zur finanziellen Absicherung während des Elternurlaubs in Anspruch nehmen zu können und ein Rückkehrrecht auf einen Vollarbeitsplatz haben. Mit einer Politik, die Schwerpunkte hier setzt, würde Kindern signalisiert, daß sie in unserer Gesellschaft geschätzt werden und erwünscht sind.

Literatur

Alternative Kommunalpolitik, Heft 1/1991, S. 29-44, Schwerpunktthema: Kein Platz für Kinder. Zum Kinderbetreuungsnotstand. Mit Argumenten und Daten zur Situation, ferner Beiträgen zu integrativen Einrichtungen, zur Frage "Horte oder Ganztagsschulen", zum Aufbau einer Kita und zum Kita-Streik in Berlin. Darin auch der Grundlagenartikel:

Krieger, H.: Ein Schritt vor, zwei Schritte zurück. Vom Aufbruch zu einer emanzipatorischen, öffentlichen Kindererziehung zurück zur Aufbewahrung von Notfällen, S. 30-33.

Bericht über Bestrebungen und Leistungen der Jugendhilfe. Achter Jugendbericht, mit Stellungnahme der Bundesregierung zum Achten Jugendbericht, Deutscher Bundestag, Drucksache 11/6576 vom 06.03.1990. Der Bericht konzentriert sich auf Kindergärten.

Kerber-Ganse, W.: Sind wir alle Rabenmütter und Rabenväter? In: Zweiwochendienst Frauen und Politik, Nr. 45/1990, S. III-VI. Unterstreicht mit guten Argumenten die pädagogische, frauen- und gesellschaftspolitische Notwendigkeit von qualifizierter öffentlicher Kinderbetreuung. In der Zeitschrift sind zum Thema weitere Beiträge von Frauen aus der SPD.

Kaiser, H./ Moysich, J.: Der Kindergarten-Notstand. Eine Streitschrift für Eltern und Erzieher, München 1991. Informiert grundlegend über Geschichte und Gegenwart der Kinderbetreuung und zeigt genau die Defizite in den einzelnen Bereichen auf.

Blätter der Wohlfahrtspflege. Deutsche Zeitschrift für Sozialarbeit, Heft 3/1993: Tageseinrichtungen für Kinder. Verschiedene Aufsätze über die Praxis der Kinderbetreuung, von der Finanzierung über konzeptionelle Fragen bis hin zur ErzieherInnenausbildung. Darin unter anderem:

Colberg-Schrader, H.: Kinder brauchen Kindergruppen, S. 112-114.

Müller, H.: Verschärfte Verteilungskämpfe absehbar. Der Rechtsanspruch auf den Kindergartenbesuch bringt die Kommunen in Schwierigkeiten, S. 105-108.

Interessenverband der Kindergruppen in Rheinland-Pfalz (Hg.): Perspektive für Kinder — Kindergruppen in Elterninitiative heute und in einer künftigen Kinderbetreuungslandschaft des Landes Rheinland-Pfalz. Zeigt die Bedeutung von Selbsthilfe und kleiner freier Träger auf. Zu beziehen über den Paritätischen Wohlfahrtsverband, 67346 Speyer, Marie-Wolf-Str. 7.

Weitere AKP-Artikel

Goger, C.: Gemeinsame Erziehung behinderter und nichtbehinderter Kinder, in: AKP 2/1992, S. 48-50.
Sauerborn, W.: Mehr Geld für Kinder. Thesen zur Reform der Kita-Finanzierung, in: AKP 3/1991, S. 54-58.

Peter Gitschmann

Altenhilfe und Altenpolitik

Die absolute und relative Zunahme der älteren Bevölkerung führt immer häufiger dazu, daß diese demographische Entwicklung mit Begriffen wie "Alterslast" versehen wird und mit Prognosen eines zwangsläufigen Zusammenbruchs der Alterssicherungs- und Versorgungssysteme verbunden wird. Ein neuartiger Verteilungskampf oder "Krieg der Generationen" soll bevorstehen. Mit scheinbar objektiven Berechnungen wird versucht, gesellschaftliche Verantwortung zu negieren. Im Frühkapitalismus befaßte sich die politische Ökonomie mit der Frage der kontrollierten Vermehrung des Proletariats; die aktuellen Diskussionen über Sterbehilfen könnten Vorboten einer ähnlichen gesellschaftspolitischen Orientierung — diesmal zu Lasten der Alten — sein.

Rahmenbedingungen und Grundorientierungen

DEMOGRAPHISCHE ENTWICKLUNG: Im Jahre 1990 lebten in der Bundesrepublik 16,1 Mio. 60-jährige und ältere Menschen, das sind 20,3% der Gesamtbevölkerung (alle hier und weiterhin enthaltenen bevölkerungs- und sozialstatistischen Angaben nach: Statistisches Bundesamt, Hrsg., Im Blickpunkt: Ältere Menschen, Stuttgart 1992). Der Altersaufbau der Bevölkerung hat sich in den vergangenen Jahrzehnten deutlich zugunsten des Anteiles der Älteren verschoben. Dieser Prozeß wird sich fortsetzen, so daß der Anteil der über 60-jährigen an der Gesamtbevölkerung auf 26,2% im Jahre 2010 anwachsen wird. Auch der Anteil der Hochbetagten (über 80-jährigen) wird sich von 3,7% (1990) auf 4,4% (2010) erhöhen. Infolge des zweiten Weltkrieges, aber auch im Zusammenhang mit der höheren Lebenserwartung von etwa 78 Jahren bei Frauen gegenüber 72 Jahren bei Männern (Neugeborene 1986/88) stehen 5,9 Mio. ältere Männer 10,2 Mio. älteren Frauen gegenüber — einem hochbetagten Mann sogar nahezu 3 (exakt: 2,6) gleichaltrige Frauen. 4,6 Mio. über 60-jährige Deutsche leben allein, wobei 85% dieser Einpersonen-Haushalte weibliche Haushaltsvorstände haben. Dies belegt die Tendenz hin zur **Singularisierung** und Ein-Generationen-Familie in der heute lebenden **Altenbevölkerung**. Besonders beachtenswert ist eine wachsende Ausdifferenzierung des "Alters" und der "Alten": Angesichts einer durchschnittlichen ferneren Lebenserwartung der über 60-jährigen von 22 Jahren (Frauen) bzw. 18 Jahren (Männer) wird deutlich, daß sich hier ein "drittes Lebensalter" ausprägt, welches Lebenslagen verschiedener Generationen präsentiert, die mit einer Begrifflichkeit — ob "Senioren", "ältere Menschen" oder "Alte" — nur unzureichend charakterisiert sind.

Während der Anteil der älteren Menschen an der Gesamtbevölkerung in den Städten und Gemeinden der 13 Flächenländer zwischen 15,1% (Mecklenburg-Vorpommern) und 21,8% (Rheinland-Pfalz) schwankt, ist dieser in den Stadtstaaten Hamburg (23,4%) und Bremen (23,2%) deutlich höher. Lediglich Berlin liegt sogar leicht unter dem allgemeinen Durchschnitt. Offenbar schätzen ältere Menschen die besseren Kommunikations- und Versorgungsmöglichkeiten in den größeren Städten, was zu entsprechendem Zuzug führt. Es könnte jedoch auch ein Indiz für schlechtere Altenhilfe-Standards im ländlichen Raum bzw. in kleineren Gemeinden sein.

SOZIALRECHTLICHE UND STAATSSTRUKTURELLE GRUNDLAGEN DER ALTENPOLITIK: Im Unterschied etwa zur Jugendhilfe sind Altenpolitik und Altenhilfe nur bruchstückhaft, unsystematisch und zum Teil widersprüchlich sozialrechtlich normiert. Zwar gilt der allgemeine Teil des Sozialgesetzbuches auch für die Altenhilfe als Bestandteil kommunaler Sozialpolitik, eine gesetzgeberische Aussage über Ziele, wesentliche Inhalte und Träger von Altenhilfe existiert jedoch nicht. Die einzige ausdrückliche Erwähnung und Präzisierung von "Altenhilfe" findet sich im § 75 des **Bundessozialhilfegesetzes (BSHG)**, der jedoch im wesentlichen nur die sogenannte "offene Altenhilfe" als Aufgabe der örtlichen Sozialhilfeträger, d.h. der Städte, Gemeinden und Landkreise definiert. Da die Altenhilfe sozialrechtlich Teil des Sozial- und nicht des Gesundheitswesens ist, ist sie zwar unmittelbar von allen Regelungen des **Sozialversicherungsrechtes** — insbesondere des Krankenversicherungsrechtes und des Rentenversicherungsrechtes — betroffen, hat jedoch keinerlei direkte Rückkopplungs- und Interventionsmöglichkeit. Sie muß eher im Sinne eines Ausfallbürgen und einer Restkategorie Defizite der übergeordneten Sozial- und Gesundheitssysteme auffangen. Sozialpolitik für ältere Menschen umfaßt somit das Krankenversicherungs-, Rentenversicherungs-, Rehabilitations- und Sozialhilferecht als definierende und steuernde Instanzen, kennt auf der zuständigen kommunalen Ebene in der hier umfassend stattfindenden Altenhilfe jedoch nur ein auf Bedürftigkeit, **Subsidiarität** und Individualisierung abstellendes restriktives Teil-Rechtssystem wie die Sozialhilfe.

Entsprechend ist eine Altenpolitik des Bundes kaum existent. Erst seit wenigen Jahren existiert ein Bundesministerium, welches als Zuständigkeitsbereich auch die "Senioren" aufweist. Bei den Ländern liegen in der Regel mehr oder weniger aktuelle "Landes-Altenpläne" vor, welche die Ziele und Formen der Altenhilfe und Altenpolitik im Grunde nach definieren und manchmal mit gezielten Forderungen, Modellprogrammen etc. ausstatten. Die eigentliche und allumfassende Zuständigkeit liegt jedoch bei den Gebietskörperschaften, in denen das Leben der älteren Menschen letztlich stattfindet und seine konkreten Rahmenbedingungen hat — in den Städten, Gemeinden und Landkreisen. Die Altenhilfe und Altenpolitik ist weitgehend und in beliebiger, unterschiedlichster Ausprägung der kommunalen Selbstverwaltung überantwortet.

SOZIALE GERONTOLOGIE UND ALTENPOLITIK: Seit Mitte der 70er Jahre hat sich in der Bundesrepublik die durch eine besonders breit gefächerte Interdisziplinarität gekennzeichnete wissenschaftliche Disziplin der **sozialen Gerontologie** herausgebildet und stabilisiert. Aus einer gleichermaßen interdisziplinär betriebenen wissenschaftlichen **Sozialberichterstattung** über die Lebenssituationen älterer Menschen können handlungsleitende Forschungsergebnisse resultieren. Die sozial-gerontologischen Erkenntnisfortschritte werden bisher jedoch allenfalls plakativ anhand "moderner" Begrifflichkeiten wie z.B. "neue Alte" oder "junge Alte" wahrgenommen, jedoch keineswegs in zukunftsorientierte alterssozialpolitische Planungen und Maßnahmen umgesetzt. Eine Verarbeitung in der kommunalen Praxis der Altenhilfe und Altenpolitik ist kaum spürbar. Traditionelle Sozialverwaltung und restriktive Fürsorge statt gestaltende, planvolle und partizipative Gesellschaftspolitik sind die Regel. Zudem ist sie korporatistisch abgeschottet in einer pragmatischen Zusammenarbeit mit den traditionellen Trägern der Freien Wohlfahrtspflege.

Das folgende Schaubild zur Altenpolitik und Alten(hilfe)planung ist daher eher theoretisches Konstrukt und normative Vorgabe, weniger Spiegelbild tatsächlicher kommunaler altenpolitischer "Kultur". Es macht plakativ deutlich, wie komplex dieses Politikfeld ist.

Altenpolitik und Alten(hilfe)planung - Zielsystem- und Strukturmodell

© P. Gitschmann 1993

Altenhilfe als kommunales System der Daseinsvor- und -fürsorge

STATIONÄRE UND "GESCHLOSSENE" ALTENHILFE: In Deutschland existieren heute etwa 8.500 stationäre Einrichtungen der Altenhilfe mit insgesamt knapp 700.000 Plätzen: **Altenheime**, Altenwohnheime, Altenpflegeheime bzw. mehrgliedrige Einrichtungen, in den neuen Ländern Feierabend- und Pflegeheime, Wohnhäuser für Ältere. Während zu einem Stichtag somit eben 700.000 von den 16,1 Mio. über 60-jährigen (ca. 4,3%) in Einrichtungen der stationären Altenhilfe leben, ist die Betroffenheit der älteren Menschen von diesem Altenhilfeteilsystem wesentlich höher. Nahezu jeder 10. Mann und jede 4. Frau im Alter von über 65 Jahren verbringt die letzte Zeit ihres Lebens in einem Heim der stationären Altenhilfe (vgl. H. Bickel/J. Jaeger, Die Inanspruchnahme von Heimen im Alter, in: Zeitschrift für Gerontologie, 1 (1986), S. 30-39).

Der Standard der stationären Altenhilfe in der Bundesrepublik ist — verglichen mit dem anderer westlicher Industriestaaten — eher schlecht. Eine quantitativ und qualitativ unzureichende Personalausstattung, aber auch schlechtes Management und mangelnde Kooperationsbereitschaft der Träger führen in diesem zu hohen Teilen aus Sozialhilfe-Mitteln finanzierten Bereich dazu, daß etwa in der stationären Pflege notwendige und mögliche **Rehabilitations**- sowie Aktivierungsmaßnahmen häufig unterbleiben. Etwa 70% der älteren HeimbewohnerInnen in der Bundesrepublik empfangen Sozialhilfe; in den neuen Ländern nähert sich dieser Anteil dem Wert von 100%. Außerdem entspricht in den neuen Ländern der bauliche Standard der vorhandenen Feierabend- und Pflegeheime zu weit über 50% nicht den Vorgaben des geltenden **Heimgesetzes** bzw. der zugehörigen **Heim-Mindest-Bauverordnung**. Auch die Tatsache, daß sich in den alten Ländern noch relativ hohe Anteile der Plätze in Drei- und Mehrbettzimmern befinden, wirft ein bedenkliches Licht auf die stationäre Altenhilfe.

Als "geschlossen" kann dieser Leistungssektor auch deshalb heute noch bezeichnet werden, weil nur völlig unzureichende Kooperations- und Koordinationsbeziehungen zwischen den Einrichtungen der stationären Altenhilfe und Altenpflege und den offenen, ambulanten und teilstationären Altenhilfeangeboten der jeweiligen Region bestehen. In dem immer noch mancherorts vorhandenen geschlossenen, institutionenbezogenen Denken werden Potentiale der vorhandenen Einrichtungen und Angebote entweder nicht gesehen oder bewußt nicht ausgeschöpft. So bieten größere Heime trotz unausgelasteter Küchenkapazitäten und Gasträumlichkeiten oft keinen "stationären Mittagstisch" für ältere Menschen aus den umliegenden Wohngegenden an. Diese werden statt dessen häufig von einem ambulanten Mahlzeitendienst ("Essen auf Rädern") häufig einmal wöchentlich mit sieben Tiefkühlportionen versorgt. Ein zweites Beispiel sind die Angebote von Tages- und Kurzzeitpflege, die viele Einrichtungen angesichts ihrer räumlichen und personellen Ausstattung auch für Nicht-HeimbewohnerInnen leisten könnten.

AMBULANTE UND TEILSTATIONÄRE DIENSTE: Etwa 80% der hilfs- und pflegebedürftigen älteren Menschen in der Bundesrepublik leben allein oder zusammen mit Angehörigen in einem Privathaushalt. Daher kommt der Versorgung mit **ambulanten gesundheits- und sozialpflegerischen Diensten** (häusliche Krankenpflege, Altenpflege, Familienpflege, hauswirtschaftliche Versorgung, Haushaltshilfe) besondere Bedeutung zu. Dennoch ist dieser Bereich im internationalen Vergleich eher schlecht ausgebaut. Dies bringt die davon betroffenen Familien sowie die zugehörigen kleinen sozialen Netze (Freunde, Bekannte, Nachbarn) in eine dauerhafte Belastungssituation, häufig in eine Überlastungssituation. Eine ausreichende öffentliche Unterstützung und Entlastung ist meist nicht vorhanden. Für die wachsende Zahl älterer Menschen, die völlig alleinstehend, d.h. ohne familiäres Umfeld sind, ist diese Situation besonders dramatisch. Aber auch bei den Älteren, die in ihrer Familie, d.h. meistens von Ehefrauen, Töchtern oder Schwiegertöchtern betreut und 'gepflegt werden, ist eine Unterstützung und Entlastung dringend erforderlich. Die Konsequenz wäre einerseits ein weiterer Auf- und Ausbau ambulanter gesundheits- und sozialpflegerischer Dienste, andererseits aber auch die Deckung des hohen Bedarfs an **teilstationären Angeboten** wie Tages- und Kurzzeitpflege. Ein **Tagespflegeangebot** in erreichbarer Nähe ermöglicht pflegenden Angehörigen, evtl. weiterhin eine Berufstätigkeit auszuüben. Während die Betreuung und Pflege des älteren Menschen z.B. morgens, abends, in der Nacht und am Wochenende ausschließlich in der Familie stattfinden kann, ist an den Werktagen die Tagespflegestätte für die Betreuung und Pflege zuständig. **Kurzzeitpflege** als konzentrierte, intensive, tägliche ambulante Versorgung oder als zeitlich befristete stationäre Aufnahme kann dazu dienen, einen Urlaub der pflegenden Angehörigen zu ermöglichen, Übergänge für die Pflegebedürftigen zu erleichtern, z.B. bei der Rückkehr in den eigenen Haushalt nach einem Krankenhausaufenthalt, oder in kritischen Pflegesituationen zu intervenieren.

Das hohe Potential an familienentlastender, die familiäre Pflege stützender Wirkung bei den genannten teilstationären Angeboten belegt die besondere Bedeutung des Auf- und Ausbaues in diesem Sektor. Sowohl für den ambulanten wie für den teilstationären Sektor müssen sämtliche Kosten solcher Angebote und Leistungen (abgesehen von punktuellen Leistungsverpflichtungen der Krankenkassen) bisher von den Betroffenen selbst getragen werden. Wenn sie dies nicht können, werden sie sozialhilfebedürftig. Das führt dazu, daß eigentlich dringend benötigte Hilfen von den älteren Menschen nicht in Anspruch genommen werden. Daher ist es besonders wichtig, daß die Sozialhilfeträger das Einkommen der Kinder nicht heranziehen (wie z.B. in Bremen). Die Einkommensgrenzen sind bei der Hilfe zur Pflege — je nach Land leicht differierend — relativ hoch, so daß bei einer mittleren Rente kein Eigenbeitrag verlangt wird.

Zwar sieht das im März 1994 beschlossene **Pflegeversicherungs-Gesetz** die Leistungen Tages- und Kurzzeitpflege für schwerpflegebedürftige Versicherte vor, begrenzt sie jedoch kostenmäßig auf 750.- bis 2.100.- DM (je nach Pflegebedarfs-Schweregrad), wobei mit diesen Summen auch zusätzliche ambulante Pflegeleistungen bestritten werden müssen. Somit können ältere Hilfs- und Pflegebedürftige weiterhin sehr rasch wegen der Inanspruchnahme ambulanter oder teilstationärer Versorgung sozialhilfebedürftig werden. Eine Lösung sowohl für stationäre wie für ambulante und teilstationäre Betreuung und Pflege wäre die Schaffung einer **solidarischen Pflegeversicherung**, die die erforderlichen Leistungen mit präventiver und rehabilitativer Grundorientierung, hoher Qualität und ohne Kostenbegrenzung erbringt. Die Pflegeversicherungs-"Lösung" der Bundesregierung hingegen grenzt Hilfebedürftige noch stärker aus als die bisher zuständige Sozialhilfe. Sie verweist die wenigen Hilfeberechtigten auf minderwertige Billigpflege. Die Kommunen als die im Zweifel weiterhin zuständigen Kostenträger für ambulante, teilstationäre und stationäre Pflege sind hier sowohl finanziell überfordert als auch strukturell durch die restriktiven, künftig an die Pflegeversicherungs-Systematik angepaßten Vorschriften des BSHG an einem offensiven Ausbau gehindert. Die Pflegeversicherungsleistungen werden für die häusliche Pflege ab 1.4.1995 und für die stationäre Pflege ab 1.7.1996 gewährt.

OFFENE ALTENHILFE: Die **offene Altenhilfe** wird indirekt dadurch definiert, daß in ihr alle Angebote, Hilfen und Leistungen für Ältere versammelt sind, die nicht der stationären, teilstationären oder ambulanten Versorgung und Pflege im engeren Sinne zuzurechnen sind. Diese betreffen insbesondere die Wohnsituation, die kommunikative und sozialräumliche Situation, alle mit Beratung, Vorbereitung und Prävention zusammenhängenden Maßnahmen für Ältere sowie generationenübergreifende Angebote. Diese eigentliche "Altenhilfe" ist im BSHG als Soll-Leistung in Ergänzung der "harten" Sozialhilfeleistungen wie laufende Hilfe zum Lebensunterhalt oder Hilfe zur Pflege ausgeprägt. Der § 75 BSHG enthält eine beispielhafte Auflistung möglicher Altenhilfemaßnahmen, welche von bedürfnisorientierter Wohnungsversorgung über Umzugsberatung, Hilfenvermittlung, kulturelle und kommunikative Angebote und Beschäftigungsangebote reicht. Viele direkte Einkommens- und Pflegehilfen für Ältere können nur dann ihre volle Wirksamkeit entfalten, wenn bereits im Vorfeld hinreichende offene Altenhilfe stattgefunden hat. Ein Beispiel: In Kopenhagen gibt es einen Besuchsdienst für ältere Menschen, der — natürlich auf freiwilliger Basis — alle zwei Monate hereinschaut, auf Hilfen hinweist und bei der Organisation hilft. Nach der Auswertung der Modellphase waren ca. 30% weniger alte Menschen gestorben und 40% weniger im Heim gelandet. Das könnte auch hier nach § 75 BSHG im Rahmen der offenen Altenhilfe geschehen. Die Sozialhilfe-Ausgabenstatistik belegt jedoch, daß die überwiegende Mehrzahl aller Städte und Gemeinden gerade für offene Altenhilfe kaum oder auch überhaupt kein Geld ausgegibt. Häufig erschöpft sich die kommunale offene Altenhilfe in der Bezuschussung jährlich stattfindender Altennachmittage. Gerade das präventive Potential gesetzlich normierter Altenhilfe wird also bisher völlig ungenügend ausgeschöpft. Eine umfassende, zukunftsorientierte und betroffenenorientierte **Altenhilfeplanung** kann hier eine Umsteuerung erleichtern.

ALTENHILFE ALS SCHNITTSTELLE KOMMUNALER GESUNDHEITS- UND SOZIALVERSORGUNG: Grundsätzlich sind alle Einrichtungen und Maßnahmen der Altenhilfe dem Sozialwesen und nicht dem mit Sozialversicherungsleistungen ausgestatteten Gesundheitswesen zugeordnet. Die aus dieser unterschiedlichen Kostenträgerschaft und Leistungsfähigkeit zweier Systeme für die Altenhilfe resultierenden Probleme sind unmittelbar einsichtig, wenn man bedenkt, daß in der ambulanten, häuslichen Altenpflege beispielsweise Leistungen der häuslichen Krankenpflege, Pflegehilfe (beides krankenkassenfinanziert) mit Leistungen der häuslichen Altenpflege, Familienpflege, hauswirtschaftlichen Versorgung und Haushilfe (vom Betroffenen selbst bzw. im Bedarfsfalle von der Sozialhilfe zu finanzieren) zusammentreffen. Künftig wird als dritter Akteur noch die **Pflegeversicherung** dazwischentreten. Hoffnungen, die Pflegekassen würden als integrierendes Bindeglied der Teilsysteme fungieren, sind verfehlt: Auf Ab- und Ausgrenzung wird hoher Wert gelegt, während Kooperation und Vernetzung weitgehend vernachlässigt wurde.

Die Hauptanbieter ambulanter Pflegeleistungen, die Sozialstationen, müssen also mit drei bis vier potentiellen Kostenträgern und mit Leistungen unterschiedlichster Rechtsnatur (Leistungen nach SGB V, Pflegeversicherungs-Gesetz, BSHG-Leistungen, privatrechtliche Leistungen) zurechtkommen — und das gegebenenfalls im Haushalt eines einzigen älteren Menschen. Für die Betroffenen selbst wird die Aufspaltung ihrer Bedarfssituation in gesundheitliche und soziale Aspekte bei der Pflegebedürftigkeit besonders dramatisch. Obwohl diese in der Regel ein Syndrom chronischer, nicht mehr völlig heilbarer Krankheiten ist, differenziert das Sozialrecht einerseits in mit dem Ziel der völligen Wiederherstellung behandelbare Krankheiten, andererseits in dauerhaft zu versorgende Pflegebedürftigkeit. Im ersten Falle kann **Rehabilitation** stattfinden, im zweiten Falle in der Regel nicht. So belegt beispielsweise die Rehabilitationsstatistik des Jahres 1990, daß lediglich 12,3% aller Rehabilitationsmaßnahmen auf über 65-jährige entfielen, während der Anteil dieser Altersgruppe an der Gesamtbevölkerung bei etwa 16% lag (vgl. Statistisches Bundesamt (Hg.), Rehabilitationsmaßnahmen 1990, Wiesbanden sowie P. Gitschmann, Rehabilitation und Pflege alter Menschen als Gegenstand kommunaler Altenplanung, in: Blätter der Wohlfahrtspflege, 7+8 (1990), S. 177-179), obwohl zahlreiche Untersuchungen beweisen, daß Rehabilitation im Sinne des Linderns oder Verzögerns eines chronischen krankhaften Zustandes völlig altersunabhängig sinnvoll wäre. Zwar hat das 1988 novellierte Krankenversicherungsrecht (SGB V) entsprechende Klarstellungen vorgenommen, und auch der Pflegeversicherungs-Gesetzentwurf bekräftigt den Vorrang der Rehabilitation, in der Praxis ist davon jedoch nichts zu spüren. Eine veränderte Prioritätensetzungen im Rahmen kommunaler Altenpolitik ist überfällig.

KOMMUNALE ALTEN(HILFE)PLANUNG: Im Jahre 1991 hatten in den alten Bundesländern nur 3,7% aller Kommunen und 52,7% aller Landkreise einen **Altenplan**. (Diese und alle folgenden Zahlen nach eigener Zählung aus: Verzeichnis der Altenpläne der Länder, Kommunen und Landkreise; hg. vom Deutschen Zentrum für Altersfragen; Beiträge zur Gerontologie und Altenarbeit 80; Berlin, Januar 1991). Als "Altenplan" sind dabei auch alle Untersuchungen, Verwaltungsvorlagen oder nie fortgeschriebenen Pläne aus den 70er Jahren sowie angekündigte, aber noch nicht vorliegende Pläne gezählt worden. Hinzu kommt, daß die quantitative Verbreitung kommunaler **Altenhilfeplanung** in den verschiedenen Bundesländern völlig unterschiedlich ist. Während in NRW immerhin 25,5% aller Kommunen und 87,1% aller Landkreise einen "Altenplan" hatten, können diesen nur 0,7% der Kommunen und nur 23,9 % der Landkreise in Bayern vorweisen. Daß es sich hierbei nicht um ein reines Nord-Süd-Gefälle handelt, zeigt das Beispiel Schleswig-Holstein: Lediglich 0,5% der Kommunen und auch nur 36,4% der Landkreise im hohen Norden machten bisher auch nur den Versuch einer Alten(hilfe)planung.

Dies deutet auch auf die bisher in der Regel eher fragwürdige Qualität solcher Planungen als Steuerungs- und Gestaltungsinstrument kommunaler Sozialpolitik. Geradezu paradox mutet die Tatsache an, daß einerseits die Anforderungen an kommunale Altenhilfe und Altenpolitik ständig höher werden, andererseits aber dieser umfängliche und differenzierte kommunale Leistungsbereich in weit über 90% aller Kommunen und Landkreise ungeplant expandiert. Gerade den neuen Länder ist dringend anzuraten, daß die hier noch in der Konstituierungsphase befindliche kommunale Altenpolitik und Altenhilfe möglichst planvoll, d.h. auch unter optimaler Ausschöpfung vorhandener Ressourcen und weitgehender Betroffenenorientierung erfolgt. Bereits die **Altenberichterstattung**, also der Darstellung der Lebens- und Versorgungssituation der älteren GemeindebürgerInnen als Basis jeder soliden Altenhilfeplanung, ist hochgradig defizitär ausgeprägt. Weit über 90% aller kommunalen Gebietskörperschaften der alten Bundesrepublik gestalten ihre Altenhilfe in Unkenntnis der tatsächlichen Lebens- und Versorgungssituation ihrer älteren BürgerInnen. Ein positives Beispiel ist die Hamburger Altensozialberichterstattung, die im 1. Halbjahr 1994 insgesamt fünf Berichte zu verschiedenen Bereichen der Lebens- und Versorgungssituation der älteren HamburgerInnen vorlegen wird (außerdem vgl. P. Schmid-Urban u.a., Kommunale

Sozialberichterstattung, Arbeitshilfen des Deutschen Vereins, Heft 41, Frankfurt/M. 1992).

Altenpolitische Leistungsfelder und Problembereiche

ALTERSARMUT: Der relative Anteil der älteren Bevölkerung an allen SozialhilfeempfängerInnen hat sich in den letzten Jahren zwar deutlich verringert, die absolute Zahl der betroffenen Älteren ist jedoch nahezu gleich geblieben. Auch heute noch sind ca. 685.000 ältere SozialhilfeempfängerInnen registriert. Das Problem der **Altersarmut** in der Bundesrepublik wird sich keineswegs "auf natürlichem Wege" erledigen, vielmehr verweisen alle Prognosen darauf, daß ohne eine radikale Änderung des geltenden Rentenversicherungsrechts weiterhin insbesondere ältere und alte Frauen betroffen sein werden. Die Gemeinden haben im Rahmen ihrer respektiven Altenpolitik und Altenhilfe die entsprechenden Lasten zu tragen, die erforderliche Aufklärung und Beratung zu leisten, schließlich die zugehörigen Angebote und Institutionen zu schaffen bzw. zu finanzieren. Dabei liegt insbesondere der Aufwand für von der Sozialhilfe finanzierte pflegerische Maßnahmen bzw. Pflegegeld bei ca. 12,5 Mrd. DM pro Jahr (brutto). Dies macht allein ein gutes Drittel des gesamten Sozialhilfeaufwandes von über 37 Mrd. DM (1991) aus. Der Einzug in eine stationäre Altenhilfe- und insbesondere Altenpflegeeinrichtung hat für über 70% der Betroffenen zur Folge, sofort oder nach Aufzehrung vorhandenen Vermögens sozialhilfebedürftig zu werden.

Dennoch ist die Dunkelziffer der verdeckten Altersarmut, d.h. der Nichtinanspruchnahme zustehender Sozialhilfeleistungen seitens Älterer in den alten und gerade auch in den neuen Bundesländern sehr hoch (vgl. W. Adamy, Wieviele Sozialhilfeempfänger gibt es in den neuen Bundesländern ?, in: Arbeit und Sozialpolitik, 9-10 (1991), S. 49 - 56). Eine Untersuchung aus dem Jahr 1978 (H. Hartmann, Sozialhilfebedürftigkeit und "Dunkelziffer der Armut", Stuttgart et al. 1981) kam zu dem Ergebnis, daß nahezu jeder zweite sozialhilfeberechtigte ältere Mensch diese Leistung aus verschiedensten Gründen nicht in Anspruch nimmt. Zwar ist diese "Dunkelziffer der Armut" in den vergangenen Jahren geringer geworden, dürfte aber immer noch um die 30% betragen. Nur offensive Aufklärung und **zugehende Beratung** können hier weiterhelfen. Auch dieses sind Maßnahmen, die der offenen Altenhilfe als dem entscheidenden Feld kommunaler Altenpolitik und Altenhilfe zuzurechnen sind.

GESUNDHEITLICHE BETREUUNG: Ein weiteres Problemfeld ist die gesundheitliche Betreuung, Versorgung und Pflege, d.h. Prävention, Kuration, Rehabilitation und Aktivierung bei alten Menschen. Die Kehrseite der Verlängerung der Altersphase besteht darin, daß mit ihr höhere Wahrscheinlichkeiten von chronischen Mehrfach-Erkrankungen und Hilfs- und Pflegebedürftigkeit auftreten. Das von unterschiedlichen sozialrechtlichen Grundlagen, Kostenträgern und Leistungsdefinitionen geprägte System der gesundheitlichen Betreuung, Versorgung und Pflege älterer Menschen in der Bundesrepublik auf kommunaler Ebene benötigt in erheblich erweitertem Maße Kooperation, Koordination und Vernetzung der einzelnen Systemelemente. In den Städten und Gemeinden arbeiten Sozialstationen, Tagespflegestätten, Kurzzeitpflege, stationäre Einrichtungen, Rehabilitationseinrichtungen und Krankenhäuser nicht in einem konstruktiven Miteinander zum Besten des betroffenen älteren Menschen, sondern in der Regel eher nebeneinander und manchmal sogar gegeneinander. Die Folge ist nicht nur eine erhebliche Ressourcenvergeudung, sondern auch, daß eine angemessene gesundheitliche Betreuung, Versorgung und Pflege gemessen an einer ganzheitlichen Sicht individueller Problemlagen älterer Menschen in der Regel unterbleibt. Stattdessen wird punktuell behandelt, gepflegt, beraten, finanziert, ohne daß sich diese Leistungen und Maßnahmen zu einer konsistenten Gesamtversorgung zusammenfügen.

Helfen kann angesichts dieses Zustandes einerseits ambitionierte kommunale **Altenhilfeplanung**, andererseits aber auch ein vermehrtes Aufeinanderzugehen der verschiedenen Kosten- und Leistungsträger, indem verbands- oder institutionenbezogene Sichtweisen und Egoismen überwunden werden. Dieses generelle Systemdefizit unserer Gesundheits- und Sozialversorgung kann nicht vorrangig auf kommunaler Ebene überwunden werden. Eine entsprechend veränderter Praxis vor Ort wäre jedoch ein Schritt in die richtige Richtung, um mittelfristig auch das Beharrungsvermögen der überwölbenden Strukturen und Institutionen zum Wanken zu bringen. Einzelne Kommunen beweisen schon heute in entsprechend geplanten Maßnahmen und Modellprogrammen, daß vieles möglich ist, was anderenorts noch kaum denkbar erscheint. (Verwiesen sei hier z.B. auf die "Leitstelle Älterwerden" im Landkreis Saarlouis, auf verschiedene kommunale Modelle im Rahmen des nordrhein-westfälischen Landesprogramms "Sozialgemeinde" oder auf das

Hamburger "Seniorenbüro", welches als Besonderheit auf einer breiten, verbands- und gruppenübergreifenden Trägerschaft beruht.) Die in diesem Zusammenhang konsistenteren Traditionen der neuen Länder werden hoffentlich nicht als "Ballast" der sozialistischen Vergangenheit abgeschafft. Sie könnten als Basis einer besseren kommunalen Zusammenarbeit und damit auch besseren Versorgung der älteren Menschen dienen.

WOHNEN IM ALTER: Gerade die Versorgung älterer BürgerInnen mit angemessenem Wohnraum stellt im Rahmen der offenen Altenhilfe ein hohes Potential für Prävention, Rehabilitation und Erhaltung der Selbständigkeit im Alter dar. Aus mangelhaften Wohnverhältnissen resultieren besondere Risiken für die betroffenen älteren Menschen: Eine schlechte Ausstattung oder Lage einer von Älteren bewohnten Einheit birgt gesundheitliche Risiken, behindert häufig Kommunikation, soziale Einbindung und häusliche Pflege und beeinträchtigt schließlich das Selbstwertgefühl der älteren BewohnerInnen. Besonders in den neuen Ländern stellt dies eine herausragende Anforderung an kommunale Altenpolitik im Sinne umfassend verstandener Gesellschaftspolitik dar. Nur wenn es ausreichenden altengerechten Wohnraum gibt, kann der stationäre Altenhilfe als ultima ratio vor einer Nachfrageentwicklung bewahrt werden, die letztlich in ihr vorrangig die Behebung von Wohnungsnotständen sucht. Aber auch in den alten Ländern ist die Wohnungsversorgung der älteren Menschen keineswegs überall bedarfsgerecht. Die rechtzeitige Ausstattungsberatung und die Bereitstellung von Umzugshilfen für Ältere gehören zur offenen Altenhilfe.

Schließlich stellt sich die Frage nach den angemessenen Formen des Zusammenlebens der verschiedenen Generationen. Unter den heute gegebenen Rahmenbedingungen ist es kaum noch möglich, in einem entsprechend ausgestatteten 3-Generationen-Haushalt zu leben. Die "Durchmischung" und das Zusammenleben verschiedener Generationen in den gleichen Wohnungszusammenhängen kann jedoch gefördert werden. So können zwar Altenwohnanlagen und Altenwohnheime für bestimmte Bedarfskonstellationen der richtige Weg sein; die überwiegende Mehrzahl der älteren Menschen möchte jedoch in größeren Wohngebäuden, Eigenheimsiedlungen etc. zusammen mit jüngeren Generationen leben. Nur dann kann das als hochrangig angesehene kleine soziale Netz von Familie und Nachbarschaft auch entsprechende Wirkungen entfalten. Und nur dann können ältere Menschen ihre eigenen durchaus vorhandenen Fähigkeiten und Potentiale auch anderen in ihrem sozialen Umfeld zur Verfügung zu stellen.

GESELLSCHAFTLICHE TEILHABE UND POLITISCHE PARTIZIPATION: In nahezu allen Gebieten des öffentlichen Lebens ist die ältere Bevölkerungsgruppe nicht ihrem relativen Anteil entsprechend auch in Positionen der Teilhabe, Mitwirkung, Mitbestimmung vertreten. In der kommunalen Altenpolitik bedeutet dies, daß oft über die Köpfe der eigentlich Betroffenen bzw. der Adressaten hinweg Entscheidungen gefällt, Strukturen geschaffen, verändert und entwickelt werden. Ein solches Defizit wiegt umso schwerer, da bei den EntscheidungsträgerInnen eine hinreichende Kenntnis der Lebenssituation und des Versorgungsbedarfs der älteren GemeindebürgerInnen häufig nicht vorhanden ist.

Eine Verbesserung dieser problematischen Situation stellen die immer zahlreicher werdenden kommunalen **Seniorenbeiräte** dar (vgl. H. Reggentin/J. Dettbarn-Reggentin, "Wir wollen Unruhe in die Ratsparteien bringen". Seniorenbeiräte und -vertretungen in der Bundesrepublik, Bonn 1990). Diese Interessenvertretungsgremien der Älteren werden zum Teil direkt gewählt, zum Teil existiert ein abgestuftes Wahlsystem mit jeweiliger Mandatsweitergabe, zum Teil sind die vorhandenen Seniorenbeiräte aber auch lediglich "berufen" worden, ohne daß sie tatsächlich ein Mandat der älteren Bevölkerung der jeweiligen Gebietskörperschaft hätten. Zumindest die durch eine Wahl ins Amt gekommenen Seniorenbeiräte bieten häufig die entscheidenden Rückkopplungschancen der kommunalen Altenpolitik hinsichtlich ihrer tatsächlichen Betroffenen- und Bedürfnisorientierung. Umso wichtiger ist, daß auf eine angemessene Repräsentanz der gesamten älteren Bevölkerung geachtet wird. In Honoratiorengremien haben häufig wieder die gleichen Interessenträger Sitz und Stimme, die bereits die Zusammenarbeit von öffentlicher Sozialverwaltung und freier Wohlfahrtpflege dominieren. Direkt gewählte kommunale Seniorenbeiräte können hingegen einen erheblichen Einfluß auf die kommunale Altenpolitik ausüben: Sie stellen einen unverzichtbaren Faktor einer angemessenen Alten(hilfe)planung dar.

Schließlich sollte kommunale Altenhilfeplanung eher die Tendenz zur **Altenplanung** in sich tragen: Nicht nur für die Älteren und über die Älteren sollte geplant werden, sondern die Älteren selbst sollten maßgeblich mitplanen und somit auch die zukünftige kommunale Altenhilfe und

Altenpolitik gestalten können. Des Weiteren kann niemand außer den Älteren selbst die Integration einer völlig neuen Teilgruppe kommender Altengenerationen — der **älteren MigrantInnen** - leisten, um deren angemessene Berücksichtigung auch in der kommunalen Altenhilfe und -politik zu ermöglichen. Die Chance kommunaler multikultureller Gesellschaften wird sich so auch in der Altenhilfepraxis beweisen müssen. Insbesondere der Tendenz, daß viele ausländische ältere Menschen von den Angeboten der Altenhilfe nicht erreicht werden, muß entgegengewirkt werden.

BESONDERHEITEN KOMMUNALER ALTENHILFE UND -POLITIK IN DEN NEUEN LÄNDERN: Die Lebenslagen der älteren Menschen in den alten und neuen Ländern werden noch bis weit ins nächste Jahrtausend hinein in einer Art differieren, daß zu Recht von den "zwei deutschen Altern" gesprochen werden kann. Alle Untersuchungen und Studien belegen die vielfältigen Unterschiede, die in allen relevanten Problemfeldern der kommunalen Altenhilfe und -politik hervortreten (vgl. insbesondere Altenreport '90. Zur sozialen Lage von Altersrentnerinnen und Altersrentnern in der ehemaligen DDR, in: Blätter der Wohlfahrtspflege, 10+11, 1990; S. 262 - 305 sowie K.- P. Schwitzer, G. Winkler (Hrsg.), Altenreport 1992, Berlin 1993).

Die gerade für die Älteren schwer zu bewältigenden Umwälzungen der allgemeinen Lebensbedingungen (Einkommen, Wohnen, Gesundheits- und Sozialwesen, kommunale Demokratie) schaffen eine spezifische Form der Verunsicherung und Ausgrenzungsgefahr, die als besondere "Unterströmung" der kommunalen Altenhilfe in den neuen Ländern zu beachten ist. Zwar hat sich die Einkommenssituation der Älteren seit 1990 deutlich verbessert, die allgemeinen Preis- und Mietsteigerungen haben dies jedoch weitgehend aufgezehrt. Hinzu kommt, daß eine ganze Generation "jüngerer Alter" (50-65-jähriger) mittlerweile weitgehend und unwiderruflich aus dem Arbeitsmarkt "ausgegliedert" wurde - mit entsprechenden Folgen für die späteren Renteneinkommen. Da die RentnerInnen der neuen Länder im Gegensatz zu ihren AltersgenossInnen in den alten Ländern fast ausschließlich auf die Renten als Einkommensquelle angewiesen sind, also nicht auf Zusatzrenten, Lebensversicherungen und Kapitaleinkünfte zurückgreifen können, wird sich die Einkommenslage insbesondere der älteren Frauen in den neuen Ländern für lange Zeit noch prekärer darstellen als im Westen. Verschärfend kommt hinzu, daß sich nur unter 20% der über 60-jährigen in den neuen Länder in einer finanziellen Notlage an das Sozialamt wenden würden (vgl. J. Roloff, Zur Lebenssituation Älterer in Ostdeutschland, in: forum demographie und politik, 3 (1993), S. 37). Die kommunale Altenhilfe wird hier besondere Formen und Anstrengungen zugehender Beratung und Hilfe entwickeln müssen, um der Verarmung zu begegnen.

Zwar ist in den Bereichen Wohnen, Gesundheit und Erholung ein hohes Maß an Zufriedenheit bei den älteren Menschen der neuen Länder festzustellen, dem steht jedoch die Realität verbreiteter Wohnungs-Substandards, mangelhafter Gesundheits- und Sozialversorgungs-Infrastruktur sowie weitgehend ersatzlos entfallener, bis 1989 stark ausgeprägter betrieblicher sozialer Angebote und Leistungen gegenüber. Die individuelle Mindestnutzfläche für HeimbewohnerInnen liegt bei 11 qm für eine Person bzw. 16 qm für 2 Personen (alte Länder: 12 bzw. 18 qm). Eine qualifizierte Altenpflegeausbildung (das Berufsbild existierte bis 1990 in der ehemaligen DDR nicht) ist erst im Aufbau befindlich.

Schon die vorstehende punktuelle Beleuchtung der Besonderheiten in Leistungsfeldern kommunaler Altenhilfe und Altenpolitik belegt hinreichend die spezifischen Anforderungen, denen die im Aufbau befindliche Sozial- und Kommunalverwaltung der Städte, Gemeinden und Landkreise der neuen Länder gegenübersteht. Vorrangig sind zunächst noch die Voraussetzungen angemessener Leistungserbringung, nämlich ein altenpolitisches Problembewußtsein, eine handlungsfähige Sozialverwaltung, eine stabile und kooperative Trägerstruktur und angepaßte, kleinräumige Konzepte zu schaffen. Daß hierbei eine qualifizierte kommunale Altenberichterstattung und Altenplanung von entscheidender Bedeutung ist, wurde bereits betont.

Perspektiven kommunaler Altenhilfe und Altenpolitik

Die derzeitigen Rahmenbedingungen kommunaler Sozial- und Altenpolitik geben zu wenig Hoffnung auf Weiterentwicklung Anlaß. Die allgemein mehrheitsfähige gesellschaftspolitische Grundorientierung auf Markt, Deregulierung und Abbau sozialer Leistungen im Verbund mit den hegemonialen Mehrheiten der großen "Volksparteien" und der Krise der Staats- und Kommunalfinanzen drohen alternative Ansätze weiter zurückzudrängen.

Die spezifischen kommunalen Ressourcen zur Gestaltung und qualifizierten Weiterentwicklung gemeindlicher Altenhilfe und -politik sind jedoch bisher keineswegs ausgeschöpft. Über eine offene **Aufgaben- und Ausgabenkritik** bisheriger kommunaler - und meist "klassische" Klientel versorgender - Altenhilfe könnten durchaus vielversprechende Freiräume für zukunftsorientierte Ansätze gewonnen werden. Die Voraussetzungen dazu lassen sich über eine offene, partizipative Alten(hilfe)planung auf der Basis einer qualifizierten Altenberichterstattung schaffen, welche allerdings wiederum eines kommunal-gesellschaftlichen Konsens zwischen politischen Mandatsträgern, Sozialverwaltung, Trägern, Initiativen und Betroffenen über Ziele, Zielerreichungsprozesse und Prioritäten der Altenhilfe bedarf. Die jeweilige kommunalpolitische Öffentlichkeit ist dabei von besonderer Bedeutung: Nur wenn es gelingt, einen breiten gemeindlichen Diskussionsprozeß über Ziele und Inhalte der Altenhilfe auf Dauer zu installieren, kann der Gefahr begegnet werden, über die allgemeine gesellschaftspolitische Diskussion um den europäischen Wirtschafts- und Sozialraum (in dem die Älteren nur als ehemalige Erwerbstätige auftreten) und die Pflegeversicherung (die die Betroffenen zu Objekten einer paternalistischen, restriktiven Wohlfahrtsmaßnahme degradiert) weiter ins Hintertreffen zu geraten. Die entscheidende Rolle bei der Innovation kommunaler Altenhilfe und Altenpolitik werden schließlich die Älteren selbst spielen müssen; sie sind die im demokratisch-politischen Sinne entscheidenden Akteure.

Literaturhinweise

Baltes, P.B./Mittelstraß, J. (Hg.): Zukunft des Alterns und gesellschaftliche Entwicklung, Berlin 1992 (Akademie der Wissenschaften zu Berlin, Forschungsbericht 5) — Aktueller, informativer, zahlreiche Beiträge namhafter Wissenschaftler präsentierender Sammelband zum Stand der gerontologischen Forschung und absehbaren Entwicklung

Deutscher Verein für öffentliche und private Fürsorge (Hg.): Nomenklatur der Altenhilfe, Frankfurt/M. 1992 (2. Auflage) - Kleines Wörterbuch wichtiger Begriffe der Altenhilfe, von Praktikern für Praktiker erarbeitet

Gitschmann, P.: Alterssozialpolitik auf kommunaler Ebene, Berlin 1989 (2. Auflage) (Deutsches Zentrum für Altersfragen — Beiträge zur Gerontologie und Altenarbeit 72) — Von einem politikwissenschaftlichen Ansatz her unternommene, umfassende Darstellung von Rahmenbedingungen und Strukturen, Handlungsbedarf, Planung und Entwicklungen der kommunalen Altenhilfe und -politik in der Krise des Sozialstaats

Naegele, G./Tews, H.P. (Hg.): Lebenslagen im Strukturwandel des Alters, Opladen 1993 — Sozialgerontologisch orientierter, ein Lebenslagenkonzept entfaltender Sammelband namhafter Autorinnen und Autoren, zur Diskussion von Altenhilfe als Sozialpolitik sehr hilfreich

Schütz, R.-M./Kuhlmey, A./Tews, H.P. (Hg.): Altern in Deutschland (1. Kongreß der Deutschen Gesellschaft für Gerontologie und Geriatrie), Berlin 1991 — Umfangreicher, aktueller Tagungsband mit zahlreichen Beiträgen aus Gerontologie, Geriatrie und Altenarbeit

Statistisches Bundesamt (Hg.): Im Blickpunkt: Ältere Menschen, Stuttgart 1992 — Zahlreiche bevölkerungs- und sozialstatistische Angaben zur Lebens- und Versorgungssituation der älteren Menschen in der Bundesrepublik, allerdings mit erheblichen Datenlücken hinsichtlich der Situation in den neuen Ländern

Fachzeitschriften

altenhilfe, erhältlich beim Deutschen Zentrum für Altersfragen (DZA) — monatlich erscheinender, preiswerter Infodienst mit Zeitschriften- und Buchbibliographie

Beiträge zur Gerontologie und Altenarbeit, — mittlerweile 90 Bände umfassende Publikationsreihe des DZA e.V. zu allen Fragen der Altenhilfe, Altenpolitik und sozialen Gerontologie (Liste der lieferbaren, preiswerten Bände beim DZA anfordern!)

KDA-Publikationen, erhältlich beim Kuratorium Deutsche Altenhilfe (KDA), ein Presse- und Informationsdienst zu allen Fragen der Altenhilfe erscheint ca. 8 mal jährlich und ist kostenlos. In den beiden KDA-Reihen "Forum" und "Thema" werden unterschiedlichste, z. T. umfangreiche Studien und Forschungsberichte zu allen Fragen der Altenhilfe publiziert. Die Bände werden zum Selbstkostenpreis — also sehr preiswert — abgegeben. In KDA-vorgestellt werden projekt- und praxisbezogene Berichte über Modelle, Konzepte, Initiativen und Einzelmaßnahmen aus allen Bereichen der Altenhilfe vorgestellt. Publikationsverzeichnis des KDA anfordern!

Adressen

Deutsches Zentrum für Altersfragen e.V., Manfred-von-Richthofen-Str. 2, 12101 Berlin
Kuratorium Deutsche Altershilfe, An der Pauluskirche 3, 50677 Köln
Deutsche Gesellschaft für Gerontologie und Geriatrie, Fachbereich IV: Soziale Gerontologie und Altenarbeit, Prof. Dr. Th. Klie (Vors.), Merzhauserstr. 42, 79100 Freiburg

Andreas Jürgens

Behindertenpolitik

Behindertenpolitik im traditionellen Sinne bedeutet vor allem Politik "für" Behinderte, Entscheidung über Aufbau oder Abbau, Umgestaltung oder Modernisierung von Versorgungssystemen, in denen sich zumeist nichtbehinderte Fachleute "der Behinderten annehmen", die selbst in diesem Sinne nur als Objekt der Fürsorge anderer erscheinen. Die traditionelle Politik — sowohl die eher von der christlichen Tradition bestimmte als auch die sozialdemokratische — erweist sich in der Praxis allzu häufig als sozio-technokratisch in dem Sinne, daß Behindertenpolitik verwechselt wird mit Politik für die Träger von Einrichtungen oder Diensten für Behinderte. Wir müssen dagegen immer wieder in den Vordergrund stellen, daß die Betroffenen selbst die besten Fachleute in Sachen Behinderung sind und daß sich alle politischen Entscheidungen daran zu messen haben, ob sie ein selbstbestimmtes Leben Behinderter fördern oder nicht. Behindertenpolitik im fortschrittlichen Sinne bedeutet Politik durch Behinderte und mit Behinderten, bei der die Betroffenen selbst ihre Ansprüche auf Selbstbestimmung formulieren und hierbei die Unterstützung der politisch Verantwortlichen — z. B. in der Kommune — suchen. Im Zentrum der Entscheidungen stehen die Bedürfnisse der Betroffenen, die hierdurch nicht als Objekte der Politik, sondern als Subjekte des eigenen Lebens wahrgenommen werden.

WER IST BEHINDERT? Eine allgemein anerkannte "Definition" von Behinderung gibt es weder in den entsprechenden Gesetzen noch in der wissenschaftlichen Diskussion oder der Umgangssprache, wenn auch der Kernbereich des Personenkreises, der mit "die Behinderten" gemeint ist, ziemlich unumstritten sein dürfte. Für den Bereich der Sozialhilfe enthält die Eingliederungshilfeverordnung Bestimmungen, wer als "wesentlich behindert" im Sinne dieser Vorschrift gilt (s. u.). Nach § 3 Abs. 1 **Schwerbehindertengesetz** (SchwbG) ist Behinderung im Sinne dieses Gesetzes "die Auswirkung einer nicht nur vorübergehenden Funktionsbeeinträchtigung, die auf einem regelwidrigen körperlichen, geistigen oder seelischen Zustand beruht. Regelwidrig ist der Zustand, der von den für das Lebensalter typischen abweicht. Als nicht nur vorübergehend gilt ein Zeitraum von mehr als 6 Monaten." Diese Definition individualisiert das Merkmal "Behinderung" allerdings unzulässig. Richtig verstanden ist Behinderung eine gesellschaftliche Zuschreibung: Nicht ein/e einzelne/r ist behindert, sondern er/sie wird behindert durch ausgrenzende gesellschaftliche Verhältnisse. Wer als behindert gilt, ist nicht sozusagen naturgegeben, sondern eine gesellschaftliche Wertung.

Grundsätze fortschrittlicher Behindertenpolitik

Die Aussonderung Behinderter durch die verschiedenen Sondereinrichtungen fördert die Trennung zwischen Nichtbehinderten und Behinderten und verhindert die Integration aller in einer menschengerechten Gesellschaft. Das Ziel einer emanzipatorischen Behindertenpolitik muß daher die weitestmögliche Einbeziehung aller statt der Aussonderung vieler sein, also z. B. behindertengerechter Öffentlicher Personennahverkehr statt Sonderfahrdienste für Behinderte, Behindertenzugänglichkeit aller Versammlungsstätten und Ausrüstung mit Hilfen für Seh- und Hörbehinderte statt Sonderveranstaltungen für Behinderte, zugängliche Wohnungen statt Wohnheime — um nur einige Beispiele zu nennen. Wo immer Behinderte in verschiedenen Lebensbereichen auf stationäre Einrichtungen verwiesen werden (Sonderkindergärten und -schulen, Wohnheime, Pflegeheime, Berufsbildungs- und Berufsförderungswerke, Werkstätten für Behinderte etc.), steht dies im Widerspruch zum Selbstbestimmungsrecht. In jeder Einrichtung, sei sie noch so fortschrittlich und offen angelegt, muß sich der einzelne bestimmten Sachzwängen — z. B. den Dienstplänen des Personals, dem räumlichen Angebot etc. — unterordnen, muß sich in vorgegebene Strukturen einpassen. Wo dagegen Angebote zur Unterstützung im jeweils selbstgewählten Lebensbereich aufgebaut werden (behindertengerechte Wohnungen, Beratungsangebote von Behinderten für Behinderte, ambulante Hilfen bei Pflegebedürftigkeit etc.), fördert dies die Selbstbestimmung. Dabei machen diese Möglichkeiten grundsätzlich vor keiner Behinderungsform halt, auch geistig behinderte oder psychisch kranke Menschen können in der Regel z. B. in einer eigenen Wohnung leben, evtl. zusammen mit anderen in einer Wohngemeinschaft etc., wenn die notwendigen Unterstützungsangebote vorhanden sind.

Bei allen Unterstützungsangeboten sind jeweils diejenigen vorzuziehen, bei denen die Eigenverantwortlichkeit der Betroffenen am meisten aufrechterhalten bleibt. Auch bei **ambulanten Hilfen** insbesondere im Bereich der Hilfe und Pflege ist darauf zu achten, daß diese faktisch entmündigend wirken können, wenn z. B. der ambulante Dienst Art und Umfang der Hilfeleistung bestimmt und nicht die/der Betroffene selbst. Wir bevorzugen daher Systeme der "persönlichen Assistenz". In dieser Formulierung soll zum Ausdruck kommen, daß die HelferInnen ihre Hilfen erbringen sollen, wie sie von den Betroffenen benötigt werden, die Entscheidungskompetenz über Art, Umfang und Zeit der Hilfeerbringung liegt bei ihnen. Am weitestgehenden ist dies Prinzip verwirklicht, wenn die/der Behinderte die HelferInnen selbst anstellt und selbst bezahlt (bei Kostenerstattung z. B. durch das Sozialamt) ohne Zwischenschaltung eines ambulanten Dienstes, also Arbeitgeber ist. Aber auch bei einem Zusammenschluß mehrerer Betroffener in einer "Assistenzgenossenschaft" oder bei von Behinderten selbst betriebenen ambulanten Diensten wird das Selbstbestimmungsrecht in der Regel besser verwirklicht als bei traditionellen Diensten oder Sozialstationen.

Die größte Gefahr für das Selbstbestimmungsrecht Behinderter geht derzeit von der neuen Lebensunwert-Diskussion aus, durch die das Lebensrecht behinderter Menschen in Frage gestellt wird. Unter dem Deckmantel der "Sterbehilfe" oder Reduzierung von angeblichem "Leiden" wird seit einigen Jahren wieder unverblümt eugenisches Gedankengut verbreitet. Parallel hierzu nehmen die gewalttätigen Übergriffe vor allem Rechtsradikaler gegen Behinderte wieder zu. Beides ist Folge der jahrzehntealten Ausgrenzung Behinderter und zunehmend heftiger werdender Verteilungskämpfe, in denen viele Behinderte wieder als "nutzlose Esser" und reine Kostenfaktoren erscheinen. Jede fortschrittliche Behindertenpolitik muß diesen Tendenzen konsequent entgegentreten und klarmachen, daß es nicht vorrangig um Kostenfragen geht, sondern um die Gestaltung menschengerechter gesellschaftlicher Strukturen, die ohne massenhafte Ausgrenzung auskommen. Behinderte Frauen sind darüber hinaus in besonderem Maße patriarchaler Gewalt ausgesetzt (vgl. Ewinkel/Hermes 1985). Da sie sich meistens noch schlechter wehren können, ihnen noch weniger geglaubt wird, gelten sie als "sichere" Vergewaltigungsopfer. Eine andere Form der Gewalt ist die Zwangssterilisation: Besonders minderjährige behinderte Frauen wurden häufig ohne ihr Wissen und ohne jede gesetzliche Grundlage sterilisiert. Das neue Betreuungsgesetz (vgl. unten) macht die Sterilisation von einigen Voraussetzungen abhängig, schließt sie aber weiterhin nicht aus.

KOMMUNALE ZUSTÄNDIGKEITEN FÜR BEHINDERTE: Die Kommunen haben vielfältige Aufgaben mit großer Bedeutung für Behinderte. In allen diesen Bereichen kann "Behindertenpolitik" betrieben werden. Sie sollen im folgenden — ohne Anspruch auf Vollständigkeit — nach folgendem Schema dargestellt werden: Zunächst wird jeweils die Zuständigkeit der Kommunen benannt, anschließend die Querverbindungen zu anderen Institutionen, dann die daraus folgenden kommunalpolitisch relevanten Spielräume für Entscheidungen in der Praxis und schließlich die entscheidenden "Knackpunkte", mit denen für oder gegen Behinderte Kommunalpolitik gemacht werden kann.

Die Kommunen als Sozialhilfeträger

Nach § 96 Abs. 1 Satz 1 Bundessozialhilfegesetz (BSHG) sind die kreisfreien Städte und die Landkreise **örtliche Träger** der Sozialhilfe. Sie sind für ihre BürgerInnen zuständig für die Gewährung von Leistungen der Sozialhilfe nach dem BSHG, soweit nicht nach § 100 BSHG oder nach dem jeweiligen Landesrecht die "**überörtlichen Träger** der Sozialhilfe" zuständig sind. Die "normalen" Sozialhilfeleistungen, die Hilfe zum Lebensunterhalt, werden an anderer Stelle dieses Handbuchs dargestellt (vgl. Kapitel "Sozialhilfe"). Bei den Hilfen in besonderen Lebenslagen, die ebenfalls im BSHG geregelt sind, sind vor allem zwei für Behinderte besonders bedeutsam:

Durch die **Eingliederungshilfe für Behinderte** (§§ 39 ff. BSHG) soll Personen, die nicht nur vorübergehend körperlich, geistig oder seelisch wesentlich behindert sind, die Eingliederung in die Gesellschaft ermöglicht oder erleichtert werden. Wer zu diesem berechtigten Personenkreis gehört, ergibt sich aus der **Eingliederungshilfe-Verordnung** nach § 47 BSHG. Als körperlich behindert gelten etwa (§ 1 EinglHVO):

"1. Personen, deren Bewegungsfähigkeit durch eine Beeinträchtigung des Stütz- oder Bewegungssystems in erheblichem Umfange eingeschränkt ist,

2. Personen mit erheblichen Spaltbildungen des Gesichts oder des Rumpfes oder mit abstoßend wirkenden Entstellungen vor allem des Gesichts,
3. Personen, deren körperliches Leistungsvermögen infolge Erkrankung, Schädigung oder Fehlfunktion eines inneren Organs oder der Haut in erheblichem Umfange eingeschränkt ist,
4. Blinden oder solchen Sehbehinderten, bei denen mit Gläserkorrektion ohne besondere optische Hilfsmittel
   a) auf dem besseren Auge oder beidäugig im Nahbereich bei einem Abstand von mindestens 30 cm oder im Fernbereich eine Sehschärfe von nicht mehr als 0,3 besteht oder
   b) durch Buchstabe a nicht erfaßte Störungen der Sehfunktion von entsprechendem Schweregrad vorliegen,
5. Personen, die gehörlos sind oder denen eine sprachliche Verständigung über das Gehör nur mit Hörhilfen möglich ist,
6. Personen, die nicht sprechen können, Seelentauben und Hörstummen, Personen mit erheblichen Stimmstörungen sowie Personen, die stark stammeln, stark stottern oder deren Sprache stark unartikuliert ist."

Geistig wesentlich behinderte Menschen sind Personen, "bei denen infolge einer Schwäche ihrer geistigen Kräfte die Fähigkeit zur Eingliederung in die Gesellschaft in erheblichem Umfange beeinträchtigt ist" (§ 2 EinglHVO).

Als seelisch wesentlich behindert gelten vor allem Personen mit folgenden Beeinträchtigungen:
"1. körperlich nicht begründbare Psychosen,
2. seelische Störungen als Folge von Krankheiten oder Verletzungen des Gehirns, von Anfallsleiden oder von anderen Krankheiten oder körperlichen Beeinträchtigungen,
3. Suchtkrankheiten,
4. Neurosen und Persönlichkeitsstörungen." (§ 3 EinglHVO).

Einzelne Maßnahmen der Eingliederungshilfe für Behinderte sind in § 40 Abs. 1 BSHG aufgelistet, ohne daß dieser Katalog allerdings abschließend ist. Vielmehr steht dem einzelnen Sozialhilfeträger ein weiter Ermessensspielraum zu, um im Einzelfall die angemessene Hilfe zu erbringen. In der Praxis ist es allerdings erfahrungsgemäß schwierig, Hilfen durchzusetzen, die nicht zum Katalog des § 40 BSHG gehören. Sozialhilfe wird immer nur nachrangig gewährt, wenn die notwendige Hilfe nicht von anderen erbracht wird (§ 2 Abs. 1 BSHG). Insbesondere die Rehabilitationsmaßnahmen der Krankenkassen, der Rentenversicherung und der Arbeitsämter sind daher vorrangig. Von praktischer Bedeutung sind daher nur die Hilfen, für die andere Träger nicht zur Verfügung stehen. Das sind insbesondere "heilpädagogische Maßnahmen für Kinder, die noch nicht im schulpflichtigen Alter sind" (Nr. 2a), die "Hilfe zu einer angemessenen Schulbildung" (Nr. 3) und die "Hilfe zur Teilnahme am Leben in der Gemeinschaft" (Ziff. 8). Unter der letzten werden alle denkbaren Maßnahmen der "sozialen Rehabilitation" verstanden.

Hilfe zur Pflege wird Personen erbracht, die infolge Krankheit oder Behinderung pflegebedürftig sind (§§ 68, 69 BSHG). Nach Einführung der Pflegeversicherung (vgl. hierzu auch Kapitel "Altenhilfe") müssen deren Leistungen ab 1995 auf diejenigen der Sozialhilfe angerechnet werden. Als Leistungen werden je nach Einzelfall erbracht:
— Aufwendungsersatz und Beihilfen für pflegende Familienangehörige
— Übernahme der Kosten für "besondere Pflegekräfte" von ambulanten Diensten, Sozialstationen oder auch selbstbeschaffte und bei den Betroffenen angestellte Pflegekräfte
— bei erheblicher Pflegebedürftigkeit ein gestaffeltes Pflegegeld von 366,- bis 997,- DM in den alten bzw. 281,- bis 766,- DM (Stand jeweils 1.7.1993) in den neuen Bundesländern
— Übernahme der Kosten für eine angemessene Alterssicherung der pflegenden Familienangehörigen

Die Kommunen führen als Sozialhilfeträger lediglich aus, was ihnen durch den Gesetzgeber im BSHG vorgegeben ist. Allerdings entscheidet in jedem Einzelfall der jeweilige Träger in eigener Verantwortung und ist nicht etwa an irgendwelche Weisungen von oben gebunden. Lediglich durch die Verwaltungsgerichte, die von den Hilfeempfängern angerufen werden können, kann im Einzelfall der Sozialhilfeträger zu einer bestimmten Entscheidung rechtlich verbindlich verpflichtet werden. Sozialhilfeleistungen sind in jedem Falle nur subsidiär (nachrangig) zu erbringen. Sie setzen zudem die sogenannte "Bedürftigkeit" voraus, werden also nur erbracht, wenn im Einzelfall das Einkommen oder vorhandenes Vermögen vom Gesetz festgelegte Grenzen nicht überschreitet. In aller Regel erbringt die Kommune die notwendigen Hilfen nicht selbst, sondern nimmt hierfür die Einrichtungen **freier Träger** in Anspruch, insbesondere der Wohlfahrtsverbände. Die Sozialhilfeträger sollen nach § 10 Abs. 2 BSHG deren Selbständigkeit beachten, deren Tätigkeit ist sogar vorrangig und soll von den Sozialhilfeträgern gefördert werden. Nicht mehr in die Zuständigkeit des örtlichen Trägers fällt es, wenn die Hilfe in einer Anstalt, einem Heim oder einer gleichartigen Einrichtung oder in einer Einrichtung zur teilstationären Betreuung zu gewähren ist. In diesem Falle ist der **überörtliche Sozialhilfeträger** zuständig (§ 100 Abs. 1 Nr. 1 BSHG). Welche Stelle dies ist, ist von Land zu Land unterschiedlich (siehe hierzu die Liste im Kapitel "Sozialhilfe").

HANDLUNGSSPIELRÄUME: Hieraus ergeben sich eine Reihe von jedenfalls rechtlichen Spielräumen auf der kommunalpolitischen Ebene. Vor allem durch die Förderung oder Nichtförderung einzelner Träger kann die soziale Infrastruktur beeinflußt werden. Traditionell steht die CDU eher kirchlichen Trägern (vor allem Diakonie oder Caritas) und die SPD den aus der Arbeiterbewegung entstandenen Trägern (Arbeiterwohlfahrt, Arbeiter-Samariter-Bund) näher. Eine Alternative zu diesen traditionellen Trägern bieten die in den letzten Jahren verstärkt gegründeten Vereine von Betroffenen, die z. B. Beratung Behinderter durch Behinderte anbieten nach dem Modell des "peer-counseling", oder ambulante Hilfsdienste für Behinderte, die von Betroffenen selbst betrieben werden. Diese Ansätze zu unterstützen muß ein wichtiges Anliegen alternativer Kommunalpolitik sein. Die Förderung kann auf zweierlei Weise geschehen: entweder durch direkte Zuschüsse aus dem Kommunalhaushalt oder durch angemessene Leistungen für die erbrachte Arbeit. Wenn z. B. bei der Hilfe zur Pflege ambulante Dienste in Anspruch genommen werden, sollen die Sozialhilfeträger mit diesen Verträge über die jeweiligen Entgelte abschließen. Hier wird ganz entscheidend festgelegt, welche Qualität die tägliche Hilfe im Einzelfall erreichen kann. Diese Verträge werden häufig von den jeweiligen Kommunalparlamenten politisch abgesegnet. Insbesondere im Rahmen der Eingliederungshilfe für Behinderte in Form der Teilnahme am Leben der Gemeinschaft können alle denkbaren Hilfen für Behinderte erbracht oder eben verweigert werden: psycho-soziale Beratungsstellen, Freizeitangebote, Beförderungshilfen (Fahrdienste oder Taxikosten), ambulante Hilfsdienste, Selbsthilfegruppen und was immer man sich denken kann.

Bei allen Entscheidungen sollten einige Grundprinzipien beachtet werden:
o Prinzip der "Normalisierung": Alle Unterstützungsangebote sollten so weit wie möglich darauf ausgerichtet sein, Behinderte in das gemeinsame Leben einzubeziehen, also z. B. nicht gesonderte Freizeitangebote nur für Behinderte, sondern Teilnahme an allgemeinen Freizeitaktivitäten; behindertengerechte öffentliche Transportmittel statt Sonderfahrdienste für Behinderte; keine Wohnheime, sondern behindertengerechte Wohnungen in den Stadtvierteln etc.
o Prinzip der "Nichtausgrenzung": Je mehr Unterstützungsangebote für Behinderte an Sondereinrichtungen gebunden sind, desto stärker ist die Ausgrenzung der Betroffenen. Teilnahme am Leben der Gemeinschaft kann nur ohne diese Ausgrenzung erfolgen.
o Prinzip "ambulant vor stationär": Insbesondere Hilfe zur Pflege muß soweit wie möglich in der eigenen Wohnung durch ambulante Hilfen erbracht werden. Insbesondere in Zeiten finanzieller Schwierigkeiten neigen die örtlichen Sozialhilfeträger oft dazu, Heimpflegebedürftigkeit anzunehmen, weil dann der überörtliche Sozialhilfeträger zuständig ist und der Kosten übernehmen muß. Nicht "fachliche", sondern finanzielle Überlegungen sind daher oft der entscheidende Gesichtspunkt. Dem muß energisch entgegengesteuert werden, etwa durch Beteiligung der überörtlichen Träger an den Kosten der ambulanten Hilfen.

Die Kommunen als Betreuungsbehörden

Durch das "**Betreuungsgesetz**" wurde mit Wirkung zum 1.1.1992 das noch von der Jahrhundertwende stammende Recht der **Entmündigung**, **Vormundschaft** und **Pflegschaft** für Volljährige grundlegend reformiert. Danach kann einem Volljährigen, der aufgrund einer psychischen Krankheit oder einer körperlichen, geistigen oder seelischen Behinderung einzelne oder alle seiner Angelegenheiten nicht zu besorgen vermag, ein Betreuer als gesetzlicher Vertreter bestellt werden (§ 1986 Bürgerliches Gesetzbuch — BGB). Zum Betreuer kann, wenn eine Einzelperson hierfür nicht gefunden werden kann, auch die Betreuungsbehörde oder eine/r ihrer MitarbeiterInnen bestellt werden, die darüber hinaus nach dem **Betreuungsbehördengesetz** (BtBG) noch weitere Aufgaben hat: Sie berät und unterstützt die Einzelbetreuer bei der Wahrnehmung ihrer Aufgaben, sorgt für ein ausreichendes Angebot zur Einführung und Fortbildung der Betreuer und fördert die Tätigkeit von Organisationen zugunsten Betreuungsbedürftiger. Darüber hinaus kann die Betreuungsbehörde beim Vormundschaftsgericht in Einzelfällen die Bestellung eines Betreuers anregen und in verschiedenen Fällen im vormundschaftsgerichtlichen Verfahren Rechtsmittel für die Betroffenen einlegen. Vor allem psychisch kranke oder altersverwirrte Menschen, von Verwahrlosung bedrohte, Suchtkranke und geistig Behinderte benötigen häufig einen Betreuer, der für sie oder mit ihnen zusammen ihre Angelegenheiten regeln soll: die Wahrnehmung von Rechten z. B. gegenüber einem Vermieter oder anderen Vertragspartner, die Geltendmachung von Sozialleistungen wie Renten oder Hilfe zur Pflege, die Einleitung von Behandlungsmaßnahmen bei Menschen, die wegen ihrer Krankheit die Behandlungsnotwendigkeit nicht einsehen, notfalls auch die freiheitsentziehende Unterbringung in einem psychiatrischen Krankenhaus etc. Mit dem Betreuungsrecht sollen die Eingriffe in Rechte kranker und behinderter Menschen auf das notwendige Maß beschränkt, die Hilfe im Einzelfall in den Vordergrund gestellt und das Selbstbestimmungsrecht weitestmöglich verwirklicht werden.

In den Ausführungsgesetzen der Bundesländer zum Betreuungsgesetz haben die meisten die Landkreise und kreisfreien Städte als örtliche **Betreuungsbehörde** bestimmt (Baden-Württemberg, Bayern, Brandenburg, Niedersachsen, Saarland, Sachsen, Sachsen-Anhalt und Schleswig-Holstein), Nordrhein-Westfalen darüber hinaus größere kreisangehörige Gemeinden. Teilweise wurden auch kommunale Organe zur Betreuungsbehörde bestimmt (Hessen: Magistrate der kreisfreien Städte und Kreisausschüsse der Landkreise; Mecklenburg-Vorpommern: Landräte und Oberbürgermeister bzw. Bürgermeister der kreisfreien Städte; Rheinland-Pfalz: Kreis- und Stadtverwaltung) und in den Stadtstaaten einzelne Behörden (Bremen: Amt für Soziale Dienste; Hamburg: Behörde für Arbeit, Gesundheit und Soziales). Auch die Betreuungsbehörde führt die Aufgaben, die ihr durch Bundesgesetz übertragen wurden, in eigener Verantwortung aus. Die Tätigkeit ist stark einzelfallbezogen und entzieht sich weitgehend der allgemeinen Festlegung. Ob die Betreuungsbehörde oder ihre MitarbeiterInnen für jemanden als Betreuer bestellt werden, entscheidet das Vormundschaftsgericht. Das ist das jeweils örtlich zuständige Amtsgericht. Es hängt darüber hinaus von den psycho-sozialen Angeboten (Beratungsstellen, ambulante Hilfsdienste, Tageskliniken etc.) vor Ort ab, ob z. B. in psychischen Krisen ausreichend Unterstützungsangebote zur Verfügung stehen oder auf einen staatlich bestellten Betreuer als letzte Möglichkeit zurückgegriffen werden muß.

HANDLUNGSSPIELRÄUME: Durch kommunalpolitische Entscheidungen kann kein Einfluß auf die Tätigkeit der Betreuungsbehörde im Einzelfall genommen werden, es können aber die Rahmenbedingungen ihrer Tätigkeit festgelegt werden. Es gibt keine konkreten Vorgaben, wie die Aufgaben der Betreuungsbehörde personell und organisatorisch umgesetzt werden, dies unterliegt der internen **Organisationshoheit** der Kommunen. Diese haben die Vorgaben des Betreuungsbehördengesetzes bisher sehr unterschiedlich umgesetzt. Die wichtigen Reformansätze, die mit dem Betreuungsgesetz verbunden waren, drohen gegenwärtig in der praktischen Umsetzung zu scheitern; hier bedarf es auch kommunalpolitischer Unterstützung, vor allem unter folgenden Aspekten.

Nach dem alten Recht waren die damaligen Amtsvormünder und -pfleger den **Jugendämtern** zugeordnet. Die neue Betreuungsbehörde sollte dagegen, wenn möglich, ein eigenes Amt sein, das weder dem Jugend- noch dem Sozial- oder Gesundheitsamt eingegliedert ist. Die Unterstützung für erwachsene Behinderte beim Jugendamt anzusiedeln ist diskriminierend. Die Mitarbeiter der Betreuungsbehörde sollen als Betreuer häufig auch Sozialhilfeansprüche geltend machen oder die Rechte der Betroffenen gegenüber Sozialpsychiatrischen Diensten der Gesundheitsämter wahrnehmen. Um hier eine Interessenkollision zu vermeiden, ist die Einrichtung eines eigenen Amtes die beste, eine möglichst weitgehende Selbständigkeit innerhalb eines anderen Amtes die zweitbeste Lösung.

Die MitarbeiterInnen der Betreuungsbehörde können die Vorgaben des Betreuungsgesetzes zur "persönlichen Betreuung" nur erfüllen, wenn sie nicht mit "Fällen" so eingedeckt werden, daß ihnen hierzu gar keine Zeit mehr bleibt. Der Deutsche Juristentag hat 1988 eine "Fallzahl" von etwa 25 gefordert, in der Praxis wird diese jedoch bei weitem überschritten, und sogar weit über 200 "Fälle" pro MitarbeiterIn sind keine Seltenheit. Das Gesetz sieht ausdrücklich die Möglichkeit von **Betreuungsvereinen** vor, die insbesondere bei der Beratung und Unterstützung der Einzelbetreuer und bei Übernahme von Betreuungen durch professionell Tätige auch wichtige Entlastungsfunktionen für die Behörde haben können. Zudem können die Vereinsmitarbeiter als Betreuer u. U. eine Vergütung für ihre Tätigkeit aus der Justizkasse (und damit aus dem Landeshaushalt) verlangen, während die BehördenmitarbeiterInnen in jedem Fall allein von der Kommune bezahlt werden müssen. Außerdem erhalten in allen Bundesländern Betreuungsvereine Unterstützung aus dem Landeshaushalt. Die Gründung solcher Vereine zu initiieren (falls nicht bereits vorhanden) und durch Zuschüsse eine Zeitlang zu fördern, kann sich daher im Ergebnis für die Kommune auch finanziell günstig auswirken.

Vor allem aber kann die Kommunalpolitik dazu beitragen, daß sich verstärkt Privatpersonen finden, die die wichtige — in der Regel ehrenamtliche — Aufgabe eines Betreuers / einer Betreuerin übernehmen. Die professionellen BetreuerInnen in Behörden und Vereinen können nur einen Teil des Betreuungsbedarfs abdecken, und das Gesetz geht ohnehin davon aus, daß die konkrete Unterstützung der Betroffenen durch Privatpersonen in der Regel besser wahrgenommen werden kann.

Die Kommune als Bauplanungs- und Baugenehmigungsbehörde

Nach § 2 Abs. 1 Baugesetzbuch (BauGB) stellen die Gemeinden **Bauleitpläne** (**Flächennutzungspläne** und **Bebauungspläne**) in eigener Verantwortung auf. Art und Maß der vorgesehenen Bebauung, die Zulässigkeit bestimmter baulicher Anlagen, die Ausweisung und Gestaltung von Verkehrsflächen etc. werden hier festgelegt (zu den Einzelheiten siehe das Kapitel "Planungsrecht"). Die Bauleitpläne werden durch kommunale **Satzungen** festgelegt. Zudem ist nach den jeweiligen **Landesbauordnungen** der Kreis oder die kreisfreie Stadt Baugenehmigungsbehörde, d. h,. sie ist verantwortlich für die Erteilung von Baugenehmigungen. Hierbei wird geprüft, ob nach dem jeweiligen **Bauplanungsrecht** (Bebauungsplan), nach dem **Bauordnungsrecht** (Landesbauordnung) und nach sonstigen gesetzlichen Vorgaben (z. B. Bundesimmissionsschutzgesetz, Naturschutzgesetze etc.) ein geplantes Bauvorhaben rechtlich zulässig ist oder nicht. Ggf. können Änderungen verlangt oder die Genehmigung nur mit Auflagen erteilt werden.

Auch die Bauplanung und vor allem das Baugenehmigungsverfahren ist Vollzug von Bundes- und Landesgesetzen. Durch die Vorgaben der Landesplanung ist die kommunale Planung teilweise gebunden, zudem ist die Bauplanung teilweise auch abhängig von Städtebauförderungsmaßnahmen der Länder, die nur unter bestimmten Voraussetzungen in Anspruch genommen werden können. Im Bauordnungsrecht hat der jeweilige Bauinteressent einen Anspruch auf Erteilung der Baugenehmigung, wenn die gesetzlichen Voraussetzungen erfüllt sind; die Aufgabe der Kommune besteht also hier allein in der Prüfung der Rechtmäßigkeit ohne Möglichkeit inhaltlicher Vorgaben. Im Planungsrecht ist die Kommune trotz einiger Vorgaben der Länder weitgehend frei. Es gehört zum Kernbereich der **kommunalen Selbstverwaltung**, daß die Gestaltung des Gemeindegebiets in eigener Verantwortung vorgenommen werden kann. Ob bestimmte Gebiete als Wohngebiete, Grünflächen, Industriegebiete, Verkehrsflächen oder was auch immer ausgewiesen werden, ist ureigenste kommunale Entscheidungsfreiheit und daher ein weites Betätigungsfeld für Kommunalpolitik. Im Bauordnungsrecht beschränkt sich die kommunalpolitische Gestaltungsfreiheit allerdings auf die Festlegung allgemeiner Verwaltungsvorschriften für die Anwendung vorgegebener Gesetze, auf die die Kommune selbst keinen direkten Einfluß hat.

HANDLUNGSSPIELRÄUME: Hier ergeben sich zugunsten Behinderter eine ganze Reihe von Gestaltungsmöglichkeiten:

o Die **Verkehrsflächen** können in den Bebauungsplänen so ausgewiesen werden, daß sie behindertengerecht sind (abgesenkte Bordsteinkanten und ausreichend breite Gehwege sowie Rampen bei Höhenunterschieden für Rollstuhlfahrer, kontrastreiche Abgrenzung von Gehwegen zum Straßenbereich für Sehbehinderte, akustische Ampeln für Blinde etc.). Diese werden zudem nach dem jeweiligen Straßenrecht der Länder meist ohnehin von den Gemeinden errichtet und unterhalten, so daß sie auch für die konkrete Ausführung selbst verantwortlich sind. Die Belange älterer Menschen und von Eltern mit Kleinkindern laufen hier parallel zu denen Behinderter, und es sollte deutlich gemacht werden, daß es um menschengerechte Gestaltung geht.

o Bei vorgesehener **Wohnbebauung** könnte z. B. ein Teil der Wohnungen — etwa alle Erdgeschoßwohnungen oder einzelne Häuser — als behindertengerecht ausgewiesen werden. Bauinteressenten dürften dann auf diesen Flächen nur behindertengerechte Wohnungen errichten. In jedem Falle sollte auch angeregt werden, an der Planung Behinderte selbst zu beteiligen, weil die vorhandenen DIN-Normen für behindertengerechtes Bauen teilweise sehr veraltet sind.

o Das gleiche gilt für Flächen, auf denen z. B. Bürogebäude, Geschäfte etc. errichtet werden sollen. Auch hier könnte z. B. die Errichtung stufenlos zugänglicher baulicher Anlagen vorgeschrieben werden oder die Anlegung von Rampen.

Es gibt — bisher — keine Vorschriften in den Bauordnungen der Länder, wonach z. B. ein bestimmter Anteil der Wohnungen bei Neubauten behindertengerecht sein muß. Mangels gesetzlicher Verpflichtung kann daher im Bauordnungsrecht den Bauinteressenten ein behindertengerechtes Bauen nicht vorgeschrieben werden (außer wenn dies im Bebauungsplan vorgesehen ist, s. o.). Es gibt aber für öffentlich zugängliche Gebäude in den meisten **Landesbauordnungen** Vorschriften für behindertengerechtes Bauen. So müssen z. B. nach § 73 Abs. 1 HessBauO bauliche Anlagen und anderen Anlagen und Einrichtungen, die nicht nur gelegentlich von Behinderten aufgesucht werden, so gestaltet werden, daß sie von diesen ohne fremde Hilfe zweckentsprechend genutzt werden können. Dazu gehören nach Abs. 2 dieser Vorschrift insbesondere die dem allgemeinen Besucherverkehr dienenden Teile von Geschäftshäusern, Versammlungsstätten, Büro- und Verwaltungsgebäuden, Gerichten, Schalter- und Abfertigungsräumen der Verkehrs- und Versorgungseinrichtungen und der Kreditinstitute, öffentlichen Bibliotheken, Messe- und Ausstellungsbauten, Krankenhäusern, Apotheken, Sportanlagen, Spielplätzen und öffentlichen Bedürfnisanstalten. In der Praxis werden diese Vorschriften von den Baubehörden allerdings kaum eingehalten. Hier muß die Kommunalpolitik die Verwaltung zur Einhaltung geltenden Rechts verpflichten.

Weitere kommunale Zuständigkeiten

ÖFFENTLICHER VERKEHR: Busse und Bahnen werden meist von **Verkehrsunternehmen** betrieben, die als kommunale Eigenbetriebe, als GmbH oder als Aktiengesellschaft mit alleinigen oder jedenfalls überwiegenden Gesellschaftsanteilen der Kommune betrieben werden. Die meisten Fahrzeuge sind nach wie vor nicht behindertengerecht, obwohl es inzwischen von fast allen Herstellern sowohl Niederflur-Busse als auch -Straßenbahnen gibt, die mit Hebebühnen ausgerüstet sind und auch etwa Rollstuhlfahrern einen Zugang ermöglichen. Die Gemeindevertretung kann die Verwaltung verpflichten, nur noch solche Fahrzeuge anzuschaffen. Das gleiche gilt für die Gestaltung der Haltestellen oder etwa von U-Bahnhöfen, die auch für Behinderte zugänglich sein müssen.

KOMMUNALER WOHNUNGSBAU: Verschiedene Kommunen betreiben entweder eigene Wohnungsbauunternehmen oder sind jedenfalls hieran beteiligt. Im Rahmen des **Sozialen Wohnungsbaus** können diese durch politische Vorgaben verpflichtet werden, auch in angemessenem Umfang behindertengerechte Wohnungen zu bauen. Vielfach scheitert ein selbstbestimmtes Leben Behinderter bereits daran, daß sie in völlig unzugänglichen Wohnungen leben müssen.

DIE KOMMUNE ALS ARBEITGEBER: Jede Gemeinde und jeder Kreis nimmt nicht nur Aufgaben öffentlicher Verwaltung wahr, sondern ist zugleich auch Arbeitgeber seiner kommunalen Bediensteten. Als solcher unterliegt er auch der Verpflichtung des § 5 Abs. 1 **Schwerbehindertengesetz** (SchwbG), wonach jeder Arbeitgeber mit mindestens 16 Beschäftigten mindestens 6% der Arbeitsplätze mit anerkannten Schwerbehinderten besetzen muß. Für die Anerkennung als Schwerbehinderte/r ist die Hauptfürsorgestelle zuständig, die der/dem Betreffenden dann den entsprechenden Schwerbehindertenausweis ausstellt. Für jeden Arbeitsplatz, der entgegen der Verpflichtung des § 5 SchwbG nicht mit einem Schwerbehinderten besetzt ist, muß der Arbeitgeber pro Monat eine **Ausgleichsabgabe** von 200,- DM zahlen (§ 11 SchwbG). Auch die öffentliche Hand erfüllt nur in seltenen Ausnahmefällen ihre Beschäftigungspflicht. In den kommunalen Haushalten sind daher meist sogar entsprechende Haushaltstitel für die abzuführenden Ausgleichsabgaben enthalten. Es spart den Kommunen daher bares Geld, wenn sie Schwerbehinderte als Arbeitnehmer im vorgeschriebenen Umfang beschäftigen.

Beteiligung Behinderter und ihrer Organisationen

Bereits heute ist eine gewisse **Bürgerbeteiligung** bei kommunalen Angelegenheiten möglich. So sind z. B. nach § 114 BSHG vor dem Erlaß allgemeiner Verwaltungsvorschriften "**sozial erfahrene Personen**" zu hören. Diese sind auch vor dem Erlaß eines Widerspruchsbescheides in Sozialhilfesachen beratend zu beteiligen. Die sozial erfahrenen Personen werden i. d. R. von der Gemeindevertretung bestimmt. Hier sollten auch VertreterInnen von Behindertengruppen und -initiativen einbezogen werden. Nach den Ausführungsgesetzen einiger Länder zum BSHG sind beratende Gremien bei den überörtlichen und den örtlichen Sozialhilfeträgern vorgesehen (Baden-Württemberg: Arbeitsgemeinschaften; Bayern: Sozialhilfeausschuß; Hessen: Sozialhilfekommission; Rheinland-Pfalz: Sozialhilfeausschuß; Saarland: Beirat für Sozialhilfe). Auch hier können VertreterInnen von Behindertengruppen beteiligt werden.

In allen Bundesländern wäre nach den Gemeindeordnungen darüber hinaus die Einrichtung von **Behindertenbeiräten** oder **-beauftragten** möglich, die in allen Behinderte betreffenden Entscheidungen gehört werden müßten. In Brandenburg ist die Einrichtung von Behindertenbeiräten als Soll-Vorschrift in der Kommunalverfassung enthalten. Dabei hängt es von den jeweiligen örtlichen Gegebenheiten ab, ob ein Behindertenbeirat als kollektive Vertretung der Betroffenen (gewählt oder von den vor Ort tätigen Organisationen delegiert) oder ein/e Behindertenbeauftragte/r (ehrenamtlich oder hauptamtlich, bei der Verwaltungsspitze oder der politischen Gemeindevertretung angesiedelt) eingerichtet wird (vgl. Kapitel "BürgerInnenbeteiligung").

Literatur

Brühl, A.: Mein Recht auf Sozialhilfe, Beck-Rechtsberater im dtv
Bundesministerium für Arbeit und Sozialordnung: Ratgeber für Behinderte, ständige Neuauflagen, kostenlos zu beziehen über das Ministerium
Ewinkel, C. / Hermes G. u. a. (Hg.): Geschlecht behindert — Besonderes Merkmal Frau, AG SPAK Materialien 68, München 1985
fib e. V. (Hg.): Ende der Verwahrung? Perspektiven geistig behinderter Menschen zum selbständigen Leben, AG SPAK-Publikationen M 102, München 1991
Jürgens, A. / Kröger, D. / Marschner, R. / Winterstein, P.: Das neue Betreuungsrecht, Verlag C. H. Beck München, 3. Aufl. 1994
Mayer, A. / Rütter, J.: Abschied vom Heim, Erfahrungsberichte aus Ambulanten Diensten und Zentren für Selbstbestimmtes Leben, AG SPAK-Publikationen M 87, München 1990 (u. a. mit einer Liste örtlicher Ambulanter Dienste und Zentren für Selbstbestimmtes Leben)
Thust, W. / Naujoks, K. / Trenk-Hinterberger, P.: Die Rechte behinderter Menschen und ihrer Angehörigen, Schriftenreihe der Bundesarbeitsgemeinschaft Hilfe für Behinderte, Band 103, 19. Aufl. 1991, Düsseldorf (zu beziehen über die BAG Hilfe für Behinderte, s. Organisationen)
Windisch, M. / Miles-Paul, O. (Hg.): Diskriminierung Behinderter, Erfahrungen — Analysen — Gegenstrategien, Fachbereich Sozialwesen an der Universität/Gesamthochschule Kassel, Arnold-Bode-Str. 10, 34127 Kassel

Organisationen

Bundesarbeitsgemeinschaft Hilfe für Behinderte e. V. (BAGH), Kirchfeldstraße 149, 40215 Düsseldorf, Tel.: 0211/31 00 60, Fax: 31 00 648. Die BAGH ist die Spitzenorganisation von knapp 60 Fachverbänden und Landesarbeitsgemeinschaften in allen Bundesländern. Die Anschriften der LAGs können bei der BAG erfahren werden. Die LAGs wiederum können an Organisationen vor Ort verweisen.
Interessenvertretung Selbstbimmt Leben e. V. (ISL), Kurt-Schumacher-Str. 2, 34117 Kassel, Tel.: 0561/77 97 55. Mitglieder von ISL sind die Zentren für Selbstbestimmtes Leben in verschiedenen Städten. Anschriften und örtliche Ansprechpartner können von der Geschäftsstelle vermittelt werden. Darüber hinaus können hier Informationen über die Kampagne zu einem Gleichstellungs- und Antidiskriminierungs-Gesetz für Behinderte bezogen werden. Junge und sehr aktive Organisation, dem Gedanken der Selbstbestimmung Behinderter verpflichtet.
Deutscher Paritätischer Wohlfahrtsverband (DPWV) — Gesamtverband e.V., Heinrich-Hoffmann-Straße 3, 60528 Frankfurt/Main; Tel.: 069/6706-0; Fax: 069/6706204. Der DPWV ist einer der Spitzenverbände der freien Wohlfahrtspflege, vor allem nicht konfessionelle Träger und Einrichtungen sind hier Mitglied, meist auch die vor Ort tätigen Selbsthilfeorganisationen Betroffener. Die Zentrale kann an die Landesverbände und diese wiederum an die örtlich tätigen Träger verweisen.
Allgemeiner Behindertenverband in Deutschland e. V., Am Köllnischen Park 3, 10179 Berlin.. Vor allem in den neuen Bundesländern aktive Organisation, Spitzenverband verschiedener Einzelverbände.

AKP-Artikel zum Thema

Goger, Chr.: Eine Schule für alle. Schritte zur gemeinsamen Erziehung behinderter und nichtbehinderter Kinder, in: AKP 2/1992, S. 48

Oliver Schruoffeneger

Gesundheitspolitik

Kommunale Gesundheitspolitik muß sich schwerpunktmäßig mit dem öffentlichen Gesundheitswesen selber befassen. Die **Krankenhauspolitik**, die in allgemeinen gesundheitspolitischen Debatten häufig im Vordergrund steht, kann dagegen aufgrund geringer kommunalpolitischer Einflußmöglichkeiten am Rande behandelt werden. Neben der Darstellung einer möglichen Umstrukturierung des **öffentlichen Gesundheitsdienstes** setzt dieser Beitrag einen Schwerpunkt auf die kommunale **Psychiatriepolitik**. Beide Themenbereiche werden zur Zeit in kleinen Fachkreisen intensiv diskutiert, da den Fachleuten klar ist, daß nur eine völlige Umstrukturierung der Versorgungsstrukturen in diesen Bereichen zur effektiven Arbeit und damit auch zu guten Ergebnissen für die BürgerInnen führen kann. Die Ansätze der alternativen Gesundheitsbewegung seit Beginn der 80er Jahre werden in dieser Diskussion breit aufgegriffen. Es steht daher alternativen KommunalparlamentarierInnen gut an, sich einzumischen und mit dafür zu sorgen, daß die vielen fortschrittlichen Ansätze zum Durchbruch kommen und die Diskussion nicht nur unter dem Gesichtspunkt der Kosteneinsparung geführt wird.

Der öffentliche Gesundheitsdienst

In den meisten Bundesländern gibt es kein neues Gesetz für die Arbeit der öffentlichen Gesundheitsdienste. Arbeitsgrundlage ist immer noch das "Gesetz über die Vereinheitlichung des Gesundheitswesens" von 1934, das natürlich den heutigen Erfordernissen nicht mehr gerecht wird. Da sich die Struktur der Erkrankungen weg von den infektionsbedingten Epidemien hin zu chronischer Zivilisationskrankheiten entwickelt hat und umweltbedingte Gesundheitsgefahren eine große Rolle spielen, sind ganz andere Schwerpunkte der medizinischen und gesundheitspolitischen Arbeit erforderlich. Auch die Anbieterstruktur im Gesundheitswesen hat sich wesentlich geändert, was sich ebenfalls in neuen Aufgabenstellungen für den öffentlichen Gesundheitsdienst niederschlagen müßte. Unabhängig von der jeweiligen landesrechtlichen Regelung können jedoch die Kommunen, die in den meisten Bundesländern Träger des öffentlichen Gesundheitsdienstes sind, durch eigenständige Schwerpunktsetzungen versuchen, dem Ziel eines modernen öffentlichen Gesundheitsdienstes näher zu kommen. Im Rahmen einer **Aufgabenkritik** muß geprüft werden, welche Aufgaben unbedingt notwendig sind und welche auch entfallen können.

GESUNDHEITSBERICHTERSTATTUNG UND -PLANUNG: Vordinglich ist der Aufbau einer kommunalen **Gesundheitsberichterstattung und -planung**. "Gesundheitsberichterstattung dient jedoch nicht allein der Erfassung umweltmedizinischer und sozialmedizinischer Daten. Sie stellt vor allem die Grundlage dar für die Initiativen für Gesundheitsförderung, zur Aufklärung der Bevölkerung, zur Schließung von Versorgungslücken und zum Schutz vor übertragbaren Krankheiten auch auf kommunaler Ebene." (Arbeitskreis öffentlicher Gesundheitsdienst der Ärztekammer Berlin). Gesundheitsberichterstattung muß eine Bestandsaufnahme der medizinischen und präventiven Versorgungsstrukturen der Kommune beinhalten. Sie muß die medizinischen und psychosozialen Problemlagen der Kommune beschreiben. Der zweite Schritt ist die Gesundheitsplanung: Hier müssen Vorschläge zur Verbesserung der Situation unterbreitet werden. Dabei muß die Gesundheitsplanung auch die Qualitätssicherung der angebotenen und der an **freie Träger** delegierten Leistungen im Blick haben. In der Praxis ist es zumeist sinnvoll, eine jährliche Berichterstattung durchzuführen, die neben einem allgemeinen Überblick über Sozialstruktur und gesundheitspolitische Daten ein jährlich wechselndes Schwerpunktthema enthält. Dieses Thema sollte dann alle fünf bis sechs Jahre wiederkehren, um Entwicklungen deutlich zu machen.

GESUNDHEITSFÖRDERUNG: Auf der Gesundheitsberichterstattung und -planung müssen Gesundheitsförderungsprogramme aufbauen: Diese sind in Zusammenarbeit mit den Krankenkassen und interessierten **freien Trägern** auch von der Kommune zu initiieren und durchzuführen. Die Kommune muß koordinierend tätig werden und die freien Träger motivieren, in den erkannten Problemfeldern Angebote zu machen. Wenn dies nicht gelingt, muß sie eigenständig Angebote entwickeln. Kommunale **Gesundheitsförderung** sollte jedoch nicht den Fehler vieler Gesundheitsförderungsprogramme der Krankenkassen wiederholen, die üblichen mittelschichtorientierten Nichtraucherkurse etc. anzubieten. Stattdessen sollte sie sich konsequent an den in der Gesundheitsberichterstattung erkannten Problemlagen orientieren. Besonders wichtig ist es, aufsuchende Strukturen zu entwickeln. Gerade die Bevölkerungsgruppen, deren psychosoziale Versorgungssituation besonders schlecht ist bzw. deren Gesundheitszustand besonders gefährdet ist, nehmen Gesundheitsförderungsangebote nicht aus eigener Initiative an. Entweder fehlen ihnen die notwendigen Informationen – häufig erkennen sie den Nutzen der Gesundheitsförderungsaktivitäten für ihre eigene Person und ihr weiteres Leben nicht –, oder sie können die Schwellenängste nicht überwinden. Ein guter Ansatz, die übliche Mittelschichtorientierung der Gesundheitsförderungsprogramme zu durchbrechen, könnten verstärkte Aktivitäten der betrieblichen Gesundheitsförderung sein. Der öffentliche Gesundheitsdienst der Kommunen muß hier gemeinsam mit den Krankenkassen – eventuell auch mit den Betriebskrankenkassen der jeweiligen Betriebe – Initiativen entwickeln.

GESUNDHEITLICHER UMWELTSCHUTZ: Ein neuer Schwerpunkt des öffentlichen Gesundheitsdienstes der Kommunen sollte der gesundheitliche Umweltschutz sein. Der Aufbau einer **Gesundheitsverträglichkeitsprüfung** wäre ein Mittel – unter anderen –, diesen zu institutionalisieren. Die Bedeutung des gesundheitlichen Umweltschutzes wird immer noch zu wenig erkannt, obwohl viele gesundheitliche Probleme durch mangelnde Umweltschutzmaßnahmen und durch die Belastung mit Schadstoffen auftreten. Hier soll beispielhaft nur an die die gesundheitlichen Schäden durch Holzschutzmittel, Formaldehyd, lösungsmittelhaltige Farben, etc. erinnert werden. Umweltbedingte Ursachen für gesundheitliche Beeinträchtigungen werden jedoch nur selten von niedergelassenen ÄrztInnen erkannt. Die modellhaft eingerichteten Beratungsstellen für gesundheitlichen Umweltschutz in einzelnen Kommunen werden daher sowohl von den betroffenen BürgerInnen als auch von ÄrztInnen, die fachliche Unterstützung suchen, stark genutzt. "Jede gesetzlich vorgeschriebene Umweltverträglichkeitsprüfung bedarf auch einer Gesundheitsverträglichkeitsprüfung, Verkehrsplanung z.B. ist ohne ihre Auswirkungen auf die Gesundheit der Bürger nur Stückwerk." (Arbeitskreis öffentlicher Gesundheitsdienst der Ärztekammer Berlin)

Die Forderung nach einer Gesundheitsverträglichkeitsprüfung beinhaltet, daß der öffentliche Gesundheitsdienst sich zu einer **Querschnittsaufgabe** in der Kommune entwickelt und aus gesundheitspolitischer Sicht Einfluß auf alle Fachentscheidungen nimmt. Dies würde eine wesentliche Aufwertung und Stärkung des öffentlichen Gesundheitsdienstes bedeuten. Neben den direkten gesundheitlichen Auswirkungen von Planungen oder Maßnahmen sollte auch geprüft werden, ob durch die geplanten Maßnahmen die Möglichkeiten der Bevölkerung, sich für eine gesundheitsgerechte Lebensform zu entscheiden, reduziert oder erweitert werden. Eine rechtzeitige Gesundheitsverträglichkeitsprüfung kann durch verfehlte Planungen bedingte Gesundheitsgefahren und -schäden vermeiden. So können enorme Kosten eingespart werden, die ansonsten anfallen, wenn eingebaute Stoffe aufgrund ihrer später erkannten Gesundheitsgefahren in aufwendigen Sanierungsverfahren wieder entfernt werden müssen, wie z.B. bei Asbest- oder PCB-Sanierungen.

SOZIALE PROBLEMGRUPPEN: Neben diesen weitgehend neuen Aufgaben muß der öffentliche Gesundheitsdienst auch weiterhin die gesundheitliche Betreuung sozialer Problemgruppen sicherstellen, die durch niedergelassene Ärzte und andere Institutionen nicht ausreichend betreut werden. Diese eigentlich traditionelle Aufgabe des öffentliche Gesundheitsdienstes wurde in vielen Kommunen in den letzten Jahrzehnten weitgehend vernachlässigt. Die Tatsache, daß die MitarbeiterInnen des öffentlichen Gesundheitsdienstes nicht selber behandeln dürfen, wird von ihnen häufig als Ausrede benutzt, um sich nicht intensiv um die Betroffenen kümmern zu müssen. Dies hat dazu geführt, daß gerade diejenigen, die medizinische und psychosoziale Betreuung oder Versorgung besonders nötig haben, auch beim öffentliche Gesundheitsdienst weitgehend vernachlässigt werden. Dies ist nicht nur, aber besonders in Zeiten zunehmender sozialer Verelendung von größer werdenden Bevölkerungsgruppen unakzeptabel. Der öffentliche Gesundheitsdienst muß sicherstellen, daß **Obdachlose, Drogenabhängige**, Aidskranke und andere Problemgruppen sowohl präventiv wie auch kurativ betreut werden. Wenn er in seiner koordinierenden Funktion nicht dazu in der Lage ist, die notwendigen Angebote in seinem Einzugsbereich durch **freie Träger** oder niedergelassene Ärzte sicherzustellen – und zwar so, daß keine Schwellenängste entstehen und **niedrigschwellige Angebote** angenommen werden – , dann muß er selber entsprechende Angebote machen. Niedrigschwellige Angebote sind zum Beispiel: Die Bereitstellung von

Waschmaschinen und Duschen im Zusammenhang mit einer ärztlichen Sprechstunde für Obdachlose in unmittelbarer Nähe des Sozialamtes oder in Kopplung mit einer Wärmestube oder eine ärztliche Sprechstunde gekoppelt mit einem sozialen Beratungsangebot in der Drogenszene ...

NOTWENDIGE STRUKTURVERÄNDERUNGEN: Einzelne Ämter des öffentliche Gesundheitsdienstes haben sowohl beratende Funktionen als auch Ordnungsaufgaben (z.B. **Sozialpsychiatrische Dienste** in einzelnen Bundesländern). Dies ist erstens datenschutzrechtlich problematisch und kann sich zweitens auch auf das Vertrauensverhältnis der MitarbeiterInnen — sowohl untereinander als auch zu den Klienten — auswirken. Anderseits ist eine umfassendere Beratung und auch Hilfestellung nur möglich ist, wenn die MitarbeiterInnen die Klienten in problematischen Situationen kennen, zum Beispiel wenn im Rahmen der Erfüllung der Ordnungsaufgaben eine Einweisung in eine Klinik notwendig erscheint. Sie können dann besser einschätzen, welche Hilfestellung die Klienten gerade brauchen. Die Koppelung von Ordnungsaufgaben und beratenden Angeboten hat somit ein Pro und Contra, das vor Ort entschieden und diskutiert werden muß. Auf jeden Fall wird immer ein Teil der einschlägigen Ordnungsaufgaben beim öffentlichen Gesundheitsdienst verbleiben müssen. Wichtig ist daher, daß sich die Beteiligten dieser Zwitterstellung des öffentliche Gesundheitsdienstes bewußt sind. Eine entsprechende Diskussion sollte also immer wieder initiiert und weitergeführt werden. Insgesamt kann ein moderner öffentlicher Gesundheitsdienst jedoch wesentlich von Ordnungsaufgaben entlastet werden. Dies setzt allerdings landesgesetzliche Regelungen voraus, so daß Details dazu hier nicht weiter ausgeführt werden.

Für die Aufgaben eines öffentlichen Gesundheitsdienstes mit den oben geschilderten notwendigen neuen Schwerpunktsetzungen auf die Bereiche Gesundheitsplanung und -berichterstattung, Gesundheitsförderung, gesundheitlicher Umweltschutz und Gesundheitsverträglichkeitsprüfung ist die bisherige Personalstruktur des öffentliche Gesundheitsdienstes ungeeignet. Für Gesundheitsberichterstattung und -planung sind sozialwissenschaftliche Qualifikationen erforderlich. Für die Gesundheitsförderung sind SozialarbeiterInnen am besten geeignet. Für die Gesundheitsverträglichkeitsprüfung und den gesundheitlichen Umweltschutz sind naturwissenschaftliche Kenntnisse erforderlich, zur Erfüllung der Querschnittsfunktion auch sozialwissenschaftliche Qualifikationen. Die Dominanz der ÄrztInnen im öffentliche Gesundheitsdienst wird durch eine Neustrukturierung stark in Frage gestellt. Damit ist auch eines der wesentlichen Umsetzungsprobleme benannt: Der heftige Widerstand der bisherigen "Machthaber" im öffentlichen Gesundheitsdienst, der ÄrztInnen, resultiert daraus. Die Auseinandersetzung mit den ÄrztInnen ist jedoch unverzichtbar: Sie sind die denkbar ungeeignetste Berufsgruppe, um einen Großteil der neuen Schwerpunkte des öffentlichen Gesundheitsdienstes in Angriff zu nehmen. Die ärztliche Berufsausbildung orientiert darauf, Krankheiten zu heilen; neue Aufgabe des öffentlichen Gesundheitsdienstes ist es aber, präventiv tätig zu werden, das Entstehen von Krankheiten zu verhindern und gesellschaftliche Rahmenbedingungen zu schaffen, in denen jeder einzelne Mensch sich individuell entscheiden kann, ob er gesundheitsgerecht oder gesundheitsgefährdend leben möchte. Hier haben ärztliche Kompetenzen nur in den seltensten Fällen etwas zu bieten. Dies heißt natürlich nicht, daß nicht einzelne ÄrztInnen durch individuelle Schwerpunktsetzung und Fortbildung auch in diesen Bereichen effektive und gute Arbeit leisten können.

Der öffentliche Gesundheitsdienst muß nicht alles selber anbieten. Er muß die Kooperations- und Koordinationsnetze innerhalb der Gemeinde schaffen und sicherstellen, daß die notwendigen Angebote durch Dritte oder durch ihn selber angeboten werden. Die Förderung von **Selbsthilfe**aktivitäten gehört hierbei zu den vorrangigen Aufgaben. Der öffentliche Gesundheitsdienst sollte sich allerdings nicht komplett aus ganzen Angebotsbereichen zurückziehen. Es wird langfristig kaum möglich sein, Qualitätskriterien für freie Träger zu entwickeln und vorzugeben und deren Einhaltung zu kontrollieren, wenn der öffentliche Gesundheitsdienst nicht selber auf praktische Erfahrungen in den jeweiligen Gebieten zurückgreifen kann. Im Rahmen dieser **Qualitätskontrolle** muß der öffentliche Gesundheitsdienst gewährleisten, daß die Angebote flexibel bleiben, daß auf neue Problemlagen schnell reagiert werden kann und daß nicht nun in freier Trägerschaft eine ähnliche Verkrustung eintritt wie im öffentlichen Gesundheitsdienst in den letzten 40 Jahren. Insbesondere die großen **Wohlfahrtsverbände** sind kritisch zu betrachten, da diese aufgrund ihrer Organisationsstruktur oftmals ein enormes Beharrungs- und Vergrößerungsvermögen an den Tag legen. Im Zweifelsfall sollte der öffentliche Gesundheitsdienst bei der Schaffung und Unterstützung von Angeboten **freier Träger** kleinen Projekten aus der Gemeinde den Vorrang vor den oftmals sehr bürokratisch organisierten Projekten der großen Wohlfahrtsverbände geben. Die Unterstützung freier Träger sollte nicht mehr im bisherigen System der jährlichen Zuwendungen erfolgen, das insbesondere für die kleineren Anbieter keinerlei Planungssicherheit bietet. Stattdessen sollten mittelfristige Verträge, z.B. über fünf Jahre, abgeschlossen werden, in denen auch eindeutige Qualitätsanforderungen formuliert sind. Wichtig ist auch, daß festgeschrieben wird, auf welche Weise die Qualitätskontrolle durchgeführt wird. Die Anbieter sollten verpflichtet werden, sich der Qualitätskontrolle durch dafür geeigneten Institutionen, zum Beispiel durch Qualitätszirkel und Gesundheitskonferenzen, zu stellen. Das Interesse der Anbieter, ihre Verträge nach fünf Jahren verlängert zu bekommen, sorgt hier für den nötigen Druck. Die nötige Flexibilität und Selbstkritik kann durch die ständige Auseinandersetzung über die Angebote in **Gesundheitskonferenzen** gefördert werden.

Psychiatriepolitik

Die Psychiatrie-Enquéte-Kommission des Bundestages hat im September 1975 die damals flächendeckend katastrophale Situation der psychiatrischen Versorgung in der Bundesrepublik beschrieben. Wesentliche Kritikpunkte waren die Zustände in der stationären Versorgung und die Tatsache, daß es kaum **ambulante** und **teilstationäre Angebote** gab, obwohl diese wesentlich besser für die Versorgung von psychisch Kranken geeignet sind als die bis dahin übliche stationäre Unterbringung in Großkliniken. Unter dem Motto "Auflösung der Großkliniken" gab es in der interessierten Öffentlichkeit eine starke Bewegung für die Verbesserung der Situation. Ein von der Bundesregierung aufgelegtes Modellprogramm sollte neue Versorgungsstrukturen entwickeln helfen. Über zehn Jahre später wurde dann durch eine erneute Expertenkommission der Bundesregierung überprüft, ob und welche Verbesserungen eingetreten sind. Das Ergebnis war erschreckend: Zwar sind die Großkliniken weitgehend verkleinert worden, und ambulante und teilstationäre Versorgungsstrukturen sind im Entstehen, aber gerade die Hauptbetroffenen, nämlich die chronisch psychisch Kranken, sind in den Kliniken verblieben. Für sie gibt es kaum ambulante Angebote, und sie sind wesentlich schlechter gestellt als somatisch erkrankte Personen.

Schwerpunkt kommunaler **Psychiatriepolitik** sollte jetzt also die Schaffung von Strukturen für chronisch psychisch Kranke sein. Dazu bedarf es einer **Regionalisierung** der Verantwortung für die Versorgung. Die Kommune muß die Verantwortung für ihre psychisch kranken BürgerInnen übernehmen; Abschiebungen in Kliniken und Einrichtungen anderer Kreise oder Kommunen dürfen nicht mehr vorkommen. Jede Kommune bzw. jeder Kreis muß die notwendige Versorgungskette selber aufbauen. Nur so kann den chronisch psychisch Kranken ein Recht auf Leben in ihrer Heimat gegeben werden. Die Gesellschaft muß sich zu ihrer Verantwortung bekennen und den Umgang mit diesen Menschen lernen. Wichtig ist es, auch die **freien Träger** und **Wohlfahrtsverbände** in diese Verantwortung einzubinden: Die bisher häufige Praxis, daß die freien Träger sich die bequemen PatientInnen heraussuchen, mit denen die verschiedenen Therapieformen "durchgespielt" werden können, während die schwierigen PatientInnen ohne Betreuung und Versorgung bleiben, muß endgültig der Vergangenheit angehören. Jeder Träger muß nach Absprache innerhalb des sozialpsychiatrischen Verbundes der Gemeinde in seinem Aufgabenbereich die Versorgung aller PatientInnen übernehmen. Dazu ist es notwendig, daß die Träger sich untereinander absprechen, wer für welche Personengruppen zuständig ist, und sie müssen untereinander gewährleisten, daß diese Zuständigkeitsverteilung auch funktioniert. Die Kommune trägt die Verantwortung dafür, daß alle EinwohnerInnen die ihnen angemessene Versorgung erhalten. Dazu wird es natürlich in Einzelfällen notwendig sein, freie Träger besser als bisher mit Personal auszustatten. Insgesamt müssen die Strukturen wesentlich mehr Flexibilität ermöglichen, indem die Grenzen zwischen den Angeboten und Einrichtungen durchlässiger werden. Der stationäre Bereich der Psychiatrie kann in den meisten Regionen noch wesentlich reduziert werden. Er sollte nur noch für die Behandlung von Akuterkrankungen zur Verfügung stehen, die nicht mehr ambulant oder teilstationär aufzufangen sind; chronisch kranke Menschen gehören nicht in ein Krankenhaus. So kann nach der Empfehlung der Expertenkommission der Bundesregierung von einem Schlüssel von 0,8 Betten für psychiatrisch kranke Menschen auf 1000 EinwohnerInnen ausgegangen werden, die auf jeden Fall innerhalb der Kommune zur Verfügung stehen sollten (z.B. im Kreiskrankenhaus). Falls dies in der Übergangszeit nicht möglich sein sollte und weiterhin die Unterbringung in einem Krankenhaus eines anderen Kreises erfolgt, so ist es in jedem Fall notwendig, daß dieses Krankenhaus regionalisiert arbeitet. Das bedeutet, daß eine Station, die PatientInnen des Kreises X aufnimmt und eine andere Station die des Kreises Y. So ist es den MitarbeiterInnen möglich, in enger Zusammenarbeit mit den ambulanten und teilstationären Angeboten des Kreises ihrer PatientInnen zu arbeiten. Nur wer die Versorgungsstrukturen des entsprechenden Kreises gut kennt, kann vernetzt handeln.

Das gemeindepsychiatrische Netz ist häufig sehr zersplittert. Für Betroffene und deren Angehörige ist meistens nicht durchschaubar, welche Institutionen und Anbieter für welche Tätigkeiten und Betreuungsaufgaben zuständig sind. Auch deshalb ist es notwendig, daß im Rahmen des gemeindepsychiatrischen Verbundes alle Anbieter eng zusammenarbeiten und ein gemeinsames Management für die Betroffenen übernehmen. Anstatt diese von einer Institution zur anderen zu schicken, müssen die MitarbeiterInnen sie begleiten, verschiedene Aufgaben übernehmen und Angebote koordiniert anbieten. Am sinnvollsten wäre es, in jeder Kommune **gemeindepsychiatrische Zentren** für jeweils etwa 50.000 bis 60.000 EinwohnerInnen einzurichten, die die Koordination übernehmen und um die sich alle Angebote gruppieren. Diese Zentren sollten eng mit dem stationären Bereich der Gemeinde zusammenarbeiten. Von hier aus müßten betreute Wohngemeinschaften, betreute Einzelwohnprojekte, Tagesstätten sowie Kontakt- und Begegnungsstätten erreichbar sein. Zuverdienstfirmen, Beschäftigungs- und Arbeitstherapien, Krisenintervention, einige wenige Krisenbetten, der **Sozialpsychiatrische Dienst** und — sofern nicht ans Krankenhaus angegliedert — eine Tagesklinik sollten hier vermittelt oder angeboten werden können.

Als Steuerungsinstrument für die Weiterentwicklung der Versorgungsstrukturen sollte die Stelle eines oder einer **PsychiatriekoordinatorIn**, die direkt dem oder der zuständigen DezernentIn zugeordnet ist, sowie ein **Psychiatriebeirat** aus den Fachleuten der Region geschaffen werden. Die verbesserte Koordination und Vernetzung der Versorgungsangebote darf aber nicht dazu führen, daß sich die Menschen nicht mehr entziehen können. Die Wahlfreiheit — und eben auch die Freiheit, auf Betreuung zu verzichten — muß selbstverständlich erhalten bleiben.

Besonderes Augenmerk verdient die Umsetzung der **Psychiatriepersonalverordnung (PsychPV)**, sofern die Kommunen Träger von Krankenhäusern dieses Bereiches sind. Die Psychiatriepersonalverordnung wird schrittweise bis 1995 eingeführt und bringt im stationären Psychiatriebereich eine Verbesserung der Personalausstattung von in der Regel 30%, teilweise sogar noch mehr. Dafür sind bestimmte Aufgabenkataloge festgeschrieben worden, die die Krankenhäuser zu leisten haben. Damit die PsychPV nicht völlig kontraproduktiv einseitig den stationären Bereich stärkt, ist es notwendig, insbesondere die Arbeitsbereiche auszubauen, die auf eine Vernetzung mit dem ambulanten Bereich zielen: Begleitung der Patienten aus dem Krankenhaus hinaus in die Gemeinde, Vorbereitung auf die Entlassung, Enthospitalisierungsprogramme. Da dies vielfach eine Neustrukturierung der Arbeit bedeutet, muß die Kommune, als Trägerin des ambulanten Bereichs, daraus resultierenden Widerständen entgegenwirken.

Krankenhauspolitik

Das **Gesundheitsstrukturgesetz** des Jahres 1993 hat die Situation der **Krankenhäuser** wesentlich verändert. Die geplante und teilweise schon durchgeführte Einführung von Fallpauschalen statt Tagessätzen führt zu völlig neuen Finanzierungsstrukturen. Die Kommunen als Krankenhausträger müssen sicherstellen, daß das Leistungsspektrum ihrer Häuser erhalten bleibt und die Einführung von Fallpauschalen nicht dazu führt, daß eine Spezialisierung auf "rentable" Erkrankungen und Operationen erfolgt und schwierige, weniger "rentable" Behandlungen unterbleiben. Anderenfalls könnten langfristig große Lücken in der stationären Versorgung einzelner Kommunen entstehen. Den Krankenhäusern wurde durch das Gesundheitsstrukturgesetz die Möglichkeit des ambulanten Operierens sowie der Vor- und Nachsorge gegeben. Die erweiterten Möglichkeiten, auch im ambulanten Sektor tätig zu sein, können ein zweites wirtschaftliches Bein sein und gleichzeitig zu einer wesentlichen Kostenreduzierung für die Krankenkassen und damit die BeitragszahlerInnen führen. Auch für die PatientInnen ist es häufig — nicht immer — angenehmer, nicht tage- oder wochenlang im Krankenhaus liegen zu müssen, wenn die Operation auch ambulant durchgeführt werden kann.

Lange Krankenhausaufenthalte führen zu Hospitalismusschäden. Daher ist es besonders wichtig, die in vielen Krankenhäusern anzutreffende Fehlbelegung mit eigentlich nicht krankenhausbehandlungsbedürftigen Menschen zu bekämpfen. Die Fehlbelegung ist zumeist Resultat mangelnder ambulanter oder stationärer Pflegemöglichkeiten vor Ort. Gerade alte Menschen sind davon besonders betroffen. Nach ein bis zwei Wochen ist eine Rückkehr in die eigene Wohnung häufig viel einfacher zu verwirklichen — wenn außerdem in der Wohnung eine umfassende ambulante Betreuung und **Rehabilitation** stattfindet — als nach einem vier- oder sechswöchigem Krankenhausaufenthalt. Gerade älteren PatientInnen muß vom ersten Tag des Krankenhausaufenthalts an ein rehabilitatives Angebot gemacht werden, was häufig gerade auf inneren oder chirurgischen Stationen unterbleibt. Eine gute Ausstattung einer Gemeinde mit ambulanten Angeboten wirkt sich also auch auf den Krankenhausbereich aus. Die ambulante Betreuung und Nachsorge ist nicht nur für die Betroffenen menschlicher, sondern auch volkswirtschaftlich von großer Bedeutung.

PERSONALPOLITIK IM KRANKENHAUS: Eine wichtige Eingriffsmöglichkeit hat die Kommune auf die Personalpolitik der Krankenhäuser. Das **Gesundheitsstrukturgesetz** hat zumindest in den städtischen Gebieten eine fatale Situation für junge ÄrztInnen geschaffen. Durch eine faktische Niederlassungssperre für ÄrztInnen bei Erreichen eines bestimmten Versorgungsgrades in der Region, der in den Städten der alten Bundesländer fast überall erreicht ist, besteht die Perspektive für viele junge ÄrztInnen nur noch darin, dauerhaft im Krankenhaus angestellt zu bleiben. Dies führt dazu, daß die vorhandenen Arbeitsplätze in den Krankenhäusern dauerhaft blockiert werden und deshalb die Ausbildung von neuen FachärztInnen nur noch in viel geringerem Umfang erfolgen kann. Manche Krankenhäuser versuchen, dem absehbaren Ausbildungsmanko durch die Befristung der Assistenz-Stellen auf fünf Jahre entgegenzutreten, was zu verstärkter **Arbeitslosigkeit** führt. Es ist daher wichtig, viele zusätzliche Arbeitsplätze in den Krankenhäusern zu schaffen, um einerseits die ausgebildeten ÄrztInnen halten zu können, andererseits aber Stellen zur Weiterbildung anbieten zu können. Dies ist durchaus möglich, wenn endlich andere Arbeitszeiten für angestellte KrankenhausärztInnen geschaffen würden. Ungezählte Überstunden könnten abgebaut und völlig absurde Schichtdienste umstrukturiert werden — was im übrigen vielen alleinerziehenden Menschen, das heißt vor allem Frauen, diese Tätigkeit erleichtern würde. Eine Berliner Untersuchung der Ärztekammer hat ergeben, daß die über 3.000 arbeitslosen ÄrztInnen der Stadt ohne zusätzliche Kosten einen Arbeitsplatz in den Krankenhäusern finden könnten, wenn statt Überstunden neue Stellen ausgeschrieben würden. Da sich die Arbeitslosigkeit unter ÄrztInnen durch das **Gesundheitsstrukturgesetz** in den nächsten Jahren noch drastisch verschärfen wird, sind die Kommunen als Krankenhausträger gefordert, in ihren Krankenhäusern andere Arbeitszeitmodelle zu verwirklichen, um zusätzliche Arbeitsplätze bereitstellen zu können.

UMWELTSCHUTZ IM KRANKENHAUS: Last not least sei auf die vielfältigen Bemühungen einiger Krankenhäuser verwiesen, einen Beitrag zum Umweltschutz zu leisten. Müllreduzierung um über 50% durch eine völlige Umstellung des **Beschaffungswesens** sowohl im Bereich der Hauswirtschaft als auch im Bereich der medizinischen Geräte und Verbrauchsmittel sind möglich. Auch im Energiebereich lassen sich in vielen Häusern Einsparungen von 30 bis 50% erzielen. Enorme Kosteneinsparungen sind ein Nebeneffekt. Um das Bewußtsein für energiesparende und abfallvermeidende Strategien im Krankenhaus zu wecken, ist die Einrichtung einer Umweltkommission in jedem Krankenhaus hilfreich, eventuell unter Hinzuziehung externer Fachleute. Die Kommunen können als Krankenhausträger auf ihre Häuser einwirken, in diesem Bereich aktiv zu werden. Insbesondere können sie Vorgaben machen, welche Einsparungen in verschiedenen Bereichen zu erbringen sind, und damit auch Druck erzeugen.

Literatur

Bundesministerium für Gesundheit: Empfehlungen der Expertenkommission der Bundesregierung zur Reform der Versorgung im psychiatrischen und psychotherapeutischen/psychosomatischen Bereich, 11.11.88. Dazu: Bericht der Bundesregierung.
IDIS: Gesundheitsförderung: Hab ein Herz für Dein Herz — Der Betrieb als Interventionsort für Prävention und gesundheitsfördernde Maßnahmen, Bielefeld 1990
Ministerium für Arbeit, Gesundheit, Familie und Sozialordnung: Zukunftsperspektiven des öffentlichen Gesundheitsdienstes, 1990.

Fachzeitschriften

Dr. med. Mabuse, Zeitschrift für das Gesundheitswesen, Kasseler Str. 1a, 60486 Frankfurt.
Soziale Psychiatrie, Zeitschrift der "Deutschen Gesellschaft für Soziale Psychiatrie", Stuppstr. 14, 50823 Köln.

Karoline Linnert

Randgruppen in der Sozialpolitik

Die wirtschaftliche Krise, die Verschuldung der Kommunen und hohe Arbeitslosigkeit bedingen die heutige Krise des Sozialstaates, die mit verschärften Verteilungskämpfen um die Mittel, die für soziale Hilfen aufgewendet werden, einhergeht. Auch unter den Gruppen, die auf staatliche Hilfen angewiesen sind, und unter den für sie zuständigen Hilfeorganisationen und Trägern steigt die Konkurrenz. Dabei kann man eine zunehmende Tendenz beobachten, daß die alten unausgesprochenen Hierarchien der benachteiligten Gruppen sich in den für sie jeweils zugewiesenen Mitteln widerspiegeln. Während z. B. der Bereich Altenpolitik noch mit einem Zuwachs der Mittel für Pflege rechnen kann, wird die Sozialhilfe real gesenkt. Während die Bundesregierung ein von den Kommunen zu finanzierendes Schwangeren- und Familienhilfegesetz beschließt und sich mit dem Recht auf einen Kindergartenplatz profiliert, wird in Bund und Ländern eine auf mittlere und höhere Einkommen bezogene Wohnungspolitik gemacht, die benachteiligte Menschen von der Versorgung mit Wohnraum fast völlig ausschließt. Trotz großer öffentlicher Beachtung sind vor allem Drogenabhängige stark unterversorgt, alleinstehende Wohnungslose fast ohne Chance. Für Menschen mit psychischen Problemen und Suchtproblemen, die nicht auffallen (häufig Frauen), ist unser Hilfesystem sehr löchrig. Schwellenängste und fehlende Zugehörigkeit zu den traditionellen Zielgruppen des Sozialstaates verhindern Hilfen.

Die Hierarchie unter den benachteiligten Menschen folgt tradierten Wertigkeiten, die eine Orientierung der sozialen Hilfen am Gleichheitsgrundsatz und an den Menschenrechten verhindern: "Hat gearbeitet" ist besser als "ist dauerhaft arbeitslos"; "erzieht Kinder" ist besser als "ist arbeitslos"; "ist behindert" ist besser als "ist selber schuld"; "ist deutsch" ist besser als "ist Ausländer". Je weiter unten die betroffenen Menschen in dieser Hierarchie stehen, je mehr sie in der öffentlichen Wahrnehmung als Angehörige von Randgruppen klassifiziert werden, desto schlechter sind die Hilfen des Sozialstaates und desto größer ist ihre Ausgrenzung.

Sozialpolitik als Randgruppenpolitik?

Das **Bundessozialhilfegesetz** (BSHG), das jetzt 30 Jahre alt geworden ist, war als Hilfe für eine Minderheit, die nicht ausreichend Rente oder Arbeitslosengeld erhielt, konzipiert. Dementsprechend liegt der Schwerpunkt des Gesetzes nicht, wie häufig angenommen, im Bereich der finanziellen Hilfe, sondern konzentriert sich auf "Randgruppen", da der Aufbau eines sozialen Sicherungssystems auf Lohnarbeit selbstverständlich als dauerhaft tragfähig und ausreichend angesehen wurde. Der Auftrag des § 1 Abs. 2 Satz 2 BSHG heißt: "Die Hilfe soll ihn soweit wie möglich befähigen, unabhängig von ihr zu leben; hierbei muß er nach seinen Kräften mitwirken." Dauer- und Massenarbeitslosigkeit, unzureichende Renten auch nach längerer Erwerbstätigkeit und regelmäßige Finanzierung der Pflegebedürftigkeit im Alter sind Phänomene, die bei der Verabschiedung des Gesetzes nicht vorausgesehen wurden. Der Gedanke der Mitwirkung verliert in diesen Fällen seine Bedeutung, die Sozialhilfe wird zur dauerhaften Existenzsicherung für einen steigenden Teil der Bevölkerung.

Mit dem diskriminierenden Begriff der "Randgruppe" sind in der Sozialhilfepraxis die Personen gemeint, die über finanzielle Hilfen hinausgehende besondere persönliche Hilfen benötigen, um am gesellschaftlichen Leben teilhaben zu können. Sie leben in einer besonderen Lebenslage, die es erforderlich macht, sie individuell zu fördern. Die Randgruppenorientierung des BSHG bezieht sich ausdrücklich auf fünf Gruppen. Für die Gruppe der Behinderten ohne Ansprüche an Unfall- und Rentenversicherungsträger gilt am ehesten der Grundsatz der Befähigung, ein Leben in der Gesellschaft zu führen. Dieser Grundsatz ist in §§ 39 ff. BSHG (Eingliederungshilfe) verankert und bezieht sich auf körperlich, seelisch und geistig Behinderte. Ihr Anspruch auf Hilfe ist sehr weitreichend, er erstreckt sich auf Wohnen, Arbeiten, besondere rehabilitative Hilfen, Mobilität, kulturelle Teilhabe und das Recht auf Bildung (vgl. Kapitel "Behinderte"). Hier hat der präventive Ansatz ein eindeutiges Gewicht; Ziel ist es, Behinderung oder eine Verschlechterung zu verhindern. Ausdrücklich gelten die Hilfen der Eingliederungshilfe auch für alle Personen mit Suchterkrankungen. In der Praxis hat der § 39 BSHG auch eine Bedeutung für AIDS-Erkrankte, seine Möglichkeiten werden aber leider für diese Personengruppe nicht ausreichend ausgeschöpft.

Im folgenden beziehe ich mich auf die vier weiteren Gruppen, nämlich Suchtkranke, Strafentlassene, Prostituierte und Wohnungslose, deren Anspruch vor allem im § 72 BSHG (Hilfe zur Überwindung besonderer sozialer Schwierigkeiten) geregelt ist. Die Hilfen nach § 72 gehen weit über eine finanzielle Grundsicherung hinaus. Es kann auf die Heranziehung Unterhaltspflichtiger verzichtet werden, Kostenübernahme für Wohnraum kann weit über die ansonsten geltenden Grenzen nach dem Wohngeldgesetz hinausgehen, und die Annahme der Hilfe ist freiwillig.

DROGENABHÄNGIGE: Für Suchtkranke leitet sich das Angebot einer Drogenberatungsstelle in kommunaler oder frei-gemeinnütziger Trägerschaft aus dem § 72 ab. Hier haben **Drogenabhängige** Anspruch auf Beratung über ihre Rechte gegenüber dem Sozialhilfeträger, erhalten Therapievermittlung und evtl. auch Wohnraum oder Unterkunft. Eine oft auch aus Gründen des Schutzes der MitarbeiterInnen und weniger störender Klienten praktizierte Verweigerung der Hilfe für stark verelendete Drogenabhängige (Hausverbote) ist vor dem Hintergrund des Gesetzes problematisch. Die Annahme der Hilfe ist freiwillig, der Träger der Sozialhilfe muß aber beachten, daß bei dieser Personengruppe die Fähigkeit zur Mitwirkung eingeschränkt ist. Deshalb muß Kommunalpolitik darauf achten, daß die Tendenz, Hilfen auf den Personenkreis zu konzentrieren, bei dem noch Erfolge erwartet werden, nicht zur gesetzwidrigen und inhumanen vollständigen Ausgrenzung verelendeter Drogenabhängiger führt.

Immer häufiger werden Angebote zur Sicherung des Überlebens wie Kleiderkammer, Mittagessen und medizinische Grundversorgung in den Drogenberatungsstellen angesiedelt; dies erscheint problematisch, manchmal aber unausweichlich. Ziel aller Hilfen sollte die Integration in bestehende, nicht für bestimmte Gruppen zugeschnittene und damit notwendigerweise immer aussondernde Angebote sein. Medizinische Grundversorgung speziell für Drogenabhängige ist deshalb erforderlich, weil niedergelassene Ärzte diese Personengruppe ausgrenzen und Krankenhäuser sich ihrer z. B. dadurch schnell entledigen, daß bei stationären Aufenthalten keine Substitution mit Methadon stattfindet. Vorrangig sollte deshalb darauf gedrungen werden, daß die medizinische Versorgung soweit wie möglich im normalen Hilfesystem stattfindet (Gespräche mit Ärztekammer, Einwirken auf Krankenhausträger, klare Anweisungen an MitarbeiterInnen der Beratungsstellen, Arztbesuche zu begleiten und zu unterstützen). Die Einrichtung einer Kleiderkammer ist nur dann nötig, wenn man Drogenabhängigen rechtswidrig Kleiderbeihilfe nach dem BSHG verweigert. Bei Gefahr der mißbräuchlichen Verwendung der Kleiderbeihilfe halte ich den Weg über Kostenübernahmescheine immer noch für weniger stigmatisierend als die wohltätige Versorgung mit Kleidung in der Beratungsstelle. Essensversorgung ist dann sinnvoll und unverzichtbar, wenn ein Teil der Drogenabhängigen in Notunterkünften lebt, in denen der Tagesaufenthalt nicht möglich ist und wo nicht gekocht werden kann. Wenn es jedoch schon nicht gelingt, für diese Personengruppe normalen Wohnraum zur Verfügung zu stellen, wäre es immer noch besser, massiv darauf zu drängen, daß die Unterkünfte wenigstens nicht auf dem untersten Niveau der "Penne" angesiedelt sind.

In vielen Kommunen, vor allem in den Großstädten, wird mittlerweile **Methadon** an Drogenabhängige vergeben (**Substitution**). Die Finanzierung kann über die Krankenkassen erfolgen, wenn die Betroffenen in das Schema der Richtlinien (Altfixer, Krankheit, Schwangerschaft) fallen. Sinnvoll ist, über die Vergabe von Methadon über niedergelassene Ärzte hinaus ein Methadonprogramm aufzulegen. Staatliche Methadonprogramme, die oft erst gegen ideologische Vorbehalte mühsam erkämpft werden müssen, stehen häufig unter hohem Erwartungsdruck. Methadon ist keine Medizin, durch deren Vergabe ein neuer Mensch entsteht — Methadon ist eine Hilfe für eine Gruppe von Drogenabhängigen, ein Leben ohne ständigen Beschaffungsdruck führen zu können. Das bedeutet gleichzeitig, daß integraler Bestandteil des Programms begleitende Hilfen im Bereich Wohnen und Beschäftigung sein müssen. Auch hier zeigt die Erfahrung, daß ein gutes Angebot mehr bringt als der "flächendeckende Einsatz" von Methadon, der für einige nur eine Droge mehr bedeutet. Bei Angeboten für Substituierte muß auf eine Trennung von den Angeboten für andere Drogenabhängige strikt geachtet werden. Hier ist der Zielgruppenansatz unverzichtbar, um die Chance für eine Loslösung von der Szene zu gewährleisten. Dafür können Substituierte an "normalen" Beschäftigungsangeboten teilnehmen oder in Wohnraum vermittelt werden; das Ziel soll ja gerade "Normalität" sein.

Auch Personen mit Alkoholproblemen erhalten Beratung bei freien Trägern (Blaues Kreuz, Guttempler, Anonyme Alkoholiker), in einigen Kommunen auch bei den Sozialpsychiatrischen Diensten. Es ist sinnvoll, Angebote für Drogenabhängige und Alkoholkranke voneinander zu trennen, da die Betroffenen sich gegenseitig ablehnen und für integriert lebende Alkoholkranke sonst unnötige Schwellen entstehen. Häufig gibt es Defizite bei den Hilfen für die alkoholkranken Menschen, für die ein "trockenes" Leben nicht oder noch nicht in Frage kommt. Die Durchsetzung eines "Clean-Gebotes" in allen Einrichtungen stellt für viele eine nicht zu erfüllende Hürde auf; diese "hoffnungslosen Fälle" landen dann oft auf der Straße und verlieren de facto ihr Recht auf integrative Hilfe.

Spielsüchtige oder medikamentenabhängige Menschen leben oft sehr lange integriert und werden vom Randgruppenansatz des BSHG und den Angeboten des § 72 BSHG zumeist nicht erfaßt. Abgesehen von Selbsthilfegruppen finden sie nur in Ausnahmefällen (z. B. bei Sozialpsychiatrischen Diensten) zielgruppenspezifische Ansätze vor. Hier sollte darauf geachtet werden, ob und wie die bestehenden Beratungsangebote sich frühzeitig um Kontakte bemühen, um Psychiatrieaufenthalten entgegenzuwirken oder es wegen hoher Spielschulden nicht zum Verlust der Wohnung kommen zu lassen.

STRAFFÄLLIGE UND STRAFENTLASSENE: Hilfen für **Straffällige** und **Strafentlassene** drehen sich vorrangig um die Problemkreise Wohnen und Arbeiten. In einigen Kommunen gibt es Modelle, wo das Sozialamt in enger Kooperation und räumlicher Nähe mit einem **freien Träger** zusammenarbeitet. Das bietet die Chance, daß am gleichen Ort, an dem die Sozialhilfe beantragt wird, weitere soziale Hilfen vorgehalten werden, die nicht von der SachbearbeiterIn, von der man finanziell abhängig ist, geleistet werden müssen. Das setzt allerdings ein selbstbewußtes Abgrenzen der SozialarbeiterInnen voraus, die ihre Vertrauensstellung nicht zu Lasten der Hilfesuchenden nutzen dürfen. Besondere Anstrengungen, den Strafentlassenen, die Sozialhilfe erhalten, ein Angebot auf einen Arbeitsvertrag nach § 19 BSHG zu machen, sollten ebenso selbstverständlich sein wie Hilfe bei der Beschaffung einer Wohnung. Für Straffällige mit kurzem Gefängnisaufenthalt bietet § 72 BSHG (und auch § 15a BSHG) übrigens die Möglichkeit, zur Vermeidung von Wohnungsverlust während der Haft die Wohnungsmiete zu übernehmen. Leider wird davon nur selten Gebrauch gemacht, obwohl die Kommune damit Kosten sparen könnte.

PROSTITUIERTE: Spezifische Angebote für **Prostituierte** sind in den Kommunen eher die Ausnahme. Im besseren Fall gibt es eine Selbsthilfegruppe, die Mittel für eine feste Stelle und Sachkosten erhält. Für Prostituierte, die aussteigen wollen, gehört die Beschaffung einer Unterkunft und die Vermittlung in Arbeit, Fortbildung und Umschulung zum gesicherten Rechtsanspruch. Bei dieser Personengruppe muß auch ausdrücklich darauf verwiesen werden, daß bei Hilfen nach § 72 BSHG auf die Heranziehung Unterhaltspflichtiger und des eigenen Einkommens und Vermögens verzichtet werden kann. Hier bietet sich evtl. ein ähnliches Modell wie bei den Straffälligen an, nämlich eine engere Kooperation zwischen freier Beratungsstelle und Sozialamt, da in den Sozialämtern dieser Personengruppe gegenüber starke Vorbehalte herrschen und sie nicht in das klassische Hilfeschema paßt. Von vielen Selbsthilfegruppen wird die Praxis der Sozialämter in diesem Bereich als ausstiegshemmend wahrgenommen, was unter Ausschöpfen der Rechtslage unnötig ist.

WOHNUNGSLOSE: Eine besonders benachteiligte Gruppe ist die der wohnungslosen Menschen, die sich teilweise aus den oben genannten Gruppen zusammensetzt. Nach dem BSHG müssen die Hilfen für wohnungslose Menschen zentral angesiedelt sein, um die Zuständigkeit klar zu regeln und einen Verschiebebahnhof von einem Sozialamt zum anderen zu verhindern. Es besteht Anspruch auf Hilfe am tatsächlichen Aufenthaltsort. Das bedeutet auch, daß die weitverbreitete Methode, Menschen mit einer Fahrkarte auszustatten und an den vermeintlichen oder tatsächlichen Herkunftsort zurückzuschicken, rechtswidrig ist. Das gilt auch für die häufige Praxis, Drogenabhängigen aus einem anderen Ort die Hilfe zu verweigern. Das BSHG regelt die Geltendmachung von Ansprüchen an die Herkunftskommune; leider wird darauf wegen des Arbeitsaufwandes häufig verzichtet — die Folge sind in den Großstädten zunehmende Gruppen von Menschen ohne Hilfen.

Nach der Durchführungsverordnung zu § 72 BSHG wird stigmatisierend und unsinnig zwischen Personen ohne ausreichende Unterkunft, sogenannten Nichtseßhaften, aus Freiheitsentzug Entlassenen und jungen Menschen unterschieden. Sinnvoller wäre es, von der Lebenslage "**Wohnungslosigkeit**" zu sprechen und nicht darin noch — z. T. mit Verschuldensassoziationen — zu differenzieren. Wohnungslos ist also, wer keine Wohnung hat, wer in Unterkünften, Hotels und Pensionen oder Einrichtungen der Obdachlosenhilfe oder bei Freunden oder wer in einer Wohnung ohne Mietvertrag lebt. Ein **Wohnungsnotfall** ist, wer in einer zu kleinen oder sehr schlechten Wohnung oder in einer Einrichtung wie z. B. einem **Frauenhaus** lebt.

In der Praxis gibt es einen sehr unterschiedlichen Umgang mit den verschiedenen Gruppen wohnungsloser Menschen, zudem ist die Verfahrensweise in den Bundesländern uneinheitlich. Mehr als die Hälfte aller Einweisungen wird in **Obdachlosenunterkünfte**, häufig Schlichtbauten vorgenommen. Bei Familien werden die Möglichkeiten des § 15 BSHG (Mietkostenübernahme) noch am ehesten ausgeschöpft. Sie werden dann nach den jeweiligen Polizeigesetzen in ihre alte Wohnung eingewiesen, häufig ohne jede rechtliche Absicherung, oder erhalten dort einen Nutzungsvertrag, der allerdings ihren Status verschlechtert und ihnen keine Mieterrechte einräumt. Alleinstehende Wohnungslose verlieren in der Praxis ihr Recht auf eine eigene Wohnung um so mehr, je länger ihre **Obdachlosigkeit** dauert. Sie werden in Unterkünfte und Einrichtungen der "Nichtseßhaftenhilfe" eingewiesen, leben für horrende Kosten in "Billig"-Hotels (50,- DM pro Nacht sind in Großstädten keine Seltenheit) und müssen dafür ihr Einkommen (Rente, Arbeitslosengeld bzw. -hilfe) einsetzen. Diese Menschen gelten dann als "Nichtseßhafte", wobei alle Erkenntnisse darüber, daß es sich dabei in aller Regel nicht um ein selbstgewähltes Schicksal (etwa aus dem Wunsch, herumzuziehen) handelt, sich in den Hilfen nicht niederschlagen. Personen, die aus der Zuständigkeit eines anderen Sozialhilfeträgers kommen, haben zwar einen Rechtsanspruch auf Unterkunft, gelten aber automatisch als Nichtseßhafte. Die Praxis der Unterbringung in Unterkünften und Einrichtungen der Nichtseßhaftenhilfe ist der Regelfall. Dabei wird vollkommen außer acht gelassen, daß auch dieser Personenkreis einen Anspruch darauf hat, daß die Hilfe ihm ein Leben in der Gemeinschaft ermöglicht. Das schlechte Gewissen über diesen Umgang läßt sich leicht dingfest machen: Von MitarbeiterInnen im Bereich Wohnungshilfe, von Wohnungsunternehmen und PolitikerInnen wird diese Gruppe oft pauschal als "sozial unverträglich" und "nicht wohnfähig" denunziert, als brauche man besondere Fähigkeiten, um ein Grundrecht in Anspruch nehmen zu dürfen.

Die Gruppe der obdachlosen Drogenabhängigen ist mit Sicherheit diejenige, für die das zahlenmäßig unzureichendste und schlechteste Angebot vorgehalten wird. Nachdem jahrelang die Problemlage verleugnet wurde und die Personen im besten Fall in Billighotels eingewiesen wurden, werden jetzt besondere **Notunterkünfte** geschaffen. Trotz des stigmatisierenden Charakters und der besonderen Belastung, die dadurch entsteht, daß eine größere Zahl von Menschen mit besonderen Schwierigkeiten zusammenleben muß, mußte das als kommunalpolitischer Fortschritt gewertet werden. Kommunalpolitische Forderungen beschränkten sich dann häufig darauf, die Belegung pro Zimmer zu begrenzen, den Tagesaufenthalt zu ermöglichen etc.

Für die anderen wohnungslosen Personengruppen, aber auch für Frauen aus Frauenhäusern und für Psychiatrieentlassene werden vor dem Hintergrund von Wohnungsnot zunehmend Einrichtungen des **Betreuten Wohnens** geschaffen. Auch hier gilt, daß das Ziel der Normalisierung dabei leicht auf der Strecke bleibt. Selbstverständlich kann es sinnvoll sein, zeitlich befristetes Betreutes Wohnen für Menschen nach längeren Haftaufenthalten anzubieten, auch bei Menschen mit psychischen oder Suchtproblemen kann damit dem Bedürfnis auf einen weicheren Übergang in ein selbständiges Leben Rechnung getragen werden. Zur Zeit entwickelt sich allerdings ein zielgruppenspezifisches Hilfesystem für einen Personenkreis, der in Zeiten ausreichenden Wohnungsangebotes selbständig mit ambulanten Hilfen leben würde. Wenn der Gedanke, daß alle Einrichtungen auch bei allem guten Willen stigmatisieren und entmündigen, ernstgenommen werden soll, heißt die Antwort auf Wohnungsnot Wohnraum, und zwar unabhängig von der Zugehörigkeit zu einer bestimmten Zielgruppe und auf normaler mietvertraglicher Basis. Auf kommunaler Ebene bietet sich an, eine integrierte **Fachstelle für Wohnungserhalt und Wohnungssicherung** einzurichten, an die alle Menschen verwiesen werden, die wohnungslos sind oder zu werden drohen (vgl. Kapitel "Wohnungspolitik" und Deutscher Städtetag 1987).

Negative Effekte der Randgruppenorientierung

Eines der größten Problem der randgruppenspezifischen Hilfe liegt darin, daß sie normativ ist und die Personen, die nicht in das Schema passen, ausgrenzt. Dadurch wird der Aspekt der Prävention systematisch vernachlässigt. Altenhilfe erhält man erst ab dem 65. Lebensjahr, Drogenabhängigkeit liegt erst bei regelmäßigem Konsum vor, und alleinerziehend ist man erst, wenn der Kindesvater ausgezogen ist. Nichtzuständigkeit ist Alltag im löchrigen Sozialstaat. Erst wenn die richtige Schublade aufgezogen werden kann, setzt sich das Hilfesystem mühsam in Gang. Wer alt ist, nur geringfügig über der Sozialhilfegrenze liegt und isoliert lebt, erhält erst Hilfe im Krankenhaus. Hilfen für Spielsüchtige gibt es faktisch frühestens dann, wenn die Wohnung gefährdet ist. Häufig gilt dasselbe für Menschen mit psychischen Problemen. Haben sie ihre Wohnung dann verloren, werden sie zwischen Obdachloseneinrichtungen und Psychiatrie hin- und hergeschoben. Jugendliche ohne Chance auf dem Arbeitsmarkt fliegen aus dem Freizeitheim und werden erst dann beachtet, wenn sie gewaltig und gewalttätig stören. Eine alleinerziehende Mutter, die von den Anforderungen erdrückt wird, findet Hilfe in erst der oft als kontrollierend wahrgenommenen Erziehungsberatungsstelle, obwohl das Sozialamt ihr viel früher einen Mutter-Kind-Urlaub hätte anbieten können. Ähnliches gilt für weite Teile der Altenhilfe: Frühzeitige Haushalts- und Pflegehilfe, Beratung über Essen auf Rädern und eine Tagesstätte könnten viele Heimaufenthalte verhindern, wenigstens hinauszögern. Für alle diese Personen gilt, daß sie — abgesehen von Menschen ohne deutschen Paß, deren Rechtsansprüche abgeschafft wurden — Anrechte auf rechtzeitige Hilfen haben. Die Rechtslage läßt erheblich mehr Spielräume für eine Orientierung am Einzelfall. Der Ausweg besteht darin, daß mehr lebenslageorientierte Hilfen vorgehalten werden und die Sozialhilfe ihren Auftrag, nicht nur Geldbewilligungsinstitution zu sein, für alle HilfeempfängerInnen ernster nimmt.

Randgruppenspezifische Hilfen sind notwendig. Die MitarbeiterInnen Sozialpsychiatrischer Dienste wehren sich nicht nur deshalb gegen die Zuständigkeit für Drogenabhängige, weil sie sich einen angenehmeren Arbeitsplatz erhalten wollen. Die Zielgruppen der psychisch Kranken und der Drogenabhängigen werden sich auf Dauer ein Angebot kaum gleichberechtigt teilen. Es ist auch sinnvoll, getrennte Unterkünfte für Drogenabhängige, andere alleinstehende Wohnungslose und Substituierte zu schaffen. Leider liegt der zielgruppenspezifischen Ausrichtung des Hilfesystems aber auch eine fatale Scheinplausibilität zugrunde, die es schwer macht, ihre Chancen und Gefahren genauer zu analysieren und vor allem ihre Grenzen zu bestimmen.

Bei aller Liberalisierung spielt der Aspekt der Kontrolle der Hilfesuchenden keine untergeordnete Rolle. Am deutlichsten wird dies im Bereich der Obdachlosenhilfe. Die Verpflichtung für die Kommunen, Unterkünfte bereitzustellen, speist sich nicht etwa aus der humanen Erkenntnis, daß man in unseren Breiten erfrieren kann, sondern aus den jeweiligen Polizeigesetzen der Länder, nach denen Obdachlosigkeit eine "Gefahr für die öffentliche Sicherheit und Ordnung" darstellt.

Der Aufenthalt in den Einrichtungen ist für die Betroffenen in aller Regel mit einer ihren weiteren Weg behindernden Stigmatisierung verbunden. Wer beim Arbeitgeber als Wohnadresse die örtliche Obdachloseneinrichtung angeben muß oder das Wohnheim für Strafentlassene, hat meistens schon verloren. Dazu kommt, daß der Aufenthalt in den Einrichtungen auch bei allem guten Willen der Betreiber wegen eines vorgegebenen Ablaufs die Selbstbestimmungsrechte der BewohnerInnen beschneidet. Wenn man bedenkt, daß man die Erfahrung von Selbstbestimmung dringend für das eigene Selbstbewußtsein braucht, wird deutlich, daß dieser Effekt viel zu wenig beachtet wird. Das ist auch einer der Gründe, warum längere Aufenthalte in Einrichtungen hospitalisierende Wirkung haben und die Menschen weniger Anstrengungen unternehmen, die Einrichtung zu verlassen, große Ängste vor "draußen" entwickeln und sich an ihrer dann schutzbringenden Randgruppenidentität festklammern. Diese Wirkung gilt keineswegs nur für Einrichtungen, auch Beratungsstellen und Selbsthilfegruppen können besondere Abhängigkeiten erzeugen, die es den Betroffenen schwer machen, Schwierigkeiten nicht nur mit ihrer Zugehörigkeit zu einer bestimmten Gruppen in Verbindung zu bringen.

Die Möglichkeit, nach § 72 BSHG ambulante Hilfen zu finanzieren, wird viel zu wenig genutzt. In Frage kommen neben **Notunterkünften**, die vom Charakter ihrer wechselnden Klientel keine Pflegesätze, dafür aber Bettenplätze mit Tageslisten abrechnen können, auch lebenslagenorientierte **Beratungsstellen** z. B. für Wohnungslose. Der neue § 17 BSHG schreibt erstmalig die Finanzierung verschiedener Anlauf- und Beratungsstellen für **Konfliktberatung**, **Arbeitslosenberatung** und **Schuldnerberatung** vor. Ziel sollte es hier sein, eine pauschale Finanzierung zu vereinbaren, anstatt den Hilfesuchenden Kostenübernahmescheine für Einzelabrechnung in die Hand zu drücken.

Die Konzentration der Hilfen für Menschen mit besonderen sozialen Schwierigkeiten auf stationäre Angebote hat auch Konsequenzen für die Finanzierung. In allen Wohneinrichtungen wird mit hohem Verwaltungsaufwand über Pflegesätze abgerechnet. Wenn der gleiche Sozialhilfeträger, der die Übernahme von Mietschulden verweigert hat, nun anstandslos Pflegesätze von leicht bis 2.000 DM pro Person zu zahlen bereit ist, muß man schon extrem gutartig sein, um darüber nicht in arge Wut zu geraten. Finanzpolitisch leisten sich die Kommunen eine Politik der Inhumanität und Verschwendung. Der Knast ist teurer als eine Wohnung, Psychiatrie; Altenheime und Krankenhaus sind teurer als frühzeitige ambulante Hilfen.

Der zweite Grund für die systematischen Defizite liegt in der Behördenstruktur der Sozialämter, in der hoher bürokratischer Aufwand und ständige Ermahnungen, bloß nicht zu großzügig zu sein, kreativitätstötend wirken. Man muß allerdings wissen, was man will: Entweder wird ein behördeninternes Kontrollsystem aufgebaut, das Vergleiche zwischen der Arbeit der SachbearbeiterInnen ermöglicht, womit man sowohl besonders rigiden als auch besonders großzügigen auf die Spur kommt und politisch dem Mißbrauchsvorwurf evtl. leichter begegnen kann, oder man bekennt sich zu einer individuellen Ausgestaltung von Hilfen, die mehr Chancen, aber auch mehr Risiken in sich birgt. Eine organisatorische Trennung von wirtschaftlichen Hilfen und sozialen Diensten ist sinnvoll, allerdings nur dann, wenn im Konfliktfall die ambulanten sozialen Dienste auch eine höhere Mittelvergabe durchsetzen können. Darüber hinaus erscheint es wichtig, politisch diesen Bereich zu stärken, wenigstens durch Ausnahme von Stelleneinsparungen, und seine präventive Funktion für den Stadtteil oder die Gemeinde zu betonen. Mittelfristiges Ziel muß sein, den Sozialämtern ihren stigmatisierenden Charakter zu nehmen und sie zu Ämtern mit Dienstleistungsauftrag umzubauen, wo man hingeht, um Rechtsansprüche geltend zu machen. Dazu gehört allerdings auch ein positives Bekenntnis zu einem Sozialstaat, dessen Aufgabe nicht nur darin besteht, Geld zu zahlen oder zu verweigern.

Das soziale Hilfesystem ist und bleibt ein Reparaturbetrieb, auf dem hohe Erwartungen lasten. Eine Beschränkung der Sozialpolitik auf ihre Reparaturaufgaben wird ihre defensive Position nur weiter verfestigen: Sozialpolitik ist Gesellschaftspolitik, die sich überall einmischen muß und sowohl innerhalb als auch außerhalb des Sozialsystems Umbaumöglichkeiten benennen muß.

Kommunale Sozialpolitik zwischen Gleichheit und Differenz

Die Ausrichtung unseres Hilfesystems an der Zugehörigkeit zu einer Randgruppe schließt sich einem Grundgedanken des amerikanischen Sozialstaatssystems an. Dort erhält nur derjenige Hilfe, der sich überhaupt nicht mehr selber helfen kann. Die Gefahr, daß diese Hilfen bei steigendem Bedarf immer mehr gekürzt werden, wie es in den Vereinigten Staaten schon vollzogen wurde, zeichnet sich in Deutschland ebenso ab. Die Konkurrenz der Gruppen untereinander vollzieht sich dadurch, daß die eigene Bedürftigkeit in Abgrenzung zu der der anderen dargestellt werden muß. Dabei bleiben die Personengruppen auf der Strecke, die sich schlecht artikulieren können, wenig Verbündete haben, für professionelle Helfer eher unattraktiv sind und die als faul, ungezogen und selber schuld gelten.

Unser Sozialsystem muß sich für einen Weg entscheiden, bei dem nicht mit der scheinbar gleichen Wertigkeit aus dem Sozialhaushalt ein Wohlfahrtssystem gefördert, Sozialhilfe gezahlt, Forschung finanziert und Kindergartenplätze geschaffen werden. In der Praxis führt die Konkurrenz um die begrenzten Mittel in aller Regel zu einer Benachteiligung derjenigen, die gute und integrative Hilfe am nötigsten brauchen. Es ist leichter durchzusetzen, die Sozialhilfe zu senken, als die Anbieter von Hilfen dazu zu bewegen, ihren Verwaltungsanteil, der in den Pflegesatz fließt, zu reduzieren. Die schöne Wohngruppe für psychisch kranke Menschen läßt sich leichter durchsetzen und für Politik vermarkten als die Sicherstellung niedrigschwelliger Hilfen für diese Personengruppe. Neue Einrichtungen für Wohnungslose, Beratungsstellen und der Bau von altengerechten Wohnungen entsprechen eher dem sozialpolitischen Main Stream als Spritzenautomaten oder Wohnungsbau für alleinstehende Wohnungslose. Die Durchsetzung der Finanzierung einer allen Personengruppen offen stehenden Schuldnerberatung erfordert viel mehr Kraft, als in bestehenden Einrichtungen separierend ein bißchen davon anzubieten.

Zwei Dilemmata bleiben auch bei einer Grundrechteorientierung der Sozialpolitik. Unterschiedlichen muß unterschiedlich geholfen werden, um sie gleichzustellen. Deshalb sind auf bestimmte

Personengruppen zugeschnittene Hilfen nicht grundsätzlich abzulehnen. Vielfach dienen sie auch der Stabilisierung und Identitätsfindung. Wenn allerdings in den Angeboten der integrative Ansatz aufgegeben wird und sie zu ausgrenzenden Versorgungsangeboten werden, wie ich es vor allem im Bereich der Wohnungshilfen zu zeigen versucht habe, wird der Sozialstaat seiner Verpflichtung, ein Leben in der Gesellschaft zu ermöglichen, eindeutig nicht mehr gerecht.

Das zweite Problem sind die vielen großen Kompromisse, die nötig sind, um besonders benachteiligte Personengruppen nicht vollends ohne Hilfe dastehen zu lassen. Das Beharren auf dem Recht auf eigenen Wohnraum führt dann eben doch leicht dazu, daß man Unterkünfte fordert und genau weiß, daß viele Menschen in ihnen dauerhaft bleiben müssen. Hier stellt sich dann die Frage der Ausgestaltung: Haben die BewohnerInnen des Betreuten Wohnens einen eigenen Mietvertrag oder führt die Verweigerung der Betreuung durch einen bestimmten Träger zur Obdachlosigkeit? Mit den Trägern sollte wenigstens der Übergangscharakter von Unterkünften vereinbart werden und in seinen Pflichten die Vermittlung in Wohnraum festgeschrieben werden.

Es sind auch Kostenargumente, die das Interesse der Kommune begründen sollten, auf ein größtmögliches Maß an Normalität der Hilfen hinzuwirken. Dauerversorgung von immer mehr Menschen in immer mehr Sondereinrichtungen wird perspektivisch nur dadurch bezahlbar, daß die Standards, wie heute schon im Obdachlosenbereich, weiter absinken. Es muß ein Druck auf die Integration in das normale Hilfesystem bestehen. Die Gratwanderung besteht darin, das Angebot an ausgrenzenden Sonderhilfen möglichst gering zu halten, ohne daß dies zu Lasten der Betroffenen geht. Auch die Zugehörigkeit zu einer stigmatisierten Randgruppe kann identitätsstiftend sein, und auch unser Sozialsystem läßt Menschen, die es einmal eingruppiert und in Einrichtungen hat, nicht so leicht wieder los.

Literatur

Der Bundesminister für Arbeit und Sozialordnung (Hg.): Übersicht über die Soziale Sicherheit, 2. Auflage, Bonn, 1991
Volker Busch-Geertsema u. a.: Das macht die Seele so kaputt, Armut in Bremen, Bremen 1993
Deutscher Städtetag: Sicherung der Wohnungsversorgung in Wohnungsnotfällen und Verbesserung der Lebensbedingungen in sozialen Brennpunkten — Empfehlungen und Hinweise, Reihe D: DST-Beiträge zur Sozialpolitik, Heft 21, 1987
Wilhelm Heitmeyer u. a.: Die Bielefelder Rechtsextremismus-Studie, München, 1992
Stephan Leibfried / Florian Tennstedt (Hg.): Politik der Armut und die Spaltung des Sozialstaats, Frankfurt a. M. 1985
Psychologie und Gesellschaftskritik, Heft 66, 2/1993: Jugend, Alter, Abweichler, Frankfurt a. M.
Schellhorn/Jirasek/Seipp: BSHG, Kommentar zum Bundessozialhilfegesetz, 13. Auflage, Neuwied 1988
E.-U. Ruhstrat u. a.: Ohne Arbeit keine Wohnung — ohne Wohnung keine Arbeit. Entstehung und Verlauf von Wohnungslosigkeit, Bielefeld 1991
Widersprüche, Zeitschrift für sozialistische Politik im Bildungs-, Gesundheits- und Sozialbereich, Heft 46, April 1993: Paradoxien der Gleichheit: Menschenrechte und Minderheiten, Offenbach/Main

AKP-Artikel zum Thema:

Diverse Artikel im Schwerpunkt "Drogenpolitik", AKP 5/1989, S. 31 ff.
Wolfram Grüber: Obdachlosigkeit und kommunale Handlungsmöglichkeiten, AKP 1/1989, S. 45 ff.
Johannes Herwig-Lempp / Heino Stöver, Was heißt hier "Akzeptierende Drogenarbeit"? — Prämissen und praktische Orientierungen einer neuen Drogenpolitik, in: AKP 1/1990, S. 53 f.
Daniel Kreutz: Aus dem Teufelskreis der "Drogenpolitik" aussteigen, in: AKP 6/1992, S. 5
Karoline Linnert, Drogenarbeit vor dem Zusammenbruch, AKP 1/1991, S. 21 f.
Thomas Münch, "Freie" Armutsberichterstattung als alternatives Instrument, AKP 6/1991, S. 43
Helmut Schmidtke: Armutsverwaltung mit Zwangscharakter — Kommunale Obdachlosenpolitik, in: AKP 1/1992, S. 43 f.
Titus Simon: Wohnungsbau für Wohnungslose, in: AKP 1/1994, S. 38 f.
Harald Wölter: Die Spielräume sind erheblich. Sozialhilfe — Handlungsmöglichkeiten in der Kommune, in: AKP 6/1991, S. 41 ff.

Ines Reich-Hilweg, Burkhard Luber*

Friedenspolitik und Konversion

In den letzten Jahrzehnten zeigten sich die Ansätze einer kommunalen Friedenspolitik in zwei Strömungen. Die eine Strömung entstand als Abwehr gegen militärische Infrastrukturen oder militärischen Übungsbetrieb im örtlichen Lebensumfeld. Die andere hat sich in der Auseinandersetzung um die Stationierung von atomaren Waffen in den Gemeinden entwickelt. Regionale Auseinandersetzungen mit dem vor Ort ansässigen Militär wurden von der Bevölkerung in den alten Bundesländern schon seit vielen Jahren geführt. Die Kommunen wehrten sich auf lokaler Ebene gegen ein reibungsloses Indienststellen von Grund und Boden und anderen Ressourcen des Lebensumfeldes in den militärischen Aufgabenvollzug.

Militär gegen Gemeindeinteressen

Gemeinden, die ihre rechtlichen Handlungsmöglichkeiten gebrauchen und gegen militärische Infrastrukturen vorgehen, dem Militär Nutzungen von Ressourcen verwehren, vom Militär okkupierte Nutzungen wieder zurückgewinnen wollen, gegen Beeinträchtigungen von Gesundheit und Leben der GemeindebürgerInnen durch das Militär Klage führen, artikulieren das zivile öffentliche Interesse im Rahmen ihrer Aufgabenkompetenz (Art. 28 Abs. 2 GG). Während sich in den alten Bundesländern die Auseinandersetzungen mit dem Militär nach Ende des Kalten Krieges hauptsächlich auf die Bereiche Manöver und militärische Übungen (z.B. Tiefflug, Nachtflüge) konzentrieren, findet in den neuen Bundesländern weiter auch ein Vorgehen gegen die militärische Landnahme statt (.z.B. Kampf um die zivile Nutzung der Colbitz-Letzlinger Heide im Norden Sachsen-Anhalts). Trotz Wegfall des Ost-West-Konflikts sind die Vorzugsregeln für das Militär (Bundeswehr und Stationierungsstreitkräfte) in den Planungsgesetzen und den Umweltvorschriften aus der Zeit des Kalten Krieges nicht geändert worden. Das Militär kann sich somit bei der Wahrnehmung seiner Interessen weiter auf die Ausnahme- und Privilegierungsregeln des Kalten Krieges stützen. Diese sind unter anderem die Vorschriften des Landbeschaffungsgesetzes, § 38 Bundesnaturschutzgesetz, § 45 Bundeswaldgesetz, § 30 Abs. 1 Luftverkehrsgesetz, die Vorschriften des Bundesleistungsgesetzes, insbesondere § 66 ff(§ 68 Abs. 3 BLG), die Vorschriften des Schutzbereichsgesetzes, §§ 37 und 38 Baugesetzbuch, §§ 59 und 60 Bundesimmissionsschutzgesetz.

Um so wichtiger wird Handeln der Gemeinden dagegen. Damit tragen sie dazu bei, daß der Primat des militärischen Interesses politisch in Frage gestellt wird. Mit Hilfe von Gerichtsverfahren können sie auch erreichen, daß die Vorschriften des Kalten Krieges zurückgedrängt werden, zugunsten der entsprechenden Anwendung von Vorschriften des modernen Planungsrechtes. Der Bundesgesetzgeber müßte in einer Gesamtrevision die militärischen Privilegierungsregeln des Kalten Krieges außer Kraft setzen, um Umweltbelange, andere zivile öffentliche Interessen und moderne Planungsverfahren mit umfassenden Anhörungs- und Beteiligungsrechten für Kommunen und betroffene Private zu begünstigen.

DAS LANDBESCHAFFUNGSVERFAHREN: Das **Landbeschaffungsgesetz** vom 23.2.1957 (LBG) stellt die Rechtsgrundlage für den militärischen Zugriff auf Grund und Boden in den Gemeinden dar. Ursprünglich vom Gesetzgeber begrenzt nur für die Bereitstellung eines Maximalgesamtbedarfs von insgesamt 100.000 ha, hat sich dieses Gesetz zur Rechtsgrundlage für eine zeitlich und räumlich unbegrenzte Landnahmemöglichkeit für militärische Zwecke entwickelt.

o In §1 Abs.2 LBG ist ein **Anhörungsverfahren** vorgesehen. In diesem behördeninternen Verfahren ist eine Stellungnahme der Landesregierung zu dem militärischen Vorhaben vorgesehen, die nach Anhörung der betroffenen Gemeinde (Gemeindeverbände) erfolgt. Das **Beteiligungsrecht der Gemeinde** bei der Anhörung hat seinen Grund in der gemeindlichen Planungshoheit. Gegenüber dem im sonstigen Fachplanungsrecht üblichen Planfeststellungsverfahren ist die Rechtsstellung der Gemeinden bei dieser Anhörung aber eingeschränkt. Ihr Stellenwert liegt in der Informationsgewinnung. Mit diesen Informationen kann die Gemeinde eine Belastungsanalyse bzw. -studie aufstellen lassen. In ihr kann die Kommune die zu erwartenden Belastungen,

Wirkungen und Aktivitäten, wie z.B. militärische Übungstätigkeit, in Bezug auf Fläche, Umwelt und GemeindebürgerInnen untersuchen lassen (Auflistung der beeinträchtungsfähigen Belange: Orts- und Bezirksplanungen, öffentliche Sicherheit, gewerbliche Wirtschaft, Landwirtschaft, Forstwirtschaft, Wasserwirtschaft, Verkehrswesen, Bauwesen, Fremdenverkehr, Tier- und Landschaftsschutz). Aufgrund der Ergebnisse der Belastungsstudie kann die Kommune dann ihre Stellungnahme abgeben. Mit der Veröffentlichung der Studie kann auch gleichzeitig die BürgerInnenschaft in den Informationsprozeß einbezogen werden, von dem sie in dem Verfahren sonst ausgeschlossen bleibt.

o Wenn das Militär nach dem Anhörungsverfahren auf der Landnahme besteht, muß es die beanspruchten Liegenschaften "bezeichnen". Diese **"Bezeichnung"** gemäß §1 Abs.3 LBG gibt Auskunft über die Nutzung (z.B. als Schießanlage) und den Flächenbedarf des Vorhabens. Erst nach einer Vielzahl von Verfahren hat das Bundesverwaltungsgericht durch Entscheidung vom 11.4.1986 (BVerwG 4 C 51.83) geklärt, daß in der "Bezeichnung" ein nach außen wirkender Verwaltungsakt zu sehen ist, gegen den die Gemeinden rechtlich vorgehen können, wenn ihre Planungshoheit rechtswidrig verletzt wird. Damit haben die Gemeinden gesetzlich eine "Mindestanforderung" an die Planungsentscheidungen des Militärs durchgesetzt.

o Zur Durchführung einer beabsichtigten **Enteignung** nach dem Landbeschaffungsgesetz (§31ff LBG) ist ein Plan aufzustellen, über den ein Erörterungstermin (Planprüfungstermin) stattzufinden hat, zu dem unter anderem Gemeinde und Landkreis zwingend zu laden sind.

SCHUTZBEREICHSGESETZ: Soll ein Gebiet zum Schutzbereich erklärt werden, so ist gemäß § 1 Abs. 3 (SchutzBerG) ein Anhörungsverfahren durchzuführen. Dieses Anhörungsverfahren ist entsprechend der Anhörung im Landbeschaffungsverfahren gestaltet. Zu beachten sind die Interessen des Städtebaurechts, des Naturschutzes, der Landschaftspflege, der Landwirtschaft und der Wirtschaft. Bei Planungskonflikten gilt das Privilegierungsrecht für das Militär: Sinn der **Schutzbereichsanordnung** ist es, Nutzungen gegebenenfalls unzulässig zu machen, die ansonsten zulässig wären. Da die Schutzbereichsanordnung durch einen Verwaltungsakt zu treffen ist, bleibt sie rechtlicher Überprüfung zugänglich, bei der z.B. die Abweichungen vom städtebaulichen Vorschriften vom Militär zu begründen sind. Die Schutzbereichsanordnung muß im Abstand von fünf Jahren vom Militär überprüft werden. Die betroffenen Kommunen können diese Überprüfung anmahnen. Wird die Schutzbereichserklärung im Ergebnis nicht aufgehoben, so ist die Entscheidung darüber vom Militär zu begründen und den beteiligten Kommunen bekanntzugeben.

BAUGESETZBUCH (BAUGB): § 37 Abs. 2 (BauGB) sieht vor, daß Bauvorhaben, die der Landesverteidigung dienen, keiner baurechtlichen Genehmigung bedürfen. Es muß lediglich ein sog. **Kenntnisgabeverfahren** durchgeführt werden. In diesem Verfahren müssen jedoch die materiellen Vorschriften des **Bauordnungsrechts** und des **Bauplanungsrechts** sowie alle für ein Bauvorhaben maßgeblichen öffentlich-rechtlichen Vorschriften, z.B. **Naturschutzrecht**, **Raumordnungsrecht**, Vorschriften des **Wasserhaushaltsrechtes**, beachtet werden. Die Gemeinde hat ein Anhörungsrecht und ein Widerspruchsrecht. Sie kann in ihrer Meinung überstimmt werden. Letztentscheidungsrecht hat der Bundesverteidigungsminister. Die Gemeinde kann ihre Stellung politisch erweitern, indem sie durch entsprechend dokumentiertes Material auf die Auswirkungen des militärischen Bauvorhaben hinweist und ihren Widerspruch öffentlich begründet. Ratsam ist auch hier wiederum die Erstellung einer Belastungsanalyse.

MILITÄRISCHE MANÖVER UND ÜBUNGEN ZU LANDE UND IN DER LUFT: Das gesamte militärische Manöver- und Übungsrecht basiert ungebrochen auf den Sondervorschriften des Kalten Krieges, den Vorschriften des Bundesleistungsgesetzes, dem Zusatzabkommen zum NATO-Truppenstatut und dem Luftverkehrsgesetz. Die Grundbedingung für das Militär war, in jeder Sekunde und an jedem Ort einsatzbereit ("verteidigungsbereit") zu sein. Dabei setzte es sich rigoros über die Rechte von Betroffenen auf körperliche Unversehrtheit oder über Eigentumsrechte hinweg. Erst am Ende des Kalten Krieges kam es zu Gerichtsentscheidungen aufgrund von Klagen kommunaler Gebietskörperschaften, die diese Praxis stoppten. Für den **Tiefflugbereich** entschied das Verwaltungsgericht Darmstadt in seinem Urteil vom 6.10.1988, daß es nicht zwingend notwendig sei, Übungsflüge im Höhenband 150 bis 300 m über Grund durchzuführen. Vor Eintritt des Spannungs- und Verteidigungsfalles genüge die Übungsmöglichkeit im verbleibenden Höhenband 300 bis 450m über Grund. Das Verwaltungsgericht Oldenburg (vgl. Urteil vom

22.3.1989) verweist auf Beteiligungsrechte der Gemeinden bei der Festsetzung von Tieffluggebieten. In dem Verwaltungsverfahren bei der Festsetzung von Tiefflugebieten müssen die vom Tiefflug betroffenen Gemeinden gemäß Art. 28 Abs. 2 GG wegen ihres Rechts auf kommunale Selbstverwaltung und der damit verbundenen Planungshoheit angemessen beteiligt werden. Die betroffenen Gemeinden können diese Verfahrensrechte gegebenenfalls gerichtlich erzwingen. Solange die Ausweisung des Tiefflugebiets nicht in dem vorgeschriebenen Verwaltungsverfahren erfolgt ist, haben die betroffenen Gemeinden einen Anspruch auf Unterlassung der Tiefflugübungen. Für Tiefflüge gilt jedoch auch die Privilegierungsvorschrift des § 68 Abs. 3 **Bundesleistungsgesetz (BLG)**. Danach dürfen Streitkräfte Grundstücke in geringerer als sonst zulässiger Höhe überfliegen. Solange diese Vorschrift nicht außer Kraft gesetzt ist, bleibt das Grundrecht "auf Leben und körperliche Unversehrheit" (Art. 2 Abs. 2 Satz 1 GG) durch Eingriffe des Militärs verletzbar.

Auch die Planung und Durchführung von militärischen **Übungen zu Lande** sind im Bundesleistungsgesetz geregelt. Danach müssen Übungen und Manöver rechtzeitig angemeldet werden, sie unterliegen zeitlichen und räumlichen Beschränkungen. Im Rahmen der räumlichen Beschränkungen können die kommunalen Gebietskörperschaften bei Grundstücken, die im Eigentum von Privaten stehen, die jeweiligen Eigentümer auf ihre besonderen Einwilligungsrechte hinweisen und sie in der Wahrnehmung dieser Rechte bei den zuständigen zivilen Stellen (entsprechend der jeweiligen Landesausführungsverordnung zum BLG) unterstützen. Die kommunalen Gebietskörperschaften können auch durch die Erstellung von Gutachten und sog. **"Belastungskatastern"**, die die Auswirkung und Belastung der Manöver-und Übungsnutzung für bestimmte Landschaftsteile aufzeigen, Druck auf die Streitkräfte ausüben.

DIE KOMMUNEN UND DAS RECHT DER STATIONIERUNGSSTREITKRÄFTE: Auch nach dem Inkrafttreten des sog. **Zwei-Plus-Vier-Vertrages** vom 12.9.1990 (und damit der vollen Souveränität Deutschlands) werden weiterhin ausländische Streitkräfte in den Bundesländern stationiert sein. Zwar werden diese Truppen aktuell laufend reduziert, im Falle einer Krise oder eines Krieges wird es jedoch wieder zu Truppenmassierungen kommen. Fest steht, daß die ausländischen Streitkräfte je nach Bedarf weiter zu Lande, zu Wasser und in der Luft üben werden, daß die "out of area" Einsätze weiter von den alten Stützpunkten in Deutschland ausgehen werden, und daß Waffenlagerungen und Art des gelagerten Waffenmaterials weiter vor der benachbarten Zivilbevölkerung geheimgehalten werden. 1991, 1992 und 1993 wurden unter Ausschluß der Öffentlichkeit Verhandlungen zur Überprüfung des Zusatzabkommens zum NATO-Truppenstatut geführt. Das neu ausgehandelte Abkommen führt zu keinen qualitativen Verbesserungen für die zivile Gesellschaft und die Anwohnergemeinden. Das einzig Neue ist, daß nunmehr die Stationierungsstreitkräfte an das Recht gebunden sind, das für die Bundeswehr gilt. Der sog. "nationale Vorbehalt" bedeutet also in diesem Zusammenhang nur, daß das für das deutsche Militär geltende Privilegierungsrecht auch von den anderen hier stationierten NATO-Streitkräften in Anspruch genommen werden kann.

DER ZIVILSCHUTZ: Die Abwehr von Gefahren bei "zivilen" Katastrophen wie Großunfällen liegt in der Kompetenz der Länder, welche entsprechende **Katastrophenschutzgesetze** erlassen haben. Da auch im Verteidigungsfall Regelungen zu treffen wären, die den zivilen Bereich betreffen, hat die Bundesregierung, die die politische Verantwortung für die Zusammenarbeit im militärischen und zivilen Bereich trägt, die notwendigen Aufgaben dezentralisiert. Dabei sind nach § 2 Zivilschutzgesetz die Kreise, Landkreise und kreisfreien Städte und ihre Verwaltungsbehörden als Hauptträger der zivilen Verteidigungsmaßnahmen ausgewiesen. Eine besondere Verantwortung obliegt dem Hauptverwaltungsbeamten (z.B. dem Landrat oder Oberkreisdirektor), der wiederum dem Regierungspräsidenten verantwortlich ist. Die aufsichtführende Kommunalbehörde wird von einem Krisenstab (Katastrophenschutzstab) aus Vertretern der wichtigsten Verwaltungen unterstützt, der im Verteidigungsfall zum Zivilverteidigungsstab umgebildet wird.

In Friedenszeiten befaßt sich das für die Koordination des Katastrophenschutzes zuständige Amt also sowohl mit Aufgaben, die der Vorbeugung und Hilfe bei zivilen Katastrophen, als auch der Vorbereitung auf den militärischen Verteidigungsfall dienen. Dies sind im einzelnen Bunker- und Schutzraumbau, vorbereitende Maßnahmen zur Versorgung der Bevölkerung und der Streitkräfte im Verteidigungsfall, Ausbau des Rettungswesens, Erfassung aller Räumlichkeiten mit Eignung zur Unterbringung von Flüchtlingen, Vorbereitung auf die Ausgabe von Lebensmittelkarten, Erfassung von Schwesternhelferinnen und Krankenpflegepersonal, Instandhaltung von Warnvorrichtungen, Übung der Kooperation von Fachdiensten und der Zusammenarbeit mit Hilfsorganisationen wie Deutschem Roten Kreuz, Malteser Hilfsdienst, Technisches Hilfswerk usw.. Zum Zwecke der Durchführung dieser Aufgaben haben die Gemeinden in Verbindung mit dem Bundesverband für den Selbstschutz (BVS), einer Körperschaft des öffentlichen Rechts mit bundesweit ca. 100 örtlichen Stellen, ein Netz von Selbstschutzberatern aufgebaut. Von besonderer Bedeutung dürften die von der "Kommunalen Gemeinschaftsstelle für Verwaltungsvereinfachung" zusammengestellten Empfehlungen hinsichtlich einer Neugliederung der Verwaltung sein, wonach im Verteidigungsfall Zuständigkeiten straff geregelt und das Ämterhandeln faktisch keiner demokratischen Kontrolle mehr unterworfen ist.

Eine Fülle von Gesetzen und rechtlichen Vorschriften ermöglicht es, im Verteidigungsfall wesentliche Grundrechte außer Kraft zu setzen. So können private Telefonverbindungen stillgelegt, Kraftfahrzeuge und Wohnungen beschlagnahmt, Firmen enteignet und eine Arbeitszwangverpflichtung für Frauen und Männer ausgesprochen werden. Da viele vorbereitende Maßnahmen für den Verteidigungsfall der Geheimhaltungspflicht unterliegen, ist es in der Regel sehr problematisch, von der Kommune Auskünfte zu erhalten. Die etablierten Mitglieder des kommunalen Ausschuß´ für Zivilschutz begreifen grüne PolitikerInnen auch vielerorts als Sicherheitsrisiko und verweigern die Auskunft bei heiklen Fragen: etwa nach Evakuierungsplänen und Aufenthaltsregelungen. Trotzdem sollte gerade auf diesem Sektor die Auseinandersetzung nicht gescheut werden, da oft unter dem Deckmäntelchen des Katastrophenschutzes zivil-militärische Ziele verfolgt werden, die militärischen Prämissen den absoluten Vorrang einräumen und dem Bürger keinerlei echten Schutz gewähren. Vom Bund werden jährlich ca. 1 Mrd. Mark in die Zivilverteidigung gesteckt, angesichts der maroden Finanzlage der Städte durchaus ein Sektor, wo kräftig gespart werden könnte.

Von der kommunalen Friedenspolitik zu einer "Friedenspolitik des Innern"

In der Hochphase der sog. "Nachrüstungsdebatte" fand der Friedenswille zahlreicher Gemeinden seinen Ausdruck in der Deklaration zur **atomwaffenfreien Zone**; 154 Städte, Kreise und Stadtteile in der BRD erklärten sich 1985 zur ABC-waffenfreien Zone. Viele Gemeinden traten auch dem von den japanischen Städten Hiroshima und Nagasaki ins Leben gerufenen "Programm zur Förderung der Solidarität der Städte mit dem Ziel der vollständigen Abschaffung von Atomwaffen" bei. Das Bewußtsein, daß Deutschland, Ost wie West, in seiner gesamten geographischen Ausdehnung in einem Nuklearkrieg die Hauptkampfzone bilden würde, verband die Menschen vor und hinter der Mauer.

Die Gefahr eines Nuklearkrieges scheint nach dem Ende des Kalten Krieges im vereinten Deutschland gebannt zu sein, sie ist jedoch nicht beseitigt. So hat die NATO bisher nur beschlossen, die bodengestützten nuklearen Gefechtsköpfe abzuziehen, die nuklearen Flugzeugbewaffnungen der NATO und der USA bleiben weiter stationiert. Nach der Wiedervereinigung und dem Wegfall des antikommunistischen Feindbildes kann kommunale Friedenspolitik eine Klammer zwischen Kommunen in Deutschland Ost und West als "Friedenspolitik des Innern" bilden, getragen von der Verantwortung der Deutschen für das Grauen des Nationalsozialismus. Die Pflicht der Kommunen zur Übernahme einer "Friedenspolitik des Innern" ergibt sich aus der Präambel des Grundgesetzes und Art. 28 Abs. 2 Satz 2 GG. In der Präambel verpflichtet sich das deutsche Volk, dem "Frieden der Welt" zu dienen. Der Krieg des Dritten Reichs war als Angriffskrieg zum einen auf Eroberung, also "außengerichtete" Ziele gelenkt, zum anderen war es ein "innerer" Krieg gegen Andersdenkende. Dieser andere Krieg bestand aus Terror und Gewalt im Innern. Die Denunziation und Ausrottung jüdischer MitbürgerInnen durch das deutsche Volk oder das opportunistische Nicht-Hinsehen geschahen an einer "inneren Front": inmitten der Dörfer, Städte, Gemeinden und Wohnviertel. Um diesen "inneren Krieg" geht es, wenn eine Gemeinde kommunale Friedenspolitik forcieren will.

Ein Mittel, die Mechanismen lokaler Gewalt aufzuzeigen, könnte die Intensivierung und Förderung der lokalen Geschichtsforschung sein. Vor allem sollte das Andenken an Bürger, die Widerstand leisteten (z. B. in Form von Deserteursdenkmälern), wachgehalten werden, wie auch nicht in Vergessenheit geraten sollte, wer aus welchen Interessen heraus dem Unrechtsregime diente. Die konkrete Solidarität mit Opfern von Krieg und Willkür in der Welt wäre ein weiteres friedenspolitisches Betätigungsfeld der Kommunen. Aufgabe grüner Politik wäre es nach wie vor, über das Grundrecht der Kriegsdienstverweigerung aufzuklären und die Arbeit des Zivildienstes bekanntzumachen. In Zeiten, wo ehrgeizige Bundesminister und Politiker offenbar nichts so wichtig finden wie die "friedensstiftende Präsenz" deutscher Soldaten rund um den Globus, müßte von kommunaler Seite auch hinterfragt werden, welchen Nutzen solche Ambitionen haben. Vor allem, wo den Kommunen angesichts knapper Kassen in vielen wichtigen Bereichen wie Sozialpolitik, Ökologie und Kultur gerade deshalb das Geld fehlt, weil bundespolitisch immer noch Milliardenbeträge für das Militär statt den Frieden ausgegeben werden.

Konversion

Unter Konversion ist die Umwandlung bisher militärisch genutzter Liegenschaften und Gebäude in zivile Nutzung zu verstehen. Die von der Freigabe betroffenen ehemaligen militärischen Areale lassen sich nach ihrer früheren Nutzung beispielhaft wie folgt typologisieren:

— Einrichtungen mit direkten militärischen Aufgabenstellungen wie Marinehäfen, Raketenbasen, Militärflughäfen;
— Einrichtungen der militärischen Logistik wie Depots, Lager, Instandsetzungs- und Reparaturinstallationen, Tankstellen, Mülldeponien;
— Einrichtungen der militärischen Kommunikation wie Fernmelde- und Aufklärungsstationen, Radarstellungen;
— Einrichtungen des militärischen Übungsbetriebes wie Truppenübungsplätze, Schießplätze;
— Einrichtungen mit spezifischen Funktionen für das militärische Personal wie Kasernen, Freizeitstätten, Sportflächen, Militärkrankenhäuser, Familienunterkünfte.

Der in dieser Größenordnungen bisher nicht dagewesene Freigabeschub militärischer Liegenschaften in Deutschland stellt eine völlig neue Aufgabe für die Stadtentwicklung und Landesraumplanung dar. Folgende Detailfragen stellen sich für den Planungsprozeß der neuen Nutzung:

— Wie kann die ehemalige Militärfläche in die generellen Rahmenbedingungen der jeweiligen Kommunalentwicklung eingefügt werden (Bedarf an Wohnraum, Gewerbeflächen, Freiflächen aus Gründen der Erholung oder Ökologie)?
— Wie ist die Flächenrelation des zur Konversion anstehenden Gebietes zur umliegenden, bereits zivil genutzten Fläche?
— Wie ist die Struktur der unmittelbaren Umgebung, mit der die militärische Liegenschaft verbunden werden soll (verkehrsmäßige Erschließung, Versorgungsstruktur, Gelände)?

Mögliche zivile Nutzungen von militärischen Liegenschaften können wie folgt illustriert werden:

o **Militärflughäfen:** Es wäre nach Möglichkeiten einer großflächigen Alternativnutzung zu suchen, z.B. zivile Frachtflughäfen, logistische Einrichtungen der zivilen Luftfahrt, Industrieflächen. Probleme können bei der Nachnutzung in bevölkerungsarmen und verkehrsmäßig wenig erschlossenen Regionen auftreten.

o **Depots, Lager, Instandsetzungs- und Reparaturinstallationen:** Diese Liegenschaften weisen meist eine hochspezialisierte militärtypische Infrastruktur auf, so daß sich als Alternative die Ansiedlung von Gewerbeflächen anbietet. Problematisch ist die meist überdurchschnittliche Kontaminierung.

o **Vom Militär genutzte Freizeiteinrichtungen und Sportflächen, Militärkrankenhäuser:** Diese Liegenschaften weisen die geringsten militärtypischen Eigenschaften auf und können zumeist problemlos zur zivilen Nutzung freigegeben werden.

o **Unterkünfte für Familien von Militär-Personal und Kasernen:** Besonderes Merkmal ist die relativ einfache Ausstattung, so daß oft nicht den heute üblichen Wohnraumstandards entsprochen werden kann. Nutzungsalternativen wären dennoch — nach entsprechenden Investitionen — die Umwandlung in zivilen Wohnraum oder kommunale Verwaltungsräume. Zu denken wäre auch an die Umwandlung in preiswerte Studentenwohnungen. Wenn sich die Räumlichkeiten eignen, könnten sie auch zur (kostenlosen) Nutzung durch innovative Alternativbetriebe oder Ökologie- und Kulturwerkstätten, Jugendfreizeitstätten und dergleichen freigegeben werden.

o **Militärische Übungsplätze:** Besonderes Merkmal ist die Großräumigkeit und die stellenweise starke Manöver- und Munitionsbelastung. Oft besitzen diese Liegenschaften einen hohen Naturschutzwertwert infolge der langjährigen Nichtbewirtschaftung. Alternativen wären eine Aufforstung und Umwidmung in Landschafts-, Naturschutz- oder Wasserschutzgebiet oder die Nutzung als Erholungsgebiete. Als Problem stellt sich die Frage, wie auf diesen Flächen, ohne in die Tiefe gehenden Beseitigung von Munition, der Verkehrssicherheit Genüge getan werden kann, da eine flächendeckende, tiefgründige Altlastensanierung aus Kostengründen oft nicht leistbar und aus Sicht des Naturschutzes auch nicht wünschenswert ist.

Diese idealtypische Auflistung potentieller Konversionsmöglichkeiten darf nicht darüber hinwegtäuschen, daß bei der Feinplanung mit größeren Umnutzungsschwierigkeiten zu rechnen ist. Zunächst attraktiv erscheinende Verkaufspreise können sich schnell als Bumerang erweisen, wenn später die Sanierungs- und Reparaturkosten sehr hoch ausfallen. Die anfängliche Konversionseuphorie ist deshalb bei den Kommunen (noch ohne Berücksichtigung der Sanierung eventueller Altlasten!) eher einer berechtigten Skepsis gewichen.

Erwerb ehemals militärischer Liegenschaften

Das Bundesministerium der Finanzen ist Eigentümer von Liegenschaften ausländischer Streitkräfte, das Bundesministerium der Verteidigung Eigentümer von Liegenschaften der NATO und der Bundeswehr. Nachdem die Liegenschaften dem allgemeinen Grundvermögen des Bundes zugeführt worden sind, kommt den Behörden der Bundesvermögensverwaltung (BVV) die Funktion des Liegenschaftsverwalters zu, der sowohl für den Zustand als auch für die Verwertung der Liegenschaft zuständig ist. Bei der nun einsetzenden Verkaufsplanung der Liegenschaften sind die Bundesvermögensämter (BVÄ) verpflichtet, für die Liegenschaften eine Verkehrswertermittlung (Marktpreis) durchzuführen. In diesem Zusammenhang empfiehlt es sich für die Kommunen, die Liegenschaften, deren Übernahme sie plant, möglichst frühzeitig in die entsprechenden Planungsverfahren aufzunehmen. Auch die Festlegung entsprechender Sanierungsgebiete kann empfehlenswert sein. Außerdem sind städtebauliche Wettbewerbe zur Vorbereitung von Maßnahmen zur Stadtentwicklung möglich. Solche alternativen Nutzungsplanungen erfordern eine möglichst frühzeitige Einsichtnahme in die Liegenschaft vor Ort durch den Planungsträger, die Ordnungsbehörden und gegebenenfalls auch privaten Kaufinteressenten. Zuständiger Ansprechpartner ist die Wehrbereichsverwaltung (WBV). In den neuen Bundesländern ist wichtig, daß die Kommunen an der Begehung der Liegenschaften der ehemaligen Westgruppe der sowjetischen Streitkräfte (WGS) selbst teilnehmen und ihre lokalen Kenntnisse über diese Liegenschaften einbringen. Hier muß damit gerechnet werden, daß selbst in den Übergabeunterlagen der WGS nicht alle Liegenschaften erfaßt sind!

Die zur Veräußerung vorgesehenen Liegenschaften werden zunächst den Ländern (durch die Oberfinanzdirektion) und den Kommunen (durch die zuständigen BVÄ) zum Erwerb angeboten. Wenn die Kommunen die Liegenschaften nicht erwerben wollen, steht es dem Bund frei, sie privaten Interessenten anzubieten, wobei von den Kommunen Benannte Vorrang genießen. Spätestens zu diesem Zeitpunkt müssen sich die Kommunen besonders überlegen, bei welchen Liegenschaften der Erwerb durch die Kommune wegen bestimmter kommunaler Nutzungsabsichten vordringlich erscheint. Bei auch in Betracht kommenden Teilveräußerungen von freiwerdenden Liegenschaften muß die Kommune im eigenen Interesse zu verhindern versuchen, daß Privatinteressenten nur besonders attraktive Teilflächen kaufen, wodurch gegebenenfalls eine kommunal wünschenswerte Gesamtentwicklung des Gebietes stark behindert werden kann. Da die Kommunen wegen des hohen Verkehrswertes Liegenschaften oft nicht erwerben könnten, hat der Bundestag spezielle Preisnachlässe für die Veräußerung beschlossen, wenn spezielle Nutzungen (wie z.B. Wohnraum) geplant sind. Nachdem der Bund in Folge des Steuerumverteilungspaketes sein zunächst avisiertes Sonderprogramm zur finanziellen Konversionshilfe wieder fallengelassen hat, stehen den Gemeinden keine speziellen Bundesmittel für die Konversion zur Verfügung. Im Rahmen der Europäischen Union ist zunächst das **Programm PERIFRA** aufgelegt worden; in seiner Nachfolge wird das **Programm REARM** vorbereitet.

Eine besondere Problematik bei der Liegenschaftskonversion stellen die **Altlasten-Verdachtsflächen** dar. Typische Schadstoffe auf den Liegenschaften lassen sich wie folgt gliedern:

— Kontaminanten aus dem Sektor Kraftfahrzeugwesen: Betriebs- und Schmierstoffe;
— Kontaminanten aus dem Schieß- und Übungsbereich: Sprengstoffe, Munition, Kampfmittel,

chemische Kampfstoffe;
- Sonstige Kontaminanten: Treibstoffzusätze, Reinigungsmittel, Herbizide, Düngemittel, Schrott, Metallabfälle, Bauschutt, Müll.

Sofern der Bund Eigentümer einer Liegenschaft ist, nimmt er Sanierung nur zur direkten Gefahrenabwehr vor, im übrigen sieht sich der Bund nicht zu einer weitergehenden Dekontaminierung verpflichtet. Da der Bund bei erst nach dem Erwerb festgestellten Altlastenfällen eine Entschädigung nur bis maximal zur Höhe des Verkaufspreises zahlt, müssen am Kauf interessierte Kommunen, die mit dem Kauf der Liegenschaft auch die Sanierungshaftung mitübernehmen, versuchen, sich bis zur Übernahme so sachkundig wie möglich zu machen und gegebenenfalls im Übernahmevertrag eine Vorbehaltsklausel für erst später entdeckte Altlasten einsetzen, um sich nicht unkalkulierbaren, finanziellen Risiken auszusetzen.

Literatur

Deiseroth, D.: US-Truppen und deutsches Recht. Rechtliche Probleme der militärischen Nutzung ehemals requirierter Liegenschaften durch US-amerikanische Stationierungsstreitkräfte in der Bundesrepublik Deutschland, Melsungen 1986
Bußmann, W. (Hrsg.): Konversion, Karlsruhe 1993
Ebsen, I.: Militärische Bodennutzung - Die Rechtsstellung von Land, Gemeinden und Privaten hinsichtlich der Beschaffung und Nutzung von Liegenschaften zu Zwecken der Landesverteidigung, ohne Ortsangabe 1988
Poustka, F. (Hrsg.): Die physiologischen und psychischen Auswirkungen des militärischen Tiefflugbetriebs, ohne Ortsangabe 1991
Biederbeck, G.: Abrüstung und Konversion an der Basis - aber wie?, Olms Verlag, Hildesheim 1991
Luber, B.: Abrüstungsatlas. Chancen und Risiken des amerikanischen Truppenabzuges aus der BRD, 2. erweiterte Auflage mit Angaben zu Bundeswehrstandorten, Olms-Verlag, Hildesheim 1991
Ministerium für Umwelt, Raumordnung und Landwirtschaft des Landes NRW / Niedersächsisches Umweltministerium: Wegweiser für den Umgang mit Altlast-Verdachtsflächen auf freiwerdenden militärisch genutzten Liegenschaften, Düsseldorf 1992
Ministerium für Wirtschaft, Mittelstand und Technologie des Landes NRW: Erläuterungen und Hinweise zu Freigabe, Erwerb und Umnutzung bisher militärisch genutzter Liegenschaften, Düsseldorf 1991

Adressen

Bund für Soziale Verteidigung, Friedensplatz 1a, 32423 Minden (Tel.: 0571/29456; Fax: 0571/23019)
Stiftung "Die Schwelle", Beratungstätigkeit für PolitikerInnen bei Konversionsfragen im In- und Ausland. Ansprechpartner: Dr. Burkhard Luber, Heidland 13, 28870 Ottersberg (Tel.: 04293/1264; Fax: 04293/1337)
Zentralstelle für Recht und Schutz der Kriegsdienstverweigerer aus Gewissensgründen e.V., Dammweg 20, 28211 Bremen (Tel.: 0421/340025)
Bundesgeschäftsstelle BÜNDNIS 90/DIE GRÜNEN, Referat für Internationalismus und Frieden (Frithjof Schmidt), Haus Wittgenstein Ehrental 2-4, 53332 Bornheim (Tel.: 02222/700869; Fax: 02222/700899)
Netzwerk Friedenskooperative, Römerstr. 88, 53111 Bonn, Tel.: 0228/692904

AKP-Artikel zum Thema

Mechtersheimer, A.: Streiflicht - Tiefflug (AKP 2/1989, S.5)
Tschikowani, T.: Rede zum Antikriegstag (AKP 6/1989, S. 23-25)
Schönberger, K.: Zur Ehrung von Kriegerdenkmälern (AKP 2/1990, S. 41-42)
Bartels, W.: Abzug des US-Giftgases (AKP 3/1990, S. 19-21)
diverse AutorInnen: Dossier - Militär, Konversion, Truppenabbau, Rüstungsaltlasten (AKP 6/1990, S. 49-57)
Richter, U.: Gewerkschaftliche Konversionsmodelle (AKP 3/1991, S. 37-41)
Niemeyer, W.: Zivile Umnutzung eines Militärflugplatzes (AKP 1/1992, S. 53-55)

■ *Die Passage über "Friedenspolitik" im vorliegenden Kapitel hat Dr. Ines Reich-Hilweg verfaßt, der Abschnitt über "Konversion" stammt aus der Feder von Dr. Burkhard Luber*

Paul Tiefenbach

Städtepartnerschaften und kommunale Nord-Süd-Zusammenarbeit

Außenpolitik rangiert bei vielen Kommunalpolitikern ganz am Ende der Tagesordnung. Ein Randgebiet, das nicht zu den eigentlichen Aufgaben gehört. Tatsächlich ist nach Artikel 34 des Grundgesetzes die Außenpolitik Monopol der Bundesregierung. Allerdings hat das Bundesverfassungsgericht in verschiedenen Urteilen den Städten und Gemeinden Allgemeinzuständigkeit für alle politischen Fragen zugestanden, die im gesellschaftlichen Leben der Kommune eine Rolle spielen. Wenn es also ein Engagement von Bürgern gegen Atomwaffen gibt, sind Stadtverwaltungen durchaus berechtigt, sich zur "atomwaffenfreien Zone" zu erklären oder einem Städtebündnis mit Hiroshima und Nagasaki beizutreten, obwohl Verteidigungs- und Außenpolitik an sich beim Bund liegen. Kommunale Außenpolitik darf nur nicht der des Bundes direkt zuwiderlaufen. Die Erfahrung zeigt aber, daß es diesbezüglich recht weit gefaßte Spielräume gibt. Kommunale Projekte mit Nicaragua z.B. hatten Hochkonjunktur gerade zu einer Zeit, als die Bundesregierung alle Entwicklungshilfe an das Land einstellte. Die kommunalen Aktivitäten wurden teils offen damit begründet, es müsse eine Art Kompensation für den Stop der Hilfen durch den Bund geben. War kommunale Außenpolitik bis Mitte der 80er Jahre noch explizit unerwünscht, so begann sich dies seit der "1. europäischen Konferenz von Kommunen und Nicht-Regierungsorganisationen" in Köln 1985 zu verändern.

In den letzten 20 Jahren hatten immer mehr Gemeinden begonnen, ihre Außenbeziehungen auch zur Dritten Welt durch konkrete Entwicklungsprojekte oder Städtepartnerschaften auszubauen. Von deutschen Städten werden insgesamt mehr als 3.000 Städtepartnerschaften ins Ausland unterhalten, davon knapp 600 mit Städten und Gemeinden in der Dritten Welt. In ganz Europa unterhalten rund 2.000 Kommunen Verbindungen zur Dritten Welt, wobei in den Niederlanden inzwischen jede zweite Gemeinde ihren örtlichen Solidaritätsgruppen öffentliche Mittel zur Verfügung stellt. Ein weiterer Aufschwung der Dritte-Welt-Solidarität wurde 1988 mit der "Nord-Süd-Kampagne des Europarates" eingeleitet. Aus ihr gingen in Deutschland inzwischen rund 60 Nord-Süd-Foren hervor, die als Verbindungsgremien zwischen Gemeinderäten und Projektgruppen fungieren sollen. Mit dem Beschluß der Ministerpräsidenten vom 28.10.1988 wurde kommunales Nord-Süd-Engagement erstmals ausdrücklich begrüßt. Ein nächster bahnbrechender Schritt war die "1. Weltkonferenz von Kommunen und Nicht-Regierungsorganisationen" im Oktober 1992 in Berlin. Die dort verabschiedete "Charta von Berlin" ist auf europäischer Ebenen inzwischen eines der wichtigsten, offiziell anerkannten Dokumente für kommunale Nord-Süd-Arbeit.

Trotz dieser positiven Entwicklung sind Partnerschaften mit der Dritten Welt aber nach wie vor politisch am schwersten durchzusetzen. Während bei den meisten Städtepartnerschaften nämlich der Gedanke der Wirtschaftsförderung eine mehr oder weniger große "Nebenrolle" spielt, sind bei Partnerschaften mit Entwicklungsländern in aller Regel keine finanziellen Vorteile zu erzielen. Manche stolze deutsche Großstadt empfindet es auch unter ihrer Würde, irgendein "Nest" in Afrika als Partner zu akzeptieren. Der beliebte Bürgermeistertourismus kann hier nicht stattfinden, da der Partner in der Dritten Welt oft weder Geld noch Möglichkeiten hat, die Honoratioren aus Europa angemessen zu bewirten. Vielen Politikern erscheint es zur Zeit auch vordringlicher, die Beziehungen nach Osten, zu den Staaten des einstigen "realen Sozialismus" auszubauen, um hier das pro-westliche Reformlager zu unterstützen und weil man sich davon wirtschaftlich einen größeren Ertrag als von Partnerschaften mit der Dritten Welt verspricht.

Situation in der Dritten Welt

Trotzdem gibt es für den Ausbau der Beziehungen gerade zur Dritte Welt gute Gründe, zum einen soziale, zum andern auch wirtschaftlich-finanzpolitische. Das Einkommensgefälle zwischen den reichen westlichen Industrienationen und den ärmsten Ländern hat sich während der 80er Jahre weiter verschärft. Zu den sog. "Ländern mit niedrigem Einkommen" rechnet die Weltbank all jene Staaten, deren durchschnittliches jährliches Pro-Kopf-Einkommen bei 600 $ oder weniger liegt. 1990 umfaßte diese Gruppe 43 Länder, die meisten in Afrika und Asien. Das ärmste Land war Mosambik mit einem Einkommen von nur 80 $ pro Einwohner im Jahr. In den westlichen Industrieländern verdoppelte sich zwischen 1980 und 1990 das Pro-Kopf-Einkommen auf durchschnittlich 20.170 $. In den armen Entwicklungsländern stieg es hingegen im gleichen Zeitraum nur um 23 % und lag 1990 bei durchschnittlich 320 $. Zu dieser Entwicklung trägt bei, daß es seit 1983 zu einem Nettokapitaltransfer vom Süden in den Norden kommt: Die Hilfe des Nordens an den Süden ist geringer als die Zahlungen und Schuldentilgungen, die der Süden an die entwickelten Länder zu leisten hat. Eine solche Verarmung des Südens wird auf die Dauer nicht ohne Auswirkungen auf die entwickelten Länder bleiben. Den Menschen dort ist durch Fernsehen, Tourismus und Wirtschaftsbeziehungen sehr wohl bewußt, daß der Reichtum auf der Welt extrem ungleich verteilt ist. Wenn sie eine Chance sehen, legal oder illegal in die wohlhabenden Länder zu gelangen, werden sie versuchen, diese zu nutzen.

Was können Kommunen zur Problemlösung beitragen? Forderungen etwa nach einem Erlaß der Schulden für die ärmsten Länder oder nach "fairen" Preisen für Produkte aus der Dritten Welt fallen sicherlich nicht primär unter die Handlungsmöglichkeiten hiesiger Städte und Gemeinden. Da aber gerade die Lösung dieser pekuniären Dinge zentraler Bestandteil einer jeglichen Entwicklungsstrategie wäre, fragt sich mancher, was kommunale Entwicklungszusammenarbeit überhaupt für einen Sinn macht, solange auf der bilateralen Ebene der alte Zustand erhalten bleibt. Die nominalen Ausgaben der Bundesregierung für Entwicklungshilfe stagnieren. Real sinken sie also um die Inflationsrate. Außerdem umfaßt der Aufgabenbereich der Entwicklungshilfe inzwischen auch etliche Länder des früheren Ostblocks, so daß sich die real abnehmenden Mittel auf insgesamt noch mehr Empfängerstaaten verteilen. Kommunale Entwicklungszusammenarbeit könnte daher allenfalls einen kleinen Ausgleich zu leisten versuchen, wären nicht die finanziellen Mittel der Städte hierzulande im Zeichen der Rezession und höheren sozialen Belastung selbst so gering. Die Bedeutung einer Städtesolidarität ist aber weitreichender.

Strukturen kommunaler Entwicklungshilfe

Zentralstaatliche Entwicklungshilfe hat sich vielfach als ineffektiv erwiesen. Reisekosten für westliche Experten und eine ausufernde Bürokratie in den Geber- sowie den Empfängerländern verschlingen einen Großteil der Mittel, die eigentlich als Hilfe gedacht waren. Schlimmer noch: Fachleute sind der Meinung, daß viele Großprojekte ihr Entstehen nur einer unheiligen Allianz von Interessengruppen in Geber- und Empfängerländern verdanken und der Bevölkerung mehr schaden als nützen. Inzwischen ist deshalb häufig die Ansicht zu hören, keinerlei Entwicklungshilfe sei besser als diese Art der Hilfe (vgl. etwa Erler, Brigitte: Tödliche Hilfe, Dreisam-Verlag Freiburg, 1985). Kommunale Entwicklungszusammenarbeit ist zentraler Entwicklungshilfe strukturell überlegen. Dies wird heute weitgehend anerkannt. Um zu verstehen, warum dies so ist, muß man sich vergegenwärtigen, wie kommunale Entwicklungspolitik im allgemeinen abläuft.

o **Innovativ und kostengünstig**: Die Idee für ein kommunales Projekt stammt oft von engagierten BürgerInnen, die durch Kontakt mit Flüchtlingen oder bei Reisen in ein Land der Dritten Welt auf Probleme aufmerksam geworden sind. Gemeinsam mit den Betroffenen entwickeln sie eine Idee, wie man die Situation verbessern könnte. Da wirtschaftliche Interessen keine oder nur eine untergeordnete Rolle spielen und fehlendes Geld durch Ideen ersetzt werden muß, entstehen oft innovative und preiswerte Lösungsmodelle. Ob sie funktionieren, erweist sich vor Ort in der Praxis. Der direkte Kontakt zwischen den "Gebern" und den "Empfängern" macht — wenn nötig — auch rasche und unkonventionelle Hilfe möglich. Ein großer Teil der Arbeit wird ehrenamtlich geleistet, oft von Rentnern oder Arbeitslosen, die so statt erzwungener Untätigkeit produktiv tätig sein können — wenn auch meist unbezahlt. Dadurch können die Verwaltungsaufwendungen und sonstigen Nebenkosten gering gehalten werden. Persönliche Betroffenheit sorgt dafür, daß viel gründlicher über Sinn und Durchführung von Projekten nachgedacht wird als in einer staatlichen Bürokratie, wo es sich um einen Vorgang unter vielen handelt. Die Rolle der Kommune besteht in diesem Fall darin, die Finanzierung in der Größenordnung von einigen 10.000 DM an aufwärts sicherzustellen — oder Türen zu öffnen bei anderen Finanziers.

o **Bewußtseinsbildend**: Projekte dieser Art werden meist von Spendenaufrufen oder Sammlungen begleitet. Auf diese Art und Weise wird ein Teil der Einwohner der Gemeinde mit dem Problem konfrontiert und gezwungen, sich damit auseinanderzusetzen. Die kommunalen Medien sind in der Regel hilfreich: Sie berichten stets gern davon, daß BürgerInnen ihrer Stadt in fernen Ländern aktiv sind oder Delegationen aus den Empfängerländern zu Besuch kommen. Wer in einem Entwicklungsprojekt mitarbeitet, spricht in der Regel mit Freunden und Bekannten darüber. Oft haben die engagierten BürgerInnen Berufe, die sie zu Muliplikatoren machen (z.B. Lehrer, Pastoren, Sozialarbeiter). All dies führt zu mehr Bewußtsein über die Probleme in der Dritten Welt. Es führt aber auch zu Bewußtsein darüber, daß die Probleme dort oft mit der Politik und dem Verbraucherverhalten in der Ersten Welt zusammenhängen. Ein Beispiel hierfür ist etwa der Verbrauch von Tropenholz.

o **Verständnisfördernd:** Bei der Kooperation lernen sich die Betroffenen in Geber- und Empfängergemeinden kennen und entwickeln Verständnis für die jeweilige Kultur. In einigen Projektgruppen wirken auch Deutsche mit hier lebenden Einwanderern aus der Region, mit der die Städtepartnerschaft unterhalten wird, zusammen, was oft sehr förderlich für die gegenseitigen Beziehungen (z.B. Überwindung von sprachlichen Verständnisproblemen) ist.

Die in solchen Strukturen sich vollziehende kommunale Projektarbeit sollte freilich nicht idealisiert werden. Das starke persönliche Engagement z.B. schafft in der Gruppe mitunter persönliche Rivalitäten oder führt zu einer eifersüchtigen Abschottung und Vereinsmeierei nach außen, was Neulinge von der Mitarbeit abhalten kann. Trotzdem überwiegen die positiven Erfahrungen. Hauptproblem bei dieser Art der Entwicklungszusammenarbeit ist, daß sie wegen unzureichender Finanzmittel oft nicht mehr als der berühmte Tropfen auf den heißen Stein ist.

Städtepartnerschaften

Es gibt verschiedenartige Möglichkeiten für Gemeinden, außenpolitisch aktiv zu werden. Sie schließen sich nicht aus, sondern ergänzen sich. Wichtiges Betätigungsfeld sind die in sich recht differenzierten Städtepartnerschaften. Die ursprüngliche Aufgabe der Städtepartnerschaften in der Nachkriegsperiode war es, mit Gemeinden der einstigen Kriegsgegner einen Prozeß der Versöhnung und Verständigung einzuleiten. So kam es insbesondere mit **Frankreich** und **Großbritannien** zu einer hohen Anzahl von partnerschaftlichen Verbindungen. Von den insgesamt mehr als 3000 kommunalen Beziehungen zu Partnerstädten in 52 Staaten der Erde, die von deutscher Seite vor der Wiedervereinigung unterhalten wurden, dominierten deutsch-französische Städtekontakte mit fast 1250 Verbindungen, gefolgt von deutsch-britischen mit insgesamt fast 400, was zusammen rund 65% aller Partnerschaftsverbindungen ausmachte. So wichtig diese Partnerschaften mit ehemaligen Kriegsgegnern unter friedenspolitischen Gesichtspunkten und auch hinsichtlich der sich entwickelnden schulischen und Jugend-Kontakte waren, verloren sie doch in der Zeit des Zusammenwachsens der europäischen Gemeinschaft wegen des verstärkten Individualreiseverkehrs an Bedeutung. Oft degenerierten sie zu Honoratiorentreffs von Stadtoberhäuptern und Amtsvorstehern. Sicher ist es aber möglich, durch entsprechendes Engagement und Kontrolle der verausgabten Geldmittel diese traditionellen Städtekontakte vor allem für den innereuropäischen Jugendaustausch wieder zu reaktivieren.

In einer zweiten Phase, die ab Mitte der 70er Jahre begann, wurden Städtepartnerschaften auch mit Gemeinden in Staaten eingegangen, zu denen ein unverändert schwieriges Verhältnis bestand, etwa den **kommunistisch regierten Ostblockländern.** Bei diesen Städtepartnerschaften, von denen es (ohne die deutsch-deutschen Verbindungen) bis vor der Wiedervereinigung rund 120 gab, bildete seitens der engagierten Bürger und Initiatoren zweifellos der Wunsch einer systemübergreifenden Völkerverständigung und des Abbaus von Feindbildern die treibende Kraft. Oft sind diese Partnerschaften jedoch von konservativen Kreisen auch für die Propagierung der Vorzüge des "freien Westens" instrumentalisiert worden. Ohnehin bestanden seitens der Vertriebenenverbände in vielen westdeutschen Städten sog. "Patenschaften" und "Exilstadtverwaltungen" für Kommunen in den ehemals deutschen Ostgebieten. Das rief in östlichen Partnerstädten verständlicherweise Verärgerung hervor, da solche Patenschaften den Versuch darstellten, in die Belange dieser Städte hineinzuregieren. Da die westdeutschen Regierungen im Prinzip dieses revanchistische Anliegen teilten, oblagen die von fortschrittlichen Kräften initiierten "Städtepartnerschaften" einer genauen Beobachtung durch das Auswärtige Amt, welches sich als "Ratgeber" in die Vertragsverhandlungen zwischen den Kommunen einschaltete, um zu verhindern, daß in Städtepartnerschaftsabkommen politische Zielsetzungen festgeschrieben wurden, die den außenpolitischen Ambitionen der Regierung zuwiderliefen. So gestaltete sich die Begründung solcher Partnerschaften oft von beiden Seiten als schwieriges Unterfangen und setzte jahrelanges Bemühen von Bürgerinitiativen voraus, ehe sie zustandekamen: mit der Sowjetunion erstmals zwischen Saarbrücke und Tiblissi (1975), gefolgt von der deutsch-polnischen Städteverbindung Bremen und Danzig 1976.

Die Ost-West-Partnerschaften haben durch den Systemwandel in den ehemals sozialistischen Ländern ihren Charakter inzwischen weitgehend verändert. Ihr friedenspolitischer Anspruch ist mit dem Ende der Blockkonfrontation obsolet geworden. Der aktuell stattfindende wirtschaftliche Zusammenbruch der osteuropäischen Länder, ihr Hoffen auf westliche Investoren, verschiebt den Schwerpunkt solcher Städteverbindungen in Richtung Wirtschaftspolitik. In den industriell entwickelteren Teilen Osteuropas dienen sie mehr und mehr dazu, lokalen Unternehmen das Türchen ins Ostgeschäft zu öffnen. Aus Bremen beispielsweise haben sich in den Partnerstädten Riga und Danzig bisher 20 Firmen engagiert. Die weniger entwickelten Gebiete Osteuropas sind für westliche Investoren allerdings noch uninteressant. Die Partnerschaften haben hier — ähnlich den Partnerschaften mit der Dritten Welt — die Funktion, notwendige Hilfe zu organisieren, Ausbildung zu ermöglichen, know how zu vermitteln usw. Sie sind deshalb daran zu messen, ob diese Hilfe wirklich effektiv ist. GRÜNE in den Kommunalparlamenten sollten strikt darauf achten, daß die gegenseitigen Besuchskontakte von Politikern keine kostenlosen Urlaubsveranstaltungen zu Lasten des Steuerzahlers sind. Ferner, daß die hierfür aufgewendeten Finanzmittel nie auf Kosten der Mittel für Gemeinden in der Dritten Welt gehen.

In noch viel höherem Maße als für die industriellen Regionen Osteuropas spielen für den nach der Wiedervereinigung einsetzenden Boom **deutsch-deutscher Städteverbindungen** wirtschaftliche Gesichtspunkte eine zentrale Rolle. Hatte es bis vor dem Fall der Mauer kaum zwei Dutzend solcher vertraglich paraphierten und ratifizierten innerdeutschen Städtepartnerschaften gegeben (die erste wurde 1986 zwischen Saarlouis und Eisenhüttenstadt besiegelt), so schnellte deren Zahl nach Eingliederung in die BRD rasant in die Höhe und dürfte zur Zeit bei über 1000 liegen. Bremen und Rostock zum Beispiel verbindet eine solche Städtepartnerschaft (hier bereits seit 1987). Seit der Grenzöffnung haben 129 Bremer Firmen in Rostock Filialen eröffnet oder Geschäfte erworben. Wichtige Teile der Rostocker Industrie befinden sich nun praktisch in bremischem Besitz.

Eine Sonderrolle spielen nach wie vor die Städtepartnerschaften mit **Israel** bzw. palästinensischen Gebietskörperschaften. Sie führten oft zu Konflikten mit den Palästinensern, die sich ebenfalls als indirekte Opfer der deutschen Geschichte sehen. Insbesondere nach Entstehen der Intifada wurden Besuche in Israel von den Palästinensern als Affront empfunden. Es lohnt sich also auf jeden Fall, den Städtepartnerschaften mit Israel besonderes Augenmerk zu schenken. Bei Besuchen im Land sollte darauf geachtet werden, daß auf dem Programm auch Gespräche mit "echten" Vertretern der in der Partnerstadt lebenden nichtjüdischen Bevölkerungsteile stehen. Zur Not muß man diese Kontakte vor Ort selbst organisieren. Bei der Gründung neuer Partnerschaften sollte sichergestellt werden, daß die nichtjüdischen Einwohner der Partnergemeinde in die Partnerschaft einbezogen sind. Wenn dies nicht möglich ist, z.B. weil die Partnergemeinde nur von Juden bewohnt ist, bietet es sich an, eine zweite Verbindung mit einer arabischen Gemeinde zusätzlich einzugehen, wenn nicht in Israel, dann in der Westbank oder im Gazastreifen. Es handelt sich hier um recht unfruchtbare und teilweise übervölkerte Gebiete. Wenn daraus — wie nun beschlossen — ein eigener Palästinenserstaat entstehen soll, wird er massive Aufbauhilfe benötigen, damit er nicht in einem Desaster endet. Verschiedene deutsche Städte sind so verfahren, eine Freundschaftsbeziehung gleichermaßen mit jüdischen und arabischen Bürgern einzugehen, z.B. Münster (nähere Informationen beim Projekt Freundschaft Birzeit-Münster e.V., Staufenstr. 27, 48145 Münster). Dies wird den Unwillen der israelischen Partner hervorrufen. Wer erst einige Gespräche mit Palästinensern geführt hat, wird aber verstehen, warum es wichtig ist, trotzdem darauf zu beharren.

Städtepartnerschaften mit der Dritten Welt haben einen anderen Charakter als die herkömmlichen Städtepartnerschaften. Sie entstehen in der Regel auf Initiative "von unten". Hierin liegt ihre Stärke. Sie sind meist weniger auf Repräsentation, sondern auf konkrete Hilfe gerichtet. Häufig werden sie nicht als "richtige" Städtepartnerschaften geführt, sondern laufen unter Titeln wie "Städtesolidarität" oder "Nord-Süd-Verbindungen". Hierin drückt sich die geringere Bedeutung aus, die Stadtverwaltungen solchen Verbindungen unter wirtschaftspolitischer Prämisse beimessen. Wichtig ist, daß auch diese Partnerschaften durch einen formellen, von den Bürgermeistern unterschriebenen Vertrag verbindlich angelegt werden sollten. Außerdem sollte für diese Verbindungen der gleichen Betrag im Haushaltsplan vorgesehen werden, der bei "richtigen" Partnerschaften bereitgestellt wird. Wenn das zur Verfügung stehende Geld (bei Großstädten in der Regel Summen zwischen 50.000 DM bis 100.000 DM je Partnerschaft) statt für gegenseitige Bürgermeisterbesuche für konkrete Projekte ausgegeben wird, hilft dies den Städten in der Dritten Welt sogar. Wichtig wäre auch, neben der Ratifizierung eines formellen Städtepartnerschaftsvertrages im festen Turnus (z.B. zweijährig) ein Arbeitsprogramm zu erstellen. Es hätte verbindliche personelle Zuständigkeiten zu definieren und einen Finanzhaushalt auszuweisen, damit die projektorientierte Hilfe vor Ort auf Kontinuität bauen kann.

Aus Solidarität mit bedrohten Völkern oder unterdrückten Minderheiten in einem Staat wird vielfach von westlichen Initiativgruppen aus aktuellem politischen Anlaß heraus versucht, **Partnerschaften mit Konfliktregionen** auf die Beine zu stellen. Dies waren vor etlichen Jahren die **Nicaragua-Partnerschaften**, die zur Unterstützung der sandinistischen Politik aufriefen. Durch die Wahlniederlage der Sandinisten erhielt die Nicaragua-Solidaritätsbewegung einen erheblichen Dämpfer und läuft — wo und wenn überhaupt noch — inzwischen unter gänzlich anderen Vorzeichen. Am aktuellsten unter solchen politischen Prämissen sind derzeit **Partnerschaften mit kurdischen Städten**. Bislang existiert lediglich eine informelle Partnerschaft zwischen Hannover und Halabja (Irak). Gegen den Terror, dem die Kurden in der Türkei ausgesetzt sind, können Partnerschaften allein schon als Mittel der Herstellung von Öffentlichkeit helfen; selbiges gilt natürlich auch für die vom irakischen Staat diskriminierten Kurden.

KOMMUNALER AUSTAUSCH VON VERWALTUNGSEXPERTINNEN: Nach der Wiedervereinigung haben viele westdeutsche Städte ihren ostdeutschen Partnerstädten ausgebildetes Verwaltungsfachpersonal zur Verfügung gestellt. Beschäftigte des öffentlichen Dienstes wechselten für einige Monate oder auch Jahre freiwillig in die Partnerstadt, wurden aber weiter von ihrer Heimatgemeinde bezahlt. In den Niederlanden gibt es ein ähnliches Programm auch für Partnerstädte in Afrika. Die anfallenden Reisekosten der holländischen Kommunalbeamten werden vom Außenministerium gezahlt. Es zahlt auch den holländischen Kommunen einen Ausgleich für die Ausbildungskosten von eingeladenen Dritte-Welt-Fachkräften. Vergleichbares gibt es Deutschland bislang noch nicht. In Einzelfällen kommt es aber vor, daß Kommunen Fachleute abstellen. So zahlt z.B. Bremen das Gehalt eines Bremer Hochschullehrers weiter, der seit mehreren Jahren in Windhoek mit dem Aufbau des namibischen Justizsystems befaßt ist. Ein solcher Personalaustausch sollte indes nur dann vorgenommen werden, wenn sein Nutzen wirklich erwiesen ist. Deutsche Experten in die Dritte Welt zu schicken, kostet unverhältnismäßig mehr Geld, als dort eventuell schon vorhandenes Expertenwissen abzurufen und finanziell zu sichern. Der europäische Lebensstil von abgestellten Experten bedingt auch, daß sie primär mit den heimischen Eliten kooperieren, oft zum Schaden der Bevölkerung.

Unterstützung von Hilfsprojekten

FLÜCHTLINGSHILFE: Ein Beispiel für gut funktionierende Projektarbeit ist die Unterstützung Bremens für die Flüchtlinge aus der Westsahara. Sie ist seit 1976 von Marokko besetzt. Hunderttausende Sahrauis flohen ins benachbarte Algerien. Dort leben sie seitdem in Zeltstädten unter erbärmlichen Bedingungen. Mitglieder des Vereins "Freunde des sahrauischen Volkes" begannen, Hilfe für die Flüchtlinge zu organisieren. Bremen hat diese Bemühungen vielfältig unterstützt. So konnten z.B. zwei Studenten aus den Lagern an der Bremer Uni studieren und erhielten ein Stipendium. Erkrankte sahrauische Kinder wurden in Bremer Krankenhäusern behandelt. Eine Bremer Arbeitsloseninitiative beschaffte einen LKW für Krankentransporte, baute ihn um und überführte ihn in ein Flüchtlingslager. Weitere Lastwagen wurden z.T. in stadteigenen überbetrieblichen Ausbildungswerkstätten hergerichtet. Die Bremer Heimstiftung spendete 120 Krankenhausbetten, ein Bremer Zahnarzt eine komplette (gebrauchte) Zahnarztpraxis. Im Laufe der Jahre entstand in den Lagern mit Bremer Hilfe eine Berufsschule. Mehrmals wurden Kindergruppen aus den Lagern nach Bremen eingeladen, mehrmals auch besuchten hochrangige Politiker aus Bremen die algerischen Zeltlager, meist begleitet von Fernseh- und Journalistenteams. Dies führte regelmäßig zu heftigen Protesten des marokkanischen Botschafters und bildete so ein Politikum.

Typisch für diese Art kommunaler Außenpolitik ist, daß private und staatliche Initiative sich vermischen. Die Projektideen entstanden in der Regel bei den "Freunden des sahrauischen Volkes". Sie kümmerten sich auch um die Durchführung. Die Bereitstellung von Bremer Finanzmitteln hatte oft nur eine Initialfunktion — wenn Bremen das Projekt für seriös genug befunden hatte, waren auch andere Kommunen oder Länder bereit, Geld zu geben. Durch Vermittlung der Bremer Stadtverwaltung konnten sogar Mittel bei der EU eingeworben werden. Neben staatlichen Stellen beteiligten sich auch große Hilfsorganisationen wie "terre des hommes" und "medico international" an der Finanzierung.

SCHULPARTNERSCHAFTEN: Natürlich gibt auch weniger aufwendige Möglichkeiten, Verbindungen zu Städten in der Dritten Welt herzustellen, ein Beispiel sind Schulpartnerschaften: Schulen in einer deutschen Stadt nehmen — meist durch persönliche Kontakte eines/r Lehrer/in inititiert — Verbindung mit einer Schule in der Dritten Welt auf. Unter Einbeziehung der Schüler können z.B. Hilfsgüter gesammelt werden, die die Partnerschule dringend benötigt. Schüler aus der Partnerschule können für einige Wochen nach Deutschland kommen, deutsche Austauschschüler einige Wochen am Unterricht in der Partnerschule teilnehmen. Die Schüler werden auf diese Art und Weise sehr konkret an die Probleme in der Dritten Welt herangeführt. Allerdings kehrten auch schon Schüler recht frustriert wegen des Fehlens der üblichen Freizeitmöglichkeiten und wegen des autoritären Lehrstils wieder nach Deutschland zurück. Es müßte also gewährleistet sein, daß dieser Austausch pädagogisch vor- und nachbereitet wird, wenn sich daraus eine dauerhafte Solidaritätsarbeit entwickeln soll.

Mitarbeit in internationalen Organisationen und Verbindungen

Zu nennen ist hier zunächst die Organisation "Städte und Entwicklung" (Towns&Development), ein Zusammenschluß von Nichtregierungsorganisationen und Gemeinden. Als **Nichtregierungsorganisationen**, kurz NRO oder NGO (engl.), werden kleinere und größere Vereine von nichtstaatlichen Trägern in der Entwicklungshilfe bezeichnet. Unter den Begriff NRO fällt die Caritas genauso wie der Dritte-Welt-Laden um die Ecke. Auch staatliche Stellen in der BRD arbeiten inzwischen mehr und mehr mit NROs statt mit Regierungsorganisationen der Entwicklungsländer zusammen, weil sie zumeist wesentlich effektiver sind und nicht soviele Geldmittel in schwarzen Kanälen versickern. Die Organsation **"Städte und Entwicklung"** veröffentlicht Handbücher, Broschüren usw. zu Fragen der lokalen Kooperation zwischen Nord und Süd. Sie hält regelmäßig Konferenzen ab, auf denen wohlklingende Erklärungen verabschiedet werden, die viele Anregungen für die Arbeit vor Ort enthalten, allerdings auch von den Mitgliedsgemeinden selten umgesetzt werden. "Städte und Entwicklung" fordert die Mitgliedsstädte auf, 1 DM pro Einwohner jährlich für Entwicklungszusammenarbeit bereitzustellen, was wohl die wenigsten wirklich tun. GRÜNEN und linken Oppositionspolitikern gelingt es kaum, Zugang zu dieser Organisation zu finden.

Basisnäher sind die **"Nord-Süd-Foren"**. Hierbei handelt es sich um lokale Koordinierungskreise aller in der Kommune irgendwie mit Entwicklungspolitik befaßten Organisationen. Dazu gehören die NROs, Gewerkschaften, Parteien, entwicklungspolitisch engagierte Kirchengemeinden und EinzelkämpferInnen. "Nord-Süd-Foren" gibt es bereits in vielen Städten, sie werden von einem städtischen Amt in Mainz koordiniert. Auch sie vernetzen sich untereinander und halten regelmäßige Bundeskonferenzen ab. Der Vorteil dieser Foren ist, daß sie Politiker direkt mit Bürgern zusammenbringen. Andererseits werden sie von manchen auch als Wasserkopf empfunden, der eher von konkreter Arbeit abhält.

Neben diesen Organisationen gibt es auch solche, die sich eine eng begrenzte Aufgabe gestellt haben. Relativ bekannt geworden ist das internationale **"Klimabündnis der europäischen Städte mit indianischen Völkern der Regenwälder zum Erhalt der Erdatmosphäre"**. Es hat sich zur Aufgabe gesetzt, in Anknüpfung an die Klimakonferenz von Rio (1992) den Treibhauseffekt zu bekämpfen (siehe Energie-Kapitel). Dem Klimabündnis haben sich in Europa bereits über 300 Kommunen formell angeschlossen. Erste Erfahrungen mit dem Klimabündnis zeigen, daß die Mitgliedstädte die von ihnen eingegangenen Selbstverpflichtungen nicht so ernst nehmen, wie es nötig wäre. Immerhin bieten die Verpflichtungserklärungen aber grünen Politikern gute Möglichkeiten, auf Versäumnisse hinzuweisen und die Umsetzung anzumahnen. In Holland gibt es eine Art Wettbewerb unter den Mitgliedsstädten. Dabei beurteilt ein spezielles Gremium die Anstrengungen der Städte und vergibt Punkte für gelungene Umsetzungsstrategien. Dies wäre vielleicht eine nachahmenswerte Idee.

KAMPAGNENPOLITIK: Seitens der größeren Organisationen wurden in den letzten Jahren zahlreiche Kampagnen gestartet, wie die "Antiapartheidskampagne", die Kampagne "Schüler befragen Stadträte zur Dritten Welt" oder "Jeder Baum ist zwei wert", eine Kampagne zum Zusammenhang von Umwelt- und Dritte-Welt-Politik. Im Einzelfall wäre zu prüfen, ob eine Beteiligung an solchen Kampagnen sinnvoll ist.

Wer selbst die Initiative zu einem Hilfsprojekt ergreifen will, kommt in der Regel nicht umhin, einen gemeinnützigen Verein zu gründen, da nur dieser die nötige Seriosität aufweist und abzugsfähige Spendenquittungen ausstellen kann. Zuständig für die Anerkennung der Gemeinnützigkeit ist das örtliche Finanzamt. Entscheidend ist die Satzung. Das Finanzamt berät und stellt Mustersatzungen zur Verfügung. Sammlungen zur Finanzierung sind wegen ihrer politischen Wirkung nützlich. Die gesamte Projektfinanzierung dürfte auf diese Art jedoch kaum zustandekommen. Als mögliche Finanziers kommen neben den staatlichen Stellen (Gemeinde, Land, Bund und EU) auch Stiftungen der Parteien, der "Solifond" der GRÜNEN sowie die großen Wohlfahrtsverbände in Frage.

Literatur

Schwanenflügel, M. von: Entwicklungszusammenarbeit als Aufgabe der Gemeinden und Kreise, Berlin 1993, Verlag Duncker&Humblot, kostet allerdings 98.- DM
Bundeskongreß entwicklungspolitischer Aktionsgruppen (BUKO): Aktionshandbuch Dritte Welt, Wuppertal, wird regelmäßig überarbeitet und enthält u.a. wichtige Literaturhinweise und Adressen. Bezug: BUKO, Nernstweg 32-34, 22765 Hamburg
Verein zur Förderung entwicklungspolitischer Initiativen (VEN): Zwischen Weitblick und Weltmarkt - Nord-Süd-Handbuch, Bezugsquelle: VEN e.V., Bahnhofstr. 16, 49406 Barnstorf
Deutscher Volkshochschulverband (Hrsg.): Volkshochschulen und kommunale Entwicklungszusammenarbeit, in: Materialien 32, Bonn 1990; ferner dies.: Organisationshandbuch der entwicklungspolitischen Bildungsarbeit, in Materialien 34, Bonn 1992

Fachzeitschriften

"Europa kommunal", Herausgeber: Rat der Gemeinden Europas, Fax: 0228/361967
"Blätter des IZ3W", Bestelladresse: Infozentrum Dritte Welt, Postfach 5328, 79020 Freiburg
"Relaciones", herausgegeben vom VEN e.V - Infodienst Süd-Nord, Bahnhofstr. 16, 49406 Barnstorf
"ILA-Info", Zeitschrift der Informationsstelle Lateinamerika, Heerstraße 205, 53111 Bonn

Adressen

Nord-Süd-Foren c/o Europäisches Büro der Stadt Mainz (Amt 18), Bauerngasse 7, 55116 Mainz, Tel.: 06131/122375
Klimabündnis/Umweltforum, Philipp-Reis-Str. 84, 60486 Frankfurt/M., Tel.: 069/21239111
Towns&Development c/o Landeamt für Entwicklungszusammenarbeit, Slevogtstr. 48, 28209 Bremen
DEAB-Dachverband entwicklungspolitischer Gruppen, Blumenstraße 15, 70182 Stuttgart, Tel.: 0711/243234

AKP-Artikel zum Thema

diverse AutorInnen: Eine Welt für alle, kommunale Außenpolitik - AKP-Schwerpunktheft (AKP 2/1994, S. 31-46)
Tiefenbach, P.: Tagungsbericht "kommunale Außenpolitik" (AKP 5/1993, S. 28-29)
Hauf, P.: Kommunale Entwicklungszusammenarbeit und Lage der Frauen (AKP 2/1992, S. 24)
Wägerle, H.: Besuch in Nicaragua (AKP 4/1992, S. 22 24)
Munier, G.: Bundeskonferenz der Nord-Süd-Foren 1992 (AKP 3/1992, S. 26-27)
Krause, M.: Städtepartnerschaften mit Nicaragua (AKP 5/1992, S. 22)
Köhler, W.: Europatag der Gemeinden und Regionen (AKP 2/1991, S. 21-22)
Schlickwei, M.: Partnerschaft Münster-Birzeit/Westbank (AKP 5/1991, S. 21-22)

Ruth Ellerbrock, Christian Goger, Sybille Volkholz

Bildungspolitik

Kommunale Bildungspolitik besteht aus vielen Facetten, die nicht nur einem städtischen Ressort zuzurechnen sind. In erster Linie handelt es sich dabei um die Schulpolitik, die Erwachsenenbildung und das Bibliothekswesen. Unter der Ägide des allgemeinen Sparzwangs sind alle Sektoren der Bildung in Mitleidenschaft gezogen, vor allem der Bibliotheksbereich. Grüne Politik hätte zur Aufgabe, sowohl die Gegenwehr gegen Rotstiftpolitik und Kürzungen zu unterstützen als auch Konzepte einer verstärkten Selbstorganisation und Demokratisierung des kommunalen Bildungswesens zu entwickeln.

Schule

Die Rahmenbedingungen für die Bildungseinrichtung Schule werden in erster Linie aufgrund des Kulturföderalismus in der BRD durch die Länder und dort durch die entsprechende Gesetzgebung (Schulgesetze, Schulverfassungs- und/oder Schulverwaltungsgesetze) bestimmt. BÜNDNIS 90/-GRÜNE Prioritäten liegen auf einer Demokratisierung der Schule, Verbesserung der Mitbestimmungsmöglichkeiten von Eltern, Lehrkräften und SchülerInnen und der Stärkung von reformpädagogischen Initiativen. Die Erfahrung der Bildungsreformdebatten der letzten 30 Jahre hat gezeigt, daß Schulreformen und Reformen der Bildungslandschaft nicht von oben herab und schon gar nicht gegen den Willen der Betroffenen durchzusetzen sind. Veränderungen müssen vor Ort entstehen und von den Beteiligten mitgetragen werden. Die Reformdebatte hat in der Vergangenheit häufig genug den Fehler gemacht, Reform vorrangig in der Veränderung von Schulstrukturen zu sehen. Die Qualität der Schule, ihre Akzeptanz bei SchülerInnen und Eltern, hängt von mehr Faktoren ab: von Inhalten, dem Schulklima, dem Engagement der Lehrkräfte. Das heißt, eine Schule ist nicht bereits deshalb gut, weil sie eine Gesamtschule ist. Es gibt darunter genauso gute und schlechte wie in den anderen Schulformen.

Die Bildungspolitik von BÜNDNIS 90/DIE GRÜNEN muß den Zusammenhang von Schulorganisation und Inhalten, Organisation von Lernprozessen im Auge haben und auf ihre Veränderung hinarbeiten. Die überwiegend nach Fächern strukturierte Unterrichtsorganisation entspricht nicht mehr den Lernformen, die SchülerInnen aktuell brauchen. Durch Medien nehmen Kinder und Jugendliche heute erheblich mehr Wissen an und auf als in früheren Jahrzehnten. Die Lebensumwelt von Kindern gestattet ihnen immer weniger Primärerfahrungen (eigene Erfahrung). Für die Schule folgt daraus, daß sie mehr Wert darauf legen muß, Kindern selbst konzentrierte Arbeitsformen zu ermöglichen, Zusammenhänge erarbeiten zu lassen und ihre eigene Lebenswelt erfahrbar zu machen. Die Veränderungen der Gesellschaft, ihre Zusammensetzung, Veränderungen der Arbeitswelt, die Gefährdung unserer natürlichen Lebensbedingungen, die ungleiche Verteilung der Reichtümer dieser Welt erfordern eine entsprechende Berücksichtigung in den Erziehungszielen der Schule, die noch lange nicht ·adäquat durchgesetzt sind.

Demokratisierung der Schule hat auch Konsequenzen für die Zusammensetzung der SchülerInnenschaft. Toleranz gegenüber Mitmenschen und Achtung vor ihrer Gleichberechtigung wird am ehesten dort gelernt, wo es in der Schule praktisch erfahrbar wird. BÜNDNIS 90/DIE GRÜNEN setzen sich daher für die

Daten zur heutigen Schule

Schülerzahl bundesweit:	11.000.000
Schulische Einrichtungen:	45.000
Lehrkräfte:	700.000
Öffentliche Aufwendungen pro Jahr:	60 Mrd. DM

Schüleranteile bei 7. Jahrgängen (1992)

Hauptschule:	31%
Realschule:	26%
Gymnasium:	32%
Gesamtschule:	11%

(beim Gesamtschulbesuch liegt Maximum in Berlin mit 27%, Minimun in NRW 11%)

Weiterentwicklung aller integrativen Schulformen ein, d.h. Schulen, die Kinder unterschiedlicher sozialer, nationaler, kultureller Herkunft aufnehmen als auch behinderte und nichtbehinderte Kinder gemeinsam erziehen. Interkulturelle Erziehung, also die bewußte Auseinandersetzung mit den verschiedenen Kulturen die durch Kinder heute in den Schulen vertreten sind, und der entsprechende Spracherwerb sind Zielsetzungen bündnis-grüner Bildungspolitik. Die europäische Entwicklung sollte diesen Bestrebungen der Öffnung von Schule, dem Kennenlernen fremder Kulturen und dem Erwerb von Fremdsprachen hoffentlich einen gehörigen Schub nach vorne verpassen. Die Bildungspolitik von BÜNDNIS 90/DIE GRÜNEN sollte sich darum bemühen, daß neben der allgemeinen Bildung die berufliche aufgewertet wird. Für weiterführende Bildungswege und Hochschulen müssen neue Zugänge neben dem Abitur eröffnet werden. D.h. auch, daß Bildungsinstitutionen der Erwachsenenbildung, z. B. den Volkshochschulen, von unserer Seite ein größeres Gewicht beigemessen wird.

Die strukturelle Gestaltung der Schule liegt beim Land bzw. auf Regierungsbezirksebene, wo im Rahmen der **Schulaufsicht** alle wesentlichen staatlichen Belange der Bildungsarbeit (Lehrplangestaltung, Unterrichtsform, Schulabschlüsse, Schulformentscheidung, Zensurengebung, Schulbücher, Lehreraus- und -fortbildung, Personaleinstellung, Arbeitszeitreglungen, Lehrer-Schülerrelation etc.) wahrgenommen werden. Dennoch gibt es für die Kommunen einen Gestaltungsspielraum, den es zu nutzen lohnt. Die sogenannten **"äußeren Schulangelegenheiten"** werden vom **Schulträger** — in der Regel der Kommune — getätigt. Zu diesen kommunalen Schulaufgaben zählen organisatorische Belange (Schulbau, Gebäudeunterhalt, Ausstattung, Schulbezirke), die laufende Schulverwaltung (Einstellung von nichtlehrendem Personal wie Sekretariat, Hausverwaltung, Reinigungsdienste) und Sachbedarf (Lehr- und Lernmittel, Schülerbeförderung). Hinzu kommen Mitwirkungsmöglichkeiten der Gemeinden bei der Besetzung von Lehrer- und Schulleiterstellen sowie der Beförderung. Auch gibt es in der Praxis eine fließende Grenze zwischen inneren und äußeren Schulangelegenheiten, so daß Gemeinden Einfluß auf Modellschulversuche, die Förderung von Projektwochen, den Ausbau von Schullandheimen, schulische Bildungsreisen, Schulberatungsstellen und vieles mehr nehmen können. Als Schulträger der weitaus meisten Schulen haben die Kommunen somit durchaus die Möglichkeit, auch auf die pädagogische Qualität des Schulunterrichts Einfluß zu nehmen. Aber auch als Träger von **Jugendhilfeeinrichtungen** können sie die Zusammenarbeit von Schulen und Kinder- und Jugendeinrichtungen befördern, die Ausdehnung von Ganztagsangeboten betreiben und für eine kindgerechtere Gestaltung der Lebensräume im schulischen Umfeld erhebliches leisten.

SCHULENTWICKLUNG UND SCHULSTRUKTUR: Auch wenn die Schulformen in den Landesschulgesetzen festgelegt werden, kann durch die Erarbeitung von regionalen **Schulentwicklungsplänen**, die der Schülerzahlentwicklung vor Ort Rechnung tragen, auf die Schulstruktur Einfluß genommen werden. So haben sich auch in der Vergangenheit konservativ regierte Kreise bei abnehmenden Schülerzahlen zur Einrichtung von Gesamtschulen entschlossen, weil dies ökonomisch vertretbarer war, als ein dreigliedriges Schulsystem mit langen Fahrwegen aufrecht zu erhalten. Hier Zwischenformen zu entwickeln durch Zusammenlegung von Haupt- und Realschulen, Schulformen zur Kooperation zu bringen, wenn sich die Schülerzahlen verändern, kann Innovation in der Kommune ermöglichen. Das Schulangebot in den Stadtteilen muß so gestaltet werden, daß eine wohnortnahe Erreichbarkeit aller Bildungsgänge gewährleistet ist, um Pendlerströme von Schülern zu minimieren. Um eine Bildungschancengleichheit zu ermöglichen, ist eine flächendeckende Versorgung mit maximal vierzügigen **Integrierten Stadtteilschulen in der Sekundarstufe I** anzustreben. Angesichts zunehmender Schülerzahlen an der Grundschule versuchen Verwaltungen in der Fortschreibung des Schulentwicklungsplanes häufig, Schulbezirke zu vergrößern, um damit größere Klassenverbände (30 Schüler) zusammenzubekommen. Für GRÜNE gilt dagegen: "Kleine Klassen für kleine Kinder!"

Die **Integration von behinderten und nichtbehinderten Kindern** kann durch kommunale Förderzentren unterstützt werden bzw. durch Integration behinderter Kinder in Regelschulen, wenn diese und ihre Eltern das wünschen. Die Sonderbeschulung verhindert in vielen Fällen realitätsnahe Lernerfahrungen in "normaler" Umwelt. Ein selbstverständlicher gesellschaftlicher Umgang mit Behinderten kann nur erlernt werden, wenn die materiellen und personellen Rahmenbedingungen für gemeinsames schulisches Lernen und Zusammenleben geschaffen werden. Dies gilt auch für eine spezielle **Mädchenförderung**. Die GRÜNEN stellen koedukativen Unterricht nicht grundsätzlich in Frage, fordern aber bei Bedarf Freiräume für Mädchen und junge Frauen, damit sie ohne die Dominanz der Jungen ihre geschlechterspezifische Benachteiligung, sexistische Belästigungen und Rollenverteilung in der patriarchalischen Gesellschaftsstruktur reflektieren und Gegenstrategien entwickeln können. Neben praktischer Unterweisung in Selbstverteidigungskursen für Mädchen wäre auf die **wachsende Gewalt an Schulen** auch mit einer spezifischen **Jungenförderung** zu reagieren, die Alternativen zu aggressiver Selbstbehauptung und Dominanzstreben aufzeigt. Ebenso kann **interkulturelle Erziehung** durch die Kommune gefördert werden. Wenn die Kommune ein Mitspracherecht bei der Besetzung von Stellen hat, kann sie für die Einstellung von ausländischen ErzieherInnen und Lehrkräften sorgen. Sie sollte durch die Förderung von Begegnungsstätten und schulischen Angeboten das Kennenlernen der Kulturen erleichtern, aber auch zielgerichtet Angebote für die Kinder nichtdeutscher Herkunft oder deren Eltern machen. Inwiefern sich von kommunaler Seite aus für den Betrieb **Freier Schulen** stark gemacht wird, muß dem Engagement der einzelnen Kommunalpolitikern überlassen bleiben. Es gibt inzwischen eine Reihe von Freien Schulen, die staatlich anerkannt sind und die interessante konzeptionelle und pädagogische Alternativen zur Regelschule bilden. Die rechtlichen Hürden sind hier jedoch so hoch, daß nur das langjährige Engagement von Förderern zum Ziel führen kann.

SCHULE ALS ÖKOLOGISCHER LERNORT: Die Schule ist als ökologischer Lernort nur glaubwürdig, wenn sie sich nicht nur inhaltlich stärker um umweltgerechtes Verhalten bemüht, sondern sie muß in ihrer äußeren Gestaltung ökologischen Kriterien genügen. Die Kommune muß beim Neubau von Schulen für die **Verwendung umweltfreundlicher Baustoffe** sorgen und einen sparsamen Energie- und Wasserverbrauch ermöglichen. Die Schulumgebung, die Freiflächen, können mit SchülerInnen und Lehrkräften gemeinsam nach ökologischen Kriterien gestaltet werden. Auch bei bestehenden Schulgebäuden kann die Kommune durch entsprechende Beratungstätigkeit eine Veränderung des Energieverbrauchs und der Schulhofgestaltung — nach dem Motto "Grün macht Schule" — anregen, wie auch eine bewußte Verringerung von Abfall und seine Sortierung. Hier für unterrichtliche Projekte zu sorgen, kann auch zur inhaltlichen Veränderung der Schule wesentlich beitragen. Ebenso sollte auf die **Verwendung umweltfreundlicher Materialien**, Bleistifte und Papier hingearbeitet werden. Projekte zur **gesunden Ernährung** hängen ganz wesentlich von den Pachtverträgen mit Cafeteria-Betreibern ab. Hier eröffnet sich ebenfalls ein Feld zur stärkeren Eigenbeteiligung von SchülerInnen und Eltern wie auch von entsprechenden Initiativen, das Essensangebot in der Schule im Hinblick auf eine gesunde Ernährung erheblich zu verändern und damit einen Beitrag zur Gesundheitserziehung zu leisten.

Wieviel Freifläche durch Parkplätze gebunden wird, kann die Kommune steuern, ebenso die verkehrsmäßige Gestaltung der Schulumgebung. Eine **Schulumgebung** ist umso **kindgerechter**, je weniger Autoverkehr sie zuläßt, wenn überhaupt, nur mit erheblicher Tempobegrenzung. Die herkömmliche Verkehrserziehung versucht, Kinder in ihrem Verhalten an vorhandenen Verkehr anzupassen. Wir halten demgegenüber die Unterordnung des Verkehrs unter die Spielbedürfnisse der Kinder für die ökologisch verträglichere Lösung. Ein wichtiges Feld kommunaler Betätigung zur Verbesserung der Schulen ist die Bereitstellung von **Schulgärten**. Entsprechende Freiflächen in den Bebauungsplänen vorzusehen und durch Gartenarbeitsschulen und Freilandlabore gerade Großstadtkindern und Jugendlichen Erfahrungen im Umgang mit den natürlichen Erfordernissen von Pflanzen und Tieren zu vermitteln, ist ein Erziehungsziel, das längst nicht alle Schulen und Gemeinden bieten. Die Zusammenarbeit von Schulen und solchen außerschulischen Einrichtungen ist für die Bewußtseinsbildung und Sensibilität über die natürlichen Lebensgrundlagen außerordentlich bedeutsam und hängt wesentlich davon ab, was die Kommune hier bereitstellen kann und will. **Schullandheime** und -aufenthalte können bei entsprechender Lage und Ausstattung ebenfalls zur Umwelterziehung beitragen. Dies gilt selbstverständlich auch für kommunal geförderte Projektwochen und schulische sowie schulbauliche Modellprojekte.

GANZTAGSSCHULE: Die Lebensverhältnisse der Kinder, der zunehmende Anteil von Einzelkindern mit alleinerziehenden, berufstätigen Elternteilen, der Mangel an ungefährdetem Spielraum in der unmittelbaren Wohnumgebung machen erheblich mehr "Betreuungsangebote" nötig, zu denen die Kommune einiges beitragen muß. Nicht nur der Ausbau von **Hortplätzen** in Kindertagesstätten ist gefragt (er wird an dem Rechtsanspruch auf einen Kita-Platz ab 1996 ohnehin schnell eine Grenze finden). Die Schule hat darüber hinaus die Aufgabe, für die differenzierten

Bedürfnisse der Kinder und Eltern differenziert Angebote bereitzustellen. Das **Mindesterfordernis für die Grundschulen** ist, daß sie geregelte Öffnungszeiten anbietet, auf die sich die Eltern auch verlassen können, wenn einzelne Unterrichtsstunden ausfallen. Zwischen 7.30 Uhr und 14.00 Uhr sollte die Grundschule für die Kinder offen sein. Kurzfristig, zumindest aber mittelfristig, sollte jede Schule für die Kinder, die dies wünschen, eine warme Mahlzeit anbieten.

Daneben sollten auch Formen von verbindlichen **Ganztagsschulen** entwickelt werden; den Bedürfnissen eines immer größeren Teils von Kindern entspricht es, wenn die Schulen über den Unterricht hinaus ein möglichst breit gefächertes Angebot an Arbeitsgemeinschaften und Freizeitbetätigungsmöglichkeiten kultureller, sportlicher und spielerischer Art bereitstellen. Dies sollte nicht nur in schulischen Räumen stattfinden, sondern auch andere Träger, wie Sportvereine, freie Träger und Kirchen miteinbeziehen. Die Schule so auszugestalten, daß sie möglichst viele Institutionen des Wohnumfeldes in die Verantwortung für die Erziehung von Kindern und Jugendlichen miteinbezieht, ist ein Beitrag, das Wohnumfeld für Kinder zum Lebensort zu machen. Betriebe, Handwerk und die in der Nachbarschaft vorhandene Arbeitswelt sollten in die Schule einbezogen werden, um Schülerinnen und Schülern Praxiserfahrungen zu ermöglichen. Die **Öffnung der Schule für kulturelle Veranstaltungen**, für Nachbarschaftsinitiativen, Kooperation mit Vereinen kann dazu beitragen, daß die Schule zum kulturellen Mittelpunkt wird. Wenn BÜNDNIS 90/DIE GRÜNEN auf kommunaler Ebene hierzu einen Beitrag leisten können, haben wir uns viel Verdienste für die Verbesserung von Lebensverhältnissen erworben.

MEHR ENTSCHEIDUNGSSPIELRAUM FÜR DIE EINZELNE SCHULE: Den Schulen sollte stärker die Entscheidung und damit auch die Verantwortung darüber übertragen werden, wofür sie Geld ausgeben und wie sie die ihnen zur Verfügung gestellten Gelder verteilen. Umschichtungen zwischen den verschiedenen Haushaltstiteln sollten durch Änderung der kommunalen Haushaltsordnung ermöglicht werden. Sowohl für einen sparsamen Verbrauch der Ressourcen ist die Stärkung von Eigenverantwortung notwendig, aber auch, um Schulen einen Anreiz zu bieten, sich stärker um pädagogische Profile zu bemühen. Damit sie ihr Angebot verbessert, sollte der Schule die Möglichkeit gegeben werden, Einsparungen, die sie in einem Haushaltstitel erbringt, auf andere umzuschichten. Der Zwang, zum Jahresende nicht verbrauchte Mittel auszugeben, da sie sonst die Ansätze in den folgenden Haushaltsjahren drücken, ist unsinnig, da er Sparsamkeit bestraft. Vielmehr wäre durch partielle Aufhebung kameralistischer Haushaltsprinzipien (insbesondere des "Jährlichkeitsprinzips") zu bewirken, daß Planung für das Schuljahr und nicht das Haushaltsjahr stattfindet, damit die Effektivität des Sachmitteleinsatzes verbessert wird, ferner Einsparungen auf nachfolgende Jahre übertragen werden können. Schulen sollten — ähnlich wie andere Zuwendungsempfänger auch — selbst Einnahmen machen können und Spenden nicht ausschließlich über den umständlichen Weg von Fördervereinen verbuchen müssen. Dezentrale Ressourcenverantwortung kann ein Mittel sein, die Verantwortlichkeit für das pädagogische Geschehen vor Ort zu stärken und das Engagement der Beteiligten zu erhöhen.

Bei allem Vorrang der Landeskompetenz in der Bildungspolitik gibt es für die Kommune als Schulträger auf die Gestaltung der Schule und ihre Einbettung in das Gemeinwesen erhebliche Einflußmöglichkeiten. Die pädagogische Arbeit der Schulen kann, wenn diese Gestaltungsspielräume ausgeschöpft werden, ganz einschneidend verbessert werden. Vor allem können Schulen dann auch in der Außenwirkung ihren Beitrag zu einer **ökologischen Stadtpolitik** leisten, was möglicherweise eine der wichtigsten Aufgaben der Schulpolitik aus kommunaler Sicht überhaupt sein dürfte.

Erwachsenenbildung und Volkshochschulen

Alternative Kommunalpolitik kann durch bewußte Gestaltung der Erwachsenenbildung in einer Gemeinde außerordentlich wirkungsvoll unterstützt werden — nimmt man die Rede vom mündigen Bürger, der mündigen Bürgerin ernst. Weiterbildung ist grundsätzlich eine existentielle Bedingung für ein funktionsfähiges demokratisches Gemeinwesen. Abgesehen von der gesellschaftspolitischen Notwendigkeit städtischer Foren der öffentlichen Diskussion und Meinungsbildung, ist es unerläßlich, die institutionellen Rahmenbedingungen lebenslangen Lernens für den Beruf, die Freizeit und die Persönlichkeitsentwicklung zu schaffen. Dazu stehen verschiedene Möglichkeiten zur Verfügung. Zum einen können relativ kurzfristig über Projektzuschüsse oder zeitlich begrenzte Subventionen sog. freie, nicht-staatliche Träger zur Planung und Durchführung bestimmter Angebote bewegt werden. In der Regel können diese Einrichtungen relativ flexibel und unbürokratisch arbeiten und haben oftmals leichteren Zugang zu Drittmitteln. Ausserdem erreicht man mit diesen Angeboten, z.B. von Selbsthilfeeinrichtungen, auch Zielgruppen, die über kommunale Stellen — so bürgernah sie auch arbeiten mögen — wegen der Schwellenangst nur schwer zu gewinnen sind. Beides gilt es zu nutzen.

Bewußte Gestaltung der Erwachsenenbildungslandschaft heißt jedoch auch, Strukturen aufzubauen, die jeder/m einzelnen eine einigermaßen planbare Lernbiographie eröffnen. Dies kann sich nicht im freien Spiel der Kräfte "von selbst", d.h. nach tagespolitischen Gegebenheiten entwickeln, sondern muß geplant werden. Notwendig ist deshalb ein kommunalpolitisches Selbstverständnis, das von öffentlich verantworteter Weiterbildung ausgeht. Einer der wichtigsten Träger der politischen Erwachsenen- und beruflichen Weiterbildung sind die **Volkshochschulen (VHS)**. Die Anfänge der VHS gehen auf Bildungsbestrebungen des Bürgertums im 19. Jahrhundert zurück. In der Weimarer Republik gab es ab 1919 eine regelrechte Gründungswelle von VHS mit verändertem Selbstverständnis — nämlich ausdücklich emanzipatorisch-demokratisch, was ihre weitgehende Auflösung im Faschismus zur Folge hatte. Nach 1945 in dem Geist neu gegründet, die nationalsozialistische Vergangenheit bewußt aufzuarbeiten und so einen Beitrag zur Konsolidierung demokratischer Strukturen durch politische Erwachsenenbildung zu leisten, haben sich inzwischen Angebot und Zielsetzung stark erweitert. Heute findet sich verstärkt ein Unterrichtsangebot, welches technischen Neuerungen in der Arbeits- und Alltagswelt Rechnung trägt, ökologische Themenstellungen aufgreift und auf psychologische und gesundheitliche Reflexionsbedürfnisse eingeht. Zudem gibt es ein wachsendes Angebot berufsbezogener Bildungsqualifikationen.

Die Förderung der Erwachsenenbildung ist meistens per Ländergesetzgebung als Pflichtaufgabe der Kommune definiert. Das Land trägt meist einen Teil der Personalkosten für pädagogische MitarbeiterInnen und Unterrichtskosten, ein Drittel ihrer Kosten bestreiten die Volkshochschulen durchschnittlich mit Teilnehmergebühren. Die Kommune als Träger übernimmt — vergleichbar dem Schulwesen — die Kosten für Gebäudeunterhalt, Sachausstattung und Verwaltungspersonal. In den meisten Großstädten sind die Volkshochschulen heute kommunale Einrichtungen, in Landkreisen und Mittel- sowie Kleinstädten haben sie überwiegend die Organisationsform des eingetragenen Vereins. Durch den Einsatz von sog. "Drittmitteln" aus dem Arbeitsförderungsgesetz und in wachsendem Maß seitens der EU befindet sich die Weiterbildungslandschaft im Umbruch, da zunehmend private Anbieter auf den ökonomisch interessant gewordenen Weiterbildungsmarkt vordrängen. Die Städte und Gemeinden haben zwar bisher den Marktgesetzen als vorrangigem Regulierungsprinzip im Weiterbildungsbereich eine klare Absage erteilt und die öffentliche Verantwortung betont. Dennoch sind die VHS als öffentliche Bildungseinrichtungen zunehmend unter Druck geraten, weil viele Kommunen ihre Weiterbildungsleistung als Beitrag zur **Strukturentwicklung und Wirtschaftsförderung** verstehen. Ein hoher Qualifikationsgrad der Menschen in einer Region gilt als Sicherung für Standortfaktoren. In diesem Kontext wird an die VHS eine andere Leistungserwartung herangetragen, es werden Forderungen nach einem regionalen **Weiterbildungsverbund** laut und eine höhere Flexibilität sowie Zielgruppenorientiertheit wird verlangt. Auch die Personalstruktur der oftmals parteipolitisch verfilzten Einrichtungen steht zur Debatte. Notwendig ist ein kommunalpolitisches Selbstverständnis, mit dem — jenseits von staatsaufsichtlich reglementierter oder unverbindlich "freier" Bildungsarbeit — Entwicklungspolitik für die Kommune geleistet wird. Die rechtlichen Formen (Volkshochschule als städtisches Amt, GmbH, Eigenbetrieb, eingetragener Verein) können hingegen hinsichtlich bildungspolitischer Qualitätsziele als zweitrangig eingestuft werden, wenngleich auch hier von konservativer Seite eine verstärkte Privatisierung gefordert wird. Absicht dabei ist es, das Angebot auf ein Mindestmaß einzugrenzen, die Kosten verstärkt den einzelnen aufzubürden und profitable Bereiche, wie z.B. die berufliche Bildung, privaten Anbietern zugute kommen zu lassen.

Von BÜNDNIS 90/DIE GRÜNEN wären **Strukturreformen der VHS** zu begrüßen, die folgendes bewirken:
— die Herstellung klarer und langfristiger Rahmenbedingungen (Finanzen, Räume, Personal);
— die Präzisierung der allgemeinen Ziele und Aufgaben einerseits der öffentlich verantworteten und andererseits der staatlich subventionierten Erwachsenenbildung;
— die regelmäßige Konkretisierung dieser Ziele in Bezug auf den aktuellen Bedarf;

- die Erfolgskontrolle bezüglich der inhaltlichen Aufgabenstellung;
- die Transparenz bei der Verwendung öffentlicher Gelder ;
- die Sicherung der parteipolitischen Unabhängigkeit in der konkreten Programmgestaltung bei gleichzeitiger institutioneller Anbindung an bzw. Einbindung in die Kommune.

Grün-alternative KommunalpolitikerInnen könnten eine solche bildungspolitische Grundsatzentscheidung zugunsten eines **vierten, gleichberechtigten Teils des öffentlichen Bildungssystems** (neben Schule, Berufsausbildung und Hochschule) dadurch befördern, daß sie die relative Autonomie dieses Bereichs dazu nutzen, Modelle dezentraler Ressourcenverantwortung zu entwickeln und dort zu erproben. Wo immer sich die Möglichkeit ergibt, Eigenverantwortung und Selbständigkeit im öffentlichen Sektor zu stützen und gegen die hierarchisch verkrusteten Strukturen der Verwaltung zu stärken, ist dies selbst ein Bildungsprogramm.

Bibliotheken

Die öffentlichen Bibliotheken gehörten in den letzten Jahren zunehmend zu den Bereichen, in denen die öffentliche Fachdiskussion und die gesellschaftliche Praxis immer weiter auseinanderklaffen. Wird die Fachdiskussion von den dringenden Erfordernissen der Stärkung der Lesekultur geprägt, sind es gleichzeitig die öffentlichen Bibliotheken, die im gesamten — ohnehin schlecht versorgten — Bildungsbereich das Schlußlicht bilden, wenn es um die Zuweisung von Haushaltsgeldern geht. Der Ausgangspunkt für bündnis-grüne Kommunalpolitik hinsichtlich der öffentlichen Bibliotheken sollte sich an den Zielen der übrigen grünen Bildungspolitik orientieren: Es gibt auf der einen Seite einen gesellschaftlichen Bedarf an einer Steigerung der allgemeinen politischen Bildung wie auch der fachlichen Qualifikation im einzelnen, auf der anderen Seite gibt es ein wachsendes Heer von Analphabeten und schlecht oder gar nicht Qualifizierten, die nicht in der Lage sind, gesellschaftliche, ökologische, ökonomische oder technische Zusammenhänge zu erkennen und gegebenenfalls in diese verändernd einzugreifen. Die öffentlichen Bibliotheken erfüllen in diesem Zusammenhang wichtige Aufgaben vor allem im Freizeitbereich, wo einem mental-kulturell deprivierten und/oder ökologisch schädlichen Freizeitverhalten entgegengewirkt werden sollte. Dabei müssen sich die öffentlichen Bibliotheken den Anforderungen stellen, die aus dem veränderten Angebot insbesondere im Medienbereich erwachsen sind.

ÖFFNUNG UND VERNETZUNG DER BIBLIOTHEKEN: Die öffentlichen Bibliotheken erzielen im Vergleich zu anderen kulturellen Einrichtungen eine sehr große Breitenwirkung. Es gilt darüber hinaus, weitere Bevölkerungsgruppen anzusprechen, die dem Kulturgeschehen noch eher fern stehen. Dazu reicht es nicht aus, einen adäquaten Medienbestand für die Bevölkerung möglichst wohnortnah bereitzustellen, obwohl dies natürlich Grundaufgabe der Bibliotheken bleibt und in Anbetracht knapper Haushaltsmittel keineswegs immer leicht und selbstverständlich durchführbar ist. Darüber hinaus öffnen sich die öffentlichen Bibliotheken zunehmend nach außen. Aufgabe grüner Kommunalpolitik sollte dabei sein, diese Öffnung zu fördern und zu unterstützen. Als einige wesentliche Erfordernisse dieser "Öffnung nach außen" seien hier folgende Punkte genannt:
- Kooperation mit anderen Bildungseinrichtungen (Schulen, VHS, freien Bildungsträger);
- Kooperation mit anderen Behörden (z.B. Stadtplanungsamt, Gesundheitsamt etc.);
- Kooperation mit Kultureinrichtungen und KünstlerInnen;
- zielgruppenorientierte, aufsuchende Bibliotheksarbeit (Ältere, Behinderte, Strafgefangene);
- baulich/künstlerische Gestaltung der Räume und des Eingangsbereiches.

Optimal wäre es, wenn in einer Kommune alle Kultur- und Bildungseinrichtungen in öffentlicher sowie in privater Trägerschaft konzeptionell und praktisch zusammenarbeiten würden. Für die Bibliotheken bedeutet die Kooperation, daß einerseits ihre Ressourcen für andere Bereiche nutzbar gemacht werden und andererseits der Nutzen auch für Menschen in den anderen Bereichen erkennbar wird. Nehmen wir das Beispiel der Schulen: Eine gute Voraussetzung für eine Kooperation wäre das Vorhandensein von Bibliothekszweigstellen an allen größeren Schulen. In vielen Kommunen ist dies aber nicht der Fall, und in Anbetracht der zunehmenden Schulraumnot und geringen Mitteln für öffentliche Investitionsmaßnahmen ist dies wenig realistisch, zu fordern. Die Bibliotheksnutzung sollte für SchülerInnen aller Altersstufen zu einem festen Bestandteil des Unterrichts werden. Dazu gehört mehr als ein einmaliger Klassenrundgang durch die nächstliegende Zweigstelle eine städtischen Bücherei. Auch im Verbund mit den Stadtplanungs- oder Gesundheitsämter ließen sich neue Nutzungen denken: Es werden neue Bebauungspläne der Öffentlichkeit zugänglich gemacht oder plant das Gesundheitsamt eine Kampagne für Entspannungskurse, gegen Rauchen oder Herz-Kreislauferkrankungen — warum sollten hier die Bibliotheken nicht genutzt werden? Es können Pläne, Stelltafeln etc. in den Bibliotheken ausgestellt werden, Diskussionsveranstaltungen durchgeführt werden und vieles mehr. Genau wie in vielen Stadtbibliotheken auf besondere Bücher, die im Bestand sind, hingewiesen wird, etwa auf die der Bestsellerliste, kann auf die vorhandene Literatur zu der jeweiligen Veranstaltung verwiesen werden.

Die **Kooperation mit KünstlerInnen** kann durchaus über eine reine Ausstellungstätigkeit von Bibliotheken hinausreichen. Der Eingangsbereich, die Räume der Bibliothek können künstlerisch dauerhaft oder zeitlich begrenzt umgestaltet und verändert werden; fast alles, was die öffentliche Bibliothek interessanter und abwechslungsreicher macht, ist begrüßenswert. Besondere Aufmerksamkeit sollte auch die **Kinder- und Jugendarbeit der Bibliotheken** finden. Schlecht wäre es, wenn die Kinder- und Jugendbuchabteilung so "nebenher" läuft. Alle oben genannten Anstrengungen, Bibliotheken interessanter und offener zu machen, sollten noch einmal gesondert für die Kinder- und Jugendbibliothek überlegt und konzipiert werden. Zum Beispiel hat die Internationale Kinderbuchausstellung (IKiBu) in Duisburg mit dem Jugendnotdienstzentrum kooperiert, eine kindgerechte Medienmischung erstellt, kunstgewerbliche Beschäftigung mit Kindern erprobt und vieles mehr. Die sogenannte **zielgruppenorientierte, aufsuchende Bibliotheksarbeit** erreicht mit Sicherheit viele Menschen, die aus unterschiedlichen Gründen sonst mit Bibliotheken nicht in Kontakt kämen. Eingewandt wird gegen diese Art von Öffnung, daß sie recht personalintensiv ist und oftmals den Charakter einer Sozialarbeitertätigkeit hat, die mit den Aufgaben von BibliothekarInnen im engeren Sinne nicht mehr viel zu tun hat. Wie dem auch sei, auf einer Versorgung gerade von kulturell randständigen Stadtbezirken mit einem Bibliotheksangebot sollte seitens der GRÜNEN insistiert werden.

PLANERISCHE GRUNDLAGEN UND FINANZEN: Die Abwägung und Gestaltung der bibliothekarischen Aufgaben im Rahmen der gesamten "Kulturlandschaft" einer Kommune ist Aufgabe eines **Bibliotheksentwicklungsplans**, gegebenenfalls auf Grundlage eines Bibliotheksgesetzes auf Landesebene. Solche Planungsvorgaben von der Verwaltung einzufordern, ist auf jeden Fall sinnvoll. Ein Bibliotheksentwicklungsplan definiert die Aufgaben der jeweiligen Kommune in Abgrenzung sowie in Kooperation mit anderen Bereichen. Schon die Erstellung eines Bibliotheksentwicklungsplanes kann eine breite öffentliche Debatte initiieren. Darüber hinaus hat man mit einem solchen Plan eine gute Grundlage, die als Meßlatte für die künftige Politik in diesem Bereich genommen werden kann. Natürlich sind durch einen Bibliotheksentwicklungsplan Haushaltskürzungen im Bibliotheksbereich nicht zu verhindern, aber mit einem nachvollziehbaren Auseinanderklaffen von Plansoll und Haushaltswirklichkeit kann in der Öffentlichkeit besser für die Belange der Bibliotheken eingetreten werden.

Sind im Rahmen eines Bibliotheksentwicklungsplanes oder auch unabhängig davon bestimmte Forderungen zur Verbesserung der Arbeit der Stadtbibliotheken in der Kommune mehrheitsfähig, ist es wichtig, auch auf die **haushaltsmäßige Absicherung** zu achten. Das fängt an bei dem den Bibliotheken jährlich für Erweiterung des Bestandes zur Verfügung stehenden Etats und geht weiter über die Finanzierung bestimmter Innovationen, (z.B. eines Benutzer-PCs), bis hin zur Personalausstattung. Manchmal lassen sich schon durch verhältnismäßig geringfügige Umschichtungen im kommunalen Haushalt spürbare Verbesserungen für die Bibliotheken erreichen, z.B. durch Kürzung des Repräsentationsetats des Bürgermeisters oder des Kommunalparlaments um 100.000-200.000 Mark zugunsten von Neuanschaffungen der Stadtbibliothek. In Zeiten, wo sich die anderen Parteien, insbesondere die SPD, ganz aus der Bildungspolitik verabschieden, ist es den GRÜNEN gelungen, dieses Vakuum zu besetzen. Die Bibliotheken sind ein ebensolches Vakuum, es stünde BÜNDNIS 90/GRÜNEN gut an, es zu füllen.

Literatur

Rolff, H-G.: Wandel durch Selbstorganisation - theoretische Grundlagen und praktische Hinweise für eine bessere Schule, Weinheim / München 1993 (Veröffentlichung des Instituts für Schulentwicklungsforschung der Universität Dortmund)

"Schule als ökologischer Lernort", Hrsg. Senatsverwaltung für Schule, Berufsbildung und Sport, Berlin, 1990

"Programm zur Ökologisierung des Schullebens und zur Förderung der Umwelterziehung", Hrsg. Dezernate für

Schule und Umwelt, Frankfurt/M. 1991
Klemm, K.: Bildungsplanung in den neuen Bundesländern. Entwicklungstrends, Perspektiven und Vergleiche, Weinheim 1992
"Zwischen Markt und Muse", Hrsg. Bertelsmann-Stiftung, Gütersloh 1992
"Dezentrale Ressourcenverantwortung - Konsequenzen für die kommunale Volkshochschule, Bericht und Protokoll der 41. Mitgliederversammlung des Deutschen Volkshochschul-Verbandes, Bonn 1993
Loccumer Protokolle 53/91 "Kommunikationsort Stadtbibliothek", 1. Aufl. August 92, Bezug über: Evangelische Akademie Loccum, Rehberg/Loccum
Huisken, F.: Die Wissenschaft von der Erziehung - Kritik der Erziehung I, VSA, Hamburg 1991 und ders.: Weder für die Schule noch fürs Leben - Kritik der Erziehung II, VSA, Hamburg 1992
Siebenhaar, K. u.a. (Hrsg.): Kulturmanagement - Wirkungsvolle Strukturen im kommunalen Kulturbereich, Verlag Bertelsmann Stiftung, Gütersloh 1993

Fachzeitschriften

"DVV Magazin Volkshochschule", Hrsg.: Deutscher Volkshochschulverband, Obere Wilhelmstr. 32, 53225 Bonn
"Pädagogik", Päd. Beiträge Verlag GmbH, Rothenbaumchaussee 11, 20148 Hamburg

Adressen

Pädagogische Arbeitsstelle des Deutschen Volkshochschulverbandes, Holzhausenstr. 21, 60322 Frankfurt/M.

AKP-Artikel zum Thema

Goger, C.: Gemeinsame Erziehung behinderter und nicht-behinderter Kinder (AKP 2/1992, S. 48-50)
diverse AutorInnen: Das große Rennen Schulpolitik - AKP-Schwerpunktheft (AKP 5/1992, S. 29-45)
Koch, H.: Horte oder Ganztagsschulen (AKP 1/1991, S. 42-42)

Bernd Wagner

Kultur

Über Kulturpolitik zu sprechen erfordert die Verständigung über das darin eingeschlossene Kulturverständnis: "Kultur, die Gesamtheit der typischen Lebensformen einer Bevölkerung einschließlich der sie tragenden Geistesverfassung, bes. der Werteinstellung", so beginnt die Kulturdefinition in der Brockhaus Enzyklopädie von 1970. Im "Handbuch philosophischer Grundbegriffe" (1973) ist zu lesen: "Kultur ist das, was die Menschen aus sich und ihrer Welt machen und was sie dabei denken und sprechen. So ist alles Kultur, was nicht Natur ist. Kultur ist geleistet, ist Schöpfung nach menschlichem Entwurf; Natur ist gewachsen." Ein solch umfassender Kulturbegriff findet sich heute in den meisten Lexika und Handbüchern. Er kontrastiert allerdings mit einem engen, traditionellen Kulturverständnis, das bis in die 60er Jahre in Deutschland bestimmend war und Kultur vor allem auf das Geistige, die schönen Künste und die humanistische Bildung beschränkte. In den vergangenen drei Jahrzehnten hat sich allerdings auch in der Bundesrepublik im Alltagsverständnis wie zuvor in den Wissenschaften ein erweiterter Kulturbegriff durchgesetzt.

Kunstwerke und künstlerische Betätigung als Ausdruck und Verdichtung von Erfahrungen und Erkenntnissen, als "Gedächtnis der Menschheit" (Georg Lukács) bilden dabei den Kernbereich der Kultur, wobei diese nicht begrenzt sind auf den Kanon der traditionellen Kunst, sondern weit in den Bereich alltagskultureller Aktivitäten hineinreichen. Als Antizipation der Wünsche und Hoffnungen nach unentfremdeten, selbstbestimmten Lebenszusammenhängen weisen kulturelle und künstlerische Praxis immer über das Hier und Jetzt hinaus. Insofern ist Kultur keine wertfreie Beschreibung bestehender gesellschaftlicher Lebensformen, sondern bietet Raum für vielfältige alternative Ideen über gesellschaftliche Beziehungen und "Bilder eines gelungenen Lebens". Nur hier können "jenseits des Ernstfalls" (Bazon Brock) diese Vorstellungen erarbeitet, dargestellt und erprobt werden. Dabei haben Kunst und Kultur in je unterschiedlicher Gewichtung immer einen doppelten Anspruch: Sie sind Einheit von Erkenntnis und Unterhaltung, Sammlung und Zerstreuung, Kritik und Genuß. Durch die Dominanz anderer gesellschaftlicher Teilbereiche, vor allem der Ökonomie und der Politik, werden künstlerischer Eigensinn und kulturelle Selbstzweckhaftigkeit allerdings vielfach instrumentalisiert und funktionalisiert. Kommerzialisierung und Verstaatlichung, Kulturindustrie und Staatskunst in unterschiedlicher Provenienz, Kultur als Wirtschafts- und Standortfaktor sowie Kunst als Kompensations- und Sinnstiftungsinstanz bestimmen so das Erscheinungsbild von Kultur und Kunst entscheidend mit.

Kulturpolitik bezeichnet den Bereich, in dem durch politisches Handeln die Bedingungen des kulturellen Lebens, der künstlerischen Praxis und der kulturellen Entwicklung beeinflußt werden. Kulturpolitische Akteure sind dabei in erster Linie der Staat und die nachgeordneten Gebietskörperschaften (Länder, Gemeinden). Hinzu kommen auch die Einflüsse, die von anderen politisch-gesellschaftlichen Systemen, etwa dem Bildungswesen, der Wirtschaftspolitik und dem Rechtssystem auf die Kultur ausgeübt werden. Über die öffentliche Kulturpolitik hinaus werden die Bedingungen kultureller und künstlerischer Aktivitäten von Verbänden, Vereinen, Kirchen und anderen gesellschaftlichen Organisationen sowie der Ökonomie beeinflußt. Bis Ende der 60er Jahre hatte sich die öffentliche Kulturpolitik im wesentlichen auf den Bereich der traditionellen Kulturinstitutionen und Künste sowie die Förderung einiger Freizeit- und Vereinsaktivitäten beschränkt. Mit der "Neuen Kulturpolitik" im Rahmen des gesellschaftlichen Aufbruchs in den endsechziger und siebziger Jahren haben sich die Aufgaben der öffentlichen Kulturpolitik erheblich verändert. Die Losung "Mehr Demokratie wagen" wurde kulturpolitisch übersetzt in "Kultur für alle" (Hilmar Hoffmann) und "Bürgerrecht Kultur" (Hermann Glaser).

Da Kultur nicht länger mehr nur ein Erlebnis für besondere Festtage und einige gesellschaftliche Gruppen sondern auch ein Alltagsereignis und prinzipiell allen Menschen zugänglich sein sollte, erweiterte sich das Feld der Kulturpolitik. Der Bereich der Kulturpolitik umfaßt heutzutage neben den traditionellen künstlerischen Instituten wie Theater, Orchester, Museen, bildende Künste und den Einrichtungen der kulturellen Bildung wie Volkshochschulen, Bibliotheken und Musikschulen auch die neuen Kulturformen und Kulturorte wie freie Theater, soziokulturelle

Zentren, kulturelle Stadtteilarbeit, neue Kommunikationsmedien, kommunale Kinos und Stadtfeste sowie die Vielzahl kultureller und künstlerischer Projekte und kultureller Alltagsaktivitäten. Das zentrale Ziel von Kulturpolitik liegt in der Ermöglichung kultureller Aktivitäten, künstlerischer Betätigung und der Rezeption künstlerischer Prozesse für möglichst viele Menschen.

Das kommunale Politikfeld 'Kultur' hat mit der Bevölkerung einerseits und den Künstlerinnen und Künstlern andererseits zwei unterschiedliche Adressatengruppen, die divergierende Anforderungen stellen. So liegt der andere Schwerpunkt der Aufgaben der Kulturpolitik in der Kunst- und Künstlerförderung. Beide zentralen Aufgaben, die **kulturelle Ausdrucksvielfalt der Bevölkerung** zu ermöglichen und die **Kunstförderung**, prägnant zusammengefaßt in der Kurzformel von den "lebendigen und anregungsreichen kulturellen Milieus" (Hilmar Hoffman / Dieter Kramer), gehören zur kulturellen Daseinsvorsorge einer Kommune. Auf der Basis einer solchen kulturellen und künstlerischen "Grundversorgung" kann und soll eine Förderung ausgewählter, hochklassiger Spitzenkunst stattfinden.

Der kulturelle Föderalismus

Auf kaum einem anderen politischen Gebiet wird das föderative Prinzip so stark betont wie in der Kulturpolitik. Der Kulturföderalismus gilt als Musterbeispiel des korporativen Föderalismus der Bundesrepublik Deutschland. Wenn gemeinhin, trotz des hohen kommunalen Anteils an den kulturellen Aktivitäten, von der **Kulturhoheit der Länder** gesprochen wird, so gilt das vor allem in Abgrenzung gegenüber dem Bund und nicht gegenüber den Gemeinden, die staatsrechtlich als Teil der Länder gelten. Grundlage der Kulturhoheit der Länder — ein mißverständlicher Ausdruck, da dabei die kulturellen Leistungen der Gemeinden und des Bundes außer acht gelassen werden — ist Artikel 30 GG: "Die Ausübung der staatlichen Befugnisse und die Erfüllung staatlicher Aufgaben ist Sache der Länder, soweit dieses Grundgesetz keine andere Regelung trifft oder zuläßt."

Unter die **Bundeskompetenz** entfallen im Grundgesetz und in der Rechtsprechung nur einige wenige kulturelle Aufgaben. Hierzu gehören die kulturellen Auslandsbeziehungen, die ausschließliche Gesetzgebung auf dem Gebiet des Urheber- und Verlagsrechtes (Art. 73), die konkurrierende Gesetzgebung zum Schutze des deutschen Kulturgutes gegen Abwanderung ins Ausland und die wissenschaftliche Forschung (Art. 74) sowie die Rahmengesetzgebung beim Presse- und Filmwesen (Art. 75). Die geringe Bundeskompetenz im kulturellen Sektor geht auf die Erfahrungen mit der zentralistischen Kulturpolitik der Nationalsozialisten zurück, war aber auch eine ausdrückliche Auflage der Alliierten bei der Erarbeitung des Grundgesetzes. Über die Gesetzeszuständigkeiten im kulturellen Sektor hinaus werden vom Bund verschiedene kulturelle Einrichtungen von nationaler Bedeutung allein (Bundesarchiv, Deutsche Bibliothek etc.) oder gemeinsam mit den Ländern (Stiftung Preußischer Kulturbesitz, Filmförderung, Kulturstiftung der Länder) gefördert. Die Kulturaufgaben des Bundes sind verteilt auf die Ministerien des Inneren (Stiftungen, Verbände, Förderungen), Bildung und Wissenschaft (kulturelle Bildung), Außen (Auswärtige Kulturpolitik), Wirtschaft (Filmförderung), Justiz (Urheberrecht) und Arbeit (Fragen der beruflichen sozialen Sicherung von Künstlern).

Durch die deutsche Einigung hat sich allerdings die Bedeutung des Bundes bei der Kulturförderung stark erhöht. So stieg bei den Gesamtaufwendungen der öffentlichen Haushalte für Kunst und Kultur (1990: ca. 13 Milliarden DM, ohne auswärtige Kulturpolitik) durch die kulturelle Übergangsfinanzierung für die neuen Länder der Anteil des Bundes auf 13% gegenüber 5 bis 7% in den Jahren zuvor. Die **kulturellen Länderaktivitäten** erstrecken sich auf "1. das gesamte Hochschulwesen, 2. wissenschaftliche Forschungseinrichtungen, Bibliotheken und Archive, 3. Theater, Musik, Film und allgemeine künstlerische Bereiche, 4. Museen und Kunstsammlungen, 5. staatliche Schlösser und Gärten, 6. Denkmalspflege einschließlich Bodendenkmalspflege, 7. staatliche Büchereistellen, 8. Studienkollegs für ausländische Studierende", wie es im entsprechenden Einzelplan des hessischen Landeshaushalts 1990/91 aufgelistet wird. Die Aufgabengebiete 3 und 4 beziehen sich vor allem auf die Einrichtungen in Landesträgerschaft wie Staatstheater, Landesbühnen und Landesmuseen sowie die komplementäre Förderung einzelner kommunaler Einrichtungen von überörtlicher Bedeutung. Verantwortlich sind auf Landesebene die entsprechenden Ministerien für Kunst, Kultur, Kultus oder ähnliches, die von Land zu Land unterschiedlich bezeichnet und anders zugeschnitten sind. Ebenso unterschiedlich ist die Gewichtung zwischen den kommunalen und staatlichen Kulturaufgaben und damit auch die finanziellen Anteile in den einzelnen Ländern. In Bayern und Baden-Württemberg entfallen 49% bzw. 41% der Kulturausgaben auf das Land, während in Hessen und Nordrhein-Westfalen die Gemeinden zwischen 70% bis 80% der Kulturaufwendungen aufbringen müssen.

Insgesamt fallen von den derzeit knapp 12 Milliarden DM öffentlicher Ausgaben für Kunst und Kultur (ohne die kulturelle Übergangsfinanzierung für die neuen Länder) auf den Bund 7%, die Länder 30%, die Stadtstaaten 11% und die Gemeinden 52%. Diese Relationen sind in den letzten 20 Jahren in etwa gleich geblieben. Die Verteilung unterstreicht das besondere Gewicht, das den Gemeinden im Rahmen des Kulturföderalismus zukommt. Im Kulturausschuß des Deutschen Städtetages werden die Aufgaben und Zielsetzungen der kommunalen Kulturpolitik diskutiert und Richtlinien für die einzelnen Aufgabenfelder erarbeitet. Einige kulturelle Aufgaben von überörtlicher Bedeutung, etwa der Denkmalschutz, werden in einzelnen Länder von den **höheren Kommunalverbänden** wahrgenommen. In Sachsen wird durch ein 1993 verabschiedetes Gesetz erstmalig mit den "Kulturräumen" eine neue Verwaltungsgliederung zwischen Land und Gemeinden geschaffen. Absehbar ist, daß in allen Bundesländern – gerade für den Kulturbereich – neue regionale Zwischenstellen notwendig sein werden, da die großen kulturellen Institutionen der Mittel- und Oberzentren mit einem Einzugsbereich in die gesamte Region, vor allem die Theater, von den Städten allein nicht mehr finanziert werden können.

Der Kulturauftrag der Gemeinden

Die rechtlichen Bedingungen der öffentlichen Kulturpolitik sind im Kulturverfassungs- und Kulturverwaltungsrecht festgelegt. Nach ausführlichen Debatten in den 70er und den frühen 80er Jahren ist inzwischen das Institut eines solchen Rechtes, auch wenn es nicht in Form eines einheitlichen Gesetzes besteht, weitgehend anerkannt. Strittig sind in diesem Rahmen weiterhin der Begriff des Kulturstaates als Staatszielbestimmung und damit einklagbarem Anspruch sowie die Definition von Kultur als "Pflichtaufgabe" im Unterschied zur "freiwilligen Leistung". Grundlage des kommunalen Kulturverfassungsrechts ist die gemeindliche Selbstverwaltungsgarantie in Art. 28 Abs. 2 des Grundgesetzes. Diese Garantie schließt die kommunale Kulturkompetenz ein, wie es auch explizit in der Verfassung einiger Länder festgehalten ist, vergleiche etwa Bayerische Verfassung Art. 140 und Verfassung von NRW Art. 18 Abs. 1.

Der Kulturauftrag der staatlichen Gemeinwesen, der vor allem ein kommunaler Kulturauftrag ist, leitet sich aus den Grundrechtsbestimmungen der Verfassungen ab. Diese erschöpft sich nicht in der Abwehr staatlicher Eingriffe – "Kunst und Wissenschaft, Forschung und Lehre sind frei" (Art. 5 Abs.3 GG) – sondern fordert auch gestaltendes Handeln und Förderung durch den Staat. So heißt es im "Schallplattenurteil" des Bundesverfassungsgerichts vom 5.3.1974 bezogen auf Art. 5 Abs. 3 GG: "Die Verfassungsnorm hat aber nicht nur diese negative Bedeutung. Als objektive Wertentscheidung für die Freiheit der Kunst stellt sie dem modernen Staat, der sich im Sinne einer Staatszielbestimmung auch als Kulturstaat versteht, zugleich die Aufgabe, ein freiheitliches Kunstleben zu erhalten und zu fördern" (BVerfGE 36, 321 (331)). In vielen Landesverfassungen gibt es entsprechende Bestimmungen, die ausdrücklich die kulturelle Freiheit der BürgerInnen als Grundrecht festhalten und damit Schutz und Förderung von Kultur und Kunst als staatliche Aufgabe definieren.

Durch den Einigungsvertrag als staatsrechtliches Dokument mit grundlegendem Charakter wird mit Artikel 35, vor allem Absatz 2 und 3, der grundrechtliche Auftrag der Kunst- und Kulturförderung durch Bund, Länder und Gemeinden bekräftigt: "Die kulturelle Substanz ... darf keinen Schaden nehmen. Die Erfüllung der kulturellen Aufgaben einschließlich ihrer Finanzierung ist zu sichern, wobei Schutz und Förderung von Kultur und Kunst den neuen Ländern und Kommunen entsprechend der Zuständigkeitsverteilung des Grundgesetzes obliegen." Über die grundrechtliche Begründung des Kulturauftrages der Gemeinden und Länder hinaus läßt sich dieser auch aus den Erziehungs- und Staatszielbestimmungen in den Landesverfassungen sowie aus einzelnen Gesetzesfestlegungen (etwa zur Weiterbildung, zum Denkmalschutz und Archivwesen) ableiten.

Aus dieser grundrechtlichen und einzelgesetzlichen Begründung des Kulturauftrages leitet sich die Verpflichtung der Kommunen zur **kulturellen Daseinsvorsorge** ab. Dabei ist die Zuständigkeit und die allgemeine Verpflichtung der Kommunen, kulturelle Angebote zur Verfügung zu stellen und zu fördern, nicht strittig, sondern der Umfang und die Verpflichtung auf konkrete Aufgaben. Bei der Unterscheidung im Kommunalrecht zwischen **Pflichtaufgaben**, zu denen die Gemeinden durch konkrete Gesetze verpflichtet sind, und **freiwilligen Leistungen**, die die Kommunen in eigener Verantwortung regeln können, gehören die kulturellen Angelegenheiten zu den "freiwilligen Leistungen". Trotzdem wird, bis auf wenige Ausnahmen, in der Literatur aufgrund grundgesetzlicher Vorgaben, einzelgesetzlicher Bestimmungen sowie nach allgemeiner gesellschaftlicher Übereinkunft von einer Verpflichtung der Kommunen zur Aufrechterhaltung und Förderung kultureller Angebote ausgegangen. "Wenn etwa 97% aller Städte einer bestimmten Größenklasse über eine Bibliothek, ein Museum oder eine Musikschule verfügen, so hat sich die communis opinio dahin entwickelt, daß derartige Einrichtungen notwendig sind. Es steht dann nicht mehr im Ermessen der Gemeinde dieser Größenklasse, ob sie — im Rahmen ihrer Leistungspflicht — diese kulturelle Infrastruktureinrichtung schaffen oder wieder abschaffen will, sie ist hierzu vielmehr verpflichtet ... Zu den übrigen Pflichtaufgaben besteht allerdings ein wichtiger Unterschied: Pflichtaufgabe ist nur das 'Ob' oder 'Daß' zur kommunalen Kulturarbeit, die Gemeinden sind also verpflichtet, überhaupt kulturelle Angebote zu schaffen. Inhalt und Ausmaß dieser Kulturarbeit, das 'Wie' im Detail also, sind Gegenstand der Entscheidungsprärogative jeder einzelnen Gemeinde" (Ernst Pappermann: Grundzüge eines kommunalen Kulturverfassungsrechtes, in: Deutsches Verwaltungsblatt 1980, Heft 17/18, S. 706 f).

Kommunale Kulturverwaltung und kulturelle Akteure in der Stadt

Grundlage der Organisation der kommunalen Kulturverwaltung ist das von der Kommunalen Gemeinschaftsstelle für Verwaltungsvereinfachung (**KGST**) entwickelte Organisationsmodell "Verwaltungsorganisation. Aufgabengliederungsplan und Verwaltungsgliederungsplan" (Köln 1979). Die Aufgabenhauptgruppe 4 heißt "Schule und Kultur". Je nach Größe der Gemeinde werden Aufgabengruppen in einem übergreifenden Amt gebündelt oder von einem eigenständigen **Kulturamt** wahrgenommen. Für Städte über 50.000 Einwohner gilt ein Kulturamt als notwendig, teilweise haben auch erheblich kleinere Gemeinden Kulturämter.

Die **städtischen Kulturinstitute** sind nur zum Teil als eigene Ämter organisiert und meist dem Kulturamt organisatorisch zugeordnet. Dabei haben sie oft eine Sonderstellung und nehmen ihre Aufgaben in Eigenverantwortung unmittelbar gegenüber dem Dezernat wahr. Für die Kulturinstitute der Stadt sind auch andere Rechtsformen möglich, die zunehmend an die Stelle der Ämterstruktur treten, beispielsweise um aus der unflexiblen kameralistischen Haushaltsführung herauszukommen. Mögliche Rechtsformen mit unterschiedlichem Grad an Selbständigkeit sind dabei der Regiebetrieb, eigenbetriebsähnliche Einrichtungen, Eigenbetriebe, eingetragene Vereine, Stiftungen, GmbHs und Aktiengesellschaften (vergl. hierzu Kapitel über "Privatisierung"). Von der KGST sind diesbezüglich Überlegungen vorgeschlagen worden, nachgeordneten größeren Einrichtungen wie Theatern, Museen, Bibliotheken eine Teilautonomie zu gewähren, z.B. durch vollständige gegenseitige Deckungsfähigkeit der Ausgabenpositionen und volle Übertragbarkeit eingesparter Mittel. Während es sich dabei um einen rein haushaltstechnischen Vorgang handelt, der den Instituten größere Verantwortung überträgt und mehr haushaltsrechtliche Freiheiten gibt, so spielen bei der Entscheidung über die Verselbständigung einzelner Kulturinstitute auch politische Erwägungen eine Rolle, da dadurch die Einflußmöglichkeiten der Kulturverwaltung und Kulturpolitik eingeschränkt werden.

Mit der Kulturverwaltung und den städtischen Kulturinstituten, dem Dezernat und dem Kulturausschuß sowie den KulturpolitikerInnen der Parteien sind die direkten Akteure der öffentlichen Kulturpolitik genannt. Sie bilden aber nur einen Teil der Kräfte, die das kulturelle Leben der Kommune prägen. In jeder Stadt gibt es eine große Anzahl **nichtkommunaler kultureller und künstlerischer Institutionen, Organisationen, Verbände und Gruppen**, die meist in der Rechtsform von eingetragenen Vereinen oder Stiftungen arbeiten. Dabei handelt es sich um Einrichtungen der traditionellen Künste, die zum Teil auf lange Traditionen zurückblicken wie Konzertorganisationen, Museumsvereine und Privattheater. Ferner um die vielfältigen, in den vergangenen zwanzig Jahren neuentstandenen Einrichtungen im soziokulturellen Bereich wie beispielsweise Freie Theater, soziokulturelle Zentren und Jugendkunstschulen sowie um die Ver-

349

eine im Freizeit- und Amateurbereich wie etwa Chöre, Musikgruppen und Laientheater.

Über diese kontinuierlich arbeitenden, oft institutionalisierten kulturellen Akteure hinaus gibt es im kulturellen Leben der Stadt immer auch lockere, zeitlich befristete Aktivitäten in Form von künstlerischen Projekten, Initiativen und Veranstaltungen. Eine dritte Gruppe der nichtstädtischen Akteure bilden die KünstlerInnen, die als EinzelkünstlerInnen in der Stadt leben und arbeiten und höchstens in Berufsverbänden zusammengeschlossen sind. Diese drei nichtkommunalen Gruppierungen, die Institute, die Projekte und die KünstlerInnen, werden in ihrer Arbeit durch die Kulturverwaltung unterstützt und stehen in vielfältigen Zusammenhängen zu ihr. Diese reichen von der finanziellen Förderung über sonstige Unterstützungen bis zu gemeinsamen Trägerschaften und Veranstaltungen.

Neben den kommunalen Kultureinrichtungen und den nichtstädtischen Akteuren wird das kulturelle Leben in den Städten auch geprägt von der **Kulturwirtschaft**. Hierzu gehören die ansässigen Film- und Plattenfirmen, die Fernsehanstalten, Verlage und Buchhandlungen, die Galerien und Konzertagenturen. Bezogen auf die jährlichen Umsätze ist dieser Bereich mit ca. 40 Mrd. DM sogar der finanzkräftigste Sektor der Kultur gegenüber etwa 12 Mrd. DM an Kulturaufwendungen der öffentlichen Haushalte. Zwischen den privatwirtschaftlichen und den öffentlichen Kulturträgern gibt es in unterschiedlichem Ausmaß Kontakte und in Ansätzen auch eine Zusammenarbeit. In Rahmen der Diskussionen über den Standortfaktor Kultur, durch die Sparzwänge der öffentlichen Haushalte und ein stärkeres **Kultursponsoring** werden gegenwärtig alte Berührungsängste schrittweise abgebaut und neue Formen der Kooperation erprobt.

Kulturhaushalt und Kulturausgaben

Die städtischen Institute, die Einrichtungen der freien und gemeinnützigen Träger und die Kulturwirtschaft bilden die drei zentralen Gruppen innerhalb der städtischen Kulturlandschaft. Ihr unterschiedlicher Charakter spiegelt sich auch in ihrer finanziellen Basis: Die städtischen Einrichtungen werden vollständig von den Kommunen und in einigen Fällen anteilig auch vom Land oder dem Bund finanziell getragen. Die nichtstädtischen Einrichtungen der freien und gemeinnützigen Träger bekommen von den Kommunen eine institutionelle Förderung oder Projektmittel bzw. infrastrukturelle Unterstützung. Dabei handelt es sich in der Regel um Zuschüsse, die nur einen Teil der Ausgaben decken und durch Eigenmittel, Einnahmen und Drittmittel ergänzt werden müssen. Zwischen der Kulturwirtschaft und der öffentlichen Kulturpolitik bestehen nur insofern finanzielle Beziehungen, wie diese für das Kulturamt oder städtische Institute Aufträge ausführen, etwa ein Konzert oder eine Veranstaltung organisieren oder einen Ausstellungskatalog erstellen. Die Finanzen der öffentlichen Kulturverwaltung sind im Einzelplan 3 "Wissenschaft, Forschung, Kulturpflege" des Kommunalhaushaltes zusammengestellt.

Von den Gemeinden über 20.000 Einwohner (ohne die neuen Länder) wurden 1991 pro Kopf der Bevölkerung 189,90 DM an öffentlichen Mitteln für Kultur und Kunst ausgegeben; 1981 waren es 117,10 DM. Der Anteil der Kulturausgaben am Gesamthaushalt betrug 1991 durchschnittlich 4,2%; 1981 lag er bei 3,8%. Zwischen 1981 und 1991 sind die gesamten Kulturausgaben der Gemeinden um 67% gestiegen, die Aufwendungen im Verwaltungshaushalt um 73,5%. Dieses überdurchschnittliche Wachstum der städtischen Kulturausgaben gegenüber dem Anstieg des kommunalen Gesamthaushaltes in den 80er Jahren setzt eine Entwicklung fort, die in den frühen 70er Jahren begonnen hatte und auch auf die Kulturetats des Bundes und der Länder zutrifft. Von 1970 bis 1990 lagen die Wachstumsraten der Kulturausgaben der öffentlichen Haushalte immer über den Steigerungsraten des Gesamthaushalts. Diese positive Entwicklung ist mit dem Beginn der 90er Jahre zuende gegangen. In der gegenwärtigen Krise der öffentlichen Haushalte werden in den Kommunen, bei den Ländern und auf Bundesebene in der Regel die Kulturausgaben überdurchschnittlich gegenüber den anderen Ressorts gekürzt. Dabei sind die freien und soziokulturellen Projekte sowie innovative, avantgardistische Kunst und Kulturformen am stärksten von den Sparzwängen und Kürzungen betroffen.

Über ein Drittel der Ausgaben der Gemeinden für Kunst und Kultur werden durchschnittlich für die Unterhaltung der Theater aufgewendet. Real liegt der Anteil der Theaterkosten in den einzelnen Städten in der Regel erheblich höher, etwa zwischen 35 und 65% der Kulturetats, da in die Durchschnittszahlen auch die nichttheatertragenden Städte eingehen. Verglichen mit den Kulturausgaben von 1980 sind die Aufwendungen für Sonstige Kulturpflege, Musikschulen, Museen und Kulturverwaltung überdurchschnittlich gestiegen, während die Ausgaben für Theater, Orchester und Volksbildung in etwa dem durchschnittlichen Wachstum entsprachen und die Mittel für die Bibliotheken und die wissenschaftliche Forschung weit hinter den durchschnittlichen Steigerungsraten zurückblieben. Das Schaubild zeigt, wie sich die Kulturausgaben der Kommunen verteilen:

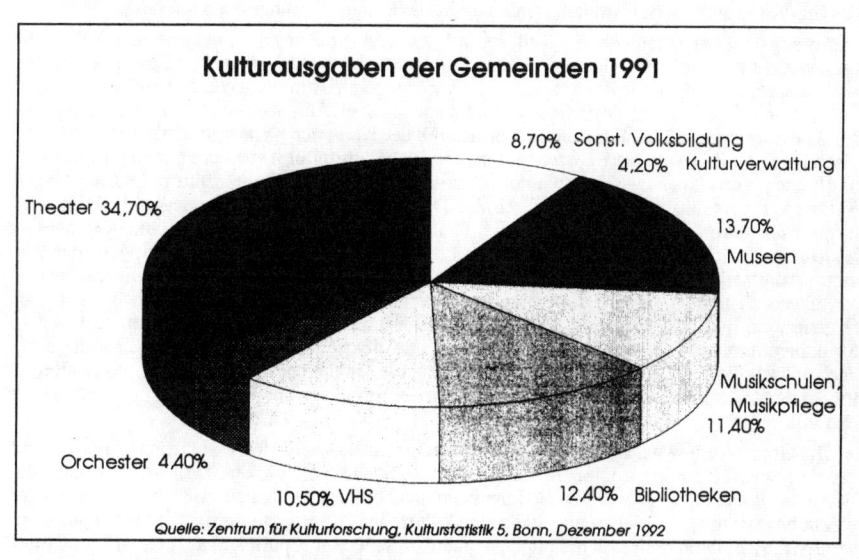

Kulturausgaben der Gemeinden 1991

- 8,70% Sonst. Volksbildung
- 4,20% Kulturverwaltung
- Theater 34,70%
- 13,70% Museen
- Musikschulen, Musikpflege 11,40%
- Orchester 4,40%
- 10,50% VHS
- 12,40% Bibliotheken

Quelle: Zentrum für Kulturforschung, Kulturstatistik 5, Bonn, Dezember 1992

Die Aufwendungen von Wirtschaftsunternehmen für eigene kulturelle Aktivitäten und die Unterstützung von Kunstinstituten und Kulturveranstaltungen beliefen sich zu Beginn der 90er Jahre auf ungefähr 300 Million Mark. Der Anteil der privatwirtschaftlichen Aufwendungen für Kultursponsoring (einschließlich Eigenaktivitäten) beträgt gegenwärtig selbst bei maximalen Schätzwerten weniger als 4% der öffentlichen Kulturausgaben — keine vernachlässigenswerte Größe, aber auch keine, die zu allzu optimistischen Erwartungen Anlaß gibt.

Perspektiven der kulturpolitischen Entwicklung

Das überproportionale Wachstum der Kulturausgaben in den vergangenen 20 Jahren ist Ausdruck der gewachsenen Bedeutung von Kunst und Kultur im gesellschaftlichen Leben der Bundesrepublik und des gestiegenen Gewichts der Kulturpolitik im Rahmen der kommunalen Politikfelder. Die "Neue Kulturpolitik" mit ihrer Vielzahl innovativer Aktivitäten, soziokultureller Projekte und reformierter, traditioneller Institutionen ist aber im Laufe der Zeit durch andere kulturpolitische Prioritäten zurückgedrängt worden. Kultur wurde ab den 80er Jahren zunehmend auch zum **Standortfaktor der Wirtschaft** mit Kompensations- und Sinnstiftungsfunktion. Entsprechend änderten sich die Schwerpunkte der kulturellen Angebote: von der kulturellen Stadtteilarbeit zu den prächtigen Kultureinrichtungen in "schön möblierten" Innenstädten, statt kulturpädagogische Aktivitäten spektakuläre Ausstellungen, anstelle von kontinuierlicher Kulturarbeit große Masseninszenierung mit prominenten Stars.

Die **Deutsche Einigung** hat die finanzielle Situation der Kommunen in den alten Ländern — und damit auch die Spielräume für kulturpolitische Reformen — erheblich verschlechtert und die Kommunen in den neuen Ländern gerade im kulturellen Sektor vor riesige Probleme gestellt. Nach vier Jahrzehnten zentral geleiteter und geförderter Kulturpolitik haben sie nun die Last des kulturellen Neuaufbaus zu tragen. In Konkurrenz zu anderen kommunalen Politikfeldern wie Straßenbau, Wohnungswesen, Wirtschafts- oder Beschäftigungsprogrammen spielt Kultur eine eher untergeordnete Rolle. Die Auswirkungen der **Europäischen Einigung** auf das kulturelle Leben und die Kulturpolitik lassen sich zur Zeit noch schwer abschätzen. Zusätzlich zu den kulturellen und kulturpolitischen Auswirkungen durch den freien Warenverkehr, die Niederlassungsfreiheit, das neue EG-Beihilferecht und die Angleichungen im Steuer- und Urheberrecht sowie dem veränderten sozialrechtlichen Status der Künstler hat sich die Situation nach dem Maastrichter Vertrag geändert, in dem erstmals durch Art. 128 auf EG-Regierungsebene kulturelle Aufgaben für die Gemeinschaft formuliert sind, deren Ausfüllung allerdings noch offen ist.

Anfang der 90er Jahre steht die Kulturpolitik vor dem Problem, daß die bisherigen kulturpolitischen Konzepte auf die veränderte Lebenssituation der Menschen, die neuen ökologischen Herausforderungen und die medientechnische Entwicklung keine hinreichende Antwort mehr geben. Die Kulturpolitik muß sich deshalb einer grundlegend neuen Aufgaben- und Zielbestimmung stellen. Diese **konzeptionelle Krise** überlappt sich mit der **Krise der Kommunalhaushalte**, die über einen längeren Zeitraum die Rahmenbedingungen der Kulturpolitik wie der gesamten Politik mitbestimmen wird. Nach zwei Jahrzehnten Wachstum wird sich auch die Kulturpolitik auf längerwährende Sparmaßnahmen einstellen müssen. Daher hängt die Entwicklung zukunftsfähiger kulturpolitischer Ansätze entscheidend von der Fähigkeit ab, eine grundlegende **Strukturreform im Kulturbereich** durchzuführen. Dabei müssen die Strukturen der Kultureinrichtungen, der Kulturverwaltung und der Kulturförderung, vor allem die großen Apparate der Stadt- und Staatstheater, überprüft und so verändert werden, daß ihre inneren Abläufe, ihre betriebswirtschaftliche Organisation und ihre Arbeitsweise dem gesellschaftlichen Anspruch entsprechen. Eine solche Strukturreform ist nicht bloß eine technisch-organisatorische Maßnahme, sondern hierbei geht es auch um sehr konkrete kulturpolitische Grundsatzentscheidungen, etwa dergestalt, ob das Repertoiresystem oder der Ensemblegedanke weiterhin die Grundlage der Theaterstruktur bleiben kann und soll.

Die Grenzen des Wachstums der Kulturhaushalte und die vielfach schon erfolgten Etatkürzungen verhindern die Förderung neuer kultureller Projekte und die stärkere Steigerung für einzelne Bereiche. Wenn aber unter diesen Bedingungen nicht einfach der bestehende Zustand auf niedrigerem Niveau fortgeschrieben und alle neuen kulturellen Ansätze zukünftig nicht mehr gefördert werden sollen, dann muß sich die bundesrepublikanische Kulturpolitik einer **Prioritätendiskussion** stellen, an deren Ende sicher auch schmerzhafte Entscheidungen stehen werden. Voraussetzung der Prioritätendiskussion und der Strukturreform ist die Verständigung über die Aufgaben und Zielsetzung einer Kulturpolitik der 90er Jahre.

Welche Kultur wollen wir in der Stadt haben und welche Kultur können wir uns leisten — eine solche offensive Diskussion über Ziele, Aufgaben und Möglichkeiten der Kulturpolitik in den 90er Jahren, die die bisherige Kultur und die reale Bedeutung der einzelnen Kultureinrichtungen auf den Prüfstand stellt, bildet die Grundlage für die Neukonzeption der Kulturpolitik. Orientierungsmaßstab sollte dabei sein, die traditionellen Kultureinrichtungen zu reformieren, die freien, soziokulturellen Projekte zu sichern und neue künstlerische Ansätze zu fördern. Eine Kulturpolitik mit dem demokratischen Anspruch, das kulturelle Ausdrucks- und Deutungsvermögen aller zu unterstützen, ist weiterhin der programmatischen Forderung einer "Kultur für alle und von allen" verpflichtet. Deshalb bleibt ihr zentraler Auftrag, kulturelle Aktivitäten, künstlerische Produktion und Rezeption für möglichst viele Menschen zu ermöglichen und den Zugang zu Kunst und Kultur als kollektive Erinnerung im Sinne von Zukunftswissen zu verbreitern. Dies gilt für alle Bereiche der Kultur und Kunst sowie für alle Bevölkerungsgruppen, Nationalitäten und Ethnien, für die Künste in den traditionellen, großen Einrichtungen, die freie selbstorganisierte Kunst und die Kultur als Freizeitgestaltung in Vereinen und Laienzusammenschlüssen. Ziel einer solchen ausgleichenden Kulturpolitik ist es auch, die Kluft zwischen den Bevölkerungsgruppen, deren kulturelle Interessen gegenwärtig vorrangig von der Kulturpolitik bedient werden, und den kulturell benachteiligten Gruppen zu überwinden. Ein besonderes Augenmerk hat die Kulturpolitik dabei auf die bisher sträflich vernachlässigten Kulturen der nicht-deutschen Bevölkerung und auf die oft infrastrukturell, städtebaulich und kulturell besonders benachteiligten Stadtteile abseits der Innenstädte zu legen. Zu den vernachlässigten Bereichen, auf die besonderes Gewicht gelegt werden muß, gehören auch die Vielzahl an freien Initiativen, Gruppen, Projekten und Einrichtungen der Soziokultur, deren kulturelle und kulturpolitische Bedeutung inzwischen unumstritten ist, deren öffentliche Förderung dieser aber bei weitem noch nicht entspricht. Aus der gegenwärtigen konzeptionellen und finanziellen Krise kommt die Kulturpolitik erst durch eine erneute Betonung ihrer umfassenden gesellschaftlichen Aufgaben und die Verdeutlichung ihrer über Kunstförderung und Kulturpflege hinausreichenden Bedeutung für die Menschen. Dabei hat der gesellschaftspolitische Anspruch der Kulturpolitik der 70er Jahre — Kommunikation fördern, Spielräume schaffen, Reflexion herausfordern — gerade in einer Situation des Auseinanderfallens der Gesellschaft und zunehmender Entsolidarisierung wieder eine wachsende Berechtigung.

Literatur

Wagner, B.: Zwanzig Jahre Neue Kulturpolitik. Eine Bibliographie 1970 bis 1990, Essen/Hagen 1993. Ein systematischer Überblick über die Bücher und wichtigsten Aufsätze zu kulturpolitischen Praxisfeldern und der Kulturpolitik zwischen 1970 und 1990, 6000 Titel in 90 Sachgruppen untergliedert.

Röbke, T. (Hrsg.): Zwanzig Jahre Neue Kulturpolitik. Erklärungen und Dokumente 1972 bis 1992, Essen/Hagen 1993. Der Band enthält die zentralen Dokumente internationaler und nationaler Organisation und Verbände zur Kulturpolitik zwischen 1972 und 1992.

Stadt und Kultur. Arbeitshilfen des Deutschen Städtetages zur städtischen Kulturpolitik, Stuttgart 1986 bei Kohlhammer Verlag (Neue Schriften des Deutschen Städtetages Band 55/1986). Die wichtigsten Richtlinien und Hinweise zu einzelnen Feldern der kommunalen Kulturarbeit sind in der Sammlung zusammengestellt.

Deutscher Städtetag: Der kommunale Kulturauftrag. Eine Arbeitshilfe für die Kulturarbeit in Städten und Gemeinden, Köln 1991 (in DST-Beiträge zur Bildungs- und Kulturpolitik, Reihe C, Heft 17) 1991. Kurzer allgemeinverständlicher Abriß der Aufgaben und des Aufbaus der kommunalen Kulturarbeit.

Pappermann, E. / Mombaur, P. M. (Hrsg.): Kulturarbeit in der kommunalen Praxis, Köln 1991. In 34 Aufsätzen werden die einzelnen Aufgabenfelder kommunaler Kulturpolitik von Fachleuten der kommunalen Praxis detailliert beschrieben.

Häberle, P.: Kulturpolitik in der Stadt - ein Verfassungsauftrag, Heidelberg/Hamburg/Karlsruhe 1979. Grundlagenwerk zu Fragen der Kulturverfassung und des Kulturauftrags der Kommunen.

Sievers, N. / Wagner, B. (Hrsg.): Blick zurück nach vorn. Zwanzig Jahre Neue Kulturpolitik, Hagen/Essen 1994. Sammelband zur kulturpolitischen Diskussion Anfang der 90er Jahre.

Sievers, N. / Wagner, B. (Hrsg.): Bestandsaufnahme Soziokultur. Beiträge, Analysen, Konzepte, Stuttgart 1992 Kohlhammer Verlag (Schriftenreihe des Bundesministeriums des Innern, Band 23). 30 Beiträge zu den Grundlagen und den Perspektiven, zu empirischen Forschungen und den Praxisfeldern der Soziokultur.

Bust-Bartels, A.: Ökonomische Entwicklung und (Sozio-)Kultur, Kulturpolitische Gesellschaft Dokumentation 44, Hagen 1993.

Fachzeitschriften und Adressen

"Kulturpolitische Mitteilungen" herausgegeben von der Kulturpolitischen Gesellschaft (Bezug: Kulturpolitische Gesellschaft, Stirnband 10, 58093 Hagen). Die zentrale Zeitschrift für alle Bereiche der Kulturpolitik; erscheint vierteljährlich.

"TheaterZeitSchrift" beim Wochenschau Verlag, Adolf-Damaschke-Str. 103, 65824 Schwalbach/Ts., Tel.: 06196/-84010, Fax: 06196/86060

Hinweis: Als Nachschlagwerke, in dem alle wichtigen Zeitschriften und Periodika, Kultureinrichtungen, Verbände und Organisationen verzeichnet sind, empfiehlt sich das vom Deutschen Kulturrat herausgegebene Pressetaschenbuch Kunst und Kulturvermittlung 1993/94, Seefeld: Kroll Verlag (581 Seiten)

AKP-Artikel zum Thema

diverse Artikel im AKP-Schwerpunktheft: Kultur unterm Rotstift (AKP 5/1993, S. 31-46)
Krings, E.: Kulturentwicklungsplanung (AKP 2/1992, S. 50-52)
Wagner, B.: Das Stadtviertel als Heimat (AKP 2/1992, s. 52-55)
Hippe, W.: Kultur '90 (AKP 1/1989, S. 19-21)

Thomas Niekamp, Gerald Munier, Wilhelm Kulke

Stadtgeschichte

Geschichte hat seit Mitte der 70er Jahre in Deutschland wieder Konjunktur, allerdings nicht die in Universitäten vermittelte und sich in wissenschaftlichen Publikationen niederschlagende Geschichte, sondern die Geschichte der "kleinen Leute", die Geschichte von Städten und Stadtteilen sowie die Präsentation dieser Geschichte in Ausstellungen oder anderer Form. Im Rahmen von Stadtmarketing und Fremdenverkehrsförderung haben Städte, Gemeinden und Kreise in letzter Zeit viel dafür getan, ihr historisches Umfeld zu erschließen, markante Punkte der Stadtgeschichte in Jubiläen zu würdigen und bisweil sogar auch die düsteren Kapitel der eigenen Geschichte (Hexenverbrennungen, NS-Zeit) zu beleuchten. In diesem Kontext gewannen historische Teildisziplinen wie Regional-, Lokal-, Frauen-, Alltagsgeschichte und Stadtgeschichtsforschung an Bedeutung. Der Begriff der "Heimat" wurde von der negativen Belastung durch seinen Mißbrauch während der NS-Diktatur befreit, indem entgegen den romantisierenden, deutschtümelnden Forschungsansätzen früherer Jahre nun mit neuen methodischen Verfahren (z.B. der "oral history") das Handeln der BewohnerInnen von Stadtteilen unter den jeweils spezifischen sozialen, ökonomischen und demographischen Entwicklungsbedingungen hinterfragt wurde.

Geschichtliche Veröffentlichungen über das Leben der Menschen im Alltag, ihre Lebensbedingungen und die Veränderungen, denen sie durch den Wandel politischer Rahmenbedingungen, ethisch-moralischer Normen und technischer Innovationen unterworfen waren, trafen und treffen auf ein interessiertes Breitenpublikum. Rekonstruiert und vermittelt wird diese Geschichte oftmals durch außerhalb der etablierten Gelehrtenzunft arbeitende Individuen und Initiativgruppen, wie z.B. die **Geschichtswerkstätten**. Sie gehen auf die schwedische "Grab' wo du stehst"-Bewegung von Sven Lundquist sowie gewerkschaftlich orientierte, englische "history workshops" zurück und konnten zu Beginn der 80er Jahre auch in der Bundesrepublik Fuß fassen. Im Mittelpunkt der Arbeit der Geschichtswerkstätten steht die Beschäftigung mit Menschengruppen bzw. Ereignissen, die in der traditionellen Geschichtsschreibung nur rudimentär behandelt wurden: die Arbeits-, Wohn- und Freizeitwelt der kleinen Leute, Frauengeschichte, Geschichte der Arbeiterbewegung, Geschichte des Widerstands gegen das NS-Regime, Geschichte der FremdarbeiterInnen und Auswanderer/innen, Geschichte der Werbung und Technikentwicklung. Um diese Geschichte erforschen zu können, die nicht in solchem Umfang mit Zeugnissen und Dokumenten belegt ist wie die Geschichte der Herrschenden, waren andere Methoden, Denkansätze und Vermittlungsstrategien als in der universitären Geschichtsdarstellung nötig. Der Blick richtete sich vor allem auf verpaßte Chancen und Alternativen zur herrschaftlichen, auch industriellen Entwicklung. Damit einher ging der Anspruch, die sozialen Kosten der Modernisierung am Wohl und Wehe des einzelnen zu "verlebendigen" und auf diese Weise einen Solidarisierungseffekt mit den Leidenden, Unterdrückten und Erniedrigten zu bewirken. Dieser methodische Ansatz der "oral history" blieb nicht ohne kritische Gegenstimmen, da teilweise die dörfliche Idylle gegenüber dem urbanen Leben idealisiert und Stadtteile als sozial geschlossene Einheiten verklärt wurden, statt die dort auch erfolgte soziale Kontrolle und Unterdrückung abweichender Meinungen zu sehen. Erst als die "oral history" ihre eigenen theoretischen Grundlagen kritisch zu reflektieren begann und das Problem der Verifizierbarkeit von Aussagen individueller Zeitzeugen im Kontext gesamtgesellschaftlicher Strukturen stellte, konnte sie ihre wissenschaftliche Akzeptanz ausweiten. Innovativ waren und sind Geschichtswerkstätten insofern, als sie vielfach ihre Arbeitsergebnisse (in Verbindung mit Kultureinrichtungen und Weiterbildungsträgern) unkonventionell in Form von Videos, Theateraufführungen, ungewöhnlichen Ausstellungen (z.B. "Die Geschichte des Wäschewaschens") oder alternativer Stadtrundgängen vorführen. Idealvorstellung der Geschichtswerkstätten ist eine Einbeziehung von Laien und "Normalbürgern" in die historische Forschungs- und Darstellungsarbeit. Dies gelang in der Praxis nur in Einzelfällen. Vielfach blieben die akademischen Initiatoren unter sich, was jedoch nicht als Kritik an dem Anliegen als solchem gelten kann. Publizistisch wurde mit Bücherprojekten wie u.a. der VSA-Reihe "Städte zu Fuß" so eindrucksvoll wie publikumswirksam unterstrichen, daß es exakt diese Aufbereitungsart von Geschichte ist, die auch den Normalbürger anspricht. Mit Beschäftigungsmöglichkeiten auf ABM-Basis haben zahlreiche Städte bzw. Geschichtsinitiativen versucht, solcher Nachfrage Rechnung zu tragen und spezifische Felder der eigenen Geschichte auszuleuchten. Angesichts knapper Kassen ist der Entwicklung dieser Sektors der Stadtgeschichte aktuell allerdings ein Riegel vorgeschoben. Mit Auslaufen der ABM-Stellen besteht daher dort, wo sich Geschichtswerkstätten nicht selbst tragen können, die Gefahr, daß Arbeitskreise wieder einschlafen. Dies muß kritisch auch unter dem Gesichtspunkt gesehen werden, daß solche Zusammenhänge oft für Senioren und Stadtteilbewohner ein wichtiger Beitrag zur Sinnbildung waren und den wissenschaftlichen BetreuerInnen dort gleichsam sozialarbeiterische Funktionen zukamen.

ALTERNATIVE STADTRUNDGÄNGE: Alltags- und Stadtgeschichte sind Chancen, Geschichte "sinnlich erlebbar" zu beschreiben sowie den Zugang zu historischen Zusammenhängen und bislang verschütteten Inhalten zu erleichtern. Die Erfahrung der Geschichtsträchtigkeit des unmittelbaren Lebensumfeldes setzt Emotionen der AnwohnerInnen frei, die in der Stadtteilpolitik konstruktiv aufgegriffen werden, die auch Besuchern nahegebracht und für den Unterricht von SchülerInnen in den Schulen des Stadtbezirks fruchtbar gemacht werden können. Bisher werden in etlichen Kommunen **antifaschistische** und **frauengeschichtliche** Stadtrundgänge bzw. **Stadtrundfahrten** angeboten, daneben gibt es Parcours zur **Industriegeschichte**. Die Themenpalette ließe sich sicherlich noch ausweiten — je nach lokalen Gegebenheiten. Wichtiger ist es jedoch, den methodisch-didaktischen Rahmen und die Attraktivität solcher Veranstaltungen durch entsprechende (fach-)personelle und finanzielle Kapazitäten abzusichern. Die zuständigen Ämter sollten auch genügend Mittel bereitstellen, um Begleitmaterial wie Infoblätter, Broschüren und ggf. Bücher erstellen zu können. Es kann von grüner Seite durchaus mit der starken Resonanz argumentiert werden; so nehmen in Saarbrücken mehr Besucher an alternativen Stadtrundfahrten teil als an den Veranstaltungen des Verkehrsvereins (vergl. Hoops, 1993).

Da heutzutage der Umgang mit Stadtgeschichte von der Sucht mancher Politiker und Lokalfürsten zur Selbstdarstellung geprägt ist, wäre es eine vorrangige Aufgabe von BÜNDNIS 90/ DIE GRÜNEN, darauf zu achten, daß die geschichtsbezogenen Aktivitäten nicht nur der Herstellung einer aufpolierten historischen Staffage dienen, wie etwa schmucke, unverputzte Fachwerkrestaurationen (wo in Wirklichkeit gar das Fachwerk historisch unter Putz lag) oder Aufstellung von niedlich neo-klassizistischen Straßenlaternen in der Einkaufspassage. Bewußtseinsbildend in einem kritischen Sinn kann nur das Aufzeigen der Geschichte mit all ihren dunklen und gern verborgenen Seiten sein. Vor allem in den neuen Bundesländern wäre der Tendenz, die Spuren der DDR-Geschichte tilgen zu wollen, entgegenzuwirken. Die Rückbenennung von Marx-Lenin-Thälmann-Straßen und -Plätzen nach dem Motto "Vorwärts in die Vergangenheit — es lebe Monarchie und Militarismus" kann sich als verhängnisvolle Geschichtsklitterung erweisen. Stattdessen wäre mit geeignetem Material (Presseinfos, Broschüren, Stelltafeln) auf die Namensgeber einzugehen bzw. bei Neubenennungen darauf zu achten, daß Akteure der Geschichte, die bislang kaum Beachtung fanden (Frauen, Verlierer), zum Zuge kämen.

Stadtgeschichtliche Museen und Sammlungen

Von den derzeit 3221 Museen der alten und den 813 Museen der neuen Bundesländer (Stand 1994) sind jeweils über 50% Volkskunde- oder Heimatmuseen. Als zweite Museumssparte folgen mit 13% kulturhistorische Spezialmuseen. Zählt man noch die Historischen und Archäologischen Museen (172 West / 56 Ost), die Naturkundlichen Museen (164 / 50) und Schloß- und Burgmuseen (155 / 36) hinzu, so ergibt sich ein beachtliches Übergewicht historischer Themengebiete gegenüber anderen musealen Sparten wie Kunst und Technik. Im Verlauf der 80er Jahre kam es zu einem regelrechten Museumsboom in den alten Bundesländern, die Zahl der Museen und musealen Ausstellungshäuser wuchs von 2076 (1981) auf 3471 (1991). Mit zu dieser Entwicklung trug bei, daß man bestrebt war, die im Niedergang befindliche Arbeiterkultur durch die Gründung sozialhistorischer Museen und Industriemuseen zu bewahren. In diesem Kontext fand auch ein Paradigmenwechsel in der Museumslandschaft statt: Die Arbeits- und Alltagswelt rückte gegenüber der Geschichte "großer Personen" mehr in den Vordergrund; vielfach aber bleiben Frauen, Verfolgte und einfache Leute in der musealen Darstellung noch ausgeklammert. Was die Besucherzahlen anbetrifft, entwickelten sie sich mit fast 74 Mio. Museumsbesuchern (1992) positiv, wobei allerdings die Verteilung auf die einzelnen Museen und Museumssparten sehr unterschiedlich ausfällt: Renommierte Museen wie das Deutsche Museum in München verzeichnen Rekordbesuche von bis zu 1,4 Mio. Menschen jährlich (Wallraf-Richartz-Museum Köln 1,1 Mio., Ägyptisches Museum Berlin 0,8 Mio.), während die Volks- und Heimatkundemuseen nur in Ausnahmefällen die Grenze von 5000 Besuchern im Jahr übersteigen. Um die Statistik abzurunden, sei noch vermerkt, daß sich in den neuen Bundesländern rund 70% der Museen in kommunaler Trägerschaft befinden, während es in den alten Bundesländern deutlich unter 50% sind. Hier werden — je nach Bundesland unterschiedlich, z.B. Bayern 50%, Hessen 40% — viele Museen privat von Vereinen geführt, andere Träger sind GmbHs, Kirchen etc. Die Gemeinden tragen jedoch im Schnitt mehr als die Hälfte der laufenden Kosten dieser privatrechtlich betriebenen Museen und stellen zudem oft noch die Gebäude.

Beim Streichkonzert der Kämmerer stehen Museen, insbesondere die Subventionen für privatrechtlich geführte Häuser, ganz oben auf der Liste, nehmen sie doch im Kuluretat hinter den Theatern und Orchestern immerhin den dritten Rang mit bundesweit rund 12% aller Ausgaben in diesem Sektor ein. Im Rahmen der kommunalen Daseinsvorsorge sind Gemeinden zur Einrichtung und Unterhaltung von Museen zwar aus Gründen der Volksbildung und Sicherung ihres stadtgeschichtlichen Fundus verpflichtet, Höhe und Art des Unterhalts sind aber **freiwillige Aufgaben** der Selbstverwaltung. Die Hauptausgabeposten bei Museen sind die Personalkosten, die Unterhaltung und Bewirtschaftung der Häuser, die Pflege und Bewahrung des Bestandes, die Anschaffungskosten für Ausstellungsstücke, die Kosten für die Durchführung von Wander- und Wechselausstellungen, Werbung und ergänzende Bildungsarbeit. Eine bundesweit gültige Hierarchie dieser Ausgabeposten gibt es nicht, da auf die Häuser ganz unterschiedliche strukturelle Gegebenheiten zutreffen. So befinden sich 90% der Museen in den neuen Bundesländern in denkmalgeschützen Gebäuden von über 100 Jahren Alter, was überdurchschnittlich hohe Aufwendungen für Restauration und auch für elektronische Sicherungstechniken bedingt.

Noch gibt es auch hinsichtlich der Leitungsstruktur der Museen zwischen Ost und West einen krassen Gegensatz: in den neuen Bundesländern wird die überwiegende Anzahl der Museen hauptamtlich geleitet (in Sachsen z.B. 85,4%), in den alten Bundesländern dagegen ehren- oder nebenamtlich (in Niedersachsen z.B. 68,7%). Ein einheitliches Berufsbild der 40.000 Beschäftigten im bundesdeutschen Museumswesen existiert nicht, was sich teils negativ auf die konzeptionellen Umbrüche und museumspädagogischen Neuerungen auswirkt, vor denen die Museen angesichts aktuell rückläufiger Besucherzahlen bei den ständigen Sammlungen (teils wegen der neuerdings erhobenen, nicht gerade geringen Eintrittspreise von 5.- DM und mehr) und drastisch verringerter Finanzzuwendungen der öffentlichen Hand stehen. Grüne Kulturpolitik im Museumsbereich hätte die negativen Folgen der Rotstiftpolitik anzuprangern:

o hohe Eintrittsgelder halten insbesondere sozial Schwache und Jugendliche vom spontanen Museumsbesuch ab;

o mit der Verpflichtung von Sponsoren lassen sich bestenfalls 5-10% der Kosten für die Führung eines Museums decken; es müßte auch darauf geachtet werden, daß Privatisierung kein Freibrief für die Einflußnahme auf die Inhalte von Ausstellungen ist;

o die Entlassung von hauptamtlichem Fachpersonal und dessen Ersetzung durch ehrenamtliche Tätigkeit von Geschichtsvereinen und ortsansässigen Lehrern wirkt sich in der Regel negativ auf die Kontinuität der Museumsarbeit sowie die Qualität und das nötige Arbeitspensum für Ausstellungen aus. In vielen Museen sollen auch wissenschaftliche Fachkräfte durch sog. Museologen ersetzt werden, die an einer 3-jährigen Fachhochschulausbildung teilgenommen haben. Eine solchermaßen verkürzte Berufsqualifikation kann zur Verschlechterung des museumspädagogischen und wissenschaftlichen Angebots führen;

o Besucherzahlen allein geben keinen Aufschluß über die Bedeutung eines Museums für die Stadt; in vielen Museen wird neben guter Arbeit für Schulklassen und als Ausstellungsort eine Forumsfunktion für kulturelle Interaktion erfüllt, welche bei mangelnder Finanzausstattung rasch zum Erliegen käme.

Natürlich sollte neben dem finanziellen Horizont der Museumsarbeit konzeptionell die zügige Entwicklung vom "Musentempel" zum attraktiven "Lernort Museum" befördert werden. Allzu oft prägen verstaubte Archivare und Konservatoren mit ihren Vorstellungen noch das Museum. Dies hat zur Folge, daß — wie jüngst bei einer Umfrage ein Schüler monierte — "die Ausstellung nur für Leute interessant ist, die sich sowieso schon für Geschichte interessieren." Museumspädagogische Innovationen hätten dagegen von einer lebensnahen, fragend-forschenden und vergegenwärtigenden Auseinandersetzung mit Geschichte auszugehen, der das "Nicht anfassen!" nicht mehr oberstes Gebot ist. Wenn der Besuch junger Menschen mit unangepaßten Verhaltensmustern nicht als Störfaktor im Museum empfunden wird, sondern organisatorisch dafür ein akzeptabler Rahmen geschaffen wird, bedarf es dafür selbstverständlich der Bereitstellung ausreichender finanzieller und personeller Ressourcen – hier beißt sich die Katze in den Schwanz. Deshalb ist Sparpolitik gerade bei einem den heutigen Bedürfnissen didaktisch und pädagogisch Rechnung tragenden Museum gänzlich fehl am Platze.

STADTARCHIVE: Kommunalarchive als "Gedächtnis der Stadt" sind nach personeller Besetzung, Ausstattung sowie Alter und Umfang der Bestände höchst unterschiedlich. Sie erfassen und erschließen Quellen zur Geschichte der Gebietskörperschaft und Informationsgut wie Aktenbestände, Bilder, Karten, Amtsbücher, neuerdings auch Tonträger, Mikrofilme, Videos und dergleichen. Oft kooperieren die Archive mit örtlichen Geschichtsvereinen und geben zur Stadtgeschichtsforschung eigene Schriftenreihen heraus. Gemäß Datenschutzreglungen und gesetzlichen Bestimmungen zum Schutz der Persönlichkeit, welche – noch nicht in allen Bundesländern – in Archivgesetzen niedergelegt sind, gibt es Vorschriften hinsichtlich der **Nutzung des Archivgutes**. In der Regel dürfen behördliche Akten 30 Jahre nach Schließung eingesehen werden, Archivgut personenbezogenen Inhalts bleibt ebenfalls 30 Jahre gesperrt. Wo es sich um Auslegungssache handelt, sollten sich grüne KommunalpolitikerInnen jenseits datenschützerischer Bedenken dafür einsetzen, daß Archivgut nicht nur wissenschaftlichen oder amtlichen Nutzern zur Verfügung gestellt wird, sondern auch zu Zwecken der Wahrnehmung persönlicher Belange und publizistischer Tätigkeit, denn oft muß der Persönlichkeitsschutz dafür herhalten, die politischen Schweinereien von gestern zu kaschieren. Ansonsten gilt es, sich dafür einzusetzen, daß die Ergebnisse der Archivtätigkeit nicht nur der wissenschaftlichen Forschung zugute kommen, sondern allgemeinverständlich für den Bürger aufbereitet werden. Dazu bedarf es auch der Einbeziehung von Schulen und Volkshochschulen sowie einer gesteigerten Vortrags- und Ausstellungstätigkeit. Die Sammlungstätigkeit eines Archivs bedingt die Erarbeitung eines Geschichtsverständnisses späterer Generationen. Wenn Stadtarchive wie in der Vergangenheit nur Rats- und Gerichtsakten sammeln, bildet sich ein völlig verfälschtes Bild der Zeitumstände. GRÜNE hätten darauf hinzuwirken, daß sich auch die Geschichte alternativer Projekte und Initiativen in den Archiven wiederfindet.

Denkmalschutz und Denkmalpflege

Als zu Beginn des Jahrhunderts sichtbar wurde, daß weder der ausklingende Neo-Klassizismus oder Historismus noch der Jugendstil und die aufkommende Moderne (Bauhaus, De Stil) eine konsensfähige Architekturform hervorbringen würden, trat der Gedanke des institutionalisierten Schutzes von Denkmälern mehr und mehr in den Vordergrund und fand seinen ersten Niederschlag im Großherzoglich hessisch-darmstädtischen Denkmalschutzgesetz von 1902. Nach dem Zweiten Weltkrieg und nachdem im Grundgesetz die Zuständigkeit des Bundes für verschiedene Bereiche des Schutzes von Kulturgut (gegen Abwanderung, im Falle von bewaffneten Konflikten) geregelt worden war, gaben sich die westlichen Bundesländer (zuletzt NRW 1980) Denkmalschutzgesetze. Diese beinhalten in der Regel, daß ein Ministerium wie z.B. der Minister für Stadtentwicklung und Verkehr (NRW) die **Oberste Denkmalbehörde** bildet, gefolgt von der **Oberen Denkmalbehörde** (bei kreisfreien Städten die Regierungspräsidenten, bei kreisangehörigen Städten die jeweiligen Kreisverwaltungen) und den Kommunen als Sitz der **Unteren Denkmalbehörde**. In Ländern, wo es höhere Kommunalverbände gibt, sind dort oft noch **Denkmalpflegeämter** mit speziellen Kompetenzen angesiedelt. Insgesamt werden für den Denkmalschutz einschließlich der Bezuschussung von Heimatvereinen von den Kommunen jährlich ca. 80 Mio. DM in der Bundesrepublik aufgewandt, womit dieser Posten im Rahmen der Kulturausgaben der Städte gegenüber Theatern, Orchestern und auch Museen eine eher untergeordnete Rolle spielt.

Die "Kommunalisierung" des Denkmalschutzes durch gesetzliche Zuständigkeitsreglungen, die in den meisten Ländern in den 70er und 80er Jahren zugunsten ortsrechtlicher Verantwortung erfolgten, wurde zunächst heftig befehdet. Es wurde befürchtet, daß die Städte ohne Fremdkontrolle bei Interessenkollisionen zwischen Denkmalschutz und gemeindlichen Planungen wirtschaftlichen und verkehrspolitischen Bauvorhaben den Vorrang geben würden. Dies ist vor allem unter Aspekten eines größeren Stadtimages durch denkmalgeschütze Bereiche nicht in dem Maße wie befürchtet eingetreten, wäre aber von LokalpolitikerInnen nach wie vor kritisch zu überprüfen, ggf. unter Anrufung der nächsthöheren überörtlichen Behörde des Denkmalschutzes.

Eines der Hauptprobleme bei der Durchführung des Denkmalschutzes ist die zweifelsfreie Feststellung der Schutzwürdigkeit. Dazu gibt der Gesetzgeber nur vage definitorische Auskünfte, derart z.B., daß ein **Denkmalswert** nur dann besteht, wenn das Objekt bedeutend für die Geschichte des Menschen und daher der Erhalt im öffentlichen Interesse sei. Zur Hilfe genommen wird daher zumeist wissenschaftlicher Rat, es müssen jedoch auch Bewertungsmaßstäbe erarbeitet werden, die der breiten Öffentlichkeit vermittelbar sind. Diese dürfen sich nicht einfach an Gesichtspunkten der Ästhetik orientieren, denn bedeutsam als Zeugniswert für eine abgeschlossene Epoche können auch "häßliche" Bauwerke und Monumente menschlicher Tätigkeit wie Kriegsbunker, KZ-Anlagen, Industrieruinen oder die Plattenbetonarchitektur der frühen DDR bzw. die Trabantensiedlungen westdeutscher Vorstädte aus den 50er Jahren sein. Zur Zeit steht die Inventarisierung der kulturellen Zeugnisse der so gut wie abgeschlossenen Phase der 60er und 70er Jahre an, wofür Bewertungsmaßstäbe des Denkmalswerts zu erarbeiten wären. Neben der Feststellung des historischen Zeugniswertes schreiben viele Ländergesetze noch einen genaueren **Nutzungsnachweis** — ob der Erhalt wissenschaftlichen, volkskundlichen, städtebaulichen, künstlerischen Zwecken dient — vor. Um bei der Bevölkerung Akzeptanz zu erreichen, ist es einerseits notwendig, neben streng wissenschaftlich definierten Erhaltungsgründen auch heimisch-emotionale Kriterien zur Geltung kommen zu lassen. Andererseits müßte, sofern es sich nicht um Burgen, alte Pfarrkirchen und besonders schöne Naturdenkmäler handelt, auch Überzeugungsarbeit geleistet werden, da längst nicht jeder eine alte Waschkaue, Hochofenanlage, Zeche, die Reste einer Synagoge oder die letzte Dorfschmiede als denkmalswürdig einschätzt.

Grundlage des Schutzes von Objekten als Denkmal bildet die Eintragung in ein/e Denkmalbuch, -verzeichnis, -liste. Haben diese Aufstellungen **"konstitutiven" Charakter** (wie in NRW), so begründet die Aufnahme, daß rein nach Kriterien des Denkmalbegriffs der Eintragungspflicht nachgekommen wird und sich bei etwaigen Konflikten (Ausgestaltung des Denkmals, Instandsetzung durch den Denkmaleigentümer) Folgeverfahren anschließen. In einigen Bundesländern hat der Listeneintrag nur **"nachrichtlichen"** Charakter; hier besteht der Schutz unabhängig von der Eintragung kraft Gesetz. Kommunen, die die Eintragung — wie dies örtlich durchaus Praxis sein kann — von der Zustimmung der Betroffenen abhängig machen, handeln gesetzeswidrig; dies ist auch der Fall, wenn kommunale Gremien wie der **Denkmalausschuß** finanzielle Folgen einer Eintragung bereits vor dem Eintragverfahren erwägen. Als Folgeverfahren einer Unterschutzstellung können zumeist dreierlei Dinge auftreten:

○ **Erhaltungsanordnung:** der Denkmaleigentümer und die Nutzungsberechtigten werden unter kommunaler bzw. behördlicher Aufsicht zum Erhalt des Denkmals verpflichtet. Oft gibt es dafür relativ hohe Steuerbegünstigungen und direkte Finanzhilfen, weil Unterhalt und Instandsetzung sehr teuer sein können; z.B. wird durchschnittlich der Bausubstanzerhalt eines Fachwerkhauses auf zwischen 300.- bis 500.- DM pro qm Wohnfläche veranschlagt. In der städtebaulichen Rechtsetzung rangieren an erster Stelle Sanierungen nach Städtebauförderungsgesetz, gefolgt von Gestaltungssatzungen nach Landesbauordnung und Bebauungsplänen.

○ **Übernahmeverfahren:** Wenn die Besitzer ein Denkmal nicht unterhalten können bzw. wollen (Zumutbarkeitsgrenze), sind die Gemeinden gezwungen, das Objekt zu erwerben, wobei gerichtlich zumeist der relativ niedrige Verkehrswert zugrundegelegt wird, was für die Eigentümer finanziell wenig verlockend ist.

○ **Erlaubnispflicht:** Den für den Denkmalschutz zuständigen Ämtern und Gremien wird — auch gegenüber anderen Ämtern wie Bauplanungsamt — eine gesetzliche Mitwirkung bei Veränderungen am geschützen Einzelobjekt bzw. Stadtbereich eingeräumt.

Bei einer Listeneintragung durch die Untere Denkmalbehörde (zumeist im Benehmen mit den höheren Denkmalbehörden) wird unterschieden zwischen **Baudenkmal**, **Denkmalbereich** (ggf. noch differenziert nach beweglichen und ortsfesten Bestandteilen) und **Bodendenkmälern**. Für grüne KommunalpolitikerInnen oder sachkundige BürgerInnen, die sich im **Denkmalausschuß** bzw. dem dafür zuständigen Ratsgremium (oft auch angesiedelt beim Bauamt oder Kulturamt) betätigen, bildet der Umgang mit zu schützenden Baudenkmälern zumeist keine Probleme, wenn ein weiter und kritischer — d.h. frauen-, sozial- und ökologiegeschichtlichen Belangen Rechnung tragender — Denkmalbegriff verwendet wird. Etwas problematischer verhält es sich mit Bodendenkmälern, worunter Zeugnisse allen tierischen und pflanzlichen Lebens sowie erdgeschichtlicher Vorkommnisse zu rechnen sind. Diesbezüglich müßte man/frau sich kundig machen, wenn z.B. bei einem Landwehr, also einem Bodenwall, das Bauamt zur Beseitigung des "Hindernisses" schreitet, dieses aber aus geomorphologischer Sicht erhaltenswürdig wäre. Am kompliziertesten verhält es sich mit der Ausweisung von Denkmalbereichen. Darunter fallen ganze Innenstadtbezirke, Stadtsilhouetten, -viertel, Ortsbilder, Straßenzüge etc. Dazu wäre ein gebietsbezogenes Förderprogramm mit Prioritäten hinsichtlich der historischen Kernerhaltung zu erarbeiten, z.B. vorrangige Sicherung bedrohter historischer Gebäude einkommensschwacher Eigentümer/Bewohner, desgleichen sozial gestaffelte Hinterhof- und Fassadenprogramme. Mit Fördermittelvergabe an Eigentümer zur Sanierung von Fachwerkbauten können auch Auflagen hinsichtlich der Vermietung an sozial Schwache verbunden werden. Konflikte können sich mit einer ökologisch orientierten Verkehrspolitik ergeben, wenn aus Gründen des Erhalts historischer Ortskerne Maßnahmen der Verkehrsumlenkung wie Ortsumgehungsstraßen ins Auge gefaßt werden müssen.

DENKMALPFLEGE IM DORF: In dem Maße, wie die Landwirtschaft selbst in der Krise ist, ist es auch die Denkmalpflege in den Dörfern. Im Zuge eines ausschließlich wirtschaftlichen Erwägungen verpflichteten Strukturwandels sind viele erhaltenswerte Dinge, ja ganze Dörfer verschwunden. Dieser Tendenz gilt es Einhalt zu gebieten, auch gegenüber forschen Lokalpolitikern, die den GRÜNEN dann regelmäßig den Hang zu einer nostalgischen Musealisierung der Dörfer unterstellen. Der Erhalt dorftypischer Strukturelemente und individueller Einzelmerkmale gemäß Denkmalschutzgesetzgebung ist in der Realität nur ein geringfügiges Kompensat gegenüber den durch die Bauleitplanung, Dorferneuerung und Flurbereinigung eingetretenen Verlusten. Besonders in den neuen Bundesländern, wo noch ein vergleichsweise hoher Bestand an dörflich-historischen Strukturen erhalten ist, gewinnt der Denkmalschutz an Gewicht. Von den über 7500 Gemeinden dort haben 80% weniger als 2000 Einwohner, sind damit als Dörfer anzusehen und gemäß der Kommunalverfassung eigenverantwortlich. Das noch von der Volkskammer im Mai 1990 verabschiedete "Gesetz über die Selbstverwaltung" (Kommunalverfassung der DDR) übertrug ihnen den Denkmalschutz und die Bauleitplanung, so daß bei genügendem Bewußtsein zum Erhalt des kulturellen Erbes dörflicher Lebens- und Arbeitswelten durchaus Möglichkeiten gegeben sind, nicht wie im Westen bloß dem Kommerz und ehrgeizigen Investoren den Vorzug zu geben und durch schnelle Bautätigkeit die Dorfstruktur unwiderrufbar zu zerstören.

Literatur

Hoops, A.: Geschichte er-fahren. Alternative Stadtrundfahrten, Garbsen 1993 (Bezug: Calenberg Press, Auf der Horst 40, 30823 Garbsen, Tel.: 05137/121139)
Engeli, C. / Matzerath, H.: Moderne Stadtgeschichtsforschung in Europa, USA und Japan, Stuttgart 1989, DIFU/- Deutscher Gemeindeverlag
Niethammer, L.: Lebenserfahrung und kollektives Gedächtnis - Praxis der Oral History, Frankfurt/M. 1980
Kinter, J. / Kock, M. / Thiele, D.: Spuren suchen - Leitfaden zur Erkundung der eigenen Geschichte, Hamburg 1985 (VSA-Verlag)
Koerner, M.: Auf die Spur gekommen - Frauengeschichte in Göttingen, Neustadt 1989 (Calenberg Press)
Echter, C-P.: Denkmalpflegerische Maßnahmen, Aktivitäten und finanzielle Leistungen der Gemeinden, in DIFU-Studie, Berlin 1987, ISBN 3-88118-136-9
diverse AutorInnen: Museen in der Krise (Schwerpunktthema), in "Kulturpolitische Mitteilungen" Nr. 65 (Heft 1/1994). Bezug: Kulturpolitische Gesellschaft, Stirnband 10, 58093 Hagen
Deutscher Städtetag: Geschichte in der Kulturarbeit der Städte, Köln 1992
Meynert, J./Rodekamp, V. (Hrsg.): Heimatmuseum 2000. Ausgangspunkte und Perspektiven, Bielefeld 1993

Adressen

Geschichtswerkstatt e.V. c/o Johanna Schulz, Hindeburgstraße 27, 71711 Murr, Tel.: 07144/23477

AKP-Artikel zum Thema

Ludwig, M.A.: Vom Musentempel zum Standortfaktor (AKP 2/1990, S. 36-39)
Munier, G.: Stadtgeschichtsforschung (AKP 2/1990, S. 39-40)
Wagner, B.: Das Stadtviertel als Heimat (AKP 2/1992, S. 52-55)

Dieter Mützelburg
Sport und Freizeit

Kommunale Sportpolitik hat sich als eigenständiger Politikbereich seit Beginn dieses Jahrhunderts entwickelt. Seit dem Entwurf eines Reichsspielplatzgesetzes aus den Jahren 1912 und 1920, das immerhin 3 qm Spielplatzfläche je Einwohner vorsah, wurde Sportpolitik vor allem als Teil der Stadtentwicklungspolitik begriffen: Freiflächen für Freizeit, Spielen und Erholen sichern. Insbesondere die Parteien der Arbeiterschaft nahmen sich dieses Politikfeldes an. Nach dem 2. Weltkrieg vereinigten sich zuvor konkurrierende Sportorganisationen überparteilich und ohne Bezug zu einer gesellschaftlichen Klasse zum Deutschen Sportbund (DSB). Seither fand der Sport eine mächtige Lobby, die schon 1950 den Deutschen Städtetag zu Vorschlägen für die Sportstättenversorgung anregte und mit dem "Goldenen Plan in den Gemeinden" von 1960 die Kommunalpolitiker zu immer größeren Anstrengungen im Sportanlagenbau trieb. Heute ist Sportpolitik mehr als Baupolitik. Sportpolitik wird von fast allen Sportpolitikern als Sportförderung im umfassenden Sinn verstanden: Alles, was mit der Anregung zum Sich-Bewegen, mit der Bereitstellung von Sportstätten und der Sicherung des organisierten Sportbetriebes zu tun hat, ist Sportpolitik.

Kommunale Sportpolitik ist in erster Linie Sportförderung durch Bereitstellung von Finanzmitteln für den Breiten- und Schulsport im Haushalt der Gemeinde. 1991 wurden in den Gemeinden der alten Bundesländer mit über 20.000 Einwohnern 3,24 Mrd. DM für Zwecke der Sportförderung, des Sportanlagenbaus und ihrer Unterhaltung sowie für Schwimmbäder bereitgestellt (zum Vergleich: 1981: 2,5 Mrd. DM). Hinzu kommen Mittel, die aufgrund der Landeswettgesetze aus Einnahmen der Toto-, Lotto- und Pferderennwetten dem Sport zufließen. Die Sportförderungsmittel sind ungleich verteilt: während die Großstädte mit über 500.000 Einwohnern rund 107 DM pro Einwohner für den Sport ausgaben, sind es bei den Großstädten insgesamt 99 DM und bei den Städten mit 50.000 bis 100.000 Einwohnern nur 92 DM je Einwohner.

Kommunale Sportförderung meint grundsätzlich Förderung des sogenannten Vereinssports. Zwar gibt es auch besondere Formen der Förderung des Leistungssports durch Städte und Gemeinden, dabei handelt es sich aber in der Regel um fallbezogene Fördermaßnahmen z.B. Bezuschussung eines Wettkampfes oder vorübergehende Förderung eines/r SportlerIn/s, etwa durch Beschäftigung im öffentlichen Dienst oder in einem kommunalen Betrieb. Die Unterstützung des Leistungssports ist Sache von Bund und Ländern. Eine Ausnahme bilden Bau und Unterhalt von Stadien und Großsporthallen, wo die Kommunen für den Spielbetrieb von Spitzenmannschaften oft Millionen ausgeben. Die wichtigsten Fördermaßnahmen sind:

— Flächenbereitstellung, Bau, Unterhaltung und Vergabe von kommunalen Sportstätten;
— Zuwendungen an Sportvereine oder -verbände zu Personal- und Sachkosten;
— Zuschüsse an Sportvereine zum Bau und zur Unterhaltung von Sportanlagen;
— Zuschüsse zu einzelnen Sportbegegnungen;
— Förderung des Schulsports;
— Zuwendungen an sonstige Träger des Sports wie Bildungseinrichtungen und freie Träger.

Die Bedeutung des Sports als kommunale Aufgabe ist zumindest bei der Verteilung der Haushaltsmittel in den letzten 10 Jahren gesunken. Hielten sich 1981 die Ausgaben für Sport und Kultur noch halbwegs die Waage, so verdoppelten sich die kommunalen Kulturausgaben seitdem im Verhältnis zum Sport (3,2 Mrd. zu 6,5 Mrd.). In diesen Zahlen spiegeln sich die Haushaltsrestriktionen der Jahre seit 1991 noch nicht wieder.

Das Zurückdrängen des Sports in den kommunalen Haushalten entspricht einem Wandel in der Sportentwicklung. Bis zum Ende der 70er Jahre galt der "Goldene Plan" des Deutschen Sportbundes von 1960 als Richtschnur der Sportförderung. Jede Gemeinde betrachtete Sport als Teil der kommunalen Daseinsvorsorge und errichtete deshalb Schwimmbäder und Sportplätze. Mitte der 80er Jahre, als dieser Ausbau abgeschlossen war, entfielen auf jeden Einwohner einer deutschen Mittel- oder Großstadt immerhin 4 qm Sportplatzfläche und 0,2 qm Hallenfläche. Diese Zahlen sind Spitzenwerte unter allen europäischen Staaten mit Ausnahme der skandinavischen.

Heute konkurrieren kommerzielle Sportstätten und Freizeitanlagen mit den kommunalen Sportanlagen ebenso, wie der traditionelle Sportverein mit einer Vielzahl anderer Organisationsformen konkurriert. Die kommunale Sportpolitik orientiert sich nur noch an der Bereitstellung von Mindestangeboten, nicht mehr an einer umfassenden Vorsorge für jeden Bewohner. Dazu sind auch andere Träger von Sport und Bewegungskultur als Sportvereine Adressaten von Sportpolitik geworden. Die Zuständigkeit der Sportverwaltung in vielen Kommunen erstreckt sich deshalb mittlerweile auch nicht mehr ausschließlich auf den traditionellen, über Vereine organisierten Sportbetrieb, sondern auf den Bereich "Sport und Freizeit".

Freizeitpolitik der Kommunen

Sport- und Freizeitpolitik sind nur partiell zu trennen. Traditionell hat sich die Kommune nur im Rahmen der Daseinsvorsorge für spezielle Gruppen um deren Freizeitbedürfnisse außerhalb der traditionellen Felder Sport und Kultur gekümmert. Die kommunalen oder kommunal mitfinanzierten Jugendfreizeiteinrichtungen sind einer der wenigen Bereiche von kommunaler Freizeitpolitik. Diese Politik ist in der Regel pädagogisch geprägt. Kommunale Freizeitpolitik, soweit sie in Zusammenhang mit Sport steht, umfaßt unterschiedliche Bereiche:

1. Um den Sportbetrieb gruppierte Freizeitangebote: Ein typisches Beispiel ist die Umgestaltung von Hallen- und Freibädern zu sogenannten Erlebnisbädern oder Wasserparks. In diesen Anlagen organisiert der Träger des Bades (in der Regel die Gemeinde oder eine kommunale Gesellschaft) neben Schwimmsport auch wassernahe (Sauna, Sonnenstudio) und andere Freizeitangebote (Diskothek, Festivals u. ä.). Diese Angebote richten sich ausdrücklich auch an Nichtsportler.
2. Freizeitangebote, in die Sportprogramme oder einzelne sportliche Angebote integriert sind: Dazu gehören Seminare und Workshops kommunaler Gesellschaften, freier Träger oder von Vereinen zu sportfernen Themen, in die bewegungsorientierte Angebote (z. B. Sportmassage, Laufstunden oder Spieltreffs) eingebunden sind.
3. Sportliche (Groß)Ereignisse als Teil eines Tourismuskonzeptes: In diesem Fall gehören z. B. Bundesligabegegnungen beliebter Sportarten oder überregionale Großveranstaltungen zur Tourismuswerbung der Gemeinde.
4. Sport- und Freizeiteinrichtungen als Teil eines Stadtmarketings: Darunter verstehe ich die überregionale Werbung mit dem vorhandenen Angebot an sportlichen Einrichtungen, die ähnlich wie Bildungseinrichtungen und Kulturereignisse als "weicher" Standortfaktor in Werbung und Wirtschaftsförderung begriffen werden.

Bisher gibt es nur wenige Großstädte, vor allem im Ruhrgebiet und Stuttgart, die mehrere dieser freizeitorientierten Handlungsmöglichkeiten politisch verfolgt haben oder verfolgen. Sie sind jedoch für die weitere Entwicklung kommunaler Sportpolitik unbedingt zu beachten.

Rechtliche Grundlagen kommunaler Sportpolitik

Das Recht der Gemeinden, alle Angelegenheiten der örtlichen Gemeinschaft im Rahmen der Gesetze eigenverantwortlich zu regeln, ist in Art. 28 Abs. 2 Grundgesetz festgelegt. Zu diesen Selbstverwaltungsangelegenheiten gehören auch die Sicherung von Sport- und Freizeitaktivitäten der Gemeindemitglieder. Eine Pflicht zur Förderung des Sports ergibt sich aus der Selbstverwaltungsgarantie jedoch nicht. Allerdings regeln in verschiedenen Bundesländern Landesgesetze die Sportförderung, in ihnen wird Sportförderung in der Regel auch als Landesaufgabe definiert und die Aufgabenwahrnehmung den Kommunen überlassen. Die verschiedenen Landesgesetze (z. B. Bremisches Sportfördergesetz für alle) regeln den Zugang zu Sportanlagen ("jedermann"), den Vorrang der Träger des Sports bei der Mittelverteilung ("Organisationsvorrechte") und enthalten eine Selbstbindung, alle Sektoren des Sports zu fördern ("Vielfalt des Sports"). Ihre Grenze findet die Sportförderung auf der Grundlage dieser Gesetze jedoch immer im Landes- und Gemeindehaushalt, der Umfang und Zweck der Sportförderung bestimmt.

Weil das geltende Recht keine Handhabe bietet, kommunale Sportförderung zu erzwingen, versucht der Deutsche Sportbund (mit knapp 23 Mio. Mitgliedern die Vertretung der organisierten SportlerInnen), den Sport als Staatsziel mit Verfassungsrang zu versehen. Der DSB hofft, im Verteilungskampf um Haushaltsmittel und in der Auseinandersetzung mit anderen Politikfeldern (vor allem dem Umweltschutz, s. u.) bessere Durchsetzungschancen zu haben. Ein erster Erfolg war dem DSB 1992 mit der Aufnahme des Sports als Staatsziel in die Landesverfassung Nordrhein-Westfalens beschieden. In anderen Bundesländern (Niedersachsen, Bremen) scheiterten entsprechende Versuche. Auch in den neuen Bundesländern besitzt der Sport bisher keinen Verfassungsrang.

Während zumindest die SPD den Deutschen Sportbund unterstützt, CDU und FDP sich von Land zu Land unterschiedlich verhalten, lehnen BÜNDNIS 90/DIE GRÜNEN bisher die Aufnahme des Sports in die Landesverfassungen ab. Sie fürchten, daß bei gerichtlichen Abwägungsprozessen zwischen Sport- und Umweltinteressen (z. B. beim Lärmschutz oder Flächenverbrauch) die Umweltinteressen zurückgedrängt würden. Auf die kommunale Sportpolitik hat die Aufnahme des Sports in Landesverfassungen nur sehr geringe Auswirkungen. Sie könnte äußerstenfalls zur Sicherung einer finanziellen Mindestausstattung des Sports zwingen, die sich aber immer noch an den finanziellen Möglichkeiten der Gemeinde in Konkurrenz aller kommunalen Aufgaben messen lassen müßte.

In der Sportförderung gilt das **Subsidiaritätsprinzip**. Im Grundsatz regeln die Konsumenten von Sport und Freizeit ihre Angelegenheiten selbst. Diese Selbstregulierung ist nicht auf den in Sportvereinen organisierten Sport beschränkt, wenn auch die Sportförderungsgesetze im allgemeinen einen Vorrang des organisierten Sports festschreiben. Alle Sporttreibenden haben, sofern es kommunale Sportförderung gibt, auch ein Recht, in den Genuß dieser Förderung zu kommen. Wie dieses Recht ausgeübt werden kann, wird durch Ratsbeschluß geregelt. Kommunale Sportsatzungen sind bisher nicht üblich, aber denkbar. Bisher wenden die kommunalen Verwaltungen Richtlinien an, die sie oder der jeweilige Rat auf der Grundlage von Empfehlungen der kommunalen Spitzenverbände erlassen haben (vor allem: Deutscher Städtetag, Deutscher Landkreistag). Besonders wichtig ist die "Richtlinie für die Schaffung von Erholungs-, Spiel- und Sportanlagen" in der jeweils geltenden Fassung. Diese Richtlinien sind zumeist die Grundlage für die Höhe von Zuschüssen an Sport- und Freizeitorganisationen beim Bau von Sportstätten.

SPORT IM HAUSHALT: Der wichtigste Ausdruck kommunaler Sportförderung ist der **Haushaltsplan** der Gemeinde. Dort verbirgt sich Sportförderung zumeist in folgenden **Ausgabenpositionen**: Sportverwaltung; Zuschüsse und Zuwendungen für Sportvereine und den Stadtsportbund; Zuwendungen für Sportstätten (aufgeschlüsselt in Sportanlagen bzw. Bäder); Zuschüsse zu laufenden Ausgaben; Ausgaben für den Schulsport; Zuschüsse für Sportbegegnungen. Größere Kommunen mit Tradition in einzelnen Sektoren des Leistungssports kennen auch eine Haushaltsstellen wie "Förderung des Leistungssports". Weitere Mittel für den Sport sind zumeist unter Ausgaben für Hochbau, Tiefbau und Bauunterhaltung und -sanierung verborgen sowie im Kapitel Schulbau. Auch die Ermächtigungen für Bürgschaften verbergen oft Ausfallbürgschaften für sportliche Veranstaltungen. **Einnahmepositionen** sind: Einnahmen aus Wettmitteln (oft der größte Posten); Gebühren für die Nutzung kommunaler Sportanlagen. Die Gebühren müssen in kommunalen Satzungen festgelegt werden. Sie werden somit in Höhe und Umfang vom Stadt- oder Gemeinderat festgesetzt. Häufig sind Erhöhungen der Gebühren für Sportstättennutzung in allgemeinen Erhöhungen kommunaler Gebühren versteckt. Das ist vor allem dann der Fall, wenn die Gemeinde eine Verwaltungsgebührenordnung besitzt, in der eine Vielfalt von Gebühren geregelt ist, so daß die spezielle Gebührenerhöhung für den Sport schwer erkennbar wird.

SPORT UND BÜRGERBETEILIGUNG: Beteiligungsrechte der BürgerInnen sind in der kommunalen Sportpolitik nur in sehr begrenztem Umfang vorhanden. Die Sportorganisationen sind in einzelnen Kommunen bei der Mittelverteilung beratend beteiligt. Sie können auch mit beratender Stimme in den Sportausschüssen beteiligt werden, soweit die Gemeindeordnungen das zulassen. Eine gesetzlich vorgesehene **Bürgerbeteiligung** gibt es jedoch nur bei der planungsrechtlichen Ausweisung von Sportanlagen. In allen planungs- und baurechtlichen Fällen gelten die Bestimmungen des **Baugesetzbuches** (vgl. Kapitel "Städtebauliches Planungsrecht und Planungsinstrumente") über die Bürgerbeteiligung.

SPORT UND UMWELT: Bei der im Baugesetzbuch vorgeschriebenen **Umweltverträglichkeitsprüfung** ergeben sich häufig Konflikte zwischen sportpolitischen und umweltpolitischen Interessen. Zwar sieht die TA Lärm mittlerweile vor, Lärm von Sportanlagen nicht genauso zu bewerten wie andere Lärmquellen, dennoch müssen Sportanlagen so angelegt werden, daß sie das Ruhebedürfnis der BürgerInnen mittags und abends sowie an Feiertagen möglichst wenig beeinträchtigen. Noch nicht geklärt ist, in welchen Abständen Sportanlagen zu stark gesundheitsbeeinträchtigenden Industrieanlagen und zu hochfrequentierten Straßen angelegt werden dürfen. Wenn sich eine Gemeinde entschließt, neue Sportanlagen zu bauen, so muß sie auf DIN-Normen Rücksicht nehmen. Interessant für den kommunalen Bereich sind insbesondere die DIN 18032 (Sport- und Spielhallen), 18034 (Freiflächen zum Spielen), 18035 (Kunststoffanlagen). Diese Normen werden ständig überarbeitet. Soweit der aktuelle Stand vor Ort (in der Regel bei den bauenden Ämtern oder der Sportverwaltung) nicht verfügbar ist, gibt das Bundesinstitut für Sportwissenschaft in Köln Auskunft; für Bäder die "Deutsche Gesellschaft für das Badewesen".

Die Organisation der Sportpolitik in den Kommunen

Für die Sportpolitik setzt der Rat der Kommune oder der Kreistag den Rahmen, er beschließt über den Haushalt. Die Alltagsarbeit ist **Sportausschüssen** übertragen, in kleineren Gemeinden auch gemischten Ausschüssen; häufig ist die Kombination mit Bildung/Schule und mit Jugend/Soziales. Die Abwägung, ob der Rat sich für einen eigenen Sportausschuß oder einen gemischten Ausschuß entscheidet, muß im Einzelfall getroffen werden. Kriterien können dabei sein: die Bedeutung des Sports in der gesamten Ratspolitik für die kommende Amtsperiode und die personellen Konstellationen im Rat. Gemischte Ausschüsse relativieren die Rolle der Sportpolitik, ermöglichen aber auch weniger lobbyistische Entscheidungen als reine Sportausschüsse, in denen die "Sportler" (zumeist Männer) unter sich sind.

Fast alle Gemeinden haben eine eigenständige Sportverwaltung, die in größeren Städten in einem **Sportamt** oder Amt für Sport und Freizeit zusammengefaßt ist. Daneben sind die Gartenbauämter sowie das Hochbauamt oder entsprechende kommunale Einrichtungen für Sport und Sportstätten zuständig. Die Leiter der Sportämter (selten Frauen) kommen häufig aus der organisierten Sportbewegung, so daß auch auf dieser Ebene die Zusammenarbeit mit Vereinen und Verbänden gesichert ist. Die Sportämter stimmen sich bundesweit über eine Arbeitsgemeinschaft ab. Eine wichtige Rolle spielen die **Stadt- und Kreissportbünde**. Sie sind zumeist die wichtigste Ansprechpartner von Rat und Verwaltung in sportlichen Fragen. Über sie fließen beträchtliche Teile der Haushaltsmittel für den Sport. Viele Kommunen bedienen sich der Sportorganisationen auch bei der Verteilung von Nutzungszeiten auf Sportanlagen, bei der Verwaltung und der Pflege der kommunalen Sportstätten. Die Zuschüsse für Übungsleiter und anderes Vereinspersonal werden von den Sportorganisationen ebenso verteilt, wie sie aus steuerlichen Gründen Adressat für Spenden sind, die an die Kommune oder die Träger des Sports weitergereicht werden.

Der **Schulsport** wird nicht von der Sportverwaltung organisiert. Zuständig ist die für das Schulwesen zuständige Verwaltungseinheit, die allerdings häufig mit der Sportverwaltung unter einem organisatorischen Dach untergebracht ist. Die Dezernenten für Schule sind dann auch die Sportdezernenten. Der Schulsport wird über den Schuletat finanziert, je nach Organisationsform des Schulwesens handelt es sich dabei um kommunale- oder um Landesmittel, über die der Schulausschuß verfügt. Im übrigen wird in den meisten Kommunen und von den Sportverbänden (insbesondere Fußball, Handball, Basketball und Tennis) die Zusammenarbeit von Verein, Verband und Schule propagiert und lokal auch gefördert.

Sportpolitische Handlungsfelder

In der Kommunalpolitik gilt der Sport als ein Feld, auf dem politische Streitigkeiten nicht vorkommen dürfen. Sportler, so heißt es, kennen nur die Sache. Dabei ist diese "Sache" in der Kommunalpolitik zumeist die Sache des organisierten Sports und einiger kommerzieller Betreiber von Sport- und Freizeitanlagen. In den Sportausschüssen (oder den Ausschüssen, die über Sportpolitik beraten) sitzen fast immer Vereins- und Verbandsfunktionäre, die gewährleisten, daß die Mittelverteilung im herkömmlichen Rahmen bleibt. Da diese Funktionäre zumeist auch in den jeweiligen Fachverbänden zusammenarbeiten (müssen), gibt es zwar personelle, aber selten parteipolitische Profilierungsbemühungen. Sportpolitik wird interfraktionell im Zirkel der Fachleute ausgehandelt. Dieser große Einfluß des organisierten Sports entspricht nicht mehr seiner realen Bedeutung für das Sporttreiben.

Die Sportvereine sind nur noch für Kinder und Jugendliche der überwiegende Träger des freiwilligen Sports. Der Organisationsgrad beträgt je nach Stadt bis zu 50% der Gesamtgruppe. Bei

Heranwachsenden und Erwachsenen stagniert oder sinkt die Zahl derjenigen, die in Vereinen Sport treiben, seit Mitte der 80er Jahre. In Großstädten ist der Organisationsgrad auf nur rund 15% der Bevölkerung gesunken. Zudem gibt es sportartenspezifische Umverteilungen. Während Tennis- und Bootssportvereine wachsen, sinken die Mitgliederzahlen der ballspielenden Mannschaftssportarten. Die Zahl der **freien Träger** wächst immer noch. Drei Bereiche, deren Abgrenzung unscharf ist, können unterschieden werden:
— Sport in vereinsähnlichen Strukturen ohne die Dauerhaftigkeit und Regelmäßigkeit des Vereinsbetriebes. Dazu zählen z.B. Sportgruppen der Krankenkassen, von Jugendeinrichtungen, Betrieben und Betriebssportverbänden, Hochschulen, Weiterbildungsträgern u.ä.;
— Sport in Einrichtungen mit Gewinncharakter. Dazu zählen Studios, Tennis- und Squashanlagen, Eislaufanlagen, Schwimmbäder, Reitschulen u.ä.;
— der frei und ohne zusätzliche Einrichtungen betriebene Sport. Dazu zählt Jogging, Wassersport auf offenen Gewässern, Volleyballgruppen u.ä..
Diesen Gruppen gemein ist, daß sie bisher in der Regel keinen Anspruch auf kommunale Sportförderung anmelden, obwohl sie es dem Geiste der Sportförderungsgesetze und -richtlinien nach eigentlich könnten. Gemessen an der Bedeutung für das praktische Sporttreiben ist der Einfluß der Verbände und Vereine auf den kommunalen Sport und die Mittelverteilung mittlerweile unverhältnismäßig. Ein wichtiges Handlungsfeld kommunaler Sportpolitik ist deshalb die Einbeziehung der nicht über Sportvereine organisierten Bevölkerung in die kommunale Sportpolitik.

Das bedeutendste Handlungsfeld der kommunalen Sportpolitik bleibt aber die Anlage und Unterhaltung von **Sportstätten**. Sowohl der kommerzielle wie der öffentliche Sportstättenbau unterliegen den gleichen baurechtlichen Regelungen. Deshalb hat die Kommune erheblichen Einfluß auf Form und Inhalt der Anlage, auf städtebauliche Gestaltung und Verkehrserschließung. Dem Grundsatz eines vielfältigen Angebotes und einer städtebaulich verträglichen Gestaltung wird dabei bisher ebenso wenig Rechnung getragen wie einer Verkehrserschließung von Sportanlagen, die sicherstellt, daß der verkehrspolitisch erwünschte Umweltverbund (ÖPNV, Radfahren, Zu-Fuß-Gehen) überhaupt eine Chance hat, Hauptverkehrsträger zu werden. Bei Berücksichtigung solcher Überlegungen würden Monostrukturen (nur für Fußball genutzte große Flächen), städtebauliche Beispiele von Mittelmäßigkeit (Einheitssporthallen) und Sportstätten weit vor den Toren der Städte vermieden werden.

Wenn neue Sportstätten geplant werden, steht der Flächenverbrauch im Zentrum der örtlichen Auseinandersetzungen. Mit dem Wandel der Bewegungsgewohnheiten drängen Individualsportarten in den Vordergrund. Tennisplätze und Wassersportanlagen ("Marinas"), Squash- und Tennishallen benötigen für wenige Sporttreibende viel Fläche. Zumindest für die Hallenbauten bietet sich das Flächen- und/oder Gebäuderecycling in Gewerbegebieten an.

Infolge der Finanzkrise insbesondere der Großstädte wird verstärkt nach Einsparmöglichkeiten gesucht. Freiwillige kommunale Aufgaben wie der Sport sind die ersten Ansatzpunkte für Sparpolitik. Drei Wege werden dabei beschritten:
— die Schließung von kostenträchtigen Einrichtungen (insbesondere Schwimmbäder);
— die Ausgliederung von Sporteinrichtungen aus dem Haushalt in Gestalt von **Eigenbetrieben** oder **Gesellschaften** (z. B. Bädergesellschaft), die möglichst kostendeckend arbeiten sollen und niedrige Zuschüsse erhalten;
— die Privatisierung oder der Verkauf von Sportstätten.
Die Diskussion um derartige Maßnahmen wird eher zu- als abnehmen. Bisher fehlt es an einer kommunalen Gesamtrechnung für solche Pläne. Der Ertrag muß den mittel- und langfristigen Kosten für die Kommune gegenübergestellt werden. In diese Kostenrechnung gehören auch gesamtwirtschaftliche Überlegungen wie: Sind die privaten Einrichtungen rentabel und für die Bevölkerung bezahlbar? Wird mittelfristig Gemeinfläche in privates Bauland umgewandelt? Muß die Stadt für die betroffene Bevölkerung andere Einrichtungen schaffen oder bezahlen (z. B. Jugendtreffs)? Erst nach Vorlage einer solchen Gesamtrechnung sollten die kommunalen Entscheidungen getroffen werden.

BESONDERHEITEN IN DEN NEUEN BUNDESLÄNDERN: Mittlerweile entspricht zwar die Struktur der Sportpolitik und Sportorganisation in den neuen Bundesländern der der westlichen Länder, es fehlen aber Voraussetzungen für eine Sportpolitik nach westdeutschem Zuschnitt. Die Sportanlagen sind in Zahl und Zustand weit hinter den Maßstäben der alten Bundesländer zurück. Den Kommunen ist zwar in den meisten Fällen das Eigentum der früher staatlichen oder betriebseigenen Anlagen übertragen worden, aber Mittel für Unterhaltung und Sanierung stehen nicht in dem benötigten Umfang zur Verfügung. Das Vereinswesen hat keine Tradition, viele Klubs sind noch geprägt von ihrer Herkunft aus staatlichen Organisationen (z. B. Polizei, Stasi) oder Betrieben, die nicht mehr oder nur noch in Teilen existieren und finanziell zur Sicherung des Sportbetriebes, selbst wenn sie es wollten, nicht in der Lage sind. Deshalb ist Sportpolitik in den neuen Ländern mehr noch als im Westen vom Zugriff auf die knappen Mittel bestimmt. Um Interessengruppen und Seilschaften Grenzen zu ziehen, sind verbindliche kommunale **Sportentwicklungspläne**, abgestimmt mit den wichtigsten Gruppen der Sporttreibenden, überhaupt erst eine Voraussetzung für Sportpolitik. Dazu ist die Ermittlung der Sportwünsche wichtiger als die Übertragung westdeutscher Normen und traditioneller Vorlieben der Sportpolitik. Die Förderung kommunaler Aushängeschilder (z. B. des Profisports), die in den alten Ländern zwar rückläufig aber durchaus vorhanden ist, hat in den neuen Ländern keinen wichtigen Platz in der kommunalen Sportpolitik. Der vom DSB vorgelegte "goldene Plan" für den Ausbau von Sportanlagen durch Länder und Kommunen in den neuen Bundesländern kann bestenfalls ein Anhaltspunkt beim Ausbau traditioneller Sportanlagen sein. Das Modell gemischter Finanzierungen von Sportanlagen (teils Kommune, teils private Träger) mit entsprechenden Gewinngarantien für Investoren hingegen bietet eine Chance, eine Vielfalt von Sportanlagen zu bauen.

Finanzierungsinstrumente für die Sport- und Freizeitpolitik

Verschiedene Finanzierungsinstrumente sind schon erwähnt: der steuer- und gebührenfinanzierte kommunale Haushalt, die kommunalen Anteile an den Wetten, die Einnahmen aus Verkauf oder Privatisierung von Sporteinrichtungen. Über diese Mittel verfügt der Rat der Stadt im Rahmen seines Haushaltsrechtes. Darüber hinaus sind weitere Finanzierungsmöglichkeiten für Sportpolitiker erschließbar:

— Die werbliche Vermarktung von Sportstätten und einzelnen Sportveranstaltungen;
— die Beteiligung lokaler Unternehmen oder von Zusammenschlüssen von Unternehmen an einem kommunalen Sportsponsoring (vergleichbar dem "social sponsoring" amerikanischer Unternehmen); wichtig ist, ob und welchen (im)materiellen Gegenwert die jeweilige Kommune leisten kann und will;
— die gemischtwirtschaftliche Organisation von Sport durch Kommune und/oder Unternehmen, Krankenkassen, Wohlfahrtsverbände, Kirchen u.a..

Für diese Instrumente gibt es bisher nur sehr vereinzelt Vorbilder. Sie müssen von den Kommunalpolitikern erst entwickelt werden. Vorbilder gibt es allerdings im Bereich der kommunalen Kulturpolitik, deren Auswertung Voraussetzung für eine innovative Finanzpolitik im Sportbereich sein kann.

Eine indirekte, aber dennoch wirksame Art der Sportförderung, ist die Finanzierung über Steuervergünstigungen. Der Sportbetrieb selber darf nicht mit wirtschaftlichen Zwecken verbunden sein, weil andernfalls Umsatz- und Gewerbesteuer zu zahlen wäre und bei gemeinnützigen Trägern des Sports die Gemeinnützigkeit gefährdet wäre. Aber für Einrichtungen im Umfeld des Sports (z. B. Managementgesellschaften für Sportanlagen, Bauträgergesellschaften mit kommunaler Beteiligung) sind erhebliche steuerliche Vorteile zu erzielen, die zum Beispiel die Finanzierung und Verwaltung kommunaler Sportanlagen sichern können. Für die Freizeitpolitik ergeben sich dabei ebenso sehr Möglichkeiten wie für den Leistungssport. Insbesondere für den Sektor Marketing bieten sich steuersparende Lösungen an, die Sponsoren bewegen können, in die Sportförderung einzusteigen.

Die Positionen der politischen Parteien in der Sportpolitik

Die Sportprogramme der CDU, SPD und FDP unterscheiden sich nur in Nuancen. Sie vertreten das **Subsidiaritätsprinzip** und die Selbstverwaltung des freien Sports, fordern aber dennoch wachsende staatliche Zuschüsse für den Sportbetrieb. Die Begründungen reichen von Gesundheitsförderung ("Volksgesundheit" heißt es in den spärlichen Ausführungen der Republikaner) über Jugendbildung und -erziehung bis zur Integration von Randgruppen und Ausländern. Die

SPD hat das sportpolitische Allgemeingut unter dem mittlerweile weithin akzeptierten Etikett "Sport für alle" gebündelt. Die etablierten Sportpolitiker unterstellen dem Sport schlechthin positive gesellschaftliche Wirkungen. Zugleich werden einzelne "Auswüchse" (Doping bei CDU und SPD, Kinderleistungssport bei FDP und SPD) abgelehnt. Das Bekenntnis zur staatlichen Förderung des Leistungssports fällt unterschiedlich entschieden aus, die SPD ist zurückhaltender als die beiden anderen Parteien; sie will der "Wirtschaft" einen größeren Anteil an der Leistungssportförderung überlassen, da diese mittlerweile vielfach von ihm profitiere. Landes- und kommunalpolitisch gibt es zielgruppenorientierte Differenzierungen in den Sportprogrammen. Die SPD will den Seniorensport ebenso fördern wie die CDU, die FDP nimmt sich der Frauen und der Ausländer an, die SPD hat Behinderte besonders ins Herz geschlossen und die CDU die Rehabilitation nach medizinischen Eingriffen. Immer aber steht die Förderung lokal wichtiger Vereine und Ereignisse im Mittelpunkt, während Sportpolitik als Freizeitpolitik programmatisch noch nicht umgesetzt wird.

BÜNDNIS 90/DIE GRÜNEN besitzen bisher kein sportpolitisches Programm. Zwar hat es ausgehend vom Sportprogramm der GRÜNEN in Baden-Württemberg (1986/87), lokalen Initiativen und Aktionen zum Sport-Umwelt-Problem sowie aus grünnahen Aktivistenkreisen der "alternativen Bewegungskultur" öffentliche Diskussionen auf sportnahen Kongressen zu grünem Sportverständnis gegeben. Die Diskussionen sind jedoch aufgrund interner Widersprüche zu keinem programmatischen Ergebnis gekommen. Die jüngere sportpolitische Diskussion entbrannte allein um die Frage, ob Berlin sich olympische Spiele leisten könne und wolle. Die ALTERNATIVE LISTE und große Teile von BÜNDNIS 90 stellten sich gegen dieses Vorhaben. Praktische grüne Sportpolitik in den Kommunen setzte bisher an vier Problemfeldern an:
— Abwehr der Förderung kommerzieller oder leistungssportorientierter Großprojekte (z. B. Stadionausbau, Sportcenter);
— Parteiliche Stellungnahme für Umwelt-, Verkehrs- und Gesundheitsinitiativen bei lokalen Konflikten zwischen Sport und Umwelt (z. B. keine Parkplätze in Sportstättennähe);
— Gezielte Förderung bisher von der Sportförderung ausgeschlossener oder benachteiligter Gruppen (Frauensport, Ausländersport, Zugänglichkeit kommunaler Sportanlagen für freie Sportgruppen);
— Förderung von Breitensportinitiativen und Unterstützung von Bäderinitiativen zum Erhalt von Hallen- und Freibädern.

Ideologisch wurde dabei eine gewisse Distanz zu den Sportverbänden und vielen Sportvereinen kultiviert, ohne grundsätzlich den Vereinssport abzulehnen. Seit die Kommunen ihre Haushalte auch durch Abbau der Sportförderung zu konsolidieren versuchen, fängt BÜNDNIS 90/DIE GRÜNEN an, umfassendere Kriterien für Sportpolitik zu entwickeln und Sport auch als Teil von Sozial-, Kultur- und Wirtschaftspolitik einer Kommune zu verstehen.

Kommunalpolitische Perspektiven der Sport- und Freizeitpolitik

Die politischen Spielräume in der Kommunalpolitik werden für freiwillige Selbstverwaltungsaufgaben weiter eingeschränkt. Freiwillige Aufgaben wie die Sportförderung treten noch weiter hinter Pflichtaufgaben (wie Sozialhilfeleistungen) zurück. Zuerst gilt es, vorhandene Spielräume zu sichern und dann neue zu erkunden und zu erschließen. Der Wandel der Sport- und Bewegungsbedürfnisse der BürgerInnen ist Ausgangspunkt künftiger kommunaler Sport- und Freizeitpolitik. Insgesamt treiben heute mehr Menschen als zu irgendeinem Zeitpunkt in diesem Jahrhundert Sport in irgendeiner Form. Diese große Zahl von Menschen, zwischen 50 und 60% der Gesamtbevölkerung, in kleineren Gemeinden mehr als in Großstädten, bewegt sich jedoch überwiegend unregelmäßig und kaum vereinsgebunden.

Um dieser Situation Rechnung zu tragen, brauchen die Kommunen und Landkreise eine Analyse der Sport- und Freizeitbedürfnisse ihrer Bevölkerung und darauf gründend neue **Sport- und Sportstättenentwicklungspläne**, die alle Potentiale, auch die kommerziellen und die von Selbsthilfeorganisationen, einbeziehen. Bei der Sanierung alter Sportstätten und der Planung und Genehmigung neuer Sport- und Freizeiteinrichtungen ist dieser Entwicklungsplan leitend. In jedem Fall sollte weniger das Interesse der einzelnen Träger des Sports, insbesondere der Vereine, ausschlaggebend sein, sondern vor allem die Vorstellungen der örtlichen Bevölkerung, die an diesen Planungs- und Entscheidungsprozessen direkt zu beteiligen ist. Bürgerbefragungen und Beratungsforen auch unter Teilnahme von NichtsportlerInnen können sehr hilfreich bei der weiteren Entwicklung sein. Wird Sportpolitik, wie in der Zeit nach dem 2. Weltkrieg, auch als Teil sozialer Daseinsvorsorge begriffen, so muß ein Mindeststandard an Sport-, Freizeit- und Bewegungsmöglichkeiten für jede Kommune definiert werden. Sportpolitik wird dann auch als Teil einer Politik der sozialen Grundsicherung der Bevölkerung begriffen. Wer genug Geld hat, konnte sich Sport schon immer kaufen. Wer genug Geld hat, kann auch heute noch einer zerstörten Umwelt entfliehen und sich in Übersee bewegen. Soziale Grundsicherung bezieht sich auf die Bevölkerungsgruppen, die gegenwärtig oder in absehbarer Zeit wohnortnahe Bewegungs- und Freizeitmöglichkeiten brauchen.

Insofern könnte die kommunale Sportpolitik wieder zu ihren Ursprüngen zurückkehren und Teil einer umfassenderen kommunalen Gesellschaftspolitik werden. Es ist Aufgabe der Politiker und der Parteien, unter dem Druck enger werdender Finanzierungsspielräume sowohl Lobbypolitik wie auch beliebige Bedürfnisbefriedigungspolitik aufzugeben. Dann würde ein sportpolitisch gesichertes Mindestangebot an kommunalen Angeboten für Bewegung und Freizeit auch bei Einsparungen im kommunalen Haushalt nicht zur Disposition stehen; es hätte ähnlichen Rang wie Schulen und Krankenhäuser. Hilfreich bei der Absicherung eines Mindeststandards wäre die gesetzliche Sicherung der Sportförderung durch Sportfördergesetze, die eine Mindestförderung durch Land und Kommunen garantieren und zugleich die Einwerbung weiterer Mittel von Dritten materiell belohnen. Bei der Sportförderung müßten selbstverständlich die inhumanen und menschenverachtenden Sportangebote ebenso aus der Förderung ausgeschlossen werden wie gesundheitsschädigende und umweltbeeinträchtigende Sportereignisse, Sportarten und Sportanlagen.

Literatur

Leider kann von grüner Seite keine geeignete Literatur empfohlen werden; die nachfolgend genannten Aufsätze können daher nur zur groben Orientierung und als weiterführende Informationsquellen dienen.
SPD: Das neue Sportprogramm der SPD - Lebensqualität und Lebensfreude, Bezug: SPD-Vorstand, Referat Öffentlichkeitsarbeit, Ollenhauerstr. 1, 53113 Bonn
Kaschlun, W.: Interessen der Umwelt und des Sports in Einklang bringen, in "Lölf-Mitteilungen" 3/1988
diverse AutorInnen: Schwerpunkt - Freizeit, Sport, Erholung, in "UVP-Report" 1/1989; Bezug: UVP-Förderverein, Östingstr. 13, 59063 Hamm, Tel.: 02381/52129, Fax: 02381/52195
Hockenjos, C.: Sportfördermittel der Gemeinden, in "Der Städtetag" 10/1993

Adressen

Deutsche Gesellschaft für das Badewesen e.V., Pf 100910, 45009 Essen, Tel.: 0201/233030, Fax: 0201/221310
Deutscher Sportbund e.V., Otto-Fleck-Schneise 12, 60521 Frankfurt/M., Tel.: 069/67000

AKP-Artikel zum Thema

Demba, J.: Olympia in Berlin (AKP 4/1992, S. 19-20)
Hahn, E.: Umweltverträglichkeit von Sport- und Freizeitstätten (AKP 1/1991, S. 45-48)

Monika Scheffler

Gewalt gegen Frauen und Mädchen

"Keine Frauenpolitik wird Früchte tragen können, solange Frauen und Mädchen aufgrund ihres Geschlechtes und im Intimbereich ihrer Sexualität regelhaft der Gewalt ausgesetzt sind." Diese Feststellung der feministischen Sozialwissenschaftlerin Carol Hagemann-White ist auch die Begründung für die Behandlung des Themas in einem eigenständigen Kapitel dieses Buches. Denn, anders formuliert, die alltägliche Gewalt gegen Frauen und Mädchen trägt zur Benachteiligung und Unterdrückung von Frauen in allen Gesellschaftsbereichen bei. Gewaltausübung und Machtverhältnis sind untrennbar: Das ungleiche Machtverhältnis zwischen den Geschlechtern drückt sich nicht nur in Gewalt aus, sondern wird auch durch Gewalt aufrecht erhalten. Der Kern patriarchaler Herrschaft besteht — vereinfacht ausgedrückt — darin, daß Männer vergewaltigen dürfen und Frauen gebären müssen.

Die Macht der Männer über Frauen in unserer Gesellschaft hat für Frauen Folgen, die sich in Nachteilen in allen gesellschaftlichen Bereichen niederschlagen: Weniger Geld, weniger Einfluß, schlechte Positionen, die alleinige Zuständigkeit für die Hausarbeit. Die Vorteile der Männer aus ihrer Machtposition liegen auf der Hand. Diese Macht funktioniert jedoch nur durch Gewalt bzw. ihre Androhung. Körperliche und vor allem auch sexuelle Gewalt gegen Frauen hat eine ungeheuer strukturbildende Wirkung: Im Körper wohnt das unmittelbare Selbstgefühl des Menschen. Körpererfahrung und Weltdeutung hängen zusammen. Generelle Ohnmachtsgefühle, das Gefühl der eigenen Wertlosigkeit und die Akzeptanz der eigenen Ohnmachtsstellung resultieren letztlich aus der Bedrohung durch physische Gewalt.

Im öffentlichen Bewußtsein spiegelt sich das Thema Gewalt gegen Frauen in widersprüchlichster Weise. Auf der einen Seite hält sich hartnäckig das falsche Bild vom abnormen Einzeltäter. Die gesellschaftliche Bedingtheit und "Normalität" von Gewalt wird zwar nur noch selten völlig geleugnet, jedoch nach ihrer pflichtmäßigen Erwähnung wird sie dann ganz schnell wieder verdrängt und so getan, als handele es sich eben doch um Ausnahmen. Auf der anderen Seite nimmt die männliche Gewaltbereitschaft im Bewußtsein der Bevölkerung geradezu gigantische Ausmaße an, wenn es um die Frage geht, ob die Opfer nicht mitschuldig seien. Im Rahmen einer 1982 veröffentlichten Untersuchung von Kurt Weis gaben 48% der Befragten an, eine Frau müsse mit einer Vergewaltigung rechnen, wenn sie sich mit einem Mann unterhalte und 99% meinten, sie dürfe nicht in seine Wohnung gehen. In diesen Aussagen spiegelt sich gesellschaftliche Realität: Eine Frau, die sich in den Machtbereich eines Mannes begibt, muß mit Gewalt rechnen.

Die Entwicklung der politischen Auseinandersetzung

Das tatsächliche Ausmaß alltäglicher Gewalt gegen Frauen ist in der damaligen BRD erst Anfang der siebziger Jahre deutlich geworden, seitdem Initiativen der autonomen Frauenbewegung das Thema an die Öffentlichkeit brachten und die ersten Zufluchtsorte für Frauen einrichteten. Es konnte nun nicht mehr im Privaten verborgen werden, daß Frauen geschlagen werden. Allerdings wird das Ausmaß der Gewalt noch heute gern übersehen. Wer will schon hören, in welchem Maß Frauen "im trauten Schoße der Familie" erniedrigt, mißhandelt und vergewaltigt werden.

In der DDR wurde das Thema weitgehend tabuisiert, obwohl eheliche Gewalt keinesfalls selten war. Allerdings spricht einiges dafür, daß langjährige Gewaltbeziehungen aufgrund der qualifizierten Berufstätigkeit von Frauen in der DDR und der Leichtigkeit einer Scheidung tatsächlich seltener waren. Andererseits hob die Schwierigkeit, eine Wohnung zu bekommen, diesen Vorteil teilweise wieder auf. Inzwischen gehört die relativ hohe ökonomische Unabhängigkeit von Frauen in der DDR durch das massenhafte Herausdrängen von Frauen aus dem Bereich der bezahlten Arbeit zu den Kosten der Wiedervereinigung. Die Umbruchsituation in den neuen Bundesländern hat darüber hinaus eine erhöhte Gewalttätigkeit im sogenannten sozialen Nahfeld, d.h. vor allem gegen Frauen, ausgelöst. Zudem bleibt die Ausbreitung neuer Medien — mit ihrer massiven Stimulierung zu sexueller Gewalt — nicht ohne Wirkung.

Als 1976 die ersten **Frauenhäuser** in der BRD von "Frauen helfen Frauen"- Vereinen gegründet wurden, ging es der sie tragenden autonomen Frauenbewegung zum einen um Schutz und Hilfe für die mißhandelten Frauen, zum anderen jedoch auch um die öffentliche Auseinandersetzung über das Gewaltverhältnis von Männern zu Frauen. Ziel war eine grundlegende Veränderung der Gesellschaft; stets wurde betont, daß es sich nicht um ein soziales Problem, sondern um ein Politikum handelt. Die Unterordnung und Abhängigkeit von Frauen, die Benachteiligung am Arbeitsplatz, die gesamte Stellung der Frau in unserer Gesellschaft wurde mitthematisiert und in Zusammenhang zur Gewalt gestellt. Noch heute nimmt die Zentrale Informationsstelle Frauenhäuser (ZIF) Stellung zu Themen wie § 218, Ausländergesetzen, Rassismus u.ä.

Anfang der achtziger Jahre entstanden die ersten **Notrufprojekte** als Form der Selbsthilfe und Solidarität von Frauen für Frauen. Genauso wie bei den Frauenhaus-Initiativen hat die Notrufarbeit Selbsthilfe und Unterstützung mit der Auseinandersetzung über die Ursachen von Gewalt gegen Frauen verbunden. In diese Zeit fällt auch die Gründung anderer wichtiger **Frauen(selbsthilfe)projekte**, wie Wildwasser, Frauenselbstverteidigungsvereine, Psychosoziale Beratungsstellen für Frauen, etc. Mit der **Frauennachttaxi**forderung, die erstmalig 1983 in Berlin erhoben und 1985 in Tübingen durchgesetzt wurde, veränderte sich die Zielsetzung. Trotz politischer Bedenken, etwa daß das Frauennachttaxi die Gewalt der Männer lediglich in einem kleinen Bereich "handhabbarer" macht, wurde der individuelle Nutzen für die einzelne Frau und die "praktische, hier und jetzt umsetzbare" Möglichkeit, für Frauen Verbesserungen zu erzielen, hervorgehoben. Die meisten Initiativen für ein **Frauennachttaxi** sind inzwischen mit der Begründung, nicht finanzierbar zu sein, gescheitert oder sie wurden sehr reduziert und teilweise in billige, ÖPNV-ergänzende, für beide Geschlechter nutzbare Verkehrsangebote umgewandelt. Frauennachttaxis gibt es immerhin noch in Bremen, Flensburg, Freiburg, Garbsen, Gießen, Göttingen, Hamburg-Bergedorf, Hanau, Heidelberg, Hofheim, Kiel, Limburg/Lahn, Lübeck, Maintal, Oldenburg, Osnabrück, Pforzheim, Rosdorf und Viernheim. Die durch die relativ hohen Kosten eines Frauennachttaxis absichtlich provozierte heftige öffentliche Diskussion um Gewalt gegen Frauen im öffentlichen Raum trägt in den betroffenen Kommunen häufig weiterhin Früchte, wenn es um die Durchsetzung "kleinerer" städtebaulicher Maßnahmen geht (vgl. hierzu das Kapitel Feministische Stadt- und Verkehrsplanung).

In den letzten Jahren hat sich die Tendenz weg von der umfassenden politischen Analyse hin zu "Lösungsmöglichkeiten" für das Problem Gewalt gegen Frauen verschoben, die effizient, praktikabel und auch noch finanzierbar sein sollen. Bessere Beleuchtung in Nebenstraßen, weiße Farbe in Parkhäusern, stärkere Präsenz von Wachpersonal, Einrichtung von Frauenparkplätzen können zwar durchaus sinnvolle Maßnahmen sein, haben jedoch jegliche Sprengkraft verloren. Der Anspruch auf grundsätzliche Veränderung der patriarchalen Gesellschaft ist heute bei vielen Forderungen kaum noch sichtbar. Eine Ausnahme bildet der seit 1986 thematisierte **sexuelle Mißbrauch** an Mädchen und Jungen. Obwohl die öffentliche Aufmerksamkeit für dieses Thema bedauerlicherweise das Interesse an anderen Gewaltformen gegen erwachsene Frauen zuzudecken droht, bewirkt die Empörung über eine männliche Sexualität, die Lust aus Machtausübung zieht, wieder eine grundsätzliche Infragestellung des Geschlechterverhältnisses. Trotz des starken Medieninteresses scheitert die Forderung nach **Mädchenhäusern** für betroffene Mädchen in aller Regel vordergründig an den hohen Kosten. Häufig ist jedoch eher die Provokation, ein Angebot ausschließlich für Mädchen einzurichten, die Ursache für die massive Ablehnung.

Frauenhäuser

Frauenhäuser haben sich heute mit einigen Vorurteilen auseinanderzusetzen: Nämlich es gäbe inzwischen genügend davon, sie seien zwar knapp, aber ausreichend finanziert und damit sei dem Problem "Gewalt gegen Frauen" genüge getan. Die Realität sieht anders aus: Frauenhäuser sind in der Regel überfüllt, immer häufiger müssen Frauen abgewiesen werden, es gibt dreimal mehr Anfragen als Aufnahmen. Zudem ist die Finanzierung völlig unzureichend und unsicher.

Die ersten und meisten Frauenhäuser in der Bundesrepublik wurden von Gruppen aus der autonomen Frauenbewegung gegründet. Zu den wichtigsten Prinzipien dieser **autonomen Frauenhäuser** gehört die strikte Parteilichkeit für Frauen im Sinne ihrer Stärkung, ein verstehender Ansatz bezüglich eventuell bestehender mangelnder Trennungsfähigkeit und die Ablehnung hierarchischer Strukturen. Das Zusammenleben in den Häusern wird von den Bewohnerinnen selbstverantwortlich organisiert. Die Kinderbetreuung nimmt in der Frauenhausarbeit einen großen Stellenwert ein, zum einen weil die Kinder häufig selbst Opfer von Gewalt sind, zum anderen um die Mütter zeitweilig zu entlasten. Inzwischen wird die Nachbetreuung ehemaliger Frauenhausbewohnerinnen als weiteres wichtiges Arbeitsfeld gesehen.

Mit zunehmender Landesfinanzierung stieg das Interesse von Wohlfahrtsverbänden an der Frauenhausarbeit. Vielfach wird die Trägerschaft für ein von autonomen Frauengruppen initiiertes Frauenhaus wegen Vorbehalten gegenüber diesen schließlich einem Wohlfahrtsverband gegeben. Besonders daraus erklären sich die Spannungen zwischen autonomen und **nicht-autonomen Frauenhäusern**, obwohl diese in der Praxis in den wesentlichen Punkten übereinstimmen. Die nicht-autonomen Häuser haben viele Grundsätze der Frauenbewegung — allerdings keineswegs den umfassenden politischen Anspruch der autonomen Häuser — übernommen und auch bezüglich der Finanzierung ähnliche Forderungen erhoben. Selbst Frauenhäuser von Innerer Mission und Diakonischem Werk arbeiten zum Teil mit mehr oder weniger "autonomer" Frauenhausführung.

In krassem Gegensatz zur feministischen Konzeption stehen die — explizit als Gegenkonzept entwickelten — sogenannten **Gegenhäuser**. Die Arbeitsgemeinschaft Deutscher Frauen- und Kinderschutzhäuser bezog klar Stellung gegen autonome Frauenhäuser. Auch der katholische Sozialdienst will ausdrücklich eine Alternative zu feministischen Frauenhäusern bieten. Der Schutz der Familie hat in der Gegenkonzeption erste Priorität. Die Geschlechtshierarchie wird nicht in Frage gestellt, und gesellschaftliche Zusammenhänge werden ausgeblendet. So wird letztendlich die einzelne Frau für ihre Situation verantwortlich gemacht.

Die finanzielle Situation von Frauenhäusern ist von Bundesland zu Bundesland und hier wieder von Kommune zu Kommune sehr unterschiedlich. Die Finanzierung über das Bundessozialhilfegesetz (BSHG) wird von den Frauenhäusern mit Ausnahme der Gegenhäuser abgelehnt, da damit die mißhandelten Frauen zum eigentlichen Problem gemacht werden und nicht die gesellschaftliche Bedingtheit von Gewalt gegen Frauen. Es ist ein Unding, daß betroffene Frauen über ihre Hilfe zum Lebensunterhalt die Existenz von Frauenhäusern sichern sollen. Zum anderen hat diese Art der Finanzierung auch negative Auswirkungen für die Frauen (Regreßpflicht, hohe Tagessätze für Selbstzahlerinnen, Registrierung, Gefahr der Ausweisung für ausländische Frauen usw.) Frauenhäuser sollen also als Projekt, unabhängig von der Einzelfallförderung der betroffenen Frau, finanziert werden. Die Forderung nach einer Bundesfinanzierung wurde Mitte der 80er Jahre diskutiert, dann jedoch von den Frauenhäusern abgelehnt. Von einer bundeseinheitlichen Finanzierung wurden Eingriffe ins Konzept, Kontrollen und schließlich die Vereinnahmung erwartet. Die Erkenntnis, daß autonome Projekte auf Bundesebene schlecht vertreten sind, daß sie ihre Stärke eher vor Ort entfalten können, setzte sich durch. Die Frauenhäuser in den neuen Ländern haben jedoch eine sogenannte Anschubfinanzierung der Bundesregierung erhalten. Normalerweise richten sich die Forderungen der Frauenhäuser jedoch zuerst an die Kommunen und Landkreise und dann evtl. an die Länder. Das heißt: Die Kommunen sind in erster Linie gefordert, ein Frauenhaus bereitzustellen und die Finanzierung der Einrichtung zu übernehmen. Die Finanzierung muß pauschal, rechtssicher und kostendeckend sein.

Mit ihrer Forderung nach Pauschalfinanzierung haben sich die meisten Frauenhäuser durchgesetzt, nur wenige werden über BSHG finanziert. Die letzte Untersuchung ermittelte 1986, daß 75,3% der befragten Häuser einen Haushaltstitel erhielten: Die meisten von der Stadt, einige vom Landkreis und einige sowohl von der Stadt als auch vom Landkreis. Hinzu kommen je nach dem Landesmittel, die die Länder entsprechend ihren jeweiligen Rahmenrichtlinien vergeben. Die Höhe der bewilligten Haushaltmittel variiert zwischen 10.000 DM und 500.000 DM. Ebenso unterschiedlich sind die Landeszuschüsse. Im Zusammenhang mit der Finanzierung werden besonders folgende Probleme benannt:

○ Die viel zu geringen Zuschüssen reichen häufig nur, um die Miete zahlen zu können oder vielleicht noch ein oder zwei schlecht bezahlte Stellen einzurichten. Personal-, Betriebs- und Sachkosten für die Arbeit mit Frauen und Kindern und die Öffentlichkeitsarbeit müssen also in ausreichendem Umfang finanziert werden. Die autonomen Frauenhäuser fordern für den gesamten Arbeitsbereich ein Team von mindestens sechs festangestellten Mitarbeiterinnen und eine einheitliche Vergütung in Anlehnung an BAT III.

o Da die Finanzierung von den Kommunen eine freiwillige Leistung ist, d.h. sowohl von Haushaltslagen als auch politischen Kostellationen abhängig ist, steht vor jeder Haushaltsverabschiedung die Existenz der Projekte auf dem Spiel. Die momentane Finanzkrise der Kommunen verschärft diese Situation noch. Ein Rechtsanspruch auf Finanzierung muß daher eingeklagt werden. Der Abschluß eines mittelfristigen Kooperationsvertrages, z.B. über fünf Jahre, wäre bereits eine wesentliche Erleichterung für die Projekte.

o Die Auflagen, die Frauenhäuser erfüllen müssen, wollen sie öffentliche Gelder erhalten, beschränken sich leider nicht auf eine genaue Buchführung: Zutritt von SozialamtsmitarbeiterInnen, Einmischung von Behörden in Arbeit und Konzeption, geforderte Hierarchisierung unter den Mitarbeiterinnen gehören leider häufig dazu. Es sollte daher klargestellt werden, daß die Mittelvergabe nicht mit konzeptionellen Eingriffen in die Arbeit der autonomen Frauenhäuser verbunden sein darf. Auch dies könnte z.B. in einem Kooperationsvertrag festgeschrieben werden.

Ein besonderes Problem für die Frauenhausarbeit stellt die sich seit einigen Jahren verschärfende **Wohnungsnot** dar. Mangels preisgünstigen Wohnraums müssen mißhandelte Frauen immer länger im Frauenhaus verweilen. Immer mehr Frauen müssen daher abgewiesen werden. Durch Öffentlichkeitsarbeit, zähe Verhandlungen und Kooperation mit kommunalen Ämtern, Gerichten, Wohnungsbaugesellschaften kann hier z.B. erreicht werden, daß den Frauen, die es wollen, per Gerichtsbeschluß die eheliche Wohnung zugesprochen wird und daß Wohnungsbaugesellschaften Frauen aus dem Frauenhaus bevorzugen. Die meisten Frauen sind nicht eigenständig ökonomisch abgesichert und werden deshalb, wenn sie ein Frauenhaus aufsuchen, sofort zu Sozialhilfeempfängerinnen. Die MitarbeiterInnen des Sozialamtes müssen daher gegebenenfalls angewiesen werden, die Notlage der Frauen nicht in der Weise zu prüfen, daß die Frauen die Notwendigkeit ihres Aufenthaltes im Frauenhaus, also ihre "ausreichende" Mißhandlung, hier noch einmal begründen müssen (vgl. hierzu das Kapitel Sozialhilfe). Durch Fortbildungen bei der Polizei kann erreicht werden, daß diese sich im Falle eines Einschreitens adäquat verhält, d.h. den gewalttätigen Mann nicht nur verwarnt, sondern für eine Nacht in Gewahrsam nimmt. Falls die Frau lieber in ein Frauenhaus oder zu Freunden gehen möchte, sollte ihr die Polizei die Mitnahme ihrer Sachen ermöglichen etc.

Notruf- und andere (Selbsthilfe)-Initiativen

Vereine und Initiativen von Frauen für Frauen, die mit der Problematik der Gewalt gegen Frauen konfrontiert sind, gibt es in vielfältigen Variationen. Meistens aus einer örtlichen Initiative erwachsen, wechseln die Bezeichnungen und Namen von Ort zu Ort, obwohl das Tätigkeitsfeld sich häufig gleicht oder wenigstens überschneidet. Notrufgruppen werden nicht nur bei Vergewaltigungen aktiv, sondern auch bei Frauenmißhandlung und bei sexuellem Mißbrauch. "Bella Donna", eine Essener Drogenberatungsstelle für Frauen und Mädchen, setzt einen Schwerpunkt auf Prävention vor sexuellem Mißbrauch, da der größte Teil der suchtabhängigen Frauen Erfahrungen sexueller Gewalt und sexuellen Mißbrauchs hat usw. Wichtig ist nicht die Bezeichnung einer Initiative, sondern die Art und Qualität der tatsächlich geleisteten Arbeit. Auch Gruppen wie Wildwasser, die zwar in vielen Städten unter demselben Namen vertreten sind, haben keinerlei formellen Zusammenhang, folglich ist auch ihre Arbeit von Ort zu Ort unterschiedlich. Was eine Gruppe genau macht, wie sie arbeitet, muß daher immer selbst recherchiert werden. Im Folgenden werden daher nur die drei wichtigsten Gruppen kurz vorgestellt:

NOTRUFGRUPPEN: Auch wenn Notrufgruppen noch andere Arbeitsschwerpunkte haben, so sind sie doch die einzigen Gruppen, die sich auf Hilfen für Vergewaltigungsopfer spezialisiert haben. In der Regel sind diese Gruppen jedoch finanziell und folglich auch personell und räumlich so schlecht ausgestattet, daß sie weder eine kontinuierliche Zusammenarbeit mit anderen Einrichtungen aufbauen noch häufige Sprechzeiten garantieren können. Daher ist es nicht verwunderlich, daß vergewaltigte Frauen sich eher selten an ehrenamtlich arbeitende Notrufgruppen wenden. Wird eine professionelle Notrufarbeit ermöglicht, die auch therapeutische Einzelgespräche und längerfristige Hilfen anbietet, ändert sich dies sofort. Der Bremer Notruf, der eigene Räume und 4 ABM-Stellen hat, wird im Monat von etwa 70 Frauen aufgesucht. Frauen, die vergewaltigt wurden, sind in ihrem Innersten schwer verletzt worden, ihnen muß ein einfacher Zugang zu einer professionellen Hilfe geboten werden. Von der Kommune ist in Absprache mit der örtlichen Initiative eine entsprechende Ausstattung zu fordern.

WILDWASSER: Wildwassergruppen bieten in der Regel Beratung und Selbsthilfegruppen für Frauen, die in der Vergangenheit sexuell mißbraucht wurden. Die Beschäftigung mit der eigenen Mißbrauchserfahrung löst häufig existentielle Lebenskrisen aus, mit denen Frauen individuell überfordert sind. Sie brauchen eine parteilich arbeitende Anlaufstelle wie Wildwasser. Je nach Austattung werden auch kurzzeitig Therapien angeboten oder Therapeutinnen vermittelt. Wildwasser Berlin unterhält eine Zufluchtstätte. Generell sollte — selbstverständlich nach Absprache mit der örtlichen Gruppe — eine räumliche und personelle Ausstattung von der Kommune gefordert werden, die neben einer Beratungsarbeit auch kurzfristige Therapieangebote ermöglicht.

SELBSTVERTEIDIGUNG FÜR FRAUEN UND MÄDCHEN: Meist als Verein organisierte Frauenselbstverteidigungsgruppen nehmen mehrere wichtige Funktionen wahr. Frauen, die aus Angst vor Männergewalt ihren Aktivitätsradius eingeschränkt haben, gewinnen wieder einen größeren Bewegungsfreiraum. Frauen, die bereits Opfer von Gewalt waren, gewinnen wieder Selbstvertrauen. Mädchen lernen sich zu behaupten, womit das Risiko, Opfer von sexuellem Mißbrauch zu werden, geringer wird (vgl. auch das Kapitel Schule). Leider wird die Arbeit von Frauenselbstverteidigungsvereinen häufig unterschätzt — oder als reiner Sport betrachtet — und kaum oder gar nicht finanziell unterstützt. Verwiesen wird auf Selbstverteidigungsangebote für beide Geschlechter, die jedoch absolut ungeeignet sind, um die oben genannten Funktionen wahrzunehmen. Damit die Angebote von Frauenselbstverteidigungsgruppen auch von finanziell schlecht gestellten, von behinderten, von sozial auffälligen, eben von allen Frauen und Mädchen wahrgenommen werden können, müssen diese von der Kommune finanziell abgesichert werden. Es kommen dafür mehrere Haushaltsstellen in Frage, z.B. Schule, Jugend und Soziales, evtl. auch Sport, wenn die Chancen hier besser sind.

Sexueller Mißbrauch von Mädchen

Mädchen, die sexuell mißbraucht werden, unterliegen einem doppelten Gewaltverhältnis, dem zwischen Erwachsenen und Kindern und dem zwischen Männern und Frauen. Die Ergebnisse einer Längsschnittuntersuchung von Opfern angezeigter Sexualdelikte des Bundeskriminalamtes Wiesbaden sprechen eine deutliche Sprache (alle Zahlen aus: Baurmann):

— 99,6% der Täter bei Sexualstrafdelikten sind Männer.
— 89,1% der Opfer aller Sexualstrafdelikte sind Frauen.
— 75% der Opfer waren Mädchen unter 20 Jahren.
— 76,9% der Opfer von sexuellem Mißbrauch sind Mädchen.
— Von den sexuell mißbrauchten Kindern sind 8% weniger als sechs Jahre alt, 17% zwischen sechs und acht, 22% zwischen acht und zehn und 53% zwischen zehn und vierzehn Jahren alt.
— Nur in 6,2% der verurteilten Fälle waren die Täter den Opfern unbekannt.
— Je enger die soziale Beziehung zwischen Opfer und Täter ist, desto gewalttätiger und länger andauernd war der sexuelle Mißbrauch — im Extremfall bis zu dreizehn Jahren.

Baurmann rechnet mit einer relativ gering angesetzten Dunkelziffer von 1 zu 18 — einer angezeigten Tat stehen 18 verübte Taten gegenüber — und kommt so auf etwa 300.000 Fälle von sexuellem Mißbrauch pro Jahr. Bei interfamiliärem Mißbrauch wird jedoch auch von einer erheblich höheren Dunkelziffer (1:50) ausgegangen, so daß die tatsächliche Zahl der sexuell mißbrauchten Kinder wahrscheinlich noch deutlich über der von Baurmann geschätzten liegt.

Daß die Zahl der betroffenen Mädchen erheblich höher ist als die der Jungen und die Täter fast ausschließlich Männer sind, weist darauf hin, daß sexueller Mißbrauch im wesentlichen eine Facette des patriarchalen Herrschaftsverhältnisses ist. Hier scheiden sich die Geister: Während Vereine wie z.B. der Kinderschutzbund den **sexuellen Mißbrauch an Jungen** und Mädchen geschlechtsunspezifisch behandeln, wenden sich die feministischen Projekte ausschließlich an Mädchen. Aus zwei Gründen sollten sich grün-alternative KommunalpolitikerInnen dem feministischen Ansatz anschließen: Erstens entpolitisiert der geschlechtsunspezifische Ansatz das Problem, verweist es in den Bereich individuellen Versagens und negiert, daß sexueller Mißbrauch unmittelbar mit dem patriarchalen Herrschaftsverhältnis zusammenhängt. Zweitens ist es für sexuell mißbrauchte Mädchen wichtig, daß Hilfen ausschließlich in weiblichen Zusammenhängen geboten werden. Sie sind häufig in ihrer Persönlichkeitsentwicklung gestört, haben z.B. oft ein sexualisiertes Verhalten und können sich nicht abgrenzen. Folglich sind sie gefährdet, immer wieder Opfer sexueller Gewalt zu werden, also auch in der gemischtgeschlechtlichen Wohngruppe und auch durch den männlichen Sozialpädagogen. Für Jungen trifft diese Problematik nicht in dem Maße zu. Die Schwerpunktsetzung auf den sexuellen Mißbrauch von Mädchen ist daher politisch und praktisch wichtig. Dies bedeutet nicht, daß das Leid der sexuell mißbrauchten Jungen gering geachtet wird. Ihnen müssen im Rahmen der Jugendhilfe Angebote gemacht werden, wobei das Ziel, Fremdunterbringung zu vermeiden, hier nicht gelten kann (vgl. Kap. Jugendhilfe).

Für sexuell mißbrauchte Mädchen müssen auf kommunaler Ebene folgende Angebote geschaffen und finanziert werden: Eine Anlauf- und Beratungsstelle, eine Zufluchtstätte und langfristige Wohnmöglichkeiten. Wenn eine entsprechende Initiative vorhanden ist, so ist das integrierte Konzept eines **Mädchenhauses** (wie z.B. in Bielefeld) zu bevorzugen. Das Bielefelder Mädchenhaus beinhaltet alle drei Bereiche, so daß je nach individueller Situation in einer Institution die je entsprechenden Hilfen zur Verfügung stehen. Sollte ein solches Konzept vor Ort nicht durchsetzbar sein, so sollte zwischen den einzelnen Angeboten eine weitgehende Vernetzung angestrebt werden. Allgemein zur Finanzierung: Häufig werden Mädchenhaus-Konzepte mit dem Hinweis abgelehnt, sie seien zu teuer, für eine Kommune nicht finanzierbar. In der Tat sind die Tagessätze höher als in einem normalen Heim oder auch in einer normalen Wohngruppe. Da das Angebot — im Gegensatz zu anderen — jedoch notwendige Therapien beinhaltet, ist es insgesamt wieder relativ kostengünstig. Dies zu erwähnen, sollte bei der Antragstellung nicht vergessen werden.

ANLAUF- UND BERATUNGSSTELLEN: Dieses Angebot muß sich an a l l e Mädchen und junge Frauen in Not- und Krisensituationen richten, also z.B. auch an "nur" körperlich mißhandelte Mädchen oder an Stricherinnen. Es muß so ausgestattet sein, daß ein Notruf-Telefon erreichbar ist und Hilfen für die betroffenen Mädchen von der Einzelberatung über die Unterstützung gegenüber Ämtern, Eltern, Gerichten bis hin zu Therapien ermöglicht werden. Darüber hinaus ist die Beratung und Information von privat oder beruflich mit Betroffenen in Kontakt stehenden Personen (LehrerInnen, ErzieherInnen, etc.) eine wichtige Aufgabe. Der Verdacht, daß ein Mädchen sexuell mißbraucht wird, überfordert Einzelpersonen in aller Regel.

ZUFLUCHTSTÄTTEN: Vorübergehende Wohnmöglichkeiten, die unbürokratisch Schutz und erste Hilfen bieten können, gibt es noch kaum. Allenfalls in Großstädten, wie Berlin, Hamburg, München, Bielefeld und Osnabrück sind bisher Zufluchtstädten eingerichtet worden. Zufluchtstätten benötigen eine sehr gute Ausstattung. Sexuell mißbrauchte Mädchen brauchen, wenn sie ihren Mißbrauch öffentlich machen, eine Intensivbetreuung. Das Trauma der Gewalterfahrung, Schuldgefühle gegenüber dem Täter, Selbsthaß u.v.m. führen häufig zu existentiellen Krisen. Die Projekte fordern daher völlig zu Recht eine 1:1-Personalausstattung, d.h. eine Stelle pro aufzunehmendes Mädchen. Die Zufluchtstätte muß pauschal, also nicht über Tagespflegesätze, finanziert werden, damit sie Mädchen unbürokratisch aufnehmen kann. Die Kommune sollte den Trägern von Zufluchtstätten außerdem folgende vertragliche Zusicherungen geben:

○ Die Abrechnung mit auswärtigen Jugendämtern übernimmt das örtliche Jugendamt, die Eintreibungspflicht hat also nicht die Zufluchtstätte, das Mädchenhaus.
○ Ein Verzicht auf Kostenerstattung durch die Eltern ist immens wichtig. Häufig widersprechen die Eltern ansonsten der Fremdunterbringung, was ein gerichtliches Verfahren bedeutet, in dem der Mißbrauch "bewiesen" werden muß. Dies ist erstens nicht immer möglich und zweitens auch für die Mädchen häufig kaum durchzustehen.
○ Die Inobhutnahme des Mädchen (§ 42 KJHG) wird vom Jugendamt an das Mädchenhaus/die Zufluchtstätte delegiert. Das erleichtert die Arbeit der MitarbeiterInnen wesentlich, da sie ansonsten kein Recht haben, mit dem Mädchen irgendetwas zu machen, z.B. zum Arzt zu gehen.
○ Eine anonyme Aufnahme bis zu drei Tagen sollte möglich sein und vom örtlichen Jugendamt finanziert werden (I.M.M.A. in München hat dies für ihre Zufluchtstelle durchgesetzt).

LANGFRISTIGE WOHNMÖGLICHKEITEN: In den meisten Fällen ist eine Rückkehr in die Familie nicht möglich, da dort der Täter weiter lebt und eine Fortsetzung des Mißbrauchs nicht ausgeschlossen werden kann. Deswegen müssen auch langfristige Wohnmöglichkeiten, d.h. Mädchenwohngemeinschaften oder Mädchenwohngruppen in der Kommune geschaffen werden. Gemischtgeschlechtliche Einrichtungen sind ungeeignet, da Mädchen dort häufig wieder Gewalt erfahren (siehe oben). Therapeutische Hilfe und Unterstützung bei der Alltagsbewältigung müssen in diesen Gruppen gegeben sein. Auch nach Verlassen der Wohngruppe sollte bei Bedarf eine mobile Wohnbetreuung den Verselbständigungsprozeß unterstützen und stabilisieren.

PRÄVENTION: Neben den Einrichtungen und Hilfen für sexuell mißbrauchte Mädchen muß die Kommune auch präventiv tätig werden. Eine Präventionsarbeit in Schulen und Kindergärten kann dazu beitragen, daß Mädchen lernen, sich zu wehren und sich Hilfe zu holen. Präventionsvereine wie z.B. Rotcappchen, aber auch Frauenselbstverteidigungsvereine sind hierzu qualifiziert. Ihre Arbeit muß kommunal unterstützt und finanziert werden.

Perspektiven

Die Arbeit der autonomen Projekte ist für die Frauenbewegung von herausragender Bedeutung. Hier findet die praktische Arbeit statt, hier werden neue Ideen entwickelt, und nicht zuletzt sind die Projekte auch Sammel- und Anlaufpunkte feministisch engagierter Frauen vor Ort. Obwohl auch DIE GRÜNEN von deren Ideen profitieren, sind viele GRÜNE auch frustriert von der Arbeit für und mit Gruppen der autonomen Frauenbewegung. Da hat die grüne Frau unheimlich viel Energie und Herzblut in eine Sache gesteckt, nächtelang mit den autonomen Frauen die kommunalpolitische Strategie und Taktik ausgeklügelt — und wenn die ganze Vorarbeit geschafft ist, kungeln diese den Rest mit der SPD oder einer anderen Partei aus, die den Erfolg dann öffentlich auf ihrem Konto verbuchen. Das schmerzt, ist jedoch unvermeidbar. Mit einem anderen Verhalten wären die autonomen Gruppen oft zur Erfolglosigkeit verdammt. Parteiinteressen müssen also zurückstehen — die Arbeit für und mit diesen Projekten sollte von Anfang frei davon sein.

Weitere Schwierigkeiten sind das frauenpolitische Roll back und die Finanzknappheit der Kommunen. Für Frauen ist kaum noch etwas durchzusetzen. "Wer mit etwas weißer Farbe im Parkhaus nicht zufrieden ist, sollte in dieser Zeit keine Frauenpolitik in der Kommune betreiben", lautet das frustrierte Fazit einer alten feministischen Kämpferin. Nun, gar so schwarz sieht es jedenfalls nicht immer und überall aus. Solange es trotz der immer härter werdenden Verteilungskämpfe gelingt, Einschnitte zu verhindern oder wenigstens die Existenz der bestehenden Projekte zu verteidigen, ist das schon ein guter Erfolg. Auf dieser Basis ist es dann vielleicht sogar hin und wieder möglich, etwas Neues durchzusetzen.

Literatur

Hagemann-White, C.: Strategien gegen Gewalt im Geschlechterverhältnis. Bestandsanalyse und Perspektiven, Pfaffenweiler 1992. Zwar auf Niedersachsen beschränkte, doch übertragbare Analyse der bestehenden Hilfsangebote mit Verbesserungsvorschlägen. Sehr zu empfehlen!

Baurmann, M.: Sexuelle Gewalt und die Folgen für das Opfer. Zusammengefaßte Ergebnisse aus einer Längsschnittuntersuchung bei Opfern von angezeigten Sexualkontakten beim Bundeskriminalamt, Wiesbanden 1985. Schon älter, jedoch immer wieder gern zitiert, da nicht nur CDU-PolitikerInnen den Angaben des BKA doch mehr trauen als etwa denen einer feministischen Wissenschaftlerin. Darüber hinaus sehr informativ.

Büscher, U./Gegenfurtner, M. u.a. (Hg.): Sexueller Mißbrauch von Kindern und Jugendlichen — Beiträge zu Ursachen und Prävention, Dokumentation einer Ringvorlesung an der Universität Gesamthochschule Essen, Schriftenreihe: Sozialpädagogik, Band 2, Essen 1991. Informativ zu verschiedenen Aspekten des Themas.

Steg, E./Jesinghaus, I.: Die Zukunft der Stadt ist weiblich, Bielefeld 1987. Unter anderem eine ausführliche Darstellung der Nachttaxi-Diskussion.

Adressen

Zentrale Informationsstelle für autonome Frauenhäuser, Postfach 104143, 34041 Kassel, Tel.0561-84313, Di + Do, 10-14 Uhr.
Mädchenhaus Bielefeld e.V., Bahnhofstr. 4, 33602 Bielefeld, Tel. 0521-173016
Initiative Münchner Mädchen-Arbeit (I.M.M.A.) e.V., Jahnstr. 38, 80469 München
WILDWASSER - AG gegen sexuellen Mißbrauch von Mädchen, Holsteinische Str. 3, 12163 Berlin, 030-8618097
Bundesverein zur Prävention von sexuellem Mißbrauch an Mädchen und Jungen, Ruhnmark 11, 24975 Maasbüll.
Dem Bundesverein sind viele örtliche Vereine angeschlossen. Eine Liste kann angefordert werden.
Donna Vita, Fachhandel für Bücher und Materialien gegen sexuellen Mißbrauch, Ruhnmark 11, 24975 Maasbüll, Tel. 04634-1717. Ein Verzeichnis aller verfügbaren Titel kann angefordert werden!

AKP-Artikel zum Thema:

Diverse Artikel im Schwerpunkt: Sexuelle Gewalt, in AKP 2/91

Hanspeter Michel, Jürgen Trittin

AusländerInnenpolitik

Im Westen der Bundesrepublik leben heute beinahe 5,5 Millionen Ausländerinnen und Ausländer, etwa 45 Prozent seit 15 Jahren und länger, rund 60 Prozent seit über 10 Jahren. Überwiegend sind die hier lebenden ausländischen Jugendlichen bereits in der Bundesrepublik geboren. Ein gänzlich anderes Bild bieten die neuen Bundesländer, wo sich bis zur Auflösung der DDR (1990) nur rund 200.000 Ausländer (überwiegend aus Vietnam, Polen, Mosambik, der UdSSR und Ungarn) aufhielten und wohin — wegen der beschränkten Arbeitsmöglichkeiten — bisher nur ein geringer Zuzug stattfindet. Neben der Zuwanderung im Westen, überwiegend aus den klassischen Anwerbeländern (Italien, Griechenland, Türkei, Spanien, Marokko, Portugal, ehemaliges Jugoslawien), siedelten seit 1988 rund 1,4 Millionen "Spätaussiedler" in die Bundesrepublik über. Dazu kam in den letzten Jahren eine große Zahl schutzsuchender Menschen, die ihre Heimat wegen politischer Verfolgung, Menschenrechtsverletzungen, aber auch aus Hunger, wegen zunehmender Umweltzerstörung und Existenznot oder wegen Bürgerkriegen verlassen haben. Die angeblich hohen (im Vergleich zu manchen Ländern der Dritten Welt aber bescheidenen) Flüchtlingszahlen dienen und dienten als Vorwand für eine auf Abschottung gerichtete Ausländer- und Asylpolitik. Eine generalstabsmäßig organisierte Asyldebatte machte Rassismus in Deutschland wieder hoffähig. Die Entwicklung gipfelte in pogromartigen Angriffen gegen Asylbewerberunterkünfte und später in Brand- und Mordanschlägen gegen andere Teile der ausländischen Wohnbevölkerung. Von 1989 bis Anfang 1994 sind in Deutschland 49 Menschen bei rechtsradikalen Gewalttaten ums Leben gekommen.

Die faktische Abschaffung des Asylrechts durch den sogenannten "Asylkompromiß" stellt keine sachgerechte Basis zum Abbau des Ausländerhasses und für eine humane Zuwanderungspolitik dar, sondern wurde eher als Bestätigung einer "Ausländer-Raus"-Politik empfunden. Die grundrechtliche Sicherung des Schutzes vor politischer Verfolgung auf der Grundlage einer umfassenden Migrationsgesetzgebung muß dagegen wesentliches Ziel einer humanen Flüchtlings- und Ausländerpolitik bleiben. Der gesellschaftliche Umgang mit weltweiten Wanderungsbewegungen, die auch in Zukunft an der Bundesrepublik nicht vorbeigehen, bedarf sowohl einer gesamtstaatlichen als auch einer kommunalen Konzeption. Viele ausländerrechtliche Bestimmungen und Sonderregelungen unter anderem auf den Gebieten des Arbeits-, Berufs- und Sozialrechts verwehren AusländerInnen eine gleichberechtigte Teilhabe an der deutschen Gesellschaft. AusländerInnen leben in den Kommunen, ohne als gleichberechtigte BürgerInnen der Städte und Gemeinden ein Wahlrecht zu besitzen. Gleichwohl darf kommunale AusländerInnenpolitik sie nicht als Randgruppen behandeln. Kommunale Planungen müssen den ausländischen Bevölkerungsteil immer mitbedenken, das gilt für alle in diesem Handbuch aufgefächerten Bereiche der Politik.

Ausländerrechtliche Grundlagen

Von der rechtlichen Seite her sind für den Aufenthalt und die Lebensgestaltung von AusländerInnen in der Bundesrepublik besonders drei Gesetzeskomplexe maßgeblich: die aufenthaltsrechtlichen Bestimmungen, die Frage der Arbeitserlaubnis und Regelungen hinsichtlich der Ansprüche auf Sozialleistungen.

AUFENTHALTSRECHTLICHE BESTIMMUNGEN: Das **Ausländergesetz** (AuslG) und die Durchführungsverordnung zum AuslG bilden die wesentlichen Grundlagen für den Aufenthalt ausländischer Staatsangehöriger. Aufenthaltsrechtliche Vorschriften für AsylbewerberInnen enthält das **Asylverfahrensgesetz**. Privilegiert sind EG-Angehörige nach dem **Aufenthaltsgesetz/EWG**. Rechte für bereits in der Bundesrepublik lebende türkische ArbeitnehmerInnen und deren Angehörige gewährt der **Assoziationsratsbeschluß EWG/Türkei Nr. 1/80**. Das Ausländergesetz wird von den kommunalen Ausländerbehörden als unterste staatliche Ebene im übertragenen Wirkungskreis ausgeführt. Das Gesetz schreibt für AusländerInnen, die sich länger als drei Monate im Bundesgebiet aufhalten wollen, eine Aufenthaltsgenehmigung vor. Das Gesetz verfolgt eine Begrenzung der Zuwanderung. Die erstmalige Einreise aus Nicht-EG-Staaten zu Erwerbszwecken ist bereits seit dem sog. Anwerbestopp von 1973 weitgehend ausgeschlossen. Sehr begrenzte Ausnahmeregelungen sehen die Anwerbestoppausnahmeverordnung und die Arbeitsaufenthalteverordnung vor. Die erstmalige Erteilung einer Aufenthaltserlaubnis kommt grundsätzlich nur noch in Fällen der Familienzusammenführung und bei der Wiederkehr junger AusländerInnen in Betracht. Es besteht ein abgestuftes System von Aufenthaltstiteln:

o Die **Aufenthaltserlaubnis** (§§15-26) ist nicht an einen bestimmten Aufenthaltszweck gebunden. Sie kann zunächst befristet erteilt und mit Auflagen versehen werden. Eine unbefristete Verlängerung ist neben weiteren Voraussetzungen vom fünfjährigen Besitz einer bislang befristeten Aufenthaltserlaubnis abhängig. Die **Aufenthaltsberechtigung** (§27) stellt nach mindestens achtjährigem legalem Aufenthalt und bei Erfüllung weiterer Voraussetzungen den sichersten Aufenthaltsstatus dar. Auf der Grundlage dieser verfestigten Aufenthaltstitel von Aufenthaltserlaubnis oder -berechtigung leben die meisten ArbeitsmigrantInnen aus den ehemaligen Anwerbestaaten in der Bundesrepublik. Die **Aufenthaltsbewilligung** (§§28,29) ist an einen bestimmten Zweck gebunden (u.a. Studium, Ausbildung, befristete Arbeitstätigkeit). Entfällt der Zweck, ist eine Verlängerung der Bewilligung oder der Wechsel zur Aufenthaltserlaubnis in der Regel nicht möglich.

o **Aufenthaltsbefugnisse** (§§30-35) werden erteilt, wenn völkerrechtliche oder dringende humanitäre Gründe für einen Aufenthalt in der Bundesrepublik vorliegen. Eine Befugnis haben viele **de-facto-Flüchtlinge**, deren Asylantrag abgelehnt wurde, die

Zuflucht in Deutschland

Asylbewerber 1983-1993

1983: 19.700	1989: 121.300
1984: 35.300	1990: 193.100
1985: 73.800	1991: 256.100
1986: 99.700	1992: 438.200
1987: 57.400	1993: 322.800
1988: 103.100	

(ab 1991 Gesamtdeutschland)

Hauptherkunftsländer 1993

Rumänien:	73.700
Jugoslawien:	72.500
Bulgarien:	22.500
Bosnien Herzegowina:	21.200
Türkei:	19.100
Algerien:	11.300
Vietnam:	11.000
Armenien:	6.500
Afghanistan:	5.500
Rußland:	5.300

Freiwillige Auswanderung aus Deutschland:

1989:	422.000 Menschen
1990:	545.000 Menschen
1991:	580.000 Menschen

(Zahlen nach Appel/Roth: Die Asyllüge; und "Das Parlament" 3/1994)

aber aus anderen Gründen nicht in ihre Heimat zurückkehren können. Eine Befugnis erhalten unter anderem Verfolgte gemäß der **Genfer Flüchtlingskonvention**, sie kann Bürgerkriegsflüchtlingen (§32 a) oder Flüchtlingen erteilt werden, die in ihrer Heimat von Folter bzw. Todesstrafe bedroht sind. Die Aufenthaltsbefugnis wird befristet, entfällt das Ausreisehindernis wird sie nicht verlängert. Die Befugnis kann sich allerdings nach acht Jahren zu einer Aufenthaltserlaubnis verfestigen. Eine **Duldung** (§§55,56) kann erteilt werden, wenn die AusländerInnen über keine der oben genannten Aufenthaltsgenehmigungen verfügen, von der Durchsetzung einer dann grundsätzlich bestehenden Ausreiseverpflichtung jedoch abgesehen werden muß. Es muß im konkreten Einzelfall ein **Abschiebehindernis** bestehen: Gefahr der Folter, der Todesstrafe oder für Leib, Leben und Freiheit. Die Duldung ist befristet und wird oft mit Auflagen versehen, beispielsweise einem Arbeitsverbot. Liegen Gefahren allgemein für eine bestimmte Bevölkerungsgruppe vor, können die Landesinnenministerien sechsmonatige **Verbleibensregelungen** für den betroffenen Personenkreis erlassen; für einen längeren Abschiebestopp ist das Einvernehmen des Bundesinnenministeriums erforderlich. Die Duldung stellt keine sichere Grundlage für einen dauernden Aufenthalt im Bundesgebiet dar.

o Eine Aufenthaltserlaubnis zum **Familiennachzug** (§17) ist insbesondere von ausreichendem Einkommen und Wohnraum abhängig. Rechtsansprüche auf Ehegatten- oder Kindernachzug (§§18,20,29 Abs. 2) sind bei verfestigtem Aufenthaltsstatus (Aufenthaltserlaubnis, Aufenthaltsberechtigung, Aufenthaltsbewilligung) möglich. Der Familiennachzug bei InhaberInnen einer Aufenthaltsbefugnis (§31) ist hingegen stark beschränkt, bei AsylbewerberInnen oder geduldeten AusländerInnen nicht vorgesehen.

o Mit einer **Ausweisung** (§§45-48) kann auch der Aufenthalt von AusländerInnen, die über eine Aufenthaltsgenehmigung verfügen, beendet werden. Ein Ausweisungsgrund kann in einer Beeinträchtigung der öffentlichen Sicherheit und Ordnung der Bundesrepublik, in der Verurteilung wegen einer Straftat, aber auch im Sozialhilfebezug liegen. Nicht jeder Ausweisungsgrund kann eine Aufenthaltsbeendigung begründen. Die dem Ausweisungsgrund entgegenstehenden schutzwürdigen Interessen des Ausländers, wie langjähriger, rechtmäßiger Aufenthalt und erhebliche Bindungen im Bundesgebiet, müssen vor einer Ausweisung abgewogen werden. Einen besonderen Ausweisungsschutz genießen unter anderem Asylberechtigte und im Bundesgebiet geborene oder eine Aufenthaltsberechtigung besitzende AusländerInnen.

o Mit einer **Abschiebung** (§§ 49 ff.) kann ein Aufenthalt zwangsweise beendet werden, wenn ein Aufenthaltsrecht nicht besteht und nach Überzeugung der Ausländerbehörde eine freiwillige Ausreise nicht gesichert ist. Die Abschiebung soll schriftlich mit einer Fristsetzung angedroht werden. Abschiebehindernisse (siehe "Duldung") können der Aufenthaltsbeendigung entgegenstehen und müssen sofort bei der kommunalen Ausländerbehörde geltend gemacht werden. Im Asylverfahren wird von dem dafür zuständigen Bundesamt für die Anerkennung ausländischer Flüchtlinge mit der Ablehnung einer Asylberechtigung regelmäßig die Abschiebeandrohung erlassen. Für die Durchführung der Abschiebung sind jedoch die kommunalen Ausländerbehörden zuständig, die sich der Amtshilfe durch die Polizeibehörden bedienen.

o Die Anordnung von **Abschiebehaft** (§57) kann bei Gericht beantragt werden, wenn die Ausländerbehörde den begründeten Verdacht hat, daß sich ein/e AusländerIn einer Abschiebung entziehen will. Daneben sind bereits vom Gesetz zwingende Haftgründe vorgesehen.

o Zum AuslG gibt es noch keine **Verwaltungsvorschriften**. Allerdings hat der Bundesinnenminister "Vorläufige Anwendungshinweise" an die Ausländerbehörden gegeben, die das AuslG über den Gesetzestext hinaus sehr restriktiv auslegen. Diese Hinweise sind nicht verbindlich, werden aber von den Ausländerbehörden befolgt.

o Das Aufenthaltsgesetz/EWG gewährt im Rahmen der **garantierten Freizügigkeit** den EG-EuropäerInnen über die Voraussetzungen des AuslG hinausgehende Aufenthaltsrechte. Das AuslG hat insoweit nur ergänzende Funktion. Weitere Regelungen könnten sich im Gefolge der mit dem Vertrag von Maastricht eingeführten **Unionsbürgerschaft** ergeben.

o Der Assoziationsratsbeschluß EWG/Türkei Nr. 1/80 hat nach zwei Urteilen des Europäischen Gerichtshofs Auswirkungen auf die Aufenthaltsrechte **türkischer ArbeitnehmerInnen**. Danach kann für in Deutschland lebende türkische ArbeitnehmerInnen und deren EhepartnerInnen und Kinder ein aus dem Beschluß abgeleiteter Anspruch auf eine Arbeitserlaubnis auch zum Anspruch auf die Erteilung einer Aufenthaltserlaubnis führen.

o Das Aslyverfahren wird vom Bund durch das **Bundesamt für die Anerkennung ausländischer Flüchtlinge** (BAFl) ausgeführt. Nach dem **Asylverfahrensgesetz (AsylVfG)** ist AsylbewerberInnen der Aufenthalt zur Durchführung des Asylverfahrens gestattet (§55). Mit der faktischen Abschaffung des individuellen Asylgrundrechts werden viele Schutzsuchende keinen Zugang zum Asylverfahren mehr erhalten. Eine individuelle Prüfung des Asylantrags, Rechtsschutz und ein vorläufiges Bleiberecht während des Verfahrens entfallen nach dem neuen Art. 16a Abs. 2 Grundgesetz für Flüchtlinge, die über einen **EG-Staat** oder ein sogenanntes **sicheres Drittland** einreisen. Per Definition sollen das alle an die Bundesrepublik angrenzenden Staaten sein. Stark verkürzt ist der Rechtschutz in Fällen, in denen ein Flüchtling aus einem sicheren Herkunftsland kommt. Das auf der Grundlage des Art. 16a Grundgesetz geänderte AsylVfG verpflichtet AsylbewerberInnen, zunächst bis zu drei Monate in einer zentralen Aufnahmeeinrichtung der Länder zu wohnen, um möglichst nach einer Ablehnung des Asylantrags aus diesen Einrichtungen heraus in die Herkunfts- oder Transitländer abgeschoben zu werden. Die Verpflichtung, in den zentralen Unterkünften zu wohnen, endet mit der Asylanerkennung, aber u.a. auch, wenn über den Antrag nicht kurzfristig entschieden werden kann. Dann sind die Flüchtlinge in die Gemeinden oder, falls eingerichtet, in Landesflüchtlingswohnheime umzuverteilen.

ARBEITSERLAUBNISRECHT: Die bundeseigene Arbeitsverwaltung führt durch die Arbeitsämter das arbeitserlaubnisrechtliche Verfahren durch. Nach dem **Arbeitsförderungsgesetz** (§19AFG) und der **Arbeitserlaubnisverordnung** (AEVO) benötigen AusländerInnen eine Arbeitserlaubnis, wenn sie nicht durch die EG-Freizügigkeitsregelungen oder durch bilaterale Abkommen begünstigt werden. Die **allgemeine Arbeitserlaubnis** (§1AEVO) wird nach Lage und Entwicklung des Arbeitsmarkts erteilt. Sie ist von der Prüfung abhängig, ob auf den Arbeitsplatz ein deutscher oder bevorzugt zu beschäftigender (EG)-Ausländer zu vermitteln ist. Die **besondere Arbeitserlaubnis** (§2AEVO) wird ohne diese Voraussetzung erteilt, wenn beispielsweise eine langjährige Verfestigung des Aufenthalts, eine Ehe mit einer/m deutschen EhepartnerIn oder eine Asylanerkennung vorliegt.

Die Bundesanstalt für Arbeit hat nach einem Erlaß des Bundesministeriums für Arbeit und Sozialordnung die Arbeitsämter angewiesen, vor der Erteilung einer allgemeinen Arbeitserlaubnis intensiv zu prüfen, ob auf den Arbeitsplatz ein bevorrechtigter Arbeitnehmer vermittelt werden kann; vor Ablauf einer vierwöchigen Prüffrist soll keine Arbeitserlaubnis erteilt werden. Auch bei der Verlängerung einer bereits früher erteilten Arbeitserlaubnis soll eine derartige Prüfung erfolgen. Diese Wartezeit ist von dem Text des AFG und der AEVO nicht gedeckt. Es heißt in §19 Abs. 1 AFG vielmehr, daß die Erteilung der Arbeitserlaubnis unter Berücksichtigung der Verhältnisse des Einzelfalls erfolgt. Eine **pauschale Wartefrist** widerspricht dieser Verpflichtung. In der Praxis ist nach Ablauf der Vierwochenfrist die Arbeitsstelle oftmals anderweitig besetzt.

SOZIALLEISTUNGEN: Bereits in der Vergangenheit wurden Regelungen des **Bundessozialhilfegesetzes** (BSHG) für ausländerpolitische Zwecke instrumentalisiert, die der Abschreckung dienen und außerhalb des Zielkatalogs staatlicher Fürsorge liegen. Beschränkungen der Leistungen nach dem BSHG sollten die Zuwanderung für Flüchtlinge weniger attraktiv machen — ein Ansatz, der angesichts der gestiegenen Flüchtlingszahlen und weltweiten Wanderungsbewegungen schon früher nicht realistisch war. Nach dem BSHG (§120) wird AusländerInnen Hilfe zum Lebensunterhalt gewährt, Hilfe in besonderen Lebenslagen erfolgt nur im Ermessenswege. Mit der Verabschiedung eines **Asylbewerberleistungsgesetzes** (AsylbLG) wurden diese Benachteiligungen noch verschärft. Aus dem Kreis der Leistungsberechtigten des BSHG herausgenommen wurden durch das AsylbLG nicht nur AsylbewerberInnen für die ersten zwölf Monate nach Stellung des Asylantrags, sondern unter anderem auch AusländerInnen, die außerhalb eines Asylverfahrens vollziehbar zur Ausreise verpflichtet sind.

Für diese Personenkreise sollen, zuzüglich eines geringen Taschengeldes, grundsätzlich nur noch **Sachleistungen und Wertgutscheine** ausgegeben werden. Dies ist wegen der dafür notwendigen Versorgungseinrichtungen und des zu betreibenden bürokratischen Aufwandes teurer als die Auszahlung von Barleistungen. Stellt die Kommune allerdings fest, daß besondere Umstände der Ausgabe von Sachleistungen und Wertgutscheinen für die bei ihr außerhalb von zentralen Aufnahmeeinrichtungen oder Flüchtlingswohnheimen untergebrachten Flüchtlinge entgegenstehen, können im Ausnahmefall auch **Geldleistungen** erbracht werden. Der Wert der Sachleistungen, Wertgutscheine und Barleistungen liegt unter dem bisherigen Sozialhilfesatz — dem amtlich definierten Existenzminimum.

Zuständigkeiten und Handlungsfelder

Der kommunale Gestaltungsspielraum bei der Ausführung der ausländerrechtlichen Bestimmungen ist durch die gesetzlichen Vorgaben des Bundes und der Länder begrenzt. Das Asylverfahren und die Erteilung der Arbeitserlaubnis erfolgt in Bundeszuständigkeit durch Bundesbehörden (BAFl, Arbeitsämter). Das Ausländergesetz wird als übertragene Aufgabe von der Kommune als unterster staatlicher Instanz ausgeführt. Im eigenen Wirkungskreis, den Bereichen der gemeindlichen sozialen und kulturellen Daseinsvorsorge und den eigenen Planungsentscheidungen bieten sich dagegen weitergehende Gestaltungsmöglichkeiten auch für eine kommunale Ausländerpolitik.

BUNDESZUSTÄNDIGKEIT: Auf das Asylverfahren haben die Kommunen keine Einwirkungsmöglichkeiten. Hier entscheidet das BAFl in alleiniger Zuständigkeit. Dieses Amt hat seinen Hauptsitz in Zirndorf, verfügt aber in allen Bundesländern über Außenstellen, die in räumlicher Nähe zu den von den Ländern betriebenen Erstaufnahmeeinrichtungen für AsylbewerberInnen eingerichtet sind. Das BAFl entscheidet über die Verfolgteneigenschaft und über die Abschiebung abgelehnter AsylbewerberInnen; die Entscheidung bindet die Ausländerbehörden, wenn sie bestandskräftig geworden ist, d.h. die Rechtsmittelfrist abgelaufen oder der Rechtsweg erschöpft ist. Eine Mitwirkung von Landes- oder Kommunalbehörden ist nicht vorgesehen.

KOMMUNALE ZUSTÄNDIGKEIT: Allerdings sind die **Ausländerbehörden in den Kommunen** zuständig für die Durchführung von Abschiebungen, die vom BAFl angeordnet wurden. Der Ausländerbehörde obliegt in diesen Fällen noch die Prüfung, ob seit der Entscheidung des BAFl neue Abschiebehindernisse einer Durchführung der Abschiebung entgegenstehen und deshalb eine Duldung erteilt werden muß. Es kann sich dabei um rechtliche oder tatsächliche Hindernisse handeln, wie beispielsweise bevorstehende Eheschließung mit einer/m Deutschen, Reiseunfähigkeit oder Paßlosigkeit. Gründe der politischen Verfolgung, die bereits Gegenstand des Asylverfahrens waren, können wegen der alleinigen Zuständigkeit des BAFl für die Beurteilung dieser Fragen von der Ausländerbehörde nicht berücksichtigt werden.

Zuständig sind die Gemeinden für die **Aufnahme und Unterbringung von Flüchtlingen und AsylbewerberInnen**, die nicht mehr verpflichtet sind, in den Erstaufnahmeeinrichtungen zu wohnen und in die Gemeinden umverteilt werden. Eine vorsorgende Politik erfordert eine Unterbringungskonzeption, in der alle Betroffenen frühzeitig in die Planungen der Gemeinde eingebunden und mögliche Konflikte im Vorfeld geklärt werden. Die Gemeinden müssen sich für die Zukunft darauf einrichten, daß die Unterbringung von Flüchtlingen eine kommunale Daueraufgabe sein wird, das bedeutet, daß künftig in die kommunale Bauleitplanung auch die Wohnbedürfnisse der ausländischen Einwohner und Flüchtlinge einfließen müssen. Über die kostengünstige Vergabe von Baugrundstücken können die Gemeinden den Bau von Wohnraum für diesen Personenkreis fördern. Als am menschenwürdigsten und auch am wenigsten konfliktträchtig hat sich die Unterbringung in kleineren Wohneinheiten erwiesen. Meist hat erst die überfallartige Einrichtung von größeren Flüchtlingswohnheimen zu massiver Ablehnung der benachbarten Bevölkerung geführt.

Außerhalb des Asylverfahrens trifft die kommunale Ausländerbehörde nach dem Ausländergesetz alle aufenthaltsrechtlichen Maßnahmen und Entscheidungen. Bei der Umsetzung des AuslG gibt es noch erhebliche Schwierigkeiten. Die jetzige Fassung gilt zwar seit dem 1.1.1991; der Text ist aber wegen seiner vielen Quer- und Rückverweisungen für die davon betroffenen AusländerInnen kaum zu verstehen und gibt selbst den Ausländerbehörden vor Ort noch viele Rätsel auf. Die Praxis zeigt, daß viele Ausländerbehörden ausschließlich nach den nicht rechtsverbindlichen "Anwendungshinweisen" des Bundesinnenministeriums verfahren. Selbst in Fällen, wo der Gesetzestext Möglichkeiten für positive Härte- und Ermessensentscheidungen eröffnet, werden diese nach den restriktiven Anwendungshinweisen nicht zum Vorteil der AusländerInnen genutzt. Die Kommunalvertretungen können im Einzelfall keinen direkten Einfluß auf die Durchführung des AuslG nehmen. Unterhalb der Ebene der gesetzlichen Regelungen und der zu beachtenden Erlasse gibt es bei den Ermessensentscheidungen und Härtefällen insbesondere bei Fragen des Familiennachzugs sowie bei der Berücksichtigung humanitärer und persönlicher Abschiebungshindernisse Ansätze für eine liberalere Anwendung des AuslG. Das **Amt für Multikulturelle Angelegenheiten der Stadt Frankfurt/M.** hat in Zusammenarbeit mit ExpertInnen **Arbeitshilfen** erstellt. Sie bieten, fußend auf der bestehenden Rechtslage, humanere Lösungswege (stärkere Berücksichtigung persönlicher und humanitärer Abschiebehindernisse; Vermeidung von ausländerrechtlichen Auflagen wie Arbeitsverbot) an, als die Anwendungshinweise des Bundesinnenministeriums. Das Amt befindet sich hinsichtlich der Umsetzung mit der Ausländerbehörde der Stadt im Gespräch. Eine derartige Initiative ist auch aus der Mitte der Kommunalvertretung heraus möglich.

Arbeitserlaubnisse werden von den örtlich zuständigen Arbeitsämtern erteilt. Sie sind nachgeordnete Dienststellen der Bundesanstalt für Arbeit und der Landesarbeitsämter. Eine direkte kommunale Einflußnahme ist nicht möglich. Versucht werden sollte, VertreterInnen des Arbeitsamts, der Industrie- und Handelskammer, der Handwerkskammer, von AusländerInnenvertretung und Sozialarbeit, von Gewerkschaften und den ArbeitgeberInnen an einen Tisch zu bringen, um mit ihnen die örtliche und regionale Situation der arbeitsuchenden AusländerInnen zu thematisieren. Viele ArbeitgeberInnen wissen noch immer nicht, daß kein Arbeitsverbot für in die Gemeinde verteilte AsylbewerberInnen besteht. Daneben haben die Kommunen die Möglichkeit, gemäß §19 Abs. 1 und 2 BSHG Arbeitsmöglichkeiten für ausländische SozialhilfebezieherInnen zu schaffen. Wird in diesen Fällen das übliche Arbeitsentgelt bezahlt, unterliegen die AusländerInnen zwar der arbeitsmarktabhängigen Prüfung, der Kreis der KonkurrentInnen ist dann aber nur auf die gleichfalls sozialhilfebeziehenden Deutschen oder bevorrechtigten (EG)-AusländerInnen beschränkt.

Die Erwartung, daß die nach dem Asylbewerberleistungsgesetz als **Sachleistung** und durch **Wertgutscheine** zu erbringenden Sozialleistungen meist teurer sind als Barleistungen, hat sich nach Inkrafttreten des Gesetzes bestätigt. Viele Kommunen verfügen nicht über Einrichtungen zur Verteilung von Sachmitteln, in anderen Gemeinden bestehen erhebliche Vorbehalte der örtlichen Kaufmannschaft bei der Annahme von Wertgutscheinen. Das führt nicht nur zur Diskriminierung der Flüchtlinge und zu einer Verschlechterung der Versorgung, sondern belastet die kommunalen Haushalte zusätzlich. Diese Situation sollte in den Kommunalvertretungen und in der Öffentlichkeit thematisiert werden. Aktionen, bei denen Verpflegungspakete auf deren Inhalt untersucht werden oder exemplarisch eine Gruppe deutscher Mitbürger den Lebensbedarf durch Sachleistungen bestreitet, und die Erfahrungen dokumentiert werden, können die schlechte Versorgungssituation veranschaulichen. Zu erwarten steht auch, daß parallel dazu die aus der Vergangenheit bekannten **Wertgutschein-Umtauschaktionen** wieder aufgenommen werden. Dabei kaufen Initiativen oder Einzelpersonen den Flüchtlingen Gutscheine ab, was allerdings hinsichtlich der nicht vorhandenen persönlichen Übertragbarkeit der Gutscheine auch rechtliche Probleme aufwirft. Solche Aktionen sollen den Flüchtlingen direkt helfen und gleichzeitig zusätzlich die Zweifelhaftigkeit von Sachleistungen problematisieren. Die Kommune kann besondere Gründe feststellen, die die Zahlung von Barleistungen rechtfertigen.

Wegen der beschränkten direkten Einflußmöglichkeiten auf ausländerrechtliche Entscheidungen reduzieren sich weitere Handlungsmöglichkeiten in diesem Bereich auf informelle Kontakte mit den Ausländerbehörden und auf die Bereiche der Aufklärung und Öffentlichkeitsarbeit. Die **Information der AusländerInnen über ihre Rechtsstellung** steht im Vordergrund. Die Stadt oder Gemeinde kann veranlaßt werden, mit Informationsbroschüren — auch in den Heimatsprachen — auf Möglichkeiten der Verfestigung des Aufenthaltsstatus der AusländerInnen hinzuweisen. Daneben können die Kommunen ihre Bediensteten über Weiterbildungsangebote mit ausländerInnenspezifischen Themen für den Umgang mit der ausländischen Wohnbevölkerung sensibilisieren und zusätzliche Sprachkompetenz schaffen. Ausländerbeauftragte in den Ämtern können dabei ebenfalls hilfreich sein. Die Kommune kann sich verpflichten, ausländische ArbeitnehmerInnen verstärkt auch auf qualifizierteren Arbeitsplätzen zu beschäftigen.

Die von Bund und Ländern finanzierte Sozialberatung für AusländerInnen ist auf die drei großen Wohlfahrtsverbände aufgeteilt (Caritas, Diakonisches Werk, Arbeiterwohlfahrt). Die dort beschäftigten SozialberaterInnen — zumeist AusländerInnen — beraten ihre Landsleute vor allem beim Kontakt mit Behörden. Zu einer umfassenden sozialen Arbeit mit den AusländerInnen kommen sie oftmals nicht. Die Städte und Gemeinden haben bei der sozialen Betreuung der AusländerInnen einen relativ großen Spielraum. Die Verbesserung des Unterbringungsangebots, der rechtlichen und psychosozialen Betreuung, wie auch das Angebot an Sprachkursen, liegen im Entscheidungsrahmen der Gemeinden. In der Zukunft wird die Situation der älter gewordenen AusländerInnen zusätzliche Handlungskonzepte erfordern. Das Bereitstellen einer **kommunalen Beratungsstelle** mit sprachkompetenten BeraterInnen und die zusätzliche Unterstützung ausländischer Vereine und Initiativen, die häufig die emanzipatorische soziale Arbeit im eigentlichen Sinne wahrnehmen, sind einige der Handlungsperspektiven.

Ehrenamtliche und außerparlamentarische Aktivitäten müssen mit der Arbeit in den kommunalen Vertretungskörperschaften verknüpft werden. Den AusländerInnenvereinigungen und Antirassismusgruppen sollten Räume zur Verfügung gestellt und deren Tätigkeit soweit wie möglich finanziell unterstützt werden, wie das auch bei deutschen Vereinen üblich ist. Die Förderung ausländischer Vereine sollte aber nicht zu einer Politik führen, die kulturelle und religiöse Eigenheiten als folkloristische Beigabe zur Lebensart der Mehrheitsbevölkerung reduziert. Die Förderung des kulturellen Lebens dient der Sicherung eigener Identität, Integration bedeutet nicht Assimilation. Gegenseitige Toleranz kultureller Unterschiede findet dort ihre Grenzen, wo Menschen- und Grundrechte beeinträchtigt werden, insbesondere die Rechte der Frau auf Selbstbestimmung, Freizügigkeit, Eheschließungsfreiheit und freie Partnerwahl unterdrückt werden.

Kommunales Ausländerwahlrecht und AusländerInnenvertretungen

Ein nach wie vor bestehender Eckpfeiler repressiver AusländerInnenpolitik ist die Verweigerung parlamentarischer Mitwirkungsrechte. Auch eine Umsetzung des Kommunalwahlrechts für EU-AusländerInnen in das deutsche Recht wird viele ausländische EinwohnerInnen in den Kommunen ausschließen. Keinen gleichwertigen Ersatz für gleichberechtigte Teilhabe stellt die Konstituierung kommunaler **AusländerInnenvertretungen** dar. Allerdings sind direkt gewählte, aktive und in der Öffentlichkeit präsente Vertretungen in der Lage, Verbindungen zu Parteien, Gruppierungen und Initiativen herzustellen, die es der Kommune schwerer machen, Ausgrenzungen von AusländerInnen zu praktizieren.

Die Frage, ob AusländerInnenvertretungen lediglich ein Alibi oder eine Chance darstellen, hängt stark von dem jeweiligen Funktionieren der Vertretung selbst ab. Gestärkt wird die Stellung der AusländerInnenvertretung, wenn sie auf die Meinungsbildung der Kommunalparlamente direkt einwirken kann und vor dem Rat ein eigenes Informations- und Initiativrecht hat. Eine effektive Lobbyarbeit der AusländerInnenvertretungen über den kommunalen Rahmen hinaus erfordert deren landesweite Koordination und Unterstützung. Die meisten Kommunen sind bislang nicht bereit, eine logistische und finanzielle Leistung für solche Ansätze zu erbringen. Kommunalvertretungen sollten hier über die Kommunalen Spitzenverbände aktiv werden. Eine Zusammenarbeit der Ratsmitglieder mit den örtlichen Ausländerinitiativen, den AusländerInnenbeauftragten und den AusländerInnenvertretungen sollte zum Ziel haben, die Felder kommunaler Politik insgesamt und systematisch zu erschließen, um herauszufinden, wo Entscheidungen getroffen werden, die Lebenslagen von AusländerInnen tangieren.

Sonderfall: AussiedlerInnen

Einen Sonderfall im Rahmen der Zuwanderung nach Deutschland bilden die sogenannten "Spätaussiedler". Ihre Zahl überwog seit Mitte der 80er Jahre bei weitem die Zahl der Menschen, die als Asylbewerber in der Bundesrepublik anerkannt wurden. Zumeist handelt es sich bei den Spätaussiedlern um deutschstämmige Bevölkerungsgruppen, die — teilweise schon vor hunderten von Jahren — in die Staaten auswanderten, die dann seit Ende des Zweiten Weltkriegs das Lager des "Ostblocks" bildeten. Die jeweils regierende bundesdeutsche Außenpolitik mißbrauchte diese Menschen jahrzehntelang als 5. Kolonne in ihren Auswanderungsländern.

Aussiedlerzuwanderung 1987 - Ende 1992

Jahr	gesamt	darunter aus Polen	Rumänien	ehem. SU
1987	78.488	48.419	13.990	14.488
1988	202.645	140.226	12.902	47.572
1989	377.039	250.340	23.387	98.134
1990	397.073	133.872	111.150	147.950
1991	221.974	40.128	32.178	147.320
1992	230.565	17.742	16.146	195.576

(Quelle: Stat. Berichte Vt-2/92 des Bundesausgleichsamts)

Fanden sie dann über den 'Eisernen Vorhang' den Weg in den freien Westen, gerieten sie hier als 'Flüchtlinge erster Klasse' in die fragwürdige Rolle eines Aushängeschilds bundesdeutscher Generösität. So waren auch die Kriterien, nach denen politisch Verfolgte oder auch einfach aus wirtschaftlichen Gründen nach Deutschland kommende Menschen aus dem Ostblock zu den Deutschstämmigen gezählt wurden, oftmals ein Affront gegen und Einmischungstitel in die inneren Angelegenheiten dieser Länder unter den für den 'Kalten Krieg' typischen Feindschaftsbezeugungen. Nachdem sich dieses — nicht nur für die östliche sondern auch bundesrepublikanische Außenpolitik höchst unerfreuliche — Kapitel bilateraler Beziehungen durch die Abdankung des "realen Sozialismus" von der historischen Bühne grundlegend verändert hat, ist die deutsche Außenpolitik bestrebt, die Zuwanderung von Spätaussiedlern einzuschränken. Es werden sowohl finanzielle als auch diplomatische Schritte unternommen, um die Lebensbedingungen in den Siedlungsgebieten so zu verbessern, daß einem dauerhaften Verbleib deutschstämmiger Bevölkerung in den östlichen Ländern nichts mehr im Wege stehen soll.

Hinsichtlich der in die Bundesrepublik zurückgekehrten Spätaussiedler gibt es zahlreiche gesetzliche Reglungen, die eine Sonderstellung gegenüber anderen Zuwandererpopulationen bedingen. Inwieweit es angesichts der veränderten Weltlage tatsächlich zu einer Rückwanderung der noch auf rund 3-4 Mio. Menschen bezifferten Bevölkerungsgruppe der Deutschstämmigen aus den östlichen Ländern kommt, läßt sich zur Zeit schwerlich einschätzen. Auch kann zur Zeit kaum prognostiziert werden, ob nicht eine restriktivere Politik künftiger Regierungen dafür sorgt, den Zustrom zu begrenzen. GRÜNEN fällt es für gewöhnlich nicht leicht, die Solidarität, die verfolgten

AusländerInnen entgegenbracht wird, auch auf die Spätaussiedler zu übertragen. Das hängt einerseits mit den politischen Prämissen des noch bestehenden konservativen Aussiedlerprogramms zusammen, andererseits mit den deutschtümelnden Ansichten, sowie extrem rigiden und emanzipationsfeindlichen Religionsauffassungen vieler Spätaussiedler (der 1. Generation) selbst. Dies kann jedoch kein Grund sein, dieses politische Betätigungsfeld den konservativen und nationalistischen Kräften zu überlassen, gilt es doch, humanitäre und soziale Standards für Spätaussiedler ebenso wie für alle anderen benachteiligten Bevölkerungsgruppen einzuklagen.

Literatur

Cohn-Bendit, D. / Schmid, T.: Heimat Babylon - Gebrauchsanleitung für die multikulturelle Demokratie, Hoffmann und Campe 1992
Karsten, Maria E.: Sozialarbeit mit Ausländern, München 1994
Heinhold, H.: Das neue Asylrecht - Text mit Erläuterungen für die Praxis, Bonn 1993. Kritische Erläuterungen des ab dem 1.7.1993 geltenden Asylverfahrensgesetzes, Darstellung der Unterschiede zum bisherigen Recht. Bezug: ZDWF, Hans-Böckler-Str. 3, 53225 Bonn.
Heldmann, H. H.: Ausländergesetz, Frankfurt/M. 1993. Eine am Verfassungsrecht orientierte Kommentierung.
Appel, R. / Roth, C. (Hrsg.): Die Asyllüge - Ein Handbuch gegen Fremdenfeindlichkeit und Rassismus, Köln 1993. Aufsätzesammlung zu allen Aspekten der Fremdenfeindlichkeit, Asylgesetzgebung und den Fluchtursachen.
Huisken, F.: Nichts als Nationalismus - Deutsche Lehren aus Rostock und Mölln, VSA, Hamburg 1993
Keskin, H. (Hrsg.): Menschen ohne Rechte? Einwanderungspolitik und Kommunalwahlrecht in Europa, Berlin 1984. Aufsätzesammlung insbesondere zum kommunalen Wahlrecht in den europäischen Staaten.

Fachzeitschriften

"Die Brücke", herausgegeben vom Verein zur Förderung politischer, sozialer und kultureller Verständigung zwischen Mitbürgern deutscher und ausländischer Herkunft, Riottestr. 16, 66123 Saarbrücken
"Informationsdienst zur Ausländerarbeit" vom Institut für Sozialarbeit und Sozialpädagogik in Frankfurt/M.
"Zeitschrift für Ausländerrecht und Ausländerpolitik" beim Nomos-Verlag, Baden-Baden

Adressen

Amnesty International, Heerstraße 178, 53111 Bonn, Tel.: 0228/650981
Pro Asyl, Neue Schlesingergasse 22, 60311 Frankfurt/M., Tel.: 069/293161
Verband der Initiativgruppen in der Ausländerarbeit (VIA), Theaterstr. 10, 53111 Bonn
(Zahlreiche weitere Adresse, vor allem von Bundes- und Ländereinrichtungen sowie Wohlfahrtsorganisationen, sind in dem Buch von Appel/Roth enthalten)

AKP-Artikel zum Thema

Hagenah, E.: Unterbringung von Asylbewerbern (AKP 2/1993, S. 21-23)
Mayer, A.: Erfahrungen aus Zirndorf (AKP 1/1992, S. 19-21)
Huisken, F.: Antirassistischer Konsens? (AKP 6/1992, S. 21-23)
Ceyhun, O. und Scheffer, T.: Diskussion zu einem Einwanderungsgesetz (AKP 6/1991, S. 56-62)
Olms, E.: Flüchtlingskonzept und EG-Binnenmarkt (AKP 1/1990, S. 47-52)
Huisken, F.: Thesen zur Ausländerpolitik (AKP 4/1990, S. 45-48)
Konstantinidis, G: Amt für multikulturelle Angelegenheiten (AKP 6/1990, S. 22-23)
Munier, G.: Dossier - Aussiedler (AKP 2/1989, S. 45-53)
Huisken, F.: Ausländerpolitik (AKP 6/1989, S. 55-63)

Annelie Buntenbach

Antifaschistische Politik

"Wehret den Anfängen" — diese Parole ist inzwischen von der gesellschaftlichen Wirklichkeit überholt. Brutalität und Anzahl der Überfälle auf AusländerInnen, Behinderte, Obdachlose, Schwule — kurz Menschen, die anders aussehen oder anders denken, haben in den letzten Jahren drastisch zugenommen. Militante Nazis und rechte "Kids", die hinter ihnen herlaufen, breiten sich auf der Straße weiter aus. Rechtsextreme Wahlparteien haben Zulauf, erzielen hohe Prozentzahlen und sitzen bereits in vielen Kommunal- und Landesparlamenten. Das ist ihnen nicht nur aus eigener Kraft gelungen. Die Regierungspolitik hat ihnen die Menschen geradezu in die Arme getrieben. Sie versucht seit Jahren, von den Folgen ihrer Politik abzulenken, die die realen gesellschaftlichen Probleme verschärft, anstatt sie zu lösen. Für die Verärgerung und Verunsicherung in der Bevölkerung über ihre rabiate Politik der Umverteilung zugunsten der Reichen, der Entsolidarisierung und Ausgrenzung bietet sie Sündenböcke an. Mit breiter Medienunterstützung werden Hetzkampagnen zur Emotionalisierung des Wahlvolks losgetreten: Asylmißbrauch, Sozialmißbrauch, Innere Sicherheit/ Ausländerkriminalität.

Die Berichterstattung über Rechtsextremismus in seinen verschiedenen Facetten hat Konjunktur, genau wie die Betroffenheit über Morde, Überfälle, Brandstiftungen einerseits und rechte Wahlerfolge andererseits. Hinter Beunruhigung und Betroffenheit bleibt oft der Wille zu kontinuierlicher politischer Auseinandersetzung zurück, dazu ist das Thema zu unangenehm und zu angstbesetzt. Auch in der grün-alternativen Szene werden dankbar Versatzstücke von Erklärungsmustern aufgegriffen, die in Forderungen nach mehr Sozialarbeit und Angeboten für Jugendliche münden. Diese sind ohne Zweifel dringend nötig, aber es geht um weit mehr als das.

Kommunalpolitik ist sicher nicht das Feld schlechthin, auf dem der Kampf gegen rechts ausgetragen werden kann. Zu viele Vorgaben kommen von der Bundesebene, die Handlungsoptionen von Rat und Ausschüssen sind begrenzt. Einem einzelnen Fachausschuß kann das Thema nicht zugeordnet werden — als Querschnittsaufgabe spielt es in fast allen Ausschüssen sowie im Rat eine Rolle. Aber auch auf kommunaler Ebene läßt sich in enger Kooperation mit außerparlamentarischen Initiativen eine Menge bewegen. Außerdem zwingt spätestens die absehbar zunehmende Präsenz rechtsextremer Parteien in den Stadträten und Kreistagen zur Entwicklung politischer Gegenstrategien. Dabei können gerade Bündnis 90/Die GRÜNEN mit ihrer Präsenz vor Ort in Initiativen und Bündnissen einerseits und ihrer Präsenz im Kommunalparlament andererseits ein Scharnier zwischen ganz unterschiedlichen politischen Spektren bilden und dadurch eine besondere Wirkung entfalten.

GRUNDSÄTZLICHE ZIELE: Antifaschistische Politik auf kommunaler Ebene unterscheidet sich nicht von Antifa-Politik im allgemeinen:
— die Handlungsspielräume der organisierten Nazis zu beschränken und ihnen entgegenzutreten,
— das Umfeld von den organisierten rechten Kadern zu lösen,
— der zunehmenden "Normalisierung" von rechtsextremen Ideologien und HandlungsträgerInnen entgegenzuwirken,
— diejenigen zu unterstützen, die etwas gegen rechts unternehmen wollen,
— gerade im Jugendbereich selbstorganisierte andere Politik- und Kuluransätze zu stärken und
— eine möglichst breite Öffentlichkeit für eine politische Haltung und Praxis gegen rechts zu gewinnen.

Die Zielsetzung ist entgegen anders lautenden Behauptungen nicht nur negativ, d.h., in Abgrenzung bestimmt, sondern sie ist gleichzeitig das Engagement für eine egalitäre, wirklich demokratische Alternative, die nicht auf "Führer" setzt oder Sozialdarwinismus und "natürlicher" Minderwertigkeit der Frau das Wort redet. Die militanten Nazis als auch die rechtsextremen Wahlparteien setzen gewaltsam und/oder demagogisch die Linien gesellschaftlicher Ausgrenzung um, die durch die herrschende Politik aus der Mitte der Gesellschaft vorgegeben werden. Was sind in offizieller Lesart schon AusländerInnen und erst recht AsylbewerberInnen wert? Was Behinderte oder Obdachlose, Schwule, Punks, Linke…? Strukturelle Ausgrenzung und regierungsoffizielle Hetzkampagnen werden von Nazis und ihrem Anhang mit dem Knüppel umgesetzt. So sehr es dem Zeitgeist widerspricht, ist es gerade unsere Aufgabe, dieser Ausgrenzung und Diskriminierung entgegenzutreten, nicht um Almosen für Opfer zu werben, sondern die Selbstverständlichkeit von gleichen politischen und sozialen Rechten, von menschenwürdigem Leben einzufordern.

In Analyse und Gegenstrategie zu unterscheiden sind einerseits die **militanten Neonazis** mit ihrem wesentlich aus Jugendlichen bestehenden Umfeld und andererseits **rechtsextreme Wahlparteien**, deren Anhänger außer mit dem Wahlzettel am Stammtisch oder auf den Leserbriefseiten der Lokalzeitungen in der Regel weniger auffallen.

Zur militanten Neonaziszene

Geradegerückt werden muß das Bild des "orientierungslosen" Jugendlichen bzw. des unorganisierten alkoholisierten Spontantäters mit schweren Problemen in der Kindheit, das mit Vorliebe in Polizeiberichten, Urteilsbegründungen und von einigen pädagogischen ExpertInnen entworfen wird. Laut einer Studie des BMJF aus dem Juni 1993 sind ca. 10% der Täter (mit wenigen Ausnahmen männliche Jugendliche) organisiert; soziale Entwurzelung, Erwerbslosigkeit u.ä. haben diese Personengruppe nicht härter getroffen als andere Jugendliche (vgl. Rommelspacher). Daß die überwiegende Mehrheit der Täter unorganisiert ist, bedeutet keineswegs, daß diese Jugendlichen nicht mit Neofaschismus in Berührung gekommen wären und vielfach davon beeinflußt sind. Dies wird klarer, wenn wir uns vergegenwärtigen, wie die "Szenepolitik" der Neonazis funktioniert: Die meisten Neonazi-Organisationen haben nur relativ wenig Mitglieder, dies ist auch von ihnen selbst nicht anders gewollt — sie funktionieren nach dem Kaderprinzip. Um diese Organisationen herum gibt es eine ausgeprägte rechte Jugendszene. In die Medien geraten sind hier insbesondere Skins und Hooligans, aber zu dieser Szene gehören auch viele, die sich nicht vom äußeren Erscheinungsbild zuordnen lassen. Außerdem Vorsicht: bei weitem nicht alle Skins oder Hooligans sind Nazis.

TREFFPUNKTE dieser Szene sind in der Regel Kneipen, ab und zu auch **Jugendzentren**. Nur wenige sind Mitglied neofaschistischer Organisationen, da ihnen die dazugehörige Parteidisziplin und -hierarchie oft nicht paßt. Aber hier werden von den Organisierten Zeitungen, Flugblätter, Aufkleber — oft zum Weiterverbreiten — verteilt, zu Aufmärschen oder politischen "Wochenendausflügen" mobilisiert, über Fascho-Videos indoktriniert und aufgeheizt. Die "Besten" werden für die Organisationen rekrutiert. Neben Videos spielt für diese Szene Musik eine wichtige Rolle. Gemeinsame Besuche bei Konzerten von Nazigruppen dienen dem Gruppengefühl, dem Einheizen und zum Teil auch der Rekrutierung. "Für diese 'Jugendarbeit' werden häufig einzelne Kader abgestellt, deren Aktionsradien weit über eine Stadt hinausgehen und das Umland bis zu 30-40 km miteinbeziehen." ("Hoyerswerda ist überall"/32) Solche Treffpunkte finden sich in größeren Städten oft nicht im Innenstadtbereich, sondern in Stadtvierteln an der Peripherie, häufig auch in kleineren Orten im Umland. Es gehört zur Strategie der Nationalsozialisten — eine Tradition aus der Weimarer Republik —, die größeren Städte, wo sie den meisten Widerstand erwarten, nicht unbedingt direkt anzugreifen, sondern um sie herum einen Ring zu organisieren. Die Auswahl der Stadtteile ist oft zufällig, geht aber vielfach einher mit absolut schlechter Infrastruktur und fehlenden Angeboten im Jugendbereich.

Entscheidendes Moment für erfolgversprechende Gegenstrategien ist es, nicht die ganze Szene in einen Topf zu werfen, sondern es darauf anzulegen, das Umfeld von den **organisierten Nazis** zu lösen und entlang dieser Linie den Spaltpilz in die Gruppen zu tragen. Das geht nicht ohne gründliche Kenntnisse über die Gruppenstruktur und die einzelnen Mitglieder. Polizeiberichte sind hier in der Regel wenig hilfreich, da die Polizei vielfach Interesse daran hat, die Szene nicht auseinanderzutreiben (bessere Beobachtungsmöglichkeiten), "das Problem nicht hochspielen will" (dies würde für sie selbst den Handlungsdruck verstärken) und außerdem ungern AntifaschistInnen auf den Plan ruft, die nur Unruhe bringen. Unabdingbare Arbeitsgrundlage sind überprüfte eigene Informationen.

SOZIALARBEITERISCHER ANSATZ: Wenn es gelingt, die organisierten Chefs vor ihrem Umfeld zu diskreditieren, sie und ihre menschenverachtende Ideologie als "Looser" darzustellen, ist schon viel gewonnen. Die Crux der meisten sozialarbeiterischen und pädagogischen Bemühungen liegt darin, den positiven Bezug auf rechtsextreme Ideologien und Action als Phänomen der einzelnen Person zu betrachten, die durch SozialarbeiterInnen und PädagogInnen entgegen der politischen Grundströmung in der Gesellschaft einzeln wieder zurückgeholt werden sollen. Ein Scheitern dieses Anspruchs ist meist vorprogrammiert, weil die Dynamik der Gruppenstrukturen vernachlässigt wird. Wenn sich Sozialarbeit aber auf Gruppenstrukturen nur "cliquenakzeptierend" bezieht, begünstigt sie oft ungewollt den Einfluß der Chefs. Abenteuerurlaub, bei dem die überzeugten Nazis mitfahren, verstärkt letztlich nur ihren Einfluß. Städtische Unterstützung für Zentren und Häuser, in denen sich rechte Cliquen treffen und wie z.B. in Berlin-Marzahn unter der Reichskriegsflagge feiern können, bietet den Rechten lediglich mehr Infrastruktur. Man kann sich nicht davor drücken, daß aus solchen Gruppen organisierte und/oder organisierende Nazis ausgegrenzt werden müssen. So edel es ist, mit allen zu reden und niemand auszuschließen — hier hat es seine Grenze. Attraktive Angebote für das Umfeld, bei denen die Chefs (und die Nazi--Insignien) draußen bleiben müssen, können etwas bewirken. Das Angebot von Sozialarbeit ist dringend erforderl, aber oft durch das immer enthaltene pädagogische Machtgefälle unattraktiver als von anderen Jugendlichen selbst organisierte Angebote, die es von städtischer Seite vorrangig zu unterstützen gilt.

ARBEIT IM STADTTEIL: Um die Nazitreffpunkte sowie die in ihrem Umfeld verstärkt auftretenden Überfälle auf andersaussehende und andersdenkende Menschen nicht zur Normalität werden zu lassen, ist eine ausdauernde Arbeit im jeweiligen **Stadtteil** nötig. Die Präsenz im Stadtteil mit einer Initiative oder einem breiteren Bündnis verhindert die verängstigte Friedhofsruhe und ermutigt Menschen mit anderem Gedankengut, sich überhaupt noch öffentlich zu äußern; hier können die GRÜNEN ihre Scharnierfunktion in die verschiedenen politischen Spektren sinnvoll nutzen. Breit angelegte Aufklärung, Demonstrationen, Blockaden, Mahnwachen, Kneipenbesetzungen usw. haben das Ziel, den Nazis diesen Raum bzw. die öffentliche Anlaufstelle zu nehmen und damit den Zulauf von neugierigen Jugendlichen zu erschweren. Durch solche Aktivitäten wird außerdem diesen Jugendlichen verdeutlicht, daß es sich nicht um ein "normales" Jugendzentrum oder Kneipentreff handelt und so die Schwelle hochgesetzt, einfach mal "reinzuschauen". Hierzu können auch restriktive städtische Maßnahmen gegen solche Treffs hilfreich sein, die deren Attraktivität senken, die Nutzbarkeit für größere Versammlungen fraglich machen und die Kosten in die Höhe treiben. Auch Versammlungsverbote durchzuboxen, kann Wirkung zeigen. Allgemeine Rezepte lassen sich darüberhinaus kaum formulieren, da die lokalen Situationen zu unterschiedlich sind.

Ohne Zweifel sinnvoll sind vorbeugende Projekte und städtische Angebote, die Jugendliche stabilisieren und ihnen attraktive Alternativen bieten — Fanprojekte, **offene Jugendarbeit,** **Kulturangebote** u.ä. Statt solche Projekte auf- und auszubauen, zielt die städtische Politik im Moment kurzsichtig eher auf Kürzungen, die den Jugendlichen ihre Treffpunkt nimmt, und sei es das Freibad im Stadtteil.

Rechtsextreme Wahlparteien

In vielen Parlamenten sind rechtsextreme Parteien bereits vertreten, eine Zunahme ist zu befürchten. Die Kampagnen, die die Regierung und die herrschenden Medien losgetreten haben, um trotz offensichtlicher Unzufriedenheit die Zustimmung in der Bevölkerung zu verstärken, spielen den Rechten in die Hände. "Asylmißbrauch", "Sozialmißbrauch", "innere Sicherheit/Ausländerkriminalität" — dies sind die Themen der extremen Rechten. Der Diskurs, in dessen Verlauf die Regierungsparteien diese "Probleme" auf Platz 1 der politischen Hitliste zu puschen versuchen und auf den auch die SPD einsteigt, bietet ihnen unendlich viele Ansatzpunkte, ihre "Argumentationen" als Teil der Normalität zu präsentieren und die aufgepeitschten Emotionen auf ihre Mühlen zu lenken.

Die Auswertung der Wahlanalysen in Bezug auf das Wählerpotential von Rechtsextremen ergibt nicht eine abgrenzbare, spezifische Zielgruppe, an die wir uns mit unserer Aufklärung und Gegenpropaganda richten können. Von wenigen besonderen Faktoren wie Geschlecht und Bildungsstandard abgesehen, scheint es sich eher um einen Durchschnitt der Bevölkerung zu handeln. Im wesentlichen handelt es sich um Männer, der Bildungsstandard ist unterdurchschnittlich, dagegen entspricht das Haushaltseinkommen recht präzise dem gesellschaftlichen Durchschnitt. Natürlich gibt es lokale Besonderheiten. Außergewöhnlich hohe Wahlanteile für Rechtsextreme in einzelnen Stadtvierteln (dies sind übrigens meist nicht diejenigen mit besonders hohen AusländerInnenanteilen) haben in der Regel Vorgeschichten von Konflikten oder verschleppten Problemen, oder es lassen sich besonders geschickte organisierende Kerne von Rechten ausmachen, auf die mensch sich dann konzentrieren müßte, um ihnen das Handwerk zu legen.

Es gibt die fatale Tendenz bei Bündnis 90/Die GRÜNEN, solche Stadtviertel rechts liegen zu lassen. Natürlich ist nicht davon auszugehen, daß diejenigen, die bei der letzten Wahl ihr Kreuz bei den Republikanern gemacht haben, bei der nächsten Wahl zu Bündnis 90/Die GRÜNEN wechseln — dazu sind die Grundhaltungen glücklicherweise zu unverträglich, Protest hin oder her. Das ungute und beklemmende Gefühl, bis hin zu physischer Angst, sich in solchen Vierteln mit anderen politischen Meinungen offen zu bewegen, ist emotional nur allzu gut nachvollziehbar. Trotzdem halte ich es für sehr wichtig, mit Infotischen und Aktionen dort präsent zu sein, am besten in größeren Gruppen, was ohnehin mehr Spaß macht. Unsere Aufgabe ist es, als Eisbrecher gegen das Schweigen und die Angst vor der Artikulation anderer Meinungen und Interessen zu wirken. Wir sollten eine öffentlich sichtbare Ermutigung und Anlaufstelle für diejenigen sein, die sich gegen rechts in den verschiedensten Formen (ggf. auch auf dem Wahlzettel) äußern möchten.

Es steht zu befürchten, daß die Ebene rationaler bzw. begründeter Gegenargumentation nicht die potentiellen WählerInnen von rechtsextremen Parteien erreicht — nichtsdestotrotz können wir versuchen, ihre eigene Präsentation im Parlament und nach außen hin zu konterkarieren. Die Partei der "kleinen Leute"? Mitnichten — Volksgemeinschaft statt gewerkschaftlicher Interessenvertretung steht auf dem Republikaner-Programm. Saubermänner? Immer noch lassen sich Verbindungen in Ideologie und Praxis in den rechts-militanten Bereich belegen.

Die Propaganda speziell der DVU ist bekanntlich seit Jahren weniger auf öffentliche Auftritte aus, sondern auf Postwurfsendungen, Anschreiben usw. Außerparlamentarisch muß dieser Propaganda unter Einbezug einer möglichst breiten Öffentlichkeit bei denselben Adressaten entgegengearbeitet werden (z.B. möglichst viele der Postwurfsendungen wieder einzusammeln und gemeinsam öffentlich zu vernichten). Für die Anschreiben an bestimmte Zielgruppen, mit Vorliebe ErstwählerInnen oder SeniorInnen, werden oft von der Stadt die entsprechenden Adresslisten angefordert und herausgegeben. Kann dies nicht verhindert werden, müssen diese Zielgruppen mit entsprechend anderem Material versorgt werden.

DIE PARLAMENTSARBEIT der Rechten liegt bislang weitgehend im Argen — viele Fraktionen haben sich gespalten, zerstritten, nichts zustandegebracht außer Anfragen und Anträgen zur Ausländerhatz. Fraktionsgelder scheinen zum Teil zweckentfremdet worden zu sein, so z.B. von der DVU-Fraktion in Bremen; dort sind zweckgebundene Mittel zunächst nicht in die Eröffnung eines Fraktionsbüros geflossen, sondern in die Taschen einzelner Abgeordneter. Solche Informationen müssen jeweils vor Ort genau überprüft werden und können öffentlich eingesetzt werden, wenn sie geeignet sind, die "Chefs" der Lächerlichkeit preiszugeben oder das Saubermann-Image anzukratzen. An parlamentarischer Sacharbeit liegt ihnen genausowenig wie der NSDAP in der Weimarer Republik. Die Zielrichtung kann natürlich nicht sein, ihre parlamentarische Arbeit so zu kritisieren, daß ihre Anwesenheit im Parlament durchaus in Ordnung sei, wenn sie denn etwas leisten würden.

Die Präsenz von Republikanern, rechten "freien Wählergemeinschaften", DVU, Deutscher Liga o.a. im Parlament ist nicht nur als Ausdruck der politischen Entwicklung erschreckend, sondern stellt die Frage nach dem Verhalten als bündnisgrüne Fraktion, aber auch der anderen Fraktionen im Parlament. Eine Zusammenarbeit ist absolut unvertretbar, auch bei der Benennung von Ausschußvorsitzenden als Zusammenschluß der kleinen Fraktionen. Jeder Beitrag von uns, der ihnen zu Ansehen, Amt und Würden verhilft, ist ein Schritt in die völlig falsche Richtung. Unsere Aufgabe ist es, gegen ihre Akzeptanz als ganz normaler Machtfaktor aufzutreten, auch auf der parlamentarischen Ebene. Die hessischen GRÜNEN haben auf einer Landesversammlung beschlossen: "Die GRÜNEN Hessen lehnen es strikt ab, Stimmen der REPs bei der Wahl oder Abwahl von DezernentInnen oder bei Haushaltsentscheidungen offen oder verdeckt ins Kalkül zu ziehen. Ein Abweichen von diesem Grundsatz ist mit der Mitgliedschaft bei Bündnis 90/Die GRÜNEN unvereinbar."

POLITISCHE AUFKLÄRUNG: Es ist auch klar, daß wir ihnen kein Forum bieten werden, um ihre Demagogie zu verbreiten. Aber bei vielen Veranstaltungen sind sie qua Parlamentszugehörigkeit inzwischen mit dabei, falls wir das mit unseren Protesten im Einzelfall nicht ändern können. Es ist dann keine Lösung (es sei denn, um in einem Eklat öffentlich unsere Position deutlich zu machen), wenn wir ihnen das Feld überlassen. Der verdruckste Umgang mit der deutschen Vergangenheit, die immense öffentliche Verdrängungsleistung in Bezug auf den Nationalsozialismus ist ein Nährboden, auf dem sich rechtsextreme Haltungen entwickeln konnten und können. Die "politische Aufklärung mit erhobenem Zeigefinger" ist inzwischen auch in links-alternativen Kreisen in Verruf geraten, was sie von ihrer Form her aus meiner Sicht durchaus verdient hat, aber nicht von ihrem Anliegen und Inhalt her. Sie ist kaum imstande, bereits rechts orientierte Menschen zu erreichen, leistet aber einen wichtigen Beitrag zur Immunisierung gegen rechte Haltungen, gegen die Akzeptanz einer "Auschwitzlüge" und liefert denjenigen, die sich gegen rechts engagieren wollen, Argumente und Hilfestellungen für Diskussionen. Gleichzeitig wirken antifaschistische Wochen (so sie nicht zum Ritual verkommen), erlebnisorientierte Ausstellungen zum Thema, Rock gegen rechts u.v.a. einer Normalisierung rechtsextremer Positionen entgegen, gerade dann, wenn solche Unternehmen vom Stadtrat getragen und unterstützt werden.

Aber auch, wenn wir im Rat oder Fachausschuß keine Mehrheit erreichen können, müssen wir solche Projekte offensiv unterstützen. Der Versuch, im städtischen **Haushalt** die Mittel für Städtepatenschaften mit ehemals ostdeutschen Gebieten zu streichen, Straßen und Plätze nach WiderstandskämpferInnen umzubenennen, sie zu EhrenbürgerInnen der Stadt zu ernennen, kommunale Wiedergutmachungsregelungen umzusetzen, Denkmäler u.ä. für ZwangsarbeiterInnen und andere Opfer des Nationalsozialismus zu errichten — für all dies lassen sich in den seltensten Fällen Mehrheiten erreichen. Aber wenn dies nicht als Pflichtprogramm hinter verschlossenen Türen abläuft, fördern solche Anträge und Aktionen eine öffentliche Diskussion über die Vergangenheitsbewältigung und die politische Haltung der parlamentarischen Mehrheiten.

Die etablierten Parteien demonstrieren zur Zeit gern ihre Betroffenheit über das Anwachsen des Rechtsextremismus, weisen aber jeden Zusammenhang mit eigenen Handlungen und Versäumnissen zurück. Besonders offensichtlich wird das bei der Flüchtlingspolitik/ Asyldebatte, gleich, ob es um die Ausgabe der Sozialhilfe in Naturalien geht oder die Ghettos rund um die Zentralen Ausländerbehörden. Nicht ein menschenwürdiges Leben von allen, sondern Ausgrenzungen, "Teile und Herrsche!" prägt die aktuelle Politik. Gerade die politische Kurzsichtigkeit, mit der in vielen Städten die Verschlechterung der kommunalen Finanzen in einen Kahlschlag im sozialen und kulturellen Bereich umgesetzt wird, ist nicht geeignet, rechtsextremen Tendenzen vorzubeugen, im Gegenteil. Wider besseres Wissen werden die Konflikte von morgen geschürt.

Grün-alternative Politik bewegt sich in dem Dilemma, auf der einen Seite einen breiten demokratischen Konsens gegen Rechtsextremismus zu stärken und einzufordern, auf der anderen Seite aber unsere Kritik an der praktizierten Form von Demokratie deutlich zu machen, die den Anteil der "Mitte der Gesellschaft" an der Rechtsentwicklung benennt und Alternativen aufweist. Der Protest gegen Filz und gegen kurzsichtige politische Entscheidungen, die vordergründig Löcher stopfen, sie aber woanders wieder aufreißen, sowie gegen mangelhafte Kontroll- und Einwirkungsmöglichkeiten der BürgerInnen müssen weiterhin unsere Themen bleiben, in klarer Abgrenzung zu rechtspopulistischer Demagogie. Dieses Dilemma läßt sich nicht grundsätzlich auflösen, sondern ist alltäglicher Spagat.

Literatur

Drahtzieher im braunen Netz. Der Wiederaufbau der 'NSDAP'. Ein Handbuch des antifaschistischen Autorenkollektivs Berlin, Edition ID-Archiv, Berlin und Amsterdam 1992
Die GRÜNEN NRW (Hg.): Hoyerswerda ist überall. Neonazis in NRW, Düsseldorf 1992
Kollmann, D.: Schwarzbücher braun. Medienhandbuch zum Thema (Neo)Faschismus, Bielefeld 1990
Rechtsextreme Wahlparteien vor dem Wahljahr 1994. Expertise erstellt von Argumente und Kultur gegen rechts e.V. Bielefeld in Kooperation mit der Ökologiestiftung NRW, Bielefeld/Dortmund 1993
Rommmelspacher, B.: Rechtsextreme als Opfer der Risikogesellschaft. Zur Täterentlastung in den Sozialwissenschaften, in: 1999. Zeitschrift für Sozialgeschichte des 20. und 21. Jahrhunderts, Heft 2/1991

AKP-Artikel zum Thema

Buntenbach, A.: Rechtsradikale im Kommunalparlament, 3/1993, S. 6
Huisken, F.: Zur Unfähigkeit von Demokraten, rechte Positionen zu kritisieren, 6/1993, S. 28
Interview M. Scheffler mit R. Hoogvliet zum Umgang mit Republikanern, 1/1990, S. 26
Buntenbach, A.: Republikaner am Boden, 4/1990, S. 49 - 51
Rieß, J.: Ein Jahr DVU in der Bremer Bürgerschaft, 5/1989, S. 26
Nazis raus aus ... Antifaschistischer Widerstand vor Ort. Schwerpunktthema 2/1988

Verzeichnis der Autorinnen und Autoren

BILL, GISELA — Mitglied der Fraktion Bündnis 90/Die GRÜNEN im Landtag Rheinland-Pfalz.

BÖGNER, MICHAELA — Wissenschaftliche Mitarbeiterin bei der Landtagsfraktion Bündnis 90/ Die GRÜNEN in Rheinland-Pfalz, Vorstandsmitglied der GRÜNEN/Alternativen in den Räten Rheinland-Pfalz e.V. (GARPP).

BURMEISTER, ULRICH — Wissenschaftlicher Mitarbeiter von Bündnis 90/Die GRÜNEN im Landtag NRW und langjähriger Redakteur der AKP.

BUNTENBACH, ANNELIE — 1984 - 1989 für Die GRÜNEN/Bunte Liste Bielefeld im Stadtrat, Mitarbeit in verschiedenen Bielefelder Antifa-Initiativen.

ELLERBROCK, RUTH — Jg. 1949, lebt in Berlin, ist Dipl.-Soziologin, Supervisorin und Organisationsberaterin. Seit 1990 Direktorin der VHS Berlin-Charlottenburg.

FRANZ, MARTIN — Diplomsoziologe, bis 1990 Mitarbeiter im Hauptamt der Stadt Bielefeld, seit 1990 wissenschaftlicher Mitarbeiter der Forschungsgruppe Verwaltungsautomation der Universität Gesamthochschule Kassel; Schwerpunkte: staatliche Modernisierung, Arbeit und Technik in der öffentlichen Verwaltung.

FRIEDRICH, HARALD — Dr. rer. nat., bis 1993 Kreisbeigeordneter des Main-Kinzig-Kreises; Sprecher des Arbeitskreises Abfall des BUND; Veröffentlichungen u.a. "Müllverbrennung. Ein Spiel mit dem Feuer", Bielefeld 1989 (AKP-Buch); Anforderungen an ein kommunales und umweltverträgliches Abfallwirtschaftskonzept, in: W. Baumann u.a.: Rechtsschutz für die Umwelt im vereinigten Deutschland, Ergon Verlag 1992.

FRÖHNER, ULRICH — Selbständiger Energieberater in Stuttgart, von 1984 bis 1989 für DIE GRÜNEN im Stuttgarter Gemeinderat. Diverse Veröffentlichungen zum Thema Energie.

GITSCHMANN, PETER — Jg. 1954, Dr. rer. soc., Studium der Mathematik, Politikwissenschaft und Soziologie in Kassel und Gießen, bis 1990 wissenschaftlicher Mitarbeiter am Institut für Politikwissenschaft der Uni Gießen, Arbeitsgebiete Wirtschafts-, Sozial-, Kommunalpolitik, soziale Gerontologie, seit 1990 Leiter der Abteilung Altenhilfe, Landessozialamt, Behörde für Arbeit, Gesundheit und Soziales der Freien und Hansestadt Hamburg.

GOGER, CHRISTIAN — Jg. 1952, Dipl.-Handelslehrer, lebt in Berlin und ist seit 1978 Mitglied der Grünen/Alternative Liste; seit 1989 in der Bezirksverordnetenversammlung Reinickendorf zuständig für Schulpolitik.

HAAFKE, JÖRG — Freischaffender Landschaftsplaner, Mitglied im Vorstand des BUND NW und im AgrarBündnis tätig.

HABERMANN-NIESSE, KLAUS — Dipl.-Ing. Architekt und Stadtplaner in der PLANERWERKSTATT 1, Vorstand der Wohnungsgenossenschaft WOGE Nordstadt e. G., Sprecher der Bundesarbeitsgemeinschaft Städtebau- und Wohnungspolitik Bündnis 90/DIE GRÜNEN, Lehrbeauftragter an der Universität Hannover im Fachbereich Architektur.

HEINZ, ULRIKE — Sozialwirtin, langjährige Mitarbeiterin bei Mieter helfen Mietern in Nürnberg.

HESSE, MARKUS — Jg. 1960, Dipl.-Geograph, wissenschaftlicher Mitarbeiter des Instituts für ökologische Wirtschaftsforschung (IÖW), Berlin. Hauptarbeitsgebiete: Verkehrsforschung, Stadt- und Regionalentwicklung und ökologische Unternehmenspolitik, Mitarbeit in Bundes- und Landesarbeitsgemeinschaft Verkehr von Bündnis 90/DIE GRÜNEN. Diverse Veröffentlichungen im Bereich Regionalentwicklung und Verkehr.

JÜRGENS, ANDREAS — Dr. jur., Richter am Amtsgericht, Mitbegründer des Vereins zur Förderung der Autonomie Behinderter (fab) in Kassel und bis 1990 Sprecher der Bundesarbeitsgemeinschaft Behinderte der GRÜNEN.

KÄMPER, ANDREAS — Dipl. Soziologe, Mitarbeiter der Stadt Bielefeld, Amt für Wohnungswesen, Mitarbeiter der Gesellschaft für Organisation und Entscheidung in Bielefeld.

KIEHLE, WOLFGANG — Mitarbeiter bei WohnBund-Beratung NRW in Bochum und Mitglied im Beirat des Deutschen Mieterbundes, Landesverband NRW. Mitglied der AKP-Redaktion.

KLEMISCH, HERBERT — Sozialwissenschaftler und Umweltberater, 1984-1988 Bildungsreferent und Geschäftsführer der GAR-NRW, seit 1990 wissenschaftlicher Mitarbeiter bei EcoRegio, Studien zur ökologischen Regionalwirtschaft, Köln. Langjähriger Redakteur der AKP und Mitherausgeber des ersten "Handbuch für alternative Kommunalpolitik". Zahlreiche Veröffentlichungen zu Fragen von Bürgerbeteiligung, UVP, Ökologiemarkt u.a.

KNIELING, JÖRG — Landschaftsplaner und Politologe, arbeitet ehrenamtlich in der ILU-Informationsstelle Ländlicher Raum und Umwelt, die Kommunalpolitik, Verbände und Initiativen bei einer sozial- und umweltverträglichen Entwicklung berät. Im Hauptberuf ist er Gesellschafter des Büros für Orts- und Regionalentwicklung. Veröffentlichungen zu Wirtschaft, Landwirtschaft und Bürgerbeteiligung.

KULKE, WILHELM — Jg. 1961, Studium der Geschichte und Sozialwissenschaft. Arbeitet freiberuflich für verschiedene Industriemuseen in NRW; ehemaliges Kreisvorstandsmitglied der GRÜNEN/Bunte Liste Bielefeld.

KÜSTER, KATRIN — Jg. 1964, alleinerziehende Mutter, nach einer Landwirtschaftslehre Studium. Abschluß als Dipl. Agraringenieurin und Dipl. Agrarpädagogin, Mitglied im Landesvorstand von Bündnis 90/DIE GRÜNEN in Thüringen.

LAHL, UWE — Dr. rer. nat., von 1986 bis 1991 Umweltbeigeordneter der Stadt Bielefeld, seit 1992 Staatsrat beim Senator für Umweltschutz und Stadtentwicklung Bremen; Veröffentlichungen u.a.: Kein Wasser zum Trinken, rowohlt 1984; Viele Möglichkeiten sind ungenutzt. Bestandsaufnahme, Analyse und Verbesserungsvorschläge für eine ökologisch orientierte kommunale Wasserwirtschaft, in Politische Ökologie 2/1989 (jeweils mit Barbara Zeschmar-Lahl).

LANGNICKEL, HANS — Z.Zt. Professor an der FH Köln, Lehrbeauftragter an der FH Düsseldorf, Geschäftsführer der KUM&LUK-Bildungswerke und der Jugendkunstschule Köln.

LARISCH, JOACHIM — Wirtschafts- und Sozialwissenschaftler sowie Steuerberater, schrieb häufig in der AKP zu Fragen der Gemeindefinanzen.

LENIUS, THOMAS — Jg. 1963, staatlich geprüfter Lebensmittelchemiker, 1989 - 1992 Vorstandsvorsitzender Verbraucherinitiative Niedersachsen e.V., seit 1991 beim BUND wissenschaftlicher Mitarbeiter im Referat Chemie/Altlasten.

LINNERT, KAROLINE — Psychologin, Abgeordnete für Bündnis 90/Die GRÜNEN in der Bremischen Bürgerschaft und Sprecherin der Deputation für Soziales.

LORENZ, JOACHIM — Jg. 1950, Studium der Geographie, Volkswirtschaft und des Städtebaus, langjährige berufliche Tätigkeit als Regionalplaner, seit 1984 Stadtrat der GRÜNEN in München, seit 1993 dortiger Umweltschutzreferent. Zahlreiche Veröffentlichungen zu Themen der Regional-, Verkehrsplanung und Ökologie.

LUBER, BURKHARD — Jg. 1944, Studium der Politik, Anglistik und Geschichte, lebt in Ottersberg, promovierter Politologe, Geschäftsführer der Stiftung "Die Schwelle". Veröffentlichungen: Abrüstungsatlas, Hildesheim 1991; The World At Your Keyboard - An Alternative Guide To Global Computer Networking, Oxford 1993.

MICHEL, HANSPETER — Jg. 1954, Jurist, wohnt in Hannover und ist Referent im Niedersächsischen Ministerium für Bundes- und Europaangelegenheiten. Veröffentlichungen: Politisch Verfolgte genießen Asylrecht, in " Soziales Seminar Informationen" Nr. 4/1992; Asylkompromiß - Was bleibt?, in "Betrifft: Mehrheiten/Minderheiten" 1/1993; Das Ausländergesetz - Liberal bis zum Exzeß?, in "Betrifft: Mehrheiten/Minderheiten" 1/1994.

MINKNER, ARMIN — Jg. 1961, Jurist, 1986 bis 1991 Ratsherr im niedersächsischen Einbeck, seit 1991 Vorsitzender der GRÜNEN Fraktion im Kreistag Northeim. Geschäftsführer des Vereins für Grüne und Alternative Kommunalpolitik in Niedersachsen.

MÖNNINGHOFF, HANS — Dipl.-Ing., von 1979-1986 selbständiger Ingenieur für Wasserwirtschaft und Energiefragen, dann Landtagsabgeordneter der GRÜNEN in Niedersachsen. Seit 1989 Umweltdezernent der Landeshauptstadt Hannover. Zahlreiche Veröffentlichungen in den Bereichen Wasser/Abwasser, u.a.: Abwasser-Entgiftung durch konsequente Indirekteinleiterüberwachung (in "Wasser+Boden" 10/93); Wege zur ökologischen Wasserversorgung, Staufen bei Freiburg 1993.

MUNIER, GERALD — Jg. 1951, Lehramtsstudium der Geographie und Geschichte (Sek. I), lebt in Bielefeld, seit 1984 hauptberuflicher AKP-Redakteur. Veröffentlichungen u.a.: Vom Bauhaus nach Bitterfeld, Bielefeld 1991; Mitherausgeber des vorliegenden Handbuchs.

MÜTZELBURG, DIETER — Jg. 1943, Hochschullehrer für Sportpraxis und Sportsoziologie, langjähriger Landtagsabgeordneter der GRÜNEN in Bremen, Mitglied im Landesbeirat für Sport.

NIEKAMP, THOMAS — Jg. 1957, wohnt in Bielefeld und ist erwerbsloser Lehrer der Sek. I und II für Geschichte und Englisch. Seit 1984 Mitglied der SPD. Veröffentlichungen: Geschichtsabläufe (2 Bände), Bielefeld 1992.

NIESSE, BRIGITTE — Dipl.-Ing. Architektin und Stadtplanerin in der PLANERWERKSTATT 1, Gründungsvorstand der Wohnungsgenossenschaft WOGE Nordstadt e. G.

POHL, WOLFGANG — langjähriges Redaktionsmitglied der AKP aus Bremen und Mitherausgeber des ersten "Handbuch für alternative Kommunalpolitik".

REICH-HILWEG, INES — Dr. jur., wohnt in Mainz und ist wissenschaftliche Mitarbeiterin der Landtagsfraktion BÜNDNIS 90/DIE GRÜNEN Rheinland-Pfalz. Veröffentlichungen: Europa — Atomwaffenfrei, Starnberg 1983; Illegale Flugplätze — Besatzungsrechtlich begründete Rechtstitel, in MÖP Nr. 89.

SANDER, JOCHEN — war mehrere Jahre Geschäftsführer der GRÜNEN und Alternativen in den Räten NRW e.V., jetzt Fraktionsgeschäftsführer der GAL Essen.

SCHEFFLER, MONIKA — Sozialwissenschaftlerin, zweijährige Tätigkeit im Autonomen Frauenhaus Göttingen, danach vier Jahre Landesgeschäftsführerin der GRÜNEN HESSEN, seit 1986 hauptberufliche Redakteurin der AKP.

SCHEFOLD, DIAN — Dr. jur., Professor für Öffentliches Recht an der Universität Bremen, Arbeitsgebiet u. a. Kommunalverfassung in Stadt-Umland-Situationen.

SCHILLER-DICKHUT, REINER — Dr. rer. soc., für die GRÜNEN/Bunte Liste Bielefeld 1984 - 1990 im Rat der Stadt Bielefeld, seit 1987 hauptberuflicher Redakteur der AKP, Schwerpunkte: Umwelt, Wirtschaft, Verwaltung.

SCHMIDT, CHRISTIAN — Mitarbeiter bei WohnBund-Beratung NRW in Bochum.

SCHMIDT-LOSKE, KATHARINA — Jg. 1965, Dipl.-Biologin mit Studienschwerpunkten Zoologie, Botanik und Ökologie. Mitarbeiterin am Museum Alexander König in Bonn, langjähriges Engagement im ehrenamtlichen Naturschutz. Veröffentlichungen zu freilandökologischen Fragen.

SCHRÖDER, THOMAS — Jg. 1954, Rechtsanwalt in Hameln und Sprecher der grünen Ratsfraktion seiner Heimatgemeinde Bad Münder.

SCHRUOFFENEGER, OLIVER — Politologe, seit 1985 Fraktionsvorsitzender und Geschäftsführer von Bündnis 90/DIE GRÜNEN in Berlin Reinickendorf und seit mehr als zehn Jahren Mitglied der AKP-Redaktion.

SIMON, TITUS — Dr. rer soc., Jg. 1954, verheiratet, 3 Kinder, langjährige Tätigkeit in der Jugendarbeit sowie der Wohnungslosenhilfe, seit 1992 Professor am Fachbereich Sozialwesen der FH Wiesbaden, Gemeinderat in Murrhardt seit 1980, Mitarbeit in verschiedenen Vereinigungen der Wohnungslosen- und Jugendhilfe.

SPINDLER, EDMUND A. — Raumplaner. Er verfaßte 1981 die erste deutschsprachige Monographie zur UVP "Umweltverträglichkeitsprüfung in der Raumplanung"; initiierte 1987 den UVP-Förderverein und arbeitet seit 1989 als wissenschaftlicher Leiter des UVP-Zentrums in Hamm.

STOLLER, DETLEF — Jg. 1960, Dipl. Photoingenieur, seit 1987 Bewohner einer Altlast, Vorstandsmitglied des Bundesverbandes Altlastenbetroffener (BVAB), langjährige freiberufliche Dozententätigkeit, seit 1993 freier Journalist.

STÜCKER, RAINER — Mitarbeiter beim Mieterverein Dortmund und Umgebung e.V.

TIEFENBACH, PAUL — Jg. 1951, wohnt in Bremen, Dipl. Politologe und Psychologe. Ehemaliger Abgeordneter der GRÜNEN in der Bremer Bürgerschaft, zur Zeit Mitglied der Bundesarbeitsgemeinschaft 'Frieden und Internationalismus' von BÜNDNIS 90/DIE GRÜNEN.

TRITTIN, JÜRGEN — Jg. 1954, wohnhaft in Göttingen, seit 1980 Mitglied der GRÜNEN, langjähriger grüner Abgeordneter im niedersächsischen Landtag, von 1990-94 Niedersächsischer Minister für Bundes- und Europaangelegenheiten. Veröffentlichungen: Die Zuwanderung politisch gestalten, in "Blätter für deutsche und internationale Politik" Heft 2/1993; Du hast keine Chance - nutze sie!, in Appel, R./Roth, C. (Hrsg.): Die Asyllüge, Köln 1993; Gefahr aus der Mitte. Die Republik rutscht nach rechts, Göttingen 1993.

VOIGT, WILFRIED — Dipl. Agraringenieur, Berufsberater, stellvertretender Vorsitzender der Fraktion Bündnis 90/DIE GRÜNEN in Kiel.

VOLKHOLZ, SYBILLE — Jg. 1944, lebt in Berlin und ist Studienrätin an einer Fachschule. Von 1979-89 war sie stellv. Landesvorsitzende der GEW Berlin, 1989/90 Senatorin für Schule, Berufbildung und Sport, seit 1991 Mitglied im Abgeordnetenhaus und bildungspolitische Sprecherin der Fraktion Bündnis 90/DIE GRÜNEN (AL)/UFV.

WÄGERLE, HENRIETTE — Leiterin des Referats "Arbeit und Wirtschaft" der Stadt München, Mitarbeit im AK Wirtschaft von Bündnis 90/Die GRÜNEN München, Redakteurin der AKP.

WAGNER, BERND — Jg. 1948, wohnhaft in Frankfurt/M., ist Redakteur der "Kulturpolitischen Mitteilungen" und wissenschaftlicher Mitarbeiter der Kulturpolitischen Gesellschaft e.V.. Letzte Buchveröffentlichungen: Bestandsaufnahme Soziokultur, Hagen 1992; Zwanzig Jahre neue Kulturpolitik - Eine Bibliographie, Hagen/Essen 1993; Das Theater und sein Preis, Frankfurt am Main/Hagen 1994.

WEINBÖRNER, CHRISTINE — Sozialpädagogin, alleinerziehende Mutter, hat in verschiedenen Ämtern kleinerer und größerer Städte Frauenarbeit geleistet. 1984 Fraktionsgeschäftsführerin der GAL Essen, 1989 Ratsfrau in Essen, seit 1990 Gleichstellungsbeauftragte der Stadt Krefeld und Sprecherin der Landesarbeitsgemeinschaft der Gleichstellungsbeauftragten in Nordrhein-Westfalen, verschiedene Veröffentlichungen in Broschüren der GRÜNEN.

ZASCHKE, WOLFGANG — Jg. 1954, Politologe, wohnt in Köln-Nippes und arbeitet auch dort im Verein Jugendhilfe und Schule e.V., z.Zt. hauptsächlich beschäftigt mit der wissenschaftlichen Begleitung eines Bundesjugendmodells.

ZAUKE, GABRIELE — Stadtplanerin, 1984-1990 Institut für Stadtentwicklungsforschung NRW, bis 1992 bei FOPA Dortmund und seitdem im Amt für Stadtentwicklung und Wirtschaftsförderung der Stadt Solingen tätig. Mitbegründerin von FOPA Dortmund und Mitarbeit bei "Frauen in Bewegung".

Danksagung

Viele Autorinnen und Autoren haben nicht nur durch ihre jeweils unterzeichneten Kapitel zum Gelingen des Handbuches beigetragen, sondern darüber hinaus andere Kapitel gegengelesen und mitdiskutiert oder sogar ganze Abschnitte dieses Buches mitkonzeptioniert. Für die ehrenamtlich geleistete Arbeit möchten wir an dieser Stelle noch einmal herzlich danken.

Außer den genannten AutorInnen haben noch viele andere auf verschiedenste Weise durch Rat und Tat unsere Arbeit unterstützt. Besonders bedanken möchten wir uns bei:

Manfred Beck, Andreas Brandhorst, Niko Ewers, Uwe Grosser-Poten, Wolfram Grüber, Gerald Gutwald, Theo Hoffjann, Helga Krieger, Martin Lenz, Gisela Lommer, Gisela Nacken, Rainer Schäfer-Eikermann, Thomas Scheffer, Thomas Schuler, Sabine Tiedke.

Adressen-Service

Kommunalpolitische Vereinigungen von BÜNDNIS 90/DIE GRÜNEN

o Baden-Württemberg: Grüne/Alternative in den Räten von Baden-Württemberg (GAR), Forststr. 93, 70176 Stuttgart, Tel.: 0711/6369364, Fax: 0711/9935999

o Bayern: Grüne & Alternative in den Räten Bayerns (GRIBS), Hohe Kreuz Str. 23a, 96049 Bamberg, Tel.: 0951/53935, Fax: 0951/53933

o Berlin: BÜNDNIS 90/DIE GRÜNEN-AL - Kommunalpolitischer Ratschlag, c/o Oliver Schruoffeneger, Lotosweg 18b, 13467 Berlin, Tel.: 030/41922620

o Brandenburg: Verein für grün-bürgerbewegte Kommunalpolitik Brandenburg e.V. (GBK), Lindenstr. 53, 14467 Potsdam, Tel./Fax: 0331/2800049

o Bremen: BÜNDNIS 90/DIE GRÜNEN - LV Bremen - Kommunalpolitik, Rembertistr. 93, 28195 Bremen, Tel.: 0421/3630410

o Hamburg: Bündnis 90/DIE GRÜNEN - LV Hamburg - Kommunalpolitik, Bahrenfelder Str. 244, 22765 Hamburg, Tel.: 040/391578

o Hessen: Grüne und Alternative in den Kommunalvertretungen Hessen e.V. (GAK), Frankfurter Str. 48, 35037 Marburg, Tel.: 06421/15856, Fax: 06421/14721

o Mecklenburg-Vorpommern: hier sind Aktivitäten im Gang, eine Vereinigung zu gründen. Einstweilen Kontakt über: Matthias Bitterlich, Wolgaster Str. 50, 17489 Greifswald, Tel./Fax: 03834/898199

o Niedersachsen: Grüne und Alternative Kommunalpolitik in Niedersachsen e.V. (GAK), Voltastr. 40, 30165 Hannover, Tel.: 0511/660661, Fax: 0511/628839

o Nordrhein-Westfalen: Grüne/Alternative in den Räten NRW e.V. (GAR), Maxstr. 11, 45127 Essen, Tel.: 0201/233361, Fax: 0201/232734

o Rheinland-Pfalz: Grüne/Alternative in den Räten Rheinland-Pfalz (GARRP) e.V., Augustinerstr. 18, 55116 Mainz, Tel.: 06131/235310, Fax: 06131/234702

o Saarland: Grüne und Alternative in den Räten im Saarland (GRAS), c/o Fraktion Die Grünen im Stadtrat, Rathaus, 66104 Saarbrücken, Tel.: 0681/9051207
Kommunalpolitische Vereinigung im Saarland e.V. (KPV), c/o Die Grünen Saar, Parkstr. 1/Ecke Nauwieserstr. 64, 66111 Saarbrücken, Tel: 0681/32919, Fax: 0681/397880

o Sachsen: Die Alternative Kommunalpolitik Sachsens e.V. (DAKS), Messergasse 2, 02625 Bautzen, Tel./Fax: 03591/42814

o Sachsen-Anhalt: Bürgernahe Kommunalpolitik Sachsen-Anhalt e.V. (BKP), Breiter Weg 229, 39104 Magdeburg, Tel./Fax: 0391/33222

o Schleswig-Holstein: Kommunalpolitische Vereinigung der Grünen und Alternativen in den Räten Schleswig-Holstein e.V. (KOPOV), c/o Jürgen Stang, Raguiter Ring 9, 24226 Heikendorf, Tel.: 0431/241663

o Thüringen: Die Andere Kommunalpolitik Thüringen e.V. (DAKT), Lange Brücke 33/34, 99084 Erfurt, Tel.: 0361/6552030

Kommunalpolitische Vereinigungen anderer Parteien

o Sozialdemokratische Gemeinschaft für Kommunalpolitik in der Bundesrepublik Deutschland e.V. (Bundes-SGK), Bonner Str. 48, 53173 Bonn, Tel.: 0228/532392 o Kommunalpolitische Vereinigung der CDU und CSU Deutschlands (KPV), Friedrich-Ebert-Allee 73-73, 53113 Bonn, Tel.: 0228/544248

o Bundesvereinigung Liberaler Kommunalpolitiker (V.L.K.), Baunscheidtstr. 15, 53113 Bonn, Tel.: 0228/547217

o PDS-Kommunalreferat c/o Dr. Uwe-Jens Rössel, Büro im Reichstag, Scheidemannstr. 2, 10557 Berlin, Tel.: 030/39773522

Kommunalpolitische Fachzeitschriften

o "Alternative Kommunalpolitik" (AKP), Luisenstr. 40, 33602 Bielefeld, Tel.: 0521/177517, Fax: 0521/177568

o "Archiv für Kommunalwissenschaft" (AfK), herausgegeben vom Deutschen Institut für Urbanistik (DIFU), Straße des 17. Juni 110/112, 10785 Berlin, Tel.: 030/39001, Fax: 030/39001100

o "Der Gemeindehaushalt", Fachzeitschrift für das kommunale Haushalts- und Wirtschaftsrecht (Hrsg. Deutscher Städtetag, Deutscher Städte- und Gemeindebund, Deutscher Landkreistag), Kurt-Schumacher-Str. 9, 41747 Viersen, Tel.: 0201/8832200, Fax: 0201/8852279

o "Demokratische Gemeinde", Vorwärts Verlag Bonn, Fachorgan der SGK, Am Michaelshof 8-10, 53177 Bonn, Tel.: 0228/9571013, Fax: 0228/95710-16

o "Der Gemeinderat", Unabhängiges Magazin für Kommunalpolitiker und Mandatsträger, Eppinger Verlag, Brenzstr. 16, 74523 Schwäbisch Hall, Tel.: 0791/53061, Fax: 0791/55640

o "Infodienst Kommunal", Hrsg.: Bundesministerium des Innern, Graurheindorfer Str. 198, 53117 Bonn, Tel.: 0228/6811

o "Kommunale Briefe für Ökologie", Uhlandstr. 58, 60314 Frankfurt/M., Tel.: 069/490534, Fax: 069/430189

o "Kommunale Steuer-Zeitschrift", Zeitschrift für das Gemeindeabgabewesen, Haidaer Str. 1, 53359 Rheinbach, Tel.: 02226/2402

o "Kommunalpolitische Blätter", Organ der Kommunalpolitischen Vereinigung der CDU/CSU, Union Verlag, Schanzenstr. 82, 40549 Düsseldorf, Tel.: 0211/55020, Fax: 0211/574116

o "Der Landkreis", Zeitschrift für kommunale Selbstverwaltung, (Hrsg. Deutscher Landkreistag), Adenauerallee 136, 53113 Bonn, Tel.: 0228/228023, Fax: 0228/2280350

o "Linke Kommunalpolitik", Informationsblatt der PDS und des GNN-Verlags, Badeweg 1, 04435 Schkeuditz, Tel.: 034204/2093

o "Mitteilungen Deutscher Städtetag", Lindenallee 13-17, 50968 Köln, Tel.: 0221/37710, Fax: 0221/3771128

o "Das Rathaus", Zeitschrift für Kommunalpolitik (Hrsg. Bundesvereinigung Liberaler Kommunalpolitiker), Kronprinzenstr. 13, 45128 Essen, Tel.: 0201/81058-0

o "Der Städtetag", (Hrsg. Präsidium des Deutschen Städtetags), Lindenallee 13-17, 50968 Köln, Tel.: 0221/37710, Fax: 0221/3771128

o "Stadt und Gemeinde", (Hrsg. Deutsche Städte- und Gemeindebund), Verlag Otto Schwartz, Kaiserwerther Str. 199, 40474 Düsseldorf, Tel.: 0211/45871, Fax: 0211/4587211

o "Umwelt kommunal", Informationsdienst für die Umweltpraxis, Raabe Verlag, Rotebühlstr. 51 A, 70178 Stuttgart, Fax: 0711/62900-10

o "Zeitung für kommunale Wirtschaft" (ZfK), Sigillum-Verlag, Neumarkter Str. 87, 81673 München, Tel.: 089/4316043, Fax: 089/4312258

o "Zeitschrift für Kommunalfinanzen", Stollfuß Verlag Bonn, Burgplatz 19, 47051 Duisburg, Tel.: 0203/2833201

Kommunale Spitzenverbände und Einrichtungen

○ Bundesvereinigung der Kommunalen Spitzenverbände, Lindenallee 13-17, 50968 Köln, Tel.: 0221/3771-0

Die drei kommunalen Spitzenverbände Deutscher Städtetag, Deutscher Städte- und Gemeindebund sowie Deutscher Landkreistag haben sich zur verbandlichen Kooperation diesen gemeinsamen Dachverband geschaffen.

○ Deutscher Städtetag, Lindenallee 13-17, 50968 Köln, Tel.: 0221/3771-0

Dem 1905 gegründeten Verband gehören zur Zeit 166 kreisangehörige und 116 kreisfreie Städte sowie die drei Stadtstaaten Bremen, Hamburg, Berlin als unmittelbare Mitgliederstädte an; ferner 4900 mittelbare Mitgliederstädte und 8 außerordentliche Mitglieder (Fachverbände und höhere Kommunalverbände). Durch seine 16 Landesverbände ist der Deutsche Städtetag in allen Bundesländern vertreten. Organe des Verbandes sind Präsident und Hauptgeschäftsführung, das aus 37 Mitgliedern gebildete Präsidium, der Hauptausschuß mit 136 Mitgliedern und die Hauptversammlung mit 900 Delegierten. Die in Köln ansässige Hauptgeschäftsstelle ist in 8 Dezernate gegliedert und hat 130 hauptamtliche MitarbeiterInnen, darunter 7 Beigeordnete und 28 Hauptreferenten. In den 14 Fachausschüssen und 100 weiteren Arbeitsgremien, in denen zahlreiche Ratsmitglieder und FachexpertInnen mitwirken, findet der Meinungsbildungsprozeß der Organisation statt.

○ Deutscher Städte- und Gemeindebund, Kaiserswerther Str. 199-201, 40474 Düsseldorf, Tel.: 0211/4587-1

Bei diesem kommunalen Spitzenverband handelt es sich um einen 1973 gebildeten Zusammenschluß aus dem "Deutschen Städtebund", der im Jahre 1910 als "Reichsverband Deutscher Städte" ins Leben gerufen wurde, und dem "Deutschen Gemeindetag", der 1922 als "Reichsverband der Deutschen Landgemeinden" gegründet wurde. Heute repräsentiert der Verband mit 17 Mitgliedsverbänden der 13 Flächenländer rund 15.500 der insgesamt 16.000 kreisangehörigen Städte und Gemeinden in Deutschland. Vereinsorgane, Fachausschüsse und Organisationsstruktur sind ähnlich wie beim Deutschen Städtetag.

○ Deutscher Landkreistag, Adenauerallee 136, 53113 Bonn, Tel.: 0228/228030

Analog zu den 13 Flächenländern gliedert sich der aus 426 Kreisen als mittelbarer Mitgliedern gebildete Verband in 13 Landkreisverbände. Ferner gehören der Organisation 6 höhere Kommunalverbände an. Organe sind Präsidium und Hauptausschuß sowie die alle 5 Jahre zusammentretende Landkreisversammlung.

○ Deutsches Institut für Urbanistik (DIFU), Straße des 17. Juni 110/112, 10623 Berlin, Tel.: 030/390010

Das DIFU will als kommunale Gemeinschaftseinrichtung den Städten durch Beratung und praxisorientierte wissenschaftliche Untersuchungen die Umsetzung aktueller Einzelprobleme in Verwaltungshandeln erleichtern helfen. Die Forschungsvorhaben und Dienstleistungen des 1973 gegründeten Instituts konzentrieren sich wesentlich auf die 5 Bereiche Wirtschaft/Finanzen, Städtebau, Umweltschutz, Sozial-/Kulturpolitik und Recht/Verwaltungspolitik. Die Veröffentlichungen erscheinen in verschiedenen Reihen; ein vierteljährlich herausgegebener "Bericht" informiert über laufende Forschungsprojekte, erste Ergebnisse und Neuveröffentlichungen. Ein weiteres Kernstück der Tätigkeit des Instituts bildet das umfassende Programm von Fortbildungsseminaren für kommunale Führungskräfte. Als Träger des DIFU fungiert der "Verein für Kommunalwissenschaften e.V.", der sich satzungsgemäß aus 6 Delegierten des "Deutschen Städtetags" und 2 Delegierten des Berliner Senats zusammensetzt und als Vereinszweck die Unterhaltung des DIFU sowie Förderung der Kommunalwissenschaften angibt. Neustes Dienstleistungsangebot des DIFU ist die computergestützte Datenbank ORLIS zur vergleichenden Städtestatistik und den wichtigsten Sachgebieten der Kommunalpolitik.

○ Kommunale Gemeinschaftsstelle für Verwaltungsvereinfachung (KGSt), Lindenallee 13-17, 50968 Köln, Tel.: 0221/376890

Aufgrund einer Kabinettsentscheidung vom 13.7.1983 wurde vom Bund die Initiative zur Entbürokratisierung und Verwaltungsvereinfachung ergriffen. In der zu diesem Zweck geschaffenen "Unabhängigen Kommission für Rechts- und Verwaltungsvereinfachung des Bundes" ist auch der Deutsche Städtetag (DST) vertreten, der zu den Einzelvorschlägen, die die Städte betreffen, Stellung nimmt bzw. eigene Vorschläge auf der Grundlage der von der KGSt erarbeiteten Positionen unterbreitet. Über die Zuarbeit zu der Bundeskommission hinaus schlägt die KGSt den Mitgliedsstädten des DST Regelungen zur Verwaltungsvereinfachung, zu Strukturreformen in kommunalen Praxisfeldern, zum Ämteraufbau, zur Gleichstellungspraxis, zur Bürgerberatung, zum Steuer- und Rechtswesen, zur Entbürokratisierung und dgl. vor. Die vorgeschlagenen Instrumentarien zur Verwaltungsvereinfachung haben keinen bindenden Charakter, sondern können von den Mitgliedsstädten nach Bedarf aufgegriffen werden.

Kommunalverbände

○ Bezirksverband Pfalz, Rathausplatz 20, 67059 Ludwigshafen, Tel.: 0621/5042220

○ Euregio - Grenzüberschreitende kommunale Zusammenarbeit im deutsch-niederländischen Grenzraum, Enscheder Str. 362, 48599 Gronau, Tel.: 02562/25062

○ Kommunalverband Ruhrgebiet, Kronprinzenstr. 35, 45128 Essen, Tel.: 0201/20690

○ Landeswohlfahrtsverband Baden, Ernst-Frey-Str. 9, 76135 Karlsruhe, Tel.: 0721/81070

○ Landeswohlfahrtsverband Hessen, Ständeplatz 6-10, 34117 Kassel, Tel.: 0561/10040

○ Landeswohlfahrtsverband Württemberg-Hohenzollern, Lindenspürstr. 39, 70176 Stuttgart, Tel.: 0711/63750

○ Landschaftsverband Rheinland, Kennedy-Ufer 2, 50679 Köln, Tel.: 0221/82831

○ Landschaftsverband Westfalen-Lippe, Freiherr-vom-Stein-Platz 1, 48147 Münster, Tel.: 0251/59101

○ Raumordnungsverband Rhein-Neckar, Postfach 5724, P 7, 68161 Mannheim, Tel.: 0621/27877

○ Umlandverband Frankfurt, Am Hauptbahnhof 18, 60329 Frankfurt am Main, Tel.: 069/25771

○ Verband der Bayerischen Bezirke, Knöbelstr. 10, 80538 München, Tel.: 089/292969

○ Zweckverband Großraum Hannover, Arnswaldstr. 19, 30159 Hannover, Tel.: 0511/36610

BÜNDNIS 90/DIE GRÜNEN

○ Bundesgeschäftsstelle und Bundesvorstand Bündnis 90/Die Grünen, Haus Wittgenstein, Postfach 1227, 53309 Bornheim-Roisdorf, Tel.: 02222/70080, Fax: 02222/700899

○ Weitere Geschäftsstelle, Haus der Demokratie, Friedrichstr. 165, 10117 Berlin, Tel.: 030/2291396, Fax: 030/2071612

○ Zentraler Versand Bündnis 90/Die Grünen, Heerstr. 172, 53111 Bonn, Tel.: 0228/639251, Fax: 0228/639255

○ Archiv Grünes Gedächtnis, Römerstr. 71, 53332 Bornheim-Widdig, Tel.: 02236/59236, Fax: 02236/59237

Landesverbände
BÜNDNIS 90/DIE GRÜNEN

o LV Baden-Württemberg, Forststr. 93, 70176 Stuttgart, Tel.: 0711/638148/9, Fax: 0711/6368279

o LV Bayern, Christophstr. 1, 80538 München, Tel.: 089/227402, Fax: 089/221646

o LV Berlin, Oranienstr. 25, 10999 Berlin, Tel.: 030/615005, Fax: 030/8619204

o LV Brandenburg, Lindenstr. 53, 14467 Potsdam, Tel./Fax: 0331/23813

o LV Bremen, Rembertistr. 93, 28195 Bremen, Tel.: 0421/3630410, Fax: 0421/3630432

o LV Hamburg, Bahrenfelderstr. 244, 22765 Hamburg, Tel.: 040/391578, Fax: 040/3904662

o LV Hessen, Kaiser-Friedrich-Ring 29, 65185 Wiesbaden, Tel.. 0611/989200, Fax: 0611/846828

o LV Mecklenburg-Vorpommern, Ernst-Barlach-Str. 2, 18055 Rostock, Tel.: 0081/455155. Ferner: LV Mecklenburg-Vorpommern, Großer Moor 2, 19002 Schwerin, Tel./Fax: 0385/864893

o LV Niedersachsen, Voltastr. 35, 30165 Hannover, Tel.: 0511/664350, Fax: 0511/628893

o LV Nordrhein-Westfalen, Volksgartenstr. 35, 40227 Düsseldorf, Tel.: 0211-770080, Fax: 0211/726550

o LV Rheinland-Pfalz, Kaiserstr. 29a, 55116 Mainz, Tel · 06131/678507, Fax: 06131/638747

o LV Saarland, Parkstr. 1, 66111 Saarbrücken, Tel.: 0681/32919, Fax: 0681/397880

o LV Sachsen, Friedrichstr. 57, 01067 Dresden, Tel.: 0351/4960824

o LV Sachsen-Anhalt, Leipzigerstr. 69, 39112 Magdeburg sowie Breiter Weg 229, 39104 Magdeburg, Tel.: 0391/33222

o LV Schleswig-Holstein, Wilhelminenstr. 18, 24103 Kiel, Tel.: 0431/551998, Fax: 0431/552926

o LV Thüringen, Lange Brücke 33, 99084 Erfurt, Tel.: 0361/24698

Kommunalpolitik international

o Rat der Gemeinden und Regionen Europas (RGRE) - Deutsche Sektion, Kaiserwerther Str. 199/201, 40474 Düsseldorf, Tel.: 0211/45871

o Internationaler Gemeindeverband (IULA), Wassenaarseweg 41, 2596 CG Den Haag, Niederlande, Tel.: 003170/244032

o Kommunales Informationsbüro bei der EU, Square Plasky 92-94, Brüssel 4, Belgien

Grüne international

o Bundesbüro Die Grüne Alternative, Stiftgasse 6, 1070 Wien, Österreich, Tel.: 0043/222-521250, Fax: 0043/222-4804793

o Grüne Partei der Schweiz/Parti ecologiste suisse, Marienstr. 11, 3005 Bern, Schweiz, Tel.: 0041/31-3521441, Fax: 0041/31-441408

o Agalev, Tweekerkenstraat 78, 1040 Brüssel, Belgien, Tel.: 0032/2-2306666, Fax: 0032/2-2304786

o Ecolo, 28, rue Basse Marcelle, 5000 Namur, Belgien, Tel.: 0032/81-227871, Fax: 0032/81-230603

o Les Verts, 50, rue Benoit Malon, 94250 Gentilly, Frankreich, Tel.: 0033/1-49089131, Fax: 0033/1-49089744

○ Federatione dei Liste Verdi, Piazza Vittorio Emanuele 55, 00185 Roma, Italien, Tel.: 0039/6-4469033, Fax: 0039/6-4469035

○ Dei Greng Alternative, Boite Postale 454, 2014 Luxemburg, Tel.: 00352/463740, Fax: 00352/463743

○ De Groenen, Postbus 3244, 1001 AA Amsterdam, Niederlande, Tel.: 0031/20-6179543, Fax: 0031/20-65523426

○ Groen Links, Postbus 700, 1000 AS Amsterdam, Niederlande, Tel.: 0031/20-245515, Fax: 0031/20-237248

○ De Gronne Egon Baek, Willemoesgade 16 Kld. th., 2100 Copenhagen, Dänemark, Tel.: 0045/31380097, Fax: 0045/48302849

○ Vihreä Liitto, Tallberginkatu 1D, 00180 Helsinki, Finnland, Tel.: 00358/06933877, Fax: 00358/06933799

○ Miljöpartiet de Gröna, Riksdagen, 10012 Stockholm, Schweden, Tel.: 0046/87865684, Fax: 0046/8215316

○ Miljöpartiet De Gronne, Olav Benestad, Holmenkollveien 78c, 0391 Oslo 3, Norwegen, Tel.: 0047/2-429758

○ Comhaontas Glas, 5a Upper Fownes Str., Dublin 2, Irland, Tel.: 00353/1-797168, Fax: 00353/1-771436

○ Green Party, 10 Station Parade, Balham High Road, London SW12 9 AZ, England, Tel.: 0044/81-6730045, Fax: 0044/81-6754434

○ Los Verdes, c/Pilar De Zaragoza 83, 28028 Madrid, Spanien, Tel.: 0034/1-2567952

○ Os Verdes, Av. Duque de Loule 111-1 frente, 1100 Lisboa, Portugal, Tel: 0351/-13154592, Fax: 0351/13164591

○ Federation d' Organisations Ecologistes-Alternatives, 37, r. Themistokleous, 10677 Athen, Griechenland, Tel.: 0030/1-3602644, Fax: 0030/1-3639930

Parteinahe Stiftungen

○ Friedrich Ebert Stiftung e.V. (SPD), Godesberger Allee 149, 53175 Bonn, Tel.: 0228/8830

○ Konrad Adenauer Stiftung e.V. (CDU), Rathausallee 12, 53757 Sankt Augustin, Tel.: 02241/2460

○ Hans Seidel Stiftung e.V. (CSU), Lazarettstr. 33, 80636 München, Tel.: 089/12580

○ Friedrich Naumann Stiftung (FDP), Königswinterer Str. 409, 53639 Königswinter, Tel.: 02223/7010

Grün-nahe Stiftungen

○ Stiftungsverband Regenbogen e.V., Schwanenwall 23, 44135 Dortmund, Tel.: 0231/574382, Fax: 0231/553558

○ Bunt-Stift e.V., Groner-Tor-Str. 31-32, 37073 Göttingen, Tel.: 0551/46070, Fax: 0551/42858

○ Frauen-Anstiftung e.V., Stahlwiete 20, 22761 Hamburg, Tel.: 040/8509005, Fax: 040/8513547

○ Heinrich-Böll-Stiftung e.V., Unter Krahnenbäumen 9, 50668 Köln, Tel.: 0221/160510, Fax: 0221/1605151

Stichwörterverzeichnis

A-Gemeinden 207
Abfall- und Wertstoffbörse 199
Abfallbegriff, objektiver/subjektiver 196
Abfallbehörde, Obere/Untere 201
Abfallberater/in 201
Abfallbeseitigung 195 ff.
Abfallkatalog 199
Abfallsatzung 199
Abfallschlüsselnummer 199
Abfallvermeidung, -verwertung 195 ff.
Abfallvorbehandlung 203
Abfallwirtschaft 177, **195 ff.**
Abfallwirtschaftskonzept 200
Abgaben 32; siehe Steuern, Entgelte
abgestimmte Verwaltungsmeinung 47
ABM 120, 355
Abschiebung, Abschiebehaft 376 ff.
Abschlußrechnung 100, 105
Abstandsgebot 270
Abstimmung, geheime, namentliche 45
Abwägung (Bauleitplanung) **154**, 160
Abwahl 38
Abwasser 229 ff.
Abwasserabgabengesetz 222
Abwasserkataster 235
Abwassersatzung 226, 235
Abwasserteiche 234
Agrarreform siehe EG-Agrarreform
Agrarverwaltung 141
Akteneinsichtsrecht 45; siehe auch EG-Umweltinformationsrichtlinie
Aktiengesellschaft 109 f.
Aktionsprogramm gegen Aggression und Gewalt 280
allgemeine Deckungsmittel 104
allgemeine soziale Dienste 258
allgemeinpolitisches Mandat 30
Allzuständigkeit **28**, 41
Altablagerung 239
Alteigentümer 162
alte Menschen 294 ff., 343
Altenberichterstattung 298
Altenbevölkerung 294
Altenheime 296
Altenhilfe 262, **294 ff.**
Alten(hilfe)pläne, -planung 264, 297, **298 f.**, 300
alternative Wählergemeinschaften, Listen 24 f.
Altersarmut 299
altersgemischte Gruppen 286
Altlasten 157, 329, **238 ff.**

Altlastverdachtsflächen 238
Altschulden 162 f.
Altschuldenhilfe-Gesetz 163
Altstandort 239
ambulante Angebote/Dienste/Hilfen 277, 296, 304, 314
Amt 66, 99; siehe auch Arbeits-, Bauamt, Bundesamt f. d. Anerkennung ausl. Flüchtlinge, Bundesvermögens-, Denkmal-, Fach-, Frauen-, Gesundheits-, Haupt-, Jugend-, Kultur-, Landesjugend-, Naturschutz-, Personal-, Querschnitts-, Rechnungsprüfungs-, Sozial-, Sport-, Stadtentwicklungs-, Stadtplanungsamt
Ämter für Agrarstruktur 135
Anhörungsverfahren 324
Anordnung 33; einstweilige A. 155
Anpassungsgebiet 155
Anschluß- und Benutzungszwang 159, 202
Ansiedlungsangebot 143; siehe auch Gewerbeflächen
Anstalten 109
AnwaltsplanerIn 55
Arbeitsamt 121
Arbeitsbeschaffungsmaßnahmen (ABM) 120, 355
Arbeitserlaubnis, -verordnung 377, 379
Arbeitsförderungsgesetz (AFG) **120 ff.**, 342, 377
Arbeitsgemeinschaften (Jugend- und Sozialhilfe) 278
Arbeitslosenberatung 321; siehe auch Beratungsstellen
Arbeitslosenversicherung 23, **120 ff.**
Arbeitslosigkeit 117 ff., 132, 270, 316
Arbeitsmarktpolitik 121
Arbeitspflicht 120
Armutsberichte 274
Artenschutz 252
AsylbewerberInnen 163, 259, 260, 292
Asylbewerberleistungsgesetz 271, **378**
Asylrecht 375
Asylverfahrensgesetz 375, 377
atomwaffenfreie Zone **327**, 331
Aufenthaltsgesetz, -erlaubnis, -befugnis, -berechtigung 375, **376**
Aufgaben **28**, 60; siehe auch Selbstverwaltungsaufgaben
Aufgabenfindungsrecht 28
Aufgabengliederungsplan 65
Aufgabenkritik 68, 302, 311
Auflösung des Gemeinderates 33
Aufsicht(sbehörde) siehe Kommunalaufsicht

399

Aufsichtsgremien 46
Aufsichtsrat 110, 207
Aufstellungsbeschluß (Bauleitplan) 154
Auftragsangelegenheiten 29 f.; siehe auch Selbstverwaltungsaufgaben
Auftragsvergabe 80; siehe. auch Beschaffung
Aufwandsentschädigung 43, 46
Ausgleich des Haushalts 102
Ausgleichsabgabe 92, **309**
Ausgleichsflächen 138
Ausgleichsmaßnahme 158
Ausländerbehörde 262, **378**
Ausländerbeirat 35
Ausländergesetz 375
AusländerInnen, ausländische GemeindeeinwohnerInnen 53, 292, **375 ff.**
AusländerInnenvertretung 380
Ausländerwahlrecht 35, 380
ausländische Jugendliche 280
Auslegung 52, 100, 154
Ausschuß 52, **44 f.**, 76; siehe auch Frauen-, Jugendhilfe-; Personal-, Rechnungsprüfungs-, Sport-, Untersuchungs-, Verwaltungs-, Werks-, Widerspruchsausschuß
Ausschußvorsitz 45
Ausschußzuwahl 53
Ausweisung 376
Außenpolitik, kommunale 331
Äußere Sozialverwaltung 258
außerordentliche Sitzungen 44
außerplanmäßige Ausgaben 100
Äußerungsrecht 53
autofreie Innenstädte, Wohngebiete 174
autonome Frauenbewegung 75
B-Gemeinden 207
Bagatellsteuern 89
Bahnreform 175
Ballungsräume 129, 168, 171
Bauamt 213
Baudenkmal 358
Bauerwartungsland 138, 143; siehe auch Freiraum
Baugebot 149, 157, 168
Baugesetzbuch 53, **152,** 241, 362
Baulastträger 174
Bauleitplan(ung), -verfahren 53, 127, 128, 140, 142, **152,** 182 f., 222, 308, 379; siehe auch Bebauungs-, Flächennutzungsplan
Baunutzungsverordnung 153
Bauordnungsrecht (Bauwerksrecht) 152, 173, 308, 325
Bauplanungsrecht 226, 308, 325
Bauschutt, -aufbereitungsanlagen 196 f.
Baustoffe, umweltfreundliche 125, 193 f., 340

Beanstandungsrechte 33
Beauftragte(r), Bürgerbeauftragte(r) 40, 55; siehe auch Behinderten-, Bürger-, Energie-, Frauen-, Staatsbeauftragte
Beauftragung privater Dritter 197; siehe auch Privatisierung
Bebauungsplan, -verfahren 31 f., **153,** 180, 183, 191, 212, 308
Bedarf siehe Finanzbedarf
Bedarf(sprinzip) (Sozialhilfe) 255, **267**
Befangenheitsvorschrift 35
Begleitplanung, landschaftspflegerische 246
Begrünung 248
Behinderte 292, **303 ff.**, 343, 393
Behindertenbeauftragte, -beiräte 310
Beigeordnete 37
Beihilfen 268; (= direkte Subventionen, B.-verbot) 118
Beirat 38, **54,** 76; siehe auch Ausländer-, Behinderten-, Frauen-, Landschafts-, Psychiatrie-, Sanierungs-, Seniorenbeirat
Beiträge 91; siehe auch Eltern-, Erschließungsbeitrag
Bekanntmachungspflicht 52; siehe auch Informations-, Unterrichtungspflicht
Belastungskataster 326
Belegungsbindung 161, 163
Belegungsrechte 166
Beratungseinrichtungen, -stellen 80, 273, 321; siehe auch Arbeitslosen-, Konflikt-, Umwelt-, Sozial-, zugehende Beratung
Berechenbarkeit (von Verwaltungshandeln) 71
Berichtsrechte 33
Berufsbeamtentum 67
Berufstätigkeit der Frauen 285 f.
Beschaffungswesen 125, 193, 316
Beschäftigungsgesellschaften, -projekte 119 f., 124
Beschlagnahme von Wohnraum 167
Beschleunigungsgesetze 138; siehe auch Wohnungsbauerleichterungs-, Investitionserleichterungsgesetz
Bestandspflege (Gewerbe) 118
Bestandssicherung (Wohnungsbestand) 165
Beteiligungsrecht 324
Betreutes Wohnen 320
Betreuungsbehörde(-ngesetz) 306 f.
Betreuungsgesetz 306
Betreuungsverein 307
Betrieb gewerblicher Art 115
Betriebsverlagerung 147; siehe auch Gewerbeflächen
Betriebswassernetz 227
betriebswirtschaftliche Buchführung siehe kaufmännische B.

Bezirksrat 154
Bezirksregierung 33
Bezirksverfassung 50 f.
Bibliothek **343 ff.**, 349
Bibliotheksentwicklungsplan 344
biologisch-mechanische Abfallbehandlung (BMA) 203
Biomasse 214
Biosphärenreservat 251
Biotop, -schutz, -kartierung, -verbundsystem, -management 139, 158 f., 248, **251 ff.**
Blockheizkraftwerk 213
Bodenaushub 198
Bodendenkmal 358
Bodenmanagement, -politik 118, 132, 157
Bodenversiegelung siehe Flächenversiegelung
Bodenwertsteuer 160, 168
Budgetierung 99
Bundesamt für die Anerkennung ausländischer Flüchtlinge 377
Bundesauftragsverwaltung 30
Bundesbaugesetz 53, **152**, 177
Bundesimmissionsschutzgesetz 196, 202, 216, 218
Bundesjugendring 281
Bundesleistungsgesetz 326
Bundesnaturschutzgesetz 157, **245**
Bundessozialhilfegesetz 120, 257, **267 ff.**, 294, 317, 378
Bundestarifordnung 206
Bundesverband für den Selbstschutz 327
Bundesverkehrswegeplan 170, **176**
Bundesvermögensämter 329
Bürgeranhörungen 184
Bürgerantrag 49
Bürgerbeauftragte(r) siehe Beauftragte(r)
Bürgerbefragung 366
Bürgerbegehren 33, 38, 40, **50**
Bürgerentscheid 33, 38, 40, **49**
Bürgerfragestunden 53
Bürgerinitiative 49, **53**
Bürgerinitiativen 24, **57**, 195
Bürgerinnen-Modell 77
BürgerInnenbeteiligung **49 ff.**, 141 f., 192, 309, 362
Bürgermeister 36 f.
Bürgermeisterverfassung **37**, 39
Bürgerunterrichtung 51
Bürgerversammlung 52 f.
Büroflächen 144
Bürokratie 112; siehe auch Entbürokratisierung
C-Gemeinden 207
City-Logistik 177
CO_2-Reduktion 202, 211

Computer siehe Datenverarbeitung
Controlling 70
d'Hondt 45
Dach- und Fassadengrün 159, 227, 249
Daseinsvorsorge 106, 107, 348
Datenverarbeitung 65
de-facto-Flüchtlinge 376
Deckungsmittel (allgemeine/spezielle) 104
Deckungsvermerk 104
degressive Gebührenstruktur 199
Denkmalamt, -behörde 357
Denkmalbereich 358
Denkmalschutz, -pflege 347 f., **357**, 359
Deponien 196
Deutsche Gemeindeordnung 35
Deutscher Landgemeindetag 22
Deutscher Landkreistag siehe Kommunale Spitzenverbände
Deutscher Städtetag 22, 80, 185; siehe auch Kommunale Spitzenverbände
Deutscher Verein für öffentliche und private Fürsorge 272
dezentrale Ressourcenverantwortung 68, 99, 114
Dezernat 37, 66, 99; siehe auch Frauen-, Umweltdezernat
Dienstaufsicht 47
Dienstleistungsreform 263 f.
Dienstrechtsreform 64
Direkteinleiter 235
Direktvermarkter 139
Direktwahl 38
Direktwärmeservice 210
Doppelhaushalt 102
Dorferneuerung, -entwicklung 140
Downcycling 204
Dreiklassenwahlrecht 19 f.
Dringlichkeit 45
Dritte Welt 331
Drogenabhängige 312, **318**
Duales System (DSD) 204
dualistische Kommunalverfassung 30, 37
Duldung 376
Dunkelziffer der Armut 269
EDV siehe Datenverarbeitung
EG siehe Europäische Union
EG-Agrarreform 137 f.
EG-Umweltinformationsrichtlinie 57, 190
Eigenbetrieb 105, **110 f.**, 125, 207, 342, 364
eigener Wirkungskreis 29; siehe auch Selbstverwaltungsaufgaben
Eigengesellschaft 207; siehe auch Aktiengesellschaft, GmbH
Eigenstromerzeugung 209
Eigentumswohnungen 144

Einberufung außerordentlicher Sitzungen 44
Einbindungskosten 210
einfaches Geschäft der laufenden Verwaltung 37, 47, 273
Einfamilienhäuser 149, 168
eingetragener Verein 342
Eingliederungshilfe für Behinderte, Eingliederungshilfe-Verordnung 304
Eingriffsregelung 138, 158, 246
Eingriffsverwaltung 259
Einheitswert 86, 88
Einigungsvertrag 84, 162, 206
Einkommensteuer 84, **88**
Einrichtung 50; siehe auch soziale E.
Einsammlungspflicht, -pflichtiger 196
einseitige Deckung 104
einstweilige Anordnung 104
Einwendungen 52, 100
Einzelhandel 144
Einzelintegration 292
Einzelmitglieder in Vertretungskörperschaften 44
Einzelplan **96**
Einzelveranschlagung 104
Elternbeitrag 289
Elterninitiativen 289
Emission 153, 159
endogene Potentiale 131
Endschaftsbestimmungen 208
Energiebeauftragte(r) 211, **212 f.**
Energiebericht 213
Energiedienstleistung 210
Energiedienststelle 212
Energieeinsparungsgesetz 206
Energiekonzepte 211
Energiemanagement 213
Energiepolitik, Ziele 206 ff..
Energieversorgungsunternehmen (EVU), Verbund-, regionales, kommunales EVU 206
Energiewirtschaftsgesetz 206
Entbürokratisierung 26, **64 ff.**, 112 f.
Enteignung 325
Entgelte 104
Enthierarchisierung 72
Entmündigung 306
Entsorgungspflicht, -pflichtiger 196
Entwicklungsachsen 127
Entwicklungshilfe, -zusammenarbeit, kommunale 332 ff.
Erdwärme 214
Erfassungsquote 201
Erhaltungsanordnung 358
Erhaltungssatzung **157**, 164, **165**
Erläuterung im Haushaltsplan 97

Ermessenshilfen 268
Ermessensspielräume 257
Ersatzvornahme 33
Erschließungsbeitrag 91, 177
Ertragsteuer siehe Gewerbeertragsteuer
Erwachsenenbildung 341
Erwerbslosigkeit 117 ff., 132, 270, 316
Erziehung, interkulturelle 340
Erziehungshilfe siehe Hilfen zur Erziehung, freiwillige E.
Erziehungsurlaub 79
Essen auf Rädern 296
Etatrecht **95**, 105
EU siehe Europäische Union
EU-Agrarpolitik 137
EU-Förderprogramme 123, 266
Europäische Charta der kommunalen Selbstverwaltung 34, 84
Europäische Union (EU) 25, 84, 92, 118, 128, 135 ff., 261, 266
Europäischer Sozialfonds 123
Existenzminimum 290
Fachämter 68
Fachaufsicht, -sbehörde **33**, 63; siehe auch Aufsicht
Fachstelle für Wohnungserhalt und Wohnungssicherung **167**, 320
Fachverantwortung 114
Fahrradwege, -straßen 174
Fälligkeitsprinzip 104
Familiennachzug 122, 376
Fehlbetrag 100
Fernstraßenausbaugesetz 176
Fernwärmenetze 207
Filzokratie, kommunalpolitische 24
Finanz- und Haushaltsautonomie 32
Finanzausgleich 32, **89**
Finanzausgleichsgesetz 89
Finanzbedarf 90
Finanzhoheit 31, **32**, 83
Finanzierungsübersicht 95
Finanzkraft 90
Finanzkrise 68
Finanzplan 99
Finanzreformen, Erzberger'sche 15
Finanzverfassung 83
Fischereigesetz 222
Flächennutzung 117, 128
Flächennutzungsplan 32, 138, 143, **152**, 183, 191, 212, 308
Flächenstillegung 138
Flächenverbrauch 143, 149, 161, 362
Flächen-, Bodenversiegelung 158, 198, 225

Flüchtlinge 376 f.; siehe auch AsylbewerberInnen, AusländerInnen
Flüchtlingshilfe 335
Fonds "Deutsche Einheit" 90
Förderprogramme (der EU) 123, 266; (lokale Agrar-) 139
formelle Privatisierung 107
Fragestunden 53
Fraktion 42; Finanzierung der F. 43
Fraktionsarbeitskreis, -geschäftsführung, -sitzung 43
Fraktionsstatus 44
Fraktionsvorsitzende(r) 43
Fraktionszwang 43
Frauen(selbsthilfe)projekte 369, 372
Frauen, Berufstätigkeit der 285 f.
Frauenamt 76
Frauenausschüsse 75
Frauenbeauftragte 55, **77**
Frauenbeirat 76
Frauenbewegung, autonome 75
Frauenbüro 74, **77**
Frauendezernat 76
Frauenförderplan 78
Frauenförderung, betriebliche 80, 119, 121 f.
Frauenhaus 181, 320; autonomes 369; nichtautonomes 370; Gegenhäuser 370
Frauenkommission 76
Frauennachttaxi 180, 369
Frauenselbstverteidigung 372
Freie Schulen 340
freie Spitze 103
freie Träger 75, 259, **260**, 261, 263, 276 ff., 289, 306, 311 ff., 319, 360, 364; siehe auch konfessionelle T.
freie Wohlfahrtspflege 267
Freiraum 150
Freistellungsanspruch 46
freiwillige Aufgaben, Leistungen 29, 192, 279, 349, 356; siehe auch Selbstverwaltungsaufgaben
freiwillige Erziehungshilfe 277
Freizeitpolitik 361
Fremdverwaltungsaufgaben 68
Frühzeitige Beteiligung 154
Funktionalreform 64
Fürsorgeerziehung 277
Fußgängerstraßen, -verkehr, -zonen 174
Ganztagsplatz 287
Ganztagsschule 288, **341**
Gebietshoheit 31
Gebietsreform 28, 59

Gebote 157; siehe. auch Bau-, Gleichberechtigungs-, Modernisierungs-, Instandsetzungs-, Pflanzgebot
Gebühren **91**, 118, 173
Gebührenhaushalt 105
Gebührenordnung 197
Gebührenstruktur, degressive 199
Gefährdungsabschätzung (Altlasten) 239
Gegenhäuser 370
gegenseitige Deckung 104
Gemeinbedarfsflächen 183
Gemeindedirektor 36; siehe auch Hauptverwaltungsbeamte
Gemeindefinanzierungsgesetz 89
Gemeindehaushaltsverordnung 95
Gemeindeordnung 29, 31, **35 ff.**, 55, 95
Gemeindeordnung, Deutsche 23
Gemeindeorgane 52
gemeindepsychiatrische Zentren 315
Gemeinderat siehe Vertretungskörperschaft
Gemeindestraßen 177
Gemeindeverkehrsfinanzierungsgesetz 174, 176 f.
Gemeindeversammlung **35**, 53
Gemeindevertretung siehe Vertretungskörperschaft
gemeinnützige Gesellschaft 120, 342, 364
gemeinnützige und zusätzliche Arbeit (GZ-Arbeit) 270 f.; siehe auch Hilfe zur Arbeit
Gemeinschaftsaufgabe zur Verbesserung der regionalen Wirtschaftsstruktur 117 ff., **128**, 133
Gemeinwesenarbeit 55
Gemengelage 153
Genehmigungspflicht 31; siehe auch Kommunalaufsicht
Generalverkehrspläne 172
Genfer Flüchtlingskonvention 376
Geothermie 214
gerechte Abwägung (Bauleitplanung) 154, 160
Gerontologie 295
Gesamtplan 95
Gesamtschule 339
gesamtwirtschaftliches Gleichgewicht 102
Geschäft der laufenden Verwaltung 37, 47, 273
Geschäftsordnung 29, 42
Geschichtswerkstätten 354
Geschoßflächenzahl 158
Gesellschafterversammlung 110, 111
Gesellschaftsvertrag, -zweck 111
Gesetz 28
Gesetz gegen Wettbewerbsbeschränkung ("Kartellgesetz") 207, 209

Gesetz über die Beförderung gefährlicher Güter und Stoffe 222
Gestaltungssatzung 153
gesundheitliche Betreuung 299
gesundheitlicher Umweltschutz 312
Gesundheitsamt 343
Gesundheitsberichterstattung 311
Gesundheitsförderung 311
Gesundheitskonferenzen 314
Gesundheitsplanung 311
Gesundheitsstrukturgesetz 315 f.
Gesundheitsverträglichkeitsprüfung 312
Getränkesteuer 89
Gewalt 280, 340; gegen Frauen 368 ff.
Gewässer 159
Gewerbeabfall, -kataster 199 f.
Gewerbebetrieb 115
Gewerbeertragsteuer 86
Gewerbeflächen, -politik 118, 125, 133, 147
Gewerbegebiet 118, 143
Gewerbekapitalsteuer 87
Gewerbesteuer 32, **86 f.**, 115, 118, 148
Gewerbesteuerumlage **87**, 93
Gleichbehandlung 71
Gleichberechtigungsgebot 74
Gleichstellungsstelle 71, 74, **77, 81**, 180, 182, 184 f.,
Gliederungsübersicht 96
Glühverlust 204
GmbH 109 f., 175
"grauer Stellenplan" 98
Grauwassernutzung 227
Großfeuerungsanlagenverordnung 216, 219
Gründerzentren 125
Grundflächenzahl 158
Grundrechte 57
Grundschule 341
Grundsteuer 32, **88**, 115, 169
Grundwasserschutz **224**, 232
Grünfläche 158 f.
Grünordnungsplan, -planung 158, 245
Gruppengröße (Kinderbetreuung) 288, 291
Gruppierungsübersicht **97**, 262
Güterverkehrsgesellschaften 177
Güterverkehrszentren 177
GZ-Arbeit 270 f.
Handlungsstörer 240
Hare-Niemeyer 45
Hauptamt 67, 118
Hauptgruppe 97
Hauptsatzung **31**, 42, 50, 76, 81
Hauptversammlung 110

Hauptverwaltungsbeamte 32, 43, 77, 100, 109; siehe auch Gemeindedirektor, Landrat, (Ober-)Stadtdirektor, (Ober-)Kreisdirektor
Häuserkampfbewegung 24
Haushalt 52, **95 ff.**, 387
Haushaltsausgleich 102
Haushaltsgrundsätze 101
Haushaltsgrundsätzegesetz 114
Haushaltsjahr 95, 102
Haushaltskonsolidierung 77, 99 f., 103
Haushaltskritik 263
Haushaltsplan 43, **95 ff.**, 109
Haushaltsquerschnitt 97
Haushaltsrest 102
Haushaltssatzung 31 f., 52 f., **95**, 262
Haushaltssicherungskonzept 103
Haushaltsstelle 97
Haushaltsvermerk **97**, 102, 104; siehe auch Deckungs-, Sperr-, Übertragbarkeitsvermerk
Haushaltswahrheit und -klarheit 103
Haushaltswirtschaft 95
haushaltswirtschaftliche Sperre 100
Hausmüllverbrennung 203
Hebesatz 32, **86 ff.**
Heim-Mindest-Bauverordnung 296
Heimgesetz 296
Hilfe in besonderen Lebenslagen 268
Hilfe zum Lebensunterhalt 268
Hilfe zur Arbeit 120; siehe auch GZ-Arbeit
Hilfe zur Pflege 305
Hilfen zur Erziehung 277
Hilfs- und Nebenbetriebe 109
Hochzonung 29
Hoheitsbetrieb 115
Hoheitsrechte 29, 31
Horte 288
Hundesteuer 89
Immissionsgrenzwerte für Verkehrslärm 217
Immissionsschutzgesetz 206
Indirekteinleiter, -überwachung 235
Indirekteinleiterverordnung 222
Individualisierungsprinzip 268
Industrie- und Handelskammer 118, 121
Industriebrachen 125
Informationspflicht (Unterrichtungspflicht) 52
Informationsrechte 33, 39, 45; siehe auch Bürgerunterrichtung
Inkompatibilität 35
Innenentwicklung 149, **157**, 168, 249
Innenministerium 33
Innenstadtentwicklung 144
innere Gemeindeverfassung 29, **35 ff.**
Innere Sozialverwaltung 258 f.

Instandsetzungsgebot 166
Integration von behinderten bzw. ausländischen Kindern 291; von Behinderten siehe Behinderte
integrative Einrichtungen 292
interkulturelle Erziehung 340
Investitionen siehe Vermögenshaushalt
Investitionen, rentierliche 105, 115
Investitionserleichterungs- und Wohnbaulandgesetz 54, **155**, 157, 186, 196, 202
Investitionsprogramm 99
Investitionsvorranggesetz 162
Inzidentkontrolle 31
Ist-Hilfen 268
Job-Ticket 173
Jugendamt 259 f., **277, 288,** 307
Jugendarbeit 344
Jugendarbeitslosigkeit 264, 283
Jugendaustausch 333
Jugendfürsorge 259
Jugendhilfe, -einrichtungen 255, **275 ff.,** 285, 339
Jugendhilfeausschuß 259, 262, **277 ff.,** 291
Jugendhilfepläne, -planung 260, 277, **280,** 287, 291
Jugendkulturzentren 280
Jugendpflege 259
Jugendschutz 277
Jugendverbände **281**
Jugendwohlfahrtsgesetz 286
Jugendzentren 279, 384
Jungenförderung 340
kalkulatorische Kosten 105
Kameralistik 68, **101,** 105, 109, 114
Kämmerei 67, 99, 118
Kanalnetz, Sanierung 229
Kann-Hilfen 268
Kapitalsteuer siehe Gewerbekapitalsteuer
Kartellgesetz siehe Gesetz gegen Wettbewerbsbeschränkungen
Kasernen 328, 243
Kassenkredite 101
Kassenwirksamkeitsprinzip 104
Kataster siehe Abwasser-, Belastungs-, Gewerbeabfallkataster
Katastrophenschutz 326
kaufmännische (betriebswirtschaftliche) Buchführung 69, 105, 109, 114; vgl. auch Kameralistik
Kenntnisgabeverfahren 325
Kennzeichnungspflicht 241
Kernbereich der Selbstverwaltungsgarantie **28 f.**
Kernrandzone 144
Kernstadt 143, 150

Kinder- und Jugendhilfegesetz (KJHG) 120, 276, 258, 286; siehe auch Jugendhilfe
Kinderbetreuung 284 ff.
Kinderbetreuungskosten 46; siehe auch Elternbeitrag
Kindergarten 287
Kinderkrippen 288
Kindertagesstätte 183, **287,** 340
Kläranlage 229
Klärschlammdeponierung 236
Klärschlammnutzung 235
Klärschlammverbrennung, -vergasung 236
Klärschlammverordnung 222
Klimabündnis europäischer Städte 221, 336
Klimaschutz 159, 220
Klimaschutzbericht 220
Kohlendioxyd siehe CO_2
Kommissionen 52 f.
Kommunalabgabengesetz 91, 177
Kommunalaufsicht(sbehörde) **29,** 30 f., **33,** 63, 100, 154
Kommunale Gemeinschaftsstelle für Verwaltungsvereinfachung (KGSt) 70, 327, 349
Kommunale Selbstverwaltung siehe Selbstverwaltung
Kommunale Spitzenverbände 38, 362, 381, 393
kommunale Unternehmen 32, 46, 109
kommunaler Finanzausgleich 32, **89**
kommunales Energieversorgungsunternehmen 206
Kommunalisierung 120, 289; vgl. auch Rekommunalisierung
Kommunalkredite 115
Kommunalpolitische Vereinigung 43
Kommunalverbände, höhere 348
Kommunalverfassung **35 ff.,** 42, 77
Kommunalverfassung der DDR 25, 39
Kommunalwahlen, DDR 24
Kommunalwahlgesetze 35
Kompostanlagen 196, 202
konfessionelle Träger 260, 263
Konfliktberatung 321; siehe auch Beratungsstellen
konjunkturgerechtes Verhalten 102
Konnexitätsprinzip 85
Konsolidierungsprogramme 256; siehe auch Haushaltskonsolidierung
Konversion 124, 133, 328
Konzessionsabgabe (KA) 92, **208**
Konzessionsabgabenerlaß, -verordnung 208
Konzessionsvertrag 207 f.
Körperschaftsteuer 115
Korporatismus 265
Kosten-Nutzen-Analyse 102

Krabbelgruppen 288
Kraft-Wärme-Kopplung 209, 213
Krankenhäuser, Krankenhauspolitik 311, 315
Kreditaufnahme 101; siehe auch Kassenkredite, Kommunalkredite
Kreis siehe Landkreis
kreisangehörige Gemeinden 279
Kreisdirektor siehe Hauptverwaltungsbeamte
kreisfreie Städte 175, 277
Kreisjugendring 281
Kreisordnungen 29
Kreissportbund 363
Kreisstraßen 177
Kreistag siehe Vertretungskörperschaft
Kreistagsabgeordnete, Rechte der 61
Kreisumlage 60, **85**
Kreisverfassungen 59, 61
Kulturamt 349
Kulturangebote, -veranstaltungen 341, 385
Kultureinrichtungen 343
Kulturhoheit 347
Kulturpolitik 346 ff.
Kurzzeitpflege 296
Landbeschaffungsgesetz 324
Landes-ÖPNV-Gesetz 175
Landesbauordnung **153**, 158, 173, 308 f.
Landesentwicklungspläne 261
Landesjugendamt 277
Landesjugendring 281
Landesnaturschutzgesetze 158
Landesplanung 127
Landesstraßen 176
Landeswassergesetz 222
Landeswohlfahrtsverband 62
Landkreis, Kreis 33, **59 ff.**, 85, 175, 277
Landkreistag siehe Kommunale Spitzenverbände
Landrat 59; siehe auch Hauptverwaltungsbeamte
Landschaftsbeirat 250
Landschaftsbestandteil, geschützter 251
Landschaftsplanung 140, 142
Landschaftsschutzgebiet 251
Landschaftsverband 62
Landwirtschaft 129, **135 ff.**
Landwirtschaftliche Produktionsgenossenschaft (LPG) 136, 138
Landwirtschaftsanpassungsgesetz 136
Landwirtschaftsgesetz 137
Landwirtschaftskammern 135
Landwirtschaftsklausel 246
Lärmminderungspläne 218
Lärmsanierung 174, 216
Lärmschutz, -vermeidung 159, **216 ff.**, 362
Lärmschutzbereich 217

Lärmverordnung 217 f.
Laufbahnprinzip 67
Lebensraumschutz 253; siehe auch Biotop
Leistungsmißbrauch 270
Liegenschaften, -spolitik 118, 164
Linienorganisation 66
Listenverbindung 45
LKW-Führungskonzepte 177
Luftbelastung 159, **216 ff.**
Mädchenförderung 339
Mädchenhäuser 282, 369, 373
Mädchenprojekte 280
Magistrat 36
Magistratsverfassung **36**, 38
MandatsträgerInnen 42
Manöver 325
materielle Privatisierung 107
Mediation 56
Methadon 318
Mietpreisbindung 161
Mietpreisüberwachung 166
Mietrechtsverbesserungsgesetz 166
MigrantInnen 301
Milieuschutzsatzung 165
Militärflughäfen 328, 243
militärische Einrichtungen, Liegenschaften 328, **329 f.**
Mineralölsteuer 172
Mischkanalisation 231
mittelfristige Finanzplanung 99
Mobilität 170, 179, 181
Modernisierungs- und Instandsetzungsgebot 166
monistische Kommunalverfassung 30, 37
Müllverbrennung 203; siehe auch Abfallbeseitigung, Hausmüllverbrennung
Munizipalsozialismus **20**, 21
Museum 347, 350, **355**
Nachrangprinzip siehe Subsidiarität
Nachtragshaushalt 100, **102**
Nachttaxi (Frauen-) 180, 369
Nachverdichtung 168; siehe auch Innenentwicklung
nachwachsende Rohstoffe 138
Nahverkehrsabgabe 173
Nahwärme, -netz 159, 214
Nationalpark 251
Naturdenkmal 251
Naturschutz 139, **245 ff.**
Naturschutzämter, -behörden 247
Naturschutzgebiet 251
Naturschutzgesetz 222; siehe auch Bundes-, Landesnaturschutzgesetz
Naturschutzrecht 325

(Neo-)Nazis, organisierte/militante 384
Nettokreditaufnahme 101
Netzentflechtungskosten 210
Netzübernahmen 208, **209 f.**
Neuansiedlungen 118
Neuverschuldung 101
Nicht-Regierungsorganisationen 331, **336**
nichtbeplanter Bereich 155
nichtöffentliche Angelegenheit 43
Niederschlagswasser 231
Niedrigenergiebauweise 212
Niedrigenergiestandard 213
niedrigschwellige Angebote 312
Nord-Süd-Foren 331, **336**
norddeutsche Ratsverfassung **37**, 39
Normalfamilie 285 ff.
Normenkontrolle, -verfahren 31, 155
Notauslässe 230
Notrufprojekte 369, **371**
Notunterkünfte 320 f.
Nutzenergie, -wärme 210
Obdachlose(nunterkünfte) 163, 166, 167, 168, 272, 312, 320
Obdachlosigkeit 145, 264, 320
Obere Abfallbehörde 201
Obere Wasserbehörde 235
Oberkreisdirektor 59; siehe auch Hauptverwaltungsbeamte
Oberstadtdirektor siehe Hauptverwaltungsbeamte
offene Altenhilfe 297
offene Jugendarbeit 385
öffentlich-rechtliche Rechtsform 109
öffentliche Aufträge 80; vgl. Beschaffung
öffentliche Grünflächen 159
öffentliche Träger **260,** 276
öffentlicher Gesundheitsdienst 311 ff.
Öffentlicher Personennahverkehr (ÖPNV) 142, 148 f., **179 f.**, 364
Öffentlichkeit von Sitzungen 43
Öffnungszeiten von Kindertageseinrichtungen 291
Öko-Audit 191
Ökobilanz 194
ökologische Bestandsanalyse 125
ökologischer Landbau 133, 138
ökologisches Wirtschaften 123 ff.
Ombudsmann 55
Ordnungsbehördengesetz 167
Organisationshoheit 32, 47, 307
organische Fraktion (Abfall) 201
örtliche Träger der Sozialhilfe **267,** 277, 304
örtliche Verbrauch- und Aufwandsteuern 84, **89**
Orts- und Bezirksverfassungen 51
Ortschaftssatzung 50

Ortsdurchfahrten 176
Ortsrat 154
Pachtregelung 148
Papierfraktion (Abfall) 201
Park-and-Ride-Anlagen 172
Parkgebühren 173
Parkraumbewirtschaftung 173
Parteien 42
Parteienfinanzierung 43
Patenschaft 333
Pauschalierung 273
Personalamt 67
Personalausschuß 79
Personalhoheit **32,** 67
Personalrat 79
Personalwirtschaft 109
Personensorgeberechtigte/r 288
Petitionsrecht 53
Pflanzgebote 159
Pflegeversicherung(sgesetz) 297 f., 305
Pflegschaft 276, **306**
Pflichtaufgabe **29,** 258, 261, 278, 349; siehe auch Selbstverwaltungsaufgaben
Pflichtzuführung 103
Plan siehe Aufgabengliederungs-, Altenhilfe-, Bebauungs-, Bibliotheksentwicklungs-, Bundesverkehrswege-, Finanz-, Flächennutzungs-, Frauenförder-, Generalverkehrs-, Grünordnungs-, Jugendhilfe-, Haushalts-, Landesentwicklungs-, Lärmminderungs-, Sanierungs-, Schulentwicklungs-, Sportentwicklungs-, Stellen-, Verkehrsentwicklungs-, Verwaltungsgliederungs-, Vorhaben- und Erschließungs-, Wirtschaftsplan
Planfeststellungsverfahren 196
Planrechtfertigung 202
Planung 79; siehe auch Alten(hilfe)-, Bauleit-, Begleit-, Finanz-, Gesundheits-, Jugendhilfe-, Landes-, Landschafts-, Programm-, Rahmen-, Regional-, Sozial-, Stadt(teil)entwicklungs-, Verkehrsentwicklungsplanung
Planungs- und Genehmigungsverfahren 190
Planungshoheit 32
Planungsrecht 152
Planungsverbände 151
Planungszelle 55
Plattenbau-Großsiedlungen 162
Politikerinnen-Modell 78
Polizei- und Ordnungsrecht 240
Prävention gegen sexuellen Mißbrauch 374
private Rechtsform 109
Privatisierung 64, 79, **107 ff.**, 364
Privilegierungsregeln 324
Produktlinienanalyse 194
Programmplanungen 264

407

Prostituierte 319
Psychiatriebeirat 315
PsychiatriekoordinatorIn 315
Psychiatriepersonalverordnung 315
Psychiatriepolitik 311, 314
Public-private-partnership 107
Qualifizierung 119, **121 f.**
Qualitätskontrolle bei freien Trägern 313
Querschnittsämter 67
Querschnittsaufgabe 187, 312
Querverbundunternehmen 207, 209
Quotierung 74, **78**
Radverkehrsförderung 174
Rahmenplanung 156
Randbereich der Selbstverwaltungsgarantie 29
Rat siehe Vertretungskörperschaft
Rationalisierung 263
Ratsmitglied 42
Ratsmodell 78
Ratsverfassung, nord-/süddeutsche **37**, 39
Ratsvorsitzende/r 43
Raumordnung 127 ff., 172
Raumordnungsgesetz, -recht 140, 325
Raumordnungsverfahren 56
Raumplanungshoheit 32
Realsteuergarantie 83
Realsteuern 84
Rechnungsprüfung, -samt, -sausschuß 100
Rechte der BürgerInnen 61
Rechte der Kreistagsabgeordneten 61
Rechtsanspruch auf einen Kindergartenplatz 287
Rechtsaufsicht 32
Rechtsbehelf 57
rechtsextreme **Wahlparteien** 384
Rechtspersönlichkeit 109
Rechtsweg 57
Recyclingzentren 202
Rede- und Antragsrecht 43 f., 77
Reduktionssatzung 173
Reform der mittleren Ebene 63
Reform siehe auch Agrar-, Bahn-, Dienstleistungs-, Dienstrechts-, Finanz-, Funktional-, Gebiets-, Sozial-, Steuer-, Territorial-, Verwaltungsreform
Regelsätze 268
Regenerative Energien 214 f.
Regenrückhaltebecken 231
Regenwasser 225
Regenwasserversickerung 226; vgl. auch Flächenversiegelung
Regiebetrieb 109
Regierungsbezirke 62, **63**

Regierungspräsident 63, 128; siehe auch Kommunalaufsicht
Region 118 f., 121, 123, **128**
Regionale Entwicklungskonzepte 133 f.
regionale Foren 151
regionales Energieversorgungsunternehmen 206
Regionalfonds 128
Regionalisierung 314
Regionalplanung 128
Rehabilitation 296, 298, 316
Reichsstädtebund 22
Rekommunalisierung 79; der Energieversorgung 209
rentierliche Investitionen 105, 115
Ressourcenverantwortung 68, 99, 114
Restmüll, -behandlung 203
Restmüllquote 201
Rohstoffe, nachwachsende 138
Rücklage 103, 105
Rücknahmeverpflichtung 204
sachkundige Bürger/EinwohnerInnen **43**, 52
Sachleistungsvorrang 271
Sachverantwortung 68
Sammelnachweis 104
Sammler von Abwasser 231
Samtgemeinden 61
sanfter Tourismus 141
Sanierung 213; des Kanalnetzes 229
Sanierungsbeirat 243
Sanierungshaftung 330
Sanierungsmaßnahme, -gebiet 156
Sanierungsplan 243
Sanierungszentren 242
Satzung 29, **31**, 153, 308; siehe auch Abfall-, Abwassersatzung, Bebauungsplan, Erhaltungs-, Gestaltungs-, Haupt-, Haushalts-, Milieuschutz-, Ortschafts-, Reduktionssatzung
Satzungshoheit 31
saurer Regen 216
Schattenregelsätze 261
Schienenwegeausbaugesetz 176
Schlichtwohnungen, -gebiete 145, 165; siehe auch Obdachlosenunterkünfte
Schlüsselzuweisungen 89
Schulaufsicht, -träger 339
Schuldendienst 101
Schuldnerberatung 121, 321; siehe auch Beratungsstellen
Schulentwicklungspläne 339
Schulgärten 340
Schulpartnerschaften 336
Schulsport 363
Schulumgebung 340
Schutzbereich, -gesetz, -anordnung 325

Schwerbehindertengesetz 303, 309
Segregation 144
Selbsthilfe 313
Selbstverwaltung, kommunale 18, 22, 25, **27 ff.**, 47, 49, 67, 308
Selbstverwaltungsangelegenheiten, -aufgaben 29, 32, 60, 68, 100
Selbstverwaltungsgarantie **27 ff.**; Kern-/Randbereich der S. 28 f.
Semester-Ticket 173
Seniorenbeiräte 300
sexuelle Belästigung am Arbeitsplatz 79
sexueller Mißbrauch 369, **372 f**
Siedlungsstruktur **127**, **129**, 133
Singularisierung 162, 294
Smogverordnung 219
Sofortvollzug 155
Solaranlagen 214
Soll-Hilfen 268
Sonnenenergie 214
Sortieranlagen 196, 202
Sowjetische Streitkräfte, Westgruppe der 329
sozial erfahrene Personen 273, 309
Sozialamt **258**, 260, **267**
Sozialberatung 264; siehe auch Beratungsstellen
Sozialbericht, -erstattung 256, 274, 295; siehe auch Alten-, Armuts-, Gesundheitsbericht
Sozialbilanz 164
Sozialbudget 257
soziale Dienste 255, **256 ff.**, **267 ff.**
soziale Einrichtungen 164
soziale Frage 19
sozialer Brennpunkt 291
Sozialer Wohnungsbau 144, 161, 181, 309
Sozialgesetzbuch (SGB) 257
Sozialhilfe 255, **267 ff.**; siehe auch Bundessozialhilfegesetz
Sozialhilfeausgaben der Kommunen 86, 120, 272
Sozialhilfekritik 262
Sozialplanung 256, 260, 277; siehe auch Alten(hilfe)-, Gesundheits-, Jugendhilfe-, Programmplanung
sozialpsychiatrische Dienste 313, 315, 319, 321
Sozialreform 256
Sozialversicherungsrecht 294
Sozialverwaltung (innere/äußere) 258 f.
Sparkassen 109
Sparsamkeit **101**, 194
Spartenunternehmen 207
Spätaussiedler 381
Speiseeissteuer 89
Sperre, haushaltswirtschaftliche 100
Sperrvermerk 104
spezielle Deckungsmittel 104

Spitzenverbände, kommunale 38, 362, 381, 391
Sponsoring 350, 365
Sportamt, -ausschuß 363
Sportentwicklungspläne 365, 366
Sportförderung 360
Sportplätze, -stätten 364
Staatsbeauftragter 33
Staatsverwaltung 63
Stabilitäts- und Wachstumsgesetz 95, 102, 120
Stadtarchiv 347, **357 f.**
Stadtbezirksräte 38
Stadtdirektor siehe Hauptverwaltungsbeamte
Städte- und Gemeindebund siehe Kommunale Spitzenverbände
Städte&Entwicklung 336
Städtebauförderungsgesetz 53
städtebauliche Entwicklungsmaßnahme 155, 168
städtebaulicher Vertrag 155, 168
Städtebaurecht 152
Stadtentwicklung(samt) 118, 143 ff., 172
Stadtentwicklungskonzept 156
Stadtentwicklungsplanung 261
Städteordnung, Preußische 18
Städtepartnerschaften, -verbindungen, -kontakte 333 ff.
Städtetag siehe Deutscher Städtetag
Stadtgeschichtsforschung 327, 354
Stadtjugendring 281
Stadtklima 220
Stadtökologie 341
Stadtplanung **152 ff.**, 240
Stadtplanungsamt 343
Stadtrat siehe Rat, Vertretungskörperschaft
Stadtrundgänge, alternative 355
Stadtsportbund 363
Stadtteil 385
Stadtteilentwicklungsplan 156
Stadtverordnetenversammlung siehe Vertretungskörperschaft
Stadtwerke 133, 206
Standort, -faktoren, -wettbewerb 118 ff., 123, 130, **131**, 143, 199, 351
Standortsicherungsgesetz 92
Stauraum 231
Stellenabbau 79
Stellenplan 68, 81, **97**, 262
Stellplätze 173
stetige Aufgabenerfüllung 101
Steuern 86 ff.
Steuerreform 92 f.
Steuerverbund 89
Stiftungen 109
Strafentlassene, -fällige 319

409

Strafgefangene 343
Straßenbaubehörden 176
Straßennutzungsgebühren 173
Straßenverkehrsordnung 173 f.
Stromeinspeisepreise 209, **214**
Stromverträge 207
Strukturschwäche 127
Strukturwandel 117, 123, 131 f., 135 f.
Subsidaritätsprinzip (Nachrangigkeit) 108, **260**, 267 f., 295, 362, 365
Substitution 318
Subventionen 80, 115, 118
süddeutsche Ratsverfassung **37**, 39
TA Lärm 217
TA Luft 219
TA Siedlungsabfall 204, 236
Tagesmutter, Tagespflege, -angebot 288, 296
Tagesordnung, Aufnahme eines Punktes 44
Tarife, lineare/progressive 212, 224
Technologiezentren 124 f., 33
Teilnahmerecht 77, 79
Teilortswahl, unechte 50
teilstationäre Angebote 296, 314
Teilzeit 79, 126
Tempo-30-Zonen, -gebiete 174
Territorialreform 64
Theater 349
Tiefflug 325
Tiefgaragen 173
Tilburger Modell 69
Tilgungen 101
Tourismus, sanfter 141
Towns&Development 336
Trabantensiedlungen 144
Träger der freien Wohlfahrtspflege 267
Träger der öffentlichen Jugendhilfe 287
Träger öffentlicher Belange 53, 154, 184
Träger siehe öffentliche/freie, konfessionelle, örtliche/überörtliche Träger
Trägeranteil 289
Trägerstruktur 257
Trennkanalisation 231
trialistische Kommunalverfassung 37
Trinkwassereinsparprogramm, -versorgung 223
Übernahmeverfahren 358
überörtliche Träger der Sozialhilfe 267, 304, 306
überplanmäßige Ausgaben 100
Übertragbarkeit 102
übertragener Wirkungskreis **29**, 33; siehe auch Selbstverwaltung
Umgehungsstraßen 176
Umsatzsteuer 115

Umwandlung von Miet- in Eigentumswohnungen 161
Umweltberatung 193
Umweltberichte 193
Umweltbetriebsprüfung 191
Umweltbilanz siehe Ökobilanz
Umweltdezernat 187 f.
umweltfreundliche Baustoffe 125, 193 f., 340
Umweltfreundliches Beschaffungswesen 193
Umweltinformationssystem 192
Umweltqualitätsstandards, -ziele 191
Umweltschutz, kommunaler 187 ff.
Umweltverbund 148, **172**, 182, 364
Umweltverträglichkeitsprüfung (UVP) 56, 190, 218, 246, 362; siehe auch UVP-Gesetz
Umweltverwaltung 187 ff.
unbebaute Flächen 158
unechte Deckung 104
unechte Teilortswahl 50
Unionsbürgerschaft 35, 377
Universalitätsprinzip 28
Unterabschnitt 96
Untere Abfallbehörde 201
Untere Wasserbehörde 235
Unternehmen, kommunale 46, 109
Unterrichtungspflicht (Informationspflicht) 33, 52
Untersuchungsausschüsse 32
UVP-Gesetz **190 ff.**, 222
Verbandsklage 54, 57, 250
Verbandsversammlung 62
Verbleibensreglung 376
Verbrennungsanlagen 196; siehe auch Hausmüll-, Klärschlammverbrennung
Verbundunternehmen 206
Verdichtung 132, 149
Verdienstausfall 46
Verein 342
Verfassungsbeschwerde 29
Vergabe öffentlicher Aufträge 80; vgl. Beschaffung
Vergnügungsteuer 89
Verkehrsentwicklungspläne, -planung **172**, 182
Verkehrsflächen 159, 308
Verkehrslärmschutzverordnung 174, 216
Verkehrsunternehmen 175, 309
Verkehrsverbund 175
Verkehrswende 172
Vermerk siehe Haushaltsvermerk; im Stellenplan 98
Vermögenshaushalt 96, **102 f.**
Vermögensteuer 115
Verpackungsverordnung 204
Verpflichtungsermächtigung 102

Verpflichtungsklage 31
Verrechnung 105
Verschuldung 101; siehe auch Kreditaufnahme
Verschuldungsgrenze 101, 115
Verschwiegenheitspflicht 46
Versiegelung siehe Flächenversiegelung
Versorgungsgrad, -quote bei Kindertageseinrichtungen 290
Verstärkungsvermerk 104
Verteilungsunternehmen 206
Vertrag, städtebaulicher 155, 168
Vertretungskörperschaft (Stadt-, Gemeinderat, Gemeindevertretung, Kreistag) **27**, 35 f., 49, 52 f., 109, 111; Auflösung der V. 33; siehe auch Ratsmitglied, -vorsitzender usw.
Vertretungsverbot 35
Verwaltungsanweisungen 273
Verwaltungsausschuß 37
VerwaltungsexpertInnen, Austausch von 335
Verwaltungsgliederungsplan 65
Verwaltungshaushalt 68, 96, **102 f.**
Verwaltungsleitung 66
Verwaltungsmodell 78
Verwaltungsreform **64 ff.**, 79, 263
Verwaltungsspitze 37, 69, 71, 187
Verwaltungsvorschriften 260, 288
Volkshochschule **341**, 346
Volksvertretung 35; siehe auch Vertretungskörperschaft
Vorbehaltsklausel 330
Vorbericht zum Haushalt 95
Vorfluter 230
Vorhaben- und Erschließungsplan 155, 168
Vorkaufsrecht 154 f., 164
vorläufige Haushaltsführung 100
Vormundschaft 276, **306**
WählerInnengruppen 42
Wahlrecht 19, **35**, 53, 380
Wahrheit und Klarheit 103
Wärmedämmung 159
Wärmeschutzverordnung 221
Wasserbehörde, Obere/Untere 235
Wasserhaushaltsgesetz 159, 222, 233, 325
Wasserkraft 215
Wasserrecht 226
Wasserverbandsgesetz 222
Wehrbereichsverwaltung 329
Weiterbildung 125
Weiterbildungsverbund 342
Werkleitung, -sausschuß 110 f.

Wertgrenzen 47
Wertgutscheine 378 ff.
Wertschöpfsteuer 93
Wertstoffzentren 202
Westgruppe der Sowjetischen Streitkräfte 329
"wichtige Angelegenheit" 50
Widerspruch 31
Widerspruchsausschuß 273
Wiedereinweisung 167
Wiederverwertung 202
Windenergie 215
Wirtschaftlichkeit und Sparsamkeit **101**, 194
Wirtschaftsförderung **117 ff.**, 132, 142, 147, 342
Wirtschaftsplan 109, 111
Wohlfahrtspflege, freie 267
Wohlfahrtsverbände 255, 261, 313 f.
Wohnbebauung 308
Wohneigentum 149
Wohnen im Alter 300
Wohnflächenverbrauch 162
Wohngeldsondergesetz 163
Wohnungsaufsicht 164, 166
Wohnungsbau 145, 149, 161; sozialer W. 144, 181, 309
Wohnungsbauerleichterungsgesetz 155
Wohnungsbehörden 166
Wohnungsbeschlagnahme 167
Wohnungslosigkeit, -not 161, **163** f., 181, 319, 371; siehe auch Obdachlosigkeit
Wohnungsmarkt 149, 161
Wohnungsnotfall 164, 320
Wurzelraumversorgungsanlagen 234
zentrale Ressourcenverantwortung 68
Zielgruppenprogramme 264
Zinsen 101
Zivilschutz 326
zoniertes Satzungsrecht 159
zugehende Beratung 299
Zukunft durch öffentliche Dienste (ÖTV-Kampagne) **69**, 99
Zukunftswerkstatt 56
Zustandsstörer 240
Zuweisungen 32
Zweckentfremdung (Wohnraum) 144, 164, **166**
zweckgebundene Zuweisungen 91
Zweckverband 109, 175
Zweckverbandsversammlung 62
Zweiter Arbeitsmarkt 120, 124
Zweitwohnungsteuer 89

Abkürzungsverzeichnis

AbfG	Abfallgesetz	BtmG	Betäubungsmittelgesetz
ABM	Arbeitsbeschaffungsmaßnahmen	BTO	Bundestarifordnung
ABS	Arbeitsförderungs-, Beschäftigungs- und Strukturentwicklungsgesellschaften	BUND	Bund Umwelt- und Naturschutz
		BVÄ	Bundesvermögensämter
		BVerfG	Bundesverfassungsgericht
AbwAG	Abwasserabgabengesetz	BVerfGE	Bundesverfassungsgerichtsentscheidung
ADGB	Allgemeiner Deutscher Gewerkschaftsbund		
		BVG	Bundesverwaltungsgericht
AEVO	Allgemeine Arbeitserlaubnisverordnung	BVS	Bundesverband für Selbstschutz
		BVV	Bezirksverordnetenversammlung
AFG	Arbeitsförderungsgesetz	CO_2	Kohlendioxyd
AG	Aktiengesellschaft	dB(A)	Dezibel, Schallpegel A
AG SPAK	Arbeitsgemeinschaft Sozialpolitischer Arbeitskreise	DBJR	Deutscher Bundesjugendring
		DDP	Deutsche Demokratische Partei
AGAG	Aktionsprogramm gegen Aggression und Gewalt	DGT	Deutscher Gemeindetag
		DIFU	Deutsches Institut für Urbanistik
AGÖL	Arbeitsgemeinschaft für ökologischen Landbau	DIN	Deutsche Industrienorm
		DNVP	Deutschnationale Volkspartei
AKP	Alternative Kommunalpolitik	DPWV	Deutscher Paritätischer Wohlfahrtsverband
AO	Abgabenordnung		
ARE	Arbeitsgemeinschaft regionaler Energieversorgungsunternehmen	DSD	Duales System Deutschland
		DSt	Deutscher Städtetag
AsylLG	Asylbewerberleistungsgesetz	DVG	Deutsche Verbund-Gesellschaft
AsylVfG	Asylverfahrensgesetz	DVP	Deutsche Volkspartei
AuslG	Ausländergesetz	DVU	Deutsche Volksunion
B-Plan	Bebauungsplan	EDU	Energiedienstleistungsunternehmen
BAFl	Bundesamt für die Anerkennung ausländischer Flüchtlinge		
		EFRE	Europäischer Fonds für regionale Entwicklung
BAGH	Bundesarbeitsgemeinschaft Hilfe für Behinderte		
		EG	Europäische Gemeinschaft
BAT	Bundesangestelltentarifvertrag	EinglHVO	Eingliederungshilfe-Verordnung
BauGB	Baugesetzbuch	EKC	Europäische Charta der Kommunalen Selbstverwaltung
BauNVO	Baunutzungsverordnung		
BayGO	Bayerische Gemeindeordnung	EnWG	Energiewirtschaftsgesetz
BBauG	Bundesbaugesetz	EP	Einzelplan
BBesG	Bundesbesoldungsgesetz	ESF	Europäischer Sozialfonds
BewG	Bewertungsgesetz	EStG	Einkommensteuergesetz
BGB	Bürgerliches Gesetzbuch	EU	Europäische Union
BGBl	Bundesgesetzblatt	EVU	Energieversorgungsunternehmen
BGH	Bundesgerichtshof	EWGV	EWG-Vertrag
BImSchG	Bundesimmissionsschutzgesetz	ExWoSt	Experimenteller Wohnungs- und Städtebau
BLG	Bundesleistungsgesetz		
BMA	Biologisch-mechanische Abfallbehandlung	F-Plan	Flächennutzungsplan
		FA	Finanzausgleich
BMTG-II	Bundesmanteltarifvertrag für Arbeiter der Gemeinden	FAG	Finanzausgleichgesetz
		FDE	Fonds "Deutsche Einheit"
BNatSchG	Bundesnaturschutzgesetz	FE	Fürsorgeerziehung
BROP	Bundesraumordnungsprogramm	FEH	Freiwillige Erziehungshilfe
BSHG	Bundessozialhilfegesetz	FKP	Föderales Konsolidierungsprogramm
BT Drs.	Bundestags-Drucksache		
BtBG	Betreuungsbehördengesetz		

FKPG	Gesetz zur Umsetzung des Föderalen Konsolidierungsprogramms	ISL	Interessenvertretung Selbstbestimmt Leben
FOPA	Feministische Organisation von Planerinnen und Architektinnen	IuK	Informations- und Kommunikationstechnik
FStrG	Fernstraßenausbaugesetz	JWG	Jugendwohlfahrtsgesetz
GAK	Gemeinschaftsaufgabe zur Förderung der Agrarstruktur und des Küstenschutzes	KA	Konzessionsabgabe
		KAG	Kommunalabgabengesetz
		KatSG	Katastrophenschutzgesetz
GemHVO	Gemeindehaushaltsverordnung	KAV	Konzessionsabgabenverordnung
GemO BaWü	Gemeindeordnung Baden-Württemberg	KFA	Kommunaler Finanzausgleich
		Kfz.	Kraftfahrzeug
GemO RhPf	Gemeindeordnung Rheinland-Pfalz	KGSt	Kommunale Gemeinschaftsstelle für Verwaltungsvereinfachung
GEP	Gebietsentwicklungsplan	Kita	Kindertagesstätten
GewStDV	Gewerbesteuerdurchführungsverordnung	KJHG	Kinder- und Jugendhilfegesetz
GewStG	Gewerbesteuergesetz	KMU	Kleine und mittlere Unternehmen
GfaV	Großfeuerungsanlagenverordnung	KomVerf DDR	Kommunalverfassung der DDR
GFG	Gemeindefinanzierungsgesetz	KPD	Kommunistische Partei Deutschlands
GFZ	Geschoßflächenzahl		
GG	Grundgesetz	KrO	Kreisordnung
GmbH	Gesellschaft mit beschränkter Haftung	KStG	Körperschaftsteuergesetz
		KSVG Saarl.	Kommunalselbstverwaltungsgesetz des Saarlandes
GO	Gemeindeordnung		
GO NRW	Gemeindeordnung Nordrhein-Westfalen	ku	künftig umzuwandeln
		kw	künftig wegfallend
GrStDV	Grundsteuerdurchführungsverordnung	KWK	Kraft-Wärme-Kopplung
		LAGA	Länderarbeitsgemeinschaft Abfallbeseitigung
GrStG	Grundsteuergesetz		
GRW	Gemeinschaftsaufgabe zur Verbesserung der regionalen Wirtschaftsstruktur	LB	geschützter Landschaftsbestandteil
		LBauO	Landesbauordnung
GRZ	Grundflächenzahl	LBG	Landbeschaffungsgesetz
GVFG	Gemeindeverkehrsfinanzierungsgesetz	LBP	Landschaftspflegerischer Begleitplan
GVZ	Güterverkehrszentrum	LFA	Länderfinanzausgleich
GWB	Gesetz gegen Wettbewerbsbeschränkungen	LKW	Lastkraftwagen
		LPG	Landwirtschaftliche Produktionsgenossenschaft
GZ-Arbeit	Gemeinnützige und zusätzliche Arbeit		
HeimG	Heimgesetz	LSA	Land Sachsen-Anhalt
HeimMindBauV	Heimmindestbauverordnung	MVA	Müllverbrennungsanlage
HeimMindPersV	Heimmindestpersonalverordnung	NGO	Niedersächsische Gemeindeordnung
HessBauO	Landesbauordnung Hessen		
HGO	Hessische Gemeindeordnung	NGO	Non-governmental Organisations (engl.: Nicht-Regierungsorganisationen)
HGr	Hauptgruppe		
HGrG	Haushaltsgrundsätzegesetz	NPM	New Public Management
HibL	Hilfe in besonderen Lebenslagen	NRO	Nicht-Regierungsorganisationen
HzL	Hilfe zum Lebensunterhalt	NRW	Nordrhein-Westfalen
IB	Internationaler Bund für Sozialarbeit	NSDAP	Nationalsozialistische Deutsche Arbeiterpartei
IHK	Industrie- und Handelskammer	OBG	Ordnungsbehördengesetz
InvErlG	Investitionserleichterungs- und Wohnbaulandgesetz	OKD	Oberkreisdirektor
		OLG	Oberlandesgericht
InvVG	Investitionsvorranggesetz	ÖPNV	Öffentlicher Personennahverkehr

ÖTV	Gewerkschaft Öffentliche Dienste, Transport und Verkehr	UBA	Umweltbundesamt
		UGr	Untergruppe
OVG	Oberverwaltungsgericht	UMKEHR	Arbeitskreis Verkehr und Umwelt
PC	Personal Computer		
PKW	Personenkraftwagen	UQZ	Umweltqualitätsziele
PsychPV	Psychiatriepersonalverordnung	UStG	Umsatzsteuergesetz
REPs	Die Republikaner	UVP	Umweltverträglichkeitsprüfung
ROG	Raumordnungsgesetz	VCD	Verkehrsclub Deutschland
SchutzBerG	Schutzbereichsgesetz	VDV	Verband Deutscher Verkehrsunternehmen
SchwBG	Schwerbehindertengesetz		
SGB	Sozialgesetzbuch	VermG	Vermögensgesetz
SGK	Sozialdemokratische Gemeinschaft für Kommunalpolitik	VG	Verwaltungsgericht
		VHS	Volkshochschule
SHGO	Schleswig-Holsteinische Gemeindeordnung	VKA	Vereinigung der kommunalen Arbeitgeber
SPD	Sozialdemokratische Partei Deutschlands	VKU	Verband Kommunaler Unternehmen
SPNV	schienengebundener Personennahverkehr	VÖV	Verband öffentlicher Verkehrsbetriebe
StBauFG	Städtebauförderungsgesetz		
StVO	Straßenverkehrsordnung	WBV	Wehrbereichsverwaltung
StWG	Stabilitäts- und Wachstumsgesetz	WGS	Westgruppe der sowjetischen Streitkräfte
TA	Technische Anleitung		
TA Lärm	Technische Anleitung zum Schutz gegen Lärm	WHO	World Health Organisation (engl.: Weltgesundheitsorganisation)
TA Luft	Technische Anleitung zur Reinhaltung der Luft	WoBauErlG	Wohnungsbauerleichterungsgesetz
UA	Unterabschnitt		

AKP
Fachzeitschrift für Alternative Kommunal Politik

Wer wir sind - was wir wollen

Die ALTERNATIVE KOMMUNALPOLITIK (AKP) gibt es seit 15 Jahren. Wir berichten laufend über alle relevanten kommunalpolitischen Fachgebiete. Mittlerweile erscheint die AKP in einem Umfang von 68 Seiten regelmäßig alle zwei Monate; außerdem produzieren wir zu besonders wichtigen Themen immer wieder Sonderhefte und Bücher. Durch ihr breites publizistisches Themenfeld ist die AKP in den letzten Jahren zu einer der wichtigsten Säulen grün-alternativer Kommunalpolitik geworden.

☐ *Herausgeber und Redaktion*

Die Zeitschrift wird von über vierzig grün-alternativ-bürgerbewegten Parteigliederungen aus Ost und West herausgegeben: von Kreisverbänden, Stadtratsfraktionen, Landesverbänden, Landtagsfraktionen, kommunalpolitischen Vereinigungen und der Partei BÜNDNIS 90/DIE GRÜNEN. Die Redaktion setzt sich bundesweit aus Redakteurinnen und Redakteuren mit verschiedenen Fachgebieten zusammen. Fast alle Regionen sind vertreten, so daß die AKP ständig mit Informationen aus erster Hand versorgt wird.

☐ *Geschäftsführung der AKP*

Sitz der Zeitschrift ist Bielefeld. Hier befinden sich Geschäftsführung und Redaktion, die von der Aboverwaltung bis zur Werbung alle notwendigen Arbeiten abgewickeln.

☐ *Die AKP hat einen Preis*

...nämlich 9.- DM pro Einzelheft plus 2.- DM Versand. Das Jahresabo kostet 54.- DM (Ausland 75.-). Die 3.200 Abonnentinnen und Abonnenten erhalten pünktlich, immer zu Beginn des ungeraden Monats, ihr taufrisches AKP-Heft. Gelesen wird die AKP laut LeserInnen-Umfrage von ca. 10.000 Menschen, nicht nur in grünen Fraktionen, sondern auch in Stadtverwaltungen, bei anderen Parteien, im Wissenschaftsbereich und in zahlreichen Bibliotheken.

☐ *Die AKP als Werbeträger*

Da die Zeitschrift flächendeckend alle Fraktionen von BÜNDNIS 90/DIE GRÜNEN erreicht, ist sie hervorragend für Stellenausschreibungen und auf die Kommune bezogene Werbung geeignet. Bedenken Sie, daß BÜNDNIS 90/Die GRÜNEN zur bundesweit drittstärksten Kraft in den Städten und Gemeinden geworden sind und viele wichtige Führungspositionen in Ämtern und Verwaltungen innehaben. Ferner lohnen sich in der AKP auch Image-Anzeigen von Kommunen, u.a. wenn Kongreßräumlichkeiten und eine gute Anbindung an das Netz öffentlicher Verkehrsmittel vorhanden sind.

Die Redaktion

AKP-Bestellzettel

AKP-Abo

○ Ich möchte ___ (Anzahl) AKP-Jahresabo(s), beginnend mit dem aktuellen Heft oder mit Heft-Nr.: ___/1994 haben.

Das Abo gilt für ein Jahr und verlängert sich automatisch um ein weiteres Jahr, falls es nicht vier Wochen vor Ablauf gekündigt wird.

Ein Jahresabo kostet 54.- DM; das Auslandsabo kostet 75.- DM. Die Lieferung erfolgt versandkostenfrei.

Hinweis gemäß § 4 Abs. 3 Postdienst-Datenschutzordnung: Mit der Abobestellung wird gleichzeitig das Einverständnis erklärt, daß die Post berechtigt ist, eine neue Bezieheranschrift an den AKP-Vertrieb weiterzuleiten.

Bestellung von AKP-Einzelheften
(Versandkosten: 1 Heft 2.- DM; 2 Hefte 3.- DM; 3-6 Hefte 4.- DM; 6-10 Hefte 6.- DM)

Ich bestelle folgende Einzelhefte:
(Gewünschtes Heft bitte ankreuzen)

○ 1/93 Kommunalrecht
Ferner: Verdeckte Polizeiermittler, Mediation, EG-Umweltinformationsrichtlinien
(DM 9.-)

○ 2/93 Grundwasser/Trinkwasser
Ferner: Tilburger Modell, Abfallwirtschaft, Abbau von Planungsrechten, Krankenhausreform
(DM 9.-)

○ 3/93 Feministische Wirtschaftspolitik
Ferner: TA-Siedlungsabfall, Gemeindefinanzen, Jugendgewalt, Fernwasser
(DM 9.-)

○ 4/93 Altlasten
Ferner: Hochwasserschutz, EG-Gelder für Kommunales, Mediation, Verpackungsrichtlinien
(DM 9.-)

○ 5/93 Kulturpolitik
Ferner: Organisation des kommunalen Umweltschutzes, Frauenbeauftragtengesetz, Umwelt-Public Relations, Dorfentwicklung, Energie
(DM 9.-)

○ 6/93 Straßenneubau und -ausbau
Ferner: Verwaltungsreform, Sparkonzepte, Rot-grün kommunal, Bodenversiegelung
(DM 9.-)

○ 1/94 Kommunaler Wohnungsbau
Ferner: Sozialhilfe, Regenwasser in Baugebieten, Frauenstreiktag
(DM 9.-)

○ 2/94 Eine Welt für alle — kommunale Entwicklungszusammenarbeit
Ferner: Energieeinsparung durch B-Plan, Sozialpolitik im Osten, Kasseler Verkehrspolitik
(DM 9.-)

Geplante Schwerpunkt-Hefte 1994

○ 3/94: Gemeindefinanzen (Mai)
○ 4/94: Gesundheitspolitik (Juli)
○ 5/94: Ökologisches Bauen (September)
○ 6/94: Soziale Dienste (November)

Bei Bedarf ein kostenloses Probeheft und den aktuellen Bestellzettel anfordern!!!

Kleine Extras der AKP

○ **AKP-Sonderheft 7**: Haushaltspolitik in der Kommune (68 S., DM 8.- plus 2.- Versand)

○ **AKP-Sonderheft 8**: Grundlagen kommunaler Umweltpolitik (68 S., DM 9.- plus 2.- Versand)

○ **AKP-Sonderheft 9**: Restmülldeponien (68 S., DM 10.- plus 2.- Versand)

Bestelladresse: ALTERNATIVE KOMMUNALPOLITIK (AKP), Luisenstr. 40, 33602 Bielefeld, Tel.: 0521/177517, Fax: 0521/177568